CONSTITUIÇÃO, DEMOCRACIA E DIÁLOGO

15 anos de Jurisdição Constitucional do Ministro Dias Toffoli

GILMAR FERREIRA MENDES
DAIANE NOGUEIRA DE LIRA
ALEXANDRE FREIRE
Coordenadores

CONSTITUIÇÃO, DEMOCRACIA E DIÁLOGO

15 anos de Jurisdição Constitucional do Ministro Dias Toffoli

Volume 1

2ª edição

Belo Horizonte

FÓRUM
CONHECIMENTO JURÍDICO

2025

©2025 Editora Fórum Ltda.
©2025 2ª edição

É proibida a reprodução total ou parcial desta obra, por qualquer meio eletrônico, inclusive por processos xerográficos, sem autorização expressa do Editor.

Conselho Editorial

Adilson Abreu Dallari
Alécia Paolucci Nogueira Bicalho
Alexandre Coutinho Pagliarini
André Ramos Tavares
Carlos Ayres Britto
Carlos Mário da Silva Velloso
Cármen Lúcia Antunes Rocha
Cesar Augusto Guimarães Pereira
Clovis Beznos
Cristiana Fortini
Dinorá Adelaide Musetti Grotti
Diogo de Figueiredo Moreira Neto (in memoriam)
Egon Bockmann Moreira
Emerson Gabardo
Fabrício Motta
Fernando Rossi
Flávio Henrique Unes Pereira
Floriano de Azevedo Marques Neto
Gustavo Justino de Oliveira
Inês Virgínia Prado Soares
Jorge Ulisses Jacoby Fernandes
Juarez Freitas
Luciano Ferraz
Lúcio Delfino
Marcia Carla Pereira Ribeiro
Márcio Cammarosano
Marcos Ehrhardt Jr.
Maria Sylvia Zanella Di Pietro
Ney José de Freitas
Oswaldo Othon de Pontes Saraiva Filho
Paulo Modesto
Romeu Felipe Bacellar Filho
Sérgio Guerra
Walber de Moura Agra

Luís Cláudio Rodrigues Ferreira
Presidente e Editor

Coordenação editorial: Leonardo Eustáquio Siqueira Araújo
Revisão: Aline Almeida, Bárbara Ferreira, Érico Barboza, Gabriela Sbeghen, Nathalia Campos, Patrícia Falcão, Pauliane Coelho
Capa e projeto gráfico: Walter Santos
Diagramação: Formato Editoração

Rua Paulo Ribeiro Bastos, 211 – Jardim Atlântico – CEP 31710-430
Belo Horizonte – Minas Gerais – Tel.: (31) 99412.0131
www.editoraforum.com.br – editoraforum@editoraforum.com.br

Técnica. Empenho. Zelo. Esses foram alguns dos cuidados aplicados na edição desta obra. No entanto, podem ocorrer erros de impressão, digitação ou mesmo restar alguma dúvida conceitual. Caso se constate algo assim, solicitamos a gentileza de nos comunicar através do *e-mail* editorial@editoraforum.com.br para que possamos esclarecer, no que couber. A sua contribuição é muito importante para mantermos a excelência editorial. A Editora Fórum agradece a sua contribuição.

Dados Internacionais de Catalogação na Publicação (CIP) de acordo com ISBD

C758	Constituição, democracia e diálogo: 15 anos de Jurisdição Constitucional do Ministro Dias Toffoli / Gilmar Ferreira Mendes, Daiane Nogueira de Lira, Alexandre Freire (coord). 2ª edição. Belo Horizonte: Fórum, 2025. 1697p. 17x24cm v.1 ISBN impresso 978-65-5518-937-7 ISBN digital 978-65-5518-934-6 1. Direito constitucional. 2. Jurisdição constitucional. 3. Supremo Tribunal Federal. I. Mendes, Gilmar Ferreira. II. Lira, Daiane Nogueira de. III. Freire, Alexandre. IV. Título. CDD: 342 CDU: 342

Ficha catalográfica elaborada por Lissandra Ruas Lima – CRB/6 – 2851

Informação bibliográfica deste livro, conforme a NBR 6023:2018 da Associação Brasileira de Normas Técnicas (ABNT):

MENDES, Gilmar Ferreira; LIRA, Daiane Nogueira de; FREIRE, Alexandre (coord.). *Constituição, democracia e diálogo*: 15 anos de Jurisdição Constitucional do Ministro Dias Toffoli. 2. ed. Belo Horizonte: Fórum, 2025. 1697p. ISBN 978-65-5518-937-7.

O êxito da vida não se mede pelo caminho que você conquistou, mas sim pelas dificuldades que superou no caminho.
(Abraham Lincoln)

SUMÁRIO

PREFÁCIO
Gilmar Ferreira Mendes.. xxv

APRESENTAÇÃO
Daiane Nogueira de Lira, Alexandre Freire xxxiii

A GRAVAÇÃO CLANDESTINA EM AMBIENTE PRIVADO COMO PROVA NO PROCESSO ELEITORAL: DA CONTROVÉRSIA JURISPRUDENCIAL À SOLUÇÃO PARADIGMÁTICA DO TEMA 979/STF
ADMAR GONZAGA NETO 1
    Considerações iniciais 1
    Aspectos gerais da gravação ambiental e da interceptação ambiental e o seu uso como prova no processo 2
    A jurisprudência do Tribunal Superior Eleitoral 3
    A jurisprudência do Supremo Tribunal Federal 6
    O julgamento do Tema 979/STF e a solução para o problema da (i)licitude da prova colhida por gravação ambiental no processo eleitoral 8
    Conclusão 11
    Referências 12

O TRATAMENTO JURISPRUDENCIAL DO DIREITO AO ESQUECIMENTO NO BRASIL
AFRÂNIO VILELA 15
    Notas em homenagem ao Ministro Dias Toffoli 15
    Introdução 16
    Recurso Extraordinário n. 1.010.606/RJ: Caso Aída Curi 18
    Uma perspectiva sobre o tratamento do Direito ao esquecimento no Brasil..... 19
    Considerações finais 24
    Referências 25

PROCESSO ESTRUTURAL E COMBATE AO TRABALHO ESCRAVO CONTEMPORÂNEO: UMA ANÁLISE JUSTRABALHISTA E ANTIRRACISTA À LUZ DO RE 459.510/STF
ALBERTO BASTOS BALAZEIRO, RAQUEL LEITE DA SILVA SANTANA, LUCAS CAVALCANTE 27
    Introdução 27
    Esperança Garcia e o trabalho escravo contemporâneo: diálogos essenciais 29
    Conceito e previsões normativas nacionais e internacionais de trabalho escravo 31

Processos estruturais laborais e o combate ao trabalho escravo contemporâneo: portaria interministerial MTE/MDHC/ nº 15 de 2024 ("Lista suja" do trabalho escravo) e Programa Nacional de Enfrentamento ao Trabalho Escravo e ao Tráfico de Pessoas (Resolução CSJT nº 367/2023)........... 34
Conclusão.. 38
Referências.. 38

A CONTRIBUIÇÃO INOVADORA DO MINISTRO DIAS TOFFOLI NO JULGAMENTO DO RE 635.659: UM MARCO PARA A POLÍTICA DE DROGAS NO BRASIL
ALESSANDRA GOMES FARIA BALDINI... 41
Introdução.. 41
Voto fundamentado em princípios constitucionais e humanitários................... 42
Interpretação do art. 28 da Lei n. 11.343/2006... 43
A defesa da constitucionalidade do artigo 28 da Lei 11.343/2006 e a descriminalização de todas as drogas.. 44
A relevância de critérios objetivos na diferenciação entre usuário e traficante: adoção de padrões científicos pelo Legislativo e Executivo com apoio de equipe multidisciplinar.. 46
Proposta de campanha educativa permanente baseada na eficiente política antitabagismo... 47
Conclusão.. 48
Referências.. 48

A SEGURANÇA JURÍDICA DA POSSE INDÍGENA SOB A ÓTICA DOS JULGADOS DO MINISTRO DIAS TOFFOLI EM SEUS 15 ANOS DE JURISDIÇÃO
ALESSANDRA VANESSA ALVES.. 51

ORGANIZAÇÃO SINDICAL BRASILEIRA
ALEXANDRE AGRA BELMONTE.. 55
Ao homenageado.. 55
Introdução.. 55
Liberdade de associação profissional ou sindical (art. 8º, *caput*, da CF)............ 56
Registro das organizações sindicais (art. 8º, inciso I, CF).................................... 58
Organização sindical, enquadramento e unicidade sindical (art. 8º, inciso II, CF)... 59
Organização sindical... 59
Enquadramento sindical... 63
Especificidade x agregação... 64
Especificidade, agregação, antiguidade e territorialidade.................................. 64
Dissociação... 65
Unicidade sindical... 65
Competência sindical (art. 8º, inciso III, CF).. 66
Contribuições sindicais (art. 8º, inciso IV, CF).. 67
Contribuição sindical.. 67
Contribuição confederativa.. 67
Contribuição Associativa (mensalidade sindical)... 68

Contribuição de Solidariedade ou Assistencial	68
Liberdade de associação (art. 8º, inciso V, CF)	70
Aposentado filiado e direito de voto (art. 8º, inciso VII, CF)	77
Proteção do mandato sindical (art. 8º, inciso VIII, CF)	77
Sindicatos rurais e de colônias de pescadores (art. 8º, parágrafo único, CF)	79
Greve (art. 9º, CF)	79
Referências	81
Referências jurisprudenciais	81

ÁGUAS CALMAS NÃO FAZEM BONS MARINHEIROS
ALEXANDRE FIDALGO 83

Introdução	83
Defesa do Estado Democrático de Direito	83
Limitações do instituto da colaboração premiada	87
Colaboração premiada como meio de obtenção de prova	87
Colaboração premiada como negócio jurídico processual	88
Da impossibilidade de o coautor ou partícipe dos crimes praticados pelo colaborador impugnar o acordo de colaboração	89
Personalidade do colaborador	89
Cláusulas patrimoniais	90
Sanção premial	90
Sepúlveda Pertence	91
Ministro Dias Toffoli e sua atuação na presidência do Supremo Tribunal Federal	91
Conclusão	92
Referências	93

A APLICAÇÃO DO TEMA 1046 DA REPERCUSSÃO GERAL E A INVOCAÇÃO DE DIREITO ADQUIRIDO, PELA SÚMULA 51, I, DO TST E ART. 468 DA CLT
ALEXANDRE LUIZ RAMOS 95

Referências	100

O PODER JUDICIÁRIO NO BRASIL FRENTE AO DESAFIO DA PANDEMIA DO CORONAVÍRUS: A LIDERANÇA DO MINISTRO DIAS TOFFOLI
ALEXANDRE TEIXEIRA DE FREITAS BASTOS CUNHA, INÊS DA FONSECA PORTO 101

1	Introdução	101
2	A pandemia: de repente, o mundo parou	102
3	Poder Judiciário: o que fazer?	103
4	CNJ: ações específicas	104
5	Etapa seguinte: o legado	107
6	Conclusão	109
	Referências	110

A "CORTE TOFFOLI": O SUPREMO TRIBUNAL FEDERAL NA PRESIDÊNCIA DO MIN. DIAS TOFFOLI
ALONSO FREIRE 113
1   Dias Toffoli e John Marshall: semelhanças 113
2   A "Corte Toffoli" e a "Corte Marshall": similaridades 118
3   Metodologia empregada 121
4   Breve biografia de José Antônio Dias Toffoli 122
5   A Presidência do STF e a "Corte Toffoli" (2018 e 2020) 123
6   Um breve estudo de casos da "Corte Toffoli" 124
6.1   Principais ações do controle abstrato 126
6.2   Principais recursos extraordinários 128
6.3   Outras ações: HC, MS e RCL 129
7   A modernização da Corte: o Plenário Virtual 131
8   Conclusões 132
      Referências 134

A CULTURA DE PRECEDENTES E O TRIBUNAL SUPERIOR DO TRABALHO
ALOYSIO CORRÊA VEIGA, CESAR ZUCATTI PRITSCH 137
Introdução 137
O Tribunal Superior do Trabalho, na atualidade e o volume avassalador de recursos 138
Uma cultura de precedentes 141
O recurso extraordinário e seu papel no sistema de precedentes trabalhista ... 142
Aprendizados e desafios para a racionalização do sistema 145
Considerações finais 146
Referências 147

O DIREITO FUNDAMENTAL À LIBERDADE DE EXPRESSÃO E AS LIMITAÇÕES AO USO DAS REDES SOCIAIS POR MAGISTRADAS E MAGISTRADOS: UMA ANÁLISE DA RESOLUÇÃO Nº 305 DO CONSELHO NACIONAL DE JUSTIÇA
AMAURY RODRIGUES PINTO JÚNIOR, PLATON TEIXEIRA DE AZEVEDO NETO 149
1   Introdução 149
2   O direito fundamental à liberdade de expressão em cotejo com a imparcialidade e a confiança pública da sociedade no Poder Judiciário 150
3   O Código de Ética da Magistratura e outras normas pertinentes 152
4   A Resolução nº 305 do Conselho Nacional de Justiça 154
5   Conclusão 158
      Referências 159

MINISTRO DIAS TOFFOLI – O LEGADO DA CONSENSUALIDADE NO SUPREMO TRIBUNAL FEDERAL. A EVOLUÇÃO DA CONSENSUALIDADE NO STF A PARTIR DA CRIAÇÃO, PELO MINISTRO DIAS TOFFOLI, DO CENTRO DE MEDIAÇÃO E CONCILIAÇÃO
ANA CAROLINA TANNURI LAFERTÉ MARINHO 161

1	Introdução	161
2	A consensualidade na jurisdição constitucional antes da Resolução nº 697/2000	163
3	A Resolução nº 697/2020 e a institucionalização dos métodos consensuais no STF	166
4	Da conciliação no STF sob condução do ministro relator	170
5	Conclusão	173

A DEMOCRACIA REALIZADA PELO STF: O PAPEL DO MINISTRO DIAS TOFFOLI EM 15 ANOS DE JURISDIÇÃO CONSTITUCIONAL
ANDRÉ RAMOS TAVARES 175

A nova Democracia e a Jurisdição Constitucional 175
A Democracia política e a Democracia econômica em debate 176
Democracia: a tarefa sem fim 181
Referências 182

O REGIME JURÍDICO EMERGENCIAL E TRANSITÓRIO APLICADO AOS CONTRATOS DA ÁREA DE EDUCAÇÃO
ANTONIO AUGUSTO JUNHO ANASTASIA 185

Introdução 185
1 As Medidas da Lei nº 14.040, de 2020 186
2 As controvérsias na área de educação 189
3 A solução do STF e as lições para o futuro 190
Conclusões 195
Referências 196

INCORPORAÇÃO E DENÚNCIA DE TRATADOS INTERNACIONAIS PELO BRASIL: ANÁLISE DA AÇÃO DIRETA DE CONSTITUCIONALIDADE Nº 39/DF
ANTONIO CARLOS FERREIRA, EURICO ZECCHIN MAIOLINO 199

I Introdução 199
II A incorporação de tratados internacionais 200
III Denúncia de tratados internacionais 204
IV Necessidade de deliberação congressual 205
V Conclusão 208
Referências 209

HOMENAGEM AOS 15 ANOS DE JURISDIÇÃO CONSTITUCIONAL DO MINISTRO DIAS TOFFOLI
ANTONIO CLÁUDIO FERREIRA NETTO 211

Limites da classificação indicativa 212
Direito ao esquecimento 215

A TRAJETÓRIA DO MINISTRO DIAS TOFFOLI E SEUS 15 ANOS DE STF
ANTÔNIO AUGUSTO DE QUEIROZ 219

DIAS TOFFOLI, MEMÓRIAS E MEMÓRIA
ARLINDO CHINAGLIA 225
    Referências 229

MINISTRO DIAS TOFFOLI: LIÇÕES DE ATUAÇÃO JUDICANTE
ARNALDO VERSIANI 231

A IMPORTÂNCIA DA JUSTIÇA MILITAR NO BRASIL, UM ÓRGÃO DO PODER JUDICIÁRIO
ARTUR VIDIGAL DE OLIVEIRA 239
    Referências 251

REFLEXÕES SOBRE A SEPARAÇÃO DOS PODERES E A JURISDIÇÃO CONSTITUCIONAL NA DOUTRINA E NA JURISPRUDÊNCIA DIAS TOFFOLI
AUGUSTO ARAS 253
I   Introdução 253
II   O Poder Judiciário e o domínio da decisão política 254
III A separação dos Poderes e o Poder Legislativo na jurisprudência Dias Toffoli 258
IV O processo político e a atuação da jurisdição constitucional 261
    Referências 263

A DEFESA DA DEMOCRACIA E DAS LIBERDADES: UMA HOMENAGEM AO MINISTRO JOSÉ ANTONIO DIAS TOFFOLI
BENEDITO GONÇALVES, CAMILE SABINO BEZERRA CORRÊA 265
1   Homenagem ao Ministro Dias Toffoli 265
2   Conceito de democracia 266
3   A evolução da democracia 267
4   O constitucionalismo democrático 268
5   A Constituição Brasileira de 1988 268
6   Da atuação do Ministro Dias Toffoli em defesa da democracia e das liberdades 270
7   Decisões marcantes do Ministro Dias Toffoli 270
8   A defesa da intervenção judicial em políticas públicas 273
9   Conclusão 274
    Referências 275

O MINISTRO DIAS TOFFOLI CONTRA A FIDALGUIA DIGITAL
CAMILA PLENTZ KONRATH, GEORGES ABBOUD 277
I   Uma justa homenagem a um grande homem público 277
II   Globalização e autodeterminação política 279
III O homem cordial das redes sociais 289
IV Encerramento 294
    Referências 294

15 ANOS NA DEFESA DA CARTA MAGNA E DO ESTADO DEMOCRÁTICO DE DIREITO
CARLOS EDUARDO ESTEVES LIMA 297

OS NOVOS RUMOS DO PROCESSO DELIBERATIVO COLEGIADO DO SUPREMO TRIBUNAL FEDERAL: PRESIDÊNCIA DO MINISTRO JOSÉ ANTONIO DIAS TOFFOLI
CARMEN LILIAN OLIVEIRA DE SOUZA 303
1 Introdução 303
2 As mudanças no Plenário Virtual 304
3 As sessões presenciais por videoconferência 309
4 Conclusão 310
   Referências 311

HABEAS CORPUS (HC) Nº 127.483 E A PRISÃO CAUTELAR COMO MEIO DE COERÇÃO
CECILIA MELLO, FLÁVIA SILVA PINTO AMORIM, MARCELLA HALAH MARTINS ABBOUD 313
1 Introdução 313
2 HC nº 127.483 como paradigma do instituto da colaboração premiada na jurisprudência brasileira 315
3 Primeira perspectiva: coação na colaboração premiada e *nemo tenetur se detegere* 319
4 Segunda perspectiva: prisão cautelar como meio de coação capaz de viciar a voluntariedade 321
5 Análise de julgados proferidos pelo STF acerca do tema 328
6 Considerações finais 331
   Referências 332

COLABORAÇÃO PREMIADA E A IMPORTÂNCIA DA DECISÃO DO MINISTRO DIAS TOFFOLI NO HABEAS CORPUS Nº 127.403 PARA A COMPREENSÃO DO INSTITUTO
CONRADO ALMEIDA CORRÊA GONTIJO 335
1 Introdução 335
2 Considerações gerais sobre a colaboração premiada e sua evolução histórica . 337
3 A relevância do voto-condutor do Ministro Dias Toffoli no Habeas Corpus nº 127.483/PR para a compreensão do instituto da colaboração premiada 343
3.1 O conhecimento do *habeas corpus* para impugnar decisão monocrática proferida por ministro da Corte 343
3.2 A acertada definição da natureza jurídica da colaboração premiada: meio de obtenção de prova e negócio jurídico processual 345
3.3 O direito subjetivo do colaborador aos benefícios premiais pactuados 352
3.4 Equívoco relevante e que precisa ser apontado: a compreensão de que os acordos de colaboração premiada não podem ser impugnados pelos delatados 353
4 Conclusão 358
   Referências 358

A VOZ DA SOCIEDADE NO STF: O CASO DA AUDIÊNCIA PÚBLICA SOBRE A POLÍTICA NACIONAL DE EDUCAÇÃO ESPECIAL
CRISTIANO ZANIN 361
1 Introdução 361
2 A audiência pública como instrumento do controle de constitucionalidade 362
3 A Ação Direta de Inconstitucionalidade nº 6.590 365
4 Os fundamentos da Audiência Pública nº 34 368
5 As contribuições da Audiência Pública nº 34 para o debate sobre a educação de pessoas com deficiência 369
6 A superveniente revogação do diploma questionado e o deslinde do feito 371
7 Conclusão 371
    Referências 372

O HOMEM NA ARENA: A PRESIDÊNCIA DO MINISTRO DIAS TOFFOLI NO SUPREMO TRIBUNAL FEDERAL
DAIANE NOGUEIRA DE LIRA, ALEXANDRE FREIRE 375
1 Considerações iniciais 375
2 Eficiência da gestão 376
3 Gerenciamento de processos 376
4 Aperfeiçoamento da Repercussão Geral 376
5 Transparência 377
6 Digitalização da Corte 377
7 Diálogos institucionais com os tribunais nacionais 377
8 Enfrentamento da pandemia de Covid-19: resposta rápida e eficiente 378
9 Conclusão 378

OS CENTROS JUDICIÁRIOS DE SOLUÇÃO DE CONFLITOS E CIDADANIA (CEJUSCS) COMO UNIDADES JUDICIÁRIAS: O QUE ISSO REALMENTE SIGNIFICA?
DALDICE SANTANA, HERBERT CORNELIO PIETER DE BRUYN JR., BRUNO TAKAHASHI 381
1 Introdução 381
2 A jurisdição consensual 382
3 O protagonismo dos CEJUSCs na Política Nacional de Tratamento Adequado de Conflitos 384
4 A necessária mudança do paradigma institucional do Judiciário 386
4.1 Vantagens 386
4.2 Decorrências lógicas 387
4.3 Desafios 388
5 Conclusão 390
    Referências 390

A CORAGEM DE MUDAR
DANIEL LEON BIALSKI 393
    Referências 400

O PROGRESSISMO DE DIAS TOFFOLI NA ERA DIGITAL: UM ESTUDO SOBRE A ATUAÇÃO DO MINISTRO NO ESCOPO DA AÇÃO DIRETA DE INCONSTITUCIONALIDADE (ADI) Nº 6.529 À LUZ DO *FRAMEWORK* NACIONAL DE PROTEÇÃO DE DADOS

DANIEL BECKER PAES BARRETO PINTO, BEATRIZ DE ARAÚJO HAIKAL LEITE, LUDMILLA CAMPOS COSTA DOS SANTOS 403

1	Introdução	403
2	Reposicionamento econômico e social dos dados, o direito fundamental à privacidade e a Lei Geral de Proteção de Dados (LGPD)	405
2.1	A Quarta Revolução Industrial e o reposicionamento econômico e social dos dados	405
2.2	O *framework* regulatório de proteção de dados no Brasil	406
2.3	Proteção de dados no setor público	406
3	O caso da ABIN paralela *vis-à-vis* a Lei Geral de Proteção	408
3.1	ADI nº 6.529: o caso da ABIN paralela	408
3.2	A contribuição do Ministro Dias Toffoli à luz do *framework* regulatório brasileiro sobre proteção de dados e privacidade	409
4	Considerações finais – o progressismo de Dias Toffoli e o seu legado para o futuro	411
	Referências	413

AS CONTRIBUIÇÕES DO MINISTRO DIAS TOFFOLI AO SISTEMA TRIBUTÁRIO NACIONAL

DANIEL CORRÊA SZELBRACIKOWSKI, PEDRO JÚLIO SALES D'ARAÚJO 415

1	Introdução	415
2	O entendimento tributário do Ministro Dias Toffoli em retrospectiva	415
3	A título de conclusão: a importância de um juiz(o) imparcial para o Direito Tributário	421
	Referências	423
	ANEXOS	425

A RECLAMAÇÃO Nº 65.612/RS E A VIRTUDE EM SABER "SEPARAR O JOIO DO TRIGO"

DANIELA CAVALIERI VON ADAMEK, GABRIEL BARTOLOMEU FELÍCIO 431

1	Introdução	431
2	Do julgamento da ADPF nº 324/DF e do RE nº 958.252/Mg (*leading case* do Tema nº 725 de repercussão geral)	433
3	Da extensão do entendimento sobre a licitude da terceirização das atividades-fim às hipóteses de "pejotização"	434
4	Da análise das decisões proferidas na Reclamação nº 65.612/RS	436
5	Conclusões	437
	Referências	437

A PROTEÇÃO DA FAUNA SILVESTRE NO ESTADO DE SÃO PAULO: ANÁLISE DA INTERPRETAÇÃO CONSTITUCIONAL FIRMADA NA AÇÃO DIRETA DE INCONSTITUCIONALIDADE (ADI) Nº 350

DANIELA PEREIRA MADEIRA 441

1	Introdução	441
2	Histórico e importância da ADI nº 350	442
3	Competência legislativa e administrativa da União e dos estados	445
4	A proteção da fauna e a Lei Federal nº 5.197/1967	446
5	Peculiaridades regionais do estado de São Paulo e impactos ambientais	448
6	Conclusões	450
	Referências	451

DIAS TOFFOLI E POLÍTICAS DE DEFESA DA MULHER DURANTE A TRIPLA PRESIDÊNCIA DE 2018
DANIELA TEIXEIRA 455

1	Introdução	455
2	Presidência do Supremo Tribunal Federal	455
3	Presidência da República	456
4	Presidência do Conselho Nacional de Justiça	457
5	Conclusão	458

A RELATIVIZAÇÃO DA COISA JULGADA NAS AÇÕES DE PATERNIDADE: ANÁLISE DO CASO E IMPACTOS EM JULGAMENTOS POSTERIORES
DOUGLAS ALENCAR RODRIGUES, RODRIGO GARCIA RODRIGUES BUZZI. 461

1	Introdução	461
2	Síntese do RE nº 363.889	463
3	Conclusão: repercussões do julgamento nas discussões sobre a coisa julgada	466
	Referências	468

DA LEGÍTIMA DEFESA DA HONRA AOS *RED PILLS*: MISOGINIA DO MEDIEVALISMO AO CIBERATIVISMO
EDILENE LÔBO 469

1	Introdução	469
2	O distópico mundo digital e a psicopolítica dominante	470
3	O ciberativismo misógino que sofistica a violência contra mulher	474
4	Notas finais	481
	Referências	482

UNIDADES DE INTELIGÊNCIA FINANCEIRA E O COMPARTILHAMENTO DE INFORMAÇÕES: O TEMA Nº 990
EDUARDO S. TOLEDO 485

REVISÃO DE ACORDOS DE LENIÊNCIA À LUZ DE DECISÕES PARADIGMÁTICAS DO MINISTRO DIAS TOFFOLI
ENGELS AUGUSTO MUNIZ, GUSTAVO DO VALE ROCHA, PEDRO PAULO NASCENTE MACEDO BICHUETTE 493

1	Introdução	493
2	Acordos de leniência: breves apontamentos	494
3	As paradigmáticas decisões do Ministro Dias Toffoli sobre acordos consensuais sancionatórios	496
4	A revisão e a rescisão das leniências	499

5	Conclusão	502
	Referências	502

A DECLARAÇÃO DE CONSTITUCIONALIDADE E IMPLEMENTAÇÃO DO JUIZ DE GARANTIAS PELO VOTO CONDUTOR DO MINISTRO DIAS TOFFOLI
FERNANDO AGRELA ARANEO, JÚLIA SILVA MINCHILLO 505

I	O "Pacote Anticrime"	505
II	As ações diretas de inconstitucionalidade (ADIs) contra os dispositivos citados	507
III	O voto condutor do Ministro Dias Toffoli	507
IV	Conclusão	512
	Referências	512

A CRIAÇÃO DO CONSELHO NACIONAL DE JUSTIÇA (CNJ) PELA EMENDA CONSTITUCIONAL (EC) Nº 45 E A POSSIBILIDADE DE O CNJ DETERMINAR O AFASTAMENTO DA APLICAÇÃO DE LEIS E ATOS NORMATIVOS INCONSTITUCIONAIS A PARTIR DA JURISPRUDÊNCIA DO SUPREMO TRIBUNAL FEDERAL (STF)
FERNANDO CESAR BAPTISTA DE MATTOS 513

1	Introdução	513
2	A EC nº 45/04 e a EC nº 61/09. O CNJ como órgão administrativo nacional de controle e planejamento do Poder Judiciário	514
3	A possibilidade de o CNJ afastar a leis que conflitem com a Constituição Federal a partir da jurisprudência do STF	518
4	Conclusão	521
	Referências	522

JOSÉ ANTONIO DIAS TOFFOLI E A JUSTIÇA ELEITORAL
FERNANDO NEVES DA SILVA, CRISTINA MARIA GAMA NEVES DA SILVA ... 525

	Referências	532

15 ANOS DO MINISTRO DIAS TOFFOLI NO STF
FERNANDO AZEVEDO E SILVA 533

LIBERDADE DE CRENÇA, CULTO E EXPRESSÃO
FLAUZILINO ARAÚJO DOS SANTOS 535

1	Introdução	535
2	A liberdade religiosa como direito fundamental	537
3	Proselitismo	539
4	Ato constitutivo da organização religiosa	541
5	Fins da organização religiosa	545
6	Conclusão	546
	Referências	546

FEDERALIZAÇÃO DE GRAVES VIOLAÇÕES AOS DIREITOS HUMANOS NO CONTEXTO DO JULGAMENTO DAS ADIS Nº 3.486 E 3.493 PELO SUPREMO TRIBUNAL FEDERAL
FLÁVIA MOREIRA GUIMARÃES PESSOA, IRACY RIBEIRO MANGUEIRA MARQUES, ROBERTO ALCÂNTARA DE OLIVEIRA ARAÚJO 547

1	Introdução	547
2	Federalização de graves violações aos direitos humanos: ADI nº 3.486 e ADI nº 3.493 em seu contexto decisório	548
3	A ordem interna frente ao cenário internacional de proteção aos direitos humanos	551
4	Contextualizando a União como garante da responsabilidade internacional frente à unicidade da magistratura, à excepcionalidade da providência e ao risco real à convencionalidade	553
5	Conclusão	556
	Referências	556

ARTICULAÇÃO E DIÁLOGO: RELATOS DA ASSESSORIA DE ARTICULAÇÃO PARLAMENTAR NO STF SOB A PRESIDÊNCIA DO MINISTRO DIAS TOFFOLI (BIÊNIO 2018-2020)
FLÁVIO RIBEIRO SANTANA 559

1	Introdução	559
2	Competência e estrutura da ARP	560
3	Apoio e acompanhamento do presidente, ministros e representantes do STF em reuniões e audiências no Congresso Nacional	561
4	Acompanhamento de projetos	561
5	Pauta legislativa	563
6	Orçamento	563
7	CPIs e pedidos de *impeachment*	564
8	Acompanhamento de sessões e reuniões	564
9	Pronunciamentos	565
10	Reuniões de assessores parlamentares	565
11	Conselho Nacional de Justiça	566
12	Período Covid-19	566
13	Projeto Constituição Federal "hiperlinkada"	567
14	Acordos de cooperação	567
15	Conclusão	567

A MEDIDA CAUTELAR NA ADPF Nº 881/DF E A GARANTIA DE INDEPENDÊNCIA FUNCIONAL DOS MEMBROS DO MINISTÉRIO PÚBLICO COMO SALVAGUARDA DO ESTADO DEMOCRÁTICO DE DIREITO
FRANCISCO DE PAULA BERNARDES JÚNIOR, LEONARDO DE MACEDO SILVA 569

	Introdução	569
1	A legitimidade ativa da ADPF, seus pressupostos e o nebuloso conceito de preceito fundamental	572
2	O crime de prevaricação: aspectos históricos, dogmáticos e a atipicidade da atuação ministerial pautada pelo livre convencimento motivado	574

Conclusão 579
Referências 579

A CRIAÇÃO DA OUVIDORIA-GERAL DA ADVOCACIA-GERAL DA UNIÃO NA GESTÃO DO MINISTRO JOSÉ ANTÔNIO DIAS TOFFOLI
FRANCIS CHRISTIAN ALVES BICCA 581

O SUPREMO TRIBUNAL NA TUTELA DAS PROMESSAS CONSTITUCIONAIS: A CORAGEM DA CONTRAMAJORITARIEDADE
FREDERICO MENDES JÚNIOR 585
    Introdução 585
1   Uma breve nota sobre juiz que exerce a jurisdição constitucional: a coragem do julgamento contramajoritário 586
2   A jurisdição constitucional como atuação especial: a característica única do julgador em razão da particularidade da hermenêutica constitucional 588
3   A jurisdição constitucional e as promessas constitucionais: o papel do juiz da corte constitucional na concretização do mínimo existencial 591
    Conclusão 594
    Referências 595

PARA ALÉM DAS SOMBRAS: UMA BREVE REFLEXÃO SOBRE A ATUALIDADE DO MITO DA CAVERNA, DE PLATÃO
GABRIEL CHALITA 597
    Palavras introdutórias 597
    Um diálogo imaginário – Platão e Agostinho 601
    Para algum pensar 607
    Referências 607

A ATUAÇÃO DO MINISTRO DIAS TOFFOLI NA ANULAÇÃO DAS PROVAS ILEGAIS DA OPERAÇÃO LAVA JATO
GIUSEPPE GIAMUNDO NETO, MARCO AURELIO DE CARVALHO 609
1   Introdução 609
2   A Operação Lava Jato no sistema jurídico nacional 610
3   A importância das provas para o devido processo legal e sua correlação com a ampla defesa e contraditório substanciais 613
4   A anulação de provas no "Caso Odebrecht" 614
5   A anulação de provas do "Caso Lula" 616
6   Recondução da Lava Jato ao curso legal 618
7   Conclusão 618
    Referências 619

QUINZE ANOS DE ATUAÇÃO DO MINISTRO DIAS TOFFOLI JUNTO À SUPREMA CORTE BRASILEIRA: CASOS EMBLEMÁTICOS PARA A EFETIVAÇÃO DE DIREITOS FUNDAMENTAIS
GRACE MENDONÇA 621
    Introdução 621
1   Efetivação de direitos 622

2	Respeito ao âmbito de competência de cada poder da República e definição de procedimentos	627
3	Valorização de princípios em matéria penal	629
	Conclusão	631
	Referências	631

SOBRE A DEMOCRACIA INTERNA NOS TRIBUNAIS: REFLEXÕES CRÍTICAS À LUZ DA JURISPRUDÊNCIA DO STF
GUILHERME GUIMARÃES FELICIANO 633

	Introdução	633
1	O art. 102 da Lei Orgânica da Magistratura e a Constituição de 1988: o problema da recepção constitucional	634
1.1	Poder Judiciário e democracia interna: quem deve votar?	640
1.2	Poder Judiciário e democracia interna: autogestão ou "ultragestão"?	642
	À guisa de conclusão	644
	Referências	645

COMBATE À CORRUPÇÃO DENTRO DA MOLDURA CONSTITUCIONAL – O CASO LAVA JATO
GUILHERME FERREIRA GOMES LUNA, JOSÉ ROBERTO FIGUEIREDO SANTORO, RAQUEL BOTELHO SANTORO 647

1	Combate à corrupção conforme a Constituição. Pilares dos direitos e garantias fundamentais processuais	647
2	Projeções do *modus operandi* da Operação Lava Jato	649
3	Precedentes do Supremo Tribunal Federal e legado do ministro Dias Toffoli	654
4	Conclusão	656
	Referências	657

O MINISTRO DIAS TOFFOLI E A LIBERDADE DE EXPRESSÃO
GUSTAVO BINENBOJM, ANDRÉ CYRINO 659

1	Introdução	659
2	A classificação indicativa de espetáculos públicos: a inconstitucionalidade da vinculação horária	660
3	O direito ao esquecimento e o dever constitucional de lembrar: o caso Aída Curi	662
4	O caso *Porta dos Fundos*	664
5	Encerramento	666

LIBERDADE DE CRENÇA RELIGIOSA E LAICIDADE DO ESTADO: APONTAMENTOS A PARTIR DO VOTO PROFERIDO PELO MINISTRO DIAS TOFFOLI NA ADI Nº 5.257/RO
GUSTAVO JUSTINO DE OLIVEIRA, EDUARDO DE CARVALHO RÊGO 669

1	Introdução	669
2	A coexistência de direitos fundamentais (aparentemente) conflitantes na Constituição Federal de 1988	671
3	O princípio da proporcionalidade enquanto ferramenta de ponderação entre direitos fundamentais	673

4	Liberdade de crença religiosa e laicidade do Estado: limites e possibilidades	676
5	A contribuição do ministro Dias Toffoli (ADI nº 5.257/RO)	678
6	Considerações finais	680
	Referências	681

A FORÇA DOS PRECEDENTES COMO FONTE DO DIREITO EM MATÉRIA TRIBUTÁRIA
HELENO TAVEIRA TORRES 683

1	Precedentes judiciais como fontes do direito e o papel da *ratio decidendi*	683
1.1	Elementos dos precedentes: a distinção fundamental entre *ratio decidendi* e *obiter dictum*	685
2	A generalidade do *"holding"* e a definição de seu *"standard"* jurídico: o embate entre *"substantive reasons"* e *"autorithy reasons"*	693
2.1	A diferença entre opiniões divergentes e *"concurring opinions"*	700
3	Considerações finais	701

A PRESIDÊNCIA DE DIAS TOFFOLI NO SUPREMO TRIBUNAL FEDERAL: INOVAÇÕES INSTITUCIONAIS E A DEFESA RESOLUTA DA DEMOCRACIA EM TEMPOS DE CRISE
HENRIQUE INNECCO DA COSTA 705

	Introdução	705
1	Inovações institucionais: modernização e eficiência do STF	707
2	A defesa da democracia em tempos de crise: o Inquérito das *Fake News*	710
	Conclusão	713
	Referências	714

SEGURANÇA JURÍDICA – UMA NECESSIDADE DO ESTADO DE DIREITO
HUMBERTO MARTINS 717

1	Introdução	717
2	Segurança jurídica	718
2.1	Elementos conceituais	718
2.2	Função da segurança jurídica	719
2.2.1	Segurança jurídica como proteção da confiança	719
3	Estado de Direito e suas bases na segurança jurídica	719
4	Papel dos tribunais na elevação da segurança jurídica	724
5	Conclusão	726
	Referências	726

BEIJO *GAY*, IGUALDADE E LIBERDADE DE EXPRESSÃO: ANÁLISE DA SL Nº 1.248 MC
ILDEGARD HEVELYN ALENCAR BESERRA 729

	Introdução	729
1	Discriminação por orientação sexual e identidade de gênero e o julgamento com perspectiva de gênero	731
2	Igualdade, diversidade e defesa das minorias	734
3	Liberdade de expressão artística, literária e da homoafetividade	740

Conclusão 744
Referências 745

A INCONSTITUCIONALIDADE DA TESE DE "LEGÍTIMA DEFESA DA HONRA" NOS CRIMES DE FEMINICÍDIO – UMA ANÁLISE DA ADPF Nº 779, DE RELATORIA DO MINISTRO DIAS TOFFOLI

INALDO MENDONÇA DE ARAÚJO SAMPAIO FERRAZ, MARIA AUGUSTA PALHARES RIBEIRO SAMPAIO FERRAZ.. 747

Introdução 747
1   A violência contra a mulher ao longo do tempo 748
2   O papel do STF na proteção das mulheres 750
3   A ADPF nº 779 752
3.1 Voto do relator, ministro Dias Toffoli 756
4   Consequências jurídicas e sociais 759
Conclusão 760
Referências 761

O STF E O ASSIM CHAMADO DIREITO AO ESQUECIMENTO

INGO WOLFGANG SARLET 763
1   Introdução 763
2   O direito ao esquecimento na condição de direito fundamental implicitamente positivado? 764
3   Reconhecimento e proteção do direito ao esquecimento pelo STF? ... 769
3.1 O início da discussão no STJ: os casos "Aída Curi" e "Chacina da Candelária" 769
3.2 O direito ao esquecimento na visão do STF 772
4   Análise crítica do julgamento na perspectiva da posição preferencial da liberdade de expressão 779
5   Perspectivas e considerações finais 783
Referências 785

A IMPORTÂNCIA DO JULGAMENTO DA ADI Nº 5.492 PARA A CONFIRMAÇÃO DA FORÇA VINCULANTE DOS PRECEDENTES E PARA GESTÃO DAS CONTAS DE DEPÓSITOS JUDICIAIS

ISAAC SIDNEY MENEZES FERREIRA, ANSELMO MOREIRA GONZALEZ 789
1   Introdução 789
2   O objeto da ADI nº 5.492 790
3   A Tutela de Evidência e a pretensa mitigação do direito ao contraditório 790
3.1 A posição do ministro Toffoli: Tutela de Evidência, fundada em precedente vinculante, como mecanismo hábil a assegurar prestação jurisdicional mais célere e eficaz 791
4   A vinculação dos precedentes judiciais à Administração Pública 795
4.1 A posição do ministro Toffoli sobre o tema – vinculação da Administração Pública aos precedentes judiciais – e respeito aos princípios da celeridade, acesso à justiça, isonomia e da eficiência do poder público 796
5   Depósitos judiciais junto aos bancos oficiais 803

6	Da posição do ministro Toffoli sobre o tema – depósitos judiciais também podem ser geridos por instituições financeiras privadas	804
7	Conclusão	807
	Referências	808

TRIBUTO AO TRABALHO DESENVOLVIDO PELO MINISTRO DIAS TOFFOLI À FRENTE DO CONSELHO NACIONAL DE JUSTIÇA (CNJ) NOS GRAVÍSSIMOS E TORMENTOSOS TEMPOS DA PANDEMIA DA COVID-19
IVANA FARINA NAVARRETE PENA, FÁBIO DE SOUZA OLIVEIRA 811

REFLEXÕES SOBRE O CONCEITO DE JUSTIÇA EM HOMENAGEM AO MINISTRO DIAS TOFFOLI
IVES GANDRA DA SILVA MARTINS 819

	Introdução	819
1	Da justiça	819
2	Da justiça, da ordem e do direito	821
3	Da justiça e seus contextos histórico e filosófico	823
	Conclusão	827
	Referências	828

SOBRE OS AUTORES 829

PREFÁCIO

É com imensurável satisfação que escrevo o prefácio desta obra, *Constituição, Democracia e Diálogo: 15 anos de Jurisdição Constitucional do Ministro Dias Toffoli*, coordenada por *mim ao lado da Dra. Daiane Nogueira de Lira e do Dr. Alexandre Freire*, a qual reúne artigos de destacadas figuras do mundo político-jurídico voltados a celebrar o Ministro Dias Toffoli, por ocasião dos seus quinze anos de judicatura no Supremo Tribunal Federal (STF).

Fraterno amigo de longa data, José Antonio Dias Toffoli é detentor de biografia sempre lembrada por todos quantos se disponham a descrever sua trajetória.

Tendo exercido cargo diretivo no Centro Acadêmico XI de Agosto, na veneranda Faculdade de Direito da Universidade de São Paulo, graduou-se no Largo de São Francisco em 1990, ano a partir do qual atuou na advocacia, até que, em 2003, foi nomeado subchefe para assuntos jurídicos da Casa Civil da Presidência da República, função exercida até 2005. Após, comandou a Advocacia-Geral da União entre 2007 e 2009 – quando foi nomeado ministro do Supremo Tribunal, assumindo a vaga decorrente do falecimento do saudoso Ministro Menezes Direito.

Como membro da Corte, o ministro foi presidente do Tribunal Superior Eleitoral (2014–2016) e do próprio Supremo Tribunal (2018–2020), tendo exercido a presidência da Primeira Turma (em dois mandatos, durante os anos de 2012 e 2021) e da Segunda Turma (igualmente em dois períodos: 2015–2016 e 2023–2024).

Essa eloquente experiência de vida faz de Dias Toffoli o mais jovem ministro a exercer a presidência do Tribunal em toda a história da Corte – seja no Império, seja na República –, tendo assumido o posto aos cinquenta anos e nove meses de idade.[1]

Sua atuação como membro e dirigente do Supremo Tribunal é também marcada por feitos dignos de nota.

No particular jurisdicional, foram de relatoria do homenageado casos emblemáticos julgados pela Corte, nas mais variadas matérias. Sem pretender esgotar o assunto, limito-me a recordar alguns julgados em que a força jurídica de seus argumentos conduziu o Plenário do Tribunal à tomada de deliberações que orgulham e enobrecem a multicentenária história da Casa.

De pronto, convém lembrar decisões mais remotas já consagradas no seio da dogmática brasileira, sendo objeto de amplo reconhecimento por parte da doutrina e da jurisprudência nacionais.

No particular, cabe destaque ao aresto em que fixada a possibilidade de anterior coisa julgada ser superada para possibilitar nova ação de investigação de paternidade em face de viabilidade de realização de exame de DNA, como forma de garantir ao

---

[1] MELLO FILHO, José Celso de. *Notas sobre o Supremo Tribunal (Império e República)*. 5. ed. Brasília: STF, Secretaria de Altos Estudos, Pesquisas e Gestão de Informação, 2023. p. 88.

interessado o direito de conhecer sua ascendência genética.[2] Outrossim, cumpre acenar ao *decisum* que reconheceu o caráter indicativo, em tom de recomendação – não de imposição –, de preceito do Estatuto da Criança e Adolescente (ECA) voltado a estabelecer sanções a emissoras de rádio e televisão que exibirem programas em horário diverso do registrado pela classificação indicativa.[3]

Ainda, foi de sua relatoria o acórdão em que estabelecida a compreensão sobre a possibilidade de a Administração proceder a desconto nos vencimentos dos servidores públicos por conta dos dias não trabalhados em virtude de greve.[4] No campo processual penal, merece ser ressaltada a deliberação que, pondo fim a cizânia entre as Turmas do Supremo, reconheceu, com efeitos *ex nunc*, a necessidade de os procedimentos especiais observarem a regra do procedimento comum constante do Código de Processo Penal, que prevê o interrogatório como o último ato da instrução.[5]

Da mesma forma, posições mais recentes do homenageado seguem servindo de guia à correta interpretação e aplicação dos direitos fundamentais.

Encarecendo a liberdade de expressão, o Ministro Dias Toffoli foi relator do RE nº 1.010.606, em que, tratando de rumoroso caso, a Corte rejeitou a tese de que suposto "direito ao esquecimento" justificaria óbice à divulgação de fatos verídicos, licitamente obtidos, publicados em meios de comunicação social analógicos ou digitais.[6]

Ainda sobre essa liberdade fundamental, o homenageado relatou três ações diretas de inconstitucionalidade que debatiam a validade da Lei Federal nº 13.188/2015, a qual dispõe sobre o direito de resposta ou a retificação do ofendido em matérias divulgadas por veículo de comunicação social. Ratificando a validade dos comandos legais impugnados, o ministro guiou o Plenário em *decisum* que deu a um artigo da lei interpretação conforme, para o fim de "permitir ao magistrado integrante do tribunal respectivo decidir monocraticamente sobre a concessão de efeito suspensivo a recurso interposto em face de decisão proferida segundo o rito especial do direito de resposta".[7]

Na esteira dos princípios da dignidade humana e da igualdade de gênero, impossível deixar de mencionar a decisão em que o Plenário declarou inconstitucional o uso da tese da legítima defesa da honra em crimes de feminicídio ou de agressão contra mulheres.[8] Igualmente, o Ministro Dias Toffoli liderou o Tribunal no acórdão que reputou válida a Emenda Constitucional nº 45/2004, na parte em que instituiu o incidente de deslocamento de competência, permitindo que graves violações de direitos humanos sejam processadas perante a Justiça Federal, como modo de assegurar o cumprimento de obrigações assumidas pelo Brasil no plano internacional.[9]

---

[2] BRASIL. Supremo Tribunal Federal (Tribunal Pleno). *RE nº 363.889*. Rel. Min. Dias Toffoli, j. em 2.6.2011. Tema 932 de repercussão geral.
[3] BRASIL. Supremo Tribunal Federal (Tribunal Pleno). *ADI nº 2404*. Rel. Min. Dias Toffoli, j. em 31.8.2016.
[4] BRASIL. Supremo Tribunal Federal (Tribunal Pleno). *RE nº 693.456*. Rel. Min. Dias Toffoli, j. em 27.10.2016. Tema 531 de repercussão geral.
[5] BRASIL. Supremo Tribunal Federal (Tribunal Pleno). *HC nº 127.900*. Rel. Min. Dias Toffoli, j. em 3.3.2016.
[6] BRASIL. Supremo Tribunal Federal (Tribunal Pleno). *RE nº 1.010.606*. Rel. Min. Dias Toffoli, j. em 11.2.2021. Tema 786 de repercussão geral.
[7] BRASIL. Supremo Tribunal Federal (Tribunal Pleno). *ADIs nº 5.415, 5.418 e 5.436*. Rel. Min. Dias Toffoli, j. em 11.3.2021.
[8] BRASIL. Supremo Tribunal Federal (Tribunal Pleno). *ADPF nº 779*. Rel. Min. Dias Toffoli, j. em 1º.8.2023.
[9] BRASIL. Supremo Tribunal Federal (Tribunal Pleno). *ADIs nº 3.486 e 3.493*. Rel. Min. Dias Toffoli, j. em 12.9.2023.

Por fim, no particular eleitoral, é digno de nota recente aresto de sua relatoria em que a Suprema Corte reafirmou a própria vocação à proteção dos direitos fundamentais, reputando inconstitucional a prática, tão sórdida quanto comum, das "gravações ambientais clandestinas".[10]

Presente esse cenário jurisdicional, o Ministro Dias Toffoli demonstrou inegável *savoir-faire* no exercício da presidência da Corte, quando deu reiteradas provas de liderança e de discernimento em sua atuação administrativa.

A revelar mais essa faceta da múltipla personalidade do homenageado, basta ter presente que, durante seu mandato, o mundo foi desafiado pela pandemia da Covid-19, com a decretação de estado de calamidade pública no país – circunstância inaudita que exigiu da Corte rápida reinvenção, com atenções voltadas à inovação tecnológica e ao aperfeiçoamento das instâncias virtuais de deliberação.

Operando verdadeira revolução de paradigmas, o ministro assegurou que o Tribunal mantivesse a prestação jurisdicional, ampliando as hipóteses de julgamentos não presenciais: foi autorizada a inclusão em sessão eletrônica de medidas cautelares em ações de controle concentrado, de referendo de medidas cautelares e de tutelas provisórias e demais classes processuais cuja matéria discutida tenha jurisprudência dominante na Corte.[11]

Assim é que, em abril de 2020, ambas as Turmas e o Plenário da Corte realizaram suas primeiras sessões por videoconferência –[12] outra marca histórica que tange a gestão do ministro.

Prosseguindo com inovações, na esteira do que fez como advogado-geral da União (quando, em 2007, concebeu a Câmara de Conciliação e Arbitragem da Administração Federal dentro da estrutura da AGU),[13] o Ministro Dias Toffoli foi o responsável pela idealização e pela implantação do Centro de Mediação e Conciliação (CMC) – verdadeiro marco da institucionalização dos métodos consensuais na jurisdição do STF.[14]

Tema de meu interesse acadêmico, a conciliação em matéria de controle de constitucionalidade ganhou, entre nós, grande impulso após tal iniciativa. Seus frutos são hoje inegáveis: o Tribunal conta atualmente com o Núcleo de Solução Consensual de Conflitos (Nusol), setor estruturado com a atribuição específica de apoiar os gabinetes na busca e implementação de soluções consensuais de conflitos processuais e pré-processuais, bem assim de promover a cooperação judiciária do STF com os demais órgãos do Poder Judiciário.[15]

---

[10] BRASIL. Supremo Tribunal Federal (Tribunal Pleno). *RE nº 1.040.515*. Rel. Min. Dias Toffoli, j. em 29.4.2024. Tema 979 de repercussão geral.

[11] Disponível em: https://portal.stf.jus.br/noticias/verNoticiaDetalhe.asp?idConteudo=451346&ori=1. Acesso em: 15 ago. 2024.

[12] Disponível em: https://portal.stf.jus.br/noticias/verNoticiaDetalhe.asp?idConteudo=441274&ori=1. Acesso em: 15 ago. 2024.

[13] Disponível em: https://www.gov.br/agu/pt-br/composicao/cgu/arquivos/CartilhadaCamaradeConciliacaoeArbitragemdaAPF.pdf. Acesso em: 15 ago. 2024.

[14] Disponível em: https://portal.stf.jus.br/noticias/verNoticiaDetalhe.asp?idConteudo=449159&ori=1. Acesso em: 15 ago. 2024.

[15] Disponível em: https://portal.stf.jus.br/textos/verTexto.asp?servico=cmc&pagina=apresentacao. Acesso em: 15 ago. 2024.

Ao final da gestão do homenageado, os números apresentados tornam desnecessárias maiores considerações: naquele momento, o Tribunal operava com redução de 30% no acervo – o menor nos 24 anos anteriores.[16]

Não menos diligente, o desempenho do ministro como presidente do Conselho Nacional de Justiça (CNJ) alcançou notoriedade por conta das políticas judiciárias e interinstitucionais de forte alcance social.

Durante seu comando, instituiu-se o Formulário Nacional de Avaliação de Risco para a Prevenção e o Enfrentamento de Crimes e demais atos praticados no Contexto de Violência Doméstica e Familiar contra a Mulher, com a implantação do Sistema Nacional de Adoção e Acolhimento (SNA), e o lançamento do Pacto Nacional da Primeira Infância, do Pacto Nacional da Escuta Protegida e do Observatório Nacional sobre Questões Ambientais, Econômicas e Sociais de Alta Complexidade e Grande Impacto e Repercussão.[17]

Em matéria jurisdicional, a presidência do homenageado ficará indelevelmente marcada na história do Supremo Tribunal em razão da agilidade com que encaminhou a julgamento ações que, naquele momento de calamidade, tinham direta relação com o enfrentamento da pandemia então vivenciada.

Muito especialmente, é preciso sempre lembrar o referendo da medida cautelar tomada na ADI nº 6.341 (j. em 15.4.2020), deliberação em que a Corte cuidou da competência dos entes federados para legislar e adotar medidas sanitárias de combate à epidemia. Ante a inércia do Executivo federal no particular, o Tribunal, sob a premissa do federalismo cooperativo, estabeleceu a atribuição comum dos entes federados para a tomada de ações na área da saúde pública.[18]

Do mesmo modo, o referendo do *decisum* acautelador tomado nas ADIs nº 6.342, 6.344, 6.346, 6.348, 6.349, 6.352, 6.354, realizado em 29.4.2020,[19] no qual a Corte declarou a constitucionalidade de grande parte da Medida Provisória nº 927/2020, editada para tentar atenuar os trágicos efeitos sociais e econômicos decorrentes da pandemia do coronavírus (Covid-19), permitindo a conciliação do binômio manutenção de empregos e atividade empresarial.

Em prosseguimento, é impossível ignorar que foi durante a presidência do homenageado que o Brasil, já castigado pelo coronavírus, viu-se envolvido em dificultosa relação institucional, em que a atuação do Executivo pouco colaborava com a harmonia que deve haver entre os poderes.

Dentro desse quadro arestoso – demonstrando grande tirocínio e, mesmo, certo grau de premonição –, foi do Ministro Dias Toffoli a benfazeja decisão de, em março de 2019, instaurar de ofício o inquérito das *fake news* (Inq. nº 4.781), designando para sua presidência, sem maiores delongas, o Ministro Alexandre de Moraes, tudo com o propósito de apurar fatos e infrações relativas a notícias fraudulentas e ameaças então

---

[16] Disponível em: https://portal.stf.jus.br/noticias/verNoticiaDetalhe.asp?idConteudo=451346&ori=1. Acesso em: 15 ago. 2024.

[17] TOFFOLI, José Antonio Dias. *Relatório de Gestão* – Ministro Dias Toffoli: 2018-2020. Brasília: CNJ, 2020. Disponível em: https://www.cnj.jus.br/wp-content/uploads/2020/09/WEB_RELATORIO_GESTAO_CNJ_2018-2020-1.pdf. Acesso em: 15 ago. 2024.

[18] BRASIL. Supremo Tribunal Federal (Tribunal Pleno). *ADI nº 6.341*. Rel. Min. Marco Aurélio. Red. do acórdão: Min. Edson Fachin, j. em 15.4.2020.

[19] BRASIL. Supremo Tribunal Federal (Tribunal Pleno). *ADI nº 6.342 MC-Ref*. Rel. Min. Marco Aurélio. Red. do acórdão: Min. Alexandre de Moraes, j. em 29.4.2020.

veiculadas na internet, que tinham como alvo físico e virtual a Corte, seus ministros e familiares.

Na certeza de que dita providência teve sua validade ratificada pelo Pleno da Corte,[20] tenho reiteradamente lembrado que, naquele contexto de excessiva conturbação e de clara inação de órgãos essenciais à ordem republicana, a iniciativa feliz do Ministro Toffoli serviu de anteparo contra investidas extremistas, que, como hoje se sabe, tinham por objetivo solapar a democracia brasileira, tramando – ora à sorrelfa, ora à luz do dia – um golpe de estado.

Observando a atuação da Corte naquele momento – e ponderando sobre o modo como as instituições nacionais estabeleceram certo modelo de democracia defensiva, intolerante com quem não tolera o regime de liberdades –, não me canso de refletir sobre o quanto seria ultrajante nosso arranjo político atual não fosse o destemor do homenageado.

Nesse mesmo sentido, por ocasião da última sessão plenária do Ministro Toffoli na condição de presidente do STF, o Ministro Alexandre de Moraes, então atuante no TSE, foi preciso ao registrar:[21]

> Vossa Excelência teve a coragem de defender este Tribunal, Vossa Excelência teve a coragem de defender o Poder Judiciário, não só o Supremo Tribunal Federal, não só os Membros deste Tribunal, mas defender a independência e a autonomia do Supremo Tribunal Federal, tomando medidas que foram inicialmente criticadas, mas depois reconhecidamente elogiadas, como quase todas as grandes medidas e inovações que são realizadas.
> Vossa Excelência soube fazer o correto. Preferiu fazer o correto, mesmo que criticado fosse, do que deixar, por comodidade, de fazê-lo.
> Não lhe faltou coragem, Presidente, para manter a histórica tradição deste Supremo Tribunal Federal na defesa dos direitos e garantias fundamentais. Apesar de toda sorte de dificuldades – econômicas, sociais, da pandemia –, Vossa Excelência teve a coragem de garantir a todos os Membros desta Corte e a todos os juízes do Brasil a certeza da retaguarda que este Supremo Tribunal Federal daria para qualquer avanço na independência do Judiciário, para qualquer avanço na autonomia do Judiciário, para qualquer agressão verbal ou física aos membros do Poder Judiciário.

Sob o eco de tais palavras, é preciso reconhecer que, como se vê por meio deste singelo prefácio, são múltiplos os aspectos da vida do homenageado que podem ser explorados, como forma de inspirar mentes e corações na busca por uma jurisdição constitucional dogmaticamente robusta e humanamente justa.

Logo, nada mais legítimo que, na efeméride de seus quinze anos de atuação do Supremo Tribunal, o Ministro Dias Toffoli seja homenageado por meio desta publicação, que se volta a exaltar seus feitos nas mais variadas funções por ele exercidas – advogado, professor, juiz constitucional, gestor.

Não à toa, o presente livro é composto por mais de cento e vinte artigos, de autoria de personalidades notáveis nas mais diversas áreas de atuação: com escritos de dois ex-presidentes do Brasil – José Sarney e Michel Temer –, a obra reúne composições de ministros de Estado e de tribunais superiores, magistrados, parlamentares dos mais

---

[20] BRASIL. Supremo Tribunal Federal (Tribunal Pleno). *ADPF nº 572*. Rel. Min. Edson Fachin, j. em 18.6.2020.

[21] Discurso proferido pelo Min. Alexandre de Moraes, em 9.9.2020, por ocasião da última sessão plenária presidida pelo Min. Dias Toffoli durante sua gestão (Disponível em: https://www.stf.jus.br/arquivo/biblioteca/PastasMinistros/DiasToffoli/Discursos/Homenagem/1187266.pdf. Acesso em: 15 ago. 2024).

variados estratos políticos, advogados, professores, acadêmicos, todos sublinhando um traço da vida ou da obra do Ministro Dias Toffoli que merece ser celebrado.

O que se vê em cada qual dos textos aqui compilados é generosidade de um magistrado que cativa não só pela solidez dogmática de suas decisões, mas ainda por sua postura como ser humano sensível aos problemas sociais e à urgência com que eles precisam ser enfrentados no Brasil.

Em remate, não gostaria de encerrar sem mencionar duas características essenciais que compõem a pessoa do ministro, e que – segundo penso – foram decisivas para que ele alcançasse o prestígio de que hoje goza perante toda a sociedade brasileira.

Primeiramente – a demonstrar o acerto do título da presente obra –, a verdadeira vocação para o diálogo franco e aberto, na busca do consenso rumo ao que seja melhor para o país. Trata-se de verdadeira profissão de fé que o homenageado carrega consigo e que, desde logo, impressionou-me quando tive a alegria de conhecê-lo com maior proximidade.

Pude registrar essa particularidade de seu perfil, quando, secundando a já referida manifestação do Ministro Alexandre, dirigi-me ao homenageado na última sessão do Plenário por ele presidida:[22]

> Se uma das marcas do caráter do Ministro Toffoli, como já foi destacada, é a coragem, a outra, sem dúvida, é aquela que é marcada pelo espírito de construção e de conciliação. Sem dúvida nenhuma, o Ministro Dias Toffoli, desde o começo, trabalhou no sentido de ter uma Corte integrada, composta verdadeiramente por onze Ministros, buscando dar voz e voto a todos os participantes da Corte, em todos os assuntos relacionados com a sua institucionalidade. Certamente esse é um legado. [...]
> Vossa Excelência, portanto, orientou-se seguindo as reclamações e as ponderações feitas pela advocacia. Nós sabemos – vejo o Dr. Marcus Vinicius e faço, na sua pessoa, a homenagem devida que todos nós temos para com a Ordem dos Advogados do Brasil – que isso, de fato, mostra esse processo dialógico que marca a sua gestão, dialogando com todos os partícipes do cenário ou da cena judiciária. Vossa Excelência deu uma importante contribuição à história do Judiciário brasileiro, à independência do Poder Judiciário, bem trabalhando esses conceitos tanto na presidência do CNJ, como na presidência do Supremo Tribunal Federal.
> Aquilo que apontam – e que foi objeto da rápida fala do querido José Paulo Sepúlveda Pertence – como eventual déficit da sua gestão, o diálogo com os demais Poderes, certamente será destacado pela história como um dos seus efetivos legados. Vossa Excelência soube dialogar com todos os Poderes, respeitando as suas peculiaridades e traduzindo as preocupações institucionais da Corte. Democracia exige diálogo, exige paciência e impõe respeito à lei.

É o que se colhe também do discurso proferido pelo Ministro Luís Roberto Barroso na cerimônia em que o homenageado assumiu o comando da Corte: "E aqui destaco [...] uma característica do Ministro Dias Toffoli ao conversar; as pessoas quando conversam, geralmente falam; ele é uma pessoa que conversa ouvindo; e a melhor maneira de convencer as pessoas é com os ouvidos".[23]

---

[22] Discurso por mim proferido, em 9.9.2020, por ocasião da última sessão plenária presidida pelo Min. Dias Toffoli durante sua gestão (Disponível em: https://www.stf.jus.br/arquivo/biblioteca/PastasMinistros/DiasToffoli/Discursos/Homenagem/1187266.pdf. Acesso em: 15 ago. 2024).

[23] BRASIL. Supremo Tribunal Federal. *Posse na presidência do Supremo Tribunal Federal*: Ministro Dias Toffoli – Presidente; Ministro Luiz Fux – Vice-Presidente. Sessão solene realizada em 13 de outubro de 2018. Brasília:

Da mesma forma, é o que se retira das próprias palavras do Ministro Toffoli nessa última solenidade: "Vamos ao diálogo! Vamos ao debate plural e democrático! Não somos apenas passageiros dessa mudança histórica. Somos também construtores do caminho a seguir".[24]

Exaltando essa cativante disposição para o consenso cultivada cotidianamente pelo homenageado, cumpre-me destacar, por último, o relevante papel por ele exercido entre seus pares, seja na Turma, seja no Plenário do Tribunal.

Como decano da Corte, reconheço em Dias Toffoli o magistrado extremamente hábil e qualificado que, de posse da palavra, traz luz aos debates, auxiliando na formação da deliberação conjunta que mais se adéqua à Carta Magna. Substanciosas, suas manifestações têm servido de referência para o Supremo Tribunal, aspecto que, de resto, é evidenciado nos artigos ora coligidos.

A confirmar minhas palavras, trago o testemunho insuspeito do Ministro Celso de Mello, que, por ocasião dos dez anos de Dias Toffoli como integrante do STF (celebrados durante a presidência deste último), reconheceu na pessoa do homenageado:

> o Juiz preparado para enfrentar os sérios desafios e as adversidades que constituem fatores que, longe de desanimarem o espírito do Magistrado responsável, atestam, de modo positivo, a sua competência e a sua capacidade como Chefe nominal do Poder Judiciário de nosso País.[25]

Diante de pronunciamento tão eloquente, nada mais me resta senão, em tom pessoal, expressar o júbilo que trago comigo de poder dizer: parabéns, meu amigo Toffoli.

Desejo a todos proveitosa leitura!

Gilmar Ferreira Mendes
Ministro do Supremo Tribunal Federal. Doutor em Direito pela Universidade de Münster, Alemanha. Professor de Direito Constitucional nos cursos de graduação e pós-graduação do Instituto Brasileiro de Ensino, Desenvolvimento e Pesquisa (IDP).

STF, Secretaria de Documentação, 2019. p. 22.

[24] BRASIL. Supremo Tribunal Federal. *Posse na presidência do Supremo Tribunal Federal*: Ministro Dias Toffoli – Presidente; Ministro Luiz Fux – Vice-Presidente. Sessão solene realizada em 13 de outubro de 2018. Brasília: STF, Secretaria de Documentação, 2019. p. 47.

[25] Discurso proferido pelo Min. Celso de Mello em 23.10.2019, em homenagem ao Min. Dias Toffoli pelos dez anos como integrante no Tribunal (Disponível em: https://www.stf.jus.br/arquivo/biblioteca/PastasMinistros/DiasToffoli/Discursos/Homenagem/1188248.pdf. Acesso em: 15 ago. 2020).

APRESENTAÇÃO

O LEGADO DO MINISTRO DIAS TOFFOLI EM SEUS PRIMEIROS QUINZE ANOS NO SUPREMO TRIBUNAL FEDERAL

Ministro do Supremo Tribunal Federal desde 2009, José Antonio Dias Toffoli, ao longo dos últimos quinze anos, tem sido um magistrado proeminente nos cenários jurídico e político brasileiros. Reconhecido por sua capacidade de fomentar o diálogo e a mediação, o Ministro Toffoli construiu uma carreira marcada por um profundo compromisso com os princípios democráticos e com a justiça social. Mesmo antes de ser indicado ao Supremo Tribunal Federal, o Ministro Dias Toffoli já havia estabelecido um histórico admirável de atuação inovadora e habilidades conciliatórias em outros cargos de destaque na República, o que, certamente, contribuiu para torná-lo um dos mais notáveis ministros na história da Corte.

No Supremo Tribunal Federal, o Ministro Toffoli tem se esmerado na manutenção do diálogo contínuo e franco entre os poderes da República, visando a honrar a autonomia e as prerrogativas institucionais de cada um deles, sem, todavia, comprometer a autoridade da Constituição. Sua atuação tem contribuído, assim, para a manutenção de um ambiente político estável e democrático no país, que ainda passa pela prova do tempo.

Sua visão de que o Judiciário deve atuar de forma a equilibrar interesses divergentes e mediar conflitos reflete uma compreensão profunda e sábia da importância de um equilibrado e harmonioso sistema de freios e contrapesos para a manutenção da democracia. Essa perspectiva tem sido crucial sobretudo em momentos de tensão política, nos quais o Ministro Toffoli tem atuado como força estabilizadora, promovendo o diálogo e a colaboração entre as diversas esferas do Estado.

Além de seu perfil conciliador, o Ministro Toffoli tem demonstrado um compromisso visceral com a inclusão social e a proteção dos direitos fundamentais. Seu histórico de decisões reflete uma preocupação constante com questões que afetam diretamente a vida dos cidadãos, como a defesa das minorias e o combate às desigualdades social, racial e de gênero. Além disso, ele tem sido um defensor bastante ativo do acesso à justiça, sublinhando a essencialidade de se garantir que todos os indivíduos, independentemente de sua posição socioeconômica, possam ser ouvidos pelo sistema de justiça.

Durante sua presidência no Supremo Tribunal Federal, entre 2018 e 2020, o Ministro Toffoli foi pioneiro em várias iniciativas significativas para a modernização da Corte e do Judiciário brasileiro. Sua administração se dedicou a ampliar a transparência e a eficiência dos procedimentos judiciais, impulsionando a incorporação de tecnologias digitais que não apenas aceleraram o trâmite dos processos, mas também simplificaram o acesso a informações. Tal modernização reflete claramente sua perspectiva progressista acerca do papel do Judiciário em um contexto global crescentemente digitalizado e interconectado. As medidas implementadas durante sua gestão posicionaram o Supremo Tribunal Federal na vanguarda da digitalização das cortes supremas, alcançando um patamar de digitalização sem precedentes entre seus equivalentes ao redor do mundo.

Tudo isso é resultado de uma de trajetória que inspira respeito e admiração. Originário de Marília, São Paulo, e com uma formação acadêmica sólida pela Faculdade de Direito do Largo de São Francisco, a prestigiosa faculdade de Direito da USP, o Ministro Dias Toffoli distinguiu-se por uma sensibilidade excepcional, que transcende as fronteiras tradicionais do direito. Essa particularidade lhe rendeu grande notoriedade na formulação de soluções para desafios intrincados, distinguindo-se pela habilidade de sintetizar aspectos jurídicos, sociais e humanísticos em suas decisões.

Como mencionado anteriormente, antes de sua prestigiosa nomeação ao Supremo Tribunal Federal, em 2009, pelo Presidente Lula, o Ministro Dias Toffoli já ostentava uma carreira brilhante e diversificada, tanto na advocacia quanto no serviço público. Desde cedo, ele se destacou por ocupar posições de grande relevância e responsabilidade, como a de subchefe para assuntos jurídicos da Casa Civil, em que sua *expertise* jurídica e sua habilidade de articular soluções complexas para os desafios governamentais foram amplamente reconhecidas. Posteriormente, como Advogado-Geral da União, o Ministro Toffoli mostrou-se incansável na defesa vigorosa dos interesses do Estado brasileiro e de milhões de cidadãos.

Em cada uma dessas funções, o Ministro Toffoli demonstrou não só um profundo conhecimento jurídico, mas também uma rara capacidade de inovar e de encontrar soluções jurídicas que conciliam a eficiência administrativa com o respeito aos princípios constitucionais. Sua trajetória antes de chegar ao Supremo Tribunal Federal reflete uma dedicação ímpar ao serviço público e uma visão de estado voltada ao bem-estar coletivo e à promoção da justiça em todas as suas formas.

Dessa rica e valiosa experiência anterior emergiu a visão singular do Ministro Toffoli sobre a Constituição e o papel do Judiciário. Essa visão transcende o simples formalismo legal, incorporando uma compreensão profunda da função social do direito. Essa perspectiva se reflete em sua atuação no Supremo Tribunal Federal, em que o Ministro Toffoli continua a ser um defensor incansável da Constituição como um instrumento vivo e dinâmico, capaz de se adaptar às necessidades contemporâneas sem perder de vista seus princípios fundadores. Sua trajetória é um testemunho eloquente de como a experiência prática, aliada à reflexão pragmática e ao compromisso com direitos fundamentais, pode moldar um magistrado capaz de influenciar positivamente o destino da nação.

Durante os quinze anos de sua atuação no Supremo Tribunal Federal, o Ministro Dias Toffoli marcou sua trajetória com argumentos técnicos e pragmáticos que moldaram decisivamente o panorama constitucional brasileiro. Ele foi além das disposições textuais da lei, concebendo soluções jurídicas que refletem o dinamismo e a adaptabilidade da Constituição do país. Sua abordagem inovadora incluiu a introdução de interpretações progressistas que estenderam a proteção de direitos fundamentais, influenciando significativamente soluções legislativas posteriores. Além disso, o Ministro Toffoli desempenhou papel-chave na integração de perspectivas interdisciplinares no raciocínio jurídico, o que ajudou a Corte a abordar questões complexas de forma mais holística e informada. Essas contribuições não só fortaleceram o ordenamento nacional, como também garantiram que a jurisprudência nacional permanecesse responsiva diante dos desafios contemporâneos.

A trajetória do Ministro Dias Toffoli nesses últimos quinze anos é um manifesto de sua dedicação inquebrantável aos ideais democráticos e à justiça social. Sua judicatura no Supremo Tribunal Federal solidifica a posição essencial do Judiciário como bastião da Constituição e fortalece a confiança nas instituições brasileiras e em sua habilidade de enfrentar os desafios contemporâneos com integridade e determinação. Seu legado nesses quinze anos de magistratura é um paradigma de liderança judicial engajada na promoção do diálogo institucional e na salvaguarda dos direitos fundamentais de todos os cidadãos. Sua judicatura resplandece como um emblema de seu comprometimento perene com os princípios democráticos e a justiça social e como exemplo evidente de liderança judicial.

Com grande júbilo, celebramos os quinze anos de serviços prestados pelo Ministro Dias Toffoli ao Supremo Tribunal Federal, no qual tem dado importantes contribuições para a consolidação da jurisprudência brasileira e para a interpretação e a aplicação dos princípios constitucionais.

Para marcar essa ocasião, destacamos a seguir quinze decisões memoráveis de sua autoria, cada uma representando um ano de sua brilhante atuação na mais alta corte do país. Essas decisões, que se tornaram verdadeiros marcos em sua carreira, evidenciam suas habilidades jurídicas superlativas e, mais do que isso, revelam sua profunda compreensão dos valores constitucionais que sustentam o *Estado democrático de direito*. A visão pragmática do Ministro Toffoli, aliada a seu compromisso inabalável com a justiça social, manifesta-se em uma justiça que não apenas interpreta a lei, mas a aplica de maneira a servir ao bem comum, garantindo que os direitos fundamentais sejam respeitados e promovidos.

À medida que exploramos essas decisões, torna-se evidente que a liderança do Ministro Dias Toffoli no Supremo Tribunal Federal transcende o simples exercício técnico do direito. Suas decisões, para além de redefinir parâmetros constitucionais e hermenêuticos, colocaram em relevo seu papel de visionário dentro da mais alta Corte brasileira. Os casos que destacamos evidenciam que, ao longo dos últimos quinze anos, o Ministro Toffoli tem demonstrado uma disposição constante em guiar o Tribunal em direção a uma interpretação mais equilibrada e justa da Constituição, refletindo sua dedicação contínua à construção de um sistema jurídico que respeite e enalteça os valores democráticos fundamentais.

Sua postura equilibrada, firme e flexível reafirma, em cada julgamento, seu compromisso com a integridade da Constituição brasileira, que se amolda aos desafios contemporâneos.

Como se perceberá ao final desta apresentação, o legado do Ministro Dias Toffoli no Supremo Tribunal Federal nestes últimos quinzes anos extrapola o campo das decisões marcantes para adentrar no campo das lideranças que inspiram as gerações futuras a construir uma sociedade mais justa e equitativa.

HC nº 101.442: um marco na era digital

Embora não consista em uma decisão paradigmática da Corte, até porque ela não conheceu de seu mérito, o *Habeas Corpus* (HC) nº 101.442 carrega consigo um valor simbólico inestimável. Foi o primeiro *habeas corpus* a ser julgado eletronicamente, em novembro de 2009, logo após a posse do Ministro Dias Toffoli no Supremo, sendo por ele relatado. Vale destacar que, embora não tenha sido o primeiro processo eletrônico decidido na Corte, sua importância reside no marco histórico que representou para a digitalização dos procedimentos judiciais.

Esse caso foi, indiscutivelmente, precursor da evolução da Corte rumo a sua ampla digitalização. Coincidentemente, foi sob a presidência do Ministro Dias Toffoli, em meio aos desafios impostos pela pandemia de Covid-19, que o Supremo Tribunal Federal acelerou sua transição para o ambiente digital. Esse período crítico evidenciou a capacidade da Corte de se adaptar rapidamente às exigências de uma era marcada pela necessidade de continuidade operacional, acessibilidade e transparência. A iniciativa do Ministro Toffoli não só facilitou uma resposta jurídica ágil diante da emergência de saúde, mas também estabeleceu um novo paradigma para os procedimentos judiciais, destacando a importância da inovação tecnológica no fortalecimento do sistema de justiça brasileiro.

A transição para o processo e o julgamento digitais se tornou uma realidade concreta sob a liderança visionária do Ministro Dias Toffoli. Em sua presidência, o Supremo Tribunal Federal não só adotou tecnologias digitais, mas também redefiniu a maneira como a justiça é administrada e acessada no Brasil. Este movimento estratégico foi catalisado pela pandemia de Covid-19, que exigiu uma rápida adaptação dos procedimentos judiciais ao ambiente virtual. A resposta do tribunal, sob a orientação do Ministro Toffoli, não apenas garantiu a continuidade das atividades judiciais sem comprometer a eficácia e a integridade do processo legal, mas também democratizou o acesso à justiça, permitindo maior transparência e participação cívica. Esse legado de inovação digital, iniciado durante um período de crise, agora serve como um modelo robusto para futuras evoluções dentro do sistema judiciário brasileiro, promovendo uma melhor integração entre tecnologia e prestação jurisdicional eficiente.

O HC nº 101.442, embora possa ser considerado um marco inicial modesto, representou o prelúdio de uma série de reformas e inovações mais abrangentes realizadas durante a presidência do Ministro Dias Toffoli. Ele demonstrou que, mesmo nas estruturas mais arraigadas da justiça, a evolução é não apenas viável, mas imperativa. Além de ilustrar a capacidade de adaptação do Judiciário, esse precedente sinalizou uma mudança de paradigma dentro do Supremo Tribunal Federal, com a integração de novas práticas judiciais capazes de responder de forma mais efetiva aos desafios da sociedade contemporânea.

RE nº 363.889/DF: a revogação da coisa julgada e o direito inalienável à paternidade

Em 2011, o Ministro Dias Toffoli conduziu o Supremo Tribunal Federal em um avanço significativo rumo à consolidação de sua missão como guardião da Constituição brasileira. Esse ano marcou um fortalecimento da jurisprudência constitucional, com o Ministro Toffoli advogando por uma interpretação mais dinâmica e adaptativa da lei, em resposta aos desafios contemporâneos e às novas expectativas da sociedade.

Durante o julgamento do Recurso Extraordinário (RE) nº 363.889/DF, que foi considerado sob o rigoroso regime de repercussão geral, o Ministro Dias Toffoli definiu um marco jurisprudencial significativo. Ele determinou que é admissível a propositura de uma nova ação de investigação de paternidade sob certas condições específicas, delineando os critérios com precisão judiciosa. Essas condições abrangem a improcedência inicial da demanda devido à ausência de provas conclusivas, a incapacidade financeira do requerente de arcar com os custos de um exame de DNA e a omissão do Estado em prover os meios financeiros necessários para tal prova. Essa decisão não apenas ampliou o acesso à justiça na esfera de direitos familiares, da criança e do adolescente, mas também reforçou a responsabilidade estatal em facilitar a resolução de questões atinentes ao reconhecimento de paternidade, garantindo, assim, o direito fundamental à busca da ancestralidade biológica.

Dentro desse contexto jurídico, o Ministro Dias Toffoli salientou, em seu voto, que a simples invocação da coisa julgada, isoladamente considerada, não se mostra adequada para dirimir questões atreladas ao direito fundamental à identidade genética. Ele argumentou veementemente a favor da primazia do direito geral da personalidade, sublinhando a relevância inconteste da identidade genética como elemento constitutivo da identidade individual e como alicerce essencial na salvaguarda dos direitos fundamentais. Essa perspectiva enfatiza uma visão mais humanística e evolutiva do direito, reconhecendo que os princípios jurídicos devem servir às necessidades inalienáveis do ser humano em conhecer sua própria origem biológica.

A argúcia e o discernimento do Ministro Dias Toffoli se destacaram vividamente diante das complexidades deste caso. Ele exibiu uma percepção profunda das sutilezas do direito e um talento excepcional para harmonizar os múltiplos interesses em jogo. Sua resolução não apenas espelhou sua habilidade jurídica, mas também sua empatia e seu inabalável compromisso com os ideais de justiça social. Demonstrando-se um paladino incansável dos direitos fundamentais, ele reafirmou seu papel como um vigilante protetor dos princípios constitucionais.

O Ministro Dias Toffoli, a ADI nº 4.430 e a ADI nº 4.795: uma análise da representação proporcional, da soberania popular e da preservação das minorias

Em 2012, o Ministro Dias Toffoli desempenhou um papel crucial nas ações diretas de inconstitucionalidade (ADI) nº 4.430 e nº 4.795, deixando sua marca na jurisprudência constitucional. Na ocasião, ele proferiu o voto que declarou inconstitucional uma disposição específica do art. 47, §2º, da Lei nº 9.504/97, conferindo a ela interpretação conforme à Constituição. Com notável discernimento, assegurou que todos os partidos políticos, inclusive os recém-formados, tivessem direito à distribuição proporcional do tempo de propaganda eleitoral no rádio e na televisão, estipulando que tal distribuição deveria ser baseada na representação parlamentar na Câmara dos Deputados, garantindo, no entanto, um tempo mínimo de exposição para aqueles sem representação parlamentar.

O Ministro Dias Toffoli sublinhou que a solução jurídica adotada era um reflexo da soberania popular, assegurando, ao mesmo tempo, a representatividade proporcional e o direito das minorias à existência. Ele reverenciou a distinção estabelecida entre a propaganda partidária e a propaganda eleitoral, categorias da propaganda político-partidária, e fez referência a um precedente emblemático do estimado Ministro Maurício Corrêa. Ressaltou, além disso, a grande importância do acesso gratuito ao rádio e à televisão para a vitalidade e o desenvolvimento dos partidos políticos, inclusive aqueles desprovidos de representação parlamentar.

O ministro concluiu que a interpretação que restrinja a participação de partidos sem representação parlamentar na propaganda eleitoral gratuita cerceia fundamentalmente um direito ligado tanto à postulação de cargos eletivos quanto à disseminação de propostas e ideias, questões essenciais ao vigor do processo democrático. Para o ministro, entendimento contrário comprometeria sobremaneira a pluralidade e a dinâmica essencial da democracia, obstruindo o fluxo livre de diálogo político e a competição equitativa entre diferentes visões e plataformas políticas.

Contudo, Sua Excelência estabeleceu que a resolução do caso não poderia sustentar um tratamento formalmente igualitário entre todos os partidos, visto que tal abordagem não capturaria a complexidade dos múltiplos fatores que moldam o processo eleitoral brasileiro. Portanto, era imperativo adotar uma interpretação que reconhecesse a legitimidade política dos partidos, considerando adequadamente sua representatividade na Câmara dos Deputados.

Em suma, o Ministro Dias Toffoli, numa solução ousada, mas constitucionalmente harmoniosa, como lhe é de costume, consagrou diversos institutos relacionados ao processo democrático, notadamente a representatividade proporcional dos partidos e a capacidade de as minorias veicularem suas propostas e, eventualmente, assegurarem a eleição de seus representantes para posições influentes no espectro político.

ADI nº 903: a consagração dos direitos das pessoas com deficiência ou dificuldade de locomoção

Em 2013, o Ministro Dias Toffoli, liderando o julgamento da ADI nº 903, enfatizou a essência emancipadora e inclusiva da Constituição Federal do Brasil, particularmente em sua ordem de proteção às pessoas em situação de vulnerabilidade. O Ministro Toffoli instou o Brasil e suas entidades governamentais a adotar políticas inclusivas abrangentes, que englobam emprego, assistência social, previdência e, de maneira crucial, o direito à locomoção – um pilar fundamental para a realização de uma vida plena e digna.

O caso em questão desafiava a constitucionalidade de uma lei do Estado de Minas Gerais que obrigava as empresas concessionárias de transporte coletivo a adaptar seus veículos para facilitar o acesso a eles de pessoas com deficiência física e dificuldade de locomoção.

Em sua exposição, o Ministro Dias Toffoli ressaltou que o direito em questão foi formalmente integrado ao arcabouço constitucional brasileiro mediante a ratificação da Convenção Internacional sobre os Direitos das Pessoas com Deficiência. Este tratado distingue-se por ser o primeiro a ser aprovado conforme o procedimento legislativo estabelecido no art. 5º, §3º, da Constituição Federal. O ministro salientou que esse marco normativo estabelece, de forma inequívoca, a imperativa proteção constitucional aos direitos das pessoas com deficiência, assegurando-lhes acesso a ambientes tanto públicos quanto privados e aos necessários meios de locomoção.

A decisão no caso da ADI nº 903 teve uma repercussão significativa, estabelecendo um marco na defesa dos direitos das pessoas com deficiência no Brasil. Ela reforçou a necessidade de políticas de inclusão e acessibilidade, destacando o papel crucial do Supremo Tribunal Federal como guardião dos direitos fundamentais. A liderança do Ministro Dias Toffoli nesse caso ressaltou seu compromisso com a justiça social e a igualdade de direitos para todos os cidadãos. Essa decisão continua a influenciar a legislação e as políticas públicas, garantindo que os direitos das pessoas com deficiência sejam respeitados e promovidos.

ADI nº 4.876/DF: o delicado balanço entre a supremacia constitucional e a proteção da confiança

Em 2014, o Ministro Dias Toffoli apresentou à Suprema Corte uma questão complexa relacionada à legislação do Estado de Minas Gerais, a qual regularizou a situação de servidores admitidos sem concurso público nessa unidade federativa, inclusive os que foram nomeados após a promulgação da Constituição de 1988. Na ocasião, o ministro reafirmou a doutrina estabelecida pela Corte Suprema, enfatizando a obrigatoriedade do concurso público para a admissão em cargos efetivos posteriormente a 1988. Ele também elucidou a distinção entre estabilidade e efetividade, sublinhando que a garantia de estabilidade, conforme estipulado no art. 19 do Ato das Disposições Constitucionais Transitórias, se aplicava somente àqueles que já estavam em exercício por, no mínimo, cinco anos na data da promulgação da Constituição, sem implicar a efetividade nos cargos.

No entanto, o ministro, após uma análise meticulosa de viés pragmático e consequencialista, sublinhou que a declaração de inconstitucionalidade da disposição em questão com efeitos *ex tunc* poderia comprometer seriamente a prestação contínua dos serviços públicos no Estado de Minas Gerais. Ele apontou que cerca de cem mil pessoas seriam afetadas pela decisão, além de desfazer situações já consolidadas de indivíduos aposentados ou que cumpriam os requisitos necessários para a aposentadoria. Essas consequências tangíveis e significativas não poderiam ser negligenciadas em prol de uma interpretação estritamente rígida da supremacia constitucional.

Assim, o Ministro Dias Toffoli guiou a decisão da Corte com perspicácia, assegurando que a resolução adotada não resultasse em danos irreversíveis para os idosos, que se encontravam em um estágio de vida vulnerável, sem meios adequados para mitigar os impactos adversos de tal decisão. Nesse processo, ele, a um só tempo, protegeu pessoas vulneráveis e preservou a integridade e a continuidade de serviços públicos essenciais. Sua liderança enfatizou um equilíbrio judicioso entre o cumprimento da lei e a sensibilidade à realidade humana, garantindo que as ações judiciais refletissem uma consideração cuidadosa dos direitos e do bem-estar de todos os cidadãos.

HC nº 127.483/PR – Delação premiada e segurança jurídica

Em 2015, o Supremo Tribunal Federal proferiu uma decisão de grande repercussão no HC nº 127.483/PR. O Ministro Dias Toffoli, relator do caso, apresentou um voto abrangente, fundamentado em lições de renomados juristas da doutrina processual, tanto nacionais quanto internacionais, como Ada Pellegrini Grinover, José Frederico

Marques e Cândido Dinamarco, entre outros. O voto, acolhido por unanimidade pelo Plenário da Corte, estabeleceu diretrizes essenciais para uma compreensão clara do instituto da colaboração premiada.

De acordo com o Ministro Toffoli, a colaboração premiada é um meio de obtenção de prova, um instrumento destinado à coleta de evidências que, dependendo de sua eficácia, pode ser utilizado como meio de prova para a condenação de outras pessoas, além do próprio colaborador. Na decisão, foi ressaltada a competência do relator para homologar judicialmente o acordo, limitando-se à verificação de sua regularidade, voluntariedade e legalidade, sem emitir juízo de valor sobre as declarações do colaborador.

O Ministro Toffoli também enfatizou que o acordo de colaboração premiada é um negócio jurídico processual personalíssimo, não sujeito à impugnação por coautores ou partícipes do crime. Ademais, sublinhou que a personalidade do colaborador não é um requisito de validade do acordo, mas um elemento a ser considerado na formulação das cláusulas do acordo e na aplicação da sanção premial pelo juiz na sentença.

Por fim, foi consignado expressamente que "a homologação do acordo de colaboração, por si só, não produz nenhum efeito na esfera jurídica do delatado, uma vez que não é o acordo propriamente dito que poderá atingi-la".

Assim, o entendimento do Ministro Dias Toffoli, neste caso, reflete os princípios da segurança jurídica e da proteção da confiança, garantindo o cumprimento dos compromissos assumidos nos acordos de colaboração.

ADI nº 2.404: a intrincada dança entre classificação indicativa, liberdade de expressão e proteção da criança e do adolescente

Em 2016, o Ministro Dias Toffoli enfrentou uma questão jurídica complexa referente à compatibilidade de uma disposição específica do Estatuto da Criança e do Adolescente com os preceitos constitucionais. Essa disposição propunha sanções para emissoras que desobedecessem às normas de classificação indicativa, colocando em evidência o conflito entre a proteção constitucional das crianças e dos adolescentes e a liberdade de expressão.

Como relator da ADI nº 2.404, o ministro elucidou que, conforme os arts. 5º, inc. IX; 21, inc. XVI; e 220, §3º, inc. I, da Constituição, a classificação de produtos audiovisuais serve para orientar pais e responsáveis sobre a presença de conteúdos potencialmente inadequados, sem conferir à União o poder de impor coercitivamente os horários de transmissão desses conteúdos.

Adicionalmente, ele salientou a relevância de se manter a informação sobre a classificação indicativa de forma constante durante a programação, podendo a negligência quanto a isso resultar em penalidades. Tal prática, entretanto, não eximiria as emissoras de responsabilidade legal por abusos ou danos causados à integridade das crianças e dos adolescentes.

Em seu voto, o Ministro Dias Toffoli destacou o papel do Estado na promoção de um sistema de classificação mais autônomo, inspirado em modelos de autorregulação e corregulação adotados internacionalmente, que equilibram a autogestão das emissoras com a supervisão regulatória.

Consolidou-se, a partir daí, a noção de que o papel do Estado não é o de impor, e sim de capacitar o cidadão, dando a ele informações adequadas para que possa, por si só, dirigir sua vida e sua liberdade.

RE nº 330.817/RJ: imunidades de livros eletrônicos e de seus suportes físicos exclusivos – A Constituição reafirmada pela atualização de seu sentido à luz de novas tecnologias

O Ministro Dias Toffoli, com sua usual sensibilidade ao *zeitgeist* e com o seu *timing* institucional de costume, desempenhou papel crucial no julgamento do RE nº 330.817/RJ (Tema nº 593), que abordou a imunidade tributária de livros eletrônicos (*e-books*) e de seus suportes físicos para leitura.

Em 2017, o Plenário do Supremo Tribunal Federal, sob a relatoria do Ministro Dias Toffoli, decidiu, por unanimidade, que a imunidade tributária, conforme estabelecida no art. 150, inc. VI, alínea "d", da CF/88, se aplica ao livro eletrônico (*e-book*), inclusive aos suportes exclusivamente utilizados para fixá-lo.

A decisão do Ministro Toffoli foi notável por sua interpretação evolutiva da lei, levando em consideração os avanços tecnológicos, sociais e culturais. Ele reconheceu que a interpretação das imunidades tributárias deve se projetar no futuro e levar em conta os novos fenômenos sociais, culturais e tecnológicos.

Ele ponderou que o art. 150, inc. VI, alínea "d", da Constituição não se refere apenas ao método gutenberguiano de produção de livros, jornais e periódicos. O suporte das publicações é apenas o continente (*corpus mechanicum*) que abrange o conteúdo (*corpus misticum*) das obras. Com essa premissa, consignou, por sua vez, que o corpo mecânico não é condição necessária nem suficiente para o gozo da imunidade, pois a variedade de tipos de suporte (tangível ou intangível) que um livro pode ter aponta para a direção de que o aspecto físico só pode ser considerado como elemento acidental no conceito de livro.

A decisão do Ministro Toffoli também abrangeu os aparelhos leitores de livros eletrônicos (ou *e-readers*) confeccionados exclusivamente para esse fim, ainda que, eventualmente, estejam equipados com funcionalidades acessórias ou rudimentares que auxiliam a leitura digital, como dicionário de sinônimos, marcadores, escolha do tipo e do tamanho da fonte etc.

Nessa decisão histórica, portanto, reflete-se a acuidade histórica e adaptável do Ministro Dias Toffoli, que soube interpretar a Constituição Federal de maneira a acompanhar os avanços tecnológicos e culturais, garantindo, assim, a imunidade tributária para os livros eletrônicos e seus suportes, em conformidade com o espírito da Carta Maior.

ARE nº 951.533-AgR: efeitos intertemporais de mudanças de jurisprudência, segurança jurídica e o papel da divergência

A visão do ministro sobre os efeitos intertemporais das mudanças de jurisprudência, a segurança jurídica e o papel da divergência ficou evidente no julgamento do Agravo Regimental (AgR) no Recurso Extraordinário com Agravo (ARE) nº 951.533/ES, realizado em 2018. Inaugurando divergência na Segunda Turma da Corte, o ministro ressaltou a importância da preservação dos princípios da proteção à confiança e da segurança jurídica nos contextos de alteração da jurisprudência.

O debate acirrado sobre a retroatividade da nova interpretação de prescrição de restituição de indébito tributário, anteriormente não prescrita, ilustra os desafios da mudança jurisprudencial. O Ministro Toffoli, contrapondo-se ao entendimento inicial do Ministro Gilmar Mendes, e recebendo apoio dos Ministros Celso de Mello e Ricardo Lewandowski, defendeu a visão de que tal mudança possui uma dimensão constitucional intrínseca, relacionada diretamente à segurança jurídica.

Em seu voto, o Ministro Toffoli realizou um exame histórico, reverenciando a tradição da Corte ao evocar julgado da relatoria da Ministra Ellen Gracie em que o Tribunal firmou o entendimento de que as legislações sobre prescrição tributária devem proteger a certeza do direito e a estabilidade das situações jurídicas. Ele propôs que a mesma lógica fosse aplicada às situações de mudanças de entendimento, sugerindo uma analogia entre os contextos legislativo e jurisprudencial.

O caso reflete, por sua vez, a importância do papel da divergência nas deliberações colegiadas e os desafios que são inerentes a ela. De um lado, a divergência é um retrato de uma Corte livre e democrática, em que os posicionamentos dissonantes podem ser tranquilamente apresentados. De outro, ela ressalta as dificuldades de se identificar o posicionamento constitucional do Tribunal, especialmente como no caso em foco, que envolveu uma maioria simples (3 a 2). Ainda assim, o debate sinalizou a sensibilidade do Ministro Dias Toffoli, sempre voltado à construção de diálogos e pontos de consenso, indicando que essa tensão pode ser tratada ao se internalizar a vivência da institucionalidade da Corte.

RE nº 1.055.941/SP (Tema nº 990 RG): constitucionalidade do compartilhamento dos relatórios de inteligência financeira da UIF

No julgamento do RE nº 1.055.941/SP (Tema nº 990 RG), em 2019, o Ministro Toffoli assentou a constitucionalidade do compartilhamento dos relatórios de inteligência financeira da UIF e da íntegra do procedimento fiscalizatório da Receita Federal do Brasil (RFB) com os órgãos de persecução penal sem a obrigatoriedade de prévia autorização judicial.

De sua fundamentação, aliás, depreende-se sua compreensão republicana da necessidade de se equilibrar a proteção da privacidade com a eficácia da aplicação da lei, tendo ele destacado que "o compartilhamento de informações bancárias com a Receita Federal se insere em um conjunto de medidas de transparência traçado, em esforço global, para o combate a movimentações ilegais de dinheiro no mundo", ao qual o Brasil aderiu.

Além disso, vale lembrar que o Ministro Toffoli já havia sido relator da ADI nº 2.390/DF, em que defendeu a constitucionalidade do acesso pelo Fisco a dados bancários dos contribuintes sem necessidade de autorização judicial, nos termos da LC nº 104/2001 e da LC nº 105/2001.

Novamente, a habilidade do Ministro Toffoli em dissecar questões de grande complexidade e proferir decisões equilibradas é evidenciada, merecendo aplausos seu alinhamento com as melhores práticas de transparência desenvolvidas mundo afora.

ADI nº 6.590 MC-REF: a ousadia iluminada de Dias Toffoli na defesa da educação inclusiva

Em uma decisão histórica proferida em 2020 e referendada pelo Plenário, o Ministro Dias Toffoli suspendeu a eficácia do Decreto nº 10.502/2020, que instituiu a Política Nacional de Educação Especial Equitativa, Inclusiva e com Aprendizado ao Longo da Vida. Segundo o Ministro Toffoli, o paradigma da educação inclusiva é resultado de um processo de conquistas sociais que afastaram a ideia de vivência segregada das pessoas com deficiência ou necessidades especiais para inseri-las no contexto da comunidade.

Com um olhar atento à educação inclusiva, princípio enraizado na Constituição brasileira e reiterado pela Convenção Internacional sobre os Direitos das Pessoas com Deficiência – documento que ascendeu ao patamar constitucional –, o ministro defendeu enfaticamente a integração das pessoas com deficiência no sistema educacional convencional. Segundo ele, é imperativo fomentar um ambiente educacional que celebre a diversidade e fomente a inclusão, criando espaços pluralistas e acolhedores que permitam a todos os estudantes, independentemente de suas particularidades, aprender conjuntamente e se desenvolver integralmente. Concluiu, então, que subverter esse paradigma significa, além de grave ofensa à Constituição de 1988, um retrocesso na proteção de direitos desses indivíduos.

Portanto, em sua visão constitucional, a educação inclusiva transcende a mera modalidade de ensino, estabelecendo-se como um paradigma constitucional que norteia a formação educacional de todas as crianças, assegurando o respeito e a valorização de suas individualidades. Nesse ponto, o ministro também fez referência à Declaração de Salamanca, que consolida o princípio de que todas as crianças, com ou sem dificuldades, devem aprender juntas, ressaltando que esse é o alicerce para a construção de uma sociedade verdadeiramente inclusiva e fraterna.

É digno de nota que o Ministro Dias Toffoli, também relator da ADI nº 903, destacou-se por sua interpretação pioneira, que reconheceu o caráter constitucional da Convenção sobre os Direitos das Pessoas com Deficiência, influenciando profundamente a interpretação de todo o arcabouço legal brasileiro.

ADI nº 5.529: o papel decisivo do Ministro Dias Toffoli na resolução da proteção temporal excessiva da propriedade intelectual – Uma vitória para a inovação e a justiça social

Em 2021, o Ministro Dias Toffoli desempenhou um papel crucial na ADI nº 5.529, assumindo a liderança em um debate jurídico de extrema importância para o futuro da propriedade industrial no Brasil. A ação contestava o parágrafo único do art. 40 da Lei nº 9.279/96, que, ao permitir a extensão indefinida do prazo de vigência de patentes em função de atrasos administrativos na análise dos pedidos, criava um cenário de incerteza jurídica e desincentivava a inovação. Tal disposição legal, ao não estabelecer limites claros para a duração dos direitos de patente, gerava um ambiente propenso ao monopólio prolongado, o que poderia restringir o acesso a novas tecnologias e medicamentos, além de dificultar o dinamismo necessário ao desenvolvimento econômico.

Com uma análise meticulosa e sensível às complexidades envolvidas, o Ministro Toffoli reconheceu que a perpetuação indefinida de patentes sufocava a inovação tecnológica e impunha pesados ônus sociais, especialmente para as camadas mais vulneráveis da população. Ele ressaltou que esse prolongamento artificial dos direitos de patente afetava diretamente o acesso a medicamentos essenciais, elevando seus custos e, consequentemente, dificultando a implementação de políticas públicas de saúde. Além disso, o ministro sublinhou a responsabilidade do Estado em garantir que seus recursos orçamentários limitados fossem empregados de maneira eficaz, sem que fossem onerados indevidamente pela aquisição de medicamentos a preços inflacionados por causa de patentes prolongadas além do razoável. Ao enfatizar a importância de um equilíbrio entre a proteção da propriedade intelectual e o bem-estar social, o Ministro Toffoli demonstrou um compromisso firme com a justiça social e a promoção de uma sociedade mais equitativa, em que o acesso à saúde e à inovação não seja privilégio de poucos, e sim um direito de todos.

O Ministro Dias Toffoli, com seu olhar atento aos detalhes e seu compromisso com a eficiência administrativa, destacou de forma contundente o problema crônico do *backlog* no Instituto Nacional da Propriedade Industrial (INPI). Esse acúmulo preocupante, que atingia a marca de 143.815 processos pendentes, refletia um cenário particularmente alarmante nos setores de telecomunicações e de fármacos, áreas cruciais para o desenvolvimento tecnológico e a saúde pública. O ministro, ao analisar essa questão com a argúcia que lhe é característica, argumentou que a extensão indefinida dos prazos de patentes exacerbou esse acúmulo de processos e criou um efeito cascata de ineficiência e insegurança jurídica. Essa situação não só retardava o progresso científico e tecnológico, mas também impunha barreiras significativas ao acesso a medicamentos e inovações, prejudicando tanto o mercado quanto a população que deles depende. O Ministro Toffoli sublinhou que tal cenário, se não enfrentado com medidas eficazes, poderia comprometer gravemente a competitividade do país e o bem-estar de seus cidadãos.

Demonstrando equilíbrio e sensatez, o Ministro Toffoli, ciente das complexidades inerentes à transição jurídica e ao impacto de suas decisões, propôs a modulação dos efeitos da decisão da ADI nº 5.529. Em sua proposta, o ministro assegurou que as extensões de prazo já concedidas com base na legislação em questão fossem preservadas, mantendo, assim, a validade das patentes vigentes e evitando um colapso imediato no setor de propriedade industrial. Essa abordagem equilibrada evidencia não apenas sua habilidade em navegar pelos desafios jurídicos de maneira prudente, mas também sua sensibilidade em considerar as implicações econômicas e sociais mais amplas de suas decisões. Ao preservar os direitos já adquiridos, Toffoli buscou evitar o caos jurídico e econômico que poderia advir de uma mudança abrupta, garantindo, simultaneamente, que a transição para um sistema mais justo e eficiente fosse conduzida com o devido cuidado. Essa postura, marcada por um profundo senso de responsabilidade e justiça, reafirma sua dedicação em harmonizar o rigor jurídico com as necessidades práticas da sociedade.

A decisão proferida na ADI nº 5.529, sob a liderança do Ministro Dias Toffoli, representa um marco substancial na proteção da propriedade industrial no Brasil. Ao enfrentar a complexa questão da prorrogação indefinida de patentes, o ministro trouxe à luz não só a necessidade de se reavaliarem as práticas que até então prevaleciam, mas também evidenciou sua profunda compreensão das intricadas engrenagens do sistema de patentes. Ele demonstrou, com clareza e discernimento, como tais prorrogações, ao perpetuar um ambiente de insegurança jurídica, poderiam sufocar a inovação tecnológica e impor graves consequências sociais e econômicas, especialmente para as camadas mais vulneráveis da sociedade.

A atuação de Toffoli nesse caso revela uma rara combinação de rigor técnico e sensibilidade social, uma abordagem que reconhece a propriedade intelectual como uma ferramenta crucial para o progresso, mas que também impõe limites claros para evitar abusos e garantir que a inovação sirva ao bem comum. Sua decisão de modular os efeitos da decisão do Supremo, preservando as patentes já concedidas, demonstra uma preocupação não apenas com a justiça imediata, mas com a estabilidade e a continuidade do setor industrial, evitando uma ruptura brusca que poderia ter efeitos adversos no mercado e na economia.

A liderança do Ministro Toffoli na ADI nº 5.529 é um testemunho de seu compromisso com a justiça, a inovação e o bem-estar social. Nela, ele reafirma sua visão de que o direito deve ser um instrumento de equilíbrio, capaz de promover o desenvolvimento econômico ao mesmo tempo que protege os direitos fundamentais e garante que as políticas públicas atendam às necessidades da sociedade de maneira equitativa e sustentável.

ADI nº 6.926: o Ministro Dias Toffoli e a conectividade na educação durante a pandemia de Covid-19

Em 2022, o Ministro Dias Toffoli, com sua aguda sensibilidade para os desafios contemporâneos e uma visão profundamente enraizada nos valores constitucionais, desempenhou um papel decisivo no julgamento da ADI nº 6.926/DF. Este caso, de extrema relevância social, tratava da Lei nº 14.172, de 10.6.2021, promulgada com o nobre objetivo de garantir a conectividade à internet para estudantes e professores da educação básica pública, em meio à severa crise provocada pela pandemia de Covid-19.

Durante o julgamento, o Ministro Toffoli destacou a importância inquestionável da conectividade como pilar indispensável para a educação em tempos de adversidade. Ele destacou que o direito à educação, consagrado pela Constituição de 1988 como o primeiro dos direitos sociais, estava em plena harmonia com os propósitos da Lei nº 14.172/21. Com sua habitual clareza e precisão, Sua Excelência reafirmou o dever do Estado de assegurar o acesso universal à educação, especialmente em momentos críticos, quando o direito à aprendizagem se torna ainda mais vital para a formação das futuras gerações.

Demonstrando seu compromisso com a eficácia das políticas públicas, o ministro também se aprofundou na análise da medida cautelar que suspendeu o art. 2º, §3º, da referida lei, posteriormente ajustado pela Lei nº 14.351/22. Ele reconheceu que a prorrogação do prazo para a aplicação dos recursos transferidos pela União era uma medida essencial para garantir que os fundos destinados à conectividade nas escolas públicas fossem utilizados de forma eficiente e atingissem aqueles que mais necessitavam dessa infraestrutura vital.

Em sua análise criteriosa, o Ministro Toffoli ressaltou a urgência de políticas públicas que assegurassem a conectividade nas escolas e o acesso à internet para todos os estudantes e professores. Ele trouxe à tona importantes estudos do Unicef e do Centro Regional de Estudos para o Desenvolvimento da Sociedade da Informação que evidenciaram os profundos impactos negativos da falta de dispositivos eletrônicos e de acesso à internet nas residências dos alunos. Esses desafios, conforme enfatizado pelo Ministro Toffoli, comprometeram gravemente a continuidade das atividades pedagógicas durante a pandemia, exacerbando as desigualdades já existentes no sistema educacional.

O Ministro Dias Toffoli, em mais uma demonstração de sua visão humanista e de sua capacidade de liderança, reafirmou a centralidade da conectividade para a garantia do direito à educação em tempos de crise. Sua atuação reforçou a proteção de um direito fundamental e colaborou efetivamente para a promoção de uma educação inclusiva e equitativa para todos os brasileiros, especialmente para os mais vulneráveis. Sua liderança neste julgamento é mais um claro testemunho de sua dedicação à justiça social e à construção de um país mais justo e igualitário.

ADPF nº 779: equidade de gênero – O papel do Ministro Dias Toffoli na rejeição da tese da legítima defesa da honra

Em 2023, o Ministro Dias Toffoli desempenhou um papel muito importante na promoção da equidade de gênero no âmbito jurídico, ao conduzir o julgamento da Arguição de Descumprimento de Preceito Fundamental (ADPF) nº 779. A medida cautelar, inicialmente concedida por ele e referendada pelo Plenário em 2021, representou um passo decisivo na erradicação de práticas arcaicas e injustas que ainda permeavam o sistema legal brasileiro.

A atuação do Ministro Toffoli nesse caso foi marcada por uma abordagem firme e resoluta contra a utilização da chamada "legítima defesa da honra", um argumento retrógrado que, por décadas, foi empregado para justificar feminicídios e agressões contra mulheres. Com perspicácia e um profundo compromisso com os valores constitucionais, o ministro destacou que tal recurso é absolutamente incompatível com os princípios fundamentais da dignidade da pessoa humana, da proteção da vida e da igualdade de gênero, todos pilares inabaláveis da ordem constitucional brasileira.

O Ministro Toffoli enfatizou que a aceitação dessa tese não só afronta os direitos das mulheres, mas também tem o potencial de perpetuar a violência de gênero ao isentar seus perpetradores das devidas punições legais. Ele argumentou, com clareza e convicção, que a "legítima defesa da honra" não pode ser invocada como um direito inerente à plenitude de defesa garantida pelo tribunal do júri, pois tal argumento não deve, em hipótese alguma, servir como instrumento de defesa para práticas ilícitas e moralmente condenáveis.

Ao longo de sua análise, o Ministro Toffoli reforçou a prevalência dos direitos fundamentais – dignidade da pessoa humana, vedação de todas as formas de discriminação, direito à igualdade e direito à vida – em todas as circunstâncias. Sua visão iluminada contribuiu para que a decisão na ADPF nº 779 se consolidasse como um marco histórico na luta pela equidade de gênero no Brasil, reafirmando o compromisso do país com a proteção dos direitos das mulheres e com a eliminação da violência de gênero.

A atuação exemplar do Ministro Dias Toffoli neste caso não só reafirma suas qualidades como magistrado profundamente comprometido com a justiça e a igualdade, mas também representa um marco na defesa dos direitos das mulheres no Brasil. Ao enfrentar de maneira firme e decidida o argumento da "legítima defesa da honra", o

Ministro Toffoli ajudou a desmantelar um dos últimos resquícios de uma cultura patriarcal que, por muito tempo, legitimou e perpetuou a violência de gênero em nossa sociedade.

Sua liderança nesse julgamento fortaleceu significativamente o arcabouço jurídico que protege as mulheres contra a violência, enviando uma mensagem inequívoca de que o Estado brasileiro não tolerará mais justificativas arcaicas para crimes de feminicídio e agressão. Essa decisão, além de proteger as vítimas de violência, contribui para a transformação da sociedade, promovendo um ambiente no qual a igualdade de gênero não seja apenas um ideal, mas uma realidade vivida por todas as mulheres.

Além disso, ao garantir que princípios fundamentais como a dignidade da pessoa humana, o direito à vida, e a igualdade de gênero prevaleçam, o Ministro Toffoli reforçou o compromisso do Brasil com a construção de uma sociedade mais justa e equânime. Sua decisão na ADPF nº 779 é um testemunho de sua dedicação inabalável aos direitos humanos e serve como um farol para futuras gerações, guiando o caminho para uma justiça que verdadeiramente respeita e valoriza a vida de todas as mulheres brasileiras.

Essa decisão, portanto, é, para além de um triunfo jurídico da igualdade, um símbolo poderoso de resistência e progresso, que ressoa profundamente os anseios de milhões de mulheres que, diariamente, lutam por respeito, dignidade e igualdade. Ao colocar um fim na utilização do argumento da "legítima defesa da honra", o Ministro Toffoli ajudou a pavimentar o caminho para um Brasil no qual as mulheres possam viver livres do medo e da opressão, e em que a justiça realmente reflita os valores de uma sociedade civilizada e compassiva.

RE nº 1.040.515: a proibição da gravação ambiental em processos eleitorais

Em 2024, o Ministro Dias Toffoli conduziu uma importante mudança de posicionamento da Suprema Corte no RE nº 1.040.515, que determinou a proibição da utilização de gravações ambientais em processos eleitorais. A decisão, dotada de repercussão geral, abordou o Tema nº 979, sobre a ilicitude de provas obtidas por meio de gravação ambiental clandestina no contexto eleitoral.

O Ministro Toffoli, sempre atento às particularidades que diferenciam o processo eleitoral de outros contextos jurídicos, destacou que, embora o Supremo Tribunal Federal tenha validado a prova obtida por meio de gravação ambiental realizada por um dos interlocutores sem autorização judicial no julgamento do RE nº 583.937/RJ, as especificidades do ambiente eleitoral demandam uma solução jurídica distinta e mais cautelosa.

Com uma análise muito bem fundamentada, o ministro sublinhou que a produção de provas deve ser realizada à luz de um juízo de ponderação e proporcionalidade entre o princípio da liberdade probatória e o da vedação de provas ilícitas, conforme estabelecido nos incs. X, XI e LVI do art. 5º da Constituição Federal. Essa visão reflete seu compromisso com a proteção dos direitos fundamentais, particularmente os direitos à privacidade e à intimidade, que ganham especial relevância no acirrado ambiente das disputas político-eleitorais.

Nesse caso, o Ministro Toffoli argumentou com clareza que gravações ambientais realizadas em espaços privados, sobretudo em contextos eleitorais, muitas vezes, se revestem de intenções maliciosas, derivando de arranjos preestabelecidos com o objetivo de induzir ou instigar flagrantes preparados. Tal prática, segundo Toffoli, compromete a lisura do processo eleitoral, tornando esse meio de prova inapto para sua admissão em juízo.

A decisão proferida pelo Ministro Dias Toffoli no RE nº 1.040.515 estabelece um marco significativo na jurisprudência brasileira ao definir limites claros e precisos para a obtenção de provas em processos eleitorais, reiterando seu compromisso com a proteção dos direitos fundamentais. Ao traçar essas fronteiras, o Ministro Toffoli reafirmou a inviolabilidade dos direitos à privacidade e à intimidade, pilares de uma sociedade verdadeiramente democrática. Essa decisão, fruto de sua análise meticulosa e de uma visão jurídica aguçada, evidencia sua capacidade ímpar de enfrentar e resolver questões jurídicas de alta complexidade.

Além disso, o julgamento reflete a coragem do ministro de questionar e revisar entendimentos que, até então, pareciam consolidados. O Ministro Toffoli demonstrou que a evolução da jurisprudência deve ser acompanhada de uma sensibilidade às particularidades de cada caso, especialmente quando estão em jogo os princípios que sustentam o Estado democrático de direito. Sua atuação ilustra a firmeza de suas convicções e sua flexibilidade intelectual para adaptar a interpretação da Constituição às demandas contemporâneas, garantindo, assim, que a justiça seja aplicada de maneira justa e equilibrada.

Considerações finais

Celebrar os quinze anos do Ministro Dias Toffoli no Supremo Tribunal Federal é, sem dúvida, refletir sobre a construção da jurisprudência brasileira contemporânea e sobre a própria manutenção da democracia e da República.

Durante esse período, o Ministro Dias Toffoli demonstrou uma combinação admirável de sabedoria e parcimônia, revelando uma abertura ao diálogo que é essencial para a construção de consensos em meio à alta complexidade dos casos submetidos ao crivo do Supremo Tribunal Federal. Sua visão estratégica e sua capacidade de articular ideias com clareza e visão de futuro têm sido fundamentais para guiar a Corte em decisões de grande impacto social e político. Além disso, o Ministro Toffoli se destacou por seu equilíbrio exemplar, sempre buscando harmonizar os interesses conflitantes com um rigor intelectual que reflete seu profundo compromisso com a justiça e com o equilíbrio entre os poderes da República.

Desde o início de sua atuação no Supremo, o Ministro Toffoli se balizou por uma filosofia judicial pautada pelo equilíbrio meticuloso entre a letra da lei e a realidade social. Seu compromisso com a justiça e a democracia transparece em cada uma de suas decisões, que constantemente reforçam a afirmação dos direitos fundamentais, o equilíbrio federativo e a promoção dos ideais democráticos. Para o Ministro Toffoli, a Constituição é uma instituição dinâmica que deve se adaptar às mudanças e evoluções da sociedade para continuar a servir como farol de justiça.

O Ministro Dias Toffoli também tem se destacado por sua habilidade em fomentar diálogos e mediar conflitos, tanto dentro do Supremo Tribunal Federal quanto entre os diversos poderes da República. Em momentos críticos da história recente do país, sua atuação foi crucial para garantir a harmonia institucional, evitando que tensões se transformassem em crises insuperáveis. O Ministro Toffoli, ao longo desses quinze anos de magistratura, tem demonstrado uma capacidade notável para construir pontes entre diferentes correntes de pensamento e grupos de interesse, promovendo a compreensão mútua e a cooperação entre instituições que, por vezes, parecem estar em rota de colisão. Sua habilidade em fomentar o entendimento mútuo e promover a cooperação institucional tem sido fundamental para a manutenção do equilíbrio entre os poderes, reforçando a estabilidade democrática e garantindo que as decisões da Suprema Corte sejam respeitadas sem afronta aos demais poderes e atores políticos.

Ao longo de sua carreira no Supremo Tribunal Federal, o Ministro Dias Toffoli tem se deparado com desafios complexos e controvérsias intensas, enfrentando com tranquilidade e coragem o escrutínio público. Mesmo diante dos mais complexos desafios, ele se manteve inabalável em seus princípios, dignificando a posição que ocupa na mais alta corte do país. Sua integridade e sua dedicação incansável ao serviço público inspiram colegas, colaboradores e todos aqueles que acompanham seu trabalho no Supremo Tribunal Federal.

Os quinze anos do Ministro Dias Toffoli na Suprema Corte não são apenas um marco excepcional em sua carreira. Eles também representam um período de importante e notória transformação para o Judiciário Nacional e para a jurisprudência brasileira. Sua dedicação a seu ofício, sua visão de futuro, sua *expertise* e seu firme compromisso com a justiça já deixaram um legado que, sem dúvida, continuará a influenciar o direito brasileiro por muitos anos, inspirando as futuras gerações de juristas.

Celebremos, portanto, não apenas os quinze anos do Ministro Toffoli no Supremo Tribunal Federal, mas os princípios constitucionais e valores democráticos que ele consolidou e enalteceu no cenário jurídico nacional.

Esta obra, por nós coordenada, que reúne contribuições de inúmeros juristas, ministros, políticos, amigos e autoridades públicas, presta uma merecida homenagem à história e ao legado do Ministro Dias Toffoli. Cada página reflete a admiração e o respeito que ele conquistou ao longo de sua carreira, marcada pela integridade, pelo compromisso inabalável com a justiça e pela capacidade de construir pontes entre divergentes, em prol do bem comum. A obra celebra não apenas suas realizações no Supremo Tribunal Federal, mas também sua influência duradoura no cenário jurídico e institucional do Brasil, no qual se destaca como guardião da Constituição e defensor incansável dos valores democráticos que sustentam nossa sociedade.

Daiane Nogueira de Lira

Conselheira do CNJ. Advogada da União. Ex-Secretária-Geral da Presidência do STF. Ex-Chefe de Gabinete de Ministro do STF. Doutoranda em Direito do Estado pela USP. Mestre em Direito e Políticas Públicas pelo Uniceub. Professora da Escola da AGU.

Alexandre Freire

Conselheiro Diretor da Agência Nacional de Telecomunicações – Anatel. *Visiting Professor* na Wolfgang Goethe Universität Frankfurt am Main. Doutor em Direito pela PUC-SP. Mestre em Direito pela UFPR. Ex-Assessor Especial da Presidência do STF. Professor da Universidade Nove de Julho (SP) e do IDP (Brasília).

A GRAVAÇÃO CLANDESTINA EM AMBIENTE PRIVADO COMO PROVA NO PROCESSO ELEITORAL: DA CONTROVÉRSIA JURISPRUDENCIAL À SOLUÇÃO PARADIGMÁTICA DO TEMA 979/STF

ADMAR GONZAGA NETO

Considerações iniciais

Gravação ambiental é tema que sempre suscita intensas discussões no âmbito dos tribunais, em razão do conflito presente entre o direito à prova, como desdobramento da garantia constitucional da inafastabilidade da jurisdição (art. 5º, XXXV[1]) e do direito ao resguardo da privacidade e da intimidade (art. 5º, X[2]) e das comunicações (art. 5º, XII[3]).

Além dessa tensão entre normas de cariz constitucional, a matéria tem peculiar relevância na apuração de ilícitos cíveis-eleitorais e penais-eleitorais – os quais normalmente são praticados de forma escamoteada –, sendo comum as situações em que o eleitor ou mesmo agentes públicos documentam o teor de conversa entre sujeitos envolvidos em campanha eleitoral.

O principal debate diz respeito à existência ou não de reserva de jurisdição para as medidas, bem como os efeitos decorrentes da colheita da prova sem a observância dessa cláusula, considerado o disposto no art. 5º, LVI,[4] da Constituição Federal.

No âmbito do Tribunal Superior Eleitoral e do Supremo Tribunal Federal, há diversos precedentes em um e outro sentido, cuja análise constitui o objeto do presente artigo, partindo da evolução histórica da jurisprudência até a solução dada pelo Supremo Tribunal Federal ao julgar o Recurso Extraordinário 1.040.515, de relatoria do Min. Dias Toffoli, o qual consagrou tese que honra a trajetória eleitoralista de Sua Excelência.

---

[1] XXXV - a lei não excluirá da apreciação do Poder Judiciário lesão ou ameaça a direito.
[2] X - são invioláveis a intimidade, a vida privada, a honra e a imagem das pessoas, assegurado o direito a indenização pelo dano material ou moral decorrente de sua violação;
[3] XII - é inviolável o sigilo da correspondência e das comunicações telegráficas, de dados e das comunicações telefônicas, salvo, no último caso, por ordem judicial, nas hipóteses e na forma que a lei estabelecer para fins de investigação criminal ou instrução processual penal;
[4] LVI - são inadmissíveis, no processo, as provas obtidas por meios ilícitos.

O exame crítico desse histórico jurisprudencial e do papel determinante do Ministro Dias Toffoli na definição de parâmetros hermenêuticos mais sólidos acerca do tema são o cerne do presente artigo, elaborado a partir da pesquisa bibliográfica de doutrina e jurisprudência, cujo resultado será exposto adiante.

Aspectos gerais da gravação ambiental e da interceptação ambiental e o seu uso como prova no processo

Antes de adentrar no exame da evolução jurisprudencial de forma mais verticalizada, cumpre divisar as principais hipóteses de captação de áudio e vídeo em conversa ambiente, as quais têm, como parâmetro, o sujeito que realiza a coleta, se terceiro ou interlocutor, e a ciência de um ou mais envolvidos na conversa.

A interceptação ambiental é a captação de sinais, sons e imagens por terceiro, sem o conhecimento dos interlocutores. Trata-se de hipótese contemplada no art. 3º, II, da Lei n. 12.850/2013,[5] como meio investigativo atribuído aos órgãos persecutórios.

A escuta ambiental, por sua vez, é a captação de sinais, sons e imagens por terceiro, com o conhecimento de um dos interlocutores.

Ambas as hipóteses acima, por tratarem de atuação de terceiro, estão sujeitas à reserva de jurisdição. Não há controvérsia a esse respeito.

Diversa é a situação da gravação ambiental, que é realizada por um dos interlocutores sem o conhecimento do outro.

Essa distinção tem eco na doutrina, *in verbis*:

> Não se deve confundir interceptação com escuta, nem, nem tampouco com gravação ambiental. A interceptação ocorre sem o conhecimento dos interlocutores, ou seja, nenhum deles tem consciência de que o conteúdo da comunicação está sendo captado por um terceiro; na escuta, um dos interlocutores tem conhecimento da ingerência de um terceiro na comunicação; a gravação é a captação feita diretamente por um dos comunicadores, sem a interferência de um terceiro.[6]

Em relação à interceptação e à escuta ambientais, não há maiores dúvidas: ambas exigem a prévia autorização judicial para eventual licitude do material probatório colhido.

Conforme já afirmado, a questão central reside na cláusula de reserva jurisdicional na gravação ambiental – com a ciência de um dos envolvidos –, tema que já foi objeto de dissonância entre duas correntes jurisprudenciais, tanto no âmbito do Tribunal Superior Eleitoral e do Supremo Tribunal Federal, a qual somente foi resolvida a partir do paradigmático voto do Ministro Dias Toffoli.

---

[5] Art. 3º Em qualquer fase da persecução penal, serão permitidos, sem prejuízo de outros já previstos em lei, os seguintes meios de obtenção da prova:
[...]
II - captação ambiental de sinais eletromagnéticos, ópticos ou acústicos;

[6] LIMA, Renato Brasileiro de. *Pacote Anticrime*: Comentários à Lei n. 13.964/2019 artigo por artigo. Salvador: Juspodivm, 2020. p. 440.

A jurisprudência do Tribunal Superior Eleitoral

Um dos primeiros julgados nos quais se abordou a gravação ambiental foi o AgR-REspe 25.214, de relatoria do Min. Cesar Asfor Rocha e julgado em 7.3.2006, no qual se concluiu que *"a gravação efetuada por um dos interlocutores que se vê envolvido nos fatos que, em tese, são tidos como criminosos é prova lícita e pode servir de elemento probatório para a notitia criminis e para a persecução criminal"*.

O voto do relator se baseou em precedente do Superior Tribunal de Justiça[7] que já àquela época assentava a licitude da prova resultante de gravação ambiental clandestina, por entender se tratar de mera documentação de conversa da qual o interlocutor participara e sobre a qual poderia prestar depoimento em juízo.

O Ministro Marco Aurélio proferiu voto divergente, por considerar que a jurisprudência do Supremo Tribunal Federal apenas admitiria a gravação ambiental clandestina quando utilizada em favor da defesa, o que não era o caso discutido naqueles autos.

No entanto, prevaleceu a ótica do relator, segundo a qual é lícita a gravação de conversa ambiente não acobertada pela cláusula de sigilo, seja porque a conversa poderia ser relatada em juízo, seja porque a gravação ambiental não se confunde com a interceptação telefônica, esta sim protegida pela parte final do inciso XII do art. 5º da Constituição Federal.

Essa orientação foi confirmada em inúmeros outros precedentes, preservando-se, no geral, a mesma fundamentação. Destacam-se: AgR-REspe 258-67, rel. Min. Caputo Bastos, DJ de 20.11.2006; AgR-REspe 36.992, rel. Min. Cármen Lúcia, DJE de 28.9.2010; e AgR-REspe 36.359, rel. Min. Gilson Dipp, DJE de 18.8.2011.

Como se vê, o entendimento a respeito da licitude da gravação ambiental permaneceu consolidado durante aproximadamente seis anos, mesmo após sucessivas alterações na composição do Plenário da Corte Superior eleitoral.

Em 1º.12.2011, houve novo debate no julgamento do REspe 499-28, de relatoria da Ministra Nancy Andrighi, no qual o Plenário, por maioria, reafirmou que a gravação ambiental realizada por um dos interlocutores, sem o conhecimento do outro, é prova lícita.

Naquela oportunidade, além da ratificação dos fundamentos referidos alhures, o Tribunal travou discussão acerca da condição de interlocutor de quem efetuou a gravação. É que, no caso, a Corte de origem havia consignado se tratar de terceiro, que se manifestou de forma meramente pontual.

A relatora entendeu que esse terceiro era interlocutor, por estar presente ao encontro e ter se manifestado, ainda que de forma lacônica.

O Ministro Gilson Dipp, por sua vez, vislumbrou óbice ao conhecimento da questão, por se tratar de matéria fática incompatível com os recursos de natureza extraordinária. Mas Sua Excelência foi além, delineando os primeiros contornos da corrente jurisprudencial que viria a se tornar majoritária e que impactaria posicionamentos acerca do tema em outros tribunais. Eis trecho do voto proferido por Sua Excelência:

---

[7] Nesse sentido: STJ, Quinta Turma, HC 36.545/SP, Rel. Ministra Laurita Vaz, DJ 29.8.2005.

Em outros termos, se no processo comum criminal essa prova pode ser confortavelmente admitida porque o quadro em que acontece é diverso (o que é patente na jurisprudência do STF), já no processo eleitoral o momento e as circunstâncias da captação de conversas ou manifestações de candidatos, podem ser magnificadas e constituir grave e irreversível anomalia.

Parece mais prudente, para esse quadro, inverter os padrões de interpretação, não tanto para afastar a jurisprudência, mas para excluir todas as situações em que, a despeito do bom propósito de revelar a prática de possível delito eleitoral por um candidato, a captação de conversas, áudio ou vídeo por outro candidato ou correligionário sem o conhecimento daquele, venha a constituir-se em fator de desequilíbrio do pleito e violação da liberdade do eleitor.

Daí constituir prova ilícita.

Também compuseram a divergência os Ministros Marco Aurélio e Ricardo Lewandowski. O primeiro por entender que a proteção constitucional à privacidade seria linear, e não apenas para as comunicações telefônicas, e o segundo consignando a violação à boa-fé da aquisição da gravação ambiental no contexto de disputa eleitoral, violação à regra material de obtenção da prova.

A mudança jurisprudencial se consolidou no julgamento do RO n. 1904-61, ocorrido em 28.6.2012, de relatoria do Ministro Arnaldo Versiani, cujo acórdão foi redigido pelo Ministro Henrique Neves da Silva. Tratava-se de caso peculiar, no qual os agentes da Polícia Federal, à vista da *notitia criminis*, deixaram de comunicar o fato ao Juízo Eleitoral – como impunha a legislação de regência – e, por iniciativa própria, investigaram o fato, empreenderam gravações ambientais e cederam gravador para terceiro, que viria a participar da reunião de campanha, fizesse o registro dos sons do ambiente, cujo acesso lhes foi negado pelas vias investigativas normais.

Naquela assentada, foram determinantes as razões aventadas pelo Ministro Dias Toffoli, a respeito dos motivos históricos pelos quais o poder de polícia – inclusive o de ordenar a apuração de ilícitos eleitorais – foi atribuído à Justiça Eleitoral. Eis o que constou do voto proferido por Sua Excelência:

> Senhora Presidente, o Brasil criou a Justiça Eleitoral, todos nós sabemos os motivos, não preciso fazer um histórico a respeito do tema. Por isso, a Polícia Judiciária em matéria eleitoral é presidida diretamente pelo Poder Judiciário. Vejam Vossas Excelências que, de uma forma ou de outra, essa notícia chegou à polícia com antecedência. Por que não pediu abertura de inquérito, trazendo à baila o Ministério Público e o juiz eleitoral respectivo quanto àqueles fatos? E, de acordo com o due process of Law, do devido Processo Legal, por que não requereu a autorização judicial para diligências? [...] Ou seja, o Judiciário analisará e autorizará a diligência, como sói acontecer e como acontece dentro do devido processo legal.
> [...]
> Pois bem, aqui não era flagrante; tanto não era que um policial tentou em reunião anterior entrar e, vejam, um policial que não é da área investigativa propriamente dito; é da área técnica.
> Não logrando êxito em entrar na reunião, plantou - a palavra é essa, o Ministro Marco Aurélio disse bem - alguém naquela reunião para fazer uma gravação e literalmente aparelhou, porque deu o aparelho.
> Pois bem, está evidente a afronta a algo que entendo sagrado, e raras vezes uso essa palavra, a não ser para aquilo que penso que seja merecedor, o sagrado direito de ser a Justiça Eleitoral a senhora idônea da polícia judiciária.

Foi para isso e para acabar com as fraudes eleitorais, para acabar com o uso do coronelismo, por meio das polícias interferindo na liberdade de voto, que foi dado à Justiça Eleitoral, ou melhor, foi criada a razão de ser da Justiça Eleitoral. No caso, não é hipótese de flagrante e deveria ter autorização judicial

O próprio Ministro Gilson Dipp, além dos fundamentos aduzidos em assentada anterior, entendeu relevante para a caracterização da ilicitude a existência de atuação direta dos agentes policiais, sem interveniência da Justiça Eleitoral, aderindo, pois, ao fundamento destacado no voto do ministro Dias Toffoli.

A inflexão jurisprudencial revelou-se definitiva no julgamento do REspe 344-26, de relatoria do Ministro Marco Aurélio, no qual se assentou o seguinte: "*A regra é a proteção à privacidade. Viabiliza-se a gravação quando, em investigação criminal ou processo penal, há ordem judicial*".

Apesar do que constou da ementa – e do voto do eminente relator, o qual, na linha do que já havia defendido em outras assentadas, estendeu a reserva constitucional qualificada da parte final do inciso XII do art. 5º da Constituição Federal também à gravação ambiental –, a maioria foi formada por dispersão de fundamentos.

Não obstante tal peculiaridade, a jurisprudência se inclinou, durante certo tempo, nos estritos termos do voto proferido pelo Ministro Marco Aurélio, ou seja, em torno da impossibilidade de uso da gravação ambiental em processo eleitoral, ainda que autorizada judicialmente.[8][9][10] A prova somente era admissível em processo penal, com autorização judicial prévia.

No entanto, a partir do julgamento do REspe n. 637-61, rel. Min. Henrique Neves da Silva, ocorrido em 16.4.2015, ficou expressamente assentado, por votação majoritária, que a gravação ambiental poderia ser utilizada em certas circunstâncias para a comprovação de ilícito eleitoral, como por exemplo quando as gravações ambientais clandestinas registrarem fatos ocorridos em espaços públicos ou não sujeitos à expectativa de privacidade.

A ótica prevalecente no voto condutor foi a de que a exigência de autorização judicial para a realização da diligência estaria indissociavelmente ligada à possível violação ao direito à intimidade e privacidade (art. 5º, X, da Constituição Federal) e à ofensa à boa-fé na aquisição da prova, as quais não se caracterizariam em hipóteses em que a gravação registra fato ocorrido em ambiente não sujeito à expectativa da privacidade.

Esse entendimento foi mantido pelo Plenário, ao menos no que tange aos processos atinentes às eleições de 2012.[11]

Não obstante tais precedentes, observou-se na sequência a tendência de revisão da jurisprudência do Tribunal Superior Eleitoral sobre o tema, de modo a compatibilizá-la com o entendimento do Supremo Tribunal Federal, que à época já abrangia processos não penais, conforme será abordado adiante.

---

[8] Nessa Linha: TSE, REspe 602-30, rel. Min. Luciana Lóssio, DJE de 17.2.2014.
[9] Nesse sentido: TSE, AgR-REspe n. 429-18, rel. Min. Henrique Neves da Silva, DJE de 4. 8.2014.
[10] Cite-se: TSE, AgR-REspe n. 485-59, rel. Min. João Otávio de Noronha, DJE de 23.9.2014.
[11] Confiram-se, entre outros: AgR-AI n. 655-76, rel. Min. Maria Thereza de Assis Moura, DJE de 1º.10.2015; AgR-REspe n. 98-26, rel. Min. Henrique Neves da Silva, DJE de 9.10.2015; RO n. 7950-38, rel. Min. João Otávio de Noronha, DJE 5.11.2015; REspe n. 483-69, rel. Min. Henrique Neves da Silva, DJE de 26.11.2015; e AgR-AI n. 623-15, rel. Min. Luciana Lóssio, DJE de 4.8.2016.

Essa reavaliação ocorreu no julgamento do REspe 408-98, de relatoria do Min. Edson Fachin, no qual o Tribunal resolveu seguir, a partir das eleições de 2016, o entendimento do Supremo Tribunal Federal, no sentido de que

> [...] a gravação ambiental realizada por um dos interlocutores sem o consentimento dos demais e sem autorização judicial, em ambiente público ou privado, é, em regra, lícita, ficando as excepcionalidades, capazes de ensejar a invalidade do conteúdo gravado, submetidas à apreciação do julgador no caso concreto, de modo a ampliar os meios de apuração de ilícitos eleitorais que afetam a lisura e a legitimidade das eleições.

Todavia, mais recentemente, o Tribunal Superior Eleitoral alterou a sua jurisprudência para assentar que "são clandestinas e, portanto, ilícitas as gravações ambientais feitas em ambiente privado, ainda que por um dos interlocutores ou terceiros a seu rogo ou com seu consentimento, mas sem o consentimento ou ciência inequívoca dos demais, dada inequívoca afronta ao inciso X, do art. 5º, da Constituição Federal. Ilícitas, do mesmo modo, as provas delas derivadas, não se prestando a fundamentar condenação em representação eleitoral" (AgR–AI 0000293–64, rel. Min. Alexandre de Moraes, DJE de 9.11.2021). A mudança veio na esteira das alterações legislativas decorrentes da Lei n. 13.964/2019, notadamente o art. 8º-A da Lei n. 9.296/1996.

Mais uma vez, a jurisprudência do Tribunal Superior Eleitoral estava em descompasso com a do Supremo Tribunal Federal, abaixo exposta.

A jurisprudência do Supremo Tribunal Federal

Ao contrário da oscilação havida no Tribunal Superior Eleitoral, a jurisprudência do Supremo Tribunal Federal sempre foi mais estável no sentido de que, em regra, é lícita a prova resultante de gravação ambiental efetuada por um dos interlocutores, sem o conhecimento do outro.

A questão foi discutida no RE n. 212.081, de relatoria do Ministro Octavio Gallotti, julgado em 5.12.1997, no qual a Suprema Corte considerou excluída a ilicitude da prova em razão de ela ter sido usada em legítima defesa de quem gravou, que era vítima de concussão.[12] Além do fundamento acima, o relator considerou que os fatos registrados não estavam resguardados pela privacidade e pela intimidade, porquanto foram captados dentro de órgão público.

Em outra ocasião, no julgamento do HC n. 80.949-9, de relatoria do Ministro Sepúlveda Pertence, o Pretório Excelso assentou a ilicitude da prova decorrente da gravação ambiental, porém sob o fundamento de que não conferido ao cidadão que estava ilegalmente preso o direito ao silêncio.[13] A peculiaridade do caso é que ele tratava da inobservância pelos agentes de segurança do privilégio contra a autoincriminação ou *nemo tenetur se detegere*, aspecto determinante para a decisão tomada.

De todo modo, o Supremo voltou a assentar a licitude, em regra, da prova colhida mediante gravação ambiental empreendida por um dos interlocutores.

---

[12] STF, RE 212081, rel. Min. Octavio Gallotti, Primeira Turma, DJ 27.3.1998.
[13] STF, HC 80.949, rel. Min. Sepúlveda Pertence, Primeira Turma, DJ 14.12.2001.

Nesse sentido, caso emblemático foi o HC n. 87.341, de relatoria do Ministro Eros Grau, julgado em 7.2.2006, no qual ficou registrado que "a questão posta [gravação ambiental, erroneamente nominada interceptação ambiental na ementa do julgado] não é de inviolabilidade das comunicações e sim da proteção da privacidade e da própria honra, que não constitui direito absoluto, devendo ceder em prol do interesse público".

No referido caso, várias questões constitucionais relevantes foram (re)afirmadas, tais como a possibilidade de a gravação ambiental ser utilizada em favor da acusação, a relativização do direito constitucional à privacidade em face do interesse público e a independência das provas que já constavam dos autos antes da juntada da mídia da gravação.

Em 19.11.2009, a Suprema Corte julgou o feito mais paradigmático a respeito da matéria, a QO-RG-RE n. 583.937, de relatoria do Ministro Cezar Peluso, apreciado sob a sistemática da repercussão geral.

Sua Excelência procedeu à extensa análise da jurisprudência do Supremo Tribunal Federal a respeito do tema, reafirmando-a. Entre os principais fundamentos adotados pelo voto condutor, destacam-se:

i) a gravação ambiental não se enquadra na ressalva da parte final do inciso XII do art. 5ª da Constituição Federal, que visa à proteção das comunicações telefônicas da intervenção de terceiro não participante da conversação;
ii) o direito à intimidade e à privacidade deve ceder ao interesse público da jurisdição, de busca da verdade;
iii) não há óbice para a documentação de conversa a respeito da qual o interlocutor poderia relatar em juízo, na condição de testemunha ou informante;
iv) somente ficam resguardadas as situações em que há imposição legal de sigilo, tais como médicos, advogados, autoridades eclesiásticas etc.

No caso, ficou vencido apenas o Ministro Marco Aurélio, que – a par da jurisprudência colacionada no voto condutor – demonstrou preocupação com o resguardo da boa-fé nas relações sociais.

É bem verdade que a prova discutida no referido recurso extraordinário foi de iniciativa da defesa, e não da acusação, o que levou alguns – inclusive no âmbito do Tribunal Superior Eleitoral – a sustentarem que a admissibilidade da prova estaria restrita a essa hipótese.

No entanto, da cuidadosa análise dos fundamentos do voto condutor proferido pelo Ministro Cezar Peluso, verifica-se que a jurisprudência reafirmada não fazia distinção entre a gravação ambiental clandestina feita pela acusação ou pela defesa. Em ambos os casos, a conclusão da maioria formada era mesma: em regra, não há ilegalidade da prova.

De qualquer sorte, o Supremo Tribunal Federal voltou a assentar a admissibilidade de tal prova, a exemplo do que ocorreu no AgR-AI n. 769.798, de relatoria da Ministra Cármen Lúcia, julgado em 1º.2.2011, no qual se assentou a constitucionalidade de gravação ambiental utilizada em favor da acusação[14]. No mesmo sentido, a QO-Inq n. 2.116, rel. Min. Marco Aurélio, redator para o acórdão Min. Ayres Britto, DJE de 29.2.2012.

---

[14] STF, AgR-AI 769.798 rel. Min. Cármen Lúcia, Primeira Turma, DJE 23.2.2011.

Mais do que isso, o Supremo Tribunal Federal já assentou a legalidade da gravação ambiental mesmo em processo de natureza não penal, a exemplo do AgR-AI n. 560.223, de relatoria do Ministro Joaquim Barbosa, julgado em 12.4.2011, no qual se discutia a demissão de certo causídico de sociedade de advogados. Nesse julgado, não se considerou relevante o fato de a gravação ter ocorrido no interior de escritório de advocacia, porquanto não estava em jogo sigilo de cliente.

A mesma compreensão foi adotada em processo no qual originariamente se discutia simples ação de cobrança.[15]

Houve posterior confirmação do entendimento acima pelo STF[16], o que parecia não deixar dúvidas que a jurisprudência daquela Corte estava consolidada no sentido da plena admissibilidade da gravação ambiental, inclusive a favor da acusação e também em processo de natureza não penal.

No entanto, mais recentemente, no julgamento do Recurso Extraordinário 1.040.515, o Supremo Tribunal Federal fixou a tese segundo a qual, "no processo eleitoral, é ilícita a prova colhida por meio de gravação ambiental clandestina, sem autorização judicial e com violação à privacidade e à intimidade dos interlocutores, ainda que realizada por um dos participantes, sem o conhecimento dos demais. A exceção à regra da ilicitude da gravação ambiental feita sem o conhecimento de um dos interlocutores e sem autorização judicial ocorre na hipótese de registro de fato ocorrido em local público desprovido de qualquer controle de acesso, pois, nesse caso, não há violação à intimidade ou quebra da expectativa de privacidade".

Nesse julgado, de relatoria do Min. Dias Toffoli, foram expostos vários aspectos que dissociam, na visão do ilustre relator e da maioria formada, o processo eleitoral de outros tipos de jurisdição, aspectos que serão analisados no tópico a seguir.

O julgamento do Tema 979/STF e a solução para o problema da (i)licitude da prova colhida por gravação ambiental no processo eleitoral

Conforme descrito no tópico anterior, o Supremo Tribunal Federal discutiu, no julgamento do Recurso Extraordinário 1.040.515, de relatoria do Min. Dias Toffoli, a relevante questão alusiva à licitude do material probatório colhido a partir de gravação ambiental clandestina em sede de processo cível-eleitoral.

Tratava-se de recurso interposto pelo Ministério Público Eleitoral em face de acórdão do Tribunal Superior Eleitoral, por meio do qual se considerou ilícito o material probatório colhido a partir de uma gravação ambiental clandestina ocorrida no interior de automóvel, igualmente não autorizada judicialmente, levada a efeito em local não especificado. O processo se referia a ação de impugnação de mandato eletivo que visava à cassação do diploma de prefeito e vice-prefeito eleitos no pleito de 2012, época em que, como visto, a jurisprudência da Corte eleitoral em tela era no sentido da ilicitude desse tipo de material probatório, ao menos como regra.

---

[15] STF, AgR-AgR-AI 602724, rel. Min. Teori Zavascki, Segunda Turma, DJE de 22.8.2013.
[16] STF, AgR-ARE 933.530 rel. Min. Cármen Lúcia, Segunda Turma, DJE de 15.03.2016.

Dadas as repercussões sociais, políticas e jurídicas do tema, o Supremo Tribunal Federal reconheceu a repercussão geral da matéria, ocasião em que o eminente Ministro Dias Toffoli já ressaltava que

> [...] o tema vem sofrendo oscilações jurisprudenciais no âmbito da Justiça Eleitoral, em lides originadas de acaloradas disputas políticas, cujo acirramento pode levar a práticas contrárias aos valores constitucionais que devem impregnar e orientar as decisões judiciais nesse ramo especializado do direito.

Daí porque o tema acabou submetido ao Plenário do Supremo Tribunal Federal, em julgamento finalizado no dia 29.4.2024, com a formação de maioria em torno da seguinte tese de julgamento:

> Recurso extraordinário ao qual se nega provimento, com a fixação da seguinte tese de repercussão geral, a qual deverá ser aplicada a partir das eleições de 2022, em homenagem ao princípio da segurança jurídica e ao disposto no art. 16 da CF:
> a) No processo eleitoral, é ilícita a prova colhida por meio de gravação ambiental clandestina, sem autorização judicial e com violação da privacidade e da intimidade dos interlocutores, ainda que realizada por um dos participantes, sem o conhecimento dos demais.
> b) A exceção à regra da ilicitude da gravação ambiental feita sem o conhecimento de um dos interlocutores e sem autorização judicial ocorre na hipótese de registro de fato ocorrido em local público desprovido de qualquer controle de acesso, pois, nesse caso, não há violação da intimidade ou quebra da expectativa de privacidade

Para o relator do caso, Ministro Dias Toffoli, e aqueles que o acompanharam – embora o STF, no julgamento da questão de ordem no RE n. 583.937/RJ, tenha albergado a tese da validade da prova obtida por meio de gravação ambiental realizada por um dos interlocutores –, a seara eleitoral guarda peculiaridades, as quais conduziriam à necessidade de adoção de solução diversa.

O primeiro ponto destacado pelo relator foi a oscilação interpretativa no âmbito do Tribunal Superior Eleitoral a respeito do tema; ponto já abordado anteriormente neste artigo.

O segundo e mais relevante aspecto foi alçado pelo Ministro Dias Toffoli ao patamar de mais importante premissa de seu voto, *in verbis*:

> [...] a liberdade probatória não se reveste de caráter absoluto, devendo ser resguardados os direitos e as garantias fundamentais assegurados no texto constitucional, robustecidas pela primazia do aproveitamento do voto, expressão da soberania popular, cujo resultado só pode ser informado ou eventualmente invalidado mediante provas robustas e legítimas que revelem, de forma cabal, a ilegitimidade do pleito ou a corrupção da vontade do eleitor.

Na visão da maioria formada, a obtenção e a produção da prova no processo eleitoral deve se submeter a padrões de legitimidade e moralidade, expurgando-se aqueles artifícios dirigidos a desestabilizar a disputa eleitoral e incentivar a judicialização das eleições com base em elementos infensos à boa-fé e à regra processual da cooperação.

Citando o voto do Min. Gilson Dipp, no julgamento do já referido AgR-REspe 36.359, o ministro Dias Toffoli firmou que

[...] a prova produzida a partir de gravação ambiental deve ser apreciada com cautela, principalmente em face de uma realidade de disputa eleitoral, até porque, ainda que eventualmente não ilícitas tais medidas entre candidatos ou eleitores, delas pode resultar possível deturpação da lisura da campanha ou injusta manipulação contra participantes da competição eleitoral.

Com base nessa compreensão e atento ao ambiente acirrado de disputa, levou o Ministro Dias Toffoli a assentar, acertadamente a meu juízo, que a gravação ambiental em disputas eleitorais se reveste de intenção espúria, como resultado de arranjo prévio para se engendrar um flagrante preparado, ou mesmo um induzimento à prática de ilícito que, sem a participação do interlocutor diretamente interessado na disputa, não ocorreria.

Como já tive a oportunidade de afirmar quando integrei o Tribunal Superior Eleitoral – e antes ainda, em sustentação oral da tribuna da antiga sede –, no mais das vezes, a gravação ambiental clandestina integra o chamado "kit captação ilícita de sufrágio", em que uma pessoa diretamente interessada na disputa, muitas vezes de grupo político adversário, prepara-se previamente (ou é preparada para tanto) para flagrar um desafeto político, de modo a prejudicá-lo e inexoravelmente beneficiar os adversários do candidato alvo do ardil. Isso quando não ocorre de a gravação ser utilizada como instrumento de chantagem ao candidato eleito, somente vindo a lume quando o seu autor tem os interesses contrariados pelo mandatário recém-eleito ou recém-diplomado.

Em outros termos, não se tem propriamente o interesse na apuração do ilícito eleitoral, seja ele de natureza cível ou penal, mas a atuação daquele adrede preparado para comprometer determinado candidato, prática que conspurca não apenas a lisura do pleito, mas também a moralidade na obtenção da prova. Daí porque ilícito esse tipo de gravação.

Outro aspecto que constou dos votos da maioria se relaciona com a edição da Lei n. 13.964/2019, incluiu na Lei n. 9.296/1996 o §5º do art. 8º-A, segundo o qual "aplicam subsidiariamente à captação ambiental as regras previstas na legislação específica para a interceptação telefônica e telemática". Como tanto a interceptação telefônica quanto a telemática dependem de prévia autorização judicial, também a captação ambiental, seja ela interceptação, escuta ou gravação, deve seguir essa mesma baliza legal.

Em relação aos votos da minoria formada pelos Ministros Luís Roberto Barroso, Edson Fachin, Cármen Lúcia e Luiz Fux, apesar dos respeitáveis fundamentos e da pretensão uniformizadora lançada a partir da multicitada QO-RG-RE n. 583.937, certo é que não deram relevo à peculiaridade do processo eleitoral, no qual a atuação deliberada de um dos interlocutores da gravação clandestina importa, a um só tempo, mácula à intimidade e à privacidade e comprometimento da isonomia e da normalidade do pleito, na medida em que a gravação é sempre planejada com antecedência para colher (e prejudicar) determinado candidato, em benefício dos demais (em especial dos adversários do prejudicado pela gravação).

Mesmo considerando a excelência de todos os votos proferidos, penso que a trajetória do Ministro Dias Toffoli, notadamente como advogado eleitoral, como ocupante de cargos no Poder Executivo, como Ministro da Suprema Corte e posteriormente como Ministro do Tribunal Superior Eleitoral, conferiu a Sua Excelência não apenas o preparo técnico e acadêmico tão presente e exigido nos julgamentos do Poder Judiciário, mas também a sensibilidade e percepção de quem conhece uma disputa eleitoral na essência, em sua acirrada e implacável dinâmica que conforma cada passo, cada ação de candidatos e de correligionários, os quais raramente agem ao acaso.

Daí porque acertada e consentânea com a realidade a premissa segundo a qual, em regra, é espúria e imoral a conduta de quem se prepara previamente para gravar determinado candidato, participando de ilícito eleitoral em que figura concomitantemente como artífice e suposta vítima.

Conclusão

Conforme visto acima, a questão alusiva à gravação ambiental nas demandas cíveis-eleitorais teve tratamento oscilante no âmbito do Tribunal Superior Eleitoral, ora no sentido da ampla licitude do material colhido por esse meio de prova, ora pela ampla ilicitude. Houve pequenos períodos de estabilidade em um e noutro sentido, mas com frequentes mudanças de entendimento e até eventuais temperamentos da regra geral, como sucedeu com os poucos julgados que vincularam a licitude da gravação ambiental à finalidade de instrução criminal e com aqueles que, a despeito de assentar a regra da ilicitude, admitiam a prova em ambientes públicos ou não sujeitos à reserva de privacidade.

Certo é que a orientação do Tribunal Superior Eleitoral dependeu mais da composição do Colegiado e da existência ou não de peculiaridades de certas disputas e processos eleitorais do que propriamente da aderência automática ao entendimento prevalecente no Supremo Tribunal Federal.

Afinal, na linha do exposto acima, o Pretório Excelso sempre manteve entendimento estável sobre a licitude do material probatório colhido a partir da gravação ambiental clandestina, seja por entender inaplicável a reserva legal qualificada constante do inciso XII do art. 5º d Constituição Federal, seja por compreender se tratar de mera documentação de fatos que poderiam ser narrados em juízo. Essa mesma razão de decidir, em maior ou menor grau, prevaleceu desde os mais primevos julgados até a paradigmática QO-RG-RE n. 583.937, sem considerar as peculiaridades do tipo de processo em julgamento, se penal ou não penal.

No entanto, os votos proferidos pelo Ministro Dias Toffoli, tanto no julgamento da repercussão geral quanto no próprio exame do Recurso Extraordinário 1.040.515, foram determinantes para demonstrar a peculiaridade da gravação ambiental no âmbito do processo eleitoral, notadamente marcado pelas disputas acirradas e pelo uso de estratégias para colher resultados eleitorais favoráveis, mesmo em sede jurisdicional. Daí que, com acerto, Sua Excelência afirmou que, no processo eleitoral de cassação, esse tipo de prova é marcado pela mácula à moralidade, pelo arranjo prévio voltado a prejudicar deliberadamente determinada candidatura e pela consequente turbação da normalidade das eleições.

Além das alterações legislativas operadas pela Lei n. 13.964/2019, a experiência profissional e pessoal do Ministro Dias Toffoli, como eminente jurista com ampla militância na seara eleitoral, foi essencial para se tecer o consenso em torno da tese que pode conferir mais estabilidade sobre o tema na jurisprudência eleitoral, no sentido de que, no processo eleitoral, é ilícita a prova colhida por meio de gravação ambiental clandestina, sem autorização judicial e com violação da privacidade e da intimidade dos interlocutores, ainda que realizada por um dos participantes, sem o conhecimento dos demais, salvo quando o registro ocorrer em local público ou não submetido à reserva de privacidade.

Referências

BRASIL. Tribunal Superior Eleitoral. Agravo Regimental no Recurso Especial Eleitoral 25.214, relator Min. Cesar Asfor Rocha, publicação no Diário da Justiça em 11.9.2006.

BRASIL. Supremo Tribunal Federal, Primeira Turma, Agravo Regimental no Agravo de Instrumento nº 769.798, de relatoria da Ministra Cármen Lúcia, publicação no Diário da Justiça Eletrônico no dia 23.2.2011.

BRASIL. Supremo Tribunal Federal, Primeira Turma, Habeas Corpus nº 80.949-9, de relatoria do Ministro Sepúlveda Pertence, publicação no Diário da Justiça no dia 14.12.2001.

BRASIL. Supremo Tribunal Federal, Primeira Turma, Habeas Corpus nº 87.341, de relatoria do Ministro Eros Grau, publicação no Diário da Justiça Eletrônico no dia 3.3.2006.

BRASIL. Supremo Tribunal Federal, Primeira Turma, Recurso Extraordinário nº 212.081, de relatoria do Ministro Octavio Gallotti, publicação no Diário da Justiça no dia 5.12.1997.

BRASIL. Supremo Tribunal Federal, Primeira Turma, Recurso Extraordinário 212.081, rel. Min. Octavio Gallotti, Primeira Turma, publicação no Diário da Justiça no dia 27.3.1998.

BRASIL. Supremo Tribunal Federal, Segunda Turma, Agravo Regimental no Agravo de Instrumento nº 560.223, de relatoria do Ministro Joaquim Barbosa, publicação no Diário da Justiça Eletrônico no dia 12.4.2011.

BRASIL. Supremo Tribunal Federal, Segunda Turma, Agravo Regimental no Agravo Regimental no Agravo de Instrumento 602.724, rel. Min. Teori Zavascki, publicação no Diário da Justiça Eletrônico no dia 22.8.2013.

BRASIL. Supremo Tribunal Federal, Segunda Turma, Agravo Regimental no Agravo em Recurso Extraordinário 933.530, relatora Min. Cármen Lúcia, publicação no Diário da Justiça Eletrônico no dia 15.03.2016.

BRASIL. Supremo Tribunal Federal, Tribunal Pleno, Questão de Ordem na Repercussão Geral no Recurso Extraordinário nº 583.937, rel. Ministro Cezar Peluso, publicação no Diário da Justiça Eletrônico no dia 18.12.2009.

BRASIL. Supremo Tribunal Federal, Tribunal Pleno, Questão de Ordem no Inquérito 2.116, rel. Min. Marco Aurélio, redator para o acórdão Min. Ayres Britto, publicação no Diário da Justiça Eletrônico no dia 29.2.2012

BRASIL. Supremo Tribunal Federal, Tribunal Pleno, Recurso Extraordinário 1.040.515, rel. Min. Dias Toffoli, publicação no Diário da Justiça Eletrônico no dia 26.4.2024.

BRASIL. Tribunal Superior Eleitoral. Agravo Regimental no Agravo de Instrumento nº 655-76, rel. Min. Maria Thereza de Assis Moura, publicação no Diário da Justiça Eletrônico no dia 1º.10.2015.

BRASIL. Tribunal Superior Eleitoral. Agravo Regimental no Agravo de Instrumento nº 623-15, rel. Min. Luciana Lóssio, publicação no Diário da Justiça Eletrônico no dia 4.8.2016.

BRASIL. Tribunal Superior Eleitoral. Agravo Regimental no Agravo de Instrumento nº 0000293–64, rel. Min. Alexandre de Moraes, publicação no Diário da Justiça Eletrônico no dia 9.11.2021.

BRASIL. Tribunal Superior Eleitoral. Agravo Regimental no Recurso Especial Eleitoral 258-67, relator Min. Caputo Bastos, publicação no Diário da Justiça de 20.11.2006.

BRASIL. Tribunal Superior Eleitoral. Agravo Regimental no Recurso Especial Eleitoral 36.992, relator Min. Cármen Lúcia, publicação no Diário da Justiça Eletrônico de 28.9.2010.

BRASIL. Tribunal Superior Eleitoral. Agravo Regimental no Recurso Especial Eleitoral 36.359, relator Min. Gilson Dipp, publicação no Diário da Justiça Eletrônico de 18.8.2011.

BRASIL. Tribunal Superior Eleitoral. Agravo Regimental no Recurso Especial nº 429-18, rel. Min. Henrique Neves da Silva, publicação no Diário da Justiça Eletrônico no dia 4. 8.2014.

BRASIL. Tribunal Superior Eleitoral. Agravo Regimental no Recurso Especial nº 485-59, rel. Min. João Otávio de Noronha, publicação no Diário da Justiça Eletrônico no dia 23.9.2014.

BRASIL. Tribunal Superior Eleitoral. Agravo Regimental no Recurso Especial nº 98-26, rel. Min. Henrique Neves da Silva, publicação no Diário da Justiça Eletrônico no dia 9.10.2015.

BRASIL. Tribunal Superior Eleitoral. Recurso Especial 344-26, de relatoria do Ministro Marco Aurélio, publicação no Diário da Justiça Eletrônico de 28.11.2012.

BRASIL. Tribunal Superior Eleitoral. Recurso Especial 602-30, relatora Min. Luciana Lóssio, publicação no Diário da Justiça Eletrônico no dia 17.2.2014.

BRASIL. Tribunal Superior Eleitoral. Recurso Especial Eleitoral 499-28, relator Min. Nancy Andrighi, publicação no Diário da Justiça Eletrônico de 30.4.2012.

BRASIL. Tribunal Superior Eleitoral. Recurso Especial nº 637-61, relator Min. Henrique Neves da Silva, publicação no Diário da Justiça Eletrônico no dia 21.5.2015.

BRASIL. Tribunal Superior Eleitoral. Recurso Ordinário nº 1904-61, ocorrido em 28.6.2012, de relatoria do Ministro Arnaldo Versiani e cujo acórdão foi redigido pelo Ministro Henrique Neves da Silva, publicação no Diário da Justiça Eletrônico de 21.8.2012.

BRASIL. Tribunal Superior Eleitoral. Recurso Ordinário nº 483-69, rel. Min. Henrique Neves da Silva, publicação no Diário da Justiça Eletrônico no dia 26.11.2015.

BRASIL. Tribunal Superior Eleitoral. Recurso Ordinário nº 7950-38, rel. Min. João Otávio de Noronha, publicação no Diário da Justiça Eletrônico no dia 5.11.2015.

LIMA, Renato Brasileiro de. *Pacote Anticrime*: Comentários à Lei n. 13.964/2019 artigo por artigo. Salvador: Juspodivm, 2020.

Informação bibliográfica deste texto, conforme a NBR 6023:2018 da Associação Brasileira de Normas Técnicas (ABNT):

GONZAGA NETO, Admar. A gravação clandestina em ambiente privado como prova no processo eleitoral: da controvérsia jurisprudencial à solução paradigmática do Tema 979/STF. *In*: MENDES, Gilmar Ferreira; LIRA, Daiane Nogueira de; FREIRE, Alexandre (Coord.). *Constituição, democracia e diálogo*: 15 anos de Jurisdição Constitucional do Ministro Dias Toffoli. 2. ed. Belo Horizonte: Fórum, 2025. p. 1-13. ISBN 978-65-5518-937-7.

O TRATAMENTO JURISPRUDENCIAL DO DIREITO AO ESQUECIMENTO NO BRASIL

AFRÂNIO VILELA

Notas em homenagem ao Ministro Dias Toffoli

Participo com honra deste projeto, por meio do qual é prestada justa e merecida homenagem ao Ministro Dias Toffoli, cuja trajetória e dedicação ao Poder Judiciário têm sido notáveis, especialmente nos quinze anos de jurisdição perante o Supremo Tribunal Federal – STF. Sua Excelência se destaca pela imparcialidade, pela sabedoria e pelo compromisso com a justiça, tanto no exercício da função de Ministro do Supremo Tribunal Federal, como no da função de Ministro substituto do Tribunal Superior Eleitoral – TSE, e nas demais atribuições assumidas ao longo da sua carreira.

Nascido em Marília, São Paulo, o Ministro Dias Toffoli se graduou em Direito pela Universidade de São Paulo – USP. Atualmente, compõe o corpo docente da Academia de Direito do Largo de São Francisco e da Escola da Advocacia-Geral da União.

Ao longo de sua trajetória, presidiu o Supremo Tribunal Federal e as suas duas Turmas; o Conselho Nacional de Justiça – CNJ e o Tribunal Superior Eleitoral – TSE. Foi vice-presidente do STF e do TSE, além de professor do curso de Pós-Graduação em Direito do UniCEUB; relator da Comissão de Juristas encarregada de elaborar anteprojetos de lei destinados a desburocratizar a Administração Pública brasileira e melhorar a relação com as empresas e o trato com os cidadãos; e de presidir a Comissão de Juristas encarregada de elaborar o anteprojeto do novo Código Eleitoral.

Foi Advogado-Geral da União; advogado sócio do Escritório Toffoli & Rangel Advogados; subchefe para Assuntos Jurídicos da Casa Civil da Presidência da República; professor de Direito Constitucional do Curso Extensivo de atualização para Carreiras Jurídicas da Escola da Magistratura da Associação dos Magistrados do Distrito Federal – Amagis; de Direito Constitucional e Direito de Família da Faculdade de Direito do Centro de Ensino Unificado do UniCEUB; chefe de gabinete da Secretaria de Implementação das Subprefeituras do Município de São Paulo; assessor jurídico da Liderança do PT na Câmara dos Deputados; advogado em São Paulo; assessor parlamentar na Assembleia

Legislativa do Estado de São Paulo e consultor jurídico do Departamento Nacional dos Trabalhadores Rurais da CUT Nacional.

O currículo do Ministro homenageado discrimina a amplitude das atividades desenvolvidas ao longo de sua carreira jurídica, as quais demonstram a sua competência técnica e o seu elevado senso de humanidade. Dentre essas atividades, merecem destaque a criação do centro de estudos da subchefia para assuntos jurídicos da Casa Civil da Presidência da República e a atuação na elaboração e análise de proposições legislativas, de 2003 a 2005; a criação da Ouvidoria-Geral da Advocacia-Geral da União; a criação da Câmara de Conciliação e Arbitragem da Administração Federal na Advocacia-Geral da União e a criação da Comissão de Ética da Advocacia-Geral da União.

Também atuou na defesa de aspectos relativos à implementação de políticas governamentais do Estado brasileiro, dentre as quais: Programa de Aceleração do Crescimento – PAC; demarcação de áreas indígenas; aspectos jurídicos da desapropriação para fins de reforma agrária; proteção do meio ambiente, especialmente no tocante à compensação ambiental; impedimento à importação de pneus usados; defesa da constitucionalidade do sistema de quotas nas universidades públicas; comunidades quilombolas; Fundeb/Fundef; incorporação de quintos – servidores públicos; pesquisas com células-tronco; fidelidade partidária – resolução TSE; Programa Universidade para Todos – PROUNI; passe livre para idosos e portadores de necessidades especiais; invasão de imóvel como causa suspensiva de procedimento de reforma agrária; sigilo bancário e acesso direto a dados pelo Fisco; atribuição de responsabilidade subsidiária da União nos contratos de trabalho das empresas terceirizadas; expropriação de terras com cultivo de plantas psicotrópicas – art. 243 da Constituição Federal.

O Ministro Dias Toffoli contribui para o aperfeiçoamento do Estado Democrático de Direito através da relevante atuação em defesa das instituições republicanas e das garantias fundamentais ao longo de sua carreira, sobretudo na prestação de serviços ao Supremo Tribunal Federal, o que faz lançando olhos para o futuro, como feito no tratamento de um tema novo e proeminente na história do Direito brasileiro: o direito ao esquecimento.

Sua Excelência foi relator do Recurso Extraordinário n. 1.010.606/RJ, que tratou do tema no âmbito do STF e representa um marco na história da reafirmação dos direitos de personalidade do nosso País, assim como da primazia da liberdade de expressão. O acórdão proferido no âmbito desse recurso norteará o desenvolvimento do presente trabalho.

Introdução

O direito ao esquecimento emerge, no Brasil, em meio à amplitude dos direitos de personalidade garantidos na Constituição Federal e disciplinados na norma infraconstitucional. O instituto reflete a pretensão do esquecimento como direito de se opor à recordação opressiva de determinados fatos perante a sociedade que impeça a pessoa humana de desenvolver plenamente sua identidade pessoal, por enfatizar diante de terceiros aspectos de sua personalidade que não mais refletem a realidade.[1]

Ao enfrentar o tema, o Superior Tribunal de Justiça tratou o direito ao esquecimento como um direito de não ser lembrado contra a vontade do indivíduo, especificamente no tocante a fatos desabonadores, de natureza criminal, nos quais se envolveu, mas que, posteriormente, fora inocentado.[2]

A doutrina relaciona esse direito com a inviolabilidade da imagem e a privacidade, mais especificamente com a retomada da privacidade. "Significa que nem todas as pegadas que deixei na minha vida devem me seguir implacavelmente, em cada momento da minha existência."[3]

No Recurso Extraordinário n. 1.010.606/RJ, o Supremo Tribunal Federal concluiu que a definição do instituto perpassa, com destaque, pela licitude do objeto e pelo decurso do tempo. Segundo o Ministro Dias Toffoli, o direito ao esquecimento pode ser entendido como a "pretensão apta a impedir a divulgação, seja em plataformas tradicionais ou virtual, de fatos ou dados verídicos, e licitamente obtidos, mas que, em razão da passagem do tempo, teriam se tornado descontextualizados ou destituídos de interesse público relevante".[4]

O tempo e a licitude, aliás, são pontos comuns nos estudos sobre o direito ao esquecimento. Trata-se de um direito que, entre todos os direitos de personalidade, estaria voltado à autoafirmação da atualidade. Ou seja, garantindo que os fatos passados sejam esquecidos, a fim de que não sejam considerados na imagem contemporânea de uma determinada pessoa ou grupo.

Por meio do tema de Repercussão Geral n. 786, cujo brilhante voto condutor é de autoria do Ministro Dias Toffoli, o STF fixou tese nestes termos:

> É incompatível com a Constituição a ideia de um direito ao esquecimento, assim entendido como o poder de obstar, em razão da passagem do tempo, a divulgação de fatos ou dados verídicos e licitamente obtidos e publicados em meios de comunicação social analógicos ou digitais. Eventuais excessos ou abusos no exercício da liberdade de expressão e de informação devem ser analisados caso a caso, a partir dos parâmetros constitucionais – especialmente os relativos à proteção da honra, da imagem, da privacidade e da personalidade em geral – e as expressas e específicas previsões legais nos âmbitos penal e cível.

O julgado é amplo e completo, abrangendo as mais variadas nuances sociais que perpassam pelo pretenso direito ao esquecimento, até mesmo em âmbito digital. Ainda assim, reflexões sobre o tema exsurgem diante da hodierna dinâmica social, na qual as transformações têm ocorrido de forma célere e as informações têm se difundido em fluxos cada vez mais intensos.

---

[1] SCHREIBER, Anderson *et al*. *Direito civil*: diálogos entre a doutrina e a jurisprudência. São Paulo: Atlas, 2018. p. 70.

[2] REsp n. 1.334.097/RJ, relator Ministro Luis Felipe Salomão, Quarta Turma, julgado em 28/5/2013, Disponível em: https://scon.stj.jus.br/SCON/GetInteiroTeorDoAcordao?num_registro=201201449107&dt_publicacao=10/09/2013. Acesso em: 2 jul. 2024.

[3] SCHREIBER, Anderson. *Direito civil*: diálogos entre a doutrina e a jurisprudência. São Paulo: Atlas, 2018. p. 69.

[4] RE n. 1.010.606/RJ, relator Ministro Dias Toffoli, Tribunal Pleno, julgado em 11/2/2021. Disponível em: https://redir.stf.jus.br/paginadorpub/paginador.jsp?docTP=TP&docID=755910773. Acesso em: 2 jul. 2024.

O presente trabalho tem como objetivo evocar essas reflexões a partir da importante delimitação conceitual dada pelo STF ao direito ao esquecimento, e da definição de incompatibilidade do instituto com a Constituição Federal.

Recurso Extraordinário n. 1.010.606/RJ: Caso Aída Curi

A temática do direito ao esquecimento aportou ao STF por meio do Recurso Extraordinário n. 1.010.606/RJ, no qual Nelson Curi e outros postularam a reforma de acórdão proferido pelo Tribunal de Justiça do Estado do Rio de Janeiro, em razão de potencial violação aos arts. 1º, III, 5º, *caput*, III e X, e 220, §1º, da Constituição Federal,[5] no julgamento do recurso interposto nos autos da ação ordinária ajuizada em face da Globo Comunicações e Participações S.A.

O pedido se fundamentou na irresignação da família contra a veiculação em rede nacional de programa televisivo explorando a história de Aída Curi, sua imagem real e a dos recorrentes, que, segundo alegaram, reacendeu depois de passadas quase cinquenta anos o sofrimento causado pela morte da irmã, a qual foi brutalmente estuprada, violentada e morta no ano de 1958. Os recorrentes sustentaram o seu direito de esquecer a tragédia a partir do amparo à dignidade da pessoa humana, vista da perspectiva da vítima.

O Tribunal estadual havia concluído que a ré cumpriu com a sua função de informar, alertar e abrir o debate sobre o caso, consignando que esse dever se sobrepõe ao interesse individual de alguns, que desejam esquecer o passado. De acordo com a Corte local, "o esquecimento não é o caminho salvador para tudo. Muitas vezes é necessário reviver o passado para que as novas gerações fiquem alertadas e repensem alguns procedimentos de conduta do presente".[6]

A empresa recorrida argumentou justamente o interesse da coletividade sobre os fatos relacionados ao assassinato de Aída Curi em suas manifestações perante o STF, por envolver questões atuais, como a violência contra mulheres, a impunidade e a responsabilidade penal de menores, enfatizando que os direitos à intimidade e à imagem não se sobrepõem ao interesse da sociedade de ter acesso às informações sobre a história da vítima, a fim de que seja conhecida e lembrada, possibilitando sua melhor compreensão e a sua não repetição.

---

[5] Art. 1º A República Federativa do Brasil, formada pela união indissolúvel dos Estados e Municípios e do Distrito Federal, constitui-se em Estado Democrático de Direito e tem como fundamentos: [...] III - a dignidade da pessoa humana.
Art. 5º Todos são iguais perante a lei, sem distinção de qualquer natureza, garantindo-se aos brasileiros e aos estrangeiros residentes no País a inviolabilidade do direito à vida, à liberdade, à igualdade, à segurança e à propriedade, nos termos seguintes: [...] III - ninguém será submetido a tortura nem a tratamento desumano ou degradante; [...] X - são invioláveis a intimidade, a vida privada, a honra e a imagem das pessoas, assegurado o direito a indenização pelo dano material ou moral decorrente de sua violação.
Art. 220. *Omissis*
§1º Nenhuma lei conterá dispositivo que possa constituir embaraço à plena liberdade de informação jornalística em qualquer veículo de comunicação social, observado o disposto no art. 5º, IV, V, X, XIII e XIV.

[6] RE n. 1.010.606/RJ, relator Ministro Dias Toffoli, Tribunal Pleno, julgado em 11/2/2021. Disponível em: https://redir.stf.jus.br/paginadorpub/paginador.jsp?docTP=TP&docID=755910773 Acesso em: 2 jul. 2024.

A controvérsia foi solucionada a partir da extensa análise de potencial compatibilidade entre o direito ao esquecimento e o ordenamento jurídico brasileiro, sob a perspectiva constitucional, em julgado de relatoria do Ministro Dias Toffoli.

A conclusão alcançada no voto condutor indicou a ilegitimidade da invocação do direito ao esquecimento para obstar a divulgação de fatos verídicos, que compõem o rol dos casos notórios de violência na sociedade brasileira, e que foram obtidos licitamente à época da sua ocorrência. O relator pontuou que, embora os fatos constituam uma tragédia familiar, o decurso do tempo, por si só, não torna ilícita ou abusiva a divulgação, ainda que sob nova roupagem, "sob pena de se restringir, desarrazoadamente, o exercício pela ora recorrida do direito à liberdade de expressão, de informação e de imprensa".[7]

A proposta foi seguida pelo Tribunal, por maioria, o qual negou provimento ao recurso extraordinário e indeferiu o pedido de reparação de danos formulado pela família, conformando o entendimento da Corte local. Ainda foi fixada tese de repercussão geral, de observância obrigatória, nos termos do art. 927, III, do CPC/2015.[8]

Pertinente destacar que, sob a perspectiva infraconstitucional, a controvérsia também foi solucionada a partir da constatação de que o direito ao esquecimento não alcança a pretensão externada pela família de Aída Curi. O STJ concluiu que "em um crime de repercussão nacional, a vítima – por torpeza do destino – frequentemente se torna elemento indissociável do delito, circunstância que, na generalidade das vezes, inviabiliza a narrativa do crime caso se pretenda omitir a figura do ofendido", arrematando que seria impraticável a atividade da imprensa para o desiderato de retratar o caso de Aída Curi, sem retratá-la.[9] O Tribunal da Cidadania ainda concluiu não ter havido abalo moral apto a gerar a responsabilidade civil da empresa ré, razão pela qual o recurso foi, igualmente, desprovido.

O acórdão proferido pelo Supremo Tribunal Federal teve a certificação do seu trânsito em julgado em maio de 2021, encerrando os debates sobre a pretensão de reconhecimento do direito ao esquecimento na situação da família de Aída Curi.

Uma perspectiva sobre o tratamento do Direito ao esquecimento no Brasil

O Recurso Extraordinário n. 1.010.606/RJ provocou definição importante pelo Poder Judiciário brasileiro sobre temática de grande relevo, consistente na declaração de incompatibilidade de um direito ao esquecimento com a Constituição Federal. A *ratio decidindi* do acórdão soluciona questões que tangenciam a matéria, até mesmo daquelas que se aperfeiçoaram ulteriormente, trazendo à tona reflexões proeminentes sobre o tratamento dos direitos de personalidade na sociedade contemporânea.

De acordo com o voto do Ministro Dias Toffoli, o direito ao esquecimento pode ser entendido como a pretensão apta a impedir a divulgação, seja em plataformas tradicionais ou virtuais, de fatos ou dados verídicos, e licitamente obtidos, mas que,

---

[7] RE n. 1.010.606/RJ, relator Ministro Dias Toffoli, Tribunal Pleno, julgado em 11/2/2021. Disponível em: https://redir.stf.jus.br/paginadorpub/paginador.jsp?docTP=TP&docID=755910773 Acesso em: 5 jul. 2024.

[8] Art. 927. Os juízes e os tribunais observarão: [...] III - os acórdãos em incidente de assunção de competência ou de resolução de demandas repetitivas e em julgamento de recursos extraordinário e especial repetitivos.

[9] REsp n. 1.335.153/RJ, relator Ministro Luis Felipe Salomão, Quarta Turma, julgado em 28/5/2013, Disponível em: https://www.stj.jus.br/websecstj/cgi/revista/REJ.cgi/ATC?seq=36170660&tipo=91&nreg=/. Acesso em: jul.2024.

em razão da passagem do tempo, teriam se tornado descontextualizados ou destituídos de interesse público relevante.

A definição foi construída a partir da minuciosa análise de elementos essenciais do instituto, como a licitude da informação e o decurso do tempo, ficando destacado do seu âmbito as informações inverídicas e as adquiridas ou utilizadas contrariamente à lei, uma vez que para essas há tutela própria no âmbito penal ou cível. Sobre isso, pontuou o Ministro Toffoli:

> Penalmente, tutela-se, por exemplo, a honra por meio de tipificação das condutas de injúria, calúnia e difamação (arts. 138 a 140 do CP); pune-se a divulgação de fatos inverídicos em âmbito eleitoral (art. 323 do Código Eleitoral); protegem-se as comunicações eletrônicas privadas por meio da tipificação das invasões a dispositivo informático (Lei nº 12.737/12); tutela-se, ainda, a vítima de estupro relativamente à divulgação da cena do crime (Lei nº 13.718/18, assinada por mim no exercício interino da Presidência da República).
> No âmbito cível, a par da previsão de indenização nos crimes contra a honra (art. 953 do CC/02), inúmeras normas asseguram medidas para impedir ou fazer cessar o comportamento ilícito dirigido ao nome ou à imagem, sendo exemplo mais genérico a proteção do art. 12 do CC/02: "Pode-se exigir que cesse a ameaça, ou a lesão, a direito da personalidade, e reclamar perdas e danos, sem prejuízo de outras sanções previstas em lei".
> No contexto digital, observa-se, em escala global, intensa movimentação jurídica. A título de exemplo, a par do sistema de autorregulação – no qual as plataformas digitais e as empresas de publicidade estabelecem para si normas de conduta –, observam-se países adotando severas medidas regulatórias. [...] No Brasil, foi editado o Marco Civil da Internet (Lei nº 12.965/14). Como já mencionado, o Supremo Tribunal Federal reconheceu a repercussão geral, em processo de minha relatoria, da matéria relativa à constitucionalidade do art. 19 do Marco Civil da Internet no que tange à exigência de ordem judicial para a retirada ou indisponibilização de conteúdo ilícito e a responsabilização do provedor (Tema nº 987, RE nº 1.037.396-RG, DJe de 4/4/18). O debate instaurado no aludido processo insere-se na reflexão relativa à necessidade ou não de decisão judicial para a remoção, sobretudo, de conteúdo falso da internet, a qual está no cerne dos debates acerca dos mecanismos adequados para o combate à desinformação.

Aliado à licitude está o elemento temporal, que se manifesta como sendo componente principal da definição de um direito ao esquecimento, isto é, a parte propulsora da degradação da informação do passado, a qual se faria desatualizada e descontextualizada quando divulgada em momento significativamente díspar da ocorrência dos fatos.

Isso porque o que se pretende através do instituto é impedir a exposição de fatos passados que, ao serem retratados na contemporaneidade, possam causar transtornos ou danos, mesmo que outrora tenham sido divulgados de forma lícita. Busca-se preservar o direito de se opor à recordação opressiva, ou seja, o direito de ser esquecido, de manter o anonimato ou de não ser lembrado, por meio da efetivação da tutela à intimidade e à vida privada.

No petitório da família de Aída Curi, *leading case* do tema de Repercussão Geral n. 786, foi destacada a angústia causada ao núcleo familiar pela veiculação de programa que retratou novamente, depois de quase cinquenta anos, as circunstâncias da morte da irmã, transportando para aquele núcleo, mais uma vez, a atenção da sociedade, o sofrimento e os maus sentimentos que suportaram pelos anos que sucederam o fato, que pretendiam esquecer.

Sentimento semelhante conduziu outro caso notório, por meio do qual o autor postulou reparação pelos danos morais sofridos em razão da veiculação de notícia no Programa Linha Direta: Justiça, que abordou a sequência de homicídios conhecida como Chacina da Candelária. De acordo com o que foi relatado no REsp n. 1.334.097/RJ,[10] o programa foi ao ar apontando o autor como um dos envolvidos na chacina, mas que fora absolvido, reacendendo na comunidade onde reside a imagem de chacinador e o ódio social, ferindo, assim, seu direito à paz, ao anonimato e à privacidade pessoal, com prejuízos diretos também a seus familiares.

Ao solucionar a controvérsia, o STJ registrou que é intrínseca a relação entre tempo e Direito, destacando que este estabiliza o passado e confere previsibilidade ao futuro.[11] Também ponderou a importância da recordação de crimes passados, que pode significar uma análise de como a sociedade e o próprio ser humano evolui ou regride.[12] Isso, sem olvidar a necessária tutela à garantia da dignidade da pessoa humana que, nesse caso, motivou o reconhecimento do direito do autor.

Em juízo de ratificação do julgado, após a definição da tese de repercussão geral pelo STF, que firmou a incompatibilidade da ideia de um direito ao esquecimento com a Constituição, a Turma reafirmou a conclusão a que chegou anteriormente, em acurada interpretação da *ratio decidendi* do recurso extraordinário. Veja-se:

[...]
1. A dinâmica das transformações sociais, culturais e tecnológicas confere à vida em sociedade novas feições que o direito legislado tem dificuldades de acompanhar, originando conflitos entre a liberdade de informação e de expressão e os direitos inerentes à personalidade, todos de estatura constitucional.
2. O conflito entre os direitos da personalidade e o direito de informar e de expressão por meio de publicações jornalísticas singulariza-se num contexto em que falta aos fatos o elemento "contemporaneidade", capaz de trazer à tona dramas já administrados e de reacender o juízo social sobre os sujeitos envolvidos.
3. No julgamento realizado em 28/5/2013, a Quarta Turma do STJ, atenta à circunscrição da questão jurídica a ser solucionada, sem prender-se a denominações e a institutos, estabeleceu que a Constituição Federal, ao proclamar a liberdade de informação e de manifestação do

---

[10] REsp n. 1.334.097/RJ, relator Ministro Luis Felipe Salomão, Quarta Turma, julgado em 28/5/2013, Disponível em: https://scon.stj.jus.br/SCON/GetInteiroTeorDoAcordao?num_registro=201201449107&dt_publicacao=10/09/2013 Acesso em: 2 jul. 2024.

[11] "No ponto, ressalto que é pelo Direito que o homem, cravado no tempo presente, adquire a capacidade de retomada reflexiva do passado – estabilizando-o – e [de] antecipação programada no futuro – ordenando-o e conferindo-lhe previsibilidade. Tempo e Direito, portanto, são fenômenos que guardam relação intrínseca, de modo que tanto o direito confere significação à passagem do tempo, quanto este interfere na manifestação do Direito".

[12] "Não há dúvida de que a história da sociedade é patrimônio imaterial do povo e nela se inserem os mais variados acontecimentos e personagens capazes de revelar, para o futuro, os traços políticos, sociais ou culturais de determinada época.
Assim, um crime, como qualquer fato social, pode entrar para os arquivos da história de uma sociedade e deve ser lembrado por gerações futuras por inúmeras razões. É que a notícia de um delito, o registro de um acontecimento político, de costumes sociais ou até mesmo de fatos cotidianos (sobre trajes de banho, por exemplo), quando unidos, constituem um recorte, um retrato de determinado momento e revelam as características de um povo na época retratada.
Nessa linha de raciocínio, a recordação de crimes passados pode significar uma análise de como a sociedade - e o próprio ser humano - evolui ou regride, especialmente no que concerne ao respeito por valores éticos e humanos, assim também qual foi a resposta dos aparelhos judiciais ao fato, revelando, de certo modo, para onde está caminhando a humanidade e a criminologia."

pensamento, assim o fez traçando as diretrizes principiológicas de acordo com as quais essa liberdade será exercida, esclarecendo a natureza não absoluta daqueles direitos e que, no conflito entre a liberdade de informação e os direitos da personalidade, eventual prevalência sobre os segundos, após realizada a necessária ponderação para o caso concreto, encontra amparo no ordenamento jurídico, não consubstanciando, em si, a apontada censura vedada pela Constituição Federal de 1988.

4. No julgamento mencionado no item anterior, realçou-se que a história da sociedade é patrimônio imaterial do povo, capaz de revelar para o futuro os traços políticos, sociais ou culturais de determinada época. Todavia, em se tratando da historicidade do crime, a divulgação dos fatos há de ser vista com cautela, merecendo ponderação casuística, a fim de resguardar direitos da personalidade dos atores do evento narrado.

5. Apreciados os mesmos fatos pelo STF (RE n. 1.010.606/RJ), a Suprema Corte sintetizou o julgamento numa tese com a identificação de duas situações distintas, tendo sido previstas para cada qual, naturalmente, soluções diferenciadas para o aparente conflito entre os valores e os direitos que gravitam a questão.

6. Na primeira parte da tese firmada, reconheceu-se a ilegitimidade da invocação do direito ao esquecimento, autonomamente, com o objetivo de obstar a divulgação dos fatos, que, embora lamentavelmente constituam uma tragédia, são verídicos, compõem o rol dos casos notórios de violência na sociedade brasileira e foram licitamente obtidos à época de sua ocorrência, não tendo o decurso do tempo, por si só, tornado ilícita ou abusiva sua (re)divulgação, sob pena de se restringir, desarrazoadamente, o exercício do direito à liberdade de expressão, de informação e de imprensa.

7. Na segunda parte da tese, asseverou-se o indispensável resguardo dos direitos da personalidade das vítimas de crimes, inclusive dos seus familiares, sobretudo no que tange aos crimes bárbaros: "todos esses julgamentos têm algo em comum, além da necessidade de compatibilidade interpretativa entre a liberdade de expressão, a dignidade da pessoa humana, a intimidade e privacidade; a exigência de análise específica - caso a caso - de eventuais abusos nas divulgações, da necessidade de atualização dos dados, da importância dos fatos, do desvio de finalidade ou na exploração ilícita das informações."

8. Nessa linha, não bastasse a literalidade da segunda parte da tese apresentada (Tema n. 786/STF), os pressupostos que alicerçaram o entendimento do Supremo Tribunal Federal foram coincidentes com aqueles nos quais se estruturou a decisão tomada no recurso especial pela Quarta Turma do STJ, justificando-se a confirmação do julgado proferido por este colegiado.

9. De fato, no caso em exame, conforme análise pormenorizada dos fatos e julgamento desta Turma, constatou-se exatamente a situação abusiva referida pelo Supremo, situação para a qual aquele Tribunal determinou: em sendo constatado o excesso na divulgação de fatos ou dados verídicos e licitamente obtidos e publicados em meios de comunicação social analógicos ou digitais, se proceda o julgador competente ao estancamento da violação, com base nas legítimas formas previstas pelo ordenamento.

10. Sublinhe-se que tal excesso e o ataque aos direitos fundamentais do autor foram bem sintetizados no voto condutor, que salientou que a permissão de nova veiculação do fato, com a indicação precisa do nome e imagem do autor, no caso concreto, significaria uma segunda ofensa à dignidade, justificada pela primeira, uma vez que, além do crime em si, o inquérito policial se consubstanciava em reconhecida "vergonha nacional" à parte [...].

De fato, a garantia da proteção da dignidade da pessoa humana e os direitos de personalidade e privacidade foram considerados na definição da tese de repercussão geral. Há no julgado extensa menção a decisões que consagram a proteção à privacidade, ao nome, à honra e à imagem, a exemplo do julgamento do HC n. 82.424/RS[13] (caso Ellwanger), no qual foi mantida a condenação de um escritor pelo crime de racismo, por publicar, vender e distribuir material antissemita, e do RE n. 511.961/SP,[14] no qual se concluiu por não recepcionada a norma no sentido de exigência de diploma de curso superior para o exercício de profissão de jornalista.

Há, também, menção importante ao direito fundamental à liberdade de expressão, mormente diante da sua relevância na afirmação da democracia, conforme enfatizado pelo Ministro Toffoli.

Na análise do diálogo constitucional desses direitos, o Ministro Relator muito bem pontuou que o cotejo entre a liberdade de expressão com outros valores constitucionais deve sempre tender à harmonização, consagrando o resguardo da intimidade do indivíduo sem sacrificar a livre comunicação. Valendo-se das palavras do Ministro Dias Toffoli, tanto quanto possível, deve-se priorizar: o complemento da informação, em vez de sua exclusão; a retificação de um dado, em vez de sua ocultação; o direito de resposta, em lugar da proibição ao posicionamento; o impulso ao desenvolvimento moral da sociedade, em substituição ao fomento às neblinas históricas ou sociais.[15]

Assim, percebe-se do julgado, como nele mencionado, que a aplicação de um direito que eleja a passagem do tempo como limitação à divulgação de informação verdadeira, licitamente obtida e com adequado tratamento dos dados nela inseridos, precisa estar respaldado em lei, de modo pontual, clarividente e sem anulação da liberdade de expressão. Na ausência de adequada regulamentação legal sobre o instituto, a personalidade, a privacidade e a efetivação da dignidade humana ficam garantida através das tutelas constitucionais e das normas positivadas legalmente, mormente quando houver abuso no exercício da liberdade de expressão.

Essa conclusão alcança os conflitos atinentes à afirmação dos direitos de personalidade e privacidade decorrentes da massificação e dispersão de informações, inclusive voluntárias, em plataformas virtuais.

Não há como apartar a temática do direito ao esquecimento na atualidade da constante preocupação com a manutenção de valores caros, como a preservação da imagem, da honra, da privacidade, da intimidade, da integridade psíquica e do segredo em uma sociedade cada vez mais tecnológica e globalizada, na qual informações até mesmo íntimas são trafegadas e alcançam uma amplitude inimaginável de espectadores. A pessoa humana fica suscetível, nesse cenário, ao esvaziamento da privacidade, ao excesso e ao abuso da liberdade de expressão.

A tutela desses direitos, todavia, não passa ao largo da legislação que regulamento o tratamento de dados no Brasil. Conforme mencionado pelo Ministro Toffoli no acórdão do RE n. 1.010.606/RJ, a Lei n. 13.709/2018 (Lei Geral de Proteção de Dados Pessoais – LGPD) foi explícita quanto ao término do tratamento de dados quando a finalidade de

---

[13] HC n. 82.424/RS, relator Ministro Moreira Alves, relator p/ acórdão Ministro Maurício Corrêa, Tribunal Pleno, julgado em 17/9/2003. Disponível em: https://redir.stf.jus.br/paginadorpub/paginador.jsp?docTP=AC&docID=79052 Acesso em: 2 jul. 2024.

[14] RE n. 511.961/SP, relator Ministro Gilmar Mendes, Tribunal Pleno, julgado em 17/6/2009. Disponível em: https://redir.stf.jus.br/paginadorpub/paginador.jsp?docTP=AC&docID=605643 Acesso em: jul. 2024.

[15] RE n. 1.010.606/RJ, relator Ministro Dias Toffoli, Tribunal Pleno, julgado em 11/2/2021. Disponível em: https://redir.stf.jus.br/paginadorpub/paginador.jsp?docTP=TP&docID=755910773 Acesso em: 2 jul. 2024.

sua coleta for alcançada; os dados deixarem de ser necessários ou pertinentes ao alcance da finalidade específica almejada; findar-se o período do tratamento; o titular requerer, nas situações previstas na lei; e quando houver determinação da autoridade nacional. Ainda, não há óbice à defesa dos interesses e dos direitos dos titulares de dados em juízo, na forma do disposto na legislação pertinente, civil ou criminal.

Isso quer dizer que a proteção dada aos valores, às garantias e aos direitos constitucionais, como a dignidade da pessoa humana, a preservação da privacidade e personalidade, preenche potencial lacuna deixada pela ausência de norma que insira, adequada e eficazmente, no ordenamento jurídico a tutela de um direito ao esquecimento.

Essa questão é abordada expressamente na tese de repercussão geral que ora se comenta, ao tratar na sua segunda parte que eventuais excessos ou abusos no exercício da liberdade de expressão e de informação devem ser analisados caso a caso, a partir dos parâmetros constitucionais – especialmente os relativos à proteção da honra, da imagem, da privacidade e da personalidade em geral – e as expressas e específicas previsões legais nos âmbitos penal e cível.

Considerações finais

O acórdão formado no RE n. 1.010.606/RJ apresenta-se como uma resposta efetiva aos questionamentos sobre a aplicabilidade no ordenamento jurídico brasileiro de um direito ao esquecimento fulcrado na proteção da dignidade da pessoa humana. Não falta ao ordenamento jurídico instrumentos constitucionais e infraconstitucionais que garantam a efetivação da dignidade do homem, em sua amplitude, e a defesa da intimidade, da imagem, da honra, da privacidade e da integridade psíquica, até mesmo na sociedade da informação.

Decerto que o direito avança na medida em que a sociedade avança, e que esse desenvolvimento reclama, por vezes, a edição de novas leis ou a revisão de leis antigas, a fim de amparar a forma com que a sociedade se relaciona. O Poder Judiciário deve acompanhar esses avanços, garantindo a efetiva entrega da prestação jurisdicional, mas sem se desprender da necessária proteção das normas fundamentais do País.

A tese fixada no tema de Repercussão Geral n. 786 reflete a necessária ponderação dos valores constitucionais que edificam a sociedade brasileira diante de questões que perpassam por conflitos entre os próprios direitos constitucionais.

O voto que conduziu a solução da controvérsia apresentada por meio do recurso extraordinário, de autoria do Ministro Dias Toffoli, é elucidativo e reflete a seriedade da atuação de Sua Excelência perante o Supremo Tribunal Federal.

As manifestações do homenageado, a clareza em suas decisões e a acuidade com que encara cada caso demonstram um profundo respeito pelos princípios jurídicos e pela dignidade da função judicial, contribuindo não só para a edificação do Estado de Direito, mas servindo, também, de modelo para estudantes e profissionais que atuam no sistema jurídico. Seu empenho em buscar soluções justas e equilibradas reflete um verdadeiro compromisso com a equidade e o bem-estar social, que o acompanha e o acompanhará em toda a sua caminhada.

Referências

BRASIL. *Constituição da República Federativa do Brasil*, 1988. Brasília: Senado Federal. http://www.planalto.gov.br/ccivil_03/constituicao/constituicao.htm Acesso em: 2 jul. 2024.

BRASIL. *Lei n. 10.406, de 10 de janeiro de 2002*. Institui o Código Civil. Brasília: Senado Federal. https://www.planalto.gov.br/ccivil_03/leis/2002/l10406compilada.htm Acesso em: 2 jul. 2024.

BRASIL. *Lei n. 13.709, de 14 de agosto de 2018*. Lei Geral de Proteção de Dados Pessoais. Brasília: Senado Federal. https://www.planalto.gov.br/ccivil_03/_ato2015-2018/2018/lei/l13709.htm Acesso em: 2 jul. 2024.

BRASIL. Superior Tribunal de Justiça. *Recurso Especial n. 1.334.097/RJ*, relator Ministro Luis Felipe Salomão, Quarta Turma, julgado em 28 de maio de 2013. Disponível em: https://scon.stj.jus.br/SCON/GetInteiroTeorDoAcordao?num_registro=201201449107&dt_publicacao=10/09/2013. Acesso em: 2 jul. 2024.

BRASIL. Superior Tribunal de Justiça. *Recurso Especial n. 1.335.153/RJ*, relator Ministro Luis Felipe Salomão, Quarta Turma, julgado em 28 de maio de 2013. Disponível em: https://www.stj.jus.br/websecstj/cgi/revista/REJ.cgi/ATC?seq=36170660&tipo=91&nreg=/ Acesso em: 2 jul.2024.

BRASIL. Supremo Tribunal Federal. *Recurso Extraordinário n. 1.010.606/RJ*, relator Ministro Dias Toffoli, Tribunal Pleno, julgado em 11 de fevereiro de 2021. Disponível em https://redir.stf.jus.br/paginadorpub/paginador.jsp?docTP=TP&docID=755910773. Acesso em: 2 jul. 2024.

BRASIL. Supremo Tribunal Federal. *Habeas Corpus n. 82.424/RS*, relator Ministro Moreira Alves, relator p/ acórdão Ministro Maurício Corrêa, Tribunal Pleno, julgado em 17/9/2003. Disponível em: https://redir.stf.jus.br/paginadorpub/paginador.jsp?docTP=AC&docID=79052 Acesso em: 2 jul. 2024.

BRASIL. Supremo Tribunal Federal. *Recurso Extraordinário n. 511.961/SP*, relator Ministro Gilmar Mendes, Tribunal Pleno, julgado em 17/6/2009. Disponível em: https://redir.stf.jus.br/paginadorpub/paginador.jsp?docTP=AC&docID=605643 Acesso em: 2 jul. 2024.

MALHEIRO, Emerson Penha; FUJITA, Jorge Shiguemitsu; TATEOKI, Victor Augusto. O direito ao esquecimento sob a ótica dos direitos da personalidade e da sociedade da informação. *Revista dos Tribunais*, v. 1034, ano 110, p. 221-239. São Paulo: RT, dezembro, 2021.

SÁ, Mariana Oliveira de. O direito ao esquecimento e a liberdade de expressão: para além do direito de dizer, o direito de ouvir. Revista de Direito Constitucional e Internacional, v. 121, ano 28, p. 159-183. São Paulo: RT, set.-out. 2020.

SCHREIBER, Anderson et al. *Direito civil*: diálogos entre a doutrina e a jurisprudência. São Paulo: Atlas, 2018.

Informação bibliográfica deste texto, conforme a NBR 6023:2018 da Associação Brasileira de Normas Técnicas (ABNT):

VILELA, Afrânio. O Tratamento Jurisprudencial do Direito ao Esquecimento no Brasil. *In*: MENDES, Gilmar Ferreira; LIRA, Daiane Nogueira de; FREIRE, Alexandre (Coord.). *Constituição, democracia e diálogo*: 15 anos de Jurisdição Constitucional do Ministro Dias Toffoli. 2. ed. Belo Horizonte: Fórum, 2025. p. 15-25. ISBN 978-65-5518-937-7.

PROCESSO ESTRUTURAL E COMBATE AO TRABALHO ESCRAVO CONTEMPORÂNEO: UMA ANÁLISE JUSTRABALHISTA E ANTIRRACISTA À LUZ DO RE 459.510/STF

ALBERTO BASTOS BALAZEIRO
RAQUEL LEITE DA SILVA SANTANA
LUCAS CAVALCANTE

Introdução

O trabalho escravo contemporâneo é uma prática odiosa que "compreende o labor exercido na contramão da agenda para o trabalho decente, em que há grave violação da dignidade da pessoa trabalhadora" (Gonçalves, 2020). Nessa esteira, a abolição do trabalho escravo contemporâneo é medida de caráter jus cogens, conforme preveem diversos instrumentos internacionais, tais como as Convenções 29 e 105 da OIT, além da Convenção das Nações Unidas sobre Escravatura.

No direito nacional, tipifica-se como crime a ação de "reduzir alguém à condição análoga à de escravo, quer submetendo-o a trabalhos forçados ou a jornada exaustiva, quer sujeitando-o a condições degradantes de trabalho, quer restringindo, por qualquer meio, sua locomoção em razão de dívida contraída com o empregador ou preposto" (art. 149, *caput*, do Código Penal).

Além disso, incorre na mesma conduta criminal quem cerceia o uso de qualquer meio de transporte, mantém vigilância ostensiva no local de trabalho ou se apodera de documentos pessoais do trabalhador, tudo com a finalidade de retê-lo no local de trabalho.

A submissão de trabalhador a condições degradantes de trabalho é conduta que foi incluída no artigo 149 do Código Penal brasileiro "a partir do Caso José Pereira levado à Comissão IDH" (Gonçalves, 2020). Isto é, foi a partir do caso debatido perante Corte Interamericana de Direitos Humanos, em análise de caso concreto que envolveu mais de 60 trabalhadores – com a morte de um deles – é que o Brasil passou a considerar as condições degradantes como tipo penal, ampliando a tipificação penal. A respeito do caso José Pereira, discorre Gonçalves:

> A ampliação do conceito de trabalho análogo à escravidão no Brasil foi consequência de uma solução amistosa reconhecendo a responsabilidade internacional do Brasil pelas violações de direitos humanos cometidas por particulares no caso José Pereira (2003) [...] José Pereira foi um dos trabalhadores que conseguiu fugir da fazenda "Espírito Santo", localizada na cidade de Sapucaia, no sul do Pará. Na fazenda, eles e outros 60 trabalhadores haviam sido forçados a trabalhar sem remuneração e em condições desumanas e ilegais. José Pereira resolveu noticiar à Polícia Federal as condições de trabalho na fazenda Espírito Santo, pois muitos de seus companheiros de trabalho lá permaneciam. A Polícia Federal encontrou os 60 trabalhadores, que foram então resgatados, recebendo dinheiro para voltar para casa. Ocorre que os exploradores e pistoleiros fugiram e os crimes cometidos naquela fazenda ficaram impunes. (Gonçalves, 2020)

O caso gerou ao Brasil, entre outras, a obrigação de "velar pelo cumprimento imediato da legislação internacional existente, assumindo o compromisso de modificar sua legislação pátria com o objetivo de coibir o Tráfico de Escravos no país" (Gonçalves, 2020).

A ampliação do conceito de trabalho escravo é medida pública que, ao considerar tais práticas como repreensíveis no ordenamento jurídico brasileiro, coloca em evidência a reafirmação dos valores sociais do trabalho, com ênfase na preservação da dignidade humana, além de reconhecer a policêntrica e complexidade das formas de manifestação do trabalho em condição análoga à de escravo.

Conforme reconhecido pelo Ministro Dias Toffoli (redator para acórdão) no julgamento histórico do RE 459.510/STF -importância advinda, entre outros, do reconhecimento da competência da Justiça Federal para julgamento do crime do art. 149 do CP-, a "redução à condição análoga à de escravo é um crime que geralmente é praticado de uma maneira complexa [...] que alcança vários entes da própria federação, de investigação complexa, de fiscalização complexa" (Supremo Tribunal Federal, 2011). Em razão disso, o combate ao trabalho escravo contemporâneo exige ações multicentradas com a participação de diversos entes estatais, conforme adverte o redator do acórdão no RE 459.510:

> É uma vergonha para a nação brasileira, no cenário internacional, quando surge uma denúncia e uma verificação de que, no Brasil, ainda existem crimes de escravidão. É necessário que a União combata esses crimes. É necessário, portanto, sem dúvida nenhuma, a participação do Ministério Público da União, por meio de forças supraestaduais, no combate desse crime tão perverso contra a humanidade e que atinge também a organização social do trabalho, que é a exploração da força de trabalho do trabalhador fora dos parâmetros legais.

Diante da complexidade inerente ao trabalho escravo contemporâneo, seu combate requer a adoção de medidas estruturais - judiciais ou extrajudiciais- que objetivem a solução do problema a partir de sua raiz.

O Programa Nacional de Enfrentamento ao Trabalho Escravo e ao Tráfico de Pessoas e de Proteção ao Trabalho do Migrante (Resolução CSJT Nº 367/2023) e a Portaria Interministerial MTE/MDHC nº 15, de 26 de julho de 2024 - "lista suja do trabalho escravo", revogando a Portaria Interministerial MTPS/MMIRDH nº 4 de

11/05/2016 – figuram como algumas dessas medidas, voltadas ao combate do trabalho escravo contemporâneo.

À luz dos ensejos oferecidos pelo no julgamento do RE 459.510/STF e da linha histórica de julgados sobre o trabalho escravo contemporâneo, este artigo tem como objetivo analisar a relevância dessas medidas estruturais como instrumentos de combate ao complexo crime de trabalho escravo contemporâneo.

Esperança Garcia e o trabalho escravo contemporâneo: diálogos essenciais

O Brasil foi o último país das Américas a abolir o trabalho escravo no continente americano. Em termos legais, a prática durou mais de 388 anos, período durante o qual as pessoas escravizadas ao mesmo tempo em que eram consideradas como objeto, compunham a essencial força motriz de desenvolvimento das atividades econômicas estatais.

Se, por um lado, o trabalho escravo tornava insuportável a vida das pessoas escravizadas, dadas as mais diversas violências contra elas cometidas em prol do lucro e do gozo de benefícios pelos proprietários de terras, por outro lado, a criatividade e resistência da população negra escravizada configuraram-se como elementos de sabedoria essenciais à sua sobrevivência.

Entre os diversos exemplos, o de Esperança Garcia tem sido, com razão, vivamente relembrado nos últimos anos e alguns autores sustentam que "a experiência em torno do resgate da memória de Esperança Garcia pode ser aproveitada no desenho e implementação das medidas de reparação às vítimas" (Soares; Fachin, 2022) nos casos Fazenda Brasil Verde (Corte IDH 2016); e Empregados da Fábrica de Fogos de Santo Antônio de Jesus e seus Familiares (Corte IDH 2020), apoiando-se nos usos da memória da denúncia feita por Esperança como uma das bases de sustentação para o fortalecimento dos direitos humanos e sociais do trabalho, bem como das instituições democráticas (Soares; Fachin, 2022).

Esperança Garcia, atualmente reconhecida como a primeira advogada do Brasil pelo Conselho Federal da OAB, foi uma das escravizadas do complexo de propriedades denominado "Fazenda do Real Fisco" ou "Fazendas da nação" (onde hoje estão localizados os Estados do Piauí e Maranhão). Por meio de uma carta, escrita em 6 de setembro de 1770, denunciou ao presidente da Província de São José do Piauí - principal autoridade do Piauí colonial setecentista a "violação à sua liberdade religiosa, por não poder batizar sua filha caçula, e maus tratos e abusos físicos que ela e seu filho sofriam" (Soares; Fachin, 2022).

A carta de Esperança Garcia é um grande achado histórico e perfilha como "um dos registros mais antigos que uma pessoa escravizada fez sobre a escravidão no Brasil" (Soares; Fachin, 2022). Ademais, trata-se de documento que representa máxima importância tal qual a "Carta de Pero Vaz de Caminha (1500) representa para o cânon ocidental" (Souza, 2017), demonstrando não só a agência e resistência das pessoas escravizadas contra o regime imposto, como também o sentido comunitário do pedido, que é um "traço marcante na vida das cativas, fugitivas ou libertas de ancestralidade africana" (Soares; Fachin, 2022). O documento está assim redigido:

> "Eu sou uma escrava de Vossa Senhoria da administração do Capitão Antônio Vieira do Couto, casada. Desde que o capitão lá foi administrar que me tirou da fazenda algodões, onde vivia com o meu marido, para ser cozinheira da sua casa, ainda nela passo muito mal. A primeira é que há grandes trovoadas de pancadas em um filho meu sendo uma criança que lhe fez extrair sangue pela boca, em mim não posso explicar que sou um colchão de pancadas, tanto que caí uma vez do sobrado abaixo peiada; por misericórdia de Deus escapei. A segunda estou eu e mais minhas parceiras por confessar há três anos. E uma criança minha e duas mais por batizar. Peço a Vossa Senhoria pelo amor de Deus ponha aos olhos em mim ordenando digo mandar ao procurador que mande para a fazenda de onde me tirou para eu viver com meu marido e batizar minha filha.
> De V.S.ª sua escrava, Esperança Garcia." (Garcia, Esperança, 1770)

A realidade vivenciada por Esperança Garcia em 1770 permanece no contexto social brasileiro nas práticas de trabalho escravo contemporâneo, o que coloca em evidência importante fator que interrelaciona passado-presente-futuro num continuum histórico que se busca romper: o racismo e seus efeitos de abjeção de pessoas negras (Santana, 2022).

O trabalho escravo contemporâneo se alicerça na crença ideológica de que o trabalho realizado essencialmente por pessoas negras não possui qualquer valor, assim como essas pessoas em si mesmas seriam a mera abjeção de um ser humano (Mbembe, 2028). Quem comete o delito presume possuir um valor (simbólico ou não) superior àqueles que são submetidos às condições de trabalho forçado, extenuante ou em condições degradantes (Fanon, 1968). A respeito do perfil dos trabalhadores submetidos a esse tipo de trabalho, afirma Gonçalves, com suporte em dados fornecidos pela Corte Interamericana de Direitos Humanos:

> De acordo com a Corte IDH, as vítimas desse tipo de trabalho são, em sua maioria, homens pobres, negros ou pardos, entre 18 e 40 anos de idade e que são recrutados em seus Estados de origem por intermediadores conhecidos como "gatos" para trabalhar em Estados distantes, com a promessa de salários atrativos. Os salários prometidos são reduzidos e não cobrem os custos com transporte, alimentação e hospedagem. Além disso, esses trabalhadores normalmente são, não raro, vigiados por guardas armados que não lhes permitem sair das fazendas

No Brasil, dados fornecidos pelo SmartLab dão conta de que, entre 2002 e 2023, 66% das pessoas resgatadas em situação de trabalho análogo à escravidão eram negras (pretas e pardas, nos termos do IBGE). Os jovens entre 18 e 24 anos, do sexo masculino, são os mais afetados (SmartLab, 2023).

É também contra essa lógica estruturante do racismo que o trabalho escravo contemporâneo precisa ser combatido; é essa uma das principais mazelas do período escravocrata, que se projeta sobre a população negra e contra ela constrói muros quase inalcançáveis de condições indignas de vida e trabalho. Esse é um dos elementos que tornam a abolição do trabalho escravo contemporâneo tão complexa quanto urgente.

A complexidade das ideias em torno da imbricada relação entre trabalho escravo contemporâneo e racismo, tornou necessário a fixação de teses tais como a de que "não é necessário que se prove a coação física da liberdade de ir e vir ou mesmo o cerceamento da liberdade de locomoção" (STF: Inq 341, 2012) para a configuração do crime previsto no artigo 149 do Código Penal. Isto é, foi necessário que a Suprema Corte Brasileira, em 2012, refutasse a tese que não é necessário que o trabalhador tenha suprimida sua liberdade, tal como no período escravocrata, para a configuração do delito. A ementa do julgado em questão está assim redigida:

> EMENTA PENAL. REDUÇÃO A CONDIÇÃO ANÁLOGA A DE ESCRAVO. ESCRAVIDÃO MODERNA. DESNECESSIDADE DE COAÇÃO DIRETA CONTRA A LIBERDADE DE IR E VIR. DENÚNCIA RECEBIDA.
> Para configuração do crime do art. 149 do Código Penal, não é necessário que se prove a coação física da liberdade de ir e vir ou mesmo o cerceamento da liberdade de locomoção, bastando a submissão da vítima "a trabalhos forçados ou a jornada exaustiva" ou "a condições degradantes de trabalho" (STF: Inq 3412 / Órgão julgador: Tribunal Pleno. Relator(a): Min. MARCO AURÉLIO Redator(a) do acórdão: Min. ROSA WEBER. Julgamento: 29/03/2012 Publicação: 12/11/2012)

A lembrança do nome, a história e a memória de Esperança Garcia, ao mesmo tempo em que permitem reconhecer o racismo como elemento sociocultural e jurídico que torna imperiosa a fixação de teses como a acima demonstrada, evidenciam a possibilidade de combatê-lo em todas as suas manifestações e, em especial, naquela relativa ao trabalho escravo contemporâneo.

As normativas jurídicas nacionais e internacionais figuram como importantes mecanismos para tanto.

Conceito e previsões normativas nacionais e internacionais de trabalho escravo

Apesar de não se referirem expressamente ao racismo, há diversos mecanismos internacionais que reconhecem o trabalho escravo contemporâneo como mazela a ser combatida pelos Estados, referendando a importância de combate dessa prática como um dos objetivos centrais das nações.

A Declaração Universal dos Direitos Humanos (1948) prevê em seu artigo 4º que "Ninguém será mantido em escravidão ou servidão; a escravidão e o tráfico de escravos estão proibidos em todas as suas formas".

A seu turno, a Convenção 29 da OIT, aprovada na 14ª reunião da Conferência Internacional do Trabalho (Genebra – 1930) e com vigência no Brasil a partir de 25 de abril de 1958, possui previsão que coloca em relevo a necessidade de eliminação do trabalho análogo ao de escravo (em sua modalidade de trabalho forçado ou obrigatório) "no mais curto prazo possível":

> 1. Todos os Membros da organização Internacional do trabalho que ratificam a presente convenção se obrigam a suprimir o emprêgo do trabalho forçado ou obrigatório sob tôdas as suas formas no mais curto prazo possível.

Na esteira da Convenção 29, em 1996 o Brasil ratificou a Convenção 105 da OIT, aprovada na 40ª reunião da Conferência Internacional do Trabalho (Genebra – 1957). A Convenção 105 da OIT aponta para o compromisso dos Estados de supressão do trabalho forçado ou obrigatório, sem que a ela se possa recorrer "sob forma alguma":

Qualquer Membro da Organização Internacional do Trabalho que ratifique a presente convenção se compromete a suprimir o trabalho forçado ou obrigatório, e a não recorrer ao mesmo sob forma alguma:
a) como medida de coerção, ou de educação política ou como sanção dirigida a pessoas que tenham ou exprimam certas opiniões políticas, ou manifestem sua oposição ideológica, à ordem política, social ou econômica estabelecida;
b) como método de mobilização e de utilização da mão-de-obra para fins de desenvolvimento econômico;
c) como medida de disciplina de trabalho;
d) como punição por participação em greves;
e) como medida de discriminação racial, social, nacional ou religiosa.

No Pacto de São José da Costa Rica, de 1992, a menção à vedação a práticas de escravidão é ainda mais acentuada, em seu artigo 6º:

1. Ninguém pode ser submetido a escravidão ou a servidão, e tanto estas como o tráfico de escravos e o tráfico de mulheres são proibidos em todas as formas.
2. Ninguém deve ser constrangido a executar trabalho forçado ou obrigatório. Nos países em que se prescreve, para certos delitos, pena privativa da liberdade acompanhada de trabalhos forçados, esta disposição não pode ser interpretada no sentido de que proíbe o cumprimento da dita pena, imposta por juiz ou tribunal competente. O trabalho forçado não deve afetar a dignidade nem a capacidade física e intelectual do recluso.
Conforme pontua Gonçalves, há quatro tipos de trabalho escravo contemporâneo previstas neste dispositivo, quais sejam, a escravidão, a servidão, o trabalho forçado e o tráfico de pessoas, que compõem "um conceito mais amplo de formas contemporâneas de escravidão." e conclui o autor:

Apesar de a servidão, o trabalho forçado e o tráfico de pessoas serem violações em si mesmas, estas são, adicionalmente, manifestações de formas contemporâneas de escravidão (Gonçalves, 2020).

No âmbito do Mercosul, na Declaração Sociolaboral de 2015, além de se ter referendado o conteúdo da Convenção 105 da OIT, acrescentou-se a necessidade de se extirpar o trabalho forçado ou obrigatório como punição por haver o trabalhador participado de atividades sindicais:

Artigo 8º
3. Os Estados Partes comprometem-se, ademais, a adotar medidas para garantir a abolição de toda utilização de mão de obra que propicie, autorize ou tolere o trabalho forçado ou obrigatório.
4. Os Estados Partes comprometem-se, de modo especial, a suprimir toda forma de trabalho forçado, obrigatório ou degradante que possa utilizar-se:
a) como meio de coerção ou de educação política, ou como punição por não ter ou expressar, o trabalhador, determinadas opiniões políticas, ou por manifestar oposição ideológica à ordem política, social ou econômica estabelecida;
b) como método de mobilização e utilização da mão de obra com fins de fomento econômico;
c) como medida de disciplina no trabalho;
d) como punição por haver o trabalhador participado em atividades sindicais ou greves;
e) como medida de discriminação racial, social, nacional, religiosa ou de outra natureza.

Por fim, a Agenda 2030 já utiliza a expressão "escravidão moderna" e reforça, na ODS 8, a necessidade de se "tomar medidas imediatas e eficazes para erradicar o trabalho forçado, acabar com a escravidão moderna e o tráfico de pessoas, e assegurar a proibição e eliminação das piores formas de trabalho infantil, incluindo recrutamento e utilização de crianças-soldado, e até 2025 acabar com o trabalho infantil em todas as suas formas".

No âmbito interno, possuem relevo a Portaria MTP nº 671/2021 e a Portaria Interministerial MTE/MDHC/ nº 15 de 2024. A primeira define e conceitua as práticas que serão consideradas como trabalho em condição análoga à de escravo:

> Art. 207. Considera-se em condição análoga à de escravo o trabalhador submetido, de forma isolada ou conjuntamente, a:
> I - trabalho forçado;
> II - jornada exaustiva;
> III - condição degradante de trabalho;
> IV - restrição, por qualquer meio, de locomoção em razão de dívida contraída com empregador ou preposto, no momento da contratação ou no curso do contrato de trabalho; ou
> V - retenção no local de trabalho em razão de:
> a) cerceamento do uso de qualquer meio de transporte;
> b) manutenção de vigilância ostensiva; ou
> c) apoderamento de documentos ou objetos pessoais.
> Art. 208. Para os fins previstos neste Capítulo:
> I - trabalho forçado - é o exigido sob ameaça de sanção física ou psicológica e para o qual o trabalhador não tenha se oferecido ou no qual não deseje permanecer espontaneamente;
> II - jornada exaustiva - toda forma de trabalho, de natureza física ou mental, que, por sua extensão ou intensidade, acarrete violação de direito fundamental do trabalhador, notadamente os relacionados à segurança, à saúde, ao descanso e ao convívio familiar e social;
> III - condição degradante de trabalho - qualquer forma de negação da dignidade humana pela violação de direito fundamental do trabalhador, notadamente os dispostos nas normas de proteção do trabalho e de segurança, higiene e saúde no trabalho;
> [...]

De fato, os documentos internacionais analisados são importantes caminhos institucionais para "buscar justiça racial com o encaminhamento da denúncia a pessoas ou instituições que têm o dever de garantir algum patamar de dignidade, para gerar mudança de postura e melhoria de toda comunidade" (Soares; Fachin, 2022).

Assim, é acentuada sua relevância no que se refere ao combate ao trabalho escravo contemporâneo e no rompimento do continuum histórico que faz com que muitos lembrem de Esperança Garcia como mera escravizada e não como heroína e primeira advogada do Brasil.

De outra sorte, instrumentos como a Portaria Interministerial MTE/MDHC/ nº 15 de 2024, a seguir analisada, somam-se às demais no combate ao trabalho escravo contemporâneo, compondo importante arcabouço para o enfrentamento dos vários níveis de complexidade inerentes ao trabalho escravo contemporâneo.

Processos estruturais laborais e o combate ao trabalho escravo contemporâneo: portaria interministerial MTE/MDHC/ nº 15 de 2024 ("Lista suja" do trabalho escravo) e Programa Nacional de Enfrentamento ao Trabalho Escravo e ao Tráfico de Pessoas (Resolução CSJT nº 367/2023)

O processo estrutural emerge de situações sociais complexas, em que se observa profundo descompasso das práticas sociais com a ordem jurídica, em especial com os direitos fundamentais, como é o caso do trabalho escravo contemporâneo. A partir da aplicação das técnicas aplicadas de processo estrutural, almeja-se a correção de graves ilícitos e dos "comportamentos institucionais reiteradamente ilícitos" (Vitorelli, 2023), a partir da adoção de estratégias criativas e inclusivas, voltadas a solucionar o problema desde a origem.

A aplicação das técnicas que consolidam o sistema do "processo estrutural laboral" (Balazeiro, 2024) possibilita que sejam solucionados conflitos complexos a partir da "raiz" do problema. Há interessante metáfora utilizada por Matheus Galdino para descrever os diferentes níveis e graus de estruturalidade possíveis de aplicação em matéria de processos estruturais:

> Uma árvore cujos frutos são venenosos pode receber uma tutela inibitória por um processo com baixo ou nenhum grau de estruturalidade, que permitiria colher os frutos e encaminhá-los para um descarte seguro. Certamente outros frutos apareceriam no outono seguinte e o mesmo procedimento poderia ser adotado, às vezes, por meio de outro processo. Um grau mais alto de estruturalidade seria o que tivesse por objetivo não apenas colher os frutos, mas cortar os galhos da árvore. Nesse caso, possivelmente, durante um tempo, não nasceriam novos frutos, ao menos até que novos galhos brotassem e deles surgissem frutos. O raciocínio seguinte já é previsível. Um processo que vise cortar o tronco da árvore teria um grau de estruturalidade ainda maior, possivelmente inferior apenas se comparado ao processo que corta a árvore pela raiz, o qual em nossa metáfora possuiria um grau máximo de estruturalidade. (Galdino, 2019)

Desse modo, o processo estrutural é um tipo de processo, muitas vezes coletivo, que busca implantar uma reforma estrutural, a fim de concretizar um direito fundamental, realizar uma política pública, solucionar litígios complexos ou interesses socialmente relevantes.

Não sem razão, o surgimento do que hoje consideramos como processo estrutural está associado à prolação de diversas decisões de juízes federais norte-americanos, que buscaram implementar a decisão da Suprema Corte no caso *Brown vs. Board of Education* (1954), na qual se determinou a execução de medidas voltadas à transformação do sistema educacional, que à época legalmente impedia que crianças negras e brancas estudassem na mesma escola. A respeito dessa decisão história pontua Owen Fiss:

> [...] [a forma do processo estrutural] surgiu quando os juízes federais procuraram implementar a decisão da Suprema Corte de 1954, em Brown v. Board of Education, impondo a transformação do sistema nacional de ensino dividido em dois – uma escola para negros e outra para brancos – em um sistema unitário não racial. Pressionado pelas forças das circunstâncias, o judiciário federal transformou a medida liminar tradicional em uma ferramenta para gerenciar esse processo reconstrutivo da sociedade. (FISS, 2017)

Portanto, não é demasiado afirmar que o que se objetiva com o processo estrutural não é apenas a reparação de danos gerados por atos ilícitos (reparação alvo de ações indenizatórias), mas a mudança ou a forte influência a mudanças comportamentais coletivas ou individuais, relacionadas a um problema estrutural. Nesse aspecto, é comum no âmbito de resolução de problemas estruturais a existência de "decisões em cascata" ("decisões estruturantes"), consideradas como aquelas emanadas de diferentes searas jurídicas que objetivam dar concretude aos direitos fundamentais, mediante a resolução dos ilícitos gravosos, por meio de decisões cujo conteúdo conduz a reformas estruturais em maior ou menor grau.

É ideal que problemas estruturais sejam tratados objetivando-se a resolução da sua causa – e não de suas consequências. Para tanto, é essencial a alocação de recursos em um plano racionalmente desenvolvido para evitar que os jurisdicionados que eventualmente acessem primeiro o Judiciário sejam os únicos beneficiados por uma decisão judicial que impacta toda uma coletividade (Vitorelli, 2023). Assim, o processo estrutural oferece as ferramentas mais adequadas para obter resultados que atinjam a raiz do problema e não apenas seus galhos.

Sinale-se que o processo estrutural não precisa ser apenas judicial: reuniões, acordos e a pactuação de Termos de Ajustamento de Conduta (TACs) são ferramentas importantes que compõem as técnicas de processo estrutural, além de contar, via de regra, com o consenso dos atingidos para a solução do litígio (Vitorelli, 2023). São exemplos disso a instituição do Programa Nacional de Enfrentamento ao Trabalho Escravo e ao Tráfico de Pessoas e de Proteção ao Trabalho do Migrante no âmbito da Justiça do Trabalho e a criação do cadastro de empregadores que tenham submetido trabalhadores a condições análogas à escravidão (Portaria Interministerial MTE/MDHC/nº 15 de 2024 ("Lista suja" do trabalho escravo).

O Programa Nacional de Enfrentamento ao Trabalho Escravo e ao Tráfico de Pessoas e de Proteção ao Trabalho do Migrante tem como objetivo "desenvolver, em caráter permanente, ações voltadas à erradicação do trabalho escravo e do tráfico de pessoas, bem como à proteção do trabalho de pessoas migrantes.". (art. 1º da Resolução CSJT nº 367/2023).

Entre outros princípios, o programa é norteado pela primazia da abordagem preventiva e socioeducativa, assim como é voltado à colaboração na criação de medidas concretas de combate ao trabalho escravo contemporâneo:

> Art. 4º O Programa seguirá e será orientado pelas seguintes diretrizes básicas:
> I - política pública: colaborar na implementação de políticas públicas de repressão, prevenção e assistência às vítimas de formas contemporâneas de escravidão, de migrantes em situação de risco e de pessoas refugiadas e solicitantes de refúgio, em especial o fomento à política judicial insculpida na Resolução nº 212, de 15 de dezembro de 2015, do Conselho Nacional de Justiça, mediante a promoção de intercâmbios, elaboração de estudos e proposição de medidas concretas de aperfeiçoamento do Sistema de Justiça quanto ao enfrentamento à exploração do trabalho em condição análoga à de escravo e ao tráfico de pessoas atribuído ao Fórum Nacional do Poder Judiciário para Monitoramento e Efetividade das Demandas Relacionadas à Exploração do Trabalho em Condições Análogas à de Escravo e ao Tráfico de Pessoas (Fontet);
> [...]

III - educação para a prevenção: desenvolvimento de ações educativas, pedagógicas e de capacitação profissional em todos os níveis de ensino, voltadas diretamente a magistrados, servidores e outros agentes do sistema de justiça, além de parceiros;

Tem-se com a mencionada resolução importante mecanismo para reconhecimento, prevenção e reparação no que concerne ao trabalho escravo contemporâneo.

A seu turno, a Portaria Interministerial MTE/MDHC/ nº 15 de 2024 foi publicada em 29 de julho de 2024 e é uma atualização da Portaria Interministerial MTPS/MMIRDH nº 4 de 11/05/2016, que instituiu a popularmente chamada "lista suja do trabalho escravo". Na ADPF 509, o Supremo Tribunal Federal analisou a constitucionalidade desta última portaria, criada para disciplinar a criação de um cadastro com a identificação de empregadores flagrados com a submissão de trabalhadores a condições de trabalho análogas à de escravo. A Suprema Corte declarou a constitucionalidade da portaria, ressaltando se tratar de medida incluída na política de combate ao trabalho escravo, conforme se extrai da ementa do julgado:

> ARGUIÇÃO DE DESCUMPRIMENTO DE PRECEITO FUNDAMENTAL – CABIMENTO – SUBSIDIARIEDADE. A adequação da arguição de descumprimento de preceito fundamental pressupõe inexistência de meio jurídico para sanar lesividade – artigo 4º da Lei nº 9.882/1999. PORTARIA – CADASTRO DE EMPREGADORES – RESERVA LEGAL – OBSERVÂNCIA. Encerrando portaria, fundamentada na legislação de regência, divulgação de cadastro de empregadores que tenham submetido trabalhadores a condição análoga à de escravo, sem extravasamento das atribuições previstas na Lei Maior, tem-se a higidez constitucional. CADASTRO DE EMPREGADORES – PROCESSO ADMINISTRATIVO – CONTRADITÓRIO E AMPLA DEFESA – OBSERVÂNCIA. Identificada, por auditor-fiscal, exploração de trabalho em condição análoga à de escravo e lavrado auto de infração, a inclusão do empregador em cadastro ocorre após decisão administrativa irrecorrível, assegurados o contraditório e a ampla defesa. CADASTRO DE EMPREGADORES – NATUREZA DECLARATÓRIA – PRINCÍPIO DA PUBLICIDADE. Descabe enquadrar, como sancionador, cadastro de empregadores, cuja finalidade é o acesso à informação, mediante publicização de política de combate ao trabalho escravo, considerado resultado de procedimento administrativo de interesse público.
> (ADPF 509, Relator(a): MARCO AURÉLIO, Tribunal Pleno, julgado em 16-09-2020, PROCESSO ELETRÔNICO DJe-242 DIVULG 02-10-2020 PUBLIC 05-10-2020)

Superada a discussão acerca da constitucionalidade da medida, a Portaria publicada neste ano (2024) conta com dispositivos que robusteceram a política de sedimentação do cadastro de empregadores que tenham submetido trabalhadores a condições análogas à escravidão.

Observando-se os princípios do contraditório e da ampla defesa (art. 2º, §§1º e 2º da Portaria Interministerial MTE/MDHC/ n. 15 de 2024), a criação de um cadastro de empregadores que tenham submetido trabalhadores a condições análogas à escravidão contribui para o combate ao trabalho escravo na medida em que possibilita que toda a sociedade se mobilize em direção à sua extinção e opte por se associar -mediante consumo ou outras práticas- a empresas que infligem a dignidade dos trabalhadores, ratificando ou rechaçando o racismo estrutural.

Além disso, o cadastro em questão funciona como mecanismo de prevenção à reiteração dessa conduta ilícita, bem como de outras violações de direitos humanos e trabalhistas, tanto no âmbito de atuação do empregador quanto no mercado de trabalho em geral" (art. 5º, III da Portaria Interministerial MTE/MDHC/ n. 15 de 2024). Ademais, é instrumento de promoção ao trabalho decente, conforme previsão contida, por exemplo, no art. 7º, VI.

O art. 6º da nova Portaria cria mais um cadastro, o denominado "Cadastro de Empregadores em Ajustamento de Conduta - CEAC", que será integrado por aquelas empresas que, após verificada a utilização de mão de obra análoga à de escrava, optem por solucionar a controvérsia mediante a de TAC ou acordo judicial.

Outra novidade se refere à adição de novas cláusulas obrigatórias nos TACs, entre elas o pagamento específico dos débitos trabalhistas e previdenciários (art. 7º, II, a e b); pagamento do dano social causado, que será fixado em, no mínimo, 2% do faturamento bruto do administrado no último exercício anterior à celebração do TAC a ser disciplinado em ato do Ministro de Estado do Trabalho e emprego (art. 7º, V); a utilização do termo "cadeia de valor" para se referir à obrigatoriedade de monitoramento continuado do respeito aos direitos humanos e trabalhistas daqueles que lhes prestem serviços, sejam eles contratados direta ou indiretamente.

O art. 15 da nova portaria prevê valor de indenização por dano moral individual, outra previsão inédita:

> Art. 15. A indenização por dano moral individual a ser paga a cada um dos trabalhadores encontrados pela Inspeção do Trabalho em condição análoga à escravidão referida no art. 7º, caput, inciso III, considerada a natureza gravíssima da ofensa, não será inferior a 20 (vinte) vezes o salário-mínimo nacional.
> Parágrafo único. A cada período de 12 (doze) meses durante os quais o trabalhador permaneceu submetido a condição análoga à escravidão, o valor mínimo da indenização por dano moral individual referida no caput será aumentado em, pelo menos, 2 (duas) vezes o salário-mínimo nacional.

Trata-se de medida que visa à compensação dos danos presumida e inequivocamente sofridos pelos trabalhadores submetidos ao trabalho escravo contemporâneo, dispondo que quanto maior o tempo de submissão a tal prática, maior o valor a ser compensado àquele que perdeu parte de sua vida, de sua história, de sua memória, em razão das condições de trabalho a que fora submetido.

A esse respeito, em recente discurso em um dos auditórios principais do Tribunal Superior do Trabalho, Creuza Oliveira, presidenta de honra da Federação Nacional das Trabalhadoras Domésticas (FENATRAD), lembrou que o trabalho doméstico realizado em condições análogas à escravidão ainda é uma prática recorrente da elite branca brasileira, que atribui pouco ou nenhum valor a esse trabalho majoritariamente exercido por mulheres negras.

Severamente preocupada com suas companheiras de categoria, Creuza questionou às autoridades que lhe ouviam atentas: "quanto vale uma vida inteira de trabalho doméstico e de cuidado não remunerados prestados na casa das patroas?"

O questionamento de Creuza e seus desdobramentos devem mobilizar a todos os que buscam uma sociedade mais justa e verdadeiramente igualitária.

Tendo em vista sua natureza originária de pacificação de conflitos, o Direito do Trabalho possui franco potencial de figurar como um dos principais ramos jurídicos no enfrentamento do trabalho escravo contemporâneo e do racismo, enquanto projeto de dominação que o sustenta.

Conclusão

A criação de medidas institucionais como Programa Nacional de Enfrentamento ao Trabalho Escravo e ao Tráfico de Pessoas e de Proteção ao Trabalho do Migrante (Resolução CSJT n. 367/2023) e as novidades trazidas pela Portaria Interministerial MTE/MDHC/ nº 15 de 2024 figuram como relevantes instrumentos estruturais para o enfrentamento desse delito, especialmente se considerados seus objetivos de ações preventivas e socioeducativas.

No entanto, é preciso reconhecer que ainda há muito a se avançar na política de erradicação do trabalho escravo. O artigo 243 da Constituição Federal, na redação conferida pela Emenda Constitucional n. 81/2014, prevê que as propriedades urbanas e rurais do país onde for localizado, além de cultura ilegal de drogas, a exploração de trabalho escravo, serão expropriadas e destinadas a reforma agrária:

> Art. 243. As propriedades rurais e urbanas de qualquer região do País onde forem localizadas culturas ilegais de plantas psicotrópicas ou a exploração de trabalho escravo na forma da lei serão expropriadas e destinadas à reforma agrária e a programas de habitação popular, sem qualquer indenização ao proprietário e sem prejuízo de outras sanções previstas em lei, observado, no que couber, o disposto no art. 5º. (Redação dada pela Emenda Constitucional n. 81, de 2014)

Passados mais de 10 anos da previsão constitucional, a legislação em questão inexiste, a despeito do país ter contabilizado, em 2023, o maior número de pessoas submetidas ao trabalho escravo, desde 2011 – um total de 3,1 pessoas submetidas ao trabalho análogo à escravidão, conforme dados fornecidos pelo Ministério do Trabalho e Emprego (Brasil, 2024).

Os números são alarmantes e revelam a importância de serem fomentados programas institucionais e políticas de combate ao trabalho escravo para que se faça frente às mazelas deixadas pelo período escravocrata a partir da base da estrutura brasileira, ainda com comportamentos marcadamente escravocratas. Para tanto, espera-se, em prol da verdadeira justiça social, que seja resgatado o sentido comunitário que levou Esperança Garcia a denunciar os maus-tratos e as violências sofridas nos cativeiros: que estes sejam lembrados em nossa história, mas não mais recorrentes em nosso cotidiano!

Referências

BALAZEIRO, Alberto. *Processo estrutural trabalhista*: limites e possibilidades da atuação judicial. Tese (Doutorado) – Instituto Brasileiro de Ensino, Desenvolvimento e Pesquisa (2024). No prelo.

BRASIL. MINISTÉRIO DO TRABALHO E EMPREGO. MTE resgata 3.190 trabalhadores de condições análogas à escravidão em 2023. Disponível em: https://www.gov.br/trabalho-e-emprego/pt-br/noticias-e-conteudo/2024/janeiro/mte-resgata-3-190-trabalhadores-de-condicoes-analogas-a-escravidao-em-2023. Acesso em: 6 ago. 2024.

FANON, F. *Os condenados da terra*. 42. ed. Rio de Janeiro: Civilização Brasileira, 1968.

FISS, Owen. Fazendo da Constituição uma verdade viva. Quatro conferências sobre a structural injunction. Conferência Um. A autoridade do juiz. Tradução de Arthur Ferreira Neto; Hannah Alff e Marcos Félix Jobim. In: ARENHART, Sérgio Cruz; JOBIM, Marcos Félix (Org.). *Processos estruturais*. Salvador: JusPodivm, 2017. p. 25.

GALDINO, Matheus Souza. *Elementos para uma compreensão tipológica dos processos estruturais*. 2019. Dissertação (Mestrado) – Salvador: Universidade Federal da Bahia (UFBA), 2019.

GONÇALVES, Igor Sousa. O conceito contemporâneo de trabalho análogo à escravidão à luz da jurisprudência da Corte e Comissão Interamericanas de Direitos Humanos. *Revista do Tribunal Regional do Trabalho da 10ª Região*, Brasília, v. 24, n. 2, p. 68-77, jul./dez. 2020. Disponível em: https://hdl.handle.net/20.500.12178/182463. Acesso em: 6 ago. 2024.

MBEMBE, A. *Necropolítica*: biopoder, soberania, estado de exceção, política da morte. Tradução Renata Santini. São Paulo: N-1 edições, 2018.

SANTANA, Raquel Leite da Silva. *As cuidadoras na sala de visita*. São Paulo: Editora Dialética. 2022.

SMARTLAB. Observatório da Erradicação do Trabalho Escravo e do Tráfico de Pessoas. 2023. Disponível em: https://smartlabbr.org/trabalhoescravo. Acesso em: 5 ago. 2024.

SOARES, Inês Virgínia P.; FACHIN, Melina Girardi. O lugar da carta de Esperança Garcia no Brasil contemporâneo: a agenda do trabalho digno frente à memória escravocrata, *Lusotopie* [Online], XXI, n. 1, 1 setembro 2022. Disponível em: http://journals.openedition.org/lusotopie/5219. Acesso em: 7 ago. 2024.

SOUZA, Elio Ferreira de. A carta da escrava 'Esperança Garcia' de Nazaré do Piauí: uma narrativa de testemunho precursora da literatura afro-brasileira. 2017. Disponível em: www.letras.ufmg.br/literafro. Acesso em: 7 ago. 2024.

SUPREMO TRIBUNAL FEDERAL (STF). RE 459510, Relator(a): CEZAR PELUSO, Relator(a) p/ Acórdão: DIAS TOFFOLI, Tribunal Pleno, julgado em 26-11-2015, ACÓRDÃO ELETRÔNICO DJe-067 DIVULG 11-04-2016 PUBLIC 12-04-2016 Disponível em: https://portal.stf.jus.br/processos/detalhe.asp?incidente=2298899

VITORELLI, Edilson. *Processo Civil Estrutural*: teoria e prática. 4. ed. Salvador: Juspodivm, 2023.

Informação bibliográfica deste texto, conforme a NBR 6023:2018 da Associação Brasileira de Normas Técnicas (ABNT):

BALAZEIRO, Alberto Bastos; SANTANA, Raquel Leite da Silva; CAVALCANTE, Lucas. Processo estrutural e combate ao trabalho escravo contemporâneo: uma análise justrabalhista e antirracista à luz do RE 459.510/STF. In: MENDES, Gilmar Ferreira; LIRA, Daiane Nogueira de; FREIRE, Alexandre (Coord.). *Constituição, democracia e diálogo*: 15 anos de Jurisdição Constitucional do Ministro Dias Toffoli. 2. ed. Belo Horizonte: Fórum, 2025. p. 27-39. ISBN 978-65-5518-937-7.

A CONTRIBUIÇÃO INOVADORA DO MINISTRO DIAS TOFFOLI NO JULGAMENTO DO RE 635.659: UM MARCO PARA A POLÍTICA DE DROGAS NO BRASIL

ALESSANDRA GOMES FARIA BALDINI

Introdução

Decorridos nove anos do início do julgamento do Recurso Extraordinário 635.659, submetido à sistemática da repercussão geral (Tema 506), o Plenário do Supremo Tribunal Federal, por maioria, nos termos do voto do Ministro Relator Gilmar Mendes, deu provimento ao recurso para declarar a inconstitucionalidade, sem redução de texto, do art. 28 da Lei n. 11.343/2006, a fim de afastar do referido dispositivo todo e qualquer efeito de natureza penal em relação à substância *canabis sativa*, sem prejuízo do reconhecimento da ilicitude extrapenal das condutas tipificadas, ficando mantidas, no que couber, até o advento de legislação específica, as medidas ali previstas, as quais serão aplicadas pelo juiz em procedimento de natureza não penal, sem nenhuma repercussão criminal. Aduziu-se na tese fixada no julgamento que será presumido usuário quem, para consumo próprio, adquirir, guardar, tiver em depósito, transportar ou trouxer consigo, até 40 gramas de *cannabis sativa* ou seis plantas-fêmeas, até que o Congresso Nacional venha a legislar a respeito, não estando a autoridade policial e seus agentes, contudo, impedidos de realizar a prisão em flagrante por tráfico de drogas, mesmo para quantidades inferiores ao limite acima estabelecido, quando presentes elementos que indiquem intuito de mercancia.

O voto do Ministro Dias Toffoli nesse julgamento representa um marco significativo na evolução da política de drogas no Brasil. Em síntese, o Ministro indicou em seu voto a desnecessidade de declarar a inconstitucionalidade do art. 28 da Lei n. 11.343/2006, tendo em vista o legislador já ter descriminalizado a conduta da posse de drogas para consumo pessoal na própria lei em julgamento. Em um contexto de intensa polarização sobre o tema, seu voto destacou-se não apenas pela profundidade da análise jurídica, mas igualmente por unir o melhor das duas correntes antagônicas identificadas nos votos até então proferidos.

Instaurou-se, assim, uma terceira corrente, na qual se declara a descriminalização da conduta prevista no art. 28 da Lei n. 11.343/2006, conforme defendido por aqueles que votaram pela inconstitucionalidade, com o reconhecimento, por outro lado,, da constitucionalidade da norma, mostrando-se necessário, no caso, apenas a atualização da jurisprudência do Supremo Tribunal Federal, fixada em 2007, no julgamento do RE-QO 430.105[1], no qual a Primeira Turma, decidiu pela despenalização da conduta prevista no art. 28 da Lei n. 11.343/2006, com a subsistência, contudo, dos efeitos criminais da sentença condenatória.[2]

Examinaremos neste artigo os aspectos basilares do notável voto do Ministro Toffoli no julgamento do RE 635.659.

Voto fundamentado em princípios constitucionais e humanitários

Quando o Ministro Dias Toffoli iniciou o seu voto no julgamento do RE 635.659, um silêncio reverente tomou conta do ambiente, como se todos ali estivessem cientes de que estavam prestes a testemunhar um momento histórico. Não havia murmúrios ou distrações. Cada olhar, cada ouvido, todos estavam completamente sintonizados nas palavras do ministro votante. O que se ouvia não era apenas um voto, mas um mergulho profundo no conhecimento jurídico e histórico, proferido por alguém que dominava com maestria as peculiaridades e labirintos dos poderes da República.

Com voz firme e serena, o Ministro Dias Toffoli começou sua fala traçando a história da regulação das drogas no Brasil, demonstrando um conhecimento que ultrapassava o texto da lei. Seu discurso era como uma viagem guiada pelos bastidores da elaboração legislativa, revelando detalhes e intenções que poucos conheciam. A profundidade de sua análise refletia sua vasta experiência, acumulada em anos de atuação no Executivo e no Legislativo, e agora, no Judiciário.

Naquele momento, todos os presentes sabiam que estavam diante de algo mais do que um simples voto. Sua Excelência ministrou uma aula magistral, uma reflexão profunda sobre a complexidade do tema e a possibilidade de reinterpretar o art. 28 da Lei n. 11.343/2006 de forma atrelada à participação dos demais poderes, com o intuito de implementar uma sólida e eficiente política descriminalizante.

Conforme destacado pela professora Alice Bianchini,

> [...] uma coisa é certa: foram jogadas luzes à discussão a partir de uma perspectiva criminológica e de política criminal que tratam desse grave drama social, e o voto do ministro Toffoli, que abriu divergência, é o que interpreta, mais fielmente, o texto legal, respeitando, portanto, a vontade do legislador.[3]

---

[1] STF, HC 148.484 agr, relatoria do Ministro Celso de Mello, j. 5.4.2019
[2] A Segunda Turma acompanhou o entendimento da Primeira Turma: STF, HC 148.484 agr, relatoria do Ministro Celso de Mello, j. 5.4.2019
[3] BIANCHINI, Alice. Lei de Drogas descriminaliza porte para uso próprio? Disponível em: https://www.conjur.com.br/2024-jun-24/lei-de-drogas-descriminalizou-porte-para-uso-proprio/. Acesso em: 10 ago. 2024.

Interpretação do art. 28 da Lei n. 11.343/2006

Um dos aspectos esclarecedores do voto do Ministro Dias Toffoli foi a distinção didática entre os conceitos de despenalização, descriminalização e legalização. Ele explicou que, enquanto a despenalização exclui penas privativas de liberdade, mantendo, no entanto, a conduta como crime e os efeitos típicos de uma sentença condenatória criminal, como a suspensão dos direitos políticos e a formação de maus antecedentes e reincidência, a descriminalização vai além, eliminando todos os efeitos penais da conduta, embora a venda e a distribuição da droga permaneçam tipificadas como condutas criminosas. Assim, afastou-se qualquer interpretação no sentido da legalização ou da liberação das drogas, termos amplamente divulgados em redes sociais e mídia de forma distorcida e equivocada.

Com a legalização, a *canabis* passa a ser lícita, com a possibilidade de regulamentação do consumo pelo Estado, podendo, por exemplo, ser comercializada diretamente aos consumidores, semelhante ao que acontece com o álcool e o tabaco, política adotada, com sucesso, modelo em países como Uruguai e Canadá.

Mas não era esse o provimento almejado no RE 635659. O recorrente, no caso concreto, buscava a descriminalização do porte de drogas para consumo pessoal. Ou seja, visava-se apenas o afastamento dos efeitos penais do art. 28 da Lei n. 11.343/2006 para o usuário de drogas, não se estendendo os efeitos ao traficante. Nesse cenário, a produção, distribuição e comercialização de qualquer droga, mesmo da *canabis* em quantidade inferior a 40 gramas, continuava proibida e sujeita à pena de prisão, prevista no art. 33 da Lei de drogas (tráfico de drogas).

O Ministro Toffoli inovou ao argumentar que o art. 28 da Lei n. 11.343/2006 é constitucional. Para o Ministro, houve, desde a edição dessa lei, o afastamento expresso dos efeitos penais das medidas previstas nos incisos I a III. Isso se deve principalmente à ausência de cominação de pena de reclusão, detenção ou prisão simples (art. 1º da Lei de Introdução do Código Penal) e ao objetivo da Lei de Drogas de prevenir, atender e reinserir socialmente os usuários e dependentes de drogas (art. 1º da Lei n. 11.343/2006). Ou seja, o próprio legislador descriminalizou a conduta de porte de drogas para consumo pessoal, ao afastar a pena de prisão e prever medidas de natureza educativa nos incisos I a III do art. 28.

Para o Ministro, portanto, não há inconstitucionalidade no texto da lei, tendo em vista que as medidas de que tratam os incisos I a III do referido dispositivo legal, por serem de natureza educativo-preventiva, e não criminal-repressiva, "não violam, a priori, a intimidade, a vida privada, a honra e a imagem dos usuários de drogas, que se enquadrem nas condutas veiculadas no caput do dispositivo ora em discussão".[4]

Assim, a manutenção de medidas educativas não viola direitos constitucionais,[5] mas, ao contrário, reflete uma abordagem de saúde pública, essencial para o tratamento e a reintegração social dos usuários de drogas.

---

[4] STF, RE 635.659, Relator o Ministro Gilmar Mendes, j. 26.6.2024
[5] Sua Excelência destacou que mesmo na condenação à prestação de serviço comunitário (art. 28, II, da Lei de Drogas), há prevalência da natureza educativa, tendo em vista o previsto no parágrafo 5º do art. 28. STF, RE 635.659, Relator o Ministro Gilmar Mendes, j. 26.6.2024

Com base nessa linha argumentativa, o ministro Dias Toffoli acertou ao propor a mudança na jurisprudência consolidada pelo STF em 2007, no RE-QO 430.105. Esse precedente embora tenha despenalizado a conduta de portar drogas para consumo pessoal, manteve os efeitos criminais da condenação, contrariando o propósito original da Lei n. 11.343/2006.

A manutenção do enquadramento criminal, como sabemos, reforça a estigmatização do usuário e dificulta seu acesso às redes de apoio necessárias para o tratamento e reintegração social. A interpretação adotada no precedente citado, ao não descriminalizar efetivamente a conduta, falhou em alinhar-se com a abordagem de saúde pública pretendida pela lei, o que justifica a necessidade de revisão da jurisprudência da Corte, sem que para isso seja necessário declarar a inconstitucionalidade da norma.

A defesa da constitucionalidade do artigo 28 da Lei 11.343/2006 e a descriminalização de todas as drogas

Ao longo do julgamento, cada voto indicou uma nova perspectiva sobre o tema em debate., em progressiva e aprofundada reflexão sobre o tema. Diante dos entendimentos manifestados em cada voto, o Ministro Relator Gilmar Mendes, após considerar as diversas abordagens feitas pelos demais ministros, propôs o adiamento da sessão, com ajuste do seu voto de forma a restringir o objeto do recurso à *cannabis*, além de enfatizar a relevância de manter um diálogo institucional com os poderes Executivo e Legislativo sobre a matéria.

Neste cenário, em que a Corte tendeu a uma interpretação mais restritiva, limitando o escopo do recurso à *cannabis*, o Ministro Dias Toffoli se destacou ao adotar uma postura firme em defesa de que a legislação em julgamento, desde a sua promulgação, excluiu a criminalização do usuário de todas as drogas, não se limitando apenas à *cannabis*.

Essa interpretação, em consonância com práticas internacionais bem-sucedidas, introduz uma perspectiva progressista e racional ao debate jurídico, focada no tratamento adequado ao usuário ou dependente, ao mesmo tempo em que reconhece e respeita as preocupações expressas pelos demais Ministros em seus votos.

Com base em dados científicos, o Ministro Dias Toffoli esclareceu que a maior parte dos usuários de drogas não apresenta problemas decorrentes do uso, como dependência ou uso nocivo.[6] Embora pareça evidente, é importante reiterar que isso não significa legalizar o uso de drogas, tampouco apoiar ou promover qualquer forma de comercialização e consumo dessas substâncias.

Mesmo se considerarmos que o padrão de consumo de algumas substâncias seja mais nocivo, como no caso do *crack*, a maioria dos consumidores não enfrenta essas dificuldades. No entanto, ao justificar a criminalização com base na proteção genérica do

---

[6] Considera-se nocivo o uso quando "[u]m padrão de uso de substâncias psicoativas que causa algum dano à saúde, podendo ser de natureza" e dependência quando houver "relação disfuncional entre um indivíduo e seu modo de consumir uma determinada substância psicoativa física ou psicológica". MALBERGIER, André; AMARAL, Ricardo Abrantes do. *Conceitos básicos sobre o uso abusivo e dependência de drogas*. Universidade Federal do Maranhão, UNASUS/UFMA, São Luís, 2013.

bem jurídico "saúde pública", todos os usuários acabam sendo penalizados, afastando do sistema de saúde pública aqueles que realmente necessitam de tratamento.

De acordo com o médico, professor e coordenador do Laboratório de Estudos Interdisciplinares sobre Psicoativos da Unicamp Luís Fernando Tófoli, quanto mais nociva a droga, maior a vulnerabilidade social associada ao usuário e maior ainda a necessidade em aproximá-lo da rede apoio à saúde, e não de criminalizá-lo. Para o médico, portanto, nos países em que houve a descriminalização de todas as drogas, para consumo pessoal, o padrão de uso continuou estável e mostrou, de forma clara, que essa política "[é] vantajosa porque, do ponto de vista da saúde pública, você retira da esfera criminal e o coloca na esfera assistencial, de cuidados com a saúde".[7]

Essa também foi a linha de raciocínio adotada na proposta de atualização da Lei de Drogas (Lei n. 11.343/2006), entregue à Câmara dos Deputados pela comissão de juristas criada em 2018, sob a presidência do Ministro Ribeiro Dantas e vice-presidência do Ministro Rogerio Schietti Cruz, ambos do Superior Tribunal de Justiça (STJ), e relatoria do desembargador federal Ney Bello, do Tribunal Regional Federal da 1ª Região (TRF1).[8]

Na exposição de motivos do anteprojetado apresentado pela comissão de juristas, considerou-se que a descriminalização do porte de consumo pessoal apenas da maconha não se mostra vantajosa, pois parte de uma premissa equivocada de que a *cannabis* é a droga ilícita menos prejudicial, o que não se sustenta em todos os contextos, especialmente quando se considera o teor de Tetraidrocanabinol (THC) presente em diferentes amostras.[9]

Além disso, ao isolar a maconha como única substância descriminalizada, perpetua-se uma política criminalizante que desconsidera outras drogas ilícitas, como o *crack*, que afetam predominantemente as populações de baixa renda. Esse enfoque *restrito* limita as abordagens terapêuticas e médicas disponíveis para usuários de outras substâncias, perpetuando desigualdades no acesso a cuidados de saúde.[10]

Percebe-se, portanto, que o Ministro Dias Toffoli, de forma bastante corajosa, consciente e racional, seguiu os caminhos das melhores práticas internacionais sobre política de redução de danos, ao destacar que a descriminalização seletiva pode resultar em *consequências* desiguais e inadequadas, sem resolver as questões *estruturais subjacentes* ao consumo de drogas no país.

---

[7] Disponível em: https://noticias.uol.com.br/cotidiano/ultimas-noticias/2019/06/07/se-fosse-para-descriminalizar-uma-droga-que-seja-o-crack-diz-psiquiatra.amp.htm. Acesso em: 10 ago. 2024.

[8] Disponível em: https://www.stj.jus.br/sites/portalp/Paginas/Comunicacao/Noticias-antigas/2019/2019-02-07_15-27_Comissao-entrega-anteprojeto-para-atualizacao-da-Lei-de-Drogas.aspx#:~:text=%E2%80%9CO%20anteprojeto%20aprimora%20a%20prote%C3%A7%C3%A3o,que%20%C3%A9%20um%20crime%20grav%C3%ADssimo. Acesso em: 10 ago. 2024.

[9] Disponível em: https://www.stj.jus.br/sites/portalp/Paginas/Comunicacao/Noticias-antigas/2019/2019-02-07_15-27_Comissao-entrega-anteprojeto-para-atualizacao-da-Lei-de-Drogas.aspx#:~:text=%E2%80%9CO%20anteprojeto%20aprimora%20a%20prote%C3%A7%C3%A3o,que%20%C3%A9%20um%20crime%20grav%C3%ADssimo. Acesso em: 10 ago. 2024.

[10] Disponível em: https://www.stj.jus.br/sites/portalp/Paginas/Comunicacao/Noticias-antigas/2019/2019-02-07_15-27_Comissao-entrega-anteprojeto-para-atualizacao-da-Lei-de-Drogas.aspx#:~:text=%E2%80%9CO%20anteprojeto%20aprimora%20a%20prote%C3%A7%C3%A3o,que%20%C3%A9%20um%20crime%20grav%C3%ADssimo. Acesso em: 10 ago. 2024.

Sob essa ótica, defendeu que a manutenção dos efeitos criminais àquele que porta qualquer tipo de droga ilícita, para consumo pessoal, viola o princípio da dignidade humana, da proporcionalidade e da saúde pública.

A criminalização do usuário e dependente de drogas, ao classificá-los como delinquentes, compromete-lhes a dignidade. Em muitos casos, essas pessoas precisam de tratamento, apoio e reintegração social, e não de sanções penais.

Sob a perspectiva da proporcionalidade, um fato punido com uma pena inferior à de uma contravenção, como é o caso da condenação pelo art. 28 da Lei de Drogas, acaba sendo tratado como crime. Diferentemente dos crimes e das contravenções, as medidas previstas nos incisos I a III, da Lei n. 11.343/2006, não preveem pena privativa de liberdade ou prisão simples, e ainda assim, a pessoa flagrada portando droga para consumo pessoal continuaria sujeita aos efeitos criminais da condenação, como a reincidência e a suspensão dos direitos políticos.

No tocante à saúde pública, a política deveria priorizar o acolhimento, a atenção e o tratamento de usuários e dependentes de drogas. Medidas punitivas, ao invés de reduzir o consumo, agravam a situação ao estigmatizar os usuários, que relutam em buscar ajuda por justificado receio da repressão policial.

A relevância de critérios objetivos na diferenciação entre usuário e traficante: adoção de padrões científicos pelo Legislativo e Executivo com apoio de equipe multidisciplinar

Outro ponto central do voto do Ministro Dias Toffoli foi a necessidade de estabelecer critérios objetivos para diferenciar o usuário do traficante. Ele argumentou que, embora necessário fixar uma quantidade objetiva de droga, a simples estipulação de quantidade para essa diferenciação não resolve a subjetividade da abordagem atual. Diante dessa constatação, propôs que essa questão fosse abordada com base em estudos multidisciplinares que considerem as peculiaridades dos usuários brasileiros, semelhante à política adotada por Portugal, evitando interpretações arbitrárias que perpetuem injustiças.

Conforme destacado pelo professor Salomão Shecaira, o sucesso da política descriminalizante de Portugal foi precedido de estudos científicos encabeçados por equipes multidisciplinares que analisaram o consumo médio do cidadão português, assim como outras medidas necessárias para assegurar a humanização das políticas relacionadas ao uso de drogas.[11]

O Ministro Dias Toffoli destacou, com bastante precisão, o risco de se fixar um critério objetivo aleatório, baseado na média de outros países, e não na realidade brasileira, tendo em vista a manutenção da subjetividade das abordagens para diferenciar traficante de usuário. A fixação de uma quantidade específica de drogas para diferenciar usuários de traficantes é crucial para evitar que usuários sejam indevidamente criminalizados, mas, por si só, não elimina a subjetividade nas abordagens policiais e judiciais.

---

[11] SHECAIRA, Sérgio Salomão; ROSA, Paula. *Política de drogas no Brasil*. OAB São Paulo. Palestra. Disponível em: https://www.youtube.com/watch?v=Sddd4K5qsck&list=RDCMUCkVA1ZPx0rcGge3Fp6CIGSQ&index=4. Acesso em: 12 ago. 2024.

Nessa linha, é fundamental complementar esse critério quantitativo com outros métodos, como investigações prévias e técnicas de inteligência, para reduzir o risco de interpretações discriminatórias e garantir que a política de descriminalização atinja seu objetivo de promover a saúde pública e evitar o punitivismo injustificado. Experiências internacionais, como as do Uruguai e do México,[12] citadas pelo Ministro, demonstram que critérios quantitativos isolados podem perpetuar problemas sistêmicos, sendo necessária uma abordagem multidisciplinar e baseada em evidências para diferenciar adequadamente o usuário do traficante, evitando abusos e garantindo uma política pública eficaz.

Essa preocupação, levantada pelo Ministro Dias Toffoli, encontra respaldo no entendimento do professor da USP Salomão Shecaira, que alertou para o risco de preconceitos e estereótipos influenciarem as decisões policiais, impactando negativamente os indivíduos, especialmente os mais vulneráveis.[13]

Por essa razão, o Ministro propôs o seguinte encaminhamento:

> A tarefa de elaborar e implementar uma política de drogas eficaz é, principalmente, do Congresso Nacional. Cabe aos legisladores, em conjunto com o Executivo, desenvolver um critério objetivo, baseado na quantidade do consumo médio brasileiro e em evidências científicas, tragam segurança jurídica. O Congresso deve trabalhar em conjunto com especialistas em saúde, direito, e ciências sociais, além de ouvir as comunidades afetadas, para garantir que a política de drogas seja justa, humana e eficaz.[14]

Proposta de campanha educativa permanente baseada na eficiente política antitabagismo

Em uma demonstração de visão a longo prazo, o Ministro Dias Toffoli sugeriu ao Poder Executivo uma campanha permanente de esclarecimento público sobre os malefícios do uso de drogas, semelhante à campanha antitabagismo. Essa proposta reflete seu compromisso com uma abordagem preventiva e educativa, que busca reduzir o consumo de drogas através da conscientização e do suporte à saúde pública, mostrando que a prioridade em qualquer política pública é a preservação da saúde dos indivíduos envolvidos, e não a punição.

A política de drogas no Brasil poderia se inspirar na bem-sucedida estratégia de controle do tabagismo, que obteve resultados significativos sem recorrer à criminalização

---

[12] De acordo com o Ministro Dias Tofffoli: "No Uruguai, antes da legalização, a posse de drogas para consumo pessoal foi descriminalizada, mas isso dependia da determinação de um juiz. Mesmo assim, o encarceramento de usuários aumentou devido às deficiências do sistema de justiça. Entre 2009 e 2013, o número de pessoas encarceradas por delitos de drogas aumentou 39%, superando o aumento global da população carcerária em 24%. No México, a adoção de critérios quantitativos sem mudanças estruturais no sistema penal mostrou-se ineficaz, expondo os indivíduos a potenciais abusos e discriminação. Mesmo com a descriminalização do porte de pequenas quantidades de drogas (ex: 5g de cannabis), o sistema de justiça criminal permite que uma pessoa seja detida pela polícia e encaminhada ao Ministério Público, ficando presa por até 48 horas até que se decida se será denunciada ou liberada. Esse modelo expõe os indivíduos a potenciais abusos e discriminação. Entre 2009 e maio de 2013, 140.860 pessoas foram presas no México por uso de drogas, segundo dados da Procuradoria-Geral". STF, RE 635.659, Relator o Ministro Gilmar Mendes, j. 26.6.2024.

[13] Disponível em: https://jornal.usp.br/radio-usp/processo-de-descriminalizacao-de-drogas-no-brasil-busca-diferenciar-trafico-do-uso-pessoal. Acesso em: 10 ago. 2024.

[14] STF, RE 635.659, Relator o Ministro Gilmar Mendes, j. 26.6.2024

dos usuários. Assim como o tabagismo, que representa um grave risco à saúde pública e à economia, a questão das drogas pode ser abordada por meio de regulação, educação e prevenção.[15]

A experiência brasileira com o tabaco, que reduziu drasticamente o número de fumantes por meio de campanhas educativas, restrições à propaganda e aumento de impostos, demonstra que é possível obter melhorias substanciais na saúde pública sem o uso de medidas repressivas. A adoção de uma política de drogas semelhante, focada na redução de danos e no tratamento ao invés da punição, poderia ser uma alternativa eficaz e mais humana, conforme sugeriu o Ministro Dias Toffoli.

Conclusão

O voto do Ministro Dias Toffoli no Recurso Extraordinário 635.659 representa um marco na abordagem do Supremo Tribunal Federal em relação à política de drogas no Brasil. Sua defesa da constitucionalidade do artigo 28 da Lei n. 11.343/2006, ao afirmar que o legislador já havia descriminalizado a conduta de porte de drogas para consumo pessoal, reflete uma interpretação profunda e alinhada às melhores práticas internacionais. Ao propor a descriminalização de todas as drogas, e não apenas da *cannabis*, o Ministro mostrou uma visão progressista e humanitária, focada na proteção da dignidade humana, na proporcionalidade das penas e na saúde pública.

Além disso, enfatizou a importância de estabelecer critérios objetivos, baseados em estudos científicos e multidisciplinares, para diferenciar usuários de traficantes, evitando injustiças e arbitrariedades. Sua proposta de implementar uma campanha educativa permanente, inspirada na bem-sucedida política antitabagismo, destaca a necessidade de uma abordagem preventiva e educativa na política de drogas, priorizando o tratamento e a reintegração social dos usuários.

O voto do Ministro Dias Toffoli não apenas enriqueceu o debate jurídico, mas também ofereceu um caminho mais justo e eficaz para a reforma das políticas de drogas no Brasil, respeitando os princípios constitucionais e promovendo uma abordagem integrada que envolve todos os poderes do Estado. Sua postura corajosa e inovadora merece reconhecimento pela contribuição significativa para a evolução do tratamento legal do uso de drogas no país.

Referências

BIANCHINI, Alice. *Lei de Drogas descriminaliza porte para uso próprio?* Disponível em: https://www.conjur.com.br/2024-jun-24/lei-de-drogas-descriminalizou-porte-para-uso-proprio/. Acesso em: 10 ago. 2024.

MALBERGIER, André; AMARAL, Ricardo Abrantes do. *Conceitos básicos sobre o uso abusivo e dependência de drogas.* Universidade Federal do Maranhão, UNASUS/UFMA, São Luís, 2013.

---

[15] "O Programa Nacional de Controle do Tabagismo (PNCT) reduziu significativamente a prevalência do tabagismo, de quase 35% para menos de 15% da população adulta em 25 anos, utilizando ações educativas, restrições à propaganda e aumento de impostos sobre o tabaco. O país registrou, ainda, a menor prevalência (6,9%) entre os 35 Estados Membros da Organização Pan-Americana da Saúde (OPAS), na população jovem (indivíduos de 13 a 15 anos). Essa abordagem baseada em evidências resultou em melhorias na saúde pública e na economia, sem necessidade de encarceramento ou sanções ao usuário" STF, RE 635.659, Relator o Ministro Gilmar Mendes, j. 26.6.2024.

SHECAIRA, Sérgio Salomão; ROSA, Paula. *Política de drogas no Brasil*. OAB São Paulo. Palestra. Disponível em: https://www.youtube.com/watch?v=Sddd4K5qsck&list=RDCMUCkVA1ZPx0rcGge3Fp6CIGSQ&index=4. Acesso em: 12 ago 2024.

SUPREMO TRIBUNAL FEDERAL. HC 148.484 agr, relatoria do Ministro Celso de Mello, j. 5.4.2019.

UOL. Disponível em: https://noticias.uol.com.br/cotidiano/ultimas-noticias/2019/06/07/se-fosse-para-descriminalizar-uma-droga-que-seja-o-crack-diz-psiquiatra.amp.htm. Acesso em: 10 ago. 2024.

USP. Disponível em: https://jornal.usp.br/radio-usp/processo-de-descriminalizacao-de-drogas-no-brasil-busca-diferenciar-trafico-do-uso-pessoal. Acesso em: 10 ago. 2024.

Informação bibliográfica deste texto, conforme a NBR 6023:2018 da Associação Brasileira de Normas Técnicas (ABNT):

BALDINI, Alessandra Gomes Faria. A contribuição inovadora do Ministro Dias Toffoli no julgamento do RE 635.659: um marco para a política de drogas no Brasil. *In*: MENDES, Gilmar Ferreira; LIRA, Daiane Nogueira de; FREIRE, Alexandre (Coord.). *Constituição, democracia e diálogo*: 15 anos de Jurisdição Constitucional do Ministro Dias Toffoli. 2. ed. Belo Horizonte: Fórum, 2025. p. 41-49. ISBN 978-65-5518-937-7.

A SEGURANÇA JURÍDICA DA POSSE INDÍGENA SOB A ÓTICA DOS JULGADOS DO MINISTRO DIAS TOFFOLI EM SEUS 15 ANOS DE JURISDIÇÃO

ALESSANDRA VANESSA ALVES

Muitas são as honrosas menções ao Ministro Dias Toffoli em seu papel de juiz na Suprema Corte, e todas fazem jus ao magistrado que ele é, mas é fato também que, sem incorrer em qualquer repetição, haveria muito mais a dizer de seus atributos como juiz.

O Ministro Dias Toffoli guarda característica muito nobre: a de imprimir em suas decisões os valores que carrega, o que garante coerência entre seus entendimentos. A defesa do Estado democrático de direito, a priorização às soluções conciliatórias (e, mais que isso, às soluções conciliadas), a sensibilidade para a preservação dos direitos fundamentais, são todas marcas de seu modo de atuar, facilmente perceptíveis em seus votos ou decisões.

De qualquer perspectiva, assim, em que se examinem os julgamentos do ministro, essas características se evidenciarão.

Neste artigo, seleciono, porém, um recorte preciso: o dos direitos fundamentais dos povos indígenas nas ações de reintegração de posse que ascenderam à Presidência do Supremo Tribunal Federal, na gestão do Ministro Dias Toffoli, a partir da proposição de medidas de suspensão (de liminar ou de tutela antecipada).

É importante ressaltar, de início, que sua lide com a temática indígena antecedeu a seu ingresso na Suprema Corte, uma vez que atuou como Advogado-Geral da União ao tempo do julgamento da Pet nº 3.388/RR, feito no qual se garantiu o modelo contínuo de demarcação da Terra Indígena Raposa Serra do Sol, situada no Estado de Roraima, e que se tornou paradigma de diversos exames posteriores a respeito do tema, no próprio STF e nos demais tribunais de todo país.

Nessa atuação, teve a oportunidade, para a construção da tese defensiva ao ato demarcatório da União, de acessar diretamente os indígenas, suas condições de vida e a tradicionalidade da ocupação de suas terras, experiência que possivelmente inspirou a postura, adotada já como ministro do Supremo Tribunal Federal, de acautelar os direitos fundamentais indígenas em paralelo com o compromisso de resguardo da segurança jurídica.

Assim que, nas medidas de suspensão em ações de reintegração de posse ajuizadas contra as comunidades indígenas, o ministro presidente embasou seus julgamentos na preocupação com a minoração dos quadros conflitivos locais, atribuindo à definitividade da decisão de origem o elemento temporal a partir do qual se poderia conceder efeitos à decisão de reintegração de posse (acaso nesse sentido ela permanecesse por ocasião de seu trânsito em julgado).

É de relevo examinar algumas de suas decisões e a razão de decidir.

A Suspensão de Liminar (SL) nº 833-AgR (Tribunal Pleno, *DJe* de 17.3.2020) objetivava sustar os efeitos da decisão mediante a qual o tribunal local, em sede de apelação, determinou a manutenção de posse das propriedades em litígio em favor dos membros da associação local dos proprietários e possuidores de imóveis rurais e em detrimento, portanto, da ocupação realizada pelos indígenas.

A contracautela foi deferida no Supremo Tribunal em decisão monocrática e, no voto que o Ministro Dias Toffoli proferiu em agravo regimental – no que foi acompanhado à unanimidade pela Corte Plenária – manteve a decisão recorrida, amparando-se, para tanto, no fato de que a ordem de desocupação forçada poderia agravar a situação conflituosa, dado o grande número de indígenas nas proximidades da área (mais de 1.500) e o clima de tensão já instaurado entre indígenas e não indígenas.

Também considerou elemento de relevo a informação de que a área, segundo os estudos da Fundação Nacional dos Povos Indígenas (Funai), fazia parte da terra indígena, mas foi indevidamente suprimida dos seus limites territoriais durante o procedimento de demarcação, entre 1959 e 1961.

Concluiu o ministro que o cumprimento da ordem de reintegração antes do esclarecimento fundiário provocaria o agravamento da situação conflituosa já instaurada, de modo que, "para evitar a eclosão de novos conflitos na região e, por conseguinte, o risco de grave lesão à ordem e à segurança públicas", manteve a decisão agravada que deferiu a medida de contracautela em favor do povo indígena Xokleng.

Do mesmo modo, no exame da SL nº 749-AgR (Tribunal Pleno, *DJe* de 17.3.2020), votou o Ministro Dias Toffoli pela manutenção da decisão agravada que concedeu a medida de contracautela, para evitar a saída imediata, de indígenas Guarani, de fazenda localizada no município de Japorã-MS.

Naqueles autos, a Funai demonstrou que a propriedade rural objeto do litígio se encontrava localizada na terra indígena Yvy Katu, declarada de posse permanente do povo Guarani por portaria do ministro da justiça, sendo a terra indígena ocupada por cerca de cinco mil pessoas, todas em situação de enorme vulnerabilidade social, sendo mais da metade delas crianças.

Atento a essa informação, em seu voto, para além de destacar o risco de ampliação do conflito e a necessidade de se aguardar o trânsito em julgado da decisão de origem para se proceder à eventual medida de desocupação da área, destacou o quadro fático da população indígena Guarani. Disse em seu voto:

> trata-se de uma população com um perfil demográfico marcadamente infantojuvenil, a qual já se encontra em especial dificuldade de sobrevivência, tentando se manter em uma área reconhecidamente caracterizada como de ocupação tradicional. Logo, para uma população potencialmente fragilizada e em situação de clara vulnerabilidade, uma medida de remoção

em massa apresenta-se como provável causadora de graves consequências sociais, além de geradora de potenciais novos conflitos entre índios e não índios.

Importa abrir parêntesis para destacar que a sensibilidade do Ministro Dias Toffoli, manifestada, no ano de 2020, à questão demográfica da população indígena, se mostrou ponto de atenção no Censo IBGE de 2022, o qual registrou que os indígenas apresentam uma idade mediana de 25 anos (10 anos abaixo da idade mediana da população brasileira) e que, quando se têm em conta os indígenas que residem dentro de terras indígenas, a idade mediana é de 19 anos (16 anos abaixo da idade mediana da população residente no Brasil). Ainda segundo o Censo 2022, o maior peso percentual de indígenas se encontra na faixa de idade entre 0 e 14 anos (29,95%), ao passo em que, em terras indígenas, essa faixa de idade chega a 40,54%.

Isso confirma, tal qual apontado pelo ministro em seu voto, a significativa presença de crianças e jovens nas terras indígenas, não apenas nas já homologadas, mas também nos acampamentos e ocupações indígenas que se perfazem sobre as áreas objeto de reintegração de posse, para as quais se têm procedimentos demarcatórios lentos, cercados de celeumas em âmbito administrativo e/ou judicial. Sob essa percepção, na ementa do julgado de sua relatoria, foi apontado que "o reconhecimento da tradicionalidade da ocupação indígena guarani sobre as terras em litígio, aliado à constatação de elevados riscos à segurança pública, tem força suficiente para garantir a manutenção da medida de contracautela".

Nesse ponto, é relevante rememorar o julgamento da Suspensão de Segurança (SS) nº 4.243-AgR (Tribunal Pleno, *DJe* de 20.8.2020), na qual votou o Ministro Dias Toffoli pela manutenção da medida de contracautela concedida em face de decisão local que suspendia procedimento administrativo de demarcação de terras indígenas do Povo Guarani Kaiowá, no Mato Grosso do Sul. Considerou o ministro à ocasião que "causa lesão à ordem pública decisão em que se suspende procedimento administrativo de demarcação de terras indígenas, impondo-se à administração pública medida não prevista em lei e desconsiderando-se a presunção de validade dos atos administrativos".

E salientou o ministro, em acréscimo, a compatibilidade do procedimento demarcatório previsto no Decreto nº 1.775/96 com os princípios constitucionais da ampla defesa e do contraditório, consoante os precedentes da Suprema Corte no tema.

Notória, ainda, a medida adotada nos autos da SL nº 1.197, na qual se buscavam sustar os efeitos de ordem do Tribunal Regional Federal da 4ª Região, que determinou, em favor de Itaipu Binacional, a reintegração de posse de imóveis ocupados por indígenas da etnia Avá-Guarani.

Nesses autos, o Ministro Dias Toffoli, mesmo se tratando de medida de suspensão de liminar – muito mais restrita em termos de exame do mérito –, abriu tentativa de conciliação junto às partes envolvidas. E, embora a conciliação, àquele tempo, tenha se mostrado infrutífera – quando então o ministro deferiu a medida de contracautela, reafirmando a liminar que já havia concedido –, é fato curioso que, adiante, desta feita nos autos da ACO nº 3.555, abriu nova proposta de conciliação entre Itaipu e os povos indígenas Avá-Guarani, do Oeste do Paraná, valendo-se, para tanto, da Câmara de Mediação e de Conciliação da Administração Pública Federal – CCAF/AGU.

A conciliação na ACO nº 3.555 segue seu curso, no entanto, em petição datada de 24.7.2024, Itaipu Binacional peticionou requerendo a suspensão de decisão em ação de reintegração de posse, no ponto em que proibia Itaipu de adquirir quaisquer terras a indígenas (diretamente ou por seu grupo familiar) que fossem identificados como ocupantes das áreas objeto daquela ação possessória. O Ministro Dias Toffoli concedeu a medida pleiteada, assegurando, assim, a continuidade do procedimento conciliatório na ação cível originária que visa à reparação histórica do povo Avá-Guarani pela implantação do empreendimento hidrelétrico UHE Itaipu.

O breve histórico de algumas das decisões do Ministro Dias Toffoli no tema mostra que, na quadra atual, em que conflitos territoriais têm se agravado em todo país, torna-se ainda mais significativo o exame das premissas de julgamento por ele adotadas.

De fato, e como destaquei ao início destas breves considerações, tais decisões refletiram valores muito claros de sua atuação como magistrado: o compromisso com a segurança jurídica – princípio basilar do Estado democrático de direito –, a priorização às soluções conciliadas e a perspicácia na preservação dos direitos fundamentais.

Por se tratar de atuação embasada em princípios e valores sólidos, os 15 anos de jurisdição constitucional do Ministro Dias Toffoli configuram firme legado para as sucessivas gerações de juristas; e seu posicionamento, seguro e coerente, apresenta-se fonte inspiradora para a jurisprudência pátria, mesmo nos temas mais delicados da República e nos mais suscetíveis a perecimento de direitos fundamentais, tal como o é o direito indígena de ocupação de suas terras tradicionais.

Informação bibliográfica deste texto, conforme a NBR 6023:2018 da Associação Brasileira de Normas Técnicas (ABNT):

ALVES, Alessandra Vanessa. A segurança jurídica da posse indígena sob a ótica dos julgados do Ministro Dias Toffoli em seus 15 anos de jurisdição. *In*: MENDES, Gilmar Ferreira; LIRA, Daiane Nogueira de; FREIRE, Alexandre (coord.). *Constituição, democracia e diálogo*: 15 anos de Jurisdição Constitucional do Ministro Dias Toffoli. 2. ed. Belo Horizonte: Fórum, 2025. p. 51-54. ISBN 978-65-5518-937-7.

ORGANIZAÇÃO SINDICAL BRASILEIRA

ALEXANDRE AGRA BELMONTE

Ao homenageado

Justíssima a homenagem ao Ministro Dias Toffoli, destinada a celebrar os 15 anos de atuação no Supremo Tribunal Federal. Pela atuação de relevo como Advogado Geral da União e demais qualidades que vem demonstrando ao longo de sua trajetória na Suprema Corte, sua Excelência deixará um invejável legado na defesa do Estado Democrático de Direito e dos princípios constitucionais.

Para saudar essa atuação, importantes decisões do Ministro Dias Toffoli, de caráter constitucional trabalhista, foram incorporadas no presente trabalho.

Introdução

Direito Individual do Trabalho corresponde ao conjunto de princípios, regras e institutos jurídicos destinados a disciplinar as relações individuais de trabalho, estabelecendo os direitos e deveres jurídicos entre trabalhadores e empregadores.

Direito Coletivo do Trabalho corresponde ao conjunto de princípios, regras e institutos jurídicos aplicáveis às relações coletivas de trabalho.

O Direito Coletivo do Trabalho tem por função pacificar as relações coletivas de trabalho por meio da negociação coletiva, na busca da adequação das condições de trabalho à realidade social e econômica, conforme as características das empresas, do segmento produtivo em que inseridas e das circunstâncias do trabalho.

Trabalhadores e empregadores são divididos em categorias profissional e econômica, representadas pelos respectivos sindicatos.

A negociação coletiva, que é obrigatória, tem o seu resultado instrumentalizado pela atuação dos sindicatos em acordos coletivos interempresariais e convenções coletivas intersindicais, de vigência temporária.

Salvo se as partes escolherem a Justiça do Trabalho como árbitro do conflito coletivo econômico, a frustração da negociação coletiva pode levar à greve como meio de pressionar a categoria econômica ao atendimento parcial ou total das reivindicações obreiras e, neste caso, à intervenção do Judiciário por provocação do Ministério Público do Trabalho ou de qualquer das partes.

Em ocorrendo dúvidas de interpretação referentes às cláusulas de acordo ou convenção coletiva, as partes podem se valer do dissídio de natureza jurídica dirigido ao Judiciário trabalhista.

Portanto, os conflitos coletivos de trabalho podem ser de caráter jurídico, atinentes à interpretação de regras insertas em normas coletivas, ou à abusividade, ou à legalidade do exercício do direito de greve, e de caráter econômico (ou de interesses), envolvendo a reivindicação de condições de trabalho criadas pelas partes ou modificadas em relação à lei.

Os conflitos pertinentes ao enquadramento sindical, representação sindical, legitimidade, legalidade e cobrança de fontes de custeio, embora atinentes a entidades coletivas, são de natureza individual, de competência do 1º grau.

No entanto, os conflitos atinentes à nulidade de cláusula de acordo ou convenção coletiva são de competência do segundo grau ou do TST, conforme a abrangência regional, multirregional ou nacional do conflito.

Liberdade de associação profissional ou sindical (art. 8º, *caput*, da CF)

Amauri Mascaro Nascimento[1] ensina que sindicatos "são associações permanentes que representam trabalhadores vinculados por laços profissionais e laborativos comuns, visando tratar de problemas coletivos das respectivas bases representadas [...] com o objetivo de lhes alcançar melhores condições de labor e vida".

A normativa brasileira também admite o sindicato de empregadores, como destaca este doutrinador e, embora os incisos do artigo 8º falem em *sindicato*, o termo é compreendido de forma ampla para abranger também as federações e confederações.

Em síntese, *sindicato*, segundo o ordenamento jurídico pátrio, é uma pessoa jurídica de direito privado constituída para representar trabalhadores e empregadores com o fim de defender seus interesses profissionais ou econômicos.

O Brasil, historicamente, adotou a forma de organização por categoria como critério para a constituição de sindicatos. A legislação trabalhista, e particularmente a sindical, tende a refletir o contexto político do período histórico de sua vigência. A regulamentação do direito coletivo do trabalho implementada no Governo Vargas e inserida na CLT foi expressão do período autoritário em que foi criada.

Por longo tempo a legislação sindical permaneceu inalterada. No plano da vida, entretanto, o advento da Nova República significou, entre outras conquistas, o fim da proibição das Centrais Sindicais – as Portarias n. 3.100/1985 e 3.117/1985 permitiram que os sindicatos passassem a aprovar seus próprios estatutos, que antes eram previamente elaborados pelo Ministério do Trabalho. Mas o início da alteração do modelo corporativista é marcado pelo chamado novo sindicalismo, inaugurado no ABC paulista em fins dos anos 1970, liderado por Luiz Inácio Lula da Silva. Além das grandes greves da década de 1970, o movimento sindical emergente trazia uma nova

---

[1] *Compêndio de Direito Sindical*. São Paulo: LTr, 2000. p. 242-245.

atitude – o novo sindicalismo mostrou-se contrário à estrutura sindical autoritária e tornou-se um ator na luta pela democratização política, pelo direito de greve, negociação coletiva e autonomia sindical.

Surpreendentemente, embora assegure o direito de reunião pacífica e de associação sem caráter paramilitar (artigo 5º, XVI, XVII, XX), a Constituição de 1988, no texto original, manteve o sistema confederativo verticalizado, a unicidade sindical e o poder normativo da Justiça do Trabalho – heranças da Era Vargas.

Em boa hora a Emenda Constitucional nº 45/2004 alterou a redação do art. 114 da CF, para tornar facultativo o dissídio coletivo de natureza econômica. O ajuizamento do dissídio desde então não é mais obrigatório. A sua admissão está condicionada ao acordo entre as partes para a eleição da Justiça do Trabalho como árbitro para o conflito (§2º).[2]

Evidentemente, cabe à Justiça do Trabalho decidir os dissídios de natureza jurídica, inclusive os de greve e os dissídios mistos.

Todavia, a liberdade sindical assegurada pela Constituição ainda permanece frágil, porque não goza da mesma amplitude conquistada no plano internacional pela Convenção nº 87/48 da OIT, pois impõe unicidade compulsória por categoria (o art. 8º, III recepcionou os arts. 511, 570 e 558 da CLT). A organização por categorias impede a livre escolha de modelo (por empresa, por setor, por atividade, por categoria)[3] e a unicidade impede a livre escolha de sindicato representativo dos interesses dos trabalhadores ou das empresas, ou seja, da pluralidade de sindicatos numa mesma base territorial para efeito de livre concorrência e escolha do melhor serviço numa mesma base territorial.

É verdade que a lei privilegia a negociação, visando à produção autônoma de normas que atendam aos interesses coletivos, mas: a) é possível garantir a dignidade da pessoa humana e a prevalência do valor social do trabalho sem a atribuição de real representatividade dos sindicatos e sem comprometer o processo de negociação? b) há, nesse ambiente de limitações, legitimidade para o desenvolvimento de uma atividade sindical eficaz?[4]

Arnaldo Süssekind,[5] fundamentando-se na Convenção nº 87, da OIT (não ratificada pelo Brasil) e no Pacto Internacional de Direitos Econômicos, Sociais e Culturais da ONU (NY 1966), sistematiza três aspectos da liberdade sindical: 1. *coletivo* (art. 2º, C. 87, OIT):

---

[2] A Seção de Dissídios Coletivos do TST admite a concordância tácita, advinda da não impugnação à falta de comum acordo. Essa não impugnação abrange a revelia.
[3] O STF decidiu, na ADI nº 1861-MC, em acórdão publicado em 2007, em que foi Relator o Ministro Sepúlveda Pertence, que a Constituição não admite sindicalismo de empresa, o que permite concluir que estão vedadas as negociações entre grupos de trabalhadores e a respectiva empresa, sem a participação do sindicato.
[4] O sindicato detém o monopólio qualitativo da representação (representação por categoria) e o monopólio quantitativo (base territorial municipal). Diante da diversidade de atividades, profissões e interesses e sem a existência de um órgão que, num sistema de unicidade sindical, possa organizar as representações das categorias nas bases territoriais, indaga-se: como identificar o único sindicato representativo da categoria e como identificar as categorias diferenciadas?
A respeito, o TST entende que têm essa natureza apenas as previstas em lei e também assim o STF, ao considerar que os pilotos civis não constituem categoria diferenciada, já existindo a categoria diferenciada dos aeronautas. Não obstante, o mesmo STF permitiu, em várias decisões (RE 207.858, Rel. Ministro Marco Aurélio, DJ 14.05.99; RE 178045, Rel. Ministro Octavio Gallotti), o desdobramento de sindicatos, quer pelo lado da categoria, quer pelo lado da base territorial, mencionando *a existência de uma unicidade sindical mitigada*, na qual é utilizada a especificação da atividade dos trabalhadores para autorizar o seu deslocamento da entidade mais abrangente e a fragmentação da base territorial, desde que verificado o limite máximo de um Município.
[5] *Direito Constitucional do Trabalho*. Rio de Janeiro: Renovar, 2001. p. 328.

"direito dos grupos de empresários e de trabalhadores vinculados por uma atividade comum, similar ou conexa, de constituir o sindicato de sua escolha com a estruturação que lhes convier". 2. *individual* (art. 2º, C. 87): "direito de cada trabalhador ou empresário de filiar-se ao sindicato de sua preferência, representativo do grupo a que pertence, e dele desligar-se". 3. *autonomia sindical:* "liberdade de organização interna e de funcionamento [...] bem como a faculdade de constituir federações e confederações ou de filiar-se às já existentes, visando sempre aos fins que fundamentam sua instituição – esta, assegurara no art. 8º, I, CF/88".[6]

Registro das organizações sindicais (art. 8º, inciso I, CF)

Segundo o Comitê de Liberdade Sindical da OIT, a exigência de registro não constitui interferência ou intervenção estatal na vida das organizações sindicais: "convém definir claramente na legislação as condições precisas que os sindicatos devem cumprir para poderem ser registrados e prescrever critérios específicos para determinar se essas condições se cumprem ou não", contanto que tais "condições não sejam de tal natureza que ponha em perigo as garantias previstas pela Convenção".[7]

Acerca do princípio da livre negociação, o Ministro Dias Toffoli ressaltou os limites à atuação do Estado:

> Ação direta de inconstitucionalidade. Lei complementar estadual que fixa piso salarial para certas categorias. Pertinência temática. Conhecimento integral da ação. Direito do trabalho. Competência legislativa privativa da União delegada aos Estados e ao Distrito Federal. Lei Complementar federal nº 103/2000. Alegada violação ao art. 5º, caput (princípio da isonomia), art. 7º, V, e art. 114, §2º, da Constituição. Inexistência. Atualização do piso salarial mediante negociação coletiva com a participação do "Governo do Estado de Santa Catarina". Violação ao princípio da autonomia sindical. Inconstitucionalidade formal. Procedência parcial. (...) 6. A fim de manter-se o incentivo à negociação coletiva (art. 7º, XXVI, CF/88), os pisos salariais regionais somente serão estabelecidos por lei naqueles casos em que não haja convenção ou acordo coletivo de trabalho. As entidades sindicais continuarão podendo atuar nas negociações coletivas, desde que respeitado o patamar mínimo legalmente assegurado.[8]

Houve muita controvérsia a respeito de qual seria o órgão competente para promover o registro, preservando-se a autonomia sindical. Antes da Constituição de 1988, era necessária a autorização do Ministério do Trabalho, conforme as regras da CLT (carta de reconhecimento sindical prevista no art. 519 e seguintes). O registro era fruto do exercício de poder discricionário do Ministério do Trabalho. Após a Constituição de 1988, o registro passou a ser ato vinculado e tem conteúdo meramente cadastral, para o controle da unicidade sindical pelos interessados (art. 8º, I, CF).

---

[6] Sobre princípios especiais do Direito Coletivo do Trabalho, conferir também DELGADO, Maurício Godinho. *Direito Coletivo do Trabalho*. São Paulo: LTr, 2008. p. 40-62.
[7] SÜSSEKIND, Arnaldo. *A OIT e o Princípio da Liberdade Sindical*. São Paulo: LTr. 1998. p. 48-60.
[8] BRASIL, STF-ADI-4364, Tribunal Pleno, Rel. Min. Dias Toffoli, julgamento 02/03/2011.

O registro tem sido realizado no Ministério do Trabalho. Neste sentido, julgou o Superior Tribunal de Justiça em Mandado de Segurança n. 29/DF,[9] e o STF, no Mandado de Injunção n. 1448/SP.[10]

Importa acrescentar que, após a Constituição de 1988, também não é necessária a autorização do Ministério do Trabalho para o desmembramento (por exemplo, um sindicato municipal constituído após destacar-se, desmembrar-se do sindical estadual, que passa a não mais representar a categoria daquele município, há uma redução da base territorial do sindicato originário) e a dissociação (que ocorre quando parte do setor ou profissão representadas por sindicato de categorias similares ou conexas, constitui novo sindicato).

Tanto o desmembramento quanto a dissociação passaram a depender apenas da vontade dos interessados, desde que observado o limite mínimo da base territorial (um município).

Organização sindical, enquadramento e unicidade sindical (art. 8º, inciso II, CF)

Organização sindical

A organização sindical no Brasil é feita com distribuição dos trabalhadores e empregadores em categorias profissionais e econômicas.

Categoria econômica é a composta pelas empresas que empreendem atividades idênticas, similares ou conexas (art. 511, §1º, CLT).

Na análise particular de inserção da empresa em determinada categoria econômica, investiga-se a atividade preponderante da empresa e não a natureza das atribuições do trabalhador, sendo que a atividade secundária da empresa poderá propiciar filiação múltipla.

Nos termos do §2º do artigo 511 da CLT,

> A similitude de condições de vida oriunda da profissão ou trabalho em comum, em situação de emprego na mesma atividade econômica ou em atividades econômicas similares ou conexas, compõe a expressão social elementar compreendida como categoria profissional.

---

[9] "Mandado de segurança. Organização sindical. Registro de entidade sindical. Atribuição. Constituição Federal, art. 8, itens I e II. A Constituição Federal erigiu como postulado a livre associação profissional e sindical, estabelecendo que a lei não pode exigir autorização do estado para a fundação de sindicato, ressalvado o registro no órgão competente, vedadas ao poder público a interferência e a intervenção na organização sindical. Persistência, no campo da legislação de regência, das regras legais anteriores que não discrepam da nova realidade constitucional, antes dão-lhe embasamento e operatividade. Atribuição residual do Ministério do Trabalho para promover o registro sindical, enquanto lei ordinária não vier dispor de outra forma. Atuação restrita, no caso, a verificação da observância ou não da ressalva constitucional que veda a existência de organização sindical da mesma categoria profissional em idêntica base territorial. Segurança em parte concedida" (STJ - MS: 29 DF 1989/0007283-8, Relator MIGUEL FERRANTE, Data de Julgamento: 14/11/1989, S1 - PRIMEIRA SECAO, Data de Publicação: DJ 18.12.1989 p. 18454).

[10] "Liberdade e unicidade sindical e competência para o registro de entidades sindicais (CF, art. 8º, I e II); recepção, em termos da competência do Ministério do Trabalho, sem prejuízo da possibilidade de a lei vir a criar regime diverso" (STF, Mandado de Injunção 144-B SP, Rel. Min. Sepúlveda Pertence, 3/8/92).

Parte o legislador do pressuposto de que o exercício do trabalho, numa atividade econômica em condições de vida similares e a ela relacionada, faz com que os trabalhadores tenham o mesmo interesse comum ou coletivo. Por exemplo, os pedreiros, serventes, vigias, carpinteiros, apontadores, almoxarifes e pessoal de escritório de empresa de construção civil.

Logo, como é a atividade principal da empresa que leva os trabalhadores que para ela laboram à similitude de condições de trabalho, a categoria profissional está diretamente vinculada à atividade econômica do empregador. Uma é decorrência da outra.

Enfim, no Brasil o critério de união dos trabalhadores em sindicato é a atividade econômica desenvolvida pelo empregador, e apenas excepcionalmente a profissão que exercem. Assim, em geral, constata-se a correspondência entre a categoria econômica e profissional (denominado por Magano de *paralelismo simétrico*)[11].

A exceção à inserção na categoria profissional geral dos empregados em correspondência à atividade econômica da empresa ou da categoria econômica diz respeito às categorias diferenciadas, previstas no artigo 511, §3º, da CLT: *"Categoria profissional diferenciada é a que se forma dos empregados que exerçam profissões ou funções diferenciadas por força de estatuto profissional especial ou em consequência de condições de vida singulares"*, ou seja, independentemente da atividade econômica em que se exerça o trabalho.[12]

Há empresas que contam, em seus quadros, com empregados pertencentes a diversas profissões (vigilantes, advogados, técnicos em informática, pessoal de limpeza, motocondutores), que não correspondem à atividade preponderante das empresas para a qual trabalham.

São integrantes de categorias diferenciadas em relação às condições de vida da profissão ou trabalho em comum em atividade econômica preponderante da empresa os empregados exercentes de profissões ou funções diferenciadas por força de estatuto profissional especial ou em consequência de condições de vida singulares (§3º do art. 511 da CLT).

Nos termos da OJ n. 36, da SDC

> É por lei e não por decisão judicial, que as categorias diferenciadas são reconhecidas como tais. De outra parte, no que tange aos profissionais da informática, o trabalho que desempenham sofre alterações, de acordo com a atividade econômica exercida pelo empregador.

Quanto ao advogado, o TST reconheceu que possui estatuto próprio.

Como consequência, são aplicáveis a tais categorias diferenciadas as normas coletivas específicas e não as normas coletivas da categoria profissional a que pertencem os demais empregados da empresa. São exemplos os aeroviários, os professores, os vendedores e os motoristas.

---

[11] MAGANO. Octávio Bueno. Direito Coletivo do Trabalho. São Paulo: LTr, 1993, p. 109

[12] OJ 36 da SDC-TST: "Empregados de empresa de processamento de dados. Reconhecimento como categoria diferenciada. Impossibilidade. É por lei e não por decisão judicial, que as categorias diferenciadas são reconhecidas como tais. De outra parte, no que tange aos profissionais da informática, o trabalho que desempenham sofre alterações, de acordo com a atividade econômica exercida pelo empregador".

As categorias profissionais diferenciadas estão descritas no quadro de atividades e profissões do anexo do art. 577 da CLT.

As negociações feitas entre os sindicatos de categoria profissional da atividade preponderante das empresas com atividades idênticas, similares ou conexas e a categoria econômica correspondente não abrangem os interesses das categorias diferenciadas, que são diferentes daqueles pertinentes aos trabalhadores que têm as mesmas condições de vida da profissão ou trabalho em comum em atividade econômica preponderante da empresa.

Logo, as normas coletivas a eles aplicáveis não serão as da categoria profissional correlata à atividade econômica.

Todavia, as empresas que tenham empregados de categorias diferenciadas em seus quadros deverão participar, por meio de órgão de classe de sua categoria econômica, das negociações com os sindicatos profissionais diferenciados, para que estejam obrigadas a cumprir as normas coletivas que forem ajustadas entre eles (Súmula n. 374, TST).

Assim, se as empresas de determinada categoria econômica não tiverem participado da formação das normas coletivas das categorias diferenciadas, não estarão obrigadas a cumpri-las.

Como a atividade do trabalhador diz respeito à atividade preponderante da empresa, vigias de estabelecimento estão incluídos no sindicato profissional correspondente à atividade da empresa.

De forma sistemática, temos o seguinte:

a) Categoria econômica: organização de empregadores (ou patronal), cujo critério para reunião é o exercício de atividades econômicas similares, idênticas ou conexas. Ex.: Sindicatos das Indústrias Gráficas do Rio de Janeiro; Federação do Comércio Varejista do Estado do Rio de Janeiro; Sindicato das Entidades Mantenedoras de Estabelecimentos de Ensino Superior no Estado do Rio de Janeiro.

b) Categoria profissional: associação de trabalhadores cujo critério de reunião é a atividade desenvolvida pelo empregador (paralelismo simétrico), não importando a função exercida por estes trabalhadores. Assim, porteiro de banco é bancário, porteiro de estaleiro é metalúrgico, trabalhador em informática no banco é bancário, no estaleiro é metalúrgico etc.

c) Categoria diferenciada: associação de trabalhadores cujo critério de reunião é a profissão desenvolvida, desde que sua profissão seja regulamentada, a exemplo das secretárias, vendedores e viajantes do comércio etc.

A categoria diferenciada se destaca da categoria preponderante, e as convenções e normas coletivas firmadas pelos sindicatos da categoria preponderante não se lhe aplicam.

Há jurisprudência consolidada do TST sobre a matéria.[13]

---

[13] *Súmula nº 117, do TST: Bancário. Categoria diferenciada.* (RA nº 140/80, DJ 18.12.1980) Não se beneficiam do regime legal relativo aos bancários os empregados de estabelecimento de crédito pertencentes a categorias profissionais diferenciadas. *Súmula nº 369, III, do TST:* O empregado de categoria diferenciada eleito dirigente sindical só goza

Profissionais liberais: profissionais liberais são aqueles cujo exercício da profissão é fiscalizado por um Conselho Profissional, o qual estabelece normas éticas, de conduta do profissional no exercício de suas atividades. Tais Conselhos, portanto, exercem poder de polícia e são considerados autarquias corporativas (salvo a OAB). As atribuições desses Conselhos às vezes se confundem com as sindicais, pois também atuam na defesa dos profissionais que representam, contudo, sindicatos não têm poder de polícia, não são autarquias, mas associações de direito privado. Por outro lado, Conselhos Profissionais não podem firmar convenções e acordos coletivos, nem ajuizar dissídio coletivo ou deflagrar greve.

Originalmente os profissionais liberais são autônomos: a expressão indica aqueles que trabalham de forma *liberal*, sem subordinação jurídica, por sua própria conta (médicos, advogados, engenheiros, entre outros, que laboram sem subordinação jurídica).

A Confederação Nacional dos Profissionais Liberais (Decreto n. 35.575/1954, carta sindical) adota conceito mais amplo:

> são aqueles profissionais trabalhadores que podem exercer com liberdade e autonomia a sua profissão, decorrente de formação técnica ou superior específica, legalmente reconhecida, formação essa advinda de estudos e de conhecimentos técnicos e científicos. O exercício da profissão pode ser dado com ou sem vínculo empregatício, mas sempre regulamentado por organismos fiscalizadores do exercício profissional.

Quando um profissional liberal é contratado como empregado surge a controvérsia quanto ao seu enquadramento: será considerado representado pelo sindicato da categoria preponderante ou dela se destaca, sendo representados pelo sindicato da profissão liberal?

Não há consenso na doutrina nem na jurisprudência. Alguns entendem que após a Lei n. 7.316/1985, a qual assegurou aos sindicatos representativos das profissões liberais legitimidade processual para representar os trabalhadores empregados, devem ser equiparados à categoria profissional diferenciada.[14]

Em sentido contrário, há quem entenda que o profissional liberal contratado como empregado pertence à categoria preponderante do empregador, desde que a profissão liberal não conte com estatuto próprio.[15]

---

de estabilidade se exercer na empresa atividade pertinente à categoria profissional do sindicato para o qual foi eleito dirigente (ex-O.J. nº 145 – inserida em 27.11.1998).

Súmula nº 374: Norma coletiva. Categoria diferenciada. Abrangência. (Conversão da Orientação Jurisprudencial nº 55 da SDI-1 – Res. nº 129/05, *DJ* 20.04.2005) Empregado integrante de categoria profissional diferenciada não tem o direito de haver de seu empregador vantagens previstas em instrumento coletivo no qual a empresa não foi representada por órgão de classe de sua categoria (ex-O.J. nº 55 – inserida em 25.11.1996).

O.J. *nº 315, SDI-I: Motorista. Empresa. Atividade predominantemente rural. Enquadramento como trabalhador rural (DJ 11.08.2003).* É considerado trabalhador rural o motorista que trabalha no âmbito de empresa cuja atividade é preponderantemente rural, considerando que, de modo geral, não enfrenta o trânsito das estradas e cidades.

[14] Neste sentido, há decisão do TST, de 1986, Rel. Min. Marcelo Pimentel, RO-DC nº 754/84 – "devem ser considerados como integrantes da categoria profissional diferenciada, após a vigência da Lei nº 7316/85".

[15] "Recurso de Revista. CEF. Horas extras. Arquiteto. Categoria diferenciada. Jornada de trabalho. Cinge-se a controvérsia nestes autos em saber se o arquiteto, contratado para trabalhar em estabelecimento bancário, faz jus à jornada prevista no art. 224, da CLT ou se pertence a categoria diferenciada, aplicando-se-lhe a jornada contratual de oito horas. No modelo sindical adotado no País, o enquadramento sindical se dá pela atividade principal do empregador, exceto para aquelas categorias profissionais que a legislação estabelece como diferenciadas [...] a Lei nº 4.950-A, de 22.04.1966, tão somente estabelece o piso salarial dos profissionais diplomados em Engenharia, Arquitetura, entre outras áreas, com intuito de estabelecer remuneração mínima para as jornadas de 6 (seis) horas ou mais, não possuindo, assim, natureza de estatuto regulamentador da profissão, remetendo para o contrato

Ainda a respeito da organização pelo critério da categoria, vale trazer interessante observação de Valentin Carrion:[16]

> É difícil harmonizar a liberdade de associação sindical (parcial na Constituição) com o enquadramento sindical oficial e ainda com o princípio de que, salvo exceções, é a atividade preponderante da empresa que qualifica seus empregados. A casuística e a força da realidade fática é que vêm prevalecendo.

São características da organização sindical brasileira o paralelismo simétrico, a verticalização, a unicidade e a bilateralidade. Paralelismo simétrico significa a formação da categoria profissional por paralelismo simétrico às atividades desenvolvidas pela categoria econômica. Verticalização significa a representação de trabalhadores e empregadores por entidades de grau superior (confederações e federações) e entidades de grau inferior (sindicatos). Unicidade significa uma só representação de trabalhadores e empregadores numa mesma base territorial mínima de um município. Bilateralidade significa que a toda representação patronal há de corresponder uma de trabalhadores, para a promoção do diálogo entre as partes.

Enquadramento sindical

O enquadramento sindical tem por fim ordenar os sindicatos em categorias econômicas e profissionais, conforme quadro orientador de atividades e profissões dos arts. 570, *caput*, e 577 da CLT.

A observância do paralelismo simétrico (correspondência da categoria profissional com a atividade desenvolvida pela categoria econômica), antes controlada pela Comissão

---

de trabalho a fixação da jornada. Recurso de revista conhecido e não provido" (RR – *nº 1164/2006-011-17-00*, Rel. Min. Dora Maria da Costa, DJ –28.11.2008).

"Bancário. Horas extras. Engenheiro. *Enquadramento* sindical. Categoria *profissional* diferenciada. 1. O *enquadramento* sindical no Direito do Trabalho brasileiro dá-se em face da atividade econômica preponderante da empresa, salvo se integrante de categoria diferenciada, a que não se equipara o ofício que, se exercido com autonomia, compõe profissão *liberal*. 2. O engenheiro, empregado de Banco, precisamente por não se encontrar listado no Quadro Anexo a que alude o art. 577, da CLT, não integra, nos termos do §3º do art. 511, categoria *profissional* diferenciada. É bancário, para todos os efeitos legais, máxime se admitido como escriturário. 3. Beneficia-se, portanto, da jornada reduzida de 6 (seis) horas, prevista no art. 224 da CLT para os bancários, engenheiro que presta, como empregado, serviços à instituição bancária. Entendimento que se robustece ante a dicção da Súmula nº 117, do TST de aplicação restrita aos integrantes de categoria diferenciada. 4. Embargos de que se conhece e a que se dá provimento para restabelecer o acórdão regional" (E-RR nº 569.155/99.7, Rel. Min. João Oreste Dalazen, DJ 18.02.2005).

Na doutrina, conferir Octávio Bueno Magano, para quem "Os profissionais liberais, como o advogado, o médico, e engenheiro e outros, possuindo estatuto próprio, reúnem condições para constituírem categorias diferenciadas. Mas, enquanto não sobrevém tal reconhecimento, são apenas profissionais liberais, formando um ramo de atividade diferente do das categorias diferenciadas. Não há dúvida de que os profissionais liberais, titulares de relação de emprego, podem optar pelo reconhecimento de suas contribuições sindicais para a entidade profissional representativa da respectiva profissão, desde que demonstrem estar no exercício desta. Mas isto realça apenas o vínculo de representação de que trata o art. 513, *a*, da CLT. Daí não se há de inferir, contudo, que o mesmo sindicato fique habilitado a celebrar convenção coletiva ou instaurar dissídio coletivo, em nome da profissão. Essas prerrogativas continuam afetas ao sindicato profissional correspondente à atividade econômica do empregador a que esteja vinculado o profissional liberal". *Direito Coletivo do Trabalho*. São Paulo: LTR, 1993. pp. 107-108. Nesta perspectiva, um médico que trabalhe em uma metalúrgica é considerado metalúrgico para fins de negociação coletiva.

[16] *Comentários à CLT*. São Paulo: Saraiva, 2008. Art. 511.2.

de Enquadramento Sindical, incompatível com a Constituição de 1988, passou a ser realizada pelos próprios interessados.

O mecanismo utilizado é o enquadramento sindical automático (e não espontâneo) em categorias específicas correspondentes à atividade econômica ou trabalho na atividade, a partir da constituição do sindicato, observado o critério da especificidade em relação à atividade preponderante (art. 570, *caput*, CLT).

Todavia, quando os exercentes de quaisquer atividades ou profissões não puderem se sindicalizar eficientemente pelo critério da especificidade (número reduzido, natureza das atividades ou profissões, afinidades existentes), é permitida a sindicalização, por agregação, em sindicatos ecléticos (considerada não apenas a identidade, mas também a similitude ou conexão de categorias, *ex vi* do parágrafo único do art. 570, CLT).

Quaisquer das atividades ou profissões concentradas pelo critério de categorias similares ou conexas poderá se dissociar do sindicato principal, formando um sindicato específico ou então de menor base territorial (art. 571 da CLT).

O agrupamento de sindicatos em federações obedecerá às mesmas regras estabelecidas para o agrupamento de atividades e profissões em sindicatos (art. 573, CLT).

Especificidade x agregação

O princípio da especificidade diz respeito ao enquadramento dos trabalhadores e empregadores em categorias profissionais e econômicas específicas (nos termos da lei, idênticas).

O princípio da agregação corresponde ao enquadramento em categorias profissionais e econômicas similares ou conexas, quando os exercentes de quaisquer atividades ou profissões não puderem se sindicalizar eficientemente pelo critério da especificação da atividade (número reduzido, natureza das atividades ou profissões, afinidades existentes).

Atividade preponderante é a que caracteriza a unidade de produto, operação ou objetivo final, para cuja obtenção todas as demais atividades convirjam, exclusivamente, em regime de conexão funcional (art. 581, §2º, CLT).

Especificidade, agregação, antiguidade e territorialidade

Existindo na localidade sindicato de empresas de telecomunicações, abrangente de empresas de teleatendimento e mais antigo, este é o sindicato representativo.

Todavia, com base no art. 571 da CLT, se a representação sindical é estadual, é possível formar sindicato de menor base territorial (neste sentido específico) em âmbito municipal.

Por outro lado, como a especificidade é a regra, quando a categoria econômica é formada não apenas por atividades idênticas, mas também por atividades similares e conexas, admite-se o desmembramento para a formação de sindicatos representativos de categorias profissionais ou econômicas específicas (que então deixarão de estar agregadas por similaridade ou conexão).

Logo, pelo art. 571 da CLT, as empresas de teleatendimento poderiam formar sindicato específico e, consequentemente, também os trabalhadores dessas atividades.

Dissociação

Como o interesse do legislador é a eficiência da representação na base territorial, quaisquer das atividades ou profissões concentradas pelo critério de categorias similares ou conexas poderão se dissociar do sindicato principal, formando um sindicato específico de atividade ou profissão, ou então um, específico ou eclético, de menor base territorial (art. 571, CLT).

A lei não estabelece os requisitos para avaliação da representatividade necessária à dissociação, pelo que devem vigorar, para o desiderato, os princípios da proporcionalidade e da razoabilidade (percentual significativo de trabalhadores ou empresas desejosos de obter representação específica ou de menor base territorial) e deve acontecer assembleia especificamente designada para esse fim de discussão e tomada de decisão. Isto porque se a assembleia é imprescindível à apuração da vontade categorial de formar sindicatos, é também necessária à apuração da representativa vontade de dissociação, que, na prática, importa na formação de novo sindicato.

Unicidade sindical

A unicidade propõe a existência de um único sindicato que represente os interesses dos trabalhadores ou dos empregadores de uma categoria profissional ou econômica numa mesma base territorial. Já a pluralidade consiste na diversidade de sindicatos, numa mesma base territorial, representativos dos interesses dos trabalhadores ou dos empregadores. Na unicidade, o sindicato representa toda a categoria, independentemente de filiação, ao passo que na pluralidade ele representa unicamente os seus associados.

Com base na unicidade, as normas coletivas aplicáveis a um farmacêutico que exerça suas atividades em farmácias são as mesmas de um farmacêutico que atue em laboratórios ou na indústria, assim como são bancários os engenheiros, os arquitetos e os advogados que, nessa qualidade, trabalhem numa instituição bancária.

A unicidade sindical difere da unidade sindical. Enquanto esta é fruto da vontade dos interessados, aquela é resultante de imposição legal. A imposição de unicidade sindical no Brasil contraria o texto da Convenção n. 87 da OIT, enquanto a unidade é com ela compatível, pois a Convenção assegura o pluralismo sindical, mas não o impõe.[17]

Base territorial é a área geográfica abrangente da representação do sindicato, federação ou confederação. Observe-se que, segundo a Constituição de 1988, a base mínima a ser respeitada pelo sindicato é de um município, ou seja, pode abranger mais

---

[17] "O Pluralismo sindical consiste na possibilidade de várias organizações sindicais representarem concorrencialmente uma mesma coletividade de trabalhadores e de empregadores, na proporção de seus respectivos associados, ou de acordo com o critério de representatividade estabelecido pela legislação [...]. O pluralismo sindical é uma possibilidade e não uma obrigação, é a expressão da liberdade de escolha [...]. Combinado com a sindicalização livre, é a essência da liberdade sindical, e a mais perfeita expressão da Convenção nº 87 da OIT [...]. O sistema proposto pela OIT não sustenta que a lei deva impor a pluralidade sindical [...] sustenta que, não cabe à lei regular a estruturação e organização internas aos sindicatos, cabendo a estes eleger, sozinhos, a melhor forma de se instituírem (podendo em consequência, firmar a unidade organizacional e prática como o já mencionado)" (cf. SIQUEIRA NETO, José Francisco. Liberdade Sindical e Representação dos Trabalhadores nos Locais de Trabalho. São Paulo: LTr).

de um município, ser estadual, nacional, mas não pode ser de bairro, por exemplo. A base estará determinada nos estatutos sindicais.

Competência sindical (art. 8º, inciso III, CF)

Ao sindicato cabe a defesa dos direitos e interesses coletivos ou individuais da categoria, inclusive em questões judiciais ou administrativas.

A categoria não tem personalidade jurídica, o sindicato, sim. O sindicato é a categoria organizada, é o sujeito da atividade sindical. Defende os direitos e interesses da categoria abstratamente considerada, ou seja, dos associados e dos não associados ao sindicato.

O Supremo Tribunal Federal decidiu, no julgamento dos Recursos Extraordinários números 193.503, 193.579, 208.983, 210.029, 211.874, 213.111 e 214.668 (sessão Plenária de 12/6/2006, todos publicados no DJ 24/8/2007, Relator para acórdão o eminente Ministro Joaquim Barbosa), que o inciso III do artigo 8º da Constituição Federal confere aos sindicatos legitimidade ativa *ad causam* ampla para atuar na defesa dos direitos e interesses coletivos ou individuais dos integrantes da categoria por ele representada.

Nessa linha de compreensão, tanto a jurisprudência do STF como a do Tribunal Superior do Trabalho têm reconhecido aos sindicatos, na qualidade de substitutos processuais, a referida legitimidade para propor qualquer ação que objetive resguardar os direitos e os interesses coletivos e individuais da categoria profissional. Desse modo, os sindicatos, como substitutos processuais, podem ajuizar reclamação trabalhista pleiteando qualquer direito individual de integrante da categoria e direitos individuais heterogêneos de integrantes da categoria;[18] bem como ação coletiva para postular direitos individuais homogêneos, coletivos e difusos da categoria por ele representada.

O Ministro Dias Toffoli relembra que a lei impõe limites à legitimação das entidades que, apesar de atuarem em prol dos interesses dos trabalhadores, não detêm o mesmo espaço que as entidades sindicais, aqui compreendidas como os sindicatos, as federações e confederações, na forma dos arts. 533 e seguintes, da CLT:

> [...] 2. Muito embora ocorrido o reconhecimento formal das centrais sindicais com a edição da lei n. 11.648/08, a norma não teve o condão de equipará-las às confederações, de modo a sobrelevá-las a um patamar hierárquico superior na estrutura sindical. Ao contrário, criou-se um modelo paralelo de representação, figurando as centrais sindicais como patrocinadoras dos interesses gerais dos trabalhadores, e permanecendo as confederações como mandatárias máximas de uma determinada categoria profissional ou econômica. 3. A fórmula alternativa prevista no art. 103, IX, do Texto Magno, impede que determinada entidade considerada de natureza sindical, não enquadrável no conceito de confederação, venha a se utilizar do rótulo de entidade de classe de âmbito nacional, para fins de legitimação.[19]

Cabe ainda aos sindicatos, entre outras, ajuizar ações que envolvam exercício do direito de greve (art. 114, II, CF); representação sindical, entre sindicatos, entre sindicatos e trabalhadores, e entre sindicatos e empregadores (art. 114, III, CF); mediante comum

---

[18] Na hipótese da postulação de direitos individuais heterogêneos, caberá fazer limitação do número de substituídos.
[19] Brasil, Supremo Tribunal Federal, Ação Direta de Inconstitucionalidade 4224, Tribunal Pleno, Rel. Min. Dias Toffoli, julgamento 01/08/2011.

acordo entre sindicatos de categoria profissional e econômica, ajuizar dissídio coletivo de natureza econômica (art. 114, §2º, CF); ajuizar dissídio de natureza jurídica, buscando a interpretação de cláusula de acordo ou convenção coletiva; ajuizar ação de nulidade de acordo ou convenção coletiva celebrado com sindicato sem representatividade da categoria.

Contribuições sindicais (art. 8º, inciso IV, CF)

As seguintes contribuições podem ou devem ser cobradas:

Contribuição sindical

Até o advento da Lei n. 13.467/2017, a interpretação era a de que os artigos 8º, IV, 2ª parte [...], "independentemente da contribuição prevista em lei", e 149, da Constituição Federal, teriam recepcionado os arts. 545, 548, e 570 e seguintes da CLT. Ou seja, entendia-se que o pagamento dessa contribuição era compulsório para toda a categoria, associados ou não associados aos sindicatos.

Estabelecia o art. 545 da CLT, na antiga redação, que "Os empregadores ficam obrigados a descontar na folha de pagamento dos seus empregados, desde que por eles devidamente autorizados, as contribuições devidas ao Sindicato, quando por este notificados, salvo quanto à contribuição sindical, cujo desconto independe dessas formalidades".

Em contrapartida, os sindicatos não podiam, por exemplo, cobrar para efetuar homologação de término de contrato de trabalho (art. 477, §7º, CLT, revogado).

A referida lei extinguiu a contribuição sindical obrigatória e a homologação de término de contrato de trabalho, tornando-a facultativa, tendo dado nova redação ao art. 545, *verbis*: "Os empregadores ficam obrigados a descontar da folha de pagamento dos seus empregados, desde que por eles devidamente autorizados, as contribuições devidas ao sindicato, quando por este notificados".

Logo, a contribuição sindical prevista no art. 548, I, CLT, tornou-se facultativa e não se confunde com a contribuição de assistência do sindicato aos associados e aos empregados que a autorizarem.

Embora facultativa, a contribuição sindical incide sobre as atividades obrigatórias do sindicato em relação à categoria: participação da entidade em convenções ou acordos coletivos, bem como participação em greves e demais intervenções compulsórias, como ajuizamento de dissídio coletivo em comum acordo com o sindicato adverso.

Contribuição confederativa

Instituída pela Constituição de 1988, no artigo 8º, IV, 1ª parte. É norma de eficácia plena que obriga apenas aos associados das entidades sindicais, pois deve ser interpretada conjuntamente com o inciso V. Serve para o custeio do sistema federativo.

Nos termos da Súmula Vinculante 40 do Supremo Tribunal Federal, "A contribuição confederativa de que trata o art. 8º, IV, da Constituição Federal, só é exigível dos filiados ao sindicato respectivo".

Na mesma linha, o Precedente Normativo n. 119 da SDC do TST:

> Contribuições sindicais. Inobservância de preceitos constitucionais. A Constituição da República, em seus arts 5º, XX e 8º, V, assegura o direito de livre associação e sindicalização. É ofensiva a essa modalidade de liberdade cláusula constante de acordo ou convenção coletiva ou sentença normativa estabelecendo contribuição em favor de entidade sindical a título de taxa para custeio do sistema confederativo, assistencial, revigoramento ou fortalecimento sindical e outros da mesma espécie, obrigando trabalhadores não sindicalizados. Sendo nulas as estipulações que inobservem tal restrição, tornam-se passíveis de devolução os valores irregularmente descontados.

Igualmente a Orientação Jurisprudencial n. 17 da SDC:

> Contribuições para entidades sindicais. Inconstitucionalidade de sua extensão a não associados. As cláusulas coletivas que estabeleçam contribuição em favor de entidade sindical, a qualquer título, obrigando trabalhadores não sindicalizados, são ofensivas ao direito de livre associação e sindicalização, constitucionalmente assegurado, e, portanto, nulas, sendo passíveis de devolução, por via própria, os respectivos valores eventualmente descontados.

Contribuição Associativa (mensalidade sindical)

Obrigatória para os associados ao sindicato, a contribuição associativa serve para financiar os serviços oferecidos pelo sindicato, como colônia de férias, assistência médica etc.

O valor deve ser aprovado pela Assembleia Geral, na forma do Estatuto (art. 548, CLT).

Observe-se que uma vez que o empregado autorize, o desconto salarial deve ser promovido pela empresa, que fica com a obrigação de repassar o valor ao respectivo sindicato (art. 545, CLT) (cf. TST-PN n. 119 e TST-OJ-SDC-17, supracitadas).

Contribuição de Solidariedade ou Assistencial

Serve para financiar as atividades assistenciais do sindicato, a exemplo da atuação do sindicato na defesa individual ou coletiva de direitos da categoria.

Prevista no artigo 545 da CLT, obriga apenas os associados e os empregados não associados que autorizarem o desconto.

Conforme jurisprudência do excelso STF, Súmula 666/STF, e do TST (Precedente Normativo n. 119/TST e Orientação Jurisprudencial n. 17 da SDC/TST), a obrigatoriedade do desconto das contribuições a título de contribuição assistencial de empregado não sindicalizado afronta o princípio constitucional de liberdade de associação, previsto no art. 5º, XX, da Constituição Federal.

Todavia, o Supremo Tribunal Federal, em recente decisão, conferiu efeito modificativo aos embargos de declaração opostos no ARE 101859, *leading case* do Tema 935 (contribuições assistenciais), para fixar a seguinte tese jurídica: "É constitucional a instituição, por acordo ou convenção coletivos, de contribuições assistenciais a serem impostas a todos os empregados da categoria, ainda que não sindicalizados, desde que assegurado o direito de oposição".

Segundo notícia extraída do sítio eletrônico da Suprema Corte, o Exmo. Ministro Gilmar Mendes, Relator, ao examinar aludidos embargos de declaração ponderou que

> [...] o fim do imposto sindical afetou a principal fonte de custeio das instituições sindicais. Como resultado, os sindicatos se viram esvaziados, e os trabalhadores, por consequência, perderam acesso a essa instância de deliberação e negociação coletiva. Por isso, a possibilidade de criação da contribuição assistencial, destinada prioritariamente ao custeio de negociações coletivas, juntamente com a garantia do direito de oposição, assegura a existência do sistema sindicalista e a liberdade de associação.

A tese jurídica fixada pelo STF, portanto, se dirige apenas às contribuições assistenciais ou à taxa assistencial (art. 513, CLT), na medida em que têm por escopo assegurar o custeio das negociações coletivas, finalidade diversa das contribuições confederativas, que se destinam ao custeio do sistema confederativo da representação sindical ou profissional (art. 8º, IV, CR).

Esse julgamento, de caráter vinculante, tornou ineficaz a diretriz traçada no Precedente Normativo 119 do TST e na OJ 17 da SDC, tão-somente no que diz respeito à contribuição assistencial.

Todavia, resta saber como o não associado pode exercer a cláusula de oposição, se mediante prazo concedido ao empregado, ou por maioria de trabalhadores que mesmo sem ser associados a ela se opuserem em assembleia geral da categoria.

Importante destacar que, embora Conselhos Profissionais e sindicatos não se confundam, a Lei n. 8.906/1994, no artigo 47, instituiu isenção para os advogados: "o pagamento da contribuição anual da OAB isenta os inscritos nos seus quadros do pagamento obrigatório da contribuição sindical". Esse dispositivo foi considerado constitucional pelo STF no julgamento da ADI n. 2522/DF (*DJ* 18.08.2006), ajuizada pela Confederação Nacional das Profissões Liberais, cujo voto condutor foi proferido pelo Ministro Eros Grau.[20]

Aos demais profissionais liberais é facultado realizar o pagamento da contribuição sindical obrigatória ao sindicato representativo da categoria preponderante da empresa na qual é empregado ou ao de sua profissão (art. 585, CLT).

A contribuição sindical facultativa é dividida entre diversas entidades, e a lei determina que assim seja distribuída:

5% para a confederação correspondente;
10% (dez por cento) para a central sindical;
15% (quinze por cento) para a federação;
60% (sessenta por cento) para o sindicato respectivo;
10% (dez por cento) para a 'Conta Especial Emprego e Salário' (CEES).

---

[20] *Ação direta de inconstitucionalidade*. Art. 47 da Lei Federal nº 8.906/94. Estatuto da advocacia e da Ordem dos Advogados do Brasil contribuição anual à OAB. Isenção do pagamento obrigatório da contribuição sindical. Violação dos arts. 5º, incs. I e XVII; 8º, incs. I e IV; 149; 150, §6º; e 151, da Constituição do Brasil. Não ocorrência. [...] O texto hostilizado não consubstancia violação da independência sindical, visto não ser expressivo de interferência e/ou intervenção estatal na organização dos sindicatos. Não sustenta o argumento de que o preceito impugnado retira do sindicato sua fonte essencial de custeio. Deve ser afastada a afronta ao preceito da liberdade de associação. O texto atacado não obsta a liberdade dos advogados. Pedido julgado improcedente.

Liberdade de associação (art. 8º, inciso V, CF)

Este inciso V é expressão da liberdade de reunião e de associação, ambos previstos no artigo 5º, incisos XVI e XVII, da Constituição Federal.

Ninguém está obrigado a se associar ou a se manter associado a sindicato. Mas uma vez associado, enquanto associado está obrigado às contribuições que aderir.

Dentro dos sindicatos de categorias em que os integrantes estão agregados por similitude e conexão para fins de fortalecimento, é possível haver dissociação para a formação de sindicatos específicos (art. 571, CLT).

Participação dos sindicatos nas negociações coletivas de trabalho (art. 8º, inciso VI, CF)

No plano internacional, convenção coletiva é conceituada de forma ampla pela Recomendação n. 91 da OIT, como o instrumento

> [...] celebrado entre um empregador, um grupo de empregadores ou várias organizações representativas de trabalhadores, ou em ausência de tais organizações, representantes de trabalhadores interessados, devidamente eleitos e autorizados por estes últimos, de acordo com a legislação nacional.

No plano interno, o conceito recepcionado pela Constituição de 1988 está expresso no artigo 611 da CLT.

A contemporânea valorização de soluções negociadas para os conflitos coletivos do trabalho vem ao encontro do estabelecido na Convenção n. 98 da OIT, ratificada pelo Brasil, *verbis*:

> Art. 4º Deverão ser tomadas, se necessário for, medidas apropriadas às condições nacionais, para fomentar e promover o pleno desenvolvimento e utilização dos meios de negociação voluntária entre empregadores ou organizações de empregadores e organizações de trabalhadores por outros meios financeiros, com o fim de colocar essas organizações sob o controle de um empregador ou de uma organização de empregadores.

A Convenção n. 154 da OIT, de fomento à negociação coletiva, com vigência nacional desde 1993, conceitua negociação coletiva em seu artigo 2º, *verbis*:

> Art. 2º Para os fins da presente Convenção, a expressão *negociação coletiva* compreende todas as negociações que têm lugar entre, de uma parte, um empregador, um grupo de empregadores ou uma organização ou várias organizações de empregadores, e, de outra parte, uma ou várias organizações de trabalhadores, com o fim de fixar condições de trabalho e emprego; ou regular as relações entre empregadores e trabalhadores; ou regular as relações entre empregadores ou suas organizações e uma ou várias organizações de trabalhadores, ou alcançar todos estes objetivos de uma só vez.

A expressão pode alcançar as negociações promovidas pelos chamados representantes de empresas (Convenção n. 135), desde que a "existência destes representantes não seja utilizada em detrimento das organizações de trabalhadores interessadas".

No Brasil dá-se o nome de convenção coletiva ou acordo coletivo ao resultado da negociação direta entre os trabalhadores, ou a negociação auxiliada por um mediador.

A convenção coletiva é o resultado da negociação entre sindicatos da categoria econômica e profissional. É intersindical. Os acordos coletivos são estabelecidos entre sindicato da categoria profissional e uma ou mais empresas da categoria econômica. São interempresariais (art. 611, da CLT).

Para Délio Maranhão,

[...] o que importa para que se possa falar em convenção coletiva é que, no conflito de interesses solucionado por acordo, estejam envolvidos interesses coletivos de um grupo de trabalhadores como tal e que, portanto, a solução tenha caráter normativo, beneficiando os que participam ou venham participar desse grupo ainda limitado.

A CF/88, além de destacar no preâmbulo o comprometimento do Estado brasileiro com a solução pacífica dos conflitos, reconhece expressamente a validade dos acordos e convenções coletivas (art. 7º, XXVI), inclusive estabelece que a tentativa de pactuação destes instrumentos normativos é requisito de admissibilidade do dissídio coletivo, e de não abusividade da greve.

A Constituição Federal exclui a possibilidade de acordos coletivos serem celebrados por grupos de trabalhadores, como comitês de greve, comissões de salário etc., entendendo, portanto, não recepcionado o artigo 617, §1º, *in fine*, da CLT quando autoriza que os interessados prossigam diretamente na negociação ante a falta ou omissão do sindicato, federação e da confederação.

Não há que se exigir a participação do sindicato patronal para realizar acordo coletivo, bem como quando o empregador for ente público, pois o artigo 7º, XXVI, da Constituição reconhece os acordos coletivos de trabalho e recepciona o artigo 611, §1º, da CLT no qual está assegurada a possibilidade de celebração de acordos coletivos entre sindicatos representativos de categorias profissionais e uma ou mais empresas da correspondente categoria econômica.

As convenções e os acordos coletivos são negócios jurídicos formais, exigem a forma escrita (é da essência do ato), têm caráter normativo, ante as cláusulas que dispõem sobre condições de trabalho, com eficácia *erga omnes* para determinada categoria (sindicalizados ou não) em determinada base territorial de representatividade dos sindicatos convenentes ou acordantes. Em síntese, são fontes formais de direito do trabalho para dada categoria em certa área geográfica abrangida pela representatividade do sindicato. Estabelecem condições para os contratos individuais em vigor e para os que forem formados na sua vigência.

Além das cláusulas normativas, convenções e acordos coletivos contém cláusulas obrigacionais, que criam direitos e obrigações apenas para as partes convenentes ou acordantes,[21] a exemplo das cláusulas que criam comissão paritária para estudos a respeito das condições de trabalho.[22]

---

[21] Cf. MAGANO, Octávio B.. *Direito Coletivo do Trabalho*. São Paulo: LTr, p. 156; MARANHÃO. Délio. *Direito do Trabalho*. Rio de Janeiro: FGV, 1982, p. 330; GOMES. Orlando. *Curso de Direito do Trabalho*. Rio de Janeiro: Forense, p. 595 e 610, 2008; MASCARO. Amauri. *Curso de Direito do Trabalho*. São Paulo: Saraiva, 2000.

[22] Cito, ainda, a título de exemplo cláusula constante do Acordo Coletivo 2005: *Cláusula nº 66 – Movimentação de Pessoal – Informações* – A Companhia informará mensalmente, a FUP e a cada Sindicato, a movimentação de pessoal ocorrida em sua base territorial (http://www.fup.org.br/sistema_petrobras.htm).

A vigência e a eficácia das convenções e acordos coletivos não dependem do depósito previsto no artigo 614 e §1º, da CLT. Impõe-se a interpretação conforme a Constituição Federal à citada regra para entender que tal exigência tem a finalidade de dar publicidade às normas coletivas, e não de invalidá-las, pois o reconhecimento das normas coletivas é assegurado por norma constitucional. Por isso, as normas pactuadas pelas entidades sindicais não têm sua validade condicionada a depósito no Ministério do Trabalho, porquanto a autonomia privada coletiva está assegurada pelo artigo 8º, inc. I. No mesmo sentido, há jurisprudência do TST, cujo voto condutor proferido pelo Ministro Vieira de Mello Filho ressaltou que a interpretação do artigo 614 da CLT deve compatibilizá-lo com a Constituição.[23]

Muito se discutiu a respeito da possibilidade de ultratividade dos acordos e convenções coletivas de trabalho, ou seja, da continuidade de sua eficácia mesmo após findo o prazo de vigência, prevista na suspensa Súmula n. 277 do TST.

No plano normativo, o artigo 1º, §1º, da Lei n. 8.542/1992 estabelecia: "As cláusulas de acordos, convenções ou contratos coletivos de trabalho integram os contratos individuais de trabalho e somente poderão ser reduzidas ou suprimidas por posterior acordo, convenção ou contrato coletivo de trabalho".

O direito positivo admitia, portanto, a possibilidade de integração aos contratos individuais de trabalho vigentes quando da norma coletiva após o término de seu prazo de vigência. Todavia, a Medida Provisória n. 2.074-73/2001 (posteriormente transmudada na Lei n. 10.192/2001) revogou o preceito legal supracitado. E, em ADPF (323), o STF julgou liminarmente pela suspensão do artigo 17, da MP, mas no mérito manteve a validade deste artigo, tendo por consequência a revogação definitiva (Lei n. 10.192/01) do §1º do artigo 1º da Lei n. 8.542/1992.

Afastada a ultratividade, mas preservada a compreensão em torno das cláusulas preexistentes (assim consideradas as convencionadas em instrumento coletivo imediatamente anterior, por livre negociação ou de forma heterônoma), ainda que a jurisprudência não mais pareça admitir a manutenção das chamadas cláusulas históricas, após a edição da Lei n. 13.467/2017 (TST-RO-4-72.2019.5.10.0000, Rel. Ives Gandra Martins Filho, DEJT 22/10/2021).

A Lei n. 13.467/2017 afastou a ultratividade das normas coletivas (a vigência máxima de convenção ou acordo coletivo é de 2 (dois) anos, vedada a ultratividade - art. 614, §3º, CLT) e estabeleceu no art. 611-A que "A convenção coletiva e o acordo coletivo de trabalho têm prevalência sobre a lei" quando dispuserem sobre as matérias ali elencadas.

Estatuiu-se no §1º do art. 611-A que "No exame da convenção coletiva ou do acordo coletivo de trabalho, a Justiça do Trabalho observará o disposto no §3º do art. 8º desta

---

[23] "A Constituição [...] alterou profundamente a organização sindical e a autonomia das partes para a negociação coletiva, estabelecendo princípios rígidos que vedam a intervenção do Poder Público nessa relação e que reconhecem as convenções e acordos coletivos, incentivando a negociação [...]. Na sistemática da CLT, a intervenção e a fiscalização do Estado eram muito fortes no âmbito da negociação coletiva e estavam presentes em inúmeros preceitos que não foram recepcionados pela nova Constituição [...]. Atualmente, no entanto, a organização e o funcionamento do sistema sindical brasileiro prescindem de qualquer autorização e de reconhecimento dos sindicatos pelo Estado, que antes existia [...] as normas e condições de trabalho negociadas entre as partes [...] valem por si sós, criando direitos e obrigações entre elas a partir do momento em que firmam o instrumento coletivo" (E-ED-RR nº 563420/1999.3. SDI-I. Notícia TST, 14.11.2007. "Validade de acordo coletivo não depende de depósito no MTE").

Consolidação"; no §2º, que "A inexistência de expressa indicação de contrapartidas recíprocas em convenção coletiva ou acordo coletivo de trabalho não ensejará sua nulidade por não caracterizar um vício do negócio jurídico"; no §3º, que "Se for pactuada cláusula que reduza o salário ou a jornada, a convenção coletiva ou o acordo coletivo de trabalho deverão prever a proteção dos empregados contra dispensa imotivada durante o prazo de vigência do instrumento coletivo"; no §4º, que "Na hipótese de procedência de ação anulatória de cláusula de convenção coletiva ou de acordo coletivo de trabalho, quando houver a cláusula compensatória, esta deverá ser igualmente anulada, sem repetição do indébito", e no §5º, que "Os sindicatos subscritores de convenção coletiva ou de acordo coletivo de trabalho deverão participar, como litisconsortes necessários, em ação individual ou coletiva, que tenha como objeto a anulação de cláusulas desses instrumentos."

Outrossim, estabeleceu o art. 611-B que "Constituem objeto ilícito de convenção coletiva ou de acordo coletivo de trabalho, exclusivamente, a supressão ou a redução" basicamente dos direitos previstos no art. 7º da Constituição Federal". E, além desses, outros direitos indisponíveis, tais como estabilidade, direitos dos menores e das pessoas com incapacidade e direitos protetivos das mulheres, idosos e cotistas.

Sob este prisma a jurisprudência do TST vem se sedimentando, a exemplo dos seguintes julgados recentes:

RECURSO ORDINÁRIO DO SINDICATO PATRONAL EM AÇÃO ANULATÓRIA AJUIZADA PELO MINISTÉRIO PÚBLICO DO TRABALHO NA VIGÊNCIA DA LEI N. 13.467/2017. (...) CLÁUSULA DA CONVENÇÃO COLETIVA DE TRABALHO DE 2018/2020, FIRMADA ENTRE OS SINDICATOS REQUERIDOS. ILEGITIMIDADE PARA DISPOR SOBRE INTERESSES DIFUSOS NÃO PASSÍVEIS DE NEGOCIAÇÃO COLETIVA. SEGURANÇA E VIGILÂNCIA. COTA PARA CONTRATAÇÃO DE JOVEM APRENDIZ. POSSIBILIDADE DE REDUÇÃO DA BASE DE CÁLCULO. A decisão recorrida declarou a nulidade da cláusula 53ª do instrumento normativo denunciado nestes autos, que estabelece a possibilidade de flexibilização do artigo 429 da CLT, ao autorizar as empresas do segmento de segurança e vigilância a contratarem a quantidade de jovens aprendizes prevista em lei com base exclusivamente no número de trabalhadores lotados em suas atividades administrativas. E assim o fez por entender que a hipótese de redução ou supressão da medida protetiva prevista no art. 429 da CLT se encontra elencada no rol taxativo do art. 611-B da CLT, em seu item XXIV, na qualidade de objeto ilícito para figurar em normas coletivas, não havendo como se relativizar tal disposição. Todavia, note-se que a cláusula questionada pelo Ministério Público do Trabalho extrapola os limites legais por outro fundamento, cuja apreciação antecede ao do mérito do pedido, a saber, a legitimidade dos entes convenentes para firmar a norma coletiva em destaque. Com efeito, a jurisprudência pacífica desta colenda Seção Especializada segue no sentido de ser inválida a cláusula normativa que versa sobre interesses difusos, os quais não são suscetíveis de negociação coletiva, uma vez que os sindicatos não possuem legitimidade para dispor sobre eles, nos termos dos artigos 611 da CLT, 104, I, do Código Civil, 81, II, e 83, I, da Lei n. 8.078/90. Precedentes. No caso, a norma sob exame, ao alterar a base de cálculo da cota prevista no art. 429 da CLT, não negocia interesse ou direito coletivo, atingindo, na verdade, interesses difusos, por afetar trabalhadores indeterminados que ainda estejam em fase de aprendizagem. Por isso, impõe-se a manutenção da decisão regional, ainda que por fundamento diverso. Recurso ordinário conhecido e desprovido. CLÁUSULA DA MESMA NORMA COLETIVA QUE ESTIPULA A ESCALA DE 4X2. PRORROGAÇÃO DA JORNADA DE TRABALHO. PREVALÊNCIA SOBRE O DISPOSTO NO ART. 59, §2º, DA CLT. INOBSERVÂNCIA DOS

LIMITES PREVISTOS NOS ARTS. 7º, XIII, DA CF/88 E 611-A, I, DA CLT. Com suporte na apuração feita pela Corte Regional ao analisar a demonstração efetuada pelo d. Ministério Público do Trabalho na inicial, percebe-se que a cláusula 69ª, §7º, ao instituir a escala de 4 dias de trabalho por 2 de folga, deixa de observar os limites diário e semanal constitucionalmente previstos (art. 7º, XIII, da CF/88) para a validade da pactuação da jornada de trabalho, nos termos dos permissivos contidos nos arts. 59, §2º, e 611-A, inciso I, da CLT. Não havendo o cumprimento da condicionante legal trazida por este dispositivo de lei ordinária inserido pela já comentada reforma trabalhista de 2017, imperioso reconhecer a não prevalência na hipótese do convencionado sobre o legislado. Recurso ordinário conhecido e desprovido. CLÁUSULA DA CCT QUE SUPRIME O INTERVALO INTRAJORNADA. PREVALÊNCIA SOBRE O PRECEITO INSCULPIDO NO ART. 71 DA CLT. DESATENDIMENTO AO PERÍODO MÍNIMO PARA DESCANSO E ALIMENTAÇÃO IMPOSTO PELO ART. 611-A, III, DA CLT. Pelos mesmos fundamentos, incorre em nítido vício de nulidade a cláusula 71ª, §§1º, 2º, 8º e 9º, da Convenção Coletiva firmada entre os réus, tendo em vista a vedação legal inscrita no art. 611-A, inciso III, da CLT relativamente à hipótese de supressão do intervalo para repouso e alimentação. É que a própria Lei nº 13.467/2017, instituidora da primeira reforma trabalhista, previu a possibilidade de flexibilização do intervalo intrajornada estabelecido pelo art. 71 da CLT, desde que respeitado o limite mínimo de trinta minutos para jornadas superiores a seis horas, como ocorre no caso. Por essa razão, também no particular, não há como se admitir a preponderância da convenção coletiva sobre o disposto na lei em torno dessa matéria. Precedente. Recurso ordinário conhecido e desprovido" (ROT-20044-43.2019.5.04.0000, Seção Especializada em Dissídios Coletivos, Relator Ministro Alexandre de Souza Agra Belmonte, DEJT 14/02/2024).

RECURSO ORDINÁRIO DO SINDICATO PATRONAL RÉU. AÇÃO ANULATÓRIA AJUIZADA PELO MINISTÉRIO PÚBLICO DO TRABALHO NA VIGÊNCIA DA LEI Nº 13.467/2017. CLÁUSULA 18ª DA CONVENÇÃO COLETIVA DE TRABALHO. ESTABILIDADE PROVISÓRIA. ACIDENTE DE TRABALHO. TEMPO DE AFASTAMENTO DO EMPREGADO REABILITADO SUPERIOR A 30 DIAS COMO CONDIÇÃO PARA CONCESSÃO DO BENEFÍCIO LEGAL. SUPRESSÃO OU REDUÇÃO DE DIREITO. OBJETO ILÍCITO DE NEGOCIAÇÃO COLETIVA. ART. 611-B DA CLT. IMPOSSIBILIDADE DE FLEXIBILIZAÇÃO DO ART. 118 DA LEI Nº 8.213/90. Nos termos do inciso XVII do artigo 611-B da CLT, trata-se de objeto ilícito de negociação coletiva a supressão ou mesmo a redução dos direitos assegurados nas "normas de saúde, higiene e segurança do trabalho previstas em lei ou em normas regulamentadoras do Ministério do Trabalho (Incluído pela Lei nº 13.467, de 2017)". Essa é a inteligência das garantias individuais correspondentes preceituadas nos incisos XII e XXVIII do art. 7º da Constituição Federal. Por essa razão, revela-se inválida a redação da questionada cláusula 18ª do instrumento normativo destacado nestes autos, a qual restringe a fruição da estabilidade provisória decorrente de acidente de trabalho pelo empregado reabilitado apenas à situação fática em que o seu tempo de afastamento seja superior a 30 (trinta) dias, o que contraria o artigo 118 da Lei nº 8.213/90, dispositivo que não contempla tal condição para concessão do benefício previdenciário. A decisão recorrida está em sintonia, não só com os dispositivos constitucionais e de leis ordinárias indicados pelo parquet, mas também com o posicionamento predominante contido na Súmula 378 desta Corte. Recurso ordinário conhecido e desprovido. OBRIGAÇÃO DE FAZER EM SEDE DE AÇÃO ANULATÓRIA. DIVULGAÇÃO DE CÓPIAS DO ACÓRDÃO EM LOCAIS PÚBLICOS E DE ACESSO DIÁRIO E FÁCIL A TODA A CATEGORIA DOS TRABALHADORES. IMPOSSIBILIDADE. NATUREZA JURÍDICA CONSTITUTIVA NEGATIVA. A determinação, de ofício, de publicação da decisão judicial em locais públicos e de acesso fácil e diário aos trabalhadores da categoria realmente carece de amparo legal, tendo em vista que o art. 867 da CLT estabelece apenas duas formas de divulgação das decisões proferidas pelos órgãos judicantes integrantes da Justiça do Trabalho, quais sejam, mediante registro postal direcionado às partes ou aos seus advogados ou, então, por meio de publicação em jornal oficial, afigurando-se suficientes para conferir ciência a todos os demais interessados. Ademais, note-se que a jurisprudência desta c. SDC segue no sentido de que não se admite a imposição de obrigação de fazer em sede de ação anulatória de cláusula coletiva, diante da incompatibilidade do provimento jurisdicional buscado com a natureza da demanda, a saber, tão-somente constitutiva negativa. Precedentes. Recurso ordinário conhecido e parcialmente provido" (RO-1124-44.2018.5.08.0000, Seção Especializada em Dissídios Coletivos, Relator Ministro Alexandre de Souza Agra Belmonte, DEJT 23/08/2023).

DISSÍDIO COLETIVO DE NATUREZA ECONÔMICA. RECURSO ORDINÁRIO DO SINDICATO DA INDÚSTRIA DA CONSTRUÇÃO PESADA DO ESTADO DE SÃO PAULO - SINICESP. 1) CLÁUSULA 23ª - COMPLEMENTAÇÃO DE AUXÍLIO DOENÇA. Esta Seção Especializada possui entendimento consolidado no sentido de não ser possível, por meio do poder normativo da Justiça do Trabalho, deferir reivindicação consistente em cláusula que prevê a complementação do auxílio previdenciário paga pelo Empregador, na medida em que a condição de trabalho acarreta ônus financeiro extraordinário à categoria econômica. Cláusula dessa espécie apenas poderia ser fixada em sentença normativa com apoio em norma preexistente, o que não aconteceu no caso dos autos. Dá-se provimento ao recurso ordinário para excluir a cláusula da sentença normativa. 2) CLÁUSULA 54ª - ESTABILIDADE PARA PORTADOR DE VÍRUS HIV E CÂNCER. A cláusula fixada pelo TRT estabelece benefício de alta relevância social frente à consabida condição de extrema dificuldade experimentada pelos indivíduos portadores do vírus HIV e acometidos de tumor maligno (câncer). Ressalte-se, outrossim, que a regra se coaduna com o contexto geral de normas do nosso ordenamento jurídico, que entende o trabalhador como indivíduo inserto numa sociedade que vela pelos valores sociais do trabalho, pela dignidade da pessoa humana e pela função social da propriedade (arts. 1º, III e IV; 5º, caput e I; e 170, III e VIII, da CF). Não se olvide, outrossim, que faz parte do compromisso do Brasil, também na ordem internacional (Convenção 111 da OIT), o rechaçamento a toda forma de discriminação no âmbito laboral. Ademais, a cláusula encontra respaldo na jurisprudência desta Corte Superior, que já firmou o entendimento de que a despedida do empregado portador de doença grave ou do vírus HIV se presume discriminatória (Súmula 443 do TST), sendo inválido o ato, gerando, inclusive, o direito do empregado irregularmente dispensado à reintegração. Recurso ordinário desprovido, no aspecto, para manter a Cláusula na sentença normativa. 3) CLÁUSULA 43ª - ESTÁGIO. O §2º, in fine, do art. 114 da Constituição atual estabelece que, no dissídio coletivo de natureza econômica, a Justiça do Trabalho pode "decidir o conflito, respeitadas as disposições mínimas legais de proteção ao trabalho, bem como as convencionadas anteriormente ". Como se observa, a Constituição estabeleceu um claro piso normativo, e não um teto jurídico. Nada obstante, o exercício dessa função jurisdicional atípica (poder normativo) deve se balizar pelos limites impostos na ordem jurídica trabalhista, um dos quais o juízo de equidade inerente aos dissídios coletivos (art. 766 da CLT), bem como o critério da manutenção das condições de trabalho preexistentes, citado na Constituição Federal. De acordo com a jurisprudência desta Seção Especializada, cláusulas preexistentes, para fins de delimitação de condição anteriormente convencionada, são aquelas discutidas e fixadas por livre negociação entre as partes em acordo ou convenção coletiva ou sentença normativa homologatória de acordo. Assim, se a reivindicação da categoria profissional tem respaldo em cláusula preexistente, deve ser deferida e fixada na sentença normativa. Por outro lado, também prevalece o entendimento de que não se insere nos limites de atuação do poder normativo desta Justiça Especializada a criação de condições de trabalho que importem encargo econômico extraordinário ao empregador se a reivindicação laboral não encontra suporte em norma preexistente (ou seja, se inexiste equivalência em acordo coletivo, convenção coletiva ou sentença normativa homologatória de acordo). Ocorre que, no âmbito dos limites do poder normativo conferido à Justiça do Trabalho, há, ainda, a discussão sobre a possibilidade de fixação em sentença normativa de cláusulas que reproduzem normas jurídicas já existentes ou que criem disposições complementares a elas, dentro de certo vácuo ou lacuna legislativa (sem criar obrigação nova destinada à reserva legal ou encargo financeiro extraordinário ao empregador). Com efeito, sobre essa questão em específico, não há um parâmetro definitivo na jurisprudência da SDC/TST e existem diversos julgados nesta Corte com direções opostas: ora no sentido de que é desnecessária a mera reprodução do dispositivo legal na sentença normativa, ou sua complementação; ora de que a fixação de cláusula dessa natureza, quando complementa comandos legais, pode ser útil e se insere no âmbito o poder normativo. Sobre o tema, sabe-se que o Supremo Tribunal Federal, quando do julgamento do RE-197.911/9, ao se manifestar sobre a competência da Justiça do Trabalho, atribuída pelo art. 114, §2º, da CF, afirmou que as cláusulas instituídas em sentença normativa não podem se sobrepor à legislação em vigor ou contrariá-la. Esta Seção Especializada vem firmando o entendimento no sentido de que, de maneira geral, a fixação de cláusula que reproduza ou complemente um comando legal já existente, desde que não invada o espaço do Poder Legislativo (não crie obrigação nova destinada à reserva legal), está dentro dos limites do poder normativo da Justiça do Trabalho. Nessas situações, além de a cláusula ratificar e intensificar o dever jurídico, ou delimitar o campo de sua atuação no âmbito específico das relações de trabalho abrangidas pela sentença normativa, também sujeita o descumprimento do preceito à sanção especial proveniente da própria norma coletiva (cláusula penal). Amplia-se a segurança jurídica sem extrapolar os limites do poder normativo ou inovar legislativamente. Note-se que, seguindo essa mesma linha de entendimento, a jurisprudência desta Corte se consolidou no sentido de que " é aplicável multa prevista em instrumento normativo (sentença normativa, convenção ou acordo coletivo) em caso de descumprimento de obrigação prevista em lei, mesmo que a norma coletiva seja mera repetição de texto legal " (Súmula 384, II/TST). No caso em exame, a CLÁUSULA 43ª - ESTÁGIO, fixada pelo Tribunal de origem com base no poder normativo, dispõe que " as Empresas facilitarão o estágio de seus empregados estudantes, em curso técnicos e/ou superiores, na área de sua especialização, observando o disposto na Lei 11.788/2008 ". O comando apenas cria uma disposição complementar, dentro do vácuo legislativo da Lei 11.788/2008, que nada previu sobre a facilitação, pela Empresa, para a realização de estágio por seus empregados que, eventualmente, sejam estudantes de cursos técnicos e/ou superiores. Note-se que não há criação de obrigação nova, tampouco de encargo financeiro extraordinário, tratando-se em verdade de mero comando programático direcionado a estimular os Empregadores (concedentes de estágio) submetidos à sentença normativa a prestigiarem a qualificação e especialização de seus empregados estudantes, sem abrir espaço para o desvio das balizas legais pertinentes (Lei 11.788/2008). O deferimento da reivindicação, portanto, encontra-se dentro dos limites do poder normativo da Justiça do Trabalho. Nega-se provimento, no aspecto, para manter a Cláusula na sentença normativa. 4) CLÁUSULA 45ª - PESSOAS COM NECESSIDADES ESPECIAIS. No caso em exame, a Cláusula 45ª - PESSOAS COM NECESSIDADES ESPECIAIS, deferida pelo Tribunal de origem com base no poder normativo, dispõe que "a Empresa compromete-se a não fazer restrições para admissão de deficientes físicos, sempre que as circunstâncias técnicas materiais e administrativas assim o permitam ". A norma não representa a criação de qualquer obrigação nova, tampouco gera encargo financeiro extraordinário ao empregador. Em verdade, a cláusula apenas reafirma uma diretriz geral do nosso ordenamento jurídico - promoção da inclusão social das pessoas com deficiência (Convenção nº 111 da OIT; Convenção de Nova Iorque sobre pessoas com deficiência; Lei 13.146/2015; art. 93 da Lei 8.213/91) -, com a vantagem de reforçar a sua observância no âmbito das relações de trabalho por elas abrangidas. O deferimento da reivindicação, portanto, encontra-se dentro dos limites do poder normativo da Justiça do Trabalho. Nega-se provimento, no aspecto, para manter a Cláusula na sentença normativa. (...)" (RO

1002004-84.2018.5.02.0000, Seção Especializada em Dissídios Coletivos, Redator Ministro Mauricio Godinho Delgado, DEJT 06/05/2022).

Aposentado filiado e direito de voto (art. 8º, inciso VII, CF)

Desde que associado ao sindicato, o aposentado tem direito de participar das eleições sindicais e de exercer cargo eletivo, na forma prevista nos estatutos.

O interesse do aposentado fica evidenciado, por exemplo, nas deliberações acerca de matérias que dizem respeito a planos de complementação ou suplementação de aposentadoria, cujo benefício é extraído das parcelas que compõem a base do cálculo da remuneração da ativa.

Proteção do mandato sindical (art. 8º, inciso VIII, CF)

O Brasil é signatário da Convenção n. 98 da OIT sobre proteção do mandato sindical, vigente desde 1953, e também a CLT assegura a proteção ao mandato de representação sindical no artigo 543. Tal proteção é imprescindível para o exercício independente do mandato na efetiva defesa dos direitos e interesses da categoria profissional.

Assim, o dirigente sindical não pode ser impedido do exercício de suas funções, não pode ser transferido para local diverso de sua base territorial (mesmo que tal transferência não implique mudança de domicílio, nos termos do art. 469 da CLT), tem garantia do emprego desde o registro da candidatura e, se eleito, até um ano após terminado o mandato sindical.

Há decisões do TST e do STF reconhecendo a estabilidade dos dirigentes de sindicatos ainda não registrados no MTE (TST-RR-63900-09-2006.5.07.0007, Rel. Ministra Peduzzi, de 2010, e STF-RE 205.107, Rel. Ministro Sepúlveda Pertence, de 1998).

Há decisão do STF que considerou estável o empregado dirigente de sindicato patronal (STF RE 217.355, Rel. Ministro Maurício Corrêa, de 2001).

Não obstante a Constituição ter assegurado a autonomia sindical, a jurisprudência do TST vem interpretando de forma restritiva o dispositivo em comento, como se infere das Súmulas e Orientações Jurisprudenciais interpretando pela recepção do número previsto no artigo 522, da CLT, e excluindo desta garantia os delegados sindicais e os membros do conselho fiscal.[24]

---

[24] *Súmula nº 222*: Dirigentes de associações profissionais. Estabilidade provisória (Res. nº 14/85, DJ 19.09.1985. Cancelada – Res. nº 84/98, DJ 20.08.1998) Os dirigentes de associações profissionais, legalmente registradas, gozam de estabilidade provisória no emprego.
Súmula nº 348: Aviso prévio. Concessão na fluência da garantia de emprego. Invalidade (Res. nº 58/96, DJ 28.06.1996) É inválida a concessão do aviso prévio na fluência da garantia de emprego, ante a incompatibilidade dos dois institutos.
Súmula nº 379: Dirigente sindical. Despedida. Falta grave. Inquérito judicial. Necessidade (Conversão da Orientação Jurisprudencial nº 114 da SDI-1 – Res. nº 129/05, DJ 20.04.2005). O dirigente sindical somente poderá ser dispensado por falta grave mediante a apuração em inquérito judicial, inteligência dos arts. 494 e 543, §3º, da CLT (ex-O.J. nº 114, inserida em 20.11.1997).
Súmula nº 396: Estabilidade provisória. Pedido de reintegração. Concessão do salário relativo ao período de estabilidade já exaurido. Inexistência de julgamento extra petita (Conversão das Orientações Jurisprudenciais nºs 106 e 116, da SDI-1 – Res. nº 129/05, DJ 20.04.2005).

O pedido de demissão do dirigente sindical, para ser válido, deve que obedecer ao rito formal (art. 500, da CLT) aplica-se por analogia este dispositivo já que também a dispensa somente pode-se verificar mediante rito formal.

Nas hipóteses de dispensa, afastamento ou suspensão de dirigente sindical, é possível a concessão de liminar de reintegração, em ação trabalhista.

I – Exaurido o período de estabilidade, são devidos ao empregado apenas os salários do período compreendido entre a data da despedida e o final do período de estabilidade, não lhe sendo assegurada a reintegração no emprego (ex-O.J. nº 116 – Inserida em 20.11.1997).
II – Não há nulidade por julgamento *extra petita* da decisão que deferir salário quando o pedido for de reintegração, dados os termos do art. 496, da CLT (ex-O.J. nº 106 – inserida em 01.10.1997).
Súmula nº 369: Dirigente sindical. Estabilidade provisória (Conversão das Orientações Jurisprudenciais nº 34, 35, 86, 145 e 266, da SDI-1 – Res. nº 129/05, *DJ* 20.04.2005).
I – É indispensável a comunicação, pela entidade sindical, ao empregador, na forma do §5º, do art. 543, da CLT (ex-O.J. nº 34 – inserida em 29.04.1994).
II – O art. 522, da CLT, que limita a sete o número de dirigentes sindicais, foi recepcionado pela Constituição Federal de 1988 (ex-O.J. nº 266 – inserida em 27.09.2002).
III – O empregado de categoria diferenciada eleito dirigente sindical só goza de estabilidade se exercer na empresa atividade pertinente à categoria profissional do sindicato para o qual foi eleito dirigente (ex-O.J. nº 145 – Inserida em 27.11.1998).
IV – Havendo extinção da atividade empresarial no âmbito da base territorial do sindicato, não há razão para subsistir a estabilidade (ex-O.J. nº 86 – Inserida em 28.04.1997).
V – O registro da candidatura do empregado a cargo de dirigente sindical durante o período de aviso prévio, ainda que indenizado, não lhe assegura a estabilidade, visto que inaplicável a regra do §3º, do art. 543, da Consolidação das Leis do Trabalho (ex-O.J. nº 35 – Inserida em 14.03.1994).
O.J. nº 365, SDI-I, TST: Estabilidade provisória. Membro de Conselho Fiscal de Sindicato. Inexistência (DJ 20.05.2008). Membro de conselho fiscal de sindicato não tem direito à estabilidade prevista nos arts. 543, §3º, da CLT e 8º, VIII, da CF/88, porquanto não representa ou atua na defesa de direitos da categoria respectiva, tendo sua competência limitada à fiscalização da gestão financeira do sindicato (art. 522, §2º, da CLT).
O.J. nº 369, SDI-I, TST: Estabilidade provisória. Delegado sindical. Inaplicável (DEJT 03.12.2008). O delegado sindical não é beneficiário da estabilidade provisória prevista no art. 8º, VIII, da CF/88, a qual é dirigida, exclusivamente, àqueles que exerçam ou ocupem cargos de direção nos sindicatos, submetidos a processo eletivo.
O.J. nº 24, SDI-II: Ação rescisória. Estabilidade provisória. Reintegração em período posterior. Direito limitado aos salários e consectários do período da estabilidade (inserida em 20.09.2000). Rescinde-se o julgado que reconhece estabilidade provisória e determina a reintegração de empregado, quando já exaurido o respectivo período de estabilidade. Em juízo rescisório, restringe-se a condenação quanto aos salários e consectários até o termo final da estabilidade.
O.J. nº 63, SDI-II: Mandado de segurança. Reintegração. Ação cautelar (inserida em 20.09.2000). Comporta a impetração de mandado de segurança o deferimento de reintegração no emprego em ação cautelar.
O.J. nº 64, SDI-II: Mandado de segurança. Reintegração liminarmente concedida (inserida em 20.09.2000). Não fere direito líquido e certo a concessão de tutela antecipada para reintegração de empregado protegido por estabilidade provisória decorrente de lei ou norma coletiva.
O.J. nº 65, SDI-II: Mandado de segurança. Reintegração liminarmente concedida. Dirigente sindical (inserida em 20.09.2000). Ressalvada a hipótese do art. 494, da CLT, não fere direito líquido e certo a determinação liminar de reintegração no emprego de dirigente sindical, em face da previsão do inciso X, do art. 659, da CLT.
O.J. nº 87, SDI-II: Mandado de segurança. Reintegração em execução provisória. Impossibilidade (cancelada), DJ 22.08.2005. O art. 899, da CLT, ao impedir a execução definitiva do título executório, enquanto pendente recurso, alcança tanto as execuções por obrigação de pagar quanto as por obrigação de fazer. Assim, tendo a obrigação de reintegrar caráter definitivo, somente pode ser decretada, liminarmente, nas hipóteses legalmente previstas, em sede de tutela antecipada ou tutela específica.
O.J. nº 137, SDI-II: Mandado de segurança. Dirigente sindical. Art. 494, da CLT. Aplicável (DJ 04.05.2004). Constitui direito líquido e certo do empregador a suspensão do empregado, ainda que detentor de estabilidade sindical, até a decisão final do inquérito em que se apure a falta grave a ele imputada, na forma do art. 494, *caput* e parágrafo único, da CLT.
O.J. nº 142, SDI-II: Mandado de segurança. Reintegração liminarmente concedida (DJ 04.05.2004). Inexiste direito líquido e certo a ser oposto contra ato de Juiz que, antecipando a tutela jurisdicional, determina a reintegração do empregado até a decisão final do processo, quando demonstrada a razoabilidade do direito subjetivo material, como nos casos de anistiado pela Lei nº 8.878/94, aposentado, integrante de comissão de fábrica, dirigente sindical, portador de doença profissional, portador de vírus HIV ou detentor de estabilidade provisória prevista em norma coletiva.

Sindicatos rurais e de colônias de pescadores (art. 8º, parágrafo único, CF)

Este dispositivo constitucional, quanto à organização dos pescadores artesanais, foi regulamentado somente em 2008, pela Lei n. 11.699, que reconheceu as Colônias de Pescadores, as Federações Estaduais e a Confederação Nacional dos Pescadores como órgãos de classe dos trabalhadores do setor artesanal da pesca, com forma e natureza jurídica próprias, obedecendo ao princípio da livre organização previsto no artigo 8º da Constituição Federal, atribuindo-lhes a defesa dos interesses e direitos da categoria.

A legislação estabeleceu que as Federações têm por atribuição representar os trabalhadores no setor artesanal de pesca, em âmbito estadual, e a Confederação, em âmbito nacional, e conferiu liberdade para a elaboração e aprovação dos respectivos estatutos.

Greve (art. 9º, CF)

O exercício do direito de greve é direito fundamental explícito e deve ser exercido de modo a respeitar outros direitos fundamentais igualmente expressos na Carta Magna, a exemplo do direito de propriedade e do direito ao trabalho.

A doutrina classifica a greve como autodefesa porquanto nasce de um ato antijurídico, que é o de não prestar serviço – obrigação do empregado – mas que se justifica como meio de pressão, ante o maior poder do empregador.

Não obstante não tratar de forma específica sobre a greve nas Convenções Internacionais, a OIT reconhece o direito de greve e o Comitê de Liberdade Sindical vem examinando as seguintes possibilidades de greves pacíficas: greve de braços cruzados, trabalho em ritmo lento, greve de duração inferior à jornada de trabalho e os piquetes de greve.[25]

A seguinte normativa internacional reconhece explicitamente o direito de greve: Convenção Internacional das Nações Unidas Sobre Direitos Econômicos, Sociais e Culturais de 1966 (art. 8º); Carta Social Europeia de 1961 (art. 6º), Carta Americana de Garantias Sociais de 1948.

O artigo 2º da Lei n. 7.783/1989 considera o exercício legítimo do direito de greve a "suspensão coletiva, temporária e pacífica, total ou parcial de prestação pessoal de serviços a empregadores".

A Lei n. 7.783/1989 estabelece parâmetros para que o exercício do direito de greve pelos trabalhadores em qualquer atividade, e não apenas nas essenciais, não represente prejuízo injusto aos direitos dos empregadores e da coletividade.

Quanto à titularidade, os sindicatos têm por função constitucional a defesa dos interesses e direitos da categoria, inclusive por meio de pressão, como ocorre com o movimento paredista.

---

[25] Cf. SIQUEIRA, José Francisco. *Liberdade Sindical e Representação dos Trabalhadores nos Locais de Trabalho*. São Paulo: LTr. 2000, p. 126. O Direito de greve não é tratado de forma específica por nenhuma Convenção da OIT. Aparece no texto da Convenção nº 105/57 (art.1º, *d*) que proíbe o trabalho forçado ou obrigatório como punição por participação em greves e na Recomendação nº 92/51 sobre conciliação e arbitragem voluntárias.

Entendo ser inconstitucional o §2º, do artigo 4º, da Lei n. 7.783/1989, o qual autoriza a deflagração da greve por comissão de trabalhadores. Isto porque a Constituição obriga a participação dos sindicatos de trabalhadores nas negociações coletivas (art. 8º, VI).

São efeitos da greve, segundo a Lei n. 7.783/1989, em síntese, a suspensão temporária do contrato de trabalho (art. 7º) – via de regra a greve suspende o contrato de trabalho – há paralisação dos serviços sem pagamento de salários – contudo, poderão ser verificadas as seguintes hipóteses de interrupção do contrato: quando o empregador pagar os salários espontaneamente; pactuação do pagamento dos salários, por meio de convenção ou acordo coletivo, quando o Tribunal, por meio de sentença normativa, determinar o pagamento de salários.

Durante a greve, fica proibida a dispensa do empregado grevista (art. 7º, parágrafo único). Também é vedado ao empregador contratar substitutos, salvo quando não for respeitada o contingente mínimo de trabalhadores para o atendimento das atividades essenciais (art. 13), ou nas atividades cuja paralisação cause prejuízos irreparáveis, pela deterioração irreversível de bens, máquinas e equipamentos, bem como os necessários à retomada das atividades da empresa quando da terminação da greve (art. 9º). Vale acrescentar que a lei permite o piquete de convencimento, a arrecadação de fundos para a greve e a divulgação do movimento de forma pacífica (art. 6º e §§).

A Lei n. 7.783/1989 prevê, ainda, os seguintes abusos: a falta de atendimento às formalidades previstas: prévio aviso ao empregador e à comunidade quando se tratar de atividade essencial (arts. 3º e 13); ausência de deliberação em assembleia geral da categoria convocada para este fim (art. 4º); equipe mínima de trabalho (arts. 9º e 13); deflagração da greve na vigência de convenção ou acordo coletivo, ressalvada a modificação substancial da relação de trabalho motivada pela superveniência de fato novo ou acontecimento imprevisto, ou quando deflagrada para exigir o cumprimento de cláusula ou condição de trabalho (art. 14, parágrafo único); objeto da greve não pertinente aos interesses e direitos da categoria que a deflagrou.

Sobre greve, conferir as Súmulas e Orientações Jurisprudenciais do TST.[26]

Vale destacar interessante jurisprudência do TST citada por Sayonara Grillo Coutinho e Leonardo da Silva, em que se observa interpretação entre legalidade, a excessiva formalidade ou formalismo e a legitimidade, com a busca da solução efetivamente justa para o conflito, *verbis*:

> Decretada a não observância de alguns dos requisitos exigíveis para a eclosão da greve, declaro a sua abusividade formal e determino o retorno imediato e definitivo ao serviço, sem qualquer repercussão nos contratos individuais de trabalho. Já o art. 7º da Lei nº 7.783/89 prevê que as relações obrigacionais durante o período de paralisação devem ser regidas pela decisão da Justiça do Trabalho. Mas a singularidade de a greve dos bancários ter sido declarada abusiva só formalmente, somada à evidência do aflitivo impacto dessa decisão na economia doméstica dos grevistas, manda mais uma vez a equidade que o Tribunal proponha uma decisão de compromisso, no sentido de pagamento de 50% (cinquenta por cento) dos dias parados e a compensação dos outros 50% (cinquenta por cento), evitando-se dessa forma a fomentação de greves sem nenhuma consequência financeira para os que dela participem. II – por maioria, declara a abusividade formal do movimento paredista,

---

[26] Súmula *189: Greve. Competência da Justiça do Trabalho. Abusividade* (Res. nº 11/83, *DJ* 09.11.1983. Nova redação – Res. nº 121/03, *DJ* 19.11.2003)

com determinação de retorno imediato e definitivo ao serviço, não havendo qualquer repercussão nos contratos individuais de trabalho, e determinar o pagamento, pela Caixa, de 50% (cinquenta por cento) dos dias de paralisação e compensação, pelos trabalhadores, dos 50% (cinquenta por cento) restantes, vencido o Exmo. Ministro João Oreste Dalazen, que não declarava a abusividade do movimento grevista. Brasília. 21 de outubro de 2004. Ministro Barros Levenhagen. TST-DC-145.687/2004-000-00-00.0.[27]

Referências

BELMONTE, Alexandre Agra. *Comentários à Constituição Federal de 1988 – Arts.7º a 11.* Rio de. Janeiro: Forense, 2009

CARRION, Valentim. *Comentários à CLT, Art. 511.2.* São Paulo: Saraiva, 2008.

COUTINHO, Sayonara Grillo. *Relações Coletivas de Trabalho.* Configurações Institucionais no Brasil Contemporâneo. São Paulo: LTr, 2008.

DELGADO, Maurício Godinho. *Direito Coletivo do Trabalho.* São Paulo: LTr, 2008.

GOMES. Orlando. *Curso de Direito do Trabalho.* Rio de Janeiro: Forense, 2008.

MAGANO. Octávio Bueno. *Direito Coletivo do Trabalho.* São Paulo: LTr, 1993.

MARANHÃO. Délio. *Direito do Trabalho.* Rio de Janeiro: FGV, 1982.

NASCIMENTO, Amauri Mascaro. *Compêndio de Direito Sindical.* São Paulo: LTr, 2000.

NASCIMENTO, Amauri Mascaro. *Curso de Direito do Trabalho.* São Paulo: Saraiva, 2000.

SIQUEIRA NETO, José Francisco. *Liberdade Sindical e Representação dos Trabalhadores nos Locais de Trabalho.* São Paulo: LTr, 2000.

SUSSEKIND, Arnaldo Lopes. *Direito Constitucional do Trabalho.* Rio de Janeiro: Renovar, 2001.

SÜSSEKIND, Arnaldo. *A OIT e o Princípio da Liberdade Sindical.* São Paulo: LTr, 1998.

Referências jurisprudenciais

BRASIL, Supremo Tribunal Federal, *ADI-4364/SC*, Tribunal Pleno, Rel. Min. Dias Toffoli, julgado em 02/03/2011.

BRASIL, Supremo Tribunal Federal, *ADI-4224/DF*, Tribunal Pleno, Rel. Min. Dias Toffoli, julgado em 01/08/2011.

BRASIL, Supremo Tribunal Federal, *Mandado de Injunção 144/SP*, Rel. Min. Sepúlveda Pertence, julgado em 03/08/92.

BRASIL, Supremo Tribunal Federal, *ADI 2522/DF*, Rel. Min. Eros Grau, DJ 18/08/2006.

BRASIL, Supremo Tribunal Federal, *RE 217.355/MG*, Rel. Min. Maurício Corrêa, 2001.

BRASIL, Superior Tribunal de Justiça, *MS-29/DF* (1989/0007283-8), S1-Primeira Seção, Rel. Min. Miguel Ferrante, julgado em 14/11/1989, DJ 18/12/1989.

BRASIL, Tribunal Superior do Trabalho, *RODC nº 754/1984*, Seção Especializada em Dissídios Coletivos, Rel. Min. Marcelo Pimentel, *in* DJ 08/05/1986.

BRASIL, Tribunal Superior do Trabalho, *RR-116400-61.2006.5.17.0011*, 8ª Turma, Rel. Min. Dora Maria da Costa, DJ 28/11/2008.

BRASIL, Tribunal Superior do Trabalho, *E-RR nº 569.155-83.1999.5.03.5555*, Rel. Min. João Oreste Dalazen, Subseção I Especializada em Dissídios Individuais, julgado em 22/11/2004, *in* DJ 18/02/2005.

---

[27] DA SILVA, Leonardo; COUTINHO, Sayonara Grillo. *Relações Coletivas de Trabalho.* Configurações Institucionais no Brasil Contemporâneo. São Paulo: LTr, 2008.

BRASIL, Tribunal Superior do Trabalho, *E-ED-RR nº 563.420-36.1999.5.15.5555*, Rel. Min. Luiz Philippe Vieira de Mello Filho, Subseção I Especializada em Dissídios Individuais, julgado em 06/08/2007.

BRASIL, Tribunal Superior do Trabalho, *ROT-20044-43.2019.5.04.0000*, Seção Especializada em Dissídios Coletivos, Rel. Min. Alexandre de Souza Agra Belmonte, DEJT 14/02/2024.

BRASIL, Tribunal Superior do Trabalho, *RO-1124-44.2018.5.08.0000*, Seção Especializada em Dissídios Coletivos, Rel. Min. Alexandre de Souza Agra Belmonte, DEJT 23/08/2023.

BRASIL, Tribunal Superior do Trabalho, *RO-1002004-84.2018.5.02.0000*, Seção Especializada em Dissídios Coletivos, Red. Min. Mauricio Godinho Delgado, DEJT 06/05/2022.

BRASIL, Tribunal Superior do Trabalho, *DC-145.6876-29.2004.5.00.0000*, Seção de Dissídios Coletivos, Rel. Min. Barros Levenhagen, julgado em 21/10/2004.

BRASIL, TST, Orientação Jurisprudencial nº 36, da Seção de Dissídios Coletivos–SDC.

BRASIL, TST, Orientação Jurisprudencial nº 315, Subseção de Dissídios Individuais I-SDI-I.

BRASIL, TST Orientação Jurisprudencial nº 365, Subseção de Dissídios Individuais I-SDI-I.

BRASIL, TST Orientação Jurisprudencial nº 369, Subseção de Dissídios Individuais I-SDI-I.

BRASIL, TST Orientação Jurisprudencial nº 24, Subseção de Dissídios Individuais II-SDI-II.

BRASIL, TST Orientação Jurisprudencial nº 63, Subseção de Dissídios Individuais II-SDI-II.

BRASIL, TST Orientação Jurisprudencial nº 64, Subseção de Dissídios Individuais II - SDI-II.

BRASIL, TST Orientação Jurisprudencial nº 65, Subseção de Dissídios Individuais II - SDI-II.

BRASIL, TST Orientação Jurisprudencial nº 87, Subseção de Dissídios Individuais II - SDI-II.

BRASIL, TST Orientação Jurisprudencial nº 137, Subseção de Dissídios Individuais II - SDI-II.

BRASIL, TST Orientação Jurisprudencial nº 142, Subseção de Dissídios Individuais II - SDI-II.

Informação bibliográfica deste texto, conforme a NBR 6023:2018 da Associação Brasileira de Normas Técnicas (ABNT):

BELMONTE, Alexandre Agra. Organização sindical brasileira. *In*: MENDES, Gilmar Ferreira; LIRA, Daiane Nogueira de; FREIRE, Alexandre (Coord.). *Constituição, democracia e diálogo*: 15 anos de Jurisdição Constitucional do Ministro Dias Toffoli. 2. ed. Belo Horizonte: Fórum, 2025. p. 55-82. ISBN 978-65-5518-937-7.

ÁGUAS CALMAS NÃO FAZEM BONS MARINHEIROS

ALEXANDRE FIDALGO

Introdução

Em 2024, celebramos os 15 anos de atuação do ministro José Antonio Dias Toffoli no Supremo Tribunal Federal (STF). Desde a sua nomeação, em 2009, Toffoli tem se destacado por sua defesa intransigente do Estado Democrático de Direito, mesmo que suas decisões tenham se mostrado contrárias ao clamor popular. Esta singela homenagem pretende reconhecer sua trajetória, abordando passagens de recentes julgados de sua lavra, em que Sua Excelência demonstra respeito absoluto aos valores democráticos na proteção do indivíduo. Traz também informações objetivas da performance do ministro durante sua Presidência na mais alta Corte de Justiça do país.

Defesa do Estado Democrático de Direito

Embora tenhamos registro de que a criação de um órgão responsável pelo bom funcionamento do sistema constitucional teria sido sugestão de D. Pedro II,[1] que pretendia retirar do Poder Moderador a atribuição do controle constitucional, é a partir da Proclamação da República, no bojo da organização do novo regime republicano, que o Marechal Deodoro da Fonseca, em 1890, com o Decreto 510 (arts. 54 e 55), prevê a criação do Supremo Tribunal Federal, que, ao final, foi efetivamente estabelecido pelo Decreto de n. 1, de 26 de fevereiro de 1891, tendo sido instalado em 28 de fevereiro daquele ano.

---

[1] A ideia de se criar um órgão responsável para zelar pelo bom funcionamento do sistema constitucional antecede a própria República. D. Pedro II, ao despedir-se de dois brasileiros, Salvador Mendonça e Lafayette Rodrigues Pereira, que partiam em missão oficial para os Estados Unidos, em meados de 1889, pediu-lhes que estudassem 'com todo cuidado a organização do Supremo Tribunal de Justiça de Washington. Creio que nas funções da Corte Suprema está o segredo do bom funcionamento da Constituição norte-americana. Quando voltarem haveremos de ter uma conferência a este respeito. Entre nós as coisas não vão bem, e parece-me se pudéssemos criar aqui um tribunal igual ao norte-americano, e transferir para ele as atribuições do Poder Moderador da nossa Constituição ficaria ela melhor. Deem toda a atenção a este ponto...' A monarquia não resistiu, mas o objetivo de D. Pedro II de criar no Brasil um órgão à semelhança da Suprema Corte americana, foi logo colocado em prática pelos republicanos. (VIEIRA, Oscar Vilhena. *Supremo Tribunal Federal*. Jurisprudência política. São Paulo: Ed. RT, 1994. p. 73.)

O STF é instalado com a composição de 15 ministros, passando a 11 por meio do Decreto n. 19.656, de 3 de fevereiro de 1931, no Governo Provisório de 1930. A Constituição de 1934 manteve a composição de 11 ministros, alterando o nome para Suprema Corte.

Na Constituição de 1937, o nome Supremo Tribunal Federal retorna, mantida a composição de 11 ministros, mas com a previsão de chegar a 16 integrantes. Com o golpe militar de 1964, o Ato Institucional 2, de 27 de outubro de 1965, aumentou o número de ministros para 16, o que foi mantido pela Constituição de 1967.

Com o ato institucional 6, de 1º de fevereiro de 1969, voltou-se ao número de 11 ministros. Em 1988, restaurada a democracia, a Constituição Cidadã fixou o número de 11 ministros para a composição do STF, com <u>competência para zelar e guardar a Constituição Federal</u>.[2]

No *caput* do artigo 102, a Constituição de 1988 estabelece que, ao Supremo Tribunal Federal, compete, precipuamente, a guarda da Constituição Federal; no artigo 1º, assim está registrado: "A República Federativa do Brasil, formada pela união indissolúvel dos Estados e Municípios e do Distrito Federal, constitui-se em Estado Democrático de Direito".

Ao considerar que a República Federativa do Brasil tem por esteio o Estado Democrático de Direito, o constituinte de 1988 conjugou o ideal democrático[3] ao Estado de Direito. Estabelecem-se, assim, as garantias jurídico-legais (Estado de Direito Liberal) e social (Estado de Direito Social).

O modelo apresentado pelo constituinte incorporou, à legalidade liberal e à questão social, o elemento de igualdade como fator determinante para o bom desempenho de uma sociedade organizada.

Lenio Streck e José Luis Bolzan de Morais explicam:

> [...] a noção de Estado Democrático de Direito – normatizada no art. 1º da Constituição do Brasil – demanda a existência de um núcleo (básico) que albergue as conquistas civilizatórias assentadas no binômio democracia e direitos humanos fundamentais-sociais. Esse núcleo derivado do Estado Democrático de Direito faz parte, hoje, de um núcleo básico geral-universal que comporta elementos que poderiam conformar uma teoria (geral) da Constituição e do Constitucionalismo do Ocidente. Já os demais substratos constitucionais aptos a conformar uma compreensão adequada do conceito derivam das especificidades regionais e da identidade nacional de cada Estado.[4]

---

[2] Enciclopédia Jurídica da PUCSP, tomo III (recurso eletrônico): processo civil. BUENO, Cassio Scarpinella; NETO, Olavo de Oliveira (Coord.). 2. ed. São Paulo: Pontifícia Universidade Católica de São Paulo, 2017.

[3] "O apego à Democracia [...] não é uma superstição, uma quimera a que os homens se voltam, fugindo à visão da realidade. Não é ele um simples mito, que fascina o homem, seduzindo-lhe a imaginação. Esse apego resulta de uma intuição profunda, a intuição de que a Democracia corresponde à força insopitável que move a Evolução. [...] Ora, o Homem, 'flecha da Evolução', sente, na profundeza do ser, o imperativo da personalização – da realização individual – e o da organização, cada vez mais complexa, da Espécie, com a participação de toda a Espécie, imperativos que são, concomitantemente, a expressão da própria Evolução e o conteúdo profundo do ideal democrático" (FERREIRA FILHO, Manuel Gonçalves, 1934. A democracia possível. 5. ed. rev. São Paulo: Saraiva, 1979. p. 1-2.)

[4] STRECK, Lenio L.; MORAIS, José Luis Bolzan de. Comentário ao artigo 1º. *In*: CANOTILHO, J. J. Gomes; MENDES, Gilmar F.; SARLETT, Ingo W. (Coord.). *Comentários à Constituição do Brasil*. São Paulo: Saraiva/Almedina, 2013. p. 116.

Embora o Estado Democrático de Direito tenha um sentido teleológico em sua normatividade, o conceito não afasta os princípios formadores desse ideal, como, a título de exemplo, sua vinculação a uma Constituição como instrumento de garantia jurídica; a garantia inegociável dos direitos fundamentais do indivíduo e do coletivo; a igualdade como elemento de uma sociedade justa; a segurança e certeza jurídicas; e, entre outros, a legalidade, como medida do direito, isto é, um meio de ordenação racional, vinculativamente prescritivo, de regras, formas e procedimentos que excluem o arbítrio e a prepotência.[5]

Sabedor da importância histórica de se envergar a toga de ministro, Dias Toffoli tem sido um baluarte do Estado Democrático de Direito na Corte. Sua trajetória no STF é marcada por decisões, em muitos casos e como já dito, imunes ao clamor popular e a grupos de pressão.

O legado do ministro é marcado também pela defesa intransigente das instituições democráticas, de modo que suas decisões e postura já produzem um impacto duradouro no sistema jurídico brasileiro, sendo referência para as futuras gerações na área do direito e da política.

As recentes decisões tomadas pelo ministro, no bojo da apelidada "operação lava jato", demonstram seu compromisso com o Estado Democrático de Direito e, consequentemente, com as instituições democráticas. Seus fundamentos permitem afirmar a inexistência de qualquer diálogo com a ilegalidade ou com a subtração de valores democráticos.

O equivocado envolvimento da imprensa no falso movimento de combate à corrupção impulsionou a fantasia de que seria possível enfrentar delitos com outros delitos. O apoio – a qualquer custo – às reveladas diatribes cometidas pelo juízo da 13ª Vara Criminal de Curitiba em conjunto com os integrantes da "força tarefa da lava jato" tentou fazer crer que os fins justificariam os meios.

Apoiada nesse setor da mídia, a sociedade foi levada a crer que seria correto impor punições aos "indicados" pela Justiça de Curitiba, pouco importando se essa vontade punitiva violaria direitos fundamentais e se resultaria no fechamento de empresas e, na sequência, no desemprego de inúmeros trabalhadores.

É nesse contexto que as recentes decisões do Ministro Dias Toffoli ganham ainda mais importância e destaque no cenário jurídico, posto que revelam o respeito inalienável ao Estado Democrático de Direito, garantindo igualdade de tratamento aos investigados e impondo obediência ao devido processo legal.

A passagem a seguir, retirada do voto do ministro Dias Toffoli na RCL 43.007/DF, evidencia, com coragem, as relações ilegais entre a acusação e o juízo atuantes na mencionada operação e que levaram à nulidade dos atos praticados naqueles autos:

> Digo sem medo de errar, **foi o verdadeiro ovo da serpente dos ataques à democracia e às instituições que já se prenunciavam em ações e vozes desses agentes contra as instituições e ao próprio STF**. Ovo se chocado por autoridades que fizeram desvio de função, empresas e alvos específicos.

---

[5] STRECK, Lenio L.; MORAIS, José Luis Bolzan de. Comentário ao artigo 1º. In: CANOTILHO, J. J. Gomes, MENDES, Gilmar F.; SARLETT, Ingo W. (Coord.). *Comentários à Constituição do Brasil*. São Paulo: Saraiva/Almedina, 2013. p. 114.

Sob objetivos aparentemente corretos e necessários, mas sem respeito à verdade factual, **esses agentes desrespeitaram o devido processo legal, descumpriram decisões judiciais superiores, subverteram provas, agiram com parcialidade (vide citada decisão do STF) e fora de sua esfera de competência**. Enfim, em última análise, não distinguiram, propositadamente, inocentes de criminosos. Valeram-se, como já disse em julgamento da Segunda Turma, de uma verdadeira tortura psicológica, UM PAU DE ARARA DO SÉCULO XXI, para obter 'provas' contra inocentes.

Para além, por meios heterodoxos e ilegais atingiram pessoas naturais e jurídicas, independentemente de sua culpabilidade ou não. **E pior, destruíram tecnologias nacionais, empresas, empregos e patrimônios públicos e privados**. Atingiram vidas, ceifadas por tumores adquiridos, acidente vascular cerebral e ataques cardíacos, um deles em plena audiência, entre outras consequências físicas e mentais.

[...]

Esse vasto apanhado indica que a parcialidade do juízo da 13ª Vara Federal de Curitiba extrapolou todos os limites, e com certeza contamina diversos outros procedimentos; porquanto os constantes ajustes e combinações realizados entre o magistrado e o **Parquet** e apontados acima **representam verdadeiro conluio a inviabilizar o exercício do contraditório e da ampla defesa**. (grifos originais, p. 133, 134)

O ministro demonstra, em outra decisão, que os agentes públicos atuantes no grupo de Curitiba (cuja modelo de atuação foi depois exportado para outras unidades da Federação) ignoraram o devido processo legal, o contraditório, a ampla defesa e a própria institucionalidade para garantir seus objetivos pessoais e políticos:

Nota-se, portanto, um **padrão de conduta de determinados procuradores integrantes da Força Tarefa da Lava Jato, bem como de certos magistrados que ignoraram o devido processo legal, o contraditório, a ampla defesa e a própria institucionalidade** para garantis seus objetivos – pessoais e políticos –, o que não se pode admitir em um Estado Democrático de Direito.

O **necessário combate à corrupção não autoriza o fiscal e o aplicador da lei a descumpri-la**, devendo lamentar que esse comportamento, devidamente identificado a partir dos diálogos da Operação Spoofing tenha desembocado em nulidades, com enormes prejuízos para o Brasil.[6]

Na esteira do que bem decidiu o Ministro Dias Toffoli, parte do movimento de Curitiba incorreu em verdadeira inversão dos valores democráticos, na medida em que o Estado recorreu à prática de ilícitos, exatamente em desfavor dos direitos fundamentais e institucionais – como o devido processo legal e a necessária imparcialidade dos agentes do Estado na condução de suas atividades judicantes.

É inegável que ilegalidades foram apuradas no bojo do esquema "lava jato". Afinal de contas, não há como não se prestigiar a investigação e a revelação de crimes, ainda que isso pudesse resultar na punição de agentes públicos.

No entanto, como bem demonstrou o Ministro Dias Toffoli, não há como o Estado, para atingir um propósito pretensamente edificante – ou seja, combater a corrupção – atuar de maneira "clandestina e ilegal, equiparando-se órgão acusador aos réus na vala comum de condutas tipificadas como crime".

---

[6] Decisão do Min. Dias Toffoli na PET 12357 DF, p. 114.

Manoel Costa de Andrade, citando doutrina alemã, possui esclarecedora passagem sobre o tema, absolutamente aplicável à hipótese julgada pelo Ministro Dias Toffoli:

> O Estado cairá em contradição normativa e comprometerá a legitimação da própria pena, se, para impor o direito, tiver de recorrer, ele próprio, ao ilícito criminal. Pois, argumenta, 'o fim da pena é a confirmação das normais do mínimo ético, cristalizado nas leis penais. Esta demonstração será frustrada se o próprio estado violar o mínimo ético para lograr a aplicação de uma pena. Desse modo, ele mostra que pode valer a pena violar qualquer norma fundamental cuja vigência o direito penal se propõe precisamente assegurar.[7]

Limitações do instituto da colaboração premiada

Em outra importante discussão (PET 1.2357/DF) havida no Supremo Tribunal Federal, ainda no bojo do esquema "lava jato", a Corte enfrentou a possibilidade de conhecer *habeas corpus* impetrado contra ato de ministro do STF. Na matéria de fundo, a discussão encampava as teses da impossibilidade de homologação do acordo de colaboração premiada em razão do elemento ontológico da confiança, sob a alegação de que o delator (colaborador) teria descumprido anterior acordo de colaboração e respondia pela prática de alguns crimes – com cláusulas patrimoniais supostamente ilícitas. A demanda, ainda, trazia importante questão sobre legitimidade do paciente, delatado na colaboração premiada homologada, cujo tema perpassava pela discussão de instituto ser – ou não – meio de prova, capaz de, por si só, justificar medidas de restrição do delatado. São, portanto, temas absolutamente intrincados dos pontos de vista constitucional e jurisprudencial.

Com votação empatada entre os ministros, aplicou-se o artigo 146, parágrafo único, do Regimento Interno do Supremo Tribunal Federal, e o *writ* foi conhecido pelo plenário da Corte (artigo 102, I, i, CF), tendo sido ultrapassada, na hipótese, a discussão sobre a aplicação da Súmula 606 do STF ("Não cabe *habeas corpus* originário para o Tribunal Pleno de decisão de Turma, ou do Plenário, proferida em *habeas corpus* ou no respectivo recurso")

No mérito, a ordem foi denegada por unanimidade, com a elaboração de voto da lavra do ministro relator, Dias Toffoli, que discorreu sobre o conceito e os requisitos do instituto da colaboração premiada (delação premiada). O ministro inaugura seu voto fazendo remissão histórica à aplicação do instituto no Brasil, para, em seguida, apresentar aprofundado trabalho sobre o tema, destacando-se as conclusões a seguir.

Colaboração premiada como meio de obtenção de prova

No voto, o ministro faz profunda pesquisa doutrinária a respeito da diferença conceitual entre meio de prova e meio de pesquisa (obtenção) de prova, além dos elementos de prova e resultado de prova. Em rápidas palavras, os meios de prova são aptos a servir, diretamente, ao convencimento do juiz sobre a veracidade ou não de algum fato; já os meios de pesquisa de prova são instrumentos de colheitas (obtenção) de elementos de prova.

---

[7] ANDRADE, Manoel Costa. *Sobre as proibições de prova em processo penal*. Coimbra, 1992. p. 15.

O primeiro desenvolve-se perante o juiz (endoprocessual) e, o segundo, por procedimentos, em regra, extraprocessuais, regulados pela lei. A conclusão que o ministro traz em seu voto, a partir dos conceitos mencionados, é que o acordo de colaboração premiada não se confunde com os depoimentos prestados pelo colaborador.

O instrumento, portanto, é meio de obtenção de prova, enquanto os depoimentos nele prestados são considerados como meio de prova, que terão resultado se corroborados por outros meios de prova, à luz do artigo 4º, §16, da Lei n. 12.850/2013, que prevê que "nenhuma sentença condenatória será proferida com fundamento apenas nas declarações de agente colaborador". Portanto, na conclusão do ministro, é a própria lei que define a colaboração premiada como sendo um meio de obtenção de prova.

Colaboração premiada como negócio jurídico processual

Fundamentado em doutrina de escol, o Ministro Dias Toffoli conclui que a colaboração premiada é um negócio jurídico processual, já que consiste na cooperação do colaborador para a investigação e para o resultado do processo criminal.

> Constitui, portanto, atividade de natureza processual, embora, ressalte o ministro, esteja agregado o efeito sanção premial, de natureza de direito material. Nesse sentido, lembra o ministro Dias Toffoli que a Lei n. 12.850/2013 expressamente se refere a um 'acordo de colaboração' e 'às negociações' para a sua formalização, a serem realizadas 'entre delegado de polícia, o investigado e o defensor, com a manifestação do Ministério Público, ou, conforme o caso, entre o Ministério Público e o investigado ou acusado e seu defensor' (art. 4º, §6º).

Tratando-se de negócio jurídico, o acordo de colaboração premiada deve ser analisado sob os planos de existência, validade e eficácia.

A Lei n. 12.850/2013, em seu artigo 6º, estabelece, no plano de existência dos negócios jurídicos, que o acordo deve ser escrito e conter o relato da colaboração e seus possíveis resultados; as condições propostas pela autoridade; a declaração de aceitação do colaborador e de seu defensor e as respectivas assinaturas das partes e seus representantes.

No que se refere ao plano de validade de negócio jurídico, Dias Toffoli faz constar importante reflexão, afirmando ser válido o acordo de colaboração se o objeto for lícito, possível e determinado ou determinável. Sobre a declaração de vontade do colaborador, Toffoli destaca que deve ser a) resultante de um processo volitivo; b) pretendida com plena consciência da realidade; c) escolhida com liberdade e d) deliberada sem má-fé.

Sobre a liberdade como elemento de validade do acordo, o ministro esclarece que se trata de liberdade psíquica do agente e não a de locomoção, de modo que, mesmo com o colaborador custodiado, o acordo de colaboração premiada será considerado válido, desde que por ato absolutamente consciente.

Embora admita, até por força de lei, a validade do acordo de delação premiada enquanto o agente delator estiver sob custódia, o ministro faz outra reflexão acerca da prisão (preventiva ou temporária) para fins de obtenção desse meio de prova. Lembra, citando doutrinas e posicionamento do próprio STF, que a autoincriminação constitui direito natural de autopreservação, assumindo *status* de dignidade constitucional (art. 5º, LXIII, CF), portanto, um direito fundamental no Estado Democrático de Direito.

Assim, Dias Toffoli expressamente veda, "por ausência de justificação constitucional, a adoção de medidas cautelares de natureza pessoal", que objetivem "a colaboração ou a confissão do imputado [colaborador], a pretexto de sua necessidade para a investigação ou a instrução criminal".

Podemos concluir que a colaboração premiada obtida sem liberdade psíquica do agente colaborador representa absoluta violação ao direito fundamental que impede a autoincriminação, do direito de permanecer em silêncio, tornando inválido (nulo) o acordo.

Sobre o plano da eficácia do negócio jurídico, a colaboração premiada será eficaz se submetida à homologação judicial (art. 4º, §7º, da Lei n. 12.850/2013). Trata-se, como bem pontuou o Ministro Dias Toffoli, de decisão interlocutória, de natureza homologatória, que não julga o mérito da pretensão acusatória, limitando-se a se pronunciar sobre "regularidade, legalidade e voluntariedade".

O juiz, portanto, não emite juízo de valor a respeito das declarações contidas no acordo de colaboração premiada, menos ainda confere idoneidade aos depoimentos, constituindo "simples fator de atribuição de eficácia do acordo". Esclarece, ainda, que, se houver interferência do juiz na homologação, como, por exemplo, glosa de alguma cláusula ou readequação de sanções premiais, modificando a colaboração, a decisão homologatória deverá ser elemento de existência desse negócio jurídico processual.

Da impossibilidade de o coautor ou partícipe dos crimes praticados pelo colaborador impugnar o acordo de colaboração

Entendeu o ministro em seu perfunctório voto que falta legitimidade para o delatado impugnar os termos do acordo de colaboração premiada. E assim o fez sob o fundamento de que, por se tratar de direito personalíssimo, o acordo de colaboração premiada não pode ser impugnado por coautores ou partícipes do colaborador nos crimes revelados, ainda que venham a ser expressamente nominados no respectivo instrumento de acordo. Portanto, para o ministro, "o acordo de colaboração, como negócio jurídico personalíssimo, não vincula o delatado e não atinge diretamente sua esfera jurídica", já que não é o acordo que poderá atingi-lo, mas, sim, as imputações feitas nele, somadas a outros elementos de prova que poderão ser obtidos no procedimento contra o delatado, que terá, por sua vez, legitimidade para "confrontar, em juízo, as afirmações sobre os fatos relevantes feitas pelo colaborador", no exercício de todas as garantias constitucionais processuais.

Personalidade do colaborador

A personalidade do colaborador não constitui requisito de validade do acordo de colaboração premiada, mas deve ser considerada na escolha da sanção premial e na aplicação dessa sanção pelo juiz na sentença. E isso se extrai do próprio texto do artigo 4º, §1º, da Lei n. 12.850/2013, que prevê que, "em qualquer caso, a concessão do benefício levará em conta a personalidade do colaborador, a natureza, as circunstâncias, a gravidade e a repercussão social do fato criminoso e a eficácia da colaboração".

Nesse sentido, explica Dias Toffoli que o "benefício" contido no referido artigo diz respeito a sanção premial outorgada em consequência da efetividade da colaboração (perdão judicial, redução da pena ou substituição por restritiva de direitos) e não sobre o acordo de colaboração premiada propriamente dito. Reforça, ainda, que o termo "eficácia", presente na norma referida, refere-se à colaboração para concessão e modulação premial, que poderia ser avaliada somente após a decisão homologatória. Idêntico entendimento se aplica ao elemento confiança do agente colaborador, que, para efeitos desse instituto, não é extraído da personalidade ou da vida pregressa do colaborador, mas, sim, da fidedignidade das informações por ele prestadas, dos elementos de prova que concretamente vierem a corroborá-las e da efetividade da contribuição do colaborador. Arremata o ministro, afirmando que "para a validade do acordo [de colaboração premiada], pouco importa o móvel do agente colaborador".

Cláusulas patrimoniais

O acordo de colaboração pode incluir disposições sobre os efeitos extrapenais de natureza patrimonial da condenação, consoante interpretação teleológica conferida às convenções Palermo e Mérida, aprovadas pelo Congresso Nacional pelos Decretos Legislativos n. 231/2003 e n. 348/2005, respectivamente.

O ministro decidiu que, embora o confisco (art. 92, II, c, do CP) não se qualifique como pena acessória, mas como efeito extrapenal da condenação, as expressões "redução da pena", prevista na Convenção de Palermo, e "mitigação da pena", prevista na Convenção de Mérida, permite que elas compreendam, enquanto abrandamento das consequências do crime, não apenas a sanção penal propriamente dita, como também o efeito extrapenal da condenação, de modo a autorizar a disposição, no acordo de colaboração premiada, sobre questões de caráter patrimonial.

Em reforço, arremata Dias Toffoli, considerando que, se a colaboração premiada for efetivamente exitosa, poderá, inclusive, afastar ou mitigar a aplicação da própria pena cominada ao crime, de modo que não haveria nenhum impedimento a que alguns bens do colaborador possam ser imunizados.

Sanção premial

Fundamentado nos princípios da segurança jurídica e da proteção da confiança, o Estado assume indeclinável dever de honrar o compromisso fixado no acordo de colaboração premiada, tratando-se, pois, de direito subjetivo do colaborador caso sua colaboração seja efetiva e produza os resultados almejados. Na hipótese de não ser conferida a sanção premiada, nos termos acordados, terá o colaborador o direito de exigi-la judicialmente.

Vislumbra-se do voto do Ministro Dias Toffoli, ainda que não tenha esgotado a matéria, verdadeira obra referencial sobre o instituto da colaboração premiada, representando mais uma contribuição para o Estado Democrático de Direito, já que os valores discutidos reforçam o direito fundamental do indivíduo frente às possíveis arbitrariedades dos agentes do Estado.

Sepúlveda Pertence

Não poderia estar ausente o registro da grande admiração que Dias Toffoli nutre por outro grande ministro do Supremo Tribunal Federal, o professor Sepúlveda Pertence. Acompanhamos a emocionada despedida de Toffoli ao saudoso professor.

Tal como Toffoli, Sepúlveda Pertence também se destacava, entre outras tantas competências e qualidades, pela defesa dos direitos constitucionais e pelo compromisso com a justiça. Pertence, conhecido por sua independência e integridade, frequentemente tomou decisões que contrariavam expectativas populares.

Registre-se acórdão da lavra do competente ministro, que, em sua natureza, muito se assemelha às decisões referidas mais acima, da lavra do ora homenageado. A questão levada a Pertence era rumorosa já na época, eis que tratava da prisão de suposto traficante de drogas e armas, envolvido nas ocupações dos morros do Rio de Janeiro.

Em detida análise, Pertence lembra do artigo 1º da Constituição e, assim, escreve voto paradigmático, cujo excerto se reproduz:

> Guarda da Constituição – e não dos presídios – é dessa opção clara, inequívoca, eloquente, da Constituição – da fidelidade à qual advém a nossa própria legitimidade – é que há de partir o Supremo Tribunal Federal.
> Ora, até onde vá a definição constitucional da supremacia dos direitos fundamentais, violados pela obtenção da prova ilícita, sobre o interesse da busca da verdade real no processo, não há que apelar para o princípio da proporcionalidade, que, ao contrário, pressupõe a necessidade da ponderação de garantias constitucionais em aparente conflito, precisamente quando, entre elas, a Constituição não haja feito um juízo explícito de prevalência.
> Esse o quadro constitucional, não tem mais lugar a nostalgia, embora inconsciente, do dogma vetusto das inquisições medievais, para as quai 'in atrocissimus levioris conjecturae sufficiunt et licent judiciura transgredi'.[8]

Ambos os ministros compartilham – a seu modo e tempo – a visão de que o Supremo Tribunal Federal deve ser um guardião da Constituição, do Estado Democrático de Direito, mesmo que isso signifique enfrentar críticas públicas e políticas. Essa postura é essencial para a manutenção de um Estado de Direito robusto e funcional, em que os direitos individuais são protegidos contra abusos do poder.

Ministro Dias Toffoli e sua atuação na presidência do Supremo Tribunal Federal

Durante a sua presidência no STF, de setembro de 2018 a setembro de 2020, Dias Toffoli enfrentou inúmeros desafios, incluindo a polarização política e social no Brasil, além da pandemia de COVID-19. Sua liderança foi marcada por esforços para manter a estabilidade institucional e promover o diálogo entre os poderes da República.

Sua participação na modelagem do chamado Marco Civil da Internet tem o reconhecimento dos ministros da Corte e especialistas na matéria. Vanguardista na

---

[8] Acórdão no HC 80949-9-RJ, fls. 1163

chamada pauta de costumes, foi ele quem estabeleceu o mecanismo que instituiu o juiz de garantias.

Dias Toffoli buscou fortalecer a transparência e a eficiência do Judiciário, implementando medidas para acelerar os processos e aumentar a acessibilidade das decisões do Supremo Tribunal Federal.

Uma de suas iniciativas mais notáveis foi a implementação do Plenário Virtual, que modernizou o processo decisório do Supremo Tribunal Federal, aumentando a eficácia e a transparência da Corte. Além disso, Dias Toffoli trabalhou para reduzir o acervo de processos pendentes, implementando medidas de gestão que aceleraram a tramitação de ações.

Em sua gestão na Presidência do Supremo Tribunal Federal, o ministro baixou em 70% o estoque de processos à espera de julgamento. Somente no ano passado, seu gabinete recebeu 3.670 casos novos e julgou 5.229 recursos.

Até junho de 2024, Dias Toffoli tem o segundo menor acervo de processo entre os ministros do Supremo Tribunal Federal, o que ratifica sua obstinação pela prestação célere da Justiça.

O quadro informativo abaixo, gentilmente cedido pelo próprio gabinete do ministro Dias Toffoli, é representativo do esforço e da eficácia de sua atuação incansável durante 15 anos no Supremo Tribunal Federal.

ANO	PROCESSOS DISTRIBUÍDOS	DECISÕES Monocráticas	DECISÕES Colegiadas	DECISÕES Total	DESPACHOS	ACERVO
2009	11.948	1.437	104	1.541	566	13.222
2010	5.041	6.024	761	6.785	3.476	12.516
2011	3.949	6.736	1.409	8.145	3.273	9.586
2012	4.914	6.627	1.919	8.546	2.135	7.832
2013	4.709	7.036	1.929	8.965	1.412	5.628
2014	5.840	7.330	1.423	8.753	1.124	6.282
2015	6.666	8.206	1.783	9.989	1.357	4.091
2016	5.847	7.238	1.327	8.565	1.732	3.627
2017	5.705	6.730	1.460	8.190	1.276	2.309
2018	3.898	4.453	919	5.372	846	Não se aplica
2019	2	10	17	27	18	Não se aplica
2020	2.371	1.109	155	1.264	313	1.751
2021	3.514	4.528	935	5.463	1.289	1.725
2022	3.392	4.323	1.218	5.541	1.238	1.151
2023	3.671	4.088	1.145	5.233	1.081	1.212
2024	1.609	1.883	582	2.465	539	961
TOTAL	73.066	77.758	17.086	94.844	21.675	

PERÍODO	ACERVO INICIAL	PROCESSOS REGISTRADOS À PRESIDÊNCIA	DECISÕES Monocráticas	DECISÕES Colegiadas	DECISÕES Total	DESPACHOS	ACERVO FINAL
13/9/2018 a 10/9/2020	6.505	83.022	80.241	6.003	86.244	13.916	5.948

Em 10/9/2020, dos 5.948 processos de relatoria do Ministro Presidente, apenas 548 estavam localizados na Presidência. Os demais, 5.326 estava na Secretaria Judiciária para providências cartorárias e 73 em outros setores.

Observações:
O número de processos distribuídos inclui processos recebidos por substituição de relatoria e por redistribuição
Os números da tabela acima não incluem os processos em que o Ministro atuou como Presidente do STF - 13/09/2018 a 10/09/2020
O acervo do Ministro hoje, 10/06/2024, é de 961 processos. O segundo menor do Tribunal
O número de decisões colegiadas refere-se aos processos de relatoria do Ministro julgados colegiadamente.
O acervo inicial do Ministro em 23/10/2009 era de 11.032 processos.
Em 2018, o Ministro deixou o acervo com 2.003 processos ao assumir o acervo da Presidência do Tribunal em 13/09/2018
Em 2020, ao deixar a Presidência do Tribunal, o Ministro herdou o acervo do Ministro Luiz Fux com 1.174 processos

Conclusão

Os 15 anos de Dias Toffoli no Supremo Tribunal Federal representam uma trajetória de dedicação à Justiça e ao Estado de Direito. Suas decisões reforçam a importância de uma justiça independente e imparcial, de absoluto respeito aos direitos fundamentais, mesmo que isso signifique contrariar os clamores populares. A referência feita a Sepúlveda Pertence, na verdade, destaca a continuidade de uma tradição de integridade e compromisso com a Constituição no STF. Como presidente da Corte, Dias Toffoli mostrou liderança em tempos difíceis, sempre com o objetivo de preservar a estabilidade e a justiça no Brasil. Que seu legado sirva de inspiração para futuras gerações de juristas e defensores do Estado Democrático de Direito.

Por fim, o título deste artigo foi tirado de um diálogo entre o então procurador que liderava a campanha do esquema "lava jato" e o juízo da 13ª Vara Criminal de Curitiba, revelado pela operação *Spoofing*, quando o procurador busca consolar o aparente desânimo do juiz, dizendo *"smooth waters don't make good sailors"* (RCL 43.007 e PET 12.357, ambas de relatoria do ministro Dias Toffoli). De fato, as turbulências social, política e entre as instituições da República fizeram do ministro Dias Toffoli um grande marinheiro.

Referências

ANDRADE, Manoel Costa. *Sobre as proibições em processo penal*. Coimbra, 1992.

CANOTILHO, J.J. Gomes; MENDES, Gilmar; SARLET, Ingo W. *Comentários à Constituição do Brasil*. São Paulo: Saraiva/Almedina, 2013.

FERREIRA FILHO, Manoel Gonçalves. *A democracia possível*. 5. ed. São Paulo, Saraiva, 1979.

STRECK, Lenio L.; MORAIS, José Luis Bolzan de. Comentário ao artigo 1º. *In*: CANOTILHO, J. J. Gomes; MENDES, Gilmar; SARLETT, Ingo W. *Comentários à Constituição do Brasil*. São Paulo: Saraiva/Almedina, 2013.

VIEIRA, Oscar Vilhena. *Supremo Tribunal Federal*. Jurisprudência política. São Paulo: Ed. RT, 1994.

Informação bibliográfica deste texto, conforme a NBR 6023:2018 da Associação Brasileira de Normas Técnicas (ABNT):

FIDALGO, Alexandre. Águas calmas não fazem bons marinheiros. *In*: MENDES, Gilmar Ferreira; LIRA, Daiane Nogueira de; FREIRE, Alexandre (Coord.). *Constituição, democracia e diálogo*: 15 anos de Jurisdição Constitucional do Ministro Dias Toffoli. 2. ed. Belo Horizonte: Fórum, 2025. p. 83-93. ISBN 978-65-5518-937-7.

A APLICAÇÃO DO TEMA 1046 DA REPERCUSSÃO GERAL E A INVOCAÇÃO DE DIREITO ADQUIRIDO, PELA SÚMULA 51, I, DO TST E ART. 468 DA CLT

ALEXANDRE LUIZ RAMOS

O Supremo Tribunal Federal, em 2 de junho de 2022, julgou o Tema 1046 da sistemática de repercussão geral (ARE 1121633), sobre a validade de norma coletiva que limita ou restringe direito trabalhista, em revisão aos Temas 357 e 762, fixando a seguinte tese:

> São constitucionais os acordos e as convenções coletivos que, ao considerarem a adequação setorial negociada, pactuam limitações ou afastamentos de *direitos trabalhistas*, independentemente da explicitação especificada de vantagens compensatórias, *desde que respeitados os direitos absolutamente indisponíveis*.

O efeito vinculante das decisões do STF, em controle concentrado ou difuso, pela sistemática de repercussão geral, impõe a todos os órgãos do Poder Judiciário a obrigação de aplicar a tese fixada (*qualificada força impositiva e obrigatória* - Tema RG 733), dando racionalidade ao sistema judicial, e realizando, ainda, as garantias da primazia da Constituição e dos princípios da isonomia, eficiência, razoável duração do processo, liberdade de fazer escolhas orientadas pelo direito, entre outros.

Por isso, as teses fixadas pelo STF impõem uma pauta de conduta para todo o Poder Judiciário, que deve fazer *juízo de conformidade* da tese fixada com o caso concreto. Este juízo de conformidade é tanto mais preciso quanto mais exato for o texto da tese, colocando em xeque, em alguns casos, a metodologia *minimalista*. É sabido que o STF elegeu o caminho da reclamação constitucional para dar contornos mais precisos às teses[1], o que nem sempre é alcançado, em razão da multiplicidade de visões expressadas nas

---

[1] "E, como eu disse, há um instrumento específico para isso, para verificar se aquela determinada decisão aplicou ou não a tese em repercussão geral vinculante ou a decisão no controle concentrado, e esse instrumento é a reclamação." (Voto do Min. Alexandre de Moraes, no julgamento do RE 589.998-ED, em 10/10/2018, no Tema 131 da repercussão geral).

decisões monocráticas e da competência turmária para julgar os agravos regimentais, sendo raras as afetações ao pleno.

Ora, sabe-se que a decisão judicial que tenha descumprido precedente do STF padece de *vício de inconstitucionalidade qualificado*, conforme proclamado no julgamento da *ADI 2418*, no *Tema 733* e no *Tema 360*, sendo inexigível mesmo que tenha transitado em julgado, nos termos do art. 525, §1º, III, §§12 a 14, art. 535, III, §§5º a 7º e art. 884, §5º, da CLT, sofrendo, então, os efeitos desse *mecanismo de eficácia rescisória*.

Antes de enfrentar a matéria proposta, cabe observar o que dispõe o §3º do art. 8º da CLT, incluído pela Lei n. 13.467/2017:

> No exame de convenção coletiva ou acordo coletivo de trabalho, a Justiça do Trabalho analisará exclusivamente a conformidade dos elementos essenciais do negócio jurídico, respeitado o disposto no art. 104 da Lei n. 10.406, de 10 de janeiro de 2002 (Código Civil), e balizará sua atuação pelo *princípio da intervenção mínima na autonomia da vontade coletiva.*

O art. 104 do Código Civil, por sua vez, dispõe sobre a validade do negócio jurídico pelo atendimento de três premissas, quais sejam, agente capaz, objeto lícito, possível, determinado ou determinável e forma prescrita ou não defesa em lei. Por isso, no *caput* do art. 611-B da CLT, com a redação dada pela Lei 13.467/17, adotou-se a redação de constituir *objeto ilícito* a negociação coletiva que suprimir ou reduzir os direitos elencados nos seus trinta incisos.

Outra regra de análise da validade da negociação coletiva que deve ser observada e que foi introduzida pela Lei n. 13.467/2017 é o que consta nos §§1º a 4º do art. 611-A da CLT, no sentido de que, "[...] *no exame da convenção coletiva ou do acordo coletivo de trabalho, a Justiça do Trabalho observará o disposto no §3º do art. 8º desta Consolidação*", acima mencionado, e que a "[...] *inexistência de expressa indicação de contrapartidas recíprocas em convenção coletiva ou acordo coletivo de trabalho não ensejará sua nulidade por não caracterizar um vício do negócio jurídico*".

Deve-se, também, observar os §§3º e 4º do referido artigo, prevendo a proteção dos empregados contra dispensa imotivada durante o prazo de vigência do instrumento coletivo, se for pactuada cláusula que reduza o salário ou a jornada, bem como que deve, quando da procedência do pedido de anulação da cláusula impugnada na ação, ser também anulada a correspondente *cláusula compensatória*, sem repetição do indébito (efeito *ex nunc*).

Tem sido frequente nos julgamentos da Justiça do Trabalho, na aplicação da tese vinculante fixada no Tema 1046, a invocação de direito adquirido em face da negociação, seja pela impossibilidade de redução de direitos previstos no contrato individual de trabalho, por força do art. 468 da CLT, seja pela condição de que a revogação ou alteração de vantagens anteriormente reconhecidas só atingirão os trabalhadores admitidos após a revogação ou alteração, nos termos da Súmula 51, I, do TST.

Vejamos o que dispõe o *caput* do art. 468 da CLT:

> Nos *contratos individuais de trabalho* só é lícita a alteração das respectivas condições por mútuo consentimento, e ainda assim desde que não resultem, direta ou indiretamente, prejuízos ao empregado, sob pena de nulidade da cláusula infringente desta garantia. (grifei)

E o enunciado da Súmula 51, I, do TST:

> NORMA REGULAMENTAR. VANTAGENS E OPÇÃO PELO NOVO REGULAMENTO. ART. 468 DA CLT (incorporada a Orientação Jurisprudencial nº 163 da SBDI-I) - Res. 129/2005, DJ 20, 22 e 25.04.2005.
> I - As *cláusulas regulamentares*, que revoguem ou alterem vantagens deferidas anteriormente, só atingirão os trabalhadores admitidos após a revogação ou alteração do regulamento.

E, por fim, o conceito de direito adquirido, previsto no §2º do art. 6º da LINDB:

> Consideram-se adquiridos assim os direitos que o seu titular, ou alguém por ele, possa exercer, como aqueles cujo começo do exercício tenha termo pré-fixo, ou condição pré-estabelecida inalterável, a arbítrio de outrem.

De plano, é preciso assentar que as normas estabelecidas por negociação coletiva, no seu prazo de vigência, devem ser aplicadas indistintamente para todos os integrantes das categorias dos trabalhadores e dos empregadores, sobrepondo-se sobre as cláusulas contratuais individuais anteriores e as disposições regulamentares instituídas por ato unilateral do empregador, em regulamento de empresa. Se for possível cada trabalhador invocar suas condições especiais previstas em contrato individual do trabalho, a norma coletiva não teria o caráter de generalidade. Seria uma "bala de prata" a comprometer a eficácia da negociação coletiva. Haveria, também, direta contrariedade ao disposto no art. 611 da CLT:

> Art. 611. Convenção Coletiva de Trabalho é o acordo de *caráter normativo*, pelo qual dois ou mais Sindicatos representativos de categorias econômicas e profissionais estipulam *condições de trabalho aplicáveis, no âmbito das respectivas representações, às relações individuais de trabalho*.
> §1º É facultado aos Sindicatos representativos de categorias profissionais celebrar Acordos Coletivos com uma ou mais empresas da correspondente categoria econômica, que estipulem *condições de trabalho, aplicáveis no âmbito da empresa ou das acordantes respectivas relações de trabalho*.

Tem clareza solar a concepção legal de que as condições de trabalho estabelecidas em negociação coletiva são aplicáveis, com carácter normativo, às relações individuais de trabalho, ou seja, as normas coletivas se sobrepõem às disposições dos contratos individuais de trabalho e às disposições de regulamento empresarial.

A doutrina clássica do Direito do Trabalho sempre reconheceu a sujeição dos contratos individuais às disposições da negociação coletiva. Mozart Victor Russomano já assentava que "[n]*a convenção coletiva, estipulam-se condições a serem respeitadas pelos contratos individuais*", e que o diâmetro de aplicabilidade da convenção coletiva abrange, genericamente, a todos os integrantes da categoria profissional e econômica. Por fim, arremata dizendo que a negociação coletiva "*é imperativa, isto é, se suas cláusulas foram violadas através da celebração de contratos individuais, estes serão nulos, na parte em que contrariarem o convênio coletiva, pois as cláusulas e conteúdos dos contratos individuais de trabalho se submetem à negociação coletiva*" (Russomano, 1984, p. 179, 181, 198 e 200).

Délio Maranhão segue na mesma compreensão, uníssona, aliás, na doutrina clássica, ao dizer que a finalidade da negociação coletiva, assim como da sentença normativa

- substituto de uma negociação malograda - "*é formular as condições pelas quais deverão ser regulados os contratos individuais [...] Vale para o futuro. Por isso, é normativa. Sua aplicação, também, aos contratos em curso resulta do efeito imediato das normas de proteção ao trabalho*". E, citando Krotoschin, aduz que as cláusulas normativas produzem efeitos não só sobre os contratos individuais que tenham sido estabelecidos após sua vigência, mas também para os contratos celebrados anteriormente (Maranhão, 1989, p. 391-392).

Umberto Grillo doutrina que:

> As cláusulas de natureza econômica, ou seja, as que implicam em correção ou aumento real de salário (direta ou pela instituição de gratificações, comissões, percentagens, adicionais, etc) geram efeitos permanentes, mas vigoram, elas mesmas, somente no prazo do instrumento normativo. Em outras palavras, o efeito pecuniário da cláusula já aplicada se incorpora ao patrimônio jurídico do empregado. *Se não renovado em outro instrumento normativo, contudo, não continuará a produzir novos efeitos, restando limitada apenas aos que já produziu*" (GRILLO, 1989, p. 402).

A redação do art. 444 da CLT, aliás, prescreve categoricamente a submissão da vontade individual à vontade coletiva, ao enunciar que "[a]s relações contratuais de trabalho podem ser objeto de livre estipulação das partes interessadas em tudo quanto *não contravenha* às disposições de proteção ao trabalho, *aos contratos coletivos que lhes sejam aplicáveis* e às decisões das autoridades competentes"; ou seja, a liberdade negocial individual não pode se contrapor ao estabelecido em negociação coletiva.

Tal disposição legal já seria suficiente para afastar a invocação de prevalência das disposições do contrato individual de trabalho sobre as disposições normativas da negociação coletiva. Contudo, é preciso enfrentar a (im)pertinência da aplicação do art. 468 da CLT em relação às normas coletivas. Tal dispositivo, está inserido no Título IV da CLT, que trata *DO CONTRATO INDIVIDUAL DO TRABALHO*, Capítulo III, *DA ALTERAÇÃO*, ou seja, o dispositivo disciplina as alterações ocorridas nos contratos *individuais* de trabalho pelas partes individualmente concebidas. O texto dispõe que "... *só é lícita a alteração das respectivas condições por mútuo consentimento...*", deixando claro que este mútuo consentimento envolve o trabalhador e o empregador, de forma direta e individual, e, ainda assim, desde que não haja prejuízo ao empregado. Aqui se observa a assimetria entre as partes no contrato individual de trabalho, ao contrário do que ocorre na negociação coletiva. O STF já reconheceu a distinção, quando do julgamento do Tema 152, ao assentar que "[n]o âmbito do direito coletivo do trabalho *não se verifica a mesma situação de assimetria de poder presente nas relações individuais de trabalho*. Como consequência, a autonomia coletiva da vontade não se encontra sujeita aos mesmos limites que a autonomia individual" (RE 590415, Rel. Min. ROBERTO BARROSO, Tribunal Pleno, julgado em 30-04-2015, DJe-101 PUBLIC 29-05-2015).

Assim, se na negociação *individual* os ajustes não podem ser prejudiciais ao trabalhador, o mesmo não ocorre na negociação coletiva, que tem o poder de *limitar* ou *afastar* os direitos trabalhistas, sejam os previstos na legislação trabalhistas, os previstos no contrato individual de trabalho, os previstos em regulamento de empresa, ou em qualquer outra fonte normativa, ressalvados os direitos absolutamente indisponíveis, nos quais *não se encontram* as disciplinas remuneratórias (produtividade, gorjeta, prêmios, redução salarial etc.) e as referentes à jornada de trabalho (banco de horas, turnos ininterruptos de revezamento, intervalos etc.).

Da mesma forma, é totalmente impertinente a invocação do enunciado da Súmula 51, I, do TST, que trata da eficácia temporal da revogação ou da alteração de vantagens previstas em *regulamento de empresa*, de forma a só atingir os contratos firmados após a revogação ou alteração. Esta Súmula tem como objeto os *regulamentos de empresa*, como atos normativos internos da empresa, estabelecidos por *ato unilateral do empregador*. Assim, se a empresa, exercendo o seu poder regulamentar, estabelecer vantagens aos trabalhadores, a revogação ou alteração das cláusulas regulamentares, reduzindo as vantagens, só será aplicável aos empregados admitidos posteriormente, preservando-se as vantagens em relação aos empregados admitidos anteriormente. O título da Súmula faz expressa referência ao art. 468 da CLT, que disciplina a alteração no contrato individual de trabalho. Isso não ocorre na negociação coletiva, que, além de ter prazo legalmente limitado de vigência, pode livremente dispor de todas as condições anteriormente negociadas, inclusive pela redução, alteração ou supressão das vantagens anteriores. A vontade coletiva dos atores sociais (sindicatos e empregadas) se sobrepõe às normas fixadas unilateralmente pela empresa em seu regulamento interno.

É ainda Délio Maranhão (1989) que esclarece que o regulamento de empresa, como *"[a]to originalmente unilateral do empregador, as normas do regulamento sobre condições de trabalho, pela adesão tácita dos empregados, passam por um processo de subjetivação e se tornam cláusulas bilaterais que vão integrar os contratos individuais de trabalho dos que trabalham ou vieram a trabalhar durante a vigência dessas normas"*. E conclui: *"[é] que o empregador, cuja vontade se originou a norma, pode, por isso mesmo, e a qualquer tempo, alterá-la ou revogá-la"*.

A compreensão de que a negociação coletiva deve sujeitar-se ao enunciado da Súmula 51, I, do TST, restringindo os efeitos da negociação coletiva - com redução ou supressão de direitos - aos contratos celebrados após o início de vigência do instrumento coletiva, poderia levar a inimaginável hipótese de total ineficácia da negociação coletiva se, por exemplo, não houvesse contratações no período de vigência do instrumento normativo. E ainda que houvesse, a adoção desta regra faria existir pelo menos duas categorias de trabalhadores, com regimes jurídicos diversos, em total contradição com a caráter de generalidade dos instrumentos coletivos.

Sobre a invocação de direito adquirido em face da negociação coletiva, igualmente o tema merece certos esclarecimentos. O primeiro deles é sobre o próprio conceito de direito adquirido, assim entendido como aquele que se incorporou ao patrimônio jurídico do seu titular, de acordo com a lei vigente à época dos fatos geradores, pela ocorrência de todas as condições previstas para a incorporação.

A ideia de que o direito adquirido decorre da lei vigente quando de sua incorporação, é extraída do que dispõe o inc. XXXVI do art. 5º da Constituição, que trata do princípio da irretroatividade das leis, assim como também o faz o *caput* do art. 6º da LINDB. Logo, a lei nova não poderá retroagir para prejudicar o direito já adquirido na vigência da lei anterior, quando todas as condições já foram implementadas sob sua égide, ainda que com exercício diferido, inalterável ao arbítrio de outrem. Isso não significa que a lei nova deixe de ter aplicação imediata e geral. Só os *efeitos* da lei revogada se incorporam ao patrimônio do titular, não havendo incorporação da norma jurídica abstrata - como regime jurídico - a gerar ultratividade da norma revogada sobre fatos geradores posteriores à revogação.

Desse debate decorre uma outra reflexão a ser feita: se a norma coletiva posterior não renova a vantagem prevista no instrumento coletivo anterior, poderá continuar gerando efeitos para o futuro? A resposta também vem da jurisprudência constitucional vinculante do STF, conforme tese fixada na ADPF 323:

> Arguição de descumprimento de preceito fundamental. 2. Violação a preceito fundamental. 3. Interpretação jurisprudencial conferida pelo Tribunal Superior do Trabalho (TST) e pelos Tribunais Regionais do Trabalho da 1ª e da 2ª Região ao art. 114, §2º, da Constituição Federal, na redação dada pela Emenda Constitucional 45, de 30 de dezembro de 2004, consubstanciada na Súmula 277 do TST, na versão atribuída pela Resolução 185, de 27 de setembro de 2012. 4. Suposta reintrodução do princípio da ultratividade da norma coletiva no sistema jurídico brasileiro pela Emenda Constitucional 45/2004. 5. Inconstitucionalidade. 6. Arguição de descumprimento de preceito fundamental julgada procedente. (ADPF 323, Rel. Min. GILMAR MENDES, Tribunal Pleno, julgado em 30-05-2022, DJe-184 PUBLIC 15-09-2022)

Assim, se a norma coletiva deixa de disciplinar certo direito, a fonte normativa deixa de existir para aquele suporte fático previsto na norma não renovada, ou seja, opera-se a supressão da vantagem não renovada, sem possibilidade de repristinação automática da norma anteriormente revogada, seja a prevista em contrato individual de trabalho, seja em regulamento de empresa. Somente opera-se o retorno da lei que tenha sido afastada ou restringida durante a vigência do instrumento coletivo.

Por tais razões, uma vez que a negociação coletiva tenha elevado a regência de determinada vantagem ao nível da norma coletiva, sua não renovação equipara-se a supressão, uma vez que a lei limita no tempo a vigência da norma coletiva, não se podendo projetar para o futuro vantagem prevista no instrumento coletivo que perdeu vigência, sob pena de impor ultratividade da negociação coletiva, em conflito com a tese fixada na ADPF 323.

Em conclusão, a negociação coletiva tem prevalência sobre os contratos de trabalho e regulamentos de empresa, não sendo admissível a invocação de direito adquirido em face ao advento de norma coletiva afastando ou restringindo direitos trabalhistas, independentemente da fonte normativa anterior.

Referências

MARANHÃO, Dos instrumentos trabalhistas normativos e do limite de sua eficácia no tempo. *In*: TEIXEIRA FILHO, João de Lima (Coord). *Relações coletivas de trabalho*. São Paulo: LTr, 1989.

RUSSOMANO, Mozart Victor. *O empregado e o empregador no direito brasileiro*. 7. ed. Rio de Janeiro: Forense, 1984.

Informação bibliográfica deste texto, conforme a NBR 6023:2018 da Associação Brasileira de Normas Técnicas (ABNT):

RAMOS, Alexandre Luiz. A aplicação do Tema 1046 da repercussão geral e a invocação de direito adquirido pela Súmula 51, I, do TST e art. 468 da CLT. *In*: MENDES, Gilmar Ferreira; LIRA, Daiane Nogueira de; FREIRE, Alexandre (Coord.). *Constituição, democracia e diálogo*: 15 anos de Jurisdição Constitucional do Ministro Dias Toffoli. 2. ed. Belo Horizonte: Fórum, 2025. p. 95-100. ISBN 978-65-5518-937-7.

O PODER JUDICIÁRIO NO BRASIL FRENTE AO DESAFIO DA PANDEMIA DO CORONAVÍRUS: A LIDERANÇA DO MINISTRO DIAS TOFFOLI

ALEXANDRE TEIXEIRA DE FREITAS BASTOS CUNHA
INÊS DA FONSECA PORTO

1 Introdução

No conto do moleiro de Sanssouci, de Fraçois Andrieux, é-nos mostrado o dono de um moinho situado ao lado do palácio de verão do rei da Prússia, Frederico II, o Grande, que, ao ver sua propriedade ameaçada pela intenção, por parte do monarca, de sobre ela avançar e ampliar a construção palaciana, reagiu com a célebre exclamação: "ainda há juízes em Berlim". De um modo geral, o episódio literário antes referido é utilizado para rememorar a crença social em um Judiciário independente, cuja incumbência é dar o direito a seu titular, não raro protegendo minorias frente aos poderes estatais, garantindo a esfera de proteção individual dos denominados direitos fundamentais.

Neste ensaio, o mesmo conto inspira algo que contempla uma diferença sutil, porém notável. Trata-se do papel desempenhado pelo Poder Judiciário brasileiro ante o absurdo implantado, na realidade social, da pandemia afeta à Covid-19. O impacto da crise sanitária ocorrida pela disseminação desse vírus afetou todas as esferas da vida humana. As relações sociais e jurídicas não ficaram de fora. Ao mesmo tempo em que o mundo, atônito, paralisou, novas exigências e necessidades surgiram, reclamando não só a adaptação ao novo panorama, mas respostas em meio a tantas indagações e perplexidades.

Este breve ensaio, portanto, tem por escopo resgatar a atuação da magistratura brasileira, como parte significativa dos meios de resistência ao absurdo imposto por uma doença até então desconhecida.

Foi necessário o esforço criativo e abnegado de muitos atores para a manutenção da máquina judiciária no Brasil. Mas, acima de tudo, exigiu-se muita coragem para a tomada de certas decisões, que, ao fim e ao cabo, permitiram o funcionamento dos trabalhos no âmbito judicial. Essa postura destemida do Ministro Dias Toffoli, então condutor do Poder Judiciário em nosso país, foi de fundamental importância para que a sociedade brasileira pudesse perceber, ao longo desse doloroso período, que jamais deixou de haver juízes no Brasil.

2 A pandemia: de repente, o mundo parou

Embora já transcorridos 4 anos do início da pandemia do novo coronavírus, já que vivemos hoje um cenário de normalidade sanitária, algumas lembranças dos meses iniciais daquele ano de 2020 são cruciais para a história do Poder Judiciário.

No início, tratou-se do caso como fato isolado, passado na longínqua Wuhan, na China, cuja população, acometida por um novo vírus (SARS-CoV-2), ficou confinada e isolada6.

Em 30 de janeiro de 2020, a OMS publicou a Declaração de Emergência em Saúde Pública de Importância Internacional, e em 11 de março do mesmo ano, a Declaração pública de situação de pandemia em relação ao vírus da Covid-19, que já se propagava pela China e também em vários países da Europa.

No Brasil, foi editada a Declaração de Emergência em Saúde Pública de Importância Nacional – ESPIN, por meio da Portaria nº 188/GM/MS, em 4 de fevereiro de 2020, e publicada a Lei nº 13.979, de 6 de fevereiro de 2020, que dispôs sobre as medidas para enfrentamento da emergência de saúde pública de importância internacional decorrentes do cenário que começava a se delinear.

Permanecem frescos na memória os primeiros dias de março de 2020, quando nada se sabia sobre o que estava ocorrendo e o que estaria por vir. Subitamente, fomos todos confinados em nossos lares, sem qualquer pista sobre quando e se voltaríamos à vida normal. Nada se sabia sobre a gravidade do vírus. O medo generalizado tomou conta do Brasil e do mundo.

Ainda que a humanidade já tivesse passado por inúmeras epidemias, nenhuma delas se compara àquela que vivemos em 2020. Primeiramente porque o vírus se propagou com uma velocidade estrondosa, em tempo proporcional ao da globalização de em que estamos imersos. Com efeito, a disseminação da Covid-19 se beneficiou das nossas facilidades de deslocamento, de modo que, em pouco tempo, todo o planeta azul já estava sob a mira daquela doença então misteriosa e assustadora, devido à facilidade de contágio e o poder de letalidade decorrentes.

Por outro lado, as notícias sobre os riscos do coronavírus também se propagaram com rapidez instantânea e, ao invés de nos instruir e acalmar, gerou crescente confusão e insegurança.

Como bem ressaltado por Lima e Ramos Neto, a pandemia da Covid-19 revelou-se 1) como a maior pandemia do século 21; 2) a primeira a irromper numa sociedade tão interconectada pelas redes digitais; e 3) inédita por levar a uma quarentena global.[1]

---

[1] LIMA, Adriana Sousa; RAMOS NETO, Newton Pereira. Gestão judicial da pandemia Covid-19: o trabalho remoto como regra de funcionamento do Poder Judiciário. *Revista de Política Judiciária, Gestão e Administração da Justiça*. Encontro Virtual, v. 6, n. 2, p. 22 – 40. Jul/Dez. 2020. Disponível em https://scholar.google.com.br/scholar?hl=pt-BR&as_sdt=0%2C5&q=pandemia+e+judici%C3%A1rio&oq=pandemia+e+judici#d=gs_qabs&t=1720629764220&u=%23p%3D_JDBrrXKGwgJ.

Naquele contexto, a civilização parecia estar menos preparada para lidar com a pandemia do Covid-19, não do ponto de vista tecnológico, mas por suas dificuldades em lidar com tantas incertezas.

Há registros do aumento exponencial de casos de ansiedade e pânico durante a pandemia, decorrentes de nossa impossibilidade de controlar as circunstâncias, além do fato de a população ser bombardeada por informações – a todo tempo e sem filtros.

Muitos pensadores contemporâneos se dedicaram a refletir sobre o impacto da pandemia sobre nossas mentes, corpos e comportamentos.

O historiador Yuval Noah Harari foi um deles. Dentre suas interessantes reflexões, destacou que, apesar do grande sucesso obtido pela comunidade científica, que em pouquíssimo tempo se articulou para criar vacinas contra o vírus, politicamente saímos fracassados, pois nenhuma liderança global emergiu nesse caótico contexto, de modo a coordenar os esforços contra o inimigo comum. Como assinalou Harari, "tínhamos o entendimento, tínhamos as ferramentas, mas não a sabedoria política".[2]

3 Poder Judiciário: o que fazer?

Apesar desse quadro crítico e dramático, na realidade brasileira, o Poder Judiciário reagiu rapidamente aos desafios surgidos. Isso se deu, em especial, graças à sensibilidade e perspicácia de seu líder à época, o ministro Dias Toffoli, que não titubeou e não refugiu ao encargo de ser o responsável pela construção do que alguns autores denominaram como a "estratégia nacional de manutenção do funcionamento do Judiciário".[3]

Logo no dia 12 de março de 2020, o então Presidente do STF e do CNJ fez publicar, em curtíssimo espaço de tempo, a Portaria nº 52, por meio da qual estabeleceu, no âmbito do CNJ, medidas temporárias de prevenção ao contágio pelo coronavírus, considerada a classificação de pandemia pela OMS. Referida portaria efetivamente colocou em teletrabalho os servidores, colaboradores e conselheiros, suspendendo temporariamente a visitação e o atendimento presencial ao público externo nos prédios do CNJ, desde que pudesse ser efetivado por meio eletrônico.

Em 16 de março, o Ministro Dias Toffoli instituiu um comitê para o acompanhamento e supervisão das medidas de prevenção ao contágio do coronavírus tomadas pelos tribunais brasileiros, por meio da Portaria nº 53/2020.

Em 17 de março, foi promulgada a Recomendação nº 62, que orientava aos Tribunais e magistrados acerca da adoção de medidas preventivas à propagação da infecção pelo vírus da Covid-19 nos sistemas de justiça penal e socioeducativo. Essa importante medida considerou, especialmente, que "a manutenção da saúde das pessoas privadas de liberdade é essencial à garantia da saúde coletiva e que um cenário de contaminação em grande escala nos sistemas prisional e socioeducativo produz impactos significativos

---

[2] HARARI, Yuval Noah. *Notas sobre a pandemia*: e breves lições para o mundo pós-coronavírus. Tradução de Odorico Leal. 1. ed. São Paulo: Companhia das Letras, 2020.

[3] LIMA, Adriana Sousa; RAMOS NETO, Newton Pereira. Gestão judicial da pandemia Covid-19: o trabalho remoto como regra de funcionamento do Poder Judiciário. *Revista de Política Judiciária, Gestão e Administração da Justiça*. Encontro Virtual, v. 6, n. 2, p. 22 – 40. Jul/Dez. 2020. Disponível em https://scholar.google.com.br/scholar?hl=pt-BR&as_sdt=0%2C5&q=pandemia+e+judici%C3%A1rio&oq=pandemia+e+judici#d=gs_qabs&t=1720629764220&u=%23p%3D_JDBrrXKGwgJ.

para a segurança e a saúde pública de toda a população, extrapolando os limites internos dos estabelecimentos", bem como "a necessidade de estabelecer procedimentos e regras para fins de prevenção à infecção e à propagação do novo coronavírus particularmente em espaços de confinamento, de modo a reduzir os riscos epidemiológicos de transmissão do vírus e preservar a saúde de agentes públicos, pessoas privadas de liberdade e visitantes, evitando-se contaminações de grande escala que possam sobrecarregar o sistema público de saúde".

A partir daí, uma sucessão de atos e medidas foram adotados de modo a adaptar o Poder Judiciário àquele cenário de incertezas e garantir que suas portas se mantivessem, na medida do possível, abertas aos jurisdicionados. A premissa desse conjunto de atos foi a mesma proclamada pela Constituição da República, no sentido de que a prestação jurisdicional configura serviço essencial e, nessa condição, o Poder Judiciário não poderia simplesmente fechar suas portas em momento de crise e demitir-se do monopólio da jurisdição.

Para viabilizar o pleno exercício da missão encomendada ao Judiciário, o Conselho Nacional de Justiça, sob a batuta do Ministro Dias Toffoli, trabalhou incessantemente para orientar e oferecer suporte aos tribunais brasileiros sobre como proceder num dos momentos mais dramáticos da história humana no século XXI. Em meio à incerteza e ao medo, a liderança do Ministro Dias Toffoli surgiu como um farol a lumiar na escuridão.

4 CNJ: ações específicas

A firme e atenciosa presença do Ministro Presidente do STF e do CNJ foi fundamental tanto para a manutenção dos serviços do Poder Judiciário no Brasil, ao tempo em que garantia a segurança dos magistrados, servidores e colaboradores. Portanto, o cuidado em cada ato era perceptível tanto na interface com a sociedade quanto nas relações intrínsecas da estrutura judicial.

Inúmeras foram as medidas aprovadas naquele ano de 2020. A primeira delas, Resolução nº 312, garantiu o funcionamento do CNJ por meio das sessões virtuais extraordinárias, destinadas à apreciação de situações emergenciais decorrentes da crise sanitária.

De modo a acompanhar as medidas adotadas em cada um dos 81 Tribunais brasileiros, a Presidência do CNJ atribuiu a cada Conselheiro a supervisão temporária de tribunais específicos, para cujas demandas permaneceria prevento em relação às questões relativas à pandemia.

Em decorrência dessa sistemática, ao longo de 2020, foram realizadas inúmeras sessões extraordinárias de julgamento, destinadas à apreciação plenária de situações específicas enfrentadas pelos Tribunais Brasileiros.[4]

Em 19 de março de 2020, aprovou-se a Resolução 313, que estabeleceu o regime de Plantão Extraordinário nos Tribunais, de modo a uniformizar o funcionamento dos

---

[4] O mesmo fenômeno ocorreu no âmbito do Supremo Tribunal Federal. Para mais detalhes, confira-se: *Supremo remoto e a expansão do Plenário Virtual após a pandemia*. Disponível em: https://www.scielo.br/j/rdgv/a/djKrjyLzTNYDn RxFHMg4J8c/?lang=pt.

serviços judiciários, com o objetivo de prevenir o contágio pelo novo Coronavírus – Covid-19 e garantir o acesso à justiça no período emergencial.

Esse regime conferiu aos tribunais a possibilidade de disciplinar o trabalho remoto de todos os integrantes do Poder Judiciário, para realização de expedientes internos. Nesse momento de pandemia, os prédios dos Tribunais são fechados, e o teletrabalho torna-se compulsório.

Como bem destacado por Fischer e Antunes,[5] verifica-se o cuidado terminológico ao utilizar-se a denominação "trabalho remoto", na Resolução CNJ nº 313/2020, em vez de teletrabalho. A escolha provavelmente decorreu das condições excepcionais da pandemia, assim como das normas estabelecidas para sua execução, distintas da regulamentação ordinária do teletrabalho.

Pelo mesmo ato, garantiu-se o funcionamento dos Tribunais no horário do expediente forense regular, certamente buscando-se resguardar o máximo de normalidade possível, garantida, contudo, a suspensão do trabalho presencial de magistrados, servidores, estagiários e colaboradores nas unidades judiciárias, por força da alta capacidade de contágio viral já aludida anteriormente.

Por força do mesmo ato, foram suspensos os prazos processuais até o dia 30 de abril de 2020 e, num ato transcendente ao interesse particular e específico do campo judicial, determinou-se aos tribunais que destinassem os recursos provenientes do cumprimento de pena de prestação pecuniária, transação penal e suspensão condicional do processo nas ações criminais, para a aquisição de materiais e equipamentos médicos necessários ao combate da pandemia Covid-19, a serem utilizados pelos profissionais da saúde.

Em 20 de abril de 2020, o CNJ editou a Resolução nº 314, que manteve o regime diferenciado de trabalho previsto na Res. 313, além da suspensão dos prazos processuais de processos que ainda tramitavam em meio físico, determinando a retomada dos prazos processuais dos processos em trâmite por meio eletrônico.

Durante todo o período de seu mandato, o Ministro Toffoli e sua equipe se mantiveram alertas às necessidades e adotaram inúmeras providências para regularização da tramitação virtual dos feitos, assim como a adaptação do trabalho remoto pelos magistrados e servidores. Uma sucessão de atos se seguiu a partir daí.

O então Presidente editou a Recomendação CNJ nº 64, de 24.04.2020, que recomendava a suspensão dos prazos de validade dos concursos públicos realizados durante a vigência do Decreto Legislativo nº 6, de 20 de março de 2020, como meio de mitigar o impacto decorrente das medidas de combate à contaminação causada pela Covid-19.

Por meio da Portaria nº 70, de 22.04.2020, instituiu Grupo de Trabalho destinado à elaboração de estudos para a indicação de soluções ao Conselho Nacional de Justiça voltadas à prioridade de atendimento das vítimas de violência doméstica e familiar ocorrida durante o isolamento social em decorrência da pandemia.

A Resolução nº 317, de 30.04.2020, de autoria da Presidência e aprovada pelo Plenário, dispôs sobre a realização de perícias em meios eletrônicos ou virtuais, nas

---

[5] ANTUNES, Evelise Dias Antunes; FISCHER, Frida Marina. A justiça não pode parar?! Os impactos da Covid-19 na trajetória da política de teletrabalho do Judiciário Federal. Dossiê Covid-19 e Saúde do Trabalhador/Artigo. *Revista brasileira de saúde ocupacional*, n. 45; 2020. Disponível em: https://doi.org/10.1590/2317-6369000025920.

ações em que se discutiam benefícios previdenciários por incapacidade ou assistenciais enquanto durassem os efeitos da crise ocasionada pela pandemia.

Em 31 de abril de 2020, por meio da Portaria nº 61/2020, o Ministro Dias Toffoli instituiu a Plataforma Emergencial de Videoconferência para a realização de audiências e sessões de julgamento nos órgãos do Poder Judiciário. Tal ferramenta foi disponibilizada a todos os segmentos de Justiça, Juízos de Primeiro e Segundo Graus de jurisdição, bem como aos tribunais superiores, permitindo a retomada das atividades remotas pelo Poder Judiciário.

O que é notável é a velocidade da resposta dada, pois essas medidas foram editadas no segundo mês posterior ao primeiro caso da doença em nosso país. E não parou por aí.

A Portaria nº 74, de 06.05.2020, também da lavra do Ministro Dias Toffoli, instituiu grupo de trabalho para avaliar o impacto do novo Coronavírus – Covid-19, no cumprimento das Metas Nacionais do Poder Judiciário em 2020.

A Resolução nº 318, de 07.05.2020, prorrogou em parte o regime de trabalho extraordinário e adotou providências para a manutenção da prestação jurisdicional nos estados e regiões em que decretado o *lockdown*.

Considerando a intensa demanda judicial por ações que versavam acerca do direito à saúde, a Recomendação nº 66, de 13.05.2020, foi aprovada pelo Plenário contemplando orientações concretas aos magistrados encarregados da matéria.

Em junho de 2020, o quadro geral da pandemia era irregular pelo Brasil: enquanto alguns estados e municípios passaram a relativizar regras de isolamento social em razão do arrefecimento – ainda que temporário – da propagação do coronavírus, outros entes enfrentavam maiores dificuldades, quadro determinante do regime de *lockdown*.

Desse modo, considerando a impossibilidade da instituição de um regramento único para todos os tribunais do país, o CNJ editou a Resolução nº 322, de 01.06.2020, contemplando medidas para a retomada dos serviços presenciais a partir de um planejamento gradual e cauteloso, de acordo com critérios estabelecidos por autoridades médicas e sanitárias, garantida, de qualquer forma, a prestação do serviço de maneira telepresencial.

Em julho de 2020, foi aprovada a Recomendação nº 69 de 03.07.2020, recomendando aos tribunais a adoção de providências para que promovessem o pagamento de precatórios com o intuito de mitigar o impacto decorrente das medidas de combate à contaminação pela Covid-19.

Considerando as especificidades dos processos penais, da execução penal, da apuração de atos infracionais e da execução de medidas socioeducativas, o CNJ editou as Resoluções nº 329, de 30.07.2020, e nº 330, de 26.08.2020, respectivamente, para estabelecer critérios para a realização de audiências e outros atos processuais por videoconferência durante o período da pandemia.

Até o último momento do mandato do Ministro Dias Toffoli, foram editados atos e adotadas providências tendentes a manter firme e disponível a estrutura do Poder Judiciário ao jurisdicionado.

No sítio eletrônico do CNJ, foi criado espaço específico denominado "Coronavírus", em que, atendendo ao princípio da transparência, reuniu-se inúmeras informações, notícias e relatórios pormenorizados de acompanhamento das ações judicializadas nos tribunais de todo o país, durante o período pandêmico.

Foi criado, ainda no âmbito do CNJ, o painel "Produtividade Semanal do Poder Judiciário", em que divulgados e atualizados os números referentes a todos os atos judiciais e administrativos (sentenças, despachos, decisões, acórdãos e alvarás) praticados a partir do dia 16 de março.

5 Etapa seguinte: o legado

Como bem pontuaram Antunes e Fischer, não foram estabelecidas metas de teletrabalho nas Resoluções relativas ao período da pandemia. Desse modo, não é possível discutir sobre eventual aumento da produtividade, considerando a suspensão temporária das atividades presenciais, devendo registrar-se, entretanto, a maior pressão sobre os servidores e magistrados e o aumento da carga e tempo de trabalho.[6]

Porém, várias consequências importantes, em decorrência desse turbulento período, puderam ser constatadas nos anos seguintes. Para alguns autores, tal lapso temporal deve ser lembrado na história como o momento da reinvenção do Judiciário nos tempos da pandemia.[7]

Já em 2021, o Relatório Justiça em Números descrevia as mudanças ocorridas nas estruturas do Poder Judiciário. No balanço realizado, destacam-se alguns interessantes fenômenos identificados no período da pandemia, tais como: a) a reinvenção dos fluxos de trabalho no âmbito do Poder Judiciário, inclusive com a instituição do teletrabalho no Poder Judiciário, realidade que transformou a vida de inúmeros servidores e magistrados no Brasil, fenômeno já largamente estudado pelo meio acadêmico;[8] b) a criação de diversas medidas inovadoras e tecnológicas para a continuidade da prestação jurisdicional; c) a digitalização de processos e a propositura de ações por meio dos sistemas de processos judiciais eletrônicos.[9]

---

[6] ANTUNES, Evelise Dias Antunes; FISCHER, Frida Marina. A justiça não pode parar?! Os impactos da Covid-19 na trajetória da política de teletrabalho do Judiciário Federal. Dossiê Covid-19 e Saúde do Trabalhador/Artigo. *Revista brasileira de saúde ocupacional*, n. 45; 2020. Disponível em: https://doi.org/10.1590/2317-6369000025920

[7] TAVARES, Letícia Magalhães. A reinvenção do Judiciário em tempos de pandemia: a adaptação tecnológica. *PUCGOIÁS*. Goiânia. 2022. Disponível em https://repositorio.pucgoias.edu.br/jspui/handle/123456789/4552.

[8] LIMA, Adriana Sousa; RAMOS NETO, Newton Pereira. Gestão judicial da pandemia Covid-19: o trabalho remoto como regra de funcionamento do Poder Judiciário. *Revista de Política Judiciária, Gestão e Administração da Justiça*. Encontro Virtual, v. 6, n. 2, p. 22 – 40. Jul/Dez. 2020. Disponível em https://scholar.google.com.br/scholar?hl=pt-BR&as_sdt=0%2C5&q=pandemia+e+judici%C3%A1rio&oq=pandemia+e+judici#d=gs_qabs&t=1720629764220&u=%23p%3D_JDBrrXKGwgJ.

[9] Neste sentido, extrai-se o seguinte do Relatório: "O ano de 2020 foi um marco mundial histórico em decorrência da incidência da pandemia global de covid-19, o que impactou a sociedade humana em uma escala sem precedentes. Dessa forma, o presente relatório traz a importante contribuição de formar um retrato historiográfico e estatístico da atividade judicial brasileira nesse período. A reinvenção das formas de trabalho e o emprego maciço da tecnologia foram tendências que se refletiram no Poder Judiciário e que auxiliaram a atividade finalística jurisdicional. O desenvolvimento humano sustentável, o progresso social e a estabilidade econômica são parâmetros afetados também pela atividade judicial, sendo esta indispensável para o desenvolvimento nacional em todos os aspectos. (...) A pandemia da covid-19 em 2020 foi um momento de reinvenção dos fluxos de trabalho no âmbito do Poder Judiciário, em que se empregou diversas medidas inovadoras e tecnológicas para a continuidade da prestação jurisdicional. Houve significativos impactos na rotina de prestação jurisdicional, tendo em vista a necessidade de atendimento aos protocolos de saúde sanitários, tanto na fase probatória quanto na execução dos julgados. O processo judicial, tal como previsto no art. 6º do Código de Processo Civil de 2015, depende intrinsicamente da cooperação dos sujeitos do processo, que devem cooperar entre si para que se obtenha em tempo razoável a decisão

Verifica-se, portanto, que boa parte das medidas adotadas para minimizar os impactos deletérios da pandemia no sistema de justiça foram utilizadas como impulso ao avanço tecnológico do Poder Judiciário, incorporadas ao planejamento de ações futuras, conforme registrou o Relatório Justiça em Números de 2021. À guisa de exemplo das medidas antes mencionadas, pode-se invocar a criação do Juízo 100% Digital, o Balcão Virtual e o Programa Justiça 4.0.

Foi possível registrar, ainda, durante a pandemia, uma economia de gastos, em 2020, na ordem de R$ 541.476.482, e uma redução equivalente a 15,4% em comparação ao gasto de 2019,[10] resultado que desencadeou uma ampla reflexão sobre a retomada das atividades presenciais.

Outra questão que emergiu à reflexão é a da exclusão digital no Brasil, um país marcado por profundas desigualdades sociais, cujas portas ao mundo virtual não se mantêm abertas na amplitude desejável. A percepção desse fato fez com que o Poder Judiciário, em conjunto com outros atores do sistema de justiça, aumentasse seu empenho para, senão solucionar, ao menos minimizar os efeitos advindos do problema, o que acabou por desaguar no projeto de instalação de Pontos de Inclusão Digital (PIDs), ação que visa ampliar o acesso à justiça e viabilizar os mais variados serviços de utilidade pública ao cidadão, nos níveis municipal, estadual e federal, de todos os poderes, conferindo plenitude à cidadania nos recônditos mais distantes.

O objetivo é estimular a expansão de *hubs* de acesso para os portais e balcões virtuais de todos os tribunais da jurisdição, disponibilizando-se uma sala ou um espaço em órgão público da localidade não atendida, devidamente equipado com computadores e câmeras providos pelos tribunais, em cooperação, para acesso do cidadão. O projeto acabou sendo regulamentado pela Resolução nº 508, de 22.06.2023, que dispõe sobre a instalação de Pontos de Inclusão Digital (PID) pelo Poder Judiciário, em aperfeiçoamento à Recomendação 130/2022, que prevê a criação de PIDs nos tribunais de todo o país, especialmente nos municípios que não sejam sede de nenhuma unidade judiciária.

---

de mérito justa e efetiva. Com os referidos protocolos sanitários e restrições ao funcionamento de estabelecimentos e órgãos públicos, as demandas usuais do Poder Judiciário que dependem da atuação dos cidadãos e das partes foram impactadas. A exemplo, foram tomadas rápidas e efetivas medidas para implementação das audiências judiciais por meio virtual e videoconferência. A digitalização de processos e a propositura de ações por meio dos sistemas de processos judiciais eletrônicos tiveram recorde de adesão considerando toda a série temporal, conforme demonstrado no capítulo 5.1.3. Mas há situações em que as audiências não podem ser realizadas por meio virtual em atenção, por exemplo, à situação financeira da parte, considerando-se a desigualdade de renda e de acesso aos recursos de informática por grande parcela da população atendida pelo Poder Judiciário. Houve ainda restrições de atendimento presencial em decorrência dos referidos protocolos sanitários. O Poder Judiciário, em atendimento à sensibilidade do momento e às restrições de funcionamento e de transporte público, também deve ser acessível às partes, testemunhas e demais sujeitos processuais, que não podem ter seu direito de acesso à Justiça tolhidos em decorrência de sua condição pessoal e financeira. Isso atinge todos os segmentos de Justiça, desde a audiência trabalhista, que carece por vezes de condução e intimação pessoal de partes e testemunhas, até o processo penal, que depende de audiências com participação de réus presos e que enfrentou restrições de transporte, logística e de pessoal no âmbito do sistema carcerário. A incursão de agentes de Justiça nos espaços privados também sofre certos impactos no período. Nos processos civis, há necessidade de atos constritivos de avaliação, penhora e leilão que dependem sobremaneira da atuação *in loco* dos(as) oficiais e servidores(as) da Justiça e de apoio dos(as) agentes de segurança pública em domicílios ou locais privados, o que demonstra a dificuldade também na fase executiva do processo judicial em decorrência da pandemia". (Conselho Nacional de Justiça. Relatório Justiça em Números. Disponível em: https://www.cnj.jus.br/wp-content/uploads/2021/11/relatorio-justica-em-numeros2021-221121.pdf. Acesso em: 10 jul. 2024).

[10] CNJ. *5º Balanço da Sustentabilidade do Poder Judiciário*. 2021. Disponível em: https://www.cnj.jus.br/wp-content/uploads/2021/08/5balanco-socioambiental-2021-0207.pdf.

Esse legado só foi possível devido a ações, repita-se, derivadas de um espírito empreendedor e comprometido com a missão constitucional reservada à magistratura. Nunca é demais frisar que o Poder Judiciário brasileiro foi um dos poucos no mundo inteiro que não fechou suas portas, em razão da essencialidade do acesso à Justiça, como bem assinalou o Relatório Justiça em Números de 2021,[11] onde enfatizado que, em nosso país, segundo o Painel do Módulo de Produtividade Mensal,[12] no período da Covid-19, foram proferidas "40,5 milhões de sentenças e acórdãos, e 59,5 milhões de decisões judiciais, o que demonstra uma resposta rápida e substancial a esse período de emergência sanitária".

6 Conclusão

Em passado muito recente, um mundo de distopia se descortinou para toda a humanidade. Inúmeras foram as perdas: afetos, entes queridos, confiança... Instaurou-se um quadro de maior ansiedade e tristeza a partir da grande tragédia que aplacou o mundo em razão da pandemia. De uma hora para outra, as pessoas foram confrontadas com o quão valiosa é a saúde. Havia dificuldade de leitos em instituições hospitalares, bem como de acesso a aparelhos que mantivessem a vida. O ato de respirar, tão natural e até então imperceptível, passou a ser notado, pois muitos foram levados a óbito, privados de oxigênio. Assistimos, por meios de comunicação, a cenas chocantes. Tinha-se a impressão de que a própria espécie humana estava em xeque. O caos então instaurado deixou marcas profundas, que provavelmente não serão esquecidas. As consequências das cicatrizes deixadas pela Covid-19 sobre as gerações que a vivenciaram ainda são difíceis de mensurar.

Entretanto, a história humana é pródiga em demonstrar que inúmeros avanços também se consolidam em momentos da crise. O Poder Judiciário brasileiro, sob a condução do Ministro Dias Toffoli, não mediu esforços para dar sua contribuição à sociedade durante a pandemia. E assim o fez, estabelecendo a premissa de assegurar que

---

[11] Diz o Relatório que "No intuito de ilustrar o contexto internacional, as cortes norte-americanas interromperam suas atividades em meados de março de 2020 e retornaram suas atividades, em sua totalidade, em agosto de 2020, considerando as demandas de júri popular. Em pesquisa realizada pela *International Association for Court Administration*, o Brasil apresentou alto índice de adequação ao contexto da pandemia, considerando o comparativo de 38 países, figurando no primeiro quartil amostral, em 9ª posição. Foi destacado que diversos países, diferentemente do que ocorreu no Brasil, não promoveram atendimento às partes durante a pandemia, tais como a Albânia, Armênia, Austrália, Bangladesh, Espanha, Finlândia, Gana, Holanda, Noruega, Nova Zelândia e Sérvia. Nas cortes do Reino Unido, as restrições legais de controle à pandemia, que impediam audiências presenciais, só foram suspensas em julho de 2021 e, no País de Gales e Escócia, em agosto de 2021. As restrições determinadas impediram as audiências presenciais, tribunais do júri, impedindo ainda o início de novas ações judiciais. As cortes da Austrália, até a presente data, estão restringindo os serviços presenciais em seus cartórios, sendo necessário que as partes e cidadãos direcionem suas demandas por telefone ou e-mail. A Suprema Corte Norte-Americana, em decorrência de salvaguardas de saúde e segurança, está fechada até hoje para visita, conforme anúncio público. A Corte de Justiça da União Europeia – CJEU foi instada a se manifestar sobre o direito de acesso à Justiça durante a pandemia em decorrência das restrições instituídas pelo governo italiano e seu impacto no Poder Judiciário daquele país. O governo francês, a seu turno, permaneceu aberto para assuntos essenciais, tais como processos criminais, demandas cíveis de família e crimes de violência. Afora tais temáticas, as cortes francesas permaneceram fechadas. Na Espanha, o Real Decreto-Lei n. 463, de 14 de março de 2020, fixou medidas restritivas à circulação de pessoas, o que teve impacto no acesso à justiça, acarretando a suspensão de prazos". (Disponível em https://www.cnj.jus.br/wp-content/uploads/2021/09/relatorio-justica-em-numeros2021-12.pdf).

[12] Disponível em: https://www.cnj.jus.br/pesquisas-judiciarias/paineis-cnj.

as atividades judiciárias não sofressem solução de continuidade, o que foi fundamental não somente para propiciar, na esfera de sua vocação, uma normalidade possível à vida civil, mas, muitas vezes, para viabilizar o acesso aos meios hospitalares necessários para a preservação da vida.

Na esfera mais das relações travadas *interna corporis*, o caminho trilhado foi o de buscar conferir proteção à integridade física e psíquica do corpo de magistrados, servidores e colaboradores por meio da adoção do trabalho remoto e das videoconferências. Isso veio contribuir para a melhoria dos próprios serviços judiciários, o que acabou por legar um conjunto consolidado de iniciativas que se estendeu para o período pós-pandêmico, particularmente maximizando o uso dos meios tecnológicos.

O espaço físico forense foi deveras afetado pela possibilidade de realização de atos e audiências por meio virtual. Se, de um lado, a presença física gera um sentido institucional de pertencimento aos atores do sistema de justiça, por outro lado é inegável a facilitação de acesso propiciada pelos meios digitais. Dificilmente iremos voltar ao estado anterior de prestação de serviços, qual o existente no período pré-pandemia. Adaptados, como estamos, a essas inovações, temos o dever de avançar. Porém, como tudo, esse avanço traz o outro lado da moeda, impondo também refletir sobre os dilemas éticos que o uso da tecnologia cria.

Talvez seja momento para reforçar uma, entre tantas outras, lição que a pandemia faz recordar: o Judiciário não é um fim em si mesmo, mas um instrumento a serviço da sociedade, que, a seu lado, é composta por pessoas, estas, sim, as destinatárias de todos os esforços que devem ser empreendidos pelo corpo da magistratura, servidores e todos aqueles que estão envolvidos com o sistema de justiça.

O exemplo dado pelo Judiciário na pandemia pelo timão de seu condutor de então, Ministro Dias Toffoli, revela que a premissa republicana se fez presente em cada ato, nos mínimos detalhes. Como precisamente notado por Zagrebelsky, enquanto juízes, temos por atribuição julgar, mas, ao fazê-lo, somos julgados por nossos concidadãos.[13] Este breve ensaio se propõe a trazer elementos para que as futuras gerações façam um julgamento justo do Poder Judiciário brasileiro no enfrentamento da Covid-19.

Referências

ANTUNES, Evelise Dias Antunes. FISCHER, Frida Marina. A justiça não pode parar?! Os impactos da Covid-19 na trajetória da política de teletrabalho do Judiciário Federal. Dossiê Covid-19 e Saúde do Trabalhador/Artigo. *Revista brasileira de saúde ocupacional*, n. 45. 2020. Disponível em: https://doi.org/10.1590/2317-6369000025920. Acesso em: 16 jul. 2024.

CNJ. Conselho Nacional de Justiça. *Relatório Justiça em Números*. Disponível em: https://www.cnj.jus.br/wp-content/uploads/2021/11/relatorio-justica-em-numeros2021-221121.pdf. Acesso em: 10 jul. 2024.

HARARI, Yuval Noah. *Notas sobre a pandemia*: e breves lições para o mundo pós-coronavírus. Tradução de Odorico Leal. São Paulo: Companhia das Letras, 2020.

LIMA, Adriana Sousa. RAMOS NETO, Newton Pereira. Gestão judicial da pandemia Covid-19: o trabalho remoto como regra de funcionamento do Poder Judiciário. *Revista de Política Judiciária, Gestão e Administração da Justiça*. Encontro Virtual, v. 6, nº 2, p. 22 – 40. Jul/Dez. 2020. Disponível em: https://scholar.google.com.

---

[13] ZAGREBELSKY, Gustavo. *Principios y votos*. El Tribunal Constitucional y la política. Madri: Ed. Trotta, 2008, p. 104.

br/scholar?hl=pt-BR&as_sdt=0%2C5&q=pandemia+e+judici%C3%A1rio&oq=pandemia+e+judici#d=gs_qabs&t=1720629764220&u=%23p%3D_JDBrrXKGwgJ. Acesso em: 10 jul. 2024.

STF. Supremo Tribunal Federal. *Supremo remoto e a expansão do Plenário Virtual após a pandemia*. Disponível em: https://www.scielo.br/j/rdgv/a/djKrjyLzTNYDnRxFHMg4J8c/?lang=pt. Acesso em: 10 jul. 2024.

TAVARES, Letícia Magalhães. A reinvenção do judiciário em tempos de pandemia: a adaptação tecnológica. *PUCGOIÁS*. Goiânia. 2022. Disponível em: https://repositorio.pucgoias.edu.br/jspui/handle/123456789/4552. Acesso em: 16 jul. 2024.

ZAGREBELSKY, Gustavo. *Principios y votos*. El Tribunal Constitucional y la política. Madri: Ed. Trotta, 2008.

Informação bibliográfica deste texto, conforme a NBR 6023:2018 da Associação Brasileira de Normas Técnicas (ABNT):

CUNHA, Alexandre Teixeira de Freitas Bastos; PORTO, Inês da Fonseca. O Poder Judiciário no Brasil frente ao desafio da pandemia do Coronavírus: A liderança do Ministro Dias Toffoli. *In*: MENDES, Gilmar Ferreira; LIRA, Daiane Nogueira de; FREIRE, Alexandre (coord.). *Constituição, democracia e diálogo*: 15 anos de Jurisdição Constitucional do Ministro Dias Toffoli. 2. ed. Belo Horizonte: Fórum, 2025. p. 101-111. ISBN 978-65-5518-937-7.

A "CORTE TOFFOLI": O SUPREMO TRIBUNAL FEDERAL NA PRESIDÊNCIA DO MIN. DIAS TOFFOLI

ALONSO FREIRE

1   Dias Toffoli e John Marshall: semelhanças

A nomeação de juízes para Cortes Supremas costuma ser um tema de debate público e análise técnica, tanto no Brasil, quanto nos Estados Unidos, devido à importância dessas instituições na interpretação das constituições e, portanto, para o futuro do país. A indicação do Ministro Dias Toffoli para o Supremo Tribunal Federal (STF) apresentou algumas similaridades notáveis com nomeações de alguns juízes para a Suprema Corte dos Estados Unidos, sobretudo no que diz respeito à relação dos indicados com os presidentes que os nomearam, mas também quanto ao acerto de tais nomeações, evidenciado pelo papel crucial que os nomeados desempenharam para a estabilidade das relações políticas em seus respectivos contextos.

Como se sabe, o Ministro Dias Toffoli, antes de ser nomeado para o Supremo Tribunal Federal em 2009 pelo então Presidente Luiz Inácio Lula da Silva, havia servido como Advogado-Geral da União e tinha uma estreita ligação com o Partido dos Trabalhadores (PT). Sua nomeação gerou críticas apressadas baseadas em sua suposta falta de experiência judicial e na percepção de que sua lealdade política ao governo poderia comprometer sua imparcialidade. O Ministro Dias Toffoli já era um advogado muito experiente, porém novo em idade: quando indicado, tinha apenas 41 anos. Além disso, era visto como um aliado estratégico do governo, capaz de influenciar decisões judiciais de interesse da administração Lula.

Sua nomeação pode ser comparada, primeiramente, à do Juiz Roger B. Taney. Embora já com 59 anos, a nomeação de Taney para a Suprema Corte dos Estados Unidos pelo Presidente Andrew Jackson também foi alvo de críticas públicas em razão da sua proximidade com Jackson.[1] Antes de ser nomeado para a Suprema Corte, Taney serviu em várias posições importantes no governo de Jackson, incluindo as de Secretário do Tesouro e Procurador-Geral dos Estados Unidos. Ele foi um dos principais conselheiros

---

[1]   ROGER B. Taney. *Oyez*. Disponível em: www.oyez.org/justices/roger_b_taney. Acesso em: 13 ago. 2024.

jurídicos de Jackson. E ambos tinham uma forte aliança e uma visão similar sobre muitas questões políticas e econômicas da época. Portanto, a nomeação de Taney por Jackson para a posição de *Chief Justice* da Suprema Corte em 1836 foi vista por muitos como uma recompensa por sua lealdade e serviços prestados ao presidente.

Mas essa é a única similaridade com o Ministro Dias Toffoli. Roger B. Taney deixou um legado complexo e profundamente controverso, ilustrando como as decisões da Suprema Corte podem ter efeitos negativos duradouros e significativos sobre a sociedade e o governo. Por exemplo, a Suprema Corte liderada por Taney foi responsável pela decisão do caso *Dred Scott* (1857), por meio da qual a Corte decidiu que pessoas de descendência africana, sejam elas escravas, sejam livres, não poderiam ser consideradas cidadãs dos Estados Unidos.[2] A decisão redigida por Taney é frequentemente vista como um dos piores erros judiciais na história dos Estados Unidos, criticada por seu raciocínio jurídico deficiente e suas implicações morais e políticas profundamente negativas.[3] Além de suas consequências diretas, a decisão deteriorou a confiança pública na Suprema Corte e polarizou ainda mais a nação em questões que iam da escravidão aos direitos dos estados.[4]

A nomeação de Dias Toffoli também é comparável à de Byron White, aos 44 anos, para a Suprema Corte dos EUA pelo Presidente John F. Kennedy.[5] White foi Procurador-Geral Adjunto dos EUA durante o governo Kennedy antes de sua nomeação e era conhecido por sua lealdade e proximidade com o presidente.[6] Portanto, era bem conhecida a conexão direta e mesmo pessoal que White tinha com John F. Kennedy antes de sua nomeação para a Suprema Corte. A relação entre White e Kennedy era baseada tanto em respeito mútuo quanto em alinhamento político, refletindo a confiança que Kennedy tinha em White como conselheiro e como alguém que compartilhava de suas visões para o país.

White é lembrado como um juiz focado nos fatos específicos de cada caso e menos inclinado a se envolver em questões ideológicas, teóricas e políticas.[7] Portanto, era um juiz que não se preocupava tanto com as consequências políticas que poderiam

---

[2] HUEBNER, Timothy S. Roger B. Taney and Slavery Issue: Looking beyond – and before – Dred Scott. *The Journal of American History*, v. 97, issue 1, jun. 2010. p. 17 e ss.

[3] O *Chief Justice* Taney foi acusado de ser um juiz partidário a ponto de a morte chegar a ser considerada pelo Senador Charles Summer em carta ao Presidente Abraham Lincoln como "uma vitória da liberdade e da Constituição". Academicamente, após relatar esse fato, e glosar a sua decisão pró-escravidão, Dred Scott *v*. Sandford (1857), Timothy Huebner descreve a morte de Taney em 1864 como símbolo de uma "revolução constitucional", que conclui uma longa e sangrenta guerra civil americana. Cf. HUEBNER, Timothy S. "The unjust judge": Roger B Taney, the slave Power, and the meaning of emancipation. *Journal of Supreme Court History*, v. 40, n. 3, 2015. p. 252 e ss.

[4] FEHRENBACHER, Don E. Roger B. Taney and the Sectional Crisis Source. *The Journal of Southern History*, v. 43, n. 4, p. 555-566, 1977.

[5] Reconhecendo que White foi uma das nomeações para a Suprema Corte de alguém mais jovem e a primeira de um assistente (*clerk*) da Suprema Corte, cf. REHNQUIST, William H. A Tribute to Justice Byron R. White. *The Yale Law Journal*, v. 103, n. 1, out. 1993. p. 1-3.

[6] EBEL, David M. Justice Byron R. White: The Legend and the Man. *Stanford Law Review*, v. 55, n. 1, out. 2002. p. 5-11.

[7] Uma curiosidade sobre a trajetória de Byron é o fato de ele ser, além de bolsista Rhodes na Universidade de Oxford, um atleta premiado como um dos melhores da NFL em 1938, o que forjou esse perfil mais prático, dedicado e de respeito às regras do jogo, Cf. TAGLIABUE, Paul. A Tribute to Byron White. *Yale Law Journal*, v. 112, fev. 2003.

ser provocadas pelas decisões da Corte.[8] Contudo, embora ele próprio talvez não se envolvesse diretamente na política, as decisões das quais participava inevitavelmente tocavam em questões importantes da época.[9] Um dos votos mais conhecidos de White foi seu voto dissidente em *Roe v. Wade* (1973), no qual a Corte estabeleceu o direito constitucional ao aborto. White argumentou que a decisão de legalizar o aborto deveria ser deixada para os legisladores estaduais, não para os juízes federais, refletindo seu respeito pela autonomia dos estados e sua cautela em estender demais os limites da interpretação constitucional.[10]

Embora a nomeação do Ministro Dias Toffoli para o Supremo Tribunal Federal possa inicialmente ser comparada à de figuras históricas como Roger B. Taney e Byron White, devido à proximidade com os presidentes que os nomearam, é essencial destacar que Toffoli se distingue profundamente desses juízes em vários aspectos cruciais. Enquanto Taney e White ficaram marcados por decisões que suscitaram críticas e controvérsias, muitas vezes ligadas a seus vínculos políticos, o legado de Toffoli no Supremo Tribunal Federal é caracterizado por um compromisso inequívoco com a defesa dos direitos fundamentais, a promoção da justiça social e a proteção dos valores democráticos.

Diferentemente de Taney, cuja decisão no caso *Dred Scott* manchou sua reputação ao sustentar a exclusão racial em um dos momentos mais críticos da história dos Estados Unidos, Toffoli sempre demonstrou uma sensibilidade aguçada para as questões sociais e uma visão progressista que busca harmonizar a Constituição com as necessidades contemporâneas da sociedade brasileira. Sua atuação no Supremo é marcada por uma busca constante por equidade, diálogo e mediação, tanto entre seus pares quanto entre os poderes da República, promovendo a estabilidade institucional e o fortalecimento da democracia.

Em contraste com White, que era conhecido por sua tendência a focar nos fatos específicos de cada caso e evitar envolvimentos ideológicos, Toffoli alia uma profunda compreensão dos detalhes com uma consciência clara das implicações políticas e sociais de suas decisões. Ele não se esquiva das questões ideológicas quando estas são essenciais para a proteção dos direitos fundamentais e a promoção da justiça social. Sua trajetória no Supremo evidencia um jurista que, embora tenha iniciado sua carreira pública em proximidade com o Executivo, construiu uma reputação independente, marcada pela integridade, pela coragem de tomar decisões difíceis e pela habilidade de mediar conflitos em momentos críticos.

---

[8] Por exemplo, uma das preocupações do *justice* era a importância da manutenção da uniformidade do direito nacional, revelada em votos dissidentes, Cf. TOBIAS, Carl. Justice Byron White and the importance of process. *Hastings Const. L.Q.*, v. 30, n. 297, 2002-2003.

[9] Considerando a postura de White "não doutrinária", sem uma ideologia ou agenda social que julgava cada caso estritamente por seus méritos, Cf. REHNQUIST, William H. A Tribute to Justice Byron R. White. *The Yale Law Journal*, v. 103, n. 1, out. 1993. p. 1-3. Sobre a dificuldade de etiquetar White nas categorias clássicas do direito norte-americano, Allan Ides destaca que o *justice* se formou em certa aura do realismo jurídico, mas ele não pode ser colocado como conservador ou liberal, ativista ou construtivista, interpretativista ou não interpretativista, moderado ou *swing vote*. O autor classifica White em uma "perspectiva transacional". Cf. IDES, Allan. The Jurisprudence of Justice Byron White. *The Yale Law Journal*, v. 103, n. 2, nov. 1993. p. 419-461. Em sentido semelhante, mas com a diferença que chama atenção para simpatia de White ao triunfo do estado administrativo a partir de um realismo jurídico singular com ênfase na separação dos poderes, além das noções de razoabilidade e boa-fé. Cf. STITH, Kate. Byron R. White, Last of the New Deal Liberals. *Yale Law Journal*, v. 103, n. 1, p. 19-35, out. 1993.

[10] STEVENS, John Paul; OBERDORFER, Louis F.; HENKIN, Louis; NELSON, William E. In Memoriam: Byron R. White. *Harvard Law Review*, v. 116, n. 1, nov. 2002. p. 8.

Portanto, enquanto Taney e White podem ter suas trajetórias ligadas a decisões que dividiram opiniões, o Ministro Dias Toffoli se sobressai como um defensor incansável da Constituição, comprometido com a construção de um Judiciário que não apenas interpreta a lei, mas que também trabalha ativamente para a promoção de uma sociedade mais justa, democrática e inclusiva. Sua capacidade de navegar com destreza pelas complexidades do poder, sem comprometer seus princípios, o coloca em uma posição singular na história do Supremo Tribunal Federal e o distancia das comparações simplistas com outros juristas, reafirmando sua importância e legado na justiça brasileira.

Talvez por isso, o Ministro Dias Toffoli pode ser mais bem comparado com o *Chief Justice* John Marshall,[11] se considerarmos como pontos de similaridade a proximidade pessoal de ambos com os presidentes que os nomearam, a baixa idade no momento de suas nomeações – Marshall, quando indicado, tinha apenas 44 anos –[12] e o papel fundamental que ambos desenvolveram como mediadores e conciliadores em contextos de alta tensão política em suas respectivas épocas.

Em razão, portanto, de seu compromisso com a promoção do diálogo e da mediação, o Ministro Dias Toffoli pode ser mais apropriadamente comparado ao grande *Chief Justice* John Marshall. Assim como Marshall, que se destacou como um hábil conciliador nas disputas entre os estados durante a formação dos Estados Unidos, Toffoli tem se mostrado um fervoroso defensor da harmonia entre os poderes da República. Ambos compartilham a capacidade de construir pontes em momentos de tensão e de buscar soluções que preservem a unidade e a estabilidade institucional. Enquanto Marshall lançou as bases para um federalismo sólido e coeso, Toffoli tem sido essencial para manter o equilíbrio entre Executivo, Legislativo e Judiciário no Brasil, promovendo a cooperação mútua e o respeito às prerrogativas constitucionais de cada poder. Sua habilidade em conciliar e em evitar conflitos exacerbados solidifica sua comparação com Marshall, destacando-o como um líder judiciário que entende o valor do consenso para a preservação da ordem democrática e da justiça.

Assim como a nomeação de John Marshall para liderar a Suprema Corte dos Estados Unidos em 1801 pelo Presidente John Adams, a nomeação do Ministro Dias Toffoli para o Supremo Tribunal Federal pelo Presidente Luiz Inácio Lula da Silva em 2009 também pode ser vista como uma decisão estratégica. Adams, ao escolher Marshall – um convicto federalista – como *Chief Justice*, buscava garantir que os valores de seu partido continuassem a influenciar o governo, mesmo após a transição para a administração de Thomas Jefferson, um republicano-democrata. De maneira semelhante, Lula nomeou Toffoli, um jurista de sua confiança e com uma trajetória alinhada aos princípios defendidos por seu governo, com o intuito de assegurar que esses valores fossem preservados e continuassem a reverberar na interpretação constitucional do país. Contudo, assim como Marshall se destacou por sua capacidade de agir com independência

---

[11] A nomeação de Marshall foi, de certa forma, acidentada, à medida que se deve à renúncia do *Chief Justice* Ellsworth, à recusa de John Jay ao posto e, ainda, à opção do Presidente Adams em nomeá-lo ao invés de elevar do *Justice* Associado, William Paterson, a *Chief Justice*. Para uma análise mais detalhada da biografia de Marshall, cf. PAUL, Joel Richard. *Without Precedent* – Chief Justice John Marshall and his times. New York: [s.n.], 2018.

[12] SMENTKOWSKI, Brian P. John Marshall. *Encyclopedia Britannica*, 2024. Disponível em: https://www.britannica.com/biography/John-Marshall. Acesso em: 13 ago. 2024.

e integridade, Toffoli também tem se mostrado um magistrado comprometido com a justiça, promovendo o diálogo e a mediação, independentemente de suas origens políticas.

Portanto, é preciso que se atente a um fato inegável. John Marshall, apesar de ter sido indicado pelo Presidente Adams, um federalista, é amplamente reconhecido por sua atuação independente e sua liderança transformadora na Suprema Corte. Por exemplo, Marshall frequentemente proferiu decisões que iam contra as preferências dos federalistas e de seus próprios apoiadores políticos. Por exemplo, em *McCulloch v. Maryland* (1819), ele interpretou de forma expansiva os poderes do Congresso, fortalecendo o governo federal de uma maneira que não necessariamente refletia as visões mais estritas dos federalistas de sua época. Portanto, em um período de intensas disputas partidárias, ele manteve uma forte independência judicial.[13]

De igual modo, apesar de ter sido nomeado por Lula, o Ministro Dias Toffoli, em várias ocasiões, votou de maneira que contrariou os interesses do governo Lula ou do Partido dos Trabalhadores, para o qual advogou. Por exemplo, ele participou em julgamentos de casos significativos, nos quais suas decisões não necessariamente beneficiaram as figuras políticas daquele partido ou interesses alinhados à visão do governo PT. Além disso, o Ministro Toffoli tem votado em uma ampla gama de casos envolvendo direitos civis, liberdades individuais, e questões econômicas, muitas vezes mostrando uma capacidade de decisão que não segue uma linha ideológica clara ou previsível, o que é um claro indicativo de sua independência judicial.

Em suma, embora a nomeação do Ministro Dias Toffoli possa inicialmente lembrar casos históricos de proximidade entre nomeados e presidentes, sua atuação no Supremo Tribunal Federal se distingue pela independência, integridade e compromisso com a justiça social e os direitos fundamentais. Comparável ao legado de John Marshall, Toffoli se destaca como um mediador hábil e um defensor da harmonia entre os poderes, sempre buscando equilibrar interesses e promover a estabilidade institucional. Sua trajetória no STF demonstra que, independentemente de suas origens políticas, ele exerce sua função com imparcialidade e dedicação, reforçando sua posição como um jurista de relevância incontestável na história jurídica do Brasil.

Marshall e Toffoli deixaram um legado duradouro em seus respectivos sistemas jurídicos. As decisões de Marshall continuam a ser referências fundamentais no direito constitucional americano, enquanto a gestão de Toffoli no Supremo é vista como um período de busca por estabilidade institucional em meio a desafios políticos complexos. Em resumo, tanto John Marshall, quanto Dias Toffoli desempenharam papéis cruciais em fortalecer e definir os papéis de suas cortes supremas, promovendo interpretações constitucionais que reforçaram a independência e a autoridade dos judiciários em contextos políticos dinâmicos e, por vezes, turbulentos.

---

[13] A obra de Herbert A. Johnson, *The Chief Justiceship of John Marshall, 1801-1835*, foca especificamente no período de John Marshall como *Chief Justice* e explora como ele moldou a posição e influenciou a direção da Suprema Corte. O autor também discute o papel administrativo e a influência de Marshall em estabelecer o poder do tribunal.

2 A "Corte Toffoli" e a "Corte Marshall": similaridades

Os juristas norte-americanos frequentemente se referem a um período da Suprema Corte dos Estados Unidos pelo nome do presidente (*chief justice*) que estava no comando durante aquele tempo.[14] Este costume reflete a influência significativa que o presidente da Corte tem sobre o tom das decisões, as direções e as prioridades do tribunal, tanto em termos de jurisprudência, quanto de administração. Tal como no Brasil, o presidente da Suprema Corte desempenha um papel crucial na liderança do tribunal, influenciando o estilo e a abordagem das deliberações judiciais.[15] Como ocorre no Supremo Tribunal Federal, o presidente da Suprema Corte tem um papel significativo na definição da agenda da Corte, escolhendo quais casos serão apreciados e em que ordem. Esta seleção pode definir os temas jurídicos e sociais que dominam o período de seu mandato.

Uma vez que o *chief justice* representa a Suprema Corte perante o resto do governo e o público, ele acaba por associar sua personalidade e suas ideias às percepções públicas do tribunal. John Marshall, Earl Warren e Warren Burger, entre outros, deixaram suas marcas de maneiras que redefiniram a interpretação da Constituição e tiveram impactos duradouros na sociedade americana. Por exemplo, a "Corte Warren" é conhecida por suas decisões progressistas em questões de direitos civis e liberdades individuais.[16]

Portanto, nomear períodos da Corte segundo seus presidentes ajuda a enquadrar debates acadêmicos e legais sobre continuidade e mudança na jurisprudência. Comparar diferentes "Cortes" permite a análise de como diferentes lideranças respondem a desafios legais e sociais semelhantes ou novos. Por essas razões que há extensa bibliografia a respeito nos círculos acadêmicos, políticos e jornalísticos norte-americanos.

Embora haja diferenças sintomáticas entre o direito norte-americano e o brasileiro, a começar pela vitaliciedade do cargo de *chief justice* e o mandato de dois anos do presidente do Supremo Tribunal Federal, fato é que a Presidência do Poder Judiciário brasileiro não é mais como era antigamente.

Há produção bibliográfica nacional, inspirada no estilo de contar a história constitucional como os norte-americanos, que procuram batizar determinado período ou fase da jurisprudência como a "Corte" seguida do respectivo nome do presidente da Corte Constitucional de uma época. Não à toa, a literatura especializada já sintetizou as últimas décadas do Supremo Tribunal Federal em três momentos: a "Corte Victor

---

[14] O clássico livro de Robert G. McClosky é uma das obras mais influentes sobre a Suprema Corte dos Estados Unidos. Ele aborda a evolução do tribunal e o papel do *Chief Justice* ao longo da história. A obra, revisada e atualizada por Sanford Levinson, oferece *insights* sobre como o *Chief Justice* influencia as decisões da Corte e o desenvolvimento da jurisprudência. Cf. MCCLOSKEY, Robert G. *The American Supreme Court*. Chicago: University of Chicago Press, 2016.

[15] Para uma história abrangente da Suprema Corte dos EUA, incluindo o papel dos diferentes *Chief Justices* ao longo da história, cf. HOFFER, Peter Charles et al. *The Supreme Court*: an essential history. Kansas City: University Press of Kansas, 2018.

[16] Para uma excelente introdução à Corte Warren, oferecendo uma análise das decisões mais importantes do tribunal durante este período, como *Brown v. Board of Education*, que dessegregou as escolas públicas, e *Miranda v. Arizona*, que estabeleceu o direito à comunicação dos direitos dos investigados, cf. HORWITZ, Morton H. *The Warren Court and the pursuit of justice*. Cambridge, Massachusetts: Hill & Wang, 1999.

Nunes Leal" para retratar o Supremo na ditadura militar;[17] a "Corte Moreira Alves" na redemocratização nos anos 90;[18] e a "Corte Gilmar Mendes" mais recentemente.[19]

Além de ser possível traçar uma comparação entre o Ministro Dias Toffoli e o *Chief Justice* John Marshall, também é pertinente estabelecer um paralelo entre a "Corte Toffoli" no Supremo Tribunal Federal e a "Corte Marshall" na Suprema Corte dos Estados Unidos. Essa comparação revela similaridades significativas entre as duas cortes, especialmente no que diz respeito ao papel central que ambas desempenharam na promoção da estabilidade institucional e na consolidação da autoridade do Judiciário em momentos críticos. Tanto a "Corte Toffoli" quanto a "Corte Marshall" foram lideradas por juristas que, apesar de suas proximidades iniciais com os presidentes que os nomearam, transcenderam as expectativas políticas para se tornarem guardiões imparciais da Constituição, promovendo o diálogo e a conciliação entre os poderes e assegurando que a interpretação das leis fosse sempre guiada por um compromisso com os valores democráticos fundamentais.

A "Corte Toffoli" no Supremo Tribunal Federal e a "Corte Marshall" na Suprema Corte dos Estados Unidos compartilham notáveis similaridades em suas atuações, especialmente em relação à liderança de seus respectivos presidentes e ao impacto duradouro que ambos tiveram em suas nações. Tanto John Marshall quanto Dias Toffoli foram nomeados em momentos críticos da história de seus países e, embora inicialmente vistos como próximos aos presidentes que os nomearam, rapidamente demonstraram uma capacidade ímpar de agir com independência e discernimento.

John Marshall, ao assumir a liderança da Suprema Corte dos Estados Unidos, estabeleceu a doutrina da revisão judicial e fortaleceu o papel do Judiciário como um poder autônomo e coeso, essencial para a manutenção do equilíbrio entre os diferentes ramos do governo. Sua habilidade em mediar disputas entre os estados e o governo federal e em afirmar a supremacia da Constituição americana criou um legado que moldou o futuro da nação. Marshall foi um mestre em transformar a Corte em uma instituição respeitada, capaz de garantir a aplicação uniforme das leis e de proteger os princípios constitucionais, independentemente das pressões políticas do momento.

De forma análoga, o Ministro Dias Toffoli, à frente do Supremo Tribunal Federal, também se destacou por sua capacidade de promover o diálogo e a conciliação entre os poderes da República, em um período de grande polarização política no Brasil. Toffoli tem sido um defensor ardoroso da harmonia institucional, buscando sempre evitar conflitos exacerbados e preservar a estabilidade democrática. Sob sua liderança, o STF

---

[17] LEGALE, Siddharta; FERNANDES, Eric Baracho Dore. O STF nas Cortes Victor Nunes Leal, Moreira Alves e Gilmar Mendes. *Revista Direito GV*, v. 17, p. 23-46, 2013. Para uma visão crítica da Corte Victor Nunes Leal, e propondo uma Corte Carlos Medeiros, Cf. CYRILLO, Carolina. *Memória jurisprudencial Ministro Eioy José da Rocha*. 1. ed. Brasília: Supremo Tribunal Federal, 2023; LEGALE, Siddharta; MACEDO, Marco Antônio F. A Corte Moreira Alves (1975-2003): a judicatura de um civilista no STF e o controle de constitucionalidade. *Observatório da Jurisdição Constitucional*, v. 2, p. 1-32, 2012; LEGALE, Siddharta; VAL, Eduardo Manuel. A "Corte" Gilmar Mendes revisitada (2008-2010): mais ativismo no Supremo Tribunal federal? *In*: BELLO, Enzo (Org.). *Ensaios críticos sobre direitos humanos e constitucionalismo*. 1. ed. Caxias do Sul: EDUCs, 2012. p. 103-126.

[18] LEGALE, Siddharta; MACEDO, Marco Antônio F. A Corte Moreira Alves (1975-2003): a judicatura de um civilista no STF e o controle de constitucionalidade. *Observatório da Jurisdição Constitucional*, v. 2, p. 1-32, 2012.

[19] LEGALE, Siddharta; VAL, Eduardo Manuel. A "Corte" Gilmar Mendes revisitada (2008-2010): mais ativismo no Supremo Tribunal federal? *In*: BELLO, Enzo (Org.). *Ensaios críticos sobre direitos humanos e constitucionalismo*. 1. ed. Caxias do Sul: EDUCs, 2012. p. 103-126.

tem reafirmado seu papel como guardião da Constituição, especialmente em decisões que envolvem direitos fundamentais e a preservação da ordem democrática. Toffoli demonstrou, ao longo de sua gestão, uma sensibilidade particular para as questões sociais, equilibrando a letra da lei com as necessidades reais da sociedade brasileira.

Em ambos os casos, tanto Marshall quanto Toffoli elevaram suas cortes a novos patamares de relevância, não apenas interpretando as leis, mas também moldando a própria compreensão do que significa viver sob um Estado democrático de direito. Suas contribuições foram essenciais para fortalecer a confiança pública no Judiciário e assegurar que, mesmo em tempos de crise, as instituições democráticas pudessem funcionar com integridade e eficiência. Marshall e Toffoli, cada um em seu contexto, são exemplos de liderança judicial.

John Marshall, durante seu mandato como *chief justice* na Suprema Corte dos Estados Unidos, desempenhou um papel crucial ao mediar as tensões e desavenças entre os estados, evitando assim a fragmentação prematura da união americana no início do século XIX. Em um período em que a jovem nação ainda buscava consolidar sua identidade e fortalecer seu sistema federal, Marshall utilizou sua posição para promover uma interpretação da Constituição que reforçava a coesão nacional, garantindo que as divergências entre os estados fossem resolvidas dentro do quadro constitucional, preservando a união e solidificando a autoridade do governo federal. De forma análoga, o Ministro Dias Toffoli, em sua atuação à frente do Supremo Tribunal Federal, assumiu o papel de mediador entre os poderes da República, em um momento de intensa polarização política no Brasil. Sua habilidade em fomentar o diálogo e manter a harmonia entre Executivo, Legislativo e Judiciário foi vital para evitar uma crise política que poderia ter ameaçado a estabilidade democrática do país. Assim como Marshall assegurou a durabilidade da união americana, Toffoli garantiu que o Brasil atravessasse momentos turbulentos sem comprometer a integridade de suas instituições democráticas, reafirmando o papel do STF como guardião da Constituição e promotor do equilíbrio entre os poderes.

O Ministro Dias Toffoli se insere, com pleno mérito, na ilustre tradição dos grandes juristas que ascenderam ao Supremo Tribunal Federal, respaldados por um saber jurídico notável e uma reputação irrepreensível. Sua trajetória na advocacia, tanto no âmbito privado, em que defendeu causas de grande relevância, quanto na advocacia pública, como advogado-geral da União, revela um compromisso inabalável com a defesa dos direitos fundamentais e com a justiça social. Toffoli trouxe para o STF uma habilidade singular em lidar com questões complexas, aliando rigor técnico a uma profunda sensibilidade para as necessidades sociais. Além disso, sua atuação se destacou pela capacidade de mediar conflitos e evitar crises políticas, promovendo sempre o diálogo e a harmonia entre os poderes da República. Essa combinação de qualidades fez dele uma figura central na promoção da estabilidade institucional e no fortalecimento dos valores democráticos no Brasil.

Na sequência, será apresentada a metodologia adotada neste estudo, que se fundamenta em uma análise detalhada de casos emblemáticos julgados durante a "Corte Toffoli" e em um exame das iniciativas de modernização do Supremo Tribunal Federal promovidas sob sua liderança. O objetivo central é ressaltar a identidade distinta desse período, evidenciando como a combinação de uma abordagem analítica rigorosa e um compromisso com a inovação tecnológica contribuíram para consolidar um legado de diálogo, mediação e defesa intransigente dos valores constitucionais. Essa metodologia permitirá uma compreensão aprofundada dos elementos que marcaram a "Corte Toffoli", destacando sua contribuição para a evolução e modernização do Judiciário brasileiro.

3 Metodologia empregada

O presente texto investiga o papel e o impacto não de toda longa e profícua judicatura do Ministro Dias Toffoli desde 2009, mas cuida particularmente do seu período da Presidência do STF. Trata do seu impacto e legado permanentes para o Supremo Tribunal Federal, em particular, e para a nação, no geral.

A hipótese que é a sua presidência deixou algumas marcas permanentes no Supremo Tribunal Federal. Em termos procedimentais, sem dúvida, a redução dos processos, a ampliação dos julgamentos de mérito e a organização da agenda com seis meses de antecedência ao que seria julgado em cada semestre permitiu um debate público mais robusto pela Corte. Em termos substantivos, há diversos casos relevantíssimos na defesa dos direitos humanos fundamentais e da democracia que merecem destaque.

Ainda assim, com intuito de ampliar o rigor dessa análise, serão combinadas as técnicas investigação qualitativa e quantitativa, recorrendo tanto a entrevistas e artigos, quanto ao estudo de natureza explanatória[20] de casos C grande e *c* pequeno,[21] buscando um panorama dos dados gerais do período para, posteriormente, selecionar casos representativos desse momento da Presidência do Ministro Dias Toffoli (2018 – 2020). Este período, neste recorte, deve ser visto como uma metonímia dos desafios da proteção de direitos humanos fundamentais pela jovem democracia brasileira.

Preliminarmente, porém, é preciso dizer que o período da curta "Corte Toffoli" vai de 2018 a 2020, considerando apenas o momento em que esteve na Presidência do STF. Contudo, se pensarmos na projeção dos seus efeitos, seria possível pensar em uma longa "Corte Toffoli", que atravessa os atos de 8.1.2023, com a invasão e destruição parcial da Corte,[22] chegando aos dias atuais. Os acontecimentos e julgados foram dos mais difíceis da história recente do Supremo Tribunal Federal. A intensa polarização exigiu um sábio processo de retração do Judiciário, como inclusive pontuou o Min. Dias Toffoli.[23]

Afinal, o Supremo foi assumindo o papel, como também defende academicamente o ministro, de poder moderador dos conflitos sociais, políticos, econômicos e jurídicos,[24] que chegou ao seu ápice com decisões a respeito do *impeachment* da Presidente Dilma Rousseff, o afastamento de Renan Calheiros da Presidência do Senado, os debates

---

[20] YIN, Robert. *Estudo de caso*: planejamento e métodos. Porto Alegre: Bookman, 2001.
[21] GERRING, John. *Pesquisa de estudo de caso*. Petrópolis: Vozes, 2019.
[22] 8 DE JANEIRO: a resposta imediata do STF aos atos antidemocráticos. *STF*. Disponível em: https://portal.stf.jus.br/noticias/verNoticiaDetalhe.asp?idConteudo=523797&ori=1.
[23] MOHALLEM, Michael. A Guerra perdida de Toffoli. *Piauí Folha*, 19 mar. 2019. Disponível em: https://piaui.folha.uol.com.br/guerra-perdida-de-toffoli/.
[24] TOFFOLI, José Antonio Dias. Democracy in Brazil: the evolving role of the country's supreme court. *Boston College International & Comparative Law Review*, v. 40, 2017. p. 245 e ss.

acalorados no plenário sobre a prisão ou soltura do Presidente Lula e os inquéritos sobre das *fake news* – inclusive contra ministros do STF – envolvendo o Presidente Bolsonaro e certos apoiadores.[25]

A "Corte Toffoli", de fato, insere-se em um dos contextos mais conturbados sob a vigência da Constituição de 1988. A condução do Ministro Toffoli representou a busca de um freio de arrumação em direção a uma Corte mais comedida e moderada face à profunda polarização política da época, e revelou-se antes, durante e depois uma das posturas mais acertadas que a Corte Constitucional poderia assumir. A redução do ativismo e a adoção de uma postura autocontida calibrando a jurisdição constitucional revelou-se essencial para ampliar a harmonia entre os poderes.

4 Breve biografia de José Antônio Dias Toffoli

O Ministro Dias Toffoli foi indicado para o cargo durante o segundo mandato do Presidente Lula, substituindo o Ministro Menezes Direito, que fora indicado pelo Presidente Fernando Henrique Cardoso, mas veio a falecer em 2009.

À época, alguns candidatos haviam sido sondados para o cargo com apoio de *players* importantes, como Cesar Asfor Rocha, apoiado por Sarney; Ministro Nelson Jobim, que apoiava Teori Zavascki, apoiado pelo Min. Nelson Jobim; Roberto Caldas, apoiado por Tarso Genro.[26]

Dias Toffoli tem um caminho próprio e singular que o habilitou ao mais elevado cargo do Poder Judiciário, tendo em conta a sua trajetória que vai de aluno da Faculdade de Direito da Universidade de São Paulo[27] até o trabalho como assessor parlamentar, como assessor da Presidência, como advogado de partido político e, enfim, como advogado-geral da União.

Em um primeiro momento, Toffoli trabalhou como assessor do Deputado estadual petista Arlindo Chinaglia em 1994, e depois na liderança do PT na Câmara dos Deputados de 1995 a 2000. Em 2001, tornou-se chefe de gabinete de Chinaglia, que era secretário na Prefeitura de São Paulo, então comandada pela petista Marta Suplicy.

Em um segundo momento, seu vínculo como advogado, inicialmente, da CUT e, posteriormente, do PT. Desta atuação, vale destacar a judicialização de casos muito relevantes, como a ADI nº 1.798, ajuizada pelo Partido dos Trabalhadores a respeito do Fundo Garantidor de Créditos oriundo das resoluções nºs 2.197/95 e 2.211/95, questionando eventual ofensa ao art. 192, VI da Constituição a respeito das controvérsias envolvendo os mecanismos de proteção de titulares de créditos contra instituições financeiras.[28]

---

[25] RODRIGUES, Theófilo Codeço Machado. Análise da trajetória dos ministros do Supremo Tribunal Federal (STF): insulamento ou presidencialismo de coalizão? *Revista Direito GV*, v. 18 n. 2, 2022.

[26] Barroso, um dos concorrentes na época, forneceu o melhor contexto sobre a indicação de Toffoli ao relatar a conversa com Pedro Abramovay, Secretário de Assuntos Legislativos do Ministério da Justiça, em que foram mencionados os concorrentes. Cf. FONTAINHA, Fernando de Castro *et al*. *História oral do Supremo (1988-2013)*: Luís Roberto Barroso. Rio de Janeiro: FGV, 2017. p. 91 e ss.

[27] Vale uma curiosidade aqui. Toffoli foi colega de turma de Alexandre de Moraes e teve Ricardo Lewandowski como professor. Ambos foram ministros do STF.

[28] STF. ADI nº 1.398-0 MC. Rel. Min. Francisco Rezek, j. 13.3.1996. *DJ*, 18 out. 1996. Para um comentário ao caso, vale conferir a entrevista concedida à FGV por Dias Toffoli: FONTAINHA, Fernando de Castro *et al*. *História oral do Supremo (1988-2013)*: Dias Toffoli. Rio de Janeiro: FGV, 2017. p. 93 e ss.

Em um terceiro momento, com a chegada de Lula ao governo federal, Toffoli foi nomeado Subchefe para Assuntos Jurídicos da Casa Civil, cargo que ocupou de janeiro de 2003 a junho de 2005, sob a direção do Ministro José Dirceu.

Em um quarto, e último momento antes de ser indicado e assumir o cargo de ministro do STF, Toffoli, em março de 2007, assumiu a Advocacia-Geral da União (AGU).[29] Dessa experiência, o próprio Ministro Dias Toffoli destaca o parecer que emitiu favorável à anistia ampla e geral, tanto para os militares, quanto para os opositores à ditadura militar. Registrou a profunda oposição que enfrentou com críticas do Ministro de Direitos Humanos, Paulo Vannuchi; do Ministro da Justiça, Tarso Genro; e da Ministra da Casa Civil, Dilma Rousseff.

Toffoli destacou, porém, em entrevista a respeito, que o Presidente Lula nunca solicitou que o parecer fosse modificado por considerar que a AGU preparou o parecer. Chamou atenção, nesse episódio, que a AGU possui uma autonomia diferente da atuação no âmbito da Casa Civil na qual se prepara documentos, como a sanção e o veto a projetos de lei assinados pelo presidente da República. No parecer da AGU, o autor, como advogado, assina o parecer.[30]

5 A Presidência do STF e a "Corte Toffoli" (2018 e 2020)

Como afirmado anteriormente, a "Corte Toffoli" inseriu-se em um dos tempos mais turbulentos da República após a Constituição de 1988. Nesse contexto, como bem destaca o AGU e Professor da USP José Levi do Amaral sobre os dois anos de Toffoli como presidente do STF, o magistrado assumiu o papel de moderador de conflitos com sensibilidade e prudência para evitar "entrechoques". Na ocasião, inclusive o Presidente Jair Bolsonaro destacou Toffoli como uma figura de diálogo para harmonia entre os poderes em momentos difíceis.[31]

De fato, está correta a análise do AGU e do presidente da República, segundo as quais é possível somar que o comportamento como magistrado na Presidência do STF com a produção acadêmica do Professor Dias Toffoli, que produziu academicamente com profundo domínio do papel das Cortes Constitucionais nas democracias, tanto colocando para debate a autobiografia de um dos principais idealizadores do Tribunal Constitucional como conhecemos hoje, Hans Kelsen,[32] quanto ao analisar esse importante papel de moderador de conflitos políticos e sociais do STF em um perspicaz artigo científico, publicado na prestigiosa *Revista de Direito Internacional e Comparado* da Boston College.[33]

---

[29] Parecer CGU/AGU nº 1/2007. *RVJ*, 27 nov. 2007. Processo 00400.000843/2007-88.
[30] FONTAINHA, Fernando de Castro *et al. História oral do Supremo (1988-2013)*: Dias Toffoli. Rio de Janeiro: FGV, 2017. p. 104 e ss.
[31] ADVOGADO-GERAL destaca papel moderador de Dias Toffoli à frente do Supremo. *Gov.br*, 9 set. 2020. Disponível em: https://www.gov.br/agu/pt-br/comunicacao/noticias/advogado-geral-destaca-papel-moderador-de-dias-toffoli-a-frente-do-supremo.
[32] TOFFOLI, José Antonio Dias; RODRIGUEZ JUNIOR, Otavio Luiz. Hans Kelsen, o jurista e suas circunstâncias. Estudo introdutório para edição brasileira da autobiografia de Hans Kelsen. *In*: KELSEN, Hans. *Autobiografia*. Rio de Janeiro: Forense Universitária, 2012. p. XIII e ss.
[33] TOFFOLI, José Antonio Dias. Democracy in Brazil: the evolving role of the country's supreme court. *Boston College International & Comparative Law Review*, v. 40, 2017. p. 245 e ss.

A condução do Ministro Toffoli em busca de um freio de arrumação em direção a uma Corte mais comedida e moderada face à profunda polarização política da época revelou-se antes, durante e depois uma das posturas mais acertadas que a Corte Constitucional poderia assumir. A redução do ativismo e a adoção de uma postura autocontida calibrando a jurisdição constitucional revelaram-se essenciais para a harmonia entre os poderes.

6 Um breve estudo de casos da "Corte Toffoli"

Há, na literatura especializada sobre o STF, relatórios e artigos científicos, sobretudo oriundos de projeto de investigação científica da Fundação Getúlio Vargas para levantamentos de dados, cujas análises e críticas têm desenvolvido um papel decisivo para colocar temas para o debate público sobre a Corte por meio de dados empíricos.

O estudo em particular de Guilherme Franca e Danilo dos Santos Almeida realizou uma análise do mandato como presidente de Dias Toffoli em termos abrangentes, estudando principalmente dados a respeito das decisões monocráticas e sobre o poder de pauta da presidência.

Em primeiro lugar, os autores concluíram, calculando os presidentes desde 2010, que Toffoli figurou como o sexto de oito presidentes em termos de quantidade de decisões monocráticas. Foram 1.115 decisões monocráticas. Confira-se:

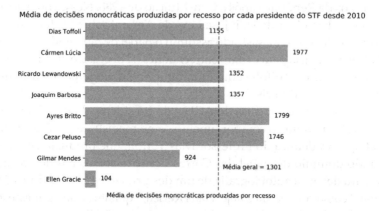

Embora seja um número significativo, se comparado aos seus pares, Toffoli como presidente do STF parece revelar uma postura potencialmente mais dialógica do que monológica ao optar pela tomada de decisões no Plenário.

Em segundo lugar, os autores também chamam atenção para uma prerrogativa do presidente do STF, prevista no regimento, de definir a agenda do Tribunal, pautando, dirigindo e presidindo as sessões plenárias. A singularidade ou a marca da sua gestão foi, de fato, ampliar bastante a antecedência de divulgação da pauta. A pauta do semestre passaria a estar integralmente disponível. Com isso, Toffoli aperfeiçoa a prática da gestão da Min. Cármen Lúcia de divulgação da pauta com um mês de antecedência.

Isso produziu um impacto determinante na Corte de ampliar a quantidade de decisões proferidas. Vale conferir os dados dos autores:

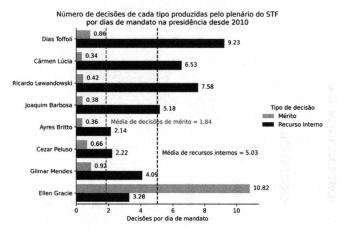

Figura 5 - O plenário do STF também produz muitas decisões: o plenário, sob a pauta de Dias Toffoli, produziu mais de 10 decisões a cada dia desde a sua posse.

Outros dados quantitativos, levantados pelos pesquisadores da FGV, poderiam ser colacionados aqui, contudo, optou-se por chamar atenção não apenas para aspectos quantitativos, mas principalmente dos qualitativos por meio de uma seleção de casos emblemáticos do período, organizados a partir das classes processuais, como uma forma de fornecer uma metonímia do período em análise. Em outras palavras, a partir de um seleto grupo de decisões se ilustra a postura dialógica de decidir o mérito e buscar pacificar os conflitos na "Corte Toffoli".

Para tanto, preliminarmente, foram levantados os dados gerais do período e, posteriormente, as decisões de autoria do ministro, priorizando na escolha as últimas em relação às primeiras. Confira-se:

Fonte: Produção autoral com base no buscador do STF.

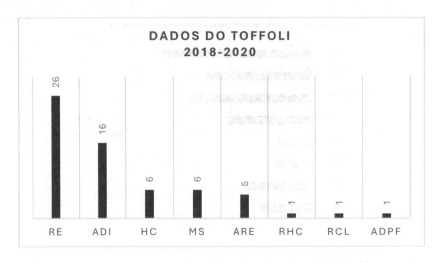

Fonte: Produção autoral com base no buscador do STF.

Feitos esses breves esclarecimentos, cabe registrar que os diversos casos serão agrupados em três eixos principais meramente para fins didáticos: (i) o controle abstrato, selecionando ADIns e ADPFs; (ii) recursos extraordinários; e (iii) outras ações, como HC, MS, Rcl.

6.1 Principais ações do controle abstrato

Mais de 400 ADIns e ADPFs foram decididas na "Corte Toffoli". Dessas, 16 ADIs[34] e 1 ADPF são da relatoria do ministro. Selecionamos em função da importância. A ADI nº 4.870 sobre o foro por prerrogativa de função e ações de improbidade administrativa, bem como a ADPF nº 77, que tratou da legalidade da regra do Plano Real que, em 2024, completou 30 anos, uma conquista fundamental para o Brasil em termos de contenção da inflação em patamares aceitáveis.

Na ADI nº 4.870,[35] a Associação Nacional dos Membros do Ministério Público (Conamp) ajuizou a ação direta de inconstitucionalidade perante o Supremo Tribunal Federal (STF) contra a Emenda à Constituição do Estado do Espírito Santo nº 85/2012, que instituiu prerrogativa de foro para autoridades processadas em ações civis por improbidade administrativa. A Conamp argumenta que a emenda viola os arts. 25, 22, inc. I, e 125 da Constituição Federal, bem como o art. 11 do Ato das Disposições

---

[34] De acordo com o levantamento dos dados disponíveis no site do STF, ADI nº 5.534, Rel. Min. Dias Toffoli, *DJ*, 19.12.2020; STF, ADI nº 4.870, Rel. Min. Dias Toffoli, *DJ*, 14.12.2020; STF, ADI nº 5.277, Rel. Min. Dias Toffoli, *DJ*, 10.12.2020; STF, ADI nº 3.086, Rel. Min. Dias Toffoli, *DJ*, 24.9.2020; STF, ADI nº 4.612, Rel. Min. Dias Toffoli, *DJ*, 17.8.2020; STF, ADI nº 1.251, Rel. Min. Dias Toffoli, *DJ*, 6.8.2020; STF, ADI nº 2.575, Rel. Min. Dias Toffoli, *DJ*, 24.6.2020; STF, ADI nº 3.577, Rel. Min. Dias Toffoli, *DJ*, 13.2.2020; STF, ADI nº 2.259, Rel. Min. Dias Toffoli, *DJ*, 13.2.2020; STF, ADI nº 5.420, Rel. Min. Dias Toffoli, *DJ*, 4.3.2020; STF, ADI nº 807, Rel. Min. Dias Toffoli, *DJ*, 7.2.2019; STF, ADI nº 3.037, Rel. Min. Dias Toffoli, *DJ*, 7.2.2019; STF, ADI nº 3.757, Rel. Min. Dias Toffoli, *DJ*, 17.10.2018; STF, ADI nº 145, Rel. Min. Dias Toffoli, *DJ*, 20.6.2018; STF, ADI nº 1.080, Rel. Min. Dias Toffoli, *DJ*, 3.4.2018; STF, ADI nº 3.628, Rel. Min. Dias Toffoli, *DJ*, 8.3.2018.

[35] STF, ADI nº 4.870, Rel. Min. Dias Toffoli, j. 15.12.2020. *DJ*, 23.2.2021.

Constitucionais Transitórias (ADCT), ao invadir a competência legislativa da União, que detém a responsabilidade de legislar sobre direito processual.

A emenda, aprovada pela Assembleia Legislativa do Espírito Santo, adicionou a alínea "h" ao art. 109 da Constituição estadual, permitindo que autoridades com prerrogativa de foro no Tribunal de Justiça do Espírito Santo (TJ-ES) em ações criminais sejam também julgadas por essa corte em ações civis públicas por improbidade administrativa. A Conamp alega que essa alteração cria uma prerrogativa de foro inconstitucional, rompendo a simetria federativa e causando potencial lentidão na prestação jurisdicional.

A entidade solicita ao STF a concessão de liminar para suspender os efeitos da emenda, evitando o deslocamento de processos para o TJ-ES. No mérito, a Conamp pede a declaração de inconstitucionalidade da emenda. O caso está sob a relatoria do Ministro Dias Toffoli.

Na ADPF nº 77,[36] por sua vez, a Confederação Nacional do Sistema Financeiro (Consif) ajuizou a arguição de descumprimento de preceito fundamental perante o STF em 2005 a respeito da constitucionalidade de aspectos centrais do Plano Real, implementado em 1994. O Plano Real foi um marco na economia brasileira, projetado para combater a hiperinflação que assolava o país nas décadas de 1980 e 1990. Uma das medidas-chave desse plano foi a introdução da nova moeda, o Real, e a criação de uma regra de transição para a variação monetária de obrigações jurídicas, conforme estabelecido no art. 38 da Lei nº 8.880/94.

A ADPF nº 77 aborda a legalidade dessa regra de transição, que visava ajustar as obrigações financeiras durante a mudança para o Real, garantindo a continuidade dos contratos e evitando distorções econômicas. A principal controvérsia gira em torno de se essa medida violou direitos adquiridos e atos jurídicos perfeitos, protegidos pela Constituição Federal. O art. 5º, inc. XXXVI, da Constituição brasileira, protege o ato jurídico perfeito, o direito adquirido e a coisa julgada, princípios que são frequentemente invocados em discussões sobre a legitimidade das intervenções estatais em contratos privados.

Enfatizam-se dois pontos centrais: primeiro, que as leis monetárias, como as implementadas pelo Plano Real, desempenham um papel crucial na definição do regime jurídico da moeda, regulando-a tanto como meio de pagamento quanto como padrão de valor. Esse papel é vital para assegurar a estabilidade econômica e a confiança na moeda. Segundo, argumenta que a regulamentação dos efeitos presentes de obrigações jurídicas por meio de leis monetárias não interfere necessariamente nos atos jurídicos perfeitos, uma vez que existe uma distinção jurídica entre a validade e a eficácia das obrigações.

---

[36] STF, ADPF nº 77, Rel. Min. Dias Toffoli, j. 16.5.2019. *DJ*, 5.5.2020. "5. Arguição de descumprimento de preceito fundamental julgada procedente, declarando-se a constitucionalidade do art. 38 da Lei nº 8.880, de 27 de maio de 1994, e consignando-se que a aplicação imediata desse dispositivo não viola o art. 5º, XXXVI, da Constituição Federal. 6. Tese proposta: 'é constitucional o art. 38 da Lei nº 8.880, de 27 de maio de 1994, não importando a aplicação imediata desse dispositivo violação do art. 5º, XXXVI, da Constituição Federal'".

6.2 Principais recursos extraordinários

No período da "Corte Toffoli", o STF produziu mais de 200 recursos extraordinários e ARE. O Ministro Toffoli, especificamente, contribuiu com cerca de 26 REs.[37] Destacamos os RE nº 605.552 a respeito da tributação de medicamentos no contexto da Covid e o RE nº 670.422 sobre a mudança de nome de pessoas trans.

No RE nº 605.552,[38] o Supremo Tribunal Federal (STF) decidiu, por oito votos a três, que as farmácias de manipulação devem pagar o Imposto sobre Serviços (ISS) sobre os produtos manipulados sob encomenda e o Imposto sobre Circulação de Mercadorias e Serviços (ICMS) sobre os medicamentos vendidos nas prateleiras. Essa decisão foi tomada no julgamento do Recurso Extraordinário (RE) nº 605.552, realizado no Plenário Virtual da Corte.

A questão, que foi tratada com repercussão geral, deve orientar as decisões das instâncias inferiores. O caso envolvia a discussão sobre a incidência de tributos nas operações mistas de manipulação e fornecimento de medicamentos. O relator, Ministro Dias Toffoli, afirmou que o ISS deve incidir sobre serviços não previstos na Lei Complementar nº 116/2003, enquanto o ICMS incidirá nas operações gerais. A decisão segue o raciocínio aplicado a *softwares*, em que produtos "de prateleira" pagam ICMS e os "feitos sob demanda" pagam ISS.

O caso chegou ao STF em 2009, após o Governo do Rio Grande do Sul recorrer de uma decisão do Superior Tribunal de Justiça (STJ) que havia determinado a cobrança exclusiva de ISS. A decisão do STF traz segurança jurídica, mas exige que as farmácias de manipulação demonstrem claramente à Receita Federal quais produtos foram produzidos sob encomenda e quais foram disponibilizados ao público geral.

No RE nº 670.422,[39] por sua vez, o STF decidiu, por meio do recurso extraordinário, que pessoas transgênero têm o direito de alterar o prenome e a classificação de gênero no registro civil diretamente pela via administrativa, sem a necessidade de cirurgia de redesignação de sexo ou de ordem judicial. Essa decisão foi tomada com repercussão geral reconhecida, aplicando o entendimento já estabelecido na Ação Direta de Inconstitucionalidade (ADI) nº 4.275.

O Ministro Dias Toffoli, relator do RE, ajustou seu voto para alinhar-se à posição do STF de março de 2018, ampliando o direito de alteração de registro a todos os transgêneros, não apenas a transexuais. A maioria dos ministros concordou com esse

---

[37] STF, RE nº 695911, Rel. Min. Dias Toffoli, *DJ*, 15.12.2020; STF, RE nº 1043313, Rel. Min. Dias Toffoli, *DJ*, 10.12.2020; STF, RE nº 611874, Rel. Min. Dias Toffoli, *DJ*, 26.11.2020; STF, RE nº 607642, Rel. Min. Dias Toffoli, *DJ*, 9.11.2020; STF, RE nº 669196, Rel. Min. Dias Toffoli, *DJ*, 23.10.2020; STF, RE nº 605552, Rel. Min. Dias Toffoli, *DJ*, 7.10.2020; STF, RE nº 754917, Rel. Min. Dias Toffoli, *DJ*, 6.10.2020; STF, RE nº 917285, Rel. Min. Dias Toffoli, *DJ*, 6.10.2020; STF, RE nº 1014286, Rel. Min. Dias Toffoli, *DJ*, 24.9.2020; STF, RE nº 791961, Rel. Min. Dias Toffoli, *DJ*, 19.8.2020; STF, RE nº 1096029, Rel. Min. Dias Toffoli, *DJ*, 4.3.2020; STF, RE nº 381367, Rel. Min. Dias Toffoli, *DJ*, 6.2.2020; STF, RE nº 827833, Rel. Min. Dias Toffoli, *DJ*, 6.2.2020; STF, RE nº 1055941, Rel. Min. Dias Toffoli, *DJ*, 4.12.2019; STF, RE nº 1055941, Rel. Min. Dias Toffoli, *DJ*, 28.11.2019; STF, RE nº 817338, Rel. Min. Dias Toffoli, *DJ*, 16.10.2019; STF, RE nº 716378, Rel. Min. Dias Toffoli, *DJ*, 7.8.2019; STF, RE nº 919269, Rel. Min. Dias Toffoli, *DJ*, 7.2.2019; STF, RE nº 919793, Rel. Min. Dias Toffoli, *DJ*, 7.2.2019; STF, RE nº 670422, Rel. Min. Dias Toffoli, *DJ*, 15.8.2018; STF, RE nº 605709, Rel. Min. Dias Toffoli, *DJ*, 12.6.2018; STF, RE nº 578846, Rel. Min. Dias Toffoli, *DJ*, 6.6.2018; STF, RE nº 656089, Rel. Min. Dias Toffoli, *DJ*, 6.6.2018; STF, RE nº 865401, Rel. Min. Dias Toffoli, *DJ*, 25.4.2018; STF, RE nº 634595, Rel. Min. Dias Toffoli, *DJ*, 3.4.2018; STF, RE nº 1038357, Rel. Min. Dias Toffoli, *DJ*, 6.2.2018.

[38] STF, RE nº 605.552, Rel. Min. Dias Toffoli, j. 5.8.2020. *DJ*, 6.10.2020

[39] STF, RE nº 670.422, Rel. Min Dias Toffoli, j. 15.8.2018. *DJ*, 10.3.2020.

posicionamento, exceto Marco Aurélio e Alexandre de Moraes, que mantiveram a exigência de atuação judicial.

A tese aprovada estabelece que a alteração do registro civil deve ser feita com base na manifestação de vontade do indivíduo, podendo ser realizada pela via judicial ou administrativa. A mudança deve ser averbada no assento de nascimento, sem a inclusão do termo "transgênero", e nas certidões não constará nenhuma referência à origem da alteração, preservando o sigilo, exceto se solicitado pelo próprio interessado ou por determinação judicial.

6.3 Outras ações: HC, MS e RCL

Por fim, a respeito dos HC, RHC, MS e Rcl, o STF produziu mais de 190 decisões. O Ministro Toffoli especificamente contribuiu com 6 HC,[40] 1 RHC, 6 MS[41] e 1 Rcl. Nesses casos, foram decididas questões de elevada tensão política e social, como o HC nº 153.961, a respeito da prisão domiciliar humanitária do parlamentar Jorge S. Picciani da ALERJ; o MS nº 29.002, a respeito da inconstitucionalidade do "auxílio-voto" e o CNJ; o RHC nº 117.978, envolvendo o ex-médico Roger Abdelmassih; e a Reclamação (RCL) nº 24.473, envolvendo Gleisi Hoffman.

No Habeas Corpus nº 153.961,[42] Jorge Sayed Picciani, ex-presidente da Assembleia Legislativa do Rio de Janeiro, solicitou a substituição de sua prisão preventiva por prisão domiciliar devido ao seu delicado estado de saúde. Picciani havia passado por uma cirurgia extensa e complexa para a remoção de um tumor maligno que resultou na retirada da bexiga e da próstata, além de ter se submetido a tratamentos de quimioterapia. Desde a sua prisão, seu estado de saúde vinha se deteriorando, com agravamento de infecções urinárias e outros problemas relacionados à sua condição médica.

A defesa argumentou que o ambiente carcerário não era adequado para o tratamento necessário e que a permanência de Picciani na prisão representava um risco iminente à sua saúde e vida. Inicialmente, um juiz federal substituto havia autorizado a realização de uma perícia médica para avaliar as condições de saúde de Picciani e determinar se o estabelecimento prisional era adequado para os cuidados necessários. No entanto, essa decisão foi posteriormente revertida pelo relator original do caso, que considerou desnecessária a realização da perícia.

Diante dessa situação, a defesa recorreu ao Supremo Tribunal Federal, apontando a decisão como um constrangimento ilegal, uma vez que privava Picciani da oportunidade de demonstrar a inadequação do ambiente carcerário para seu tratamento médico.

O Ministro Dias Toffoli, ao analisar o pedido, reconheceu que a ausência de perícia configurava um constrangimento ilegal, justificando assim a superação da Súmula nº 691 do STF, que geralmente impede o conhecimento de *habeas corpus* contra decisões denegatórias de liminar em instâncias inferiores. Toffoli concedeu parcialmente a liminar,

---

[40] STF, HC nº 141440, Rel. Min. Dias Toffoli. *DJ*, 14.8.2018; STF, HC nº 155363, Rel. Min. Dias Toffoli. *DJ*, 8.5.2018; STF, HC nº 152707, Rel. Min. Dias Toffoli. *DJ*, 19.4.2018; STF, HC nº 155347, Rel. Min. Dias Toffoli. *DJ*, 17.4.2018; STF, HC nº 134872, Rel. Min. Dias Toffoli. *DJ*, 27.3.2018; STF, HC nº 153961, Rel. Min. Dias Toffoli. *DJ*, 27.3.2018.

[41] STF, MS nº 31667, Rel. Min. Dias Toffoli. *DJ*, 11.9.2018; STF, MS nº 29002, Rel. Min. Dias Toffoli. *DJ*, 7.8.2018; STF, MS nº 32703, Rel. Min. Dias Toffoli. *DJ*, 10.4.2018; STF, MS nº 32096, Rel. Min. Dias Toffoli. *DJ*, 3.4.2018; STF, MS nº 32967, Rel. Min. Dias Toffoli. *DJ*, 3.4.2018; STF, MS nº 32968, Rel. Min. Dias Toffoli. *DJ*, 3.4.2018.

[42] STF, HC nº 153961, Rel. Min. Dias Toffoli, j. 27.3.2018. *DJ*, 25.5.2020.

determinando a realização de uma perícia médica oficial no prazo de 48 horas, com base nos quesitos já apresentados pela defesa e pelo Ministério Público, para avaliar as necessidades de saúde de Picciani.

Essa decisão visava a garantir que, caso a perícia confirmasse a gravidade da situação e a inadequação do tratamento no ambiente carcerário, fosse possível conceder a prisão domiciliar. O ministro também ordenou que o Tribunal Regional Federal da 2ª Região tomasse as providências necessárias para a realização da perícia e que, após a conclusão do exame, o pedido de prisão domiciliar fosse reavaliado à luz das conclusões médicas.

Dessa forma, o caso enfatiza a necessidade de equilibrar a aplicação da lei penal com a proteção dos direitos fundamentais à vida e à saúde, mesmo em situações de prisão preventiva, e demonstra a sensibilidade do STF ao tratar de questões envolvendo a integridade física e a dignidade dos custodiados.

No MS nº 29.002,[43] por sua vez, Associação Paulista de Magistrados (Apamagis) impetrou um mandado de segurança contra decisão do Conselho Nacional de Justiça. O CNJ havia determinado a devolução de valores percebidos por magistrados de São Paulo que atuaram em um mutirão e receberam um "auxílio-voto" que excedia o teto remuneratório constitucional.

O Supremo Tribunal Federal, por meio da Segunda Turma, concedeu a segurança pleiteada, anulando a decisão do CNJ. O relator, Ministro Dias Toffoli, fundamentou sua decisão na violação ao devido processo legal, especialmente no que se refere aos direitos ao contraditório e à ampla defesa, uma vez que os magistrados envolvidos não foram previamente intimados a apresentar defesa no procedimento administrativo. Além disso, o STF entendeu que o CNJ não possui competência para realizar controle de constitucionalidade de normas, exceto em casos já pacificados pelo STF. Portanto, a decisão do STF anulou a deliberação do CNJ relacionada à devolução dos valores recebidos como "auxílio-voto", reconhecendo a legalidade das convocações e dos pagamentos feitos aos magistrados no período em questão.

No RHC nº 117.978,[44] o Supremo julgou o *habeas corpus* da defesa do ex-médico Roger Abdelmassih, que buscava a anulação da ação penal que resultou em sua condenação a 278 anos de prisão por crimes de estupro e atentado violento ao pudor, cometidos entre 1995 e 2008. A defesa argumentava que, devido à ausência de lesões corporais nas vítimas, a caracterização da violência real não seria válida, o que afastaria a titularidade do Ministério Público para conduzir a ação penal.

---

[43] STF, MS nº 29002, Rel. Min. Dias Toffoli, j. 7.8.2018. *DJ*, 24.7.2020.

[44] STF, RHC nº 117978, Rel. Min. Dias Toffoli, j. 5.6.2018. *DJ*, 1º.8.2018. « Recurso ordinário em habeas corpus. Processual penal. Crimes de estupro praticado mediante violência real. Condenação. Pretendido trancamento da ação penal na origem. Alegada ocorrência de decadência do direito de queixa à exceção de uma das vítimas. Impossibilidade. Crimes que se processam mediante ação penal pública incondicionada. Inteligência do enunciado da Súmula nº 608 da Corte. Precedentes. Recurso ao qual se nega provimento. 1. Nos termos da Súmula 608 do Supremo Tribunal Federal, no crime de estupro, praticado mediante violência real, a ação é pública incondicionada. 2. O Supremo Tribunal Federal registra precedente admitindo a legitimidade do Ministério Público para propor a ação penal por reputar dispensável a ocorrência de lesões corporais para a caracterização da violência real nos crimes de estupro (v.g. HC nº 102.683/RS, Segunda Turma, Relatora a Ministra Ellen Gracie, DJe de 3/2/11). 3. O entendimento adotado pelo Superior Tribunal de Justiça legitimando a titularidade do Ministério Público para o exercício da ação penal no caso concreto, apesar de as vítimas não terem sofrido lesões corporais, encontra amparo na jurisprudência do Supremo Tribunal Federal. 4. Recurso ao qual se nega provimento".

No entanto, o Supremo reafirmou o entendimento de que, para a caracterização da violência real nos crimes de estupro, não é necessário que haja lesões corporais. A decisão seguiu a jurisprudência consolidada na Súmula nº 608 do STF, que estabelece que os crimes de estupro praticados com violência real ou grave ameaça são de ação penal pública incondicionada, ou seja, a ação penal que pode ser movida independentemente de queixa das vítimas.

O relator do caso, Ministro Dias Toffoli, citou precedentes do Supremo, ressaltando que a violência real se configura quando há emprego de força física contra a vítima, restringindo sua liberdade de agir conforme sua vontade, mesmo na ausência de lesões corporais. O ministro destacou ainda que os crimes foram cometidos com o uso de força física, imobilização das vítimas e, em alguns casos, com pacientes sedadas, justificando assim a manutenção da condenação e o não acolhimento do recurso.

Na Rcl nº 24.473,[45] a Segunda Turma do Supremo Tribunal Federal anulou, por maioria de votos, a decisão da Justiça Federal que havia autorizado uma busca e apreensão no apartamento funcional da Senadora Gleisi Hoffmann (PT-PR) em junho de 2016, durante a Operação Custo Brasil, que investigava o ex-Ministro Paulo Bernardo, seu marido. Com a decisão, as provas obtidas e os elementos derivados delas foram considerados ilícitos.

A reclamação, movida pela Mesa do Senado, argumentou que a decisão de busca e apreensão deveria ter sido autorizada pelo Supremo, devido à prerrogativa de foro da senadora. O relator, Ministro Dias Toffoli, votou pela anulação da ordem, com apoio dos ministros Gilmar Mendes e Ricardo Lewandowski. O Ministro Edson Fachin discordou, argumentando que o foro por prerrogativa não deveria ser aplicado a locais, mas apenas a funções públicas.

Na mesma sessão, a Segunda Turma também concedeu *habeas corpus* de ofício para revogar a prisão preventiva de Paulo Bernardo, decidida pelo juízo da 6ª Vara Federal Criminal de São Paulo, em decisão anterior do Ministro Dias Toffoli na Reclamação nº 24.506. Embora a reclamação tenha sido julgada improcedente, o *habeas corpus* foi concedido devido à identificação de flagrante ilegalidade na prisão. O Ministro Fachin concordou com a improcedência da reclamação, mas divergiu sobre a concessão do *habeas corpus* de ofício, argumentando que o STF não deveria intervir em decisões de juízes de primeiro grau que não estão diretamente sujeitos à sua jurisdição.

7 A modernização da Corte: o Plenário Virtual

Durante a Presidência do Min. Dias Toffoli, o STF teve, segundo o *Relatório Justiça em Números* de 2019, a maior redução no número de processos de toda a série histórica. Embora haja 77,1 milhões de processos em tramitação, essa redução representou reduzir em 1,5 milhão o número de processos de 2019 em comparação ao ano de 2018.

Segundo o ministro, isso significou um incremento de 13% de produtividade, o avanço na pauta dos julgamentos colegiados e o menor acervo dos últimos 24 anos. Além

---

[45] STF, Rcl nº 24473, Rel. Min. Dias |Toffoli, j. 26.6.2018. *DJ*, 6.9.2018. "[...] e ao investigado, não detentor de prerrogativa de foro. 10. A alegação de que, após a apreensão, proceder-se-ia, em primeiro grau, a uma triagem do material arrecadado, para selecionar e apartar elementos de [...]".

de apontar o trabalho dos juízes, assessores, servidores, colaboradores, estagiários e do CNJ como responsável, o Min. Dias Toffoli afirma que "graças aos julgamentos virtuais, conseguimos avançar sobre a longa pauta de julgamentos colegiados".[46]

De fato, em 2019, a Emenda Regimental nº 52/2019 ampliou as cautelares no controle concentrado, referendos de medidas cautelares e provisórias, recursos e méritos de RG com jurisprudência dominante e demais classes com jurisprudência dominante. O processo de modernização avançou em 2020. As emendas regimentais nºs 53 e 54 também disciplinaram os processos de competência do STF e a sessão virtual extraordinária. A modernização se operou, ainda, no sentido de que a ausência de manifestação do ministro é registrada como não participação, a ausência de quórum suspende o julgamento e o inclui na sessão virtual seguinte, a publicação do acórdão é automática e a negativa da repercussão geral pode se dar apenas no caso concreto.[47]

Na última sessão em que Toffoli participou como presidente, os ministros Alexandre de Moraes e Gilmar Mendes reconheceram que essa redução drástica do número de processos a partir da ampliação das competências do Plenário Virtual foi uma marca da gestão dessa Presidência. O Ministro Gilmar, particularmente, qualificou essa modernização como um "expressivo legado" que permitiu, de fato, obter o registro do menor acervo processual em 24 anos.[48]

Trata-se, portanto, de uma contribuição histórica para o Poder Judiciário e para o Supremo, que consubstanciam símbolos de uma gestão preocupada estruturalmente com autocontenção judicial sem a qual não é factível uma razoável duração do processo. Passa-se a compreender que menos pode ser mais. Não apenas. Essa "nova sede" virtual por assim dizer inaugurou um "novo" Supremo Tribunal Federal por meio da adoção de um ambiente eletrônico de julgamentos assíncronos que, ao lado, das sessões por vídeo permitiu o STF atravessar o período de pandemia. Uma efetiva Suprema Corte digital.[49]

8 Conclusões

A Presidência do Ministro Dias Toffoli, entre os anos de 2018 e 2020, pode ser academicamente denominada como a "Corte Toffoli". Esse período é marcado por inovações tanto formais quanto substantivas, deixando uma marca indelével na história do Supremo Tribunal Federal. Procedimentalmente, o Ministro Toffoli promoveu uma racionalização expressiva dos processos no Supremo, ampliando os julgamentos de mérito e introduzindo a divulgação antecipada das pautas com seis meses de antecedência. Essa mudança não só ampliou o debate interno e externo à Corte Constitucional, como também permitiu uma maior transparência e previsibilidade no funcionamento do STF. Além disso, a expansão das competências do Plenário Virtual resultou em uma significativa redução do acervo, simbolizando um Supremo cada vez mais digital e eficiente.

---

[46] Disponível em: https://www.stf.jus.br/arquivo/cms/noticiaNoticiaStf/anexo/EncerramentoDT.pdf.
[47] Disponível em: https://portal.stf.jus.br/hotsites/plenariovirtual/.
[48] Disponível em: https://portal.stf.jus.br/noticias/verNoticiaDetalhe.asp?idConteudo=451344&ori=1.
[49] Para uma análise do colegiado virtual e das modificações ocorridas nessa expansão do Plenário Virtual. Cf. SOUZA, Raphael Ramos Monteiro de. Supremo remoto e a expansão do Plenário Virtual após a pandemia. *Revista Direito GV*, v. 19, 2023.

Substantivamente, a atuação do Ministro Toffoli foi fundamental na defesa dos direitos humanos e da democracia em um dos momentos mais críticos da história recente, tanto política quanto social. Sua habilidade em moderar conflitos políticos, sociais, econômicos e jurídicos se destacou em um cenário de intensa polarização política e na crise global causada pela pandemia da Covid-19. Em termos políticos, o Ministro Toffoli enfrentou desafios singulares, como os casos penais envolvendo figuras políticas e a definição do foro por prerrogativa de função, sempre com um olhar moderado e uma postura de mediação. No campo econômico, sua atuação foi crucial na fixação da constitucionalidade das regras de transição do Plano Real, que em 2024 celebrou 30 anos de controle da inflação. No âmbito social, suas decisões foram decisivas na proteção de direitos humanos, como em casos sobre medicamentos e a desnecessidade de cirurgia para mudança de gênero em documentos oficiais.

Além dessas realizações, o legado do Ministro Toffoli também se consolidou na sua habilidade de mediar e dialogar com sucesso entre seus pares e os poderes da República, evitando que o Brasil mergulhasse em uma crise política profunda. Sua gestão, marcada por um equilíbrio entre firmeza e moderação, foi essencial para manter a estabilidade institucional e assegurar que o Supremo Tribunal Federal continuasse a desempenhar seu papel de guardião da Constituição.

Conclui-se, portanto, que a "Corte Toffoli" possui uma importância multidimensional e singular para os direitos fundamentais, a democracia e a jurisdição constitucional no Brasil. Sob sua liderança, o Supremo Tribunal Federal conseguiu manter a eficiência e promover a pacificação de conflitos sociais, políticos e econômicos, adotando um comportamento menos ativista, mas extremamente eficaz em momentos de grande tensão.

Assim como a "Corte Marshall" foi fundamental na consolidação da união e da autoridade judicial nos Estados Unidos, a "Corte Toffoli" desempenhou um papel crucial na preservação da estabilidade institucional e na defesa dos valores democráticos no Brasil. Ambas as cortes, lideradas por juristas de visão e integridade, enfrentaram desafios singulares em seus contextos históricos, mas souberam agir com sabedoria e moderação para garantir que a justiça prevalecesse e que as instituições democráticas se fortalecessem.

A comparação entre a "Corte Marshall" e a "Corte Toffoli", estabelecida no início deste artigo, reforça a ideia de que, assim como John Marshall desempenhou um papel fundamental na construção da coesão federal nos Estados Unidos, Dias Toffoli se destacou como um pilar essencial na preservação do equilíbrio entre os poderes da República no Brasil. Marshall, com sua visão de estadista, moldou uma Suprema Corte que garantiu a estabilidade da jovem federação americana, consolidando o federalismo e fortalecendo as instituições nacionais. Da mesma forma, Toffoli, em seu tempo, mostrou-se um arquiteto da harmonia institucional, assegurando que o Supremo Tribunal Federal atuasse como um guardião do equilíbrio entre os poderes em um período de intensas turbulências políticas e sociais. Sob sua liderança, o Supremo não apenas preservou sua função constitucional, mas também se afirmou como uma força estabilizadora, capaz de mediar conflitos e evitar que crises profundas desestabilizassem o país. Portanto, o paralelo entre Marshall e Toffoli não se limita à mera proximidade com os presidentes que os nomearam e idades, mas se estende à capacidade de ambos em transformar suas respectivas cortes em instrumentos decisivos para a manutenção da ordem constitucional e da coesão nacional em tempos de crise.

Referências

ALMEIDA, Guilherme França Couto Fernandes de; ALMEIDA, Danielo dos Santos. *Presidência do STF em número*: de Gracie a Toffoli. Disponível em: https://ssrn.com/abstract=3686813.

BARROSO, Luís Roberto. A americanização do direito constitucional e seus paradoxos. *Interesse Público*, Belo Horizonte, v. 12, n. 59, jan. 2010.

CYRILLO, Carolina. *Memória jurisprudencial Ministro Eloy José da Rocha*. 1. ed. Brasília: Supremo Tribunal Federal, 2023.

EBEL, David M. Justice Byron R. White: The Legend and the Man. *Stanford Law Review*, v. 55, n. 1, out. 2002.

FEHRENBACHER, Don E. Roger B. Taney and the Sectional Crisis Source. *The Journal of Southern History*, v. 43, n. 4, p. 555-566, 1977.

FONTAINHA, Fernando de Castro et al. *História oral do Supremo (1988-2013)*: Dias Toffoli. Rio de Janeiro: FGV, 2017.

FONTAINHA, Fernando de Castro et al. *História oral do Supremo (1988-2013)*: Luís Roberto Barroso. Rio de Janeiro: FGV, 2017.

HOFFER, Peter Charles et al. *The Supreme Court*: an essential history. Kansas City: University Press of Kansas, 2018.

HORWITZ, Morton H. *The Warren Court and the pursuit of justice*. Cambridge, Massachusetts: Hill & Wang, 1999.

HUEBNER, Timothy S. "The unjust judge": Roger B Taney, the slave Power, and the meaning of emancipation. *Journal of Supreme Court History*, v. 40, n. 3, 2015.

HUEBNER, Timothy S. Roger B. Taney and Slavery Issue: Looking beyond – and before – Dred Scott. *The Journal of American History*, v. 97, issue 1, jun. 2010.

IDES, Allan. The Jurisprudence of Justice Byron White. *The Yale Law Journal*, v. 103, n. 2, nov. 1993.

LEGALE, Siddharta; FERNANDES, Eric Baracho Dore. O STF nas Cortes Victor Nunes Leal, Moreira Alves e Gilmar Mendes. *Revista Direito GV*, v. 17, p. 23-46, 2013.

LEGALE, Siddharta; MACEDO, Marco Antônio F. A Corte Moreira Alves (1975-2003): a judicatura de um civilista no STF e o controle de constitucionalidade. *Observatório da Jurisdição Constitucional*, v. 2, p. 1-32, 2012.

LEGALE, Siddharta; VAL, Eduardo Manuel. A "Corte" Gilmar Mendes revisitada (2008-2010): mais ativismo no Supremo Tribunal federal? *In*: BELLO, Enzo (Org.). *Ensaios críticos sobre direitos humanos e constitucionalismo*. 1. ed. Caxias do Sul: EDUCs, 2012. p. 103-126.

MCCLOSKEY, Robert G. *The American Supreme Court*. Chicago: University of Chicago Press, 2016.

MOHALLEM, Michael. A Guerra perdida de Toffoli. *Piauí Folha*, 19 mar. 2019. Disponível em: https://piaui.folha.uol.com.br/guerra-perdida-de-toffoli/.

PAUL, Joel Richard. *Without Precedent* – Chief Justice John Marshall and his times. New York: [s.n.], 2018.

REHNQUIST, William H. A Tribute to Justice Byron R. White. *The Yale Law Journal*, v. 103, n. 1, out. 1993.

RODRIGUES, Theófilo Codeço Machado. Análise da trajetória dos ministros do Supremo Tribunal Federal (STF): insulamento ou presidencialismo de coalização? *Revista Direito GV*, v. 18 n. 2, 2022.

SOUZA, Raphael Ramos Monteiro de. Supremo remoto e a expansão do Plenário Virtual após a pandemia. *Revista Direito GV*, v. 19, 2023.

STEVENS, John Paul; OBERDORFER, Louis F.; HENKIN, Louis; NELSON, William E. In Memoriam: Byron R. White. *Harvard Law Review*, v. 116, n. 1, nov. 2002.

STITH, Kate. Byron R. White, Last of the New Deal Liberals. *Yale Law Journal*, v. 103, n. 1, p. 19-35, out. 1993.

TAGLIABUE, Paul. A Tribute to Byron White. *Yale Law Journal*, v. 112, fev. 2003.

TOBIAS, Carl. Justice Byron White and the importance of process. *Hastings Const. L.Q.*, v. 30, n. 297, 2002-2003.

TOFFOLI, José Antonio Dias. Democracy in Brazil: the evolving role of the country's supreme court. *Boston College International & Comparative Law Review*, v. 40, 2017.

TOFFOLI, José Antonio Dias. Entrevista. *Clarín*, 6 maio 2020.

TOFFOLI, José Antonio Dias; RODRIGUEZ JUNIOR, Otavio Luiz. Hans Kelsen, o jurista e suas circunstâncias. Estudo introdutório para edição brasileira da autobiografia de Hans Kelsen. *In*: KELSEN, Hans. *Autobiografia*. Rio de Janeiro: Forense Universitária, 2012.

Informação bibliográfica deste texto, conforme a NBR 6023:2018 da Associação Brasileira de Normas Técnicas (ABNT):

FREIRE, Alonso. A "Corte Toffoli": o Supremo Tribunal Federal na Presidência do Min. Dias Toffoli. *In*: MENDES, Gilmar Ferreira; LIRA, Daiane Nogueira de; FREIRE, Alexandre (coord.). *Constituição, democracia e diálogo*: 15 anos de Jurisdição Constitucional do Ministro Dias Toffoli. 2. ed. Belo Horizonte: Fórum, 2025. p. 113-135. ISBN 978-65-5518-937-7.

A CULTURA DE PRECEDENTES E O TRIBUNAL SUPERIOR DO TRABALHO

ALOYSIO CORRÊA VEIGA
CESAR ZUCATTI PRITSCH

Introdução

Nas últimas décadas, o papel de todas as Cortes Superiores e, em especial, do TST, tem sido constantemente posto à prova. Como Corte Superior não é, com certeza, uma terceira instância. Sua missão constitucional é, por isso, a de uniformizar, em nível nacional, o alcance e a interpretação da lei, não como mera *terza instanza,* mas se notabilizando como uma verdadeira corte de precedentes. Trata-se de dilema enfrentado, nas últimas décadas, em praticamente todas as cortes de cúpula dos países de família romano-germânica, da mesma forma sobrecarregadas – como no Brasil – com a explosão da recorribilidade repetitiva e de massa. À míngua de maior eficácia normativa para, efetivamente estabilizar a jurisprudência nacional, sem força vinculante para suas decisões, analisar questões jurídicas que continuam lhe sendo submetidas, mesmo quando já sedimentadas, a comprometer o julgamento adequado e tempestivo das questões novas.

Neste ensaio examinaremos, brevemente, a possibilidade de o Tribunal Superior do Trabalho cumprir sua missão nomofilácica nacional em meio ao caos numérico a que submetido. Sua posição em relação às demais cortes de vértice, como o Supremo Tribunal Federal e o Superior Tribunal de Justiça, assim como algumas medidas adotadas, no âmbito da Vice-Presidência do Tribunal Superior do Trabalho para possibilitar a reflexão sobre o tema, seja quanto à admissibilidade *a quo* do recurso extraordinário trabalhista, seja a partir de estudos para uma maior adesão às técnicas de formação de precedentes qualificados pela Corte Superior.

O Tribunal Superior do Trabalho, na atualidade e o volume avassalador de recursos

É natural que os tribunais superiores devam ser pensados, não para uma repetição da análise já realizada no primeiro e segundo grau – algo, inclusive, numericamente impossível – mas sim como *cortes de precedentes*, destinadas ao refinamento e pacificação da jurisprudência, o que só pode ser efetivado mediante a formação de precedentes que portem alguns mecanismos que lhe deem força normativa para os casos em massa, atuais e futuros. Tal se dá em cumprimento a uma ponderação de três garantias constitucionais essenciais – a *igualdade* de tratamento perante o Direito e a *segurança jurídica* na solução de litígios (art. 5º, *caput* e LIV), que necessariamente devem permanecer em equilíbrio com os ditames da *razoável duração do processo* (art. 5º, LXXVIII), sem a qual todo o esforço da lide perde a utilidade e o sentido para o jurisdicionado, já que *justiça atrasada não é justiça, senão injustiça qualificada e manifesta*, como já destacava Rui Barbosa.[1]

No Brasil, as reformas processuais das últimas duas décadas, maturadas especialmente no CPC de 2015, buscaram reequilibrar tal equação, atendendo ao clamor popular por uma Justiça mais célere e efetiva. A Vice-Presidência do TST se encontra ativamente inserida em tal busca, tendo como pilares, ao mesmo tempo, o fomento de soluções autocompositivas e a disseminação de uma cultura de precedentes.

Lentamente esvanecem de nossa cultura jurídica os resquícios do paradigma de passividade do *juge bouche de la lois*, anacrônica herança da Revolução Francesa, que até o presente ainda reflete em alguma medida nos países de tradição romano-germânica. Trata-se de expressão de Montesquieu retirada de contexto pelos líderes da Revolução Francesa, segundo a qual *"os juízes da nação são apenas ... a boca que pronuncia as palavras da lei; são seres inanimados que não podem moderar nem sua força, nem seu rigor*.[2] No entanto, tal trecho, na realidade, se referia ao juri criminal, e nem poderia Montesquieu ser simpático ao modelo de *juiz autômato* quando, em grande parte, se inspirou no modelo de separação dos poderes da Inglaterra, já parlamentarista quase um século antes, e na qual a declaração da interpretação do Direito exarada em decisões judiciais já possuía considerável força normativa para casos futuros.[3] Tanto pensava assim, Montesquieu, que afirmava que *"estes tribunais tomam decisões; estas devem ser conservadas; devem ser aprendidas, para que se julgue hoje da mesma maneira como se julgou ontem.*[4]

---

[1] BARBOSA, Rui. *Oração aos Moços* (1920). Edição popular anotada por Adriano da Gama Kury. Rio de Janeiro: Fundação Casa Rui Barbosa, 1997. p. 40. Disponível em: http://www.casaruibarbosa.gov.br/dados/DOC/artigos/rui_barbosa/FCRB_RuiBarbosa_Oracao_aos_mocos.pd. Acesso em: 2 maio de 2021.

[2] MONTESQUIEU, Charles-Louis de Secondat. *Do Espírito das Leis* (1748). Livro eletrônico, L. 11º, Cap. VI.

[3] Mesmo que ainda que não houvesse na Inglaterra, nos séculos XVII e XVIII, uma rígida ideia de os precedentes serem, *per se*, vinculantes (como evidencia a livre "edição" por Coke, que frequentemente distorcia casos antigos, omitindo partes e destacando outras que combinassem com seus entendimentos ou que lhe parecessem refletir um verdadeiro princípio jurídico), os precedentes, à época, já eram amplamente citados (embora imprecisamente, à míngua de publicações oficiais), como evidência de costumes de regras jurídicas em questão). BERMAN, Harold J.; REID, Charles J. Jr.. The Transformation of English Legal Science: From Hale to Blackstone, *Emory Law Journal*, v. 45, 1996, p. 437, 447. PLUCKNETT, Theodore F. T. *A Concise History of the Common Law* (1929). 5. ed. 1956. p. 281.

[4] MONTESQUIEU, Charles de Secondat, barão de (1689-1755). *O espírito das leis* (1748). Tradução de Cristina Murachco. 2. ed. 2. tiragem. São Paulo: Martins Fontes, 2000, Livro 6º, Capit. I. p. 83.

Outro traço ideológico que lentamente enfraquece em nossa cultura jurídica é o dogma de que, para a obtenção da unidade do Direito bastaria a remessa dos conflitos a uma mesma corte de cúpula nacional que reformaria ou cassaria as decisões contrárias a um suposto significado absoluto da lei – sendo, portanto, desnecessária uma outorga de normatividade aos pronunciamentos da cúpula judiciária.

Tal lugar-comum da tradição romano-germânica é bem sintetizado no pensamento de Calamandrei. De uma forma otimista – mas não desarrazoada para a época, escrevendo nos anos 20 do século passado sobre a necessidade de unificação da cassação civil italiana – Calamandrei acreditava que a almejada *uniformità contemporanea* da interpretação jurisprudencial, seria alcançada *sem qualquer mecanismo vinculativo* ou *coercitivo*, bastando a existência de uma única corte nacional, a que dirigidos os recursos de última instância. É que entendia impensável que a mesma questão jurídica pudesse ser decidida de forma diversa pelo mesmo tribunal, ao menos contemporaneamente. A diversidade de entendimentos, inevitável nos graus inferiores, seria simplificada na instância intermediária e finalmente resolvida pelo órgão julgador final.[5]

No entanto, se tal formulação já inspirava dúvida no início do século XX, num contexto de não mais que 3.000 recursos anuais às cortes superiores,[6] tornou-se incompatível com a realidade brasileira do início do século XXI, em que TST e STJ recebem anualmente, cada um, quase meio milhão de processos. O tempo e o inchaço generalizado das cortes revelou estarem tais premissas incorretas. Em julgamentos às centenas em cada sessão de colegiado de um Tribunal, aos milhares a cada mês, frequentemente, no mesmo andar de um tribunal, diferentes turmas recursais estão a decidir questões jurídicas idênticas de formas diametralmente opostas.[7]

É que, além de numericamente inviável manter a coerência em um contexto de centenas de milhares de julgamento, a possibilidade de dissenso se multiplica geometricamente, quando nos damos conta que a linguagem humana é naturalmente ambígua. Como leciona Kelsen, no campo das normas legisladas, o texto é capaz de fornecer apenas uma moldura do Direito, dentro da qual, vários sentidos são igualmente defensáveis. Apenas completa-se sentido após sua interpretação pelo operador do Direito, o qual, com isto, lhe agrega normatividade,[8] a qual, no entanto, deve ser doravante observada de forma estável e isonômica (conforme, por exemplo, garantem o art. 5º, *caput*, da Constituição, e art. 926 do CPC).

No entanto, as cortes de vértice brasileiras ainda se encontram em diferentes estágios de adaptação ao novo modelo sinalizado pelo legislador pátrio, com destaque positivo para o Supremo Tribunal Federal, que com a adoção do sistema de repercussão geral, de 150 mil processos em 2006, chegou ao número de apenas 21.926 processos na

---

[5] CALAMANDREI, Piero. *Opere giuridiche:* La Cassazione civile (Parte seconda), v. 7, Roma: Roma TrE-Press, 2019. p. 71-72, p. 82-84.

[6] CALAMANDREI, Piero. Opere giuridiche: La Cassazione civile (Parte seconda), v. 7, Roma: Roma TrE-Press, 2019. p. 82-84, 373, 390-392.

[7] Em tal senda, MARINONI, Luiz Guilherme. *Precedentes Obrigatórios.* 4. ed. revista e ampliada. São Paulo: Revista dos Tribunais, 2016. p. 80.

[8] KELSEN, Hans. *Teoria Pura do Direito* (1934) [tradução de João Baptista Machado a partir da edição de 1960]. 6. ed. São Paulo: Martins Fontes, 1998. p. 390-391.

atualidade, incluídas as ações originárias, e ainda em vetor de redução.⁹ Em uma posição intermediária parece se encontrar o Superior Tribunal de Justiça, que embora tenha, na última década, continuado a utilizar o recurso especial tradicional, de julgamento turmário, no mesmo período afetou e julgou mais de 1.000 temas repetitivos desde a introdução dos recursos especiais repetitivos com a Lei n. 11.672/2008, reduzindo seu acervo de *368.505 processos em 2015 para 268.314 pendentes ao final de 2021*.¹⁰

O Tribunal Superior do Trabalho embora não tenha aderido ao novo modelo, tem realizado estudos regimentais para adoção com maior impacto dos Incidentes de Recursos Repetitivos, já que o filtro da transcendência não alcançou o papel que se pretendia quando da edição da Lei. O número de processos afetados para julgamento em Incidente de Recursos Repetitivos até o momento chega a apenas 20 em quase uma década de sua vigência, o que se esperar modificar e que viabilizará grande avanço ao sistema de precedentes trabalhistas.¹¹

Atualmente são distribuídos *cerca* de 15 mil processos para cada Ministro por ano, ou seja, cabe ao relator analisar cerca de 80 votos por dia útil, em processos nos quais é relator – nos diversos colegiados dos quais participa – turmas, seções especializadas, órgão especial e plenário do Tribunal. Tal sistemática de trabalho se revela ainda mais anacrônica quando nos damos conta de que cerca de 82,2% (278.890 agravos, em 2020) de todo o volume de recursos que chegam no Tribunal Superior do Trabalho é formado por questões jurídicas que foram consideradas inadmissíveis pelos tribunais de origem, ainda assim ocupando o tempo e atenção da Corte Superior trabalhista, através do agravo de instrumento em recurso de revista (AIRR), ainda que para um índice de provimento inferior a 6%.¹² Somando-se a tal grave situação, o Tribunal Superior do Trabalho ainda concentra todos os recursos extraordinários em matéria trabalhista no país, cerca de 30 a 40 mil anualmente, que se somam ao já invencível montante mencionado.

Vê-se, pois, que são abissais os desafios da Vice-Presidência do TST para alterar tal quadro, seja quanto às contribuições relacionadas diretamente às competências do art. 42 do Regimento Interno do TST, quanto ao exercício do filtro *a quo* de admissibilidade do recurso extraordinário trabalhista e da mediação pré-processual e julgamento dos dissídios coletivos, seja quanto à gestão do CEJUSC/TST e das políticas nacionais de conciliação, bem como, em um escopo mais amplo, a busca da Administração do TST e do CSTJ de soluções para a generalização de uma cultura de precedentes na Justiça do Trabalho.

---

[9] BRASIL. Supremo Tribunal Federal. Estatística: Evolução do Acervo do STF (Histórico). Disponível em: https://transparencia.stf.jus.br/single/?appid=e554950b-d244-487b-991d-abcc693bfa7c&sheet=ea8942c2-79fa-494f-bf18-ca6d5a3bfb43&theme=simplicity&opt=currsel&select=clearall. BRASIL. Supremo Tribunal Federal. Estatística: Acervo Geral. Disponível em: https://transparencia.stf.jus.br/extensions/acervo/acervo.html. Acesso em: 26 jun. 2024).

[10] BRASIL. Superior Tribunal de Justiça. *Relatório Estatístico Anual – 2021*. p. 32. Disponível em: https://www.stj.jus.br/docs_internet/processo/boletim/2021/Relatorio2021.pdf.

[11] Foram 421.732 processos novos recebidos em 2021. BRASIL. Tribunal Superior do Trabalho. Recebidos e Julgados no TST. Disponível em https://www.tst.jus.br/web/estatistica/tst/recebidos-julgados. BRASIL. Tribunal Superior do Trabalho. *Jurisprudência: Tabela de Recursos de Revista Repetitivos*. Disponível em: https://www.tst.jus.br/web/guest/presidencia-nurer/recursos-repetitivos. BRASIL. Tribunal Superior do Trabalho. Série Histórica de Recebidos e Julgados. Disponível em: http://www.tst.jus.br/web/estatistica/tst/recebidos-julgados (acesso em 10/02/2022). BRASIL. Tribunal Superior do Trabalho. *TST aumenta em 6,3% a quantidade de processos julgados em 2020*. Disponível em: http://www.tst.jus.br/web/guest/-/produtividade-tst-aumenta-em-2020.

[12] BRASIL. Tribunal Superior do Trabalho. *Relatório Demonstrativo – 2020*. p. 38 e 73.

Neste ensaio, teceremos algumas considerações sobre os desafios para a formação de uma cultura de precedentes, essencial para a evolução do Tribunal Superior do Trabalho, no aprimoramento do desempenho de suas funções, enquanto corte de vértice nacional do ramo judiciário trabalhista.

Uma cultura de precedentes

O típico fluxo recursal trabalhista acaba por impor ao jurisdicionado longa *via crucis*. Entre recurso ordinário (RO) ou agravo de petição (AP), recurso de revista (RR) e recurso extraordinário (RE), além de embargos de declaração (ED), agravos de instrumento (AIRR), agravos internos (AG), ou mesmo de embargos à Subseção I da Seção Especializada em Dissídios Individuais do TST (E) e agravo em recurso extraordinário (ARE) o processo caminha por longo tempo. Sacrifica-se a razoável duração do processo, princípio de sobredireito que deve iluminar a todos os demais dispositivos em matéria processual.

Como *corte de vértice* do sistema do sistema trabalhista, o Tribunal Superior do Trabalho já está antenado com a necessidade de criar uma cultura de precedentes, inclusive com a criação recente de uma Secretaria de Precedentes, buscando não apenas julgar menos recursos, mas também focando seus esforços na uniformização do direito e orientação prospectiva das demais instâncias, sendo os casos concretos recebidos, não para atender ao interesse das partes, mas sim para servirem de exemplo ou caso-piloto, um pano de fundo para a uniformização nacional.

Dos estudos realizados até o momento, evidencia-se a preocupação com a mudança de paradigmas na adoção de um sistema nacional de precedentes trabalhistas.

Os agravos de instrumento hoje correspondem a cerca de 82,2% dos recursos que chegam no Tribunal Superior do Trabalho ainda que para um índice de provimento inferior a 6%. Logo, mesmo os processos filtrados como inaptos continuam a sobrecarregar as Cortes Superiores. É dinâmica que dá prevalência ao interesse individual do litigante a mais uma revisão recursal, em detrimento do interesse público de selecionar apenas os casos que demandam a uniformização da jurisprudência.

Dentre os estudos regimentais para dar efetividade a um sistema de precedentes qualificados, busca-se modificar a estrutura atual, em que há um imenso trabalho já realizado na admissibilidade *a quo*, para focar a adoção dos mecanismos disponíveis para a fixação de teses vinculantes para as controvérsias que lhe são submetidas.

Afinal, essa a razão de existir da Corte – promover a unidade do Direito nacional, utilizando-se da escolha de alguns dos casos como base para uniformizar as mais importantes questões jurídicas trabalhistas, de forma isonômica, estável, íntegra e coerente (art. 926 do CPC, art. 5º, *caput*, da Constituição). Não pode a Corte estar sufocada com quantidades invencíveis de recursos que se prestem apenas para atender ao interesse das partes de rever a justiça do caso concreto (*jus litigatoris*), ou postergar a solução do caso. Na sintética dicção de Taruffo, é preciso que a Corte *lavori meno per poter lavorare meglio*.[13]

---

[13] TARUFFO, Michele. Linee per una riforma della Cassazione civile. In: *Il vertice ambiguo:* saggi sulla Cassazione civile. Bolonha: Il mulino, 1991. p. 173.

O Tribunal Superior do Trabalho teve a oportunidade de recepcionar a transcendência como um filtro discricionário plenário quando da publicação da norma de regência, fixando *temas* transcendentes para a formação de precedentes vinculantes, como hoje ocorre com a repercussão geral. Trata-se de técnica de deslocamento da questão transcendente (importante, de largo impacto e de valor uniformizatório) para o plenário ou seção. Não foi essa a opção do Tribunal, que entendeu por analisar todos os recursos, antes pela via dos pressupostos recursais para, somente então adentrar no exame da transcendência.

Enquanto o julgamento do recurso extraordinário com repercussão geral se dá em Plenário, com força de precedente qualificado, no TST o recurso de revista tem sido julgado em turma, despido de qualquer imperatividade – método propenso à eternização de dissensos, inchaço numérico da Corte, e ineficácia para pacificação dos Regionais, inclusive porque previamente ao julgamento da transcendência, há análise de requisito recursal, o que não ocorre no STF, que tão-somente analise a tese e confere a existência ou não de repercussão geral.

Necessário destacar que a insegurança jurídica, por sua vez, dá azo ao acirramento da recorribilidade, incrementando o ciclo vicioso da brutalização dos números, guerra de modelos e superficialização do debate, ciclo que esvazia qualquer eficácia nomofilática que se espera do recurso de revista avulso.

O recurso extraordinário e seu papel no sistema de precedentes trabalhista

Na Justiça do Trabalho a interposição do recurso extraordinário se dá apenas perante o TST, ao contrário do que ocorre na Justiça Comum. Ademais, há dois principais *circuitos*[14] de julgamento, um pelo sistema de repercussão geral, e outro para os casos ainda não submetidos a tal regime. Assim, o processamento do recurso extraordinário comporta duas grandes bifurcações procedimentais: (1) uma quanto ao momento de interposição – se *simultâneo* (como nos TJs e TRFs) ou *sucessivo* ao outro recurso de instância extraordinária cabível, o recurso de revista; (2) outra quanto ao juízo tradicional ou *"clássico"* de admissibilidade, em contraposição à *sistemática da repercussão geral*.

Quanto à primeira bifurcação, relativa ao momento de interposição, veja-se que, na Justiça Comum, tal se dá diretamente contra os acórdãos exarados pelos Tribunais de Justiça ou Tribunais Regionais Federais, no mesmo prazo em que cabível, também, o recurso especial. Tanto é assim que, *na hipótese de interposição conjunta de recurso extraordinário e recurso especial*, inicialmente, *os autos serão remetidos ao Superior Tribunal de Justiça* (art. 1.031 do CPC).

Em contraste, no processo do trabalho, o recurso extraordinário trabalhista é cabível exclusivamente contra os acórdãos finais do Tribunal Superior do Trabalho (ver, e.g. §§14 e 15 do art. 896-C da CLT, cf. Lei n. 13.015/2014, *cabendo ao Vice-Presidente do Tribunal Superior do Trabalho selecionar um ou mais recursos representativos da controvérsia*

---

[14] Expressão utilizada por Paulo Mendes. OLIVEIRA, Paulo Mendes de. Recurso extraordinário e seus circuitos processuais. Jota. 15/10/2022. Disponível em: https://www.jota.info/opiniao-e-analise/colunas/coluna-cpc-nos-tribunais/recurso-extraordinario-e-seus-circuitos-processuais-15102022.

e encaminhá-los, podendo ainda oficiar aos TRTs para que suspendam os processos com a mesma questão selecionada).

Tal se deve à evolução histórica do recurso extraordinário, já que, no sistema das constituições anteriores, o Supremo Tribunal Federal julgava, em recurso extraordinário, tanto matéria constitucional quanto questões de legislação federal.[15] Neste último ponto, havia superposição com a competência do TST, ressalvada a delimitação subjetiva (*dissídios ... entre empregados e empregadores*) e material (*mediante lei, outras controvérsias oriundas de relação de trabalho*), reservada ao TST.[16]

Outrossim, quanto ao STF, acabou não se implementando a sistemática dos repetitivos, uma vez que absorvida com a força que foi recebendo a repercussão geral, aliás, *mais força* do que a própria sistemática dos repetitivos, amplamente utilizada no STJ, em que a afetação de repetitivos é facultativa, enquanto a sistemática da repercussão geral é a única possível, para a admissão de recursos extraordinários pelo STF. Sob tal prisma, o STF reduziu 80% do seu acervo em 15 anos, enquanto que o STJ apenas recentemente conseguiu frear a curva ascendente, reduzindo em cerca de 30%, nos últimos 5 anos.

Observe-se que a Vice-Presidência do TST, na admissibilidade *a quo* do recurso extraordinário, não possui competência para dizer se o recurso comporta ou não repercussão geral, o que é exclusivo do Plenário do STF, onde necessária uma maioria de 2/3 dos membros (8 Ministros) para rejeitar um tema. *Contrario sensu*, bastam quatro Ministros para reconhecer a repercussão geral de um tema, com eficácia nacional. Tal competência exclusiva do STF leva à segunda bifurcação procedimental mencionada: entre o *juízo clássico* ou a admissibilidade tradicional, e o *sistema da repercussão geral*.

Quanto ao juízo clássico, apesar de já existir significativa quantidade de temas apreciados sob a ótica da repercussão geral, há hipóteses em que o exame de admissibilidade não se dará diretamente (ou exclusivamente) pelo confronto com um dos temas de repercussão geral já admitidos ou não reconhecidos. Em tal hipótese, se fará a análise tradicional, ou *clássica*, cotejando-se a alegação de violação constitucional com: (a) artigos da Constituição; (b) jurisprudência, sumulada ou não; (c) entendimentos em ação de controle concentrado de constitucionalidade.

Em outras palavras, mesmo havendo obrigatoriedade de o STF julgar RE apenas quando presente repercussão geral da questão constitucional veiculada (contra decisões publicadas a partir da vigência da Lei n. 11.418/2006), abrem-se as seguintes possibilidades para o juízo de admissibilidade do RE pela Vice-Presidência:

- caso seja *admissível pelos demais critérios*, mas ainda não tiver sido apreciada sua repercussão geral pelo STF, a Vice-Presidência deverá admiti-lo de forma *avulsa*, em *juízo clássico*, podendo o próprio STF decidir pelo enquadramento examine sua repercussão geral (art. 1.030, V, "a", do CPC), ainda que não enviado como

---

[15] Conforme, e.g., o art. 119 da Constituição de 1967, com redação pela EC nº 1/69 (art. 119). Compete ao Supremo Tribunal Federal: ... III - julgar, mediante recurso extraordinário, as causas decididas em única ou última instância por outros tribunais, quando a decisão recorrida: a) contrariar dispositivo desta Constituição ou negar vigência de tratado ou lei federal; ... d) der à lei federal interpretação divergente da que lhe tenha dado outro Tribunal ou o próprio Supremo Tribunal Federal).

[16] Conforme, e.g., o art. 142 da Constituição de 1967, com redação pela EC nº 1/69.

representativo de controvérsia. Em tais casos, havendo questão constitucional a ser dirimida (art. 102, III, da Constituição), que não seja violação meramente reflexa (art. 1.033 do CPC[17]) e atendidos os demais pressupostos recursais (art. 1.036, §6º, do CPC); mesmo que a questão não tenha potencial de impacto numérico, ainda assim deverá remeter o recurso extraordinário "avulso" ao STF, em *juízo clássico* (art. 1.030, V, "a").

- <u>caso seja *inadmissível*</u> pelos demais critérios, e também ainda não tiver sido apreciada sua repercussão geral pelo STF, a Vice-Presidência deverá inadmiti-lo em juízo clássico, daí cabendo agravo em recurso extraordinário (ARE), a ser julgado pelo STF, conforme §1º do art. 1.030 do CPC.[18]

Todavia, caso o RE veicule questão ainda sem análise de Repercussão Geral, mas que seja admissível pelos demais critérios, *se o TST identificar repetitividade atual ou potencial*, deverá encaminhá-lo como *representativo de controvérsia constitucional para exame de sua* repercussão geral, pelo STF (art. 1.030, IV). Trata-se, aqui, do ponto inicial do sistema da repercussão geral, hoje dominante no STF e de larga eficácia e efetividade em todo o país.

Já quanto a temas com repercussão geral já examinada pelo STF, se abrem as seguintes possibilidades de análise do RE na Vice-Presidência do TST:

a) Sistemática da repercussão geral – inadmissão – matérias *sem* repercussão geral: Nega-se seguimento ao recurso extraordinário em que a questão constitucional arguida tenha sido considerada sem repercussão geral pelo Supremo Tribunal Federal, por 2/3 (oito) dos seus membros. Portanto, a declaração do STF, de ausência de repercussão geral, por si só, já representa um precedente vinculante de larguíssimo impacto, levando à denegação dos Recursos Extrardinários sobre a matéria na origem, abreviando a espera das partes pelo trânsito em julgado. Desta denegação cabe apenas *agravo interno* (art. 1.030, §2º) para o colegiado competente do próprio tribunal *a quo*, sobremaneira aliviando a chegada de recursos à Corte Suprema.

b) Sistemática da repercussão geral – inadmissão – decisão recorrida *conforme*: Nega-se seguimento ao recurso extraordinário *interposto contra acórdão que esteja em conformidade com entendimento do Supremo Tribunal Federal exarado no regime de repercussão geral* (art. 1.030, I, "a"), portanto um sistema que, a partir do julgamento por amostragem no *leading case*, denega os demais recursos, contra acórdãos que estejam em conformidade. Da mesma forma, de tal decisão cabe *agravo interno* (art. 1.030, §2º) para o colegiado competente do próprio tribunal *a quo*, portanto, de certa forma, valorizando os tribunais de origem, delegando competência para a aplicação final dos precedentes já firmados. Novamente, trata-se de raciocínio que poderia ser cogitado, para a admissibilidade dos

---

[17] CPC, art. 1.033. *Se o Supremo Tribunal Federal considerar como* **reflexa a ofensa à Constituição** *afirmada no recurso extraordinário, por pressupor a revisão da interpretação de lei federal ou de tratado, remetê-lo-á ao Superior Tribunal de Justiça para julgamento como recurso especial.*

[18] CPC, art. 1.030, §1º *Da decisão de inadmissibilidade proferida com fundamento no inciso V caberá agravo ao tribunal superior, nos termos do art. 1.042* (agravo de instrumento).

recursos de revista nos Tribunais Regionais de origem, sistemática autorizada pelo CPC 2015 e não utilizada, atualmente, no processo do trabalho.

c) Sistemática da repercussão geral – encaminhamento para retratação: *Encaminha-se o processo ao órgão julgador para realização do juízo de retratação, se o acórdão recorrido divergir do entendimento do Supremo Tribunal Federal* fixado no regime de repercussão geral (art. 1.030, II). Contra tal deliberação de encaminhamento não cabe qualquer recurso (ver §§1º e 2º do art. 1.030 do CPC), já que se trata de despacho de mero expediente, sem conteúdo decisório propriamente dito. Encaminham-se os autos para reanálise pelo colegiado prolator da decisão recorrida, este tendo competência funcional para retratar-se de sua decisão anterior, adequando-se ao precedente em questão, ou refutar a retratação (por exemplo, porque considerou veicular *questão constitucional distinta - distinguishing*). Neste último caso, refutada a retratação, o RE é admitido e enviado ao STF (art. 1.030, V, "c"), se for o caso. Já na hipótese de substituição do acórdão recorrido, pelo colegiado prolator, em sede de retratação, o recurso extraordinário será considerado prejudicado, dando-se por concluída a aplicação da sistemática da repercussão geral, conforme jurisprudência do STF. É que a repercussão geral também constitui técnica de julgamento por amostragem. Logo, quando o colegiado recorrido se retrata, age como *longa manus* do próprio STF, apenas aplicando o entendimento exarado de forma centralizada no *leading case*, concluindo o ciclo dos Recursos Extraordinários opostos em massa – *não cabendo a remessa do recurso extraordinário original, nem tampouco a interposição de novo recurso extraordinário*.[19]

d) Sistemática da repercussão geral – sobrestamento de recursos extraordinários sobre controvérsias repetitivas ou com repercussão geral ainda não decididas pelo STF: Finalmente, existe o caso de sobrestamento do RE que versar sobre *controvérsia de caráter repetitivo ainda não decidida pelo Supremo Tribunal Federal* (art. 1.030, III), sobrestamento que automaticamente decorre da decisão Plenária que reconhece a Repercussão Geral de um tema e inicia o procedimento de instrução e julgamento (controvérsias com repercussão geral reconhecida, mas cujo mérito ainda não tenha sido decidido - art. 1.035, §6º, do CPC).

Aprendizados e desafios para a racionalização do sistema

O diagnóstico da atual situação do Tribunal Superior do Trabalho, como vértice do sistema judiciário especializado trabalhista, indica que a Corte vem julgando com grande produtividade, já que os números são espetaculares, em comparação com qualquer corte superior do planeta. O cotejo da dinâmica do TST com as rotinas adotadas pelas demais cortes supremas brasileiras revela que temos ainda muito trabalho para a formação de um sistema de precedentes efetivo, o que, em conjunto com modernas ferramentas de triagem para uniformização e *case management* – no processo do trabalho, muito auxiliará a essa mudança de paradigma.

---

[19] Por exemplo, AI n. 760.358-QO, Rel. Min. Gilmar Mendes, Plenário, DJe 12.2.2010; ARE 1.370.036, Rel. Min. Dias Toffoli, 1ª Turma, DJe 05/05/2022.

Quanto ao incidente de recursos repetitivos, há uma expectativa de maior fomento de sua utilização, havendo sugestões para adoção de um rito simplificado, em plenário virtual (como em uso no STF), nos casos de mera reafirmação de jurisprudência, pela qual, onde existe matéria sumulada ou jurisprudência pacífica, na mesma sessão eletrônica se votam a admissibilidade e, desde já, o mérito. Além disso, é preciso a adoção de uma política permanente de identificação e instauração de novos incidentes de recursos repetitivos, seja através de levantamentos realizados pelos órgãos do próprio TST, seja através da possibilidade de colaboração dos TRTs na identificação de recursos de revista representativos da controvérsia, medida já amplamente utilizada no processo civil, a partir da literalidade do art. 1.036 do CPC –aplicável supletivamente ao processo do trabalho.

Já quanto ao filtro da transcendência do recurso de revista, seu uso ainda é possível ser repensado como um instituto sob inspiração do sistema da repercussão geral. Se criado um "Sistema da Transcendência", como ocorre hoje com o "Sistema da Repercussão Geral", haveria a deliberação plenária sobre a própria existência da transcendência, com eficácia nacionalmente vinculante – encurtando o trâmite de milhares de recursos de revista, a partir de tal posicionamento do Pleno do TST, abreviando a espera, primando pela garantia da razoável duração do processo. A *contrario sensu*, o acolhimento, pelo colegiado, da afetação do tema para julgamento qualificado, levaria ao processo de julgamento por amostragem, resolvendo, a um só tempo, centenas ou milhares de casos, nacionalmente.

Considerações finais

Em suma, o sistema de precedentes qualificados, criado para reduzir excessos, maximizar a eficácia e racionalizar o labor dos tribunais, revolucionou a sistemática do Supremo Tribunal Federal e do Superior Tribunal de Justiça, mas ainda é utilizado de forma tímida pelo Tribunal Superior do Trabalho. Por exemplo, o incidente de recursos repetitivos – IRR (art. 896-C, da CLT, arts. 280 a 287 do RITST) – foi utilizado apenas 23 vezes nesta Corte em uma década de existência (desde a Lei n. 13.015/2014), enquanto o Superior Tribunal de Justiça julgou mais de mil repetitivos em período pouco maior, da mesma forma tendo ocorrido em relação ao Supremo Tribunal Federal, em relação aos temas de repercussão geral.

Assim, considerando que o Tribunal Superior do Trabalho se encarrega precipuamente do recurso de revista, instrumento destinado a dar a palavra final quanto à interpretação das normas aplicáveis às lides trabalhistas no âmbito infraconstitucional, bem como considerando a filtragem de recursos extraordinários, com o encaminhamento, ao STF, de representativos de questões constitucionais de maior importância, torna-se necessária uma reformulação de sua dinâmica de trabalho, a fim de que se torne mais eficiente e eficaz, julgando em menor quantidade para que logre alcançar uma melhor qualidade do alcance nacional da pacificação jurisprudencial a que se destina.

A estabilidade e previsibilidade da jurisprudência se considera eficiente quando a partir de casos iguais não sejam adotadas decisões diferentes, sendo a força dos precedentes o objetivo a ser seguido para que haja efetivamente a segurança jurídica e a esperada paz social.

Referências

BARBOSA, Rui. Oração aos Moços (1920). Edição popular anotada por Adriano da Gama Kury. Rio de Janeiro: Fundação Casa Rui Barbosa, 1997. Disponível em: http://www.casaruibarbosa.gov.br/dados/DOC/artigos/rui_barbosa/FCRB_RuiBarbosa_Oracao_aos_mocos.pd. Acesso em: 5 maio de 2021.

BERMAN, Harold J.; REID, Charles J. Jr. *The Transformation of English Legal Science*: From Hale to Blackstone, *Emory Law Journal*, v. 45, 1996.

BRASIL. Superior Tribunal de Justiça. *Relatório Estatístico Anual – 2021*. Disponível em: https://www.stj.jus.br/docs_internet/processo/boletim/2021/Relatorio2021.pdf.

BRASIL. Supremo Tribunal Federal. Estatística: Acervo Geral. Disponível em: https://transparencia.stf.jus.br/extensions/acervo/acervo.html. Acesso em: 16 dez. 2022.

BRASIL. Supremo Tribunal Federal. Estatística: Evolução do Acervo do STF (Histórico). Disponível em: https://transparencia.stf.jus.br/single/?appid=e554950b-d244-487b-991d-abcc693bfa7c&sheet=ea8942c2-79fa-494f-bf18-ca6d5a3bfb43&theme=simplicity&opt=currsel&select=clearall.

BRASIL. Tribunal Superior do Trabalho. *Jurisprudência: Tabela de Recursos de Revista Repetitivos*. Disponível em: https://www.tst.jus.br/web/guest/presidencia-nurer/recursos-repetitivos.

BRASIL. Tribunal Superior do Trabalho. Recebidos e Julgados no TST. Disponível em https://www.tst.jus.br/web/estatistica/tst/recebidos-julgados.

BRASIL. Tribunal Superior do Trabalho. *Relatório Demonstrativo – 2020*. Disponível em: http://www.tst.jus.br/web/estatistica/jt.

BRASIL. Tribunal Superior do Trabalho. Série Histórica de Recebidos e Julgados. Disponível em: http://www.tst.jus.br/web/estatistica/tst/recebidos-julgados. Acesso em: 10 fev. 2022.

BRASIL. Tribunal Superior do Trabalho. *TST aumenta em 6,3% a quantidade de processos julgados em 2020*. Disponível em: http://www.tst.jus.br/web/guest/-/produtividade-tst-aumenta-em-2020.

CALAMANDREI, Piero. *Opere giuridiche*: La Cassazione civile (Parte seconda), v. 7, Roma: Roma TrE-Press, 2019.

KELSEN, Hans. *Teoria Pura do Direito* (1934). 6. ed. São Paulo: Martins Fontes, 1998.

MARCHIORI, Marcelo Ornellas. *A Atuação do Poder Judiciário na formação de precedentes definitivos*. Salvador: JusPodivm, 2022.

MARINONI, Luiz Guilherme. *O STJ enquanto corte de precedentes*: recompreensão do sistema processual da corte suprema. 4. ed. São Paulo: Thomson Reuters Brasil, 2019.

MARINONI, Luiz Guilherme. *Precedentes Obrigatórios*. 4. ed. revista e ampliada. São Paulo: Revista dos Tribunais, 2016.

MARINONI, Luiz Guilherme; MITIDIERO, Daniel. *Recurso extraordinário e recurso especial*: do jus litigatoris ao jus constituitionis. Ed. RT, 2019.

MITIDIERO, Daniel. *Cortes superiores e cortes supremas*: do controle à interpretação, da jurisprudência ao precedente. 3. ed. São Paulo: RT, 2017.

MONTESQUIEU, Charles de Secondat, barão de (1689-1755). *O espírito das leis* (1748). Tradução de Cristina Murachco. São Paulo: Martins Fontes, 2000.

OLIVEIRA, Paulo Mendes de. *Recurso extraordinário e seus circuitos processuais*. Jota. 15/10/2022. Disponível em: https://www.jota.info/opiniao-e-analise/colunas/coluna-cpc-nos-tribunais/recurso-extraordinario-e-seus-circuitos-processuais-15102022.

PLUCKNETT, Theodore F. T. *A Concise History of the Common Law* (1929). 5. ed. 1956.

PRITSCH, Cesar Zucatti. *Manual de prática dos precedentes no processo civil e do trabalho*. 2. ed. ampliada – uma visão interna das cortes. Lema/SP: Mizuno, 2023.

PRITSCH, Cesar Zucatti. *O TST e o paradigm das cortes supremas*. Leme/SP: Mizuno, 2023.

TARUFFO, Michele. Linee per una riforma della Cassazione civile. In: *Il vertice ambiguo:* saggi sulla Cassazione civile. Bolonha: Il mulino, 1991.

Informação bibliográfica deste texto, conforme a NBR 6023:2018 da Associação Brasileira de Normas Técnicas (ABNT):

VEIGA, Aloysio Corrêa; PRITSCH, Cesar Zucatti. A cultura de precedentes e o Tribunal Superior do Trabalho. *In*: MENDES, Gilmar Ferreira; LIRA, Daiane Nogueira de; FREIRE, Alexandre (Coord.). *Constituição, democracia e diálogo*: 15 anos de Jurisdição Constitucional do Ministro Dias Toffoli. 2. ed. Belo Horizonte: Fórum, 2025. p. 137-148. ISBN 978-65-5518-937-7.

O DIREITO FUNDAMENTAL À LIBERDADE DE EXPRESSÃO E AS LIMITAÇÕES AO USO DAS REDES SOCIAIS POR MAGISTRADAS E MAGISTRADOS: UMA ANÁLISE DA RESOLUÇÃO Nº 305 DO CONSELHO NACIONAL DE JUSTIÇA

AMAURY RODRIGUES PINTO JÚNIOR
PLATON TEIXEIRA DE AZEVEDO NETO

1 Introdução

Na gestão do eminente Ministro Dias Toffoli enquanto Presidente do Supremo Tribunal Federal e do Conselho Nacional de Justiça, foi aprovada e publicada a Resolução nº 305 do CNJ, que trata do uso das redes sociais pelos membros do Poder Judiciário. Tema da mais alta relevância e atualidade, torna-se imperioso o estudo da matéria à luz da Lei Orgânica da Magistratura e da Constituição Federal.

O direito fundamental à liberdade de expressão, previsto na Carta Magna, perpassa toda a sua extensão. Esse direito abrange a liberdade de comunicação, de informar e de ser informado, de opinião, tratando-se de princípio essencial para a manutenção do Estado Democrático de Direito e para o desenvolvimento da sociedade civil.

Nesse sentido, o advento das redes sociais acabou por democratizar a comunicação por possibilitar a livre propagação de ideias, expandindo consideravelmente o alcance da liberdade de expressão dos indivíduos.

Exatamente em razão da amplitude dessa propagação, com ideias sendo reencaminhadas e até mesmo reproduzidas fora de contexto ou com sutis, mas importantes alterações, o uso inadequado desse instrumento de comunicação pela população em geral e, aqui com mais especialidade, dos membros do Poder Judiciário tem gerado apreensão e movimentos de regulação.

Esse cenário merece especial atenção do mundo jurídico diante da baixa fiscalização da comunicação contida na internet, até pela falta de regulação adequada, sendo que a disseminação irrefreada de opiniões nas redes sociais abre espaço para a expansão das *fake news*, o que pode gerar, inclusive, manipulação de massas.

O problema descrito apresenta desafios significativos à conduta pública das magistradas e dos magistrados em suas redes sociais. A função do magistrado, por sua natureza, como se sabe, exige imparcialidade, serenidade e discrição.

Não obstante, a utilização das redes sociais pelos membros do Poder Judiciário tem revelado uma nova dimensão de complexidade na gestão de suas vidas públicas e privadas. Primeiramente, a exposição pública de juízes nas redes sociais pode comprometer a percepção da imparcialidade, que é essencial à confiança do tecido social no Poder Judiciário. Assim, comentários, curtidas e compartilhamentos podem ser interpretados como manifestações de opiniões pessoais que, quando acessíveis ao público, podem suscitar dúvidas quanto à neutralidade do magistrado em processos judiciais. Essa exposição pode ser explorada por partes litigantes como argumento para alegações de parcialidade, prejudicando a confiança da sociedade no sistema judiciário.

Além disso, a disseminação de *fake news* e a manipulação de informações nas redes sociais agravam esse cenário. Magistrados que participam ativamente dessas plataformas correm o risco de, inadvertidamente, contribuir para a propagação de informações falsas ou tendenciosas, minando a integridade da informação judicial.

Diante dos perigos supracitados, é preciso apresentar diretrizes claras a fim de regular a atuação dos magistrados nas redes sociais, sendo necessário destacar, nesse ponto, que a liberdade de expressão, apesar de ser um direito fundamental garantido pela Constituição, não possui caráter absoluto. Portanto, sua aplicação deve ser harmonizada com outros direitos e princípios igualmente importantes. Nesse contexto, a regulação atua como um instrumento para assegurar que outros preceitos não sejam minados em razão da livre exposição de ideias por magistrados em redes sociais, como os princípios da imparcialidade e da supremacia do interesse público sobre o privado.

2 O direito fundamental à liberdade de expressão em cotejo com a imparcialidade e a confiança pública da sociedade no Poder Judiciário

A imparcialidade constitui um pilar fundamental da justiça, sendo um princípio essencial para assegurar que os cidadãos tenham a garantia de que seus litígios serão julgados de maneira justa e equitativa. Esse princípio é intrínseco ao ideal de um sistema judiciário que funcione de forma independente e isenta, para que as partes envolvidas na lide possam esperar um julgamento baseado exclusivamente no contexto fático e no ordenamento jurídico, sem qualquer influência indevida ou preconceito.[1]

Desse modo, ressalta-se que a imparcialidade não se trata somente de uma virtude desejável, mas de um requisito essencial para a credibilidade e legitimidade do Judiciário perante os cidadãos. Sem ela, o próprio conceito de justiça se torna vulnerável a questionamentos e desconfianças.

É necessário entender, nesse sentido, que a exposição pública de opiniões pessoais sobre temas controversos ou politicamente carregados, por parte de um magistrado, pode

---

[1] Além dos Princípios de Bangalore e do Código de Ética da Magistratura Nacional, em seus arts. 4º a 7º, o Código Ibero-Americano de Ética Judicial também trata da imparcialidade do art. 1º ao 8º.

comprometer toda a visão da sociedade sobre suas decisões passadas e futuras,[2] que passam a ser encaradas com base somente nas suas percepções pessoais, em detrimento da utilização do direito aplicável.

Cumpre salientar que a liberdade de expressão, enquanto direito fundamental, com aspectos multifuncionais, não pode desconsiderar interesses públicos envolvidos e não deve ser vista apenas como um direito individual sem limitações. Conforme adverte Ingo Sarlet, os direitos fundamentais revelam dupla perspectiva, devendo ser considerados tanto como direitos subjetivos individuais quanto como elementos objetivos fundamentais da comunidade,[3] transcendendo uma perspectiva meramente subjetiva, inclusive como parâmetro para controle de constitucionalidade e de convencionalidade das leis.

A confiança pública no Poder Judiciário é um componente crucial para a efetividade e a legitimidade da justiça. Quando a imparcialidade de um magistrado é posta em dúvida, toda a estrutura judicial pode ser vista com suspeita, comprometendo a crença da sociedade na capacidade do Judiciário de atuar como um árbitro justo e neutro. Essa desconfiança pode levar à diminuição do respeito pelas decisões judiciais e, em casos extremos, ao enfraquecimento da autoridade do próprio sistema de justiça.

Para compreender melhor essas limitações, é pertinente recorrer à teoria dos direitos fundamentais de Robert Alexy,[4] que fornece uma estrutura teórica robusta para a análise dos conflitos entre direitos fundamentais. Segundo Alexy, na colisão de dois princípios, um deverá ceder, haja vista que um desses preceitos terá procedência diante do outro dentro do caso concreto analisado. Assim, quando o conflito entre regras se dá na dimensão da validade, em que uma tem declarada a sua total nulidade, o conflito principiológico ocorre, de fato, na dimensão do peso, por meio de uma ponderação minuciosa a fim de resolver tais conflitos de maneira justa e equilibrada.

Daniel Sarmento reforça esse entendimento da falta de absolutez da liberdade de expressão e da necessidade de ponderação:

> A liberdade de expressão não constitui um direito absoluto. De acordo com o famoso exemplo invocado pelo juiz norte-americano Oliver Wendell Holmes, essa liberdade não vai ao ponto de proteger a pessoa que grita "fogo!" no interior de um cinema lotado. São inúmeras as hipóteses em que o seu exercício entra em conflito com outros direitos fundamentais ou bens jurídicos coletivos constitucionalmente tutelados. Tais conflitos devem ser equacionados mediante uma ponderação de interesses, informada pelo princípio da proporcionalidade, e atenta às peculiaridades de cada caso concreto.[5]

---

[2] Afinal, como destacou Délio Maranhão: "(...) a atuação do juiz reflete sua personalidade. Ele não é um autômato, mas um ser humano, sensível às exigências da vida social, compenetrado de que a justiça 'escrita nas alturas siderais', desce por seu intermédio 'até as choupanas dos homens' e cônscio, acima de tudo, de que de sua dignidade como pessoa humana 'depende a dignidade do direito'..." SÜSSEKIND, Arnaldo; MARANHÃO, Délio; VIANNA, Segadas; TEIXEIRA, Lima. *Instituições de direito do trabalho*. 22. ed. atual. por Arnaldo Süssekind e João de Lima Teixeira Filho. São Paulo: LTr, 2005, p. 192.

[3] SARLET, Ingo Wolfgang. *A eficácia dos direitos fundamentais*. 7. ed. rev. atual. e ampl. Porto Alegre: Livraria do Advogado, 2007, p. 166.

[4] ALEXY, Robert. *Teoria dos direitos fundamentais*. 2. ed. São Paulo: Malheiros Editores, 2011, p. 85-154.

[5] SARMENTO, Daniel. Comentários ao artigo 5º, IV, da Constituição Federal de 1988. *In:* SARLET, Ingo Wolfgang; STRECK, Lenio; MENDES, Gilmar Ferreira (Coord.). *Comentários à Constituição do Brasil*. 2. ed. São Paulo: Saraiva Educação, 2018, p. 266.

No contexto da regulação da atuação dos magistrados em redes sociais, tem-se que a "restrição" à liberdade de expressão visa proteger valores fundamentais do sistema judiciário, como a imparcialidade e a confiança pública, bem como a supremacia do interesse público sobre o privado. Portanto, a teoria de Alexy fornece uma metodologia para essa ponderação, permitindo que se avalie a proporcionalidade das restrições impostas à liberdade de expressão em relação aos benefícios obtidos com a proteção de outros valores fundamentais, em busca de que não se suprima arbitrariamente a liberdade de expressão (o que, vale dizer, tratar-se-ia de verdadeira censura), mas se garanta que o direito à manifestação do magistrado seja exercido de maneira a não comprometer valores fundamentais do sistema judicial.

Conforme sustenta Mariana Valente, "não há nenhuma chance de o direito à liberdade de expressão não ser afetado nesse processo". Isso porque, com as tecnologias digitais da atualidade e com as redes sociais, "as pessoas facilmente transportam o conteúdo de um lugar a outro, criam em cima dele, distribuem vídeos, textos e imagens próprios e de outras pessoas. É como se todas as pessoas ganhassem um megafone".[6]

Segundo os Princípios de Bangalore da Conduta Judicial, a "imparcialidade é essencial para o exercício correto do cargo judicial".[7] Definitivamente, não se concebe um julgamento justo que seja tendencioso ou preconceituoso. E a imparcialidade não é somente observada se mantida no íntimo do julgador, mas também de modo externo, pois ela garante a confiança da sociedade no Poder Judiciário. É aquela ideia contida na clássica expressão: "À mulher de César não basta ser honesta, deve parecer honesta". Ou seja, a atuação correta e proba deve ser reconhecida pela sociedade, e qualquer conduta que abra margem a qualquer desconfiança deve ser rechaçada. Isso não significa, por óbvio, que o magistrado ou a magistrada deve se esconder e não utilizar as plataformas de comunicação externa, como as redes sociais, até mesmo porque se estimula o uso educativo e instrutivo das redes sociais por magistrados e por magistradas "para fins de divulgar publicações científicas, conteúdos de artigos de doutrina, conhecimentos teóricos, estudos técnicos, iniciativas sociais para a promoção da cidadania, dos direitos humanos fundamentais e de iniciativas de acesso à justiça".[8]

É necessário, pois, encontrar um equilíbrio no uso das redes sociais, interagindo de forma adequada com a sociedade, porém sem excessos e condutas que tragam suspeitas quanto à atuação correta dos membros do Poder Judiciário, garantindo-se, assim, a imparcialidade e a confiança no sistema de justiça.

3 O Código de Ética da Magistratura e outras normas pertinentes

A exposição do magistrado nas redes sociais também deve observar os preceitos contidos no Código de Ética da Magistratura, que impõe diretrizes claras para garantir que os juízes mantenham uma conduta compatível com a dignidade, a honra e o decoro

---

[6] VALENTE, Mariana Giorgetti. A liberdade de expressão na internet: da utopia à era das plataformas. *In:* FARIA, José Eduardo (Organizador). *A liberdade de expressão e as novas mídias.* São Paulo: Perspectiva, 2020, p. 26.
[7] Disponível em: https://www.unodc.org/documents/ji/training/bangalore_cards_pt.pdf. Acesso em: 26 jul. 2024.
[8] Cf.: Art. 3º, parágrafo único, da Resolução nº 305 do Conselho Nacional de Justiça. Disponível em: https://atos.cnj.jus.br/atos/detalhar/3124. Acesso em: 26 jul. 2024.

de sua função. O artigo 1º desse Código trata da grande importância de o magistrado guiar-se pelos princípios da independência, imparcialidade, prudência, honra e decoro, entre outros.[9]

A independência e a imparcialidade, dois dos pilares fundamentais da magistratura, são especialmente vulneráveis em situações de exposição pública inadequada. Consoante as lições de Dalmo Dallari em relação especificamente à independência:

> Longe de ser um privilégio para os juízes, a independência da magistratura é necessária para o povo, que precisa de juízes imparciais para harmonização pacífica e justa dos conflitos de direitos. A rigor, pode-se afirmar que os juízes têm a obrigação de defender sua independência, pois sem esta a atividade jurisdicional pode, facilmente, ser reduzida a uma farsa, uma fachada nobre para ocultar do povo a realidade das discriminações e das injustiças.[10]

Um juiz que manifesta opiniões políticas ou discriminatórias corre o risco de ser visto como parcial, comprometendo a confiança dos cidadãos em sua capacidade de julgar de maneira justa e equitativa. A prudência, a honra e o decoro são igualmente comprometidos, uma vez que tais comportamentos podem ser interpretados como indicativos de uma falta de compromisso com os altos padrões éticos exigidos pela função. É prudente, portanto, ponderar que uma manifestação política ou uma fala discriminatória em uma rede social é capaz de, a uma só vez, ferir de morte todos esses princípios.

A questão ganha maior relevância porque mesmo quando o magistrado realiza uma manifestação em caráter pessoal, o público em geral não consegue fazer a dissociação, de modo que, mesmo sem o querer, ele representa a instituição em todos os seus movimentos, seja por palavras ou no comportamento.

Vale lembrar o disposto no artigo 2º do referido Código, que dispõe: "Ao magistrado impõe-se primar pelo respeito à Constituição da República e às leis do País, buscando o fortalecimento das instituições e a plena realização dos valores democráticos". E a própria Constituição Federal de 1988 veda a atividade político-partidária do membro do Poder Judiciário (parágrafo único do artigo 95 da CF/88). É certo que existe uma zona gris entre manifestações decorrentes da liberdade de expressão e uma efetiva atividade político-partidária. Nesse aspecto, qualquer precaução é bem-vinda, ainda mais num contexto de ampla polarização que vivemos no Brasil e no mundo. Contudo, isso não significa fechar os olhos à realidade ou se desligar da vida pública.

Conforme ressalta José Renato Nalini:

> A atividade político-partidária proibida ao juiz não impede que ele tenha as suas preferências. O juiz é cidadão que paga impostos, sofre as consequências da boa ou má-administração, não está dispensado de exercer o sufrágio. Assiste a noticiários. Vive na comunidade. Não é personagem desligado da rotina e imune ao que nela ocorre. Vota, mas não pode *fazer campanha* ou perder a serenidade.[11]

---

[9] Cf.: https://www.cnj.jus.br/codigo-de-etica-da-magistratura. Acesso em: 26 jul. 2024.
[10] DALLARI, Dalmo de Abreu. *O poder dos juízes*. 3. ed. rev. São Paulo: Saraiva, 2007, p. 47.
[11] NALINI, José Renato. *Ética da magistratura*: comentários ao Código de Ética da Magistratura Nacional. 4. ed. rev., atual. e ampl. São Paulo: Thomson Reuters Brasil, 2019, p. 107.

Ademais, o artigo 15 do Código de Ética da Magistratura enfatiza que a atuação íntegra do magistrado é essencial não apenas no exercício de suas funções jurisdicionais, mas também em sua vida privada. A dignidade da função exige que o magistrado mantenha uma conduta irrepreensível, servindo como exemplo para a sociedade. Esse dispositivo lembra que a responsabilidade do magistrado transcende as suas atividades profissionais, estendendo-se à sua vida pessoal, onde suas ações devem refletir os mesmos valores de integridade e ética. Isso é reforçado pelo artigo 35 da LOMAN (Lei Orgânica da Magistratura Nacional), que dispõe ser dever do magistrado "manter conduta irrepreensível na vida pública e particular".[12]

De igual importância, o artigo 16 do Código de Ética reforça que a vida privada do magistrado deve ser pautada pela discrição e pelo respeito às normas que regem a magistratura. O exercício da magistratura impõe restrições adicionais que, embora possam ser vistas como limitações à liberdade pessoal, são necessárias para preservar a confiança pública na imparcialidade e na integridade do sistema judicial. Essas restrições, na verdade, constituem reconhecimento da posição especial que os magistrados ocupam na sociedade e da necessidade de que suas ações, tanto públicas quanto privadas, sejam consistentes com os altos padrões de comportamento exigidos pela função.

Além disso, o artigo 25 do Código de Ética destaca a prudência como um princípio fundamental na conduta dos magistrados. A prudência exige que os juízes considerem cuidadosamente as consequências de suas ações e palavras, especialmente no contexto das redes sociais, onde a disseminação de informações é rápida e ampla. A prudência implica uma reflexão sobre o impacto potencial de cada manifestação pública, assegurando o não comprometimento da percepção de imparcialidade e independência, essencial para a função judicial.

Diante da relevância desses princípios, faz-se imperativo destacar que os magistrados devem agir em consonância com as determinações do Código de Ética da Magistratura, porquanto a aderência a esses preceitos não é meramente uma formalidade, mas uma necessidade para a preservação da dignidade, da honra e do decoro da função judicial.

4 A Resolução nº 305 do Conselho Nacional de Justiça

A Resolução nº 305/2019 do Conselho Nacional de Justiça, publicada na gestão do Ministro Dias Toffoli, enquanto Presidente do STF e do CNJ, desempenha um papel fundamental ao estabelecer parâmetros claros para a atuação dos magistrados brasileiros nas redes sociais. Essa regulamentação se revela de extrema importância, pois busca conciliar a liberdade de expressão dos juízes com os princípios éticos e as exigências da liturgia do cargo judicante. Quando do seu advento, houve muita crítica ao seu conteúdo, inclusive tendo sido questionada judicialmente, pela AJUFE (Associação dos Juízes Federais do Brasil) e pela ANAMATRA (Associação Nacional dos Magistrados da Justiça do Trabalho). Conquanto se possa cogitar de eventual necessidade de aperfeiçoamento, é certo que a regulamentação era necessária, e a resolução subsiste até hoje, sem efeitos nefastos e outros questionamentos.

---

[12] Cf.: https://www.planalto.gov.br/ccivil_03/leis/lcp/lcp35.htm. Acesso em: 26 jul. 2024.

Vale destacar que a própria resolução destaca, em seu artigo 1º, a necessidade de estabelecer parâmetros para o uso das redes sociais, a fim de se compatibilizar o exercício da liberdade de expressão dos magistrados com os deveres inerentes ao cargo, assegurando que as manifestações nas redes sociais não comprometam a imagem de neutralidade exigida pela sociedade.[13]

É importante salientar que a Resolução nº 305 do CNJ alarga o conceito de rede social abrangendo "todos os sítios da internet, plataformas digitais e aplicativos de computador ou dispositivo eletrônico móvel voltados à interação pública e social" (parágrafo único do art. 2º). Alcança, pois, não somente as redes sociais mais conhecidas, como *Facebook* e *Instagram*, mas também as comunicações realizadas pelo *WhatsApp* e *Telegram*, além das manifestações feitas em *blogs* e nos mais diversos aplicativos e sites na internet.

A resolução estabelece limitações claras para se evitar que os magistrados manifestem opiniões sobre processos em curso, adotem posicionamentos político-partidários ou emitam discursos discriminatórios. Tais restrições são fundamentais para proteger a integridade do sistema judicial e para garantir que a atuação dos magistrados seja pautada exclusivamente pela lei e pelos fatos dos casos submetidos a julgamento.

Com isso, as magistradas e os magistrados precisam, inclusive, adotar postura seletiva e criteriosa para o ingresso e a permanência em redes sociais, haja vista que a simples adesão a uma rede e o prosseguimento nela podem ser considerados como concordância a algo nela defendido. E ainda que se identifique corretamente e siga numa rede que se convém, deve observar a moderação, o decoro e a conduta respeitosa durante a sua presença.

Desse modo, o cuidado com a linguagem, evitando o uso de palavras ofensivas e de baixo calão, torna-se fundamental para a preservação da boa imagem do magistrado, que não consegue dissociar a sua profissão do relacionamento interpessoal. Cumpre ressaltar que o uso de pseudônimo não isenta o magistrado da observância dos limites éticos de sua conduta, não podendo se mascarar com o uso de um criptônimo. Também não deve utilizar a marca ou a logomarca da instituição à qual pertence como forma de identificação pessoal nas redes sociais, a fim de evitar confusão entre as suas manifestações pessoais e as da instituição (art. 3º da Resolução nº 305 do CNJ).

Ainda para se garantir a independência e a imparcialidade, deve o magistrado "evitar expressar opiniões ou compartilhar informações que possam prejudicar o conceito da sociedade" em relação ao Poder Judiciário ou que possam afetar a confiança do público neste (art. 3º, II, 'a' da Resolução nº 305 do CNJ).

Questão delicada e que precisaria de contornos mais definidos é, sem dúvida, a determinação do CNJ para que os membros do Poder Judiciário evitem "autopromoção ou superexposição" (art. 3º, II, 'b' da Resolução nº 305 do CNJ). Parece-nos que essa matéria precisa estar atrelada ao uso do cargo para promoção pessoal, e não simplesmente de eventuais talentos pessoais que possam ser destacados nas redes sociais, dentro das limitações da atuação de um magistrado.

Sabe-se que os magistrados devem evitar "expressar opiniões ou aconselhamento em temas jurídicos concretos ou abstratos que, mesmo eventualmente, possam ser de sua

---

[13] Cf.: https://atos.cnj.jus.br/atos/detalhar/3124. Acesso em: 26 jul. 2024.

atribuição ou competência jurisdicional, ressalvadas manifestações em obras técnicas ou no exercício do magistério" (art. 3º, II, 'e' da Resolução nº 305 do CNJ). Assim, dentro do que lhe é permitido, e do que não lhe é proibido, eventuais manifestações literárias ou artísticas, em geral, que são próprias da liberdade de expressão, e desde que não afetem a independência funcional e a imparcialidade, devem ser admitidas. O que não pode ser tolerado é o uso do cargo como forma de superexposição ou autopromoção exagerada ou desmedida.

Também não se admite que o magistrado emita ou compartilhe "opinião que caracterize discurso discriminatório ou de ódio, especialmente os que revelem racismo, LGBT-fobia, misoginia, antissemitismo, intolerância religiosa ou ideológica, entre outras manifestações de preconceitos concernentes a orientação sexual, condição física, de idade, de gênero, de origem, social ou cultural" (art. 4º, III, 'b' da Resolução nº 305 do CNJ), o que não deveria ser feito por ninguém, por óbvio. Mas em razão do natural destaque do magistrado na sociedade, pela sua função de representar o Estado e decidir as causas que lhes forem submetidas, o seu papel acaba sendo de "formador de opinião" e "disseminador de ideias". Por isso, revela-se de maior gravidade qualquer atitude preconceituosa de algum membro do Poder Judiciário, até porque isso naturalmente afeta a sua imparcialidade, haja vista que o magistrado lida com diversas pessoas como partes em seus processos, podendo ser das mais diversas origens, formações ou orientações.

Ainda como preservação de sua isenção e imparcialidade, não pode o magistrado "receber patrocínio para manifestar opinião, divulgar ou promover serviços ou produtos comerciais" e tampouco "associar a sua imagem pessoal ou profissional à de marca de empresas ou de produtos comerciais" (art. 4º, V e VI da Resolução nº 305 do CNJ). De certa forma, essa vedação é uma decorrência das disposições da LOMAN, que proíbe o magistrado de "exercer o comércio ou participar de sociedade comercial" (art. 36, I, da LOMAN), de forma a se evitar conflitos de interesses ou até mesmo prejuízos a terceiros em processos que atua, por conveniência pessoal. Porém, vale ser feita a ressalva de que "a divulgação de obras técnicas de autoria ou com participação do magistrado, bem como de cursos em que ele atue como professor" não se insere nessas vedações e, também, não caracteriza a exploração direta de atividade econômica lucrativa (art. 4º, §2º da Resolução nº 305 do CNJ), pois é permitido ao magistrado exercer o magistério e, nesse caso, espera-se a devida liberdade nessa atividade profissional.

É de se atentar, por outro lado, que algumas recomendações integradas na Resolução nº 305 têm o propósito de preservar o magistrado dos males que podem ser causados à sua privacidade e até mesmo à sua segurança pessoal. Essas regras comportamentais, embora possam ser encaradas como "restrição", têm escopo protetivo em face de *haters* desconhecidos, de modo a dificultar que o juiz se torne vítima de *stalking* (crime atualmente tipificado no art. 147-A do Código Penal).

Assim, a resolução do CNJ reconhece a importância da segurança pessoal e da privacidade dos magistrados nas redes sociais, exigindo precauções especiais quanto à exposição de informações relacionadas à sua vida privada e profissional. O artigo 5º estende as recomendações da resolução mesmo aos magistrados afastados por questões disciplinares, reforçando a necessidade de conduta ética tanto dentro quanto fora do exercício jurisdicional.

Como forma de evitar riscos à sua segurança pessoal ou à sua privacidade e de seus familiares, o magistrado deve evitar expor certas informações relacionadas à vida privada, sabendo que a exposição inadequada pode "representar riscos à segurança pessoal" sua e de seus familiares (art. 3º, III, 'a' da Resolução nº 305 do CNJ).

Aliás, é importante destacar que não basta o magistrado ter cuidado, se a precaução não é tida por seus familiares e pelos servidores que com ele trabalha. Conforme o documento intitulado "Diretrizes de caráter não obrigatório para o uso das mídias sociais pelos juízes", da Rede Global de Integridade Judicial, os magistrados precisam estar conscientes de que, "mesmo que não sejam usuários frequentes das redes sociais, os riscos à sua privacidade e segurança podem advir do uso das mídias sociais por familiares, amigos próximos, servidores do tribunal etc.".[14]

Ou seja, ainda que o magistrado tenha todo o cuidado de não se expor, se o seu assistente ou seu assessor realizar postagens inapropriadas, ou pessoas próximas do círculo familiar do magistrado o fizerem, incluindo o magistrado nessas postagens ou revelando conteúdos inadequados como, por exemplo, postando fotos em que o magistrado veste uma camisa de um candidato ou de um time ou se encontra em lugar que o comprometa de alguma forma, todo o esforço pode ser perdido. Por isso, faz-se extremamente importante conscientizar seu grupo familiar e profissional dessas questões.

Isso exige que o magistrado e o seu grupo próximo conheçam as políticas, as regras e as configurações das redes sociais que utilizam, com vistas a assegurar um bom uso delas, evitando vazamentos de informações e postagens que possam prejudicar a sua independência e sua imparcialidade.

E mais do que assegurar essas garantias que são de toda a sociedade, o magistrado deve também preservar a sua própria segurança e até mesmo a sua vida, a depender daquilo que circular numa rede social, atento inclusive a eventuais *deep fakes*. É certo que a atuação de qualquer julgador ou julgadora pode desagradar a pessoas e/ou grupos, e isso pode ensejar represálias, que podem se manifestar em redes sociais.

Portanto, esse outro propósito da Resolução nº 305 do CNJ, não mais o de simplesmente restringir a atuação do magistrado, mas também de garantir segurança quando o magistrado é vítima, é fundamental para se assegurar outras garantias institucionais. Ocorrendo qualquer conduta indevida de um usuário da rede, ofensiva a qualquer magistrado, deve este procurar apoio institucional caso seja vítima de ofensas ou abusos (*cyberbullying*, *trolls* e *haters*) em razão do exercício do cargo (art. 3º, II, 'd' da Resolução nº 305 do CNJ). Pode, nesses casos, o magistrado procurar a Corregedoria, a Presidência de seu tribunal, o setor de segurança deste e, até mesmo, acionar a Justiça Federal, entre outros órgãos cabíveis, se estiver sendo vítima de *stalking* ou de crimes contra a honra.

E para que tudo se concretize adequadamente, é necessária a capacitação contínua dos magistrados, conforme estipulado no artigo 7º da Resolução nº 305 do CNJ. Cumpre às Escolas Judiciais, pois, promover eventos e cursos que abordem as novas tecnologias e a ética nas redes sociais, garantindo que os juízes estejam preparados para enfrentar os

---

[14] Cf.: https://www.cjf.jus.br/cjf/corregedoria-da-justica-federal/centro-de-estudos-judiciarios-1/publicacoes-1/outras-publicacoes/diretrizes-de-carater-nao-obrigatorio-para-o-uso-das-midias-sociais-pelos-juizes/view. Acesso em: 26 jul. 2024.

desafios e aproveitar as oportunidades oferecidas pelo ambiente digital, sem comprometer os valores essenciais da magistratura.

A Escola Nacional de Formação e Aperfeiçoamento de Magistrados do Trabalho (ENAMAT) publicou uma resolução específica, a de número 27, de 2022, estabelecendo a obrigatoriedade de as Escolas da Magistratura do Trabalho inserirem o tema do uso das redes sociais pelos membros do Poder Judiciário em todas as fases da formação profissional, conforme definido pelo Conselho Nacional de Justiça.

O tema deverá ser abordado pelo menos uma vez a cada dois anos, com carga horária mínima de 10 horas, abarcando conteúdo programático mínimo que inclua a própria Resolução nº 305 do CNJ, os Princípios de Bangalore para a Conduta Judicial, o Código de Ética da Magistratura Nacional, alcance e limites da liberdade de expressão, privacidade e segurança no uso das redes sociais e regras básicas de uso das redes sociais.

Em síntese, resta indubitável que a Resolução nº 305/2019 do CNJ representa um avanço significativo na regulamentação da conduta dos magistrados nas redes sociais, reforçando a importância da liturgia do cargo judicante e da preservação da credibilidade do Poder Judiciário. Ao estabelecer diretrizes claras e atualizadas, a resolução visa garantir que a liberdade de expressão dos juízes seja exercida de maneira responsável e em harmonia com os valores éticos e constitucionais que regem a magistratura brasileira.

5 Conclusão

É necessário que a sociedade confie nos magistrados para a correta aplicação da lei e a promoção da justiça para a manutenção da ordem social e do funcionamento adequado do Estado Democrático de Direito. Qualquer percepção de parcialidade por parte dos magistrados pode erodir essa confiança, comprometendo a credibilidade das decisões judiciais e enfraquecendo o próprio tecido da sociedade democrática. A percepção de imparcialidade é, portanto, não apenas um requisito legal, mas uma necessidade vital para a sustentação da justiça e da paz social.

Diante desse cenário, torna-se imperativo que o equilíbrio entre a liberdade de expressão e a necessidade de manter a imparcialidade judicial e a respeitabilidade do cargo sejam cuidadosamente mantidas. Esse equilíbrio deve ser alcançado em conformidade com os princípios éticos e legais que regem a magistratura. A liberdade de expressão dos magistrados, embora um direito fundamental, deve ser exercida de maneira responsável, considerando o impacto potencial de suas manifestações públicas na percepção de imparcialidade e na confiança do público no sistema judicial.

Ademais, a segurança dos magistrados e de seus familiares também pode estar em risco com o uso indevido das redes sociais. Por isso, a capacitação na temática e o conhecimento das regras de uso das plataformas de comunicação com a sociedade são fundamentais dentro desse processo, de forma a garantir a integridade dos membros do Poder Judiciário e de toda a comunidade.

Em conclusão, a confiança que a sociedade deposita no regular funcionamento do Poder Judiciário depende crucialmente da percepção de sua imparcialidade. Para preservar essa confiança e garantir a integridade do sistema judiciário, é essencial que o balanceamento entre a liberdade de expressão dos magistrados e a necessidade de manter a respeitabilidade e confiança no Poder Judiciário sejam rigorosamente observados. Assim, a integridade do sistema judiciário é preservada, juntamente com a confiança pública e a sustentação da ordem democrática.

Referências

ALEXY, Robert. *Teoria dos direitos fundamentais*. 2. ed. São Paulo: Malheiros Editores, 2011.

DALLARI, Dalmo de Abreu. *O poder dos juízes*. 3. ed. rev. São Paulo: Saraiva, 2007.

NALINI, José Renato. *Ética da Magistratura*: comentários ao Código de Ética da Magistratura Nacional. 4. ed. rev., atual. e ampl. São Paulo: Thomson Reuters Brasil, 2019.

SARLET, Ingo Wolfgang. *A eficácia dos direitos fundamentais*. 7. ed. rev. atual. e ampl. Porto Alegre: Livraria do Advogado, 2007.

SARMENTO, Daniel. Comentários ao artigo 5º, IV, da Constituição Federal de 1988. *In*: SARLET, Ingo Wolfgang; STRECK, Lenio; MENDES, Gilmar Ferreira (Coord.). *Comentários à Constituição do Brasil*. 2. ed. São Paulo: Saraiva Educação, 2018.

SÜSSEKIND, Arnaldo; MARANHÃO, Délio; VIANNA, Segadas; TEIXEIRA, Lima. *In:* SÜSSEKIND, Arnaldo; TEIXEIRA FILHO, João de Lima. *Instituições de direito do trabalho*. 22. ed. atual. São Paulo: LTr, 2005.

VALENTE, Mariana Giorgetti. A liberdade de expressão na internet: da utopia à era das plataformas. *In*: FARIA, José Eduardo Faria (Organizador). *A liberdade de expressão e as novas mídias*. São Paulo: Perspectiva, 2020.

Informação bibliográfica deste texto, conforme a NBR 6023:2018 da Associação Brasileira de Normas Técnicas (ABNT):

PINTO JÚNIOR, Amaury Rodrigues; AZEVEDO NETO, Platon Teixeira de. O direito fundamental à liberdade de expressão e as limitações ao uso das redes sociais por magistradas e magistrados: uma análise da Resolução nº 305 do Conselho Nacional de Justiça. *In*: MENDES, Gilmar Ferreira; LIRA, Daiane Nogueira de; FREIRE, Alexandre (coord.). *Constituição, democracia e diálogo*: 15 anos de Jurisdição Constitucional do Ministro Dias Toffoli. 2. ed. Belo Horizonte: Fórum, 2025. p. 149-159. ISBN 978-65-5518-937-7.

MINISTRO DIAS TOFFOLI – O LEGADO DA CONSENSUALIDADE NO SUPREMO TRIBUNAL FEDERAL. A EVOLUÇÃO DA CONSENSUALIDADE NO STF A PARTIR DA CRIAÇÃO, PELO MINISTRO DIAS TOFFOLI, DO CENTRO DE MEDIAÇÃO E CONCILIAÇÃO

ANA CAROLINA TANNURI LAFERTÉ MARINHO

1 Introdução

Já há muito a solução pacífica de conflitos no âmbito do Poder Judiciário passou a ser estimulada como uma forma de dar às partes uma solução mais adequada e justa a seus conflitos de interesses, o que pode lhes propiciar uma forma mais ampla e correta de acesso à justiça.[1] Com a entrada em vigor do novo CPC, ganhou maior relevo a conciliação no âmbito dos processos judiciais a partir da introdução, no nosso ordenamento jurídico, do §3º do art. 3º do diploma legal.

O CPC não apenas inovou ao orientar juízes, advogados, defensores públicos e membros do Ministério Público a estimular a conciliação e a mediação, inclusive no curso do processo judicial, como também previu a instituição das câmaras de conciliação no âmbito administrativo (art. 174 do CPC).

Nesse ponto, o diploma de 2015 teve nítida inspiração em impulso pioneiro rumo à conciliação dado em 2007 pelo então Advogado-Geral da União José Antonio Dias Toffoli, ao criar a Câmara de Conciliação e Arbitragem da Advocacia-Geral da União. Com efeito, a criação da Câmara de Conciliação da AGU serviu como modelo para o atual CPC, que o estendeu a todos os entes da federação com a entrada em vigor do diploma de 2015.

Anos mais tarde, em 2020, já na Presidência do Supremo Tribunal Federal, o Ministro Dias Toffoli implementou mais uma medida pioneira ao criar, na Corte Constitucional, o

---

[1] WATANABE, Kazuo. Política Pública do Poder Judiciário Nacional para tratamento adequado dos conflitos de interesses. *In*: PELUSO, Antonio Cezar; RICHA, Morgana de Almeida (Coord.). *Conciliação e mediação*: estruturação da política judiciária nacional. Rio de Janeiro: Forense, 2011.

Centro de Mediação e Conciliação,[2] órgão responsável pela busca e pela implementação de soluções consensuais nos processos submetidos à jurisdição constitucional.

Na visão do Ministro,[3]

> Conquanto a crescente taxa de congestionamento nos Tribunais, podendo os métodos consensuais virem a ser manejados como técnica de gestão processual das demandas de massas, o fim maior de sua utilização deve centrar-se na busca da pacificação social, objetivo esse a ser perseguido pelo Poder Público como um todo e pela sociedade.

Surge, então, o Centro de Mediação e Conciliação como um instrumento posto à disposição do cidadão brasileiro para garantir a aplicação de seus direitos.

A Resolução nº 697/2000, que o instituiu, é o marco oficial de institucionalização dos meios consensuais enquanto métodos de solução de conflitos no âmbito do STF. A partir da edição desse marco, a conciliação no âmbito da jurisdição constitucional tomou outra proporção.

Nesse contexto, surgiram, ainda, o Centro de Cooperação Judiciária (CCJ),[4] o Centro de Coordenação e Apoio às Demandas Estruturais e Litígios Complexos (CADEC) e o Centro de Soluções Alternativas de Litígios (CESAL/STF).[5] Todos esses órgãos, criados no STF a partir da Resolução nº 697/2000, instrumentalizam a Corte, de forma irreversível, para atuar orientada para a consensualização.

Desse modo, como defendido pelo Ministro Dias Toffoli,[6]

> A hígida estrutura judicial deve ser mantida para os casos de violações de direitos não passíveis de recomposição pelos métodos consensuais e que clamam por resposta rápida e efetiva sob a forma adjudicada de solução de controvérsias.
> (...)
> A superação da visão do método adversarial como único meio de solução de controvérsias e promoção da cultura da paz é missão de todos – sociedade civil, poder público e instituições integrantes do sistema de justiça.

No presente trabalho, pretendemos demonstrar como a iniciativa do Ministro Dias Toffoli transformou a atuação da Suprema Corte, que passou a orientar-se cada vez mais para a consensualidade como forma de solução dos litígios que tramitam na Corte.

O apoio fundamental do Ministro Dias Toffoli para a promoção da mediação e da conciliação na jurisdição constitucional brasileira será contextualizado neste artigo, que é uma breve homenagem a seus 15 anos como ministro do Supremo Tribunal Federal.

---

[2] Resolução nº 697, de 6 de agosto de 2020.
[3] Em discurso na 13ª Semana Nacional de Conciliação no TJDFT de 29.10 a 9.11.2018.
[4] Resolução STF nº 775/2022.
[5] Resolução nº 790/2022, que institui o CADEC e o CESAL.
[6] Cerimônia de Assinatura de Termo de Cooperação Técnica entre o Conselho Nacional de Justiça, o Conselho Federal da Ordem dos Advogados do Brasil e a Escola Superior de Advocacia Nacional – 30.06.2020.

2 A consensualidade na jurisdição constitucional antes da Resolução nº 697/2000

É verdade que a solução consensual de controvérsias submetidas à jurisdição constitucional já havia surgido no STF em 2000, antes da criação do Centro de Mediação e Conciliação do Tribunal.

No entanto, a utilização desse método ocorreu em casos pontuais e a despeito de normatização ou formalidades.

Como exemplo da consensualidade no STF ainda numa fase experimental, pode-se citar a homologação do acordo coletivo firmado em março de 2018 na ADPF nº 165, relativa aos Planos Econômicos Bresser, Verão, Collor I e II e aos expurgos inflacionários.[7] No caso, instituições bancárias, poupadores e entidades do próprio Sistema Financeiro Nacional, com intermediação da CCAF/AGU, celebraram um instrumento de acordo após mais de 50 audiências, que foi homologado pelo STF em março de 2018.

Na decisão homologatória do acordo, o STF asseverou que a solução da controvérsia não fixaria tese jurídica sobre o tema, de modo que não haveria vinculação do Tribunal aos termos firmados, nem de outros órgãos judiciários e terceiros interessados em relação à interpretação do ordenamento ou aos compromissos estabelecidos entre as partes.[8]

Esse precedente fixou, assim, importante contorno da solução de controvérsia por meio da conciliação na jurisdição constitucional: a ausência de vinculação dos tribunais aos termos firmados entre as partes e homologado pela Suprema Corte.

Destacamos, ademais, o exemplo da potencialidade pacificadora da Câmara de Conciliação da AGU, que intermediou a negociação exitosa entre as diversas partes envolvidas numa disputa que se arrastava no Poder Judiciário há muitas décadas.

Já em 2020, a aplicação da solução consensual sobreveio no julgamento da Questão de Ordem na Ação Direta de Inconstitucionalidade por Omissão nº 25/DF, no qual o Supremo Tribunal Federal homologou acordo firmado entre a União, os Estados e o Distrito Federal para resolver o impasse na discussão envolvendo valores pretéritos e futuros acerca da norma prevista no art. 91 do Ato das Disposições Constitucionais Transitórias,[9] não regulamentada pelo Congresso Nacional.

Nesse caso, o acordo foi celebrado mesmo após o julgamento da ADO 25, em 2016, no qual o STF reconheceu a mora do Congresso Nacional em editar a lei complementar mencionada no dispositivo do ADCT e fixou prazo para sua emissão, determinando ainda que, na hipótese de persistência da omissão, a disciplina da matéria seria provisoriamente realizada pelo Tribunal de Contas da União, considerando que, em um juízo de capacidades institucionais, o órgão disporia das condições necessárias à solução adequada da controvérsia, *ex vi* das competências constitucionais atribuídas a essa Corte de Contas.

---

[7] STF, ADPF 165, Pleno, Rel. Min. Ricardo Lewandowski, J. 01.03.2018, publicado em 01.04.2020.
[8] VEIGA, G. *Mediação nas Cortes superiores*: da teoria à prática. Livro eletrônico. Londrina: Thoth, 2023, p. 66.
[9] CF/88, ADCT:
Art. 91. A União entregará aos Estados e ao Distrito Federal o montante definido em lei complementar, de acordo com critérios, prazos e condições nela determinados, podendo considerar as exportações para o exterior de produtos primários e semi-elaborados, a relação entre as exportações e as importações, os créditos decorrentes de aquisições destinadas ao ativo permanente e a efetiva manutenção e aproveitamento do crédito do imposto a que se refere o art. 155, §2º, X, a. (dispositivo revogado pela EC 109, de 2021).

Após a ocorrência de prorrogação do prazo inicialmente estabelecido, veio a ser celebrado acordo entre a União e os Estados acerca dos critérios de repasse dos recursos, com o compromisso de edição da lei complementar prevista na Constituição.

A Lei Complementar nº 176/2020 veio, então, a ser finalmente editada. Seu conteúdo é substancialmente idêntico ao do acordo homologado pelo Supremo Tribunal Federal, diferindo apenas em ajustes de redação.

Segundo anota a doutrina:[10]

> A ADO 25 é um dos mais ricos e interessantes casos na justiça constitucional brasileira. A complexidade dos problemas jurídicos objeto da ação (e das suas implicações econômicas, políticas e sociais) exigiu o emprego coordenado de técnicas altamente sofisticadas. O caso envolveu: a) não decisão pelo Supremo Tribunal Federal; b) utilização de um juízo de capacidades institucionais; c) fixação de prazo para a edição de ato normativo; d) atribuição provisória de competência a ente distinto daquele previsto na Constituição; e) autocomposição em controle concentrado de constitucionalidade; f) elaboração de lei pelo Congresso Nacional em conformidade com os termos do acordo.

Nesse contexto, o caso da ADO 25 nos parece evidenciar o entendimento segundo o qual a solução adequada de problemas constitucionais não necessariamente será definida pelo Supremo Tribunal Federal.

No âmbito do controle concreto-incidental, a homologação de acordos entre entidades federativas pelo Supremo Tribunal Federal pode ser identificada na Questão de Ordem no Mandado de Segurança nº 34.023/DF, na qual o tribunal deferiu pedido formulado pela União a fim de que fossem "aplicados cautelarmente aos autos e às liminares os exatos termos dos ajustes negociados com os Estados" a respeito da forma de pagamento das dívidas mantidas entre eles (Questão de Ordem no Mandado de Segurança nº 34.023/DF, Rel. Min. Edson Fachin, julgada em 1º.7.2016 e publicada no DJU de 12.6.2017).

Destacam-se, ainda, as iniciativas do Ministro Dias Toffoli orientadas à conciliação durante sua presidência do Supremo Tribunal Federal, em especial sua atuação frente às suspensões de tutela provisória submetidas a jurisdição constitucional.

Citamos, a propósito, a STP 109, requerida pela Procuradoria-Geral da República com o fito de obter a sustação de decisão em que o Tribunal Regional da 4ª Região[11] determinou a reintegração de posse em favor de Itaipu Binacional sobre imóveis ocupados por comunidades indígenas.

Em decisão que sinalizou a utilização de conciliação para a solução da controvérsia, o Ministro Dias Toffoli ressaltou a complexidade da questão possessória que envolve produtores rurais e comunidades indígenas, bem como, por vezes, a ineficácia das decisões judiciais adjudicatórias, objetos de recursos incontáveis que protraem a definição da lide e afastam a sociedade da pacificação social.

---

[10] DIDIER JR, Fredie; FERNANDEZ, Leandro. A justiça constitucional no sistema brasileiro de justiça multiportas. *Revista da AJURIS* – Porto Alegre, v. 50, n. 154, junho, 2023. Disponível em: https://revistadaajuris.ajuris.org.br/index.php/REVAJURIS/article/view/1407/871. Acesso em: 05 ago. 2024.

[11] Decisão do Desembargador Federal Relator do Agravo de Instrumento 5036232- 44.2018.4.04.0000, do Tribunal Regional Federal da 4ª Região, e da decisão do Juízo da 1ª Vara Federal de Foz do Iguaçu, proferida na Ação de Reintegração/manutenção de Posse nº 5006864-33.2018.4.04.7002/PR.

Nesse contexto, Sua Excelência ressalta a importância de uma solução consensual, negociada entre as partes envolvidas e, por consequência, apta a assegurar a "mais extensa satisfação dos interesses de ambas as partes". Nas palavras do Ministro:[12]

> Destaco, inicialmente, que a análise de ações de reintegração de posse a envolver ocupação indígena deve ultrapassar a mera apreciação dos requisitos possessórios exigidos para o combate ao esbulho. Primeiro porque as ocupações se fazem, de modo geral, em áreas que aguardam conclusão de regularização fundiária pela FUNAI. Essa espécie de processo administrativo, por envolver diversos e tão complexos interesses, não raro se desenvolve sob largo período de tempo – o que já contribui para a instabilidade da disputa – e a decisão que dele resulta é, comumente, objeto de questionamentos judiciais diversos, o que protrai, ainda mais, a definição da celeuma sobre a propriedade/ocupação das terras e, em tais casos, fomenta sobremaneira a adoção de medidas de resistência pelos envolvidos.
> (...)
> Não há, entretanto, uma via processual específica para o trato da complexa questão (em sua dúplice vertente), que vai, desse modo, se delineando no bojo das ações possessórias, em dificuldade de apreciação que se estende à análise das respectivas medidas de suspensão. Há que se buscar, especialmente em tais casos, a identificação dos benefícios mútuos, para formação de uma decisão tanto quanto possível consensual, por meio de mecanismos de negociação que se baseie em princípios e em padrões justos, aptos a assegurar a mais extensa satisfação dos interesses de ambas as partes. Sob todas essas considerações, entendo pertinente instar as partes envolvidas, para manifestação quanto ao interesse na realização de audiência de conciliação perante esta Suprema Corte, nos autos da presente suspensão. Intime-se, desse modo, a PGR e as partes da ação de origem (Itaipu Binacional, União, FUNAI e Lino Cesar Cunumi Pereira) para se manifestarem quanto ao interesse na realização de audiência de conciliação.

A decisão acima, de março de 2019, já revelava a preocupação do Ministro Dias Toffoli com a utilização da conciliação na jurisdição constitucional, que, por certo, não poderia deixar de valer-se de métodos de solução alternativa de conflitos, como já orientava o Código de Processo Civil.

Na STP 109, todos os envolvidos manifestaram-se favoravelmente à audiência de conciliação, realizada em duas ocasiões, sob a condução de juiz auxiliar da Presidência do STF, embora não tenha sido firmado acordo no caso.

A disposição do Ministro Dias Toffoli para a utilização de métodos consensuais independentemente da natureza do processo submetido à jurisdição constitucional também se fez presente na SL 1.076, cujos contornos se assemelhavam aos da STP 109, por envolver decisão de reintegração de posse de área ocupada por comunidade indígena. Nessa suspensão de liminar, a audiência de conciliação foi suscitada por Sua Excelência a fim de alcançar uma solução mais adequada para o conflito.

Anote-se, ainda, que na reunião de trabalho para discutir metas do Supremo para 2019, ocorrida em fevereiro daquele ano, com a participação do então Presidente Ministro Dias Toffoli, apresentou-se sugestão de realização de audiência de conciliação nas suspensões de liminar (SL), de segurança (SS), de tutela provisória (STP) e de tutela antecipada (STA) quando, pelas particularidades do caso, houvesse a possibilidade de

---

[12] Trecho da decisão que aplicou a conciliação, proferida na STP 109, Rel. Min. Dias Toffoli (e-doc 56).

acordo. A iniciativa já revelava a tendência de ampliação do espaço para conciliações, inclusive nas classes processuais de competência da presidência do STF.[13]

Registre-se que, em ambas as ocasiões, o Ministro Dias Toffoli adotou o método consensual sem que ainda houvesse na Corte qualquer normatização acerca da utilização das formas alternativas de solução de controvérsia, o que se fazia urgente, tendo em vista a transformação da jurisdição constitucional que já se revelava nos casos pontuais de conciliação no Tribunal.

3 A Resolução nº 697/2020 e a institucionalização dos métodos consensuais no STF

No contexto acima descrito, sob a Presidência do Ministro Dias Toffoli, foi, então, editada a Resolução nº 697, de 2000, sendo essa norma o marco oficial de institucionalização dos métodos consensuais na jurisdição do STF. A partir de sua edição, criou-se o Centro de Mediação e Conciliação (CMC) do Supremo Tribunal Federal, órgão do Tribunal responsável pela realização de acordos e diretamente subordinado à Presidência.

Nos termos da resolução, atribuiu-se ao CMC a competência para atuar na fase pré-processual e na solução de conflitos já submetidos à jurisdição da Corte, a partir da provocação direta dos interessados. Sob essa perspectiva, a norma permite de forma ainda mais ampla a utilização dos métodos consensuais de resolução dos conflitos constitucionais, para além dos casos judicializados perante a Suprema Corte.

Essa abertura da jurisdição constitucional, "que revela não ser mais possível associar a atuação do Poder Judiciário exclusivamente à decisão de casos processualizados",[14] corrobora a visão segundo a qual a principal vocação do Judiciário é assegurar o tratamento adequado de problemas jurídicos, sendo a decisão judicial apenas um dos instrumentos para o alcance desse fim. Nas palavras do Ministro Dias Toffoli:[15]

> Para além de técnica de gestão processual à disposição dos órgãos do Poder Judiciário e das instituições e funções essenciais à Justiça, os métodos consensuais têm vocação primeira dirigida à pacificação social, objetivo a ser perseguido por todo o poder público e pela sociedade civil.
> (...)
> A hígida estrutura judicial deve ser mantida para os casos de violações de direitos não passíveis de recomposição pelos métodos consensuais e que clamam por resposta rápida e efetiva sob a forma adjudicada de solução de controvérsias.

A criação do CMC, por sua vez, não excluiu a condução, pelo próprio relator do processo, de tentativa de conciliação, apresentando-se como mais uma instância para a obtenção da solução mais adequada ao caso.

---

[13] Disponível em: http://www.stf.jus.br/portal/cms/verNoticiaDetalhe.asp?idConteudo=402872.
[14] DIDIER JR, Fredie; FERNANDEZ, Leandro. A justiça constitucional no sistema brasileiro de justiça multiportas. *Revista da AJURIS* – Porto Alegre, v. 50, n. 154, junho, 2023. Disponível em: https://revistaajuris.ajuris.org.br/index.php/REVAJURIS/article/view/1407/871. Acesso em: 05 ago. 2024.
[15] Discurso proferido em 30.06.2020 na Cerimônia de Assinatura de Termo de Cooperação Técnica entre o Conselho Nacional de Justiça, o Conselho Federal da Ordem dos Advogados do Brasil e a Escola Superior de Advocacia Nacional.

A norma também previu que ministros, magistrados, membros do Ministério Público, advogados e defensores aposentados podem atuar como mediadores e conciliadores, ao lado de servidores do Poder Judiciário e advogados.

Anote-se uma única – e aparente – limitação feita na norma acerca das espécies de controvérsias que podem ser submetidas à conciliação: questões jurídicas sujeitas à competência do STF cuja solução pacífica seja permitida por lei (parágrafo único do art. 2º).

No entanto, como revela a evolução da conciliação no âmbito do STF, o método consensual faz-se presente, de forma crescente, inclusive nas ações de controle de constitucionalidade, as quais, em tese, buscam assegurar a observância das normas ao texto constitucional, o que, segundo alguns doutrinadores, não seria passível de negociação entre partes subjetivas.

O modelo instituído pelo Ministro Dias Toffoli foi o ponto de partida para o alargamento das atribuições do órgão de conciliação que viria na sequência e para a utilização da conciliação como método de resolução de conflitos de forma mais ampla no contexto da jurisdição constitucional.

Assim, mais adiante, foram criados o Centro de Cooperação Judiciária (CCJ) (Resolução nº 775/2022), que prevê a cooperação recíproca do STF com os demais órgãos do Poder Judiciário para a prática de atos judiciais ou administrativos, e, ainda, o Centro de Coordenação e Apoio às Demandas Estruturais e Litígios Complexos (Cadec) (Resolução nº 790/2022), cujo objetivo é auxiliar o STF na resolução de processos voltados a reestruturar determinado estado de coisas em desconformidade com a Constituição Federal e que exijam, para a concretização de direitos, técnicas especiais de efetivação processual e intervenções jurisdicionais diferenciadas.

Todos esses órgãos, voltados à conciliação e ao auxílio na resolução de processos complexos, foram então reunidos numa única unidade: o Centro de Soluções Alternativas de Litígios (CESAL), por força da edição da Resolução nº 790/2022, que coloca em relevo três aspectos:[16]

> a) a solução de problemas estruturais geralmente exige uma abordagem distinta da tradicional, com a realização de atos de cooperação judiciária e a adoção de técnicas de conciliação e mediação; b) a complexidade dos casos submetidos a mediações e conciliações no Supremo Tribunal Federal aconselha, em muitas hipóteses, o emprego de mecanismos de cooperação, inclusive de natureza interinstitucional; c) em processos estruturais, técnicas de conciliação e mediação muitas vezes são necessárias para a realização de uma espécie de negociação para efetivação da decisão estrutural de inconstitucionalidade.

Os normativos citados, portanto, instituíram governança específica para a solução consensual de litígios constitucionais, com a criação de órgãos especializados e previsão de regramento específico para atuação dessas instâncias

Com a evolução do microssistema de solução de controvérsias até então existente, surgiram o Núcleo de Processos Estruturais e Complexos (NUPEC) e o Núcleo de

---

[16] DIDIER JR, Fredie; FERNANDEZ, Leandro. A justiça constitucional no sistema brasileiro de justiça multiportas. *Revista da AJURIS* – Porto Alegre, v. 50, n. 154, junho, 2023. Disponível em: https://revistadaajuris.ajuris.org.br/index.php/REVAJURIS/article/view/1407/871. Acesso em: 05 ago. 2024.

Solução Consensual de Conflitos (NUSOL), ambos por meio do Ato Regulamentar nº 27/2023 do STF, vigente à época de elaboração deste trabalho.

Ao apresentar a proposta de criação desses núcleos, o então Presidente, Ministro Luís Roberto Barroso, justificou a medida com a crescente demanda pelo uso de técnicas consensuais. Segundo o Ministro Presidente Luís Roberto Barroso:[17]

> Considerando o aumento do número de processos estruturais perante o STF e a crescente demanda pelo uso de métodos consensuais para a solução de conflitos, verificou-se a necessidade de ampliar significativamente a equipe responsável e transformar esses centros em uma unidade administrativa específica, destinada a prover apoio especializado à prestação jurisdicional, sob demanda da Presidência e dos Gabinetes. Em acréscimo, constatou-se a importância de instituir um centro adicional, voltado à análise estatística e ao uso de dados, para informar e aprimorar a tomada de decisões e ampliar a eficiência da gestão processual no STF.

O Núcleo de Solução Consensual de Conflitos (NUSOL) visa apoiar os gabinetes dos ministros na busca e na implementação de soluções consensuais de conflitos processuais e pré-processuais, bem como promover a cooperação judiciária do STF com os demais órgãos do Poder Judiciário.

De acordo com o próprio *site* do STF, o NUSOL pode atuar, por exemplo, no auxílio à triagem de processos que, por sua natureza, permitam a solução pacífica, na realização ou no apoio à realização de sessões de conciliação, mediação ou outro método adequado de tratamento de controvérsias – por solicitação do relator – e na promoção da cooperação judiciária, sempre consensual, entre STF e demais órgãos do Poder Judiciário, bem como com outros atores do sistema de justiça e da sociedade civil organizada.

Em consulta rápida ao painel do NUSOL,[18] verifica-se, desde 2015, que foram submetidos à análise 88 processos, dos quais 63 foram analisados, e 25 não. Dos 63 processos analisados, houve acordo em 45, e não houve acordo em 18.

Consultando-se o painel de forma mais detalhada, nota-se, inclusive, o aumento significativo de processos que tramitaram pelo NUSOL a partir de 2020, ano da institucionalização do marco normativo das conciliações no STF, até os dias atuais. Assim, se em 2020 o painel computa apenas 2 processos (ADO 25 e ADPF 568), em 2021 foram 5 processos (ACO 3.303, ACO 3.306, ACO 3.421, ADPF 829, ARE 1.347.550), todos com acordos homologados. Em 2022, também foram 5 processos, todos com acordos homologados, e em 2023 há um salto para 17 processos, todos com acordos homologados também. E, por fim, até meados do ano de 2024 já foram 14 processos e 14 acordos homologados.

No universo dos processos conciliados no NUSOL, citamos a ADI 7.486, de Relatoria do Ministro Dias Toffoli, em que se discutiam normas do Estado do Pará que limitavam o ingresso de mulheres na Polícia Militar e no Corpo de Bombeiros Militar do referido ente da federação.

---

[17] https://digital.stf.jus.br/decisoes-monocraticas/api/public/votos/128452/conteudo.pdf. Acesso em: 07 ago. 2024.
[18] Disponível em: https://portal.stf.jus.br/textos/verTexto.asp?servico=cmc&pagina=apresentacao. Acesso em: 07 ago. 2024.

Nesse caso, o Ministro Dias Toffoli deferiu medida cautelar para suspender a aplicação do dispositivo impugnado, bem como os certames em andamento que nele se fundamentavam. No entanto, considerando que as datas para a realização das provas objetivas se avizinhavam, e tendo em vista a necessidade externada pelo Estado do Pará de aumentar o contingente dos quadros da Polícia Militar com urgência, o Ministro Dias Toffoli remeteu os autos ao CESAL/STF

> para o fim de ser designada audiência com as partes interessadas, com apoio do Centro de Soluções Alternativas de Litígios – Cesal/STF, nos termos da Resolução 790/2022, para sejam realizadas tratativas com o escopo de se buscar uma conciliação no presente feito, sem prejuízo da análise do referendo pelo Plenário da Corte.

Note-se que, nesse caso, a submissão dos autos à conciliação foi proferida após a concessão de liminar para se suspender os dispositivos impugnados e quando já interposto agravo regimental pelo Estado Requerido. Isso demonstra que a tentativa de conciliação tem lugar em qualquer momento processual.

Ademais, a audiência de conciliação foi realizada na sequência, de forma híbrida: com participantes presentes e remotos, que participaram do ato por videoconferência. Desburocratizou-se o ato, tudo com vistas a facilitar uma solução mais adequada ao litígio.

Realizada a audiência de conciliação – ainda quando pendente o referendo da medida cautelar deferida, as partes acordaram que o certame prosseguiria sem a limitação de gênero prevista nos editais. Convencionaram, ademais, que, até a superveniência de legislação tratando do tema ou julgamento de mérito da ADI, as disposições do acordo firmado seriam aplicáveis aos futuros editais de concursos públicos para os quadros da Polícia Militar do Pará, comprometendo-se o Estado Requerido a adequar portarias e instrumentos respectivos.

Registre-se, ademais, que o termo de audiência expressamente consignou que "[a] celebração do presente acordo não significa transação sobre as teses de fundo versadas na presente ADI", conforme delineamento inaugurado na conciliação celebrada na ADPF 156.

O Ministro Dias Toffoli homologou imediatamente o acordo firmado e submeteu a homologação à referendo do Plenário, sem prejuízo do ulterior julgamento do referendo da medida cautelar e do mérito da ação pelo Colegiado do Tribunal.

A homologação do acordo e a medida cautelar foram referendadas pelo Plenário, cuja ementa do respectivo acórdão registrou:

> 7. Realização de acordo judicial entre as partes interessadas para permitir o prosseguimento dos certames que se regularam pela norma ora impugnada sem a limitação da participação feminina nos editais de convocação.

Não obstante, a ação foi julgada procedente no mérito, modulando-se os efeitos da decisão para resguardar os concursos já concluídos e atingir apenas os certames em andamento, tudo nos termos do acordo celebrado.

4 Da conciliação no STF sob condução do ministro relator

A despeito da existência do microssistema de apoio à solução de controvérsias constitucionais no STF, cada ministro relator permanece competente para, nos respectivos processos, utilizar-se da conciliação e da mediação como meio alternativo à jurisdição.

Ademais, dada a institucionalização recente da conciliação na jurisdição constitucional, verifica-se que a utilização do método alternativo ainda está em evolução, de modo que, comparativamente às decisões judiciais proferidas, ainda são poucos os acordos firmados.

Tomando-se o ano de 2024 até meados de julho, por exemplo, e o conjunto de ações originárias, tem-se que, de um total de 16.334 decisões finais proferidas (procedentes, improcedentes, com seguimento ou ordem negados etc.), apenas 12 decisões são de homologação de acordo firmado.[19] A propósito, confira-se a tabela dos feitos nos quais houve homologação de acordos, extraída do painel Cortes Abertas:

ACO	648	ACO-648	MIN. MARCO AURÉLIO
ACO	669	ACO-669	MIN. MARCO AURÉLIO
ACO	701	ACO-701	MIN. EDSON FACHIN
ACO	718	ACO-718	MIN. CRISTIANO ZANIN
ACO	2178	ACO-2178	MIN. FLÁVIO DINO
ACO	2866	ACO-2866	MIN. EDSON FACHIN
ACO	3511	ACO-3511	MIN. EDSON FACHIN
ADI	7487	ADI-7487	MIN. CRISTIANO ZANIN
Rcl	64943	Rcl-64943	MIN. CRISTIANO ZANIN
SL	1721	SL-1721	MINISTRO PRESIDENTE
STP	1014	STP-1014	MINISTRO PRESIDENTE
STP	1021	STP-1021	MINISTRO PRESIDENTE

O acervo do STF era de 18.443 processos[20] na data consultada (excluindo-se os penais e de processo penal). O total de decisões proferidas pela Corte, também até a data consultada, era de 61.442.

Frente a esses números, percebe-se a existência de um enorme espaço para se aplicar a conciliação como método de resolução de controvérsias.

O Ministro Dias Toffoli tem estado atento à necessidade de mudança de paradigma. Sob sua relatoria, existem diversos processos atualmente submetidos à conciliação.

Citamos, para exemplificar, alguns casos envolvendo conflitos fundiários e que se encontram atualmente submetidos à Câmara de Conciliação da AGU.

Um desses casos é a ACO 3.555, ajuizada pelo Procurador-Geral da República (PGR) em face da ITAIPU Binacional, da Fundação Nacional do Índio (FUNAI), do Instituto Nacional de Colonização e Reforma Agrária (INCRA) e da União Federal

---

[19] Conforme o painel Corte Aberta. Disponível em: https://transparencia.stf.jus.br/extensions/decisoes/decisoes.html. Acesso em: 07 ago. 2024.
[20] Na data consultada: 07.08.2024.

com o objetivo, em apertada síntese, de obrigar os réus a repararem as Comunidades Avá-Guarani de Tekoha Guasu Okoy-Jakutinga e Tekoha Guasu Guavirá por danos de diversas naturezas que sofreram em decorrência da implantação do empreendimento hidrelétrico UHE ITAIPU.

Em 2023, o Ministro Dias Toffoli proferiu decisão determinando a remessa dos autos à Câmara de Conciliação e Arbitragem da Administração Federal (CCAF), da Advocacia-Geral da União e a suspensão do processo por 120 dias, para tentativa de conciliação.

Não obstante a conciliação ainda não tenha sido firmada, a ITAIPU Binacional já noticiou nos autos que as tratativas evoluíram e que ela cogita inclusive adquirir áreas na região para transferi-las à União, com usufruto permanente às comunidades indígenas que reclamam reparação.

A celebração de um eventual acordo nesse caso – que envolve um conflito de décadas e pode promover reparação histórica aos índios – independentemente da discussão jurídica sobre o marco temporal – que ainda ocorre na Suprema Corte – é, sem dúvida, o maior ganho que a sociedade e o próprio Poder Judiciário podem almejar.

Portanto, a conciliação, muito mais do que um acórdão da Suprema Corte, é o meio ideal para se atingir a solução mais adequada para todos os envolvidos.

Há, ainda, os antiquíssimos casos das ACO 594 e 586, que tratam da titularidade de terras da Praia do Sono, em Paraty. O litígio se dá entre a União, o Estado do Rio de Janeiro e particulares.

O imbróglio tramita há mais de duas décadas na Justiça e atualmente encontra-se submetido ao STF, sob a relatoria do Ministro Dias Toffoli.

Em 2010, o Ministro Dias Toffoli submeteu a controvérsia à Câmara de Conciliação da AGU. No entanto, naquela época, a Câmara de Conciliação não tinha ainda competência para conciliar entes públicos com particulares. Ainda assim, houve tratativas para a conciliação entre a União e o Estado do Rio de Janeiro, o que já poderia solucionar parte da controvérsia posta. Ocorre que os entes não convergiram para um termo comum.

Durante a tramitação do feito, a Lei nº 13.140/2015 passou a admitir a participação de particulares nas câmaras de prevenção e resolução administrativa de conflitos. Portanto, desde então a CCAF da AGU admite que a composição seja feita com particulares, o que propicia o engajamento de todos os envolvidos numa eventual conciliação.

Assim, atento à mudança de paradigma, o Ministro Dias Toffoli, mais uma vez, submeteu os processos à Câmara de Conciliação da AGU, ocasião em que consignou:

> Tendo em vista o relato acima – mormente o fato de que a União, o Estado do Rio de Janeiro bem como particular contendem no presente feito; a forma com que se deu o encerramento da primeira tentativa de conciliação e o advento da Lei nº 13.140/15 (art. 32), a qual passou a permitir a participação de particular naquelas câmaras – e a relevância da discussão; bem como considerando a possibilidade de conciliação e o disposto no art. 3º do Código de Processo Civil, determino a remessa dos autos à Câmara de Conciliação e Arbitragem da Administração Federal (CCAF/AGU) para nova tentativa de conciliação.

Como se nota, o impulso do Ministro Dias Toffoli rumo à conciliação tem sido permanente, desde sua atuação como Advogado-Geral da União e mais ainda atualmente, como ministro da Suprema Corte.

Nas palavras do Ministro Dias Toffoli,[21]

> A Constituição garante o acesso ao Poder Judiciário como meio de efetivação de direitos e, consequentemente, de acesso à cidadania. No entanto, se esses direitos puderem ser (mais bem) efetivados por outros mecanismos, não necessariamente por um processo judicial, estará, de todo modo, satisfeito o escopo do inciso XXXV do art. 5º.
> A partir dessa perspectiva, tem-se um conceito amplo de "acesso à justiça", entendido não somente como acesso ao Poder Judiciário, mas também como promoção da pacificação social. Trata-se de visão que, em vez de enfraquecer o aludido conceito, o fortalece. Daí a advertência de Kazuo Watanabe de que o princípio do acesso à justiça previsto no referido preceito constitucional não assegura apenas acesso formal aos órgãos judiciários, e sim um acesso qualificado que propicie aos indivíduos o acesso à ordem jurídica justa, no sentido de que cabe a todos que tenham qualquer problema jurídico, não necessariamente um conflito de interesses, uma atenção por parte do Poder Público, em especial do Poder Judiciário.[22] Portanto, revela-se necessário se desenvolverem mecanismos consensuais de resolução de conflitos e se incentivar sua utilização. Dessa forma, estará sendo amplificada a própria garantia de acesso à Justiça.

Há, ainda, outros casos emblemáticos de conciliação sob a condução do Ministro Relator.

Cita-se, como exemplo, a recente submissão à conciliação nos autos da ADC 87/DF (apensos: ADI 7.582, 7.583, 7.586 e ADO 6),[23] nas quais partidos políticos e entidades da sociedade civil questionam a Lei do Marco Temporal (Lei nº 14.701/2023).[24]

No caso citado, o Relator, Ministro Gilmar Mendes, além de determinar a suspensão nacional dos processos judiciais que discutem a constitucionalidade da referida lei, direcionou o enfoque da demanda para a pacificação dos conflitos, na tentativa de superar as dificuldades de comunicação e entendimento em prol de uma solução construída a partir das premissas da colaboração e da proposição construtiva para a resolução dos impasses institucionais e jurídicos advindos da mencionada lei.

Segundo o Ministro Gilmar Mendes, "os métodos autocompositivos não podem ser mais considerados alternativos", impondo-se a chamada dos atores constitucionais a uma "mudança de cultura do litígio constitucional", em especial no tocante a conflitos que envolvem debates político-jurídicos de grande importância.

---

[21] TOFFOLI, José Antonio Dias. Acesso à justiça na Constituição de 1988 e métodos adequados de resolução de conflitos no Brasil. In: *Constituição da República 30 anos depois: uma análise prática da eficiência dos direitos fundamentais*: estudos em homenagem ao Ministro Luiz Fux. Belo Horizonte: Fórum, 2019, p. 77-92.

[22] WATANABE, Kazuo. *Política Pública do Poder Judiciário Nacional para tratamento adequado dos conflitos de interesses*. Disponível em: https://api.tjsp.jus.br/Handlers/Handler/FileFetch.ashx?codigo=29045. Acesso em: 25 mar. 2017.

[23] BRASIL. Supremo Tribunal Federal. *Ação Direta de Constitucionalidade nº 87/DF* (apensos: ADI nºs 7582, 7583, 7586 e ADO nº 86). Rel. Min. Gilmar Mendes. Disponível em: https://portal.stf.jus.br/processos/detalhe.asp?incidente=6824155. Acesso em: 16 jul. 2024.

[24] BRASIL. *Lei nº 14.701, de 20 de outubro de 2023*. Regulamenta o art. 231 da Constituição Federal, para dispor sobre o reconhecimento, a demarcação, o uso e a gestão de terras indígenas; e altera as Leis nºs 11.460, de 21 de março de 2007, 4.132, de 10 de setembro de 1962, e 6.001, de 19 de dezembro de 1973. Disponível em: https://www.planalto.gov.br/ccivil_03/_ato2023-2026/2023/lei/L14701.htm. Acesso em: 16 jul. 2024.

Nas ADPF 984/DF[25] e ADI 7.191/DF,[26] o Relator, Ministro Gilmar Mendes, submeteu a condução do litígio aos meios consensuais, por compreender que qualquer resposta advinda dos métodos tradicionais não poria fim à disputa político-jurídica subjacente.

Anota-se que, nesses casos, a controvérsia envolveu a discussão sobre a constitucionalidade da legislação federal atacada, que afetou sobremaneira a arrecadação de ICMS pelos estados da federação. Portanto, o conflito federativo estava instalado, cuja discussão colocou na mesa de conciliação representantes do Congresso Nacional, do Poder Executivo federal e de estados e municípios, estes últimos afetados de forma indireta por causa do impacto em repasses constitucionais.

Nesses casos, como resultado da autocomposição, o Ministro Relator homologou um acordo firmado entre todos os envolvidos, posteriormente referendando pelo Plenário do STF. Os termos do acordo foram cumpridos pelas partes, tanto com o envio de projeto de lei pelo Poder Executivo Federal quanto com a conversão do projeto em lei, cuja votação se deu por parlamentares de legislatura posterior à dos parlamentares que representaram o Congresso nas tratativas com o STF.

A Lei Complementar nº 201/2023, hoje vigente, é resultante dessa conciliação conduzida pelo Ministro Relator no âmbito da jurisdição constitucional.

5 Conclusão

Como demonstrado, o Ministro Dias Toffoli exerce um protagonismo na utilização da conciliação como solução de controvérsias desde sua atuação como Advogado-Geral da União.

Na Suprema Corte, o Ministro manteve sua orientação à uma solução mais adequada para os conflitos submetidos à jurisdição constitucional, inclusive como garantia de acesso à justiça de forma mais ampla possível ao jurisdicionado.

Desde a institucionalização da Câmara de Mediação e Conciliação no STF, por meio de norma editada durante a presidência do Tribunal pelo Ministro Dias Toffoli, a resolução de conflitos por meio da conciliação tem sido crescente na jurisdição constitucional.

Atualmente, a solução alternativa de controvérsias constitucionais pode ser acionada pelo ministro relator e encaminhada à CESAL/STF, como também à CCAF/AGU, ou, caso prefira, ele mesmo pode conduzir a conciliação das partes. O STF abre-se, assim, para a solução alternativa de litígios, descortinando um novo paradigma da prestação jurisdicional.

---

[25] BRASIL. Supremo Tribunal Federal. Tribunal Pleno. *Ação Descumprimento de Preceito Fundamental nº 984/DF*. Relator: Min. Gilmar Mendes, DJe de 11.03.24. Disponível em: https://portal.stf.jus.br/processos/detalhe.asp?incidente=6426801. Acesso em: 16 jul. 2024.

[26] BRASIL. Supremo Tribunal Federal. Tribunal Pleno. *Ação Direta nº 7191/DF*. Relator: Min. Gilmar Mendes. Disponível em: https://portal.stf.jus.br/processos/detalhe.asp?incidente=6430743. Acesso em: 16 jul. 2024.

Informação bibliográfica deste texto, conforme a NBR 6023:2018 da Associação Brasileira de Normas Técnicas (ABNT):

MARINHO, Ana Carolina Tannuri Laferté. Ministro Dias Toffoli – o legado da consensualidade no Supremo Tribunal Federal. A evolução da consensualidade no STF a partir da criação, pelo Ministro Dias Toffoli, do Centro de Mediação e Conciliação. *In*: MENDES, Gilmar Ferreira; LIRA, Daiane Nogueira de; FREIRE, Alexandre (coord.). *Constituição, democracia e diálogo*: 15 anos de Jurisdição Constitucional do Ministro Dias Toffoli. 2. ed. Belo Horizonte: Fórum, 2025. p. 161-174. ISBN 978-65-5518-937-7.

A DEMOCRACIA REALIZADA PELO STF: O PAPEL DO MINISTRO DIAS TOFFOLI EM 15 ANOS DE JURISDIÇÃO CONSTITUCIONAL

ANDRÉ RAMOS TAVARES

A nova Democracia e a Jurisdição Constitucional

Muito se tem falado de uma nova cidadania sob a Constituição de 1988. Fruto da esperança que foi se reerguendo após o regime militar, esse foi o senso comum dos primeiros anos pós-redemocratização. A esse contexto, soma-se toda uma análise técnico-científica, pois, efetivamente, ingressamos, desde 1988, em uma modelagem jurídica própria e diversa, dirigida prioritariamente à Democracia.

Falar dessa "nova" Democracia, contudo, não pode se resumir à análise estritamente formal do texto da Constituição. Apesar disso, não há qualquer dúvida sobre a *inovação* que se verifica em diversos instrumentos e institutos constitucionais objetivamente contemplados em 1988. Bastaria citar, aqui, os novos direitos consagrados, especialmente os direitos sociais, o mandado de injunção, o *habeas data*, a nova ação popular, a proteção à moral pública e o combate à improbidade, o combate à omissão inconstitucional,[1] a proteção do meio ambiente, a proteção da ciência e tecnologia, a proteção do esporte e tantas outras inovações de grande alcance que poderiam ser mencionadas. Mas foi o Poder Judiciário que acabou por ser o protagonista de primeira hora dessa Constituição inovadora.[2]

Considerando as diversas decisões do Supremo Tribunal Federal (STF) que alteraram, formataram, pressionaram ou repararam o sistema político-eleitoral brasileiro, reescreveram instituições e preservaram nossa Democracia, torna-se evidente que isso tem sido possível especialmente devido à notória dedicação e atuação corajosa e firme dos Ministros que compõem a Corte.

---

[1] Sobre o tema, ver: TAVARES, André Ramos; GAMA, Marina Faraco Lacerda (Coord.). *Omissão Inconstitucional*. São Paulo: Max Limonad, 2018.

[2] Sobre o Poder Judiciário, ver: TAVARES, André Ramos. *Manual do Poder Judiciário Brasileiro*. 2. ed. São Paulo: Saraiva Educação, 2021.

Grandes nomes ocuparam essa importante tarefa de defesa do Estado Democrático de Direito. Os Ministros do STF, além de zelarem pela Constituição brasileira, desempenham papel fundamental na consolidação de institutos e concretização de direitos, além de realizarem o controle de constitucionalidade, assim como também foram decisivos no equilíbrio devido entre os poderes Executivo, Legislativo e Judiciário, atuando com vistas a proteger direitos fundamentais dos cidadãos. Um arcabouço de grandes responsabilidades.

Nomeado para o cargo de Ministro do Supremo Tribunal Federal em 2009, o Ministro José Antonio Dias Toffoli representa uma importante geração de protagonismo em prol da jurisdição constitucional, defesa da Constituição e da Democracia. Neste ensaio pretendo apresentar ao menos as principais causas dessa autoformatação funcional do STF, com especial enfoque em um recorte da enorme presença e contribuição do Ministro Dias Toffoli na construção, consolidação e proteção da jurisdição constitucional e da Democracia em suas múltiplas tarefas.

Esse é o recorte desta análise, que nos permite, sobretudo, compreender como o Tribunal deixou de vez a passividade comportamental e a posição de coadjuvante desconhecido,[3] para se tornar um protagonista, propositivo e frequentador ilustre do imaginário social. Certamente, a percepção de que o Tribunal Constitucional Federal alemão[4] seria um dos mais poderosos tribunais do Mundo haverá de ser revista à luz do dos feitos do Supremo Tribunal Federal no Brasil, sob a Constituição de 1988, especialmente nos últimos anos.

Essa análise, porém, deve ser feita sem ignorar o forte teor democrático da Constituição de 1988 – a Constituição cidadã, dentre as expressões mais conhecidas e difundidas de Ulysses Guimarães.

A Democracia política e a Democracia econômica em debate

Em minha leitura, o teor democrático de nossa Constituição emerge de dois vetores complementares: a democracia política e a democracia econômica. Essa complementaridade se dá não apenas porque são elementos fundantes do Estado, mas pela própria historicidade e construção do nosso país. São debates sobre o aprimoramento democrático desses dois vetores que constantemente são objeto das decisões do Supremo Tribunal Federal. A presença marcante do STF, no entanto, ocorreu sobretudo na primeira vertente, (re)desenhando a clássica participação e representação políticas em suas diversas formas e limitações.

Essa constatação permite-nos reconhecer, nessa atuação substanciosa da Corte, um perfil mais tradicional assumido pelo STF. As posições em que se avançou, quando comparadas às decisões sobre democratização da decisão econômica (o segundo vetor

---

[3] Cf. BALEEIRO, Aliomar. *O Supremo Tribunal Federal*: êsse outro desconhecido. Rio de Janeiro: Forense, 1968.
[4] ROSENFELD, Michael. O julgamento constitucional na Europa e nos Estados Unidos: paradoxos e contrastes. *In*: TAVARES, André Ramos. *Justiça Constitucional*: pressupostos e análises concretas. Belo Horizonte: Fórum, 2007. p. 231-233 e 259-262.

que mencionei),[5] assumem viés *tipicamente liberal*, alinhando-se às clássicas preocupações e soluções da teoria jurídica.

Algumas dessas decisões foram tipicamente contramajoritárias, como a decisão para vetar a cláusula de desempenho[6] e a decisão de fixar classes numéricas de vereadores por municípios.[7] Outras apenas reforçaram o poder do STF como instância suprema e final, como ocorreu com a decisão de permitir a formação de superpartidos,[8] ou ainda, a decisão de manter a imposição da verticalização nas coligações partidárias.[9]

Assim, o termo "liberal" aqui não é empregado no sentido de liberalização, de não-intervenção Estatal, mas sim, mais especificamente, de não interferência na modelagem econômica da Democracia. Uma decisão com grande impacto transformativo, aqui, ocorreu com a decisão de proibir a doação privada de campanhas eleitorais por parte de pessoas jurídicas,[10] de evidentes implicações na Democracia econômica, e que foi encaminhada pelo STF a partir do pressuposto de que o cidadão da política é a pessoa física, não a pessoa jurídica.

Essa decisão foi uma das mais marcantes para a Democracia contemporânea. Na ocasião, discutia-se a inconstitucionalidade de dispositivos legais que autorizavam as contribuições de pessoas jurídicas às campanhas eleitorais. Assim, a ADI 4650, de relatoria do Ministro Luiz Fux, foi ajuizada pelo Conselho Federal da Ordem dos Advogados do Brasil (OAB) contra dispositivos da Lei n. 9.504/1997 (Lei das Eleições) e Lei n. 9.096/1995 (Lei dos Partidos Políticos). Em seu substancioso voto, o Ministro Dias Toffoli trouxe importante reflexão acerca do papel do STF no modelo de Democracia tutelado pela Constituição Brasileira de 1988, a partir de sua vasta experiência e compreensão do sistema eleitoral brasileiro, *in verbis*:

> Dessa forma, a deliberação sobre a sistemática do financiamento eleitoral, mormente porque é capaz de afetar o processo democrático-eleitoral, requer uma reflexão sobre qual modelo de democracia nos garantiu a Constituição de 1988. E esta Suprema Corte, no exercício da jurisdição constitucional, deve atuar como garante das condições e da regularidade do processo democrático, restabelecendo o exercício da cidadania mediante regras constitucionais de financiamento eleitoral, de modo a preservar o Estado Democrático de Direito; soberania popular e a livre e igual disputa democrática, exercida, exclusivamente, por seus atores – eleitor, candidato e partido político -, com igualdade de chances; todos esses cláusulas pétreas da ordem constitucional positivada em 1988.[11]

Em seu voto, o Ministro Dias Toffoli se posiciona em defesa dos ideais republicanos e da soberania popular, defendendo um modelo democrático representativo no qual a genuína vontade popular prevaleça. Em sua argumentação, bem demonstra a

---

[5] Sobre o papel do STF no desenvolvimento de uma jurisprudência sobre a chamada Constituição Econômica, ver: TAVARES, André Ramos; GAMA, Marina Faraco Lacerda. *O STF e a Constituição Econômica*. Curitiba: InterSaberes, 2022.
[6] ADI 1351/DF, Rel. Min. Marco Aurélio, Tribunal Pleno, j. 07.12.2006, p. 29.06.2007.
[7] RE 197.917/SP, Rel. Min. Maurício Corrêa, Tribunal Pleno, j. 06.06.2002, p. 07.05.2004.
[8] MS 30.260/DF, Rel. Min. Cármen Lúcia, Tribunal Pleno, j. 27.04.2011, p. 30.08.2011.
[9] Julgamento conjunto das ADIs 2.626/DF e 2.628/DF, Relator Min. Sidney Sanches, Tribunal Pleno, j. 18.04.2004, p. 05.03.2004.
[10] ADI 4650/DF, Rel. Min. Luiz Fux, Tribunal Pleno, j. 17.09.2015, p. 24/02/2016.
[11] ADI 4650, Rel. Min. Luiz Fux, j. 17.09.2015, voto do Min. Dias Toffoli. p. 80.

inconstitucionalidade em se propiciar a forte influência do poder econômico no processo eleitoral, enlaçando suas razões, ainda, nos termos do art. 14, §9º da CB/88.[12] Mas não apenas isso. O Ministro Dias Toffoli apresenta em seu voto um quadro geral com dados fornecidos pelo Tribunal Superior Eleitoral acerca das doações nas campanhas eleitorais entre 2004 e 2012, evidenciando e esclarecendo que as candidaturas, naquele período, eram majoritariamente financiadas por empresas privadas.

Houve, por certo, um acerto do Supremo Tribunal Federal em imunizar a participação cidadão no pleito eleitoral; esse aprimoramento só foi possível com o novo desenho democrático traçado pela Constituição de 1988. Isso porque, conforme muito bem ilustrou o Ministro Dias Toffoli em seu voto, a influência econômica é um marco histórico que precisava ser quebrado. Na época do Império, o voto censitário qualificava apenas eleitores (do sexo masculino) com determinada condição econômica. Neste mesmo sentido, advertia o Ministro Dias Toffoli:

> Sem o voto censitário, sem o voto de cabresto, restou às forças econômicas do país atuar no financiamento das campanhas. Antes, as elites agrárias – os produtores de cana-de-açúcar e de café –, hoje, as elites empresariais – as instituições financeiras, as empreiteiras e as grandes indústrias. Nesse contexto, o financiamento eleitoral por pessoas jurídicas nada mais é do que uma reminiscência dessas práticas oligárquicas e da participação hipertrofiada do poder privado na nossa realidade eleitoral, em direta violação das cláusulas pétreas da Constituição de 1988, também chamada, convém lembrar, de 'Carta Cidadã'.[13]

Nesse sentido, a "permanência de forte influência do poder econômico no nosso processo eleitoral"[14] era capaz de desvirtuar a Democracia representativa e a participação cidadã.

Para o Ministro Dias Toffoli, um dos mecanismos para preservar a integridade do processo eleitoral democrático é a implementação de um teto para os gastos com campanhas eleitorais e a imposição de limites às doações, com base na renda do doador. O Ministro argumenta que é essencial estabelecer esses limites porque:

> É evidente que, sem a definição de limites uniformes e independentes da condição financeira dos doadores ou dos candidatos, as desigualdades econômicas e a concentração de renda que imperam na nossa sociedade hão de refletir no financiamento das campanhas e, consequentemente, no resultado das eleições.[15]

A capacidade financeira e o exercício da cidadania, bem como outros marcadores sociais relevantes podem implicar distorções nos critérios para doações por pessoas físicas, o que pode gerar uma desigualdade na participação cidadã no pleito eleitoral. Neste sentido:

---

[12] "Art. 14. A soberania popular será exercida pelo sufrágio universal e pelo voto direto e secreto, com valor igual para todos, e, nos termos da lei, mediante: [...] §9º Lei complementar estabelecerá outros casos de inelegibilidade e os prazos de sua cessação, a fim de proteger a probidade administrativa, a moralidade para exercício de mandato considerada vida pregressa do candidato, e a normalidade e legitimidade das eleições contra a influência do poder econômico ou o abuso do exercício de função, cargo ou emprego na administração direta ou indireta. (Redação dada pela Emenda Constitucional de Revisão nº 4, de 1994)".

[13] ADI 4650, Rel. Min. Luiz Fux, j. 17.09.2015, voto do Min. Dias Toffoli. p. 92.

[14] ADI 4650, Rel. Min. Luiz Fux, j. 17.09.2015, voto do Min. Dias Toffoli. p. 93.

[15] ADI 4650, Rel. Min. Luiz Fux, j. 17.09.2015, voto do Min. Dias Toffoli. p. 95.

Enfim, não se pode medir o exercício da cidadania e a participação de eleitores e dos candidatos no processo eleitoral com base na capacidade financeira de cada um deles. Todos os cidadãos, no processo eleitoral, têm o mesmo valor. No exercício da cidadania, todos – ricos, pobres, de qualquer raça, opção sexual, credo – são formal e materialmente iguais entre si, o que impede que se retire dos eleitores e candidatos a possibilidade de igual participação no pleito eleitoral.[16]

Atualmente, além da proibição de que candidaturas e partidos recebam doações, direta ou indiretamente, pessoas jurídicas, que tenham origem estrangeira e de pessoas físicas licenciadas do serviço público, as doações de pessoas físicas podem ser feitas, inclusive, por meio de PIX, o que evidencia uma democratização, simplificação e transparência no tema. Contudo, existem limites para as doações em dinheiro: nenhum contribuinte pode ultrapassar 10% da sua renda bruta anual declarada à Receita Federal.

Outra decisão que merece menção, neste assunto sobre Democracia econômica e STF, é a medida cautelar proferida pelo Min. Lewandowski na ADI 5.624/DF, em junho de 2018, para que não houvesse a alienação de controle acionário de empresa pública ou sociedade de economia mista como resultados de mera decisão presidencial. A exigência de lei, aqui, atende ao caráter democrático com que esse tema econômico deve ser tratado, conforme o *caput* do art. 170. O referendo da medida cautelar proferida na ADI em questão ocorreu durante a presidência do Ministro Dias Toffoli, em 30 de maio de 2019. Na ocasião do julgamento, houve uma divisão de entendimentos entre os Ministros. Votaram pelo referendo total da cautelar os Ministros Ricardo Lewandowski (Relator), Edson Fachin e Marco Aurélio. Referendaram parcialmente os Ministros Cármen Lúcia, Rosa Weber, Gilmar Mendes e Dias Toffoli (Presidente). Não referendaram os Ministros Alexandre de Moraes, Roberto Barroso, Luiz Fux e Celso de Mello. O STF, em razão de um voto médio, decidiu referendar, em parte, a medida anteriormente concedida pelo Min. Ricardo Lewandowski (Relator), para conferir interpretação conforme à Constituição Brasileira ao art. 29, *caput*, XVIII, da Lei n. 13.303/2016.[17] Dessa forma, entendeu-se que a alienação do controle acionário de empresas públicas e sociedades de econômica mista exige autorização legislativa e licitação pública, bem como a transferência do controle de subsidiárias e controladas pode ser operacionalizada sem processo de licitação pública, sem anuência do Poder Legislativo, desde que garantia a competitividade entre os potenciais interessados e observados os princípios da administração pública.

Na ocasião, o Ministro Dias Toffoli, enquanto Presidente da Corte, realizou importante tarefa de organizar os debates durante o julgamento, especialmente para auxiliar os demais Ministros sobre o *status* do julgamento diante das divergências existentes, e na definição sobre o voto médio:

O SENHOR MINISTRO DIAS TOFFOLI (PRESIDENTE):
"Faço a seguinte proclamação:
"Temos três votos que referendam a cautelar: Ministro Ricardo Lewandowski, Ministro Luiz Edson Fachin e Ministro Marco Aurélio.

---

[16] ADI 4650, Rel. Min. Luiz Fux, j. 17.09.2015, voto do Min. Dias Toffoli. p. 95.
[17] "Art. 29. É dispensável a realização de licitação por empresas públicas e sociedades de economia mista: [...] XVIII - na compra e venda de ações, de títulos de crédito e de dívida e de bens que produzam ou comercializem".

"Referendam em parte a cautelar: Ministra Cármen Lúcia, Ministra Rosa Weber, Ministro Gilmar Mendes e Ministro Dias Toffoli.

"Não referendam a cautelar: Ministro Alexandre de Moraes, Ministro Luís Roberto Barroso, Ministro Luiz Fux e Ministro Celso de Mello.

"Portanto, os votos 'não referendam a cautelar' somados aos votos 'referendam em parte' totalizam oito votos. Então, a posição do voto médio é a do 'referendo em parte'. Pelos debates realizados e pelo que tenho aqui do áudio do voto da Ministra Cármen Lúcia, pelas premissas dos votos proferidos pelo Ministro Alexandre de Moraes e pelo Ministro Luís Roberto Barroso e da fundamentação do voto do Ministro Marco Aurélio, o qual, embora acompanhe no dispositivo o Relator no referendo da cautelar, repetiu o voto anterior em relação à possibilidade de a subsidiária ser alienada sem autorização legislativa, a síntese é que esse 'referendo em parte' chega à seguinte conclusão, semelhante à que está no dispositivo do voto escrito do Ministro Gilmar Mendes:

'1º - A alienação do controle acionário de empresas públicas e sociedades de economia mista matrizes exige autorização legislativa, portanto, e também licitação (certame público).

'2º - A exigência de autorização legislativa não se aplica à alienação do controle de suas subsidiárias e controladas. Nesse caso, a operação pode ser realizada sem a necessidade de licitação, desde que seja procedimento que observe os princípios da Administração Pública inscritos no art. 37 da Constituição Federal'".

"[...]

"O SENHOR MINISTRO DIAS TOFFOLI (PRESIDENTE): Enunciei o voto médio para verificar se corresponde ou não ao sentimento de todos".[18]

A constatação, pois, é a da maciça presença dos tribunais, especialmente o STF, realizando o que a teoria processual do Direito denomina como "regras do jogo democrático".[19] O STF e, muito particularmente, o TSE, atuaram fortemente, durante todo esse período, para assegurar as condições necessárias para que a Democracia assumisse sua potencialidade de governo do povo. Inclua-se, aí, a decisão sobre retroatividade da Lei Complementar n. 135/2010 (Lei da Ficha Limpa).[20]

O RE 929.670, de relatoria do Min. Ricardo Lewandowski tem como pano de fundo acórdão do Tribunal Superior Eleitoral que indeferiu registro de candidatura para cargo de vereador. O recorrente foi alvo de representação eleitoral julgada procedente na qual estabeleceu a sua inelegibilidade por três anos, nos termos do art. 1º, I, d, da Lei Complementar n. 64/1990 (redação original), com decisão transitada em julgado em 2004. Posteriormente, em 2008, o recorrente elegeu-se vereador, candidatou-se a reeleição em 2012, mas sua candidatura foi impugnada, com base na Lei Complementar n. 135/2009. Dessa forma, a discussão chegou na Corte como um tema constitucional para avaliar se a:

> decisão da Justiça Eleitoral, transitada em julgado, proferida em representação eleitoral, na qual se fixou a inelegibilidade de candidato em 3 (três) anos, com fundamento único na alínea d do art. 1º, I, da Lei de Inelegibilidades, segundo sua antiga redação, pode ser desconstituída com base em alteração legislativa superveniente, à vista da garantia abrigada

---

[18] ADI 5624 MC-Ref/DF, Rel. Min. Ricardo Lewandowski, Tribunal Pleno, j. 06.06.2019, p. 29.11.2019. p. 227-228.

[19] ELY, John Hart. *Democracy and Distrust:* a theory of judicial review. Cambridge (Massachusetts): Harvard University Press, 1980. p. 101.

[20] RE 929.670/DF, Rel. Min. Ricardo Lewandowski, Redator do acórdão: Min. Luiz Fux, Tribunal Pleno, j. 01.03.2018, p. 12.04.2019.

no art. 5º, XXXVI, da Constituição, segundo a qual 'a lei não prejudicará o direito adquirido, o ato jurídico perfeito e a coisa julgada'.[21]

A discussão foi acirrada e, por 6x5, nos termos do voto do Ministro Luiz Fux, o Tribunal definiu-se pela constitucionalidade de aplicação retroativa do prazo de oito anos de inelegibilidade aos condenados por abuso de poder econômico ou político. Acompanharam o voto vencedor, os Ministros Edson Fachin, Luís Roberto Barroso, Rosa Weber, Dias Toffoli e a então presidente da Corte, a Ministra Cármen Lúcia.

Na ocasião do voto do Ministro Dias Toffoli, um dos pontos mais relevantes, presente em sua exposição, foi a discussão sobre a segurança jurídica e a negativa de provimento:

> O SENHOR MINISTRO DIAS TOFFOLI: Gostaria de destacar, Senhora Presidente, diante dos apartes – que agradeço, pois enriquecem e me convencem ainda mais de minha posição, com a devida vênia –, que a própria questão da segurança jurídica, hoje, é mais favorável à negativa de provimento, porque a Justiça Eleitoral veio aplicando aquilo que foi decidido por este Plenário – goste-se ou não -, tanto é que o recorrente é o pretenso candidato, porque ele teve sua candidatura glosada no Eleitoral. E, no Eleitoral, votei pela aplicação da jurisprudência do Supremo Tribunal Federal no controle objetivo de constitucionalidade".[22]

Preservar as regras mínimas, a partir das quais a decisão deve ser deliberada democraticamente, é expressão de um conjunto de teorias que pregam o minimalismo judicial, a deferência ao legislador e a preservação da Democracia em casas representativas.[23]

Democracia: a tarefa sem fim

É possível e justo considerar que o STF realizou concretamente a tarefa de preservar as regras mínimas ou essenciais do jogo democrático. Esse pool de decisões situa-se, pois, na intersecção de teorias que estabelecem uma disputa sobre até onde podem os tribunais "carregar" uma Democracia. Teorias divergentes da de Ely imputam aos tribunais o papel de firmar opções substanciais. Mas importa assinalar que na mencionada intersecção deveria haver concordância. Apesar disso, na prática, o STF e os tribunais foram fortemente criticados pela adoção de certas decisões, digamos, mínimas, de manutenção da democracia, como as decisões de afastar candidatos eleitos, alguns já no exercício do cargo, por abuso de poder econômico (o que compromete o jogo democrático livre). Certamente o fenômeno explica-se, em parte, pela falta de compreensão mais profunda do funcionamento da Democracia, demonstrando o grande déficit que há no Brasil em termos de preparação cidadã.

A preservação e concretização dos direitos fundamentais, contra maiorias eleitas (representativas da sociedade), é um dos traços mais característicos da Justiça Constitucional, desde as célebres lições de Hans Kelsen (1928), como tutor da Democracia.

---

[21] RE 929.670/DF, Rel. Min. Ricardo Lewandowski, Redator do acórdão: Min. Luiz Fux, Tribunal Pleno, j. 01.03.2018, p. 12.04.2019. p. 11.
[22] RE 929.670/DF, Rel. Min. Ricardo Lewandowski, Redator do acórdão: Min. Luiz Fux, Tribunal Pleno, j. 01.03.2018, p. 12.04.2019, p. 127.
[23] A decisão do STF no caso do *impeachment* da ex-Presidente Dilma Roussef pode ser incluída nesta categoria.

Não há Democracia sem direitos. Assegurar, por exemplo, liberdade de imprensa, de manifestação e de opinião, está na raiz de todas as teorias, incluindo as mais restritivistas, como a de Ely. Retirar do Parlamento, em caráter permanente, determinados tópicos, faz parte das compreensões mais avançadas de Democracia. Kelsen se referia, aqui, justamente aos direitos fundamentais, a serem resguardados pela Justiça contra eventuais maiorias conjunturais. E a concretização de direitos fundamentais também permeou toda a atividade do STF nos últimos 30 anos. Seria tarefa extensa relatar essa atividade da Corte.

Todo esse panorama, mesmo sem ingressar nas importantes discussões recentes sobre uma Democracia Defensiva[24], militante ou de resistência, na atualidade a cargo sobretudo do Poder Judiciário, reforça a importância assumida pelo STF, a requerer maior atenção de todos nós, inclusive para reforçar a necessidade, importância e extensão da atividade da Corte Suprema, contra pseudoteorias científicas e opiniões pessoais revestidas de suposto vanguardismo que ou estão apenas a exaltar uma separação de poderes que retroage no tempo para enaltecer o Chefe do Executivo, ou têm como base implícita (geralmente não apresentada) uma teoria formal e inviável de separação dos Poderes.

Referências

BALEEIRO, Aliomar. *O Supremo Tribunal Federal:* êsse outro desconhecido. Rio de Janeiro: Forense, 1968.

ELY, John Hart. *Democracy and Distrust:* a theory of judicial review. Cambridge (Massachusetts): Harvard University Press, 1980.

GATTI, Andrea. *La Democrazia che si defende*. Studio comparato su uma pratica costituzionale. Padova: Cedam, 2023.

KELSEN, Hans. La Garantie Juridictionnelle de la Constitution (La Justice Constitutionnelle). *Revue du Droit Public et de la Science Politique en France et à l'Étranger.* 61 p. abr./maio/jun. 1928. Extrato.

ROSENFELD, Michael. O julgamento constitucional na Europa e nos Estados Unidos: paradoxos e contrastes. *In:* TAVARES, André Ramos. *Justiça Constitucional:* pressupostos e análises concretas. Belo Horizonte: Fórum, 2007.

SITARAMAN, Ganesh. *The Crisis of Middle Class Constitution*. New York: Alfred A. Knopf, 2017.

TAVARES, André Ramos. A democracia pelo STF. *In:* JR, Belisário dos Santos. VALIM, Rafael (Org.). *30 anos da Constituição Federal do Brasil – 1988 | 2018*, São Paulo: Imprensa Oficial, 2018. p. 26-28.

TAVARES, André Ramos. *Manual do Poder Judiciário Brasileiro*. 2. ed. São Paulo: Saraiva Educação, 2021.

TAVARES, André Ramos. *Teoria da Justiça Constitucional*. São Paulo: Saraiva, 2005.

TAVARES, André Ramos; GAMA, Marina Faraco Lacerda (Coord.). *Omissão Inconstitucional*. São Paulo: Max Limonad, 2018.

TAVARES, André Ramos; GAMA, Marina Faraco Lacerda. *O STF e a Constituição Econômica*. Curitiba: InterSaberes, 2022.

---

[24] Sobre o tema, cf. GATTI, Andrea. *La Democrazia che si defende*.

Informação bibliográfica deste texto, conforme a NBR 6023:2018 da Associação Brasileira de Normas Técnicas (ABNT):

TAVARES, André Ramos. A democracia realizada pelo STF: o papel do Ministro Dias Toffoli em 15 anos de jurisdição constitucional. *In*: MENDES, Gilmar Ferreira; LIRA, Daiane Nogueira de; FREIRE, Alexandre (Coord.). *Constituição, democracia e diálogo*: 15 anos de Jurisdição Constitucional do Ministro Dias Toffoli. 2. ed. Belo Horizonte: Fórum, 2025. p. 175-183. ISBN 978-65-5518-937-7.

O REGIME JURÍDICO EMERGENCIAL E TRANSITÓRIO APLICADO AOS CONTRATOS DA ÁREA DE EDUCAÇÃO

ANTONIO AUGUSTO JUNHO ANASTASIA

Introdução

A pandemia de Covid-19 trouxe impactos profundos e imediatos em todas as esferas da sociedade, incluindo o setor educacional. A necessidade de isolamento social para conter a disseminação do vírus levou ao fechamento de instituições de ensino em todo o país, desafiando a continuidade da educação tradicional e expondo desigualdades profundas no acesso à tecnologia e aos recursos educacionais.

Um dos impactos mais significativos na educação foi a proliferação de questionamentos sobre os contratos firmados com instituições privadas de ensino. Com a migração para o ensino remoto e a consequente alteração das condições contratuais, muitos pais e responsáveis passaram a contestar o pagamento integral das mensalidades, alegando que a qualidade e a natureza dos serviços educacionais foram modificadas substancialmente. Essas disputas evidenciam a necessidade de uma resposta jurídica clara e uniforme para evitar a judicialização massiva e garantir a segurança jurídica nas relações contratuais educacionais.

Historicamente, eventos extraordinários e inesperados sempre provocam perturbações nos sistemas jurídicos. Em Roma, durante o surto de peste bubônica no século VI d.C., o Imperador Justiniano editou atos normativos para mitigar os efeitos econômicos da crise. Mais recentemente, a Primeira Guerra Mundial motivou a França a criar a Lei *Failliot* em 1918, permitindo a revisão de contratos comerciais firmados antes do início do conflito.

Em 2020, as nações editaram leis emergenciais para proteger seus cidadãos durante a pandemia. A Alemanha aprovou rapidamente a Lei de Atenuação dos Efeitos da Pandemia da Covid-19 no Direito Civil, Falimentar e Recuperacional, a qual estabeleceu regras transitórias em Direito Privado, em semelhança à lei francesa do século passado. De forma análoga, leis com o mesmo objetivo foram aprovadas em países como Portugal, Espanha, Itália, Argentina e Estados Unidos.

Diante desse cenário e antevendo a gravidade da situação emergencial, o Congresso Nacional brasileiro aprovou a Lei nº 14.040, de 2020, que criou o Regime Jurídico Emergencial e Transitório (RJET) – diretrizes temporárias destinadas a mitigar os efeitos negativos da pandemia e garantir segurança jurídica nas relações privadas.

Este artigo tem como objetivo analisar o impacto da pandemia nas relações privadas educacionais e como essa legislação foi utilizada para resolver controvérsias no Brasil. A relevância deste estudo reside na compreensão de como medidas legislativas emergenciais podem contribuir para a continuidade de setores essenciais durante crises, e no aprendizado que a experiência de 2020 pode oferecer sobre a efetividade e os desafios da implementação dessas normas.

A metodologia adotada para este estudo envolve a análise da Lei nº 14.040, de 2020, e de seus fundamentos, bem como a avaliação de casos para ilustrar a aplicação prática da lei. A estrutura do artigo está organizada em três capítulos, além desta introdução e da conclusão: o primeiro capítulo detalha as disposições preventivas contidas no Regime Jurídico Emergencial e Transitório; o segundo capítulo apresenta o contexto da pandemia e os desafios enfrentados na área educacional; e o terceiro capítulo discute como o Supremo Tribunal Federal uniformizou a discussão acerca de contratos educacionais no Brasil a partir do RJET e os resultados dessa abordagem.

1 As Medidas da Lei nº 14.040, de 2020

A Lei nº 14.040, de 2020, foi criada pelo Congresso Nacional como uma tentativa de mitigar as dificuldades enfrentadas durante a pandemia. Esse diploma legal instituiu o Regime Jurídico Emergencial e Transitório (REJET) com o objetivo de proporcionar segurança jurídica e previsibilidade durante a crise sanitária da Covid-19.

Optou-se por não fazer modificações permanentes nas leis que regem o Direito Privado brasileiro, já que a estrutura existente, com o Código Civil, o Sistema de Proteção ao Consumidor e a Lei do Inquilinato, possui mecanismos sólidos. Assim, o caminho escolhido foi fornecer aos operadores do Direito uma legislação emergencial logo no início da crise, antecipando um aumento significativo de ações judiciais devido às restrições de saúde impostas.

Sob a liderança do Ministro Dias Toffoli, então presidente do Supremo Tribunal Federal e do Conselho Nacional de Justiça, do Ministro Antonio Carlos Ferreira, do Superior Tribunal de Justiça, e do professor Otavio Luiz Rodrigues Jr., então Conselheiro Nacional do Ministério Público, um grupo qualificado de juristas apresentou um anteprojeto ao Senado Federal. Esse anteprojeto foi acolhido, transformado em projeto de lei, aprovado e promulgado na forma da Lei nº 14.040, de 2020.

Em termo práticos, dada a magnitude e a imprevisibilidade dos efeitos da pandemia de Covid-19, tornou-se imperativo que as instituições públicas, sobretudo o Congresso Nacional, antecipassem os desafios legais e econômicos iminentes. A necessidade de isolamento social e a consequente interrupção de atividades econômicas colocaram em xeque inúmeros contratos e relações jurídicas. Sem uma intervenção legislativa adequada, haveria uma proliferação inevitável de ações judiciais, sobrecarregando o sistema judiciário e causando incertezas jurídicas que poderiam agravar ainda mais a crise. A criação de um regime jurídico emergencial, como a Lei nº 14.040, de 2020, visou justamente oferecer diretrizes claras e uniformes para a resolução de conflitos, garantindo segurança jurídica e mitigando os impactos negativos da pandemia. A antecipação conjunta do Poder Judiciário e do Poder Legislativo foi crucial para evitar um colapso judicial, assegurar a continuidade das relações jurídicas e proteger tanto os direitos dos cidadãos quanto a estabilidade do sistema econômico.

Em termos jurídicos, um conhecimento superficial da realidade brasileira seria suficiente para prever que o Direito Obrigacional seria uma das áreas mais afetadas pela crise pandêmica. Muitas pessoas seriam impossibilitadas de cumprir suas obrigações contratuais, mesmo com todos os esforços possíveis. Fabricantes que dependiam de matéria-prima ou serviços estrangeiros não conseguiriam entregar os produtos aos consumidores, devido à falta de insumos necessários para a produção. Exemplos incluem empresas aéreas que não poderiam transportar passageiros, devido ao fechamento de fronteiras ou aeroportos, e produtoras de eventos que não poderiam realizar grandes *shows* programados, devido a normas estatais proibindo aglomerações.[1] No mesmo sentido, também era possível prever que diversas relações obrigacionais se tornariam financeiramente desajustadas.

Sem entrar em debates doutrinários complexos sobre a impossibilidade de cumprimento de obrigações,[2] a confecção do RJET foi influenciada em alguma medida pela teoria do limite do sacrifício – que, assim como sua inspiração (a Lei *Failliot*), também surgiu para resolver situações após a Primeira Guerra Mundial. Buscou-se adotar o critério do sacrifício razoavelmente exigível do devedor, considerando a obrigação impossível apenas quando ultrapassado esse limite. Por essas razões, a Lei nº 14.040, de 2020, não se propôs a eximir credores de obrigações contratadas nem a criar uma moratória geral dos contratos.[3] E pelos mesmos motivos, a lei consagrou a jurisprudência do Superior Tribunal de Justiça no sentido de que não se consideram força maior nem caso fortuito o aumento da inflação, a variação cambial, a desvalorização ou a substituição do padrão monetário.[4]

Ainda em termos jurídicos, era previsível que diversas relações obrigacionais se tornariam financeiramente desajustadas. Então, a preocupação com a onerosidade excessiva permeou a elaboração do RJET, uma vez que a pandemia se enquadra na definição de fato objetivo exigido para sua configuração.[5] A emergência de saúde foi

---

[1] CARNAÚBA, Daniel; DIAS, Daniel; REINIG, Guilherme Henrique Lima. O coronavírus e a impossibilidade de cumprimento das obrigações nas relações de consumo. In: MONTEIRO FILHO, Carlos Edison do Rêgo; ROSENVALD, Nelson; DENSA, Roberta (coord.). *Coronavírus e responsabilidade civil*: impactos contratuais e extracontratuais. Indaiatuba: Foco, 2020.

[2] ANTUNES VARELA, João de Matos. *Das obrigações em geral*. 7. ed. Coimbra: Almedina. 2017. v. 2, p. 68 e ss.

[3] A Senadora Simone Tebet, relatora do projeto que deu origem ao REJET, afirmou em seu relatório: "A proposição poderia ter adotado o caminho da moratória geral dos contratos, dilatando prazos e restringindo direitos dos credores. Esse caminho não foi adotado porque o Direito brasileiro, tanto no Código Civil quanto no Código de Defesa do Consumidor, já possui mecanismos muito eficientes para permitir a revisão judicial dos contratos. O projeto orienta-se para impedir que haja uma ampla judicialização por uso indevido da pandemia como uma cláusula geral de liberação dos deveres das partes". BRASIL. Senado Federal. *Parecer nº 18*, de 2020 da Comissão de Constituição, Justiça e Cidadania sobre o Projeto de Lei nº 1.179, de 2020.

[4] BRASIL. Superior Tribunal de Justiça. *Recurso Especial nº 1.321.614/SP*. Terceira Turma. Redator para o acórdão Ministro Ricardo Villas Bôas Cueva. DJe de 03.03.2015.

[5] RODRIGUES JR., Otavio Luiz. *Revisão judicial dos contratos*: autonomia da vontade e teoria da imprevisão. 2. ed. São Paulo: Atlas, 2006, p. 90 e ss.

uma causa objetiva que afetou contratos e relações obrigacionais; contudo, uma solução apriorística não seria adequada, pois é imperativa a avaliação da situação subjetiva das partes. Destarte, a Lei nº 14.040, de 2020, não concedeu efeitos retroativos à pandemia e manteve no Poder Judiciário a competência para julgar os diferentes efeitos da pandemia nos casos concretos e decidir se há o enquadramento na onerosidade excessiva em razão de força maior ou caso fortuito. Para isso, o órgão julgador deve considerar a natureza da relação, a real imprevisibilidade da situação e a vulnerabilidade das partes, especialmente no contexto de crise sanitária, social e econômica.[6]

Resumidamente, a lei contém um conjunto de regras excepcionais que conformaram a teoria da imprevisão no âmbito das relações privadas durante a pandemia e trouxeram autorizações especiais e restrições pontuais para o período da crise.[7] Como consta na justificação do projeto, as disposições destinam-se a "conter os excessos em nome da ocorrência do caso fortuito e da força maior, mas também permitir que segmentos vulneráveis (...) não sofram restrições ao direito à moradia".[8] Diante da prognose de inúmeras demandas judiciais que buscariam acionar cláusulas de imprevisão, considerou-se a insuficiência das disposições civis e consumeristas sobre caso fortuito, força maior e onerosidade excessiva para lidar com a situação.[9]

Com efeito, para os fins deste estudo, o RJET dispõe que, durante a vigência do Decreto Legislativo nº 6, de 2020: (i) os prazos prescricionais e decadenciais estão impedidos ou suspensos; (ii) os efeitos da pandemia equivalem ao caso fortuito ou de força maior, (iii) mas não se aplicam a obrigações vencidas antes do reconhecimento da pandemia; (iv) não se consideram fatos imprevisíveis o aumento da inflação, a variação cambial, a desvalorização ou a substituição do padrão monetário, (v) exceto para fins da revisão contratual prevista no Código de Defesa do Consumidor; (vi) as normas de proteção ao consumidor não se aplicam às relações contratuais subordinadas ao Código Civil, incluindo aquelas estabelecidas exclusivamente entre empresas ou empresários.[10]

Apesar dos esforços para mitigar os efeitos da pandemia, muitas questões acabaram sendo judicializadas em larga escala. Passa-se a investigar o exemplo mais notável, o setor educacional, no qual a transição para o ensino remoto gerou significativas alterações nas condições contratuais.

---

[6] TOFFOLI, José Antônio Dias; RANGEL, Roberta Maria. Revisão contratual e boa-fé: confronto inevitável? In: ARAÚJO, Raul; MARCONI, Cid; ROCHA, Tiago Asfor (Org.). *Temas atuais e polêmicos na Justiça Federal*. Salvador: JusPODIVM, 2018, p. 189-203.

[7] Foram adotadas as seguintes medidas: (i) atos associativos, como reuniões de colegiados e assembleias, poder-se-ão realizar por meio remoto; (ii) os despejos de imóveis prediais ficam suspensos, mas não se liberam os inquilinos de pagar os aluguéis, embora se possa diferir seu adimplemento em caso de perda de renda por desemprego (iii) flexibilizam-se regras de contratos agrários, mas se impede a contagem de tempo para usucapião durante a pandemia; (iv) Assembleias e reuniões em sociedades comerciais podem ser virtuais; (v) algumas sanções por práticas anticoncorrenciais ficam suspensas, a fim de atender às necessidades da escassez de serviços e produtos; (vi) regras específicas são adotadas emergencialmente para prisão civil de devedor de alimentos e para início do prazo de abertura e de conclusão de inventários; (vii) a vigência de parte da Lei Geral de Proteção de Dados é postergada por mais 18 meses, de modo a não onerar as empresas em face das enormes dificuldades técnicas econômicas advindas da pandemia. BRASIL. *Lei nº 14.010, de 10 de junho de 2020*.

[8] RODRIGUES JR, Otavio Luiz; LEONARDO, Rodrigo Xavier. As consequências da pandemia e o caso fortuito ou força maior. In: ANASTASIA, Antonio Augusto Junho; TEBET, Simone Nassar; TOFFOLI, José Antonio Dias (Org.). *Comentários ao REJET (Lei 14.010/2020) pelos autores do anteprojeto*. São Paulo: RT, 2020, p. 142.

[9] ANASTASIA, Antonio Augusto Junho; TOFFOLI, José Antonio Dias; TEBET, Simone Nassar. Uma lei emergencial para o direito privado. *Folha de São Paulo*. 3 de abril de 2020.

[10] BRASIL. *Lei nº 14.010, de 10 de junho de 2020*.

2   As controvérsias na área de educação

A pandemia de Covid-19, declarada pela Organização Mundial da Saúde em março de 2020, desencadeou uma crise sanitária global sem precedentes, impactando diretamente a vida cotidiana, a economia e as estruturas sociais em todo o mundo. No Brasil, a necessidade de medidas de isolamento social e quarentena levou ao fechamento de escolas, universidades e outras instituições educacionais, afetando milhões de estudantes e profissionais da educação.

O fechamento dessas instituições apresentou uma série de desafios imediatos, incluindo a interrupção das aulas presenciais e a necessidade urgente de adaptação ao ensino remoto. A disparidade no acesso a recursos tecnológicos entre estudantes de diferentes regiões e contextos socioeconômicos se tornou evidente, com muitos alunos, especialmente em áreas rurais e comunidades de baixa renda, enfrentando dificuldades significativas para acessar plataformas de ensino *online*.

A seriedade da situação obrigou o Ministério da Educação a regulamentar[11] a substituição das aulas presenciais por aulas em plataformas digitais enquanto durasse a pandemia do novo coronavírus. De acordo com a portaria do MEC, as instituições de ensino superior estavam autorizadas a suspender os cursos presenciais ou a oferecê-los *online* enquanto durasse a crise. Medidas emergenciais adicionais, como a suspensão temporária de aulas e a flexibilização dos calendários escolares, foram adotadas, mas revelaram-se insuficientes para lidar de forma abrangente e uniforme com os problemas enfrentados por estados e municípios.

Na ausência de uma coordenação centralizada e com a transição para o ensino remoto, surgiu uma onda de judicialização buscando a desobrigação do pagamento integral das mensalidades, com a alegação de que a mudança na modalidade de ensino não atendia às expectativas e ao valor originalmente contratado. Essas demandas foram amplificadas por medidas locais que obrigaram as instituições a conceder descontos nas mensalidades.[12] Como resultado, houve uma proliferação de decisões judiciais e administrativas de diversos órgãos, em ações individuais, coletivas e processos administrativos, impondo às instituições de ensino superior descontos obrigatórios e lineares nas mensalidades.

A magnitude dessa judicialização foi tão significativa, que a Associação Nacional das Universidades Particulares e o Conselho de Reitores das Universidades Brasileiras propuseram arguição de descumprimento de preceito fundamental ao Supremo Tribunal Federal (STF) visando desconstituir essas decisões e estabelecer parâmetros uniformes sobre as relações educacionais afetadas pela pandemia. Da mesma forma, a Confederação

---

[11] BRASIL. Ministério da Educação. *Portaria nº 343, de 17 de março de 2020.*; e BRASIL. Ministério da Educação. *Portaria nº 473, de 12 de maio de 2020.*

[12] "O Estado do Ceará editou a Lei Estadual n. 17.208/2020, o Estado do Maranhão editou a Lei Estadual n. 11.259/2020, o Estado do Pará editou a Lei n. 9.065/2020, o Estado do Rio de Janeiro editou a Lei n. 8.864/2020 e o Estado do Mato Grosso editou a lei n. 11.150/2020. Projeto de Lei n º 142/2020 do Estado do Amazonas; o Projeto de Lei nº 64/2020 do Estado do Piauí; o Projeto de Lei n º 1867/2020 do Estado de Goiás; o Projeto de Lei nº 23.799/2020 do Estado da Bahia; o Projeto de Lei nº 85/2020 do Estado do Rio Grande do Sul; o Projeto de Lei nº 212/2020 do Estado do Paraná; o Projeto de Lei nº 203/2020 do Estado de São Paulo; o Projeto de Lei nº 1746/2020 do Estado de Minas Gerais; o Projeto de Lei n. 43/2020 do Município de Recife; o Projeto de Lei n. 48/2020 do Município de Muriaé e tantos outros." BRASIL. Supremo Tribunal Federal. *Arguição de Descumprimento de Preceito Fundamental nº 713/DF*. Tribunal Pleno. Relatora Ministra Rosa Weber. DJe de 29.03.2022.

Nacional dos Estabelecimentos de Ensino questionou a constitucionalidade das leis estaduais do Ceará e do Maranhão que impunham descontos financeiros obrigatórios aos alunos.

Diante desse cenário, embora setores da advocacia não tenham compreendido a missão do REJET de prevenir demandas em massa, a excessiva judicialização de questões relativas às obrigações contratuais durante a pandemia proporcionou ao STF a oportunidade de se debruçar sobre a Lei nº 14.040, de 2020. É o que se passa a expor a seguir.

3 A solução do STF e as lições para o futuro

Em um primeiro momento, o Supremo Tribunal Federal julgou ações diretas de inconstitucionalidade[13] que questionavam a compatibilidade constitucional de leis estaduais destinadas a reduzir a mensalidade das instituições de ensino privadas.

As leis foram declaradas inconstitucionais pelo STF sob o fundamento de que, à luz das regras constitucionais sobre a competência federativa, a redução obrigatória das mensalidades na rede privada de ensino pelos Estados "viola a competência da União para legislar sobre Direito Civil (art. 22, I, CF), por se tratar de norma abstrata sobre direito civil, afastando-se da competência concorrente dos Estados para editar normas sobre responsabilidade por danos aos consumidores (art. 24, V, CF)".[14]

O Supremo Tribunal Federal rejeitou a noção de que o tema dessas leis estaduais se enquadre na categoria de "responsabilidade por dano (...) ao consumidor" de modo a autorizar o exercício da competência concorrente dos entes federativos. Isso porque, embora elogiável a atuação das Assembleias Legislativas na busca pela redução de impactos sociais pela pandemia, a restrição constitucional do âmbito de atuação dos Estados em matéria consumerista impede que leis locais disponham sobre a concessão de descontos em mensalidade. Primeiro, em razão de não se tratar propriamente de responsabilidade por dano ao consumidor, e, segundo, pela efetivação do exercício da competência nacional da União de legislar sobre normas gerais de Direito do Consumidor. O STF entendeu que o Código de Defesa do Consumidor é o diploma adequado para prever regras dessa natureza, e, portanto, só seria constitucional a edição de normas locais se estas tivessem como plano de fundo "uma conduta lesiva por parte do fornecedor, concreta ou em potência, a justificar a atuação específica do Estado para pôr fim à conduta ilícita do fornecedor em relação aos consumidores locais".[15] Destarte, a fixação de parâmetros para concessão de descontos em mensalidade cuida-se de regra geral e abstrata que não justifica uma legislação concorrente.

---

[13] BRASIL. Supremo Tribunal Federal. *Ação Direta de Inconstitucionalidade nº 6.445/PA*. Tribunal Pleno. Redator para o acórdão Ministro Dias Toffoli. DJe de 17.08.2021.

[14] BRASIL. Supremo Tribunal Federal. *Ação Direta de Inconstitucionalidade nº 6.435/MA*. Tribunal Pleno. Relator Ministro Alexandre de Moraes. DJe de 19.03.2021.

[15] BRASIL. Supremo Tribunal Federal. *Ação Direta de Inconstitucionalidade nº 6.423/CE*. Tribunal Pleno. Redator para o acórdão Ministro Alexandre de Moraes. DJe de 12.02.2021.

Concluiu o STF que as leis estaduais se enquadram em matéria de Direito Civil, pois destinam-se a concretizar os comandos dos arts. 478 a 480 do Código Civil[16] aos contratos de prestação de serviço de educação afetados pela pandemia. Como corolário dessa conclusão, tem-se que, materialmente, as leis são inconstitucionais por presumirem prejuízo dos alunos e ganho ilícito das instituições de ensino. Igualmente, do ponto de vista das regras de competência, as leis são inconstitucionais pela ausência de espaço e suplementação em razão da edição pela União da Lei nº 14.010, de 2020, que "indica o exercício da competência federal para regular, de forma geral, os contratos privados (...) no período da pandemia do coronavírus".[17] Assim, como verificado anteriormente, o REJET não previu uma redução geral de obrigações contratuais, dá-se um conflito entre as leis estaduais e a lei nacional, o que representa violação à Constituição:

> Tal exercício específico da competência da União, feito de forma concreta em relação às diversas consequências da pandemia em relação às relações de direito privado, restringe eventual atuação do legislador estadual em espaços não ocupados, já que há indicação clara da norma geral federal pela limitação de tais efeitos nos negócios jurídicos. Ou seja, a existência de uma norma geral federal específica a respeito dos efeitos da Pandemia sobre as relações contratuais privadas, com previsão expressa a determinadas relações de consumo, restringe a competência complementar dos Estados a respeito da mesma matéria, ainda que sob as vestes de norma protetiva dos consumidores contra danos sofridos por força da relação negocial estabelecida.[18]

Nesse sentido, no julgamento acerca da lei do Estado do Ceará, o Ministro Dias Toffoli brindou a sessão do Tribunal Pleno com o seguinte raciocínio: "A repartição de competências no federalismo brasileiro tem observado, desde sua origem, um movimento centrífugo gradual, culminando em uma Federação de cunho cooperativo". Isto é, ao lado das competências privativas, existem as competências concorrente para que os entes exerçam sua autonomia privilegiando o interesse local. Contudo, continua o Ministro, "há disciplinas que, por sua natureza e pela opção do constituinte originário, devem manter uniformidade em todo o território nacional (...). Para tanto, a Constituição Federal reservou, em caráter privativo, a competência da União para legislar sobre direito civil", com a justificativa "de se conceder segurança aos negócios jurídicos firmados no país, de forma que as regras referentes aos contratos não encontrem disparidades entre os estados-membros e observem uma uniformidade em todo o território nacional".[19] Assim, o Ministro afastou a ideia de que a legislação local tratava de proteção do consumidor:

> No caso presente, é de se notar que os prestadores de serviços educacionais da rede privada vinculam-se aos respectivos alunos, ou a quem os represente, por meio de um instrumento contratual mediante o qual se estipula o comportamento esperado das partes contratantes, detalhando as circunstâncias em que as obrigações serão executadas e a forma pela qual

---

[16] Sobre resolução ou modificação das obrigações contratuais por onerosidade excessiva decorrente de acontecimentos extraordinários ou imprevisíveis.
[17] BRASIL. Supremo Tribunal Federal. *Ação Direta de Inconstitucionalidade nº 6.423/CE*. Tribunal Pleno. Redator para o acórdão Ministro Alexandre de Moraes. DJe de 12.02.2021.
[18] BRASIL. Supremo Tribunal Federal. *Ação Direta de Inconstitucionalidade nº 6.423/CE*. Tribunal Pleno. Redator para o acórdão Ministro Alexandre de Moraes. DJe de 12.02.2021.
[19] BRASIL. Supremo Tribunal Federal. *Ação Direta de Inconstitucionalidade nº 6.423/CE*. Tribunal Pleno. Redator para o acórdão Ministro Alexandre de Moraes. DJe de 12.02.2021.

serão remuneradas. Em toda a sua extensão, a lei cearense dispõe sobre os termos em que serão descontados valores nas contraprestações pactuadas entre as instituições de ensino e os estudantes, não se tratando, portanto, de uma típica disciplina acerca da proteção do consumidor contra eventuais ações abusivas por parte dos prestadores de serviços educacionais, mas de uma interferência na essência do contrato, de forma a suspender a vigência de cláusulas contratuais que se inserem no âmbito da normalidade dos negócios jurídicos onerosos.[20]

O Ministro Dias Toffoli concluiu seu voto afirmando que o REJET disciplina "em capítulo próprio, a resilição, a resolução e a revisão dos contratos, abordando inclusive as relações de consumo" e, por não haver no Estado do Ceará "peculiaridade regional a justificar um regramento específico acerca dos efeitos da pandemia de Covid-19 nos contratos firmados entre estabelecimentos de ensino da rede privada e os respectivos alunos",[21] o STF não poderia deixar de declarar a lei inconstitucional.

Em um segundo momento, o Supremo Tribunal Federal julgou arguição de descumprimento de preceito fundamental que questionava um conjunto de atos públicos que versam sobre controle de preços no ensino superior privado no contexto das medidas de isolamento social adotadas para enfrentamento da pandemia da Covid-19. Por meio dessa ação, o STF avaliou a constitucionalidade de decisões judiciais, atos administrativos, atos normativos e projetos de atos normativos determinarem em concreto ou em abstrato a redução da mensalidade de instituições de ensino privadas.

Inicialmente, os Ministros entenderam pela impossibilidade de julgar o pedido em relação às leis e aos projetos de lei, pelo requisito da subsidiariedade, e aos atos administrativos, dada a alegação genérica dos autores:

> Impugnação genérica e sem delimitação do conteúdo das decisões e atos administrativos alegados. Inviabilidade do processamento da arguição quanto aos projetos de lei, seja sob o prisma singular, seja sob o aventado estado de coisas inconstitucional: controle preventivo de constitucionalidade como uma etapa do próprio processo legislativo. Ausência de observância do requisito da subsidiariedade para a apreciação dos atos normativos consistentes em leis formais.[22]

Todavia, o STF conheceu da arguição para examinar a violação de preceito fundamental em interpretação judicial, por reconhecer a insuficiência dos meios processuais ordinários e do sistema concentrado de jurisdição constitucional para oferecer uma solução satisfatória à controvérsia judicial objeto da arguição.

Com efeito, o Supremo Tribunal Federal delimitou a questão objeto da arguição: a viabilidade de interpretações judiciais que fundamentavam decisões cujo dispositivo determinava a redução da mensalidade de instituições de ensino em razão da mudança para o sistema remoto.

---

[20] BRASIL. Supremo Tribunal Federal. *Ação Direta de Inconstitucionalidade nº 6.423/CE*. Tribunal Pleno. Redator para o acórdão Ministro Alexandre de Moraes. DJe de 12.02.2021.
[21] BRASIL. Supremo Tribunal Federal. *Ação Direta de Inconstitucionalidade nº 6.423/CE*. Tribunal Pleno. Redator para o acórdão Ministro Alexandre de Moraes. DJe de 12.02.2021.
[22] BRASIL. Supremo Tribunal Federal. *Arguição de Descumprimento de Preceito Fundamental nº 713/DF*. Tribunal Pleno. Relatora Ministra Rosa Weber. DJe de 29.03.2022.

Como premissa para realizar essa avaliação, o STF: (*i*) entendeu que não poderia ser desconsiderada a realidade da crise causada pela pandemia nem as necessárias mudanças exigidas pelas medidas de combate à proliferação do coronavírus; (*ii*) constatou que o Estado brasileiro já havia reconhecido os impactos da pandemia na educação ao adotar medidas como a flexibilização excepcional do cumprimento do mínimo de dias de atividade acadêmica e a implementação de normas para assegurar o desenvolvimento do ensino por meio de atividades não presenciais, garantindo assim a integralização da carga horária exigida; e (*iii*) definiu que a interpretação judicial perpassa necessariamente pela observação da Lei nº 14.010, de 2020.[23]

Baseado nisso, o Supremo Tribunal Federal percebeu que a intenção mediata das arguições era rediscutir os limites da aplicação da teoria da imprevisão nos contratos educacionais, precisamente desconsiderando o REJET. Foi o alerta do Ministro Gilmar Mendes, comentando acerca da melhor leitura da Lei nº 14.010, de 2020:

> No âmbito consumerista (Lei 8.078/1990 – CDC), a novel legislação é clara em determinar que não se aplica a interpretação restritiva do art. 7º da Lei 14.010/2020 aos contratos submetidos ao Código de Defesa do Consumidor [isto é] podem ser considerados fatos imprevisíveis, para os fins exclusivos dos arts. 317, 478, 479 e 480 do Código Civil, o aumento da inflação, a variação cambial, a desvalorização ou a substituição do padrão monetário, no âmbito do CDC. (...) *A contrario sensu*, [o REJET] registra que os efeitos futuros dos contratos consumeristas (...) sofrerão os influxos das consequências jurídicas decorrentes da pandemia, entre elas a possibilidade de revisão judicial, em contratos de execução continuada, na situação de excessiva onerosidade derivada de acontecimentos extraordinários. (...) o verdadeiro intento das ADPFs é redefinir o que se enquadraria no conceito da teoria da imprevisão nos contratos educacionais – presente a situação da pandemia –, restringindo seu âmbito normativo, ao largo da Lei 14.010/2020, do Código de Defesa do Consumidor e do Código Civil.[24]

A interpretação do Ministro Gilmar Mendes, acolhida pelo Tribunal Pleno do STF, guarda intrínseca relação aos objetivos do Congresso Nacional e dos autores intelectuais do REJET. Se fosse o caso de impedir que o Poder Judiciário avaliasse em concreto as situações e não pudesse decidir, caso a caso, acerca do impacto real da pandemia em contratos, o Poder Legislativo teria tomado essa decisão no texto da Lei nº 14.010, de 2020. Do mesmo modo, o Parlamento nacional poderia optar por conceder moratória ou reduzir obrigações contratuais (como descontos nas mensalidades) de modo genérico ao disciplinar relações afetadas pela pandemia.[25]

Todavia, verificou-se que não foi essa a *mens legis*, pelo contrário, optou-se por uma solução distinta daquela chamada *"one size fits all"*, nem em benefício do consumidor,

---

[23] BRASIL. Supremo Tribunal Federal. *Arguição de Descumprimento de Preceito Fundamental nº 713/DF*. Tribunal Pleno. Relatora Ministra Rosa Weber. DJe de 29.03.2022.

[24] BRASIL. Supremo Tribunal Federal. *Arguição de Descumprimento de Preceito Fundamental nº 706/DF*. Tribunal Pleno. Relatora Ministra Rosa Weber. DJe de 29.03.2022.

[25] Na época, uma série de projetos de lei buscaram regulamentar especificamente questões acerca da educação, como o Projeto de Lei nº 1.183, de 2020, e outros citados pelo Ministro Gilmar Mendes: "PL 1119/2020; PL 2672/2020; PL 2781/2020; PL 1183/2020; PL 1356/2020; PL 1454/2020; PL 2728/2020; PL 2987/2020; PL 1294/2020; PL 1486/2020; PL 1496/2020; PL 1501/2020; PL 1516/2020; PL 1724/2020; PL 1742/2020; PL 1909/2020; PL 1923/2020; PL 4846/2020; PL 2004/2020; PL 2049/2020; PL 2282/2020; PL 2371/2020; PL 2229/2020; PL 2259/2020; PL 2274/2020; PL 3322/2020; PL 4348/2020; PL 3200/2020; PL 3204/2020; PL 2382/2020; PL 3652/2020". BRASIL. Supremo Tribunal Federal. *Arguição de Descumprimento de Preceito Fundamental nº 706/DF*. Tribunal Pleno. Relatora Ministra Rosa Weber. DJe de 29.03.2022.

nem em benefício dos prestadores. Conferiu-se aos juízes a atribuição de, com base nas provas dos autos, analisando as nuances da relação jurídica específica e os reais sobressaltos econômicos advindos da pandemia, decidir se há necessidade de intervenção para reequilibrar determinados contratos. Novamente é acurado o raciocínio do Ministro Gilmar Mendes:

> O poder de limitar a cognição judicial ou condicioná-la deve estar jungido à esfera legislativa e, em sede jurisdicional, ao espectro do juízo in concreto da proporcionalidade, ou seja, sempre examinada à luz do caso concreto, jamais fixada abstratamente, além de atingir demandas já em curso perante o Poder Judiciário, de forma retroativa.

Por todas essas razões, o Supremo Tribunal Federal julgou procedente as arguições para declarar a inconstitucionalidade de interpretação judicial que, sem observar as particularidades concretas, obrigue as instituições de ensino a conceder descontos nas mensalidades:

> Conhecimento parcial da arguição de descumprimento de preceito fundamental e, na parte conhecida, pedido julgado procedente para afirmar a inconstitucionalidade das interpretações judiciais que, unicamente fundamentadas na eclosão da pandemia de Covid-19 e no respectivo efeito de transposição de aulas presenciais para ambientes virtuais, determinam às instituições de ensino superior a concessão de descontos lineares nas contraprestações dos contratos educacionais, sem considerar as peculiaridades dos efeitos da crise pandêmica em ambas as partes contratuais envolvidas na lide.[26]

Dessa experiência, podemos extrair três lições:

Primeiro, a decisão do Congresso Nacional de não estabelecer, de forma apriorística, uma regra geral para os contratos impactados pela pandemia, seja em benefício do consumidor, seja em favor das instituições de ensino, mostrou-se acertada. Essa abordagem permitiu que as complexas situações decorrentes da crise fossem tratadas com a flexibilidade necessária, respeitando as especificidades de cada caso. A imposição de uma norma única e inflexível poderia ter gerado injustiças ao ignorar as variáveis que diferiam conforme o contexto de cada contrato e as condições de cada parte envolvida. Dessa forma, a ausência de uma regra geral predefinida evitou soluções generalistas que poderiam prejudicar tanto consumidores quanto prestadores de serviços.

Segundo, o Poder Judiciário, sob a liderança do Supremo Tribunal Federal, desempenhou um papel fundamental ao avaliar de forma concreta e individualizada as demandas apresentadas. Em vez de basear-se em presunções abstratas sobre qual seria a solução adequada para todos os casos, os juízes e tribunais, especialmente após o pronunciamento do STF, dedicaram-se a analisar as particularidades de cada situação, assegurando que as decisões fossem baseadas em critérios comprovados. Essa abordagem permitiu a resolução de conflitos de maneira ponderada, garantindo que tanto os direitos dos consumidores quanto os das instituições de ensino fossem respeitados, sem comprometer a segurança jurídica e a estabilidade das relações contratuais.

---

[26] BRASIL. Supremo Tribunal Federal. *Arguição de Descumprimento de Preceito Fundamental nº 706/DF*. Tribunal Pleno. Relatora Ministra Rosa Weber. DJe de 29.03.2022. BRASIL. Supremo Tribunal Federal. *Arguição de Descumprimento de Preceito Fundamental nº 713/DF*. Tribunal Pleno. Relatora Ministra Rosa Weber. DJe de 29.03.2022.

Terceiro, e mais relevante, o país ainda tem muito a evoluir para alcançar o federalismo cooperativo prometido pela Constituição. A ausência de coordenação nos esforços para enfrentar a crise foi uma das características marcantes das ações públicas durante a pandemia de Covid-19. Ao refletir sobre as regras constitucionais de competência, o Ministro Dias Toffoli lembrou que, em 1988, foi adotado o federalismo cooperativo, no qual a União atua em colaboração com os demais entes, que exercem sua autonomia regulamentando as especificidades locais. No entanto, faltam ao Brasil instrumentos eficazes de atuação coordenada, o que se evidenciou em 2020. Com efeito, causa certo espanto que o parágrafo único do art. 23 da Constituição Federal[27] não tenha sido regulamentado pelo Congresso Nacional para todas as áreas.[28] O dispositivo prescreve a necessidade de lei complementar para consagrar a cooperação entre os entes da Federação. Para lidar com crises, uma possibilidade viável seria adotar o modelo da decisão coordenada criado pela Lei º 14.210, de 2021.[29] O processo de discussão e deliberação passaria a focar na criação de normas que, além de vincular todos os entes federativos, assegurassem a uniformidade de objetivos e meios de atuação diante de situações emergenciais.[30] Em outras palavras, busca-se a cooperação dos entes para realizar a Federação. Com um instrumento dessa natureza, certamente não haveria leis locais aprovadas em sentido oposto ao da lei nacional, evitando expectativas irreais para a população e ônus excessivos para as instituições.

Enfim, a experiência da pandemia em relação aos contratos educacionais revelou desafios do federalismo brasileiro. Se por um lado a flexibilidade legislativa permitiu que as particularidades de cada caso fossem respeitadas, por outro, a ausência de uma coordenação efetiva entre os entes federativos expôs a necessidade urgente de aprimorar os mecanismos de cooperação previstos na Constituição. A lição mais duradoura talvez seja a importância de se criar um sistema mais integrado e harmonioso, capaz de responder com agilidade e eficiência às futuras crises, assegurando que os direitos fundamentais sejam protegidos de maneira equânime em todo o território nacional.

Conclusões

Com o fechamento das escolas e das universidades durante a pandemia de Covid-19, foi necessário adaptar rapidamente o ensino tradicional para o formato remoto. A Lei nº 14.040, de 2020, foi criada justamente para lidar com essas circunstâncias excepcionais, estabelecendo medidas temporárias para garantir a continuidade da prestação do

---

[27] "Leis complementares fixarão normas para a cooperação entre a União e os Estados, o Distrito Federal e os Municípios, tendo em vista o equilíbrio do desenvolvimento e do bem-estar em âmbito nacional". BRASIL. *Constituição da República Federativa do Brasil de 1988.*

[28] Apenas áreas específicas como a proteção do meio ambiente houve a edição de lei complementar. BRASIL. *Lei Complementar nº 140, de 8 de dezembro de 2011.*

[29] BRASIL. *Lei nº 14.210, de 30 de setembro de 2021.*

[30] Durante a pandemia, um projeto com esse objetivo chegou a ser aprovado, porém, seu conteúdo foi sobremaneira modificado, a ponto de tornar-se um conjunto de regras fiscais para hipóteses em que for declarado estado de emergência. BRASIL. Senado Federal. *Projeto de Lei Complementar nº 39, de 2020.* BRASIL. *Lei Complementar nº 176, de 29 de dezembro de 2020.* Atualmente tramita no Congresso Nacional projeto de lei complementar que incorporou as ideias referenciadas. BRASIL. Senado Federal. *Projeto de Lei Complementar nº 108, de 2022.*

serviço de educação e a segurança jurídica nas relações contratuais entre instituições de ensino e estudantes.

No entanto, a transição para o ensino remoto gerou controvérsias. A situação se agravou pela ausência de coordenação entre os entes federativos e as esferas de governo, o que levou à proliferação de ações individuais e coletivas, criando um ambiente de grande instabilidade. Diversas decisões administrativas, legislativas e judiciais determinaram a redução das mensalidades, semestralidades ou anuidades a serem pagas às instituições de ensino.

Este artigo se propôs a contextualizar essa situação. Primeiro, analisou-se os fundamentos que ensejaram a criação do REJET, sobretudo seu papel de conformação da teoria da imprevisão nas relações contratuais que seriam afetadas pela pandemia. Segundo, elencou-se as mazelas da proliferação de ações judiciais que, em sentido oposto ao da Lei nº 14.040, de 2020, buscaram adotar uma solução apriorística para o problema. Terceiro, verificou-se a maneira como o Supremo Tribunal Federal resolveu a questão e vislumbrou-se os aprendizados que se podem extrair.

Concluiu-se que: (*i*) o modelo do REJET adotado pelo Congresso Nacional de não estabelecer uma regra geral para contratos impactados pela pandemia foi acertado, pois permitiu a flexibilidade necessária para tratar as situações de forma específica; (*ii*) as decisões do STF reforçaram a exigência de o Poder Judiciário proceder à análise concreta e individualizada das demandas sem se basear em presunções abstratas; (*iii*) a pandemia expôs a falta de coordenação entre os entes federativos; (*iv*) é urgente a criação de um sistema federal mais integrado e harmonioso, para responder eficientemente a futuras crises; (*v*) um caminho possível é a regulamentação do parágrafo único do art. 23 da Constituição com a sistemática da decisão coordenada prevista na Lei nº 14.210, de 2021.

Referências

ANASTASIA, Antonio Augusto Junho; TOFFOLI, José Antonio Dias; TEBET, Simone Nassar. Uma lei emergencial para o direito privado. *Folha de São Paulo*, 3 de abril de 2020.

ANTUNES VARELA, João de Matos. *Das obrigações em geral*. 7. ed. Coimbra: Almedina. 2017. v. 2.

BRASIL. *Constituição da República Federativa do Brasil de 1988*.

BRASIL. *Lei Complementar nº 140, de 8 de dezembro de 2011*.

BRASIL. *Lei Complementar nº 176, de 29 de dezembro de 2020*.

BRASIL. *Lei nº 14.010, de 10 de junho de 2020*.

BRASIL. *Lei nº 14.210, de 30 de setembro de 2021*.

BRASIL. Ministério da Educação. *Portaria nº 343, de 17 de março de 2020*.

BRASIL. Ministério da Educação. *Portaria nº 473, de 12 de maio de 2020*.

BRASIL. Senado Federal. *Parecer nº 18, de 2020 da Comissão de Constituição, Justiça e Cidadania sobre o Projeto de Lei nº 1.179, de 2020*.

BRASIL. Senado Federal. *Projeto de Lei Complementar nº 39, de 2020*.

BRASIL. Senado Federal. *Projeto de Lei Complementar nº 108, de 2022*.

BRASIL. Superior Tribunal de Justiça. *Recurso Especial nº 1.321.614/SP*. Terceira Turma. Redator para o acórdão Ministro Ricardo Villas Bôas Cueva. DJe de 03.03.2015.

BRASIL. Supremo Tribunal Federal. *Ação Direta de Inconstitucionalidade nº 6.423/CE*. Tribunal Pleno. Redator para o acórdão Ministro Alexandre de Moraes. DJe de 12.02.2021.

BRASIL. Supremo Tribunal Federal. *Ação Direta de Inconstitucionalidade nº 6.435/MA*. Tribunal Pleno. Relator Ministro Alexandre de Moraes. DJe de 19.03.2021.

BRASIL. Supremo Tribunal Federal. *Ação Direta de Inconstitucionalidade nº 6.445/PA*. Tribunal Pleno. Redator para o acórdão Ministro Dias Toffoli. DJe de 17.08.2021.

BRASIL. Supremo Tribunal Federal. *Arguição de Descumprimento de Preceito Fundamental nº 706/DF*. Tribunal Pleno. Relatora Ministra Rosa Weber. DJe de 29.03.2022.

BRASIL. Supremo Tribunal Federal. *Arguição de Descumprimento de Preceito Fundamental nº 713/DF*. Tribunal Pleno. Relatora Ministra Rosa Weber. DJe de 29.03.2022.

CARNAÚBA, Daniel; DIAS, Daniel; REINIG, Guilherme Henrique Lima. O coronavírus e a impossibilidade de cumprimento das obrigações nas relações de consumo. *In*: MONTEIRO FILHO, Carlos Edison do Rêgo; ROSENVALD, Nelson; DENSA, Roberta (coord.). *Coronavírus e responsabilidade civil*: impactos contratuais e extracontratuais. Indaiatuba: Foco, 2020.

RODRIGUES JR, Otavio Luiz; LEONARDO, Rodrigo Xavier. As consequências da pandemia e o caso fortuito ou força maior. *In*: ANASTASIA, Antonio Augusto Junho; TEBET, Simone Nassar; TOFFOLI, José Antonio Dias (Org.). *Comentários ao REJET (Lei 14.010/2020) pelos autores do anteprojeto*. São Paulo: RT, 2020.

RODRIGUES JR., Otavio Luiz. *Revisão judicial dos contratos*: autonomia da vontade e teoria da imprevisão. 2. ed. São Paulo: Atlas, 2006.

TOFFOLI, José Antônio Dias; RANGEL, Roberta Maria. Revisão contratual e boa-fé: confronto inevitável? *In*: ARAÚJO, Raul; MARCONI, Cid; ROCHA, Tiago Asfor (Org.). *Temas atuais e polêmicos na Justiça Federal*. Salvador: JusPODIVM, 2018, p. 189-203.

Informação bibliográfica deste texto, conforme a NBR 6023:2018 da Associação Brasileira de Normas Técnicas (ABNT):

ANASTASIA, Antonio Augusto Junho. O regime jurídico emergencial e transitório aplicado aos contratos da área de educação. *In*: MENDES, Gilmar Ferreira; LIRA, Daiane Nogueira de; FREIRE, Alexandre (coord.). *Constituição, democracia e diálogo*: 15 anos de Jurisdição Constitucional do Ministro Dias Toffoli. 2. ed. Belo Horizonte: Fórum, 2025. p. 185-197. ISBN 978-65-5518-937-7.

INCORPORAÇÃO E DENÚNCIA DE TRATADOS INTERNACIONAIS PELO BRASIL: ANÁLISE DA AÇÃO DIRETA DE CONSTITUCIONALIDADE Nº 39/DF

ANTONIO CARLOS FERREIRA
EURICO ZECCHIN MAIOLINO

I Introdução

O Supremo Tribunal Federal ainda não tinha apreciado controvérsia a propósito dos efeitos internos da denúncia de um tratado subscrito e incorporado ao ordenamento jurídico brasileiro. Havia examinado tão somente a natureza de um tratado quando incorporado definitivamente, a fim de examinar sua compatibilidade formal e material com a Constituição Federal, e as fases do procedimento de incorporação a partir das disposições constitucionalmente previstas.

No entanto, se a denúncia de tratado internacional é ato típico do direito internacional, cuja gênese consuetudinária foi absorvida pelo Tratado de Viena sobre o Direito dos Tratados, e implica desvinculação do Estado contratante do espectro de abrangência do ato convencional, os seus efeitos em relação ao ordenamento interno constituem disciplina doméstica.

A matéria foi levada ao julgamento pelo Supremo Tribunal Federal por meio da Ação Direta de Constitucionalidade nº 39/DF, cuja relatoria foi atribuída ao E. Ministro Dias Toffoli. A ação questionava o decreto presidencial que, isoladamente, estabelecia que a Convenção nº 158 da Organização Internacional do Trabalho (OIT) deixaria de vigorar internamente no Brasil em razão de sua denúncia por intermédio de nota do Governo brasileiro à Organização Internacional do Trabalho.

O problema que se colocou a partir desse decreto foi a verificação da necessidade de manifestação do Congresso Nacional na hipótese da produção de efeitos internos da denúncia de um tratado internacional, diante do que estabelece o art. 49, I, da Constituição Federal.

II A incorporação de tratados internacionais

A Constituição Federal de 1988 trata da incorporação de tratados internacionais em dois dispositivos fundamentais. Ao tempo em que prescreve, em seu art. 84, VIII, que compete ao presidente da República celebrar tratados, convenções e atos internacionais, sujeitos a referendo do Congresso Nacional, estabelece no art. 49, I, que compete de forma exclusiva ao Congresso Nacional resolver definitivamente sobre tratados, acordos ou atos internacionais que acarretem encargos ou compromissos gravosos ao patrimônio nacional.

À evidência, a Constituição Federal disciplina o processo de internalização dos tratados celebrados pelo Brasil, a fim de que, incorporados, tenham a eficácia normativa interna similar aos instrumentos legais produzidos pelas Casas Legislativas. Assim, se no âmbito externo os tratados vinculam os Estados que os celebram, a aquisição de efeitos normativos internos depende do processo de incorporação, cuja disciplina vem estabelecida na Constituição Federal.[1] O procedimento de elaboração, ratificação, denúncia e extinção dos tratados está previsto na Convenção de Viena sobre o Direito dos Tratados, acordo firmado em 22.5.1969, aprovado pelo Congresso Nacional por intermédio do Decreto Legislativo nº 496, de 17.7.2009, e promulgado pelo Decreto Presidencial de nº 7.030, de 14.12.2009.

Instado a apreciar a questão da denúncia do tratado de forma exclusiva pelo presidente da República, o Supremo Tribunal Federal, em julgamento paradigmático da lavra do E. Ministro Dias Toffoli, definiu que, tal como ocorre no processo de incorporação dos tratados, a denúncia exige a vontade concertada do Poder Executivo e do Poder Legislativo. Eis a ementa da Ação Direta de Constitucionalidade nº 39/DF:

> Ação declaratória de constitucionalidade. Decreto nº 2.100, de 20 de dezembro de 1996. Denúncia do Estado brasileiro da Convenção nº 158 da Organização Internacional do Trabalho (OIT). Preliminar. Existência de controvérsia judicial relevante. Mérito. Denúncia de tratado internacional por vontade exclusiva do presidente da República. Necessidade de participação do Congresso Nacional. Estado Democrático de Direito e princípio da legalidade. Tese fixada. Efeitos prospectivos. Procedência da ação. 1. As requerentes apresentaram elementos dos quais é possível extrair a ausência de consenso judicial sobre o tema, a denotar a utilidade de se prosseguir com a análise da ação declaratória, cabendo ao Supremo Tribunal Federal pacificar a controvérsia à luz do ordenamento constitucional. A existência de uma ação direta de inconstitucionalidade com o mesmo objeto não impede o conhecimento da ação declaratória de constitucionalidade (Precedentes: ADC nº 5/DF, Tribunal Pleno, Rel. Min. Nelson Jobim, red. do ac. Min. Ricardo Lewandowski, DJe de 5/10/07;

---

[1] Nos Estados Unidos, a Constituição de 1787 também cuida dos efeitos dos tratados como instrumento legal. Assim, asseverou o *Chief Justice* Marshall: "A treaty is, in its nature, a contract between two nations, not a legislative act. It does not generally effect, of itself, the object to be accomplished; especially, so far as its operation is infra-territorial; but is carried into execution by the sovereign power of the respective parties to the instrument. In the United States, a different principle is established. Our constitution declares a treaty to be the law of the land. It is, consequently, to be regarded in courts of justice as equivalent to an act of the legislature, whenever it operates of itself, without the aid of any legislative provision. But when the terms of the stipulation import a contract–when either of the parties engages to perform a particular act, the treaty addresses itself to the political, not the judicial department; and the legislature must execute the contract, before it can become a rule for the court" (Foster v. Neilson, 27 U.S. (2 Pet.) 253, 313–14 (1829). Também assim o artigo LXXV – Continuação do exame no tocante ao poder de firmar tratados: HAMILTON, Alexander. *O federalista*. Tradução de Maria Luiza X. de A. Borges. Rio de Janeiro: Nova Fronteira, 1993. p. 465.

ADI nº 1.800/DF, Rel. Min. Nelson Jobim, red. do ac. Min. Ricardo Lewandowski, DJe de 28/9/07). 2. A questão controvertida consiste na aferição da necessidade de manifestação de vontade do Congresso Nacional para que a denúncia de um tratado internacional produza efeitos no direito doméstico, em face do que dispõe o art. 49, inciso I, da Constituição Federal, questão que é suscitada a partir do pedido de declaração de constitucionalidade do Decreto nº 2.100, de 20 de dezembro de 1996. 3. O teor do art. 49, inciso I, e do art. 84, inciso VIII, da Constituição Federal indica uma necessária conjugação de vontades para a adesão do Estado Brasileiro aos termos de um tratado internacional, ou seja, requer uma convergência das competências do presidente da República, a quem cabe celebrar o acordo, e do Congresso Nacional, que exerce função de controle e fiscalização, autorizando sua ratificação pelo chefe do Poder Executivo (Precedente: ADI nº 1.480/DF-MC, Tribunal Pleno, Rel. Min. Celso de Mello, DJ de 18/5/01). 4. Manifestação dos freios e contrapesos que caracterizam o exercício compartilhado do Poder nas democracias contemporâneas, enquanto antítese da autocracia e do totalitarismo, estabelecendo-se procedimentos que conferem legitimidade aos compromissos internacionais assumidos pelo Poder Executivo, para que, com força de lei, eles possam vincular os cidadãos e as autoridades constituídas. 5. Uma vez incorporados ao direito interno, os tratados passam a contar com força de lei ordinária federal, ressalvados os tratados que versam sobre direitos humanos, os quais passam a ter natureza supralegal ou até mesmo constitucional, caso observem o procedimento previsto no art. 5º, §3º, da CF/88. Como tais, aos tratados se aplicam os mesmos critérios de solução de conflito de normas, como o da cronologia (norma posterior revoga a anterior) e da especialidade (norma especial prevalece sobre a genérica) (Precedentes: ADI nº 1.480/DF-MC, Tribunal Pleno, Rel. Min. Celso de Mello, DJ de 18/5/01; ARE nº 766.618/SP, Tribunal Pleno, Rel. Min. Roberto Barroso, julgado em 25/5/17, DJe de 13/11/17). 6. À luz da Constituição de 1988, decorre do próprio Estado Democrático de Direito e de seu corolário ' o princípio da legalidade ' que a denúncia de um tratado internacional, embora produza efeitos no âmbito externo diante da manifestação de vontade do presidente da República, requer a anuência do Congresso Nacional para que suas normas sejam excluídas do direito positivo interno. 7. Julgar improcedente a presente ação, reconhecendo, por consequência, a inconstitucionalidade do Decreto nº 2.100, de 20 de dezembro de 1996, significaria lançar luz à possibilidade de invalidar todos os atos de denúncia unilateral praticados até o momento em períodos variados da história nacional. Não se pode desconsiderar tratar-se de um costume consolidado pelo tempo e que, não tendo sido formalmente invalidado, vinha sendo adotado de boa-fé e com justa expectativa de legitimidade. 8. Fixação da seguinte tese de julgamento: "a denúncia pelo Presidente da República de tratados internacionais aprovados pelo Congresso Nacional, para que produza efeitos no ordenamento jurídico interno, não prescinde da sua aprovação pelo Congresso". Aplicação desse entendimento a partir da publicação da ata do julgamento, mantendo-se a eficácia das denúncias realizadas até esse marco temporal. 9. Ação declaratória de constitucionalidade julgada procedente. 10. Apelo ao legislador para que elabore disciplina acerca da denúncia dos tratados internacionais que preveja a chancela do Congresso Nacional como condição para a produção de efeitos na ordem jurídica interna. (ADC nº 39. Rel. Min. Dias Toffoli, Tribunal Pleno, j. em 19.6.2023, Processo Eletrônico DJe-s/n. Divulg. 17.8.2023. Public. 18.8.2023)

Por conseguinte, para analisar o tema relativo ao procedimento de denúncia dos tratados internacionais no Brasil, faz-se mister verificar, preliminarmente, como ocorre o processo de incorporação dos tratados internacionais no país.

A tradição constitucional republicana brasileira sempre atribuiu aos poderes Executivo e Legislativo, de maneira compartilhada, o *treaty-making power*,[2] seguindo os exemplos dos padrões franceses a americanos.[3]

Sob a Constituição vigente, compete ao presidente da República celebrar tratados, convenções e atos internacionais, sujeitos a referendo do Congresso Nacional, ao qual é reservada a atribuição exclusiva de deliberação definitiva sobre eles.

O Supremo Tribunal Federal, ao interpretar os dispositivos constitucionais referidos, adotou entendimento segundo o qual a incorporação dos tratados internacionais é ato subjetivamente complexo, dependente da associação das vontades do Poder Executivo e Legislativo. Nesse sentido, a completude do procedimento pressupõe três fases distintas: (i) celebração do tratado pelo Presidente da República, (ii) deliberação congressual, a ser formalizada mediante decreto legislativo, e (iii) promulgação do tratado pelo presidente da República, por meio de decreto, ocasião em que os acordos internacionais passarão a vigorar, no plano interno, com força de lei. Confira-se a propósito a ementa da Ação Direta de Inconstitucionalidade nº 1.048/DF:

AÇÃO DIRETA DE INCONSTITUCIONALIDADE - CONVENÇÃO Nº 158/OIT - PROTEÇÃO DO TRABALHADOR CONTRA A DESPEDIDA ARBITRÁRIA OU SEM JUSTA CAUSA - ARGÜIÇÃO DE ILEGITIMIDADE CONSTITUCIONAL DOS ATOS QUE INCORPORARAM ESSA CONVENÇÃO INTERNACIONAL AO DIREITO POSITIVO INTERNO DO BRASIL (DECRETO LEGISLATIVO Nº 68/92 E DECRETO Nº 1.855/96) - POSSIBILIDADE DE CONTROLE ABSTRATO DE CONSTITUCIONALIDADE DE TRATADOS OU CONVENÇÕES INTERNACIONAIS EM FACE DA CONSTITUIÇÃO DA REPÚBLICA - ALEGADA TRANSGRESSÃO AO ART. 7º, I, DA CONSTITUIÇÃO DA REPÚBLICA E AO ART. 10, I DO ADCT/88 - REGULAMENTAÇÃO NORMATIVA DA PROTEÇÃO CONTRA A DESPEDIDA ARBITRÁRIA OU SEM JUSTA CAUSA, POSTA SOB RESERVA CONSTITUCIONAL DE LEI COMPLEMENTAR - CONSEQÜENTE IMPOSSIBILIDADE JURÍDICA DE TRATADO OU CONVENÇÃO INTERNACIONAL ATUAR COMO SUCEDÂNEO DA LEI COMPLEMENTAR EXIGIDA PELA CONSTITUIÇÃO (CF, ART. 7º, I) - CONSAGRAÇÃO CONSTITUCIONAL DA GARANTIA DE INDENIZAÇÃO COMPENSATÓRIA COMO EXPRESSÃO DA REAÇÃO ESTATAL À DEMISSÃO ARBITRÁRIA DO TRABALHADOR (CF, ART. 7º, I, C/C O ART. 10, I DO ADCT/88) - CONTEÚDO PROGRAMÁTICO DA CONVENÇÃO Nº 158/OIT, CUJA APLICABILIDADE DEPENDE DA AÇÃO NORMATIVA DO LEGISLADOR INTERNO DE CADA PAÍS - POSSIBILIDADE DE ADEQUAÇÃO DAS DIRETRIZES CONSTANTES DA CONVENÇÃO Nº 158/OIT ÀS EXIGÊNCIAS FORMAIS E MATERIAIS DO ESTATUTO CONSTITUCIONAL BRASILEIRO - PEDIDO DE MEDIDA CAUTELAR DEFERIDO, EM PARTE, MEDIANTE INTERPRETAÇÃO CONFORME À CONSTITUIÇÃO. PROCEDIMENTO CONSTITUCIONAL DE INCORPORAÇÃO DOS TRATADOS OU CONVENÇÕES INTERNACIONAIS. - É na Constituição da República - e não na controvérsia doutrinária que antagoniza monistas e dualistas - que se deve buscar a solução normativa para a questão da incorporação dos atos internacionais ao sistema de direito positivo interno brasileiro. O exame da vigente Constituição Federal permite constatar que a execução dos tratados internacionais e a sua incorporação à ordem jurídica

---

[2] REZEK, José Francisco. Parlamento e tratados internacionais: o modelo constitucional do Brasil. *Revista de Direitos Fundamentais e Democracia*, Curitiba, v. 14, n. 14, jul./dez. 2013. p. 44-45.

[3] SKLAMBERG, Howard R. The meaning of "advice and consent": the senate's constitutional role in treatymaking. *Michigan Journal of International Law*, v. 18, L. 445, 1997; COUVEINHES, Florian. Les parlements et les traités internationaux. In: COULEE, Frédérique. *Le droit des traités entre États* – Pratique et mutations 1969-2019. Paris: Pédone, 2023. ffhal-03891226.

interna decorrem, no sistema adotado pelo Brasil, de um ato subjetivamente complexo, resultante da conjugação de duas vontades homogêneas: a do Congresso Nacional, que resolve, definitivamente, mediante decreto legislativo, sobre tratados, acordos ou atos internacionais (CF, art. 49, I) e a do Presidente da República, que, além de poder celebrar esses atos de direito internacional (CF, art. 84, VIII), também dispõe - enquanto Chefe de Estado que é - da competência para promulgá-los mediante decreto. O iter procedimental de incorporação dos tratados internacionais - superadas as fases prévias da celebração da convenção internacional, de sua aprovação congressional e da ratificação pelo Chefe de Estado - conclui-se com a expedição, pelo Presidente da República, de decreto, de cuja edição derivam três efeitos básicos que lhe são inerentes: (a) a promulgação do tratado internacional; (b) a publicação oficial de seu texto; e (c) a executoriedade do ato internacional, que passa, então, e somente então, a vincular e a obrigar no plano do direito positivo interno. Precedentes. SUBORDINAÇÃO NORMATIVA DOS TRATADOS INTERNACIONAIS À CONSTITUIÇÃO DA REPÚBLICA. - No sistema jurídico brasileiro, os tratados ou convenções internacionais estão hierarquicamente subordinados à autoridade normativa da Constituição da República. Em conseqüência, nenhum valor jurídico terão os tratados internacionais, que, incorporados ao sistema de direito positivo interno, transgredirem, formal ou materialmente, o texto da Carta Política. O exercício do treaty-making power, pelo Estado brasileiro - não obstante o polêmico art. 46 da Convenção de Viena sobre o Direito dos Tratados (ainda em curso de tramitação perante o Congresso Nacional) -, está sujeito à necessária observância das limitações jurídicas impostas pelo texto constitucional. CONTROLE DE CONSTITUCIONALIDADE DE TRATADOS INTERNACIONAIS NO SISTEMA JURÍDICO BRASILEIRO. - O Poder Judiciário - fundado na supremacia da Constituição da República - dispõe de competência, para, quer em sede de fiscalização abstrata, quer no âmbito do controle difuso, efetuar o exame de constitucionalidade dos tratados ou convenções internacionais já incorporados ao sistema de direito positivo interno. Doutrina e Jurisprudência. PARIDADE NORMATIVA ENTRE ATOS INTERNACIONAIS E NORMAS INFRACONSTITUCIONAIS DE DIREITO INTERNO. - Os tratados ou convenções internacionais, uma vez regularmente incorporados ao direito interno, situam-se, no sistema jurídico brasileiro, nos mesmos planos de validade, de eficácia e de autoridade em que se posicionam as leis ordinárias, havendo, em conseqüência, entre estas e os atos de direito internacional público, mera relação de paridade normativa. Precedentes. No sistema jurídico brasileiro, os atos internacionais não dispõem de primazia hierárquica sobre as normas de direito interno. A eventual precedência dos tratados ou convenções internacionais sobre as regras infraconstitucionais de direito interno somente se justificará quando a situação de antinomia com o ordenamento doméstico impuser, para a solução do conflito, a aplicação alternativa do critério cronológico ("lex posterior derogat priori") ou, quando cabível, do critério da especialidade. Precedentes. TRATADO INTERNACIONAL E RESERVA CONSTITUCIONAL DE LEI COMPLEMENTAR. - O primado da Constituição, no sistema jurídico brasileiro, é oponível ao princípio pacta sunt servanda, inexistindo, por isso mesmo, no direito positivo nacional, o problema da concorrência entre tratados internacionais e a Lei Fundamental da República, cuja suprema autoridade normativa deverá sempre prevalecer sobre os atos de direito internacional público. Os tratados internacionais celebrados pelo Brasil - ou aos quais o Brasil venha a aderir - não podem, em conseqüência, versar matéria posta sob reserva constitucional de lei complementar. É que, em tal situação, a própria Carta Política subordina o tratamento legislativo de determinado tema ao exclusivo domínio normativo da lei complementar, que não pode ser substituída por qualquer outra espécie normativa infraconstitucional, inclusive pelos atos internacionais já incorporados ao direito positivo interno. LEGITIMIDADE CONSTITUCIONAL DA CONVENÇÃO Nº 158/OIT, DESDE QUE OBSERVADA A INTERPRETAÇÃO CONFORME FIXADA PELO SUPREMO TRIBUNAL FEDERAL. - A Convenção nº 158/OIT, além de depender de necessária e ulterior intermediação legislativa para efeito de sua integral aplicabilidade no plano doméstico, configurando, sob tal aspecto, mera proposta de legislação dirigida ao legislador interno, não consagrou, como única conseqüência derivada da ruptura abusiva ou arbitrária do contrato de trabalho, o dever de os Estados-Partes, como o Brasil, instituírem, em sua legislação nacional, apenas a garantia da reintegração no emprego. Pelo contrário, a Convenção nº 158/OIT expressamente permite a cada Estado-Parte (Artigo 10), que, em função de seu próprio ordenamento positivo interno, opte pela solução normativa que se revelar mais consentânea e compatível com a legislação e a prática nacionais, adotando, em conseqüência, sempre com estrita observância do estatuto fundamental de cada País (a Constituição brasileira, no caso), a fórmula da reintegração no emprego e/ou da indenização compensatória. Análise de cada um dos Artigos impugnados da Convenção nº 158/OIT (Artigos 4º a 10). (ADI nº 1.480 MC. Rel. Celso De Mello, Tribunal Pleno, j. 4.9.1997. *DJ*, 18 maio 2001. PP-00435 Ement Vol-02031-02 PP-00213)

Veja-se, pois, que a celebração do tratado e a ratificação pelo Brasil compete de forma exclusiva ao presidente da República e sua disciplina é regida pelo Tratado de Viena sobre o Direito dos Tratados. Entre estes dois momentos do entabulamento dos acordos internacionais, há atuação necessariamente interligada do Poder Executivo e Poder Legislativo por determinação da Constituição Federal para que o tratado passe a vigorar no plano interno com força de lei, ostentando as mesmas características dos diplomas legislativos produzidos internamente, seja no tocante à interpretação, ao conflito normativo no tempo e mesmo ao controle exercido pelo Poder Judiciário, notadamente pelo Supremo Tribunal Federal, na verificação de sua conformidade material e formal com o ordenamento jurídico-constitucional.

Não se olvide, contudo, que a Emenda Constitucional nº 45/2004 introduziu o §3º ao art. 5º da Constituição Federal, o qual estabelece que os tratados e convenções internacionais sobre direitos humanos que forem aprovados, em cada Casa do Congresso Nacional, em dois turnos, por três quintos dos votos dos respectivos membros, serão equivalentes às emendas constitucionais. Desta forma, há um iter diferenciado para tratados internacionais sobre direitos humanos que, se aprovados forem na forma estabelecida pelo novel dispositivo, passarão a ter *status* formal de emendas constitucionais.

III Denúncia de tratados internacionais

Após a celebração do tratado internacional, é possível que o Estado contratante manifeste sua vontade unilateral de não mais se submeter aos seus termos. Nesse sentido, o Estado pode desvincular-se convencionalmente do ajuste mediante a denúncia, seja na forma estabelecida pelo próprio ajuste, ou segundo as disposições da Convenção de Viena sobre o Direito dos Tratados (art. 56). Infere-se, destarte, que no âmbito internacional a desvinculação ocorre com a formalização da denúncia, na forma prevista nos atos convencionais internacionais.

No entanto, podem surgir controvérsias, especialmente no âmbito interno. Com efeito, a incorporação do tratado internacional ao ordenamento jurídico brasileiro depende da atuação conjugada do Poder Executivo e Legislativo, conforme referido algures. A partir da completude do procedimento de incorporação, passa o ato internacional a vigorar no âmbito interno como se lei ordinária fosse e o fato de o tratado ser objeto de denúncia no plano internacional – o que encerra a vinculação do país denunciante – não induz, automaticamente, sua supressão do conjunto normativo existente no Brasil.

Assim, qual o procedimento a ser observado para que cesse também no domínio interno a produção de efeitos do tratado anteriormente incorporado? Esta indagação foi levada à apreciação do Supremo Tribunal Federal na Ação Direta de Constitucionalidade nº 39/DF diante da denúncia pelo Brasil da Convenção nº 158 da Organização Internacional do Trabalho (OIT), veiculada pelo Decreto nº 2.100/1996, nos termos seguintes:

> O Presidente da República, torna público que deixará de vigorar para o Brasil, a partir de 20 de novembro de 1997, a Convenção da OIT nº 158, relativa ao Término da Relação de Trabalho por Iniciativa do Empregador, adotada em Genebra, em 22 de junho de 1982, visto haver sido denunciada por Nota do Governo brasileiro à Organização Internacional do Trabalho, tendo sido a denúncia registrada, por esta última, a 20 de novembro de 1996.

A Convenção nº 158 da OIT prevê, expressamente, a possibilidade e forma da denúncia do tratado em seu art. 17, *in verbis*:

> Todo Membro que tiver ratificado a presente Convenção poderá denunciá-lo no fim de um período de 10 (dez) anos, a partir da data da entrada em vigor inicial, mediante um ato comunicado, para ser registrado, ao Diretor-Geral da Repartição Internacional do Trabalho. A denúncia tornar-se-á efetiva somente 1 (um) ano após a data de seu registro.

Considerando, pois, que a própria convenção estabeleceu a forma de denúncia, entremostra-se válida a retirada do Brasil do seu âmbito de regulamentação, exercida pelo Presidente da República ao enviar a respectiva nota à Organização Internacional do Trabalho. No entanto, remanesceu a seguinte questão controvertida, definida pelo relator, E. Ministro Dias Toffoli, da forma seguinte:

> aferição da necessidade de manifestação de vontade do Congresso Nacional para que a denúncia de um tratado internacional produza efeitos no direito doméstico, em face do que dispõe o art. 49, inciso I, da Constituição Federal, questão que é suscitada a partir do pedido de declaração de constitucionalidade do Decreto nº 2.100, de 20 de dezembro de 1996.

IV Necessidade de deliberação congressual

O tratado incorporado ao ordenamento jurídico brasileiro ostenta força normativa equivalente à lei ordinária, exceção feita aos tratados sobre direitos humanos, na forma do art. 5º, §3º, da Constituição Federal, e o *treaty-making power* é compartilhado entre o Poder Executivo e Legislativo. No desenho constitucional da tripartição funcional de poderes do Estado brasileiro, a edição de atos normativos gerais e vinculantes compete ao Poder Legislativo, com a participação do Poder Executivo no exercício da atribuição constitucional da sanção e do veto – à exceção das emendas constitucionais.

Este *design* típico do constitucionalismo liberal orientou a interpretação do Supremo Tribunal Federal no sentido de que a "retirada" do ato normativo do ordenamento jurídico brasileiro deve observar o mesmo modelo existente para sua incorporação.

Com efeito, a separação de poderes constitui uma forma de divisão funcional do poder, mas significa, sobretudo, importante forma de limitação e controle do poder político. A separação de poderes ou de funções estatais não constitui uma formulação política atemporal e se manifesta diferentemente em cada regime jurídico-constitucional. Tem por caráter finalístico a limitação do poder político pelos mecanismos de controles recíprocos entre os poderes, de forma a delimitar seu espaço institucional de atuação e mantê-los dentro destas fronteiras.

Desde o início do constitucionalismo liberal – após a queda do *Ancien Régime* – e no início do movimento constitucionalista, a determinação política fundamental (*policy determination*) é atribuição específica dos parlamentos, embora hodiernamente parcela desta capacidade decisória tenha migrado para outros polos do poder do Estado e se diluído em entidades independentes, competindo ao Poder Executivo a função de execução das leis.[4]

No entanto, nosso modelo fundamental atribui a produção normativa ao Poder Legislativo. A formação dos parlamentos por representantes eleitos confere imprescindível substrato democrático às leis que regerão a sociedade. Nesse sentido, o consentimento popular para a produção das leis por meio das casas legislativas outorga legitimidade ao processo político decisório e garante a participação dos próprios destinatários destas normas no momento de sua produção.[5]

> A concepção de liberdade política envolve a autodeterminação do povo mediante a participação do processo político decisório que o subordinará. Significa, a um só tempo, a possibilidade de participação na criação da ordem jurídica e social e submissão a esta mesma ordenação, ou seja, no liame que se estabelece entre os dois momentos políticos, entre o contexto genético, da formação da vontade política, e seu âmbito eficacial, de regulação social.[6]

Como consequência, a participação popular no processo decisório por intermédio dos representantes eleitos – seja de produção normativa ou a deliberação acerca da subtração dos atos normativos do ordenamento – constitui exigência da adoção do Estado democrático de direito e decorre, necessariamente, do sistema jurídico-constitucional brasileiro. Se o constituinte previu a participação popular na produção normativa, esta participação deve ter lugar também quando se delibera sobre a possibilidade ou conveniência de se retirar do ordenamento jurídico-positivo o ato jurídico convencional. Aliás, não há diferença ontológica entre os momentos de criação ou extinção de determinado ato normativo concreto; ambos se inserem no âmbito do processo de formação do direito que regerá a sociedade e o Estado.

Tal consideração não passou desapercebida ao E. Ministro Dias Toffoli. Colhe-se a seguinte passagem do voto condutor:

---

[4] MONTESQUIEU, Charles de Secondat. *O espírito das leis*. São Paulo: Martins Fontes, 1996. Notadamente Capítulo XI.
[5] BÖCKENFÖRDE, Ernst-Wolfgang. *Le droit, l'état et la constitution démocratique*. Tradução de Olivier Jouanjan. Paris: Librairie General de Droit et Jurisprudence, 2000. p. 294; KELSEN, Hans. *Teoria geral do direito e do Estado*. São Paulo: Martins Fontes, 2000. p. 408.
[6] MAIOLINO, Eurico Zecchin. *Representação e responsabilidade política*: accountability na democracia. Belo Horizonte: Arraes, 2018. p. 6.

A participação congressual configura verdadeiro mecanismo de controle político do Poder Legislativo sobre o ato do chefe do Poder Executivo. Cuida-se, assim, da manifestação dos freios e contrapesos que caracterizam o exercício compartilhado do poder nas democracias contemporâneas, enquanto antítese da autocracia e do totalitarismo, estabelecendo-se procedimentos que conferem legitimidade aos compromissos internacionais assumidos pelo Poder Executivo, para que, com força de lei, possam vincular os cidadãos e as autoridades constituídas.

Revelaria certa incongruência exigir a participação do Congresso Nacional no procedimento de incorporação dos tratados, que passam a ostentar força de lei, mas dispensar a atuação parlamentar no momento em que se pretende excluir o ato do ordenamento jurídico, possibilitando que o Poder Executivo atue de maneira isolada e independente na produção legislativa primária, campo de atuação própria do Poder Legislativo.

Acrescente-se, ademais, que a Constituição Federal autoriza a edição de atos normativos primários pelo Poder Executivo em apenas duas hipóteses: a medida provisória e a delegação legislativa. Embora com pressupostos distintos, ambas as espécies normativas estão sujeitas a rigoroso controle pelo Poder Legislativo, seja ao aceder à iniciativa solicitadora do presidente da República na delegação legislativa, e também posteriormente, ou, após a edição da medida provisória.

Vale repisar, embora o constitucionalismo econômico e social tenha provocado um deslocamento da atividade legislativa para o seio de outros órgãos e poderes do Estado, remanesce a previsão formal, democraticamente fundamentada, de que a atividade de determinação política fundamental, tal como a descreve Karl Loewenstein, permanece no poder legitimamente conformado para esta atribuição.

Outro fundamento adotado pelo Pretório Excelso para fixar a orientação no sentido da participação congressual, intimamente relacionada à tripartição funcional do poder político, decorre do princípio da legalidade.

O princípio da legalidade postula que as obrigações a serem impostas aos cidadãos devem derivar da lei, instrumento normativo produzido conforme a determinação das Constituições. No presidencialismo, sistema de governo vigente no Brasil, as leis são produzidas pelas casas representativas que compõem o Poder Legislativo, de forma independente do Poder Executivo, segundo o procedimento constitucionalmente estabelecido. Somente assim se confere legitimidade ao direito produzido no âmbito estatal.

O princípio da legalidade tem um substrato político de fundamental importância para a estruturação e estabelecimento do Estado democrático de direito e relaciona-se de maneira visceral à limitação do Poder do Estado diante da cidadania. Com efeito, somente a lei pode obrigar o cidadão e sua elaboração se dá por seus representantes eleitos, com o que se lhe confere legitimidade. Atos normativos oriundos de outros órgãos e poderes do Estado não têm o condão de, primariamente, vincular os cidadãos.

Portanto, ao adotar o princípio da legalidade como postulado fundamental do Estado democrático de direito, a Constituição Federal de 1988 limita a atuação do poder político, ao prever o processo legislativo e o poder representativo competente para sua produção. Nesse sentido, considerando que os atos convencionais entabulados pelo Brasil no plano internacional são internalizados em regra com força equivalente à lei ordinária, não faria sentido que ao Poder Executivo fosse reservada a competência para dissolver a eficácia vinculante de tais atos independentemente da participação do Poder Legislativo, ou mais rigorosamente, sem o controle sobre sua atuação.

Aqui, uma vez mais, precisas as considerações do Min. Dias Toffoli:

> É, portanto, também em homenagem ao princípio da legalidade que se exige a manifestação do Congresso Nacional para que os tratados sejam exigíveis no plano doméstico, pois a criação de novas obrigações está condicionada à observância do processo legislativo como manifestação da soberania popular e, repito, do princípio democrático, consoante sustentou o saudoso Ministro Teori Zavascki no voto-vista que proferiu no julgamento da ADI nº 1.625, ainda não concluído.

Outros tópicos significativos foram abordados nesse recurso, desde aspectos procedimentais relacionadas à ação direta de constitucionalidade até a modulação dos efeitos da decisão, cujo tratamento refugiria ao escopo do presente ensaio.

V Conclusão

A questão relacionada aos efeitos internos dos tratados internacionais subscritos e ratificados pelos Estados tem despertado interesse tanto da doutrina constitucionalista quanto da internacionalista em todo o mundo. Diversos são os vieses de análise do problema, seja da dependência de eficácia do próprio ato convencional, seja da forma como cada ordenamento jurídico-constitucional determina os órgãos competentes para a celebração no plano internacional e aprovação ou referendo do tratado no âmbito interno de cada Estado.

A multiplicidade de temas objeto dos tratados hodiernamente torna a matéria ainda mais premente de solução. Se outrora as convenções se estabeleciam sobretudo entre as partes contratantes, que estabeleciam relações entre si, atualmente o conteúdo dos tratados se espraia por grande parte da vida econômica e social das populações atingidas.

Exatamente neste contexto é que o Supremo Tribunal Federal se dedicou à apreciação dos efeitos internos da denúncia de um tratado internacional pelo Brasil, diante do que a Constituição Federal estabeleceu como procedimento para a incorporação destes atos. Concluiu aquela Corte, acompanhando o voto sólido e minudente do E. Relator, Ministro Dias Toffoli, que para a produção de efeitos internos há necessidade de participação congressual, revelando-se insuficiente a edição de ato normativo pelo presidente da República, isoladamente.

Ora, se a Constituição dispõe que compete de forma exclusiva ao Congresso Nacional resolver definitivamente sobre tratados, acordos ou atos internacionais que acarretem encargos ou compromissos gravosos ao patrimônio nacional, tal competência deliberativa há de ser exercida tanto no momento da gênese do ato normativo no plano interno, quanto por ocasião de sua terminação.

Fundamentam tal conclusão não apenas a observação do sistema constitucional brasileiro, mas os princípios da separação funcional do poder político e da legalidade. Com efeito, é da essência da tripartição funcional do poder político o controle recíproco entre os poderes pelos mecanismos de freios e contrapesos – *checks and balances*. Nesse sentido, a atuação parlamentar desponta como significativo instrumento de controle do Poder Legislativo sobre a atuação do Poder Executivo na condução da política e negociações internacionais.

Demais disso, o princípio da legalidade exige que as obrigações que passarão a vincular os cidadãos sejam veiculadas por instrumentos normativos produzidos segundo os ditames constitucionais e pelos órgãos representativos, a fim de conferir-lhes a necessária legitimidade democrática. Assim, para além da decorrência do modelo constitucional brasileiro, possui forte conteúdo político, cuja concepção decorre do próprio regime democrático.

Referências

BÖCKENFÖRDE, Ernst-Wolfgang. *Le droit, l'état et la constitution démocratique*. Tradução de Olivier Jouanjan. Paris: Librairie General de Droit et Jurisprudence, 2000.

CANOTILHO, J. J. Gomes et al. *Comentários à Constituição do Brasil*. 2. ed. São Paulo: Saraiva Educação, 2018.

COUVEINHES, Florian. Les parlements et les traités internationaux. *In*: COULEE, Frédérique. *Le droit des traités entre États* – Pratique et mutations 1969-2019. Paris: Pédone, 2023.

GARCIA, Márcio Pereira Pinto. *A terminação de tratado e o Poder Legislativo à vista do direito internacional, do direito comparado e do direito constitucional internacional brasileiro*. Rio de Janeiro: Renovar, 2011.

HAMILTON, Alexander. *O federalista*. Tradução de Maria Luiza X. de A. Borges. Rio de Janeiro: Nova Fronteira, 1993.

KELSEN, Hans. *Teoria geral do direito e do Estado*. São Paulo: Martins Fontes, 2000.

LOEWENSTEIN, Karl. *Political power and govenmental process*. 3. ed. Chicago: University of Chicago Press, 1965.

MAIOLINO, Eurico Zecchin. Delegação legislativa e o aprimoramento do processo legislativo. *Fórum Administrativo*, Belo Horizonte, n. 14, v. 161, jul. 2014.

MAIOLINO, Eurico Zecchin. *Representação e responsabilidade política*: accountability na democracia. Belo Horizonte: Arraes, 2018.

MEDEIROS, Antônio Paulo Cachapuz de. *O poder de celebrar tratados*: competência dos poderes constituídos para a celebração de tratados, à luz do direito internacional, do direito comparado e do direito constitucional brasileiro. Porto Alegre: Sergio Antonio Fabris Editor, 1995.

MONTESQUIEU, Charles de Secondat. *O espírito das leis*. São Paulo: Martins Fontes, 1996.

REZEK, José Francisco. Parlamento e tratados internacionais: o modelo constitucional do Brasil. *Revista de Direitos Fundamentais e Democracia*, Curitiba, v. 14, n. 14, jul./dez. 2013.

SKLAMBERG, Howard R. The meaning of "advice and consent": the senate's constitutional role in treatymaking. *Michigan Journal of International Law*, v. 18, L. 445, 1997.

VERGOTTINI, Giuseppe de. *Derecho constitucional comparado*. Tradução de Claudia Herrera. México: Universidad Nacional Autónoma de México, 2004.

Informação bibliográfica deste texto, conforme a NBR 6023:2018 da Associação Brasileira de Normas Técnicas (ABNT):

FERREIRA, Antonio Carlos; MAIOLINO, Eurico Zecchin. Incorporação e denúncia de tratados internacionais pelo Brasil: análise da Ação Direta de Constitucionalidade nº 39/DF. *In*: MENDES, Gilmar Ferreira; LIRA, Daiane Nogueira de; FREIRE, Alexandre (coord.). *Constituição, democracia e diálogo*: 15 anos de Jurisdição Constitucional do Ministro Dias Toffoli. 2. ed. Belo Horizonte: Fórum, 2025. p. 199-209. ISBN 978-65-5518-937-7.

HOMENAGEM AOS 15 ANOS DE JURISDIÇÃO CONSTITUCIONAL DO MINISTRO DIAS TOFFOLI

ANTONIO CLÁUDIO FERREIRA NETTO

Recebi honroso convite para escrever este artigo em homenagem ao Ministro Dias Toffoli por seus 15 anos de jurisdição constitucional. O convite é motivo de muita satisfação, porque, nesses 15 anos (e mesmo antes deles), tive o prazer de acompanhar a carreira do ministro e suas inúmeras contribuições para a jurisprudência do STF e, em última instância, para o fortalecimento da democracia brasileira. Essas contribuições são notáveis em várias áreas do direito (e não poderiam ser todas elas abordadas neste artigo). No entanto, elas têm relevo especial no campo da defesa das liberdades de informação e expressão, garantias fundamentais previstas no art. 5º da Constituição e esteio de qualquer regime que se pretenda democrático. A elas dedicarei este artigo.

A chegada do Ministro Dias Toffoli ao STF, em fins de 2009, se deu sob os bons auspícios da publicação do acordão da ADPF 130, que julgou inconstitucional Lei de Imprensa da ditadura militar (Lei n. 5.250/1967). Por décadas, aquela norma pairou como uma sombra sobre a sociedade brasileira, intimidando os veículos de comunicação. Ela foi pouco a pouco repudiada pela jurisprudência dos nossos tribunais, até a sentença de morte proferida pelo STF, sob a relatoria do Ministro Ayres Brito, outra figura de referência na matéria. Se inaugurou naquele momento o período de maiores avanços na jurisprudência do Supremo no campo das liberdades de informação e expressão.

Apesar de se encontrar em regime de plena democracia, com um governo eleito por maioria popular e as instituições funcionando adequadamente, a sociedade brasileira no ano de 2009 ainda convivia com muitas ameaças às liberdades de informação e expressão. A legislação inibia as charges e demais conteúdos humorísticos durante o período eleitoral, privando o eleitor brasileiro do acesso ao humor durante as eleições; autoridades públicas lançavam mão de subterfúgios, como a quebra do sigilo telefônico, para tentar violar o sigilo das fontes de matérias jornalísticas; obras biográficas eram interditadas sob o pretexto de proteção de direitos individuais, bloqueando o acesso público a informações que pertencem à coletividade; o estado buscava impor horário para exibição de programas nas emissoras de rádio e televisão, praticando censura prévia e usurpando prerrogativas inerentes ao pátrio poder; se iniciava o insidioso expediente de pressionar veículos de comunicação com a prática hoje conhecida como assédio judicial e, ainda de forma incipiente, um suposto direito ao esquecimento era invocado para impedir que veículos de comunicação divulgassem matérias sobre fatos antigos, privando as novas gerações de informações sobre acontecimentos históricos.

É inegável que desde então a jurisprudência do STF sobre as liberdades de informação e expressão teve enorme avanço. Ainda não vivemos em um ambiente de total segurança para a imprensa. Especialmente nas pequenas comarcas, jornalistas são assediados, agredidos e, por vezes, até mortos por cumprir seu papel de informar. Veículos ainda são vítimas de assédio judicial e sofrem com a imposição de grandes condenações, especialmente nas demandas propostas por lideranças políticas locais, que têm o objetivo inequívoco de intimidar a imprensa; ainda tem lugar a prática nefanda da censura prévia, por meio da proibição judicial de matérias jornalísticas. Mas é necessário reconhecer que houve grande evolução na defesa da liberdade de imprensa, especialmente nos tribunais superiores; e que, quando instados se manifestar, STF, e também o STJ, têm se posicionado frequentemente a favor das liberdades de expressão e informação.

Foram inúmeras as decisões do STF que, desde então, enfrentaram essas importantes e por vezes complexas questões e reafirmaram a opção preferencial do legislador constituinte pela livre circulação de ideias e informações. O ministro Dias Toffoli participou de todas elas, sendo protagonista em algumas. Limitaremos esse artigo a dois processos em que o ministro atuou como relator: as discussões sobre o Direito ao Esquecimento e as sobre a Classificação Indicativa dos programas de rádio e televisão.

Os acórdãos proferidos nesses dois casos abarcam todas os aspectos relevantes da matéria e revelam, sem espaço para dúvidas, a importância das liberdades de expressão e informação para a nossa jovem democracia. Demonstram também o papel central que o STF tem exercido na preservação do regime democrático e a posição de destaque que o Ministro Dias Toffoli vem ocupando nessa jornada cívica.

Limites da classificação indicativa

A primeira das grandes contribuições do ministro Dias Toffoli para a defesa da liberdade de expressão e de acesso à informação que destacaremos nesse artigo é a decisão proferida pelo STF no julgamento da Ação Direta de Inconstitucionalidade 2.404, de relatoria do nosso homenageado, na qual a corte decidiu que a classificação indicativa dos programas de rádio e televisão não pode ter caráter impositivo. Por muitos anos, o ministério da justiça, por meio do departamento de classificação indicativa, pretendeu impor aos veículos de informação a obrigação de obedecer a horários pré-determinados para a exibição de seus programas, sob o fundamento de que tal imposição estava prevista em lei (art. 254 do Estatuto da Criança e do Adolescente) e se destinava a proteger menores de idade de programas nocivos. Invocando a liberdade de expressão, os veículos repudiavam a imposição, reconhecendo tão somente a obrigação de divulgar as informações da classificação indicativa.

Naquela oportunidade, julgando a mencionada ADI, o STF entendeu que a defesa dos menores e adolescentes contra programações inadequadas à sua idade deve ocorrer por meio da divulgação de informações sobre a natureza dos programas, de maneira a permitir que pais e responsáveis decidam a que conteúdos seus filhos podem ter acesso, rechaçando a iniciativa do poder público de impor horários para a divulgação dos programas.

Com base nesse entendimento, a corte declarou a inconstitucionalidade da expressão "em horário diverso do autorizado", contida no art. 254 da Lei n. 8.069/1990 (Estatuto da Criança e do Adolescente), que impunha penalidade administrativas às emissoras de rádio e televisão que divulgassem programas fora do horário determinado pelo ministério da justiça, reforçando assim, a um só tempo, (i) a liberdade de expressão das emissoras, (ii) o direito à informação da sociedade e (iii) as prerrogativas inerentes ao pátrio poder.

> A questão é assim colocada pelo v. acórdão da lavra do Ministro Dias Toffoli:
> A classificação dos produtos audiovisuais busca esclarecer, informar, indicar aos pais a existência de conteúdo inadequado para as crianças e os adolescentes. O exercício da liberdade de programação pelas emissoras impede que a exibição de determinado espetáculo dependa de ação estatal prévia. A submissão ao Ministério da Justiça ocorre, exclusivamente, para que a União exerça sua competência administrativa prevista no inciso XVI do art. 21 da Constituição, qual seja, classificar, para efeito indicativo, as diversões públicas e os programas de rádio e televisão, o que não se confunde com autorização. Entretanto, essa atividade não pode ser confundida com um ato de licença, nem confere poder à União para determinar que a exibição da programação somente se dê nos horários determinados pelo Ministério da Justiça, de forma a caracterizar uma imposição, e não uma recomendação. Não há horário autorizado, mas horário recomendado.

Com extrema sensibilidade, o Ministro Dias Toffoli reconheceu a necessidade de proteção integral dos menores, inclusive contra conteúdos inadequados à sua formação. Sinalizou, no entanto, que a constituição delegou à família o papel de zelar por essa proteção. Isso porque existe uma multiplicidade de perspectivas morais a partir das quais as pessoas julgam os conteúdos audiovisuais a que são submetidos. Nas palavras do ministro:

> Em meu sentir, buscou a Constituição, em última *ratio*, conferir aos pais, como reflexo do exercício do poder familiar, o papel de supervisão efetiva sobre o conteúdo acessível aos filhos, enquanto não plenamente aptos a conviver com os influxos prejudiciais do meio social. Muitos são os fatores que pluralizam as concepções morais e comportamentais das famílias, sejam eles religiosos, econômicos, sociais ou culturais. Firmou-se, porém, como resguardado, o direito dos dirigentes da entidade familiar a seu livre planejamento, respeitados os postulados da dignidade da pessoa humana e da paternidade responsável. Vide:
> "Art. 226. A família, base da sociedade, tem especial proteção do Estado.
> [...]
> §7º - Fundado nos princípios da dignidade da pessoa humana e da paternidade responsável, o planejamento familiar é livre decisão do casal, competindo ao Estado propiciar recursos educacionais e científicos para o exercício desse direito, vedada qualquer forma coercitiva por parte de instituições oficiais ou privadas."

Dessa forma, a classificação dos produtos audiovisuais busca esclarecer, informar, indicar aos pais a existência de conteúdo inadequado para as crianças e os adolescentes. Essa classificação desenvolvida pela União possibilita que os pais, calcados na autoridade do poder familiar, decidam se a criança ou o adolescente pode ou não assistir a determinada programação.

Não passou despercebido do ministro o risco de manter sob monopólio do estado essa atividade tão sensível de classificação dos programas de rádio e televisão, ainda que exclusivamente para efeito indicativo e sem a imposição de horários, uma vez que essas plataformas, por serem abertas e gratuitas, constituem canais quase que exclusivos de acesso à informação e arte para boa parte do povo brasileiro (justamente as camadas mais vulneráveis da população):

> Não há dúvida de que estamos diante de modelo passível de críticas contundentes, sobretudo à luz de um passado não muito distante de censura institucionalizada. Afinal, é o Estado, por meio de agentes burocratas, quem deve estabelecer e executar diretamente a classificação dos programas de rádio e televisão em nome da sociedade?
> Exatamente para evitar esse tipo de intervenção por parte do Estado e promover formas mais avançadas de participação e de exercício da cidadania no exercício desse sistema de classificação, tem sido cada vez mais adotada no direito comparado a sistemática de classificação indicativa calcada na autorregulação e no autocontrole pelas próprias emissoras ou mediante corregulação, a qual combina elementos de autorregulação com os da regulação pública.

Sobre o caráter sensório da imposição de horários por meio da classificação indicativa, o v. acórdão daquela ADI citou ensinamento do ministro Alexandre de Moraes:

> Na precisa definição de Alexandre de Moraes,
> "[a] censura prévia significa o controle, o exame, a necessidade de permissão a que se submete, previamente e com caráter vinculativo, qualquer texto ou programa que pretende ser exibido ao público em geral. O caráter preventivo e vinculante é o traço marcante da censura prévia, sendo a restrição à livre manifestação de pensamento sua finalidade antidemocrática".[1]

Sobre o caráter insidioso da censura e contra a visão paternalista de que a população precisa de tutela para decidir a que conteúdos deve ter acesso, o ministro Dias Toffoli cita ensinamentos do ministro Celso de Melo:

> Como ressaltado pelo Ministro Celso de Mello, em seu voto na ADI nº 392/DF, recitando Hugo Lafayette Black:
> "Não é difícil, a mentes engenhosas, cogitar e inventar meios de fugir até das categóricas proibições da Primeira Emenda [referindo-se a liberdade de expressão da Constituição norte-americana] [...] A censura, mesmo sob o pretexto de proteger o povo contra livros, peças teatrais e filmes julgados obscenos por outras pessoas, demonstra um receio de que o povo não seja capaz de julgar por si [...] Não nos deveríamos jamais esquecer de que a linguagem clara da Constituição reconhece ser a censura inimiga mortal da liberdade e do progresso, e de que a Constituição a proíbe.

Depois de enfatizar que a proibição de qualquer forma de censura, inclusive por meio de imposição de horários para a exibição dos programas, não isenta as emissoras de rádio e televisão de responsabilidade por suas programações, o acórdão conclui:

---

[1] BRASIL. Constituição brasileira interpretada e legislação constitucional. 6. ed. São Paulo: Atlas, 2006. p. 224.

O que não pode persistir, porém, é legislação que, a pretexto de defender valor constitucionalmente consagrado (proteção da criança e do adolescente), acabe por amesquinhar outro tão relevante quanto, como a liberdade de expressão. Não se pode admitir que o instrumento constitucionalmente legítimo da classificação indicativa seja, na prática, concretizado por meio de autorização estatal, mediante a qual se determina de forma cogente a conduta das emissoras no que diz respeito ao horário de sua programação, caracterizando-se como mecanismo de censura e de restrição à liberdade de expressão.

No campo da liberdade de expressão, a decisão do STF, capitaneada pelo ministro Dias Toffoli no julgamento da ADI da classificação indicativa, alinha o Brasil aos países mais desenvolvidos no tratamento dos direitos de crianças e adolescentes. Em uma época em que parece florescer o medo aos livros e, aqui e em outras partes do mundo, pululam iniciativas de cerceamento da liberdade pedagógica em nome de preceitos morais, a decisão representa, a um só tempo, marco e farol, que há de estabelecer limites a futuras tentativas de uso dos direitos de crianças e adolescentes como pretexto para a censura, e jogar luz sobre os caminhos que devem ser seguidos pelos tribunais pátrios em matéria de liberdade de expressão.

Direito ao esquecimento

No início de 2021, o STF se debruçou sobre a complexa questão do direito ao esquecimento e sua relação com a liberdade de informação. Foi no julgamento do Recurso Extraordinário 1.010.606, do Rio de Janeiro. Sob pretexto de que o decurso do tempo lhes garantia o direito de serem esquecidos, familiares da vítima de um rumoroso crime de homicídio, ocorrido há várias décadas, buscaram a condenação de uma emissora de televisão pela divulgação de um programa de natureza jornalística que relatava a história do crime. Não se discutia na ação se o programa jornalístico divulgou fatos verdadeiros: os fatos relevados na matéria já haviam sido fartamente noticiados e eram, portanto, do conhecimento da sociedade. A discussão se limitava ao direito do veículo à divulgação daqueles fatos (e da sociedade a ter acesso aos mesmos), diante do decurso do tempo.

A complexa questão aparentemente colocava em rota de colisão a liberdade de informação e os chamados direitos da personalidade. Sob a segura relatoria do ministro Dias Toffoli, o STF encontrou a melhor solução para o problema, reconhecendo que o decurso do tempo não tem o condão de transformar uma publicação que era lícita em ilícita. Nas palavras do relator:

> O ordenamento jurídico brasileiro possui expressas e pontuais previsões em que se admite, sob condições específicas, o decurso do tempo como razão para supressão de dados ou informações, em circunstâncias que não configuram, todavia, a pretensão ao direito ao esquecimento. Elas se relacionam com o efeito temporal, mas não consagram um direito a que os sujeitos não sejam confrontados quanto às informações do passado, de modo que eventuais notícias sobre esses sujeitos – publicadas ao tempo em que os dados e as informações estiveram acessíveis – não são alcançadas pelo efeito de ocultamento. Elas permanecem passíveis de circulação se os dados nelas contidos tiverem sido, a seu tempo, licitamente obtidos e tratados. Isso porque a passagem do tempo, por si só, não tem o condão de transmutar uma publicação ou um dado nela contido de lícito para ilícito.

Como esclareceu o relator, os fatos jornalísticos em questão haviam sido fartamente noticiados à época dos acontecimentos e ao longo dos anos, com o que passaram a fazer parte da história da sociedade brasileira:

> Constituição Federal garante a livre expressão da atividade de comunicação, independente de censura ou licença, franqueando a obrigação de indenizar apenas quando o uso da imagem ou informações é utilizada para denegrir ou atingir a honra da pessoa retratada, ou ainda, quando essa imagem/nome for utilizada para fins comerciais. Os fatos expostos no programa eram do conhecimento público e, no passado, foram amplamente divulgados pela imprensa. A matéria foi, é discutida e noticiada ao longo dos últimos cinquenta anos.

Com grande sabedoria, o ministro ressaltou a importância de conhecer o passado para depurá-lo, a fim de que os erros cometidos não se repitam:

> O esquecimento não é o caminho salvador para tudo. Muitas vezes é necessário reviver o passado para que as novas gerações fiquem alertadas e repensem alguns procedimentos de conduta do presente.

Reconheceu igualmente o relator que a sociedade padeceu da falta de liberdade por muitos anos durante o regime ditatorial, motivo pelo qual a carta magna, promulgada no alvorecer do regime democrático, é tão enfática em defender as liberdades de informação e expressão:

> A liberdade de expressão é um dos grandes legados da Carta Cidadã, resoluta que foi em romper definitivamente com um capítulo triste de nossa história em que esse direito – dentre tantos outros – foi duramente sonegado ao cidadão. Graças a esse ambiente pleno de liberdade, temos assistido ao contínuo avanço das instituições democráticas do país. Por tudo isso, a liberdade e os direitos dela decorrentes devem ser defendidos e reafirmados firmemente. Nesse cenário, também assume relevância o direito à informação, pois é a partir dela que o cidadão reúne elementos para a formação de opinião e ideias. Não por outra razão, a Constituição Federal de 1988, de conteúdo fortemente democrático, em diversos momentos refere-se à liberdade de expressão, bem como à liberdade de informação.

Naquela oportunidade, o Ministro Dias Toffoli reconheceu a identidade da discussão sobre o direito ao esquecimento com a relacionada às biografias não autorizadas, outra decisão do STF de importância primordial para a liberdade de expressão, que teve como relatora a ministra Carmen Lúcia:

> Nos autos da ADI nº 4.815, esta Corte realizou semelhante ponderação de valores. Debateu-se, como destacou a Relatora, Ministra Cármen Lúcia, "o conteúdo e [a] extensão do exercício do direito constitucional à expressão livre do pensamento, da atividade intelectual, artística e de comunicação dos biógrafos, editores e entidades públicas e privadas veiculadoras de obras biográficas, garantindo-se a liberdade de informar e de ser informado, de um lado, e, do outro, o direito à inviolabilidade da intimidade e da privacidade dos biografados, de seus familiares e de pessoas que com eles conviveram."

E continua o Ministro Dias Toffoli sobre aquela decisão:

> Em seu voto, a eminente Relatora muito bem destacou a posição de proeminência da liberdade de expressão na atualidade, por seu caráter propulsor dos demais direitos fundamentais. Foram suas palavras:
> A atualidade apresenta desafios novos quanto ao exercício desse direito. A multiplicidade dos meios de transmissão da palavra e de qualquer forma de expressão sobre o outro amplia as definições tradicionalmente cogitadas nos ordenamentos jurídicos e impõe novas formas de pensar o direito de expressar o pensamento sem o esvaziamento de outros direitos, como o da intimidade e da privacidade.
> Em toda a história da humanidade, entretanto, o fio condutor de lutas de direitos fundamentais é exatamente a liberdade de expressão.
> Quem, por direito, não é senhor do seu dizer não se pode dizer senhor de qualquer direito.

Bem contextualizada a matéria em debate naqueles autos e os interesses em contraposição, a questão em debate foi apresentada pelo relator com extrema simplicidade e clareza:

> Porque, aqui, o que vejo em discussão é se existe ou não, em nosso ordenamento jurídico-constitucional, o direito ao esquecimento. É a esta pergunta que deve responder: se existe ou não direito ao esquecimento, independentemente da plataforma midiática a que se refira.

Com profunda e erudita fundamentação, a resposta foi igualmente clara e está consubstanciada na tese proposta pelo ministro Dias Toffoli e acolhida pelo tribunal (Tema n. 786):

> É incompatível com a Constituição a ideia de um direito ao esquecimento, assim entendido como o poder de obstar, em razão da passagem do tempo, a divulgação de fatos ou dados verídicos e licitamente obtidos e publicados em meios de comunicação social analógicos ou digitais. Eventuais excessos ou abusos no exercício da liberdade de expressão e de informação devem ser analisados caso a caso, a partir dos parâmetros constitucionais – especialmente os relativos à proteção da honra, da imagem, da privacidade e da personalidade em geral – e das expressas e específicas previsões legais nos âmbitos penal e cível.

Com o reconhecimento de que a constituição não é compatível com um direito que confira a qualquer pessoa a faculdade de impedir a divulgação de informações de interesse coletivo meramente em razão da passagem do tempo, o STF deu um passo importante na defesa do direito ao acesso à informação, reforçando esse pilar essencial da democracia brasileira.

A rejeição do direito ao esquecimento foi a última das grandes decisões do STF no campo da liberdade de expressão e informação. Ela revela uma posição inequívoca do tribunal a favor da livre circulação de informações, sem descuidar dos direitos individuais. Revela também a incalculável contribuição do ministro Dias Toffoli para a garantia dessas liberdades e, por conseguinte, para a democracia brasileira.

Assim, é forçoso reconhecer que a sociedade brasileira deve ao STF, com a valorosa contribuição do Ministro Dias Toffoli, a criação de um robusto sistema de precedentes em defesa das liberdades de informação e expressão, que confere à nossa democracia uma base jurídica sólida para que enfrente os contínuos desafios que se apresentam e continue a se fortalecer e consolidar, com a livre circulação de ideias e informações, pluralidade de pensamentos e visões de mundo e, acima de tudo, respeito ao próximo.

Informação bibliográfica deste texto, conforme a NBR 6023:2018 da Associação Brasileira de Normas Técnicas (ABNT):

NETTO, Antonio Cláudio Ferreira. Homenagem aos 15 anos de jurisdição constitucional do Ministro Dias Toffoli. *In*: MENDES, Gilmar Ferreira; LIRA, Daiane Nogueira de; FREIRE, Alexandre (Coord.). *Constituição, democracia e diálogo*: 15 anos de Jurisdição Constitucional do Ministro Dias Toffoli. 2. ed. Belo Horizonte: Fórum, 2025. p. 211-218. ISBN 978-65-5518-937-7.

A TRAJETÓRIA DO MINISTRO DIAS TOFFOLI E SEUS 15 ANOS DE STF

ANTÔNIO AUGUSTO DE QUEIROZ

Em outubro de 2024, o Ministro José Antônio Dias Toffoli celebra 15 anos de atuação no Supremo Tribunal Federal (STF), uma década e meia de dedicação à defesa do Estado Democrático de Direito, das instituições republicanas e das garantias fundamentais, em suas variadas dimensões. Este artigo presta homenagem à trajetória desse grande homem público, destacando seus principais feitos e contribuições ao País, antes e depois de sua posse como ministro do STF.

Na condição de observador da cena política em Brasília há 40 anos, e de seu amigo, fui convidado a dar um testemunho sobre a contribuição e o papel estratégico exercido por Dias Toffoli na função de Ministro da Suprema Corte de nosso País nesses 15 anos. Não poderia me negar a fazê-lo e o faço contextualizando o processo de ascensão profissional do homenageado e os predicados que são exigidos de um ministro da Suprema Corte, que não se limitam à idade mínima de 35 anos, notável saber jurídico e reputação ilibada. Devem incluir visão sistêmica dos três setores do sistema social: o Estado, o mercado e a sociedade civil, assim como do sistema de freios e contrapesos próprio da divisão das funções dos Poderes – um moderando ou controlando os excessos dos outros – além de equilíbrio emocional e sensibilidade política e social na prática da jurisdição constitucional.

Começo lembrando que na divisão clássica dos Poderes – Legislativo, Executivo e Judiciário – cabe ao Judiciário julgar e resolver conflitos, competindo ao Supremo Tribunal Federal dar a palavra final nas contendas Constitucionais entre instituições ou pessoas. Juiz de Suprema Corte, com tamanha responsabilidade, precisa ter visão sistêmica das três dimensões do Estado (a institucional, a forma como se organiza o sistema de poder; a processual, o modo como as instituições decidem, negociam e resolvem os conflitos; e a causal, o efeito da política pública sobre o sistema político), conhecimento jurídico, bom senso, capacidade e coragem para decidir à luz da Constituição Federal. E Toffoli, apesar de jovem, chegou ao STF com habilidade no manejo dessas ferramentas cruciais para sua missão como ministro da Corte Constitucional.

Nesse aspecto, poucos ministros do STF chegaram à Corte após terem sido testados em cargos de relevo nos Poderes Legislativo e Executivo como José Antônio Dias Toffoli, além de experiência como militante de movimentos sociais, advogado e professor universitário. No Legislativo, foi assessor de gabinete parlamentar na Assembleia Legislativa de São Paulo e na Câmara dos Deputados, tendo sido coordenador jurídico da bancada do PT na Câmara Federal, responsável por instruir a orientação do partido nas deliberações. No Executivo, além de assessor na prefeitura de São Paulo, foi Subchefe para Assuntos Jurídicos da Casa Civil da Presidência da República e Advogado-Geral da União. Como militante, atuou no movimento estudantil e de moradia de São Paulo e, como advogado, no Tribunal Superior Eleitoral em duas eleições presidenciais vitoriosas.

Em todos os cargos que exerceu ou postos que ocupou colocou em prática suas principais características (estudioso, aplicado, criativo, pacificador, audacioso nas propostas e bem-humorado), seu estilo de gestão (conciliador e resolutivo, daqueles que nunca levam problemas para o chefe desacompanhado de solução) e sua marca registrada (formador de equipes multidisciplinares e de elevada capacidade técnica). A humildade para ouvir e cultivar relações é outra dimensão de seu perfil, marcado pela busca de pacificação.

Porém, o exercício de dois cargos, em particular, por sua interface com o Supremo Tribunal Federal (o de Subchefe para Assuntos Jurídicos da Casa Civil da Presidência da República[1] e o de Advogado-Geral da União), mais do que dar ao então advogado José Antônio Dias Toffoli a exata dimensão estratégica do Supremo Tribunal Federal para a paz social, o credenciou a ocupar uma das onze vagas do STF. Assim, ao assumir a cadeira de ministro da Suprema Corte, tinha clareza plena do papel do Estado, tanto nas dimensões de regulador, provedor de bens e serviços públicos, quanto na defesa da soberania nacional, do povo e do território brasileiro.

A título de ilustração do equilíbrio e da visão estratégica nesses cargos, trazemos dois pequenos registos de atuação de Toffoli. O primeiro foi quando estava na Casa Civil, em 2004, por ocasião da edição da medida provisória que deu *status* de ministro ao então presidente do Banco Central, Henrique Meirelles. Havia forte resistência à mudança que deu foro privilegiado a Meirelles,[2] e Toffoli convenceu o governo a promover a mudança como forma de evitar uma crise especulativa no mercado e um pedido de demissão do Presidente do BC depois ter sido alvo de denúncias sobre suposta sonegação de patrimônio. Habilidoso, Toffoli ajudou o governo a resolver muitos problemas.

O outro se refere à Advocacia-Geral da União, quando promoveu transformações significativas no órgão, com destaque para a resolução consensual de conflitos, com fortalecimento da conciliação e a mediação, incluindo a criação da Câmara de Conciliação e Arbitragem; a redução do volume de processos judiciais, a partir da edição de súmulas pacificando a orientação da Administração Pública no contencioso; as parcerias com o Judiciário e outros órgãos; a edição dos pareceres sobre aquisição de terras por estrangeiros e sobre anistia aos servidores e empregados públicos, além de valorização das carreiras da AGU, tanto do ponto de vista remuneratório, quanto de treinamento e

---

[1] Atual Secretaria Especial para Assuntos Jurídicos da Casa Civil da Presidência da República.
[2] Ver em SCHREIBER, Mariana Quem é Dias Toffoli, o polêmico ministro que vai assumir o comando do STF. *BBC News Brasil*, 10 set. 2018. Disponível em: https://www.bbc.com/portuguese/internacional-45470409.

capacitação, transformando-a em carreira de Estado, com forte atuação no consultivo e no contencioso.

A experiência acumulada por Toffoli no mundo político, tanto na dimensão de militante social e estudantil, que pressupõe engajamento, quanto no convívio com detentores de mandatos no Legislativo e no Executivo, que requer capacidade de formulação e gestão, foi outro diferencial em sua trajetória. Esse aprendizado permitiu ao ministro manter-se atualizado por meio dos bons contatos que arregimentou nesse período em diversas áreas, desde políticos, militares, acadêmicos, jornalistas, empresários, lideranças dos movimentos sociais e sindicais, gestores governamentais e organismos internacionais. Isso fez diferença, por exemplo, em sua passagem pela Presidência do Tribunal Superior Eleitoral, quando presidiu as eleições gerais de 2014, e pela Presidência do Supremo Tribunal Federal, cujo legado também será resumido neste pequeno testemunho.

Quanto ao desempenho do gabinete na prestação jurisdicional, as estatísticas não deixam dúvida: alta produtividade, elevada qualidade dos votos e a grande aceitação/aprovação de suas relatorias e divergências. Portanto, a qualidade técnica ou fundamento de seus votos, a produtividade e o índice de aproveitamento – ou a capacidade de formar maioria em torno de suas manifestações nos autos – estão acima da média da corte, conforme atestam as estatísticas do gabinete, do tribunal e dos portais eletrônicos especializados no acompanhamento do Supremo Tribunal Federal.

Uma das críticas que fazem ao ministro é de que ele seria muito aberto ao contato político e que integrantes do Poder Judiciário, que não se submetem ao escrutínio do voto e cujos membros são vitalícios, não deveriam ter contatos no mundo político. Não pode ser partidário, mas acompanhar o que acontece nos outros Poderes e na sociedade é condição indispensável para bem exercer sua missão e tomar as melhores decisões à luz da Constituição e do contexto histórico. Se algum membro da Suprema Corte ficar insulado, mergulhado apenas nos processos, poderá perder o contato com o mundo real e ficar desconectado da realidade, desconsiderando em suas decisões as tendências de futuro (dever-ser) sinalizadas nos enunciados da própria Constituição Federal.

Portanto, se o relacionamento ajuda a ampliar a perspectiva de um juiz da Suprema Corte como indivíduo, quando esse juiz é encarregado da responsabilidade de representação, isso faz toda a diferença. É que na função representativa de chefe do Poder, de Presidente do Conselho Nacional de Justiça, do Tribunal Superior Eleitoral (TSE) ou do Supremo Tribunal Federal, o juiz da Suprema Corte necessariamente terá que interagir com a sociedade, com o Poder Executivo e com o Parlamento. E sem esse convívio, por exemplo, dificilmente o ministro Toffoli teria percebido e tomado as providências necessárias para impedir o desgaste do TSE nas eleições polarizadas de 2014, logo após as jornadas e manifestações populares iniciadas em junho de 2013, quando o candidato presidencial derrotado em segundo turno questionou o resultado da eleição. Sua pronta defesa da lisura do processo eleitoral evitou que o protesto do perdedor ganhasse dimensão maior, preservando a imagem do Tribunal.

No Brasil, a judicialização da política é enorme e compete aos tribunais superiores, especialmente ao Supremo, decidir sobre temas constitucionais complexos e polêmicos, que provocam reações nos outros Poderes e na sociedade. Além disto, há no País uma enorme polarização e fragmentação na sociedade, com a opinião pública sendo construída sem qualquer controle ou mediação, muitas vezes influenciada por algoritmos, levando à formação de maiorias efêmeras ou transitórias, cujas ações e reações podem colocar em risco a paz social, como o quebra-quebra havido em janeiro de 2023. Isso, por si só, já justificaria a necessidade de uma rede de relacionamento dos magistrados da Suprema Corte, sob pena de ficarem alheios ao que ocorre em sua volta.

A sensibilidade política e o equilíbrio emocional são fundamentais, especialmente em decisões que mudam dramaticamente a conjuntura, como a vedação de contribuições eleitorais de pessoas jurídicas e a fidelidade partidária. A calibragem em pautar temas dessa magnitude requer senso de oportunidade e responsabilidade. Entretanto, o tribunal também precisa exercer seu papel contramajoritário, quando o momento o exigir, como ocorreu nos casos das pesquisas sobre células-tronco, aborto/anencefalia, relações homoafetivas, demarcação de terras indígenas, prisão após o trânsito em julgado, combate aos excessos persecutórios de instituições estatais, dentre outros. E decisões dessa magnitude, que o Supremo é chamado a tomar, requerem articulação e mediações, além de leitura acurada da conjuntura.

O apogeu da trajetória de Dias Toffoli se deu no período em que presidiu a Corte Suprema – mas não apenas nesse período – quando teve a clarividência de enxergar os riscos que corria a democracia brasileira e tomou as iniciativas fundamentais para manter a estabilidade institucional, ameaçada por uma onda antissistema, liderada pela extrema direita nacional e internacional, a partir de discurso de ódio e uso de *fake news* para desmoralizar o sistema político e justificar atitudes de força.

Dentre as iniciativas e medidas lideradas por Dias Toffoli, três delas adotadas durante sua presidência no STF foram cruciais para a continuidade da democracia no País: a ideia do pacto entre os Poderes,[3] o combate aos excessos da Lava Jato e a abertura do inquérito no STF sobre *fake news*.

A primeira delas, a costura de um **pacto** entre os Poderes Legislativo, Judiciário e Executivo, dentro da lógica de harmonia e do respeito mútuo entre os Poderes da República, teve a função de evitar a implosão do sistema político, que teria acontecido diante do insulamento do então presidente da República em torno do núcleo autoritário que o cercava. Esse núcleo, em sua maioria, era adepto de medidas de força para constranger as instituições que supostamente dificultavam a implementação do projeto de poder do então Presidente, na visão desse núcleo: o STF, o Congresso e os governos estaduais.

As conversas em torno do pacto,[4] que envolveram os presidentes da República, do Supremo Tribunal Federal e das duas Casas do Congresso – Câmara dos Deputados e Senado Federal – foram providenciais para ganhar tempo até a entrada dos partidos do Centrão para a base de sustentação do governo, fato político que passou a dificultar as ações isoladas de caráter autoritário por parte do entorno do presidente da República,

---

[3] BENITES, Afonso. Pacto entre Poderes, a ideia que une Bolsonaro e Toffoli. *El País*, 27 maio 2019. Disponível em: https://brasil.elpais.com/brasil/2019/05/28/politica/1559000662_221947.html.

[4] QUEIROZ, Antônio Augusto de. O papel de Toffoli, Maia e Alcolumbre na preservação da democracia. *Uol*, 28 abr. 2022. Disponível em: https://congressoemfoco.uol.com.br/area/pais/o-papel-de-toffoli-maia-e-alcolumbre-na-preservacao-da-democracia/.

já que teria que envolver a nova coalizão de apoio, naturalmente contrária a qualquer ato que significasse agressão ao Estado de Direito.

A segunda iniciativa, que envolveu vários julgamentos, estava associada ao combate aos excessos e desvirtuamentos da Operação Lava Jato, que eram praticados a partir de um conluio entre alguns juízes e procuradores do Ministério Público – por meio de lavagem de notícia e de delações forçadas – para produzir provas artificiais contra inimigos políticos. O uso político da operação, que criou as condições para a eleição do Chefe do Poder Executivo e de seu grupo político em 2018, tinha por finalidade desqualificar pessoas e instituições públicas consideradas indesejadas por esses grupos, associando-as à prática de corrupção, independentemente de culpa ou não, viciando o processo judicial.

O combate aos excessos e desvirtuamentos da Lava Jato – embora tenha levado à anulação de decisões corretas, mas adotadas com bases em provas fraudadas – restaurou o devido processo legal, pondo fim a uma prática condenável ética e moralmente, que consistia em utilizar o aparato do Estado para interferir na disputa eleitoral, suspender direitos políticos e prender adversários políticos, como ocorreu com o então ex-presidente Lula,[5] cujos processos foram posteriormente anulados por decisão do STF, com a plena reparação da injustiça praticada.

A terceira medida, outra iniciativa providencial do Ministro Dias Toffoli, foi a instauração do inquérito das *fake news*, destinado a resguardar a instituição Supremo Tribunal Federal, mediante a investigação de ameaças e ofensas a membros da corte e seus familiares. Inicialmente o procedimento foi muito contestado, por supostamente ser uma atribuição exclusiva do Ministério Público e por ele haver designado, sem sorteio, o ministro Alexandre de Moraes para conduzi-lo. Posteriormente houve ratificação de sua legalidade e legitimidade pelo colegiado do STF, bem como o reconhecimento e o apoio do próprio Ministério Público.

Registre-se que as apurações no âmbito do inquérito revelaram não apenas intimidação ao STF, seus membros e familiares, como também a agressão ao sistema democrático e suas instituições, a partir de milícias digitais que espalhavam *fake news* e ódio sobre instituições, autoridades e a ciência, constituindo-se em verdadeira ameaça ao Estado Democrático de Direito. Constatou-se, ainda, que a baderna de 12 de dezembro de 2022 e a tentativa de golpe de 8 de janeiro de 2023 – com a destruição dos Palácios do Planalto, do Congresso e do Supremo – organizadas a partir de um "acampamento" em frente ao quartel-general do Exército, foram alimentadas por um sistema de *fake news* e financiadas por apoiadores do então Presidente para impedir a eleição, a posse e o exercício do mandato do presidente Lula. Essas informações do inquérito estão sendo fundamentais para a identificação, o julgamento e a prisão dos financiadores, dos responsáveis e executores das ações de ataque ao patrimônio público.

A outra iniciativa, um gesto de cidadania consciente e independente do STF, foi o conselho dado ao então Presidente[6] para que não permanecesse em Brasília durante

---

[5] Em decisão posterior, o ministro considerou a prisão do então ex-presidente Lula em 2018 "um dos maiores erros judiciários da história do País".

[6] AMADO, Guilherme; LIMA Bruna. As crises de choro de Bolsonaro no jantar com Toffoli e Fábio Faria. *Metrópoles*, 04 jan. 2023. Disponível em: https://www.metropoles.com/colunas/guilherme-amado/as-crises-de-choro-de-bolsonaro-no-jantar-com-toffoli-e-fabio-faria.

a posse do Presidente eleito, diante da decisão dele de não fazer a transmissão da faixa presidencial. A presença dele poderia incitar seus aliados a cometerem atos de violência ou selvageria. Esse conselho mostrou-se extremamente prudente, pois, mesmo o então Presidente fora do País, oito dias após a posse, houve uma tentativa de golpe. Felizmente, o novo governo já estava empossado – com o apoio das instituições, inclusive do Supremo Tribunal Federal – conseguiu debelar a tentativa de golpe sem qualquer vítima fatal.

Em regimes democráticos, mesmo que os magistrados ajam com calibragem e prudência na resolução da contenda, sempre existirá críticas e incompreensões, por isso os juízes nunca devem julgar influenciados por protestos ou pressão, seja de que natureza for. Devem analisar os processos à luz da justiça, do Direito e da Constituição. Assim, embora não tenha procuração para defender o legado do ministro Dias Toffoli, fiz questão de prestar esse testemunho como um registro histórico, de um lado para reduzir a assimetria de informações sobre os fatos desse período, e, de outro, para fazer justiça a esse brasileiro que, com visão de estadista, contribuiu enormemente e continua contribuindo para evitar retrocessos democráticos e civilizatórios no País.

Por tudo isso, acredito e testemunho que o cidadão José Antônio Dias Toffoli, ao longo de seus 56 anos de idade e 15 anos no Supremo Tribunal Federal, já deu uma grande contribuição para a consolidação da democracia brasileira. No entanto, registro que foi durante sua Presidência no STF que ele deixou seu maior legado político e histórico: uniu a Corte, acelerou os julgamentos, evitou um golpe de Estado e criou as condições para reparar as injustiças, ilegalidades e excessos da Operação Lava Jato, incluindo a libertação e a recuperação dos direitos políticos de Lula. Sua contribuição para a jurisdição constitucional e para a democracia brasileira nesses 15 anos no STF, portanto, parece inquestionável.

Informação bibliográfica deste texto, conforme a NBR 6023:2018 da Associação Brasileira de Normas Técnicas (ABNT):

QUEIROZ, Antônio Augusto de. A trajetória do ministro Dias Toffoli e seus 15 anos de STF. In: MENDES, Gilmar Ferreira; LIRA, Daiane Nogueira de; FREIRE, Alexandre (coord.). *Constituição, democracia e diálogo*: 15 anos de Jurisdição Constitucional do Ministro Dias Toffoli. 2. ed. Belo Horizonte: Fórum, 2025. p. 219-224. ISBN 978-65-5518-937-7.

DIAS TOFFOLI, MEMÓRIAS E MEMÓRIA

ARLINDO CHINAGLIA

Nas páginas que se seguem, buscarei abordar três tópicos. O tópico angular, naturalmente, é o Ministro José Antônio Dias Toffoli, a quem dedico estas memórias institucionais. Tratarei também do ofício do jurista em uma democracia e, ainda, da própria democracia brasileira. Comecemos por ela.

Creio que o processo de redemocratização brasileira, que culminou na promulgação da Constituição de 1988, não tenha sido apenas um processo de transição política, mas de afirmação, construção e consolidação de valores e práticas democráticas, no qual a sociedade civil, os movimentos sociais e uma série de atores desempenharam papéis cruciais na construção de uma nova fase da história nacional.

Esse projeto, que tanto lutamos para concretizar, deve ser defendido todos os dias, não apenas porque a democracia é, sempre, uma obra inacabada, mas também porque a chamada Nova República nunca enfrentou tantos adversários como hoje.

Depois de tudo o que construímos, sabemos que o extremismo golpista não pode ter lugar em nossa sociedade – e de fato não tem, a não ser por tristes e recentes episódios, de pronto rechaçados pelos Poderes da República. Mais uma vez, no entanto, precisamos contar, e agora talvez como nunca, com as convicções e os atores que nos trouxeram até aqui. E isso não apenas para rechaçar retrocessos, mas também para seguir adiante em direção a um horizonte de transformações, buscando um mundo sem miséria, sem ignorância e sem violência.

Há ofícios sem os quais a democracia não pode prosperar. Um deles é o ofício de jurista. E entre os muitos papéis que os juristas podem assumir em uma democracia, ressalto, de início, três fundamentais.

O primeiro deles é o de agente da cidadania, daquele que, com o seu conhecimento técnico, auxilia seus constituídos a alcançar direitos e objetivos legítimos. O segundo é o de arquiteto institucional, que não apenas garante direitos e objetivos, como constrói os caminhos institucionais definidos democraticamente pela sociedade. Por fim, vejo o jurista como aliado das lutas civilizatórias, aquele que garante os direitos pelos quais clamam os movimentos democráticos em suas lutas e reivindicações.

E, nesse momento, os temas que inicialmente coloquei se encontram. Isso porque Dias Toffoli é, antes de tudo, um jurista e, tomados os papéis propostos, é possível dizer que ele exerceu exemplarmente cada um deles e os exerceu para a democracia brasileira. Na década de 1990, como consultor jurídico da Central Única dos Trabalhadores e assessor parlamentar na Assembleia Legislativa e na Câmara dos Deputados, foi um defensor da cidadania e ajudou a viabilizar caminhos e soluções jurídicas que auxiliaram seus representados e bancadas a conquistar direitos e objetivos, sempre visando à realização do projeto de democratização real da sociedade brasileira.

Foi esse um momento de consolidação institucional do movimento sindical, do meu partido, o Partido dos Trabalhadores, dos movimentos de luta pela terra e de diversos outros movimentos e partidos que lutavam para dar concretude aos direitos conquistados na Constituição de 1988 e em outros diplomas legais. Nesse contexto, Dias Toffoli fez parte de uma geração de juristas responsáveis por traduzir em linguagem jurídica as lutas políticas e por direitos.

Peço aqui licença para recorrer também a algumas memórias pessoais, que, entretanto, guardam relação profunda com a Memória coletiva e, sobretudo, com o sentido que atribuo ao papel do jurista na construção da democracia brasileira.

Além de ter conhecido o então advogado das causas populares, convivi também com Toffoli na assessoria da bancada de deputados federais do Partido dos Trabalhadores. Quando, com a sua ajuda, denunciei o chamado "Escândalo do Sivam", lembro que o jovem Toffoli foi ameaçado anonimamente, o que não o fez recuar: ele sabia que se tratava de uma questão republicana da mais alta seriedade e estava seguro de seu papel institucional. Àquela altura, apenas o conhecimento técnico não seria suficiente se não houvesse a firmeza demonstrada pelo então jovem jurista, com quem pude contar para cumprir minha missão.

No Executivo, tive a honra de tê-lo como meu chefe de gabinete quando exerci a função de Secretário de Implementação das Subprefeituras, na Prefeitura de São Paulo. Desse período, lembro-me também de quando fizemos licitação para o recapeamento da Avenida dos Bandeirantes e estabelecemos limites rígidos para que o lucro dos contratados fosse compatível com o melhor aproveitamento do dinheiro público. Houve forte tentativa de tumultuar o processo e boicotar o certame, mas, com valiosos subsídios de Toffoli, o Município acionou a Justiça, que determinou que o trabalho fosse prontamente efetuado.

Mais uma vez, a combinação entre técnica e nosso dever de consciência nos levou a honrar nosso compromisso com a coisa pública. Como esses, muitos outros episódios reforçaram minha admiração por sua capacidade, determinação e coragem. Afinal, é preciso lembrar sempre João Guimarães Rosa: "o que a vida quer da gente é coragem".

Voltemos, no entanto, às memórias institucionais.

Nos anos 2000, já no governo do presidente Lula, Dias Toffoli atuou na subchefia para Assuntos Jurídicos da Casa Civil, onde confirmou a vocação que exerceu em seus primeiros anos. Permaneceu um agente da cidadania, uma vez que também procurou transformar aspirações democráticas em direitos.

Nesta última função foi também um arquiteto institucional, ajudando a desenhar marcos normativos importantes para o desenvolvimento do País. A distinção entre o jurista agente da cidadania e o arquiteto institucional sempre me pareceu significativa porque, ao assumirmos espaços de poder e responsabilidades cada vez maiores, não podemos esquecer que a reivindicação de direitos deve estar sempre acompanhada por um arcabouço institucional adequado para seus financiamentos e conformações legais.

O Brasil viria a conhecer melhor a vocação de arquiteto institucional de Dias Toffoli em 2007, quando foi nomeado pelo presidente Lula Advogado-Geral da União. As memórias mais marcantes que registro desse período, no entanto, têm a ver com o terceiro papel que atribuí anteriormente aos juristas – o de "aliados das lutas civilizatórias". Sua atuação, neste aspecto, foi determinante para garantir conquistas que até hoje definem os termos de alguns dos debates políticos presentes no País. Nesse momento o Brasil enfrentava questões fulcrais, também do ponto de vista jurídico.

Rememoro o caso das pesquisas com células-tronco embrionárias (BRASIL, 2008), quando Toffoli ajudou a redirecionar a discussão no sentido de garantir o avanço do desenvolvimento científico, respeitando as convicções religiosas. Recordo ainda sua defesa da união civil entre pessoas do mesmo sexo (BRASIL, 2011) e da constitucionalidade das cotas raciais (BRASIL, 2012). Tenha-se em conta que, àquela época, essas questões eram bem mais controversas que nos dias atuais.

Deve-se lembrar, ademais, a respeito dos dois primeiros temas, que se está falando de um jurista brasileiro católico, vindo de uma família de tradição religiosa e que, portanto, compreende e respeita a espiritualidade que permeia a sociedade brasileira. Toffoli soube, contudo, agir sempre de acordo com a Constituição e garantir o respeito e a dignidade humana a todos, sem discriminação.

Sua atuação foi também fundamental para garantir o desenho institucional de políticas públicas importantes para o País, como o Programa de Aceleração do Crescimento (PAC), o Fundeb e a demarcação de terras indígenas.

Dado o trabalho que desenvolveu por onde passou, com as características aqui descritas, como jurista agente da cidadania, arquiteto institucional, aliado de lutas civilizatórias e, como manda a Constituição, dotado de notável saber jurídico e reputação ilibada, não foi surpresa que pouco tempo depois o Advogado-Geral da União Dias Toffoli viesse a se tornar Ministro do Supremo Tribunal Federal (STF).

Antes de tecer algumas memórias acerca da atuação de Dias Toffoli como Ministro do STF, no entanto, creio que seja necessário registrar uma inflexão. Em um país como o Brasil, o papel desse tipo de magistrado me parece diferente de qualquer outro. E isso não apenas pelo desenho institucional conferido ao Tribunal pela Constituição de 1988, mas também pelas injunções históricas e estruturais da sociedade brasileira. Assim, ao assumir em 2009 uma cadeira de Ministro do STF, acredito que Toffoli tenha assumido, além dos já citados, um quarto papel de jurista, um quarto papel na construção da democracia brasileira.

Nessa nova e muito importante função, creio que Dias Toffoli tenha continuado sua trajetória de arquiteto institucional, como aponta sua condição de relator de duas Comissões de Juristas – a de Desburocratização e a do Novo Código Eleitoral. Continuou também a ser um aliado das lutas civilizatórias, como comprova sua decisão na ADPF nº 779, quando liderou a corte na declaração da inconstitucionalidade da tese de legítima defesa da honra em crimes de feminicídio e violência contra a mulher (2023).

Há, no entanto, um papel distinto neste ponto de sua história. Nesse contexto, chamo a atenção não somente para o "resultado" de suas decisões enquanto juiz, mas para os sentidos delas, que me parecem guardar uma certa visão de Brasil e, como já dito, do próprio lugar de Toffoli, como juiz, na democracia brasileira. Ao ser explorada, creio que essa visão possa nos aproximar deste quarto papel do jurista que aqui procuro descrever.

Faço menção, por exemplo, à atuação de Dias Toffoli no curso das Ações Diretas de Inconstitucionalidade (ADIs) que discutiram o tema do juiz das garantias (BRASIL, 2023b). Como alguém externo ao Direito, chamou-me atenção, assistindo às discussões no Supremo, a disposição para o debate, a disputa de teses em altíssimo nível e, finalmente, o esforço para a produção de consensos para uma solução jurídica única, que falasse pela Corte. Vi, naquele momento, algo interessante acontecer ali e vi Dias Toffoli como pedra angular daquele processo.

Algo de ordem similar parece ter se dado com a posição do Ministro Dias Toffoli no caso do chamado "Marco Temporal das Terras Indígenas" (BRASIL, 2023c), tema, como se sabe, muito polêmico também no Congresso Nacional. Naquela oportunidade, assim como a maioria do Tribunal, Toffoli defendeu a possibilidade de indenização aos ocupantes de boa-fé daquelas terras, ao mesmo tempo que se manteve firme pelos direitos dos indígenas. Assim, suas certezas jurídicas não significaram insensibilidade às realidades de um Brasil complexo.

Um terceiro exemplo deu-se sob sua presidência no CNJ, quando intermediou um "Observatório Nacional sobre Questões Ambientais, Econômicas e Sociais de Alta Complexidade e Grande Impacto e Repercussão", 88 mil causas do Caso Mariana (desabamento de uma mina da Vale em Minas Gerais).

O que vejo em todas essas situações, muito diferentes entre si? Uma busca por conciliação, pela produção de sínteses, a visão de um país e de situações complexas que clamam por resoluções. Por outro lado, sempre que se fez necessário, seus juízos se mostraram firmes e resolutos na justeza de suas teses. Para tomar exemplos que também acompanhei, lembro-me de uma intervenção sua no curso da ação que discutia, em 2015, o fim do financiamento empresarial das campanhas políticas. Fiz questão, nesse ponto, de recuperar a citação direta:

> Do que se trata, neste julgamento? Do financiamento da democracia. Quem financia a democracia? É o povo ou são os grandes grupos econômicos? É isso que está em jogo. Nada mais, nada menos. Não é financiamento de campanha, não é financiamento de partido político, é sobre quem pode financiar a democracia no Brasil. Quem financia a democracia no Brasil? São as corporações ou a cidadania? É isso que está em jogo. (BRASIL, 2015)

Da mesma forma, no julgamento da ADI nº 6.457, onde se discutia a teratologia de um pretenso "poder moderador" às Forças Armadas, não teve dúvidas em classificar como "verdadeira aberração jurídica" (BRASIL, 2024) tal pretensão, levantada por setores golpistas, minoritários na política e na sociedade brasileira.

Por fim, e de modo determinante, em 2019, já como presidente da Corte, Toffoli abriria inquérito para apurar notícias fraudulentas, incitamento ao fechamento do Tribunal, ameaça de morte e prisão de seus membros. "Página infeliz da nossa história", diria o poeta. E, se como dizia Sobral Pinto, a "advocacia não é profissão para covardes", tampouco o é a toga, que nesse momento Dias Toffoli soube honrar como poucos.

Sob pressões e críticas, a atitude corajosa do Ministro Toffoli só poderia ser dimensionada em sua inteireza se tivéssemos o poder de visualizar todos os contrafactuais da história. O fato é que criminosos, golpistas, caluniadores e bandidos foram enfrentados à altura, por uma Corte que estava pronta para se defender.

A iniciativa de Toffoli, até hoje alvo de polêmicas jurídicas, foi validada posteriormente pela maioria do STF na chamada Arguição de Descumprimento de Preceito Fundamental (ADPF) nº 572, e o referido inquérito foi devidamente acompanhado pelo Ministério Público Federal, tendo ambas as instituições reconhecido como legítima a defesa contra ameaças que atentavam contra os Poderes instituídos, contra o Estado de Direito e contra a Democracia (BRASIL, 2020).

Dias Toffoli, dessa maneira, tanto do ponto de vista doutrinário quanto do ponto de vista administrativo, promoveu a autodefesa das instituições democráticas, listando os ataques, as ameaças e as mentiras que se abateram sobre a democracia brasileira, de maneira geral, e sobre o STF, de maneira particular e tomando todas as providências necessárias e à altura do momento histórico.

Qual seria, então afinal, depois de todos esses exemplos, o quarto papel do jurista em uma democracia? Creio que seja justamente o do jurista que, por meio da construção de pontes ou promoção de defesas, atua contra a disseminação do arbítrio e, mais uma vez, creio que Dias Toffoli tenha desempenhado um papel importante na democracia brasileira.

Assim, vistos todos os exemplos aqui rememorados, talvez a forma mais precisa de descrever Toffoli seja apresentá-lo como conciliador, ousado e resoluto em suas posições. O aparente oximoro se resolve quando pensamos, ao rever as memórias evocadas nestas páginas, que o espírito de construção de pontes buscado por Toffoli sempre visou a fins muito bem estabelecidos, relacionados à democracia e ao desenvolvimento brasileiro. Quando enfrentou situações graves, como mostra o último exemplo, manteve-se inabalável em suas posições. Seu "espírito de concórdia", longe de ser sinal de fragilidade, é a tradução de uma personalidade voltada para a conexão entre pessoas, a transformação da realidade e a permanente defesa da justiça e do Direito.

Haverá erros nesse caminho? Onde quer que haja humanidade, eles existem. Haverá discordâncias entre este que escreve e o personagem aqui descrito? Certamente. Mas da colagem dessas fotografias que aqui ofereço, forma-se um filme marcante sobre um jurista que, ao desempenhar tantos papéis, pode dizer que suas memórias – ou as memórias que outros guardam dele – fazem parte da própria Memória coletiva da democracia brasileira.

José Antônio Dias Toffoli já é, portanto, uma figura histórica para a democracia brasileira. Os anos se encarregarão de acrescentar outros tantos fragmentos que misturarão memórias à Memória, oferecendo ao presente e ao futuro experiências e uma vocação a serviço de um projeto inacabado chamado Brasil.

Referências

BRASIL. Supremo Tribunal Federal. *Ação Direta de Inconstitucionalidade nº 3.510*, Distrito Federal. Relator: Min. Ayres Britto. Julgado em 29 de maio de 2008. Brasília: Dje, 2008.

BRASIL. Supremo Tribunal Federal. *Arguição de Descumprimento de Preceito Fundamental nº 132*, Distrito Federal e Ação Direta de Inconstitucionalidade nº 4277, Distrito Federal. Relator: Min. Ayres Britto. Julgado em 5 de maio de 2011. Brasília: Dje, 2011.

BRASIL. Supremo Tribunal Federal. *Arguição de Descumprimento de Preceito Fundamental nº 186*, Distrito Federal. Relator: Min. Ricardo Lewandowski. Julgado em 26 de abril de 2012. Brasília: Dje, 2012.

BRASIL. Supremo Tribunal Federal. *Ação Direta de Inconstitucionalidade nº 4.650*, Distrito Federal. Relator: Min. Luiz Fux. Julgado em 17 de setembro de 2015. Brasília, Dje, 2015.

BRASIL. Supremo Tribunal Federal. *Arguição de Descumprimento de Preceito Fundamental nº 572*, Distrito Federal. Relator: Min. Edson Fachin. Julgado em 18 de junho de 2020. Brasília: Dje, 2020.

BRASIL. Supremo Tribunal Federal. *Arguição de Descumprimento de Preceito Fundamental nº 779*, Distrito Federal. Relator: Min. Dias Toffoli. Julgado em 1º de agosto de 2023. Brasília, Dje, 2023.

BRASIL. Supremo Tribunal Federal. *Ações Diretas de Inconstitucionalidade nº 6.298*, 6299, 6300 e 6305, Distrito Federal. Relator: Min. Luiz Fux. Julgado em 24 de agosto de 2023. Brasília: Dje, 2023b.

BRASIL. Supremo Tribunal Federal. *Recurso Extraordinário nº 1.017.365*, Santa Catarina. Relator: Min. Edson Fachin. Julgado em 27 de setembro de 2023. Brasília: Dje, 2023c.

BRASIL. Supremo Tribunal Federal. *Ação Direta de Inconstitucionalidade nº 6.457*, Distrito Federal. Relator: Min. Luiz Fux. Julgado em 09 de abril de 2024. Brasília: Dje, 2024.

Informação bibliográfica deste texto, conforme a NBR 6023:2018 da Associação Brasileira de Normas Técnicas (ABNT):

CHINAGLIA, Arlindo. Dias Toffoli, memórias e Memória. *In*: MENDES, Gilmar Ferreira; LIRA, Daiane Nogueira de; FREIRE, Alexandre (coord.). *Constituição, democracia e diálogo*: 15 anos de Jurisdição Constitucional do Ministro Dias Toffoli. 2. ed. Belo Horizonte: Fórum, 2025. p. 225-230. ISBN 978-65-5518-937-7.

MINISTRO DIAS TOFFOLI: LIÇÕES DE ATUAÇÃO JUDICANTE

ARNALDO VERSIANI

Falar sobre os 15 anos de jurisdição constitucional do Ministro Dias Toffoli do Supremo Tribunal Federal (STF), apesar de prazeroso, é tarefa árdua.

Dada a envergadura do Ministro Dias Toffoli na história constitucional de nossa democracia recente, há inúmeras decisões e manifestações, proferidas desde 23 de outubro de 2009 – data em que tomou posse no cargo de Ministro do Supremo Tribunal Federal –, que mudaram a realidade democrática do País.

Esse é o caso do julgamento do Recurso Especial Eleitoral nº 784-32 em 2010, de que fui relator perante o Tribunal Superior Eleitoral, no qual se discutiu a interpretação da nova redação do §3º do artigo 10 da Lei nº 9.504/1997 (Lei das Eleições),[1] que estabelece a cota de gênero nas candidaturas eleitorais.

Inicialmente, acompanhando o entendimento do Tribunal à época, pronunciei-me pela aptidão do partido político em voga para concorrer às eleições proporcionais, mesmo sem atender taxativamente à citada regra de cota de gênero naquele pleito de 2010, nestes termos:

> Em que pese a imperatividade do novo verbo adotado na nova redação do dispositivo legal, tenho que realmente não há como se estabelecer inexorável obrigatoriedade de atendimento de percentuais mínimo e máximo para cada sexo.
> Creio que, como dito, deve ser mantida a jurisprudência do Tribunal quanto à impossibilidade de o partido ou coligação não poder preencher o número de vagas destinado às mulheres com candidatura de homens, se inexistentes candidatos do sexo feminino.[2]

Ocorre que, após debates em sessão e o voto-vista do Ministro Dias Toffoli, me convenci de que o recurso deveria ser provido, em virtude da nova redação dada à legislação eleitoral.

---

[1] Art. 10 §3º: "Do número de vagas resultante das regras previstas neste artigo, cada partido ou coligação preencherá o mínimo de 30% (trinta por cento) e o máximo de 70% (setenta por cento) para candidaturas de cada sexo" (redação dada pela Lei nº 12.034, de 2009).

[2] P. 7, rel. Min. Arnaldo Versiani, REspE nº 784-32.2010.6.14.0000/PA.

De fato, acabei por firmar a convicção da obrigatoriedade do atendimento aos percentuais mínimo e máximo de cada sexo, na forma daquela alteração legislativa, a qual substituiu a locução anterior "deverá reservar" por "preencherá" o mínimo de 30% (trinta por cento) e o máximo de 70% (setenta por cento) para candidaturas de cada sexo, o que demonstrou o caráter imperativo do preceito.

Em seu voto-vista, o Ministro Dias Toffoli, ainda, argumentou que a cota de gênero traduz concretização das normas constitucionais de igualdade de gênero, que visa a assegurar espaço mínimo de participação de mulheres na vida política do País, em ambiente majoritariamente controlado pelos homens, como se colhe do seguinte trecho:

> [...] Em relação às mulheres, a chamada cota de gênero é apenas uma iniciativa, de entre tantas outras necessárias, para a concreção efetiva do princípio da igualdade entre homens e mulheres (artigo 5º, inciso 1, CF/1988), cuja aplicabilidade vai além do mero reconhecimento formal dessa isonomia. A Constituição, em diversos pontos, imprime a marca do direito promocional nas relações de gênero, quando reserva espaços jurídicos definidos para a mulher ou mesmo dá estímulos à sua participação nos meios econômicos e sociais.[3]

A nova interpretação garantiu a eficácia desse objetivo, evitando que frações sejam desprezadas e que a proporção mínima de candidaturas femininas seja assegurada e que, mesmo que o Tribunal Superior Eleitoral considerasse a norma como pragmática, se deveria interpretá-la à luz dos fins sociais e da garantia de participação plural e igualitária, conforme a Lei de Introdução ao Código Civil (LICC).

Logo, para que se desse coerção no cumprimento do preceito legal, deveria ser rejeitado o registro das candidaturas partidárias que não respeitassem os percentuais legais mínimos, permitindo ainda que partidos pudessem substituir os candidatos após o termo final do prazo do registro nesses casos.

Desse modo, o voto-vista do Ministro Dias Toffoli reforça a importância das medidas afirmativas e promocionais para a igualdade de gênero no processo eleitoral, estabelecendo precedente expressivo para a interpretação e aplicação das cotas de gênero nas eleições brasileiras, com este raciocínio:

A mudança veio para explicitar e não abrir margem para questionamentos sobre a proporção das vagas efetivas. Recordando as velhas lições gramaticais, observo que o verbo define a ação. E entre preencher e reservar há longa distância, notável diferença e inegável alteração do núcleo da oração regida.

O legislador pretendeu assegurar o paritetismo entre os gêneros nas disputas eleitorais. E essa igualdade dá-se pelo equilíbrio entre forças desiguais, a igualação entre partes que são materialmente assimétricas. O percentual mínimo de mulheres foi o modo encontrado pelo novo §3º para dar eficácia a esse objetivo social da norma.

Se for utilizada a proporção virtual e não a proporção real, estar-se-á abrindo as portas para a burla à lei, a prevalência de técnicas conducentes a contornar o fim social imaginado pelo legislador. Em suma, os percentuais devem ter por base de cálculo as candidaturas efetivamente lançadas e não um universo matemático abstrato e virtual.[4]

---

[3] P. 21, REspE nº 784-32.2010.6.14.0000/PA.
[4] P. 24, REspE nº 784-32.2010.6.14.0000/PA.

O Ministro Dias Toffoli também proferiu voto significativo no julgamento da Ação Direta de Inconstitucionalidade (ADI) nº 5.311, ajuizada contra a denominada cláusula de barreira, prevista no art. 2º da Lei nº 13.107, de 2015, que deu nova redação ao §1º do art. 7º e ao §9º do art. 29, ambos da Lei nº 9.096/1995 (Lei dos Partidos Políticos), a qual atribuiu mais rigor à formação de novas legendas partidárias, seja mediante criação de novo partido, seja mediante fusão ou incorporação de partidos preexistentes.

No voto, o Ministro Dias Toffoli relembra a digressão histórica realizada no julgamento da ADI nº 4.430, em que ficou demonstrada a enorme dificuldade de surgimento e fortalecimento dos partidos nacionais, diante da inegável força das autoridades locais, como se vê a seguir:

> Procurava-se, então, estimular a mentalidade partidária nacional, impondo a criação de partidos em bases nacionais (LEAL, Victor Nunes. *op. cit.*, p. 262). Buscava-se, com isso, diminuir a força das elites regionais, afastando-se, juntamente com os partidos estaduais, a sombra das disputas locais e a possibilidade de captura do poder central por partido de caráter (interesse) fracionário.
> Inegavelmente, a ausência de representatividade histórica dos partidos políticos brasileiros e o permanente debate sobre a contraposição entre a unidade nacional e a força das elites locais refletem no próprio desenvolvimento do sistema de representação proporcional brasileiro. O fato de não se conhecer um verdadeiro sistema partidário de âmbito nacional (presente o mundo real), embora necessário para assegurar a unidade da Nação, e de se ter, primordialmente, uma base eleitoral regional revela a necessidade de se conferir, embora adotando o sistema proporcional, representação às elites locais, por intermédio do voto uninominal em circunscrição que coincide com os estados da federação.[5]

Daí, portanto, resultou-se no sistema eleitoral brasileiro de representação proporcional de lista aberta em que se perpetuam a personalização do voto e o enfraquecimento dos partidos políticos.

A Constituição de 1988, não obstante, prestigiando os valores da soberania popular, do regime democrático, do pluripartidarismo e dos direitos fundamentais da pessoa humana, estabeleceu, em seu art. 17, *caput*, ser "livre a criação, fusão, incorporação e extinção de partidos políticos".

Ocorre que a regulamentação desse dispositivo constitucional pela Lei das Eleições exigia somente a comprovação do apoiamento dos eleitores correspondente a no mínimo meio por cento dos votos dados na última eleição geral para a Câmara dos Deputados.

E a nova regulamentação tornou mais rigoroso o procedimento para a criação de novos partidos, tendo em vista que à época do julgamento existia um total de 35 partidos políticos, sendo que 28 partidos políticos, nas eleições de 2014, alcançaram cadeiras na Câmara dos Deputados.

Assim, a proliferação excessiva de partidos fragmentou sobremaneira o poder legislativo e dificultou a formação de coalizões estáveis e eficientes, o que prejudicou a governabilidade, gerando instabilidade institucional, dada a permissão para que coalizões sejam formadas e desfeitas de acordo com interesses pontuais ou até mesmo casuísticos.

---

[5] Inteiro Teor do Acórdão – p. 74 de 93, ADI nº 5.311/DF, rel. Min. Cármen Lúcia.

Esse cenário, porém, desvirtua o papel dos partidos políticos, por se transformarem em meros intermediários do exercício dos mandatos e de composição de governo, ao invés de veicular suas ideologias e projetos políticos.

Por outro lado, ainda que seja diagnosticada eventual proliferação de agremiações partidárias, o Ministro Dias Toffoli entendeu que qualquer tentativa de conter a disseminação da atuação dos entes plurais deve ter fundamento na matriz constitucional da matéria, que corresponde ao art. 17 da Carta Federal.

Isso decorre da circunstância de que os partidos políticos são os principais entes pluralistas, pois são eles os entes capazes de viabilizar o aporte de ideais plurais no processo eleitoral, razão pela qual a imperiosa necessidade do pluripartidarismo e do estímulo constitucional à formação e ao desenvolvimento das agremiações partidárias como sujeitos do processo eleitoral, a saber:

> Com efeito, na atualidade, são os partidos políticos os principais entes pluralistas. Consectárias diretas do pluralismo, as agremiações partidárias constituem fundamento próprio da República Federativa do Brasil, conforme inscrito no art. 1º, V, da Lei Fundamental. Na sempre clássica lição de Giovanni Sartori, o pluralismo político 'indica uma diversificação do poder e, mais precisamente, a existência de uma pluralidade de grupos que são ao mesmo tempo independentes e não-inclusivos' (Partidos e sistema partidários. Ed. Brasileira. Rio de Janeiro: Zahar; Brasília: Universidade de Brasília, 1982. p. 34).[6]

Entender, então, pelo aumento de condicionantes exigíveis para a criação e difusão de entes partidários, como a ausência de filiação partidária para o apoiamento e o critério do caráter nacional da nova legenda, violaria os princípios eleitorais estabelecidos na Constituição.

Também considerou o Ministro Dias Toffoli não ser razoável a exigência de que, para ocorrer a fusão ou incorporação de partidos políticos, esses devem ter obtido o registro definitivo há pelo menos 5 anos pelo Tribunal Superior Eleitoral, conforme se extrai de seu voto:

> No entanto, tais mecanismos não podem implicar a supressão, ainda que temporária, da liberdade inserta no art. 17, *caput*, da Constituição, segundo o qual é 'livre a criação, fusão, incorporação e extinção dos partidos políticos'. [...]
> A norma em tela não apenas cria um requisito que torna mais rigorosos os atos de fusão e a incorporação de partidos. Ela efetivamente veda a prática desses atos pelo extenso período de 5 (cinco) anos, a meu ver, em clara e evidente burla ao art. 17, *caput*, da Constituição Federal. O preceito impugnado manifestamente suprime, ainda que por prazo determinado, um direito que é um dos pilares do regime constitucional dos partidos políticos, o que evidencia a gravidade da ofensa à Constituição perpetrada pela norma.[7]

Dessa forma, apesar de ser voto vencido na ADI nº 5.311, o Ministro Dias Toffoli escolheu defender os ditames constitucionais mais relevantes para a liberdade de criação de partidos políticos, tais como a soberania nacional, o regime democrático, o pluripartidarismo, os direitos fundamentais da pessoa humana e o caráter nacional.

---

[6] Inteiro Teor do Acórdão – p. 76-77 de 93, ADI nº 5.311/DF, rel. Min. Cármen Lúcia.
[7] Inteiro Teor do Acórdão – p. 89 e 90 de 93, ADI nº 5.311/DF, rel. Min. Cármen Lúcia.

Sua atuação com dedicação e compromisso com a justiça tem sido fundamental para a manutenção do Estado de Direito e para a promoção da equidade em nossa sociedade.

Não foi diferente enquanto ocupou a cadeira de Presidente do Supremo Tribunal Federal.

O Ministro Dias Toffoli sempre procurou agir como guardião dos princípios que sustentam a nossa Constituição e os direitos fundamentais de cada cidadão, atuando com coragem, conhecimento jurídico e sensibilidade para as implicações humanas de suas decisões.

Determinou, por exemplo, a abertura do Inquérito nº 4.781, visando a investigar e a combater a disseminação de notícias falsas, ameaças e ofensas contra ministros do Supremo Tribunal Federal e seus familiares.

O Plenário do Supremo Tribunal Federal declarou a legalidade e a constitucionalidade do inquérito, em cuja ocasião, o então Presidente, o Ministro Dias Toffoli, afirmou que o Tribunal e seus ministros sofriam ataques e eram ameaçados por milícias digitais que buscavam atingir a instituição e o Estado Democrático de Direito.

Deixou claro, ainda, que o objetivo do inquérito não era apurar críticas ou meras discordâncias a respeito de decisões do Supremo Tribunal Federal, feitas no legítimo exercício da liberdade de expressão.

Em seu voto na Arguição de Descumprimento de Preceito Fundamental (ADPF) nº 572, pontuou o Ministro Dias Toffoli que considerava a expressão notícias fraudulentas mais adequada do que a popular, por melhor exprimir a ideia de utilização de artifício ou ardil para se obter vantagem específica e indevida, aptas a ludibriar o receptor, influenciando seu comportamento e visão do mundo.

A despeito das críticas, a abertura do inquérito foi medida necessária para proteger a integridade das instituições democráticas contra ataques coordenados e sistemáticos que minavam a própria credibilidade da justiça brasileira.

É inegável que a ação do Ministro Dias Toffoli trouxe à tona a importância de enfrentar a desinformação e as ameaças diretas à democracia de forma institucional.

Ao instaurar o inquérito, o Ministro Dias Toffoli enviou mensagem clara de que o Supremo Tribunal Federal não se deixaria intimidar por ataques que buscavam enfraquecê-lo e afetar o funcionamento do Estado Democrático de Direito.

O relator do inquérito, o Ministro Alexandre de Moraes, concluiu que as provas colhidas e os laudos técnicos ali apresentados apontaram para a existência de associação criminosa dedicada à disseminação de notícias falsas, ataques ofensivos a diversas pessoas, a autoridades e a instituições, entre elas o Supremo Tribunal Federal, com flagrante conteúdo de ódio, subversão da ordem e incentivo à quebra da normalidade institucional e democrática.

Destacou, ainda, que as investigações também indicaram que toda essa estrutura, aparentemente, estaria sendo financiada por empresários que, com atuação de maneira velada, fornecem recursos das mais variadas formas para os integrantes dessa organização, inclusive impulsionando vídeos e materiais com ofensas e notícias falsas com o objetivo de desestabilizar as instituições democráticas.

Mencionou, também, que relatórios técnicos constataram a existência de mecanismo coordenado de criação, divulgação e disseminação de notícias ofensivas e fraudulentas por intermédio de publicações em redes sociais, atingindo público diário de milhões de pessoas.

Em outras palavras, o Ministro Dias Toffoli, como Presidente do Supremo Tribunal Federal, agindo mais uma vez com coragem, firmeza e serenidade e com o propósito de proteger as instituições, determinou a abertura de inquérito que se mostrou extremamente necessário para resguardar o Estado Democrático de Direito.

Com a sensibilidade de bom juiz, não deixou o Poder Judiciário perder a confiança da sociedade em suas instituições, mantendo íntegros os valores ético-jurídicos da República.

O Supremo Tribunal Federal, impulsionado pela abertura do inquérito, sob a Presidência do Ministro Dias Toffoli, cumpriu bem o papel de guardião da Constituição, agindo com isenção e com respeito aos direitos e garantias individuais, para restaurar a integridade das ordens jurídicas violadas.

O inquérito também investigou a organização e o financiamento de manifestações antidemocráticas que pediam o fechamento do Supremo Tribunal Federal e do Congresso Nacional, além de intervenção militar. Esses atos foram considerados graves ameaças à ordem democrática e à separação dos Poderes.

Incluiu-se, ainda, a investigação de parlamentares e empresários que estavam envolvidos na disseminação de notícias falsas e no financiamento de atos antidemocráticos.

Destarte, na condução do Inquérito nº 4.781, o Supremo Tribunal Federal tem atuado para proteger a democracia brasileira, investigando e responsabilizando aqueles que buscam minar a confiança nas instituições democráticas e ameaçar a segurança de seus representantes.

Ao encarar essas ameaças de forma robusta e institucional, motivado pelo então Presidente Ministro Dias Toffoli, o Supremo Tribunal Federal reafirmou o seu papel essencial na manutenção da ordem democrática.

O enfrentamento da questão demonstrou que as práticas delituosas cometidas não podem ser admitidas nem sequer toleradas, pois, além de afetarem a estabilidade e a segurança da sociedade, especialmente quando é perpetrada, como destacou o relator do inquérito, por intermédio de organizações criminosas, enfraquecem as instituições, corrompem os valores da democracia e da justiça e comprometem a própria sustentabilidade do Estado Democrático de Direito.

Na qualidade de Presidente do Supremo Tribunal Federal, o Ministro Dias Toffoli, ao verificar que o direito sagrado de liberdade de expressão e pluralismo estava sendo utilizado para cometimento de crimes gravíssimos, e somente após constatar a "inércia ou a complacência daqueles que deveriam adotar medidas para evitar o aumento do número e da intensidade de tais ataques", instaurou o inquérito exercendo prerrogativa institucional que se tornou necessária em razão da escalada de agressões cometidas contra o Tribunal.

Cumpriu rigorosamente o art. 13, inciso I, do Regimento Interno do Supremo Tribunal Federal, que comete ao Presidente a atribuição de velar pelas prerrogativas do Tribunal.

O Ministro Dias Toffoli não apenas velou pela integridade e prerrogativa do Tribunal, como também protegeu o Estado de Direito enquanto ocupou a cadeira de Presidente.

Honrou assim o compromisso prestado, quando assumiu a Presidência do Supremo Tribunal Federal, de manter, defender e cumprir a Constituição, observar as leis, promover o bem geral do povo brasileiro, sustentar a união, a integridade e a independência do Brasil.

Durante o seu mandato como Presidente do Supremo Tribunal Federal, de setembro de 2018 a setembro de 2020, o Ministro Dias Toffoli desempenhou papel relevante e significativo em diversas frentes, buscando promover a estabilidade institucional, a harmonia entre os Poderes e a eficiência do Judiciário.

Outro julgamento importante que teve a participação destacada do Ministro Dias Toffoli foi na ADI nº 4.650, que resultou na proibição do financiamento empresarial de campanhas eleitorais no Brasil.

Em seu voto, o Ministro Dias Toffoli demonstrou preocupação com os efeitos do financiamento empresarial no sistema eleitoral brasileiro. Ressaltou que a prática de doações de empresas a campanhas políticas vinha sendo um dos principais vetores de corrupção e de desequilíbrio nas eleições.

Reconheceu que o financiamento empresarial poderia levar a espécie de "captura" dos eleitos por interesses privados, distorcendo o princípio republicano da soberania popular. Salientou que o sistema eleitoral deve refletir a vontade do povo e não ser influenciado por interesses econômicos específicos.

Afirmou que o financiamento de campanhas eleitorais por pessoas jurídicas caracteriza evidente influência do poder econômico sobre as eleições, expressamente vedada no art. 14, §9º, da Constituição Federal.

No voto, o Ministro Dias Toffoli ponderou ser inegável que os candidatos, os partidos políticos e as coligações com maior capacidade de arrecadar recursos junto aos grupos de interesse com maior poder econômico têm aumentadas as probabilidades de se sagrarem vitoriosos nas eleições.

Para o Ministro Dias Toffoli, a intensa participação das pessoas jurídicas no financiamento das campanhas eleitorais acaba por apequenar a participação da própria cidadania na disputa. Trouxe dados a demonstrar que as campanhas, especialmente as nacionais e as estaduais, eram quase que totalmente custeadas por contribuições de empresas, sendo, em geral, ínfima a participação das contribuições individuais nesses processos. É o cidadão, entretanto, a figura central do processo eleitoral, e não os grupos econômicos.

O Ministro Dias Toffoli fez referência a princípios constitucionais fundamentais, como igualdade de chances entre os candidatos e a moralidade pública. Argumentou que o financiamento empresarial de campanhas violava esses princípios ao criar desigualdade estrutural no processo eleitoral, favorecendo aqueles candidatos que possuíam maior acesso a recursos financeiros privados.

Também abordou o princípio da impessoalidade, destacando que o financiamento empresarial criava relação direta entre os doadores e candidatos, o que poderia comprometer a independência dos eleitos e influenciar suas decisões em favor dos interesses das empresas financiadoras.

O Ministro Dias Toffoli observou que a proibição do financiamento empresarial seria medida crucial para aumentar a transparência e reduzir os riscos de corrupção no processo eleitoral. Afirmou que a medida ajudaria a criar ambiente mais equilibrado, onde os candidatos despendessem menos de grandes doações privadas e mais de contribuições de pessoas físicas e do financiamento público, e concluiu:

> Enfim, não se pode medir o exercício da cidadania e a participação de eleitores e dos candidatos no processo eleitoral com base na capacidade financeira de cada um deles. Todos os cidadãos, no processo eleitoral, têm o mesmo valor. No exercício da cidadania, todos – ricos, pobres, de qualquer raça, opção sexual, credo – são formal e materialmente iguais entre si, o que impede que se retire dos eleitores e candidatos a possibilidade de igual participação no pleito eleitoral.[8]

O voto do Ministro Dias Toffoli na ADI nº 4.650 foi crucial para a formação da maioria que decidiu pela inconstitucionalidade do financiamento empresarial de campanhas eleitorais. Sua análise aprofundada dos princípios constitucionais e dos impactos práticos do financiamento privado trouxe clareza e fundamento à decisão do Supremo Tribunal Federal.

A posição do Ministro Dias Toffoli reforçou a necessidade de sistema eleitoral que promova a igualdade de oportunidades, a transparência e a integridade, consolidando importante avanço na busca por processo democrático mais justo e equilibrado.

Que assim continue a profícua atuação e jurisdição do Ministro Dias Toffoli por mais tantos anos.

Informação bibliográfica deste texto, conforme a NBR 6023:2018 da Associação Brasileira de Normas Técnicas (ABNT):

VERSIANI, Arnaldo. Ministro Dias Toffoli: lições de atuação judicante. In: MENDES, Gilmar Ferreira; LIRA, Daiane Nogueira de; FREIRE, Alexandre (coord.). *Constituição, democracia e diálogo*: 15 anos de Jurisdição Constitucional do Ministro Dias Toffoli. 2. ed. Belo Horizonte: Fórum, 2025. p. 231-238. ISBN 978-65-5518-937-7.

---

[8] Inteiro Teor do Acórdão – p. 95 de 355, ADI nº 4.650/DF, rel. Min. Luiz Fux.

A IMPORTÂNCIA DA JUSTIÇA MILITAR NO BRASIL, UM ÓRGÃO DO PODER JUDICIÁRIO

ARTUR VIDIGAL DE OLIVEIRA

A Justiça Militar da União é um importante órgão para o povo brasileiro, em especial para a democracia brasileira, em razão das características desta justiça especializada, que dão o aporte necessário para que tenhamos Forças Armadas organizadas, disciplinadas e hierarquizadas, prontas para atuar na defesa do nosso País, seja em conflitos armados, na proteção da nossa soberania, seja em momento de paz, quando atua nas missões da Organização das Nações Unidas – ONU, ou ainda internamente, quando os órgãos de segurança pública se tornam frágeis diante de conflitos armados internos e diante do poderio bélico de criminosos.

Esse aporte se faz presente pela presteza, independência, especialização e comprometimento com a legislação, na sua grande parte penal e processual penal militar, pelos julgados do Supremo Tribunal Federal na interpretação e aplicação dos preceitos previstos na Constituição Brasileira, valendo destacar a preciosa contribuição do Ministro Dias Toffoli, que, nos julgamentos proferidos, tem contribuído no aperfeiçoamento da Justiça Militar.

A Justiça Militar da União teve origem na primeira Corte Superior de Justiça instalada no Brasil, logo após a vinda de D. João VI e a família real portuguesa para o Brasil, através do alvará datado de 1º de abril de 1808, que criou o Conselho Supremo Militar e de Justiça.

Já naquele momento, o Imperador do Brasil destacava a necessidade e a importância de uma Justiça Especializada Militar, afirmando:

> [...] que tudo quanto respeita á boa ordem e regularidade da disciplina militar, economia e regulamento das minhas forças tanto de terra, como de mar, se mantenha no melhor estado, porque delle depende a energia e conservação das mesmas forças que seguram a tranquilidade e defeza dos meus Estados [...] *a fim de que se terminem os processos quanto antes, e com a regularidade e exactidão que convem, para obviar e remover estes e outros inconvenientes* [...] (g. n.)

Vale evidenciar que a Justiça Militar se fez presente em todas as Constituições do Brasil e passou a ser órgão integrante do Poder Judiciário com a promulgação da

Constituição Federal de 1934, segunda Constituição brasileira da República, que tinha o seguinte preceito:

> DO PODER JUDICIÁRIO
> Disposições Preliminares
> Art 63. São orgãos do Poder Judiciario:
> a) a Côrte Suprema;
> b) os juizes e tribunaes federaes;
> c) *os juizes e tribunaes militares;* (g. n.)
> d) os juizes e tribunaes eleitoraes.

A competência e a estrutura da Justiça Militar foram constitucionalmente determinadas nos artigos apresentados abaixo da referida constituição republicana:

> Da Justiça Militar
> Art 84. Os militares e as pessoas que lhes são assemelhadas terão fôro especial nos delictos militares. Este fôro poderá ser estendido aos civis, nos casos expressos em lei, para a repressão de crimes contra a segurança externa do paiz, ou contra as instituições militares.
> Art 85. A lei regulará tambem a jurisdicção, dos juizes militares e a applicação das penas da legislação militar, em tempo de guerra, ou na zona de operacções durante grave commoção intestina.
> Art 86. *São orgãos da Justiça Militar o Supremo Tribunal Militar e os tribunaes e juizes inferiores, creados por lei.* (g. n.)
> Art 87. A inamovibilidade assegurada aos juizes militares não exclue a obrigação de acompanharem as forças junto ás quaes tenha de servir.
> Paragrapho unico. Cabe ao Supremo Tribunal Militar, determinar a remoção de juizes militares, de conformidade com o art. 64, letra *b*.

Assim como demonstrado, a Carta Constitucional de 1934 trouxe uma significativa mudança na estrutura da Justiça Militar, pois transformou o Supremo Tribunal Militar em um ramo especializado do Poder Judiciário.

Sendo a Justiça Militar mantida como órgão do Poder Judiciário, a Constituição dos Estados Unidos do Brasil, promulgada em 1946, que ficou conhecida como o documento liberal que inaugurou a primeira experiência democrática no Brasil, a alta corte da Justiça Militar passa a denominar-se Superior Tribunal Militar, tendo a seguinte competência: "Art. 108 - A Justiça Militar compete processar e julgar, nos crimes militares definidos em lei, os militares e as pessoas que lhes são assemelhadas."

Já a Constituição da República Federativa do Brasil de 1967, que referenda os textos da Carta anterior, de 1946, referentes à Justiça Militar, no que tange à competência e ao seu *status* de órgão do Poder Judiciário, estende o seu foro e competência para julgar civis, nos casos expressos em lei, para apreciação de crimes contra a segurança nacional ou contra as instituições militares:

> Art. 122 - À Justiça Militar compete processar e julgar, nos crimes militares definidos em lei, os militares e as pessoas que lhes são assemelhados. (Redação dada pelo Ato Institucional n. 6, de 1969)
> §1º - Esse foro especial poderá estender-se aos civis, nos casos expressos em lei para repressão de crimes contra a segurança nacional, ou às instituições militares. (Redação dada pelo Ato Institucional n. 6, de 1969)

§2º - Compete, originariamente, ao Superior Tribunal Militar processar e julgar os Governadores de Estado e seus Secretários, nos crimes referidos no §1º. (Redação dada pelo Ato Institucional n. 6, de 1969)
§3º - A lei regulará a aplicação das penas da legislação militar em tempo de guerra. (Redação dada pelo Ato Institucional n. 6, de 1969)

Mantido o *status* da Justiça Militar como órgão do Poder Judiciário na Constituição Cidadã, promulgada em 1988, ocorre outra importante modificação de sua competência, quando assim define: "Art. 124. À Justiça Militar compete processar e julgar os crimes militares definidos em lei".

Essa é uma característica marcante da Justiça Militar no Brasil, apresentada na Constituição Cidadã, que passa a ter a sua competência definida em razão da matéria (crimes militares definidos em lei) e não mais em razão da pessoa, como era a previsão de antes (militares e assemelhados).

Pelo que se depreende desse dispositivo da Lei Maior, o legislador constituinte, além de fixar a competência da Justiça Militar da União, assentou o critério em razão da lei, delegando para o legislador ordinário o estabelecimento dos crimes militares e das suas condicionantes, para o devido processamento e julgamento na Justiça Militar.

Assim, é considerado crime militar todo aquele com previsão expressa no Código Penal Militar e nas leis penais correlatas.

Destaque-se que a vigente Constituição Federal recepcionou a lei ordinária que trata da matéria, isto é, o Decreto-Lei n. 1.001, de 21 de outubro de 1969 (Código Penal Militar), que, em seu art. 9º, apresenta rol taxativo das circunstâncias nas quais, em tempo de paz, um delito penal deva ser considerado como de natureza militar.

Com o advento da Lei n. 13.491, de 13 de outubro de 2017, o artigo 9º do Decreto-Lei n. 1.001/1969 foi modificado e, entre tais circunstâncias nas quais, em tempo de paz, um delito penal deva ser considerado como de natureza militar, encontram-se aquelas nas quais os civis podem ser considerados sujeitos ativos de crimes militares, além dos militares, consoante se observa dos incisos I e III do referido dispositivo legal:

Art. 9º Consideram-se crimes militares, em tempo de paz:
I - os crimes de que trata este Código, quando definidos de modo diverso na lei penal comum, ou nela não previstos, qualquer que seja o agente, salvo disposição especial;
II - os crimes previstos neste Código e os previstos na legislação penal, quando praticados: (Redação dada pela Lei n. 13.491, de 2017)
a) por militar da ativa contra militar na mesma situação; (Redação dada pela Lei n. 14.688, de 2023)
b) por militar da ativa, em lugar sujeito à administração militar, contra militar da reserva ou reformado ou contra civil; (Redação dada pela Lei n. 14.688, de 2023)
c) por militar em serviço ou atuando em razão da função, em comissão de natureza militar, ou em formatura, ainda que fora do lugar sujeito à administração militar contra militar da reserva, ou reformado, ou civil; (Redação dada pela Lei n. 9.299, de 8.8.1996)
d) por militar, durante o período de manobras ou exercício, contra militar da reserva ou reformado ou contra civil; (Redação dada pela Lei n. 14.688, de 2023)
e) por militar da ativa contra o patrimônio sob a administração militar ou contra a ordem administrativa militar; (Redação dada pela Lei n. 14.688, de 2023)

III - os crimes praticados por militar da reserva, ou reformado, ou por civil, contra as instituições militares, considerando-se como tais não só os compreendidos no inciso I, como os do inciso II, nos seguintes casos:

a) contra o patrimônio sob a administração militar, ou contra a ordem administrativa militar;

b) em lugar sujeito à administração militar, contra militar da ativa ou contra servidor público das instituições militares ou da Justiça Militar, no exercício de função inerente ao seu cargo; (Redação dada pela Lei n. 14.688, de 2023)

c) contra militar em formatura, ou durante o período de prontidão, vigilância, observação, exploração, exercício, acampamento, acantonamento ou manobras;

d) ainda que fora do lugar sujeito à administração militar, contra militar em função de natureza militar, ou no desempenho de serviço de vigilância, garantia e preservação da ordem pública, administrativa ou judiciária, quando legalmente requisitado para aquêle fim, ou em obediência a determinação legal superior.

1º Os crimes de que trata este artigo, quando dolosos contra a vida e cometidos por militares contra civil, serão da competência do Tribunal do Júri. (Redação dada pela Lei n. 13.491, de 2017)

§2º Os crimes militares de que trata este artigo, incluídos os previstos na legislação penal, nos termos do inciso II do *caput* deste artigo, quando dolosos contra a vida e cometidos por militares das Forças Armadas contra civil, serão da competência da Justiça Militar da União, se praticados no contexto: (Redação dada pela Lei n. 14.688, de 2023)

I - do cumprimento de atribuições que lhes forem estabelecidas pelo Presidente da República ou pelo Ministro de Estado da Defesa; (Incluído pela Lei n. 13.491, de 2017)

II - de ação que envolva a segurança de instituição militar ou de missão militar, mesmo que não beligerante; ou (Incluído pela Lei n. 13.491, de 2017)

III - de atividade de natureza militar, de operação de paz, de garantia da lei e da ordem ou de atribuição subsidiária, realizadas em conformidade com o disposto no art. 142 da Constituição Federal e na forma dos seguintes diplomas legais: (Incluído pela Lei n. 13.491, de 2017)

a) Lei n. 7.565, de 19 de dezembro de 1986 – Código Brasileiro de Aeronáutica; (Incluída pela Lei n. 13.491, de 2017)

b) Lei Complementar n. 97, de 9 de junho de 1999; (Incluída pela Lei n. 13.491, de 2017)

c) Decreto-Lei n. 1.002, de 21 de outubro de 1969 – Código de Processo Penal Militar; e (Incluída pela Lei n. 13.491, de 2017)

d) Lei n. 4.737, de 15 de julho de 1965 – Código Eleitoral. (Incluída pela Lei n. 13.491, de 2017)

§3º (VETADO) (Incluído pela Lei n. 14.688, de 2023)

O que se depreende desses dispositivos é que, também no âmbito infraconstitucional, a competência foi estabelecida em razão da matéria. Assim, independentemente de o sujeito ativo ser militar ou civil, há crime militar quando são ofendidas as instituições militares, pondo em risco bens jurídicos, materiais e imateriais, importantes para a manutenção das Forças Armadas e, consequentemente, para o cumprimento de suas finalidades constitucionais, entre essas a garantia da ordem constitucional democrática.

Nesse contexto, cumpre observar que a existência de bens jurídicos garantidores da eficácia das Forças Armadas reclama a atuação de um órgão judiciário especializado, fator esse delineado desde os tempos do Império, quando D. João VI criou o Conselho Supremo Militar e de Justiça.

Por conseguinte, não há como se negar ser a Justiça Militar da União competente para garantir a manutenção de princípios constitucionais tão importantes e caros para o Brasil, muito especialmente para as Forças Armadas, entre estes a hierarquia e a disciplina, mesmo quando a ameaça que estas estejam sofrendo não provenha da violação de deveres militares daqueles que vivem e seguem a disciplina dos quartéis.

Na verdade, a competência dessa jurisdição especializada mostra-se imprescindível sempre que, de alguma forma, se coloque em risco um bem ou interesse vinculado à destinação constitucional das instituições militares, ainda que o sujeito ativo do delito seja civil.

A Justiça Castrense Brasileira não encontra sua razão de ser no fato de julgar militares, mas, sim, nos bens jurídicos que tutela; é isso o que se infere da conjugação entre o art. 124 da Constituição Federal com o art. 9º, incisos I e III, do Código Penal Militar. Assim, como já afiançado, a Justiça Militar não julga militar, mas crimes militares definidos em lei, independentemente de seus autores.

Caracteriza-se, portanto, a Justiça Militar no Brasil, em função de todas essas peculiaridades descritas, especialmente a sua vinculação ao Poder Judiciário, ser uma Justiça Militar distinta do que costumamos ver no nosso continente e mesmo em todo o mundo. Não é e não tem características de Corte Marcial, independe totalmente do Poder Executivo e, via de consequência, das Forças Armadas, a despeito de serem esses seus destinatários finais.

Verifica-se, assim, que a Justiça Militar no Brasil é eminentemente uma justiça civil, embora com peculiaridades muitas vezes não compreendidas por alguns, uma vez que na primeira instância, exclusivamente para julgamento de crimes militares praticados por militares, há nomeação específica de militares da ativa, previamente escolhidos e com juramento de apreciar com imparcialidade os fatos e julgá-los de acordo com a lei e a prova dos autos.

Os militares que, em determinadas situações, compõem o Conselho de Justiça, seja Especial ou Permanente – cujo julgamento será sempre sob a presidência de um Juiz Federal da Justiça Militar, este civil, togado e oriundo de um concurso público nacional extremamente transparente, rigoroso e muito concorrido –, fazem o seguinte juramento:

> Art. 400. Tendo à sua direita o auditor, à sua esquerda o oficial de pôsto mais elevado ou mais antigo e, nos outros lugares, alternadamente, os demais juízes, conforme os seus postos ou antiguidade, ficando o escrivão em mesa próxima ao auditor e o procurador em mesa que lhe é reservada – o presidente, na primeira reunião do Conselho de Justiça, prestará em voz alta, de pé, descoberto, o seguinte compromisso: *"Prometo apreciar com imparcial atenção os fatos que me forem submetidos e julgá-los de acordo com a lei e a prova dos autos."* Esse compromisso será também prestado pelos demais juízes, sob a fórmula: *"Assim o prometo."* (Código de Processo Penal Militar)

É interessante ressaltar que, se o delito for cometido por civil, ou por militar e civil, em concurso de agentes, advém à competência para o julgamento monocrático pelo Juiz togado, não sendo constituído o Conselho de Justiça, conforme prevê o inciso I-B do art. 30 da Lei de Organização Judiciária Militar (Lei n. 13.774, de 2018).

> Art. 30. Compete ao juiz federal da Justiça Militar, monocraticamente: (Redação dada pela Lei n. 13.774, de 2018)
> I - decidir sobre recebimento de denúncia, pedido de arquivamento, de devolução de inquérito e representação;
> I-A - presidir os Conselhos de Justiça; (Incluído pela Lei n. 13.774, de 2018)

I-B - processar e julgar civis nos casos previstos nos incisos I e III do art. 9º do Decreto-Lei n. 1.001, de 21 de outubro de 1969 (Código Penal Militar), e militares, quando estes forem acusados juntamente com aqueles no mesmo processo; (Incluído pela Lei n. 13.774, de 2018)

Não resta dúvida de que a Justiça Militar é uma justiça especializada, como outras existentes na nossa estrutura do Poder Judiciário. O termo "militar", em seu nome, caracteriza apenas a sua especialidade, como é o caso da Justiça Federal, da Justiça do Trabalho e da Justiça Eleitoral. Esta interpretação se mostra absolutamente transparente na própria Lei de Organização Judiciária Militar, que, em seu art. 32, delimita a submissão de seus magistrados aos estatutos civis:

Art. 32. Aplicam-se aos Ministros do Superior Tribunal Militar, ao Juiz-Corregedor Auxiliar, aos juízes federais da Justiça Militar e aos juízes federais substitutos da Justiça Militar as disposições da Lei Complementar n. 35, de 14 de março de 1979 (Estatuto da Magistratura), as desta Lei e, subsidiariamente, as da Lei n. 8.112, de 11 de dezembro de 1990 (Regime Jurídico Único dos Servidores Públicos Civis da União). (Redação dada pela Lei n. 13.774, de 2018)

Além disso, todos os demais protagonistas que atuam na Justiça Militar são de origem civil, entre estes, os membros do Ministério Público Militar, os Defensores Públicos e os Advogados, não possuindo qualquer vinculação com as Forças Armadas ou entidades ligadas a estas.

Essa configuração própria da Justiça Militar brasileira, de vinculação ao Poder Judiciário, com as características anteriormente apresentadas, possibilita-nos caracterizá-la não só como Justiça do Comandante.

É a Justiça do Comandante, mas também é a Justiça do Comandado, das Forças Armadas como um todo e, sobretudo, do cidadão. É uma Justiça absolutamente comprometida com o Estado Democrático de Direito.

É Justiça do Comandante na medida em que respalda a tomada de posição dos Comandantes em seus diversos níveis, possibilitando o exercício pleno da autoridade mandatória, nos exatos limites do respeito a tudo o que é caro a uma sociedade democrática, principalmente no seio das estruturas hierarquizadas, destacando-se o respeito aos direitos humanos. Vide:

Recusa de obediência
Art. 163. Recusar obedecer a ordem do superior sôbre assunto ou matéria de serviço, ou relativamente a dever imposto em lei, regulamento ou instrução:
Pena - detenção, de um a dois anos, se o fato não constitui crime mais grave. (Código Penal Militar)

É Justiça do Comandado porque seu código regulamenta com o rigor necessário o indiscutível comprometimento com a sanção a qualquer tipo de abuso ou violência àqueles que utilizam a autoridade em descompasso com o próprio juramento de cada militar de tratar com dignidade e bondade seus subordinados. Vide:

Violência contra inferior hierárquico (Redação dada pela Lei n. 14.688, de 2023)
Art. 175. Praticar violência contra inferior hierárquico: (Redação dada pela Lei n. 14.688, de 2023)
Pena - detenção, de 3 (três) meses a 2 (dois) anos. (Redação dada pela Lei n. 14.688, de 2023)

Resultado mais grave
Parágrafo único. Se da violência resulta lesão corporal ou morte é também aplicada a pena do crime contra a pessoa, atendendo-se, quando fôr o caso, ao disposto no art. 159. (Código Penal Militar)

É Justiça das Forças Armadas, na medida em que respalda e dá suporte jurídico, em tempos de paz ou de conflito, ao emprego dessas Instituições tão importantes para a manutenção da soberania e da ordem, nos exatos limites de suas atribuições constitucionais.

Respalda, assim, o emprego da Armada, da Força Terrestre e da Força Aérea nos exatos limites do necessário ao País, em perfeita harmonia com a Constituição e as Leis. Vide:

Tentativa contra a soberania do Brasil
Art. 142. Tentar:
I - submeter o território nacional, ou parte dele, à soberania de país estrangeiro;
II - desmembrar, por meio de movimento armado ou tumultos planejados, o território nacional, desde que o fato atente contra a segurança externa do Brasil ou a sua soberania;
III - internacionalizar, por qualquer meio, região ou parte do território nacional:
Pena - reclusão, de quinze a trinta anos, para os cabeças; de dez a vinte anos, para os demais agentes. (Código Penal Militar)

É a Justiça do Cidadão, porque assegura a este os mecanismos de repressão, seja em ambiente de paz ou em teatro de guerra, a quaisquer excessos da autoridade militar, delimitando perfeitamente seu comprometimento com a ordem, mas também com o respeito aos princípios constitucionais tão caros a todos os nós. Vide:

Corrupção passiva
Art. 308. Solicitar ou receber, para si ou para outrem, direta ou indiretamente, ainda que fora da função ou antes de assumi-la, mas em razão dela, vantagem indevida, ou aceitar promessa de tal vantagem: (Redação dada pela Lei n. 14.688, de 2023)
Pena - reclusão, de 2 (dois) a 12 (doze) anos. (Redação dada pela Lei n. 14.688, de 2023).
(Código Penal Militar)

Por tudo isso, podemos sintetizar dizendo que se trata de uma Justiça absolutamente comprometida com o Estado Democrático de Direito. Ela é capaz de delimitar, com clareza, a exata demarcação de sua atuação como garante do funcionamento das instituições militares nacionais.

Mas, para que ela, a Justiça Militar, possa permanecer na sua atuação nos exatos termos constitucionais, é de suma importância a sua constante atualização, nos mesmos moldes da Justiça Criminal, o que nem sempre acontece quando se verificam as atualizações e modificações apresentadas pelo Congresso Nacional, que reiteradamente "se esquece" do ramo especializado da Justiça Militar.

Essa correção à edição de novas leis, seja material ou processual, tem recebido especial atenção do Supremo Tribunal Federal, e, mais uma vez, se destaca o Ministro Dias Toffoli, que, atendendo à necessidade da manutenção do Estado Democrático de Direito, procura prover e adequar a Justiça Militar de normas específicas aos novos rumos, nos moldes adotados na Justiça Comum, em benefício de julgamento célere e justo.

Assim foi com a ressignificação do interrogatório como meio de defesa, consoante o art. 400 do CPP, com a redação dada pela Lei n. 11.719, de 2008, ao determinar a aplicação desse dispositivo nos processos penais militares, pelo Supremo Tribunal Federal, no julgamento do HC 127.900, da Relatoria do Ministro Dias Toffoli, sendo o respectivo Acórdão assim ementado:

> EMENTA Habeas corpus. Penal e processual penal militar. Posse de substância entorpecente em local sujeito à administração militar (CPM, art. 290). Crime praticado por militares em situação de atividade em lugar sujeito à administração militar. Competência da Justiça Castrense configurada (CF, art. 124 c/c CPM, art. 9º, I, b). Pacientes que não integram mais as fileiras das Forças Armadas. Irrelevância para fins de fixação da competência. Interrogatório. Realização ao final da instrução (art. 400, CPP). Obrigatoriedade. Aplicação às ações penais em trâmite na Justiça Militar dessa alteração introduzida pela Lei n. 11.719/08, em detrimento do art. 302 do Decreto-Lei n. 1.002/69. Precedentes. Adequação do sistema acusatório democrático aos preceitos constitucionais da Carta de República de 1988. Máxima efetividade dos princípios do contraditório e da ampla defesa (art. 5º, inciso LV). Incidência da norma inscrita no art. 400 do Código de Processo Penal comum aos processos penais militares cuja instrução não se tenha encerrado, o que não é o caso. Ordem denegada. Fixada orientação quanto a incidência da norma inscrita no art. 400 do Código de Processo Penal comum a partir da publicação da ata do presente julgamento, aos processos penais militares, aos processos penais eleitorais e a todos os procedimentos penais regidos por legislação especial, incidindo somente naquelas ações penais cuja instrução não se tenha encerrado. 1. Os pacientes, quando soldados da ativa, foram surpreendidos na posse de substância entorpecente (CPM, art. 290) no interior do 1º Batalhão de Infantaria da Selva em Manaus/AM. Cuida-se, portanto, de crime praticado por militares em situação de atividade em lugar sujeito à administração militar, o que atrai a competência da Justiça Castrense para processá-los e julgá-los (CF, art. 124 c/c CPM, art. 9º, I, b). 2. O fato de os pacientes não mais integrarem as fileiras das Forças Armadas em nada repercute na esfera de competência da Justiça especializada, já que, no tempo do crime, eles eram soldados da ativa. 3. Nulidade do interrogatório dos pacientes como primeiro ato da instrução processual (CPPM, art. 302). 4. A Lei n. 11.719/08 adequou o sistema acusatório democrático, integrando-o de forma mais harmoniosa aos preceitos constitucionais da Carta de República de 1988, assegurando-se maior efetividade a seus princípios, notadamente, os do contraditório e da ampla defesa (art. 5º, inciso LV). 5. Por ser mais benéfica (*lex mitior*) e harmoniosa com a Constituição Federal, há de preponderar, no processo penal militar (Decreto-Lei n. 1.002/69), a regra do art. 400 do Código de Processo Penal. 6. De modo a não comprometer o princípio da segurança jurídica (CF, art. 5º, XXXVI) nos feitos já sentenciados, essa orientação deve ser aplicada somente aos processos penais militares cuja instrução não se tenha encerrado, o que não é o caso dos autos, já que há sentença condenatória proferida em desfavor dos pacientes desde 29/7/14. 7. Ordem denegada, com a fixação da seguinte orientação: a norma inscrita no art. 400 do Código de Processo Penal comum aplica-se, a partir da publicação da ata do presente julgamento, aos processos penais militares, aos processos penais eleitorais e a todos os procedimentos penais regidos por legislação especial incidindo somente naquelas ações penais cuja instrução não se tenha encerrado.

Vale destacar a preocupação externada pelo Ministro Dias Toffoli, em seu voto, para garantir o sistema acusatório democrático em todo o nosso Poder Judiciário, em especial na Justiça Castrense, a fim de assegurar maior efetividade aos princípios da Constituição Federal, notadamente do princípio do contraditório e da ampla defesa. Condição essa que é verificada com clareza quando assim se pronuncia, definindo inclusive a sua modulação:

Entretanto, com as venias daqueles que pensam de modo diverso, reitero o entendimento que externei por ocasião do julgamento do HC n. 121.907/AM. Penso que a Lei n. 11.719/08 adequou o sistema acusatório democrático, integrando-o de forma mais harmoniosa aos preceitos constitucionais da Carta de República de 1988, assegurando-se maior efetividade a seus princípios, notadamente, os do contraditório e da ampla defesa (art. 5º, inciso LV). Nesse particular, por ser mais benéfica (*lex mitior*) e harmoniosa com a Constituição Federal, há de preponderar, no processo penal militar (Decreto-Lei n. 1.002/69), a regra do art. 400 do Código de Processo Penal, devendo ser ressaltado que sua observância não traz, sob nenhuma hipótese, prejuízo à instrução nem ao princípio da paridade de armas entre acusação e defesa. A meu ver, a não observância do CPP na hipótese acarreta prejuízo evidente à defesa dos pacientes, em face dos princípios constitucionais em jogo, pois a não realização de novo interrogatório ao final da instrução subtraiu-lhes a possibilidade de se manifestarem, pessoalmente, sobre a prova acusatória coligida em seu desfavor (contraditório) e de, no exercício do direito de audiência (ampla defesa), influir na formação do convencimento do julgador (GRINOVER, Ada Pellegrini; GOMES FILHO, Antônio Magalhães; SCARANCE FERNANDES, Antônio. As nulidades do processo penal. 12. ed. São Paulo: Revista dos Tribunais, 2011. p. 75). Nas palavras de Juarez de Freitas, se a norma especial colidir, parcial ou totalmente, com o princípio superior, há de preponderar o princípio superior (A Interpretação Sistemática do Direito. 5ª Ed. São Paulo: Malheiros, 2010. p. 108). Anoto, ademais, que, em detrimento do princípio da especialidade, o Supremo Tribunal Federal tem assentado a prevalência das normas contidas no Código de Processo Penal em feitos criminais de sua competência originária, que, como se sabe, são regidos pela Lei n. 8.038/90. Cito, por exemplo, a AP n. 679-QO/RJ, DJe de 30/4/13; e a AP n. 441/SP, DJe de 6/6/12, ambas de minha relatoria. Desse modo, não vejo óbice à incidência do art. 400 do Código de Processo Penal (com a redação dada pela Lei n. 11.719/08) aos feitos penais militares, devendo ele, portanto, ser observado pela Justiça Castrense. Todavia, de modo a não comprometer o princípio da segurança jurídica (CF, art. 5º, XXXVI) nos feitos já sentenciados, essa orientação deve ser aplicada somente aos processos penais militares cuja instrução não se tenha encerrado, o que não é o caso dos autos, já que há sentença condenatória proferida em desfavor dos pacientes desde 29/7/14. Com essas considerações, voto pela denegação da ordem de habeas corpus e pela cassação da liminar anteriormente deferida. Em vista das razões de meu voto e das substanciosas ponderações lançadas pelos membros da Corte durante os debates que acolho, proponho, como orientação, que: a norma inscrita no art. 400 do Código de Processo Penal comum se aplique, a partir da publicação da ata deste julgamento, aos processos penais militares, aos processos penais eleitorais e a todos os procedimentos penais regidos por legislação especial, incidindo somente naquelas ações penais cuja instrução não se tenha encerrado.

Com base nas decisões do Supremo Tribunal Federal, a Justiça Militar da União procedeu a importante modificação na aplicação da norma processual referente ao interrogatório do acusado, permitindo que ocorresse a devida atualização na legislação processual castrense editada em 1969, respeitando os feitos já sentenciados, uma vez que foi formulada a justa modulação aos casos ainda pendentes de julgamento.

Ainda na seara dos procedimentos processuais de garantias a quem responde a ação penal, podemos destacar a recente determinação do Supremo Tribunal Federal de aplicação dos artigos 396 e 396-A do Código de Processo Penal ao processo penal militar, cujo normativo é o seguinte:

Art. 396. Nos procedimentos ordinário e sumário, oferecida a denúncia ou queixa, o juiz, se não a rejeitar liminarmente, recebê-la-á e ordenará a citação do acusado para responder à acusação, por escrito, no prazo de 10 (dez) dias. (Redação dada pela Lei n. 11.719, de 2008).

Parágrafo único. No caso de citação por edital, o prazo para a defesa começará a fluir a partir do comparecimento pessoal do acusado ou do defensor constituído. (Redação dada pela Lei n. 11.719, de 2008).

Art. 396-A. Na resposta, o acusado poderá argüir preliminares e alegar tudo o que interesse à sua defesa, oferecer documentos e justificações, especificar as provas pretendidas e arrolar testemunhas, qualificando-as e requerendo sua intimação, quando necessário. (Incluído pela Lei n. 11.719, de 2008).

§1º A exceção será processada em apartado, nos termos dos arts. 95 a 112 deste Código. (Incluído pela Lei n. 11.719, de 2008).

§2º Não apresentada a resposta no prazo legal, ou se o acusado, citado, não constituir defensor, o juiz nomeará defensor para oferecê-la, concedendo-lhe vista dos autos por 10 (dez) dias. (Incluído pela Lei n. 11.719, de 2008).

Aqui também se verifica a atuação do Ministro Dias Toffoli, para conferir a devida efetividade aos preceitos constitucionais do contraditório e da ampla defesa, para tanto destaca-se o voto vencedor do Ministro no HC 142608/SP:

> Assim, com o escopo de se conferir maior efetividade aos preceitos constitucionais, notadamente os do contraditório e da ampla defesa (art. 5º, inciso LV), cabe invocar essas premissas teóricas como justificativa para a aplicação dos arts. 396 e 396-A do Código de Processo Penal ao processo penal militar, sendo certo, ademais, que, em detrimento do princípio da especialidade, o Supremo Tribunal Federal tem assentado a prevalência das normas contidas no CPP em feitos criminais de sua competência originária, os quais, como se sabe, são regidos pela Lei n. 8.038/90. Cito, por exemplo, a AP n. 679/RJ-QO, DJe de 30/4/13; e a AP n. 441/SP, DJe de 6/6/12, ambas de minha relatoria. Essa prática beneficia a defesa, já que permite ao réu 'arguir preliminares e alegar tudo o que interesse à sua defesa, oferecer documentos e justificações, especificar as provas pretendidas e arrolar testemunhas' (art. 396 do CPP). A resposta à acusação é peça fundamental para se assegurar o devido processo legal por meio do contraditório defensivo, garantindo ao acusado a possibilidade de afastar as acusações, logo na primeira oportunidade, a fim de obter a rejeição da denúncia ou a absolvição sumária, se o juiz verificar as hipóteses previstas, respectivamente no art. 395 (ex.: faltar justa causa) e no art. 397 do CPP (ex.: a existência manifesta de causa excludente da ilicitude do fato ou o fato não constituir crime). Se não apresentada no prazo legal, ou se o acusado, citado, não constituir defensor, o juiz nomeará defensor para oferecê-la, concedendo-lhe vista dos autos por 10 (dez) dias (art. 396-A, §2º, do CPP). A meu ver, a não observância do CPP, na hipótese, acarreta prejuízo evidente à defesa do paciente, em face dos princípios constitucionais em jogo, em especial o contraditório e a ampla defesa, pois a não apresentação de resposta à acusação subtraiu-lhe a possibilidade de se manifestar na primeira oportunidade sobre a acusação e influir na formação do convencimento do julgador sobre a higidez da denúncia e a possibilidade de absolvição sumária. É certo, portanto, que apresentar resposta à acusação é uma prática benéfica à defesa, devendo prevalecer nas ações penais em trâmite perante a Justiça Militar, como corolário da máxima efetividade das garantias constitucionais do contraditório e da ampla defesa (CRFB, art. 5º, inciso LV) e do devido processo legal (art. 5º, incisos LV e LIV, da Constituição Federal).

O entendimento levantado pelo Ministro Dias Toffoli e adotado pela maioria dos Ministros do Supremo Tribunal Federal teve e tem impacto relevante na Justiça Militar e aos seus jurisdicionados, pois, ao admitir o novo instituto da defesa prévia, possibilitou aos acusados militares um trâmite mais célere para o deslinde da ação penal, quando for o caso.

Não é por demais lembrar que o custo para um militar de responder a uma ação penal – ainda que ele venha a ser absolvido – é extremamente alto, em especial para a sua carreira, pois seu nome será excluído do Quadro de Acesso, impossibilitando a sua promoção enquanto tramitar a ação penal.

Isso é o que determina a Lei n. 5.281, de 10 de novembro de 1972, que dispõe sobre as promoções dos oficiais da ativa das Forças Armadas, em seu art. 35, que preceitua:

> Art. 35. O oficial não poderá constar de qualquer Quadro de Acesso e Lista de Escolha quando:
> [...]
> d) for réu em ação penal por crime doloso, enquanto a sentença final não houver transitado em julgado; (Redação dada pela Lei n. 13.954, de 2019)

Fato que ocorre prejuízo na promoção também com os praças das respectivas Forças, a teor do que determinam o Decreto n. 4.030, de 26 de novembro de 2001, que dispõe sobre as promoções de praças da Marinha; o Decreto n. 4.853, de 6 de outubro de 2003, que aprova o Regulamento de Promoções de Graduados do Exército (R-196); e o Decreto n. 881, de 23 de julho de 1993, que aprova o Regulamento de Promoções de Graduados da Aeronáutica.

Portanto, foi de relevante importância, como já afirmado, à decisão do Supremo Tribunal Federal, muito especialmente no voto proferido pelo Ministro Dias Toffoli, a determinação de aplicação no processo em tramitação na Justiça Militar da União do procedimento previsto no art. 396 do CPP, que determina que, nos procedimentos ordinário e sumário, oferecida a denúncia ou queixa, o juiz, se não a rejeitar liminarmente, recebê-la-á e ordenará a citação do acusado para responder à acusação, por escrito, no prazo de 10 (dez) dias (redação dada pela Lei n. 11.719, de 2008), pois, como já foi falado, possibilita ao militar responder com a celeridade necessária à ação penal, e, sendo o caso de solução rápida da ação, com certeza não irá impactar na carreira militar do acusado.

Destaque-se, ainda, dentre todas as significativas mudanças na Justiça Militar da União que foram procedidas por intermédio de interpretação judicial pelo Supremo Tribunal Federal, a confirmação da competência da JMU, por meio de decisão do Ministro Dias Toffoli, no julgamento de civil quando este vier a cometer infração prevista no Código Penal Militar e/ou na sua legislação complementar.

Mais uma vez, cita-se o julgamento do RHC 142608/SP, no qual o Ministro Dias Toffoli apresenta as seguintes razões de decidir:

> A conduta do recorrente tem o potencial de afetar bens e interesses das Forças Armadas, mostrando-se caracterizada, portanto, a competência da justiça militar em face da suposta ofensa às instituições militares e às suas finalidades, à luz da regra prevista no art. 9º, inciso III, alínea a, do Código Penal Militar, *in verbis*:
>
>> Art. 9º Consideram-se crimes militares, em tempo de paz: [...] III - os crimes praticados por militar da reserva, ou reformado, ou por civil, contra as instituições militares, considerando-se como tais não só os compreendidos no inciso I, como os do inciso II, nos seguintes casos: a) contra o patrimônio sob a administração militar, ou contra a ordem administrativa militar; (...).

Conforme ressaltei no voto-vista, reconheço que os dispositivos do Código Penal Militar que estabelecem a competência da justiça militar para julgar os crimes praticados por civis em tempo de paz são objeto da ADPF n. 289/DF, a qual se encontra pendente de julgamento. Contudo, venho reafirmar a jurisprudência da Corte que endossa a competência da Justiça Castrense na espécie. Vide, por exemplo, o seguinte julgado:

> PENAL MILITAR. COMPETÊNCIA. CORRUPÇÃO ATIVA. CRIME PRATICADO CONTRA INSTITUIÇÃO MILITAR. OFENSA À ORDEM ADMINISTRATIVA MILITAR. ARTS. 9º, III, A, DO CÓDIGO PENAL MILITAR E 124 DA CONSTITUIÇÃO FEDERAL. APLICABILIDADE. ORDEM DENEGADA. I – O paciente foi denunciado e condenado pela prática dos crimes previstos nos arts. 309 (corrupção ativa) e 315 (uso de documento falso), ambos do Código Penal Militar. II - A Corte castrense extinguiu a punibilidade do paciente em relação ao crime de uso de documento falso pela ocorrência de prescrição da pretensão punitiva. II - É competente, portanto, a Justiça castrense para processar e julgar o paciente, pela prática do delito de corrupção ativa, por força do art. 9º, III, *a*, do Código Penal Militar e do art. 124 da Constituição Federal. Precedentes. III - O ato praticado pelo paciente ofendeu diretamente a ordem administrativa militar e sua fé pública, com reflexos na credibilidade da Instituição Militar e na lisura dos cadastros por ela mantidos, restando configurada a prática de crime militar de modo a justificar a competência da justiça castrense. IV - Ordem denegada (HC n. 113.950/DF, Segunda Turma, Rel. Min. Ricardo Lewandowski, DJe de 16/5/13 – grifos nossos).

De acordo com o art. 124 da CF, coube à lei definir os crimes militares em tempo de paz, bem como a organização, o funcionamento e a competência da Justiça Militar. O art. 9º, inciso III, alínea *a*, supracitado diz que o crime militar, em tempo de paz, é aquele praticado, entre outras pessoas, por civil contra patrimônio sob a administração militar ou contra a ordem administrativa militar. Pois bem, essa é a hipótese dos autos, tendo em conta que o recorrente foi acusado de oferecer vantagem indevida a oficial do exército como forma de pagamento para a prática de atos funcionais ilícitos. No caso, a competência da Justiça Militar emerge quando se verifica que ocorreu efetiva lesão ao bem jurídico protegido (credibilidade da administração militar). O dano, em potencial e real, sofrido pela Força, ao receber oferta de 'propina', se consubstancia no prejuízo à atividade funcional da administração militar. Sendo crime militar a conduta praticada, qual seja, a corrupção ativa, é competente, em minha óptica, a Justiça Militar da União para processar e julgar o delito, diante do mandamento do art. 124, *caput*, da Constituição da República. A repercussão de tal conduta delitiva abala a moralidade e a probidade da administração militar, consubstanciando conduta descrita no art. 9º, inciso III, alínea *a*, do CPM. Ora, a prática de atos funcionais ilícitos em âmbito militar afeta diretamente a ordem administrativa militar, pois em alguma medida compromete o bom andamento dos respectivos trabalhos e enseja a incidência da norma especial, ainda que em desfavor de civil. Ademais, o referido dispositivo legal refere-se aos seguintes agentes: militar da reserva, reformado ou civil. Ou seja, do ponto de vista da atuação militar, nenhum deles desempenha atividades tipicamente militares, de modo a revelar que o legislador levou em conta a proteção de interesses militares em face daqueles que não mais atuam diretamente na caserna. Dessa perspectiva, estando em jogo, como no caso em tela, a administração e a ordem administrativa militares em situação de paz, não se vislumbra óbice ao reconhecimento da competência da Justiça Militar relativamente ao crime definido no art. 309 do Código Penal Militar (corrupção ativa) praticado por civil. Nesse sentido, consideradas as peculiaridades que envolvem as atividades da caserna e a necessidade de resguardá-las da ingerência criminosa por parte do cidadão civil, não se vislumbra dissonância entre a norma constitucional e as disposições do art. 9º, inciso

III, alínea *a*, do CPM, prevalecendo, portanto, a norma especial. Em acréscimo, destaco os seguintes julgados:

> Habeas corpus. 2. Crime de ingresso clandestino (art. 302 do CPM). Delito praticado por civis. 3. Competência para processo e julgamento. 4. A conduta de ingressar em território das Forças Armadas afronta diretamente a integridade e o funcionamento das instituições militares. Subsunção do comportamento dos agentes ao preceito primário incriminador consubstanciado no art. 9º, inciso III, a, do CPM. Submissão à jurisdição especializada. 5. Reconhecida a competência da Justiça militar da União para processar e julgar o crime de ingresso clandestino em quartel militar praticado por civis. Ordem denegada" (HC n. 116.124, Rel. Min. Gilmar Mendes). "A competência da Justiça militar, embora não se restrinja aos integrantes das Forças Armadas, deve ser interpretada restritivamente quanto ao julgamento de civil em tempos de paz por seu caráter anômalo. Precedente: HC 81.963/RS, rel. Min. Celso de Mello, 2ª Turma, unânime, DJe 18.6.2002. Apesar da tendência de limitar a atuação da Justiça Castrense em tempos de paz, o saque indevido por civil de benefício de pensão militar afeta bens e serviços das instituições militares, estando justificada a competência da Justiça militar. Precedentes. 5. Ordem denegada (HC n. 113.423/PA, Rel. Min. Rosa Weber).

Esse posicionamento adotado pela Suprema Corte fez garantir a competência de julgamento de civil, quando este pratica ilícito penal contra o patrimônio material e imaterial das Forças Armadas, pela Justiça Militar da União.

Todas as decisões do Supremo Tribunal Federal mencionadas, que são apenas exemplificativas – considerando o universo de julgamentos – vêm motivando o aperfeiçoamento da Justiça Militar, com destaque para a Justiça Militar da União.

Neste contexto, pode-se afirmar que a atuação do Ministro Dias Toffoli na Suprema Corte do Brasil tem sido marcada pela defesa do Estado Democrático de Direito, em especial, quando fortalece a atuação da Justiça Militar, órgão do Poder Judiciário responsável por resguardar a atuação e os membros das Forças Armadas, protegendo a ordem, a hierarquia e o seu patrimônio material e imaterial.

Dessa forma, a Justiça Militar, sendo órgão do Poder Judiciário, viabiliza o sistema acusatório democrático, contribuindo para a proteção dos direitos humanos, a proteção da sociedade e das instituições brasileiras, quando julga os crimes definidos em lei, nos termos apresentados pela Constituição Cidadã, respeitando o devido processo legal, ou seja, permite que no Brasil se tenha um órgão independente do Poder Executivo e Legislativo, com a competência, o juízo imparcial e natural para os julgamentos de crimes militares definidos em lei.

Referências

BRASIL. *Alvará de 1º de abril de 1808*. Crêa o Conselho Supremo Militar e de Justiça. Disponível em: https://www.planalto.gov.br/ccivil_03/atos/alv/1808/alv-1-4-1808-1.html. Acesso em: 28 jun. 2024.

BRASIL. *Código de Processo Penal Militar*. Decreto-Lei n. 1.002, de 21 de outubro de 1969. Disponível em: https://www.planalto.gov.br/ccivil_03/decreto-lei/del1002.htm. Acesso em: 28 jun. 2024.

BRASIL. *Código Penal Militar*. Decreto-Lei N. 1.001, de 21 de outubro de 1969. Disponível em: https://www.planalto.gov.br/ccivil_03/decreto-lei/del1001.htm. Acesso em: 28 jun. 2024.

BRASIL. *Constituição da República dos Estados Unidos do Brasil, de 16 de julho de 1934*. Disponível em: https://www.planalto.gov.br/ccivil_03/constituicao/constituicao34.htm. Acesso em: 28 jun. 2024.

BRASIL. *Constituição dos Estados Unidos do Brasil, de 18 de setembro de 1946*. Disponível em: https://www.planalto.gov.br/ccivil_03/constituicao/constituicao46.htm. Acesso em: 28 jun. 2024.

BRASIL. *Lei n. 13.774, de 19 de dezembro de 2018*. Altera a Lei n. 8.457, de 4 de setembro de 1992, que "Organiza a Justiça Militar da União e regula o funcionamento de seus Serviços Auxiliares". Disponível em: https://www.planalto.gov.br/ccivil_03/_Ato2015-2018/2018/Lei/L13774.htm#art1. Acesso em: 28 jun. 2024.

BRASIL. Supremo Tribunal Federal. *Habeas Corpus 127900/AM*. Relator: Ministro Dias Toffoli. Julgado em 3 mar. 2016. DJE n. 161, divulgado em 02/08/2016. Disponível em: https://portal.stf.jus.br/processos/detalhe.asp?incidente=4763912. Acesso em: 28 jun. 2024.

BRASIL. Supremo Tribunal Federal. *Recurso em Habeas Corpus 142608/SP*. Relator: Ministro Edson Fachin. Redator para o acórdão: Ministro Dias Toffoli. Julgado de 1º a 11 dez. 2023. DJE de 23 fev. 2024. Disponível em: https://portal.stf.jus.br/processos/detalhe.asp?incidente=5166385. Acesso em: 28 jun. 2024.

Informação bibliográfica deste texto, conforme a NBR 6023:2018 da Associação Brasileira de Normas Técnicas (ABNT):

OLIVEIRA, Artur Vidigal de. A importância da Justiça Militar no Brasil, um órgão do Poder Judiciário. *In*: MENDES, Gilmar Ferreira; LIRA, Daiane Nogueira de; FREIRE, Alexandre (Coord.). *Constituição, democracia e diálogo*: 15 anos de Jurisdição Constitucional do Ministro Dias Toffoli. 2. ed. Belo Horizonte: Fórum, 2025. p. 239-252. ISBN 978-65-5518-937-7.

REFLEXÕES SOBRE A SEPARAÇÃO DOS PODERES E A JURISDIÇÃO CONSTITUCIONAL NA DOUTRINA E NA JURISPRUDÊNCIA DIAS TOFFOLI

AUGUSTO ARAS

> *"Na harmonia da separação dos poderes reside a essência da democracia e a garantia da liberdade."*
> (Eclesiastes 1:9)

I Introdução

O constitucionalismo clássico concebeu, como técnica primária de proteção dos indivíduos perante o Estado, a divisão funcional do poder ou a separação dos Poderes para propiciar a racionalização da política, a contenção de efeitos potencialmente lesivos provenientes de eventuais abusos e excessos de órgãos constitucionais exercentes de atividades típicas, tendo como *ratio essendi* a garantia dos direitos e liberdades constitucionalmente reconhecidos.

Assim, as declarações de direitos reduzir-se-iam a proclamações vãs se não se contasse, no âmbito institucional, com o anteparo organizativo de um sistema de relações e de limites interinstitucionais capaz de impedir a formação do que o Ministro Celso de Mello chamou de "formação de instâncias hegemônicas de poder no âmbito do Estado".[1]

Na "engenharia constitucional" (Giovanni Sartori), a separação dos Poderes representa, como limite de natureza jurídica à expansão ilimitada do poder político em face do indivíduo, o primeiro elemento de identificação do Estado de Direito, no qual as

---

[1] Discurso proferido pelo Ministro Celso de Mello, em nome do Supremo Tribunal Federal (STF), na solenidade de posse do Ministro Gilmar Mendes na Presidência da Suprema Corte do Brasil, em 23 de abril de 2008 (*Posse na Presidência do Supremo Tribunal Federal*: ministro Gilmar Ferreira Mendes, presidente; ministro Antonio Cezar Peluzo, vice-presidente: sessão realizada em 23 de abril de 2008. Brasília: STF, Secretaria de Documentação, Coordenadoria de Divulgação de Jurisprudência, 2008. Disponível em: https://portal.stf.jus.br/textos/verTexto.asp?servico=bibliotecaConsultaProdutoBibliotecaPastaMinistro&pagina=CelsoMelloDiscursos. Acesso em: 18 ago. 2024).

decisões das instituições constitucionais se dão, essencialmente, *sub specie iuris*, sabido que a política jamais pôde ser declinada como domínio alheio ao Direito.

No *mundo clássico*, em Atenas, o Direito era já visto como a "ordem da comunidade política", da *pólis* (Aristóteles), indissociável, assim, do domínio das decisões coletivas.

Em Roma, o Direito foi teorizado como elemento essencial à configuração da ideia de República, sendo esta "coisa do povo", e este "a união de uma multidão vinculada em sociedade pelo *comum sentimento do direito* e da utilidade coletiva" (Marco Túlio Cícero).

Saltando, *brevitatis causa*, para a *modernidade*, sequer o pensamento absolutista deixa de reconhecer a sujeição do poder político ao *Direito Natural* (Thomas Hobbes), faltando apenas mecanismos institucionais que pudessem ser legitimamente postos em marcha contra eventuais abusos do soberano.

O centro das reflexões de John Locke, do pensamento liberal e do constitucionalismo, é o de conceber limites institucionais ao poder, para a proteção dos direitos, algo revolucionário no curso das ideias políticas e jurídicas, apresentando, ao mesmo tempo, *ex parte populi*, poderes limitados e direitos individuais.

Isso não foi um salto, mas o resultado de um processo maturado na Idade Média, na primeira fase do processo de formação do constitucionalismo inglês, com a distinção entre dois pratos de uma mesma balança, ou seja, *gubernaculum* e *iurisdictio*, de um lado, o "poder político em senso estrito", "expressão do princípio de soberania", e, do outro, "os poderes de garantia", "próprios das autoridades capazes de exprimir neutralidade", e, consequentemente, "de endereçar as relações entre todos os Poderes no sentido da moderação e do equilíbrio".[2]

É um "pedaço" do passado, que remanesce no presente como norma constitucional e princípio basilar da estrutura constitucional vigente na generalidade dos estados democráticos e sociais de direito: o *princípio da separação dos Poderes*.

Para esse princípio, o limite ao poder não é dado primeiramente pelos direitos, mas pela ação de um contrapoder que lhe serve de freio.

Nosso objetivo, neste texto, é pôr em destaque a atualidade desse princípio basilar, ressaltando, a partir do pensamento do Ministro Dias Toffoli, a contribuição que, sob o signo da prudência, da sensibilidade institucional e da sensatez, o preclaro Magistrado tem dado ao delineamento do alcance normativo da separação dos Poderes, inclusive, por seus votos, no curso da resolução de controvérsias importantes e, tantas vezes, rumorosas, envolvendo o Estado Democrático de Direito em que é constituída a República Federativa do Brasil.

II O Poder Judiciário e o domínio da decisão política

Em recente ocasião,[3] em que docentes e tantas mulheres e homens públicos puderam expor e debater suas ideias a respeito do tema recorrente da judicialização da política, o Ministro Dias Toffoli, referindo-se ao processo constituinte de que se originou a vigente Constituição da República, ressaltou como o Poder Judiciário passou, no contexto

---

[2] Na síntese de Maurizio Fioravanti, na introdução à nova edição de um clássico: MATTEUCCI, Nicola. *Organizzazione del potere e libertà: storia del costituzionalismo moderno*. Bologna: Il Mulino, 2026. p. 12-13.

[3] XII Fórum Jurídico de Lisboa. A conferência do ilustre Magistrado ocorreu no dia 27 de junho de 2024.

constitucional inaugurado em outubro de 1988, do papel de solucionador de conflitos intersubjetivos, que anteriormente lhe definia a feição, para a assunção de uma função mais ampla e mais relevante no cenário institucional, tornando-se, nos dizeres de Sua Excelência, "um fator real de poder".[4]

O Ministro Dias Toffoli dissera: "Esse Poder Judiciário é chamado cotidianamente a dar a última palavra". E, adiante: "É a nossa obrigação. Não é ativismo".[5]

O Poder Judiciário brasileiro, no curso de um movimento que não é alheio à experiência judiciária de outros países, há algum tempo, tem progressivamente acentuado a relevância institucional de suas funções, bem distante, na sua atividade-fim, da imagem iluminista, proveniente da Antiguidade Clássica, que, passando por autores como Aristóteles, na Grécia Antiga, e, na Europa do século das Luzes, por Cesare Beccaria e Montesquieu, cuidava de fixar-lhes os limites com o auxílio da metáfora da "boca da lei".

Pode-se dizer, com Hans Kelsen, por meio de outra metáfora, a da estrutura gradualista do ordenamento jurídico, no seu aspecto dinâmico, que ao processo de aplicação do Direito é ínsita, em alguma medida, também a sua criação. A interpretação não consiste apenas em uma atividade de mera extração dos sentidos definidos, antecipadamente, no texto sobre o qual se debruça a atividade hermenêutica.

No último capítulo de seu *magnum opus*, a *Teoria pura do Direito*, de 1960, Kelsen fala, a propósito, do objeto da interpretação, ou seja, o texto da fonte normativa, como de uma "moldura aberta", à vista da qual mais de um caminho é aberto ao intérprete, embora restem sempre os limites textuais, que precluem o acesso a outras excogitáveis vias interpretativas.

Essa nova consciência da complexidade, das potencialidades e da natureza do processo hermenêutico, associada às novas competências do Poder Judiciário e, no caso brasileiro, ao novo perfil da jurisdição constitucional, máxime daquela que se realiza no âmbito do STF, explica em parte esse maior relevo institucional dos órgãos jurisdicionais no cenário institucional, à qual o Ministro Dias Toffoli se referiu como "fator real de poder".[6]

No Estado Constitucional contemporâneo, egregiamente estudado pelo saudoso Professor Maurizio Fioravanti, da Universidade de Florença, as "Constituições Democráticas", "tipo histórico" no qual se inclui a Constituição brasileira, têm como característica a "superação da cultura do 'primado'".[7] Não se pode raciocinar, em termos de "última palavra", como a conferir a quaisquer dos Poderes a possibilidade de interromper o curso normal e sempre em fluxo da vida política.

---

[4] TOFFOLI afasta ideia de ativismo e defende intervenção judicial em políticas públicas. *Conjur*, Rio de Janeiro, 27 jun. 2024. Disponível em: https://www.conjur.com.br/2024-jun-27/toffoli-afasta-ideia-de-ativismo-e-defende-intervencao-judicial-em-politicas-publicas/. Acesso em: 18 ago. 2024.

[5] TOFFOLI afasta ideia de ativismo e defende intervenção judicial em políticas públicas. *Conjur*, Rio de Janeiro, 27 jun. 2024. Disponível em: https://www.conjur.com.br/2024-jun-27/toffoli-afasta-ideia-de-ativismo-e-defende-intervencao-judicial-em-politicas-publicas/. Acesso em: 18 ago. 2024.

[6] TOFFOLI afasta ideia de ativismo e defende intervenção judicial em políticas públicas. *Conjur*, Rio de Janeiro, 27 jun. 2024. Disponível em: https://www.conjur.com.br/2024-jun-27/toffoli-afasta-ideia-de-ativismo-e-defende-intervencao-judicial-em-politicas-publicas/. Acesso em: 18 ago. 2024.

[7] FIORAVANTI, Maurizio. *La Costituzione democratica*: modelli e itinerari del diritto pubblico del ventesimo secolo. Milano: Giuffrè, 2018. p. 451. (Como ressai do texto de Fioravanti, o *primado institucional* é aquele a respeito do qual, mais diretamente, fala o saudoso Professor.)

A "última palavra", quando concebida em relação a um órgão de cúpula do Poder Judiciário, que exerce, concomitantemente, a jurisdição constitucional, é, em primeiro lugar, a consequência natural da posição que o órgão ocupa na hierarquia judiciária, e corresponde, assim, à eficácia prevalente, no âmbito judiciário e em relação às decisões de outros juízos e tribunais, das decisões do órgão de "chiusura". Em segundo lugar, no tocante à função de árbitro dos conflitos entre os Poderes ou entre os diversos centros de competência em que se distribui o poder no seio de uma forma federativa de Estado, a "última palavra" traduz a função de composição do Judiciário e ao caráter vinculativo do equacionamento que confere à controvérsia institucional.

A "última palavra", como ressaltado na sua mais elevada magistratura e magistério e na postura cuidadosa do Ministro Dias Toffoli, peculiarmente expressa no biênio em que o STF e o Conselho Nacional de Justiça (CNJ) puderam contar com a sua equilibrada e segura presidência, está longe de expressar a apropriação de funções institucionais estranhas do modelo constitucional de jurisdição, ou, mais precisamente, a invasão de competências tipicamente políticas.

Os riscos de usurpação são fisiológicos à vida política, e certamente a jurisdição, com todas as suas limitações, não é imune às eventualidades comuns à vida das instituições constitucionais, máxime no contexto pluralista do Estado moderno, em que a Constituição é expressão da positivação de valores variados e, inclusive, potencialmente contrapostos, que devem ser balanceados nas inúmeras decisões cotidianas da política e da jurisdição, abrangentes do mais vastos campos em que se desdobra a normativa constitucional.

Na reedição, em janeiro de 2024, do clássico *Il Diritto mite* (*O Direito dúctil*), de 1992, Gustavo Zagrebelsky, em uma nova "introdução", refletindo sobre *política* e *jurisdição constitucional*, sublinha a necessidade de manter os espaços distintos de uma e outra manifestação da vida estatal, sem desconhecer, todavia, a dificuldade conatural à dinâmica dos Poderes na atuação e na aplicação de uma Constituição pluralista:

> É uma questão importante que cobre o princípio da separação dos Poderes. Na espreita, encontra-se a denominada *juristocracia* (a versão hodierna do "governo dos juízes") e a preocupação é a salvaguarda do espaço político em face daquele jurídico. A política, na democracia, tem as suas sedes, que não as judiciárias, mas as legislativas. O "lugar" ocupado pela jurisdição corre o risco de ser uma subtração daquela da política e, ao fim, da democracia, entendida como livre determinação das maiorias eleitas pelos cidadãos. A não ser que se trate de jurisdição exercitada por "bocas da lei", o que, nos ordenamentos pluralistas, como acima descritos, seria pura quimera.
> Porque este não é o tempo de Montesquieu, o problema da coexistência, portanto, existe, mas deve ser enfrentado com a consciência de que esse nasce não por acaso, não por malícia e não sem profundas raízes na Constituição pluralista. A Constituição se difundiu (diriam os realistas), ou transbordou (diriam os sonhadores de outras realidades monistas) em todos os setores do ordenamento jurídico.[8]

O Poder Judiciário não é simples "boca da lei", e, no Estado Constitucional, a ideia de controle de constitucionalidade representa, nos dizeres de Gustavo Zagrebelsky, uma novidade "capital e concernente à posição da lei", que, "pela primeira vez na época moderna, é colocada em *relação de conformidade* e, portanto, *subordinada* a um patamar

---

[8] ZAGREBELSKY, Gustavo. *Il Diritto mite*. Einaudi: Torino, 2024. p. 26-27.

mais alto de direito, estabelecido pela Constituição".[9] E, mais, o acesso dos juízes à Constituição não é necessariamente mediado pela lei.

Delineada a dimensão do problema, e o contexto constitucional pluralista em que se situa, o pensamento retrocede necessariamente a outros contextos constitucionais, de outras épocas, como, dada a sua natureza paradigmática, os dos dramas institucionais austríaco e, especialmente, alemão, imediatamente posteriores à Primeira Grande Guerra.

O "fantasma de Weimar", como chegou a ser dito no curso dos debates ocorridos na celebração do centenário da Constituição alemã (1919), assombra, presentemente, as experiências constitucionais contemporâneas em contextos nos quais igualmente se afirmam o "antiparlamentarismo" e o "antidemocratismo", marcados pela mais acentuada insoferência em relação ao processo político, ou seja, aos métodos e aos tempos da formação da vontade política nas sedes da representação política definidas pelo voto popular.

A democracia liberal, vale dizer, o regime democrático fundado nas liberdades dos "antigos" (direitos de participação política) e dos "modernos" (liberdades de pensamento, de consciência e outros direitos de autodeterminação pessoal e de prestação prevalentemente negativa), vinha contestada sob a inclemente increpação de ineficiência para a resolução da grave crise social, política e econômica que se abatia sobre a Áustria e a Alemanha daquele tempo, para não dizer de outras realidades – pense-se, por exemplo, no caráter igualmente antidemocrático e antiparlamentar do fascismo italiano que naquele tempo se avizinhava à conquista do poder na Itália e ao início do vintênio totalitário – europeias.

Época difícil, como testemunhado nas dramáticas páginas autobiográficas de Kelsen, cuja edição brasileira, de agosto de 2011, devemos ao esforço do Ministro Dias Toffoli e do Professor Otavio Luiz Rodrigues Júnior, é o alentado estudo introdutório à obra.

Na vida pessoal de Kelsen, foi um tempo marcado pela escrita de textos sobre a natureza da democracia, e, contra as apocalípticas energias da "potência do negativo"[10] em curso na Europa, Kelsen insiste na democracia, nos direitos individuais, e propõe o modelo de *jurisdição constitucional* a cuja atuação prática na Áustria contribui em primeira pessoa.

Não uma substituição da democracia por uma forma de juristocracia, e sequer o caminho do decisionismo com alteração de sujeito, ou seja, a Corte Constitucional no lugar do Führer, conforme proposto no pensamento schmittiano. Mas um Parlamento constituído como êxito do sistema eleitoral proporcional, em que as forças políticas, em respeito ao princípio majoritário, e em respeito às regras do jogo e aos direitos de representação políticas das minorias, cumprisse o seu papel.

A jurisdição constitucional cumpriria a sua função de equacionar os conflitos que dissessem respeito às regras do jogo, não estando vocacionada a Corte Constitucional a navegar nas águas procelosas dos conflitos de valor concernentes à concretização de normas dotadas de uma maior politicidade principiológica. Tudo somado, encontra-se na leitura das páginas kelsenianas a tentativa de justificação teórica do modelo de

---

[9] ZAGREBELSKY, Gustavo. *Il Diritto mite*. Einaudi: Torino, 2024. p. 34.
[10] DE GIOVANNI, Baggio. *Figure di apocalisse*: la potenza del negativo nella storia d'Europa. Bologna: Il Mulino, 2022.

jurisdição constitucional, uma concepção menos abrangente do que aquela em operação nos diversos modelos comparados e ora vigentes.

Hans Kelsen ofereceu, enfim, a proposta de uma jurisdição constitucional não invasiva dos espaços de decisão política. E ainda quando a Corte Constitucional austríaca sofreu pela incompreensão de uma maioria política prevalecente que, em matéria socialmente sensível, diretamente concernente ao Direito de Família, teve a atuação dos juízes constitucionais como exorbitante de suas capacidades institucionais e limites de atuação, mantendo sempre por signo o apreço pela democracia parlamentar.

Em recente evento acadêmico em Lisboa, em plena consciência, segundo podemos intuir de suas grandes qualidades de homem público, de que a história, sempre concreta e desconforme à rigidez dos modelos, encaminha, tantas vezes, as instituições por caminhos que não são os ideais, mas são os que o momento e o contexto permitem, o Ministro Dias Toffoli, avesso ao antidemocratismo e ao antiparlamentarismo, observou que "a política foi vilipendiada nos últimos dez, 15 anos", o que fez, segundo Sua Excelência, que o "Judiciário ocupasse um espaço de protagonismo que ele não pode exercer permanentemente".[11]

A explosão de demandas apresentadas, em número sempre crescente, ao Poder Judiciário, inclusive, ao Supremo Tribunal Federal (STF), conduz a um protagonismo contrastante com o modelo de esfera pública democrática, escolhido pelas nossas Constituições, no que os demandantes exigem muitas vezes da Corte o exercício da *jurisdictio*, que lhe compete, mas o de *gubernaculum*, que a ordem jurídica atribui a instâncias políticas de decisão, cuja legitimação resulta do voto popular.

Convergindo com a urgente ponderação do estadista, Ministro Dias Toffoli, e em plena harmonia com a necessidade ali revelada de que ao Poder Judiciário não cabe o protagonismo, do qual se deve desembaraçar, uma das mais autorizadas vozes do constitucionalismo europeu, o Professor Massimo Luciani, emérito da Universidade de Roma La Sapienza, em seu mais novo livro, com o sugestivo título de *Cada coisa em seu lugar: restaurar a ordem constitucional dos Poderes*, ressalta que "o restauro e a restauração da ordem constitucional dos Poderes não podem senão passar também pela plena repristinação das prerrogativas das assembleias representativas".[12]

O balanço da jurisprudência Dias Toffoli revela-se positivo, porquanto se mostra em harmonia com as magnas ponderações do homem de Estado, consoante se pode verificar a partir do exame de alguns julgados representativos.

III A separação dos Poderes e o Poder Legislativo na jurisprudência Dias Toffoli

Essa "plena repristinação das prerrogativas das assembleias representativas", segundo a expressão de Massimo Luciani, coaduna-se com a firme negativa do STF de

---

[11] TOFFOLI afasta ideia de ativismo e defende intervenção judicial em políticas públicas. *Conjur*, Rio de Janeiro, 27 jun. 2024. Disponível em: https://www.conjur.com.br/2024-jun-27/toffoli-afasta-ideia-de-ativismo-e-defende-intervencao-judicial-em-politicas-publicas. Acesso em: 18 ago. 2024.

[12] LUCIANI, Massimo. *Ogni cosa al suo posto*: restaurare l'ordine costituzionale dei poteri. Milano: Giuffrè, 2023. p. 236.

estender sua jurisdição ao exame – tantas vezes postulados por forças políticas representadas no próprio Poder Legislativo, e vencidas no curso do processo deliberativo – de matérias estranhas ao alcance normativo da Constituição, como é o da interpretação de normas regimentais autônomas do Parlamento.

Em voto vencedor, o Ministro Dias Toffoli, no julgamento plenário, em sessão virtual do Plenário de 4 a 11 de junho de 2021, do Recurso Extraordinário (RE) nº 1.297.884/DF, de sua relatoria, após haver ressaltado que a temática "guarda estreita relação com a preservação da intangibilidade do princípio fundamental insculpido no art. 2º da Constituição Federal, segundo o qual são poderes da União, independentes e harmônicos entre si, o Legislativo, o Executivo e o Judiciário", propôs a seguinte tese de repercussão geral:

> Em respeito ao princípio da separação dos Poderes, previsto no art. 2º da Constituição Federal, quando não caracterizado o desrespeito às normas constitucionais pertinentes ao processo legislativo, é defeso ao Poder Judiciário exercer o controle jurisdicional em relação à interpretação do sentido e do alcance de normas meramente regimentais das Casas Legislativas, por se tratar de matéria *interna corporis*.[13]

Com esse julgado, reafirma-se que o processo formativo das espécies legislativas é vinculado às exigências materiais e formais que a Constituição estabelece, mas não às normas que, não sendo reprodução ou consequência necessária da aplicação de regras e princípios constitucionais, dizem que a produção autônoma e livre de normas regimentais pelo Poder Legislativo, cuja aplicação é sujeita ao êxito majoritário da deliberação parlamentar, âmbito no qual a interferência judiciária teria como efeito o engessamento da vida política.

Posteriormente, na sessão virtual de 23 a 30 de junho de 2023, voltando ao tema, em sede de embargos de declaração, manteve a Corte essa jurisprudência, em que pese a ligeira divergência de ideias que conduziu ao deslocamento da relatoria, veiculando-se a seguinte tese, na qual não se depara, a rigor, com intelecção diversa, mas apenas se afastou a restrição da decisão às normas constitucionais concernentes ao processo legislativo:

> Em respeito ao princípio da separação dos Poderes, previsto no art. 2º da Constituição Federal, quando não caracterizado o desrespeito às normas constitucionais, é defeso ao Poder Judiciário exercer o controle jurisdicional em relação à interpretação do sentido e do alcance de normas meramente regimentais das Casas Legislativas, por se tratar de matéria *interna corporis*.[14]

Conquanto a autoridade da Constituição da República não cesse no limiar das sedes de representação política, é a Constituição que não submeteu a maioria parlamentar a uma espécie de autovínculo regimental, quando essa ou aquela formalidade ritual não seja exigida em nível constitucional. Esse domínio, como registrado no voto do Ministro Dias Toffoli, é o dos atos *interna corporis* do Poder Legislativo.

---

[13] Acórdão publicado no *Dje* de 4 de agosto de 2021 – ATA nº 128/2021. *Dje* nº 155, divulgado em 3 de agosto de 2021 e acessível, em seu inteiro teor, no sítio eletrônico do STF.

[14] Acórdão publicado no *Dje* publicado de 1 de setembro de 2023, divulgado em 31 de agosto de 2023 e com trânsito em julgado em 19 de setembro de 2023.

Quanto às prerrogativas dos membros do Poder Legislativo, o Ministro Dias Toffoli, no julgamento plenário da Ação Direta de Inconstitucionalidade (ADI) nº 5.526/DF, contribuiu com o seu voto para a deliberação, a que se chegou por uma apertada maioria, no sentido de que, além da prisão, outras medidas cautelares substitutivas que venham a ser aplicadas com base na regra do artigo 319 do Código de Processo Penal, desde que impeçam o desembaraçado exercício do mandato parlamentar, devem ser submetidas também ao juízo político do parlamento relativo à sua subsistência ou não.

Segundo o Ministro Dias Toffoli, se "a finalidade da imunidade formal é proteger o livre exercício do mandato parlamentar contra interferências externas, não faria sentido permitir-se que a *ratio* da norma constitucional pudesse ser contornada pela via das medidas cautelares diversas da prisão".

Logo, a regra do artigo 53, §2º, da Constituição da República, a teor da qual, desde "a expedição do diploma, os membros do Congresso Nacional não poderão ser presos, salvo em flagrante de crime inafiançável", e que, nessa hipótese, "os autos serão remetidos dentro de vinte e quatro horas à Casa respectiva, para que, pelo voto da maioria de seus membros, resolva sobre a prisão",[15] aplicar-se-ia, por identidade de razões, a quaisquer outras medidas cautelares que interfiram impliquem restrição pessoal ao exercício do mandato.

Em textual, acentua o Ministro Dias Toffoli, que "qualquer outro ato emanado do Poder Judiciário que importe em restrição pessoal ao livre exercício do mandato parlamentar deverá ser submetido ao controle político da Casa Legislativa, nos termos do art. 53, §2º, da Constituição Federal".[16]

O voto é assaz expressivo de sobriedade e moderação, qualidades reconhecidas do Ministro Dias Toffoli que o predestinaram ao exercício da jurisdição constitucional e fiel da balança da República Federativa do Brasil.

Eis outro excerto que mostra separação dos Poderes e razoabilidade somados em solução equilibrada da jurisdição constitucional que prima pela institucionalidade:

> A meu sentir, a solução para essa situação de *aporia* deve ser extraída da própria *ratio* do sistema de freios e contrapesos instituído pelo Poder Constituinte Originário. É o modelo de freios e contrapesos, por meio de contrapartidas de controle recíproco entre os Poderes, que viabiliza a manutenção do equilíbrio e da harmonia quando se tem intervenções de um Poder em função própria de outro.
>
> Por essa razão, a solução dessa situação de tensão, *radicada na mediania entre os extremos e derivada de um juízo constitucional de ponderada razoabilidade*, é determinar-se que toda medida cautelar pessoal que crie embaraços ao livre exercício do mandato eletivo de parlamentar federal *somente possa ser imposta no caso de flagrante de crime inafiançável ou, ausente o estado de flagrância, em situações de superlativa excepcionalidade*, devendo, em ambas as hipóteses, a decisão judicial ser submetida, em vinte e quatro horas, ao controle político da respectiva Casa Legislativa.[17]

Sem qualquer pretensão de passar em revista, na extensão e no grau de aprofundamento típicos de um tratamento monográfico, a vasta jurisprudência Dias Toffoli,

---

[15] Voto na ADI nº 5.526, disponível no sítio eletrônico do STF.
[16] Voto na ADI nº 5.526.
[17] Voto na ADI nº 5.526.

vimos acima pronunciamentos jurisdicionais que dão evidência sobeja, concorde-se ou não com o mérito dessa ou daquela decisão, de alta responsabilidade social, política e constitucional, com a qual Sua Excelência pesa e pondera os princípios e os dados constitucionais relevantes cada controvérsia que se lhe apresenta.

IV O processo político e a atuação da jurisdição constitucional

Nas democracias contemporâneas, em que o sufrágio universal sucedeu ao voto censitário, e a proteção aos mais diversos estilos de vida e formas de pensamento é o sinal de uma cultura aberta, o pluralismo político e, antes, o multiculturalismo acentuado conduz a um papel mais significativo do voto, da participação política, e de todas as liberdades individuais que dizem com a proteção da autodeterminação da pessoa humana.

Quanto maiores as diferenças dentro da sociedade civil, tanto mais necessário reavivar o papel de centralidade (a) do *princípio majoritário*, como elemento formal ineliminável das deliberações políticas em contexto democrático, (b) da *livre manifestação do pensamento*, como válvula respiratória permanente de todo o sistema, e (c) das *eleições*, do *exercício do sufrágio*, não apenas como momento episódico de legitimação, mas também como elemento central e de perdurante significação social, política e institucional.

A *jurisdição constitucional*, em que a lei, outrora expressão incontrastável da vontade geral, torna-se *objeto de controle*, tem como critério a norma constitucional posta, e atua, desse modo, para preservar a significação política e institucional dos sobreditos elementos, e não para modificar-lhes o peso relativo.

Nesse diapasão, os processos sociais que conduzem às mudanças nas concepções do Direito são fruto de operações e interações sociais e culturais profundas, expressões de autonomia e não de heteronomia, enfim, processos mais ou menos longos que ocorrem na sociedade e devem sensibilizar a Corte constitucional e as suas responsabilidades para a paz social.

A jurisdição constitucional não cria esses processos por meio de sentença, e se as suas decisões têm, como é fisiológico ao sistema, consequências políticas, não é porque o juiz atue com a finalidade de as deflagrar, como o faria um agente parcial que representasse certos interesses em disputa, mas com o objetivo de aplicar a Constituição.

A ideologização do Poder Judiciário forçosamente conduziria os juízes a uma ideia ilusória de si mesmos, incompatível com o relevantíssimo papel de garantia que lhes outorga a Constituição.

Isso pode ocorrer, por exemplo, se o juiz encarna uma postura "hermenêutica" que apele a uma *suposta objetividade de princípios constitucionais*, como se esses apontassem numa única direção os possíveis resultados do processo político.

Os princípios constitucionais, ao contrário, são abertos a composições plúrimas, a harmonizações variadas por obra, prioritariamente, da lei, fruto do exercício legítimo dos direitos de representação política pelos que receberam a legitimação através do voto popular.

A jurisdição contramajoritária não é a que alimenta qualquer forma de ativismo, mas a que se posiciona em conformidade com os direitos fundamentais e garante a observância das regras que definem os diversos espaços institucionais.

Se de um lado, como se tem dito, o "espaço dos direitos restringe, inexoravelmente, o espaço da decisão democrática",[18] de outro, claramente, não o anula. O constitucionalismo democrático contemporâneo favorece o mais elevado grau de pluralismo social e político.

Seu ponto de partida consiste na "compreensão de que", na sociedade contemporânea, "não existem mais harmonias pré-constituídas, sendo, antes, a sociedade rica de conflitos e desigualdades",[19] e de que na Constituição, precisamente, se processa a "inclusão do conflito social, e das desigualdades de fato que alimentam o conflito".[20]

O Poder Judiciário é equidistante dos interesses parciais em conflito dentro da vida coletiva, bem como das perspectivas ideológicas que estejam competindo por uma posição de predominância cultural e política, sabedor de que a Constituição é "norma inclusiva", que "constrói o espaço da inclusão política e social",[21] e estabelece o "mínimo denominador comum" da vida política, "sustentado pela geral adesão ativa de todos os que participam do compromisso, *e* que constitui a sólida base para construir uma convivência comum, capaz de andar além das relações de força do momento".[22]

Segundo o Ministro Dias Toffoli, "quem diz o que é a Constituição é o STF" e "quem interpreta a lei para efeito real e concreto é o Judiciário".[23] Sua Excelência não diz, com isso, que os outros Poderes e órgãos constitucionalmente autônomos não interpretem a Constituição. Reafirma que, na vida do Estado, os outros órgãos também podem reagir, dentro do sistema e no âmbito de suas competências, e sem ignorar, nos seus exatos termos, a coisa julgada, com sucessivas e divergentes interpretações, e com alterações formais da Constituição e leis reveladores do entendimento majoritário dos órgãos de representação política.

Expressivas, ainda, as palavras do afamado estudioso da jurisdição constitucional, Gustavo Zagrebelsky, na nova introdução, já referida, de *O Direito dúctil*:

> Mas, quando o caso crítico agudo se verifica, há alguém que tenha a última palavra? Firme o quadro constitucional em que o conflito se verifica, não. De uma parte, o legislador poderia superar a sentença, modificando a Constituição, alterando assim as regras do jogo e vencendo a partida. Mas, então, seria uma outra partida. Da outra parte, o juiz – o juiz constitucional – se é reconhecido o poder de declarar inconstitucional também a lei constitucional, quando essa viole os princípios "supremos" e imodificáveis da Constituição, categoria que compete ainda uma vez à Corte estabelecer o que abrange. Quando se chegasse ao ponto crítico de um conflito constitucional, nem o legislador constitucional, nem a Corte Constitucional

---

[18] PINO, Giorgio. *Il costituzionalismo dei Diritti*. Bologna: Il Mulino, 2017. p. 202.
[19] FIORAVANTI, Maurizio. *Lezioni di storia costituzionale*: le libertà fondamentali, le forme di governo, le Costituzioni del Novecento. Torino: Giappichelli, 2021. p. 268.
[20] FIORAVANTI, Maurizio. *Lezioni di storia costituzionale*: le libertà fondamentali, le forme di governo, le Costituzioni del Novecento. Torino: Giappichelli, 2021. p. 269.
[21] ZAGREBELSKY, Gustavo. *Diritto allo specchio*. Torino: Einaudi, 2018. p. 187.
[22] ZAGREBELSKY, Gustavo. *Diritto allo specchio*. Torino: Einaudi, 2018. p. 194.
[23] TOFFOLI afasta ideia de ativismo e defende intervenção judicial em políticas públicas. *Conjur*, Rio de Janeiro, 27 jun. 2024. Disponível em: https://www.conjur.com.br/2024-jun-27/toffoli-afasta-ideia-de-ativismo-e-defende-intervencao-judicial-em-politicas-publicas. Acesso em: 18 ago. 2024.

poderia resolvê-lo unilateralmente, por meio de uma "última palavra", a não ser dando início a uma nova e mais profunda crise que sacudiria as bases da própria Constituição. Isso significa uma coisa importante, quanto à ética necessária no Estado constitucional de direito: a crise é sempre abstratamente possível, mesmo se, geralmente, se situa no pano de fundo. Cumpre operar para que não apareça em primeiro plano como realidade concreta, uma vez que, em tal caso, existiriam não mais as razões do direito, mas existiriam apenas as razões da força, o que é diametralmente oposto ao espírito da Constituição que temos. Como se fala de um *self-restraint* como virtude do juiz que pronuncia sentenças, disso se deveria falar também como virtude das forças políticas que se exprimem por meio das leis.[24]

Evitar as tensões, abandonar a lógica da "última palavra", quando o que esse exprime é uma visão de superioridade institucional, trabalhar para atuar a Constituição, e não gerar crises constitucionais, eis a lição do Ministro Dias Toffoli:

> Como ponto de equilíbrio do Estado Democrático de Direito, a Suprema Corte deve ser forte e atuante na concretização e na interpretação dos comandos constitucionais.
> *Mas a relação independente e harmoniosa entre os Poderes do Estado exige que essa atuação se dê, como exposto, "sem predomínio". Nem passivismo, nem ativismo exacerbado.*
> No exercício do seu papel moderador, incumbe ao Supremo Tribunal Federal *distensionar* as fricções que possam ocorrer entre os demais Poderes constituídos.
> O Supremo Tribunal Federal, portanto, não pode atuar como fomentador de tensões institucionais, o que, a meu ver, viria a ocorrer caso se suprimisse do Poder Legislativo o legítimo controle político de *restrições de natureza processual penal* ao livre exercício do mandato parlamentar.
> Em suma, se o Supremo Tribunal Federal, no exercício de sua jurisdição, no caso de flagrante de crime inafiançável ou, fora dessa hipótese, em situação de superlativa excepcionalidade, vier a impor *medidas cautelares pessoais de natureza processual penal que interfiram na liberdade de atuação parlamentar de um titular de imunidade formal*, essa decisão terá que ser submetida ao exame do Poder Legislativo.[25]

Importa-nos pensar e repensar sempre nas lições de filosofia prática, constitucional, institucional e judicial que permeiam esse e outros votos do Estadista, Professor e Juiz Dias Toffoli. Ouvi-lo, sem mais achegas, parece-me o que há de mais apropriado.

Referências

DE GIOVANNI, Baggio. *Figure di apocalisse*: la potenza del negativo nella storia d'Europa. Bologna: Il Mulino, 2022.

FIORAVANTI, Maurizio. *La Costituzione democratica*: modelli e itinerari del diritto pubblico del ventesimo secolo. Milano: Giuffrè, 2018.

LUCIANI, Massimo. *Ogni cosa al suo posto*: restaurare l'ordine costituzionale dei poteri. Milano: Giuffrè, 2023.

MATTEUCCI, Nicola. *Organizzazione del potere e libertà: storia del costituzionalismo moderno*. Bologna: Il Mulino, 2026.

MELLO FILHO, José Celso de. *Posse na Presidência do Supremo Tribunal Federal*: ministro Gilmar Ferreira Mendes, presidente; ministro Antonio Cezar Peluzo, vice-presidente: sessão realizada em 23 de abril de 2008. Brasília: STF, Secretaria de Documentação, Coordenadoria de Divulgação de Jurisprudência, 2008. Disponível em: https://portal.stf.jus.br/textos/verTexto.

---

[24] ZAGREBELSKY, Gustavo. *Il Diritto mite*. Einaudi: Torino, 2024. p. 29-30.
[25] Voto na ADI nº 5.526.

asp?servico=bibliotecaConsultaProdutoBibliotecaPastaMinistro&pagina=CelsoMelloDiscursos. Acesso em: 18 ago. 2024.

PINO, Giorgio. *Il costituzionalismo dei Diritti*. Bologna: Il Mulino, 2017.

TOFFOLI afasta ideia de ativismo e defende intervenção judicial em políticas públicas. *Conjur*, Rio de Janeiro, 27 jun. 2024. Disponível em: https://www.conjur.com.br/2024-jun-27/toffoli-afasta-ideia-de-ativismo-e-defende-intervencao-judicial-em-politicas-publicas. Acesso em: 18 ago. 2024.

ZAGREBELSKY, Gustavo. *Il Diritto mite*. Einaudi: Torino, 2024.

Informação bibliográfica deste texto, conforme a NBR 6023:2018 da Associação Brasileira de Normas Técnicas (ABNT):

ARAS, Augusto. Reflexões sobre a separação dos Poderes e a jurisdição constitucional na doutrina e na jurisprudência Dias Toffoli. In: MENDES, Gilmar Ferreira; LIRA, Daiane Nogueira de; FREIRE, Alexandre (coord.). *Constituição, democracia e diálogo*: 15 anos de Jurisdição Constitucional do Ministro Dias Toffoli. 2. ed. Belo Horizonte: Fórum, 2025. p. 253-264. ISBN 978-65-5518-937-7.

A DEFESA DA DEMOCRACIA E DAS LIBERDADES: UMA HOMENAGEM AO MINISTRO JOSÉ ANTONIO DIAS TOFFOLI

BENEDITO GONÇALVES
CAMILE SABINO BEZERRA CORRÊA

1 Homenagem ao Ministro Dias Toffoli

O Ministro José Antonio Dias Toffoli tomou posse no Supremo Tribunal Federal (STF) em outubro de 2009, quando recebeu um acervo de aproximadamente 11 mil processos, todos em papel. Com a sua competência e com o passar dos anos, em 2015 conseguiu fazer do seu gabinete o com o menor acervo daquele Tribunal. Em setembro de 2018, passou a ser o Presidente da Corte Suprema. Diga-se de passagem, aos 50 anos de idade, foi o mais jovem Ministro a assumir a Presidência desde os tempos do Império.

Sua atuação nesses 15 anos no STF tem sido marcada pela capacidade ímpar de dialogar com outros Poderes e colaborar para a construção de novas trajetórias para a defesa da democracia em nosso País. Em seu discurso de posse como Presidente do STF, assim afirmou: "Vamos ao diálogo! Vamos ao debate plural e democrático! Não somos apenas passageiros dessa mudança histórica. Somos também construtores do caminho a seguir."[1]

Desse modo, nota-se que o Ministro Dias Toffoli tem arduamente lutado pela proteção da democracia e das liberdades, pilares fundamentais de qualquer Estado de Direito. O Judiciário desempenha um papel crucial na garantia desses direitos e o Ministro homenageado tem deixado sua marca na defesa desses princípios.

Este artigo é uma homenagem à contribuição do Ministro Dias Toffoli na defesa da democracia e das liberdades no contexto do sistema judiciário brasileiro. São inúmeras as suas decisões e posicionamentos em casos relevantes para a garantia dos direitos fundamentais dos cidadãos brasileiros. Todavia, o presente artigo não se cinge a aprofundar a análise de alguma decisão ou posicionamento específico, mas sim a tentar reproduzir, ainda que de forma perfunctória, a relevância de suas contribuições e

---

[1] ANUÁRIO DA JUSTIÇA 2019. Hora de destravar o Brasil. *Consultor Jurídico*, p. 39-46.

reflexões em relação à consolidação democrática e à proteção das liberdades individuais no Brasil.

2 Conceito de democracia

A democracia é a expressão do poder político exercido pelo povo, estando diretamente ligada a uma sociedade civil livre. Segundo Schimitter e Karl em seu artigo "What Democracy Is...And Is Not",[2] a forma de democracia praticada em um Estado é determinada pela condição socioeconômica, instituições e políticas desse Estado.

Os autores definem a democracia como um sistema moderno de governança no qual os governantes são responsabilizados pelos cidadãos. Vale ressaltar que as democracias dependem dos líderes que ocupam cargos de autoridade. Além disso, um aspecto fundamental da democracia é a realização de eleições livres e justas.

É importante destacar que as democracias liberais costumam levar a mercados econômicos mais dinâmicos e, consequentemente, uma maior qualidade de vida em comparação a democracias não liberais.

No entanto, é preciso salientar que a definição de democracia não é objetiva e pode ser controversa, portanto nem sempre significa liberdade. É fundamental garantir a defesa das liberdades nas democracias, tanto em nível nacional quanto internacional, visando à estabilidade democrática.

Historicamente, na Grécia do século IV, as leis eram estabelecidas através de argumentação, não se baseando em costumes ou uso da força. Os cidadãos atenienses compreendiam a diferença entre a restrição imposta pela submissão à arbitrariedade de outros e a restrição imposta pela lei, na qual eles participavam de sua criação e reconheciam a necessidade de respeito. Problemas mais complexos eram resolvidos segundo a opinião da maioria, permitindo que os homens livres participassem do processo. Assim, o Estado de Direito e o devido processo legal começaram a se estabelecer. A liberdade e a igualdade eram inseparáveis, uma vez que o exercício de uma dependia da garantia da outra.

No entanto, a democracia ateniense é criticada por restringir o direito de voto e participação apenas aos homens atenienses livres maiores de vinte anos, excluindo descendentes de imigrantes, mulheres, crianças e escravos. Isso levanta questionamentos sobre se a estrutura ateniense pode realmente ser considerada uma democracia, o que pode ter limitado sua duração.

Por seu turno, a Revolução Francesa ampliou o conceito de cidadania e, consequentemente, de democracia. Inspirados pelos ideais iluministas, os revolucionários franceses acreditavam que a participação popular na política traria avanços sociais, morais e científicos. A partir do século XVIII, a democracia se expandiu pelo Ocidente, com países como França, Inglaterra e Estados Unidos se tornando algumas das primeiras democracias do mundo.

Nesses países, um corpo político eleito pelo povo era responsável pela representação governamental através de um sistema parlamentar ou republicano. No entanto, mesmo

---

[2] SCHIMITTER, Phillipe C.; KARL, Terry Lynn. What Democracy Is...And Is Not. *In*: O'NEIL, Patrick H.; ROGOWSKI, Ronald (Eds.). *Essential Readings in Comparative Politics*. 4th ed. New York: W.W. Norton and Company, 2013.

nessas aparentes democracias, muitas minorias sociais, como as mulheres, não tinham direito ao voto.

O direito de voto feminino começou a surgir no final do século XIX, sendo concedido pela Nova Zelândia em 1893 e com movimentos pelo sufrágio feminino iniciando-se na Inglaterra em 1897. Somente em 1918 as mulheres inglesas conseguiram o direito ao voto. No Brasil, as restrições de gênero ao voto foram abolidas em 1932, marcando um momento importante na história da democratização do País.

3 A evolução da democracia

No ano de 1790, a democracia era presente em três países no mundo. Entretanto, ao longo do século XX, ocorreu uma diminuição desse número, chegando a apenas duas democracias.

Atualmente, a quantidade de democracias aumentou consideravelmente, ultrapassando a marca de 130. Contudo, é importante salientar que, a cada nova onda democrática, cerca de metade dessas novas democracias não conseguiram se estabelecer de forma duradoura.

O período entre as Grandes Guerras e os anos 1960 e 1970 foi particularmente crítico, resultando em uma diminuição drástica das democracias. Além disso, algumas democracias que existem atualmente provavelmente não se manterão.

No entanto, ao longo dos anos, o número de democracias tem aumentado e essa tendência parece continuar no futuro. Isso ocorre, em parte, devido às mudanças geracionais nas sociedades industrializadas avançadas.

A democracia tem enfrentado desafios significativos, causando preocupação global quanto à sua estabilidade. Luna Van Brussel Barroso[3] afirma que, embora o número de democracias formais seja alto, o número de países que efetivamente garantem liberdades e direitos políticos é consideravelmente menor.

Acesso a justiça, liberdades civis, direitos sociais e igualdade são exemplos de liberdades e direitos políticos que devem ser respeitados. Esses aspectos são comumente utilizados para avaliar o respeito às liberdades civis, como a liberdade de expressão, acesso à justiça e igualdade.

Os governos democráticos têm uma tendência crescente de defender e proteger as liberdades civis, principalmente nos últimos dez anos. Esse movimento se intensificou ainda mais após a pandemia de COVID-19, que colocou à prova a capacidade dos governos em equilibrar a saúde pública com o respeito aos direitos e liberdades das pessoas.

O cenário foi agravado por uma onda global de protestos, que foram motivados tanto pelo descontentamento com as medidas políticas tomadas durante o período da pandemia, quanto por outras queixas não resolvidas e, sobremaneira, pelas enormes discrepâncias socioeconômicas ainda existentes entre os países.

---

[3] BARROSO, Luna Van Brussel. Recessão democrática, populismo e um papel possível para as cortes constitucionais. *In*: COSTA, Daniel Castro Gomes da *et al.* (Coords.). *Democracia, justiça e cidadania* – Desafios e perspectivas: homenagem ao Ministro Luís Roberto Barroso. Belo Horizonte: Fórum, 2020. p. 100-101.

4 O constitucionalismo democrático

O Estado Democrático de Direito é o ponto de equilíbrio entre o governo da maioria, o respeito às regras do jogo democrático e a promoção dos direitos fundamentais. De acordo com o Ministro Luís Roberto Barroso, "Trata-se de uma fé racional que ajuda a acreditar no bem e na justiça, mesmo quando não estejam ao alcance dos olhos".[4]

Desse modo, nota-se que o constitucionalismo democrático global progrediu de um sistema comprometido meramente com o Estado de Direito e as garantias mínimas de liberdade negativa, para um sistema que objetiva promover a dignidade humana e os direitos fundamentais como metas que procuram orientar e restringir a atuação estatal. Esse progresso resultou em um conjunto de princípios e direitos básicos que devem ser assegurados nas democracias constitucionais.

Conforme lecionam Lafuente e Castro,[5] nota-se a ampliação do processo denominado mobilização cognitiva. Tal processo consiste no interesse cada vez maior do cidadão em participar de forma ativa na política. Sob tal perspectiva, a mobilização cognitiva do povo se demonstra essencial para a estabilidade democrática, bem como a conexão entre desenvolvimento econômico e democracia estável surge por meio do exercício da liberdade, em suas mais diversas formas. A democracia, dessa maneira, está intrinsecamente ligada ao conceito de uma sociedade civil livre.

5 A Constituição Brasileira de 1988

A Constituição de 1988, conhecida como "Constituição Cidadã", é um marco histórico no Brasil, representando um avanço significativo nos direitos sociais, políticos e individuais. Resultado do trabalho da Assembleia Nacional Constituinte, essa constituição reflete um momento de reorganização do Estado brasileiro, reafirmando o compromisso com a promoção dos direitos fundamentais no País.

A elaboração da Constituição de 1988 – CF/1988 ocorreu durante o processo de redemocratização do Brasil, após um período de ditadura militar. Esse processo constituinte foi caracterizado por debates intensos e a participação de representantes de diferentes setores da sociedade. A constituição reflete os anseios do povo brasileiro e representa um importante avanço na consolidação da democracia e na garantia de direitos fundamentais para todos os cidadãos.

A CF/1988 marcou a garantia de avanços significativos não apenas nos direitos sociais, como também nos direitos políticos e individuais no Brasil. Entre as principais conquistas nos direitos sociais, destacam-se a proteção dos direitos trabalhistas, a seguridade social e a promoção da igualdade de gênero e racial.

No que diz respeito aos direitos políticos, a CF/1988 ampliou a participação popular, fortalecendo a democracia representativa e direta. Quanto às garantias individuais e proteção dos direitos fundamentais, a CF/1988 assegurou a liberdade de expressão, a

---

[4] BARROSO, Luís Roberto. O Constitucionalismo Democrático ou Neoconstitucionalismo como ideologia vitoriosa do século XX. *Revista Publicum Rio de Janeiro*, v. 4, Edição Comemorativa, 2018, p. 14-36. Disponível em: http://www.e-publicacoes.uerj.br/index.php/publicum. Acesso em: 19 jul. 2024. DOI: 10.12957/publicum.2018.35777

[5] LAFUENTE, Adolfo; CASTRO, Consuelo. Atlas de elecciones y partidos políticos en España (1977-2016). *Revista Española de Ciencia Política*. n. 48, p. 247-251, Noviembre 2018.

inviolabilidade da intimidade, vida privada, além da proteção contra discriminação, tortura e tratamento desumano ou degradante.

Na seara dos direitos sociais, a Carta Magna trouxe também a proteção dos direitos trabalhistas, inclusão social, previdência social, promoção da igualdade de gênero e racial, e defesa do meio ambiente.

Quanto aos direitos políticos, houve a ampliação da participação popular e o fortalecimento da democracia representativa e direta no Brasil, destacando-se o voto universal, secreto e periódico, a consolidação dos partidos políticos e do sistema eleitoral proporcional.

Esses avanços refletem o compromisso do Estado brasileiro em garantir condições dignas de trabalho, acesso à educação, saúde, moradia e proteção social para todos os cidadãos, visando à redução das desigualdades sociais e à promoção do bem-estar coletivo. Além disso, essas inovações ampliaram a representatividade e a participação direta da sociedade na condução do País, fortalecendo os princípios democráticos.

A CF/1988 reiterou a importância das garantias individuais e a proteção dos direitos fundamentais, desempenhando um papel crucial como balizador do novo Estado brasileiro, fornecendo as bases para a reorganização do País após o período da ditadura militar. Ela estabeleceu um novo modelo de Estado, pautado na democracia e na defesa dos direitos fundamentais, promovendo a consolidação de uma sociedade mais justa. Sua influência pode ser observada em diversos aspectos da vida política, social e econômica do Brasil, demonstrando, por conseguinte, sua importância como marco na história do País.

A diversidade de pontos de vista em relação aos direitos fundamentais é uma característica proeminente da Constituição de 1988, já que esses direitos são interpretados de maneiras variadas por diferentes segmentos da sociedade. Essa variedade de perspectivas reflete a complexidade e a amplitude dos direitos fundamentais, os quais são compreendidos de forma distinta dependendo das convicções, valores e ideologias de cada pessoa ou grupo social.

Essa diversidade se manifesta nas múltiplas interpretações dadas a esses direitos nos campos político, jurídico, social e cultural. A proliferação de opiniões e a presença de diversas correntes de pensamento sobre o assunto evidenciam a complexidade e a relevância dos direitos fundamentais na sociedade brasileira, destacando a importância do diálogo e da discussão contínua para a total compreensão e garantia desses direitos.

As ideias filosóficas e políticas referentes aos direitos fundamentais na Constituição de 1988 abrangem uma variedade de correntes e pensamentos, influenciados por diversas doutrinas e tradições. A multiplicidade de abordagens filosóficas e políticas reflete a complexidade e riqueza dos direitos fundamentais, evidenciando a importância de uma visão ampla e inclusiva para assegurar sua eficácia na sociedade brasileira.

De maneira resumida, a Constituição de 1988 representou grandes avanços em direitos sociais, políticos e individuais, reestruturando o Estado brasileiro pós-ditadura militar e reafirmando o compromisso com a proteção dos direitos fundamentais. Entretanto, a diversidade de perspectivas quanto a esses direitos apresenta um enorme desafio em sua efetivação, demandando uma abordagem coletiva e engajada.

6 Da atuação do Ministro Dias Toffoli em defesa da democracia e das liberdades[6]

O relatório da gestão do ministro Dias Toffoli no período no qual foi Presidente do STF revelou que o número de processos que aguardavam julgamento foi reduzido em 70%. Dos mais de 1.200 casos liberados para o Plenário no fim de 2018, restam apenas 369. Os dados apresentados neste relatório, juntamente com outras informações, refletem a implementação de diversas ações com o intuito de atualizar os processos de trabalho do STF, promover a colaboração entre os membros e garantir um serviço jurídico focado nas necessidades da sociedade contemporânea, que é diversificada, conectada e tecnológica no século XXI.

Os investimentos em inovação tecnológica e o aperfeiçoamento do Plenário Virtual possibilitaram a celeridade da pauta de julgamentos colegiados, especificamente do Plenário. De 2018 a 2020, período do Ministro Toffoli na Presidência do STF, foram proferidas 31.777 decisões colegiadas.

No período, foi consolidado o STF Digital, plataforma que unifica todos os sistemas internos daquele Tribunal, suportando a automatização do processo judicial de forma flexível, centralizada e integrada, o que revelou, ao final da gestão do Ministro Toffoli, que 95% dos processos tramitavam de forma eletrônica, um grande salto rumo à meta do Supremo 100% digital.

Concomitantemente foi alterada a análise prévia dos recursos que chegavam ao STF. A análise minuciosa e automatizada de 99% dos processos na Presidência reduziu a distribuição de processos inviáveis aos ministros, que podem se dedicar ao exame dos feitos de maior relevância e repercussão, enfatizando a vocação constitucional da Corte.

O Ministro Dias Toffoli foi responsável por promover, com maestria, uma maior aproximação e integração entre o STF e os demais tribunais, o que se concretizou na realização de visitas institucionais, com o intuito de conhecer as particularidades de cada um dos tribunais em todo o Brasil, a fim de reforçar a sistemática da repercussão geral e do juízo de admissibilidade.

Durante a presidência do Ministro Dias Toffoli, foram julgados 136 temas de repercussão geral nos Plenários físico e virtual. Foram pautadas matérias com alto grau de complexidade e sensibilidade em diversas áreas: saúde, educação, trabalhista, eleitoral, previdenciária, tributária, fiscal e penal, passando por assuntos como liberdade de expressão, demarcação de terras indígenas e outras questões sociais.

7 Decisões marcantes do Ministro Dias Toffoli

Há vasto material que demonstra a complexidade dos temas enfrentados pelo Ministro Dias Toffoli. Na Ação Direta de Inconstitucionalidade (ADI) nº 6.341, foi definido que o Presidente da República pode dispor, mediante decreto, sobre os serviços públicos

---

[6] BRASIL. STF. Toffoli encerra gestão com redução de 70% no número de processos que aguardavam julgamento pelo Plenário. Disponível em https://portal.stf.jus.br/noticias/verNoticiaDetalhe.asp?idConteudo=451346&ori=1. Acesso em 19 jul. 2024.

e as atividades essenciais durante a pandemia, desde que preservada a atribuição de cada esfera de governo.

Na Arguição de Descumprimento de Preceito Fundamental (ADPF) nº 461, por exemplo, foi declarada a inconstitucionalidade de leis municipais que vedam o ensino sobre gênero e orientação sexual e a utilização desses termos nas escolas.

Por seu turno, na Ação Cível Originária (ACO) nº 3.359, ficou estabelecido o dever da União de assegurar tratamento isonômico aos beneficiários do Programa Bolsa Família, independentemente do estado da Federação em que estão inscritos.

Na ADPF nº 548, foram anuladas decisões da Justiça Eleitoral em cinco estados que impuseram a interrupção de manifestações públicas de apreço ou reprovação a candidatos em ambiente virtual ou físico de universidades às vésperas do segundo turno da eleição de 2018. As decisões abrangem busca e apreensão de materiais de campanha eleitoral em universidades e associações de docentes e proibição de aulas com temática eleitoral e de reuniões e assembleias de natureza política.

Em outra ação de interesse social, a ADI nº 6.062, foi reconhecida a competência da Fundação Nacional do Índio (Funai) para realizar a demarcação de terras indígenas.

Além das decisões mencionadas, o prefácio da obra *Democracia e sistema de justiça: obra em homenagem aos 10 anos do Ministro Dias Toffoli no Supremo Tribunal Federal*,[7] escrito de maneira primorosa pelo Ministro Ricardo Lewandowski, trouxe algumas das principais decisões do homenageado, as quais o presente artigo mais uma vez traz à baila, por sua inestimada relevância:

> Entre as decisões pioneiras que capitaneou, encontra-se aquela proferida no RE nº 363.889/RJ, julgado em 2.6.2011, em que garantiu o direito da pessoa de conhecer os seus genitores naturais, por meio de exame de DNA, independentemente de quaisquer obstáculos processuais, em tese assim explicitada:
> Deve ser relativizada a coisa julgada estabelecida em ações de investigação de paternidade em que não foi possível determinar-se efetiva existência de vínculo genético a unir as partes, em decorrência da não realização do exame de DNA, meio de prova que pode fornecer segurança quase absoluta quanto à existência de tal vínculo.
> Não devem ser impostos óbices de natureza processual ao exercício do direito fundamental à busca da identidade genética, como natural emanação do direito de personalidade de um ser, de forma a torna-se igualmente efetivo o direito à igualdade entre os filhos, inclusive de qualificações, bem assim o princípio da paternidade responsável.
>
> Outra decisão importante foi a tomada pelo STF na ADI nº 4.330/DF, também de relatoria do homenageado, julgada em 26.6.2012, em que se deu interpretação conforme o art. 47, §2º, da Lei nº 9.504/97, para assegurar aos novos partidos, criados após a realização de eleições para a Câmara dos Deputados, o direito de acesso proporcional aos dois terços do tempo destinado à propaganda eleitoral no rádio e na televisão, considerada a representação dos parlamentares que migrarem diretamente das agremiações políticas pelas quais foram eleitos para a nova legenda, a partir do seguinte fundamento:
> Extrai-se do princípio da liberdade de criação e transformação de partidos políticos contido no caput do art. 17 da Constituição da República o fundamento constitucional para reputar como legítimo entendimento de que, na hipótese de criação de um novo partido, a novel legenda,

---

[7] MORAES, Alexandre de; MENDONÇA, André Luiz de Almeida (Coords.). *Democracia e sistema de justiça*: obra em homenagem aos 10 anos do Ministro Dias Toffoli no Supremo Tribunal Federal. Belo Horizonte: Fórum, 2020. p. 19-21.

para fins de acesso proporcional ao rádio e à televisão, leva consigo a representatividade dos deputados federais que, quando de sua criação, para ela migrarem diretamente dos partidos pelos quais foram eleitos. Não há razão para se conferir às hipóteses de criação de nova legenda tratamento diverso daquele conferido aos casos de fusão e incorporação de partidos (art. 47, §4º, Lei das Eleições), já que todas essas hipóteses detêm o mesmo patamar constitucional (art. 17, *caput*, Decisão no RE693, 457/RJCF/88), cabendo à lei, e também ao seu intérprete, preservar o sistema.

Também de relatoria do Ministro Toffoli, foi a importante decisão prolatada no HC nº 127.483/PA, julgado em 26.8.2015, em que a Suprema Corte começou a delinear os parâmetros da delação (hoje denominada colaboração) premiada, na qual se salientou o quanto segue:
1. A colaboração premiada é um negócio jurídico processual, uma vez que, além de ser qualificada expressamente pela lei como "meio de obtenção de prova", seu objeto é a cooperação do imputado para a investigação e para o processo criminal, atividade de natureza processual, ainda que se agregue a esse negócio jurídico o efeito substancial (de direito material) concernente à sanção premial a ser atribuída a essa colaboração.
2. A homologação judicial do acordo de colaboração, por consistir em exercício de atividade de deliberação, limita-se a aferir a regularidade, a voluntariedade e a legalidade do acordo, não havendo qualquer juízo de valor a respeito das declarações do colaborador.
3. Por se tratar de negócio jurídico personalíssimo, o acordo de colaboração premiada não pode ser impugnado por coautores ou partícipes do colaborador na organização criminosa e nas infrações penais por ela praticadas, ainda que venham a ser expressamente nominadas no respectivo instrumento no "relato da colaboração e seus possíveis resultados" (art. 6º, I, da Lei nº 12.850/13).
4. De todo modo, nos procedimentos em que figurarem como imputados, os coautores ou partícipes delatados – no exercício do contraditório – poderão confrontar, em juízo, as declarações do colaborador e as provas por ele indicadas, bem como impugnar, a qualquer tempo, as medidas restritivas de direitos fundamentais eventualmente adotadas em seu desfavor.

Igualmente, no RE nº 693.456/RJ, relatado pelo homenageado, cujo julgamento se deu em 2.9.2015, o Supremo, em repercussão geral, fixou a tese a seguir explicitada relativa ao tormentoso tema do direito de greve dos servidores públicos:
A administração pública deve proceder ao desconto dos dias de paralização decorrentes do exercício do direito de greve pelos servidores públicos, em virtude da suspenção do vínculo funcional que dela decorre, permitida a compensação em caso de acordo.
O desconto será, contudo, incabível se ficar demonstrado que a greve foi provocada por conduta ilícita do Poder Público.

Na ementa do julgado, o relator fez constar a seguinte ressalva:
O desconto somente não se realizará se a greve tiver sido provocada por atraso no pagamento aos servidores públicos civis ou por outras situações excepcionais que justifiquem o afastamento da premissa da suspensão da relação funcional ou de trabalho, tais como aquelas em que o ente da administração ou o empregador tenha contribuído, mediante conduta recriminável, para que a greve ocorresse ou em que haja negociação sobre a compensação dos dias parados ou mesmo o parcelamento dos descontos.
Por fim, entre inúmeros outros votos inovadores do atual Presidente da Corte, figura aquele proferido no RE nº 330.817/RJ, levado a julgamento em 8.3.2017, no qual o STF estendeu ao e-book a imunidade tributária conferida aos livros, mediante tese assim resumida:
O art. 150, VI, d, da Constituição não se refere apenas ao método gutenberguiano de produção de livros, jornais e periódicos. O vocábulo 'papel' não é, do mesmo modo, essencial ao conceito desses bens finais. O suporte das publicações é apenas o continente (*corpus*

mechanicum) que abrange o conteúdo (*corpus misticum*) das obras. O corpo mecânico não é o essencial ou o condicionante para o gozo da imunidade, pois a variedade de tipos de suporte (tangível ou intangível) que um livro pode ter aponta para a direção de que ele só pode ser considerado como elemento acidenta no conceito de livro. A imunidade de que trata o art. 150, VI, d, da Constituição, portanto, alcança o livro digital (*e-book*).

8 A defesa da intervenção judicial em políticas públicas[8]

Em 27 de junho de 2024, durante o XII Fórum Jurídico de Lisboa, o Ministro Dias Toffoli assim afirmou: "Uma vez promulgada uma Constituição, não existe mais o constituinte. E o guarda da Constituição é a Suprema Corte".

O painel "Jurisdição constitucional na revisão de políticas públicas: entre ativismo e deferência legislativa", no qual o homenageado participou, discutiu os limites da atuação do Judiciário com relação a políticas públicas e as diferenças entre judicialização e ativismo judicial.

O Ministro arrazoou a atuação da corte com uma frase do político e acadêmico americano Woodrow Wilson: "Conviver com uma Suprema Corte é conviver com um poder constituinte permanente". De acordo com o Ministro Dias Toffoli, "quem diz o que é a Constituição é o STF" e "quem interpreta a lei para efeito real e concreto é o Judiciário".

Sob a ótica do Ministro Dias Toffoli, a CF/1988 fez uma aposta no Judiciário para garantir sua efetividade. A partir dela, "o Judiciário deixou de ter o papel de julgar apenas disputas intersubjetivas e virou um fator real de poder".

O Ministro Dias Toffoli, todavia, ressaltou que o Judiciário não age de ofício. "Esse Poder Judiciário é chamado cotidianamente a dar a última palavra." Por isso, afirmou: "É nossa obrigação. Não é ativismo".

Conforme afirmou, o Ministério Público brasileiro se tornou o "ator para provocar o Judiciário, para dar efetividade à Constituição", por "opção do poder político permanente".

Ou seja, "a nossa Constituição é afirmativa e deu instrumentos não só ao MP, mas à sociedade como um todo e aos partidos políticos para provocar o Judiciário".

Desse modo, o Ministro parte da premissa de que o Judiciário e o Ministério Público "estão cumprindo os seus papéis, acertando ou errando". O Ministro destacou que se trata de uma opção da sociedade quando da transição entre a ditadura militar e o regime democrático.

No entanto, na sua ótica, "se tudo vai parar no Judiciário", isso também significa que há "uma falência das instituições da sociedade, que não resolve os seus problemas e não decide os seus dramas".

Assim, criticou a "cultura do trânsito em julgado", criada nos últimos 35 anos: a ideia, enraizada na sociedade, de que "um contrato privado só é válido se tiver um trânsito em julgado". Noutro giro, o Ministro afirmou que "a política foi vilipendiada

---

[8] As falas do Ministro Dias Toffoli, citadas entre aspas neste capítulo e na conclusão do artigo, foram extraídas de: CHAMADO a atuar: Toffoli afasta ideia de ativismo e defende intervenção judicial em políticas públicas. *Consultor Jurídico*, 27 jun. 2024. Disponível em: https://www.conjur.com.br/2024-jun-27/toffoli-afasta-ideia-de-ativismo-e-defende-intervencao-judicial-em-politicas-publicas/. Acesso em: 19 jul. 2024.

nos últimos dez, 15 anos. E isso fez com que o Judiciário ocupasse um espaço de protagonismo que ele não pode exercer permanentemente".

9 Conclusão

Conforme exposto por Zakaria em seu ensaio intitulado "The Rise of Illiberal Democracy",[9] é importante ressaltar que nem todas as democracias são liberais. Infelizmente, em várias partes do mundo, desde o Paquistão até a Malásia, vem ocorrendo um aumento de democracias que não são liberais.

Tais governos, que não adotam os valores liberais, podem ter uma estrutura democrática, mas são classificados como democracias não liberais. Isso ocorre porque a democracia verdadeira vai além do simples método de eleição de líderes políticos e aprovação de leis e orçamentos através de legislaturas eleitas.

O princípio central da democracia liberal está lastreado na ideia de que a soberania última pertence ao povo, que elege democraticamente um governo para representá-los. Portanto, é necessário ter um olhar mais apurado nas democracias nas quais se busca estabelecer uma relação entre liberdade e democracia, como é o caso do Brasil.

Os governos e sociedades democráticas devem constantemente lutar pelo exercício da liberdade. Por sua vez, o Judiciário deve respeitar as escolhas políticas do Legislativo e a discricionariedade administrativa razoável do Poder Executivo.

O Poder Judiciário deve intervir de forma mais direta em situações em que seja necessário proteger as regras do jogo democrático e ao mesmo tempo garantir a preservação dos direitos fundamentais, que são a base mínima de justiça nas sociedades democráticas.

Desse modo, nota-se que o Poder Judiciário tem se mostrado cada vez mais ativo na defesa da relação entre as conquistas democráticas e o exercício das liberdades, trabalhando incansavelmente em prol da defesa dos direitos dos cidadãos.

Durante momentos complexos de nossa história, como a pandemia do COVID-19 e os ataques contra a democracia e a disseminação de notícias falsas, a atuação do Ministro Dias Toffoli foi marcada pela defesa da democracia, do Poder Judiciário e pela busca constante do diálogo institucional, visando garantir a harmonia e a independência entre os Poderes e a pacificação social. Para tanto, seu trabalho indubitavelmente exigiu respostas robustas a ameaças à democracia, com o objetivo de protegê-la.

Por derradeiro, insta destacar relevante trecho da fala do Ministro Dias Toffoli no XII Fórum Jurídico de Lisboa, quando, ao abordar a atividade vigilante e firme do STF na defesa das instituições democráticas nos últimos anos, assim preconizou que: "Entre erros e acertos, entre compreensões e incompreensões, foi o sistema jurídico que manteve a democracia no Brasil".

---

[9] ZAKARIA, Fareed. The Rise of Illiberal Democracies. *Foreign Affairs*, 1997, p. 26.

Referências

ANUÁRIO DA JUSTIÇA 2019. Hora de destravar o Brasil. *Consultor Jurídico*, p. 39-46.

BARROSO, Luís Roberto. O Constitucionalismo Democrático ou Neoconstitucionalismo como ideologia vitoriosa do século XX. *Revista Publicum Rio de Janeiro*, v. 4, Edição Comemorativa, 2018, p. 14-36. Disponível em: http://www.e-publicacoes.uerj.br/index.php/publicum. Acesso em: 19 jul. 2024. DOI: 10.12957/publicum.2018.35777.

BARROSO, Luna Van Brussel. Recessão democrática, populismo e um papel possível para as cortes constitucionais. *In*: COSTA, Daniel Castro Gomes da *et al.* (Coords.). *Democracia, justiça e cidadania* – Desafios e perspectivas: homenagem ao Ministro Luís Roberto Barroso. Belo Horizonte: Fórum, 2020. p. 100-101.

BOBBIO, Noberto. *Estado, governo, sociedade*: para uma teoria geral da política Estado, governo, sociedade: para uma teoria geral da política. 7. ed. São Paulo: Paz e Terra, 1999.

BRASIL. STF. Toffoli encerra gestão com redução de 70% no número de processos que aguardavam julgamento pelo Plenário. Disponível em: https://portal.stf.jus.br/noticias/verNoticiaDetalhe.asp?idConteudo=451346&ori=1. Acesso em: 19 jul. 2024.

CHAMADO a atuar: Toffoli afasta ideia de ativismo e defende intervenção judicial em políticas públicas. *Consultor Jurídico*, 27 jun. 2024. Disponível em: https://www.conjur.com.br/2024-jun-27/toffoli-afasta-ideia-de-ativismo-e-defende-intervencao-judicial-em-politicas-publicas/. Acesso em: 19 jul. 2024.

LAFUENTE, Adolfo; CASTRO, Consuelo. Atlas de elecciones y partidos políticos en España (1977-2016). *Revista Española de Ciencia Política*. n. 48, p. 247-251, Noviembre 2018.

MORAES, Alexandre de; MENDONÇA, André Luiz de Almeida (Coords.). *Democracia e sistema de justiça*: obra em homenagem aos 10 anos do Ministro Dias Toffoli no Supremo Tribunal Federal. Belo Horizonte: Fórum, 2020. p. 19-21.

SCHIMITTER, Phillipe C.; KARL, Terry Lynn. What Democracy Is…And Is Not. *In*: O'NEIL, Patrick H.; ROGOWSKI, Ronald (Eds.). *Essential Readings in Comparative Politics*. 4th ed. New York: W.W. Norton and Company, 2013.

ZAKARIA, Fareed. The Rise of Illiberal Democracies. *Foreign Affairs*, 1997, p. 26.

Informação bibliográfica deste texto, conforme a NBR 6023:2018 da Associação Brasileira de Normas Técnicas (ABNT):

GONÇALVES, Benedito; CORRÊA, Camile Sabino Bezerra. A defesa da democracia e das liberdades: uma homenagem ao Ministro José Antonio Dias Toffoli. *In*: MENDES, Gilmar Ferreira; LIRA, Daiane Nogueira de; FREIRE, Alexandre (coord.). *Constituição, democracia e diálogo*: 15 anos de Jurisdição Constitucional do Ministro Dias Toffoli. 2. ed. Belo Horizonte: Fórum, 2025. p. 265-275. ISBN 978-65-5518-937-7.

O MINISTRO DIAS TOFFOLI CONTRA A FIDALGUIA DIGITAL

CAMILA PLENTZ KONRATH
GEORGES ABBOUD

*"A memória longínqua de uma pátria
Eterna mas perdida e não sabemos
Se é passado ou futuro onde a perdemos."*
(Sophia de Mello Breyner Andresen)

I   Uma justa homenagem a um grande homem público

Há pessoas corajosas.
Há pessoas que sabem ouvir e dialogar; que sabem digerir, interpretar.
Há pessoas que leem sinais, mesmo distantes e dispersos, e que conseguem antecipar o futuro inexorável.
Há pessoas que não precisam errar para aprender; aprendem e apreendem apenas com observação e abstração; dispensam, por isso, a experiência para se tornarem grandes sábias.
E há pessoas – raras – que reúnem essas qualidades e capacidades e se tornam capazes de tomar decisões dificílimas, incompreendidas, muito à frente de seu tempo e do *mainstream*.
O Ministro José Antonio Dias Toffoli é uma dessas pessoas e, para nossa sorte, estava no lugar certo, na hora certa: era presidente da Suprema Corte do país, quando começaram a surgir os primeiros ataques arquitetados e organizados contra ela, contra seus membros. Iniciava-se ali uma grande crise, poucos assim a identificaram, ou, pelo menos, tão precocemente a identificaram.
Momentos de crise costumam ser ocasiões ideais para a revisitação de obras clássicas, como se buscássemos na sabedoria do passado um antidoto para as angústias presentes. Quantas lições um clássico como *Raízes do Brasil*, de Sérgio Buarque de Holanda, ainda não nos guarda?

A duplicidade do sentido de *raízes*, que é simultaneamente, a origem e fonte de vitalidade de um organismo e o conjunto dos comportamentos e estruturas sociais que nos agrilhoam e impedem de evoluir, parece-nos uma chave de leitura preciosa para analisar como o *homem cordial* de hoje usa a *internet* e está nas redes sociais, buscando recolher recompensas imediatas e adquirir prestígio social mesmo que às custas da reputação alheia e da difusão de notícias fraudulentas (*fake news*) cujo impacto sistêmico é, em geral, imprevisível.

O presente texto é uma justa homenagem a um grande jurista e magistrado brasileiro, o Ministro José Antonio Dias Toffoli. Formado na tradicional Faculdade de Direito do Largo São Francisco, nosso homenageado desempenha desde 2009 a honrosa função de Ministro do Supremo Tribunal Federal (STF), do qual foi Presidente, com o mesmo brilhantismo com o qual, antes, exerceu o cargo de Advogado-Geral da União.

O Ministro Dias Toffoli é conhecido tanto por seu senso aguçado de observação da realidade e sutileza com que analisa as questões jurídicas que lhe são submetidas, como por sua capacidade de dialogar, aproximar partes e conciliar.[1] Assim como os demais integrantes da Suprema Corte, tornou-se na última década uma das figuras mais conhecidas do Brasil, infelizmente não tanto por suas decisões corajosas ou por integrar votações históricas que serviram para proteger direitos de minorias e sustentar a democracia brasileira no período de maior turbulência desde o fim da ditadura militar de 1964. Contudo, o homenageado tem sido frequentemente alvo de acirradas críticas e até mesmo ataques de "tudólogos" das redes sociais (e até mesmo de universidades), não sem a complacência vergonhosa de parcelas da mídia irresponsável que promove seu engajamento às custas da precisão e da correção das informações que veicula.[2]

Fato é que, hoje, qualquer sujeito considera ter se tornado grande especialista em direito e habilitou-se a comentar e criticar mesmo a mais complexa das decisões emitidas pelo STF. Entre seus principais inimigos estão os Ministros da Suprema Corte, tornada, como já anotou um dos coautores desta homenagem, *inimigo ficcional* da pátria.[3]

Os ataques ao STF enquanto instituição e aos próprios Ministros (que frequentemente descambaram em ameaçada de morte) são amplamente conduzidos por *fake news* e pela arrogância do homem cordial digital, com sua autoproclamada autoridade que repele os intermediários institucionais das mídias convencionais e das universidades, onde ainda se encontram profissionais sérios, dedicados, dispostos a realizar uma verdadeira filtragem daquilo que se diz ou escreve, e que, mais importante, ajudam a sociedade a

---

[1] Não à toa, o artigo a ele dedicado pela redação da revista *Justiça e Cidadania*, na edição de nº 250, é intitulado "Um construtor de pontes: a trajetória do Ministro José Antonio Dias Toffoli" (Rio de Janeiro, n. 250, p. 14-17, 14 jun. 2021. Disponível em: https://www.editorajc.com.br/um-construtor-de-pontes-a-trajetoria-do-ministro-josé-antonio-dias-toffoli/. Acesso em: 19 ago. 2024).

[2] Com efeito, o Ministro Dias Toffoli (O profeta do caos. *In:* CHEAR, Márcio (dir.). *Anuário da Justiça Brasil*, Rio de Janeiro, p. 46, 2023) afirmou: "A 'lava jato' é produto de uma visão absolutamente moralista e a imprensa é uma das maiores responsáveis por tudo o que aconteceu no Brasil. E eu não estou falando da imprensa [que produz] *fake news*, mas da imprensa séria".

[3] Cf. ABBOUD, Georges. *Ativismo judicial*: os perigos de se transformar o STF em inimigo ficcional. São Paulo: Revista dos Tribunais, 2022.

entender quais são suas próprias prioridades, tal como analisou o nosso homenageado a partir da densa obra de Lawrence Lessig.[4]

Para além de suas funções judicantes, o Ministro Dias Toffoli vem desempenhando a função de um verdadeiro intelectual público, na melhor acepção da expressão, com contribuições acadêmicas distintas, veiculadas em seminários, conferências, livros e artigos nos quais se propõe a enfrentar temáticas espinhosas como o fenômeno da desinformação e seus impactos no engendramento do ódio, de divisões sociais, incompreensão recíproca e na autodeterminação política de um povo.

Neste artigo, em singela homenagem às suas funções de magistrado e homem público, partiremos de algumas breves considerações sobre as condições modificadas sob as quais a autodeterminação política de um povo se desenrola em contextos de globalização, para, na sequência, abordar o fenômeno da *fidalguia digital* que pessoaliza relações, ignora institucionalidades e busca a ascensão social pela via da autocomplacência.

II Globalização e autodeterminação política

Globalização tornou-se a palavra-chave de nossos tempos desde que as novas tecnologias, que avançam em ritmo frenético, comprimiram espaço e tempo e o mundo se apresenta ao espectador de forma quase instantânea.

A ideia de *globalização* não é unívoca e diversos pensadores vêm se debruçando sobre a questão para dissecar suas características mais importantes. O sociólogo inglês Anthony Giddens a compreende como "a intensificação das relações sociais em todo o mundo que ligam localidades distantes de tal forma que os acontecimentos locais são moldados por eventos que ocorrem a muitas milhas de distância e vice-versa".[5] O jurista alemão Gunther Teubner, influenciado pela sociologia de Niklas Luhmann, compreende a globalização como "uma mudança da diferenciação territorial rumo à diferenciação funcional no plano mundial".[6]

Boaventura de Sousa Santos, o cientista social português, aposta, por sua vez, numa tipologia mais analítica que contempla quatro formas de globalização, das quais apenas duas nos interessam imediatamente. Em primeiro lugar, há aquilo que ele denominou o *localismo globalizado*, que é o "processo pelo qual determinado fenômeno local é globalizado com sucesso".[7] Vale dizer, uma especificidade local torna-se uma tendência mundial. A segunda forma de globalização é o chamado *globalismo localizado*,

---

[4] DIAS TOFFOLI, José Antonio. Sociedade e Judiciário na era das *fake news* e dos engenheiros do caos. In: LEWANDOWSKI, Ricardo; TORRES, Heleno; BOTTINI, Pierpaolo Cruz (org.). *Direito, mídia e liberdade de expressão*: custos da democracia. Maringá: Quartier Latin, 2023. p. 28.

[5] GIDDENS, Anthony. *The Consequences of Modernity*. Cambridge: Polity Press, 1991. p. 64, tradução nossa.

[6] TEUBNER, Gunther. A Bukowina Global Sobre A Emergência de um Pluralismo Jurídico Transnacional. *Impulso*, Piracicaba, v. 33, n. 14, p. 12, nota 12, 2003. Cf. LUHMANN, Niklas. Die Weltgesellschaft. In: LUHMANN, Niklas. *Soziologische Aufklärung*: Aufsätze zur Theorie der Gesellschaft. 4. Aufl. Wiesbaden: Springer Fachmedien Wiesbaden GmbH, 1991. v. 2.

[7] SOUSA SANTOS, Boaventura. Os processos de globalização. In: SOUSA SANTOS, Boaventura. *A globalização e as ciências sociais*. 2. ed. São Paulo: Cortez, 2002. p. 65.

que consiste no "impacto específico nas condições locais produzido pelas práticas e imperativos transnacionais que decorrem dos localismos globalizados".[8]

Qualquer que seja a tônica que se dê ao fenômeno da globalização, fato é que as tecnologias encurtam distâncias e imediatizam eventos, resultando em formas de integração social que podem desaguar tanto em troca frutífera quanto em incompreensão mútua e acirramento de disputas ideológicas.[9] A facilidade com que se acessa o noticiário internacional, por exemplo, faz com que os indivíduos passem a emitir opiniões sobre assuntos estrangeiros,[10] bem como a levá-los em consideração em suas escolhas relativas às políticas domésticas.

Assim como Sousa Santos identificou a "transformação da língua inglesa em *língua franca*", a globalização do *fast food* americano e das atividades mundiais de empresas multinacionais como exemplos de *localismos globalizados* provenientes dos EUA,[11] parece-nos ser, também, uma certa forma de extremismo político acoplada a discursos de ódio, segregação social e difusão de desinformação. Se é bem verdade que o radicalismo político contemporâneo dos norte-americanos não é a gênese de tais fenômenos, fato é que eles difundiram pelos quatro cantos do mundo sua forma mais bem acabada e característica, da qual o homem cordial nacional se vale com deleite.

A tentativa de assassinato de que foi vítima o ex-Presidente dos EUA Donald Trump em 13 de julho de 2024 repercutiu de modo muito mais imediatamente intenso do que o assassinato efetivo de John F. Kennedy em 22 de novembro de 1963. Curiosamente, o Vice-Presidente de Kennedy era Lyndon B. Johnson, que assumiu a Presidência após o evento estarrecedor, mas abdicou de concorrer à reeleição. Foi o último Presidente a fazê-lo até Joe Biden se retirar do pleito de 2024, um dos mais acirrados da história recente e do qual depende a fisionomia futura da democracia mais antiga do mundo.

Nos últimos anos, os paralelos entre as políticas estadunidense e brasileira têm sido frequentes e tristemente pautados pela importação de hábitos absolutamente incompatíveis com uma democracia constitucional, tais como a desconfiança das mídias tradicionais e o modo extremista e apaixonado de lidar com a política partidária. A invasão do Capitólio dos EUA, em 6 de janeiro de 2021, repercutiu positivamente entre os apoiadores de Trump[12] e, como lembrou o Ministro Dias Toffoli, sequer teve condenação unânime nos EUA.[13] Pouco mais de dois anos depois, em 8 de janeiro de 2023, foi a vez de o Brasil sofrer uma tentativa de golpe de Estado conduzida por manifestantes da extrema-direita, muitos deles moldados pelas mídias alternativas que

---

[8] SOUSA SANTOS, Boaventura. Os processos de globalização. In: SOUSA SANTOS, Boaventura. *A globalização e as ciências sociais*. 2. ed. São Paulo: Cortez, 2002. p. 66.

[9] DIAS TOFFOLI, José Antonio. *Fake news*, desinformação e liberdade de expressão. In: ABBOUD, Georges; NERY JUNIOR, Nelson; CAMPOS, Ricardo (org.). Fake news e regulação. 2. ed. São Paulo: Revista dos Tribunais, 2020. p. 18.

[10] HABERMAS, Jürgen. *Ein neuer Strukturwandel der Öffentlichkeit und die deliberative Politik*. Berlin: Suhrkamp Verlag AG, 2022. p. 48.

[11] SOUSA SANTOS, Boaventura. Os processos de globalização. In: SOUSA SANTOS, Boaventura. *A globalização e as ciências sociais*. 2. ed. São Paulo: Cortez, 2002. p. 65.

[12] HABERMAS, Jürgen. *Ein neuer Strukturwandel der Öffentlichkeit und die deliberative Politik*. Berlin: Suhrkamp Verlag AG, 2022. p. 27.

[13] DIAS TOFFOLI, José Antonio. Sociedade e Judiciário na era das fake news e dos engenheiros do caos. In: LEWANDOWSKI, Ricardo; TORRES, Heleno; BOTTINI, Pierpaolo Cruz (org.). *Direito, mídia e liberdade de expressão*: custos da democracia. Maringá: Quartier Latin, 2023. p. 32.

incensam o militarismo e difundem a ideia segundo a qual as Forças Militares deveriam desempenhar uma espécie de "poder moderador" da República.

O extremismo vem se apresentando como um padrão de política dos nossos tempos, facilitado pela globalização, que, se não é *causa* da polarização acirrada, tem se mostrado sua grande *difusora*. Seus subprodutos negativos são a criação de inimigos políticos ficcionais, um renovado culto à personalidade de líderes, manifestações de violência, abandono das mídias tradicionais em favor das pretensamente independentes e, para o que mais nos importa, a ascensão de certas personalidades que se apresentam como grandes analistas, arrogam para si muita autoridade e buscam, por meio do exagero, do escândalo e da desinformação, granjear séquitos e colher recompensas imediatas.

Com efeito, o rádio, a televisão e os jornais impressos, dotados de mecanismos internos de controle, moderação e responsabilização, têm sido rapidamente substituídos pelos meios atomizados de informação provenientes das redes sociais. Como observou Jürgen Habermas, a digitalização parecia dar cumprimento às promessas da esfera pública burguesa de incluir todos os cidadãos (ou, ao menos, todos aqueles com acesso à internet) em condição de igualdade nas trocas de argumentos e deliberações. Nada obstante, a digitalização produziu a ambivalência de dar visibilidade tanto a protestos justos contra regimes políticos autoritários quanto empoderar redes violentas de extrema-direita.[14]

Se a imprensa transformou todos os indivíduos em *leitores* potenciais, a digitalização os transformou em *autores* potenciais.[15] Nunca a informação e a produção de conhecimento foram tão descentralizadas, e tantas pessoas arrogaram autoridade para si de forma simultânea. Essa circunstância é particularmente grave quando consideramos a importância da mídia em nossas vidas. Como anotou Luhmann, "o que sabemos sobre nossa sociedade, e até sobre o mundo em que vivemos, sabemos através dos meios de comunicação de massa".[16] Na atualidade, ao que parece, o que sabemos sobre a sociedade e o mundo é em grande parte fruto daquilo que escrevem milhões de usuários cuja autoridade é autoatribuída.

As mídias independentes que se espelham pelas redes sociais são órfãs de *accountability* e meios internos de controle. Desse modo, contribuem para a ascensão de lideranças puramente personalistas, produção de *echo chambers*, difusão de *fake news*, e, como anotou Habermas, lutas contra a "imprensa mentirosa" que geram insegurança no público e fazem com que o espaço público degenere em um "campo de batalha de públicos concorrentes", verdadeiras "esferas semipúblicas" (*Halböffentlichkeit*) nos quais os indivíduos tão somente confirmam mutuamente suas próprias visões.[17]

---

[14] HABERMAS, Jürgen. *Ein neuer Strukturwandel der Öffentlichkeit und die deliberative Politik*. Berlin: Suhrkamp Verlag AG, 2022. p. 46.

[15] HABERMAS, Jürgen. *Ein neuer Strukturwandel der Öffentlichkeit und die deliberative Politik*. Berlin: Suhrkamp Verlag AG, 2022. p. 46.

[16] LUHMANN, Niklas. *Die Realität der Massenmedien*. 2. Aufl. Opladen: Westdeutscher Verlag, 1996. p. 9, tradução nossa.

[17] HABERMAS, Jürgen. *Ein neuer Strukturwandel der Öffentlichkeit und die deliberative Politik*. Berlin: Suhrkamp Verlag AG, 2022. p. 63.

Como observou nosso homenageado em diversas oportunidades,[18] com suas habituais objetividade e simplicidade,[19] o problema não é a saudável opinião crítica, a divergência de opiniões sobre os fatos e sim a criação dos próprios fatos. Isso porque, ao se alterar a base factual (substituindo-se fatos por factoides ou por "notícias fraudulentas"[20] ou mesmo criando-se fatos inexistentes), logicamente o resultado e a apreciação que sobre eles se fazem (conclusão ou opinião) também são diversos daqueles que se teria sobre diferentes fatos ou mesmo diante de sua inexistência. Para piorar, hoje se sabe que "notícias falsas têm 70% mais chances de serem retweetadas do que notícias verdadeiras".[21] E a cereja do bolo traduz-se na certeza de serem os conteúdos "de ódio", de lógica adversarial, os que geram maior "engajamento" nas redes sociais.[22]

A partir dessas constatações, segundo Da Empoli,[23] importou-se para a política a lógica de funcionamento das grandes plataformas de redes sociais, que se baseia no *critério do engajamento*, ou seja, "o jogo não consiste mais em unir as pessoas em torno de um denominador comum, mas, ao contrário, em inflamar as paixões do maior número possível de grupelhos para, em seguida, adicioná-los, mesmo à revelia. *Para conquistar uma maioria, eles não vão convergir para o centro, e sim unir-se aos extremos*".

Daí que a simplificação – aí incluída a distorção ou mesmo a invenção de fatos – nos parece a chave que conecta, de um lado, o interesse por mídias alternativas e pretensamente independentes, conduzidas por indivíduos dispostos a reduzir ao extremo a complexidade dos problemas com a finalidade de obter reconhecimento imediato, e, de outro, a facilidade com que certas pessoas se agarram a visões simplificadas do mundo como forma de atenuar a angústia das incertezas e das nuances. Aliás, estudos no campo da psicologia demonstram que a ilusão de compreensão de relações causais desempenha um papel importante na polarização política.[24][25]

Tudo isso se torna preocupação do constitucionalista na medida em que afeta diretamente a qualidade das discussões públicas e, enfim, a própria autodeterminação

---

[18] Em frase adaptada.

[19] Típica de quem aprendeu (como o homenageado já revelou em algumas oportunidades) com o ex-Ministro Nelson Jobim, que "interlocutor não se escolhe"; de modo que a adaptação de suas falas, para linguagem simples, lógica e palatável, revela a permanente preocupação de ser bem compreendido e estabelecer diálogos construtivos.

[20] Como prefere chamar nosso homenageado (conforme proferiu na palestra "*Fake news*": desafios para o Poder Judiciário").

[21] Conforme estudo produzido por pesquisadores do Massachusetts Institute of Technology (MIT) a respeito das notícias distribuídas pelo Twitter entre 2006 e 2017, citado pelo Ministro Dias Toffoli na palestra "*Fake news*: desafios para o Poder Judiciário".

[22] Segundo o documentário *O dilema das redes* (Netflix, 2020), as principais plataformas de redes sociais, após terem acesso aos dados pessoais dos usuários, identificam os conteúdos mais acessados por meio dos algoritmos e os replicam conforme mapeamento de preferências, ideologias, afinidades etc., e o "engajamento", ou seja, a atividade dos "usuários" nas redes sociais, é notadamente ampliado por conteúdos beligerantes, de ódio, típicos da lógica "nós e/contra eles".

[23] DA EMPOLI, Giuliano. *Os engenheiros do caos*: como as *fake news*, as teorias da conspiração e os algoritmos estão sendo utilizados para disseminar ódio, medo e influenciar eleições. Belo Horizonte: Vestígio, 2019. grifos nossos.

[24] Cf. FERNBACH, Philip M.; ROGERS, Todd; FOX, Craig R.; SLOMAN, Steven A. Political Extremism is Supported by an Illusion of Understanding. *Psychological Science*, [S. l.], v. 24, n. 6, p. 939-946, 2013.

[25] "Grupos utópicos e cultos também sugerem respostas simples para problemas complexos da vida, e envolvem sua mensagem em jargões plausíveis e pseudociência. Resistir a sucumbir a essas mensagens reconfortantes exige a cultivação de um ceticismo saudável – se algo parece bom demais para ser verdade, provavelmente não é verdade. Os indivíduos também precisam tolerar incertezas e dúvidas em relação aos seus próprios ideais" (HARRINGTON Neil. Irrational Beliefs and Socio-Political Extremism. *Journal of Rational-Emotive & Cognitive-Behavior Therapy*, [S. l.], v. 31, n. 3, p. 176, 2013, tradução nossa).

política de um povo, que é a mais importante função desempenhada hoje pela soberania nacional de um país,[26] circunstância que não escapou à percuciente análise do nosso homenageado[27] que, por diversas ocasiões[28] alertou "não podemos deixar o ódio entrar em nossa sociedade, não podemos deixar o caos entrar em nossa nação. Não podemos deixar as nossas instituições caírem".

A partir dessa perspectiva, o Ministro Dias Toffoli manteve os olhos fixos nessas condições modificadas, e tomou, em 2019, uma das mais importantes decisões do Judiciário nos últimos anos, que lhe custou e ainda lhe custa covardes ataques midiáticos tanto na mídia profissional quanto nas redes sociais. Trata-se da determinação de abertura do Inquérito das Fake News (Inq. nº 4.781), baseado no artigo 43, RISTF, cujo objeto é a apuração da "existência de esquemas de financiamento e divulgação em massa de notícias fraudulentas nas redes sociais com o intuito de lesar ou expor a perigo de lesão a independência do Supremo Tribunal (...)".[29]

Vale lembrar, a propósito, que na época da edição da Portaria GP nº 69, de 14 de março de 2019, ainda pouco ou quase nada se falava, na mídia tradicional, na literatura e mesmo na academia, sobre o concerto entre a produção de *fake news* e sua disseminação por meio de robôs para fins políticos[30] e sua utilização como ferramenta de desestabilização da própria democracia.[31]

Mas nosso homenageado, com seu vasto conhecimento histórico e permanente atenção à geopolítica, aguçada sensibilidade e perspicácia para prever o "inconsciente coletivo" (por ser um conhecedor da psiquê humana)[32] conseguiu ler os sinais, mesmo dispersos,[33] e prever o futuro, provavelmente por meio de sua impressionante capacidade

---

[26] GRIMM, Dieter. *Sovereignty*: The Origin and Future of a Political and Legal Concept. Translation: Belinda Cooper. New York: Columbia University Press, 2015. p. 128.

[27] Cf. DIAS TOFFOLI, José Antonio. Sociedade e Judiciário na era das fake news e dos engenheiros do caos. In: LEWANDOWSKI, Ricardo; TORRES, Heleno; BOTTINI, Pierpaolo Cruz (org.). *Direito, mídia e liberdade de expressão*: custos da democracia. Maringá: Quartier Latin, 2023. p. 26-30.

[28] Dentre elas, em entrevista sobre a judicialização da política, semanas após deixar a Presidência do STF.

[29] DIAS TOFFOLI, José Antonio. Sociedade e Judiciário na era das fake news e dos engenheiros do caos. In: LEWANDOWSKI, Ricardo; TORRES, Heleno; BOTTINI, Pierpaolo Cruz (org.). *Direito, mídia e liberdade de expressão*: custos da democracia. Maringá: Quartier Latin, 2023. p. 22.

[30] Ver, a propósito, que grandes obras sobre o tema foram lançadas apenas após a decisão do Ministro Dias Toffoli (*ex vi*: *Os engenheiros do caos: como as fake news, as teorias da conspiração e os algoritmos estão sendo utilizados para disseminar ódio, medo e influenciar eleições*, de Giulliano Da Empoli, lançado em dezembro de 2019).

[31] Perceba-se, a propósito, que grandes obras (*ex vi* DA EMPOLI, Giuliano. *Os engenheiros do caos*: como as fake news, as teorias da conspiração e os algoritmos estão sendo utilizados para disseminar ódio, medo e influenciar eleições. Belo Horizonte: Vestígio, 2019) e mesmo o documentário *blockbuster O dilema das redes*, documentário foram lançados no final de 2019 e em setembro de 2020, respectivamente, enquanto a Portaria GP nº 69 é de 14 de março de 2019.

[32] Diz-se isso porque, quem o conhece, sabe da facilidade que o Ministro Dias Toffoli possui para lidar e ler pessoas. Muito provavelmente porque ele realmente se interessa pelo que cada um tem a dizer e transmite de informação e de conhecimento. Não à toa, que além das qualidades que hoje destacamos neste texto, é notoriamente conhecido pela facilidade de dialogar e de construir pontes.

[33] A partir de palestras (como "*Fake news*": desafios para o Poder Judiciário), artigos (...) e trechos do voto por ele proferido na ADPF nº 572, é possível visualizar conjuntos de fatos, pesquisas e leituras que se interligaram parcialmente para formar um novo conjunto que evidenciaria o inexorável destino dos primeiros (e aparentemente isolados, desconexos) ataques aos Ministros do STF, aos seus julgamentos e, ao cabo, à legitimidade da instituição. Como exemplo, cito trecho de seu voto:
"Trata-se de um cenário sujeito à **difusão massiva** e **maliciosa** de informações inverídicas e danosas para a sociedade como um todo, **seja pela ação humana, seja pela ação de robôs**.
Estudo produzido por pesquisadores do **Massachusetts Institute of Technology** (MIT) a respeito das notícias distribuídas pelo **Twitter** entre 2006 e 2017 mostrou que **notícias falsas têm 70% mais chances de serem**

retuitadas do que notícias verdadeiras.
Essa prática é, ainda, potencializada pela coleta e pelo uso desenfreado de dados pessoais dos usuários da internet, o que também tem preocupado governos democráticos no mundo inteiro.
Esses dados alimentam os algoritmos de aprendizado de máquinas, permitindo que anúncios e notícias sejam fabricados e direcionados especificamente para determinado perfil de usuário, a partir da compreensão de seus hábitos, preferências, interesses e orientação ideológica.
É nesse contexto que se inserem as **fake news** ou **notícias fraudulentas**, expressão que considero mais adequada, por melhor exprimir a ideia de utilização de um **artifício ou ardil para se galgar vantagem específica e indevida**. Trata-se de notícias integral ou parcialmente inverídicas aptas a ludibriar o receptor, influenciando seu comportamento e sua visão de mundo.
A Comissão Europeia sugere também, para o caso, o uso do termo **desinformação**, definido em termos de 'informações falsas, inexatas ou deturpadas concebidas, apresentadas e promovidas <u>para obter lucro ou para causar um prejuízo público intencional</u>' (COMISSÃO EUROPEIA. **Combater a desinformação em linha: Grupo de Peritos defende uma maior transparência entre as plataformas em linha**. Comunicado de imprensa. 12 mar. 2018).
Depreender esse objetivo (que configura o dolo) é fundamental para que enfrentemos o problema e elaboremos estratégias adequadas para dirimi-lo.
Quando falamos em notícias fraudulentas ou desinformação no contexto do **inquérito instaurado <u>no STF</u>**, não **estamos falando de críticas ou meras discordâncias de decisões desta Corte realizadas no legítimo exercício da liberdade de expressão**. <u>Estamos falando de notícias fraudulentas usadas com o propósito de auferir vantagem indevida, seja ela de natureza política ou econômica ou cultural.</u>
(...)
As liberdades de expressão e de informação fidedigna são, portanto, complementares. Combater a desinformação é garantir o direito à informação, ao conhecimento, ao pensamento livre, dos quais depende o exercício pleno da liberdade de expressão.
A desinformação turva o pensamento, nos coloca no círculo vicioso do engano, sequestra a razão. Nas palavras de **Eugênio Bucci**, é "a liberdade de opinião degradada em farsa", como enuncia em seu recente e brilhante livro **Existe democracia sem verdade factual?**.
Conforme afirmou **Hannah Arendt**, em entrevista de 1974, "[s]e todo mundo sempre mentir para você, a consequência não é que você vai acreditar em mentiras, mas sobretudo que **ninguém passe a acreditar mais em nada**".
A filósofa política falava isso tendo em vista as **experiências totalitárias do século vinte**, em que a **propaganda ideológica estatal tinha como base a <u>manipulação do sentido de realidade das pessoas</u>**.
Sua obra **As origens do totalitarismo**, publicada em 1951, nos ajuda a entender os movimentos autoritários da atualidade, proporcionando uma visão chocante do momento em que "as massas chegariam a um ponto em que, ao mesmo tempo, <u>acreditariam em tudo e nada, pensariam que tudo seria possível e nada seria verdade</u>".
Ainda segundo a autora, com esses elementos totalitários,
'[p]ode-se fazer com que as pessoas acreditem em determinado dia nas mais fantásticas declarações, e esperar que, no dia seguinte, elas se refugiem no cinismo ao receber provas irrefutáveis da falsidade dessas afirmações; em vez de abandonar os líderes que mentiram para elas, as pessoas iriam clamar que sabiam o tempo todo que a declaração era uma mentira e admirariam os líderes por sua esperteza tática superior."
Em 2005, o então cardeal **Joseph Ratzinger**, na homilia da Missa inaugural do Conclave que iria elegê-lo como Papa, advertiu para a **"ditadura do relativismo[,]** que nada reconhece como definitivo e que deixa como última medida apenas o próprio eu e suas vontades.'
Comentando, ainda, texto de São Paulo lido na missa, o cardeal vaticinou: '[c]ada dia surgem novas seitas e realiza-se o quanto diz São Paulo acerca do **engano dos homens**, da **astúcia que tende a induzir ao erro** (cf. Ef 4, 14)'.
Talvez ele não tivesse ali a dimensão do relativismo extremo que vivemos nos dias de hoje. O mesmo se pode dizer de seu sucessor, o Papa Francisco, que, ao assumir, em 2013, o trono de Pedro, se referiu à **verdade como pacificação**.
O que temos hoje, infelizmente, é o afastamento da verdade da fé e da verdade da razão (da ciência), para o triunfo da **tirania do relativismo**, que impõe a **ideologia da desinformação**, a **ideologia da força bruta**, a **ideologia do caos**. E por que o caos? Porque o relativismo leva à quebra de hierarquia, ao desrespeito às instituições, ao desrespeito às verdades concretizadas pelo racionalismo.
A tecnologia e as mídias digitais levam essa abordagem a novos extremos. Nas palavras de Manuel Castells, 'uma galáxia de comunicação dominada pela mentira, agora chamada pós-verdade", que, em todo mundo, mina a "desconfiança nas instituições" e "ultrapassa os limites institucionais estabelecidos' (**Ruptura. A crise da democracia liberal**).
A desinformação retira a capacidade de se discernir o real do irreal, o ético do não ético, gerando um ambiente de crescente desconfiança e descrença. Resta, então, minimizada a possibilidade de confronto entre opiniões e visões de mundo dissidentes, aquilo que enfraquece ou mesmo nulifica o debate, tão essencial para a democracia.

matemática de transformar padrões sociais em equações e enxergar resultados através da "teoria dos conjuntos".

Assim, atos que poderiam parecer isolados e de pouca relevância para o *mainstream* foram por ele adequadamente interpretados,[34] de modo ter enxergado o amálgama fático que fundamentou a proteção da Corte, sua autodefesa, e ao final, da própria

---

[34] Além disso, cria-se um ambiente propício ao avanço de discursos de ódio, de difamação e de intolerância, os quais estimulam a divisão social a partir da dicotomia 'nós' e 'eles', **um modo de pensar que novamente remete ao fantasma das ideologias fascistas.**
Em tal cenário – caracterizado, no extremo, pela destruição de uma compreensão comum da realidade –, cria-se também uma atmosfera de medo. **É nas fraturas sociais que se semeiam os medos, e o maior deles é o medo do outro, visto como inimigo, oponente, ameaça. O medo alimenta o preconceito e o ódio e é por eles alimentado, criando um círculo vicioso.**
(...)
Juristas, filósofos, historiadores, jornalistas do mundo todo têm alertado para os riscos que as **fake news** geram para **os processos e os valores democráticos,** alertando para os riscos, cada vez mais intensos e presentes em nossa sociedade.
O objetivo das <u>campanhas de desinformação</u> é a criação do caos, com a agitação contínua da opinião pública, o estímulo à divisão e ao conflito institucional e social.
<u>**Não nos enganemos: por trás do aparente absurdo das fake news e das teorias da conspiração da atualidade, oculta-se uma lógica bastante sólida.**</u>
Como muito bem explicitado por Giuliano Da Empoli em sua obra **Os engenheiros do caos**, importou-se para a política a lógica de funcionamento das grandes plataformas de redes sociais, a qual se baseia no **critério do engajamento**, ou seja,
'o jogo não consiste mais em unir as pessoas em torno de um denominador comum, mas, ao contrário, em inflamar as paixões do maior número possível de grupelhos para, em seguida, adicioná-los, mesmo à revelia. **Para conquistar uma maioria, eles não vão convergir para o centro, e sim unir-se aos extremos.'**
O professor norte-americano **Lawrence Lessig**, estudioso dos desafios impostos à democracia pela tecnologia e pelo modelo de negócio das redes sociais, define o momento histórico atual como o da 'pós-difusão' por TV, rádio e imprensa escrita.
Com raras exceções, as famílias já não se sentam diante da TV para se informar sobre a atualidade do mundo, porque ela invade celulares e computadores a cada minuto. Segundo Lessig, a mídia tradicional tinha o benefício de manter o debate público mais centrado nas prioridades do momento, blindando-o contra extremismos. Neste novo mundo, decisões empresariais orientadas por algoritmos não hesitam em recorrer à divisão e ao conflito no debate político para ampliar lucros e números de seguidores, distribuídos por guetos virtuais.
A vítima de tudo isso é a democracia e a verdade factual.
Jason Stanley, na obra **Como funciona o fascismo**, de 2018, alerta para a reincidência no mundo atual de discursos e práticas políticas que estimulam a divisão social a partir da dicotomia **'nós' e 'eles',** <u>**como forma de se enfraquecer e se questionar a existência das instituições democráticas.**</u>
Steven Levitsky e Daniel Ziblatt, na obra **Como as democracias morrem**, também alertam que investidas contra a democracia, dentre elas as **fake news**, podem ocorrer de forma quase imperceptível, <u>**desestruturando lentamente suas bases, "em etapas que mal chegam a ser visíveis".**</u>
Por isso, é necessário primar pela disseminação de informações fidedignas, por meio do uso ético e transparente das novas tecnologias. **Esses são elementos aos quais não podemos renunciar, sob pena de colocar em risco nossas conquistas democráticas (...)."**

Na ADPF nº 572, em seu voto, nosso homenageado apontou uma série de fatos que informaram sua decisão: "Não é de hoje que temos assistido a ofensas e ataques dirigidos à Suprema Corte com o objetivo de minar sua credibilidade institucional.
Impulsionadas por uma extensa rede de programadores e robôs, por perfis falsos, as **fakes news** têm triunfado nas redes sociais, a partir do uso de identidades ocultas e, até mesmo, da chamada **deep web**, na qual se planejam e se orquestram ataques de cunho verdadeiramente terrorista, visando **atentar contra o regime democrático e erodir o Estado de Direito.**
A Portaria GP nº 69, objeto desta arguição de descumprimento, data de **14 de março de 2019** e determinou, com base no art. 43 do Regimento Interno da Corte, a instauração de procedimento de investigação, <u>com parâmetros objetivos, para apurar a existência de notícias fraudulentas</u> (**fake news**), denunciações caluniosas, ameaças e infrações revestidas de **animus caluniandi**, **diffamandi** e **injuriandi** que atinjam a honorabilidade e a segurança do Supremo Tribunal Federal, de seus membros e de seus familiares.
Nesse mesmo dia, o Plenário do Supremo Tribunal Federal concluía o julgamento do Agravo Regimental no Inquérito nº 4.435, de relatoria do Ministro **Marco Aurélio**, no qual esta Corte, por maioria, confirmou jurisprudência anterior no sentido da competência da Justiça Eleitoral para processar e julgar crimes comuns que apresentem conexão com crimes eleitorais.

institucionalidade – após ter-se iniciado onda de ataques a seus membros –, o qual, àquela altura, chegou a ser criticado por setores da política, da imprensa, da academia e mesmo do sistema de Justiça.

> Antes e durante esse julgamento, **houve uma série de ataques nas redes sociais contra a Corte e seus Ministros, e também contra a Justiça Eleitoral**, inclusive por parte de operadores do sistema de justiça, jogando parte da população e parte da imprensa contra o STF e a Justiça Eleitoral.
> Outras situações como essa já eram cotidianamente divulgadas na imprensa: investigações inexistentes e ilegais de Ministros; ofensas e ameaças a Ministros e a seus familiares; ataques à honra pessoal, ataques a Ministros durante viagens aéreas e palestras ou nas ruas; depredação de patrimônio público e privado, vídeos nas redes sociais defendendo o fechamento do STF e a prisão de Ministros.
> Durante o período eleitoral de 2018, verificou-se um aumento substancial no número de ataques e ameaças ao Judiciário, à Justiça Eleitoral e ao STF. **Fake news** sobre as urnas eletrônicas tentavam desacreditar e tumultuar o processo eleitoral.
> Em fevereiro de 2019, o STF iniciava, também, o julgamento da ADO nº 26 e do nº MI 4.733, a respeito da omissão quanto à criminalização da homofobia. Em que pese o exercício regular da atividade jurisdicional, função constitucional desta Corte, a cada julgamento que se encaminhava de forma contrária aos interesses de determinados grupos, multiplicavam-se as ofensas, os ataques e as ameaças à Corte, a seus Ministros e familiares.
> Naquele momento – ressalto, em março de 2019 –, já se demonstrava ser imprescindível aprofundar a investigação de indícios de que **organizações criminosas** atuavam em esquemas de financiamento e divulgação em massa nas redes sociais para desestabilizar e destruir instituições republicanas, o Poder Judiciário e o Supremo Tribunal Federal. **Não enfrentá-las com o rigor necessário era se omitir ou transigir com táticas autoritárias.**
> Inegável, portanto, a necessidade de o Supremo Tribunal se valer, como o fez, do procedimento administrativo de investigação **como um instrumento eficaz de autodefesa**, o qual está previsto no art. 43 de seu Regimento Interno, sobretudo porque, antes de sua deflagração, não havia notícia de desdobramento ou aprofundamento de investigações relativas aos ofícios encaminhados aos órgãos de persecução pelas Presidências da Corte, por seus Ministros ou pela Secretaria de Segurança do Tribunal entre 2018 e o início de 2019.
> Esses ofícios noticiavam ataques ofensivos à Corte, a seus membros e familiares, e até mesmo condutas que sugeriam a ocorrência de **crimes contra a segurança nacional**, cuja lei, nas precisas lições do saudoso jurista **Heleno Cláudio Fragoso**, visa à proteção da segurança do Estado, preservando-se a incolumidade de seus órgãos supremos e a inviolabilidade do regime jurídico vigente.
> A título exemplificativo, lembro que, em 11 de janeiro de 2019, foi encaminhado ofício ao Diretor-Geral da Polícia Federal para apuração de ameaça de bomba na Corte recebida por e-mail. Foi noticiada a abertura de inquérito, mas nunca houve retorno sobre os desdobramentos de seu andamento.
> Senhoras Ministras, Senhores Ministros, peço licença a Vossas Excelências para fazer aqui uma notícia histórica, que é, por triste coincidência, absolutamente oportuna para o caso julgado nestes autos.
> Na **Autobiografia de Hans Kelsen**, cuja edição traduzida para o português e publicada no Brasil tive a oportunidade de coordenar, como parte da Coleção Paulo Bonavides, da editora Forense (em conjunto com o professor Otavio Luiz Rodrigues Jr.), há uma passagem relativa ao 'caso das licenças matrimoniais', o qual recebeu um tratamento conservador da Corte Constitucional austríaca, que respeitou o sentido do Código Civil.
> A decisão, baseada no voto-condutor de Kelsen, desagradou segmentos religiosos, parte da imprensa e o Governo da época. As manchetes publicadas nos jornais austríacos diziam: 'Caminho livre para a bigamia. A insustentável decisão errônea da Corte Constitucional e suas consequências absurdas' (Correio do Reich, edição de 19/1/1928).
> As consequências dessa decisão foram assim descritas pelo próprio Kelsen, a quem cito literalmente:
> 'Como minha participação nas decisões da Corte havia obviamente se tornado conhecida, também me tornei pessoalmente objeto de ataques por vezes absolutamente sórdidos. Fui acusado de favorecer a bigamia, e assim por diante. Entre outras coisas, lembro-me que minhas duas filhas pequenas, ao voltar da escola para casa, disseram-me muito abaladas que na porta de entrada do nosso apartamento havia sido colocada uma espécie de cartaz no qual estavam escritas coisas horríveis sobre mim. (...) O partido social-cristão sob a presidência de Seipel estava visivelmente decidido a eliminar a Corte Constitucional na primeira oportunidade que se apresentasse. Esta surgiu com a reforma constitucional de 1929' (KELSEN, Hans. **Autobiografia de Hans Kelsen**. Estudo introdutório de José Antonio Dias Toffoli e Otavio Luiz Rodrigues Jr. Tradução Gabriel Nogueira Dias e José Ignácio Coelho Mendes Neto. 4. ed. – Rio de Janeiro: Forense Universitária, 2012. p.39).
> Kelsen terminou por deixar a Corte Constitucional logo depois desse episódio. E todos nós sabemos o que ocorreu com a democracia austríaca nos anos seguintes. **Ninguém defendeu a Corte Constitucional. Ninguém defendeu a democracia. E eis que a pálida e escura noite do totalitarismo veio e destruiu a civilização e seus valores.**
> É importante destacar que, ainda que sejam eventualmente direcionados a indivíduos, ataques feitos à honra de juízes não são ataques pessoais, são ataques ao próprio Judiciário, são ataques à própria democracia".

Para esses importantes atores da sociedade, com a devida vênia – despidos de visão holística do fenômeno[35] que corria a largos passos –, sem o alcance da compreensão geopolítica e institucional de nosso homenageado, a edição de portaria de instauração de inquérito no âmbito do STF era inconstitucional, ilegal ou ambos.

No entanto, sob o aspecto de técnica legislativa, muitos esquecem ou ignoram que o RISTF foi editado sob a vigência da Constituição de 1967, a qual autorizava, em âmbito regimental, a formulação de regras processuais referentes aos casos de sua competência, e desse modo foi recepcionado pela Constituição de 1988, passando a ostentar força e eficácia de norma legal. Em outras palavras, o Regimento Interno do STF tem, para todos os efeitos, *força de lei*.

Referido *status* é reconhecido pelo STF desde 2001, no julgamento da ADI nº 1.105, quando se estabeleceu que o regimento interno dos tribunais é lei material, cuja competência para editá-lo foi atribuída pela própria Constituição. Na ocasião, ainda destacou o Tribunal que, havendo conflito entre uma regra produzida por processo legislativo e uma regra do regimento interno, "a prevalência de uma ou de outro depende de matéria regulada, pois são normas de igual categoria. Em matéria processual prevalece a lei, no que tange ao funcionamento dos tribunais o regimento interno prepondera".[36]

A decisão é correta também ao reconhecer que a atribuição constitucional prevista no artigo 96 da CF decorre da independência do Poder Judiciário em relação aos Poderes Legislativo e Executivo, destacando que a Constituição subtraiu ao legislador a competência para dispor sobre a economia dos tribunais e a estes a imputou, em caráter exclusivo, garantindo sua independência.

Assim, diferentemente do que se propagandeou em setores midiáticos, a natureza legal do Regimento Interno do STF já estava definida como lei. Isso é crucial para esclarecer as errôneas críticas que indicavam ausência de base legal para a instauração do inquérito. Tanto o inquérito quanto a designação da relatoria detinham base legal: o Regimento Interno do STF.

Outrossim, em texto no qual resume a custosa mas longamente refletida decisão de determinar a abertura do Inquérito, o Ministro Dias Toffoli relembra como a investigação "trouxe à luz, também, o uso de robôs para provocar o caos e difundir o ódio e o medo. O objetivo era disseminar uma ideia falsa, uma imagem e um sentimento que não existiam, de que milhões de pessoas endossavam esse ódio contra as instituições".[37]

Nada obstantes os ataques mais diversos, o Tribunal, contudo, o referendou. A constitucionalidade do Inquérito foi confirmada pelo Plenário por dez votos a um na

---

[35] Ver, a propósito: FREITAS, Vladimir Passos de. O inquérito das fake news no STF e sua relação com o sistema de Justiça. *Conjur*, Rio de Janeiro, 27 nov. 2022. Disponível em: https://www.conjur.com.br/2022-nov-27/inquerito-fake-news-stf-relacao-justica/. Acesso em: 18 ago. 2024.

[36] BRASIL. Supremo Tribunal Federal. ADI 1.105 MC. Relator: Min. Paulo Brossard, 3 de agosto de 1994. *Dje*: Brasília, DF, 27 abr. 2001.

[37] DIAS TOFFOLI, José Antonio. Sociedade e Judiciário na era das fake news e dos engenheiros do caos. *In*: LEWANDOWSKI, Ricardo; TORRES, Heleno; BOTTINI, Pierpaolo Cruz (org.). *Direito, mídia e liberdade de expressão*: custos da democracia. Maringá: Quartier Latin, 2023. p. 23.

ADPF nº 572,[38] após substanciosas razões que aniquilaram a plêiade de fundamentos deduzidos na ação.[39]

Naquela oportunidade, nosso homenageado evidenciou, um vez mais, a necessidade de defesa do STF e de bem compreender suas atribuições, como pressuposto da própria democracia:

> Se, na atual quadra, **já soam os alarmes**, esta Suprema Corte segue ainda mais vigilante e consciente de sua alta missão de defender a Constituição de 1988, de defender todas as conquistas dela decorrentes, sobretudo a democracia sólida e **plural** que temos hoje, alicerçada em instituições igualmente fortes e democráticas.
> Ressalto mais uma vez: **a busca pelo diálogo institucional é fundamental e deve ser permanente**. Não se trata de escolha nossa, não se trata de opção à disposição das autoridades constituídas. É imposição da Constituição da República e da cláusula da harmonia e do respeito mútuo entre os Poderes.
> Mas que não se confunda: o diálogo e a harmonia caminham passo a passo com a **independência** e o **compromisso intransigente** pela defesa das instituições, da democracia e deste Supremo Tribunal Federal.
> Esta Corte atua pela construção permanente de pontes, soluções e consensos, ainda que haja dissensos. Mas aqueles que querem destruir, atacar, ameaçar ou afrontar as instituições democráticas deste país terão contra si a força da lei e da Constituição de 1988, da qual **este Supremo Tribunal Federal é o Máximo Guardião**.
> Senhoras Ministras,
> Senhores Ministros,
> Quiseram banalizar as instituições como desnecessárias, como inúteis.
> Quiseram banalizar a política,
> Banalizar a democracia,
> Banalizar a liberdade de imprensa e a liberdade de expressão.
> Quiseram banalizar o Mal...
> Plantam o medo para colher o ódio.
> Plantam o ódio para colher o medo.
> Não se impressionam em contar mortos...
> Querem o confronto como forma de dominação,
> A desinformação como nova religião
> E o Caos como um novo "deus".
> Ao fim e ao cabo querem não o arbítrio,
> Mas o próprio totalitarismo.

---

[38] DIAS TOFFOLI, José Antonio. Sociedade e Judiciário na era das fake news e dos engenheiros do caos. In: LEWANDOWSKI, Ricardo; TORRES, Heleno; BOTTINI, Pierpaolo Cruz (org.). *Direito, mídia e liberdade de expressão*: custos da democracia. Maringá: Quartier Latin, 2023. p. 24.

[39] Assim sintetizados no voto de nosso homenageado: " **i)** que o art. 43 do Regimento Interno do STF, citado para fundamentar a portaria, trataria do poder de polícia interno, regulamentado pela Resolução nº 564/2015, e exigiria que o fato ocorresse na sede do Tribunal e, cumulativamente, envolvesse autoridade ou pessoa sujeita à jurisdição do STF. Ambos os requisitos estariam ausentes, a ensejar, não a atuação do Judiciário, e sim do sistema acusatório: da polícia judiciária ou do Ministério Público; **ii)** que há ofensa ao preceito fundamental da separação dos Poderes (CFRB, art. 60, §4º, III), não tendo o Judiciário, salvo algumas exceções, competência estabelecida no art. 102 para conduzir investigações criminais; **iii)** que as pessoas jurídicas e entes despersonalizados não poderiam ser sujeitos passivos de crimes contra a honra, de modo que a portaria não poderia ser instaurada para apurar fatos ofensivos à honra do Supremo Tribunal Federal; **iv)** que, no caso das pessoas naturais, a investigação estaria condicionada à representação do ofendido; **v)** que faltaria justa causa, pois, não havendo referência a fatos concretos ou delimitação mínima do objeto, teria sido ofendido o preceito fundamental da legalidade estrita; **vi)** que o inquérito não foi livremente à distribuição, o que reforçaria a hipótese de tribunal de exceção, vedada pelo art. 5º, XXXVII, da CF, prejudicando a imparcialidade; e **vii)** que o sigilo atribuído ao inquérito ofenderia o direito de defesa, nos termos do enunciado da Súmula Vinculante nº 14 do STF".

> Já passamos por momentos de arbítrio
> Arbítrio que nunca mais voltará
> E a *fortiori*
> Jamais se tolerará!
> Quem defende a democracia é a própria democracia!
> O povo brasileiro, corpo e alma de nossa Nação!

Praticamente três anos após esse julgamento (ocorrido em junho de 2020) e quatro anos depois da instauração do Inquérito (em março de 2019), o Brasil assistiu, em 8 de janeiro de 2023, a um dos mais tristes episódios de sua República. Nosso homenageado foi definitivamente um "profeta do caos", como veio a se referir ao Ministro Dias Toffoli o *Anuário da Justiça Brasil* de 2023.

O movimento inevitável da história redimiu o nosso homenageado e provou o acerto de sua decisão de quatro anos antes, que serviu para contribuir com o aprimoramento cognitivo das instituições democráticas acerca do *modus operandi* dos indivíduos que apostam no ódio e no extremismo como forma de política.

Resta-nos, a esse respeito, apenas indagar quão pior o 8 de janeiro não teria sido sem a antecipação que o Ministro Dias Toffoli fez dos eventos. A história escancarou o acerto de sua corajosa decisão, demonstrando como as instituições brasileiras foram mais ágeis e efetivas na contenção do extremismo se comparadas aos EUA. Quando os ataques à democracia são tão diversos e sofisticados, a defesa do regime constitucional precisa de suas próprias ferramentas adaptadas a essa nova realidade, nessa perspectiva, o Ministro Dias Toffoli evidenciou a justiça, a legalidade e a correção de um mecanismo de "autodefesa do Supremo"[40] que certamente se tornará um marco e deve ser compreendido como um dos instrumentos à disposição da democracia para rebater as agressões de que é vítima constante.

III O homem cordial das redes sociais

Mas afinal, como as discussões lançadas no tópico anterior se relacionam com o clássico *Raízes do Brasil*, de Sérgio Buarque de Holanda, cuja inspiração anunciamos no início deste texto? Cremos que duas palavras-chaves nos auxiliarão a demonstrar como o extremismo político – especialmente em sua forma norte-americana – foi apropriada em território nacional a partir de uma cultura muito arraigada por aqui: trata-se do *personalismo* e do *imediatismo*.

Em *Raízes do Brasil*, Sérgio Buarque de Holanda trabalha com certos *pares antagônicos* cuja relação dialética conforma sua análise; trata-se de uma metodologia inspirada nos *tipos* weberianos e bem se sabe que, à altura da primeira publicação da obra em 1936, Buarque estava imerso no pensamento sociológico e cultural alemão. Um dos pares essenciais de que Sérgio Buarque lança mão é o do *trabalhador* e do *aventureiro*.

É próprio do tipo trabalhador os objetivos de longo alcance, a labuta diária, o sacrifício e o prazer dos pequenos esforços. O aventureiro – tipo em que Buarque enquadra

---

[40] DIAS TOFFOLI, José Antonio. Sociedade e Judiciário na era das fake news e dos engenheiros do caos. *In:* LEWANDOWSKI, Ricardo; TORRES, Heleno; BOTTINI, Pierpaolo Cruz (org.). *Direito, mídia e liberdade de expressão:* custos da democracia. Maringá: Quartier Latin, 2023. p. 24.

os colonizadores portugueses e espanhóis –, por sua vez, é refratário a éticas rígidas de trabalho, pensa em recompensas mais imediatas e, de preferência, que necessitem do menor esforço possível. Na expressão de Buarque, "seu ideal será colher a fruta sem plantar a árvore".[41] Essa forma *aventureira* do português apareceu de forma transversal na formação do Brasil colônia, desde a agricultura[42] até a construção das cidades,[43] e chega no Brasil dos dias de hoje em nossas relações opacas entre o público e o privado.

Interessa-nos especialmente como a *inteligência* e a aquisição de conhecimentos são compreendidos de forma muito específica pelo tipo aventureiro. Para ele, trata-se de uma característica

> simplesmente decorativa, que existe em função do próprio contraste com o trabalho físico (...) finalmente, que corresponde, numa sociedade de coloração aristocrática e personalista, à necessidade que sente cada indivíduo de se distinguir dos seus semelhantes por alguma virtude aparentemente congênita e intransferível, semelhante por esse lado à nobreza de sangue.[44]

A ideia de *homem cordial* – um fidalgo por excelência, senão por nobreza de sangue, ao menos pela nobreza do saber decorativo – tem suas raízes no tipo aventureiro. Ele é a marca de um país cuja nota distintiva é a "precedência dos afetos e do imediatismo emocional sobre a rigorosa impessoalidade dos princípios".[45] A cordialidade do brasileiro é um reflexo do patrimonialismo rural que dificultou desde sempre o ingresso pleno do Brasil na modernidade. Ela "evita as hierarquias para, no silêncio, reafirmá-las".[46] A vida pública brasileira, anotou Buarque, é marcada pela prevalência das "preferencias fundadas em laços afetivos".[47]

Não é difícil ver como essa realidade se aplica ao homem cordial das redes sociais, marcadas, hoje, por gurus, *coaches* e intelectuais semipúblicos de autoridade autoatribuída e questionável, pretensamente independentes, contrários às mídias tradicionais[48] e sempre prontos a oferecer diagnósticos escandalosos e a difundir não informações generalizadas a partir das quais uma esfera pública saudável pudesse se

---

[41] HOLANDA, Sérgio Buarque de. *Raízes do Brasil*. 27. ed. São Paulo: Companhia das Letras, 2014. p. 50-51.
[42] Os "portugueses e seus descendentes (...) sempre se distinguiram, em verdade, pelo muito que pediam à terra e o pouco que lhe davam em retribuição" (HOLANDA, Sérgio Buarque de. *Raízes do Brasil*. 27. ed. São Paulo: Companhia das Letras, 2014. p. 59-60).
[43] Cf. HOLANDA, Sérgio Buarque de. *Raízes do Brasil*. 27. ed. São Paulo: Companhia das Letras, 2014. p. 117-118.
[44] HOLANDA, Sérgio Buarque de. *Raízes do Brasil*. 27. ed. São Paulo: Companhia das Letras, 2014. p. 99.
[45] SCHWARCZ, Lilia Moritz; STARLING, Heloisa Murgel. *Brasil*: uma biografia. São Paulo: Companhia das Letras, 2015. introdução.
[46] SCHWARCZ, Lilia Moritz. *Sobre o autoritarismo brasileiro*. São Paulo: Companhia das Letras, 2019. E-book. cap. 8.
[47] HOLANDA, Sérgio Buarque de. *Raízes do Brasil*. 27. ed. São Paulo: Companhia das Letras, 2014. p. 96.
[48] "Minha visão sobre as razões para esse comportamento da sociedade de apoio gradual e crescente ao inquérito ter relação com a escalada da orquestração antidemocrática que já estava em curso naquela época e que, infelizmente, continuou. As motivações dessa escalada foram ficando evidentes para todos, assim como o caráter minoritário de seus perpetradores, uma minoria engajada, estridente e agressiva, inclusive contra a mídia tradicional" (DIAS TOFFOLI, José Antonio. Sociedade e Judiciário na era das fake news e dos engenheiros do caos. In: LEWANDOWSKI, Ricardo; TORRES, Heleno; BOTTINI, Pierpaolo Cruz (org.). *Direito, mídia e liberdade de expressão*: custos da democracia. Maringá: Quartier Latin, 2023. p. 24).

estruturar, mas informações personalizadas que sirvam ao encastelamento de setores da sociedade que, ainda que minoritários, se radicalizam.[49]

A fidalguia digital preserva em seus ataques ao STF o "amor à frase sonora, ao verbo espontâneo e abundante, à erudição ostentosa, à expressão rara".[50] É assim que se satisfaz a ânsia de uns pelo estrelato imediato, e de outros pelos diagnósticos simplistas que aplacam a angústia do não saber. Basta dizer que se luta contra o comunismo, globalismo, ou que o STF é contrário à família, a favor das drogas, e, como num *fiat lux*, o influenciador ganha engajamento e o espectador sua orientação apaziguadora.

É próprio do homem cordial a família colonial como a "ideia mais normal do poder, da respeitabilidade, da obediência e da coesão entre os homens. O resultado era predominarem, em toda a vida social, sentimentos próprios à comunidade doméstica, naturalmente particularista e antipolítica, uma invasão do público pelo privado, do Estado pela família".[51]

As *echo chambers* e as esferas semipúblicas que servem de reforço às próprias opiniões refletem o ambiente doméstico de concordância, submetidos a essa autoridade patriarcal forte, em detrimento do desconforto causado pelo embate de ideias da esfera pública liberal que sempre se deu a partir dos meios convencionais de comunicação, os quais fornecem a todos as mesmas informações. As redes obscurantistas de informação personalizada servem ao imediatismo do conforto, da certeza e da fama por parte daqueles que ostentam a "expressão rara" e desafiadora das autoridades e instituições. Conforme anotou o Ministro Dias Toffoli em texto preciso sobre o assunto:

> Outro fenômeno relacionado à desinformação é a polarização de opiniões na sociedade. Conforme mencionado aqui, um dos mecanismos utilizados é a fabricação e o direcionamento de conteúdos cada vez mais ajustados ao perfil do receptor. Essa prática propicia a difusão sectária de conteúdos na internet. Em outras palavras, determinados conteúdos chegam somente a determinados círculos de usuários, ao passo que os conteúdos que veiculam ou confirmam opiniões dissidentes tendem a não alcançar esses mesmos círculos. No universo do mundo em rede são criados verdadeiros guetos e muros de separação.[52]

O homem cordial tem "clara aversão às esferas oficiais de poder"[53] e transforma mesmo as mais importantes questões políticas (e jurídicas) em debates íntimos, familiares. É assim que se faz crítica ao STF nas redes sociais: os Ministros da Corte são chamados

---

[49] "A desinformação é potencializada pela coleta e pelo uso desenfreado de dados pessoais dos usuários da internet, prática que também tem preocupado governos democráticos no mundo inteiro. Esses dados alimentam os algoritmos de aprendizado de máquinas, permitindo que anúncios e notícias sejam fabricados e direcionados especificamente para determinado perfil de usuário, a partir da compreensão dos seus hábitos, preferências, interesses e orientação ideológica" (DIAS TOFFOLI, José Antonio. *Fake news*, desinformação e liberdade de expressão. In: ABBOUD, Georges; NERY JUNIOR, Nelson; CAMPOS, Ricardo (org.). *Fake news e regulação*. 2. ed. São Paulo: Revista dos Tribunais, 2020. p. 19).

[50] HOLANDA, Sérgio Buarque de. *Raízes do Brasil*. 27. ed. São Paulo: Companhia das Letras, 2014. p. 98.

[51] HOLANDA, Sérgio Buarque de. *Raízes do Brasil*. 27. ed. São Paulo: Companhia das Letras, 2014. p. 96-97.

[52] DIAS TOFFOLI, José Antonio. Sociedade e Judiciário na era das fake news e dos engenheiros do caos. In: LEWANDOWSKI, Ricardo; TORRES, Heleno; BOTTINI, Pierpaolo Cruz (org.). *Direito, mídia e liberdade de expressão*: custos da democracia. Maringá: Quartier Latin, 2023. p. 29.

[53] SCHWARCZ, Lilia Moritz; STARLING, Heloisa Murgel. *Brasil*: uma biografia. São Paulo: Companhia das Letras, 2015. introdução. Cf. SCHWARCZ, Lilia Moritz. Nem preto nem branco, muito pelo contrário: cor e raça na intimidade. In: SCHWARCZ, Lilia (org.). *História da vida privada no Brasil*. São Paulo: Companhia das Letras, 1998. v. 4: Contrastes da intimidade contemporânea. p. 238).

pelo primeiro nome, ganham apelidos e suas decisões são debatidas com o mesmo grau de sentimentalismo, informalidade – e, atualmente, de ódio – com que se debate em círculos familiares ou de amizade.

Até mesmo a forma acadêmica de crítica vem adotando um tom alarmista e, assim, se assemelha à do contexto norte-americano. Vejamos que em 19 de dezembro de 2022, o *New York Times*[54] deu ampla publicidade a um ensaio do Professor Mark A. Lemley, publicado em 20 de novembro de 2022 na *Harvard Law Review* e intitulado "The Imperial Supreme Court" [A Suprema Corte Imperial], no qual demonstrou preocupação com o "agigantamento" da Corte Constitucional Norte-Americana. Segundo Lemley, a Suprema Corte não vem favorecendo certa posição política, ente federativo ou sequer os direitos dos indivíduos; antes, estaria retirando poder de todos eles em benefício próprio.[55]

A preocupação é evidentemente legítima. Não há hierarquia entre os Poderes num Estado Constitucional, e o agigantamento de qualquer deles é motivo de alerta. Contudo, não podemos deixar de considerar que a demonização do Poder Judiciário é uma ferramenta conhecida de regimes autoritários.

Nesse sentido, Wojciech Sadurski demonstra como o Tribunal Constitucional polonês foi "capturado" num ato que se desenrolou em duas fases. Num primeiro momento, a Corte foi paralisada e tornada incapaz de conter exercícios arbitrários de poder para, na sequência, tornar-se um "assistente ativo da maioria parlamentar",[56] função simetricamente oposta àquela que deve desempenhar uma corte constitucional.

Em sua obra, Sadurski lista uma série de "frases de efeito" típicas de regimes populistas bem-sucedidos, dentre as quais encontramos: (i) "ressentimento cultural e religioso, expresso na desconfiança do 'politicamente correto' e na tolerância multicultural"; e (ii) "desencanto com a atual elite política e com o 'establishment', combinado com a percepção de que o *establishment* é arrogante, remoto e insensível às necessidades das 'pessoas reais'".[57] Não é difícil, no Brasil atual, encontrar ambas as características diuturnamente atribuídas à atuação do STF.

Mas mais do que isso, Sadurski demonstra como a Corte Constitucional foi alvo de propaganda negativa *amplamente manipulada* com a finalidade de obter apoio popular para pacotes legislativos altamente invasivos no Judiciário. Em verdade, os dados estatísticos demonstravam que a percepção popular acerca do Judiciário era muito melhor do que

---

[54] Cf. LIPTAK, Adam. An 'Imperial Supreme Court' Asserts Its Power, Alarming Scholars. *The New York Times*, New York, 19 Dec. 2022. Disponível em: https://www.nytimes.com/2022/12/19/us/politics/supreme-court-power.html. Acesso em: 19 ago. 2024.

[55] "(…) the Court has not been favoring one branch of government over another, or favoring states over the federal government, or the rights of people over governments. Rather, it is withdrawing power from all of them at once" (LEMLEY, Mark. A. The Imperial Supreme Court. *Harvard Law Review*, Cambridge, v. 136, n. 1. Disponível em: https://harvardlawreview.org/2022/11/the-imperial-supreme-court/. Acesso em: 19 ago. 2024).

[56] Cf. SADURSKI, Wojciech. *Poland's Constitutional Breakdown*. Oxford: Oxford University Press, 2019. p. 61.

[57] SADURSKI, Wojciech. *Poland's Constitutional Breakdown*. Oxford: Oxford University Press, 2019. p. 168, tradução nossa.

aquela apresentada pelo Executivo.[58] Algo semelhante pode ser visto em resultados publicados pelo Datafolha que mostram melhora da avaliação popular do STF.[59]

Tudo isso está a demonstrar que os termos em que atualmente são postas as discussões sobre "ativismo judicial", "judicialização da política" e "separação de Poderes", muitas vezes, produzem mais conflito e desinformação do que benefícios efetivos. E esse foi o fermento a partir do qual se criou o STF como "inimigo ficcional". Na realidade, uma análise mais cuidadosa mostra que a Corte tem sido protagonista de uma série de medidas que promovem o diálogo entre Poderes mediante técnicas sofisticadas e por vezes inspiradas na experiência internacional.

Fê-lo, por exemplo, (i) ao homologar acordo na ADPF nº 568 – destinando parcialmente os valores da chamada "Fundação Lava-Jato" ao enfrentamento da pandemia de Covid-19; (ii) ao explicitar, na ADI nº 6341 MC, a competência comum dos entes federativos (ausência de hierarquia) para a tomada de providências sanitárias no contexto da Covid-19; (iii) na ADPF nº 828, ao realizar apelo ao legislador[60] para prorrogação do prazo de vigência de suspensão das ordens de desocupação e despejo, também no contexto da pandemia; (iv) na "ADPF das Favelas" (nº 635), em que se reconheceu que certas violações a direitos são tão complexas que demandam a atuação conjunta e coordenada dos Três Poderes.[61] E a conciliação, como forma de resolver conflitos judiciais, é prática conhecida e fomentada por nosso homenageado desde antes de se tornar Advogado-Geral da União, instituição em que também se notabilizou por essa (conciliação) e por inúmeras outras medidas de gestão de conflitos, que não cabe aqui aprofundar.

A vitalidade do diagnóstico capturado na expressão "homem cordial" é atestado pelas suas diversas revisitações e releituras posteriores, de que são exemplos, como nos lembram Lilia Moritz Schwarcz, Raymundo Faoro, em *Os donos do poder*, de 1958; Antonio Candido em *Dialética da malandragem*, de 1970, e Roberto DaMatta em *Carnavais, malandros e heróis*, de 1979.[62] Pareceu-nos o momento de compreender como o homem cordial se comporta nas redes sociais, quais informações consome, como se relaciona com elas e as utiliza para atacar as instituições de seu próprio país.

O fidalgo digital é um aventureiro por natureza, mas sem a ousadia ou a criatividade que poderiam lhe render bons frutos. Ele se arma de informações superficiais, quiçá erradas ou treslidas, para causar um impacto – ou melhor, um escândalo – no seu público e, com isso, obter uma fama instantânea, imediata e independente do trabalho

---

[58] Cf. SADURSKI, Wojciech. *Poland's Constitutional Breakdown*. Oxford: Oxford University Press, 2019. p. 99, tradução nossa. Destacamos: "Assim, as evidências usadas no ataque propagandístico aos juízes para justificar as 'reformas' foram altamente seletivas e inconclusivas, e certamente não relacionadas às mudanças reais incluídas no pacote legislativo (que, por exemplo, não fariam nada para abreviar os processos judiciais)".

[59] Cf. AVALIAÇÃO do STF melhora, e 31% aprovam trabalho da Corte, diz Datafolha; outros 31% reprovam. *G1*, São Paulo, 27 dez. 2022. Disponível em: https://g1.globo.com/politica/noticia/2022/12/27/datafolha-31percent-aprovam-atuacao-do-stf-e-outros-31percent-reprovam.ghtml. Acesso em: 19 ago. 2024.

[60] Cf. Estudo pioneiro no Brasil: MENDES, Gilmar Ferreira. O apelo ao legislador: *Apellentscheidung*: na práxis da Corte Constitucional Federal Alemã. *Revista de Informação Legislativa (RIL)*, Brasília, DF, v. 29, n. 114, p. 473-502, abr./jun. 1992.

[61] Tal como lançado em MENDES, Gilmar Ferreira; ABBOUD, Georges. O dia da infâmia: os ataques golpistas de 8/1 e as *fake news* contra o Supremo. *Conjur*, Rio de Janeiro, 22 jan. 2023. Disponível em: https://www.conjur.com.br/2023-jan-22/gilmar-mendes-georges-abboud-81-dia-infamia/. Acesso em: 19 ago. 2024.

[62] SCHWARCZ, Lilia Moritz. *Sobre o autoritarismo brasileiro*. São Paulo: Companhia das Letras, 2019. E-book. cap. 3.

de longo prazo que caracteriza a boa crítica experimentada, testada e filtrada pelos jornais, periódicos e universidades.

IV Encerramento

Para além da *cordialidade*, o brasileiro costuma ser marcado, em não raras ocasiões, por um sentimento de "vira-lata" que o impede de reconhecer o valor de seus protagonistas e instituições, sempre em prol de um reconhecimento maior que se dá aos seus análogos internacionais.

Encerramos esta merecida homenagem com uma nota que ousamos dirigir aos leitores: o Brasil tem uma sorte imensa de contar com o trabalho do Ministro Dias Toffoli. Suas análises acadêmicas mostram o cuidado e a imensa quantidade de fontes e experiências nacionais e internacionais que recolhe para buscar compreender os fenômenos das *fake news* e da desinformação no Brasil.

Nosso homenageado tem dado contribuições decisivas e que permanecerão indelevelmente marcadas na história recente do Brasil para a compreensão dos mecanismos obscuros de funcionamento da difusão das informações na era das redes sociais e do seu impacto na autodeterminação política do povo brasileiro, cuja preservação tem sido amplamente tributária do trabalho desempenhado pelo STF, no bojo do qual, para além do valioso instrumento que é o Inquérito das Fake News, instalou-se, sob a Presidência do Ministro Dias Toffoli, o Painel Multissetorial de Checagem de Informações e Combate a Notícias Falsas.[63]

Para muito além de um simples "conceito interpretativo", como pretendeu Dworkin,[64] uma democracia constitucional possui uma inequívoca dimensão epistemológica. Ela deve se manter aberta ao aprendizado e mudar de rumos quando necessário, o que implica saber identificar seus conteúdos possíveis na contemporaneidade, a natureza dos ataques de que vem sendo alvo e, mais importante, de quais ferramentas pode se valer para garantir sua autopreservação, especialmente contra as investidas da fidalguia digital, herdeira do homem cordial que busca fugir das instituições para afirmar sua primazia pessoal.

Temos a imensa vantagem de contar com o Ministro Dias Toffoli para nos ajudar a construir uma democracia constitucional mais sólida e inclusiva, digna de nossos tempos, a quem rendemos esta singela homenagem, com profunda admiração.

Referências

ABBOUD, Georges. *Ativismo judicial*: os perigos de se transformar o STF em inimigo ficcional. São Paulo: Revista dos Tribunais, 2022.

AVALIAÇÃO do STF melhora, e 31% aprovam trabalho da Corte, diz Datafolha; outros 31% reprovam. *G1*, São Paulo, 27 dez. 2022. Disponível em: https://g1.globo.com/politica/noticia/2022/12/27/datafolha-31percent-aprovam-atuacao-do-stf-e-outros-31percent-reprovam.ghtml. Acesso em: 19 ago. 2024.

---

[63] DIAS TOFFOLI, José Antonio. *Fake news*, desinformação e liberdade de expressão. *In*: ABBOUD, Georges; NERY JUNIOR, Nelson; CAMPOS, Ricardo (org.). Fake news *e regulação*. 2. ed. São Paulo: Revista dos Tribunais, 2020. p. 23.

[64] Cf. DWORKIN, Ronald. *Justice for Hedgehogs*. Cambridge: Harvard University Press, 2011.

BRASIL. Supremo Tribunal Federal. ADI 1.105 MC. Relator: Min. Paulo Brossard, 3 de agosto de 1994. *Dje*: Brasília, DF, 27 abr. 2001.

DA EMPOLI, Giuliano. Os engenheiros do caos: como as *fake news*, as teorias da conspiração e os algoritmos estão sendo utilizados para disseminar ódio, medo e influenciar eleições. Belo Horizonte: Vestígio, 2019.

DIAS TOFFOLI, José Antonio. *Fake news*, desinformação e liberdade de expressão. *In:* ABBOUD, Georges; NERY JUNIOR, Nelson; CAMPOS, Ricardo (org.). Fake news *e regulação*. 2. ed. São Paulo: Revista dos Tribunais, 2020.

DIAS TOFFOLI, José Antonio. O profeta do caos. *Anuário da Justiça Brasil*, Rio de Janeiro, 2023.

DIAS TOFFOLI, José Antonio. Sociedade e Judiciário na era das fake news e dos engenheiros do caos. *In:* LEWANDOWSKI, Ricardo; TORRES, Heleno; BOTTINI, Pierpaolo Cruz (org.). *Direito, mídia e liberdade de expressão*: custos da democracia. Maringá: Quartier Latin, 2023.

DWORKIN, Ronald. *Justice for Hedgehogs*. Cambridge: Harvard University Press, 2011.

FERNBACH, Philip M.; ROGERS, Todd; FOX, Craig R.; SLOMAN, Steven A. Political Extremism is Supported by an Illusion of Understanding. *Psychological Science*, [S. l.], v. 24, n. 6, p. 939-946, 2013.

GIDDENS, Anthony. *The Consequences of Modernity*. Cambridge: Polity Press, 1991.

GRIMM, Dieter. *Sovereignty*: The Origin and Future of a Political and Legal Concept. Translation: Belinda Cooper. New York: Columbia University Press, 2015.

HABERMAS, Jürgen. *Ein neuer Strukturwandel der Öffentlichkeit und die deliberative Politik*. Berlin: Suhrkamp Verlag AG, 2022.

HARRINGTON Neil. Irrational Beliefs and Socio-Political Extremism. *Journal of Rational-Emotive & Cognitive-Behavior Therapy*, [S. l.], v. 31, n. 3, p. 167-178, 2013.

HOLANDA, Sérgio Buarque de. *Raízes do Brasil*. 27. ed. São Paulo: Companhia das Letras, 2014.

LEMLEY, Mark. A. The Imperial Supreme Court. *Harvard Law Review*, Cambridge, v. 136, n. 1. Disponível em: https://harvardlawreview.org/2022/11/the-imperial-supreme-court/. Acesso em: 19 ago. 2024.

LIPTAK, Adam. An 'Imperial Supreme Court' Asserts Its Power, Alarming Scholars. *The New York Times*, New York, 19 Dec. 2022. Disponível em: https://www.nytimes.com/2022/12/19/us/politics/supreme-court-power.html. Acesso em: 19 ago. 2024.

LUHMANN, Niklas. Die Weltgesellschaft. *In:* LUHMANN, Niklas. *Soziologische Aufklärung*: Aufsätze zur Theorie der Gesellschaft. 4. Aufl. Wiesbaden: Springer Fachmedien Wiesbaden GmbH, 1991. v. 2.

LUHMANN, Niklas. *Die Realität der Massenmedien*. 2. Aufl. Opladen: Westdeutscher Verlag, 1996.

MENDES, Gilmar Ferreira. O apelo ao legislador: *Apellentscheidung*: na práxis da Corte Constitucional Federal Alemã. *Revista de Informação Legislativa (RIL)*, Brasília, DF, v. 29, n. 114, p. 473-502, abr./jun. 1992.

MENDES, Gilmar Ferreira; ABBOUD, Georges. O dia da infâmia: os ataques golpistas de 8/1 e as *fake news* contra o Supremo. *Conjur*, Rio de Janeiro, 22 jan. 2023. Disponível em: https://www.conjur.com.br/2023-jan-22/gilmar-mendes-georges-abboud-81-dia-infamia/. Acesso em: 19 ago. 2024.

SADURSKI, Wojciech. *Poland's Constitutional Breakdown*. Oxford: Oxford University Press, 2019.

SCHWARCZ, Lilia Moritz. Nem preto nem branco, muito pelo contrário: cor e raça na intimidade. *In:* SCHWARCZ, Lilia (org.). *História da vida privada no Brasil*. São Paulo: Companhia das Letras, 1998. v. 4: Contrastes da intimidade contemporânea.

SCHWARCZ, Lilia Moritz. *Sobre o autoritarismo brasileiro*. São Paulo: Companhia das Letras, 2019. E-book.

SCHWARCZ, Lilia Moritz; STARLING, Heloisa Murgel. *Brasil*: uma biografia. São Paulo: Companhia das Letras, 2015.

SOUSA SANTOS, Boaventura. Os processos de globalização. *In:* SOUSA SANTOS, Boaventura. *A globalização e as ciências sociais*. 2. ed. São Paulo: Cortez, 2002.

TEUBNER, Gunther. A Bukowina Global Sobre A Emergência de um Pluralismo Jurídico Transnacional. *Impulso*, Piracicaba, v. 33, n. 14, p. 9-31, 2003.

UM CONSTRUTOR de pontes: A trajetória do Ministro José Antonio Dias Toffoli. *Justiça e Cidadania*, Rio de Janeiro, n. 250, p. 14-17, 14 jun. 2021. Disponível em: https://www.editorajc.com.br/um-construtor-de-pontes-a-trajetoria-do-ministro-jose-antonio-dias-toffoli/. Acesso em: 19 ago. 2024.

Informação bibliográfica deste texto, conforme a NBR 6023:2018 da Associação Brasileira de Normas Técnicas (ABNT):

KONRATH, Camila Plentz; ABBOUD, Georges. O Ministro Dias Toffoli contra a fidalguia digital. *In*: MENDES, Gilmar Ferreira; LIRA, Daiane Nogueira de; FREIRE, Alexandre (coord.). *Constituição, democracia e diálogo*: 15 anos de Jurisdição Constitucional do Ministro Dias Toffoli. 2. ed. Belo Horizonte: Fórum, 2025. p. 277-296. ISBN 978-65-5518-937-7.

---

15 ANOS NA DEFESA DA CARTA MAGNA E DO ESTADO DEMOCRÁTICO DE DIREITO

CARLOS EDUARDO ESTEVES LIMA

E já se passaram 15 anos. No próximo dia 23 de outubro, o Ministro Dias Toffoli estará completando um já histórico período na Suprema Corte, marcado pelo compromisso com a defesa da Constituição Federal e do Estado Democrático de Direito, com sua jurisdição caracterizada pelo equilíbrio, diálogo, previsibilidade e competências jurídica e gerencial.

A sua indicação e aprovação para o Supremo Tribunal Federal (STF) foi um especial momento, no qual o País teve a ventura de, no âmbito de um complexo processo institucional e político, ver alçado para a sua mais Alta Corte um jurista que, além do notável saber jurídico e da reputação ilibada, detinha uma experiência ímpar de atuação nos movimentos sociais, nos Poderes Legislativo Federal e Estadual, na advocacia privada, no magistério, na administração da cidade de São Paulo e no Poder Executivo Federal, especialmente na Subchefia para Assuntos Jurídicos da Casa Civil da Presidência da República e na Advocacia-Geral da União.

Essa soma de conhecimentos institucionais, políticos e sociais agregou à missão jurídica do Ministro Dias Toffoli na Corte Maior os valores do humanismo, da conciliação, da inovação e da competência na gestão.

A relevância social, econômica e política dos votos e decisões do Ministro Dias Toffoli será, nesta Coletânea destacada, bem assim o conjunto da obra da sua prestação jurisdicional. Neste artigo, serão ressaltadas as suas contribuições para a eficácia da gestão, componente fundamental para a prestação jurisdicional à sociedade.

Uma das mais relevantes inovações da sua gestão na presidência do STF foi a instituição da pauta semestral de julgamento, refletindo a primazia por ele atribuída à previsibilidade na atuação da Corte e à garantia da segurança jurídica, além da valorização do trabalho dos demais Ministros. Com impactos diretos na prestação jurisdicional, a instituição dessa modalidade de pauta foi um marco da sua presidência, natural e permanentemente incorporada à prática da Suprema Corte.

A dimensão técnica e científica da gestão sempre esteve presente na trajetória do Ministro Toffoli. Conhecer a realidade, as limitações e as demandas da sociedade é um pré-requisito para o planejamento institucional. Foi com esse foco que, durante sua presidência no STF, incentivou a Fundação Getúlio Vargas (FGV) e a Associação dos Magistrados Brasileiros (AMB) a realizarem, por intermédio do Instituto de Pesquisas Sociais, Políticas e Econômicas (IPESPE), um estudo inédito relativo à percepção da sociedade brasileira sobre o Poder Judiciário. Para tanto, foram efetuadas pesquisas junto à sociedade (usuários e não usuários dos serviços judiciários), advogados, defensores públicos e formadores de opinião. Os resultados desse estudo estão sendo extremamente úteis para o aperfeiçoamento dos serviços prestados e o aumento da confiança da população no Poder Judiciário.

O equacionamento da complexa questão remuneratória foi outro desafio da gestão da presidência do Ministro Dias Toffoli, num cenário em que se fazia necessária a adoção de medidas para reter os membros e servidores das carreiras jurídicas, haja vista a discrepância salarial então existente destes com a remuneração praticada do mercado de trabalho privado, além da necessidade do equacionamento do pagamento do auxílio-moradia a magistrados e procuradores, que até aquele momento era realizado ao amparo de decisão liminar.

Dessa forma, por meio de negociação liderada pelo Ministro Dias Toffoli junto aos Poderes Legislativo e Executivo, foi aprovada e sancionada uma lei que promoveu o reajuste da remuneração dos membros da Magistratura e do Ministério Público Federal (MPF). Essa medida foi feita praticamente sem impacto orçamentário, uma vez que houve um acordo no sentido de que, sancionada a referida lei, o auxílio-moradia seria extinto, sendo os recursos utilizados para esse fim remanejados para o pagamento do reajuste salarial aprovado. Por seu turno, diversos tribunais fizeram remanejamentos de dotações orçamentárias para custear o impacto da nova remuneração.

Por sua vez, sobre a parcela de reajuste aprovada começou a incidir a tributação relativa à contribuição para a Previdência Social e o imposto de renda, gerando receitas para os cofres públicos. Anteriormente não havia essa tributação, devido à natureza indenizatória do auxílio-moradia.

A política penitenciária, um histórico gargalo social, judiciário, econômico e que, muitas vezes, representa um drama humano e familiar, foi objeto de atenção prioritária do Ministro Dias Toffoli durante a sua presidência do Conselho Nacional de Justiça (CNJ).

Mesmo com a Pandemia do Coronavírus, período em que foram limitadas praticamente todas as atividades humanas, sob a sua presidência, em 2018, o CNJ iniciou uma mudança de paradigma na gestão dessa política, implementando uma ação institucional articulada, com a participação do Ministério da Justiça, dos 26 Estados e do Distrito Federal, para racionalizar a entrada e a saída de detentos do sistema penitenciário, bem assim do ciclo socioeducativo. Muito ainda há por se fazer. Esse é um trabalho desafiador e necessário, que demanda planejamento, coordenação e execução compartilhada para restabelecer a dignidade no sistema prisional brasileiro, conforme estabelecido pela Constituição Federal.

O Ministro Dias Toffoli promoveu, também no CNJ, uma gestão profícua na área da pesquisa judiciária. Destaco a revitalização do Departamento de Pesquisas Judiciárias (DPJ), prestigiando uma das funções básicas do Conselho – a pesquisa. Uma das prioridades era realizar estudos que contribuíssem para avaliar e indicar caminhos para o aperfeiçoamento da ação do Poder Judiciário em benefício do cidadão. Naquele período foram realizados amplas discussões sobre temas relevantes e atuais, como a Inteligência Artificial, e estudos relativos às regras e ao processo de concessão de benefícios da Previdência Social.

Não menos importante foi o projeto para o Fortalecimento do Sistema Processo Judicial Eletrônico (PJe). O PJe é uma plataforma digital desenvolvida pelo CNJ para a tramitação eletrônica de processos judiciais. Durante a gestão do Ministro Dias Toffoli, foi priorizada a expansão e consolidação do uso do PJe em tribunais de diversas unidades federativas. O objetivo era a modernização da gestão substituindo o processo físico pelo processo eletrônico, aumentando a eficiência, a transparência e a acessibilidade pelas partes envolvidas – advogados e cidadãos em geral –, além de contribuir para a sustentabilidade ambiental com a redução da utilização de papel.

Ainda durante a Pandemia do Coronavírus, o Ministro Dias Toffoli propôs uma articulação nacional para que as diversas instâncias dos Poderes Executivo, Legislativo e Judiciário dos governos e dos setores organizados da sociedade civil, especialmente na área da saúde, e a academia trabalhassem de forma estratégica e coordenada, para a eficácia de procedimentos e diagnósticos, prestação dos serviços de saúde, capacitação dos profissionais da área, gestão otimizada dos recursos orçamentários e materiais, enfim, um trabalho institucional colaborativo e não concorrencial, pacificando o ambiente naquele momento e focando os esforços no combate ao vírus. Essa proposta serviu de inspiração para uma parcela significativa e representativa dos atores que faziam um trabalho coordenado de enfrentamento da Pandemia.

Mesmo nesse cenário de crise extrema na saúde, foi acelerada a digitalização do Poder Judiciário. Na gestão do Ministro Dias Toffoli foram implementadas diversas medidas para garantir a continuidade das atividades judiciais, mesmo em um contexto de isolamento social. Esse esforço de todo o time do STF e do CNJ acelerou a digitalização das suas atividades, como a realização de julgamento por videoconferência, possibilitando que os Ministros participassem das Sessões de suas residências ou escritórios, mantendo o distanciamento social, bem assim a estruturação tecnológica para que os servidores também pudessem trabalhar remotamente, assegurando a continuidade dos trabalhos do Poder Judiciário durante a Pandemia.

Desde o período em que exerceu o cargo de Subchefe para Assuntos Jurídicos da Casa Civil da Presidência da República, iniciado em 2003, o Ministro Toffoli sempre foi um entusiasta da criação de uma identidade nacional. Esse documento, de alcance nacional, é de fundamental importância para se evitar fraudes – até então, cada pessoa poderia ter até 27 identidades estaduais e possuir mais de um CPF –, reduzir custos para a sociedade e para a economia, ampliar os serviços digitais prestados ao cidadão, como a comprovação de vida junto ao INSS e sua utilização como documento para viagens internacionais para determinados países.

Ao longo desse tempo, a questão foi avançando lentamente, e ao assumir a Presidência do Tribunal Superior Eleitoral (TSE), quando ampliou sobremaneira a identificação biométrica dos eleitores, o Ministro Dias Toffoli articulou a retomada do projeto de criação dessa identidade.

Ao final, em articulação com o TSE, o Governo Federal criou a Carteira de Identidade Nacional, unificada em todo o Brasil, de emissão gratuita, que passou a ser o registro geral de identificação do cidadão. Trata-se de um documento digital com alto nível de segurança, devido à utilização de dados biométricos. Essa nova identidade vem com um *QR Code* que pode ser lido por diversos dispositivos, como *smartphones* e *tablets*, possibilitando a validação eletrônica de sua autenticidade. Representa mais uma medida para a digitalização da administração pública, devendo ser ressaltada também a colaboração de diversos outros órgãos e entidades e, especialmente, de profissionais das áreas pública e privada, cujo trabalho foi fundamental para a viabilização desse projeto.

A liderança democrática do Ministro Dias Toffoli, caracterizada pela empatia, facilidade de comunicação, estímulo à criatividade, inovação e participação, aliada à dedicação e competência da equipe técnica do seu Gabinete, tanto no trabalho jurídico quanto na dimensão gerencial da administração, foram fundamentais para o êxito da sua gestão. Inicialmente, o objetivo deste artigo era focar apenas nessas iniciativas gerenciais exitosas para o aperfeiçoamento da prestação jurisdicional ao cidadão.

No entanto, não há como deixar de se destacar o seu sereno, incansável e estratégico diálogo com os demais Poderes da República para a defesa da Democracia e do Estado de Direito. O êxito na gestão foi obtido concomitantemente com a sua efetiva participação no diálogo institucional, quando foram questionadas as instituições democráticas, inclusive os Poderes da República.

No período inicial da sua presidência no STF, em que havia maior sensibilidade nas relações institucionais – num cenário fértil para os estimuladores do ódio e do confronto –, a porta do Presidente Dias Toffoli ficou permanentemente aberta ao diálogo. Seguramente essa postura moderou o ímpeto em torno de um dirigente eleito num ambiente de polarização político-social em que se tentava colocar em xeque a própria Democracia.

A experiência do Presidente da Corte Suprema já lhe demonstrara que no mundo da institucionalidade não se escolhe interlocutor, mesmo que este tenha dubiedades quanto à importância da Constituição, da Democracia e do Estado de Direito para o desenvolvimento e a paz social do País. Ao final, as críticas foram sendo moduladas e o diálogo, o equilíbrio e a habilidade gerencial do Ministro Dias Toffoli tornaram-se fundamentais para a travessia daquele período histórico turbulento e de ataque às instituições democráticas.

Congratulo-me com a oportuna iniciativa do Ministro do STF Gilmar Ferreira Mendes, da Conselheira do CNJ Daiane Nogueira de Lira e do Conselheiro Diretor da Anatel Alexandre Freire pela oportuna iniciativa de promover esta Coletânea Comemorativa dos 15 anos de jurisdição constitucional do Ministro Dias Toffoli e agradeço-lhes pelo honroso convite para dela participar.

Que venham novos 15 anos e outros mais, para que o Ministro Dias Toffoli continue prestando serviços ao Brasil, com seu espírito pacificador, conciliador, equilibrado, humanista e democrata, na expectativa de que também haja um amadurecimento político e social, para que o confronto e a negação dos valores maiores da nossa Carta Magna e do Estado Democrático de Direito se tornem assuntos de pé de página.

Informação bibliográfica deste texto, conforme a NBR 6023:2018 da Associação Brasileira de Normas Técnicas (ABNT):

LIMA, Carlos Eduardo Esteves Lima. 15 anos na defesa da Carta Magna e do Estado Democrático de Direito. *In*: MENDES, Gilmar Ferreira; LIRA, Daiane Nogueira de; FREIRE, Alexandre (coord.). *Constituição, democracia e diálogo*: 15 anos de Jurisdição Constitucional do Ministro Dias Toffoli. 2. ed. Belo Horizonte: Fórum, 2025. p. 297-301. ISBN 978-65-5518-937-7.

OS NOVOS RUMOS DO PROCESSO DELIBERATIVO COLEGIADO DO SUPREMO TRIBUNAL FEDERAL: PRESIDÊNCIA DO MINISTRO JOSÉ ANTONIO DIAS TOFFOLI

CARMEN LILIAN OLIVEIRA DE SOUZA

1 Introdução

Não há como falar em julgamento colegiado no âmbito do Supremo Tribunal Federal sem fazer menção aos seus avanços ocorridos durante a Presidência do Ministro Dias Toffoli. De 13 de setembro de 2018 a 10 de setembro de 2020, período de sua gestão como Presidente do STF, mudanças significativas no processo deliberativo colegiado da Corte foram sendo, gradualmente, implementadas.

A inovação tecnológica, fortalecida pelo surgimento da internet, foi uma peça fundamental e garantidora dessas mudanças. O Poder Judiciário, cada vez mais instado a prestar seu papel de maneira célere e eficaz, precisou se amoldar ao uso de novas ferramentas tecnológicas. O Supremo Tribunal Federal, por sua vez, alinhou-se, ainda mais, ao mundo digital e buscou o aprimoramento de sua missão constitucional. Melhorias no seu processo de trabalho foram sendo implementadas e colocadas à disposição tanto do seu público interno quanto externo.

As novas modalidades de julgamento colegiado, quer seja o Plenário Virtual, com a possibilidade de julgamento de novas classes processuais, quer sejam as sessões por videoconferência, são alguns dos avanços tecnológicos que acabaram por otimizar e mudar, por completo, o modo de atuação colegiada no Supremo Tribunal Federal.

É sob esse enfoque que o presente estudo está pautado. As mudanças no processo deliberativo colegiado, precisamente aquelas surgidas durante a gestão do Ministro Dias Toffoli como Presidente da Corte, são o fundamento deste artigo, cujos detalhes serão, a seguir, analisados.

2 As mudanças no Plenário Virtual

A Constituição Federal de 1988 estabelece, no seu artigo 5º, inciso XXXV, que "a lei não excluirá da apreciação do Poder Judiciário lesão ou ameaça a direito". Prevê, ainda, no seu inciso LXXVIII, que "a todos, no âmbito judicial e administrativo, são assegurados a razoável duração do processo e os meios que garantam a celeridade de sua tramitação".[1]

É com esse comando constitucional que o presente estudo se inicia. Foi por meio da Emenda Constitucional nº 45/2004 que o direito a uma razoável duração do processo foi instituído em nosso ordenamento jurídico. A importância está no processo judicial, eis que configura o próprio resultado do exercício do direito de acesso à Justiça. Esse acesso à Justiça já contemplava a ideia de uma prestação jurisdicional a ser realizada em tempo hábil, de modo a garantir o pleno gozo do direito almejado. No entanto, a morosidade do aparelho judiciário, somada à alta carga de trabalho dos magistrados, frustrava tal direito. Foi nesse sentido que o surgimento de mais uma garantia constitucional, a razoável duração do processo, mostrou-se necessário. Aliada a essa garantia, também foi importante disponibilizar meios que fossem capazes de contribuir para uma tramitação processual célere e eficaz.[2]

Nesse sentido, esclarece Ada Pellegrini Grinover que esses meios devem ser ofertados pelas leis processuais, de maneira que as mudanças infralegais se alinhem às mudanças constitucionais, em decorrência de expressa disposição da EC 45/04. Na essência, o objetivo é fazer com que as normas processuais sejam capazes de oferecer soluções à desburocratização e à simplificação do processo, com vistas a garantir celeridade na sua tramitação.[3]

Foi com essa perspectiva, ante a avalanche de processos que chegam à Corte diariamente, que se intensificou a busca por melhores formas de prestar a jurisdição. Tendo como pilares o acesso à Justiça, a celeridade e a transparência, um novo formato de julgamento colegiado surgiu: o Plenário Virtual. Concebido para ser um espaço de deliberação remota no qual os Ministros podem atuar de forma assíncrona, registrando seus votos e suas manifestações, pode-se afirmar que:

> A criação do Plenário Virtual, além de representar uma inovação normativa e tecnológica, que ampliou o potencial de capacidade deliberativa da Corte, ofertou aos jurisdicionados efetivo e célere acesso à Justiça.
> (...)
> O Plenário Virtual é um dos principais instrumentos de virtualização do Tribunal, por possibilitar a realização de julgamentos colegiados em ambiente inteiramente digital.[4]

---

[1] BRASIL. *Constituição da República Federativa do Brasil de 1988*. Brasília, DF: Presidência da República, 2024. Disponível em: https://www.planalto.gov.br/ccivil_03/constituicao/constituicao.htm. Acesso em: 20 jun. 2024.

[2] SILVA. José Afonso da. *Curso de direito constitucional positivo*. 45. ed., rev., atual. e ampl. São Paulo: JusPodivm, 2024, p. 438.

[3] GRINOVER, Ada Pellegrini. A necessária reforma infraconstitucional. *In:* TAVARES, André Ramos; LENZA, Pedro; ALARCÓN, Pietro de Jesús Lora (coord.). *Reforma do judiciário*. São Paulo: Método, 2005, p. 501.

[4] BRASIL. Supremo Tribunal Federal. *Plenário Virtual*. 2024. Disponível em: https://portal.stf.jus.br/hotsites/plenariovirtual/. Acesso em: 10 jul. 2024.

Partindo dessa premissa, e antes de serem examinados os detalhes da evolução do Plenário Virtual, importante rememorar, ainda que brevemente, a origem do instituto no âmbito do Supremo Tribunal Federal.

O primeiro modelo de plenário virtual utilizado na Corte remonta ao ano de 2007, durante a Presidência da Ministra Ellen Gracie. Naquele momento, a Emenda Regimental nº 21/2007 previa que os julgamentos relacionados à análise da existência, ou não, de repercussão geral passariam a ser feitos em meio eletrônico.[5]

Em 2010, durante a Presidência do Ministro Cezar Peluso, ocorreu uma atualização quanto a essa temática. Com a publicação da Emenda Regimental nº 42/2010, definiu-se que o julgamento de mérito de questões com repercussão geral, nos casos de reafirmação de jurisprudência dominante da Corte, também poderia ser realizado de forma eletrônica.[6]

Já no ano de 2016, durante a Presidência do Ministro Ricardo Lewandowski, foi realizada uma outra importante mudança. Com a publicação da Emenda Regimental nº 51/2016, o julgamento de agravos regimentais e de embargos de declaração também poderiam ocorrer em ambiente eletrônico.[7] De acordo com a Resolução nº 587/2016, as sessões teriam a duração de 7 dias corridos; a ausência de voto de algum ministro seria computada como acompanhando o voto do Relator; os textos de ementa, relatório e voto somente seriam disponibilizados após a conclusão do julgamento; e os processos com pedido de vista, com destaque e com pedido de sustentação oral só poderiam ser julgados em sessão presencial.[8]

No entanto, foi durante a Presidência do Ministro Dias Toffoli que o processo deliberativo colegiado do Supremo Tribunal Federal atingiu seu ápice. Nesse período, foram publicadas as Emendas Regimentais 52/2019, 53/2020 e 54/2020, bem como as Resoluções 642/2019, 669/2020, 672/2020, 675/2020, 684/2020 e 690/2020, todas elaboradas com o objetivo de regulamentar e proporcionar melhorias aos julgamentos em ambiente eletrônico.

Com efeito, o início de um novo Supremo Tribunal Federal foi marcado desde a solenidade de posse do Ministro Dias Toffoli como Presidente da Corte. Em seu discurso, proferido em Sessão Solene aos 13 dias do mês de setembro do ano de 2018, o novo Presidente já sinalizava os rumos de sua vindoura e frutífera gestão. Dizia ele:

> Modernização, dinamismo, interatividade. Revolução digital: sociedade globalizada e digitalmente conectada. Cidadania digital. Novas ferramentas tecnológicas – julgamentos virtuais, comunicação processual por meio de redes sociais, programas de inteligência artificial. (...) Arquitetura de computação em nuvem. Adaptemo-nos, Judiciário, Advocacia, Ministério Público, todas as funções essenciais à Justiça, às novas tecnologias e às novas mídias. O virtual agora é real; o virtual já é real.[9]

---

[5] BRASIL. Supremo Tribunal Federal. *Emenda Regimental 21/2007*. Disponível em: https://www.stf.jus.br/ARQUIVO/NORMA/EMENDAREGIMENTAL021-2007.PDF. Acesso em: 25 jun. 2024.

[6] BRASIL. Supremo Tribunal Federal. *Emenda Regimental 42/2010*. Disponível em: https://www.stf.jus.br/ARQUIVO/NORMA/EMENDAREGIMENTAL042-2010.PDF. Acesso em: 25 jun. 2024.

[7] BRASIL. Supremo Tribunal Federal. *Emenda Regimental 51/2016*. Disponível em: https://www.stf.jus.br/ARQUIVO/NORMA/EMENDAREGIMENTAL051-2016.PDF. Acesso em: 25 jul. 2024.

[8] BRASIL. Supremo Tribunal Federal. *Resolução 587/2016*. Disponível em: https://www.stf.jus.br/arquivo/norma/resolucao587-2016.pdf. Acesso em: 10 de jul. de 2024.

[9] BRASIL. Supremo Tribunal Federal. *Posse na Presidência do Supremo Tribunal Federal*. Discurso do Excelentíssimo Senhor Ministro Dias Toffoli, Presidente do Supremo Tribunal Federal. Disponível em: https://www.stf.jus.br/

Como se percebe, a gestão Toffoli tinha como uma de suas metas pulverizar a tecnologia pelo tribunal, com vistas a transformá-lo em um Supremo 100% digital. No campo jurisdicional, mais precisamente no tocante aos julgamentos colegiados, a melhoria parecia mesmo ser necessária. A enorme quantidade de processos que aguardava julgamento pelo Plenário do STF parecia não ter fim. Os dados causavam espanto:

> Historicamente, o Plenário presencial não conseguia dar conta da quantidade de processos que demandam análise colegiada. Em 2019, por exemplo, foram julgados, nas sessões plenárias, 334 processos. Nesse ritmo, ainda que não entrasse mais nenhum processo em pauta, seriam necessários três anos e seis meses para julgar apenas o estoque de processos pautados.[10]

E foi com espírito inovador que o processo deliberativo colegiado do Supremo Tribunal Federal foi se amoldando. Durante a primeira sessão administrativa do ano de 2019, realizada no dia 6 de junho, houve deliberação, entre outros pontos, de uma proposta de emenda regimental com a finalidade de incluir o artigo 21-B ao Regimento Interno da Corte. Seu conteúdo restringia-se ao aumento das hipóteses de julgamento em meio eletrônico, com claro objetivo de se propiciar uma razoável duração do processo. A proposta foi aprovada por maioria.[11]

Surgia, assim, a Emenda Regimental nº 52/2019. A plataforma virtual, que antes estava restrita ao julgamento de agravos regimentais e de embargos de declaração, foi devidamente ajustada para se adequar aos termos impostos pela nova emenda. Dessa forma, poderiam ser julgados em ambiente virtual os agravos internos, os regimentais e os embargos de declaração; as medidas cautelares em ações de controle concentrado; o *referendum* de medidas cautelares e de tutelas provisórias; os recursos extraordinários e os agravos, inclusive com repercussão geral reconhecida, e todas as demais classes processuais cuja matéria discutida tenha jurisprudência dominante no âmbito do STF.[12]

Seguindo esses novos parâmetros, foi publicada a Resolução nº 642, de 14 de junho de 2019, a qual é reconhecida como pilar central dos julgamentos colegiados virtuais no âmbito do Supremo Tribunal Federal. Por meio dela, consolidou-se o atual modelo de Plenário Virtual vigente na Corte. O normativo regulamentou vários procedimentos, cujos principais podem ser assim descritos:

> (...) iniciado o julgamento, os demais ministros terão até 5 (cinco) dias úteis para se manifestar.
> (...) A conclusão dos votos registrados pelos ministros será disponibilizada automaticamente, na forma de resumo de julgamento, no sítio eletrônico do STF.
> (...) A ementa, o relatório e voto somente serão tornados públicos com a publicação do acórdão do julgamento.

---

arquivo/cms/publicacaoPublicacaoInstitucionalPossePresidencial/anexo/Plaqueta_possepresidencial_DiasToffoli.pdf. Acesso em: 27 jul. 2024.

[10] BRASIL. Supremo Tribunal Federal. *Toffoli encerra gestão com redução de 70% no número de processos que aguardavam julgamento pelo Plenário*. Disponível em: https://noticias.stf.jus.br/postsnoticias/toffoli-encerra-gestao-com-reducao-de-70-no-numero-de-processos-que-aguardavam-julgamento-pelo-plenario/. Acesso em: 10 jul. 2024.

[11] BRASIL. Supremo Tribunal Federal. *Ata da Sessão Administrativa 06.06.2019*. Disponível em: https://portal.stf.jus.br/textos/verTexto.asp?servico=legislacaoAtasSessoesAdministrativas&pagina=atasSessoesAdministrativas. Acesso em: 26 jun. 2024.

[12] BRASIL. Supremo Tribunal Federal. *Emenda Regimental 52/2019*. Disponível em: https://www.stf.jus.br/arquivo/norma/emendaregimental052-2019.pdf. Acesso em: 26 jul. 2024.

(...) Não serão julgados em ambiente virtual as listas ou os processos com pedido de:
I – destaque feito por qualquer ministro;
II – destaque feito por qualquer das partes, desde que requerido até 48 (quarenta e oito) horas antes do início da sessão e deferido pelo relator;
III – sustentação oral realizado por qualquer das partes, desde que requerido após a publicação da pauta de julgamento e até 48 (quarenta e oito) horas antes do início da sessão, cabendo ao relator, nos casos cabíveis, deferir o pedido.
§1º Nos casos previstos neste artigo, o relator retirará o processo da pauta de julgamentos eletrônicos e o encaminhará ao órgão colegiado competente para julgamento presencial, com publicação de nova pauta.
§2º Nos casos de destaques, previstos nos incisos I e II, o julgamento será reiniciado.[13]

Nota-se que essas mudanças normativas foram capazes de otimizar o trabalho do tribunal, refletindo numa importante resposta aos jurisdicionados. A primeira sessão virtual do Plenário contemplando as recentes inovações foi realizada no período de 16 a 22 de agosto de 2019. Naquela sessão, processos que estavam há algum tempo aguardando deliberação colegiada puderam, enfim, ser julgados. A prestação jurisdicional na Corte começou a tomar novos rumos. De um total de 199 processos levados a julgamento, foram apreciados 52 méritos. Desses, 36 tiveram seu julgamento concluído, sendo 33 ações diretas de inconstitucionalidade, duas ações declaratórias de constitucionalidade e uma arguição de descumprimento de preceito fundamental.[14]

Mais adiante, o Supremo Tribunal Federal necessitou de nova adequação em seu modo de prestar a jurisdição. Diante da Pandemia da Covid-19, outras mudanças no Plenário Virtual da Corte mostraram-se urgentes e necessárias. Realizou-se, assim, em 18 de março de 2020, a segunda sessão administrativa do ano. Naquele momento, o Presidente do STF, Ministro Dias Toffoli, levou à deliberação colegiada nova proposta de emenda regimental. Encaminhada pela Comissão de Regimento do tribunal, seu objetivo era ampliar as hipóteses de julgamento em ambiente eletrônico, com a possibilidade de realização de sustentação oral. Isso porque a Organização Mundial da Saúde (OMS) acabara por declarar, em 11 de março de 2020, situação de pandemia do vírus SARS-CoV-2.[15]

Dessa forma, seguindo os parâmetros delineados na sessão administrativa, foram publicadas a Emenda Regimental nº 53, de 18 de março de 2020,[16] e as Resoluções nº 669/2020[17] e nº 675/2020.[18] Traziam, na sua essência, as seguintes modificações: (i) ampliação das hipóteses de julgamento em ambiente eletrônico, possibilitando que

---

[13] BRASIL. Supremo Tribunal Federal. *Resolução 642/2019*. Disponível em: https://www.stf.jus.br/arquivo/norma/resolucao642-2019.pdf. Acesso em: 26 jun. 2024.
[14] BRASIL. Supremo Tribunal Federal. *Diário da Justiça Eletrônico*. Disponível em: https://www.stf.jus.br/arquivo/djEletronico/DJE_20190902_191.pdf. Acesso em: 27 jul. 2024.
[15] BRASIL. Supremo Tribunal Federal. Ata da Sessão Administrativa 18/03/2020. Disponível em: https://portal.stf.jus.br/textos/verTexto.asp?servico=legislacaoAtasSessoesAdministrativas&pagina=atasSessoesAdministrativas. Acesso em: 26 jul. 2024.
[16] BRASIL. Supremo Tribunal Federal. Emenda Regimental 53/2020. Disponível em: https://www.stf.jus.br/arquivo/norma/emendaregimental053-2020.pdf. Acesso em: 26 jul. 2024.
[17] BRASIL. Supremo Tribunal Federal. Resolução 669/2020. Disponível em: https://www.stf.jus.br/arquivo/norma/resolucao669-2020.pdf. Acesso em: 26 jul. 2024.
[18] BRASIL. Supremo Tribunal Federal. Resolução 675/2020. Disponível em: https://www.stf.jus.br/arquivo/norma/resolucao675-2020.pdf. Acesso em: 26 jul. 2024.

todos os processos de competência do tribunal pudessem ser levados a julgamento em plenário virtual; (ii) necessidade de publicação de nova pauta nos casos de processos destacados; (iii) possibilidade de realização de sustentações orais, cujos arquivos seriam disponibilizados no sistema de votação dos ministros, ficando disponíveis no sítio eletrônico do STF durante a sessão de julgamento; (iv) disponibilização do relatório e dos votos dos ministros no sítio eletrônico do STF durante a sessão; (v) possibilidade de envio de arquivo com esclarecimento de matéria de fato por parte de advogados e procuradores, o qual seria disponibilizado no sistema de votação dos ministros; e, ainda, (vi) a possibilidade de convocação de sessão virtual extraordinária.

Ainda no ano de 2020, duas outras resoluções foram publicadas. A Resolução nº 684, de 21 de maio de 2020, apenas alterou o prazo de duração das sessões virtuais, passando para 6 (seis) dias úteis o período de votação por parte dos ministros.[19]

Por fim, foi publicada a Resolução nº 690, de 1º de julho de 2020, derradeira norma sobre julgamento colegiado em ambiente virtual operacionalizada durante a Gestão Dias Toffoli. Elaborada nos termos de uma sessão administrativa realizada em formato eletrônico[20] e de acordo com a Emenda Regimental nº 54, de 1º de julho de 2020,[21] a novel resolução contemplou, dentre outros pontos, (i) a necessidade de se registrar em ata sempre que algum ministro não votar e (ii) a possibilidade de suspensão do julgamento, com a inclusão do processo na sessão virtual seguinte, quando não se alcançar o quórum de votação ou quando ocorrer empate, exceção feita ao julgamento de *habeas corpus* e de recurso de *habeas corpus*, situação em que o empate será solucionado com a proclamação de decisão mais favorável ao réu.[22]

Esse contexto de significativas alterações normativas revelou a importância da ampliação das sessões virtuais, as quais tinham por base o fortalecimento e a consolidação da busca por celeridade e eficiência na prestação jurisdicional. A alta produtividade colegiada acabou por permitir, em um espaço reduzido de tempo, que a Corte avançasse sobre sua congestionada pauta. Os julgamentos virtuais foram capazes de viabilizar, com segurança jurídica, a diminuição dos estoques de ações, precisamente aquelas relacionadas ao controle concentrado e às repercussões gerais.[23]

Diante de todo esse esforço, o resultado não poderia ser outro: o STF alcançou o menor acervo processual das últimas duas décadas. Durante a gestão do Ministro Dias Toffoli houve uma redução de 70% no número de processos que aguardavam julgamento. No final do ano de 2018, o Plenário tinha mais de 1.200 processos liberados. Ao final de seu mandato, esse número foi reduzido para apenas 369. A marca de 31.777 decisões julgadas colegiadamente durante seus dois anos de Presidência merece destaque. Isso foi resultado de uma série de medidas adotadas, incluindo, por certo, as diversas

---

[19] BRASIL. Supremo Tribunal Federal. Resolução 684/2020. Disponível em: https://www.stf.jus.br/arquivo/norma/resolucao684-2020.pdf. Acesso em: 26 jul. 2024.

[20] BRASIL. Supremo Tribunal Federal. Ata da Sessão Administrativa 29/06 a 1º/07/2020. Disponível em: https://www.stf.jus.br/arquivo/cms/noticiaNoticiaStf/anexo/RIAtadeJulgamento.pdf. Acesso em: 10 jul. 2024.

[21] BRASIL. Supremo Tribunal Federal. *Emenda Regimental 54/2020*. Disponível em: https://www.stf.jus.br/arquivo/cms/noticiaNoticiaStf/anexo/RIEmenda.pdf. Acesso em: 10 jul. 2024.

[22] BRASIL. Supremo Tribunal Federal. *Resolução 690/2020*. Disponível em: https://www.stf.jus.br/arquivo/norma/resolucao690-2020.pdf. Acesso em: 26 jul. 2024.

[23] BRASIL. Supremo Tribunal Federal. *Relatório da Gestão 2018-2020*. Disponível em: https://www.stf.jus.br/arquivo/cms/noticiaNoticiaStf/anexo/relatorioGestao2020.pdf. Acesso em 26 jun. 2024.

mudanças operadas no plenário virtual da Corte. Na essência, essas medidas tinham por objetivo promover uma modernização nos fluxos de trabalho da Corte, reforçando a colegialidade e assegurando uma prestação jurisdicional voltada para um novo modelo de sociedade: plural, moderna, conectada e digital.[24]

3 As sessões presenciais por videoconferência

As primeiras sessões por videoconferência realizadas no Supremo Tribunal Federal, tanto no Plenário quanto nas Turmas, ocorreram durante a Presidência do Ministro Dias Toffoli. A proposta foi colocada à deliberação da Corte na segunda sessão administrativa do ano de 2020, tendo sido aprovada à unanimidade. O objetivo era possibilitar, em sessões de julgamento presenciais, a realização de sustentações orais por meio de videoconferência.[25]

Uma vez aprovada, seu texto constou da Emenda Regimental nº 53, de 18 de março de 2020,[26] e, também, da Resolução nº 672, de 26 de março de 2020. Essa resolução detalhou os procedimentos a serem adotados durante as sessões por videoconferência, com destaque para o seguinte:

> Art. 1º As sessões de julgamento do Plenário e das Turmas, a critério da respectiva Presidência, poderão ser realizadas inteiramente por videoconferência.
> §1º Nas sessões de julgamento presencial do Plenário e das Turmas, fica permitido o uso de videoconferência pelos Ministros.
> (...)
> Art. 2º Nos termos do art. 131, §5º, do Regimento Interno do Supremo Tribunal Federal, a sustentação oral poderá ser realizada por videoconferência, atendidas as seguintes condições:
> I – inscrição mediante formulário eletrônico disponibilizado no sítio eletrônico do STF até 48 horas antes do dia da sessão (...).[27]

E foi a partir desse momento, durante a pandemia da Covid-19, que o Supremo Tribunal Federal inaugurava mais uma medida inovadora. Almejando a manutenção da prestação jurisdicional durante a decretação de estado de calamidade pública, foram realizadas, nos dias 14, 15 e 16 de abril de 2020, as primeiras sessões por videoconferência na Corte.[28]

Importante ressaltar que, até então, as sessões das Turmas somente podiam ser acompanhadas de forma presencial. No entanto, no dia 14 de abril, os julgamentos foram

---

[24] BRASIL. Supremo Tribunal Federal. *Toffoli encerra gestão com redução de 70% no número de processos que aguardavam julgamento pelo Plenário*. Disponível em: https://noticias.stf.jus.br/postsnoticias/toffoli-encerra-gestao-com-reducao-de-70-no-numero-de-processos-que-aguardavam-julgamento-pelo-plenario/. Acesso em: 10 jul. 2024.

[25] BRASIL. Supremo Tribunal Federal. *Ata da Sessão Administrativa 18.03.2020*. Disponível em: https://portal.stf.jus.br/textos/verTexto.asp?servico=legislacaoAtasSessoesAdministrativas&pagina=atasSessoesAdministrativas. Acesso em: 26 jul. 2024.

[26] BRASIL. Supremo Tribunal Federal. *Emenda Regimental 53/2020*. Disponível em: https://www.stf.jus.br/arquivo/norma/emendaregimental053-2020.pdf. Acesso em: 26 jul. 2024.

[27] BRASIL. Supremo Tribunal Federal. *Resolução 672/2020*. Disponível em: https://www.stf.jus.br/arquivo/norma/resolucao672-2020.pdf. Acesso em: 26 de jul. 2024.

[28] BRASIL. Supremo Tribunal Federal. *STF realiza primeiras sessões de julgamentos por videoconferência nesta semana*. Disponível em: https://portal.stf.jus.br/noticias/verNoticiaDetalhe.asp?idConteudo=441274&ori=1. Acesso em: 10 jul. 2024.

transmitidos pela internet, em tempo real e de forma inédita, por meio do canal do STF no YouTube. O objetivo era compensar as restrições sanitárias de entrada na Corte durante o período pandêmico, garantindo às partes e aos advogados a possibilidade de acompanhar o julgamento de seus processos. O Plenário, por sua vez, realizou as primeiras sessões inteiramente por videoconferência nos dias 15 e 16 de abril, mantendo as transmissões pela TV Justiça, pela Rádio Justiça e no canal do STF no YouTube.[29]

4 Conclusão

O processo deliberativo colegiado no Supremo Tribunal Federal passou por significativas mudanças ao longo dos anos. A realização de julgamentos de forma presencial era a regra. No entanto, os avanços tecnológicos, surgidos com o advento da internet, acabaram por permitir que a atuação jurisdicional migrasse de um modelo síncrono para um modelo assíncrono, virtual.

A mudança era necessária. Novos formatos de atuação colegiada precisavam ser pensados, eis que o acúmulo de processos aguardando julgamento já sinalizava a insuficiência das sessões presenciais. A tímida implementação de julgamentos eletrônicos, operacionalizada em 2007, foi essencial para marcar o início de uma Corte digital. Mas foi durante a gestão do Ministro Dias Toffoli na Presidência do STF que o processo deliberativo colegiado virtual atingiu seu auge.

A tecnologia e a modernização digital aliadas ao desejo de prestar uma jurisdição célere e efetiva foram características de sua presidência desde o discurso de posse. Caminhando a passos firmes e certeiros, com respeito aos princípios da publicidade, da segurança jurídica e da transparência, a gestão foi capaz de pensar novos formatos de acesso à Justiça.

Como não poderia deixar de ser, grandes desafios marcaram esse período, sendo a pandemia da Covid-19 o maior deles. E foi com a necessidade de vencê-los que a Corte alcançou momentos de excelência. Avanços no campo tecnológico aliados ao surgimento de uma sociedade cada vez mais conectada e digital foram capazes de proporcionar um novo formato de julgamento colegiado.

A ampliação do Plenário Virtual, desencadeada já no início do seu mandato, e a implementação das sessões por videoconferência foram melhorias que precisavam ser rapidamente operacionalizadas, eis que a pandemia já causava transtornos no Brasil e no mundo. O Supremo Tribunal Federal, órgão máximo do Poder Judiciário e guardião da Constituição da República, precisava continuar a cumprir o seu papel jurisdicional. E, na gestão Toffoli, cumpriu com louvor!

O atual modelo deliberativo colegiado do tribunal, em que todo e qualquer processo pode ser levado a julgamento, seja em ambiente presencial, seja em ambiente virtual, é uma inovação indissociável da Presidência do Ministro Dias Toffoli, a quem rendemos todas as homenagens. A Corte alcançou números antes inimagináveis. A redução da quantidade de processos que aguardavam julgamento, as 31.777 decisões colegiadas

---

[29] BRASIL. Supremo Tribunal Federal. *STF realiza primeiras sessões de julgamentos por videoconferência nesta semana*. Disponível em: https://portal.stf.jus.br/noticias/verNoticiaDetalhe.asp?idConteudo=441274&ori=1. Acesso em: 10 jul. 2024.

proferidas durante seus dois anos de mandato e o menor acervo processual das últimas duas décadas marcaram, de forma ímpar, sua gestão. O seu legado à frente do Supremo Tribunal Federal jamais será esquecido. Pelo contrário, está fortemente registrado nos anais e na história do Tribunal Constitucional brasileiro.

Referências

BRASIL. *Constituição da República Federativa do Brasil de 1988*. Brasília, DF: Presidência da República, 2024. Disponível em: https://www.planalto.gov.br/ccivil_03/constituicao/constituicao.htm. Acesso em: 20 jun. 2024;

BRASIL. Supremo Tribunal Federal. *Ata da Sessão Administrativa 06.06.2019*. Disponível em: https://portal.stf.jus.br/textos/verTexto.asp?servico=legislacaoAtasSessoesAdministrativas&pagina=atasSessoesAdministrativas. Acesso em: 26 jun. 2024;

BRASIL. Supremo Tribunal Federal. *Ata da Sessão Administrativa 18.03.2020*. Disponível em: https://portal.stf.jus.br/textos/verTexto.asp?servico=legislacaoAtasSessoesAdministrativas&pagina=atasSessoesAdministrativas. Acesso em: 26 jul. 2024;

BRASIL. Supremo Tribunal Federal. *Ata da Sessão Administrativa 29.06 a 1º.07.2020*. Disponível em: https://www.stf.jus.br/arquivo/cms/noticiaNoticiaStf/anexo/RIAtadeJulgamento.pdf. Acesso em: 10 jul. 2024;

BRASIL. Supremo Tribunal Federal. *Diário da Justiça Eletrônico*. Disponível em: https://www.stf.jus.br/arquivo/djEletronico/DJE_20190902_191.pdf. Acesso em: 27 jul. 2024;

BRASIL. Supremo Tribunal Federal. *Emenda Regimental 21/2007*. Disponível em: https://www.stf.jus.br/ARQUIVO/NORMA/EMENDAREGIMENTAL021-2007.PDF. Acesso em 25 jun. 2024;

BRASIL. Supremo Tribunal Federal. *Emenda Regimental 42/2010*. Disponível em: https://www.stf.jus.br/ARQUIVO/NORMA/EMENDAREGIMENTAL042-2010.PDF. Acesso em 25 jun. 2024;

BRASIL. Supremo Tribunal Federal. *Emenda Regimental 51/2016*. Disponível em: https://www.stf.jus.br/ARQUIVO/NORMA/EMENDAREGIMENTAL051-2016.PDF. Acesso em 25 jul. 2024;

BRASIL. Supremo Tribunal Federal. *Emenda Regimental 52/2019*. Disponível em: https://www.stf.jus.br/arquivo/norma/emendaregimental052-2019.pdf. Acesso em: 26 jul. 2024;

BRASIL. Supremo Tribunal Federal. *Emenda Regimental 53/2020*. Disponível em: https://www.stf.jus.br/arquivo/norma/emendaregimental053-2020.pdf. Acesso em: 26 jul. 2024;

BRASIL. Supremo Tribunal Federal. *Emenda Regimental 54/2020*. Disponível em: https://www.stf.jus.br/arquivo/cms/noticiaNoticiaStf/anexo/RIEmenda.pdf. Acesso em: 10 jul. 2024;

BRASIL. Supremo Tribunal Federal. *Plenário Virtual*. 2024. Disponível em: https://portal.stf.jus.br/hotsites/plenariovirtual/. Acesso em: 10 jul. 2024;

BRASIL. Supremo Tribunal Federal. *Posse na Presidência do Supremo Tribunal Federal. Discurso do Excelentíssimo Senhor Ministro Dias Toffoli, Presidente do Supremo Tribunal Federal*. Disponível em: https://www.stf.jus.br/arquivo/cms/publicacaoPublicacaoInstitucionalPossePresidencial/anexo/Plaqueta_possepresidencial_DiasToffoli.pdf. Acesso em: 27 jul. 2024;

BRASIL. Supremo Tribunal Federal. *Relatório da Gestão 2018-2020*. Disponível em: https://www.stf.jus.br/arquivo/cms/noticiaNoticiaStf/anexo/relatorioGestao2020.pdf. Acesso em 26 jun. 2024;

BRASIL. Supremo Tribunal Federal. *Resolução 587/2016*. Disponível em: https://www.stf.jus.br/arquivo/norma/resolucao587-2016.pdf. Acesso em: 10 jul. 2024;

BRASIL. Supremo Tribunal Federal. *Resolução 642/2019*. Disponível em: https://www.stf.jus.br/arquivo/norma/resolucao642-2019.pdf. Acesso em: 26 jun. 2024;

BRASIL. Supremo Tribunal Federal. *Resolução 669/2020*. Disponível em: https://www.stf.jus.br/arquivo/norma/resolucao669-2020.pdf. Acesso em: 26 jul. 2024;

BRASIL. Supremo Tribunal Federal. *Resolução 672/2020*. Disponível em: https://www.stf.jus.br/arquivo/norma/resolucao672-2020.pdf. Acesso em: 26 de jul. 2024;

BRASIL. Supremo Tribunal Federal. *Resolução 675/2020*. Disponível em: https://www.stf.jus.br/arquivo/norma/resolucao675-2020.pdf. Acesso em: 26 jul. 2024;

BRASIL. Supremo Tribunal Federal. *Resolução 684/2020*. Disponível em: https://www.stf.jus.br/arquivo/norma/resolucao684-2020.pdf. Acesso em: 26 jul. 2024;

BRASIL. Supremo Tribunal Federal. *Resolução 690/2020*. Disponível em: https://www.stf.jus.br/arquivo/norma/resolucao690-2020.pdf. Acesso em: 26 jul. 2024;

BRASIL. Supremo Tribunal Federal. *STF realiza primeiras sessões de julgamentos por videoconferência nesta semana*. Disponível em: https://portal.stf.jus.br/noticias/verNoticiaDetalhe.asp?idConteudo=441274&ori=1. Acesso em: 10 jul. 2024;

BRASIL. Supremo Tribunal Federal. *Toffoli encerra gestão com redução de 70% no número de processos que aguardavam julgamento pelo Plenário*. Disponível em: https://noticias.stf.jus.br/postsnoticias/toffoli-encerra-gestao-com-reducao-de-70-no-numero-de-processos-que-aguardavam-julgamento-pelo-plenario/. Acesso em: 10 jul. 2024.

GRINOVER, Ada Pellegrini. A necessária reforma infraconstitucional. *In:* TAVARES, André Ramos; LENZA, Pedro; ALARCÓN, Pietro de Jesús Lora (coord.). *Reforma do judiciário*. São Paulo: Método, 2005.

SILVA. José Afonso da. *Curso de direito constitucional positivo*. 45. ed., rev., atual. e ampl. São Paulo: JusPodivm, 2024.

Informação bibliográfica deste texto, conforme a NBR 6023:2018 da Associação Brasileira de Normas Técnicas (ABNT):

SOUZA, Carmen Lilian Oliveira de. Os novos rumos do processo deliberativo colegiado do Supremo Tribunal Federal: Presidência do Ministro José Antonio Dias Toffoli. *In*: MENDES, Gilmar Ferreira; LIRA, Daiane Nogueira de; FREIRE, Alexandre (coord.). *Constituição, democracia e diálogo*: 15 anos de Jurisdição Constitucional do Ministro Dias Toffoli. 2. ed. Belo Horizonte: Fórum, 2025. p. 303-312. ISBN 978-65-5518-937-7.

HABEAS CORPUS (HC) Nº 127.483 E A PRISÃO CAUTELAR COMO MEIO DE COERÇÃO

CECILIA MELLO
FLÁVIA SILVA PINTO AMORIM
MARCELLA HALAH MARTINS ABBOUD

1 Introdução

No voto elaborado pelo Ministro Dias Toffoli para o julgamento do Habeas Corpus (HC) nº 127.483/PR, ocorrido em 27 de agosto de 2015,[1] foi examinada a validade do acordo de colaboração premiada sob a perspectiva da voluntariedade em relação à (i) possibilidade de pessoas presas firmarem acordos dessa natureza, desde que a liberdade psíquica estivesse preservada (a partir da premissa de que a liberdade psíquica não se confunde com liberdade de locomoção) e à (ii) liberdade de escolha do imputado para exercer o direito ao silêncio.

Naquela ocasião, o Ministro Ricardo Lewandowski destacou o caráter embrionário do tema no Brasil. Muito embora fosse amplo o debate no campo doutrinário, não existia um aprofundamento a respeito da matéria no âmbito dos tribunais superiores, de maneira que, à época, inexistia jurisprudência consolidada a esse respeito.

Assim, não é exagero reconhecer o julgamento do HC nº 127.483/PR como um divisor de águas na jurisprudência brasileira, pois, independentemente do resultado desfavorável ao impetrante, questões ainda incipientes sobre o instituto da colaboração premiada foram debatidas e cristalizadas a partir daquele momento.

Em meio às questões postas em discussão, consagrou-se o entendimento no sentido da possibilidade de celebração de acordos dessa natureza com pessoas custodiadas. Na visão do Supremo Tribunal Federal (STF), não há correlação lógica entre a supressão da liberdade física do imputado e eventual vedação à sua participação em acordo da colaboração premiada, uma vez que o fator determinante para a realização do negócio

---

[1] Acórdão publicado do *Diário Oficial da União* em 4 de fevereiro de 2016 (BRASIL. Supremo Tribunal Federal (Plenário). Habeas Corpus 127.483 /PR. Paciente: Erton Medeiros Fonseca. Impetrante: José Luiz Oliveira Lima e outros. Relator: Min. Dias Toffoli, 27 de agosto de 2015. *Dje*: Brasília, DF, 4 fev. 2016. Disponível em: https://redir.stf.jus.br/paginadorpub/paginador.jsp?docTP=TP&docID=10199666. Acesso em: 18 jul. 2024).

jurídico é a liberdade psíquica da pessoa, isto é, a ausência de coação, esteja sob custódia ou não.

Dessa forma, para que o requisito de validade da colaboração premiada seja atendido, tal como exigido no plano jurídico, é imprescindível a voluntariedade para colaborar. No referido voto, reconheceu-se voluntariedade como a manifestação de vontade espontânea e livre de qualquer vício, motivo pelo qual a liberdade de escolha do imputado em firmar (ou não) acordo de colaboração premiada não se relacionaria ao fato de o imputado estar preso (o que demanda uma análise caso a caso), e sim à revelia de todos os preceitos fundamentais constitucionais.

Mas, e se a prisão (enquanto medida de restrição da liberdade de locomoção) for utilizada como meio de coerção para fazer com que investigados firmem acordos de colaboração premiada? Desde a consolidação do debate sobre o tema no Brasil, os tribunais superiores teriam se deparado com acordos de colaboração premiada eivados de vício na voluntariedade (requisito de validade do negócio jurídico), seja pelas circunstâncias da decretação da própria prisão, seja por força da prisão de terceiros próximos?

A par dessa indagação, busca-se analisar como o STF tem tratado o requisito de validade de acordo de colaboração premiada firmado em situações nas quais se constatou ausência de voluntariedade, visto que celebrados em decorrência de pressões e coações relacionadas à prisão cautelar do colaborador ou de terceiro próximo.

Para isso, será realizada uma revisão bibliográfica a respeito do instituto, a fim de viabilizar o exame teórico dos objetivos traçados, aliada à realização de pesquisa em processos judiciais. Esta, por sua vez, se desenvolverá por meio de análise qualitativa das decisões proferidas pelo STF entre 4 de fevereiro de 2016 e 30 de junho de 2024,[2] cujo contexto fático-jurídico se relacione a acordos de colaboração premiada firmados sob pressão ou coação frente à perspectiva de imposição prisão cautelar ao imputado ou a terceiro próximo, contaminando, assim, a liberdade psíquica do colaborador.

O reconhecimento do comprometimento do requisito da voluntariedade exige cautela da autoridade judiciária no exercício do controle da licitude do acordo de colaboração premiada, sobretudo a partir de duas perspectivas.

Em primeira análise, dado que a voluntariedade é exigência preambular ao acordo de colaboração, a disposição do exercício do direito ao silêncio e a assunção da obrigação de cooperar não podem ser produto de pressão física ou psicológica.[3]

O direito ao silêncio, por sua vez, decorre do princípio do *nemo tenetur se detegere* e deve ser visto não apenas enquanto mecanismo de proteção à não autoincriminação, como também uma projeção da esfera da intimidade. Essa é uma garantia fundamental prevista no artigo 5º, inciso LXIII, da Constituição Federal, e, sendo o caso de renunciá-la, tal escolha deverá ocorrer de forma voluntária, especialmente porque restrições de direitos e garantias ferem a lógica inspiradora do acordo de colaboração premiada.

---

[2] Datas estabelecidas a partir dos seguintes critérios: (i) termo inicial: publicação do acórdão proferido no HC nº 127.483/PR; (ii) termo final: obtenção de dados recentes em atenção à data limite para submissão do presente artigo à publicação (29 de junho de 2024).

[3] ZILLI, Marcos. Transplantes, traduções e cavalos de Tróia. O papel do juiz no acordo de colaboração premiada. Leituras à luz da Operação Lava Jato. In: AMBOS, Kai; ZILLI, Marcos; MENDES, Paulo de Sousa (org.). *Corrupção*. Ensaios sobre a Operação Lava Jato. São Paulo: Marcial Pons, 2019. p. 125-127.

Em segunda observação, eventual contaminação do negócio jurídico poderá desqualificá-lo enquanto meio de obtenção de prova, assim como em relação aos elementos porventura colhidos.[4] Somado a isso, o manejo ilegal da colaboração premiada descredibiliza e esvazia o instituto, que é de fundamental utilidade, especialmente aos casos em que usuais meios de obtenção de prova se fazem insuficientes.[5]

Ademais, a busca por casos levados ao conhecimento do STF que envolvam vício de voluntariedade na celebração de acordo de colaboração premiada, nas condições anteriormente apontadas, propiciará o exame sobre como a filtragem judicial têm se desenvolvido, sobretudo no tocante à licitude do ato de disposição de direitos da parte do colaborador e os respectivos efeitos na validade do negócio jurídico.

2 HC nº 127.483 como paradigma do instituto da colaboração premiada na jurisprudência brasileira

O julgamento do HC nº 127.483/PR é tido, por muitos, como um entre os precedentes mais relevantes sobre o instituto da colaboração premiada no Brasil, sobretudo em razão do caráter paradigmático do julgado ao tratar de matérias, até então, pouco exploradas no âmbito da jurisprudência nacional.[6]

Referido remédio constitucional foi impetrado por terceiro interessado contra ato coator proferido pelo Ministro Teori Zavascki – isto é, a homologação do termo de colaboração premiada firmado por Alberto Youssef – sob a fundamentação de que, diante da violação à Lei nº 12.850/13, o negócio jurídico teria produzido provas ilícitas.

As questões abordadas pelos impetrantes no HC, e relacionadas ao instituto da colaboração premiada, se caracterizam por serem diversas e densas,[7] de forma que, afora a incipiência da matéria no âmbito jurisprudencial na ocasião, o caráter espesso

---

[4] A natureza jurídica do acordo de colaboração premiada como meio de obtenção de prova foi ratificada no julgamento do comentado HC nº 127.483/PR: "a colaboração premiada, como meio de obtenção de prova, destina-se à "aquisição de entes (coisas materiais, traços [no sentido de vestígios ou indícios] ou declarações) dotados de capacidade probatória", razão por que não constitui meio de prova propriamente dito".

[5] Coaduna-se ao entendimento de se evitar, ao máximo, a generalização da colaboração premiada, que deve ser visto como mecanismo excepcional, restrito e limitado, notadamente com a finalidade de evitar eventuais arbitrariedades. Nessa linha de intelecção: VASCONCELLOS, Vinicius Gomes de. *Colaboração premiada no processo penal*. São Paulo: Thomson Reuters Brasil, 2020. p. 43.

[6] Como exemplos de referência ao julgamento em questão como paradigmático: VASCONCELLOS, Vinicius Gomes de. *Colaboração premiada no processo penal*. São Paulo: Thomson Reuters Brasil, 2020. p. 63; MENDONÇA, Andrey Borges de. Os benefícios possíveis na colaboração premiada: entre a legalidade e autonomia da vontade. In: BOTTINI, Pierpaolo Cruz; MOURA, Maria Thereza de Assis (coord.). *Colaboração premiada*. São Paulo: Revista dos Tribunais, 2017. p. 54.

[7] Inserida no ordenamento jurídico brasileiro pela Lei do Crime Organizado (Lei nº 12.850/13), a colaboração premiada criou uma hipótese singular de justiça penal negociada, de abrangência restrita, mas de grande importância. O instituto surgiu como meio de obtenção de prova passível de manejo em qualquer fase da persecução penal, nos termos do artigo 3º, inciso I, da referida lei. Anos depois, o Pacote Anticrime (como ficou popularmente conhecida a Lei nº 13.964/19) destinou uma seção exclusivamente ao instituto da colaboração premiada, na qual foram estabelecidas diretrizes procedimentais ao instituto, do qual se devem aferir regularidade, voluntariedade e legalidade ao acordo. Como meio de obtenção de prova, o acordo de colaboração premiada visa alcançar os objetivos traçados no artigo 4º da Lei nº 12.850/2013: a identificação dos demais coautores e partícipes da organização criminosa e das infrações penais por eles praticadas (inciso I); a revelação da estrutura hierárquica e da divisão de tarefas da organização criminosa (inciso II); a prevenção de infrações penais decorrentes das atividades da organização criminosa (inciso III); a recuperação total ou parcial do produto ou do proveito das infrações penais praticadas pela organização criminosa (inciso IV); e a localização de eventual vítima com a sua integralidade física preservada (inciso V).

de cada um dos recortes explorados na decisão contribuiu para a consagração desse precedente no ordenamento jurídico brasileiro.[8]

De modo geral, a temática da colaboração premiada ganhou assentamento com relação aos seguintes pontos: (i) ao acordo de colaboração premiada, que, além de meio de obtenção de prova, foi reconhecido como categoria de negócio jurídico processual personalíssimo; (ii) à homologação judicial do acordo de colaboração, que se limitaria a aferir a regularidade, a voluntariedade e a legalidade do acordo, sem qualquer juízo de valor a respeito das declarações do colaborador; (iii) aos procedimentos em que figurarem como imputados os coautores ou partícipes delatados – no exercício do contraditório –, os quais poderão confrontar, em juízo, as declarações do colaborador e as provas por ele indicadas, bem como impugnar, a qualquer tempo, as medidas restritivas de direitos fundamentais eventualmente adotadas em seu desfavor; (iv) à possibilidade de que esse negócio jurídico disponha sobre questões patrimoniais relacionadas ao proveito econômico auferido pelo colaborador com a prática dos crimes a ele imputados (artigo 26.1 e 26.2 da Convenção de Palermo; artigo 37.2 da Convenção de Mérida).[9]

Nesse contexto, o ponto de partida para o presente estudo se relaciona ao reconhecimento, pelo STF, da colaboração premiada como negócio jurídico processual e da cooperação do imputado para investigação e para o processo criminal enquanto respectivo objeto. Mais do que isso, em que pese a repercussão do tema no Direito Penal Material, o acordo de colaboração premiada destinar-se-ia a produzir efeitos também em sede processual penal.[10]

Uma vez reconhecida como negócio jurídico processual, os aspectos norteadores de toda e qualquer colaboração premiada foram consignados no acórdão, que, por sua vez, os considerou a partir de três planos sucessivos. O primeiro se relacionaria à verificação dos elementos, isto é, ao plano de existência; o segundo, ao plano de validade, com o

---

[8] A divergência de entendimentos é de extrema relevância para o crescimento da ciência: "(...) para quem se preocupa com o desenvolvimento da ciência, o debate e o confronto entre tese e antítese é tudo o que se faz necessário para sua contínua evolução, na busca de uma síntese de melhor qualidade" (BADARÓ, Gustavo Henrique. Múltiplos olhares com Gustavo Badaró. Entrevista concedida ao IBADPP. *Boletim Revista do Instituto Baiano de Direito Processual Penal*, Salvador, ano 6, n. 27, p. 29, jun. 2023). A par dessa premissa, muito embora se trate de uma decisão paradigmática do STF, há entendimento a respeito de trechos que podem permitir interpretações questionáveis. Como exemplo, Vinicius Gomes de Vasconcellos cita a crítica de Valdez Pereira ao mencionado precedente, notadamente em relação à possibilidade de a colaboração premiada não se embasar em acordo formalmente homologado pelo juízo. Isso porque, conforme decidido, o direito do imputado colaborador às sanções premiadas decorrentes da delação premiada independe da existência de um acordo formal homologado judicialmente. Na visão de Vasconcellos (*Colaboração premiada no processo penal*. São Paulo: Thomson Reuters Brasil, 2020. p. 90-91), "autorizar brechas para que o Ministério Público realize acordos informais acarreta inadmissíveis espaços para arbitrariedades e insegurança jurídica para o processo penal, ao passo que afasta qualquer controle judicial".

[9] BRASIL. Decreto nº 5.687, de 31 de janeiro de 2006. Promulga a Convenção das Nações Unidas contra a Corrupção, adotada pela Assembléia-Geral das Nações Unidas em 31 de outubro de 2003 e assinada pelo Brasil em 9 de dezembro de 2003. *Diário Oficial da União*: Brasília, DF, 2006. Disponível em: https://www.planalto.gov.br/ccivil_03/_ato2004-2006/2006/decreto/d5687.htm. Acesso em: 17 jul. 2024.

[10] No acórdão, dentre os relevantes efeitos processuais do acordo de colaboração, foram destacados os previstos no art. 4º da Lei nº 12.850/13: "i) 'o prazo para oferecimento de denúncia ou o processo, relativos ao colaborador, poderá ser suspenso por até 6 (seis) meses, prorrogáveis por igual período, até que sejam cumpridas as medidas de colaboração, suspendendo-se o respectivo prazo prescricional' (§3º); **ii)** 'o Ministério Público poderá deixar de oferecer denúncia se o colaborador não for o líder da organização criminosa ou for o primeiro a prestar efetiva colaboração' (§4º); e **iii)** 'nos depoimentos que prestar, o colaborador renunciará, na presença de seu defensor, ao direito ao silêncio e estará sujeito ao compromisso legal de dizer a verdade' (§14)".

exame de seus requisitos; e o terceiro, por seu turno, ao plano da eficácia, por meio da aferição de seus fatores.[11]

Em meio às considerações contidas no acórdão do HC nº 127.483/PR e em relação aos três planos sucessivos, os aportes sobre o plano de validade da colaboração premiada fomentaram os questionamentos postos no item anterior, e, por essa razão, serão tratados com especial observância neste tópico.

Em primeira perspectiva, ficou consignado que o acordo de colaboração somente será válido se a declaração de vontade do colaborador resultar de um processo volitivo, consciente da realidade, escolhida com liberdade e deliberada sem má-fé.[12] Além disso, destacou-se o teor do artigo 4º, *caput* e seu §7º, inciso IV, da Lei nº 12.850/13, que exige, como requisitos de validade do acordo de colaboração, a voluntariedade do agente, a regularidade e a legalidade dos seus termos.

No tocante à declaração de vontade, a liberdade de escolha foi interpretada como a liberdade psíquica do agente, que não se confundiria com liberdade de locomoção. Assim, na visão do Ministro Dias Toffoli, "a declaração de vontade do agente deve ser produto de uma escolha com liberdade (= liberdade psíquica), e não necessariamente em liberdade, no sentido de liberdade física".[13] Com base nessa premissa, entendeu-se pela inexistência de óbice a que qualquer acordo de colaboração premiada seja celebrado com acusado em situação de prisão cautelar ou definitiva, desde que a voluntariedade esteja necessariamente presente.

A esse argumento se somaram a inexistência de "correlação lógica entre supressão da liberdade física do agente (critério de discrímen) e a vedação ao acordo de colaboração (discriminação decidida em função daquele critério)",[14] visto que o fator determinante para a colaboração premiada seria, portanto, a liberdade psíquica do imputado (compreendida, nesse ponto, como a inexistência de coação).[15]

---

[11] Sobre o tema, no plano do direito, para que o negócio jurídico seja dotado de eficácia é preciso atender à estrutura concebida pela escala pontesiana, na qual são estabelecidos requisitos que alcançam três dimensões distintas: existência, validade e eficácia. Havendo qualquer vício no negócio jurídico entabulado considerar-se-á nulo ou anulável.
Como ato consensual a colaboração premiada é regida pelo princípio do autorregramento de vontade, trata-se de mecanismo da justiça penal negocial que atua como meio de obtenção de prova na esfera do sistema de investigação criminal. Assim, para surtirem os efeitos desejados pelas partes, a colaboração premiada deve ser voluntária, ampla, efetiva, eficaz e pode ser sigilosa desde que, justificadamente, a sua divulgação seja prejudicial à sua efetividade.

[12] Além disso, se o objeto for lícito, possível e determinado ou determinável (BRASIL. Supremo Tribunal Federal (Plenário). Habeas Corpus 127.483/PR. Paciente: Erton Medeiros Fonseca. Impetrante: José Luiz Oliveira Lima e outros. Relator: Min. Dias Toffoli, 27 de agosto de 2015. *Dje*: Brasília, DF, 4 fev. 2015. Disponível em: https://redir.stf.jus.br/paginadorpub/paginador.jsp?docTP=TP&docID=10199666. Acesso em: 18 jul. 2024).

[13] BRASIL. Supremo Tribunal Federal (Plenário). Habeas Corpus 127.483/PR. Paciente: Erton Medeiros Fonseca. Impetrante: José Luiz Oliveira Lima e outros. Relator: Min. Dias Toffoli, 27 de agosto de 2015. *Dje*: Brasília, DF, 4 fev. 2015. Disponível em: https://redir.stf.jus.br/paginadorpub/paginador.jsp?docTP=TP&docID=10199666. Acesso em: 18 jul. 2024.

[14] BRASIL. Supremo Tribunal Federal (Plenário). Habeas Corpus 127.483/PR. Paciente: Erton Medeiros Fonseca. Impetrante: José Luiz Oliveira Lima e outros. Relator: Min. Dias Toffoli, 27 de agosto de 2015. *Dje*: Brasília, DF, 4 fev. 2015. Disponível em: https://redir.stf.jus.br/paginadorpub/paginador.jsp?docTP=TP&docID=10199666. Acesso em: 18 jul. 2024.

[15] Na visão de Marta Saad (O direito de defesa na Operação Lava Jato. *In*: AMBOS, Kai; ZILLI, Marcos; MENDES, Paulo de Sousa (org.). *Corrupção*. Ensaios sobre a Operação Lava Jato. São Paulo: Marcial Pons, 2019. p. 189), de fato, ao acusado preso cautelarmente não se deve suprimir o direito à celebração de acordo de colaboração premiada, pois, na hipótese de proibição, será retirada a possibilidade de que pessoas presas possam firmar o referido negócio jurídico, que, muitas vezes, pode ser visto como parte da estratégia de defesa.

Além disso, a liberdade de escolha do imputado também passou a ser analisada sob a ótica do direito ao silêncio, garantia assegurada no artigo 5º, inciso LXIII, da Constituição Federal. Em síntese, entendeu-se que a adoção de medidas cautelares de natureza pessoal, com especial observação à prisão, seria manifestamente ilegítima, especialmente com o intuito de obtenção de colaboração ou confissão do imputado, a pretexto de o conteúdo ser indispensável à persecução criminal.

Especificamente nesse ponto, com menção a Vittorio Grevi, o Ministro Dias Toffoli, acertadamente, considerou impossível que o exercício do direito ao silêncio fosse colocado como fundamento à imposição de medida cautelar pessoal, em particular no tocante ao requisito cautelar do *periculum libertatis*. Dessa forma, a decretação de custódia cautelar não pôde ser adotada como instrumento de coação para que o imputado colabore com a autoridade judiciária.[16]

Situações em que a prisão cautelar foi utilizada como medida coercitiva já foram consideradas pelo STF como constitucionalmente ilegítimas, notadamente por força de manifesta ofensa ao direito a não autoincriminação. Como exemplos, citaram-se, no acórdão em comento, os seguintes precedentes: (i) HC nº 99.289/RS: prisão cautelar motivada por conta de recusa da imputada, no exercício do direito ao silêncio, em responder ao interrogatório judicial a que submetida;[17] (ii) HC nº 89.503/RS: prisão cautelar motivada diante do não comparecimento do imputado à delegacia de polícia para prestar depoimento;[18] e (iii) HC nº 79.781/SP: prisão cautelar motivada por falta de interesse em colaborar com a Justiça, supostamente evidenciada pelo fato de os réus "haverem respondido às perguntas de seus interrogatórios de forma desdenhosa e evasiva, mesmo sabedores de que tais versões não encontram guarida no caderno investigatório".[19]

É certo que esses aportes extraídos do paradigmático HC nº 127.483/PR, muito embora esclarecedores, ainda impulsionam reflexões a respeito do uso da prisão cautelar como instrumento de coação e, nesse particular, para celebração de acordos de colaboração premiada. Aliás, a ponderação feita por Lorena Bachmaier Winter sobre o modelo de Justiça Negociada[20] se faz pertinente, no tocante ao condicionamento da formação da vontade a diversos fatores, principalmente à incerteza dos resultados decorrentes do processo penal, ao medo de condenação e, inclusive, à submissão a prisão provisória.[21]

---

[16] BRASIL. Supremo Tribunal Federal (Plenário). Habeas Corpus 127.483/PR. Paciente: Erton Medeiros Fonseca. Impetrante: José Luiz Oliveira Lima e outros. Relator: Min. Dias Toffoli, 27 de agosto de 2015. *Dje*: Brasília, DF, 4 fev. 2015. Disponível em: https://redir.stf.jus.br/paginadorpub/paginador.jsp?docTP=TP&docID=10199666. Acesso em: 18 jul. 2024.

[17] BRASIL. Supremo Tribunal Federal (2. Turma). Habeas Corpus 99.289/RS. Paciente: Maria Aparecida Dambrós de Castilhos. Impetrante: Marcelo Mayora e outros. Relator: Min. Celso de Mello, 23 de junho de 2009. *Dje*: Brasília, DF, 2009.

[18] BRASIL. Supremo Tribunal Federal (2. Turma). Habeas Corpus 89.503/RS. Paciente: Eduardo Gerson Müller Júnior. Impetrante: Ricardo Koch e outros. Relator: Min. Cezar Peluso, 3 de abril de 2007. *Dje*: Brasília, DF, 2007.

[19] BRASIL. Supremo Tribunal Federal (Primeira Turma). Habeas Corpus 79.781/SP. Paciente: Osvaldo Morgado da Cruz. Impetrante: Constancio Cardena Quaresma Gil. Relator: Min. Sepúlveda Pertence, 18 de abril de 2000. *Dje*: Brasília, DF, 2000.

[20] Parte-se da premissa de que a colaboração premiada deve ser reconhecida como uma faceta da justiça criminal negocial. Nesse sentido: VASCONCELLOS, Vinicius Gomes de. *Colaboração premiada no processo penal*. São Paulo: Thomson Reuters Brasil, 2020. p. 27.

[21] WINTER, Lorena Bachmaier. Justiça negociada e coerção: reflexões à luz da jurisprudência do Tribunal Europeu de Direitos Humanos. *In*: GLOECKNER, Ricardo Jacobsen (org.). *Plea bargaining*. São Paulo: Tirant lo Blanch, 2019. p. 11.

3 Primeira perspectiva: coação na colaboração premiada e *nemo tenetur se detegere*

No julgamento do HC nº 127.483/PR, o direito constitucional ao silêncio[22] ganhou o significado de pedra de toque no plano de validade do acordo de colaboração premiada, especialmente em relação ao requisito da voluntariedade.[23]

Por se tratar de um direito fundamental constitucionalmente assegurado, o exercício do direito ao silêncio jamais poderá produzir qualquer efeito desfavorável ao imputado e se sobrepõe à mera vedação a que, na valoração da prova, importe confissão ou seja interpretado em prejuízo da defesa.[24] Porém, para celebração do negócio jurídico processual em questão, o imputado deverá renunciar, expressa, livre e conscientemente, o direito ao silêncio, como exige o teor do artigo 4º, §14, da Lei de Organização Criminosa.[25]

Na esfera da celebração de negócios jurídicos, pressões e coações comprometem frontalmente o requisito de voluntariedade,[26] e, nesse contexto, qualquer situação de

---

[22] No âmbito infraconstitucional, os seguintes destaques são relevantes: (i) artigo 8.2, alínea 'g' da Convenção Americana sobre Direitos Humanos, no qual consta que, durante o processo, toda pessoa tem o direito de não ser obrigado a depor contra si mesma, nem a declarar-se culpada; (ii) no item 5 do mesmo artigo: "a confissão do acusado só é válida se feita sem coação de nenhuma natureza"; e no (iii) artigo 14, nº 3, alínea 'g' do Pacto Internacional de Direitos Civis e Políticos: "toda pessoa acusada pela prática de um crime terá direito de não ser obrigada a depor contra si mesma, nem a confessar-se culpada". Na esfera internacional, merece destaque a Convenção Europeia sobre Direitos Humanos, que, apesar de ausência de previsão expressa, compreende a consagração de forma tácita no artigo 6: "o direito a um juízo justo".

[23] Em uma análise voltada às sentenças de conformidade, Lorena Bachmaier Winter entende que o elemento crucial das conformidades como um sistema de conferir justiça criminal e impor condenações é a voluntariedade. Ver mais em: WINTER, Lorena Bachmaier. Justiça negociada e coerção: reflexões à luz da jurisprudência do Tribunal Europeu de Direitos Humanos. *In*: GLOECKNER, Ricardo Jacobsen (org.). *Plea bargaining*. São Paulo: Tirant lo Blanch, 2019. p. 11.

[24] BRASIL. Supremo Tribunal Federal (Plenário). Habeas Corpus 127.483/PR. Paciente: Erton Medeiros Fonseca. Impetrante: José Luiz Oliveira Lima e outros. Relator: Min. Dias Toffoli, 27 de agosto de 2015. Dje: Brasília, DF, 4 fev. 2015. Disponível em: https://redir.stf.jus.br/paginadorpub/paginador.jsp?docTP=TP&docID=10199666. Acesso em: 18 jul. 2024.

[25] A (in)constitucionalidade do artigo 4º, §14 da Lei nº 12.850/2013 foi posta em discussão na ADI nº 5.567, proposta pelo Partido Social Liberal (PSL). Na peça inicial, aventou-se a inconstitucionalidade material da renúncia ao direito de silêncio por violação aos princípios da ampla defesa e de não produzir prova contra si mesmo (artigo 5º, incisos LV, LVII e LXIII da Constituição Federal), uma vez que se caracterizam como direitos irrenunciáveis. Também se defendeu a ideia de que o colaborador não poderia se comprometido a dizer a verdade, pois, diante de um acordo infrutífero, as provas produzidas poderiam ser utilizadas em seu desfavor em futura persecução penal. Em julgamento, foi reafirmada a constitucionalidade do referido dispositivo à luz do binômio existente entre as vantagens auferidas pelo colaborador (melhora da situação no âmbito penal) *vs.* a renúncia ao direito ao silêncio e o comprometimento de relatar a verdade. Ressaltou-se que os benefícios legais oriundos da colaboração premiada servem como estímulo para o acusado fazer uso do exercício de não mais permanecer em silêncio. Compreensível, então, o termo "renúncia" ao direito ao silêncio não como forma de esgotamento da garantia do direito ao silêncio, que é irrenunciável e inalienável, mas sim como forma de "livre exercício do direito ao silêncio e da não autoincriminação pelos colaboradores, em relação aos fatos ilícitos que constituem o objeto dos negócios jurídicos", haja vista que o acordo de colaboração premiada é ato voluntário, firmado na presença da defesa técnica (que deverá orientar o investigado acerca das consequências do negócio jurídico) e que possibilita grandes vantagens ao acusado. Portanto, a colaboração premiada é plenamente compatível com o princípio do "nemo tenetur se detegere" (direito de não produzir prova contra si mesmo) (BRASIL. Supremo Tribunal Federal (Plenário). Ação Direta de Inconstitucionalidade 5.567/DF. Requerente: Partido Social Liberal. Relator: Min. Alexandre de Moraes, 21 de novembro de 2023. Dje: Brasília, DF, 2023. Disponível em: https://redir.stf.jus.br/paginadorpub/paginador.jsp?docTP=TP&docID=773852939. Acesso em: 23 jul. 2024).

[26] ZILLI, Marcos. Transplantes, traduções e cavalos de Tróia. O papel do juiz no acordo de colaboração premiada. Leituras à luz da Operação Lava Jato. *In*: AMBOS, Kai; ZILLI, Marcos; MENDES, Paulo de Sousa (org.). *Corrupção*. Ensaios sobre a Operação Lava Jato. São Paulo: Marcial Pons, 2019. p. 125.

coerção para fins de colaboração premiada exige que o imputado não apenas renuncie ao exercício do direito ao silêncio, porque intrínseco à sua formalização, como também contribua, contra sua vontade, com o fornecimento de eventuais informações, vestígios e outros materiais probatórios úteis à comprovação de sua culpabilidade.

Dessa forma, em caso de vício de voluntariedade decorrente de coação,[27] há nítida ofensa ao princípio do *nemo tenetur se detegere*, que, embora diretamente relacionado à proteção ao direito ao silêncio, não se resume somente a este último.[28]

No artigo intitulado "*Nemo tenetur se ipsum accusare*: ¿principio de pasividad?", Gabriela E. Córdoba traz reflexões sobre o princípio do *nemo tenetur se ipsum accusare*, também conhecido como *nemo tenetur se detegere*, de vigência indiscutível no processo penal, que garante ao imputado o direito de não ser obrigado a produzir provas contra si mesmo, isto é, declarar-se culpado ou testemunhar contrariamente a si próprio.[29]

Assim, afora o aspecto fundamental do *nemo tenetur se detegere*,[30] que se refere ao próprio depoimento do imputado, Gabriela E. Córdoba traz à tona o debate relativo à proibição, por meio desse princípio, a qualquer coação sobre o imputado com o objetivo de o obrigar a colaborar na prova da sua própria culpa. Em outros termos, a partir do *nemo tenetur se detegere*, a autora reflete sobre eventual submissão do imputado a determinados atos investigatórios que podem provar – ou contribuir para provar – sua culpa, o que deve ser feito voluntariamente.[31]

A partir da ideia de que o princípio do *nemo tenetur se detegere* assegura ao imputado a possibilidade de se recusar a colaborar com a colheita de provas que também se refiram à sua culpabilidade, nas ocasiões em que o direito a não autoincriminação for suprimido – isto é, nos casos em que o acusado colabore de forma não voluntária – também existirá patente violação à presunção de inocência e à ampla defesa.[32]

Nesse sentido, qualquer restrição à garantia de não autoincriminação, cujos efeitos gerem ao imputado a obrigação de produzir elementos probatórios contra si mesmo, seja em alto grau, seja minimamente, pode contribuir para que o colaborador regresse à condição de mero objeto de provas e não mais se trate de sujeito de direitos.[33]

---

[27] Do vício, decorre a contaminação das provas colhidas e, consequentemente, das demais provas que delas se derivam – *fruits of the poisonous tree* (ZILLI, Marcos. Transplantes, traduções e cavalos de Tróia. O papel do juiz no acordo de colaboração premiada. Leituras à luz da Operação Lava Jato. *In*: AMBOS, Kai; ZILLI, Marcos; MENDES, Paulo de Sousa (org.). *Corrupção*. Ensaios sobre a Operação Lava Jato. São Paulo: Marcial Pons, 2019. p. 125).

[28] CARVALHO, Maria Paes Barreto de Araújo. *Intervenções corporais coercitivas e o direito de não produzir provas contra si mesmo*: análise à luz dos julgados da Corte Europeia de Direitos Humanos. Belo Horizonte, São Paulo: D'Plácido, 2023. p. 64.

[29] CÓRDOBA, Gabriela. *Nemo tenetur se ipse accusare*: ¿principio de pasividad? *In*: BAIGÚN, David *et al*. *Estudios sobre la Justicia Penal*: homenaje al Prof. Julio B.J Maier. Buenos Aires: Del Puerto, 2005. p. 279, tradução nossa.

[30] De acordo com Maria Elizabeth Queijo (*Direito de não produzir provas contra si mesmo*. São Paulo: Saraiva, 2003. p. 77), o *nemo tenetur se detegere* é considerado como direito fundamental "que assegura esfera de liberdade do indivíduo, oponível ao Estado".

[31] CÓRDOBA, Gabriela. *Nemo tenetur se ipse accusare*: ¿principio de pasividad? *In*: BAIGÚN, David *et al*. *Estudios sobre la Justicia Penal*: homenaje al Prof. Julio B.J Maier. Buenos Aires: Del Puerto, 2005. p. 279 (tradução nossa).

[32] GIACOMOLLI, Nereu José. *O devido processo penal*: abordagem conforme a Constituição Federal e o Pacto de São José da Costa Rica. São Paulo: Atlas, 2014. p. 193.

[33] Para que o instituto da colaboração premiada cumpra sua função como meio de obtenção de prova que é, cujo âmbito de aplicação é restrito, princípios constitucionais e direitos fundamentais não podem ser relativizados, pois o diálogo estabelecido entre o particular e o Estado pressupõe absoluto respeito à dignidade da pessoa

Conjecturas similares eram vistas nos sistemas inquisitoriais. A esse respeito, é de se registrar, pela relevância da questão, a analogia depreendida de parte da doutrina entre os processos inquisitivos históricos, focados na obtenção da confissão do acusado, e a sistemática negocial, haja vista que, "em ambos os casos, a autoincriminação do acusado – sob tortura nos processos medievais ou coerção na atualidade – se converteu no elemento central do processo penal".[34]

Além disso, a época da ditadura militar, caracterizada pelo uso sistêmico da tortura como meio de obtenção de confissões, representa um marco temporal justificador de certa resistência doutrinária à análise do instituto da colaboração premiada:

> Se há natural resistência no âmbito do processo penal em aceitar qualquer espaço de consenso, em razão dos interesses indisponíveis envolvidos e, em especial pelo sempre presente risco de abusos, isso é potencializado, no contexto brasileiro, razão do histórico de abusos e torturas desde a ditadura militar, que ainda permanece em índices alarmantes.[35]

Portanto, para situações relacionadas à utilização de coação com a finalidade de celebração de acordo de colaboração premiada, o princípio do *nemo tenetur se detegere*, a um só tempo, atua como protetor do direito ao silêncio e "critério seguro de demarcação e de fronteira entre o processo de estrutura acusatória e as manifestações do sistema inquisitório".[36]

4 Segunda perspectiva: prisão cautelar como meio de coação capaz de viciar a voluntariedade

Imbuído do caráter negocial, a colaboração premiada demanda a exteriorização da vontade do colaborador que pretende firmar o acordo, pois sem referido elemento volitivo o negócio jurídico não existe e, portanto, não é eficaz. Em outros termos, a vontade humana compõe o suporte fático do ato jurídico e revela-se como uma das características mais importantes para a existência do negócio jurídico, bem como para que o acordo seja dotado de eficácia.[37]

Antônio Junqueira de Azevedo discorre com exatidão acerca dos elementos necessários à validade do negócio jurídico, os quais se amoldam perfeitamente à

---

humana, o amplo e irrestrito exercício do devido processo legal, bem como inexistência de qualquer espécie de coação ou indução durante as negociações.

[34] WINTER, Lorena Bachmaier. Justiça negociada e coerção: reflexões à luz da jurisprudência do Tribunal Europeu de Direitos Humanos. *In*: GLOECKNER, Ricardo Jacobsen (org.). *Plea bargaining*. São Paulo: Tirant lo Blanch, 2019. p. 13.

[35] Além disso: "Há, ademais, maior resistência a qualquer espaço de consenso em países com alto grau de corrupção e naqueles em que houve histórico recente de abusos, o que é explicável pela desconfiança nas autoridades públicas de persecução. No entanto, tais fatores não impedem a criação de espaços de consenso em nosso processo penal, desde que com garantias eficientes" (MENDONÇA, Andrey Borges de. Os benefícios possíveis na colaboração premiada: entre a legalidade e a autonomia da vontade. *In*: BOTTINI, Pierpaolo Cruz; MOURA, Maria Thereza de Assis. *Colaboração premiada*. São Paulo: Revista dos Tribunais, 2017. p. 63, nota 23).

[36] ANDRADE, Manoel da Costa. *Sobre a proibição da prova em processo penal*. Coimbra: Coimbra, 1992. p. 123.

[37] DIDIER JUNIOR, Fredie; BOMFIM, Daniela. Colaboração premiada (Lei nº 12.850/2013): natureza jurídica e controle de validade por demanda autônoma: um diálogo com o Direito Processual Civil. *Revista do Ministério Público do Rio de Janeiro*, Rio de Janeiro, n. 62, p. 26-27, out./dez. 2016. Disponível em: https://www.mprj.mp.br/documents/20184/1260352/Fredie_Didier_Jr_%26_Daniela_Bomfim.pdf. Acesso em: 23 jul. 2024.

perspectiva desse estudo, sobretudo do ponto de vista da declaração de vontade do sujeito que pretende cooperar:

> (...) a *declaração de vontade*, tomada primeiramente como um todo, deverá ser: a) *resultante de um processo volitivo*; b) *querida com plena consciência da realidade*; c) *escolhida com liberdade*; d) *deliberada sem má fé* (se não for assim, o negócio poderá ser nulo, por exemplo, no primeiro caso, por coação absoluta, ou falta de seriedade; anulável por erro ou dolo, no segundo; por coação relativa, no terceiro; e por simulação, no quarto).[38]

Dessa forma, para que o negócio jurídico resulte de uma manifestação de vontade, respectiva externalização deve ser realizada de modo autêntico, íntegro e hígido, já que a voluntariedade se reveste de requisito essencial e indispensável à validade do negócio jurídico. Justamente por esse aspecto, é crucial que as tratativas negociais do acordo de colaboração premiada sejam realizadas sem qualquer situação de coação ou pressão ilegal.

No cenário negocial, ponto relevante a ser observado desde o início é a capacidade de o réu estar em juízo, a fim de assegurar que não haja cerceamento de percepções de ordem cognitiva. Na sequência, outro aspecto que merece especial atenção é a manifestação de vontade externada em completa liberdade, ou seja, livre de toda e qualquer coação. A observância deste último deve ser feita independentemente de qualquer situação flagrante, em particular diante da possibilidade de ocorrência de excessos, como já se tem conhecimento do que pode ocorrer no âmbito de qualquer persecução penal desenvolvida pela via tradicional (*e. g.* para extração de uma confissão no decorrer de uma investigação). Em outras palavras, não é possível ignorar que excessos e ilegalidades podem, de fato, ocorrer e ser o nascedouro de um acordo de colaboração;[39] por certo, vícios como esses podem contaminar a colaboração premiada, sobretudo quando resultante de coação.[40]

Estabelecida tanto no Código Civil (artigo 151), como no Código Penal (artigos 146 e147), a coação pode ser compreendida como "qualquer fato, elemento, pessoa, evento de pressão, subordinado ou indução, que se não existisse, a vontade seria expressa de forma diferente daquela expressada".[41] A ausência de coação, por outro lado, pode ser compreendida como a manifestação livre, não viciada e fruto de um procedimento

---

[38] AZEVEDO, Antônio Junqueira de. *Negócio jurídico*: existência, validade e eficácia. São Paulo: Saraiva, 2002. p. 42-43.

[39] A "lógica coercitiva é inerente à lógica da Justiça Criminal negocial e do Direito Penal, como um todo com que se restringe, eufemisticamente, a vedação às 'coações indevidas'" (ZILLI, Marcos. Transplantes, traduções e cavalos de Tróia. O papel do juiz no acordo de colaboração premiada. Leituras à luz da Operação Lava Jato. *In*: AMBOS, Kai; ZILLI, Marcos; MENDES, Paulo de Sousa (org.). *Corrupção*. Ensaios sobre a Operação Lava Jato. São Paulo: Marcial Pons, 2019. p. 154-155).

[40] ZILLI, Marcos. Transplantes, traduções e cavalos de Tróia. O papel do juiz no acordo de colaboração premiada. Leituras à luz da Operação Lava Jato. *In*: AMBOS, Kai; ZILLI, Marcos; MENDES, Paulo de Sousa (org.). *Corrupção*. Ensaios sobre a Operação Lava Jato. São Paulo: Marcial Pons, 2019. p. 154-155.

[41] SILVA, Francisco de Assis e; MARIGHETTO, Andrea. Manifestação da vontade no negócio jurídico deve ser livre e incondicionada. *Conjur*, Rio de Janeiro, 5 mar. 2024. Disponível em: https://www.conjur.com.br/2024-mar-05/manifestacao-da-vontade-no-negocio-juridico-deve-ser-livre-e-incondicionada/. Acesso em: 22 jul. 2024.

espontâneo em um espaço de consenso que preza pela livre expressão de vontade emanada pelas partes envolvidas.[42]

Portanto, será viciado o acordo de colaboração premiada resultante de qualquer contaminação na *voluntariedade* do ente celebrante, até porque, conforme já detalhado, o acordo não pode ser firmado mediante qualquer tipo de ameaça ou coação em relação ao particular disposto a cooperar. Nos últimos anos, a discricionariedade dos agentes estatais envolvidos nesse tipo de negociação se revelou um obstáculo principalmente no tocante ao cumprimento do requisito da voluntariedade.[43]

Ciente da magnitude da voluntariedade como requisito de validade legalmente exigido para a celebração de acordos de colaboração premiada (artigo 4º, §7º, inciso IV, da Lei nº 12.850/2013), o voto proferido pelo Ministro Dias Toffoli no julgamento do HC nº 127.483/PR foi além dos limites postos no objeto em discussão e realçou especial atenção à circunstância da liberdade psíquica do colaborador.

O julgamento é paradigmático justamente porque alcança a essência do requisito de validade pelo viés da voluntariedade e, para além da liberdade de locomoção (exaustivamente debatida pela doutrina e pela jurisprudência),[44] descortina a parte mais abstrata e sensível da voluntariedade de modo a alcançar a liberdade psíquica do indivíduo. Isto é, deve-se averiguar a ausência de coação capaz de viciar a manifestação de vontade do colaborador, esteja preso ou em liberdade.

Sob essa ótica, a Suprema Corte sedimentou que a colaboração premiada pode ser firmada por quem esteja preso, pois o fator determinante para firmar o acordo é a completa ausência de coação psíquica que detenha o condão de macular a voluntariedade e, via de consequência, a validade da colaboração premiada.

Ainda que o entendimento firmado a partir do HC nº 127.483/PR seja compreendido como um marco importantíssimo – ao estabelecer que a voluntariedade está intimamente atrelada à liberdade psíquica –, há, ainda, quem compreenda a questão sob outra perspectiva. Como exemplo, por meio do Projeto de Lei nº 4.372/2016, proposto pelo Deputado Wadih Damous (PT-RJ), busca-se, dentre outras propostas de alteração, estabelecer como condição necessária para a homologação judicial do acordo de colaboração premiada o fato de o colaborador não estar preso ou, ainda, de não ter processo instaurado em seu desfavor. Em razão do caráter voluntário do instituto, o Deputado justifica as medidas ao defender que o indivíduo preso sempre estará com a sua liberdade de escolha prejudicada.[45]

Não obstante à pretensão do mencionado projeto de lei, a diferença existente entre a liberdade psíquica e a liberdade de locomoção, conforme estabelecido no precedente

---

[42] SILVA, Francisco de Assis e; MARIGHETTO, Andrea. Manifestação da vontade no negócio jurídico deve ser livre e incondicionada. *Conjur*, Rio de Janeiro, 5 mar. 2024. Disponível em: https://www.conjur.com.br/2024-mar-05/manifestacao-da-vontade-no-negocio-juridico-deve-ser-livre-e-incondicionada/. Acesso em: 22 jul. 2024.

[43] ZILLI, Marcos. Transplantes, traduções e cavalos de Tróia. O papel do juiz no acordo de colaboração premiada. Leituras à luz da Operação Lava Jato. *In*: AMBOS, Kai; ZILLI, Marcos; MENDES, Paulo de Sousa (org.). *Corrupção*. Ensaios sobre a Operação Lava Jato. São Paulo: Marcial Pons, 2019. p. 154-155.

[44] Cf. especialmente as últimas repercussões em torno da tramitação do PL nº 4.372 de 2016.

[45] BRASIL. Câmara dos Deputados. *Projeto de Lei nº 4.372, de 2016*. Altera e acrescenta dispositivo à Lei 12.850, de 2 de agosto de 2013 (...). Brasília, DF: Câmara dos Deputados, 2016. Disponível em: https://www.camara.leg.br/proposicoesWeb/fichadetramitacao?idProposicao=2077165. Acesso em: 19 jul. 2024.

invocado, foi ventilada no parecer elaborado pela Comissão de Segurança Pública e Combate ao Crime Organizado para fins de rejeição do Projeto de Lei nº 4.372/2016:

> Com efeito, a **voluntariedade** – necessária para a validade da colaboração premiada, nos termos do art. 4º da Lei nº 12.850, de 2013 – diz respeito à **liberdade psíquica** do colaborador, que **não pressupõe a sua liberdade de locomoção**. Aliás, a prisão cautelar não tem qualquer relação com a colaboração premiada, seja porque não pode ser imposta como forma de pressionar uma colaboração, seja porque não pode ser revogada simplesmente porque houve a colaboração.[46]

Nessa perspectiva, pode-se afirmar que a liberdade física está atrelada à noção de liberdade de locomoção, ou seja, de ir e vir; ao passo em que a liberdade psíquica "permite ao indivíduo exercer a sua liberdade de pensamento com consciência e vontade".[47] A análise do instituto da colaboração premiada sob essa ótica enseja reflexão sobre a possibilidade dos seguintes cenários vislumbrados por Agassiz Almeida Filho:

> a) o preso submetido à prisão preventiva que pede para firmar o negócio jurídico processual; b) o preso que é convidado pelo Estado para a fazer a delação e não sofre nenhuma coação além da própria privação da liberdade; c) o preso que é pressionado pelo Estado para colaborar sob o argumento de que pode permanecer preso ou ser condenado; d) o preso que possui parentes submetidos à prisão preventiva.[48]

As duas primeiras situações diriam respeito ao colaborador que, embora submetido à prisão cautelar legal, encontrar-se-ia apto a firmar acordo de colaboração premiada, considerando a preservação da liberdade psíquica. Porém, a diferença entre os dois cenários consiste na espontaneidade, pois, no primeiro, o colaborador seria o solicitante da negociação (item a), ao passo em que, no segundo, a iniciativa partiria do Estado (item b).

Nas demais situações (itens c e d), os contextos seriam de prisão decretada ilegalmente, uma vez que utilizada como mecanismo de coação. Na terceira situação, deparar-se-ia com a prisão do próprio colaborador (item c) e, na quarta conjectura, a coerção seria exercida por meio de decretação de prisão de parentes (item d). Ou seja, em contextos similares a estes, seria evidente a afronta ao requisito da voluntariedade legalmente exigido nos negócios jurídicos.

Embora não seja possível estabelecer uma correlação direta entre prisão e vício no requisito da voluntariedade, é certo que a ameaça à restrição de liberdade, por si só, acentua a vulnerabilidade do indivíduo que se encontra nessa condição e representa verdadeiro mecanismo ilegal de coação. De igual modo, a ameaça à decretação de prisão

---

[46] BRASIL. Câmara dos Deputados. *Parecer da Comissão de Segurança Pública e Combate ao Crime Organizado*. Brasília, DF: Câmara dos Deputados, 2016. Disponível em: www.camara.leg.br/proposicoesWeb/prop_mostrarintegra?codteor=1485107&filename=Parecer-CSPCCO-2016-08-22. Acesso em: 19 jul. 2024.

[47] FARIA, Antonio Celso Campos de Oliveira. O direito à integridade física, psíquica e moral e a pena privativa de liberdade. *Revista do Instituto de Pesquisas e Estudos*, Bauru, n. 20, p. 175-194, dez./mar. 1997/1998. Disponível em: http://bdjur.stj.jus.br/dspace/handle/2011/20175. Acesso em: 22 jul. 2024, p. 177.

[48] FILHO, Agassiz Almeida. Prisão preventiva, colaboração premiada e voluntariedade no STF. *Conjur*, Rio de Janeiro, 12 jan. 2022. Disponível em: https://www.conjur.com.br/2022-jan-12/opiniao/PRisao/PReventiva-colaboracao-voluntariedade-stf/. Acesso em: 18 jul. 2024.

cautelar de parentes do imputado unicamente para fins de incentivar a celebração de acordo de colaboração premiada atua como mecanismo coercitivo.

Além disso, a relação entre a ameaça de cerceamento da liberdade do imputado e a celebração de acordo de colaboração premiada também deve ser analisada sob outras óticas. No Brasil, por exemplo, durante a operação lava jato, o sistema de Justiça se deparou com a decretação indiscriminada de prisões cautelares sob o fundamento da garantia da ordem pública, mas com o nítido caráter de exercer uma coerção sobre o investigado/acusado para fins de formalização do negócio jurídico em questão.[49]

Ainda que relativamente às sentenças de conformidade vistas nos Estados Unidos da América, aplica-se, ao presente estudo, a reflexão de Lorena Bachmaier Winter acerca da mudança de postura do órgão acusatório em situações de concordância manifestada pelo acusado (com relação à hipótese fática acusatória): "Não raras as vezes, diante da celebração de acordos, o Ministério Público 'renuncia' à formulação de requerimento de prisão preventiva em desfavor do acusado".[50.51]

Sobre a relação entre a prisão cautelar e o requisito de voluntariedade do acordo de colaboração premiada, Andrey Borges de Mendonça alerta sobre a impossibilidade de utilização de medidas cautelares como mecanismo para obtenção de confissões ou, até mesmo, enquanto "instrumentalização confessória",[52] sob pena de afronta à liberdade do colaborador em sentido negativo.[53] Para o autor, na hipótese de demonstração de que a prisão teria sido utilizada exclusivamente para essa finalidade, a colaboração premiada – como um todo – seria inadmissível, especificamente pela ausência de voluntariedade.

Dessa forma, as palavras do colaborador não seriam admissíveis e o meio de obtenção de prova, bem como as provas dele decorrentes, deveriam ser considerados ilícitos. Em outras palavras, defende-se que, uma vez confirmada a coação mediante o uso de custódia cautelar para pressionar qualquer pessoa a colaborar, o filtro da admissibilidade não estaria superado, de tal modo que qualquer meio de prova

---

[49] SAAD, Marta. O direito de defesa na Operação Lava Jato. *In*: AMBOS, Kai; ZILLI, Marcos; MENDES, Paulo de Sousa (org.). *Corrupção*. Ensaios sobre a Operação Lava Jato. São Paulo: Marcial Pons, 2019. p. 186.

[50] WINTER, Lorena Bachmaier. Justiça negociada e coerção: reflexões à luz da jurisprudência do Tribunal Europeu de Direitos Humanos. *In*: GLOECKNER, Ricardo Jacobsen (org.). *Plea bargaining*. São Paulo: Tirant lo Blanch, 2019. p. 14.

[51] "Em parecer ofertado em Habeas Corpus n. 5029050-46.2014.404.0000, impetrado perante o TRF - 4ª Região, a Procuradoria da República chegou a reconhecer que a prisão processual, em caso da Operação Lava Jato, teria 'importante função de convencer os infratores a colaborar com o desvendamento de ilícitos penais': '2. Além de se prestar a preservar as provas, o elemento autorizativo da prisão preventiva, consistente na conveniência da instrução criminal, diante da série de atentados contra o país, tem importante função de convencer os infratores a colaborar com o desvendamento dos ilícitos penais, o que poderá acontecer neste caso, a exemplo de outros tantos. 3. Parecer pela denegação da ordem, porquanto o decreto de segregação encontra agasalho em dois elementos autorizativos do artigo 312, do CPP, quais sejam, a garantia da ordem e a conveniência da instrução criminal'" (SAAD, Marta. O direito de defesa na Operação Lava Jato. *In*: AMBOS, Kai; ZILLI, Marcos; MENDES, Paulo de Sousa (org.). *Corrupção*. Ensaios sobre a Operação Lava Jato. São Paulo: Marcial Pons, 2019. p. 188).

[52] MENDONÇA, Andrey Borges de. A colaboração premiada e a criminalidade organizada: a confiabilidade das declarações do colaborador e seu valor probatório. *In*: SALGADO, Daniel de Resende; QUEIROZ, Ronaldo Pinheiro de. *A prova no enfrentamento à macrocriminalidade*. Salvador: Juspodivm, 2016. p. 252-253.

[53] Nessa mesma direção: "para se assegurar a natureza voluntária da aceitação do acordo, é inaceitável o uso de coação para induzir o investigado a aceitar o acordo. Também o controle judicial sobre a voluntariedade não pode ser formal, e sim substancialmente incrementado" (SAAD, Marta. O direito de defesa na Operação Lava Jato. *In*: AMBOS, Kai; ZILLI, Marcos; MENDES, Paulo de Sousa (org.). *Corrupção*. Ensaios sobre a Operação Lava Jato. São Paulo: Marcial Pons, 2019. p. 183).

decorrente daquele negócio jurídico viciado (diante da inexistência de voluntariedade) não deveria ser aceito.[54]

Frente às sérias implicações que uma prisão cautelar decretada ilegalmente acarreta (independentemente de ser em desfavor do colaborador ou de familiares, pois é igualmente capaz de viciar o requisito da voluntariedade e restringir a liberdade), é certo que, quando se analisa o negócio jurídico em si entabulado nessas condições, este é nulo de pleno direito e todos os efeitos dele decorrentes também o são.

Isso porque, no plano da validade, cuja manifestação da vontade é o núcleo do suporte fático dos negócios jurídicos lícitos *lato sensu*, esses se classificam como válidos, nulos ou anuláveis.[55] Assim, na eventualidade de ser preterida alguma solenidade que a lei considere essencial para a sua validade, tal como a voluntariedade, o acordo de colaboração premiada será nulo, conforme a hermenêutica síncrona dos artigos 166, inciso V, do Código Civil e 4º, §7º, inciso IV, da Lei nº 12.850/2013.

De tal sorte, o vício contido na manifestação de vontade do possível colaborador não pode gerar outro efeito senão a nulidade do ato e, via de consequência, de todo elemento de prova dele derivado. É imprescindível destacar o alerta sobre a dificuldade de se identificarem critérios para valorar o caráter coercitivo da negociação:

> Um ato processual que deriva de uma infração a um direito fundamental tem, em muitos ordenamentos jurídicos, a consequência de gerar a nulidade – e não mera anulabilidade – desse ato processual. As conformidades obtidas sob coerção não somente geram a nulidade do ato, senão também fariam todo o sistema de justiça criminal perder a sua legitimidade, cuja legitimidade lhe é conferida pelo conjunto de garantias processuais. Por isso, acredito que é importante refletir sobre a distinção entre "incentivar" e "coagir" a vontade do acusado.[56]

Lorena Bachmaier Winter afirma que o sistema deve articular garantias para minimizar o risco de coerção, somado ao impedimento de que a coerção alcance uma situação absurda. Na problemática em exame, mais do que a declaração de culpa e renúncia ao direito de não autoincriminação, a situação impõe que o colaborador indique eventuais meios de prova que possam corroborar a sua culpa.[57]

Assim, a voluntariedade deve ser aferida por meio da preservação da liberdade psíquica do colaborador que deve estar livre de qualquer vício e/ou coação:

> (...) é necessário avaliar se está presente a liberdade de escolha na celebração do acordo. Segundo a jurisprudência do STF, esta liberdade não está condicionada à liberdade física, em outras palavras, não importa se o imputado está em liberdade ou preso. A liberdade

---

[54] MENDONÇA, Andrey Borges de. A colaboração premiada e a criminalidade organizada: a confiabilidade das declarações do colaborador e seu valor probatório. *In*: SALGADO, Daniel de Resende; QUEIROZ, Ronaldo Pinheiro de. *A prova no enfrentamento à macrocriminalidade*. Salvador: Editora JusPodivm, 2016. p. 253.

[55] MELLO, Marcos Bernardes de. *Teoria do fato jurídico*: plano da validade. São Paulo: Saraiva Educação, 2019. p. 19.

[56] WINTER, Lorena Bachmaier. Justiça negociada e coerção: reflexões à luz da jurisprudência do Tribunal Europeu de Direitos Humanos. *In*: GLOECKNER, Ricardo Jacobsen (org.). *Plea bargaining*. São Paulo: Tirant lo Blanch, 2019. p. 17.

[57] WINTER, Lorena Bachmaier. Justiça negociada e coerção: reflexões à luz da jurisprudência do Tribunal Europeu de Direitos Humanos. *In*: GLOECKNER, Ricardo Jacobsen (org.). *Plea bargaining*. São Paulo: Tirant lo Blanch, 2019. p. 17.

quanto a escolha do acordo está relacionada unicamente com a liberdade psíquica do agente, leia-se, deve estar ausente qualquer tipo de coação psicológica.[58]

A finalidade da prisão cautelar não pode ser relativizada, mormente para utilizá-la como instrumento coercitivo para a obtenção de prova, sob pena de se desvirtuar do seu caráter excepcional, o que também se aplica ao instituto negocial da colaboração premiada.

Com o objetivo detectar e sanar eventual(is) defeito(s) do negócio jurídico, é realizada a processualização[59] do acordo de colaboração premiada. No caso, a atividade desenvolvida na esfera administrativa é submetida ao controle judicial, para fins de exercício do juízo de homologação. A razão de assim ser "é garantir que os atos jurídicos sejam praticados em consonância com os limites que lhes são estipulados".[60]

Apesar de o órgão jurisdicional não fazer parte da celebração do acordo de colaboração premiada em si, a lei exige, como requisito de eficácia, que os seguintes critérios sejam aferidos no momento da homologação judicial do negócio jurídico: o controle dos aspectos formais (com a análise dos pressupostos e requisitos); a legalidade de conteúdo; a licitude do ato de disposição de direitos do colaborador e a legalidade das cláusulas propostas.[61] O exercício desse controle de regularidade, legalidade e voluntariedade, se dá com a homologação do acordo de colaboração premiada, seja pelo magistrado de primeiro grau, seja pelo relator no âmbito dos tribunais, em razão do seu poder instrutório.[62]

Consequentemente, a voluntariedade do acordo será aferida pelo magistrado em audiência própria realizada na presença do colaborador e seus defensores, nos moldes do artigo 4º, §7º, da Lei nº 12.850/2013, da qual, segundo o entendimento adotado no STF pelos Ministros Teori Zavascki, Dias Toffoli e Edson Fachin, não participará o

---

[58] GOMES, Luiz Flávio; SILVA, Marcelo Rodrigues da; MANDARINO, Renan Posella. *Colaboração premiada*: Novas perspectivas para o sistema jurídico-penal. Belo Horizonte: Editora D'Plácido, 2018. p. 273.

[59] A processualização pode ser compreendida como "a submissão da atividade administrativa a parâmetros normativos vinculantes que guiam seu desenvolvimento, disciplinando a atuação dos agentes envolvidos, sem restringir a atuação da Administração que possui o poder discricionário quanto ao ato decisório final" (OLIVEIRA, Rejane Silva de. A necessidade de procedimentalização da atuação administrativa pública. *Revista do Curso de Especialização em Direito Administrativo da EMERJ*, Rio de Janeiro, n. 3, 2016. Disponível em:https://emerj.tjrj.jus.br/files/pages/revistas/direito_administrativo/edicoes/n3_2016/pdf/RejaneSilvadeOliveira.pdf. Acesso em: 23 jul. 2024).

[60] DIDIER JUNIOR, Fredie; BOMFIM, Daniela. Colaboração premiada (Lei nº 12.850/2013): natureza jurídica e controle de validade por demanda autônoma: um diálogo com o Direito Processual Civil. *Revista do Ministério Público do Rio de Janeiro*, Rio de Janeiro, n. 62, p. 47, out./dez. 2016. Disponível em: https://www.mprj.mp.br/documents/20184/1260352/Fredie_Didier_Jr_%26_Daniela_Bomfim.pdf. Acesso em: 23 jul. 2024.

[61] DIDIER JUNIOR, Fredie; BOMFIM, Daniela. Colaboração premiada (Lei nº 12.850/2013): natureza jurídica e controle de validade por demanda autônoma: um diálogo com o Direito Processual Civil. *Revista do Ministério Público do Rio de Janeiro*, Rio de Janeiro, n. 62, p. 39-40, out./dez. 2016. Disponível em: https://www.mprj.mp.br/documents/20184/1260352/Fredie_Didier_Jr_%26_Daniela_Bomfim.pdf. Acesso em: 23 jul. 2024; ZILLI, Marcos. Transplantes, traduções e cavalos de Tróia. O papel do juiz no acordo de colaboração premiada. Leituras à luz da Operação Lava Jato. In: AMBOS, Kai; ZILLI, Marcos; MENDES, Paulo de Sousa (org.). *Corrupção*. Ensaios sobre a Operação Lava Jato. São Paulo: Marcial Pons, 2019. p. 125-128.

[62] BRASIL. Superior Tribunal de Justiça. *Jurisprudência em teses*, Brasília, DF, n. 195, p. 2, 2022. (posicionamento firmado a partir dos julgados: STF, APN nº 951/DF, Rel. Min. Luis Felipe Salomão, Corte Especial, julgado em 16 de setembro de 2020, *Dje* 12 nov. 2020; STF, APN nº 843/DF, Rel. Min. Herman Benjamin, Corte Especial, julgado em 6 de dezembro de 2017, *Dje* 1 fev. 2018; HC nº 354.800/AP, Rel. Min. Reynaldo Soares da Fonseca, 5. Turma, julgado em 19 de setembro de 2017, *Dje* 26 set. 2017).

Ministério Público (MP), pois o seu objetivo é aferir se o colaborador sofreu algum tipo de coação por parte dos responsáveis pela persecução penal.[63]

Em razão das sutilezas que envolvem a liberdade psíquica, a comprovação de que não houve comprometimento da voluntariedade emanada pelo colaborador demanda especial atenção do juízo da homologação. Assim, durante a audiência designada para oitiva do colaborador, deve-se com muita cautela perquirir acerca de qualquer falha existente em relação a liberdade da manifestação de vontade e a efetiva aderência ao acordo (*e. g.* imposição de prisão cautelar ilegal), visto que o mínimo cerceamento da liberdade pode ensejar a desqualificação do meio de obtenção de prova e, via de consequência, dos elementos de prova decorrentes da negociação.[64]

Ademais, a ilicitude dos elementos de prova obtidos através da colaboração premiada pode e deve ser reconhecida a qualquer tempo, inclusive após eventual homologação judicial que não detectou os vícios presentes na colaboração premiada.[65]

5 Análise de julgados proferidos pelo STF acerca do tema

A importância do entendimento firmado através do voto proferido pelo Ministro Dias Toffoli durante o julgamento do HC nº 127.483/PR é indiscutível, sobretudo porque consagrada a necessidade de averiguar e resguardar a liberdade psíquica do colaborador durante todo o processo de negociação do acordo de colaboração premiada.

Assim, com o intuito de verificar como a questão tem sido tratada no âmbito do STF então, realizou-se análise qualitativa de decisões relacionadas ao tema – fonte fidedigna e capaz de refletir a aplicação de comandos normativos de qualquer norma jurídica (direta ou indiretamente judicializada).[66]

Diante desse cenário, por meio da presente pesquisa, foram examinados processos relacionados a vício por coação na manifestação de vontade do colaborador, de maneira a macular o requisito de validade do negócio jurídico, principalmente no que se refere à ameaça de decretação de prisão (seja pelas circunstâncias da decretação da própria prisão, seja por força da prisão de terceiros próximos).

No dia 25 de julho de 2024, diretamente no site do STF, foram realizadas duas pesquisas em busca de julgamentos ocorridos entre o período da publicação do acórdão do HC nº 127.483/PR (4 de fevereiro de 2016) e o último dia do mês antecedente à pesquisa realizada (30 de junho de 2024):

---

[63] CAPEZ, Rodrigo. A sindicabilidade do acordo de colaboração premiada. *In*: BOTTINI, Pierpaolo; MOURA, Maria Thereza de Assis. *Colaboração premiada*. São Paulo: Revista dos Tribunais, 2017. p. 221.
[64] ZILLI, Marcos. Transplantes, traduções e cavalos de Tróia. O papel do juiz no acordo de colaboração premiada. Leituras à luz da Operação Lava Jato. *In*: AMBOS, Kai; ZILLI, Marcos; MENDES, Paulo de Sousa (org.). *Corrupção*. Ensaios sobre a Operação Lava Jato. São Paulo: Marcial Pons, 2019. p. 125.
[65] ZILLI, Marcos. Transplantes, traduções e cavalos de Tróia. O papel do juiz no acordo de colaboração premiada. Leituras à luz da Operação Lava Jato. *In*: AMBOS, Kai; ZILLI, Marcos; MENDES, Paulo de Sousa (org.). *Corrupção*. Ensaios sobre a Operação Lava Jato. São Paulo: Marcial Pons, 2019. p. 125-126.
[66] SILVA, Paulo Eduardo Alves da. Pesquisa em processos judiciais. *In*: MACHADO, Maíra Rocha (org.). *Pesquisar empiricamente o direito*. São Paulo: Rede de Estudos Empíricos em Direito, 2017. p. 281-282.

i) As buscas foram iniciadas a partir da inserção das seguintes palavras-chave: "colaboração premiada – liberdade psíquica – prisão"[67] e "colaboração premiada – voluntariedade – liberdade psíquica".[68] Ambas as pesquisas apresentaram resultados idênticos, a saber: dois acórdãos e uma decisão monocrática. Um dos acórdãos localizados foi o HC nº 127.483/PR, de relatoria do Ministro Dias Toffoli (objeto do estudo em questão), e o outro foi o RHC nº 219.193/RJ, de relatoria do Ministro Luiz Fux; bem como a decisão monocrática PET nº 12.357/DF também de relatoria do Ministro Dias Toffoli.

ii) Posteriormente, restringiu-se o campo de busca e as palavras-chave utilizadas foram: "colaboração premiada – vício – voluntariedade – prisão – coação".[69] Embora tenha surtido resultado muito próximo à primeira,[70] a segunda pesquisa identificou novo acórdão decorrente do julgamento da PET nº 7.074/DF, de relatoria do Ministro Edson Fachin.

Em 2017, durante o julgamento da PET nº 7.074/DF,[71] o Plenário do STF foi provocado a examinar a atribuição do relator para, monocraticamente, homologar acordos de colaboração premiada, oportunidade em que exercerá o "juízo de regularidade, legalidade e voluntariedade da avença".[72] Assim, havendo vício de existência ou de validade, o Tribunal não pode pactuar com o erro e deve reconhecer nulidade superveniente no negócio jurídico.

Diante da constatação de que a prisão costuma ser decretada com a finalidade única de que o colaborador em potencial celebre o acordo de colaboração premiada, pois conforme dito em plenário "só se solta depois de assinar o termo de delação",[73] reconheceu-se que "uma prisão preventiva sem fundamento legal para o fim de forçar uma colaboração premiada, por exemplo, seria tipicamente um procedimento inaceitável no âmbito de um Estado Democrático de Direito",[74] justamente porque a escolha nessas situações não é fundada na autonomia da vontade e sim em consequência de fatores externos impostos ao colaborador.

No ponto, dois trechos de interesse do voto do Ministro Gilmar Mendes:

---

[67] BRASIL. Supremo Tribunal Federal. Pesquisa de Jurisprudência "colaboração premiada – liberdade psíquica – prisão". *Portal STF*, Brasília, DF, [2024]. Disponível em: https://jurisprudencia.stf.jus.br/pages/search?base=decisoes&pesquisa_inteiro_teor. Acesso em: 25 jul. 2024.

[68] BRASIL. Supremo Tribunal Federal. Pesquisa de jurisprudência "colaboração premiada – voluntariedade – liberdade psíquica". *Portal STF*, Brasília, DF, [2024]. Disponível em: https://jurisprudencia.stf.jus.br/pages/search?base=acordaos&pesquisa_inteiro_teor. Acesso em: 25 jul. 2024.

[69] BRASIL. Supremo Tribunal Federal. Pesquisa de jurisprudência "colaboração premiada" – "vício" – "voluntariedade" – "prisão" – "coação". *Portal STF*, Brasília, DF, [2024]. Disponível em: https://jurisprudencia.stf.jus.br/pages/search?base=acordaos&pesquisa_inteiro_teor. Acesso em: 25 jul. 2024.

[70] A segunda pesquisa apresentou o resultado seguinte: dois acórdãos localizados (HC 127.483/PR de relatoria do Ministro Dias Toffoli, objeto do estudo em questão e PET nº 7.074/DF de relatoria do Ministro Edson Fachin) e uma decisão monocrática (PET nº 12.357/DF também de relatoria do Ministro Dias Toffoli).

[71] BRASIL. Supremo Tribunal Federal (Plenário). Questão de Ordem na Petição 7.074/DF. Requerente: Reinaldo Azambuja Silva. Relator: Min. Edson Fachin, 29 de junho de 2017. *Dje*: Brasília, DF, 2017.

[72] BRASIL. Supremo Tribunal Federal (Plenário). Questão de Ordem na Petição 7.074/DF. Requerente: Reinaldo Azambuja Silva. Relator: Min. Edson Fachin, 29 de junho de 2017. *Dje*: Brasília, DF, p. 2, 2017.

[73] BRASIL. Supremo Tribunal Federal (Plenário). Questão de Ordem na Petição 7.074/DF. Requerente: Reinaldo Azambuja Silva. Relator: Min. Edson Fachin, 29 de junho de 2017. *Dje*: Brasília, DF, p. 208, 2017.

[74] BRASIL. Supremo Tribunal Federal (Plenário). Questão de Ordem na Petição 7.074/DF. Requerente: Reinaldo Azambuja Silva. Relator: Min. Edson Fachin, 29 de junho de 2017. *Dje*: Brasília, DF, p. 63, 2017.

Nesse sentido, o vício na manifestação de vontade pode verificar-se quando há uma divergência entre a vontade real e a vontade declarada, considerando as circunstâncias específicas em que foi externada; ou, ainda, quando houver determinada manifestação, que, muito embora condizente com a vontade real, é dissonante da norma legal que a atribui os efeitos jurídicos pretendidos.
(...)
Como se sabe, a coação pode se manifestar tanto mediante o emprego de violência física (*vis absoluta*) ou de violência moral (*vis compulsiva*).[75]

A partir dessa perspectiva, havendo vício que macula por completo a validade do acordo – que é meio de obtenção de prova –, seguindo a própria jurisprudência da Suprema Corte, reconheceu-se que "as provas derivadas de uma ilicitude seriam ilícitas".[76] Assim, embora muitas matérias relacionadas à colaboração premiada tenham sido aventadas no julgamento da PET nº 7.074/DF, a fim de ressalvar direitos fundamentais do colaborador, restringimo-nos ao estudo das partes conexas à presente pesquisa.

Nada obstante o RHC nº 219.193/RJ[77] versar sobre nulidade de colaboração premiada firmada por terceiro que teria resultado na denúncia do paciente, e a Primeira Turma do STF não ter vislumbrado nulidade no acordo de colaboração premiada, nem sequer nas medidas cautelares de busca e apreensão dela decorrentes, a voluntariedade do colaborador em firmar o acordo foi analisada pelo órgão julgador sob a perspectiva do HC nº 127.483/PR com ressalvas à necessidade de se preservar a liberdade psíquica:

> (a.1) *voluntariedade do Colaborador*: corresponde à "liberdade psíquica do agente, e não a sua liberdade de locomoção", dispensada a espontaneidade (Precedente: STF, HC 127.483, Pleno, Rel. Min. Dias Toffoli, j. 27.08.2015). Eventual irregularidade praticada pelos órgãos de persecução penal na celebração ou durante a execução do Acordo, que venham a macular a voluntariedade do Colaborador, poderá gerar a ilicitude das provas produzidas a partir do momento em que praticada a irregularidade, contaminando os elementos de corroboração por ele fornecidos na sequência.[78]

O escopo da PET nº 12.357/DF[79] era restrito à declaração da nulidade absoluta de todos os atos praticados em desfavor do requerente no âmbito dos procedimentos vinculados à operação lava jato, bem como o trancamento das persecuções penais instauradas em seu desfavor. Os requerimentos foram deferidos monocraticamente pelo Ministro Relator, e, em dado momento, salientou-se a utilização da prisão preventiva como instrumento apto a obrigar investigados/denunciados a firmarem acordos de colaboração premiada:

---

[75] BRASIL. Supremo Tribunal Federal (Plenário). Questão de Ordem na Petição 7.074/DF. Requerente: Reinaldo Azambuja Silva. Relator: Min. Edson Fachin, 29 de junho de 2017. *Dje*: Brasília, DF, p. 217; 221, 2017.

[76] BRASIL. Supremo Tribunal Federal (Plenário). Questão de Ordem na Petição 7.074/DF. Requerente: Reinaldo Azambuja Silva. Relator: Min. Edson Fachin, 29 de junho de 2017. *Dje*: Brasília, DF, p. 94, 2017.

[77] BRASIL. Supremo Tribunal Federal (1. Turma). Recurso em Habeas Corpus 219.193/RJ. Paciente: João Luiz Amorim Franco. Impetrante: Pedro de Alcântara Bernardes Neto. Relator: Min. Luiz Fux, 8 de novembro de 2022. *Dje*: Brasília, DF, 2022.

[78] BRASIL. Supremo Tribunal Federal (1. Turma). Recurso em Habeas Corpus 219.193/RJ. Paciente: João Luiz Amorim Franco. Impetrante: Pedro de Alcântara Bernardes Neto. Relator: Min. Luiz Fux, 8 de novembro de 2022. *Dje*: Brasília, DF, p. 5, 2022.

[79] BRASIL. Supremo Tribunal Federal (monocrática). Petição 12.357/DF. Requerente: Marcelo Bahia Odebrecht. Relator: Min. Dias Toffoli, 21 de maio de 2024. *Dje*: Brasília, DF, 2024.

Com efeito, pela gravidade das situações postas nestes autos, reveladas pelos diálogos obtidas por meio da Operação Spoofing, somadas a outras tantas decisões exaradas pelo STF e também tornadas públicas e notórias, já seria possível, simplesmente, concluir que a prisão do requerente foi arbitrária, assim como todos os atos dela decorrentes.[80]

Após o exame mais aprofundado dos julgados acima identificados, constatou-se que, naquilo que se relaciona ao posicionamento consolidado no HC nº 127.483/PR, a temática foi tratada de igual modo. Isto é, nos três casos em análise, a validade do negócio jurídico, posta em xeque por vício e/ou coação da voluntariedade (requisito legal), sempre demandará a observância da manutenção da integridade da liberdade psíquica do colaborador. Nota-se, por derradeiro, que foi possível identificar a observância da mesma linha de intelecção em decisão proferida pelo plenário do STF, pela Primeiro Turma da Corte, bem como monocraticamente por Ministro Relator.

6 Considerações finais

À luz de todo o estudo desenvolvido ao longo deste trabalho, elencam-se alguns enunciados a título de considerações finais:

1. Instituído pela Lei nº 12.850/2013, o acordo de colaboração premiada é meio de obtenção de prova, no qual o colaborador declara sua culpa e renúncia ao direito ao silêncio comprometendo-se a indicar eventuais meios de prova que possam corroborar seus relatos.
2. O instituto está subordinado às regras inerentes a todo e qualquer negócio jurídico.
3. O artigo 4º *caput* e seu §7º, inciso IV, da Lei de Organização Criminosa estabelece a voluntariedade como requisito essencial à validade do acordo.
4. A constatação de vício e/ou coação na voluntariedade, ou seja, a contaminação da manifestação da vontade acarreta a nulidade do negócio jurídico celebrado.
5. A utilização de meios heterodoxos e ilegais para estimular possíveis colaboradores a celebrarem a colaboração premiada resulta no desvirtuamento do instituto.
6. Meios de controle da atuação das autoridades públicas devem ser aprimoradas a fim de que não mais haja agravamento da situação de vulnerabilidade por parte do particular que almeja negociar com o Estado.
7. No HC nº 127.483/PR, ocorrido em 27 de agosto de 2015, de relatoria do Ministro Dias Toffoli, foi examinada a validade do acordo de colaboração premiada sob a perspectiva da voluntariedade em relação à (i) possibilidade de que pessoas presas possam firmar acordos dessa natureza, desde que sua liberdade psíquica esteja preservada (a partir da premissa de que a liberdade psíquica que não se confunde com liberdade de locomoção) e à (ii) liberdade de escolha do imputado para exercer o direito ao silêncio.

---

[80] BRASIL. Supremo Tribunal Federal (monocrática). Petição 12.357/DF. Requerente: Marcelo Bahia Odebrecht. Relator: Min. Dias Toffoli, 21 de maio de 2024. *Dje*: Brasília, DF, p. 113, 2024.

8. No referido voto, reconheceu-se voluntariedade como a manifestação de vontade espontânea e livre de qualquer vício, motivo pelo qual a liberdade de escolha do imputado em firmar (ou não) acordo de colaboração premiada não se relacionaria ao fato de o imputado estar preso (o que demanda uma análise caso a caso), e sim à revelia de todos os preceitos fundamentais constitucionais.
9. Ordem de prisão cautelar (do colaborador ou de parentes próximos) não podem servir como um mecanismo de estímulo ao colaborador, sob pena de desvirtuamento do Estado Democrático de Direito.
10. A opção de não aceitar a celebração do acordo de colaboração premiada diante da ameaça de prisão parece não ser uma alternativa real ao imputado, sobretudo diante do número alto de presos cautelares no Brasil, mesmo diante da ausência dos pressupostos legais.
11. O Poder Judiciário deve implementar garantias mais eficientes para obstar e constranger que a posição de poder (inerente ao Estado) sobressaía sobre os direitos fundamentais do colaborador.
12. Cabe ao juiz/relator que irá homologar o acordo de colaboração premiada averiguar o cumprimento do requisito da validade do negócio jurídico sob a ótica da voluntariedade.
13. Nesse particular, a homologação judicial deve observar o posicionamento consolidado através do julgamento do HC nº 127.483/PR, no qual, pela primeira vez, diferenciou-se a liberdade física da liberdade psíquica. Dessa maneira, estar o colaborador com restrição na sua liberdade de locomoção, não implica diretamente uma manifestação de vontade viciada, ao passo em que o colaborador que não sofre restrição na sua liberdade de locomoção, pode estar sendo vítima de meios de coação arbitrários, como a decretação de prisão cautelar de familiares.
14. A análise processual deve ser feita caso a caso e deve respeitar todos os preceitos legais, especialmente, os preceitos constitucionais fundamentais a todo cidadão.

Referências

BADARÓ, Gustavo Henrique. Múltiplos olhares com Gustavo Badaró. Entrevista concedida ao IBADPP. *Boletim Revista do Instituto Baiano de Direito Processual Penal*, Salvador, ano 6, n. 27, jun. 2023.

BRASIL. Câmara dos Deputados. *Parecer da Comissão de Segurança Pública e Combate ao Crime Organizado*. Brasília, DF: Câmara dos Deputados, 2016. Disponível em: www.camara.leg.br/proposicoesWeb/prop_mostrarintegra?codteor=1485107&filename=Parecer-CSPCCO-2016-08-22. Acesso em: 19 jul. 2024.

BRASIL. Câmara dos Deputados. *Projeto de Lei nº 4.372, de 2016*. Altera e acrescenta dispositivo à Lei 12.850, de 2 de agosto de 2013 (...). Brasília, DF: Câmara dos Deputados, 2016. Disponível em: https://www.camara.leg.br/proposicoesWeb/fichadetramitacao?idProposicao=2077165. Acesso em: 19 jul. 2024.

BRASIL. Decreto nº 5.687, de 31 de janeiro de 2006. Promulga a Convenção das Nações Unidas contra a Corrupção, adotada pela Assembléia-Geral das Nações Unidas em 31 de outubro de 2003 e assinada pelo Brasil em 9 de dezembro de 2003. *Diário Oficial da União*: Brasília, DF, 2006. Disponível em: https://www.planalto.gov.br/ccivil_03/_ato2004-2006/2006/decreto/d5687.htm. Acesso em: 17 jul. 2024.

BRASIL. Superior Tribunal de Justiça. *Jurisprudência em teses*, Brasília, DF, n. 195, 2022.

BRASIL. Supremo Tribunal Federal (Plenário). Ação Direta de Inconstitucionalidade 5.567/DF. Requerente: Partido Social Liberal. Relator: Min. Alexandre de Moraes, 21 de novembro de 2023. *Dje*: Brasília, DF, 2023.

Disponível em: https://redir.stf.jus.br/paginadorpub/paginador.jsp?docTP=TP&docID=773852939. Acesso em: 23 jul. 2024.

BRASIL. Supremo Tribunal Federal (2. Turma). Habeas Corpus 89.503/RS. Paciente: Eduardo Gerson Müller Júnior. Impetrante: Ricardo Koch e outros. Relator: Min. Cezar Peluso, 3 de abril de 2007. *Dje*: Brasília, DF, 2007.

BRASIL. Supremo Tribunal Federal (2. Turma). Habeas Corpus 99.289/RS. Paciente: Maria Aparecida Dambrós de Castilhos. Impetrante: Marcelo Mayora e outros. Relator: Min. Celso de Mello, 23 de junho de 2009. *Dje*: Brasília, DF, 2009.

BRASIL. Supremo Tribunal Federal (Primeira Turma). Habeas Corpus 79.781/SP. Paciente: Osvaldo Morgado da Cruz. Impetrante: Constancio Cardena Quaresma Gil. Relator: Min. Sepúlveda Pertence, 18 de abril de 2000. *Dje*: Brasília, DF, 2000.

BRASIL. Supremo Tribunal Federal (Plenário). Habeas Corpus 127.483/PR. Paciente: Erton Medeiros Fonseca. Impetrante: José Luiz Oliveira Lima e outros. Relator: Min. Dias Toffoli, 27 de agosto de 2015. *Dje*: Brasília, DF, 4 fev. 2016. Disponível em: https://redir.stf.jus.br/paginadorpub/paginador.jsp?docTP=TP&docID=10199666. Acesso em: 18 jul. 2024.

BRASIL. Supremo Tribunal Federal. Pesquisa de Jurisprudência "colaboração premiada – liberdade psíquica – prisão". *Portal STF*, Brasília, DF, [2024]. Disponível em: https://jurisprudencia.stf.jus.br/pages/search?base=decisoes&pesquisa_inteiro_teor. Acesso em: 25 jul. 2024.

BRASIL. Supremo Tribunal Federal. Pesquisa de jurisprudência "colaboração premiada" – "vício" – "voluntariedade" – "prisão" – "coação". *Portal STF*, Brasília, DF, [2024]. Disponível em: https://jurisprudencia.stf.jus.br/pages/search?base=acordaos&pesquisa_inteiro_teor. Acesso em: 25 jul. 2024.

BRASIL. Supremo Tribunal Federal. Pesquisa de jurisprudência "colaboração premiada – voluntariedade – liberdade psíquica". *Portal STF*, Brasília, DF, [2024]. Disponível em: https://jurisprudencia.stf.jus.br/pages/search?base=acordaos&pesquisa_inteiro_teor. Acesso em: 25 jul. 2024.

BRASIL. Supremo Tribunal Federal (monocrática). Petição 12.357/DF. Requerente: Marcelo Bahia Odebrecht. Relator: Min. Dias Toffoli, 21 de maio de 2024. *Dje*: Brasília, DF, 2024.

BRASIL. Supremo Tribunal Federal (1. Turma). Recurso em Habeas Corpus 219.193/RJ. Paciente: João Luiz Amorim Franco. Impetrante: Pedro de Alcântara Bernardes Neto. Relator: Min. Luiz Fux, 8 de novembro de 2022. *Dje*: Brasília, DF, 2022.

BRASIL. Supremo Tribunal Federal (Plenário). Questão de Ordem na Petição 7.074/DF. Requerente: Reinaldo Azambuja Silva. Relator: Min. Edson Fachin, 29 de junho de 2017. *Dje*: Brasília, DF, 2017.

ANDRADE, Manoel da Costa. *Sobre a proibição da prova em processo penal*. Coimbra: Coimbra, 1992.

AZEVEDO, Antônio Junqueira de. *Negócio jurídico*: existência, validade e eficácia. São Paulo: Saraiva, 2002.

CAPEZ, Rodrigo. A sindicabilidade do acordo de colaboração premiada. *In*: BOTTINI, Pierpaolo; MOURA, Maria Thereza de Assis. *Colaboração premiada*. São Paulo: Revista dos Tribunais, 2017.

CARVALHO, Maria Paes Barreto de Araújo. *Intervenções corporais coercitivas e o direito de não produzir provas contra si mesmo*: análise à luz dos julgados da Corte Europeia de Direitos Humanos. Belo Horizonte, São Paulo: D'Plácido, 2023.

CÓRDOBA, Gabriela. *Nemo tenetur se ipse accusare*: ¿principio de pasividad? *In*: BAIGÚN, David *et al*. *Estudios sobre la Justicia Penal*: homenaje al Prof. Julio B.J Maier. Buenos Aires: Del Puerto, 2005.

DIDIER JUNIOR, Fredie; BOMFIM, Daniela. Colaboração premiada (Lei nº 12.850/2013): natureza jurídica e controle de validade por demanda autônoma – um diálogo com o Direito Processual Civil. *Revista do Ministério Público do Rio de Janeiro*, Rio de Janeiro, n. 62, p. 26-27, out./dez. 2016. Disponível em: https://www.mprj.mp.br/documents/20184/1260352/Fredie_Didier_Jr_%26_Daniela_Bomfim.pdf. Acesso em: 23 jul. 2024.

FARIA, Antonio Celso Campos de Oliveira. O direito à integridade física, psíquica e moral e a pena privativa de liberdade. *Revista do Instituto de Pesquisas e Estudos*, Bauru, n. 20, p. 175-194, dez./mar. 1997/1998. Disponível em: http://bdjur.stj.jus.br/dspace/handle/2011/20175. Acesso em: 22 jul. 2024, p. 177.

FILHO, Agassiz Almeida. Prisão preventiva, colaboração premiada e voluntariedade no STF. *Conjur*, Rio de Janeiro, 12 jan. 2022. Disponível em: https://www.conjur.com.br/2022-jan-12/opiniao/PRisao/PReventiva-colaboracao-voluntariedade-stf/. Acesso em: 18 jul. 2024.

GIACOMOLLI, Nereu José. *O devido processo penal*: abordagem conforme a Constituição Federal e o Pacto de São José da Costa Rica. São Paulo: Atlas, 2014.

GOMES, Luiz Flávio; SILVA, Marcelo Rodrigues da; MANDARINO, Renan Posella. *Colaboração premiada*: Novas perspectivas para o sistema jurídico-penal. Belo Horizonte: Editora D'Plácido, 2018.

QUEIJO, Maria Elizabeth. *Direito de não produzir provas contra si mesmo*. São Paulo: Saraiva, 2003.

MENDONÇA, Andrey Borges de. Os benefícios possíveis na colaboração premiada: entre a legalidade e autonomia da vontade. *In*: BOTTINI, Pierpaolo Cruz; MOURA, Maria Thereza de Assis (coord.). *Colaboração premiada*. São Paulo: Revista dos Tribunais, 2017.

MELLO, Marcos Bernardes de. *Teoria do fato jurídico*: plano da validade. São Paulo: Saraiva Educação, 2019.

OLIVEIRA, Rejane Silva de. A necessidade de procedimentalização da atuação da administração pública. *Revista do Curso de Especialização em Direito Administrativo da EMERJ*, Rio de Janeiro, n. 3, 2016. Disponível em: https://emerj.tjrj.jus.br/files/pages/revistas/direito_administrativo/edicoes/n3_2016/pdf/RejaneSilvadeOliveira.pdf. Acesso em: 23 jul. 2024.

SILVA, Francisco de Assis e; MARIGHETTO, Andrea. Manifestação da vontade no negócio jurídico deve ser livre e incondicionada. *Conjur*, Rio de Janeiro, 5 mar. 2024. Disponível em: https://www.conjur.com.br/2024-mar-05/manifestacao-da-vontade-no-negocio-juridico-deve-ser-livre-e-incondicionada/. Acesso em: 22 jul. 2024.

SILVA, Paulo Eduardo Alves da. Pesquisa em processos judiciais. *In*: MACHADO, Maíra Rocha (org.). *Pesquisar empiricamente o direito*. São Paulo: Rede de Estudos Empíricos em Direito, 2017.

VASCONCELLOS, Vinicius Gomes de. *Colaboração premiada no processo penal*. São Paulo: Thomson Reuters Brasil, 2020.

SAAD, Marta. O direito de defesa na Operação Lava Jato. *In*: AMBOS, Kai; ZILLI, Marcos; MENDES, Paulo de Sousa (org.). *Corrupção*. Ensaios sobre a Operação Lava Jato. São Paulo: Marcial Pons, 2019.

ZILLI, Marcos. Transplantes, traduções e cavalos de Tróia. O papel do juiz no acordo de colaboração premiada. Leituras à luz da Operação Lava Jato. *In*: AMBOS, Kai; ZILLI, Marcos; MENDES, Paulo de Sousa (org.). *Corrupção*. Ensaios sobre a Operação Lava Jato. São Paulo: Marcial Pons, 2019.

WINTER, Lorena Bachmaier. Justiça negociada e coerção: reflexões à luz da jurisprudência do Tribunal Europeu de Direitos Humanos. *In*: GLOECKNER, Ricardo Jacobsen (org.). *Plea bargaining*. São Paulo: Tirant lo Blanch, 2019.

Informação bibliográfica deste texto, conforme a NBR 6023:2018 da Associação Brasileira de Normas Técnicas (ABNT):

MELLO, Cecilia; AMORIM, Flávia Silva Pinto; ABBOUD, Marcella Halah Martins. Habeas Corpus (HC) nº 127.483 e a prisão cautelar como meio de coerção. *In*: MENDES, Gilmar Ferreira; LIRA, Daiane Nogueira de; FREIRE, Alexandre (coord.). *Constituição, democracia e diálogo*: 15 anos de Jurisdição Constitucional do Ministro Dias Toffoli. 2. ed. Belo Horizonte: Fórum, 2025. p. 313-334. ISBN 978-65-5518-937-7.

COLABORAÇÃO PREMIADA E A IMPORTÂNCIA DA DECISÃO DO MINISTRO DIAS TOFFOLI NO HABEAS CORPUS Nº 127.403 PARA A COMPREENSÃO DO INSTITUTO

CONRADO ALMEIDA CORRÊA GONTIJO

1 Introdução

A análise histórica dos institutos processuais penais revela que, de há muito, as declarações dos acusados e investigados têm sido utilizadas para embasar a atuação do aparato repressivo e a imposição de sanções. Por longo período, a confissão foi encarada como a mais importante ferramenta de descoberta da verdade nos processos criminais, e, em muitos momentos da história, obtê-la era objetivo central dos órgãos de persecução penal, ao custo da violação sistemática da dignidade da pessoa humana.

Para obter a confissão, a "rainha das provas", os indivíduos responsáveis pela condução das investigações, consoante destaca Foucault, empregavam determinados ritos que extrapolavam, em selvageria, os crimes que visavam a apurar.[1] Com o advento dos ideais iluministas, propagados de forma ampla no bojo da Revolução Francesa de 1789, o indivíduo passou a dispor de maior proteção contra o poder punitivo estatal, e, por consequência, a importância da confissão foi reduzida.

Com efeito, disseminou-se a compreensão de que o indivíduo não é objeto do processo penal, mas sujeito de direitos. Destarte, não pode ser instrumentalizado pelo Estado, para alimentar os mecanismos do exercício do *ius puniendi* e viabilizar a aplicação de sanções penais àqueles aos quais se imputa a prática de comportamentos tipificados por normas de natureza criminal.

O princípio do *nemo tenetur se detegere*, que assegura ao imputado o direito de não prestar qualquer tipo de contribuição, passiva ou ativa, no âmbito de procedimentos criminais contra si instaurados, foi consagrado,[2] com importante mudança de paradigmas

---

[1] FOUCAULT, Michel. *Vigiar e punir*: história de violência nas prisões. 34. ed. Petrópolis: Vozes, 2007. p. 12.
[2] Está inscrito, de forma expressa, no art. 5º, inc. LXIII da Constituição Federal: "o preso será informado de seus direitos, entre os quais o de permanecer calado, sendo-lhe assegurada a assistência da família e de advogado".

no processo penal. A investigação já não podia centrar-se unicamente na confissão dos investigados, conforme ensina Andrade:[3]

> [...] o arguido não pode ser fraudulentamente induzido ou coagido a contribuir para a sua condenação, a carrear ou oferecer meios de prova contra a sua defesa. Quer no que toca aos factos relevantes para a chamada questão da culpabilidade, quer no que respeita aos atinentes à medida da pena. Em ambos os domínios, não impende sobre o arguido um dever de colaboração nem sequer um dever de verdade [...]. O que ninguém hoje exige, superadas que foram as atitudes degradantes do processo inquisitório (a recusar ao réu a qualidade de sujeito do processo e a vê-lo apenas como meio e objeto de investigação), é o heroísmo de dizer a verdade auto-incriminadora.

Resultado disso foi que se impôs ao Estado o desafio de aprimorar as suas técnicas de investigação, uma vez que obter elementos comprobatórios da materialidade e da autoria delitivas passou a ser tarefa complexa, que deveria ser perseguida por outros meios independentes da ação e da cooperação do imputado.

Nas últimas décadas, porém, reconhecendo as dificuldades enfrentadas pelo aparato punitivo para fazer frente à criminalidade organizada, o Estado desenvolveu mecanismos para a investigação que restituíram a primazia às declarações dos imputados, na descoberta de informações sobre a prática de comportamentos delitivos. Na Itália, nos Estados Unidos, no Brasil e em inúmeras outras nações, o desenvolvimento do instituto da colaboração premiada, aqui referido de maneira *lata*, evidencia que o investigado ou acusado, e as informações que ele oferece aos órgãos da persecução penal, ocupam hoje posição central em investigações criminais.

Por meio de negociações amplas, o Estado concede, ao indivíduo sobre o qual recai a suspeita da prática delitiva, benefícios premiais que suavizam a violência da resposta punitiva estatal; em contrapartida, dele recebe a confissão e informações relevantes sobre a dinâmica criminosa na qual teve parte, com base nas quais se abrem caminhos para que se superem as dificuldades probatórias, especialmente intensas nos procedimentos que objetivam apurar a atuação de grandes grupos criminosos.[4]

No Brasil, conforme exporemos no presente artigo, a sistematização do instituto da colaboração premiada foi prevista, pela primeira vez, na Lei Federal nº 12.850/2013, que disciplina o tratamento jurídico-penal das organizações criminosas e prevê meios especiais de obtenção de prova, entre os quais está, justamente, a colaboração premiada, objeto dos seus arts. 3º-A a 7º.

Entre nós, o instituto ganhou enorme importância, a partir de meados de 2014, com o advento da *Operação Lava Jato*, manancial infindável de abusos e ilegalidades perpetrados por boa parte dos seus atores – em especial, pelo ex-Juiz Sérgio Moro e pelos membros da força-tarefa criada no âmbito da Procuradoria da República no Paraná –, na qual foram celebrados 209 acordos de colaboração premiada.[5]

Também assim, a Convenção Americana Sobre Direitos Humanos (Pacto de San José da Costa Rica), que integra o ordenamento jurídico brasileiro, prevê ser garantia judicial fundamental o direito que toda pessoa acusada de delito tem de "não ser obrigado a depor contra si mesma, nem a declarar-se culpada".

[3] ANDRADE, Manuel da Costa. *Sobre as proibições de prova em processo penal*. Coimbra: Coimbra Editora, 1992.

[4] D'ELIA, Marta. *I collabotatori di giustizia*. Roma: Università di Roma, 2012. p. 1.

[5] Disponível em: https://www.mpf.mp.br/grandes-casos/casos-historicos/lava-jato/resultados.

À época, apesar de já haver evidências de que os métodos empregados nas investigações de Curitiba eram a negação da Constituição Federal e do Estado Democrático de Direito – houve um episódio marcante, em que um procurador regional da República, em manifestação pública, teve a desfaçatez de confessar que as prisões preventivas decretadas eram instrumentos de tortura para conduzir a delações –,[6] a operação contava com massivo apoio dos veículos de comunicação. Por isso, por muitos anos, as ilegalidades que a caracterizaram, muitas tipificadas na legislação penal, não foram de pronto reconhecidas.[7]

De qualquer maneira, a *Operação Lava Jato* valeu-se intensamente da colaboração premiada, cuja disciplina normativa fora instituída pouco mais de um ano antes da homologação do acordo celebrado com Paulo Roberto Costa,[8] o primeiro de uma extensa série de mais de duas centenas.

A novidade do tema, o gigantismo e a complexidade da operação, aliados à velocidade com que os acordos passaram a ser entabulados e homologados, inclusive no STF – haja vista a grande quantidade de relatos que inseriam no cenário delitivo personagens com foro por prerrogativa de função –, fizeram com que os tribunais do país fossem instados a decidir sobre os mais variados aspectos do instituto.

Foi nesse contexto que, no dia 27.8.2015, ainda quando a *Operação Lava Jato* seduzia o país com falsas promessas, ao mesmo tempo em que violava, com gravidade sem precedentes, os mais elementares preceitos e garantias processuais penais, que o Ministro Dias Toffoli, no Habeas Corpus nº 127.483/PR, exarou decisão paradigmática sobre a colaboração premiada, que teve papel fundamental para a definição dos rumos do instituto e atestou a profundidade intelectual do seu prolator.

2 Considerações gerais sobre a colaboração premiada e sua evolução histórica

A colaboração premiada integra as denominadas técnicas especiais de investigação, pensadas para viabilizar a apuração de práticas criminosas complexas, desenvolvidas, muitas vezes, por via da utilização de ferramentas tecnológicas e divisão de funções que tornam inócuos os mecanismos tradicionais de apuração. Consoante adverte Mendonça,[9] nas organizações voltadas à prática de comportamentos delitivos, prevalece a lei do silêncio (*omertà*), e os clássicos instrumentos de apuração não se mostram eficazes para desvelar a dinâmica dos comportamentos criminosos.

---

[6] Disponível em: https://www.conjur.com.br/2015-jan-23/sergio-moro-nega-prender-reus-lava-jato-forcar-confissoes/.
[7] Esse cenário foi superado nos últimos anos. Prova disso é que há múltiplas investigações em curso sobre a prática de ilícitos gravíssimos, de natureza cível, administrativa e criminal, em face dos principais artífices da Operação Lava Jato.
[8] Disponível em: https://www.conjur.com.br/dl/de/delacao-premiada-paulo-roberto-costa.pdf
[9] MENDONÇA, Andrey Borges. A colaboração premiada e a Nova Lei do Crime Organizado (Lei 12.850/2013). *Custos Legis – A Revista Eletrônica do Ministério Público Federal*, v. 4, 2013. p. 2. No mesmo sentido: TURESSI, Flávio Eduardo. Breves apontamentos sobre crime organizado, delação premiada e proibição da proteção penal insuficiente. *Revista Jurídica da Escola Superior do Ministério Público do Estado*, São Paulo, v. 3, 2013. p. 232.

Ao tratar da mesma temática, Courtney[10] explica que, ao mesmo tempo em que se reconhece a gravidade das práticas criminosas organizadas, é preciso admitir que, para que elas sejam efetivamente sancionadas, o Estado deve recorrer a ferramentas investigatórias diferenciadas, que viabilizem a identificação dos verdadeiros responsáveis pelas entidades orientadas às práticas ilícitas.

Nesse contexto, pontifica Strang,[11] a colaboração premiada exerce importante papel:

> In order to defeat modern criminal organization, modern Law enforcement needs to adapt to the challenges posed by sophisticated criminal syndicates [...] and Cooperation Plea Agreement have been effective tools in eliminating and minimizing entrenched criminal organization [...].

Não obstante a utilização de informações fornecidas por indivíduos implicados em práticas ilícitas seja fenômeno recorrente na história,[12] nos últimos anos, no âmbito do direito processual penal, em razão das profundas alterações pelas quais passaram os mecanismos de atuação dos agentes criminosos, ganharam enorme importância as discussões tocantes ao instituto da colaboração premiada.

Badaró,[13] justamente em razão disso, esclarece que "a delação premiada é um dos temas do momento do processo penal". Com efeito, é cada vez mais evidente, e os fatos recentes vivenciados pela sociedade brasileira são demonstração disso, que, apesar das ressalvas éticas ao instituto, ele tem sido fundamental para a descoberta da forma de atuação das estruturas criminosas organizadas.

Para D'Elia,[14] já não se questiona:

> [...] l'indispensabilità dei collaboratori di giustizia quali strumenti di penetrazione in organizzazioni segrete dotate di strutture verticistiche e gerarchizzate, la cui conoscenza è estata possibile unicamente grazie a racconti resi da chi há deciso di cooperare con la giustizia [...]. La figura del collaboratore di giustizia ha acquisito importanza gradualmente [...], único, vero e forte strumento di lotta contro le mafie.

---

[10] COURTNEY, Robert. *Insiders as cooperating witnesses*: overcoming fear and offering hope. Disponível em: http://www.unafei.or.jp/english/pdf/PDF_GG4_Seminar/Fourth_GGSeminar_P36-46.pdf. Acesso em: 28 jun. 2024.

[11] STRANG, Robert. Plea Bargaining Cooperation Agreements, and Immunity Orders. *155th International Training Course Visiting Expert's Papers – UNAFEI: Resource Material*, n. 92, 2013. p. 41.

[12] Importante destacar, nesse panorama, que a utilização de informações prestadas por agentes implicados na prática de comportamentos criminosos é conhecida desde o Império romano. No período da inquisição, a *delatio*, de igual maneira, foi usualmente utilizada pelos Tribunais de Santo Ofício, tanto que, na obra *Manual de Inquisição*, de Nicolau Eymerico, é abordada de forma bastante destacada (EYMERICO, Nicolau. *Manual da Inquisição*. Curitiba: Juruá, 2009).

[13] BADARÓ, Gustavo Henrique Ivahy. O valor probatório da delação premiada: sobre o §16 do art. 4º da Lei nº 12.850/2013. *Badaró Advogados*. Disponível em: http://badaroadvogados.com.br/o-valor-probatorio-da-delacao-premiada-sobre-o-16-do-art-4-da-lei-n-12850-13.html. Acesso em: 28 jun. 2024.

[14] D'ELIA, Marta. *I collaboratori di giustizia*. Roma: Università di Roma, 2012. p. 1.

Na mesma esteira, manifestam-se Trott,[15] García de Paz[16] e Manco López,[17] segundo os quais a obtenção de informações sobre práticas criminosas, por meio de colaboração premiada, é cada vez mais comum e tem favorecido o desenvolvimento de mais aprofundadas e eficazes investigações criminais.

O instituto da colaboração premiada, como o conhecemos nos tempos hodiernos, foi introduzido nos ordenamentos jurídicos dos Estados Unidos e da Itália, no início dos anos 70 do século passado, com o propósito de viabilizar a investigação e a punição de agentes responsáveis pela prática de atos terroristas violentos, de extorsão mediante sequestro e de criminalidade mafiosa.

No direito estadunidense, em que a solução negociada de conflitos de natureza jurídico-penal é feita em 95% dos casos[18] por meio da celebração de acordos de *plea bargaining*, foi criado, em 1970, um corpo normativo com o fim de tornar mais eficaz o enfrentamento da criminalidade organizada, representada pela máfia (*The Organized Crime Control Act of 1970*).

Foi instituído, então, um sistema federal de proteção das testemunhas que colaborassem com a investigação e a punição de práticas criminosas (*Federal Witness Protection Program*).[19] Com ele, buscava-se assegurar a proteção das testemunhas que colaborassem com as atividades investigativas do Estado, e – mais importante –, dos sujeitos envolvidos nas práticas criminosas que optassem por desvincular-se da *societas sceleris* e contribuir para o seu desmantelamento.[20]

Surgiram, na ordem jurídica estadunidense, os *cooperation plea agreements*, considerados pela doutrina verdadeiros instrumentos de obtenção de prova (*investigatory tool*), por meio dos quais, após negociações com os órgãos encarregados da persecução penal, os sujeitos imputados, com vistas à obtenção de benefícios sancionatórios, decidiam contribuir com as atividades estatais de apuração.

A importância de tais acordos no enfrentamento da criminalidade organizada foi bem destacada por Trott, para quem "frequentemente, as únicas pessoas que se qualificam como testemunhas para crimes sérios são os próprios criminosos".[21] Ademais, vem sendo, em reiteradas oportunidades, objeto de referência em julgados da

---

[15] TROTT, Stephen. The Use of Criminal as a Witness: a Special Problem. *Hastings Law Journal*, v. 47, jul./ago. 1996. p. 3: "De fato, uma das mais úteis, importantes e, de certo, indispensáveis armas na constante luta da civilização contra criminosos, foras-da-lei e terroristas é a informação que vem dos associados deles".

[16] GARCÍA DE PAZ, Isabel Sánchez. El coimputado que colabora con la justicia penal. *Revista Electrónica de Ciencia Penal y Criminología*, n. 7, 2005. p. 3.

[17] MANCO LÓPEZ, Yeison. El arrepentimiento, la confesión y los premios como prácticas jurídicas en el Derecho Penal. *Diálogos de Derecho y Política*, ano 1, n. 3, jan./abr. 2010. p. 11.

[18] STRANG, Robert. Plea Bargaining Cooperation Agreements, and Immunity Orders. *155th International Training Course Visiting Expert's Papers – UNAFEI: Resource Material*, n. 92, 2013. p. 32.

[19] COURTNEY, Robert. *Insiders as cooperating witnesses*: overcoming fear and offering hope. Disponível em: http://www.unafei.or.jp/english/pdf/PDF_GG4_Seminar/Fourth_GGSeminar_P36-46.pdf. Acesso em: 28 jun. 2024. p. 37.

[20] Importante referirmos, nesse cenário, valendo-nos das informações colhidas da obra de Strang, que, nos Estados Unidos, a maior parte dos indivíduos cadastrados no sistema de proteção à testemunha (*United States Marshal Service's Federal Witness Protection Program*) não são testemunhas *stricto sensu*, mas criminosos que aderiram a acordos de colaboração premiada (STRANG, Robert. Plea Bargaining Cooperation Agreements, and Immunity Orders. *155th International Training Course Visiting Expert's Papers – UNAFEI: Resource Material*, n. 92, 2013. p. 32).

[21] TROTT, Stephen. The Use of Criminal as a Witness: a Special Problem. *Hastings Law Journal*, v. 47, jul./ago. 1996. p. 18.

Suprema Corte, a compreensão de que "a sociedade não pode dar-se ao luxo de jogar fora a prova produzida pelos decaídos, ciumentos e dissidentes daqueles que vivem da violação da lei".[22]

Na Itália, a evolução do instituto da delação premiada apresenta pontos importantes de contato com o que foi exposto sobre os Estados Unidos. Tal como ocorreu na nação norte-americana, a criação de preceitos normativos para disciplinar a concessão de benefícios a indivíduos envolvidos em práticas criminosas que optassem por colaborar com as atividades persecutórias do Estado teve início logo nos primeiros anos da década de 1970.

Àquele tempo, eram recorrentes os crimes violentos de extorsão mediante sequestro e a atuação de grupos terroristas organizados, circunstância que fez com que o legislador criasse preceitos direcionados à investigação e à punição dessas formas de conduta. Todavia, constatou-se que, dada a profunda vinculação que havia entre os indivíduos que integravam esses grupos delinquenciais, era necessário criar, para que as sanções fossem efetivamente aplicadas, mecanismos de apuração especiais que viabilizassem "rompere definitivamente il vinculo associative" entre os criminosos.[23]

Nesse contexto, em 1974, foi introduzido no plexo normativo uma causa especial de diminuição da pena, que poderia ser aplicada a casos nos quais os autores ou partícipes de crimes de extorsão mediante sequestro, abandonando o intento delitivo, auxiliassem os investigadores na libertação das vítimas.

O sucesso alcançado com o referido prêmio fez com que a sua aplicação fosse gradualmente expandida para outras modalidades de comportamento criminoso. Conforme destaca D'Elia,[24] "i successi ottenuti tramite la sua applicazione spinsero il legislatore ad adottare misure volte ad incentivare la collaborazione". Por esse motivo, atualmente, "la figura del collaboratori di giustizia per i reati di criminalità organizzata di stampo mafioso (e assimilati) è stata oggetto di innumerevoli disposizioni normative che si sono succedute nel tempo e che sono state modulate sulla base della normative antiterroristica".

Antes limitado aos casos em que estava em investigação a prática do crime de extorsão mediante sequestro, o instituto da colaboração premiada passou a ter aplicação na investigação de terrorismo, por meio da criação de lei no ano de 1980, na investigação de criminalidade de máfia e nos casos de tráfico ilícito de entorpecentes, a partir do início dos anos 90. García de Paz assim sintetiza essa evolução histórica:[25]

> El origen de esta legislación premial se sitúa en los años 70 [...], en el contexto del auge de la actividad terrorista de multiples grupos [...], y posibilitó en su momento gran número de procesos y condenas y un cierto ocaso de la delincuencia terrorista. Fue inicialmente muy generosa, permitiendo en ocasiones no solo una mera reducción de la pena [...], sino incluso una remisión total. Con la ley nº 34 de 18 de febrero de 1987 se trata de cerrar este periodo de legislación excepcional [...] en materia de terrorismo introduciendo como novedad medidas premiales ligadas a la simples disociacion [...]. Con el decreto Ley de 13

---

[22] Lee v. United States, 343 U.S. 747, 756, 1952.
[23] D'ELIA, Marta. I collabotatori di giustizia. Roma: Università di Roma, 2012. p. 5.
[24] D'ELIA, Marta. I collabotatori di giustizia. Roma: Università di Roma, 2012. p. 4.
[25] GARCÍA DE PAZ, Isabel Sánchez. El coimputado que colabora con la justicia penal. *Revista Electrónica de Ciencia Penal y Criminología*, n. 7, 2005. p. 4 e seguintes.

de marzo de 1991, nº 152, las medidas para los pentiti se extienden a la delincuencia mafiosa y el crimen organizado en general.

O êxito alcançado na Itália com a adoção da colaboração premiada, somado à descoberta de informações relevantes sobre a criminalidade organizada por via da utilização de *cooperation plea agreements*, nos Estados Unidos, fez com que o instituto fosse incorporado à ordem jurídica de diversos países mundo afora.[26] Instrumentos jurídicos supraestatais e internacionais passaram a prever a necessidade de que, para que os Estados conseguissem, de maneira eficaz, apurar determinadas modalidades de comportamentos criminosos, disciplinassem a colaboração premiada.

Apenas para exemplificar, a Organização das Nações Unidas (ONU), mais representativa entidade internacional existente, em dois de seus mais importantes tratados, destacou a relevância de que os Estados criassem estímulos para que os agentes envolvidos na prática criminosa abandonassem a empreitada delitiva para contribuir com a tarefa investigatória.[27]

Com efeito, tanto a Convenção das Nações Unidas de Combate ao Crime Organizado Transnacional (Convenção de Palermo de 2000)[28] quanto a Convenção das Nações Unidas Contra a Corrupção (Convenção de Mérida de 2003)[29] preveem a importância da adoção da colaboração premiada para o sucesso de investigações sobre criminalidade organizada. O art. 37 do texto internacional erigido para fazer frente ao fenômeno da corrupção traz a seguinte redação:

> 1. Cada Estado-parte adotará as medidas apropriadas para restabelecer as pessoas que participem ou que tenham participado na prática dos delitos qualificados de acordo com a presente Convenção que proporcionem às autoridades competentes informação útil com fins investigativos e probatórios e as que lhes prestem ajuda efetiva e concreta que possam contribuir a privar os criminosos do produto do delito, assim como recuperar esse produto.
> 2. Cada Estado-parte considerará a possibilidade de prever, em casos apropriados, a mitigação da pena de toda pessoa acusada que preste cooperação substancial à investigação ou ao indiciamento dos delitos qualificados de acordo com a presente Convenção.
> 3. Cada Estado parte considerará a possibilidade de prever, em conformidade com os princípios fundamentais de sua legislação interna, a concessão de imunidade judicial a toda pessoa que preste cooperação substancial na investigação ou no indiciamento dos delitos qualificados de acordo com a presente Convenção.

No Brasil, signatário dos tratados internacionais acima referidos, de há muito está prevista a possibilidade de que benefícios sejam concedidos aos indivíduos que, envolvidos na prática de comportamentos criminosos, decidam colaborar com o Estado na tarefa de investigar e punir os seus comparsas. Ainda no período colonial, quando

---

[26] FONSECA, Cibele Benevides; TABAK, Benjamin Miranda; AGUIAR, Júlio Cesar. Colaboração Premiada Compensa? *Núcleo de Estudos e Pesquisas da Consultoria Legislativa do Senado*, Brasília, ago. 2015. p. 6.
[27] STRANG, Robert. Plea Bargaining Cooperation Agreements, and Immunity Orders. *155th International Training Course Visiting Expert's Papers – UNAFEI: Resource Material*, n. 92, 2013. p. 33.
[28] Incorporada à ordem jurídica brasileira por meio do Decreto nº 5.015/2004.
[29] Incorporada à ordem jurídica brasileira por meio do Decreto nº 5.687/2006.

aqui vigiam as Ordenações Filipinas,[30] havia a possibilidade de que se perdoassem "aos malfeitores" que entregassem "outros à prisão".[31]

De se destacar que, sem dispor sobre matéria processual, diversas leis ordinárias tratam da possibilidade de aplicação atenuada de sanção penal, aos agentes envolvidos em práticas criminosas que contribuam com as investigações do Estado. Para exemplificar, o art. 25 da Lei Federal nº 7.492/86,[32] o art. 8º da Lei Federal nº 8.072/90,[33] o art. 16 da Lei Federal nº 8.137/90,[34] o art. 6º da originária Lei Federal nº 9.034/95,[35] o art. 1º, §5º da Lei Federal nº 9.613/98,[36] os arts. 13 e 14 da Lei Federal nº 9.807/99,[37] o art. 41 da Lei Federal nº 11.343/2006[38] preveem benefícios aos acusados que contribuem com as investigações.[39]

Todavia, nenhum dos diplomas legais acima mencionados, malgrado estatuíssem benefícios de índole material para os imputados que colaborassem com os trabalhos de investigação, previa, de forma sistematizada, normas procedimentais que conferissem segurança jurídica aos acordos de colaboração premiada. Essa situação sofreu alteração com o advento da Lei Federal nº 12.850/2013, que criou um detalhado arcabouço jurídico relativo ao instituto.

---

[30] No voto-condutor do Habeas Corpus nº 127.483/SP, o Ministro Dias Toffoli bem destaca a origem do instituto na realidade jurídica local: "Esse instituto deita raízes no período colonial, mais precisamente em dois dispositivos do Livro V das Ordenações Filipinas, que entraram em vigor no Brasil em 1603 e somente foram revogadas mais de duzentos anos depois, em 1830, pelo Código Criminal do Império".

[31] YAROCHEWSKY, Leonardo Isaac. Delação premiada no Projeto de Reforma do Código Penal: nova roupagem, antigos problemas. *Revista da Escola da Magistratura do Estado do Rio de Janeiro*, Rio de Janeiro, v. 15, n. 60, out./dez. 2012. p. 132.

[32] Lei de Crimes Contra o Sistema Financeiro Nacional: "Art. 25 [...]. §2º Nos crimes previstos nesta Lei, cometidos em quadrilha ou co-autoria, o co-autor ou partícipe que através de confissão espontânea revelar à autoridade policial ou judicial toda a trama delituosa terá a sua pena reduzida de um a dois terços".

[33] Lei de Crimes Hediondos: "Art. 8º [...]. Parágrafo único. O participante e o associado que denunciar à autoridade o bando ou quadrilha, possibilitando seu desmantelamento, terá a pena reduzida de um a dois terços".

[34] Lei de Crimes Contra a Ordem Tributária, Econômica e Contra as Relações de Consumo: "Art. 16. [...]. Parágrafo único. Nos crimes previstos nesta Lei, cometidos em quadrilha ou co-autoria, o co-autor ou partícipe que através de confissão espontânea revelar à autoridade policial ou judicial toda a trama delituosa terá a sua pena reduzida de um a dois terços".

[35] Lei de Organização Criminosa (revogada): "Art. 6º Nos crimes praticados em organização criminosa, a pena será reduzida de um a dois terços, quando a colaboração espontânea do agente levar ao esclarecimento de infrações penais e sua autoria".

[36] Lei de Combate ao Crime de Lavagem de Dinheiro: "Art. 1º [...]. §5º A pena poderá ser reduzida de um a dois terços e ser cumprida em regime aberto ou semiaberto, facultando-se ao juiz deixar de aplicá-la ou substituí-la, a qualquer tempo, por pena restritiva de direitos, se o autor, coautor ou partícipe colaborar espontaneamente com as autoridades, prestando esclarecimentos que conduzam à apuração das infrações penais, à identificação dos autores, coautores e partícipes, ou à localização dos bens, direitos ou valores objeto do crime".

[37] Lei de Proteção à Vítima e à Testemunha: "Art. 13. Poderá o juiz, de ofício ou a requerimento das partes, conceder o perdão judicial e a consequente extinção da punibilidade ao acusado que, sendo primário, tenha colaborado efetiva e voluntariamente com a investigação e o processo criminal [...]. Art. 14. O indiciado ou acusado que colaborar voluntariamente com a investigação policial e o processo criminal na identificação dos demais co-autores ou partícipes do crime, na localização da vítima com vida e na recuperação total ou parcial do produto do crime, no caso de condenação, terá pena reduzida de um a dois terços".

[38] Lei de Combate ao Crime de Tráfico Drogas: "Art. 41. O indiciado ou acusado que colaborar voluntariamente com a investigação policial e o processo criminal na identificação dos demais co-autores ou partícipes do crime e na recuperação total ou parcial do produto do crime, no caso de condenação, terá pena reduzida de um terço a dois terços".

[39] BADARÓ, Gustavo Henrique Ivahy. O valor probatório da delação premiada: sobre o §16 do art. 4º da Lei nº 12.850/2013. *Badaró Advogados*. Disponível em: http://badaroadvogados.com.br/o-valor-probatorio-da-delacao-premiada-sobre-o-16-do-art-4-da-lei-n-12850-13.html. Acesso em: 28 jun. 2024.

Sobre a temática, são esclarecedoras as considerações de Mendonça:[40]

> Embora já houvesse a colaboração premiada antes da Lei 12.850/2013, o legislador, desde 1990, tratou do instituto apenas em seu aspecto material. Ou seja, previa benefícios – de maneira variada e sem maior uniformidade – àqueles que contribuíssem para a persecução penal [...]. A nova legislação, seguindo tendência internacional no tratamento do tema, disciplinou o instituto de maneira pormenorizada, nos artigos 4º a 7º [...], não mais apenas no aspecto material (ou seja, concedendo benefícios), mas disciplinando todo o instituto [...].

Foi sob a égide desse novo diploma legal que, a partir de 2014, o Poder Judiciário foi posto diante do desafio de examinar com profundidade a natureza jurídica do instituto da colaboração premiada, tendo o Ministro Dias Toffoli proferido decisão fundamental, que serviu de paradigma para inúmeras outras que a sucederam.

Ao julgar o Habeas Corpus nº 127.483/PR, o Supremo Tribunal Federal, a um só tempo, graças à percuciência do voto-condutor, (i) excepcionou sua jurisprudência consolidada, para admitir a impetração em face de ato de ministro da Corte; (ii) de maneira inédita, assentou o entendimento de que a colaboração premiada, além de meio de obtenção de prova, é também negócio jurídico processual; e (iii) reconheceu ser direito subjetivo do colaborador que cumpre as obrigações pactuadas no acordo a fruição plena dos benefícios premiais nele especificados.

3 A relevância do voto-condutor do Ministro Dias Toffoli no Habeas Corpus nº 127.483/PR para a compreensão do instituto da colaboração premiada

3.1 O conhecimento do *habeas corpus* para impugnar decisão monocrática proferida por ministro da Corte

Ao apreciar Questão de Ordem na Petição nº 7.074/DF, quase dois anos após a prolação do voto-condutor do Ministro Dias Toffoli no julgamento do Habeas Corpus nº 127.483/PR, o Ministro Celso de Mello asseverou: "Cabe reconhecer, eminente Ministro Dias Toffoli, que o julgamento do HC 127.483/PR, de que Vossa Excelência foi relator, constitui precedente de consulta necessária".

Mais do que "precedente de consulta necessária", o acórdão resultante do aludido julgamento tornou-se instrumento fundamental para a compreensão do instituto da colaboração premiada, e é referido em centenas de decisões país afora: no acervo de julgados do Superior Tribunal de Justiça, ele é mencionado em 18 acórdãos e 48 decisões monocráticas;[41] no Supremo Tribunal Federal, mais de 140 decisões – monocráticas e colegiadas – fazem alusão ao precedente relatado pelo homenageado.

As razões do relevo da decisão em análise são inúmeras, a começar pela circunstância de que o Ministro Dias Toffoli, em demonstração de sua independência e coragem,

---

[40] MENDONÇA, Andrey Borges. A colaboração premiada e a Nova Lei do Crime Organizado (Lei 12.850/2013). *Custos Legis – A Revista Eletrônica do Ministério Público Federal*, v. 4, 2013. p. 2.

[41] Disponível em: https://scon.stj.jus.br/SCON/pesquisar.jsp?pesquisaAmigavel=+%3Cb%3E127.483+colaboracao+%3C%2Fb%3E&b=ACOR&tp=T&numDocsPagina=10&i=1&O=&ref=&processo=&ementa=&nota=&filtroPor%2Nota=&orgao=&relator=&uf=&classe=&juizo=&data=&dtpb=&dtde=&operador=e&livre=127.483+colaboracao+.

posicionou-se favoravelmente ao cabimento do *habeas corpus*, por meio do qual se impugnava decisão homologatória de acordo de colaboração premiada, proferida monocraticamente pelo Ministro Teori Zavascki. Isso ocorreu, malgrado "a jurisprudência da Suprema Corte" fosse "no sentido do não cabimento de habeas corpus articulado contra atos jurisdicionais do próprio STF, proferidos pelo Plenário, por uma de suas Turmas e também por seus Ministros".[42]

Em seu voto, o Ministro Dias Toffoli reconheceu que "a jurisprudência do Supremo Tribunal Federal, majoritariamente, não vem admitindo o *habeas corpus* originário para o Pleno contra ato de seus ministros". Apesar disso, fazendo destaque do papel constitucional conferido à Corte e da envergadura do *habeas corpus* como instrumento de tutela dos direitos e garantias fundamentais, o ministro fez ressalva do seu "entendimento pessoal", contramajoritário, e votou pela admissibilidade da impetração, porque o paciente não dispunha de outro meio para submeter ao Poder Judiciário circunstâncias que, em seu entender, afetariam sua órbita jurídica:

> A jurisprudência do Supremo Tribunal Federal, majoritariamente, não vem admitindo o habeas corpus originário para o Pleno contra ato de seus ministros ou de outro órgão fracionário da Corte [...]. Sempre ressalvei, contudo, meu entendimento pessoal, em sentido contrário, pelo cabimento do writ nessas hipóteses [...]. Em acréscimo, saliento que, na espécie, o paciente não figura como parte na Pet nº 5.244/DF, razão por que não poderia interpor agravo regimental contra a decisão do Ministro Relator que homologou o acordo de colaboração premiada, o que justifica, ainda mais, o cabimento da impetração originária do habeas corpus para o Plenário.

São dignas de referência, ainda sobre essa questão, as seguintes passagens desse voto, nas quais o Ministro Dias Toffoli enfatiza, de forma irrepreensível, a necessidade de intervenção do Poder Judiciário, sempre que se constatar coação ilegal, conforme dicção do art. 5º, inc. LVIII da Constituição Federal:[43]

> [...] como faço em todos os casos que julgo na Turma, aprecio, mesmo nas hipóteses da Súmula 691, mesmo nas hipóteses de não conhecimento, se, no caso concreto, existe ou não a possibilidade da concessão de habeas corpus de ofício. E por que o faço? Porque, da minha óptica, desde o Código de Processo Penal do Império, é dever do magistrado, em qualquer juízo, instância ou tribunal, ao tomar conhecimento de algum ato que esteja a coagir a liberdade de ir e vir de qualquer cidadão, conceder a ordem de habeas corpus de ofício, em qualquer juízo, instância ou tribunal.

A complexidade das questões submetidas ao Tribunal no Habeas Corpus nº 127.483/PR já se percebia pela análise da sua admissibilidade: empatada a votação no que concernia ao cabimento do *writ*, prevaleceu o voto-condutor do Ministro Dias Toffoli, "mais favorável ao paciente". Assim, tivemos a oportunidade de conhecer a inovadora abordagem de mérito por ele realizada, na qual foram fixadas premissas essenciais para a compreensão do instituto da colaboração premiada.

---

[42] Supremo Tribunal Federal. Agravo Regimental no Habeas Corpus nº 224.338/PR. Rel. Min. Gilmar Mendes, 2ª Turma, j. 31.3.2023.

[43] Constituição Federal: "Art. 5º [...] LXVIII - conceder-se-á habeas corpus sempre que alguém sofrer ou se achar ameaçado de sofrer violência ou coação em sua liberdade de locomoção, por ilegalidade ou abuso de poder".

Ressalte-se que o Supremo Tribunal Federal, ainda hoje e com recorrência, socorrendo-se do enunciado da Súmula nº 606,[44] considera que "não cabe habeas corpus originário para o Tribunal Pleno de decisão de Turma, ou do Plenário, proferida em habeas corpus ou no respectivo recurso", tampouco de seus próprios ministros: a superação, no caso concreto, desse consagrado – porém, em nosso juízo, gravemente equivocado – entendimento já revela a riqueza dos debates propostos no voto-condutor do Ministro Dias Toffoli, que conferiu ao *habeas corpus* a amplitude que lhe pretendeu dar o constituinte, abrindo-nos caminho para um essencial avanço no exame da anatomia jurídica do instituto da colaboração premiada.

3.2 A acertada definição da natureza jurídica da colaboração premiada: meio de obtenção de prova e negócio jurídico processual

A partir da proposta de encaminhamento formulada pelo Ministro Dias Toffoli, o Supremo Tribunal Federal reforçou, ao apreciar o mérito do Habeas Corpus nº 127.483/PR, o entendimento de que a colaboração premiada não é meio de prova, mas meio de obtenção de prova. Ainda, de forma inovadora, assentou a compreensão de que o instituto ostenta típica natureza de negócio jurídico processual.

Valendo-se das lições de Mario Chiavario e dos professores da Faculdade de Direito do Largo de São Francisco, Antônio Magalhães Gomes Filho e Gustavo Badaró, já a revelar a profundidade do exame que se propôs a fazer, o Ministro Dias Toffoli sustentou que a colaboração premiada é meio de obtenção de prova que confere ao Estado condições de obter elementos capazes de evidenciar a prática de ilícitos.

A mais importante inovação do voto em análise, contudo, foi a conclusão de que a colaboração premiada tem natureza de

> negócio jurídico processual, uma vez que, além de ser qualificada expressamente pela lei como "meio de obtenção de prova", seu objeto é a cooperação do imputado para a investigação e para o processo criminal, atividade de natureza processual, ainda que se agregue a esse negócio jurídico o efeito substancial (de direito material) concernente à sanção premial a ser atribuída a essa colaboração.

E, ressalte-se, as consequências de se identificar a colaboração premiada como um negócio jurídico processual são múltiplas, tendo referida ideia se cristalizado na jurisprudência nacional e servido de norte para a apreciação de inúmeros e relevantes casos em que se discutiam acordos de colaboração premiada.

No ano de 2019, inclusive, por meio da Lei Federal nº 13.964, as ideias centrais contidas na decisão paradigmática em questão acabaram incorporadas ao direito positivo brasileiro, tendo sido introduzido na Lei das Organizações Criminosas o art. 3º-A, *in verbis*: "O acordo de colaboração premiada é negócio jurídico processual e meio de obtenção de prova, que pressupõe utilidade e interesse públicos".

Com efeito, o percurso que conduz à celebração de acordo de colaboração premiada tem início com a manifestação de vontade dos órgãos encarregados da investigação ou

---

[44] Súmula nº 606 (STF): "Não cabe habeas corpus originário para o Tribunal Pleno de decisão de Turma, ou do Plenário, proferida em habeas corpus ou no respectivo recurso".

do colaborador, que passam a entabular negociações com vistas a obter determinadas contrapartidas.[45] De um lado, o Estado age para obter condições de comprovar a prática de comportamentos criminosos e sua autoria; de outro lado, o sujeito imputado persegue benefícios que atenuem a sua responsabilidade criminal.

Essa simples descrição é suficiente para que se note que a celebração de acordos de colaboração premiada consubstancia a realização de um negócio jurídico, contudo, de um negócio jurídico processual. Foi isso o que, de forma inédita na jurisprudência pátria, o Ministro Dias Toffoli ressaltou com precisão, ao considerar "indubitável" que o acordo de colaboração é "um negócio jurídico processual":

> A colaboração premiada é um negócio jurídico processual, uma vez que, além de ser qualificada expressamente pela lei como "meio de obtenção de prova", seu objeto é a cooperação do imputado para a investigação e para o processo criminal, atividade de natureza processual, ainda que se agregue a esse negócio jurídico o efeito substancial (de direito material) concernente à sanção premial a ser atribuída a essa colaboração. Dito de outro modo, embora a colaboração premiada tenha repercussão no direito penal material (ao estabelecer sanções premiais a que fará jus o imputado-colaborador, se resultar exitosa sua cooperação), ela se destina precipuamente a produzir efeitos no âmbito do processo penal [...]. Note-se que a Lei nº 12.850/13 expressamente se refere a um "acordo de colaboração" e às "negociações" para sua formalização, a serem realizadas "entre o delegado de polícia, o investigado e o defensor, com a manifestação do Ministério Público, ou, conforme o caso, entre o Ministério Público e o investigado ou acusado e seu defensor (art. 4º, §6º), a confirmar que se trata de um negócio jurídico processual".

As lições de Antônio Junqueira de Azevedo, que guiaram o Ministro Dias Toffoli em seu primoroso voto – e que guiam todos aqueles que passam pela "velha e sempre nova Academia de Direito" do Largo de São Francisco, como carinhosamente ele se refere à nossa Faculdade –, não deixam dúvida quanto à correção da afirmação de que a colaboração premiada é um negócio jurídico.[46]

Afinal, ela nasce de uma "declaração de vontade", que, materializada em consonância com as disposições do ordenamento jurídico e respeitados os pressupostos de existência, validade e eficácia, produz os efeitos pretendidos pelas partes:[47]

> *In concreto*, negócio jurídico é todo fato jurídico consistente em declaração de vontade, a que o ordenamento jurídico atribui os efeitos designados como queridos, respeitados os pressupostos de existência, validade e eficácia impostos pela norma jurídica que sobre ele

---

[45] Nesse diapasão, veja-se o art. 3º-A da Lei Federal nº 12.850/2013: "Art. 3º-B. O recebimento da proposta para formalização de acordo de colaboração premiada demarca o início das negociações e constitui também marco de confidencialidade, configurando violação de sigilo e quebra da confiança e da boa-fé a divulgação de tais tratativas iniciais ou de documento que as formalize, até o levantamento de sigilo por decisão judicial [...]. §2º Caso não haja indeferimento sumário, as partes deverão firmar Termo de Confidencialidade para prosseguimento das tratativas, o que vinculará os órgãos envolvidos na negociação e impedirá o indeferimento posterior sem justa causa [...]". Ainda sobre as tratativas, a título meramente exemplificativo, é essencial o art. 4º, §6º: "O juiz não participará das negociações realizadas entre as partes para a formalização do acordo de colaboração, que ocorrerá entre o delegado de polícia, o investigado e o defensor, com a manifestação do Ministério Público, ou, conforme o caso, entre o Ministério Público e o investigado ou acusado e seu defensor".

[46] AZEVEDO, Antônio Junqueira de. *Negócio jurídico*: existência, validade e eficácia. 4. ed. atual. São Paulo: Saraiva, 2002. p. 16-17.

[47] AZEVEDO, Antônio Junqueira de. *Negócio jurídico*: existência, validade e eficácia. 4. ed. atual. São Paulo: Saraiva, 2002. p. 16-17.

incide [...]; ele é uma declaração de vontade, isto é, uma manifestação de vontade cercada de certas circunstâncias, as circunstâncias negociais, que fazem com que ela seja vista socialmente como destinada a produzir efeitos jurídicos [...].

Os acordos de colaboração premiada, como estão disciplinados na legislação processual penal brasileira, nascem de "declaração de vontade", manifestada "entre o delegado de polícia, o investigado e o defensor, com a manifestação do Ministério Público, ou, conforme o caso, entre o Ministério Público e o investigado ou acusado e seu defensor". Compõem-se de diversas "negociações realizadas entre as partes" (art. 4º, §6º da Lei Federal nº 12.850/2013), e se materializam e são formalizados por meio de um instrumento contratual ("termo de acordo de colaboração").

São, portanto, negócios jurídicos, que dispõem de natureza contratual,[48] e que preveem, para cada uma de suas partes, direitos e obrigações: ao imputado, cumpre proporcionar às autoridades encarregadas das investigações amplo acesso às informações de que disponha sobre a empreitada delitiva apurada, e, eventualmente, a obrigação de promover a restituição de ativos de origem ilícita; ao Ministério Público e à autoridade policial incumbem, uma vez adimplidos os compromissos assumidos pelo colaborador, zelar para que lhe sejam concedidos os benefícios premiais contratualmente pactuados.[49]

Assentada essa premissa, cabe indagar: quais são as consequências de se considerar que a colaboração premiada é negócio jurídico processual? Ora, dada essa sua natureza,[50] a colaboração premiada deve ser examinada sob os planos da existência, da validade e da eficácia: sendo espécie do gênero "negócio jurídico", a colaboração deve ostentar os mesmos pressupostos e requisitos dos negócios jurídicos em geral.

Sobre o tema, Venosa[51] pontifica que, "no exame do negócio jurídico, em estudo mais aprofundado, devem ser levados em conta três planos: o da existência, o da validade e o da eficácia do negócio [...]".

Em seu percuciente voto, o Ministro Dias Toffoli destacou:

> Indubitável, portanto, tratar-se de um negócio jurídico processual. Outrossim, de acordo com Antônio Junqueira de Azevedo, o exame do negócio jurídico deve ser feito em três planos sucessivos: i) da existência, pela análise de seus elementos, a fim de se verificar se o

---

[48] Preceitos da Lei Federal nº 12.850/2013 identificam exigências formais para a celebração dos acordos de colaboração premiada, sem as quais fica comprometida a sua existência jurídica. A título ilustrativo, veja-se: "Art. 3º-B [...]. §5º Os termos de recebimento de proposta de colaboração e de confidencialidade serão elaborados pelo celebrante e assinados por ele, pelo colaborador e pelo advogado ou defensor público com poderes específicos [...]. Art. 3º-C A proposta de colaboração premiada deve estar instruída com procuração do interessado com poderes específicos para iniciar o procedimento de colaboração e suas tratativas, ou firmada pessoalmente pela parte que pretende a colaboração e seu advogado ou defensor público. §1º Nenhuma tratativa sobre colaboração premiada deve ser realizada sem a presença de advogado constituído ou defensor público [...]. Art. 4º [...]. §13. O registro das tratativas e dos atos de colaboração deverá ser feito pelos meios ou recursos de gravação magnética, estenotipia, digital ou técnica similar, inclusive audiovisual, destinados a obter maior fidelidade das informações, garantindo-se a disponibilização de cópia do material ao colaborador [...]. Art. 6º O termo de acordo da colaboração premiada deverá ser feito por escrito e conter: I - o relato da colaboração e seus possíveis resultados; II - as condições da proposta do Ministério Público ou do delegado de polícia; III - declaração de aceitação do colaborador e de seu defensor; IV - as assinaturas do representante do Ministério Público ou do delegado de polícia, do colaborador e de seu defensor; V - a especificação das medidas de proteção ao colaborador e à sua família, quando necessário".

[49] GOMES, Orlando. *Obrigações*. 16. ed. Rio de Janeiro: Forense, 2006. p. 39.

[50] RODRIGUES JÚNIOR, Otávio Luiz. Estudo dogmático da forma e dos atos processuais e espécies. *Revista Jurídica*, Porto Alegre, ano 52, n. 321, jul. 2004. p. 53.

[51] VENOSA, Sílvio de Salvo. *Direito civil* – Parte geral. 6. ed. São Paulo: Atlas, 2006. p. 373.

negócio é existente ou inexistente; ii) da validade, pela análise de seus requisitos, a fim de se verificar se o negócio existente é válido ou inválido (subdividido em nulo e anulável); e iii) da eficácia, pela análise de seus fatores, a fim de se verificar se o negócio existente e válido é eficaz ou ineficaz em sentido estrito.

Ao situar, com notável acerto, os acordos de colaboração premiada na categoria, de há muito consagrada e estudada, dos negócios jurídicos – negócios jurídicos processuais, frise-se –, o Ministro Dias Toffoli acabou por estabelecer os parâmetros que devem ser considerados no exame dos casos concretos. Ao identificar que a delação premiada tem natureza de negócio jurídico processual, o homenageado, com a acurácia que marca sua atuação jurisdicional, definiu que o instituto, àquele tempo, disciplinado há pouco mais de um ano e intensa e abusivamente utilizado, deveria ser sempre examinado a partir dos planos da existência, da validade e da eficácia.

Definiu, então, como e o que o julgador deve observar quando se defrontar com acordos de colaboração premiada, seja em sua etapa inicial homologatória, seja em eventuais questionamentos sobre sua juridicidade: a decisão do Ministro Dias Toffoli, nessa esteira, tornou-se bússola, com base na qual foi sistematizada a análise jurídica dos acordos de colaboração premiada celebrados no país.

Em outras palavras, nela estabeleceu-se o itinerário que deve ser seguido pelo julgador a quem se submeta a análise de um acordo de colaboração premiada. Inicialmente, é preciso que se examine se o negócio jurídico processual da colaboração premiada existe juridicamente, ou seja, se todos os elementos gerais e categoriais de existência,[52] exigidos na legislação, estão presentes:

> No caso da colaboração premiada, uma vez aceita por uma das partes a proposta formulada pela outra, forma-se o acordo de colaboração, que, ao ser formalizado por escrito, passa a existir (plano da existência) [...].
> O art. 6º, da Lei nº 12.850/13 estabelece os elementos de existência do acordo de colaboração premiada. Esse acordo deverá ser feito por escrito e conter: i) o relato da colaboração e seus possíveis resultados; ii) as condições da proposta do Ministério Público ou do delegado de polícia; iii) a declaração de aceitação do colaborador e de seu defensor; e iv) as assinaturas do representante do Ministério Público ou do delegado de polícia, do colaborador e de seu defensor [...].

Em seguida, deve-se analisar a validade da colaboração, que estará assegurada se a manifestação de vontade das partes for efetivamente voluntária e se o objeto das tratativas satisfizer materialmente a Lei Federal nº 12.850/2013:

> Quanto ao plano subsequente da validade, o acordo de colaboração somente será válido se: i) a declaração de vontade do colaborador for a) resultante de um processo volitivo; b) querida com plena consciência da realidade; c) escolhida com liberdade e d) deliberada sem má-fé; e ii) o seu objeto for lícito, possível e determinado ou determinável.

---

[52] AZEVEDO, Antônio Junqueira de. *Negócio jurídico*: existência, validade e eficácia. 4. ed. atual. São Paulo: Saraiva, 2002. p. 31-40: "Elemento do negócio jurídico é tudo aquilo que lhe dá existência no campo do direito. Classificam-se, conforme o tipo de abstração, em elementos gerais, isto é, próprios de todo e qualquer negócio jurídico; categoriais, isto é, próprios de cada tipo de negócio jurídico; e particulares, isto é, existentes, sem serem gerais ou categoriais, em determinado negócio".

Nesse sentido, aliás, o art. 4º, caput e seu §7º, da Lei nº 12.850/13 exige, como requisitos de validade do acordo de colaboração, a voluntariedade do agente, a regularidade e a legalidade dos seus termos [...].

Em relação a esse ponto, cabe frisar que a gênese de qualquer negócio jurídico – consequentemente, de qualquer acordo de colaboração premiada – é a vontade dos agentes; vontade que deve ser fruto de livre processo decisório, desprovido de vícios, e adequadamente manifestada, conforme nos ensina Pereira:[53]

> O pressuposto do negócio jurídico é a declaração da vontade do agente, em conformidade com a norma legal, visando a uma produção de efeitos jurídicos. Elemento específico é, então, a emissão de vontade. Se falta, ele não se constitui. Ao revés, se existe, origina o negócio jurídico. Mas o direito não cogita de uma declaração de vontade qualquer. Cuida de sua realidade, de sua consonância com o verdadeiro e íntimo querer do agente, e de sua submissão ao ordenamento jurídico. Na verificação do negócio jurídico, cumpre de início apurar se houve uma declaração de vontade. E, depois, indagar se ela foi escorreita. Desde que tenha feito uma emissão de vontade, o agente desfechou com ela a criação de um negócio jurídico. Mas o resultado, ou seja, a produção de seus efeitos jurídicos, ainda se acha na dependência da verificação das circunstâncias que a envolveram. É que pode ter ocorrido uma declaração de vontade, mas em circunstâncias tais que não traduzam a verdadeira atitude volitiva do agente [...]. Nesses casos, não se nega a sua existência [...]. Recusa-lhe, porém, efeitos no ordenamento jurídico [...].

Venosa,[54] na mesma esteira, considera ser a vontade a "mola propulsora" dos negócios jurídicos, cuja validade depende da existência de vontade manifestada livremente e consonante com o verdadeiro desejo de seu emissor, *in verbis*:

> A vontade é a mola propulsora dos atos e dos negócios jurídicos. Essa vontade deve ser manifestada de forma idônea para que o ato tenha vida normal na atividade jurídica e no universo negocial. Se essa vontade não corresponder ao desejo do agente, o negócio jurídico torna-se suscetível de nulidade ou anulação.

Também nesse aspecto, o voto do Ministro Dias Toffoli é lapidar, por ressaltar a ideia de que é imprescindível, para a validade dos acordos de colaboração premiada, que a manifestação de vontade do colaborador seja efetivamente livre – é inafastável que a negociação do acordo se dê em circunstância de incontroversa "liberdade psíquica" –, ainda que ele esteja privado de sua liberdade de locomoção.

Este último ponto, vale dizer, ganhou destaque em junho de 2024,[55] com a tramitação no Congresso Nacional, em regime de urgência, do Projeto de Lei nº 4.376/2016, que prevê alterar o art. 3º, §3º da Lei Federal nº 12.850/2013, para dele fazer constar a inconstitucional previsão de que "somente será considerada para fins de homologação judicial a colaboração premiada se o acusado ou indiciado estiver respondendo em liberdade ao processo ou investigação instaurados em seu desfavor".

---

[53] PEREIRA, Caio Mário da Silva. *Instituições de direito civil*. 21. ed. Rio de Janeiro: Forense, 2006. v. 1. p. 513 e ss.
[54] VENOSA, Sílvio de Salvo. *Direito civil* – Parte geral. 6. ed. São Paulo: Atlas, 2006. p. 373 e ss.
[55] Disponível em: https://www.camara.leg.br/noticias/1072227-deputados-aprovam-urgencia-para-projeto-que-invalida-delacao-premiada-de-reu-preso.

Antes mesmo de apresentada a referida proposta legislativa, o equívoco da premissa que a sustenta já era refutado com veemência pelo Ministro Dias Toffoli:

> A declaração de vontade do agente deve ser produto de uma escolha com liberdade (= liberdade psíquica) e não necessariamente em liberdade, no sentido de liberdade física. Portanto, não há nenhum óbice a que o acordo seja firmado com imputado que esteja custodiado, provisória ou preventivamente, desde que presente a voluntariedade dessa colaboração. Entendimento em sentido contrário importaria em negar injustamente ao imputado preso a possibilidade de firmar acordo de colaboração e de obter sanções premiais no seu cumprimento, em manifesta vulneração ao princípio da isonomia [...]. Ora, não há correlação lógica entre supressão da liberdade física do agente (critério de discrímen) e a vedação ao acordo de colaboração (discriminação decidida em função daquele critério), uma vez que o fator determinante para a colaboração premiada é a liberdade psíquica do imputado, vale dizer, a ausência de coação, esteja ele ou não solto. Tanto isso é verdade que, mesmo que esteja preso por força de sentença condenatória, o imputado poderá formalizar, após seu trânsito em julgado, um acordo de colaboração premiada [...].

A manifestação livre do desejo de fazer colaboração premiada é, pois, a pedra de toque do instituto, sendo elementar que o julgador, ao examinar no plano da validade acordos eventualmente pactuados entre colaboradores e Estado, cuide de assegurar que a voluntariedade (liberdade psíquica, ainda que com privação da liberdade de locomoção) tenha sido efetivamente respeitada.

Àquela época, é salutar não esquecer, o que se observava era a atuação abusiva de agentes estatais, no contexto da *Operação Lava Jato*. Agentes que se valiam de prisões preventivas, não porque elas fossem necessárias e adequadas, à luz do que prevê o Código de Processo Penal, mas justamente porque os impactos psicológicos e sociais da privação da liberdade, aliados à promessa de revogação da medida cautelar caso houvesse colaboração, era combustível ilegal e imoral para a celebração de acordos.

O ex-Juiz Sérgio Moro, artífice principal das ilegalidades perpetradas na ocasião, dando mostras da deturpação absoluta da sua visão sobre o processo penal, defendia que a "confissão ou delação premiada" eram instrumentos importantes de investigação criminal. Porém, para que fossem feitas, era necessário que o investigado se encontrasse "em uma situação difícil". Confessando o seu desprezo pelas garantias constitucionais, o ex-juiz admitia que "a prisão pré-julgamento é uma forma de se destacar a seriedade do crime e evidenciar a eficácia da ação judicial", para, suprimindo a voluntariedade, estimular as delações.

O voto do Ministro Dias Toffoli enfrenta esse assunto, desnudando o despropósito do posicionamento do *capo* da *Operação Lava Jato*:

> [...] é manifestamente ilegítima, por ausência de justificação constitucional, a adoção de medidas cautelares de natureza pessoal, notadamente a prisão temporária ou preventiva, que tenham por finalidade obter a colaboração ou a confissão do imputado, a pretexto de sua necessidade para a investigação ou a instrução criminal [...]. Como assevera Vittorio Grevi, em nenhuma hipótese o exercício do direito ao silêncio pode ser colocado como fundamento, no terreno do periculum libertatis, de uma medida cautelar pessoal, que jamais pode ser adotada com o fim de induzir o imputado a colaborar com a autoridade judiciária [...].

Enquanto se aplaudia a evolução de operação abusiva e ilegal, na qual as prisões processuais eram utilizadas como ferramenta de constrangimento e verdadeira tortura para incentivar a celebração de acordo de colaboração premiada, o Ministro Dias Toffoli enfatizava a imprescindibilidade da voluntariedade para a validade dos negócios jurídicos processuais, refutando a possibilidade de que medidas cautelares pudessem ter "por finalidade obter a colaboração ou a confissão do imputado".

O requisito basilar de validade dos acordos de colaboração premiada, portanto, é a voluntariedade no agir do colaborador, tendo sido por haver dúvidas em relação a ela que, mais recentemente, em demonstração de sua coerência, o Ministro Dias Toffoli determinou a suspensão de acordos – não de colaboração premiada, mas de leniência –, firmados por conglomerados empresariais, coagidos pelos arquitetos e executores dos abusos e ilegalidades que caracterizaram, desde o nascedouro, a *Operação Lava Jato*.

Nas decisões em que determina a suspensão, injustamente criticadas pelos veículos de comunicação, mas largamente apoiadas pelas mais importantes vozes do direito brasileiro,[56] o Ministro Dias Toffoli destacou que "o requisito da voluntariedade apresenta-se como condição de validade do acordo". Logo, é inconcebível que acordos produzam efeitos em face do coagido – vítima do arbítrio estatal –, se houver "dúvida razoável sobre o requisito" em questão.[57]

Por último, no que toca ao plano da eficácia, o "terceiro e último plano em que a mente humana deve projetar o negócio jurídico",[58] o Ministro Dias Toffoli dá ênfase para a decisão homologatória dos acordos de colaboração premiada:

> Nessa atividade de delibação, o juiz, ao homologar o acordo de colaboração, não emite nenhum juízo de valor a respeito das declarações eventualmente já prestadas pelo colaborador à autoridade policial ou ao Ministério Público, tampouco confere o signo da idoneidade a seus depoimentos.

Pontifica, em suma, que:

> [...] a homologação do acordo de colaboração premiada não significa, em absoluto, que o juiz admitiu como verídicas ou idôneas as informações eventualmente já prestadas pelo colaborador e tendentes à identificação de coautores ou partícipes da organização criminosa e das infrações por ela praticadas ou à revelação da estrutura hierárquica e da divisão de tarefas da organização criminosa.
> A homologação judicial constitui simples fator de atribuição de eficácia do acordo de colaboração. Sem essa homologação, o acordo, embora possa existir e ser válido, não será eficaz, ou seja, não se produzirão os efeitos jurídicos diretamente visados pelas partes [...].
> Finalmente, havendo um acordo de colaboração existente, válido e eficaz, nos termos do art. 4º, I a V, da Lei nº 12.850/13, a aplicação da sanção premial nele prevista dependerá do efetivo cumprimento pelo colaborador das obrigações por ele assumidas.

---

[56] Disponível em: https://www.conjur.com.br/2023-dez-27/decisao-de-toffoli-sobre-jf%20-e-tecnicamente-correta-e-juridicamente-idonea-diz-celso-de-mello/.

[57] Nesse sentido, foram as decisões proferidas na Pet. nº 11.972/DF, em 19.12.2023 e 31.1.2024, bem como na Pet. nº 12.357/DF, datada de 21.5.2024.

[58] AZEVEDO, Antônio Junqueira de. *Negócio jurídico*: existência, validade e eficácia. 4. ed. atual. São Paulo: Saraiva, 2002. p. 43.

Em síntese, o voto do Ministro Dias Toffoli, ao reconhecer que a colaboração premiada tem natureza jurídica de negócio jurídico processual, pavimenta o itinerário do operador do direito que precise examinar o instituto: a conformidade de acordos de colaboração premiada com o ordenamento jurídico depende de seus elementos de existência, de seus requisitos de validade, e de seus fatores de eficácia.

3.3 O direito subjetivo do colaborador aos benefícios premiais pactuados

Ainda sobre as questões fulcrais examinadas no voto em análise, cumpre enfatizar o posicionamento firmado pelo Ministro Dias Toffoli, no sentido de considerar direito subjetivo do colaborador a fruição dos benefícios premiais pactuados com o Estado, desde que cumpra as obrigações que tiver assumido. Tal posicionamento é de basilar relevância porque esclarece importante controvérsia sobre os limites do poder dos juízes, no julgamento de ações penais nas quais haja a colaboração dos acusados.

Com efeito, o art. 4º da Lei Federal nº 12.850/2013 assim dispõe:

> Art. 4º O juiz poderá, a requerimento das partes, conceder o perdão judicial, reduzir em até 2/3 (dois terços) a pena privativa de liberdade ou substituí-la por restritiva de direitos daquele que tenha colaborado efetiva e voluntariamente com a investigação e com o processo criminal, desde que dessa colaboração advenha um ou mais dos seguintes resultados:
> I - a identificação dos demais coautores e partícipes da organização criminosa e das infrações penais por eles praticadas;
> II - a revelação da estrutura hierárquica e da divisão de tarefas da organização criminosa;
> III - a prevenção de infrações penais decorrentes das atividades da organização criminosa;
> IV - a recuperação total ou parcial do produto ou do proveito das infrações penais praticadas pela organização criminosa;
> V - a localização de eventual vítima com a sua integridade física preservada.

Havia, em razão do emprego do vocábulo "poderá" no aludido preceito legal, quem entendesse que o juiz, no momento da prolação da decisão final, quando houvesse colaboração premiada homologada, poderia reavaliar as sanções premiais a serem concedidas ao colaborador, e até mesmo negá-las, se com a avença não concordasse.

O Ministro Dias Toffoli, em seu percuciente voto, porém, rechaçou essa possibilidade, sustentando que, "caso a colaboração seja efetiva e produza os resultados almejados, há que se reconhecer o direito subjetivo do colaborador à aplicação das sanções premiais estabelecidas no acordo, inclusive de natureza patrimonial". Não cabe ao juiz, no momento da prolação da decisão final, expressar juízo de valor sobre a conveniência do acordo: cumpre-lhe, tão somente, caso a conduta do delator tenha gerado os resultados previstos no art. 4º, incs. I a V da Lei Federal nº 12.850/2013, determinar que os benefícios a ele prometidos sejam integralmente assegurados.

Colhe-se da decisão em análise as seguintes passagens:

> [...] caso se configure, pelo integral cumprimento de sua obrigação, o direito subjetivo do colaborador à sanção premial, tem ele o direito de exigi-la judicialmente, inclusive recorrendo da sentença que deixar de reconhecê-la ou vier a aplicá-la em desconformidade com o acordo judicialmente homologado, sob pena de ofensa aos princípios da segurança jurídica e da proteção da confiança.

O Ministro Dias Toffoli enfatiza, destarte, a importância de que se assegure ao colaborador que os compromissos com ele assumidos, homologados judicialmente, sejam fielmente cumpridos, sem o que ficariam gravemente comprometidos os "princípios da confiança jurídica e da proteção da confiança", por ele identificados como "elementos constitutivos do Estado de Direito", conforme a seguir se lê:

> [...] os princípios da segurança jurídica e da proteção da confiança tornam indeclinável o dever estatal de honrar o compromisso assumido no acordo de colaboração, concedendo a sanção premial estipulada, legítima contraprestação ao adimplemento da obrigação por parte do colaborador.
> No Estado Democrático de Direito não se pode admitir a atuação da potestade punitiva contra ou fora de suas próprias regras [...].
> [...] tendo o colaborador auxiliado as autoridades, revelando os fatos de que tinha conhecimento, a incidência do benefício estipulado não constitui mero exercício de discricionariedade judicial, mas sim direito subjetivo [...].

Também nesse aspecto, o voto condutor do acórdão do Supremo Tribunal Federal no Habeas Corpus nº 127.483/PR, o primeiro em que a anatomia do instituto da colaboração premiada foi destrinchada, é de grande correção. É inconcebível que o colaborador, tendo adimplido todas as obrigações assumidas no negócio jurídico processual, homologado judicialmente, veja-se surpreendido com o inadimplemento contratual estatal, com a recusa de que lhe sejam asseguradas as vantagens que motivaram sua cooperação com as atividades públicas de investigação criminal.

Mais uma importante premissa sobre o instituto da colaboração premiada, fixada pelo Ministro Dias Toffoli em seu alentado voto, que tem balizado todos os tribunais do país na apreciação de casos concretos que tratam da matéria.

3.4 Equívoco relevante e que precisa ser apontado: a compreensão de que os acordos de colaboração premiada não podem ser impugnados pelos delatados

Cabe reconhecer, porém, que, embora prevaleçam significativamente os acertos na decisão *sub examine*, os quais serviram de norte para guiar toda a jurisprudência nacional sobre o instituto da colaboração premiada, há nela um grave equívoco, que merece alusão. E, frise-se, dada a profundidade argumentativa da fundamentação do voto, até mesmo esse equívoco foi – e ainda é – tido como parâmetro em praticamente todos os casos em que há, por parte dos delatados, impugnação de acordos de colaboração.

Trata-se da compreensão de que o coautor ou partícipe dos crimes praticados pelo colaborador, aos quais este último imputa práticas ilícitas, não teria legitimidade para impugnar o acordo de colaboração premiada. Consta do voto do Ministro Dias Toffoli que tal carência de legitimidade decorreria do fato de que o delatado não é parte do negócio jurídico que consubstancia a colaboração premiada, e de que ela, isoladamente, não teria aptidão para atingir sua esfera de direitos.

As passagens a seguir colacionadas sintetizam a interpretação que o Ministro Dias Toffoli faz desse específico aspecto do tema em análise:

Por se tratar de um negócio jurídico processual personalíssimo, o acordo de colaboração premiada não pode ser impugnado por coatores ou partícipes do colaborador na organização criminosa e nas infrações penais por ela praticadas, ainda que venham a ser expressamente nominados no respectivo instrumento quando do "relato da colaboração e seus possíveis resultados". O acordo de colaboração, como negócio jurídico personalíssimo, não vincula o delatado e não atinge diretamente sua esfera jurídica [...]. Assim, a homologação do acordo de colaboração, por si só, não produz nenhum efeito na esfera jurídica do delatado, uma vez que não é o acordo propriamente dito que poderá atingi-la, mas sim as imputações constantes dos depoimentos do colaborador ou as medidas restritivas de direitos fundamentais que vierem a ser adotadas com base nesses depoimentos [...].

De acordo com o Ministro Dias Toffoli, para insurgir-se em face das imputações que lhes sejam dirigidas em colaborações premiadas, a Lei Federal nº 12.850/2013 asseguraria aos delatados o exercício do direito à ampla defesa,[59] que abrangeria os fatos investigados, mas não eventuais ilegalidades na concepção/gênese do acordo, sendo essa garantia, em sua óptica, suficiente para salvaguardar todos os seus direitos:

> Em suma, nos procedimentos em que figurarem como imputados, os coautores ou partícipes delatados terão legitimidade para confrontar, em juízo, as afirmações sobre os fatos relevantes feitas pelo colaborador e as provas por ele indicadas, bem como para impugnar, a qualquer tempo, as medidas restritivas de direitos fundamentais eventualmente adotadas em seu desfavor com base naquelas declarações e provas, inclusive sustentando sua inidoneidade para servir de plataforma indiciária para a decretação daquelas medidas – mas não, repita-se, para impugnar os termos do acordo de colaboração feito por terceiro [...].
> [...] negar-se ao delatado o direito de impugnar o acordo de colaboração premiada não implica desproteção a seus direitos.

Registre-se que, ainda hoje, é esse o posicionamento dominante na jurisprudência do Supremo Tribunal Federal e do Superior Tribunal de Justiça. A título exemplificativo, cumpre referir o acórdão de relatoria do Ministro Roberto Barroso, publicado no dia 21.11.2022, do qual se extrai que, "por se tratar de negócio jurídico personalíssimo, o acordo de colaboração premiada não pode ser impugnado por coatores ou partícipes do colaborador".[60]

Também nesse sentido, a Corte Especial do Superior Tribunal de Justiça, em recente julgamento realizado em 16.8.2023, decidiu que

> o acordo de colaboração premiada possui natureza jurídica de negócio jurídico processual personalíssimo, cujo impacto na esfera de direito de terceiros, inclusive dos delatados, é remoto, reflexo, na medida em que o instrumento é incapaz de, sozinho, legitimar a concessão de medidas cautelares reais ou pessoais, o recebimento da denúncia ou a prolação de eventual sentença condenatória.

---

[59] São dignos de referência, nessa temática, o art. 4º, §10-A ("Em todas as fases do processo, deve-se garantir ao réu delatado a oportunidade de manifestar-se após o decurso do prazo concedido ao réu que o delatou") e o art. 4º, §16 ("Nenhuma das seguintes medidas será decretada ou proferida com fundamento apenas nas declarações do colaborador: I - medidas cautelares reais ou pessoais; II -recebimento de denúncia ou queixa-crime; III - sentença condenatória").
[60] Supremo Tribunal Federal. Agravo Regimental no Habeas Corpus nº 217.396. Rel. Min. Roberto Barroso, 1ª Turma. *DJe*, 21 nov. 2022.

Por conseguinte, "conforme entendimento pacífico do Superior Tribunal de Justiça, ainda que expressamente mencionado ou acusado pelo delator em suas declarações, o delatado não tem legitimidade ativa para questionar a validade do acordo".[61]

Esse posicionamento, entretanto, em nosso entender, afigura-se gravemente equivocado, por minimizar os impactos que a simples referência a alguém em narrativas de colaboração premiada e a instauração de procedimentos criminais para a apuração de fatos criminosos podem gerar.

Não há dúvida de que alguém que sofra imputações em colaboração premiada celebrada sem que o requisito fundamental da voluntariedade tenha sido respeitado deve ter legitimidade para questionar o acordo e seus efeitos. Isso, não para prejudicar a esfera de proteção do delator, nem impedir que ele usufrua dos benefícios premiais pactuados, pois, nesse caso, ele também seria vítima de ilegalidade estatal, mas para assegurar que as informações involuntariamente fornecidas não sejam utilizadas para subsidiar qualquer providência investigatória.

Aqui, é curial mencionar trecho de voto do Ministro Gilmar Mendes, no Habeas Corpus nº 142.205/PR, segundo o qual, em colaborações premiadas, "o natural é que o colaborador dê versões o mais próximo possível do que lhe coloque em uma posição melhor para negociar, não de como os fatos realmente se passaram".[62] Em casos nos quais não haja voluntariedade, a preocupação deve ser ainda maior, a justificar não possam ser utilizadas as informações angariadas em face de quem tenha sido delatado.

É significativo o risco de que informações falsas ou distorcidas sejam apresentadas pelo colaborador coagido, em busca do mais extenso benefício.

De igual maneira, um congressista federal a quem se atribua a responsabilidade criminal, em depoimentos de colaborador colhidos e homologados por autoridades com atuação em primeiro grau de jurisdição, terá que dispor de meios para impugnar o acordo, ainda que se considere tratar-se de negócio jurídico personalíssimo. Em uma tal situação, além de violadas normas constitucionais materiais de competência processual penal, o que já seria suficiente para que não se admitisse o acordo, seria possível, por exemplo, a manipulação do conteúdo dessa delação para fins políticos.

A necessidade de que o ordenamento jurídico proveja aos delatados instrumentos para impugnar acordos de colaboração premiada celebrados em dissonância com as exigências legais é, portanto, manifesta. Tal impugnação, entretanto, não deve jamais interferir nos benefícios premiais negociados pelo colaborador de boa-fé, mas apenas na possibilidade de que as informações por ele fornecidas, no cumprimento de obrigações assumidas em acordo ilegal, possam ser utilizadas.

Em outras palavras, o colaborador coagido, que age de boa-fé, mas sem efetiva voluntariedade, não poderá ser prejudicado pelo eventual reconhecimento da ilegalidade da sua colaboração, feito a partir da impugnação do delatado. Não obstante, é induvidosa a necessidade de que a este último sejam garantidos mecanismos para que não possam ser utilizadas, em seu desfavor, informações angariadas ao arrepio da lei.

---

[61] Superior Tribunal de Justiça. Agravo Regimental na Petição na Petição nº 15.392/DF. Rel. Min. Raul Araújo, Corte Especial. *DJe*, 30 ago. 2023.
[62] Superior Tribunal de Justiça. Habeas Corpus nº 142.205/PR. Rel. Min. Gilmar Mendes, 2ª Turma, j. 25.8.2020.

O voto do Ministro Dias Toffoli, que acabou por orientar a jurisprudência pátria na compreensão da colaboração premiada, não admite que haja impugnação. Ou seja, a decisão por ele proferida no julgamento do Habeas Corpus nº 127.483/PR, não obstante tenha sedimentado balizas essenciais e acertadas no que concerne ao instituto, também contém equívoco relevante, que não pode deixar de ser apontado.

Inclusive, já há no Supremo Tribunal Federal e no Superior Tribunal de Justiça importantes e recentes acórdãos nos quais essa questão foi enfrentada, tendo sido aberto caminho para que seja revisitado o entendimento dominante. Ao julgar o Habeas Corpus nº 142.205/PR, em 25.8.2020, a 2ª Turma de Corte, após empate sobre o cabimento da impetração, concedeu a ordem de ofício, para reconhecer, no bojo de impugnação feita por delatado, a nulidade de informações apresentadas por colaboradores, em acordo considerado ilegal.

Colhe-se da ementa do julgado, na linha do quanto exposto acima, que ao delatado devem ser conferidos meios para a impugnação de acordo de colaboração ilegal em que lhe tenham imputado prática criminosa:[63]

> Possibilidade de impugnação do acordo de colaboração premiada por terceiros delatados. Além de caracterizar negócio jurídico entre as partes, o acordo de colaboração premiada é meio de obtenção de provas, de investigação, visando à melhor persecução penal de coimputados e de organizações criminosas. Potencial impacto à esfera de direitos de corréus delatados, quando produzidas provas ao caso concreto. Necessidade de controle e limitação a eventuais cláusulas ilegais e benefícios abusivos [...].

Expressamente, a 2ª Turma do Supremo Tribunal Federal reconheceu que a impugnação de acordo de colaboração premiada pelo delatado é uma garantia essencial, e deve ser amplamente admitida, sem que, contudo, seja prejudicado o delator de boa-fé, a quem devem ser assegurados os benefícios premiais, contanto que haja cumprido as suas obrigações no negócio jurídico processual celebrado:

> Situação do colaborador diante da nulidade do acordo. Tendo em vista que a anulação do acordo de colaboração aqui em análise foi ocasionada por atuação abusiva da acusação, penso que os benefícios assegurados aos colaboradores devem ser mantidos, em prol da segurança jurídica e da previsibilidade dos mecanismos negociais no processo penal brasileiro.

Em seu voto, o Ministro Gilmar Mendes destacou o seguinte:

> [...] penso que é chegado o momento adequado para que se repense a posição adotada pelo Supremo Tribunal Federal em relação à impossibilidade de impugnação dos acordos por terceiros delatados. Definido como negócio jurídico processual, o acordo de colaboração premiada é celebrado entre acusador público (ou delegado de polícia) e o imputado, com a assistência de seu defensor técnico. Sem dúvidas, tal panorama remembra um contrato bilateral, que envolve interesses dos sujeitos envolvidos [...]. Contudo, tal lógica civilista deve ser lida com cautelas na esfera penal. Ao mesmo tempo, o acordo de colaboração premiada é um meio de obtenção de provas, de investigação, em que o Estado se compromete a conceder benefícios ao imputado por um fato criminoso, com o objetivo de incentivar a sua

---

[63] Supremo Tribunal Federal. Habeas Corpus nº 142.205/PR. Rel. Min. Gilmar Mendes, 2ª Turma, j. 25.8.2020. No mesmo sentido, foi o voto do Ministro Gilmar Mendes no Habeas Corpus nº 151.605/PR, julgado pela 2ª Turma, no dia 23.7.2020.

cooperação à persecução penal [...]. Resta evidente, portanto, que o acordo de colaboração premiada acarreta gravoso impacto à esfera de direitos de eventuais corréus delatados. E, mais do que isso, toca intimamente em interesses coletivos da sociedade, tendo em vista que possibilita a concessão de benefícios penais pelo Estado [...]. Ou seja, é evidente e inquestionável que a esfera de terceiros delatados é afetada pela homologação de acordos ilegais e ilegítimos [...]. O fato de que os coimputados possam, posteriormente, defender-se das declarações dos delatores em exame cruzado na audiência de instrução e julgamento não esvazia a necessidade de controle de legalidade na homologação do acordo [...]. Portanto, em razão do impacto na esfera de direitos de terceiros e da necessidade de legalidade dos benefícios penais oferecidos pelo Estado, pensa-se que o acordo de colaboração premiada deve ser passível de impugnação e controle judicial.

No Superior Tribunal de Justiça, decisões que contrariam a lógica externada pelo Ministro Dias Toffoli no julgamento do Habeas Corpus nº 127.483/PR também têm sido proferidas, de forma a reconhecer a inafastável necessidade de que os delatados possam, em face de acordo de colaboração premiada ilegalmente celebrado, impugnar a validade do uso, para fins investigatórios, das informações dele oriundas.

Nesse contexto, vejam-se excertos de acórdãos da lavra do Ministro Rogerio Schietti Cruz, a seguir colacionados:

> Uma vez que o acordo de colaboração premiada também é meio de obtenção de prova, e, por isso, serve de instrumento para a coleta de elementos incriminatórios contra terceiros e atinge a esfera jurídica deles, é natural que esses terceiros tenham interesse e legitimidade para impugnar não apenas o conteúdo de tais provas, mas também a legalidade da medida que fez com que elas aportassem aos autos [...].
> Obstar essa possibilidade de questionamento pelo terceiro delatado com base no postulado civilista da relatividade dos negócios jurídicos implicaria inadmissível cerceamento de defesa e, por consequência, abriria margem para a ocorrência de abusos, porque conferiria a legitimidade para impugnação dos acordos tão somente àqueles que mais têm interesse na sua preservação: Ministério Público e colaborador [...].
> Deveras, nesses casos, não é apenas o conteúdo da prova colhida [...] que interfere na esfera jurídica do acusado, visto que esse conteúdo só pode ser valorado se a forma pela qual foi obtido for lícita. Daí a impropriedade de se sustentar que são apenas as provas fornecidas pelo delator que atingem o delatado, e não o acordo em si [...].[64]

O voto do Ministro Dias Toffoli no Habeas Corpus nº 127.483/PR, em suma, é um repositório de profundas reflexões sobre o instituto da colaboração premiada, sendo absolutamente preciso ao considerá-lo meio de produção de prova que se constitui como negócio jurídico processual, e que gera para o colaborador o direito subjetivo à fruição dos benefícios premiais pactuados, se adimplidas as obrigações por ele assumidas. Não obstante, contém o equívoco de considerar que o delatado não tem legitimidade para impugnar a formação do aludido negócio jurídico.

Em relação a este último ponto, espera-se que o Supremo Tribunal Federal revisite sua posição, para que se compatibilizem adequadamente, de um lado, a importância das colaborações premiadas, e, do outro, a inafastabilidade de que se resguardem aos delatados, na extensão constitucional, o direito à ampla defesa.

---

[64] Superior Tribunal de Justiça. Recurso Especial nº 195.4842/RJ. Rel. Min. Rogerio Schietti Cruz, 6ª Turma, j. 14.5.2024.

4 Conclusão

A importância das decisões do Ministro Dias Toffoli em matéria penal e processual penal é incontestável, e as premissas por ele assentadas no voto-condutor do Habeas Corpus nº 127.483/PR deixam isso claro. Além de ter, com coragem, enfrentado a injustificada proibição de impugnação de decisão monocrática de ministro do Supremo Tribunal Federal, enfatizou que os acordos de colaboração premiada são meios de produção de prova, têm natureza de negócio jurídico processual, gerando para o delator o direito subjetivo de fruição dos benefícios pactuados.

Essa decisão, como muitas outras do Ministro Dias Toffoli em seus 15 anos de atuação no Supremo Tribunal Federal, balizou o entendimento de todos os tribunais nacionais sobre as colaborações premiadas, revelando a importância de seu prolator para a Corte Suprema do país, para o direito e para o Estado democrático brasileiros.

Referências

ANDRADE, Manuel da Costa. *Sobre as proibições de prova em processo penal*. Coimbra: Coimbra Editora, 1992.

AZEVEDO, Antônio Junqueira de. *Negócio jurídico*: existência, validade e eficácia. 4. ed. atual. São Paulo: Saraiva, 2002.

BADARÓ, Gustavo Henrique Ivahy. O valor probatório da delação premiada: sobre o §16 do art. 4º da Lei nº 12.850/2013. *Badaró Advogados*. Disponível em: http://badaroadvogados.com.br/o-valor-probatorio-da-delacao-premiada-sobre-o-16-do-art-4-da-lei-n-12850-13.html. Acesso em: 28 jun. 2024.

BRIGHT, Stephen B. Plea Bargaining & Leniency for Testimony. *Yale University*. Disponível em: http://campuspress.yale.edu/capitalpunishment/files/2014/12/Class-6-Part-2-Plea-Bargaining-1159pxw.pdf. Acesso em: 28 jun. 2024.

CARVALHO, Natália Oliveira de. *A delação premiada no Brasil*. Rio de Janeiro: Lumen Juris, 2009.

CORDEIRO, Néfi. Delação premiada na legislação brasileira. *Revista da Ajuris*, v. 37, 2010.

COURTNEY, Robert. *Insiders as cooperating witnesses*: overcoming fear and offering hope. Disponível em: http://www.unafei.or.jp/english/pdf/PDF_GG4_Seminar/Fourth_GGSeminar_P36-46.pdf. Acesso em: 28 jun. 2024.

COUTINHO, Jacinto Nelson de Miranda. Fundamentos à inconstitucionalidade da delação premiada. *Boletim do Instituto Brasileiro de Ciências Criminais*, São Paulo, v. 13, n. 159, fev. 2006.

COUTINHO, Jacinto Nelson de Miranda; CARVALHO, Edward Rocha. Acordos de delação premiada e o conteúdo ético mínimo do Estado. In: SCHMIDT, Andrey Zekner (Org.). *Novos rumos do direito penal contemporâneo*. Rio de Janeiro: Lumen Juris, 2006.

D'ELIA, Marta. *I collabotatori di giustizia*. Roma: Università di Roma, 2012.

ENCCLA – ESTRATÉGIA NACIONAL DE COMBATE À CORRUPÇÃO E À LAVAGEM DE DINHEIRO. *Manual*: colaboração premiada. Brasília: ENCCLA, 2014.

ESTELLITA, Heloisa. A delação premiada para a identificação dos demais coautores ou partícipes: algumas reflexões à luz do devido processo legal. *Boletim do Instituto Brasileiro de Ciências Criminais*, São Paulo, v. 17, n. 202, set. 2009.

EYMERICO, Nicolau. *Manual da Inquisição*. Curitiba: Juruá, 2009.

FALCÃO JÚNIOR, Alfredo Carlos Gonzaga. Delação premiada: constitucionalidade e valor probatório. *Custos Legis – A Revista Eletrônica do Ministério Público Federal*. Disponível em: http://www.prrj.mpf.mp.br/custoslegis/revista_2011/2011_Dir_Penal_Falcao_Junior.pdf. Acesso em: 28 jun. 2024.

FONSECA, Cibele Benevides; TABAK, Benjamin Miranda; AGUIAR, Júlio Cesar. Colaboração Premiada Compensa? *Núcleo de Estudos e Pesquisas da Consultoria Legislativa do Senado*, Brasília, ago. 2015.

GARCÍA DE PAZ, Isabel Sánchez. El coimputado que colabora con la justicia penal. *Revista Electrónica de Ciencia Penal y Criminología*, n. 7, 2005.

GOMES, Luiz Flávio. Corrupção política e delação premiada. *Revista Síntese de Direito Penal e Processual Penal*, v. 6, n. 34, nov. 2005.

GOMES, Orlando. *Contratos*. 26. ed. Rio de Janeiro: Forense, 2007.

GOMES, Orlando. *Obrigações*. 16. ed. Rio de Janeiro: Forense, 2006.

MANCO LÓPEZ, Yeison. El arrepentimiento, la confesión y los premios como prácticas jurídicas en el Derecho Penal. *Diálogos de Derecho y Política*, ano 1, n. 3, jan./abr. 2010.

MENDONÇA, Andrey Borges. A colaboração premiada e a Nova Lei do Crime Organizado (Lei 12.850/2013). *Custos Legis – A Revista Eletrônica do Ministério Público Federal*, v. 4, 2013.

MINISTÉRIO PÚBLICO DO ESTADO DO RIO DE JANEIRO. *Manual de Atuação Funcional das Promotorias de Justiça Criminais*. Disponível em: http://gceap.prsc.mpf.mp.br/conteudo/arquivos/manual_promotoria_criminal.pdf. Acesso em: 28 jun. 2024.

MIR PUIG, Santiago. *Derecho penal* – Parte general. 8. ed. Buenos Aires: BdeF, 2009.

MORO, Sérgio Fernando. Considerações sobre a Operação Mani Pulite. *Revista CEJ*, Brasília, n. 26, jul./set. 2004.

OFFICE OF THE ATTORNEY GENERAL. *The Attorney General's Guidelines Regarding the Use of Confidential Informants*. Disponível em: https://www.justice.gov/ag/attorney-general-renos-confidential-informant-guidelines-january-8-2001. Acesso em: 28 jun. 2024.

PEREIRA, Caio Mário da Silva. *Instituições de direito civil*. 21. ed. Rio de Janeiro: Forense, 2006. v. 1.

PEREIRA, Frederico Valdez. Valor probatório da colaboração processual. *Revista CEJ*, Brasília, ano XIII, n. 44, jan./mar. 2009.

RICH, Michael. Coerced Informants and Thirteenth Amendment Limitations of the Police-Informant Relationship. *Santa Clara Law Review*, 2010.

RICH, Michael. Lessons of Disloyalty in the World of Criminal Informants. *The American Criminal Law Review*, dez. 2010.

RODRIGUES JÚNIOR, Otávio Luiz. Estudo dogmático da forma e dos atos processuais e espécies. *Revista Jurídica*, Porto Alegre, ano 52, n. 321, jul. 2004.

STRANG, Robert. Plea Bargaining Cooperation Agreements, and Immunity Orders. *155th International Training Course Visiting Expert's Papers – UNAFEI: Resource Material*, n. 92, 2013.

TRIBISONNA, Francesca. Sull'attendibilità del Pentito Quale Logico Pressuposto di una Valida Chiamata in Correità. *Processo Penale e Giustizia*, n. 3, 2015.

TROTT, Stephen. The Use of Criminal as a Witness: a Special Problem. *Hastings Law Journal*, v. 47, jul./ago. 1996.

TURESSI, Flávio Eduardo. Breves apontamentos sobre crime organizado, delação premiada e proibição da proteção penal insuficiente. *Revista Jurídica da Escola Superior do Ministério Público do Estado*, São Paulo, v. 3, 2013.

VENOSA, Sílvio de Salvo. *Direito civil* – Parte geral. 6. ed. São Paulo: Atlas, 2006.

WARD, Daniel. Confidential Informants in National Security Investigations. *Boston College Law Review*, v. 47, 2006.

YAROCHEWSKY, Leonardo Isaac. Delação premiada no Projeto de Reforma do Código Penal: nova roupagem, antigos problemas. *Revista da Escola da Magistratura do Estado do Rio de Janeiro*, Rio de Janeiro, v. 15, n. 60, out./dez. 2012.

Informação bibliográfica deste texto, conforme a NBR 6023:2018 da Associação Brasileira de Normas Técnicas (ABNT):

GONTIJO, Conrado Almeida Corrêa. Colaboração premiada e a importância da decisão do Ministro Dias Toffoli no Habeas Corpus nº 127.403 para a compreensão do instituto. *In*: MENDES, Gilmar Ferreira; LIRA, Daiane Nogueira de; FREIRE, Alexandre (coord.). *Constituição, democracia e diálogo*: 15 anos de Jurisdição Constitucional do Ministro Dias Toffoli. 2. ed. Belo Horizonte: Fórum, 2025. p. 335-360. ISBN 978-65-5518-937-7.

A VOZ DA SOCIEDADE NO STF: O CASO DA AUDIÊNCIA PÚBLICA SOBRE A POLÍTICA NACIONAL DE EDUCAÇÃO ESPECIAL

CRISTIANO ZANIN

1 Introdução

Com entusiasmo, participo desta obra em homenagem aos 15 anos de atuação do Ministro Dias Toffoli no Supremo Tribunal Federal.

Não poderia adentrar o tema deste artigo sem antes destacar a vasta experiência profissional e acadêmica do Ministro Dias Toffoli. Além de Advogado-Geral da União e subchefe de assuntos jurídicos da Casa Civil da Presidência da República, foi professor de cursos de pós-graduação na Escola da Advocacia-Geral da União e da Faculdade de Direito da Universidade de São Paulo. À frente da Advocacia-Geral da União, teve destacada contribuição para o engrandecimento e responsividade da carreira, colaborando com a criação da Ouvidoria-Geral, da Câmara de Conciliação e Arbitragem da Administração Federal e da Comissão de Ética.

Como Ministro do Supremo Tribunal Federal, demonstra uma coragem singular, um olhar atento e perspicaz, além de uma sensibilidade única às questões sociais e humanas, relatando casos de extrema relevância para a sociedade brasileira. Nessa posição, assumiu a Presidência do Supremo Tribunal Federal, a Presidência do Conselho Nacional de Justiça e a Presidência da 1ª e da 2ª Turma do Supremo Tribunal Federal. Foi também Ministro e Presidente do Tribunal Superior Eleitoral, exercendo com grande maestria todos os referidos postos de gestão que ocupou.

Além disso, é autor de diversas obras e artigos que têm contribuído para o aprofundamento de reflexões e debates jurídicos na academia.

Em sua distinta trajetória, foi também o responsável pela importante condução da Audiência Pública no Supremo Tribunal Federal, ocorrida entre 23 e 24 de agosto de 2021, ainda durante o trágico período da pandemia do Coronavírus, que abordou a Política Nacional de Educação Especial: Equitativa, Inclusiva e com Aprendizado ao Longo da Vida – PNEE.

Este artigo, assim, apresenta reflexões sobre a nobre iniciativa do Ministro Dias Toffoli de propor e conduzir a realização da Audiência Pública nº 34, que expandiu o debate sobre a constitucionalidade do Decreto nº 10.502, de 30 de setembro de 2020, que trata de tema tão sensível e multidisciplinar, como o papel do Estado na educação das pessoas com deficiência na sociedade brasileira.

De início, propõe-se uma breve apresentação sobre os aspectos que regem as audiências públicas enquanto ferramentas do controle concentrado. Na sequência, realiza-se uma breve contextualização sobre a Ação Direta de Inconstitucionalidade – ADI nº 6.590, que referenciou a Audiência Pública nº 34. Em seguida, adentra-se nos fundamentos e nos objetivos estabelecidos pelo relator para a sua realização. Após, analisam-se aspectos e visões importantes trazidos pelos expositores da audiência pública. Por fim, avaliam-se os efeitos gerados pela audiência pública, a superveniente revogação do Decreto nº 10.502/2020 pelo Decreto Presidencial nº 11.370, de 1º de janeiro de 2023, o julgamento e o deslinde do feito.

2 A audiência pública como instrumento do controle de constitucionalidade

Ao Supremo Tribunal Federal compete a guarda da Constituição Federal, nos termos do art. 102 da Constituição Federal. Cabe ao Tribunal processar e julgar a ação direta de inconstitucionalidade, a ação declaratória de constitucionalidade, a arguição de descumprimento de preceito fundamental, a ação direta de inconstitucionalidade por omissão, entre outras espécies.

A abrangência e diversidade da Constituição Cidadã de 1988 contribuiu para que houvesse uma expansão do controle de constitucionalidade ao alcançar novos temas e direitos, desde garantias políticas e sociais a questões econômicas e culturais. Com isso, a Constituição Federal conferiu ao Supremo Tribunal Federal papel importante na construção das políticas públicas, que passaram a ser traduzidas em termos jurídicos e avalizadas por decisões judiciais (GUIMARÃES, 2017, p. 46/49).

A Constituição Federal enumera, em seu art. 103, os legitimados para a propositura da ação direta de inconstitucionalidade e da ação declaratória de constitucionalidade. Esse rol era muito mais restrito nas Constituições anteriores, mas foi alargado de forma inédita pela Constituição Federal de 1988, que permitiu a novos atores o acesso à Corte (GUIMARÃES, 2017, p. 46).

Essa maior abertura foi ainda reforçada com a previsão da realização de audiências públicas pelo Supremo Tribunal Federal e a admissão de terceiros – na qualidade de *amicus curiae*. Tais ferramentas permitiram que aqueles que antes não teriam acesso direto à Corte, por não serem legitimados para a propositura das ações de controle de constitucionalidade, agora pudessem também opinar, argumentar e se expressar sobre questões em debate (GUIMARÃES, 2017, p. 109).

Em vista disso, as audiências públicas são ferramentas de acesso à justiça e participação, que permitem a entidades, organizações e grupos – não necessariamente formalizados – manifestarem-se sobre temas de seu interesse. Guimarães (2017, p. 85) aponta diversos autores que endossam a potencialidade desse mecanismo processual para pluralizar o debate constitucional ao permitir a entrada de novos intérpretes.

Isso porque a conveniência de tais grupos e entidades extrapola o interesse meramente individual. De fato, caracteriza-se pela coletividade, sendo considerado um interesse institucional (GUIMARÃES, 2017, p. 93).

Mendes ressalta a importância da ampliação do círculo de intérpretes constitucionais proporcionada pelo uso de instrumentos, tais como a audiência pública, que garantem a integração da realidade no processo de interpretação constitucional, uma vez que os intérpretes compõem essa realidade pluralista (HÄBERLE, p. 30-1 *apud* MENDES, 2012, p. 254).

Para o autor (2012, p. 254), a Corte exerce um papel de intermediário ou de mediador entre as forças legítimas que integram o processo constitucional. Sobre sua aplicação pelo Supremo Tribunal Federal, o nobre autor salienta, ainda:

> A exemplo da experiência alemã, *o Supremo Tribunal Federal empreende a análise de elementos da realidade envolvendo tanto as normas constitucionais quanto as normas infraconstitucionais submetidas ao controle de constitucionalidade.*
> É notória essa análise nos casos de aplicação do princípio da proporcionalidade como vedação ao excesso de Poder Legislativo, ou, ainda, sob a forma de proibição de proteção insuficiente. Da mesma forma, afigura-se inevitável esse juízo sobre a realidade ou contexto social na apreciação das alegadas ofensas ao princípio da igualdade (MENDES, 2012, p. 287).

Cássio Scarpinella Bueno (2012, p. 1035) acrescenta que as audiências públicas são um meio para que o julgador possa obter informações seguras sobre as consequências e os efeitos gerados pela lei – objeto de discussão – e, portanto, formar o seu convencimento sobre a constitucionalidade ou não do que está sendo impugnado.

A audiência pública está prevista tanto na Lei nº 9.868/1999, que disciplina o processo e julgamento da ação direta de inconstitucionalidade e da ação declaratória de constitucionalidade, quanto na Lei nº 9.882/1999, que dispõe sobre o processo e julgamento da arguição de descumprimento de preceito fundamental.

No art. 9º, §1º,[1] e no art. 20, §1º,[2] ambos da Lei nº 9.868/1999, abre-se ao relator a possibilidade de convocação de audiência pública na ação direta de inconstitucionalidade e na ação declaratória de constitucionalidade, para ouvir depoimentos de pessoas com experiência e autoridade na matéria, em caso de necessidade de esclarecimento do assunto ou circunstância de fato ou de notória insuficiência das informações existentes nos autos que o tornam prematuro para julgamento.

Sobre tal previsão legal, o Ministro Gilmar Mendes destaca o caráter instrutório no contexto procedimental da ação direta, o qual serve para apurar fatos e apresentar elementos técnicos:

---

[1] Art. 9º Vencidos os prazos do artigo anterior, o relator lançará o relatório, com cópia a todos os Ministros, e pedirá dia para julgamento. §1º Em caso de necessidade de esclarecimento de matéria ou circunstância de fato ou de notória insuficiência das informações existentes nos autos, poderá o relator requisitar informações adicionais, designar perito ou comissão de peritos para que emita parecer sobre a questão, ou fixar data para, em audiência pública, ouvir depoimentos de pessoas com experiência e autoridade na matéria.

[2] Art. 20. Vencido o prazo do artigo anterior, o relator lançará o relatório, com cópia a todos os Ministros, e pedirá dia para julgamento. §1º Em caso de necessidade de esclarecimento de matéria ou circunstância de fato ou de notória insuficiência das informações existentes nos autos, poderá o relator requisitar informações adicionais, designar perito ou comissão de peritos para que emita parecer sobre a questão ou fixar data para, em audiência pública, ouvir depoimentos de pessoas com experiência e autoridade na matéria.

O art. 9º, §1º, da Lei nº 9.868/99 admite, ainda, que, em caso de necessidade de *esclarecimento de matéria ou circunstância de fato ou de notória insuficiência das informações existentes nos autos*, poderá o relator requisitar informações adicionais, designar peritos ou comissão de peritos para que emita parecer sobre a questão, ou, *ainda, fixar data para, em audiência pública, ouvir depoimento de pessoas com experiência ou autoridade na matéria*. Cuida-se, portanto, de disposição que enseja um mínimo de instrução probatória no contexto procedimental da ação direta (MENDES, 2012, p. 248-249, grifei).

O art. 6º, §1º, da Lei nº 9.882/1999[3] é mais amplo e faculta ao relator a possibilidade de convocação de audiência pública na arguição de descumprimento de preceito fundamental, para obter declarações de pessoas com experiência e autoridade na matéria, livremente quando entender necessário.

De acordo com Guimarães (2017, p. 97), tais previsões legais concederam ao Ministro relator grande relevância na arquitetura desenhada para as audiências públicas, especialmente por ser ele o primeiro ministro a analisar, relatar e votar no processo, de modo que se responsabiliza mais ativamente por cuidar da instrução processual e da completude das informações obtidas durante a fase de conhecimento.

Os dispositivos também enfatizam o caráter informativo e passivo das audiências públicas para i) esclarecer matéria; ii) esclarecer circunstância de fato; ou iii) suprir notória insuficiência de informação dos autos, a partir da escuta de pessoas com experiência e autoridade e, logo, detentoras de um saber diferenciado sobre a matéria cuja constitucionalidade está sendo questionada no âmbito do controle concentrado de constitucionalidade (GUIMARÃES, 2017, p. 95-96).

A partir de 2009, as audiências públicas passaram a ser regulamentadas pelo Regimento Interno do Supremo Tribunal Federal – RISTF, quando sobreveio a Emenda Regimental nº 29, responsável por instrumentalizar o procedimento, definido como mecanismo de participação social e enriquecimento do processo decisório através de informações qualificadas.

Para Guimarães (2017, p. 108), as alterações incluídas no RISTF promoveram um alargamento dos objetivos para a convocação das audiências públicas, em face de uma maior preocupação com a participação da sociedade no controle de constitucionalidade.

Para além de conferir legitimidade ao presidente do Tribunal, o art. 13, XVII, do RISTF estendeu as audiências públicas para o controle difuso de constitucionalidade ao estabelecer como requisito para a convocação a repercussão geral e o interesse público relevante (GUIMARÃES, 2017, p. 95-101).

O art. 154, parágrafo único, do RISTF, por sua vez, ao delimitar o procedimento das audiências públicas, estabeleceu, entre outros, a necessidade de participação de diversas correntes de opinião, com a presença de defensores e opositores à matéria objeto da discussão, e de transparência com transmissões pela TV e Rádio Justiça.

O Ministro Gilmar Mendes (2012, p. 288-289) acentua que a Lei nº 9.868, de 1999, portanto, foi responsável por alterar uma orientação mais restritiva sobre as limitações

---

[3] Art. 6º Apreciado o pedido de liminar, o relator solicitará as informações às autoridades responsáveis pela prática do ato questionado, no prazo de dez dias. §1º Se entender necessário, poderá o relator ouvir as partes nos processos que ensejaram a argüição, requisitar informações adicionais, designar perito ou comissão de peritos para que emita parecer sobre a questão, ou ainda, fixar data para declarações, em audiência pública, de pessoas com experiência e autoridade na matéria.

procedimentais do controle de constitucionalidade ao admitir tanto a designação de perito quanto a realização de audiências públicas. "A despeito das limitações procedimentais, a análise de elementos de realidade por parte do Tribunal manifesta-se, de forma evidente, em diversos precedentes" (MENDES, 2012, p. 288-289).

Nesse sentido mostram-se as audiências públicas sobre a utilização de células-tronco embrionárias para fins terapêuticos – a primeira realizada pelo STF – e a antecipação do parto no caso de anencefalia – Audiência Pública nº 3 – responsáveis por ilustrar o processo com elementos fáticos da realidade e com estudos científicos relevantes oferecidos pelas diversas fontes e que foram extremamente úteis aos relatores dos casos, até mesmo para manifestações divergentes de outros Ministros da Corte (MENDES, 2012, p. 296).

Ao relembrar julgamentos, tais como o do "sistema de fidelidade partidária", da "competência para processar e julgar ação indenizatória por danos morais e patrimoniais decorrentes de acidente do trabalho", da "pesagem obrigatória dos botijões de gás" e do "exercício da profissão de corretor", afirma o autor: "É fácil ver, mediante o estudo do precedente em tela, que a análise das circunstâncias fáticas [aferíveis] teve peso decisivo para a solução da questão constitucional discutida naqueles autos" (MENDES, 2012, p. 307).

3   A Ação Direta de Inconstitucionalidade nº 6.590

A Audiência Pública nº 34 teve como referência a Ação Direta de Inconstitucionalidade nº 6.590, da relatoria do Ministro Dias Toffoli. A ADI foi proposta pelo Partido Socialista Brasileiro – PSB, com pedido de medida cautelar, contra o Decreto Presidencial nº 10.502, de 30 de setembro de 2020.

Alegou-se, na petição inicial,[4] que o referido diploma violaria preceitos fundamentais da Constituição Federal, tais como o direito à educação, o princípio da dignidade da pessoa humana, os objetivos fundamentais da República Federativa do Brasil de não discriminação, além da Convenção dos Direitos das Pessoas com Deficiência, internalizada por meio do Decreto Presidencial nº 6.949, de 25 de agosto de 2009, em razão de estimular a segregação de educandos ao criar instituições e classes especializadas e bilíngues de surdos.

De acordo com o partido requerente, tal ato normativo representaria grande retrocesso na promoção do direito das pessoas com deficiência, pois estabeleceria princípios opostos à anterior Política Nacional de Educação Especial: Equitativa, Inclusiva e com Aprendizado ao Longo da Vida, em vigor desde 2008, responsável por desmobilizar escolas especiais e incluir milhares de alunos com deficiência no sistema de ensino brasileiro.

Apontou-se afronta ao inciso III do art. 208 da Constituição Federal, que supostamente prevê o dever do Estado em garantir o atendimento educacional especializado aos portadores de deficiência, preferencialmente na rede regular de ensino.[5]

---

[4]   ADI nº 6.590, relator Min. Dias Toffoli, Tribunal Pleno, julgado em 1º/2/2023, DJe 3.2.2023 – doc. 1.
[5]   Art. 208. O dever do Estado com a educação será efetivado mediante a garantia de: (...) III – atendimento educacional especializado aos portadores de deficiência, preferencialmente na rede regular de ensino;

Ainda, sustentou-se a contrariedade à Lei nº 13.146/2015, conhecida como Lei Brasileira de Inclusão (LBI), que reforça a promoção da inclusão e a eliminação de barreiras de acessibilidade no sistema educacional, bem como à Lei de Diretrizes e Bases da Educação Nacional (Lei nº 9.394/1996).

Por fim, afirmou-se a ausência de legitimidade do referido decreto, elaborado sem a participação de pessoas com deficiência ou de entidades representativas.

Logo após o ajuizamento, dada a sensibilidade do tema e o alto impacto social da potencial decisão, uma multiplicidade de instituições peticionaram nos autos pleiteando sua participação no feito, na qualidade de *amici curiae*.

Em decisão monocrática,[6] o Ministro Dias Toffoli considerou que o Decreto nº 10.502/2020 representava uma inovação no ordenamento jurídico, já que não se limitava a regulamentar a Lei nº 9.394, de 20 de dezembro de 1996 (Lei de Diretrizes e Bases da Educação Nacional), mas sim introduzia uma nova política educacional nacional com institutos, serviços e obrigações inexistentes até então. Com isso, com base em diversos precedentes, entendeu o eminente relator, Ministro Dias Toffoli, que havia densidade normativa a justificar o cabimento da ação direta de inconstitucionalidade, sendo o texto constitucional o parâmetro de controle.

O relator, Ministro Dias Toffoli, ressaltou que "A Política Nacional de Educação Especial questionada contraria o paradigma da educação inclusiva, por claramente retirar a ênfase da matrícula no ensino regular, passando a apresentar esse último como mera alternativa dentro do sistema de educação especial".

Para ele, o Decreto objeto de impugnação, de antemão, representava um retorno ao paradigma vigente no Brasil, em 1994, com a Política Nacional de Educação Especial, em que se perseguia o processo de "integração instrucional", o qual condicionava o acesso às classes comuns do ensino regular somente àqueles que tinham "condições de acompanhar e desenvolver as atividades curriculares programadas do ensino comum, *no mesmo ritmo que os alunos ditos normais*"[7] e, portanto, reafirmavam-se pressupostos sobre padrões homogêneos de participação e aprendizagem dos alunos, direcionando a educação a escolas especializadas.

Tendo isso em vista, o Ministro Dias Toffoli destacou a aparente dissonância com o modelo estabelecido pela Constituição Federal, em que a educação inclusiva – princípio estabelecido pela Declaração de Salamanca, considerada um dos principais marcos internacionais sobre a educação especial – "demanda a adaptação de todo o sistema de educação regular, de modo a congregar alunos com e sem deficiência no âmbito de uma mesma proposta de ensino, na medida de suas especificidades".

Consoante esclarece Borges e Santos (2022, p. 176), o princípio da escola ou educação inclusiva estabelece que a centralidade do sujeito e das particularidades que ele apresenta não deve se adequar ao modelo educativo homogêneo, mas sim estabelecer uma pedagogia pautada pelo respeito à dignidade da pessoa humana, em que o sistema educativo se estrutura e estabelece mecanismos indispensáveis ao atendimento do educando, consoante o art. 205 da Constituição Federal, que define a educação como

---

[6] ADI nº 6.590, relator Min. Dias Toffoli, Tribunal Pleno, julgado em 1º.2.2023, DJe 3.2.2023 – doc. 29.

[7] MEC. *Política Nacional de Educação Especial na Perspectiva da Educação Inclusiva*. Disponível em: http://portal.mec.gov.br/seesp/arquivos/pdf/politica.pdf. Acesso em: 16 jul. 2024.

o "pleno desenvolvimento da pessoa, seu preparo para o exercício da cidadania e sua qualificação para o trabalho".

Dessa forma, verificado o *fumus boni iuris* e o *periculum in mora* com a proximidade do início de um novo período letivo e a aparente contrariedade do diploma impugnado ao paradigma constitucional que enfatiza a absoluta prioridade da matrícula de educandos com deficiência ou necessidades especiais no sistema educacional geral – mesmo que isso demande profundas adaptações nas estruturas escolares –, o Ministro Dias Toffoli, relator, deferiu a medida cautelar,[8] *ad referendum* do Plenário, suspendendo a eficácia do Decreto nº 10.502/2020. O plenário do Supremo Tribunal Federal referendou essa decisão cautelar, por maioria.[9]

No âmbito do processo, foram admitidos como *amici curiae* diversas organizações, tais como o Ministério Público do Estado de São Paulo, a Federação Brasileira das Associações de Síndrome de Down (FBASD), o Comitê Brasileiro de Organizações Representativas das Pessoas com Deficiências (CRPD), a Associação de Pais, Amigos e Pessoas com Deficiência, de Funcionários do Banco do Brasil e da Comunidade (APABB), a Associação Paulista de Autismo (AutSP), a Federação Nacional de Educação e Integração dos Surdos (FENEIS), o Instituto Alana, a Rede Nacional Primeira Infância (RNPI), o Grupo de Atuação Estratégica das Defensorias Públicas Estaduais e Distrital nos Tribunais Superiores (GAETS), o Movimento Orgulho Autista Brasil (MOAB), o Instituto de Superação e Inclusão Social (ISI), o Instituto de Promoção das Pessoas com Deficiência Visual (IPPCDV), a Associação Brasiliense de Deficientes Visuais (ABDV), a Associação de Amigos do Deficiente Visual (AADV), a Federação Nacional das APAES (FENAPAES), a Associação Nacional do Ministério Público de Defesa dos Direitos dos Idosos e Pessoas com Deficiência (AMPID), o Instituto Rodrigo Mendes, da Federação das Fraternidades Cristãs de Pessoas com Deficiência do Brasil (FCD/BR), a Associação Brasileira para Ação por Direitos das Pessoas Autistas (ABRAÇA), a Human Rights Watch, o Instituto Campanha Nacional pelo Direito à Educação, a Associação Mais Diferenças, o Instituto Jô Clemente, a Associação Turma do Jiló, a Associação Nacional de Pós-Graduação e Pesquisa em Educação (ANPED), o Instituto Viva Infância, o Avante – Educação e Mobilização Social e o Conectas Direitos Humanos.

Nas numerosas manifestações dos *amici curiae*, observaram-se posicionamentos divergentes quanto ao aspecto técnico-científico da matéria, especialmente em relação à necessidade de escola especial para os diferentes tipos de deficiência. Esse fator trouxe sinais da abrangência do tema, despertando a necessidade de se ponderar tantos interesses e posicionamentos técnicos diversos.

Além disso, houve comunicação[10] de descumprimento da medida cautelar pelo Ministério da Educação, que supostamente estaria divulgando e formando gestores públicos com base na nova Política Nacional de Educação Especial: Equitativa, Inclusiva e com Aprendizado ao Longo da Vida, estabelecida pelo Decreto Presidencial nº 10.502, de 30 de setembro de 2020, apesar da suspensão determinada pela medida cautelar deferida e referendada pelo plenário do Supremo Tribunal Federal.

---

[8] ADI nº 6.590, relator Min. Dias Toffoli, Tribunal Pleno, julgado em 1º.2.2023, DJe 3.2.2023 – doc. 29.
[9] ADI nº 6.590, relator Min. Dias Toffoli, Tribunal Pleno, julgado em 1º.2.2023, DJe 3.2.2023 – doc. 254.
[10] ADI nº 6.590, relator Min. Dias Toffoli, Tribunal Pleno, julgado em 1º.2.2023, DJe 3.2.2023 – doc. 255.

4 Os fundamentos da Audiência Pública nº 34

Diante de um contexto de ampla dissonância técnica, o eminente relator, Ministro Dias Toffoli, de forma estratégica, optou por convocar a audiência pública, com base nas atribuições estabelecidas pelo art. 21, XVII, do Regimento Interno do Supremo Tribunal Federal. Na convocação, objetivou-se:

> (...) ouvir o depoimento de autoridades e experts sobre: i) a política pública prevista no Decreto nº 10.502, de 30 de setembro de 2020, que instituiu a Política Nacional de Educação Especial: Equitativa, Inclusiva e com Aprendizado ao Longo da Vida – PNEE; e, ii) o impacto da norma, em geral e, especificamente, quanto a cada grupo de educandos com deficiência, transtornos globais do desenvolvimento, altas habilidades ou superdotação, na implementação do ensino inclusivo com o qual o Brasil encontra-se comprometido internacionalmente.[11]

Fundamentou-se a demanda em razão da relevância jurídica e social da questão e do notável interesse público. Reconheceu-se que o universo de pessoas impactadas pela política pública era amplo e diverso, sendo essencial buscar "o melhor entendimento do tema em suas dimensões psicológicas, sociológicas e pedagógicas, especialmente no que tange às peculiaridades de determinados grupos de portadores de deficiência".[12]

Para o relator, Ministro Dias Toffoli, a audiência pública seria o melhor caminho para a obtenção de conhecimento especializado, capaz de subsidiar o deslinde da causa a partir de informações técnico-científicas e extrajurídicas.

De acordo com Borges e Santos (2022, p. 174), a principal controvérsia estabelecida pelo Decreto nº 10.502/2020 foi eliminar o sistema regular de ensino como preferencial para o acolhimento de educandos que necessitassem de atendimento educacional especializado. O novo paradigma, portanto, proposto pelo referido diploma, deixou de priorizar o ensino regular como espaço capaz de proporcionar a educação especial. Ao contrário, propôs-se a substituição desse modelo pelas escolas especializadas como integrantes do sistema de recursos da educação especial, e não mais como recurso complementar ou suplementar da educação especial.

O art. 2º, VI, do Decreto nº 10.502/2020 foi expresso em definir as escolas especializadas como "instituições de ensino planejadas para o atendimento educacional aos educandos da educação especial que não se beneficiam, em seu desenvolvimento, quando incluídos em escolas regulares inclusivas e que apresentam demanda por apoios múltiplos e contínuos".

Ainda, o mencionado decreto concedia às famílias o poder de designar o destino educacional para o qual o educando deveria seguir.[13]

---

[11] ADI nº 6.590, relator Min. Dias Toffoli, Tribunal Pleno, julgado em 1º.2.2023, DJe 3.2.2023 – doc. 289, p. 3.

[12] ADI nº 6.590, relator Min. Dias Toffoli, Tribunal Pleno, julgado em 1º.2.2023, DJe 3.2.2023 – doc. 289, p. 7.

[13] Art. 3º São princípios da Política Nacional de Educação Especial: Equitativa, Inclusiva e com Aprendizado ao Longo da Vida: (...) VI – participação de equipe multidisciplinar no processo de decisão da família ou do educando quanto à alternativa educacional mais adequada;
Art. 6º São diretrizes para a implementação da Política Nacional de Educação Especial: Equitativa, Inclusiva e com Aprendizado ao Longo da Vida: (...) IV – priorizar a participação do educando e de sua família no processo de decisão sobre os serviços e os recursos do atendimento educacional especializado, considerados o impedimento de longo prazo e as barreiras a serem eliminadas ou minimizadas para que ele tenha as melhores condições de participação na sociedade, em igualdade de condições com as demais pessoas.

Houve tamanha repercussão sobre a convocação da audiência pública, que foram recebidos 114 pedidos de participação, entre representantes do Poder Público, da sociedade civil e de entidades que representam os interesses versados na ação. Sobre isso, afirmou o eminente relator:

> O grande volume de pedidos e a diversidade de instituições requerentes – nas perspectivas, sobretudo, temática e de representação – evidenciam o quão multifacetado é o objeto da audiência pública e, sobretudo, o quanto ele mobiliza o debate público a partir da voz e da ação de múltiplos atores.[14]

Assim, considerando-se os critérios de representatividade, especialização técnica, diversidade, *expertise* e garantia de pluralidade de opiniões, foi deferida a participação oral de 56 requerentes.[15]

5 As contribuições da Audiência Pública nº 34 para o debate sobre a educação de pessoas com deficiência

A realização da audiência pública teve como referência tanto o ajuizamento da ADI nº 6.590, proposta pelo Partido Socialista Brasileiro – PSB, como também da ADPF nº 751, proposta pela Rede Sustentabilidade, já que ambas tinham como objeto o Decreto Presidencial nº 10.502, de 30 de setembro de 2020, e o mesmo relator, Ministro Dias Toffoli.

Ao abrir a audiência pública, o eminente relator ressaltou que os diversos *amici curiae* admitidos no feito trariam visões técnico-científicas distintas sobre a questão, especialmente sobre a compreensão da relevância e da necessidade da educação em escola especial para os diferentes tipos e graus de deficiência.

Para o relator, Ministro Dias Toffoli, a delicadeza e a complexidade do tema impulsionaram a convocação da audiência pública com o objetivo de ouvir as exposições de autoridades e de especialistas sobre o impacto da norma na implementação do ensino inclusivo, de forma geral, e especialmente quanto a cada grupo de educandos com deficiência, transtornos globais de desenvolvimento, altas habilidades ou superdotação.

O eminente Ministro, ainda, destacou que a Constituição Federal de 1988 estabelece a dignidade da pessoa humana como fundamento do Estado brasileiro e fixa como objetivos fundamentais da República a construção de uma sociedade livre, justa e solidária e a promoção do bem de todos, sem preconceitos de origem, raça, sexo, cor, idade ou quaisquer outras formas de discriminação (art. 3º, I a IV).

A inserção, portanto, das pessoas com deficiência nas diversas áreas da vida em sociedade é pressuposto constitucional, especialmente o acesso à educação, que, de acordo com o Ministro Dias Toffoli, pavimenta o caminho do ser humano rumo à cidadania, ao desenvolvimento individual, à autonomia, à formação da personalidade, à formação profissional e à concretização de projetos de vida.

O relator, na abertura, afirmou expressamente sua expectativa para que os atores selecionados para a exposição atuassem dialogicamente, considerando e debatendo

---

[14] ADI nº 6.590, relator Min. Dias Toffoli, Tribunal Pleno, julgado em 1º.2.2023, DJe 3.2.2023 – doc. 314, p. 4.
[15] ADI nº 6.590, relator Min. Dias Toffoli, Tribunal Pleno, julgado em 1º.2.2023, DJe 3.2.2023 – doc. 314, p. 4.

os argumentos apresentados uns pelos outros, evitando-se, ainda, a repetição de fundamentos e de informações. Requereu, o quanto possível, o uso de dados e evidências científicas nas apresentações.

A programação foi dividida em três blocos. O primeiro seria voltado à escuta de órgãos governamentais, tais como o Ministério de Educação, o Ministério da Mulher, da Família e dos Direitos Humanos, o Ministério da Saúde, além da Frente Parlamentar do Congresso Nacional em Defesa dos Direitos das Pessoas com Deficiência e da Comissão de Educação da Câmara dos Deputados. Nesse bloco, ainda, foram ouvidos representantes de órgãos do Ministério Público, da Defensoria Pública, da Ordem dos Advogados do Brasil e de algumas associações.

O segundo bloco de exposições contou com pesquisadores, representantes da academia e de organizações da sociedade civil voltadas à defesa dos direitos humanos, tais como a Associação Brasileira de Pesquisadores em Educação Especial (ABPEE), a Human Rights Watch, a Federação das APAES do Estado de São Paulo e a Conectas Direitos Humanos, entre outras.

O terceiro e último bloco contou com a exposição de representantes de associações e entidades ligadas principalmente a grupos específicos de deficiências e transtornos, tais como a Associação Paulista de Autismo (AUTSP), a Organização Nacional de Cegos do Brasil, a Federação Brasileira das Associações de Síndrome de Down, o Instituto Nacional de Educação de Surdos e o Conselho Brasileiro para Superdotação.

Os representantes do Ministério da Educação defenderam que a nova política foi pensada para atender especialmente a um determinado grupo de alunos que não se beneficia do aprendizado em classes comuns, por necessitar de atendimento educacional especializado. Sustentaram que, por isso, seus familiares optam por retirá-los do sistema educacional público por falta de alternativas e atendimento adequado nas classes comuns. A nova política, portanto, estabeleceria o direito de escolha aos familiares pela classe especial ou pela classe comum.

De outra parte, entidades, tais como o Conselho Federal de Psicologia, afirmaram que o novo paradigma mitigava o dever de adequação das classes comuns e escolas regulares para oferecer estrutura física, acessibilidade, materiais didáticos e formação contínua aos educadores, com o intuito de consolidação de um ambiente que acolhesse os educandos nas suas mais inúmeras diversidades.

Destacou a representante que, conforme o conhecimento científico produzido internacionalmente nos últimos doze anos, há educação inclusiva em escolas regulares e classes comuns. Afirmou que, além de não atrapalhar a escolarização de pessoas sem deficiência, a inclusão é elemento fundamental na construção de padrões de sociabilidade, intra e extraescolares, menos discriminatórios, mais respeitosos e dignos para todos. Estudos nacionais também apontaram os expressivos avanços obtidos no Brasil com o aumento de educandos matriculados a partir da maior acessibilidade e dos esforços de formação contínua de educadores. Contudo, reconheceram que a educação inclusiva ainda não está plenamente consolidada no país e necessita de suporte, de incentivo e de continuidade para sua implantação.

As exposições reforçaram a delicadeza do tema e evidenciaram as diferentes perspectivas que permeavam a questão e o debate sobre sua constitucionalidade, o que corrobora a louvável iniciativa e sensibilidade do eminente Ministro Dias Toffoli – como bem reconhecido pela Ministra Cármen Lúcia em sua fala durante a abertura da referida audiência pública – em buscar maiores subsídios e evidências capazes de ampliar sua compressão e qualificar os autos para o julgamento de mérito.

6 A superveniente revogação do diploma questionado e o deslinde do feito

Após a realização da audiência pública nos dias 23 e 24 de agosto de 2021, foram juntadas manifestações orais dos expositores e solicitado, na sequência, parecer à douta Procuradoria-Geral da República.

Ao se manifestar, o Procurador-Geral da República alertou para a expressa revogação do Decreto Presidencial nº 10.502, de 30 de setembro de 2020, pelo Decreto Presidencial nº 11.370, de 1º de janeiro de 2023, e a consequente perda superveniente do objeto da ação direta de inconstitucionalidade.

No parecer, reforçou-se a jurisprudência do Supremo Tribunal Federal em julgar prejudicada a ação direta de inconstitucionalidade por perda superveniente de objeto quando há revogação do ato normativo impugnado após o seu ajuizamento (*e.g.* ADI nº 709, rel. Min. Paulo Brossard, DJ de 20.5.1992; ADI nº 3.408 AgR, rel. Min. Dias Toffoli, DJe de 15.2.2017; ADI nº 2.072, rel. Min. Cármen Lúcia, DJe de 2.3.2015; ADI nº 3.885, rel. Min. Gilmar Mendes, DJe de 28.6.2013; ADI nº 1.378, rel. Min. Dias Toffoli, DJe de 9.2.2011).

Em vista disso, em 1º de fevereiro de 2023, o relator da Ação Direta de Inconstitucionalidade nº 6.590, Ministro Dias Toffoli, julgou extinto o processo, sem julgamento de mérito, nos termos do art. 21, IX, do Regimento Interno do Supremo Tribunal Federal. Na decisão monocrática, reconheceu-se a evidente prejudicialidade por perda superveniente de objeto devido à revogação da norma questionada.

De acordo com o relator, "o Decreto federal nº 10.520, de 30 de setembro de 2020, cuja edição ensejou o ajuizamento da presente ação, foi expressamente revogado pelo Decreto nº 11.370, de 1º de janeiro de 2023, que não reproduziu qualquer norma questionada nesta ação direta". Com isso, apontou o precedente e diversos outros julgados da Corte Suprema que firmaram a jurisprudência nesse sentido.

7 Conclusão

Há, nos últimos anos, um inegável fortalecimento da audiência pública como uma ferramenta de apoio à instrução do processo e à formação do convencimento no controle de constitucionalidade a partir de informações e evidências trazidas por autoridades e experts na matéria em discussão.

A jurisdição constitucional depende do conhecimento dos fatos que envolvem a questão. Com isso, almeja-se trazer mais qualidade à avaliação da matéria pelas decisões.

O envolvimento da sociedade no processo decisório tende justamente a contribuir com isso. É, portanto, o que se observa no caso descrito neste artigo, em que a Audiência Pública nº 34 pode evidenciar as diversas compreensões do problema, a partir da experiência, da vivência e do conhecimento técnico-científico dos diferentes atores e expositores.

Os trabalhos desenvolvidos pelo Ministro Dias Toffoli, relator da Ação Direta de Inconstitucionalidade nº 6.590, que conduziu a referida audiência pública, constituem enorme contribuição para a comunidade jurídica, para a produção de conhecimento sobre a educação especial e a educação inclusiva e, em grande parte, para o Estado Democrático de Direito.

Ainda que o decreto, objeto de impugnação, tenha sido revogado em janeiro de 2023, gerando prejudicialidade com a consequente extinção do processo, sem julgamento de mérito, a promoção da audiência pública, ao permitir a escuta dos diversos atores que defendiam visões contrárias, fez com que o tema recebesse grande atenção da sociedade, especialmente do Judiciário brasileiro.

Esse fato aponta serem os efeitos do processo para além das partes e demonstra a possibilidade de influência sobre a visão e condução de gestores públicos, a partir de postulados estabelecidos pela Constituição Federal com base na interpretação firmada pelo Supremo Tribunal Federal.

A dinamicidade da política, porém, se estabelece em ritmo diverso ao do processo, de modo que – antes mesmo que sobreviesse o parecer da Procuradoria-Geral da República e, com isso, o julgamento pelo Supremo Tribunal Federal – o Decreto nº 10.502, de 30 de setembro de 2020, foi expressamente revogado, retirando da Corte o dever de declarar a constitucionalidade ou não do referido diploma e da política pública nele estabelecida.

A brevidade deste estudo contrapõe-se à relevância da iniciativa promovida pelo Ministro Dias Toffoli, com a promoção de um espaço de abertura do Judiciário para o debate sério, técnico e responsável com a sociedade civil, os gestores públicos e a comunidade acadêmica, enriquecendo e ampliando as vozes que contribuem para melhor compreensão sobre a matéria em discussão, trazendo mais concretude e tecnicidade ao debate, em regra, elitizado no âmbito do processo.

Referências

BORGES, M. C. de A; SANTOS, H. F. da S. A Política Nacional de Educação Especial e a Suspensão do Decreto 10.502 pelo STF na Ação Direta de Inconstitucionalidade nº 6.590: A Escola Inclusiva como um Direito. *Revista de Direito Brasileira*, v. 32. nº 12, Florianópolis: mai/abr 2022, p. 163-183.

BUENO, C. A. *Amicus curiae* e audiências públicas na jurisdição constitucional –reflexões de um processualista civil. *Revista Brasileira de Estudos Constitucionais: RBEC*, nº 24. Belo Horizonte: Fórum, 2012, p. 1021-1051.

GUIMARÃES, L. G. *Audiências públicas no Supremo Tribunal Federal*: discurso, prática e *lobby*. 2017. 311f. Dissertação (Mestrado em Direito) – Faculdade de Direito, Universidade de São Paulo – USP. São Paulo, 2017.

MENDES, G. F. *Controle abstrato de constitucionalidade ADI, ADC e ADO*: Comentários à Lei nº 9.868/99. Saraiva: São Paulo, 2012.

Informação bibliográfica deste texto, conforme a NBR 6023:2018 da Associação Brasileira de Normas Técnicas (ABNT):

ZANIN, Cristiano. A voz da sociedade no STF: o caso da audiência pública sobre a Política Nacional de Educação Especial. *In*: MENDES, Gilmar Ferreira; LIRA, Daiane Nogueira de; FREIRE, Alexandre (coord.). *Constituição, democracia e diálogo*: 15 anos de Jurisdição Constitucional do Ministro Dias Toffoli. 2. ed. Belo Horizonte: Fórum, 2025. p. 361-373. ISBN 978-65-5518-937-7.

O HOMEM NA ARENA: A PRESIDÊNCIA DO MINISTRO DIAS TOFFOLI NO SUPREMO TRIBUNAL FEDERAL

DAIANE NOGUEIRA DE LIRA
ALEXANDRE FREIRE

1 Considerações iniciais

Durante o biênio 2018-2020, a presidência do Ministro Dias Toffoli no Supremo Tribunal Federal (STF) destacou-se pela busca contínua de eficiência, modernização e fortalecimento do diálogo institucional. Toffoli conduziu a Corte com uma visão estratégica, introduzindo inovações que moldaram o futuro do Tribunal e reafirmando o papel constitucional do STF em tempos de grandes transformações. Sua liderança tornou-se um marco na Administração e nos processos do Tribunal, com foco na celeridade e na qualidade das decisões judiciais.

Este ensaio explora os pilares que definiram sua presidência. Primeiramente, será discutido seu compromisso com a eficiência e a modernização administrativas, que resultaram em uma significativa redução do acervo processual e na digitalização do STF, conferindo mais agilidade à Corte. Em seguida, será abordado o aperfeiçoamento da Repercussão Geral, que, sob sua liderança, se consolidou como um instrumento fundamental para a uniformização da jurisprudência e a garantia da segurança jurídica. Ademais, será analisado o fortalecimento da transparência nas deliberações, exemplificado pela ampliação do Plenário Virtual e pela maior previsibilidade nas pautas de julgamento. Por fim, será tratada a resposta da presidência de Toffoli aos desafios sem precedentes impostos pela pandemia de Covid-19. Em um dos momentos mais críticos da história contemporânea, Toffoli liderou o STF com coragem e determinação, adotando medidas inovadoras que garantiram o funcionamento contínuo da Corte. A pandemia exigiu resiliência e rápida adaptação, e sua gestão consolidou a capacidade do STF de enfrentar crises globais com responsabilidade e eficiência, deixando um legado duradouro de modernização e prontidão institucional.

2 Eficiência da gestão

Desde o início de sua presidência, o Ministro Toffoli estabeleceu a eficiência como um dos pilares de sua gestão. Em 2019, a Corte registrou uma redução de 19,12% no acervo de processos em tramitação, o menor índice dos últimos 20 anos. Essa diminuição foi alcançada apesar de uma redução orçamentária real de 20% em comparação a 2009, evidenciando um uso mais eficaz dos recursos públicos.

A produtividade do Tribunal foi impulsionada por uma combinação de modernização administrativa, gestão estratégica do acervo e a submissão de matérias repetitivas ao regime de Repercussão Geral. Essa estratégia permitiu ao STF decidir mais casos em menos tempo, reduzindo o número de processos em tramitação sem comprometer a qualidade das decisões judiciais.

3 Gerenciamento de processos

O gerenciamento eficiente dos processos foi um dos destaques da gestão de Toffoli. Em 2019, o STF proferiu 115.603 decisões, das quais 17.695 foram colegiadas, demonstrando um reforço na colegialidade. O acervo geral de processos em tramitação ao final do ano foi de 31.279, representando uma redução de aproximadamente 50% desde 2016. Essa queda expressiva no acervo processual reflete diretamente as iniciativas voltadas para aumentar a celeridade e a eficácia na tramitação dos processos.

A adoção de novas tecnologias e sistemas de automação dos fluxos de trabalho foram fundamentais para alcançar esses resultados. Em 2019, a tramitação eletrônica passou a representar 94% do acervo final, refletindo o esforço contínuo de digitalização e modernização da Corte.

4 Aperfeiçoamento da Repercussão Geral

Sob a presidência de Toffoli, o instituto da Repercussão Geral foi significativamente aperfeiçoado. Esse instrumento, introduzido pela Emenda Constitucional nº 45/2004, tem como objetivo assegurar a racionalidade da justiça e a segurança jurídica, garantindo que o STF se concentre em questões de relevância social, política, econômica ou jurídica.

A Emenda Regimental nº 54/2020, implementada durante a presidência do Ministro Dias Toffoli, introduziu importantes aperfeiçoamentos na sistemática da Repercussão Geral no STF, fortalecendo a gestão desse instituto fundamental para a jurisdição constitucional. Entre as principais inovações, destaca-se a possibilidade de qualquer ministro, em caso de omissão do relator, propor a reafirmação de jurisprudência dominante, desde que devidamente fundamentada. Além disso, passou a ser exigido quórum de maioria absoluta para declarar que determinada matéria é infraconstitucional, assim como a manifestação expressa dos ministros nas sessões de julgamento realizadas no plenário virtual, o que aprimorou a transparência e a formalidade dos julgamentos.

A revisão do reconhecimento da Repercussão Geral foi objeto de aprimoramento, assegurando maior rigor no controle de sua aplicação. Igualmente, a gestão dos recursos representativos de controvérsia constitucional, assim como dos feitos julgados pelo STJ sob a sistemática de recursos repetitivos, passou a ser centralizada na Presidência do STF, promovendo maior articulação e eficiência entre as instâncias judiciais.

Em 2019, foram julgados 31 temas de Repercussão Geral, dos quais 24 tiveram o mérito julgado. Esse resultado contribuiu para a uniformização da interpretação constitucional e para a redução do acervo processual, evitando a proliferação de processos sobre matérias já decididas.

5 Transparência

A transparência foi um dos eixos centrais da gestão de Toffoli, com avanços significativos em várias frentes. A ampliação do Plenário Virtual e a disponibilização em tempo real dos votos dos ministros no portal do STF são exemplos claros desse compromisso. Essas iniciativas proporcionaram maior previsibilidade e clareza nas decisões do Tribunal, fortalecendo a confiança da sociedade na justiça.

Além disso, a divulgação semestral das pautas de julgamento do Plenário facilitou o acompanhamento dos temas em debate por diversas instituições e pela sociedade civil, promovendo um ambiente de maior participação e diálogo.

6 Digitalização da Corte

A transformação digital do STF foi acelerada durante o mandato de Toffoli, com a implementação de várias soluções tecnológicas voltadas para a automação e a eficiência processual. A tramitação eletrônica, que já superava a física desde 2013, foi consolidada, representando grande parte dos processos em 2019. Esse avanço permitiu a celeridade nas decisões e a redução dos custos operacionais, bem como a melhoria na gestão dos recursos.

O projeto estratégico de Juízo de Admissibilidade, que ampliou a atuação do Núcleo de Análise de Recursos (NARE) e do Núcleo de Repercussão Geral (NURG), exemplifica o foco na digitalização e na eficiência. Esse projeto contribuiu para que os ministros pudessem se concentrar em processos de maior relevância, enquanto a Presidência e outras unidades especializadas tratavam dos recursos inadmissíveis ou inaptos.

7 Diálogos institucionais com os tribunais nacionais

A gestão de Toffoli destacou-se por uma robusta política de diálogo institucional com outros tribunais nacionais. Essa interação foi essencial para a redução no recebimento de processos pelo STF, que em 2019 registrou uma diminuição de 8% em relação ao ano anterior.

A valorização dos tribunais de origem e o alinhamento institucional foram promovidos por meio de visitas institucionais, cursos de capacitação e cooperação contínua. Essas ações não apenas melhoraram o fluxo de processos entre os tribunais, mas, igualmente, fortaleceram o papel do STF como guardião da Constituição, consolidando a aplicação uniforme da Repercussão Geral em todo o país.

8 Enfrentamento da pandemia de Covid-19: resposta rápida e eficiente

Durante a pandemia de Covid-19, a presidência do Ministro Dias Toffoli no Supremo Tribunal Federal (STF) demonstrou notável capacidade de adaptação e gestão em meio à crise global. O cenário exigiu decisões rápidas e a utilização de tecnologias digitais que já vinham sendo implementadas em sua gestão, permitindo ao STF manter sua atuação judicial de forma eficaz e contínua.

A digitalização do tribunal, um dos pilares da administração de Toffoli, mostrou-se fundamental no enfrentamento da pandemia. O Plenário Virtual, que já estava em uso para julgar processos eletronicamente, foi intensificado para garantir a continuidade dos julgamentos, mesmo com as restrições impostas pelas medidas de isolamento social. Essa inovação foi vital para evitar a paralisação dos trabalhos da Corte, assegurando a celeridade processual durante um período de grande incerteza.

Além disso, Toffoli promoveu um diálogo institucional ativo com os outros poderes da República e os tribunais de origem, coordenando esforços para assegurar a estabilidade institucional e a uniformização das decisões judiciais em temas relacionados ao combate à pandemia. Essa atuação consolidou o papel do STF na garantia dos direitos fundamentais e na mediação de conflitos entre os entes federativos, especialmente em questões como a competência para determinar medidas sanitárias e a alocação de recursos para o sistema de saúde.

A liderança de Toffoli durante a pandemia destacou-se pela rapidez na tomada de decisões e pela ênfase na eficiência e inovação tecnológica, fortalecendo a transparência e a previsibilidade nas deliberações da Corte.

Essas iniciativas garantiram que a Suprema Corte mantivesse sua atuação jurisdicional de forma contínua e eficiente, mesmo diante dos desafios impostos pela crise sanitária.

Assim, o legado de sua gestão modernizou o STF, além de prepará-lo para enfrentar emergências de grande escala com agilidade e responsabilidade institucional.

9 Conclusão

A presidência do Ministro Dias Toffoli no Supremo Tribunal Federal será lembrada como um período de avanços corajosos e modernização institucional. Inspirado pelo espírito do discurso "A cidadania em uma república", do Presidente Theodore Roosevelt, Toffoli enfrentou os desafios do cargo com determinação, enfrentando as adversidades com firmeza e visão. Em momentos de grande pressão, ele não se limitou a observar de fora, mas esteve plenamente envolvido na arena das decisões que moldaram o futuro da Corte.

Ao priorizar eficiência, transparência e inovação, Toffoli guiou o STF por um caminho de modernização, consolidando a digitalização e o aperfeiçoamento da Repercussão Geral como pilares de uma gestão estratégica e ágil. Assim como o homem que, nas palavras de Roosevelt, "se esforça bravamente", ele conduziu a Corte com coragem em tempos de incerteza, especialmente durante a crise sanitária global. Sua liderança assegurou que o Supremo Tribunal continuasse a cumprir seu papel constitucional com excelência, mesmo diante de complexidades sem precedentes.

O legado de Toffoli não é apenas o de um administrador eficiente, mas o de um líder que ousou inovar e fortalecer os laços institucionais, garantindo que o STF esteja preparado para os desafios do século XXI. Sua Presidência elevou a Corte a um novo patamar de excelência, assegurando que ela continue a desempenhar sua missão com legitimidade, celeridade e resiliência.

Informação bibliográfica deste texto, conforme a NBR 6023:2018 da Associação Brasileira de Normas Técnicas (ABNT):

LIRA, Daiane Nogueira de; FREIRE, Alexandre. O homem na arena: A presidência do Ministro Dias Toffoli no Supremo Tribunal Federal. *In*: MENDES, Gilmar Ferreira; LIRA, Daiane Nogueira de; FREIRE, Alexandre (coord.). *Constituição, democracia e diálogo*: 15 anos de Jurisdição Constitucional do Ministro Dias Toffoli. 2. ed. Belo Horizonte: Fórum, 2025. p. 375-379. ISBN 978-65-5518-937-7.

OS CENTROS JUDICIÁRIOS DE SOLUÇÃO DE CONFLITOS E CIDADANIA (CEJUSCS) COMO UNIDADES JUDICIÁRIAS: O QUE ISSO REALMENTE SIGNIFICA?

DALDICE SANTANA
HERBERT CORNELIO PIETER DE BRUYN JR.
BRUNO TAKAHASHI

1 Introdução

Na 286ª Sessão Ordinária do Conselho Nacional de Justiça (CNJ), realizada no dia 12 de março de 2019, sob a Presidência do Ministro Dias Toffoli, foi aprovada a alteração da Resolução CNJ nº 219/2016 – que trata da distribuição de servidores, de cargos em comissão e de funções de confiança nos órgãos do Poder Judiciário de primeiro e segundo graus – para incluir os Centros Judiciários de Solução de Conflitos e Cidadania (CEJUSCs) como unidades judiciárias.[1] Nesse sentido, foi editada a Resolução CNJ nº 282, de 29 de março de 2019.

Sendo os CEJUSCs responsáveis precipuamente pela solução consensual de conflitos, a sua inclusão como unidades judiciárias indica o reconhecimento de que a sentença adjudicatória proferida pelo Estado-juiz não é a única via existente, nem sempre a mais adequada. Como bem destacado pelo Ministro Dias Toffoli em artigo escrito em coautoria com a Juíza Federal Lívia Peres:[2]

> (...) não se deve atribuir ao método adversarial a condição de rota essencial à resolução das lides. A sociedade brasileira almejada, consoante previsto no preâmbulo da Constituição de 1988, está fundada na harmonia social, cabendo, por conseguinte, ao poder público e à

---

[1] Procedimento de Ato nº 0001467-77.2019.2.00.0000, Rel. Cons. Fernando Mattos.
[2] TOFFOLI, José Antonio Dias; PERES, Lívia Cristina Marques. desjudicialização conforme a Constituição e tratamento adequado dos conflitos de interesses. *In:* ÁVILA, Henrique de Almeida; LAGRASTA, Valeria Ferioli (org.). *Política Judiciária Nacional de Tratamento Adequado dos Conflitos de Interesses*: 10 anos da Resolução CNJ nº 125/2010. São Paulo: Instituto Paulista de Magistrados, 2020. p. 19.

sociedade civil pautarem-se pela busca da efetiva paz social, como bem revelam as medidas autocompositivas de solução de controvérsias.

No entanto, para que a identificação dos CEJUSCs como unidades judiciárias não passe despercebida como mera mudança formal de redação, é preciso indagar, de fato, o que isso significa. A resposta envolve os seguintes aspectos principais: (i) reconhecimento dos meios consensuais como integrantes do conceito de jurisdição; (ii) reforço do protagonismo dos CEJUSCs na concretização da Política Nacional de Tratamento Adequado de Conflitos de Interesses; (iii) necessidade de ajuste dos paradigmas que guiam a organização da estrutura do Poder Judiciário.

2 A jurisdição consensual

Considerar os CEJUSCs unidades judiciárias implica reconhecer que, nas suas atividades, há o exercício da jurisdição. Assim, para compreender a natureza dos CEJUSCs é necessário, primeiro, revisitar o próprio conceito de jurisdição.

Em geral, a jurisdição é definida pelo trinômio poder-função-atividade. Nesse sentido, resumidamente, jurisdição seria o *poder* estatal de decidir imperativamente conflitos, com a *função* de pacificação social, exercido mediante a *atividade* dos agentes responsáveis, entre os quais se sobressai a figura do juiz.[3] Dessa forma, o conceito tradicional de jurisdição estaria intimamente ligado à atividade estatal e à solução adjudicada de conflitos.

No cenário brasileiro, tal conceito já ficou abalado com o reconhecimento da constitucionalidade da Lei de Arbitragem (Lei nº 9.307/1996) pelo Supremo Tribunal Federal em 12 de dezembro de 2001, incidentalmente, em Recurso em Homologação de Sentença Estrangeira (SE nº 5206, Rel. Min. Sepúlveda Pertence, Tribunal Pleno, *Dje* 30 abr. 2004). Desde então, nota-se um processo de acomodação da doutrina para atestar a natureza jurisdicional da arbitragem.[4] No caso, mantida a *função* de pacificação social, haveria *o poder* vindo da vontade das partes[5] e exercido pela *atividade de árbitros*, que

---

[3] Na 17ª edição da obra *Teoria Geral do Processo* (São Paulo: Malheiros, 2001. p. 131), Antônio Carlos de Araújo Cintra, Ada Pellegrini Grinover e Cândido Rangel Dinamarco afirmavam que "a jurisdição é, ao mesmo tempo, *poder, função e atividade*. Como poder, é a manifestação do poder estatal, conceituado como capacidade de decidir imperativamente e impor decisões. Como função, expressa o encargo que têm os órgãos estatais de promover a pacificação de conflitos interindividuais, mediante a realização do direito justo e através do processo. E como atividade ela é o complexo de atos do juiz no processo, exercendo o poder e cumprindo a função que a lei lhe comete".

[4] Na 34ª edição da obra *Teoria geral do Processo* (São Paulo: Malheiros, 2023. p. 259), nota-se que o conceito de jurisdição trazido por Cândido Rangel Dinamarco, em conjunto com Gustavo Henrique Righi Ivahy Badaró e Bruno Vasconcelos Carrilho Lopes, inclui a figura do árbitro ao lado do juiz. Assim, sendo, afirmam que "a jurisdição é ao mesmo tempo *poder, função e atividade*. Como *poder*, é a manifestação do poder estatal, conceituado como capacidade de decidir imperativamente e impor decisões. Como *função*, expressa o encargo que têm os órgãos jurisdicionais de promover a pacificação de conflitos interindividuais, mediante a realização do direito justo e através do processo. E como *atividade* ela é o complexo de atos do juiz ou do árbitro no processo, exercendo o *poder* e cumprindo a *função* que a lei lhes confere".

[5] Segundo Cândido Rangel Dinamarco e Bruno Vasconcelos Carrilho Lopes (*Teoria geral do novo processo civil*. São Paulo, Malheiros, 2016. p. 79): "Também a jurisdição arbitral é exercida com fundamento em um *poder*, mas diferentemente do que se dá com a jurisdição estatal, a fonte do poder do árbitro não é o *imperium* soberano do Estado, como a do Estado-juiz, mas a *vontade bilateral das partes* que houverem optado pela arbitragem, sem a qual esta não será admissível".

atuariam como juízes fato e de direito, conforme os termos do artigo 18 da própria Lei de Arbitragem.

No entanto, ainda se nota maior resistência para o reconhecimento da natureza jurisdicional dos meios consensuais, mesmo quando adotados no âmbito do próprio Poder Judiciário. Nesse caso, alega-se, por exemplo, que nos meios consensuais não haveria a substituição da vontade das partes pela decisão adjudicada de um terceiro (juiz ou árbitro). Ainda assim, mostra-se fora de dúvida que, em mecanismos como a mediação e a conciliação, a função de pacificação social também se mostra presente. Além disso, se na arbitragem pode haver o exercício de poder, por que o mesmo não pode ser dito em relação aos meios consensuais?

De certa forma, é a partir dessa última linha de indagação que Carlos Alberto de Salles[6] propõe novo conceito de jurisdição, que englobe os meios consensuais. De fato, Salles defende a perda de sentido em se destacarem os elementos *função* e *atividade* – mais relacionados ao Judiciário – em um momento em que o Estado deixa de exercer o monopólio da solução de conflitos. Assim, ele baseia seu conceito exclusivamente no elemento *poder*. O núcleo do poder jurisdicional seria, então, "a capacidade de *decidir imperativamente controvérsias*". A distinção entre as diversas formas jurisdicionais estaria na extensão desse poder (o atributo da *coercibilidade* falta aos árbitros, ao passo que a *imperatividade* não é absoluta no caso dos órgãos administrativos, dada a possibilidade de revisão judicial), bem como no modo de constituição (por lei ou por consenso entre as partes).

Segundo o conceito de Salles, seria então possível dizer que, no caso dos meios consensuais, o poder das partes estaria presente não apenas no momento inicial da escolha do processo (como no caso da arbitragem), mas também na própria decisão final a ser dada para o conflito. O próprio poder de decidir imperativamente o conflito estaria nas mãos dos próprios envolvidos.

No entanto, subsiste certo incômodo em reconhecer que as partes exercem poder no sentido de tomada de decisão imperativa, uma vez que tal expressão, por vezes, é associada à imposição do julgamento de terceiro. Ada Pellegrini Grinover, em seu *Ensaio sobre a processualidade*,[7] afirma que "não há exercício de *poder* na justiça consensual, onde o conflito é dirimido exclusivamente pelas partes". Por isso, Ada propõe a exclusão do elemento *poder* do conceito de jurisdição, ao mesmo tempo em que ressalta a importância de se incluir o elemento *garantia*: "Garantia das partes, para que possam atingir a tutela jurisdicional adequada pela via do acesso à Justiça; garantia do próprio processo e do procedimento, pela observância das garantias constitucionais e legais, em busca da pacificação com Justiça". Nesse sentido, jurisdição seria *função, atividade* e *garantia*.

As menções às propostas de Salles e de Ada indicam que, a despeito da discussão ainda presente acerca da melhor maneira de rever o conceito de jurisdição, existe a necessidade de reconhecer que a pacificação social pode decorrer da atividade exercida em diversos meios de tratamento de conflitos. Se a pacificação pode ser legitimamente obtida por mecanismos adjudicatórios (como a arbitragem ou a sentença judicial) ou

---

[6] SALLES, Carlos Alberto de. *Arbitragem em contratos administrativos*. Rio de Janeiro: Forense, 2011, especialmente p. 88-92.
[7] PELLEGRINI, Ada Pellegrini. *Ensaio sobre a processualidade*. Brasília, DF: Gazeta Jurídica, 2016. p. 18-20.

por meios consensuais (como a conciliação ou a mediação), em todos seria possível vislumbrar o exercício do poder jurisdicional.[8] Os meios consensuais, assim, integrariam o conceito ampliado de jurisdição.

Além disso, a inserção dos meios consensuais como jurisdição é reforçada pelo artigo 3º do CPC/2015 que, figurando entre as normas fundamentais do processo civil, estabelece:

> Art. 3º Não se excluirá da apreciação jurisdicional ameaça ou lesão a direito.
> §1º É permitida a arbitragem, na forma da lei.
> §2º O Estado promoverá, sempre que possível, a solução consensual dos conflitos.
> §3º A conciliação, a mediação e outros métodos de solução consensual de conflitos deverão ser estimulados por juízes, advogados, defensores públicos e membros do Ministério Público, inclusive no curso do processo judicial.

O *caput* do artigo 3º remete ao inciso XXXV do artigo 5º da Constituição Federal ("a lei não excluirá da apreciação do Poder Judiciário lesão ou ameaça a direito"). É interessante observar, porém, que a menção ao Poder Judiciário foi substituída por "apreciação jurisdicional", o que permite, mesmo em uma interpretação literal, que se considere a existência de atividade jurisdicional que não seja exclusiva do Estado-juiz.

Desse modo, ao deixar expresso que os CEJUSCs são unidades judiciárias, é possível afirmar que a Resolução CNJ nº 282/2019 consagrou a própria natureza jurisdicional dos meios consensuais. Isso porque houve o reconhecimento de que os CEJUSCs, tais como as varas ou os juizados, são órgãos destinados à atividade-fim do Poder Judiciário, qual seja, a de prestar jurisdição. Ademais, entre as atividades exercidas no CEJUSC pelo seu juiz coordenador está justamente a de homologar acordos (artigo 9º, II, da Resolução CNJ nº 125/2010), atividade indiscutivelmente jurisdicional, que gera, inclusive, a extinção do processo com resolução de mérito (artigo 487, III, do Código de Processo Civil).

Nesse contexto, cabe destacar a importância que os CEJUSCs assumem na Política Judiciária Nacional de tratamento adequado de conflitos de interesses.

3 O protagonismo dos CEJUSCs na Política Nacional de Tratamento Adequado de Conflitos

Os CEJUSCs compõem um dos três pilares que sustentam a Política Nacional de Tratamento Adequado dos Conflitos de Interesses instituída pela Resolução nº 125/2010, do CNJ. De fato, ao lado da capacitação e do levantamento estatístico, é na centralização das estruturas nesses centros que a cultura da pacificação pode ser efetivamente implementada (artigo 2º). Não por acaso, costuma-se dizer que os CEJUSCs concretizam a ideia de tribunal multiportas no Brasil.[9]

---

[8] Isso reforça a importância da adequação entre o mecanismo escolhido e o conflito a ser tratado. Sobre o tema ver: SANTANA, Daldice; TAKAHASHI, Bruno. O remédio certo na dose certa: como conciliar em tempos de pandemia. *Jota*, São Paulo, 8 jun. 2020. Disponível em: https://www.jota.info/opiniao-e-analise/artigos/o-remedio-certo-na-dose-certa-como-conciliar-em-tempos-de-pandemia-08062020. Acesso em: 8 jul. 2024.

[9] Ver, por exemplo: LAGRASTA, Valeria Ferioli. Os Centros Judiciários de Solução Consensual de Conflitos (CEJUSCS) e seu caráter de tribunal multiportas. *In:* BACELLAR, Roberto Portugal; LAGRASTA, Valeria Ferioli

Adota-se, assim, o critério da centralização na organização e na uniformização dos serviços de mediação, conciliação e outros métodos consensuais de solução de conflitos nos CEJUSCs, evitando-se as disparidades de orientação em suas práticas. Ademais, objetiva-se assegurar a continuidade dos serviços, respeitadas as especificidades regionais e de cada segmento da Justiça.

Além disso, os centros personificam a ideia do *acesso à ordem jurídica justa* proposta por Kazuo Watanabe,[10] na medida em que são encarregados de garantir a oportunidade de solução da controvérsia na fase pré-processual (antes da judicialização), na fase processual (judicial) e, ainda, na etapa correspondente à cidadania, na qual são prestados serviços de informação e de orientação aos cidadãos e aos jurisdicionados em questões impeditivas do pleno exercício dos direitos (artigo 10 da Resolução CNJ nº 125/2010).

É notório o crescimento do número de CEJUSCs desde a edição da Resolução CNJ nº 125/2010. Segundo dados do CNJ, na Justiça Estadual, passou-se de 362 CEJUSCs, instalados em 2014, para 654, em 2015, 808, em 2016, e 1.437, em 2022.[11] Indica-se ainda a existência de 123 CEJUSCs na Justiça do Trabalho e 76 na Justiça Federal para o mesmo ano de 2022.[12] Todavia, como já apontado em outra oportunidade,[13] nem sempre o aumento quantitativo vem acompanhado de melhoria qualitativa. Isso resulta na existência de muitos centros sem a estrutura minimamente necessária.

Daí a importância da alteração promovida pela Resolução CNJ nº 282/2019, na Resolução CNJ nº 219/2016, para deixar expressa a natureza de unidade judiciária dos CEJUSCs. Cabe relembrar, a propósito, que a Resolução CNJ nº 219/2016 dispõe sobre a distribuição de servidores, de cargos em comissão e de funções de confiança nos órgãos do Poder Judiciário de primeiro e segundo graus. Dessa forma, esse ato normativo traz parâmetros para a distribuição eficiente de pessoas em diferentes setores do Poder Judiciário.

Para tanto, a Resolução CNJ nº 219/2016 divide os setores do Judiciário em duas grandes áreas: a) áreas de apoio *direto* à atividade judicante, isto é, com competência para impulsionar diretamente a tramitação de processos judiciais (art. 2º, I); b) áreas de apoio *indireto* à atividade judicante, também denominadas de apoio administrativo, e que não possuem competência para impulsionar diretamente a tramitação do processo judicial (art. 2º, IV). Entre as áreas de apoio direto destacam-se as unidades judiciárias de primeiro e segundo graus, bem como setores como protocolo, distribuição, secretarias, gabinetes, contadorias, hastas públicas, etc. Entre as de apoio indireto, por sua vez, acredita-se que poderiam ser citados setores como biblioteca, gestão de pessoas, manutenção predial, entre outros.

(coord.). *Conciliação e mediação*: ensino em construção. São Paulo: IPAM/ENFAM, 2016. p. 95-118 (no qual a autora afirma que os CEJUSCs foram criados com base nos parâmetros do gerenciamento do processo e do Fórum de Múltiplas Portas ou Tribunal Multiportas do direito norte-americano).

[10] Acesso à justiça e sociedade moderna. In: GRINOVER, Ada Pellegrini; DINAMARCO, Cândido Rangel; WATANABE, Kazuo (org.). *Participação e processo*. São Paulo: Revista dos Tribunais, 1988. p. 128.

[11] CONSELHO NACIONAL DE JUSTIÇA. *Justiça em Números 2023*. Brasília, DF: CNJ, 2023. p. 192.

[12] CONSELHO NACIONAL DE JUSTIÇA. *Justiça em Números 2023*. Brasília, DF: CNJ, 2023. p. 192.

[13] SANTANA, Daldice; TAKAHASHI, Bruno. Política Judiciária Nacional de Tratamento Adequado dos Conflitos de Interesses: uma obra em obras. In: ÁVILA, Henrique de Almeida; LAGRASTA, Valeria Ferioli (org.). *Política Judiciária Nacional de Tratamento Adequado dos Conflitos de Interesses*: 10 anos da Resolução CNJ nº 125/2010. São Paulo: Instituto Paulista de Magistrados, 2020. p. 141-142.

Desde a redação original da Resolução CNJ nº 219/2016, a "central de conciliação" era indicada dentre as áreas de apoio direto à atividade judicante no inciso I do artigo 2º. Observada a atividade básica de tais centros – realizar audiências de conciliação e mediação, atividade nitidamente voltada ao impulso processual –, obviamente não haveria dúvida sobre a natureza de sua função. No entanto, ao referir-se separadamente à central de conciliação em relação às unidades judiciárias, tinha-se a impressão de que a atividade dos CEJUSCs seria secundária em relação à das varas e dos juizados, aproximando-se mais de outros setores de apoio como processamento de autos, perícias ou precatórios. Em suma, ainda que de apoio direto à atividade judicante, o trabalho dos CEJUSCs poderia ser visto como secundário em relação à prolação de sentenças pelos juízes. Os meios consensuais, em síntese, pareciam ser considerados *alternativos* em vez de *adequados*.

Ainda pior era a postura de alguns tribunais de inserirem os CEJUSCs entre as áreas de apoio indireto à atividade judicante, considerando-os, assim, setores administrativos. Nesse caso, os centros não seriam nem mesmo vistos como de apoio à atividade judicante, quanto menos como setores que prestam jurisdição. Ademais, em termos práticos, ser considerado setor administrativo traz como consequência a inserção no limite máximo de 30% do total de servidores reservado às áreas de apoio indireto à atividade judicante, nos termos do artigo 11 da Resolução CNJ nº 219/2016.

Nesse cenário, a Resolução CNJ nº 282/2019, ao alterar o inciso II do artigo 2º da Resolução CNJ nº 219/2016 para incluir os CEJUSCs como unidades judiciárias, foi, nos dizeres do Ministro Marco Aurélio Gastaldi Buzzi, "verdadeiramente revolucionária".[14] Isso porque, além de deixar evidente que os centros não são setores administrativos, também os equiparou a varas, juizados, turmas recursais e zonas eleitorais. Deixou-se, assim, evidente, que não se trata de equivalente jurisdicional, mas de jurisdição propriamente dita.

4 A necessária mudança do paradigma institucional do Judiciário

No entanto, para ter-se uma noção mais precisa da dimensão da mudança realizada, é preciso delinear o que isso provoca em relação ao paradigma institucional tradicional do Judiciário. Para tanto, cabe inicialmente mencionar algumas vantagens para, em seguida, tratar das decorrências lógicas e, por fim, dos desafios existentes.

4.1 Vantagens

Reconhecer a natureza de unidade judiciária dos CEJUSCs atende de modo mais adequado a Política Judiciária Nacional de Tratamento Adequado de Conflitos de Interesses instituída pela Resolução CNJ nº 125/2010. Isso porque, desse modo, caminha-se para a concretização do já mencionado pilar da centralização das estruturas. Ademais, o fortalecimento dos centros também atende ao ideal do tribunal multiportas,

---

[14] BUZZI, Marco Aurélio Gastaldi. A arte da paz. *In*: ÁVILA, Henrique de Almeida; LAGRASTA, Valeria Ferioli (org.). *Política Judiciária Nacional de Tratamento Adequado dos Conflitos de Interesses*: 10 anos da Resolução CNJ nº 125/2010. São Paulo: Instituto Paulista de Magistrados, 2020. p. 81.

pelo qual, ingressada a ação, o setor competente faria a aferição (triagem) acerca do tratamento mais adequado.

Além disso, apontam-se as seguintes vantagens da identificação dos CEJUSCs com as demais unidades judiciárias:

(i) atendimento de um imperativo de ordem lógica, pois faz mais sentido ser unidade jurisdicional – dada sua atuação direta, para partes e advogados, na resolução de conflitos – do que qualquer outra classificação;

(ii) existência de um mecanismo objetivo para aferir a lotação ideal de servidores, conforme os parâmetros da Resolução CNJ nº 219/2016;

(iii) dotação de funções comissionadas em número equivalente às das varas, facilitando a lotação de servidores mais qualificados;

(iv) prioridade, juntamente com as demais unidades judiciárias, para receber equipamentos novos e assistência técnica quando necessário;

(v) possibilidade de expedição, diretamente, de requisições de pequeno valor (RPVs) e de precatórios, criando condições mais favoráveis ao cumprimento dos acordos, bem como ao acompanhamento de seu andamento até o recebimento final, inclusive atuando na habilitação de herdeiros;

(vi) viabilidade da prolação de atos decisórios que auxiliam na solução consensual, como o reconhecimento da decadência e da prescrição, a homologação de desistências etc.

Essas são apenas algumas das vantagens decorrentes do reconhecimento dos CEJUSCs como unidades judiciárias. Todavia, para que as vantagens sejam obtidas, são necessários ajustes na estrutura comumente existente nos tribunais.

4.2 Decorrências lógicas

Uma vez que os CEJUSCs sejam efetivamente tomados como unidades judiciárias, caberia, nos termos da Resolução CNJ nº 219/2016, que possuíssem estruturas equivalentes à de uma vara, tanto em termos de espaço físico como de número de servidores e colaboradores. No caso dos servidores, para o estabelecimento de lotação paradigma, a propósito, podem ser utilizados, no que couber, os mesmos critérios de outras unidades judiciárias, considerando-se o quantitativo de casos recebidos e remetidos, de audiências de conciliação ou de mediação designadas e realizadas, de acordos homologados, de pessoas atendidas pelo setor de cidadania ou outros parâmetros objetivos fixados pelo tribunal (artigo 10, §2º, da Resolução CNJ nº 219/2016, também incluído pela Resolução CNJ nº 282/2019).

Além disso, como unidades judiciárias, os centros estão sujeitos a modos idênticos de acompanhamento e de avaliação das varas, o que inclui a realização de inspeções anuais separadamente pelo magistrado(a) coordenador(a). Dessa forma, assim como as varas, os centros estão sujeitos tanto ao monitoramento externo (correição) como à auto-avaliação (inspeção).

Isso exige ainda, em suma, duas ordens de reestruturação: a *formal* e a *substancial*. Sob o aspecto *formal*, cabe a atualização dos atos normativos dos tribunais, especialmente daqueles que eventualmente inseriram os CEJUSCs como setores administrativos. Por sua vez, sob o aspecto substancial, para que os centros sejam colocados em situação idêntica à das varas e dos juizados, observadas as suas peculiaridades, impõe-se que a reestruturação garanta: equivalência de pessoal, de funções gratificadas e de equipamentos; isonomia no acesso a sistemas e rotinas; enquadramento estatístico pertinente, conforme o disposto no §8º do artigo 8º da Resolução CNJ nº 125/2010, com a redação dada pela Resolução CNJ nº 326/2020.[15]

No entanto, além da necessária reestruturação formal e substancial, há ainda questões mais desafiadoras na efetivação dos CEJUSCs como unidades judiciárias.

4.3 Desafios

Entre os desafios a serem enfrentados para que os CEJUSCs sejam, de fato, organizados nos termos da Resolução CNJ nº 282/2019, destacam-se: a) *entraves normativos e/ou institucionais* para criação ou especialização de unidades judiciárias; b) *custos de estrutura* para a prestação dos serviços com qualidade; c) *risco de "engessamento"* dos centros.

Com relação aos *entraves normativos e/ou institucionais*, observa-se que a criação de novas unidades judiciárias, em princípio, exige a edição de uma lei. Assim, do mesmo modo que se exige lei para criação de nova vara, seria possível questionar se haveria idêntica exigência para instituir um CEJUSC como unidade judiciária.

Todavia, nesse caso, é possível interpretar que a obrigação de criar os centros já vem estabelecida legalmente tanto no Código de Processo Civil (artigo 165, *caput*), como na Lei de Mediação (art. 24). Ambos os dispositivos não deixam margem de dúvida quanto à obrigatoriedade da medida, ao iniciarem sua redação de maneira idêntica, de que "os tribunais criarão Centros Judiciários de Solução Consensual de Conflitos (...)". Ademais, mesmo antes de tais normas, a obrigatoriedade da criação de CEJUSCs já vinha estabelecida pela própria Resolução CNJ nº 125/2010 que, inclusive, fixou prazo para tanto.[16]

Dessa forma, argumenta-se que não é necessária a edição de lei específica para a criação de CEJUSC como unidade judiciária, uma vez que já existe obrigação legal para isso. Ademais, no caso da modificação de competência para que varas ou outras unidades judiciárias já existentes passem a atuar como CEJUSCs, de modo geral, basta

---

[15] "Artigo 8º (...)
§8º Para efeito de estatística de produtividade, as sentenças homologatórias prolatadas em processos encaminhados ao Centro, de ofício ou por solicitação, serão contabilizadas:
I - para o próprio Centro, no que se refere à serventia judicial;
II - para o magistrado que efetivamente homologar o acordo, esteja ele oficiando no juízo de origem do feito ou na condição de coordenador do Centro; e
III - para o juiz coordenador do Centro, no caso de reclamação pré-processual."

[16] Em sua redação originária, os parágrafos 3º e 4º do artigo 8º da Resolução CNJ nº 125/2010 determinavam que, nas comarcas das capitais dos estados e nas sedes das seções e regiões judiciárias, bem como nas comarcas do interior, subseções e regiões judiciárias de maior movimento forense, o prazo para a instalação dos centros seria de 4 meses a contar do início de vigência da resolução, ao passo que, nas demais, o prazo seria de 12 meses, também contados do início da vigência do ato normativo. Após a entrada em vigor do CPC/2015, a Emenda nº 2/2016, alterando o §5º do artigo 8º da Resolução CNJ nº 125/2010, determinou que tanto nas comarcas das capitais dos estados como nas comarcas do interior, subseções e regiões judiciárias o prazo para instalação dos centros seria concomitante à entrada em vigor do código. Tal determinação, apenas com pequena alteração redacional, foi mantida pela redação dada ao mesmo §5º pela Resolução CNJ nº 326/2020. Nesse contexto, a vinculação do prazo de instalação ao início da vigência do CPC/2015 pode ser vista como mais um argumento que reforça a existência de previsão legal para criação dos CEJUSCs.

a decisão interna do próprio tribunal, ressalvados, evidentemente, os casos em que a lei de criação da vara excepcionalmente tenha estabelecido sua competência.

Por sua vez, no que se refere aos *custos de estrutura*, cabe destacar que o emprego qualitativo dos meios consensuais exige que a estrutura existente também seja de qualidade. Apenas dessa maneira a mediação e a conciliação podem ser vistas como opções para o tratamento adequado dos conflitos, e não como uma justiça de segunda categoria. Para tanto, torna-se necessário o investimento compatível com a importância do serviço prestado. O próprio reconhecimento dos CEJUSCs como unidades judiciárias implica alocação de recursos e de pessoal no mesmo patamar de varas e juizados, nos termos dos parâmetros estabelecidos pela Resolução CNJ nº 219/2016.

No entanto, a ampliação dos serviços oferecidos pelo Poder Judiciário torna ainda mais evidente a questão alocativa envolvida. Cite-se, por exemplo, a inviabilidade prática, em muitas comarcas e subseções do interior, de especializar, com exclusividade, uma vara em conciliação/mediação, além da falta de estrutura física e de pessoal. De todo modo, deve-se realizar a ponderação entre custos e benefícios, com base em parâmetros claros e objetivos, sem estabelecer hierarquia entre as formas de tratamento do conflito, sejam adjudicatórias, sejam consensuais.

Além disso, para lidar com o déficit de pessoal, seria possível aplicar ao CEJUSC uma estrutura escalonável, conforme o nível de distribuição de processos para tal unidade. De certa forma, isso seria equivalente ao expediente de adoção de uma lotação ideal e, por razões contingenciais devidamente justificadas, não prover todos os cargos. É certo que permitir essa variação pode igualmente ensejar riscos, mas assim se escapa de eventual dicotomia entre criar e não criar a unidade.

Por fim, em relação ao *risco de engessamento*, aponta-se o fato de que deve ser dada especial atenção ao magistrado(a) designado(a) para exercer a função de coordenador(a) ou coordenador(a) adjunto(a) do CEJUSC.

Nos termos do artigo 9º da Resolução CNJ nº 125/2010, cada centro conta com um juiz coordenador e, se necessário, um adjunto. Salvo regulamento local em sentido diverso, a designação dos magistrados coordenadores será feita pelo presidente do tribunal, escolhendo-se entre aqueles que realizaram treinamento segundo as diretrizes do Anexo I da Resolução CNJ nº 125/2010 (artigo 9º, §1º). São atribuições do juiz coordenador do centro (artigo 9º, incisos I a III): (i) administrar o centro; (ii) homologar os acordos entabulados; (iii) supervisionar o serviço de conciliadores e mediadores.

Ao dotar os CEJUSCs de natureza de unidades judiciárias, surge, porém, o risco de, não tomado o devido cuidado na designação dos juízes que nelas irão atuar, eles se tornarem alvo de magistrados não vocacionados ou sem habilidades (não capacitados) para a tarefa, desejosos, apenas, de, por via de remoção ou promoção, aproximarem-se de determinado local (visar estar na capital ou nas imediações, por exemplo).

Certamente essa situação poderia ser agravada caso essas unidades judiciárias fossem denominadas "varas de conciliação", em face da significação que normalmente os magistrados constroem dessa designação, isto é, de uma estrutura aberta a promoções e remoções apenas diante dos critérios de antiguidade e mérito.

Nesse aspecto, mostra-se adequada a manutenção de designações pela presidência do tribunal de magistrados que tenham formação inicial e aperfeiçoamento contínuo segundo as diretrizes do Anexo I da Resolução CNJ nº 125/2010. Tal atuação por regime de designações, aliás, não é novidade em relação a unidades judiciárias. De fato, as zonas eleitorais, que são consideradas unidades judiciárias desde a redação original da Resolução CNJ nº 219/2016, já se valem da atuação de juízes designados – mas não permanentemente lotados – pelo tribunal regional eleitoral.[17]

5 Conclusão

Como salientaram o Ministro Dias Toffoli e a Juíza Federal Lívia Peres, ao se referirem à alteração promovida pela Resolução CNJ nº 282/2019: "A Política de Tratamento Adequado dos conflitos de interesses se consolida à medida que os órgãos do Poder Judiciário voltados às soluções consensuais de conflitos se fortalecem".[18] Para tanto, faz-se necessário que, de fato, questione-se o que significa referida mudança.

Especialmente, cabe considerar que tal modificação reforça o caráter jurisdicional dos meios consensuais. Ademais, enfatiza-se a importância dos CEJUSCs na concretização da Política Nacional de Tratamento Adequado de Conflitos instituída pela Resolução CNJ nº 125/2010. Nota-se, ainda, a necessidade de alterar a organização institucional dos órgãos do Poder Judiciário de modo que sejam adaptados à nova realidade.

Em suma, o reconhecimento da condição de unidades judiciárias dos CEJUSCs representa um grande passo para a modificação da cultura. Reconhece-se que a pacificação social pode ser feita não apenas pela sentença judicial, mas também pelo consenso das partes. Assim, a solução consensual, definitivamente, deixará de ser vista como atividade meio do Poder Judiciário, consolidando-se como atividade fim. Trata-se de principal e não de acessório.

Referências

BUZZI, Marco Aurélio Gastaldi. A arte da paz. In: ÁVILA, Henrique de Almeida; LAGRASTA, Valeria Ferioli (org.). *Política Judiciária Nacional de tratamento adequado dos conflitos de interesses*: 10 anos da Resolução CNJ nº 125/2010. São Paulo: Instituto Paulista de Magistrados, 2020. p. 71-90.

CINTRA, Antônio Carlos de Araújo; GRINOVER, Ada Pellegrini; DINAMARCO, Cândido Rangel. *Teoria geral do processo*. 17. ed. São Paulo: Malheiros, 2001.

CONSELHO NACIONAL DE JUSTIÇA. *Justiça em Números 2023*. Brasília, DF: CNJ, 2023.

DINAMARCO, Cândido Rangel; BADARÓ, Gustavo Henrique Righi Ivahy; LOPES, Bruno Vasconcelos Carrilho. *Teoria geral do processo*. 34. ed. São Paulo: Malheiros, 2023.

DINAMARCO, Cândido Rangel; LOPES, Bruno Vasconcelos Carrilho. *Teoria geral do novo processo civil*. São Paulo: Malheiros, 2016.

---

[17] Nos termos do artigo 32 do Código Eleitoral (Lei nº 4.737/1965):
"Art. 32. Cabe a jurisdição de cada uma das zonas eleitorais a um juiz de direito em efetivo exercício e, na falta deste, ao seu substituto legal que goze das prerrogativas do art. 95 da Constituição.
Parágrafo único. Onde houver mais de uma vara o Tribunal Regional designará aquela ou aquelas, a que incumbe o serviço eleitoral".

[18] TOFFOLI, José Antonio Dias; PERES, Lívia Cristina Marques. desjudicialização conforme a Constituição e tratamento adequado dos conflitos de interesses. In: ÁVILA, Henrique de Almeida; LAGRASTA, Valeria Ferioli (org.). *Política Judiciária Nacional de Tratamento Adequado dos Conflitos de Interesses*: 10 anos da Resolução CNJ nº 125/2010. São Paulo: Instituto Paulista de Magistrados, 2020. p. 23.

GRINOVER, Ada Pellegrini. *Ensaio sobre a processualidade*: fundamentos para uma nova teoria geral do processo. Brasília, DF: Gazeta Jurídica, 2016.

LAGRASTA, Valeria Ferioli. Os Centros Judiciários de Solução Consensual de Conflitos (CEJUSCS) e seu caráter de tribunal multiportas. *In:* BACELLAR, Roberto Portugal; LAGRASTA, Valeria Ferioli (coord.). *Conciliação e mediação*: ensino em construção. São Paulo: IPAM/ENFAM, 2016. p. 95-118.

SALLES, Carlos Alberto de. *Arbitragem em contratos administrativos*. Rio de Janeiro: Forense, 2011.

SANTANA, Daldice; TAKAHASHI, Bruno. O remédio certo na dose certa: como conciliar em tempos de pandemia. *Jota*, São Paulo, 8 jun. 2020. Disponível em: https://www.jota.info/opiniao-e-analise/artigos/o-remedio-certo-na-dose-certa-como-conciliar-em-tempos-de-pandemia-08062020. Acesso em: 8 jul. 2024.

SANTANA, Daldice; TAKAHASHI, Bruno. Política Judiciária Nacional de Tratamento Adequado dos Conflitos de Interesses: uma obra em obras. *In:* ÁVILA, Henrique de Almeida; LAGRASTA, Valeria Ferioli (org.). *Política Judiciária Nacional de Tratamento adequado dos conflitos de interesses*: 10 anos da Resolução CNJ nº 125/2010. São Paulo: Instituto Paulista de Magistrados, 2020. p. 139-154.

TOFFOLI, José Antonio Dias; PERES, Lívia Cristina Marques. Desjudicialização conforme a Constituição e tratamento adequado dos conflitos de interesses. *In:* ÁVILA, Henrique de Almeida; LAGRASTA, Valeria Ferioli (org.). *Política Judiciária Nacional de Tratamento adequado dos conflitos de interesses*: 10 anos da Resolução CNJ nº 125/2010. São Paulo: Instituto Paulista de Magistrados, 2020. p. 13-33.

WATANABE, Kazuo. Acesso à justiça e sociedade moderna. *In:* GRINOVER, Ada Pellegrini; DINAMARCO, Cândido Rangel; WATANABE, Kazuo (org.). *Participação e processo*. São Paulo: Revista dos Tribunais, 1988. p. 128-135.

Informação bibliográfica deste texto, conforme a NBR 6023:2018 da Associação Brasileira de Normas Técnicas (ABNT):

SANTANA, Daldice; BRUYN JR.; Herbert Cornelio Pieter de; TAKAHASHI, Bruno. Os Centros Judiciários de Solução de Conflitos e Cidadania (CEJUSCs) como unidades judiciárias: o que isso realmente significa? *In*: MENDES, Gilmar Ferreira; LIRA, Daiane Nogueira de; FREIRE, Alexandre (coord.). *Constituição, democracia e diálogo*: 15 anos de Jurisdição Constitucional do Ministro Dias Toffoli. 2. ed. Belo Horizonte: Fórum, 2025. p. 381-391. ISBN 978-65-5518-937-7.

A CORAGEM DE MUDAR

DANIEL LEON BIALSKI

Os Ministros do Supremo Tribunal Federal há alguns anos não eram conhecidos da nossa população, mas apenas de quem efetivamente laborava perante o Poder Judiciário. Entretanto a modernidade, o maior acesso e divulgação da relevância dos temas enfrentados e julgados, fizeram com que, atualmente, sejam conhecidos nominalmente.

E, embora possam existir críticas a essa extensa exposição pública, este aspecto perde total relevância ao verificarmos o alcance das mais recentes decisões que mudaram o rumo da jurisprudência de nossa mais alta Corte e que influenciam a própria vida da nossa nação.

Nesta direção, o Ministro Dias Toffoli, que abrilhanta nossa Corte Constitucional há 15 anos, tem papel de altíssima relevância porque ousou, com coragem, desafiar estigmas, fazendo coro para que temas obsoletos fossem revisitados e revistos, porque conflitariam com o que diz a melhor doutrina e nossa legislação.

Além de conhecido por suas decisões técnicas, algumas das quais serão relembradas abaixo, o Ministro, quiçá em razão de sua atuação no ensino superior como, também, do exercício da advocacia, sempre foi reconhecido pela postura conciliadora e pelo empenho no diálogo entre os Poderes, buscando não apenas resolver conflitos jurídicos, mas também promover a harmonia, aprimorando a distribuição da verdadeira Justiça.

Não é sem razão que já tenha afirmado que a Constituição deve ser sempre lida e relida, adaptando-se às transformações da sociedade.

Grife-se que felizmente jamais se abalou com críticas insensatas sobre suas decisões e posicionamentos, sabendo que o papel que desempenha enquanto Ministro foi, é e será sempre recheado de desafios.

Afinal, a figura de um juiz de coragem "em um Estado Democrático de Direito só tem sentido quando atua como anteparo às investidas daqueles que, através da opinião pública, buscam legitimar interesses que não estão protegidos por lei".[1]

---

[1] TRAD, Fábio. Mesmo impopular por suas decisões, juiz não pode ceder às pressões. *Consultor Jurídico*, 29 ago. 2017. Disponível em: https://www.conjur.com.br/2017-ago-29/fabio-trad-mesmo-impopular-decisoes-juiz-nao-ceder/. Acesso em: 15 jul. 2024.

O saudoso ex-Presidente da Corte Paulista e Min. Substituto do STJ, Celso Limongi, em brilhante artigo publicado[2] conclamava a coragem como atributo inalienável do Magistrado:

> Aristóteles deixou pontificado que a mais importante das virtudes do ser humano é a coragem, porque é ela que faz atuar as demais. De feito, se sou juiz e quero ser justo, mas se tenho medo do Tribunal, se tenho medo da Corregedoria, do Ministério Público, do CNJ, da imprensa, dos advogados, do clamor público, que juiz justo serei eu?

Essa invocada e ressaltada coragem deve ser ínsita à própria função judicante, todavia ganha contornos de intensidade quando repousa sobre aqueles guardiães da Carta Magna. Por isso, a responsabilidade no dizer e decidir dos Ministros da Suprema Corte Federal é ainda mais importante porque ecoará o Brasil em todas as suas direções.

Essa virtude, bem lembrada pelo Ministro Gilmar Mendes,[3] é mais do que um simples predicado: "Mas como exigir de um juiz – não é coragem, é heroísmo – nesse ambiente que se cria, de ataques, perturbações? Criou-se esse ambiente, como se isso fosse correto, a partir desse massacre que se faz nas redes sociais".

Estamos vivendo num universo paralelo em que as pessoas incautas opinam de tudo e de todos, esquecendo as consequências de seus atos. Salutarmente, porém, até por ter chegado ao mais alto patamar da nossa Justiça, o Ministro Toffoli nunca se deixou abalar.

Adotou uma série de posicionamentos visando a que a Corte vencesse barreiras e superasse obstáculos, para melhor se posicionar sobre antagonismos e injustiças geradas por incongruências das nossas próprias obsoletas leis.

A primeira a ser citada talvez seja a mais emblemática.

Talvez por ter sido o Ministro mais jovem a ocupar a Presidência do Supremo Tribunal Federal, foi ele que recolocou em votação o polêmico debate sobre a prisão em 2ª instância.

Enquanto presidente da Excelsa Corte trouxe para reexame e reanálise a questão da prisão processual em 2ª instância. E salutarmente, apesar de ser sido o último a votar, recordou o brocardo segundo o qual os julgadores são "escravos da lei" e, apesar de em certos momentos pessoalmente discordarem dela, não podem legislar porque esse papel cabe ao Legislativo.

Nesse julgamento bem afirmou – ao fazer uma análise abstrata da constitucionalidade do artigo 283 do Código de Processo Penal – que a prisão com fundamento unicamente em condenação penal só pode ser decretada após esgotadas todas as possibilidades de recurso.

Em meio a momento social turbulento e de expansão do populismo penal, o Ministro Toffoli, mais uma vez demonstrando coragem e visão garantista de julgador que respeita a Constituição, expressou entendimento que decorre da própria opção do legislador e se mostra compatível com o princípio constitucional da presunção de

---

[2] LIMONGI, Celso. O juiz e a coragem. *Migalhas*. São Paulo, 22 dez. 2017. Disponível em: https://www.migalhas.com.br/depeso/271414/o-juiz-e-a-coragem. Acesso em: 15 jul. 2024.

[3] O QUE se exige hoje de um juiz não é coragem, mas heroísmo, diz Mendes. *Exame*. Disponível em: https://exame.com/brasil/o-que-se-exige-hoje-de-um-juiz-nao-e-coragem-mas-heroismo-diz-mendes/. Acesso em: 16 jul. 2024.

inocência. Como muito bem ponderou, o Parlamento tem autonomia para alterar esse dispositivo e definir o momento da prisão. E no seu entendimento, a única exceção é a sentença proferida pelo Tribunal do Júri, que, de acordo com a Constituição, é soberano em suas decisões.

Antevendo as críticas populistas e midiáticas de sua razão de decidir, Toffoli ressaltou que a exigência do trânsito em julgado não levaria à impunidade, pois o sistema judicial possui mecanismos próprios para coibir abusos nos recursos com a finalidade única de obter a prescrição da pena (em detalhes: ADCs nºs 43, 44 e 54).

Como mais uma demonstração de juiz de coragem, não nos esqueçamos de que foi o Ministro Toffoli, em 2015 – ou seja, no período no qual magistrados estavam acuados pelo consórcio midiático da autodeclarada "força tarefa da Lava Jato" – que cortou o cordão umbilical da malfadada operação, proferindo voto na Questão de Ordem do Inquérito nº 4.130/PR, que encerrara com o írrito juízo universal da atração de competência, já que toda investigação, inquérito ou processo acabava por forçosas alegações de conexão e competência, sendo dirigidos e ou remetidos à 13ª Vara Criminal Federal de Curitiba.

Inclusive, depois deste julgamento, outros seguiram a mesma trilha, culminando com o reconhecimento de eiva absoluta de todas as lides, determinando a remessa dos expedientes aos corretos juízos naturais. Vale citar que o mar de ilegalidades visto nas investigações e nos julgamentos gerou o reconhecimento de eivas que contaminaram não somente os procedimentos penais como de esferas difusas, maculando de vício incurável acordos de colaboração e leniência. E os exemplos são múltiplos e diversos.

Por militarmos na advocacia criminal e por mais nos atermos a precedentes de natureza penal que influenciaram as Cortes e os juízes pelo País, não podemos deixar de mencionar que foi Sua Excelência que, no *Habeas Corpus* nº 92.687/MG, em voto-vista aprofundara e ampliara o tema quanto à liberdade provisória.

E ali, mais uma vez expressando a coragem de um juiz preocupado com a justa aplicação do Direito Penal, desfez jargão tão utilizado na justiça primária de prisões baseadas em gravidade genérica da acusação abstrata pendente.

Vale, pois, a citação de importante excerto de seu voto de maneira a reverenciar a sua coragem:

> [...] Forçoso concluir que a inafiançabilidade não pode constituir causa impeditiva da liberdade provisória, se considerados os princípios da presunção de inocência, da dignidade da pessoa humana, da ampla defesa e do devido processo legal. Daí porque, diante de tais preceitos constitucionais, a inconstitucionalidade do preceito legal parece-me indubitável de dúvidas. *Aliás, cabe mencionar que a fiança, conforme estabelecido no artigo 322 do CPP, em certas hipóteses, poderá ser fixada pela autoridade policial, em razão de requisitos objetivos fixados em lei, posto que o instituto é de caráter eminentemente legal. Já a liberdade provisória não, é ato privativo do Magistrado*, que aferirá seu cabimento sob ângulo da subjetividade do agente, conforme manda o Código de Processo Penal em seu art. 310, amoldado ao que dispõe o art. 5º, inciso LXVI, da Carta da República. Versa o referido dispositivo que: "LXVI - ninguém será levado à prisão ou nela mantido, quando a lei admitir a liberdade provisória, com ou sem fiança"; Tal preceito demonstra que é o legislador o primeiro a decidir quais são os critérios para que *indiciados ou acusados* façam jus ou não ao benefício da liberdade provisória, ressalte-se, instituto típico da prisão em flagrante. Aí, a meu ver, é que remanesce a incoerência no sistema processual penal, regido pelo dispositivo ora questionado. O legislador faculta essa possibilidade ao agente do ilícito penal e não ao tipo do crime. *A garantia é ao indivíduo!*

Se a Constituição Federal quisesse permitir à Lei proibi-la consoante o tipo criminal, teria incluído tal restrição no tópico da vedação feita no inc. XLIII do art. 5º. Assim não estaria ele autorizado a vedar a liberdade provisória em razão da gravidade do delito.... Digo isso porque, se o agente é preso em flagrante, acusado de tráfico de drogas, atualmente, pela redação do art. 44 da Lei nº 11.343/06, não poderá receber o benefício da liberdade provisória, mesmo sendo primário, de bons antecedentes. Contudo se este mesmo agente conseguir se furtar do local do delito, apresentando-se posteriormente à autoridade policial, sem a lavratura do auto de prisão em flagrante, poderá permanecer em liberdade durante o curso do processo, uma vez que o juiz não estará obrigado a decretar a sua prisão. *Veja a ilogicidade do sistema!* Parece-me incompreensível essa desigualdade de tratamento. O ideal seria exigir sempre do juiz, nos crimes considerados mais graves, sejam eles hediondos ou equiparados, uma decisão devidamente fundamentada para manter o agente preso ou não. O inciso LXVI do artigo 5º da Carta da República deixa claro que a prisão cautelar é a exceção à regra da liberdade, sendo incoerente vedá-la à míngua de justificativa plausível e sem o estabelecimento de requisitos a serem preenchidos caso a caso. Portanto, no meu ponto de vista, a liberdade provisória deverá ser analisada independentemente da natureza da infração, mas em razão das condições pessoas do agente, por se tratar de direito subjetivo garantido constitucionalmente ao indivíduo.

O olhar cirúrgico do Ministro Toffoli, inegavelmente, aclarou antagonismos e, sobretudo, caminhou no sentido de deslegitimar prisões arbitrárias e desnecessárias. E com mais sensibilidade, agiu para reabilitar a regra tão secundada de que a prisão é sempre a exceção, e a liberdade – inobstante a gravidade – é a regra.

Saliente-se que foram decisões desse jaez que invocaram e impuseram que nossa legislação sofresse mudanças, a exemplo do que se viu ocorrer na reforma da lei adjetiva penal de 2019, alterando os retrógados conceitos sobre prisão e liberdade.[4]

---

[4] Art. 312. A prisão preventiva poderá ser decretada como garantia da ordem pública, da ordem econômica, por conveniência da instrução criminal ou para assegurar a aplicação da lei penal, quando houver prova da existência do crime e indício suficiente de autoria e de perigo gerado pelo estado de liberdade do imputado. (Redação dada pela Lei nº 13.964, de 2019) §1º A prisão preventiva também poderá ser decretada em caso de descumprimento de qualquer das obrigações impostas por força de outras medidas cautelares (art. 282, §4º). (Redação dada pela Lei nº 13.964, de 2019) §2º A decisão que decretar a prisão preventiva deve ser motivada e fundamentada em receio de perigo e existência concreta de fatos novos ou contemporâneos que justifiquem a aplicação da medida adotada. (Incluído pela Lei nº 13.964, de 2019);
Art. 313. Nos termos do art. 312 deste Código, será admitida a decretação da prisão preventiva: (Redação dada pela Lei nº 12.403, de 2011). I - nos crimes dolosos punidos com pena privativa de liberdade máxima superior a 4 (quatro) anos; (Redação dada pela Lei nº 12.403, de 2011). II - se tiver sido condenado por outro crime doloso, em sentença transitada em julgado, ressalvado o disposto no inciso I do caput do art. 64 do Decreto-Lei nº 2.848, de 7 de dezembro de 1940 - Código Penal; (Redação dada pela Lei nº 12.403, de 2011). III - se o crime envolver violência doméstica e familiar contra a mulher, criança, adolescente, idoso, enfermo ou pessoa com deficiência, para garantir a execução das medidas protetivas de urgência; (Redação dada pela Lei nº 12.403, de 2011). IV - (revogado). (Revogado pela Lei nº 12.403, de 2011). §1º Também será admitida a prisão preventiva quando houver dúvida sobre a identidade civil da pessoa ou quando esta não fornecer elementos suficientes para esclarecê-la, devendo o preso ser colocado imediatamente em liberdade após a identificação, salvo se outra hipótese recomendar a manutenção da medida. (Redação dada pela Lei nº 13.964, de 2019) §2º Não será admitida a decretação da prisão preventiva com a finalidade de antecipação de cumprimento de pena ou como decorrência imediata de investigação criminal ou da apresentação ou recebimento de denúncia. (Incluído pela Lei nº 13.964, de 2019)
Art. 314. A prisão preventiva em nenhum caso será decretada se o juiz verificar pelas provas constantes dos autos ter o agente praticado o fato nas condições previstas nos incisos I, II e III do caput do art. 23 do Decreto-Lei nº 2.848, de 7 de dezembro de 1940 - Código Penal. (Redação dada pela Lei nº 12.403, de 2011).
Art. 315. A decisão que decretar, substituir ou denegar a prisão preventiva será sempre motivada e fundamentada. (Redação dada pela Lei nº 13.964, de 2019) §1º Na motivação da decretação da prisão preventiva ou de qualquer outra cautelar, o juiz deverá indicar concretamente a existência de fatos novos ou contemporâneos que justifiquem a aplicação da medida adotada. (Incluído pela Lei nº 13.964, de 2019) §2º Não se considera

E não para por aí. Também como só um juiz de coragem poderia fazê-lo, foi Sua Excelência o primeiro Ministro a estancar a inidônea avalanche de acusações e processos respaldados apenas e tão somente em colaborações premiadas despidas de provas de corroboração, ou seja, sem mínimos e concretos elementos hábeis a credibilizar a palavra do colaborador.

Até então, infelizmente, muitos tribunais pelo País sempre utilizaram o jargão que "os elementos serão analisados quando do julgamento do mérito", covardemente deixando prosseguir lides penais fadadas ao insucesso e que somente afligem e causam espúria coação àqueles que a elas estavam submetidas.

A força das palavras proferidas nos diversos votos de Sua Excelência reverberou e fulminou ilegalidades, evitando a submissão indevida de pessoas ao constrangimento ilegal, preservando-lhes e respeitando-lhes o *status dignitatis*. Somente, pois, um juiz de coragem poderia assim agir!

Sempre alertou o Ministro Toffoli:

> Se nenhuma sentença condenatória será proferida com fundamento apenas nas declarações de agente colaborador" (art. 4º, §16, da Lei nº 12.850/13), é lícito concluir que essas declarações, por si sós, não autorizam a formulação de um juízo de probabilidade de condenação e, por via de consequência, não permitem um juízo positivo de admissibilidade da acusação. (Inq. 3.994/DF)

Também como mais um exemplo de sua valentia ao julgar, pertinente rememorar a verdadeira aula que Sua Excelência dera ao discorrer sobre a temeridade de se admitir esse tipo de acusação em nosso sistema jurídico:

> [...] Ao tratar do valor probatório dos depoimentos do colaborador premiado, assentei, no voto condutor do HC nº 127.483/PR, Pleno, que o Código de Processo Penal italiano impõe seja feito um confronto das declarações prestadas pelo corréu, pelo acusado conexo e pela testemunha assistida (arts. 211 e 212), *bem como que as declarações prestadas pelo corréu no mesmo delito e pelo acusado de um procedimento conexo ou coligado probatoriamente* (art. 371, parágrafo 2º, letra b) *sejam valoradas conjuntamente com outros elementos de prova que confirmem sua credibilidade* (art. 192, §3º) independentemente de os respectivos procedimentos

---

fundamentada qualquer decisão judicial, seja ela interlocutória, sentença ou acórdão, que: (Incluído pela Lei nº 13.964, de 2019) I - limitar-se à indicação, à reprodução ou à paráfrase de ato normativo, sem explicar sua relação com a causa ou a questão decidida; (Incluído pela Lei nº 13.964, de 2019) II - empregar conceitos jurídicos indeterminados, sem explicar o motivo concreto de sua incidência no caso; (Incluído pela Lei nº 13.964, de 2019) III - invocar motivos que se prestariam a justificar qualquer outra decisão; (Incluído pela Lei nº 13.964, de 2019) IV - não enfrentar todos os argumentos deduzidos no processo capazes de, em tese, infirmar a conclusão adotada pelo julgador; (Incluído pela Lei nº 13.964, de 2019) V - limitar-se a invocar precedente ou enunciado de súmula, sem identificar seus fundamentos determinantes nem demonstrar que o caso sob julgamento se ajusta àqueles fundamentos; (Incluído pela Lei nº 13.964, de 2019) VI - deixar de seguir enunciado de súmula, jurisprudência ou precedente invocado pela parte, sem demonstrar a existência de distinção no caso em julgamento ou a superação do entendimento. (Incluído pela Lei nº 13.964, de 2019)

Art. 316. O juiz poderá, de ofício ou a pedido das partes, revogar a prisão preventiva se, no correr da investigação ou do processo, verificar a falta de motivo para que ela subsista, bem como novamente decretá-la, se sobrevierem razões que a justifiquem. (Redação dada pela Lei nº 13.964, de 2019) (Vigência) Parágrafo único. Decretada a prisão preventiva, deverá o órgão emissor da decisão revisar a necessidade de sua manutenção a cada 90 (noventa) dias, mediante decisão fundamentada, de ofício, sob pena de tornar a prisão ilegal. (Incluído pela Lei nº 13.964, de 2019) (Vigência) (Vide ADI 6581) (Vide ADI 6582);

estarem reunidos ou separados."[5] Citando a melhor doutrina Italiana sobre o tema S. Excia continua: "Neste particular, o art. 4º, §16, da Lei nº 12.850/13, ao prever que 'nenhuma sentença condenatória será proferida com fundamento apenas nas declarações de agente colaborador', inspira-se nitidamente no citado art. 192, §3º, do Código de Processo Penal italiano, que não exclui a utilizabilidade probatória das declarações feitas por coimputado sobre a responsabilidade alheia, mas, ao impor sua valoração conjunta com outros elementos que confirmem sua credibilidade ('*attendibilità*'), subordina sua utilização à necessidade de corroboração por elementos externos de verificação (GREVI, Vittorio. *Compendio di procedura penale*. 6. ed. p. 323-324)... Importante salientar que, para fins de corroboração das 'declarações heteroinculpatórias' do agente colaborador, não são suficientes, *por si sós*, as declarações harmônicas e convergentes de outro colaborador. Nesse ponto, penso não assistir razão a *Vittorio Grevi*, para quem nada obsta que os elementos de prova que confirmem uma delação possam ser representados por declarações de um diverso coimputado ('*Con riguardo al quale nulla vieta che i predetti elementi di prova possano essere rappresentati anche da dichiarazioni di un diverso coimputato, seppure acquisite soltanto mediante contestazione, ovvero mediante lettura, in sede dibattimentale*' - *Op. cit*. p. 325)... meu sentir, se os depoimentos do réu colaborador, *sem outras provas minimamente consistentes de corroboração*, não podem conduzir à condenação, *também não podem autorizar a instauração da ação penal*, por padecerem, parafraseando *Vittorio Grevi*, da mesma presunção relativa de falta de fidedignidade. A colaboração premiada, por expressa determinação legal (art. 3º, I da Lei nº 12.850/13), é um *meio de obtenção de prova*, assim como o são a captação ambiental de sinais eletromagnéticos, ópticos ou acústicos, a interceptação de comunicações telefônicas e telemáticas ou o afastamento dos sigilos financeiro, bancário e fiscal (incisos IV a VI do referido dispositivo legal). ... Nesse contexto, a colaboração premiada, como meio de obtenção de prova, tem *aptidão para autorizar a deflagração da investigação preliminar*, visando "adquirir coisas materiais, traços ou declarações dotadas de força probatória". Essa, em verdade, constitui sua verdadeira vocação probatória. Todavia, os depoimentos do colaborador premiado, *sem outras provas idôneas de corroboração*, não se revestem de densidade suficiente para lastrear um juízo positivo de admissibilidade da acusação, o qual exige a presença do *fumus commissi delicti*. Com aduz *Rodrigo Capez*, o *fumus commissi delicti*, que se funda em um juízo de probabilidade de condenação, traduz-se, em nosso ordenamento, na prova da existência do crime e na presença de indícios suficientes de autoria (*Prisão e medidas cautelares diversas*: a individualização da medida cautelar no processo penal. São Paulo: Quartier Latin, 2017, p. 444). Se "nenhuma sentença condenatória será proferida com fundamento apenas nas declarações de agente colaborador" (art. 4º, §16, da Lei nº 12.850/13), é lícito concluir que essas declarações, por si sós, *não autorizam a formulação de um juízo de probabilidade de condenação e, por via de consequência, não permitem um juízo positivo de admissibilidade da acusação.*

---

[5] Não cabe, aqui, adentrar na complexa disciplina processual penal italiana, relativamente: i) às declarações do imputado no próprio procedimento a que responde (art. 208, CPP), o qual pode assumir, se prestar declarações sobre a responsabilidade de terceiros, a condição de testemunha (art. 64, incisos 3 e 3-bis, CPP); ii) às declarações de imputados que concorreram para o mesmo crime (arts. 12, inciso 1, a, e 197, a, CPP); iii) às declarações de imputadosconexos teleologicamente ou coligados, definindo-se como tais os imputados que têm, em relação ao procedimento principal, uma relação de conexão (art. 12, inciso 1, c, CPP) ou de coligação probatória (art. 371, inciso 2, b, CPP), prescindindo-se da circunstância de os respectivos procedimentos estarem reunidos ou separados; iv) ao testemunho assistido, sobre fatos pertinentes à responsabilidade de terceiros, do imputado coligado ou conexo teleologicamente antes da sentença irrevogável no procedimento contra ele movido (art. 197-bis, inciso 2, CPP); v) ao testemunho assistido do imputado coligado ou conexo teleologicamente que já tenha sido julgado (art. 197-bis, inciso 1, CPP); e vi) às declarações do colaborador da justiça ('collaboratore di giustizia'), que poderá ser ouvido como testemunha assistida, com a obrigação de dizer a verdade sobre fato alheio (Decreto-lei nº 8/1991, convertido na Lei nº 82/1991, com as alterações da Lei n. 45/2001). A esse respeito, confira-se: GREVI, Vittorio. *Compendio di procedura penale*. 6. ed. Pádua: CEDAM, 2012. p. 332-335. TONINI, Paolo. *Manuale di procedura penale*. 14. ed. Milão: Giuffrè Editore, 2013. p. 303-329.

Com efeito, pelo entendimento iniciado e tão defendido pelo Ministro Toffoli vimos diversos inquéritos, procedimentos e ações penais justamente encerradas porque, acertadamente, Sua Excelência quase que patenteou o entendimento da inidoneidade, precariedade e impossibilidade de se pretender investigar ou processar alguém apenas com esteio na palavra – no mais das vezes mendaz – do colaborador.

Essa quase mitomania agregada e intrínseca que se comprovou cercando essas narrativas, direcionando acusações a políticos e figuras importantes do cenário nacional, efetivamente não poderia, como não pode, sobreviver.

E foi seguindo essa linha que nossa Casa Legislativa está para votar o Projeto de Lei nº 4.372/2016, em caráter de urgência, que modificará a legislação para proibir delações-colaborações quando o acusado estiver "preso" justamente para acabar com a quase troca que se fazia, porque o alcaguete diria ou dirá tudo o que fosse conveniente aos senhores da investigação para se livrar das grades.

Derradeiramente, foi do festejado Ministro que adveio o afastamento absoluto da tese de legítima defesa da honra para crimes de feminicídio – ADPF nº 779.

Aqui muito mais com boa técnica penal, discorreu Sua Excelência que a infidelidade no contexto das relações amorosas/afetivas se insere dentro de um plano ético e moral de convivência, bem como de civilidade, não havendo razão, justificativa ou explicação para, ainda diante da infidelidade, se possa agir com violência, de forma desproporcional, covarde e criminosa.

A ninguém é dado agir com violência por eventual traição, já que existem em nosso ordenamento outros mecanismos, judiciais inclusive (ações cíveis indenizatórias), de compensação, reparação e punição.

Atento aos avanços de nossa sociedade, o Ministro Toffoli assim cravou que a "legítima defesa da honra" nesses casos jamais poderia ser invocada ou reconhecida porque não se enquadraria nos pressupostos próprios da excludente de ilicitude, tratando-se de um "recurso argumentativo e retórico odioso, desumano e cruel", utilizado levianamente para, em casos de feminicídio ou agressões, querer responsabilizar as vítimas mulheres pelos momentos de fúria e ira dos companheiros e tentar justificar o injustificável – mortes ou lesões.

Tem-se assim, pois, nestas breves linhas, alguns dos exemplos de que a coragem do Ministro Toffoli e o seu desapego pela popularidade desaguaram no aprimoramento de nossa Justiça, melhorando sua efetividade, protegendo direitos, resguardando princípios e evitando abusos.

E como Sua Excelência na Corte ainda permanecerá por longos e bons anos, sabemos que esse exaustivo, mas exemplar modelo de julgar, se projetará no futuro, servindo de alívio aos jurisdicionados contra temores de arbítrios e exageros.

Gostem ou não gostem alguns, dizemos e reafirmamos: como é bom que vivemos num Estado Democrático de Direito.

Pensamos, neste sentido, que são bem-aventurados aqueles que podem contar com um Supremo Tribunal Federal independente,[6] com integrantes corajosos, comprometidos e competentes como o é o nosso.

---

[6] Fernando Capez enumera que a difícil função de julgar precisa de pessoa: "[...] investido no cargo de juiz e com a as garantias que lhe assegurem absoluta independência e imparcialidade". CAPEZ, Fernando. *Curso de Processo Penal*. 8. ed. São Paulo: Saraiva, 2002, p. 25.

Nesta linha, o Professor José Faria Costa bem menciona que não se pode hipotecar garantias sem o devido controle porque afetam e colocam em risco o próprio Estado Democrático de Direito.[7]

Por isso Rui Barbosa dizia que "a força do direito deve superar o direito da força".

Só assim é possível respeitar e bem defender nossa Constituição, como muito bem se constata da altivez e coragem de Sua Excelência o Ministro Toffoli, sabendo que acima de tudo "Todos são iguais perante a lei, sem distinção de qualquer natureza, garantindo-se aos brasileiros e aos estrangeiros residentes no País a inviolabilidade do direito à vida, à liberdade, à igualdade, à segurança e à propriedade..." (art. 5º da CF).

É, assim, portanto, o Ministro Toffoli: um Juiz de Coragem de mudar!

Referências

BRASIL. Supremo Tribunal Federal. *"HABEAS CORPUS.* TRÁFICO DE ENTORPECENTES. PRISÃO EM FLAGRANTE. LIBERDADE PROVISÓRIA INDEFERIDA. CRIME HEDIONDO. VEDAÇÃO LEGAL. INAFIANÇABILIDADE. CONSTRANGIMENTO ILEGAL. NÃO EVIDENCIADO. ORDEM DENEGADA. RESSALVADO POSICIONAMENTO DA RELATORIA. I. Hipótese em que o recorrente foi preso em flagrante pela suposta prática do crime de tráfico de entorpecentes, tendo sido indeferido pelo Magistrado singular o benefício da liberdade provisória. 11. O entendimento anteriormente consolidado nesta Corte orientava-se no sentido de que, ainda que se cuidasse de crime de natureza hedionda, o indeferimento do benefício da liberdade provisória deveria estar fundamentado em suficiente e adequada fundamentação, com base nos requisitos do art. 312 do Código de Processo Penal. 111. Revisão da jurisprudência em virtude de entendimento do Supremo Tribunal Federal, no sentido de que o disposto no art. 2º, inciso 11, da Lei dos Crimes Hediondos, por si só, constitui fundamento suficiente para o indeferimento da liberdade provisória sem a necessidade de explicitação de fatos concretos que justifiquem a manutenção da custódia. IV. A proibição da liberdade provisória a acusados pela prática de crimes hediondos deriva da inafiançabilidade dos delitos dessa natureza preconizada pela Constituição da República, em seu art. 5º, inciso XLIII. *Habeas Corpus* n. 92.687/MG. Maurício Lima de Carvalho. Rel. Min. Joaquim Barbosa. Acórdão 09.02.2010, data da publicação DJE 01/03/2013. Voto do Min. Dias Toffoli.

BRASIL. Supremo Tribunal Federal. Ação penal. Corrupção passiva (art. 317, §1º, do CP) e lavagem de dinheiro (art. 1º, caput e §4º, da Lei nº 9.613/98), na forma dos arts. 29 e 69, ambos do Código Penal. Suposto envolvimento de agentes públicos em esquema de corrupção relacionado à Diretoria de Abastecimento da Petrobras. Usurpação não verificada. Rediscussão da matéria. Preclusão *pro iudicato*. Ofensa ao princípio da correlação não configurada. Necessidade de observar o art. 384 do CPP. Artigo 5º, caput, da Lei 8.038/90. Interpretação. Precedentes. Nulidade da quebra de sigilo telefônico não caracterizada. Imprescindibilidade para as investigações. Afastamento do sigilo por prazo razoável. Preliminares afastadas. Corrupção passiva. Ausência de elementos aptos a permitir a formação de juízo isento de dúvidas. Declarações do colaborador não corroboradas por elementos externos. Precedentes. Documentos produzidos unilateralmente. Imprestatibilidade. Divergências notórias entre os conteúdos das declarações. Afirmações genéricas. Redução da credibilidade e da confiabilidade. Desclassificação inócua. *Emendatio libelli* (art. 383 do CPP). Cabimento da suspensão condicional do processo. Lavagem de dinheiro. Lei nº 12.683/2012. Taxatividade do rol de crimes antecedentes. Precedentes. Autolavagem. Ação penal julgada improcedente. Ação Penal n. 1003/DF. Relator Min. Edson Fachin. Acórdão 19.06.2018, data da publicação DJE 06.12.2018. Voto do Min. Dias Toffoli.

---

[7] "A diminuição das garantias processuais é um dos aspectos que mais rapidamente se manifestam enquanto característica do Estado punitivo. Não por acaso é o direito processual penal visto como a mais sensível das sensitivas às variações mínimas das estruturas do poder. Com efeito, multiplicam-se e agravam-se as medidas derrogatórias de direito comum, como sejam a proteção de testemunhas ou determinadas técnicas de revista e buscas. Hipotecam-se as garantias dos argüidos em prol de uma luta mais eficaz contra aquela criminalidade que abala os alicerces da comunidade democrática, mas que, ao fim e ao cabo, acaba por fazer esta mesma comunidade pôr em risco a democracia em que assenta" (COSTA, José Faria. A criminalidade em um mundo globalizado: ou *plaidoyer* por um Direito Penal não-securitário. *In*: SILVA, Marco Antonio Marques da; COSTA, José de Faria (Coords.). *Direito Penal especial, Processo Penal e direitos fundamentais*: visão luso-brasileira. São Paulo: Quartier Latin, 2006. 1215 p, p. 95).

BRASIL. Supremo Tribunal Federal. Inquérito. Corrupção passiva e lavagem de dinheiro (art. 317, §1º, e art. 1º, §4º, da Lei nº 9.613/98, c/c os arts. 29 e 69 do CP). Denúncia. Parlamentares federais. Suposto envolvimento em esquema de corrupção de agentes públicos relacionado à Diretoria de Abastecimento da Petrobras. Vantagens indevidas. Supostos recebimentos na forma de doações eleitorais oficiais, por intermédio de empresas de fachada e também em espécie. Imputações calcadas em depoimentos de réus colaboradores. Ausência de provas minimamente consistentes de corroboração. *Fumus commissi delicti* não demonstrado. Inexistência de justa causa para a ação penal. Denúncia rejeitada (art. 395, III, CPP) com relação aos parlamentares federais, com determinação de baixa dos autos ao primeiro grau quanto ao não detentor de prerrogativa de foro. Inquérito n. 3994/DF. Rel. Min. Dias Toffoli. Acórdão 18.12.2017, data da publicação DJE 06/04/2018.

CAPEZ, Fernando. *Curso de Processo Penal*. 8. ed. São Paulo: Saraiva, 2002.

COSTA, José Faria. A criminalidade em um mundo globalizado: ou *plaidoyer* por um Direito Penal não-securitário. *In*: SILVA, Marco Antonio Marques da; COSTA, José de Faria (Coords.). *Direito Penal especial, Processo Penal e direitos fundamentais*: visão luso-brasileira. São Paulo: Quartier Latin, 2006. 1215 p.

GREVI, Vittorio. *Compendio di procedura penale*. 6. ed. Pádua: CEDAM, 2012. p. 332-335.

LIMONGI, Celso. O juiz e a coragem. *Migalhas*. São Paulo, 22 dez. 2017. Disponível em: https://www.migalhas.com.br/depeso/271414/o-juiz-e-a-coragem. Acesso em: 15 jul. 2024.

O QUE se exige hoje de um juiz não é coragem, mas heroísmo, diz Mendes. *Exame*. Disponível em: https://exame.com/brasil/o-que-se-exige-hoje-de-um-juiz-nao-e-coragem-mas-heroismo-diz-mendes/. Acesso em: 16 jul. 2024.

TONINI, Paolo. *Manuale di procedura penale*. 14. ed. Milão : Giuffrè Editore, 2013. p. 303-329.

TRAD, Fábio. Mesmo impopular por suas decisões, juiz não pode ceder às pressões. *Consultor Jurídico*, 29 ago. 2017. Disponível em: https://www.conjur.com.br/2017-ago-29/fabio-trad-mesmo-impopular-decisoes-juiz-nao-ceder/. Acesso em: 15 jul. 2024.

Informação bibliográfica deste texto, conforme a NBR 6023:2018 da Associação Brasileira de Normas Técnicas (ABNT):

BIALSKI, Daniel Leon. A coragem de mudar. *In*: MENDES, Gilmar Ferreira; LIRA, Daiane Nogueira de; FREIRE, Alexandre (coord.). *Constituição, democracia e diálogo*: 15 anos de Jurisdição Constitucional do Ministro Dias Toffoli. 2. ed. Belo Horizonte: Fórum, 2025. p. 393-401. ISBN 978-65-5518-937-7.

O PROGRESSISMO DE DIAS TOFFOLI NA ERA DIGITAL: UM ESTUDO SOBRE A ATUAÇÃO DO MINISTRO NO ESCOPO DA AÇÃO DIRETA DE INCONSTITUCIONALIDADE (ADI) Nº 6.529 À LUZ DO *FRAMEWORK* NACIONAL DE PROTEÇÃO DE DADOS

DANIEL BECKER PAES BARRETO PINTO
BEATRIZ DE ARAÚJO HAIKAL LEITE
LUDMILLA CAMPOS COSTA DOS SANTOS

1 Introdução

Inteligência Artificial (IA) capaz de aprender e tomar decisões; dados que se acumulam em volumes inimagináveis; objetos do cotidiano conectados à *internet* e robôs que superam a ficção científica – esse é o cenário que molda o presente e o futuro.

A Quarta Revolução Industrial, também conhecida como Indústria 4.0, caracteriza-se pela fusão de tecnologias digitais, físicas e biológicas, impulsionada por avanços em áreas como IA, robótica, Internet das Coisas (IoT), impressão 3D, biotecnologia, nanotecnologia e computação quântica.

Essa convergência tecnológica está transformando radicalmente a produção industrial, os modelos de negócios e a forma como as pessoas interagem com o mundo, gerando impactos em diversos setores da economia e da sociedade. A automação inteligente, a conectividade em larga escala e a análise de grandes volumes de dados são elementos centrais dessa revolução, que promete aumentar a eficiência, a produtividade e a personalização, ao mesmo tempo que apresenta desafios como a necessidade de requalificação da força de trabalho e a proteção de dados.

Diante desse turbilhão de inovações, o Direito, como ciência social milenar e intrinsecamente conservadora, se vê diante de um duplo desafio: adaptar-se à velocidade das transformações ao mesmo tempo que garante a proteção de direitos e valores fundamentais em um contexto complexo e digital. A resistência à atualização, construída no curso dos anos como sendo inerente à sua natureza, se manifesta na dificuldade de acompanhar o ritmo acelerado das inovações tecnológicas e na lenta e atravancada incorporação de novas ferramentas ao exercício jurídico.

Essa demora em incorporar novas tecnologias, aliada à natureza muitas vezes reativa do Direito, que tende a responder a problemas já existentes em vez de antecipar novas questões, evidencia a dificuldade do sistema jurídico em acompanhar as transformações sociais e tecnológicas em curso.

É nesse contexto que profissionais como o Ministro Dias Toffoli se destacam como verdadeiros agentes de mudança, com uma visão progressista e receptiva às inovações tecnológicas. Ao longo de seus 15 anos de jurisdição no Supremo Tribunal Federal (STF), sua atuação refletiu um compromisso com a modernização do Judiciário e a adaptação às demandas contemporâneas, harmonizando o progresso tecnológico com a proteção dos direitos fundamentais dos cidadãos.

O legado de Toffoli inspira a busca por um setor jurídico mais ágil, adaptável e sintonizado com as demandas da sociedade digital. Afinal, a tecnologia não é apenas um meio, mas um elemento intrínseco à realidade contemporânea, e o Direito precisa estar preparado para lidar com seus impactos e potencialidades – e mais do que isso, para se valer dos frutos dela advindos.

Entre os pronunciamentos e normativas editadas durante sua presidência no STF, no âmbito do Conselho Nacional de Justiça (CNJ), bem como em reportagens, é dever evidenciar tanto a *expertise* quanto as sopesadas providências de modernização postas em prática no curso de sua atuação.

Longe de negligenciar as complexidades da inovação, o Ministro se recusa a permitir que o medo do desconhecido paralise o progresso. Em vez disso, advoga por uma exploração responsável e estratégica da tecnologia, buscando maximizar seus benefícios em prol do bem-estar social e do desenvolvimento humano. Sua postura não é de ingenuidade, mas de otimismo pragmático, fundamentado na crença de que a humanidade pode moldar a tecnologia para servir a seus propósitos mais elevados.

A figura do Ministro Dias Toffoli, portanto, emerge como um necessário contraponto à narrativa predominante de cautela exacerbada e ceticismo tecnológico. É essa a perspectiva fundamental que encontra eco no julgamento do caso da "ABIN Paralela", o qual destrincharemos algumas linhas mais tarde.

Por ora, o que merece antecipação é a contribuição do Ministro no julgamento da referida Ação Direta de Inconstitucionalidade (ADI) nº 6.529, reconhecendo que os órgãos do Sistema Brasileiro de Inteligência (SISBIN) só podem fornecer dados à Agência Brasileira de Inteligência (ABIN) quando houver comprovado interesse público, com decisões devidamente motivadas para controle judicial e sem compartilhamento de dados telefônicos ou sujeitos à reserva de jurisdição, em respeito aos direitos fundamentais. Na decisão, o Ministro fortaleceu a importância de procedimentos formais e sistemas de segurança eletrônica, garantindo não apenas a eficácia da ação governamental, mas também a proteção contra abusos.

2 Reposicionamento econômico e social dos dados, o direito fundamental à privacidade e a Lei Geral de Proteção de Dados (LGPD)

2.1 A Quarta Revolução Industrial e o reposicionamento econômico e social dos dados

A Quarta Revolução Industrial representou uma transformação profunda e abrangente em várias esferas da sociedade e da economia global. Caracterizada pela fusão de tecnologias que dissolveram as barreiras entre o físico, o digital e o biológico, esta nova era tecnológica redefiniu o conceito de valor e colocou os dados no epicentro dessa reconfiguração. A transformação digital foi alavancada por tecnologias emergentes como a IA e a IoT, que não só remodelaram os processos industriais e produtivos, mas criaram oportunidades e desafios para a gestão de dados, transformando-os em ativos valiosos.

Em uma era moldada pela tecnologia, os dados emergem como um ativo de valor inestimável, impulsionando a economia digital e redefinindo as relações sociais. Cada interação *online*, cada transação financeira e postagem em redes sociais gera um rastro de informações que, quando coletadas e analisadas, revelam padrões de comportamento, preferências e tendências. Essa abundância de dados, antes considerada um subproduto da atividade digital, agora se transforma em um recurso estratégico.

O reposicionamento econômico dos dados é evidente na ascensão de gigantes da tecnologia, cujos modelos de negócios se baseiam na coleta, processamento e monetização de informações pessoais. A personalização de serviços, a segmentação de publicidade e a oferta de produtos sob medida são apenas algumas das aplicações que impulsionam o crescimento dessas empresas e moldam a economia digital.

De acordo com a International Data Corporation (IDC), o volume de dados globais chegará a 175 zettabytes até 2025,[1] uma quantidade que desafiou a nossa capacidade de processamento e análise. Este crescimento exponencial foi impulsionado pela proliferação de dispositivos conectados e pela digitalização de quase todos os aspectos da vida cotidiana e dos negócios. Empresas como Google, Amazon, Facebook e Apple exemplificaram como a coleta, análise e monetização de dados podem criar valor significativo e sustentar modelos de negócios inovadores.

À medida que avançamos na Quarta Revolução Industrial, o papel dos dados continuou a evoluir. Tecnologias emergentes dependiam de grandes volumes de dados para treinar algoritmos e melhorar continuamente suas capacidades. A interoperabilidade de dados, a padronização e a governança de dados tornaram-se áreas críticas para maximizar seu valor e garantir sua utilização ética.

É aqui que a proteção de dados e o direito à privacidade emergem como pilares essenciais para garantir que o potencial dos dados seja aproveitado em benefício da sociedade, sem comprometer os valores fundamentais da liberdade, igualdade e justiça.

O poder dos dados, portanto, levantou questões críticas sobre privacidade, segurança e ética, gerando preocupações sobre vigilância, discriminação e manipulação.

---

[1] COUGHLIN, Tom. 175 Zettabytes By 2025. *Forbes*, [S. l.], 27 Nov. 2018. Disponível em: https://www.forbes.com/sites/tomcoughlin/2018/11/27/175-zettabytes-by-2025/. Acesso em: 23 jul. 2024.

O escândalo da Cambridge Analytica e as crescentes preocupações com a vigilância estatal destacaram os riscos associados ao uso inadequado de dados. E é nesse cenário que ganham forma o Regulamento Geral sobre a Proteção de Dados (GDPR) na Europa e a LGPD no Brasil.

2.2 O *framework* regulatório de proteção de dados no Brasil

Atualmente, o tema da privacidade no Brasil é regido pela LGPD, Lei nº 13.709/2018, que estabelece diretrizes para o tratamento de dados pessoais, alinhando o Brasil às melhores práticas internacionais e reforçando a importância da proteção de dados na era digital.

Antes da LGPD, a proteção de dados no Brasil era regulada por um mosaico de normas setoriais e disposições específicas, como o Código de Defesa do Consumidor (Lei nº 8.078/1990) e o Marco Civil da Internet (Lei nº 12.965/2014), mas a necessidade de um marco legal mais robusto tornou-se evidente com o avanço das tecnologias digitais e com o crescimento da importância dos dados pessoais na economia e na sociedade.

A LGPD foi inspirada em legislações internacionais, especialmente no GDPR da União Europeia. Esse alinhamento com padrões globais visou não apenas proteger os direitos dos titulares de dados no Brasil, mas também facilitar a integração do país na economia digital global.

Aqui, há de se pontuar que o norte legislativo da LGPD era, de fato, tão premente que, 4 anos depois, em 2022, o Congresso Nacional aprovou a Proposta de Emenda à Constituição (PEC) nº 17/2019, que incluiu a proteção de dados pessoais no rol dos direitos e garantias fundamentais da Constituição Federal. Essa emenda consagrou a proteção de dados pessoais como um direito fundamental autônomo, conferindo-lhe a mesma importância e proteção que outros direitos fundamentais, como a liberdade de expressão e a privacidade. Tal inclusão reforçou a importância da LGPD e consolidou o compromisso do Brasil com a proteção dos dados pessoais dos seus cidadãos, assegurando que qualquer legislação ou política pública respeitasse e promovesse a chancela a esse direito fundamental.

2.3 Proteção de dados no setor público

A administração pública, por sua natureza e função, lida com uma vasta quantidade de dados pessoais, desde informações básicas de cidadãos até dados relacionados à saúde, finanças e segurança. Nesse contexto, a LGPD impõe um conjunto de obrigações e responsabilidades específicas, visando garantir a proteção da privacidade e dos direitos fundamentais dos titulares de dados.

No setor público, a base legal mais relevante para o tratamento de dados é o cumprimento de obrigação legal ou regulatória e a execução de políticas públicas. O tratamento de dados pessoais pelo poder público deve ser feito de acordo com a finalidade específica para a qual os dados foram coletados, visando atender aos interesses públicos e à administração pública. Ainda, a transparência é especialmente importante, uma vez que a administração pública deve prestar contas à sociedade.

O compartilhamento de dados entre órgãos e entidades públicas, prática comum e muitas vezes necessária para a execução de políticas públicas e a prestação de serviços eficientes, também é regido pela LGPD.

Para balizar a atuação do Setor, em junho de 2023, a Autoridade Nacional de Proteção de Dados (ANPD) publicou um *Guia Orientativo para Tratamento de Dados Pessoais pelo Poder Público*.[2] O documento, numa análise direcionada, destaca os princípios da finalidade e adequação, da necessidade e da transparência e livre acesso como primordiais para o exercício da administração pública.

O tratamento de dados pessoais pelo poder público deve observar o princípio da finalidade, que determina que o tratamento seja para "propósitos legítimos, específicos, explícitos e informados ao titular, sem possibilidade de tratamento posterior de forma incompatível com essas finalidades". No contexto do setor público, "o tratamento de dados pessoais deve atender a uma finalidade pública", que seja legítima, específica, explícita e informada. O princípio da adequação exige compatibilidade entre o tratamento e as finalidades informadas ao titular, sendo crucial em casos de uso compartilhado de dados e dados publicamente disponíveis. O princípio da necessidade limita o tratamento e o desaconselha "quando a finalidade que se almeja pode ser atingida por outros meios menos gravosos". Os princípios da transparência e livre acesso garantem ao titular informações claras sobre o tratamento e consulta facilitada sobre seus dados, sendo essenciais para o controle social das atividades do poder público, e reforçados pelo dever de publicidade dos órgãos públicos.

E o que vale para a coleta e o manuseio de dados pela administração pública, estende-se, é claro, aos protocolos de compartilhamento, conferindo, assim

> maior previsibilidade, transparência e segurança jurídica ao uso compartilhado de dados, a observância dessas disposições legais constitui peça-chave para a promoção de uma relação de confiança com os titulares e para a adequada gestão de riscos pelos controladores, inclusive para evitar a ocorrência de abusos e desvios de finalidades.[3]

Um aspecto central da LGPD no setor público é a segurança dos dados. O artigo 46 da lei estabelece que os responsáveis pelo tratamento de dados devem adotar medidas de segurança para proteger os dados pessoais contra acesso não autorizado e situações de risco.

---

[2] BRASIL. Autoridade Nacional de Proteção de Dados. *Guia Orientativo para Tratamento de Dados Pessoais pelo Poder Público*. Brasília, DF: ANPD, 2023. Disponível em: https://www.gov.br/anpd/pt-br/documentos-e-publicacoes/documentos-de-publicacoes/guia-poder-publico-anpd-versao-final.pdf. Acesso em: 24 jul. 2024.

[3] Conforme os princípios de boas práticas para a ética de dados no setor público, divulgados pela Organização para a Cooperação e Desenvolvimento Econômico (OCDE), as decisões e as ações do Poder Público relativas ao tratamento de dados pessoais devem buscar "(...) prevenir, evitar ou, pelo menos, limitar a ocorrência de danos intencionais a indivíduos, a grupos sociais e à sociedade (...). Para alcançar esse objetivo, os governos devem realizar uma efetiva gestão ética dos dados, incluindo os de indivíduos e comunidades, ao longo de todo o seu ciclo de valor, visando ao fortalecimento das instituições democráticas e do Estado de Direito (por exemplo, no que concerne à privacidade e à proteção de dados pessoais). Isso ajudaria a ampliar a legitimidade do uso e do tratamento de dados pelos governos, inclusive no que concerne à entrega de políticas e serviços centrados no ser humano" (OCDE. *Good Practice Principles for Data Ethics in the Public Sector*. Paris: OCDE Publishing, 2020, p. 5, tradução nossa. Disponível em: https://www.oecd.org/digital/digital-government/good-practice-principles-for-data-ethics-in-the-public-sector.htm. Acesso em: 24 jul. 2024).

A proteção de dados pessoais no setor público também está intrinsecamente ligada ao conceito de governança e gestão de dados, isto é, devem ser postos em prática processos e estruturas que garantam que os dados sejam geridos de maneira eficaz, segura e em conformidade com as normas legais e regulatórias. No setor público, a implementação eficaz dessas práticas é essencial não apenas para proteger os direitos dos cidadãos, mas também para garantir a integridade e a eficiência das próprias operações administrativas.

3 O caso da ABIN paralela *vis-à-vis* a Lei Geral de Proteção

3.1 ADI nº 6.529: o caso da ABIN paralela

Em 5 de agosto de 2020, a Rede Sustentabilidade (Rede) e o Partido Socialista Brasileiro (PSB) ajuizaram, perante o STF, a ADI nº 6.529, por meio da qual questionaram a constitucionalidade do parágrafo único do artigo 4º da Lei nº 9.883/1999,[4] que trata do compartilhamento de dados dentro do SISBIN. Os autores da ação alegam que o dispositivo legal permite o compartilhamento de dados sigilosos, como informações fiscais, bancárias e telefônicas, sem a devida proteção aos direitos fundamentais dos cidadãos, como privacidade e intimidade.

O caso da ABIN representa uma importante decisão do STF no contexto da proteção de dados pessoais e do compartilhamento de informações sigilosas.

A disputa surgiu em razão da prática de fornecimento irrestrito de dados sigilosos para a ABIN, envolvendo informações oriundas de órgãos como a Receita Federal, o antigo Conselho de Controle de Atividades Financeiras (COAF) e outras entidades responsáveis pela coleta e análise de dados pessoais e dados pessoais sensíveis, de cidadãos brasileiros. Os dados em questão abrangiam informações fiscais, bancárias, telefônicas e relacionadas a inquéritos policiais.

A ação visava assegurar que o fornecimento de informações fosse feito somente quando houvesse razões específicas e relevantes para o interesse público, e que o processo fosse conduzido com base em critérios legais e proporcionais.

Em 13 de agosto de 2020, o STF, ao julgar a ADI nº 6.529, estabeleceu critérios para o compartilhamento de dados e informações entre os órgãos do SISBIN e a ABIN. A decisão do STF determinou que tal compartilhamento somente poderia ocorrer quando houvesse comprovado interesse público, sendo expressamente vedado o uso para fins pessoais ou privados. É que o STF entendeu que o compartilhamento indiscriminado de dados entre órgãos de inteligência poderia colocar em risco direitos fundamentais, como a intimidade e a liberdade de expressão.

---

[4] Art. 4º À ABIN, além do que lhe prescreve o artigo anterior, compete:
I - planejar e executar ações, inclusive sigilosas, relativas à obtenção e análise de dados para a produção de conhecimentos destinados a assessorar o Presidente da República;
II - planejar e executar a proteção de conhecimentos sensíveis, relativos aos interesses e à segurança do Estado e da sociedade;
III - avaliar as ameaças, internas e externas, à ordem constitucional;
IV - promover o desenvolvimento de recursos humanos e da doutrina de inteligência, e realizar estudos e pesquisas para o exercício e aprimoramento da atividade de inteligência.
Parágrafo único. *Os órgãos componentes do Sistema Brasileiro de Inteligência fornecerão à ABIN, nos termos e condições a serem aprovados mediante ato presidencial, para fins de integração, dados e conhecimentos específicos relacionados com a defesa das instituições e dos interesses nacionais."*

A partir dessa decisão do STF, qualquer solicitação de compartilhamento de dados entre os órgãos do SISBIN e a ABIN deve ser devidamente justificada e comprovadamente vinculada a um interesse público relevante. Além disso, a decisão deve ser motivada, permitindo o controle de legalidade pelo Poder Judiciário.

Neste ponto, vale incursionar no conceito de "conhecimentos específicos" que, essencialmente, compreende a definição de informações detalhadas e especializadas que superam os dados comuns, superficiais – esses conhecimentos específicos podem compreender desde detalhes financeiros e histórico de saúde, perpassar metodologias de trabalho e englobar, ainda, comportamentos e padrões de comunicação, usualmente utilizados na criação de um perfil minucioso de um indivíduo.

Além disso, todas as decisões que envolvam o fornecimento de dados devem ser devidamente fundamentadas, possibilitando o controle de legalidade pelo Poder Judiciário. É importante ressaltar que dados de comunicações telefônicas ou sujeitos à reserva de jurisdição não podem ser compartilhados, mesmo que exista interesse público, em respeito aos direitos fundamentais. Adicionalmente, em acatamento à complementação do Ministro Dias Toffoli, a Ministra Relatora do caso, Cármen Lúcia, fez constar que o fornecimento de informações à ABIN passaria a exigir a instauração de procedimento formal e a utilização de sistemas eletrônicos de segurança e registro de acesso.

Meses depois, em caráter definitivo, o STF concedeu parcial procedência à ADI, para confirmar a medida cautelar. A decisão do STF sublinhou que a transferência de informações deve ser fundamentada em razões específicas e proporcionais. Isso significa que a motivação para o compartilhamento deve ser claramente definida e relacionada ao interesse público, ao mesmo tempo que se respeita a necessidade de proteger a segurança nacional. A Corte enfatizou que a proteção dos dados pessoais deve ser uma prioridade e que a coleta e o uso de informações pessoais devem ser realizados de maneira que respeite *os direitos dos cidadãos*.

A decisão do STF estabelece um marco para a governança da informação, promovendo um equilíbrio entre a necessidade de proteger a segurança nacional e o respeito pelos direitos individuais, configurando um precedente relevante para futuras discussões e práticas relacionadas à proteção de dados e à segurança pública.

3.2 A contribuição do Ministro Dias Toffoli à luz do *framework* regulatório brasileiro sobre proteção de dados e privacidade

Na oportunidade de análise de mérito da medida cautelar pleiteada pelos autores da ADI nº 6.529, o Ministro Dias Toffoli ratificou a decisão da Ministra Relatora Cármen Lúcia e apresentou em seu voto uma sugestão para a inclusão de um item no voto da relatora, que enfatizava a necessidade de um procedimento formalmente instaurado para o fornecimento de dados pessoais e a implementação de sistemas eletrônicos adequados para segurança e registro de acesso. E seja numa atuação ativa, seja numa atuação passiva, mesmo que sem menções diretas à LGPD, o Ministro Dias Toffoli manteve-se vinculado e atento aos princípios e diretrizes elencados na normativa.

Nesse ponto, não há que se falar em afastamento da aplicabilidade da LGPD, sob a égide do artigo 4º, III, alíneas "a" e "b", quanto ao tratamento para fins de segurança pública e de defesa nacional. Explica-se.

A abrangência do dispositivo em questão tem aplicabilidade restritiva: vale, tão somente, para hipóteses que servem ao propósito de segurança nacional. Dessa forma todos os dados que foram coletados em caráter excessivo, isto é, sem utilidade direta ao propósito de segurança nacional, automaticamente fogem ao escopo do artigo 4º, III, alíneas "a" e "b", recaindo, portanto, sob a chancela da LGPD.

Ao não haver uma finalidade específica que justificasse o tratamento sob as exceções previstas, o tratamento de dados pessoais, realizado de maneira irrestrita e sem critérios delimitados, implicaria a obrigatoriedade de observância das disposições protetivas da LGPD. Assim, o compartilhamento desmedido e abrangente, desprovido de justificativas alinhadas aos interesses de segurança pública ou defesa nacional, exige conformidade com os princípios de necessidade, transparência e minimização de dados, estabelecidos pela norma.

E ainda que assim não fosse, e a prerrogativa excepcional da segurança nacional se estendesse integralmente sobre a coleta de dados realizada pela ABIN, existiria, de todo modo, o dever de se interpretar a LGPD de forma não restritiva. Isso quer dizer que a principiologia da LGPD, que compreende valores como a privacidade, a autodeterminação informativa e a segurança de dados transcendem a mera aplicação da norma em si. Os princípios devem, sim, ser encarados como um guia abrangente para o tratamento de dados mesmo em casos em que a lei não seja diretamente aplicável – e, portanto, devem ser emprestados mesmo à hipótese de segurança nacional.

Feitos tais alinhamentos, primeiramente, é tempo de destrinchar a ratificação da decisão da Ministra Relatora, promovida pelo Ministro Dias Toffoli, a qual endossou a determinação de que os órgãos componentes do SISBIN somente poderiam fornecer dados e conhecimentos específicos à ABIN quando comprovado o interesse público da medida. Essa disposição ressoa com os princípios da LGPD, que prioriza a finalidade no tratamento de dados pessoais, assegurando que o processamento seja realizado apenas quando justificado por um objetivo legítimo e claramente definido, evitando o uso indevido de dados pessoais para fins alheios ao interesse público. Além disso, ao afastar qualquer possibilidade de o fornecimento desses dados atender a interesses pessoais ou privados, a decisão reforça o princípio da transparência, elemento central na LGPD.

Ademais, ao estabelecer que qualquer solicitação de dados deverá ser devidamente motivada para eventual controle de legalidade pelo Poder Judiciário, o Ministro Dias Toffoli reforçou a importância do princípio da prestação de contas, princípio fundamental da LGPD. A necessidade de motivação clara e específica garante que as solicitações de dados sejam submetidas a um escrutínio adequado, permitindo que o uso de dados pessoais seja monitorado e controlado de forma a prevenir abusos e garantir a proteção dos direitos dos titulares dos dados. Esse controle judicial potencializa a proteção dos dados pessoais, proporcionando uma camada adicional de segurança e responsabilidade.

Ainda em alinho com o *framework* regulatório nacional de proteção de dados, a decisão endossada pelo Ministro destaca a importância da proporcionalidade e da necessidade no tratamento de dados, ao determinar que, mesmo presente o interesse público, os dados referentes às comunicações telefônicas ou dados sujeitos à reserva de jurisdição não podem ser compartilhados na forma do dispositivo legal, devido ao imperativo de respeito aos direitos fundamentais.

A sugestão do Ministro Toffoli para a inclusão de um item que enfatizava a necessidade de um procedimento formalmente instaurado para o fornecimento de dados pessoais e a implementação de sistemas eletrônicos adequados para segurança e registro de acesso alinha-se diretamente com as disposições da LGPD. A lei brasileira enfatiza a importância de medidas de segurança técnicas e administrativas adequadas para proteger os dados pessoais contra acessos não autorizados e situações acidentais ou ilícitas de destruição, perda, alteração, comunicação ou difusão. Ao exigir procedimentos formais e sistemas de segurança eletrônicos, o Ministro Toffoli contribuiu para a criação de um ambiente onde a proteção de dados é garantida por meio de práticas estruturadas e tecnologias de segurança robustas.

A necessidade de um registro de acesso, do mesmo modo, reflete o princípio da responsabilização e prestação de contas delineado pela LGPD. Manter registros detalhados de acesso permite rastrear e monitorar quem acessou os dados, em que circunstâncias e para quais fins, facilitando a identificação de qualquer desvio ou abuso. Essa medida não apenas protege os dados pessoais, mas também assegura que os agentes de tratamento possam ser responsabilizados por qualquer falha em cumprir os requisitos legais e regulamentares.

A atuação do Ministro Dias Toffoli na ratificação e complementação da decisão da Ministra Relatora Carmen Lúcia, portanto, demonstrou um alinhamento substancial com os princípios e diretrizes da LGPD, mesmo sem menções explícitas à lei. A decisão reforçou a importância do interesse público, da motivação adequada, da proporcionalidade, da segurança e da transparência no tratamento de dados pessoais. Ao exigir procedimentos formais e sistemas de segurança, o Ministro Toffoli não apenas garantiu a proteção dos dados no contexto específico do SISBIN e da ABIN, mas também contribuiu para o fortalecimento do *framework* regulatório brasileiro de proteção de dados e privacidade, promovendo uma cultura de responsabilidade e segurança também na administração pública.

4 Considerações finais – o progressismo de Dias Toffoli e o seu legado para o futuro

O progressismo do Ministro Dias Toffoli se destaca como uma característica essencial de sua atuação no STF, refletindo uma abordagem inovadora e adaptativa frente aos desafios contemporâneos enfrentados pelo Judiciário brasileiro. Sua atuação demonstra um compromisso contínuo com a modernização das práticas judiciais e a incorporação de novas tecnologias e conceitos, alinhando-se às tendências globais e promovendo uma visão mais dinâmica e inclusiva da Justiça.

Toffoli tem sido um destacado defensor da integração de tecnologias emergentes no processo judicial, reconhecendo a importância da digitalização e da inovação para a eficiência e a transparência do sistema judiciário. Sob sua presidência, o STF avançou significativamente em sua transformação digital, implementando ferramentas para agilizar os trâmites processuais e melhorar o acesso à Justiça. Esse enfoque é evidente na adoção de sistemas de gerenciamento eletrônico de processos e na promoção de práticas que favoreçam a transparência e a acessibilidade das informações judiciais ao público.

Ao longo de sua trajetória, o Ministro Toffoli demonstrou um profundo interesse e compreensão das potencialidades da tecnologia para aprimorar o sistema judiciário. Apenas 80 dias após assumir a presidência do CNJ, destacou, na abertura do XII Encontro Nacional do Poder Judiciário, os esforços do Conselho para promover maior integração, sistematização e modernização do Judiciário. Ele ressaltou que o aperfeiçoamento da coleta de dados tem possibilitado diagnósticos mais precisos, o estabelecimento de metas e a melhoria dos sistemas de controle.

Um exemplo notável da atuação do Ministro na interface entre Direito e tecnologia é sua defesa do uso da IA para combater a disseminação de *fake news*. Reconhecendo o potencial prejudicial das notícias falsas para a democracia e o Estado de Direito, Toffoli tem promovido a criação de mecanismos e ferramentas baseados em IA para identificar e combater a desinformação, sem comprometer a liberdade de expressão e outros direitos fundamentais. Para o Ministro, a utilização estratégica da IA é crucial para enfrentar os desafios impostos pela proliferação de informações falsas, permitindo uma resposta mais ágil e eficaz para proteger a veracidade das informações e garantir a confiança pública no ambiente digital.

Seu progressismo se manifesta na disposição para promover mudanças que visem à segurança, à transparência e à justiça no uso das tecnologias digitais, alinhando o sistema jurídico às necessidades da era moderna. Sua liderança reflete um entendimento profundo das necessidades atuais e futuras do sistema jurídico e um compromisso com a evolução contínua da Justiça.

Ao abrir o Seminário das Altas Cortes do BRICS, o Ministro enfatizou a importância da revolução tecnológica no Judiciário. Em sua palestra, Toffoli abordou a necessidade de integrar novas tecnologias na administração da justiça, destacando as boas práticas para melhorar a eficiência e a transparência no sistema judicial. Ele sublinhou como a tecnologia da informação e a IA oferecem oportunidades significativas para modernizar o Judiciário, enfrentando desafios como a gestão de grandes volumes de dados e dos processos judiciais. Esse posicionamento ressalta o papel de Toffoli como um líder que promove a evolução do Direito por meio da tecnologia, assegurando que o sistema judicial brasileiro não apenas acompanhe as tendências globais, mas também se beneficie das inovações para aprimorar sua atuação.

Para o futuro, a expectativa é que as decisões judiciais e a regulamentação na área de proteção de dados continuem a evoluir para enfrentar novos desafios impostos pelas tecnologias emergentes. Com o avanço da digitalização e a crescente complexidade dos sistemas de dados, há necessidade crescente de adaptar a legislação e as práticas para garantir que os direitos dos cidadãos sejam protegidos sem comprometer a eficiência das tecnologias de segurança pública. A abordagem equilibrada de Toffoli, com propostas de integração eficaz da tecnologia no Direito, oferece um modelo de como a regulamentação pode incorporar a tecnologia de maneira construtiva, promovendo uma governança responsável que respeite tanto a privacidade quanto às necessidades de segurança.

Sua atuação no caso ABIN é exemplo de como a tecnologia pode ser utilizada para promover uma governança responsável e eficaz, estabelecendo precedentes importantes para a proteção de dados e a segurança nacional. Toffoli deixa um legado de compromisso com a evolução contínua da Justiça, assegurando que o sistema jurídico brasileiro esteja preparado para os desafios futuros.

A contribuição do Ministro para a modernização do Judiciário e sua abordagem inovadora são provas de uma visão que busca adaptar o sistema jurídico às exigências da era digital e estabelecer um padrão para uma Justiça mais eficiente, acessível e transparente. A atuação de Toffoli como líder progressista no STF oferece uma perspectiva valiosa sobre como a Justiça pode, e deve, evoluir para enfrentar os desafios contemporâneos, preservando ao mesmo tempo os princípios fundamentais que sustentam o Estado de Direito. Em suas próprias palavras, "se a sociedade está em transformação, a Justiça também precisa se transformar".[5]

Referências

BRASIL. Autoridade Nacional de Proteção de Dados. *Guia Orientativo para Tratamento de Dados Pessoais pelo Poder Público*. Brasília, DF: ANPD, 2023. Disponível em: https://www.gov.br/anpd/pt-br/documentos-e-publicacoes/documentos-de-publicacoes/guia-poder-publico-anpd-versao-final.pdf. Acesso em: 24 jul. 2024.

CONSELHO NACIONAL DE JUSTIÇA. Toffoli: sociedade em transformação, Justiça também tem que se transformar. *Portal CNJ*, Brasília, DF, 3 dez. 2018. Disponível em: https://www.cnj.jus.br/toffoli-sociedade-em-transformacao-justica-tambem-tem-que-se-transformar/. Acesso em: 29 jul. 2024.

COUGHLIN, Tom. 175 Zettabytes By 2025. *Forbes*, [S. l.], 27 Nov. 2018. Disponível em: https://www.forbes.com/sites/tomcoughlin/2018/11/27/175-zettabytes-by-2025/. Acesso em: 23 jul. 2024.

OCDE. *Good Practice Principles for Data Ethics in the Public Sector*. Paris: OCDE Publishing, 2020. Disponível em: https://www.oecd.org/digital/digital-government/good-practice-principles-for-data-ethics-in-the-public-sector.htm. Acesso em: 24 jul. 2024.

Informação bibliográfica deste texto, conforme a NBR 6023:2018 da Associação Brasileira de Normas Técnicas (ABNT):

PINTO, Daniel Becker Paes Barreto; LEITE, Beatriz de Araújo Haikal; SANTOS, Ludmilla Campos Costa dos. O progressismo de Dias Toffoli na era digital: um estudo sobre a atuação do Ministro no escopo da Ação Direta de Inconstitucionalidade (ADI) nº 6.529 à luz do *framework* nacional de proteção de dados. *In*: MENDES, Gilmar Ferreira; LIRA, Daiane Nogueira de; FREIRE, Alexandre (coord.). *Constituição, democracia e diálogo*: 15 anos de Jurisdição Constitucional do Ministro Dias Toffoli. 2. ed. Belo Horizonte: Fórum, 2025. p. 403-413. ISBN 978-65-5518-937-7.

---

[5] CONSELHO NACIONAL DE JUSTIÇA. Toffoli: sociedade em transformação, Justiça também tem que se transformar. *Portal CNJ*, Brasília, DF, 3 dez. 2018. Disponível em: https://www.cnj.jus.br/toffoli-sociedade-em-transformacao-justica-tambem-tem-que-se-transformar/. Acesso em: 29 jul. 2024.

AS CONTRIBUIÇÕES DO MINISTRO DIAS TOFFOLI AO SISTEMA TRIBUTÁRIO NACIONAL

DANIEL CORRÊA SZELBRACIKOWSKI
PEDRO JÚLIO SALES D'ARAÚJO

1 Introdução

Na presente obra celebramos os 15 anos de jurisdição constitucional do Ministro José Antonio Dias Toffoli. Nascido em Marília-SP, em 15 de novembro de 1976, o Ministro Dias Toffoli, como é conhecido na Corte, ingressou no Supremo Tribunal Federal (STF) em 23 de outubro de 2009 e, desde então, tem contribuído decisivamente para a formação da jurisprudência da Corte.

Nossa atenção repousará no exame retrospectivo dos principais julgados em matéria tributária conduzidos por Sua Excelência ao longo desses últimos 15 anos, tendo em vista a preocupação do ora homenageado em conferir a melhor interpretação possível à norma jurídica, sem se atrelar a eventuais posições pré-concebidas a respeito das questões postas em julgamento. A verificação dos acórdãos de sua relatoria, ora favoráveis ao Fisco, ora favoráveis aos contribuintes, buscará sinalizar, dos pontos de vista conteudístico e estatístico, o compromisso imparcial do Ministro em relação aos aspectos basilares que orientam o sistema jurídico pátrio.

A contribuição com a presente homenagem muito nos honra, oportunidade na qual efusivamente saudamos o Ministro José Antonio Dias Toffoli e realçamos sua atuação enquanto *exemplo de Magistrado* na mais alta corte do país.

2 O entendimento tributário do Ministro Dias Toffoli em retrospectiva

Em matéria tributária, o equilíbrio das posições tem sido o fio condutor da atuação do Ministro Dias Toffoli, sem que se possa imputar-lhe um perfil de alinhamento prévio aos argumentos favoráveis ao Fisco ou ao contribuinte. No universo amostral analisado, que envolvia tanto recursos extraordinários afetados à repercussão geral como ações diretas de inconstitucionalidade em que a posição defendida pelo Ministro Dias Toffoli se sagrou vencedora, observou-se uma *tendência ao equilíbrio*.

Das 35 repercussões gerais avaliadas, em 20 delas as fazendas (nacional, estaduais ou municipais) se sagraram vencedoras, ao passo que a posição favorável ao contribuinte prevaleceu em 15 paradigmas.[1]

Idêntico resultado pôde ser observado quando em jogo as ações diretas de inconstitucionalidade. Dos 22 temas apreciados nas ações diretas julgadas ao longo dos últimos 15 anos, 10 implicaram a manutenção da exigência tributária (ou cassação de algum benefício fiscal), enquanto 12 culminaram em decisões contrárias às pretensões dos contribuintes.[2]

A existência de uma maioria de decisões favoráveis aos entes tributantes não pode ser interpretada como a adoção irrefletida de uma postura favorável ao fisco. Até pela posição que ocupa, enquanto órgão de cúpula do Poder Judiciário, é razoável que os juízos do STF sejam permeados por percepções voltadas aos impactos orçamentários de suas decisões.

Sob esse ângulo, conforme levantamento do *Anuário da Justiça do Brasil*,[3] ao analisarmos a estatística dos demais eminentes Ministros do STF, ao longo de 2023, observamos que a proporção de decisões colegiadas cuja posição do Ministro Dias Toffoli foi favorável ao Estado e sagrou-se vencedora segue a tendência geral da Corte – uma média de 60% de decisões favoráveis ao Estado e 40% favoráveis ao contribuinte.

E importa ressaltar. Mesmo naqueles casos em que tenha prevalecido posição favorável à pretensão do ente tributante, observou-se a preocupação do magistrado com a interpretação que melhor concretizasse as normas constitucionais envolvidas. Tal tendência pôde ser observada, por exemplo, no julgamento da ADI nº 2.732, em que se reafirmou a constitucionalidade da progressividade fiscal do IPTU, por se entender que "não se vislumbra a presença de incompatibilidade entre a técnica da progressividade e o caráter real do IPTU, uma vez que a progressividade constitui forma de consagração dos princípios da justiça fiscal e da isonomia tributária".

Essa preocupação com os princípios da justiça fiscal e isonomia também se revelou presente quando a Corte apreciou, no julgamento do RE nº 607.056 (Tema nº 337), a constitucionalidade do regime não cumulativo para apuração das contribuições ao PIS e a Cofins das prestadoras de serviços à luz da isonomia e capacidade contributiva. Na oportunidade, o Ministro Dias Toffoli endereçou relevante alerta no sentido "ao exercer a opção pela coexistência da cumulatividade e da não- cumulatividade, o legislador deve ser coerente e racional, observando o princípio da isonomia, a fim de não gerar desequilíbrios concorrenciais e discriminações arbitrárias ou injustificadas. A racionalidade é pressuposto do ordenamento positivo e de sua interpretação, conforme sedimentado na jurisprudência da Corte". Por essa razão, Sua Excelência advertiu

> o legislador ordinário de que as leis nº 10.637/02 e 10.833/04, inicialmente constitucionais, estão em processo de inconstitucionalização, decorrente, em linhas gerais, da ausência de

---

[1] Relação extraída de sítio do Supremo Tribunal Federal (Disponível em: https://portal.stf.jus.br/jurisprudenciaRepercussao/pesquisarProcesso.asp. Acesso em: 26 jul. 2024). Dados apresentados no ANEXO 1.

[2] Relação extraída do painel estatístico Corte Aberta, do Supremo Tribunal Federal (Disponível em: https://transparencia.stf.jus.br/extensions/decisoes/decisoes.html. Acesso em: 26 jul. 2024). Dados apresentados no ANEXO 1.

[3] ANUÁRIO da Justiça do Brasil. *Conjur*, Rio de Janeiro, p. 53, 2024.

coerência e de critérios racionais e razoáveis das alterações legislativas que se sucederam no tocante à escolha das atividades e das receitas atinentes ao setor de prestação de serviços que se submeteriam ao regime cumulativo da Lei nº 9.718/98 (em contraposição àquelas que se manteriam na não cumulatividade).

Sem prejuízo dos casos acima citados, definidos em favor do Fisco com a *expressa consideração de princípios constitucionais que envolvem a Justiça Fiscal*,[4] são nos casos em que Sua Excelência concluiu favoravelmente ao contribuinte que os autores centrarão sua atenção, não apenas pela relevância dos julgados individualmente considerados, mas por representarem históricos precedentes da Corte, no sentido de orientar a leitura a ser conferida aos princípios e garantias tributárias.

Em 2 de fevereiro de 2011, ao apreciar a constitucionalidade da Emenda Constitucional nº 10/1996, especialmente quanto ao inciso III do art. 72 do ADCT, que majorou a alíquota de CSLL para as pessoas jurídicas referidas no §1º do artigo 22 da Lei nº 8.212/1991 (RE nº 587.008, Tema nº 107), o Ministro Dias Toffoli reafirmou a *natureza de cláusula pétrea ao estatuto constitucional de garantias do contribuinte* ao afirmar que "o poder constituinte derivado não é ilimitado" e se submete ao princípio da anterioridade nonagesimal.

Também merece destaque o decidido no RE nº 607.056 (Tema nº 326), julgado em 10 de abril de 2013, em que o STF, acompanhando o voto do Ministro Dias Toffoli, reafirmou o entendimento de que "o *fornecimento de água tratada à população por empresas concessionárias*, permissionárias ou autorizadas *não caracteriza uma operação de circulação de mercadoria*", dada a natureza de "serviço público" dessa prestação com bem absolutamente essencial ao ser humano. Na oportunidade, sua Excelência pontuou que:

> Observa-se, assim, que, ao se tributar o fornecimento de água potável, está-se conferindo interpretação inadequada ao conceito de mercadoria, o que conduz, erroneamente, à classificação de água canalizada como bem passível de comercialização. E mais. Está-se pretendendo tributar, via ICMS, serviço de saneamento básico não taxativamente previsto no art. 155, II, da Magna Carta. A água natural canalizada, ao contrário do que acontece com a água envasada, não é objeto de comercialização, *e sim de prestação de serviço público*. Inexiste, portanto, uma operação relativa à circulação de água, como se essa fosse mercadoria.

---

[4] "Assim, a concretização de uma sociedade justa passa necessariamente por uma atividade do Estado calcada em um ideal redistributivo. Significa assumir que em nossa Constituição há um claro mandamento voltado para que a coletividade, seja enquanto Estado, seja no âmbito da sociedade civil, direcione esforços em atenção à diminuição da desigualdade socioeconômica, que por si só vem também contemplada como objetivo constitucional no artigo 3º. Quando transportamos tal ditame para a política fiscal do Estado, temos que nossa matriz tributária deva alcançar, enquanto resultado das escolhas que estruturam tanto a arrecadação quanto o gasto público, um certo nível na distribuição do "bem comum" que seja distinto daquele a que chegou caso não houvesse uma atividade financeira. Ou seja, significa dizer que há um elemento equalizador inerente a estruturação de nossa matriz tributária que, como forma de concretizar esse ideal de justiça social trazido em nossa Constituição, deve refletir uma certa progressividade na distribuição dos ônus e bônus da atividade financeira" (D'ARAÚJO, Pedro Júlio Sales. *Entre a transparência e a ilusão*: a regressividade cognitiva da matriz tributária brasileira. 2021. Tese (Doutorado em Direito Econômico e Financeiro) – Faculdade de Direito, Universidade de São Paulo, São Paulo, 2021. p. 263. DOI:10.11606/T.2.2021.tde-15082022-085421. Acesso em: 19 jul. 2024). No mesmo sentido, mencionamos: TIPKE, Klaus; YAMASHITA, Douglas. Justiça fiscal e princípio da capacidade contributiva. São Paulo: Malheiros, 2002; GODOI, Marciano Seabra de. *Justiça, igualdade e Direito Tributário*. São Paulo: Dialética, 1999.

No Recurso Extraordinário (RE) nº 789.218 (Tema nº 721), apreciado em 17 de abril de 2014, o Ministro Dias Toffoli reafirmou o entendimento no sentido da inconstitucionalidade da instituição e cobrança de taxas por emissão ou remessa de carnês/guias de recolhimento de tributos. Com isso, cristalizou-se a jurisprudência da Corte, agora sob o ângulo da repercussão geral e do *princípio da retributividade*, no sentido de que "a emissão de guia de recolhimento de tributos é de interesse exclusivo da administração, *sendo mero instrumento de arrecadação, não envolvendo a prestação de um serviço público ao contribuinte*".

No RE nº 704.292 (Tema nº 540), julgado em 19 de outubro de 2016, o Ministro Dias Toffoli *prestigiou o princípio da legalidade tributária* ao afirmar ser inconstitucional a "lei que delega aos conselhos de fiscalização de profissões regulamentadas a competência de fixar ou majorar, sem parâmetro legal, o valor das contribuições de interesse das categorias profissionais e econômicas, usualmente cobradas sob o título de anuidades, vedada, ademais, a atualização desse valor pelos conselhos em percentual superior aos índices legalmente previstos". Nas razões de decidir, Sua Excelência estabeleceu importantes balizas à delegação legislativa ao assentar que a lei autorizadora "deve ser legitimamente justificada e *o diálogo com o regulamento deve-se dar em termos de subordinação, desenvolvimento e complementaridade*".

Em 8 de março de 2017, o ora homenageado foi relator do RE nº 330.817 (Tema nº 593), importante precedente que *reafirmou os contornos da imunidade tributária conferida a livros e periódicos*, assentando que inconstitucionalidade da tributação desses bens quando veiculados em meio eletrônicos. Ao analisar a extensão da imunidade prevista no artigo 150, inciso VI, "d", da Constituição Federal o Supremo *entendeu que o livro digital* (e-book), *o audiobook (livros gravados em áudio em suporte de CD-rom ou qualquer outro), os aparelhos leitores de livros eletrônicos* (e-readers) *e o conteúdo textual de CDs estão abrangidos pela norma constitucional imunizante*. Na ocasião, o Tribunal estendeu a imunidade aos *tablets, smartphones* e *laptops*, pois tais equipamentos multifuncionais não poderiam ser confundidos com aqueles que possibilitam apenas a leitura de livros digitais. O entendimento encontra guarida na jurisprudência do Tribunal, segundo a qual a finalidade buscada pela referida imunidade é a livre circulação de ideias, o que veio a ser consagrado, posteriormente, no enunciado de Súmula Vinculante nº 57.

No RE nº 669.196 (Tema nº 668), julgado em 26 de outubro de 2020, o Ministro Dias Toffoli foi fundamental para a fixação da seguinte tese de repercussão geral: "É inconstitucional o artigo 1º da Resolução CG/REFIS nº 20/2001, no que suprimiu a notificação da pessoa jurídica optante do REFIS, prévia ao ato de exclusão". Em prestígio ao *direito fundamental à ampla defesa*, o Ministro Dias Toffoli afirmou que sua concretização "envolve não só o direito de manifestação e de informação no processo, mas também o direito de ver seus argumentos contemplados pelo órgão julgador". Por compreender que a exclusão do Refis implicaria restrição aos direitos patrimoniais do contribuinte, Sua Excelência afirmou que deveria ser concedida a oportunidade para que fosse exercida a defesa contra o ato administrativo.

Em 24 de fevereiro de 2021, o Plenário do STF assentou a invalidade do diferencial de alíquotas do ICMS quando ausente lei complementar: "A cobrança do diferencial de alíquota alusivo ao ICMS, conforme introduzido pela Emenda Constitucional nº 87/2015, pressupõe edição de lei complementar veiculando normas gerais", por meio da ADI nº 5.469. A partir das considerações do Ministro Dias Toffoli, o Tribunal modulou os efeitos de sua decisão para que ela tivesse eficácia apenas a partir de 2022, *viabilizando ao Congresso a aprovação de lei complementar sobre o tema*, "ressalvadas da modulação as ações judiciais em curso", conforme um de nós teve a oportunidade de oportunamente comentar.[5] O precedente foi importante por reafirmar a posição da Corte quanto à impossibilidade de os convênios editados pelo Confaz regularem diretamente aspectos da regra matriz de incidência que a Constituição atribuía à legislação complementar.

No mesmo dia, o Supremo finalizou o julgamento da ADI nº 5.659, que veio a estabelecer um marco histórico no que diz respeito à tributação dos softwares, que passariam a ser tributados pelo ISS, quer fossem programas personalizados ou padronizados (os chamados *softwares* de prateleira). Com isso, colocou-se fim a um conflito de competência entre os municípios e os estados. Afinal, os últimos buscavam fazer incidir o ICMS sobre as atividades que envolvessem a comercialização de programas de computador. Ante o caráter inovador do julgamento, que revisitava as conclusões alcançadas na cautelar da ADI nº 1.945, o Ministro Dias Toffoli propôs sofisticada modulação, que restou acolhida pela Corte.

Quanto à necessária observância de lei complementar, outro precedente que se destaca da lavra do ora homenageado é o RE nº 851.108, julgado em 1 de março de 2021. Na oportunidade, a Corte seguiu o voto condutor do Ministro Dias Toffoli e fixou ser "vedado aos estados e ao Distrito Federal instituir o ITCMD nas hipóteses referidas no artigo 155, §1º, III, da Constituição Federal sem a edição da lei complementar exigida pelo referido dispositivo constitucional". Assim o fez por entender que "a combinação do art. 24, I, §3º, da CF, com o art. 34, §3º, do ADCT dá amparo constitucional à legislação supletiva dos estados na edição de lei complementar que discipline o Imposto sobre Transmissão Causa mortis e Doação (ITCMD), até que sobrevenham as normas gerais da União a que se refere o artigo 146, III, a, da Constituição Federal". A natureza paradigmática do julgado se manifestou a partir do ajuizamento subsequente de diversas ações diretas de inconstitucionalidade pela PGR, buscando expandir o entendimento da repercussão geral para alcançar a declaração de inconstitucionalidade da legislação dos demais estados. Ao mesmo tempo, *tal questão veio a refletir na reforma tributária empreendida por meio da Emenda Constitucional (EC) nº 132/23, que a partir da solução dada pelo Supremo, buscou superar a ausência de legislação complementar, de modo a possibilitar que os estados venham a instituir o ITCMD dentro das balizas constitucionais*, embora não se descarte a possibilidade de o tema retornar à Corte, dessa vez à luz da constitucionalidade do novo regramento.

Em 15 de março de 2021, o Ministro Dias Toffoli mais uma vez contribuiu com a construção de paradigma histórico da Corte em matéria tributária, ao apreciar o RE nº 855.091 (Tema nº 808) e estabelecer, em companhia da maioria do colegiado, a não incidência do Imposto de Renda (IR) sobre os juros de mora devidos pelo atraso no pagamento de remuneração por exercício de emprego, cargo ou função. Aludido

---

[5] SOUZA, Hamilton; SZELBRACIKOWSKI, Daniel. O Supremo Tribunal Federal e a área tributária em 2021. *Conjur*, Rio de Janeiro, 2 jan. 2022. Disponível em: https://www.conjur.com.br/2022-jan-02/direito-tributario-decisoes-supremo-tribunal-federal-2021/. Acesso em: 29 jul. 2024.

precedente reverteu o entendimento até então prevalecente no âmbito do STJ para *conferir aos juros de mora a devida natureza indenizatória enquanto recomposição de perdas (danos emergentes)*. Por tal razão, entendeu-se que os juros "não incrementam o patrimônio de quem os recebe e, assim, não se amoldam ao conteúdo mínimo da materialidade do Imposto de Renda prevista no art. 153, III, da Constituição Federal". Na época, um de nós examinou a decisão na companhia de Hamilton Dias de Souza para assentar que essa

> posição do STF se sobrepõe à decisão do STJ que havia decidido *"quanto aos juros incidentes na repetição do indébito tributário, inobstante a constatação de se tratar de juros moratórios, se encontram dentro da base de cálculo do IRPJ e da CSLL, dada sua natureza de lucros cessantes, compondo o lucro operacional da empresa"* (REsp 1.138.695, j. 31/5/2013, Ministro Mauro Campbell Marques).[6]

Chama a atenção, no entanto, o fato de que, apesar de o próprio STF já ter reiterado esse entendimento no RE nº 1.063.187 (Tema nº 962), também de relatoria do Ministro Dias Toffoli, a questão ainda se encontra tormentosa na jurisprudência, pois o STJ não se curvou inteiramente a tal interpretação, ao manter hígido o Tema nº 504 dos recursos repetitivos ("os juros incidentes na devolução dos depósitos judiciais possuem natureza remuneratória e não escapam à tributação pelo IRPJ e pela CSLL"). Assim, esse é um debate que, eventualmente, pode retornar ao exame da Corte Supremo.

Na ADI nº 5.422, julgada em 6 de junho de 2022, o Ministro Dias Toffoli conduziu outro importante precedente da Corte, em que se declarou a *inconstitucionalidade da incidência do IR sobre os valores percebidos a título de alimentos ou de pensões alimentícias oriundos do direito de família*. De acordo com a ratio decidendi do julgado, a *materialidade do IR supõe a existência de acréscimo patrimonial, o que não existiria no caso dos alimentos, por tratar-se de montante retirado de acréscimos patrimoniais recebidos pelo alimentante e destinado ao alimentado*. Nessa circunstância, o Tribunal considerou que a "percepção desses valores pelo alimentado não representa riqueza nova, estando fora, portanto, da hipótese de incidência do imposto". O Supremo consignou, ainda, a importância desse entendimento, sob o prisma dos direitos fundamentais e da igualdade de gênero. Isso porque a incidência do imposto poderia penalizar ainda mais as mulheres, que geralmente ficam com a guarda dos filhos após a dissolução do vínculo conjugal. Além disso, tributar valores necessários ao atendimento das necessidades básicas de crianças e adolescentes implicaria ofensa à garantia do mínimo existencial. Conforme um de nós registrou na companhia do Professor Hamilton Dias de Souza, trata-se de importante entendimento construtivo da Corte que visa atender a um anseio social, de gênero, e dialogar com outras decisões do Tribunal a respeito do conceito constitucional de renda, especialmente aquele decorrente do decidido no RE nº 117.887, segundo o qual

> tanto a expressão renda quanto a expressão proventos implicou a ideia de fluxo, de alguma coisa que entra, que é recebida. (...) não (...) parece possível a afirmativa no sentido de que

---

[6] SOUZA, Hamilton; SZELBRACIKOWSKI, Daniel. O Supremo Tribunal Federal e a área tributária em 2021. *Conjur*, Rio de Janeiro, 2 jan. 2022. Disponível em: https://www.conjur.com.br/2022-jan-02/direito-tributario-decisoes-supremo-tribunal-federal-2021/. Acesso em: 29 jul. 2024.

possa existir renda ou provento sem que haja acréscimo patrimonial (...) mediante o ingresso ou o auferimento de algo, a título oneroso (voto Ministro Carlos Velloso).[7]

Em 5 de dezembro de 2022, o Ministro Dias Toffoli foi relator do RE nº 776.594 (Tema nº 919). Na oportunidade, o Plenário seguiu o voto condutor de Sua Excelência e assentou a inconstitucionalidade de taxa municipal de fiscalização de torres e antenas de comunicação O entendimento fundamentou-se na *competência constitucional exclusiva da União para legislar sobre a fiscalização de telecomunicações e exploração dos serviços correlatos (artigo 22, VI),* assim como para criar o órgão regulador. Aos municípios seria possível, apenas, a instituição de eventual taxa pela regulação de uso, parcelamento e ocupação do solo. A decisão foi tomada com eficácia prospectiva, a partir da publicação da ata de julgamento, ressalvadas as ações em curso sobre o tema. O caso representa um importante precedente em termos dos contornos constitucionais das taxas, em especial quando em jogo virtuais conflitos de competência para regular as atividades econômicas, limitando uma possível bitributação. Ainda assim, a jurisprudência do STF oscila quanto ao tema, sendo as hipóteses das taxas de fiscalização de recursos minerais seu exemplo mais evidente, conforme um de nós já registrou doutrinariamente.[8]

3 A título de conclusão: a importância de um juiz(o) imparcial para o Direito Tributário

Após a análise retrospectiva de algumas das principais decisões do Ministro Dias Toffoli, verifica-se, em termos "conteudísticos", o aspecto paradigmático de suas decisões, que contribuem para a formação de uma verdadeira "doutrina" da Corte em matéria tributária.[9] Além disso, agregando-se ao conteúdo a revelação "estatística" de suas decisões, percebe-se a concretização fiel do princípio da imparcialidade, que orienta a atuação de todos os magistrados.[10] Essa concreção pôde ser apreendida em decorrência do equilíbrio existente das decisões proferidas pelo Ministro Dias Toffoli,

---

[7] SOUZA, Hamilton; SZELBRACIKOWSKI, Daniel. Saiba como foi o ano tributário no primeiro semestre no STF. *Conjur*, Rio de Janeiro, 24 dez. 2022. Disponível em: https://www.conjur.com.br/2022-dez-24/souza-szelbracikowski-saiba-foi-ano-tributario-primeiro-semestre-stf/. Acesso em: 29 jul. 2024.

[8] SOUZA, Hamilton; SZELBRACIKOWSKI, Daniel. Saiba como foi o ano tributário no primeiro semestre no STF. *Conjur*, Rio de Janeiro, 24 dez. 2022. Disponível em: https://www.conjur.com.br/2022-dez-24/souza-szelbracikowski-saiba-foi-ano-tributario-primeiro-semestre-stf/. Acesso em: 29 jul. 2024.

[9] Conforme um de nós já defendeu doutrinariamente, "o que garante a segurança jurídica, a estabilidade e a previsibilidade da jurisprudência não é a parte dispositiva das decisões, mas os fundamentos (*ratio decidendi*) compartilhados por um conjunto de decisões do qual resulte uma doutrina do Tribunal a respeito dos princípios legais interpretados nos casos submetidos a julgamento" (SOUZA, Hamilton; SZELBRACIKOWSKI, Daniel Corrêa. Teoria da cortes superiores em matéria tributária é o que garante a segurança jurídica. *In*: Gustavo Brigagão; Juselder Cordeiro da Mata (org.). *Temas de Direito Tributário em homenagem a Gilberto de Ulhôa Canto.* Belo Horizonte: Arraes Editores, 2020. v. 1. p. 807-821).

[10] "O juiz deve atuar com total independência, sem amarras ou vinculação a qualquer sujeito de direito, sem uma pauta política, enfim, sem qualquer outro objetivo que não o de aplicar corretamente o ordenamento jurídico" (WAMBIER, Luiz Rodrigues; TALAMINI, Eduardo. *Curso avançado de processo civil*: teoria geral do processo. São Paulo: Revista dos Tribunais. 2016. p. 33).
"(...) O caráter de imparcialidade é inseparável dos órgãos exercentes da jurisdição. O juiz, e do mesmo modo o árbitro, coloca-se entre as partes e acima delas: esta é a primeira condição para que possam exercer sua função dentro do processo. A imparcialidade do julgador é pressuposto para que a relação processual se instaure validamente" (CINTRA, Antonio Carlos de Araújo; GRINOVER, Ada Pellegrini e DINAMARCO, Cândido Rangel. *Teoria geral do processo.* São Paulo: Juspodivm, 2015. p. 47).

ora em favor do Fisco, ora em favor do Contribuinte, porém sempre tendo como norte fundamental o respeito à Carta Maior de 1988.

Como é sabido, imparcialidade jamais pode ser confundida com alguma forma de passividade por parte do julgador perante as questões postas a julgamento. Enquanto construção de um sentido, a tarefa de interpretação pressupõe do julgador uma análise de todos os elementos envolvidos, bem como demanda uma sensibilidade do intérprete para que se possa buscar a melhor interpretação possível ao texto, sempre em vistas a manter a higidez do sistema jurídico pátrio.[11]

Nessa linha, a imparcialidade demanda do julgador certo afastamento em relação a juízos prévios que venham a interferir na formação de sua convicção, de sorte a permitir a apreciação técnica e equilibrada das questões. É dizer, embora o julgador não possa atuar descolado da realidade que se impõe, nem confundir imparcialidade com neutralidade, é importante que a hermenêutica jurídica guarde sempre a referibilidade ao texto normativo enquanto limite ao ato de interpretar.[12]

Sob esse ângulo, a imparcialidade do julgador assume contornos extremamente relevantes quando se está diante de controvérsias de índole tributária. Isso porque são frequentes as situações em que o julgador se depara com argumentos de ordem econômica, que buscam menoscabar princípios e garantias limitadores do poder de tributar do Estado, argumento que, conforme visto do exame, não tem impressionado, *por si só*, o ora homenageado, Ministro Dias Toffoli.

---

[11] Nesse sentido, destaca-se: "Imparcialidade não se confunde com neutralidade, já que esta última configura uma postura de indiferença ou de distanciamento do julgador no tocante aos integrantes do contraditório e aos fatos trazidos ao processo, hoje se reclamando uma postura de juiz ativo, a saber, aquele que – sem prejuízo da necessária isenção – procura sentir o processo (origem da palavra sentença) em toda sua extensão e compreensão, empenhando seu conhecimento técnico na avaliação dos argumentos e provas, com vistas à resolução justa e tempestiva do conflito, sem incorrer em excessos, como por vezes tem ocorrido, quando a intervenção jurisdicional avança em áreas que reclamam reserva legal, aí se já configurando o excesso de ativismo" (MANCUSO, Rodolfo de Camargo. *Teoria geral do processo*. São Paulo: Gen, 2018. p. 97).

[12] Quanto ao ponto, José Maria Arruda de Andrade (Hermenêutica da ordem econômica constitucional e o aspecto constitutivo da concretização constitucional. *Revista Fórum de Direito Financeiro e Econômico – RFDFE*, Belo Horizonte, ano 1, n. 1, p. 254, mar./ago. 2012) afirma que: "A grande questão que surge aqui está relacionada aos limites da interpretação. Para Larenz, o limite da interpretação (em sentido estrito) é o 'sentido possível da norma'". Nesse autor, entretanto, há outras figuras, ligadas ao desenvolvimento do Direito. Mas a referência argumentativa sempre recai na "questão do sentido possível", o que pode gerar a falsa crença (nesse uso) de que o termo "possível" represente tão somente uma flexibilização, uma forma de se evitar o absolutismo da visão tradicional.
Na obra de F. Müller, na concreção normativa, do texto normativo até a norma-decisão, essa última deve guardar uma referibilidade com o ponto de partida, o texto normativo. Ainda que haja referência aos dados da realidade e aos vários sentidos do programa da norma, a relação semântica entre a norma-decisão e o texto normativo é mantida.
Esse tipo de abordagem é a que gostaríamos de trilhar, ou seja, ressaltam-se os aspectos construtivos na formação da norma-decisão, a influência dos dados "externos" (política, pré-compreensão), mas, ao final, o resultado ainda está vinculado ao ponto de partida (ao texto normativo). Não se escapou da moldura da norma (ou do texto da norma), para se valer da teoria kelseniana.

De fato, não se pode sequer imputar ao princípio da solidariedade fiscal[13] e ao dever fundamental de se recolher tributos o papel de fundamentar um agir fiscal que contrarie as balizas constitucionais que orientam o agir tributário.[14]

É nesse sentido que destacamos a atuação do Ministro Dias Toffoli, ao longo dos últimos 15 anos, enquanto exemplo do equilíbrio que se espera de um magistrado do STF.

Referências

ANDRADE, José Maria Arruda de. Hermenêutica da ordem econômica constitucional e o aspecto constitutivo da concretização constitucional. *Revista Fórum de Direito Financeiro e Econômico – RFDFE*, Belo Horizonte, ano 1, n. 1, p. 249-268, mar./ago. 2012.

ANUÁRIO da Justiça Brasil, Rio de Janeiro, 2024.

CINTRA, Antonio Carlos de Araújo; GRINOVER, Ada Pellegrini; DINAMARCO, Cândido Rangel. *Teoria geral do processo*. São Paulo: Juspodivm, 2015.

D'ARAÚJO, Pedro Júlio Sales. *Entre a transparência e a ilusão: a regressividade cognitiva da matriz tributária brasileira*. 2021. Tese (Doutorado em Direito Econômico e Financeiro) – Faculdade de Direito, Universidade de São Paulo, São Paulo, 2021. DOI:10.11606/T.2.2021.tde-15082022-085421. Acesso em: 29 jul. 2024.

GODOI, Marciano Seabra de. *Justiça, igualdade e Direito Tributário*. São Paulo: Dialética, 1999.

MANCUSO, Rodolfo de Camargo. *Teoria geral do processo*. São Paulo: Gen, 2018.

MARINONI, Luiz Guilherme; MITIDIERO, Daniel; ARENHART, Sérgio. *Curso de processo civil*. São Paulo: RT, 2019.

NABAIS, José Casalta. Solidariedade, cidadania e Direito Fiscal. *In*: GRECO, Marco Aurélio; GODOI, Marciano Seabra de (org.). *Solidariedade social e tributação*. São Paulo: Dialética, 2005.

RODRIGUES, Horácio Wanderlei; LAMY, Eduardo de Avelar. *Teoria geral do processo*. São Paulo: Gen, 2023.

SOUZA, Hamilton; SZELBRACIKOWSKI, Daniel Corrêa. Teoria da cortes superiores em matéria tributária é o que garante a segurança jurídica. *In*: Gustavo Brigagão; Juselder Cordeiro da Mata (org.). *Temas de Direito Tributário em homenagem a Gilberto de Ulhôa Canto*. Belo Horizonte: Arraes Editores, 2020. v. 1. p. 807-821.

SOUZA, Hamilton; SZELBRACIKOWSKI, Daniel. Na área tributária, Supremo buscou manter estabilidade de seus precedentes. *Conjur*, Rio de Janeiro, 1 jan. 2018. Disponível em: https://www.conjur.com.br/2018-jan-01/area-tributaria-stf-buscou-manter-estabilidade-precedentes/. Acesso em: 29 jul. 2024.

SOUZA, Hamilton; SZELBRACIKOWSKI, Daniel. O Supremo Tribunal Federal e a área tributária em 2021. *Conjur*, Rio de Janeiro, 2 jan. 2022. Disponível em: https://www.conjur.com.br/2022-jan-02/direito-tributario-decisoes-supremo-tribunal-federal-2021/. Acesso em: 29 jul. 2024.

SOUZA, Hamilton; SZELBRACIKOWSKI, Daniel. Saiba como foi o ano tributário no segundo semestre no STF. *Conjur*, Rio de Janeiro, 25 dez. 2022. Disponível em: https://www.conjur.com.br/2022-dez-25/souzae-szelbracikowski-semestre-tributario-stf/. Acesso em: 29 jul. 2024.

---

[13] Não por outra razão que Casalta Nabais (Solidariedade, cidadania e Direito Fiscal. *In*: GRECO, Marco Aurélio; GODOI, Marciano Seabra de (org.). *Solidariedade social e tributação*. São Paulo: Dialética, 2005. p. 125) expõe que "a dimensão solidária da cidadania implica o empenhamento simultaneo estadual e social de permanente inclusão de todos os membros na respectiva comunidade de modo a todos partilharem um mesmo 'chão comum', que assim os torne cidadãos do corpo inteiro da comunidade".

[14] Ainda em Casalta Nabais (Solidariedade, cidadania e direito fiscal. *In*: GRECO, Marco Aurélio; GODOI, Marciano Seabra de (org.). *Solidariedade social e tributação*. São Paulo: Dialética, 2005. p. 134), "encarando agora as coisas, não a partir do Estado fiscal, mas a partir dos destinatários do poder deste Estado, podemos falar de cidadania. Uma cidadania que, embora de um lado, implique que todos suportem o Estado, ou seja, que todos tenham a qualidade de destinatários do dever fundamental de pagar impostos na medida de sua capacidade contributiva, de outro, impõe que tenhamos um Estado Fiscal suportável, isto é, um Estado cujo sistema fiscal se encontre balizado por estritos limites jurídicos-constitucionais".

TIPKE, Klaus; YAMASHITA, Douglas. *Justiça Fiscal e princípio da capacidade contributiva*. São Paulo: Malheiros, 2002.

WAMBIER, Luiz Rodrigues; TALAMINI, Eduardo. *Curso avançado de processo civil*: teoria geral do processo. São Paulo: Revista dos Tribunais, 2016.

ANEXOS

Anexo 1 - Relação de recursos com repercussão geral

(continua)

Tema	Processo	Tese fixada
87	RE nº 586.482	As vendas inadimplidas não podem ser excluídas da base de cálculo da contribuição ao PIS e da Cofins, visto que integram a receita da pessoa jurídica.
107	RE nº 587.008	A Emenda Constitucional nº 10/1996, especialmente quanto ao inciso III do art. 72 do ADCT, é um novo texto e veicula nova norma, não sendo mera prorrogação da Emenda Constitucional de Revisão nº 1/1994, devendo, portanto, observância ao princípio da anterioridade nonagesimal, porquanto majorou a alíquota da CSLL para as pessoas jurídicas referidas no §1º do art. 22 da Lei nº 8.212/1991.
166	RE nº 595.838	É inconstitucional a contribuição previdenciária prevista no art. 22, IV, da Lei nº 8.212/1991, com redação dada pela Lei 9.876/1999, que incide sobre o valor bruto da nota fiscal ou fatura referente a serviços prestados por cooperados por intermédio de cooperativas de trabalho.
281	RE nº 611.601	É constitucional o art. 22-A da Lei nº 8.212/1991, com a redação da Lei nº 10.256/2001, no que instituiu contribuição previdenciária incidente sobre a receita bruta proveniente da comercialização da produção, em substituição ao regime anterior da contribuição incidente sobre a folha de salários.
323	RE nº 599.362	A receita auferida pelas cooperativas de trabalho decorrentes dos atos (negócios jurídicos) firmados com terceiros se insere na materialidade da contribuição ao PIS/PASEP.
326	RE nº 607.056	O ICMS não incide sobre o fornecimento de água tratada por concessionária de serviço público, dado que esse serviço não caracteriza uma operação de circulação de mercadoria.
337	RE nº 607.642	Não obstante as leis nº 10.637/02 e 10.833/03 estejam em processo de inconstitucionalização, é ainda constitucional o modelo legal de coexistência dos regimes cumulativo e não cumulativo, na apuração do PIS/Cofins das empresas prestadoras de serviços.
342	RE nº 608.872	A imunidade tributária subjetiva aplica-se a seus beneficiários na posição de contribuinte de direito, mas não na de simples contribuinte de fato, sendo irrelevante para a verificação da existência do beneplácito constitucional a repercussão econômica do tributo envolvido.
363	RE nº 627.543	É constitucional o art. 17, V, da Lei Complementar nº 123/2006, que veda a adesão ao Simples Nacional à microempresa ou à empresa de pequeno porte que possua débito com o Instituto Nacional do Seguro Social (INSS) ou com as Fazendas Públicas Federal, Estadual ou Municipal, cuja exigibilidade não esteja suspensa.
372	RE nº 609.096	As receitas brutas operacionais decorrentes da atividade empresarial típica das instituições financeiras integram a base de cálculo PIS/Cofins cobrado em face daquelas ante a Lei nº 9.718/98, mesmo em sua redação original, ressalvadas as exclusões e deduções legalmente prescritas.

(continua)

Tema	Processo	Tese fixada
379	RE nº 605.552	No tocante às farmácias de manipulação, incide o ISS sobre as operações envolvendo o preparo e o fornecimento de medicamentos encomendados para posterior entrega aos fregueses, em caráter pessoal, para consumo; incide o ICMS sobre os medicamentos de prateleira por elas produzidos, ofertados ao público consumidor.
391	RE nº 635.443	É infraconstitucional e incide a Súmula 279/STF, a ela se aplicando os efeitos da ausência de repercussão geral, a controvérsia relativa a base de cálculo da Cofins e do PIS, na importação feita no âmbito do sistema FUNDAP, quando fundada na análise do fatos e provas que originaram o negócio jurídico subjacente à importação e no enquadramento como operação de importação por conta e ordem de terceiro de que trata a MP nº 2.158-35/2001.
402	RE nº 627.051	Não incide o ICMS sobre o serviço de transporte de encomendas realizado pela Empresa Brasileira de Correios e Telégrafos (ECT), tendo em vista a imunidade recíproca prevista no art. 150, VI, "a", da Constituição Federal.
475	RE nº 754.917	A imunidade a que se refere o art. 155, §2º, X, "a", da CF não alcança operações ou prestações anteriores à operação de exportação.
495	RE nº 630.898	É constitucional a contribuição de intervenção no domínio econômico destinada ao INCRA devida pelas empresas urbanas e rurais, inclusive após o advento da Emenda Constitucional nº 33/2001.
515	RE 6 nº 560.89	É constitucional a majoração diferenciada de alíquotas em relação às contribuições sociais incidentes sobre o faturamento ou a receita de instituições financeiras ou de entidades a elas legalmente equiparáveis.
540	RE nº 704.292	É inconstitucional, por ofensa ao princípio da legalidade tributária, lei que delega aos conselhos de fiscalização de profissões regulamentadas a competência de fixar ou majorar, sem parâmetro legal, o valor das contribuições de interesse das categorias profissionais e econômicas, usualmente cobradas sob o título de anuidades, vedada, ademais, a atualização desse valor pelos conselhos em percentual superior aos índices legalmente previstos.
590	RE nº 688.223	É constitucional a incidência do ISS no licenciamento ou na cessão de direito de uso de programas de computação desenvolvidos para clientes de forma personalizada, nos termos do subitem 1.05 da lista anexa à LC nº 116/03.
593	RE nº 330.817	A imunidade tributária constante do art. 150, VI, "d", da CF/88 aplica-se ao livro eletrônico (e-book), inclusive aos suportes exclusivamente utilizados para fixá-lo.
644	RE nº 773.992	A imunidade tributária recíproca reconhecida à Empresa Brasileira de Correios e Telégrafo (ECT) alcança o IPTU incidente sobre imóveis de sua propriedade e por ela utilizados, não se podendo estabelecer, a priori, nenhuma distinção entre os imóveis afetados ao serviço postal e aqueles afetados à atividade econômica.

(conclusão)

Tema	Processo	Tese fixada
668	RE nº 669.196	É inconstitucional o art. 1º da Resolução CG/REFIS nº 20/2001, no que suprimiu a notificação da pessoa jurídica optante do REFIS, prévia ao ato de exclusão.
691	RE nº 626.837	Incide contribuição previdenciária sobre os rendimentos pagos aos exercentes de mandato eletivo, decorrentes da prestação de serviços à União, a estados e ao Distrito Federal ou a municípios, após o advento da Lei nº 10.887/2004, desde que não vinculados a regime próprio de previdência.
694	RE nº 781.926	O diferimento do ICMS relativo à saída do álcool etílico anidro combustível (AEAC) das usinas ou destilarias para o momento da saída da gasolina C das distribuidoras (Convênios ICMS nº 80/97 e 110/07) não gera o direito de crédito do imposto para as distribuidoras.
699	RE nº 612.686	É constitucional a cobrança, em face das entidades fechadas de previdência complementar não imunes, do Imposto de Renda (IR) retido na fonte (IRRF) e da contribuição social sobre o lucro líquido (CSLL).
721	RE nº 789.218	São inconstitucionais a instituição e a cobrança de taxas por emissão ou remessa de carnês/guias de recolhimento de tributos.
756	RE nº 841.979	I. O legislador ordinário possui autonomia para disciplinar a não cumulatividade a que se refere o art. 195, §12, da Constituição, respeitados os demais preceitos constitucionais, como a matriz constitucional das contribuições ao PIS e Cofins e os princípios da razoabilidade, da isonomia, da livre concorrência e da proteção à confiança; II. É infraconstitucional, a ela se aplicando os efeitos da ausência de repercussão geral, a discussão sobre a expressão insumo presente no art. 3º, II, das leis nº 10.637/02 e 10.833/03 e sobre a compatibilidade, com essas leis, das IN SRF nº 247/02 (considerada a atualização pela IN SRF nº 358/03) e 404/04. III. É constitucional o §3º do art. 31 da Lei nº 10.865/04.
801	RE nº 816.830	É constitucional a contribuição destinada ao SENAR incidente sobre a receita bruta da comercialização da produção rural, na forma do art. 2º da Lei nº 8.540/92, com as alterações do art. 6º da Lei nº 9.528/97 e do art. 3º da Lei nº 10.256/01.
808	RE nº 855.091	Não incide Imposto de Renda (IR) sobre os juros de mora devidos pelo atraso no pagamento de remuneração por exercício de emprego, cargo ou função.
825	RE nº 851.108	É vedado aos estados e ao Distrito Federal instituir o ITCMD nas hipóteses referidas no art. 155, §1º, III, da Constituição Federal sem a intervenção da lei complementar exigida pelo referido dispositivo constitucional.
833	RE nº 852.796	É constitucional a expressão 'de forma não cumulativa' constante do *caput* do art. 20 da Lei nº 8.212/91.

(continua)

Tema	Processo	Tese fixada
874	RE nº 917.285	É inconstitucional, por afronta ao art. 146, III, b, da CF, a expressão "ou parcelados sem garantia", constante do parágrafo único do art. 73, da Lei nº 9.430/96, incluído pela Lei nº 12.844/13, na medida em que retira os efeitos da suspensão da exigibilidade do crédito tributário prevista no CTN.
919	RE nº 776.594	A instituição de taxa de fiscalização do funcionamento de torres e antenas de transmissão e recepção de dados e voz é de competência privativa da União, nos termos do art. 22, IV, da Constituição Federal, não competindo aos municípios instituir referida taxa.
939	RE 1.043.313	É constitucional a flexibilização da legalidade tributária constante do §2º do art. 27 da Lei nº 10.865/04, no que permitiu ao Poder Executivo, prevendo as condições e fixando os tetos, reduzir e restabelecer as alíquotas da contribuição ao PIS e da Cofins incidentes sobre as receitas financeiras auferidas por pessoas jurídicas sujeitas ao regime não cumulativo, estando presente o desenvolvimento de função extrafiscal.
962	RE nº 1.063.187	É inconstitucional a incidência do IRPJ e da CSLL sobre os valores atinentes à taxa Selic recebidos em razão de repetição de indébito tributário.
1223	RE nº 1.381.261	São inconstitucionais o Decreto nº 3.048/99 e a Portaria MPAS nº 1.135/01 no que alteraram a base de cálculo da contribuição previdenciária incidente sobre a remuneração paga ou creditada a transportadores autônomos, devendo o reconhecimento da inconstitucionalidade observar os princípios da congruência e da devolutividade.

Anexo 2 - Relação de ações diretas

(continua)

Processo	Entendimento fixado
ADI nº 2.304	É inconstitucional a Lei Estadual nº 11.453/2000, que autoriza o Poder Executivo a conceder parcelamento de créditos tributários do IPVA, não pagos em seu vencimento.
ADI nº 2.859	É constitucional a legislação federal que trata do fornecimento, pelas instituições financeiras, de informações bancárias de contribuintes à administração tributária
ADI nº 3.550	É inconstitucional o art. 12 da Lei nº 4.546/2005 do estado do Rio de Janeiro, que concede créditos presumidos de ICMS aos contribuintes que destinarem recursos para o denominado Fundo de Aplicações Econômicas e Sociais do Estado do Rio de Janeiro (FAES), criado pela mesma lei.
ADI nº 1.247	Inconstitucionalidade do art. 12, *caput*, da Lei nº 5.780/93 do estado do Pará, e da expressão "sem prejuízo do disposto no *caput* deste artigo" contida no seu parágrafo único, na medida em que autorizam ao Poder Executivo conceder diretamente benefícios fiscais de ICMS sem observância das formalidades previstas na Constituição.

(continua)

Processo	Entendimento fixado
ADI nº 2.898	É constitucional os artigos 22 e 29 da Lei nº 10.684 aumenta a base de cálculo da CSLL às empresas prestadoras de serviços tributadas com base no lucro presumido ou por estimativa, com exclusão das prestadoras de serviços hospitalares e equiparadas.
ADI nº 4.612	Se tratando de locação de veículos, as pessoas jurídicas locatárias poderão ser tidas como responsáveis tributárias pelo pagamento do IPVA devido ao Estado em que o veículo deveria ter sido licenciado – excluída a responsabilidade automática de sócios, gerentes, diretores e administradores destes locatários
ADI nº 1.763	É constitucional a incidência de IOF em operações de *factoring*, com as mesmas alíquotas aplicáveis a operações de financiamento e empréstimo realizadas por instituições financeiras.
ADI nº 3.142	Não incide ISS na cessão de uso de infraestrutura. No entanto, é constitucional a incidência de ISS nas atividades de "locação, sublocação, arrendamento, direito de passagem ou permissão de uso, compartilhado ou não, de ferrovia, rodovia, postes, cabos, dutos e condutos de qualquer natureza", desde que atreladas a uma obrigação de fazer e que não seja possível dissociá-las, tanto pela perspectiva do objeto do contrato quanto da sua remuneração.
ADI nº 5.277	É constitucional a possibilidade de majoração, pelo Poder Executivo, das alíquotas da contribuição ao PIS/Pasep e da Cofins incidentes sobre as receitas financeiras auferidas por pessoas jurídicas sujeitas ao regime não-cumulativo, desde que respeitado o teto legal.
ADI nº 5.659	O ISS é tributável no licenciamento de *software* e excluiu a incidência de ICMS nessas operações.
ADI nº 5.469	É inconstitucional a cobrança do Difal/ICMS, introduzida pela Emenda Constitucional nº 87/2015, sem a edição de lei complementar para disciplinar esse mecanismo de compensação.
ADI nº 5.481	São inconstitucionais as leis estaduais nº 4.117/2003 e 7.183/2015 do Rio de Janeiro, que preveem a incidência do Imposto sobre Circulação de Mercadorias e Serviços (ICMS) sobre as operações de extração de petróleo e de sua circulação dos poços para a empresa concessionária.
ADIs nº 6.144/6.624	É inconstitucional o Decreto Estadual nº 40.628/2019 do Amazonas, que atribuía às empresas geradoras de energia elétrica, e não mais às distribuidoras, a responsabilidade pelo recolhimento do ICMS, por substituição tributária.
ADI nº 4.397	É constitucional a definição de alíquotas do Seguro Acidente de Trabalho por decreto.
ADI nº 6.034	A inserção de textos, desenhos e outros materiais de propaganda e publicidade em qualquer meio, exceto em livros, jornais e periódicos, é atividade tributável pelo ISS e não pelo ICMS.
ADI nº 6.819	O Imposto de Transmissão Causa Mortis e Doação (ITCMD), nas doações e heranças instituídas no exterior, não pode ser regulamentado pelos estados e pelo Distrito Federal, em razão da ausência de lei complementar federal sobre a matéria.

(conclusão)

Processo	Entendimento fixado
ADI nº 5.422	Não incide Imposto de Renda (IR) sobre valores decorrentes do direito de família percebidos pelos alimentados a título de alimentos ou de pensões alimentícias.
ADIs nº 7.123/.7117	É inconstitucional a fixação de alíquota de ICMS para energia elétrica e telecomunicações em patamar superior ao estabelecido para as operações em geral.
ADI nº 7.036	A operação de venda de combustíveis a distribuidora localizada na ZFM é equiparável a uma exportação e, portanto, é imune à incidência do ICMS.
ADI nº 2.399	É constitucional os incentivos fiscais concedidos pelas leis nº 8.387/91 e 10.167/01 ao setor de informática independentemente de eles estarem localizados na Zona Franca de Manaus.
ADIs nº 4.596/4.712	São inconstitucionais leis estaduais anteriores à Emenda Constitucional nº 87/2015 que estabeleceram regime jurídico diverso do ICMS, incidente na aquisição decorrente de operação interestadual e por meio não presencial.
ADI nº 2.732	IPTU progressivo é constitucional.

Informação bibliográfica deste texto, conforme a NBR 6023:2018 da Associação Brasileira de Normas Técnicas (ABNT):

SZELBRACIKOWSKI, Daniel Corrêa; D'ARAÚJO, Pedro Júlio Sales. As contribuições do Ministro Dias Toffoli ao sistema tributário nacional. *In*: MENDES, Gilmar Ferreira; LIRA, Daiane Nogueira de; FREIRE, Alexandre (coord.). *Constituição, democracia e diálogo*: 15 anos de Jurisdição Constitucional do Ministro Dias Toffoli. 2. ed. Belo Horizonte: Fórum, 2025. p. 415-429. ISBN 978-65-5518-937-7.

A RECLAMAÇÃO Nº 65.612/RS E A VIRTUDE EM SABER "SEPARAR O JOIO DO TRIGO"

DANIELA CAVALIERI VON ADAMEK
GABRIEL BARTOLOMEU FELÍCIO

> *"Deveres e direitos*
> *Que adianta extinguir grandes ódios,*
> *Quando ficam ressentimentos?*
> *Como remediar isto?*
> *Cumpre teu dever e esquece teus direitos,*
> *Quem se guia pela voz da consciência,*
> *Só atende à voz do dever,*
> *E não insiste em seus direitos.*
> *Os poderes eternos não têm favoritos,*
> *Mas favorecem sempre os bons."*
> (Lao-Tsé)[1]

1 Introdução

É com grande satisfação que participamos desta homenagem ao Ministro Dias Toffoli, com quem eu, Daniela, tive a honra de trabalhar durante cinco anos. Nesse período, observei de perto o rigor, a sensibilidade e o profundo senso de justiça com que Sua Excelência tratava cada caso. O Ministro Dias Toffoli sempre demonstrou uma notável capacidade de distinguir as nuances de cada situação, aplicando o Direito com critério e humanidade. Ele nunca hesitou em rever posições anteriores em qualquer hipótese que se fizesse necessária, evidenciando uma humildade rara em posições de tamanha responsabilidade.

---

[1] Trecho da obra *Tao Te King*, escrito por Lao-Tsé (Tradução e notas: Huberto Rohden. 4. ed. São Paulo: Alvorada, 1994), citado pelo Ministro Américo Luz em seu discurso de posse como Vice-Presidente do Superior Tribunal de Justiça (STJ), em 23 de junho de 1995 (*Discurso proferido pelo Exmo. Sr. Ministro Américo Luz no cargo de Vice-Presidente do Superior Tribunal de Justiça, em sessão solene de 23/06/1995*. Brasília, DF: STF, Secretaria de Documentação, Coordenadoria de Divulgação de Jurisprudência, 1995. Disponível em: https://www.stj.jus.br/publicacaoinstitucional/index.php/coletanea/article/viewFile/2406/2221. Acesso em: 7 jul. 2017).

Neste artigo, buscamos destacar justamente essas virtudes do Ministro Toffoli, por meio da análise das decisões por ele proferidas na Reclamação nº 65.612/RS, cuja controvérsia versava sobre a licitude da terceirização por "pejotização" – contratação de um profissional liberal para prestar serviços para uma empresa por meio de uma pessoa jurídica.

A fundamentação das decisões teve como baliza o julgamento conjunto da Arguição de descumprimento de preceito fundamental (ADPF) nº 324 e do Recurso Extraordinário (RE) nº 958.252/MG, que firmou a tese do Tema nº 725 de repercussão geral, validando a licitude da terceirização ampla de atividades empresariais (meio ou fim) por pessoas jurídicas.

Esse julgamento representou um marco na jurisprudência trabalhista brasileira, pois, ao validar a terceirização ampla das atividades, o STF, calcado nos princípios constitucionais da livre iniciativa, da livre concorrência e da liberdade contratual, alinhou-se a uma visão mais liberal da economia e do mercado de trabalho, em consonância com as melhores práticas internacionais.

Num segundo momento, o STF estendeu o entendimento quanto à licitude da terceirização das atividades-fim para os casos de "pejotização". Foram vários os julgamentos nesse sentido, até que a Corte consolidou a orientação de que a tese do Tema nº 725 de repercussão geral também deveria ser aplicada às hipóteses de "pejotização", desde que ausentes tanto a hipossuficiência do profissional como os requisitos para a caracterização do vínculo empregatício.

A partir da consolidação desse entendimento, o STF encontrou forte resistência por parte da Justiça do Trabalho em se adequar à nova orientação, o que resultou em uma série de reclamações constitucionais questionando a validade de decisões trabalhistas que consideravam ilícita a terceirização e reconheciam o vínculo de emprego nessas relações.

Diversas foram as decisões do Excelso Pretório, proferidas por quase todos os seus Ministros e confirmadas tanto pela Primeira como pela Segunda Turma, julgando procedente a pretensão formulada em sede de reclamações, para cassar as decisões trabalhistas em dissonância ao novel entendimento.

Ao decidir a Reclamação nº 65.612/RS, o Ministro Toffoli, num primeiro momento, também cassou a decisão oriunda da justiça laboral. Porém, posteriormente, ele se retratou, mantendo o reconhecimento do vínculo na hipótese então examinada, em razão das peculiaridades fáticas verificadas, que demonstravam que a "pejotização" naquela hipótese realmente fora utilizada com intuito de fraudar uma relação de emprego.

As decisões proferidas nessa reclamação, que serão adiante examinadas, ilustram o olhar atento e crítico que o Ministro lança sobre cada processo, não se limitando a aplicar precedentes de forma indiscriminada; ou seja, a virtude em saber "separar o joio do trigo". Além do mais, a sua disposição em revisar decisões, quando necessário, reflete seu compromisso inabalável com a justiça e a proteção dos direitos fundamentais, o que, sem a menor sombra de dúvidas, merece ser exaltado.

2 Do julgamento da ADPF nº 324/DF e do RE nº 958.252/Mg (*leading case* do Tema nº 725 de repercussão geral)

Em 30 de agosto de 2018, o Plenário do STF concluiu o julgamento conjunto da ADPF nº 324/DF e do RE nº 958.252/MG, ocasião na qual foi firmada a tese do Tema nº 725 de repercussão geral, qual seja: "É lícita a terceirização ou qualquer outra forma de divisão do trabalho entre pessoas jurídicas distintas, independentemente do objeto social das empresas envolvidas, mantida a responsabilidade subsidiária da empresa contratante".

Em suma, privilegiando os princípios constitucionais da livre iniciativa, livre concorrência e liberdade contratual, o STF passou a admitir a terceirização também da atividade-fim, ao revés do que estipulava a Súmula nº 331 do Tribunal Superior do Trabalho (TST), declarada inconstitucional.

Esse relevantíssimo julgamento, ao flexibilizar o mercado de trabalho, permitindo que as empresas brasileiras se organizem de forma mais eficiente e adequada às transformações econômicas e tecnológicas, acabou por se tornar uma mola propulsora da redução do desemprego e do estímulo ao crescimento econômico e ao empreendedorismo.

Afinal, essa mudança possibilita que as empresas brasileiras concentrem seus esforços em suas principais competências, o que não apenas aumenta a sua competitividade no mercado global, como também impulsiona o crescimento econômico interno, promovendo o surgimento de novos negócios e inovações.

Naturalmente, esse posicionamento da Suprema Corte não agradou "a gregos e troianos", como, aliás, ocorre com frequência, uma vez que o Direito, por sua própria natureza, lida com a tensão entre interesses diversos e muitas vezes conflitantes, refletindo as múltiplas facetas das controvérsias judiciais, cuja busca pela justiça nem sempre satisfaz a todos.

Entretanto, conforme sustentado pelo Ministro Luiz Fux ao conduzir o julgamento em que se fixou a tese do Tema nº 725, esse suposto risco não seria capaz de constituir um óbice à declaração de licitude da terceirização das atividades-fim, visto que, *a uma*, "se o problema relacionado à terceirização, como alegado, fosse efetivamente o risco de precarização, esse risco existiria para ambas as atividades (meio ou fim), de modo que não há qualquer racionalidade na diferenciação entre os dois tipos de atividade com o propósito de limitar a possibilidade da terceirização";[2] e, *a duas*, "a terceirização não enseja, por si só, precarização do trabalho, violação da dignidade do trabalhador ou desrespeito a direitos previdenciários. *É o exercício abusivo de sua contratação que pode produzir tais violações*".[3]

O Ministro Fux ainda teve o cuidado de destacar que,

> para evitar tal exercício abusivo, os princípios que amparam a constitucionalidade da terceirização devem ser compatibilizados com as normas constitucionais de tutela do trabalhador, cabendo à contratante: i) verificar a idoneidade e a capacidade econômica da

---

[2] BRASIL. Supremo Tribunal Federal. Recurso Extraordinário 958.252/MG. Relator: Min. Luiz Fux, 30 de agosto de 2018. *Dje*: Brasília, DF, p. 92 do acórdão, 2018.
[3] BRASIL. Supremo Tribunal Federal. Recurso Extraordinário 958.252/MG. Relator: Min. Luiz Fux, 30 de agosto de 2018. *Dje*: Brasília, DF, p. 109 do acórdão, 2018, grifos nossos.

terceirizada e ii) responder subsidiariamente pelo descumprimento das normas trabalhistas, bem como pelo obrigações previdenciárias.[4]

Ou seja, ao contrário do panorama previsto pelos algozes da ampliação da licitude da terceirização, não nos parece crível a interpretação de que o entendimento consolidado contribui para que as empresas se esquivem de suas responsabilidades com as condições do trabalho. Muito pelo contrário. A ideia é que haja um equilíbrio entre a liberdade contratual e a proteção dos direitos dos trabalhadores.

E, para se alcançar tal desiderato, é imprescindível a adoção de uma postura vigilante e proativa, ajustada às especificidades de cada caso. Em outras palavras, o exame de controvérsias envolvendo a temática demanda uma atuação jurisdicional cuidadosa e criteriosa, a fim de se distinguir os casos em que há efetivamente um abuso ou fraude na "pejotização" daqueles em que as condutas estão em conformidade com a orientação placitada pelo Supremo. Essa capacidade de discernimento é precisamente o ponto em que reside a ideia central deste artigo, refletindo as virtudes do homenageado, como se verá adiante.

3 Da extensão do entendimento sobre a licitude da terceirização das atividades-fim às hipóteses de "pejotização"

Com a fixação da tese do Tema nº 725 de repercussão geral, o STF não apenas confirmou a licitude da terceirização de atividades-fim, como também abriu caminho para que esse entendimento se estendesse à prática de "pejotização".

Salvo melhor juízo, o primeiro exame direto do STF sobre a licitude da terceirização por "pejotização" ocorreu em 11 de maio de 2020, no julgamento do Agravo Regimental na Reclamação (AgRg na Rcl) nº 39.351/RJ, relatado pelo Ministro Alexandre de Moraes. Esse julgamento estabeleceu um precedente relevante para a interpretação das relações de trabalho modernas, sendo um "divisor de águas" na jurisprudência do STF quanto à legalidade da "pejotização".

A partir de então, o entendimento quanto à licitude da "pelotização" passou a ser replicado gradativamente pelo STF em casos análogos, sendo ratificado que a contratação de profissionais como pessoas jurídicas não configura fraude trabalhista, *desde que, contudo, inexistam provas dos requisitos que caracterizaram uma relação de emprego.*

O Ministro Dias Toffoli tem tido uma voz influente na reafirmação desse entendimento, constantemente decidindo que, quando o profissional possui capacidade técnica, qualificação, autonomia na execução de suas atividades e não é hipossuficiente, a sua contratação por meio de pessoas jurídicas deve ser vista como uma expressão da liberdade econômica.

A título exemplificativo, citam-se os julgamentos das reclamações nº 57.761/SP, 53.899/MG e 65.868/SP, em que o Ministro Toffoli ressaltou que a "pejotização", por si só, não infringe os direitos trabalhistas e nem deve ser vista automaticamente como precarização do trabalho. Segundo o seu entendimento, quando feita de forma

---

[4] BRASIL. Supremo Tribunal Federal. Recurso Extraordinário 958.252/MG. Relator: Min. Luiz Fux, 30 de agosto de 2018. *Dje*: Brasília, DF, p. 109 do acórdão, 2018.

transparente e com consentimento do profissional – o que foi observado nas hipóteses então julgadas –, a "pejotização" deve sim ser tida como uma forma válida de contratação, que respeita tanto a autonomia do trabalhador como os princípios econômicos que sustentam a competitividade empresarial.

Privilegiando a liberdade de contratar, o Ministro destacou em seus votos condutores que a escolha dos profissionais em se organizarem como pessoa jurídica deve ser respeitada, vez que se trata de uma estratégia legítima de organização produtiva, motivadora de um ambiente econômico mais flexível e adaptável às demandas do mercado, que acaba se fortalecendo e se tornando mais eficiente.

Não há dúvidas de que o reconhecimento da licitude da terceirização por "pejotização" reflete uma evolução essencial frente às transformações no mercado de trabalho moderno. Ao reconhecer a legalidade dessa prática, o STF reafirma os valores da livre iniciativa e da liberdade contratual e promove um ambiente econômico mais dinâmico, capaz de se adaptar às novas demandas do mercado.

Com efeito, esse entendimento é fundamental para garantir que o mercado de trabalho brasileiro continue a evoluir em compasso com as melhores práticas internacionais, fomentando a inovação, o empreendedorismo e o crescimento econômico sustentável.

No entanto, fato é que grande parte da Justiça do Trabalho não aderiu de imediato a esse novo entendimento do Supremo, resistindo em reconhecer a licitude da terceirização das atividades-fim, mesmo nas hipóteses em que o profissional é dotado de autonomia e capacidade técnica para gerenciar sua atividade e não se encontra em situação de vulnerabilidade.

Essa postura de muitos magistrados trabalhistas culminou em uma verdadeira enxurrada de reclamações no STF questionando o reconhecimento de vínculo de emprego em hipóteses de "pejotização".

Aliás, essa situação não passou despercebida por alguns ministros da Corte, a exemplo do Ministro Gilmar Mendes. No final de 2023, o Ministro apurou que, das 4.718 reclamações protocoladas no STF naquele ano, 2.566 eram classificadas com a matéria "Direito do Trabalho". Em tal ocasião, ele até mesmo teceu duras críticas a respeito, asseverando que "esse dado 'não causa espanto' por causa da 'visão distorcida' da Justiça do Trabalho, o que pode fazer com que o Supremo tenha que aferir 'dezenas, quem sabe centenas de decisões', que talvez façam com que o Supremo se torne uma 'Corte Superior ou Suprema Justiça do Trabalho'".[5]

Fato é que, após quase um ano, o cenário continua o mesmo. Em consulta aos Painéis Estatísticos do Programa Corte Aberta,[6] instituído pela Resolução nº 774/2022, denota-se que das 3.934 reclamações ativas hoje no STF, 2.365, ou seja, *60,11%*, envolvem temas relacionados ao Direito do Trabalho.

---

[5] CASTRO, Grasiele. STF já recebeu 2.566 reclamações sobre Direito do Trabalho em 2023, diz Gilmar Mendes. *Jota*, São Paulo, 19 out. 2023. Disponível em: https://www.jota.info/stf/do-supremo/stf-ja-recebeu-2-566-reclamacoes-sobre-direito-do-trabalho-em-2023-diz-gilmar-mendes-19102023. Acesso em: 7 jul. 2017.

[6] BRASIL. Superior Tribunal Federal. Acervo Geral. *Portal STF*, Brasília, DF, 19 ago. 2024. Disponível em: https://transparencia.stf.jus.br/extensions/acervo/acervo.html. Acesso em: 7 jul. 2017.

4 Da análise das decisões proferidas na Reclamação nº 65.612/RS

A nosso sentir, a solução apresentada pelo Ministro Dias Toffoli na Reclamação nº 65.612/RS deve ser vista como um exemplo de efetividade e justiça no exame das controvérsias atinentes à prática da "pejotização". Fato é que a análise levada a efeito pelo Ministro nesse caso revela não apenas a coerência de seu pensamento jurídico, mas também sua capacidade de rever posições à luz de circunstâncias atípicas, demonstrando uma atenção ímpar ao contexto fático de cada caso.

Essa percepção levou o Ministro a tomar uma decisão que, à primeira vista, poderia parecer contraditória, mas que, em verdade, é um exemplo claro de sua prudência e sensibilidade jurídica. Ao reconhecer a atipicidade do caso, o Ministro Dias Toffoli não hesitou em revisar o seu posicionamento inicial, pelo qual julgava procedente a pretensão desenvolvida na reclamação para cassar acórdão do Tribunal Regional do Trabalho da 4ª Região (TRT4) que reconhecia a existência de vínculo empregatício.

Assim, em sede de agravo regimental, o Ministro, atento às particularidades da situação concreta, reconsiderou o entendimento e negou seguimento à reclamação, ao verificar que o tribunal de origem, a partir do acervo fático-probatório constante dos autos, concluíra pelo preenchimento dos requisitos caracterizadores da relação de emprego.

Portanto, revisou a conclusão que havia adotado em situações similares, demonstrando um compromisso inabalável com a justiça material. Essa atitude reflete a virtude de saber "separar o joio do trigo", não aplicando de forma mecânica os precedentes, mas sim adaptando-os às nuances de cada caso concreto.

Essa percepção levou o Ministro a tomar uma decisão que, à primeira vista, poderia parecer contraditória, mas que na verdade é um exemplo claro de sua prudência e sensibilidade jurídica. Ao reconhecer a atipicidade do caso, o Ministro Dias Toffoli não hesitou em revisar o entendimento primevo, pelo qual julgava procedente a ação para cassar acórdão do TRT4 que reconhecia a existência de vínculo empregatício.

Assim, em sede de agravo regimental, o Ministro, atento às particularidades da situação concreta, reconsiderou o entendimento e negou seguimento à reclamação, ao verificar que o tribunal de origem, a partir do acervo fático-probatório constante dos autos, concluíra pelo preenchimento dos requisitos caracterizadores da relação de emprego.

Portanto, revisou a conclusão que havia adotado em situações similares, demonstrando um compromisso inabalável com a justiça material. Essa atitude reflete a virtude de saber "separar o joio do trigo", não aplicando de forma mecânica os precedentes, mas sim adaptando-os às nuances de cada caso concreto.

Ao fazer esse movimento, o Ministro reforça a importância de uma conduta vigilante por parte do Judiciário, tal como discutido anteriormente. Não basta reconhecer a licitude de práticas como a "pejotização" ou a terceirização; é imprescindível que o Judiciário mantenha uma postura proativa, identificando e punindo eventuais abusos, ao mesmo tempo em que valida as condutas corretas e lícitas.

Esse cuidado e critério, essenciais para evitar o exercício abusivo da terceirização, são exemplificados pelas decisões proferidas na Reclamação nº 65.612/RS. A relação com o Tema nº 725 é evidente: assim como a decisão pioneira sobre a terceirização exigiu uma adaptação da jurisprudência ao novo contexto socioeconômico, a decisão na Reclamação nº 65.612/RS demonstra que a licitude da pejotização não pode ser afirmada de maneira indiscriminada, devendo ser sempre examinada à luz do contexto específico de cada caso.

Em suma, a decisão na Reclamação nº 65.612/RS não só reafirma a coerência do entendimento do Ministro Dias Toffoli sobre a "pejotização", mas também ressalta sua habilidade em reconhecer exceções e corrigir rumos quando necessário, o que constitui um exemplo eloquente de sua prudência, vigilância e compromisso com a justiça.

5 Conclusões

Procuramos, a partir dessas breves notas, destacar a importância das decisões proferidas pelo Ministro Dias Toffoli no contexto das reclamações trabalhistas e da evolução do entendimento sobre a "pejotização" no STF. Por meio das decisões proferidas na Reclamação nº 65.612/RS, torna-se evidente a capacidade do Ministro em aplicar a lei alinhada a um senso de justiça que transcende a simples aplicação dos precedentes, demonstrando a necessidade de uma interpretação jurídica atenta ao contexto fático específico de cada caso.

O Ministro Toffoli, ao longo de sua carreira, tem reafirmado a importância de equilibrar a liberdade econômica e a proteção dos direitos dos trabalhadores, sempre com um olhar crítico e cuidadoso. Sua postura vigilante e sua disposição em rever posicionamentos previamente estabelecidos, quando a situação fática assim o requer, são atributos que o destacam no cenário jurídico nacional.

Ao reconhecer que nem toda e qualquer prática de "pejotização" é lícita, Toffoli demonstra uma compreensão profunda das complexidades do mercado de trabalho contemporâneo e da necessidade de proteger tanto a flexibilidade empresarial quanto os direitos fundamentais dos trabalhadores.

Sua atuação, portanto, não se limita a confirmar entendimentos consolidados, mas a adaptá-los às nuances de cada caso concreto, garantindo que a justiça seja feita de maneira eficaz e equânime. Essa postura, baseada no cuidado, no critério e na humildade, reflete as virtudes que devem nortear o exercício da judicatura e que são justamente aclamadas nestes escritos.

Por fim, ao homenagear o Ministro Dias Toffoli, reconhecemos não apenas sua contribuição para o Direito Trabalhista, mas também sua influência positiva na construção de um judiciário mais justo, coerente e atento às demandas da sociedade contemporânea.

Referências

ADORNO JÚNIOR, Hélcio Luiz; SOARES, Marcele Carine dos Praseres. A alteração do sistema das fontes do Direito brasileiro pelas súmulas vinculantes e pelos princípios normativos. *Revista de Direito do Trabalho*, São Paulo, v. 170, ano 42, p. 187-201, jul./ago. 2016.

ARAÚJO, José Henrique Mouta. Duração razoável do processo e a ampliação do cabimento da reclamação constitucional. *In:* NOGUEIRA, Pedro Henrique Pedrosa; COSTA, Eduardo José da Fonseca (org.). *Reclamação constitucional*. Salvador: Juspodivm, 2013. p. 305-317.

ATALIBA, Geraldo. *República e Constituição*. 2. ed. São Paulo: Malheiros, 1998.

ÁVILA, Humberto. *Segurança jurídica*. Entre permanência, mudança e realização no Direito Tributário. São Paulo: Malheiros, 2011.

BAHIA, Alexandre Gustavo Melo Franco. As súmulas vinculantes e a nova escola da exegese. *Revista de Processo*, São Paulo, ano 37, v. 206, p. 359-379, abr. 2012.

BONAVIDES, Paulo. *Do Estado Liberal ao Estado Social*. 10. ed. São Paulo: Malheiros, 2011.

BRASIL. Lei nº 5.869, de 11 de janeiro de 1973. Institui o Código de Processo Civil. *Diário Oficial da União*: Brasília, DF, seção 1, 17 jan. 1973. Disponível em: https://www.planalto.gov.br/ccivil_03/leis/l5869.htm. Acesso em: 7 jul. 2017.

BRASIL. Lei nº 8.038, de 28 de maio de 1990. Institui normas procedimentais para os processos que especifica, perante o Superior Tribunal de Justiça e o Supremo Tribunal Federal. *Diário Oficial da União*: Brasília, DF, seção 1, 29 maio 1990. Disponível em: https://www.planalto.gov.br/ccivil_03/leis/l8038.htm2017. Acesso em: 7 jul. 2017.

BRASIL. Lei nº 9.868, de 10 de novembro de 1999. Dispõe sobre o processo e julgamento da ação direta de inconstitucionalidade e da ação declaratória de constitucionalidade perante o Supremo Tribunal Federal. *Diário Oficial da União*: Brasília, DF, seção 1, 11 nov. 1999. Disponível em: https://www.planalto.gov.br/ccivil_03/leis/l9868.htm. Acesso em: 7 jul. 2017.

BRASIL. Lei nº 11.417, de 19 de dezembro de 2006. Regulamenta o art. 103-A da Constituição Federal e altera a Lei no 9.784, de 29 de janeiro de 1999, disciplinando a edição, a revisão e o cancelamento de enunciado de súmula vinculante pelo Supremo Tribunal Federal, e dá outras providências. *Diário Oficial da União*: Brasília, DF, seção 1, 20 dez. 2006. Disponível em: https://www.planalto.gov.br/ccivil_03/_ato2004-2006/2006/lei/l11417.htm. Acesso em: 7 jul. 2017.

BRASIL. Lei nº 11.418, de 19 de dezembro de 2006. Acrescenta à Lei nº 5.869, de 11 de janeiro de 1973 – Código de Processo Civil, dispositivos que regulamentam o §3º do art. 102 da Constituição Federal. *Diário Oficial da União*: Brasília, DF, seção 1, 20 dez. 2006. Disponível em: https://planalto.gov.br/ccivil_03//////_Ato2004-2006/2006/Lei/L11418.htm. Acesso em: 7 jul. 2017.

BRASIL. Lei nº 13.105, de 16 de março de 2015. Código de Processo Civil. *Diário Oficial da União*: Brasília, DF, seção 1, 17 mar. 2015. Disponível em: https://www.planalto.gov.br/ccivil_03/_ato2015-2018/2015/lei/l13105.htm. Acesso em: 7 jul. 2017.

BRASIL. Lei nº 13.256, de 4 de fevereiro de 2016. Altera a Lei nº 13.105, de 16 de março de 2015 (Código de Processo Civil), para disciplinar o processo e o julgamento do recurso extraordinário e do recurso especial, e dá outras providências. *Diário Oficial da União*: Brasília, DF, seção 1, 5 fev. 2016. Disponível em: https://www.planalto.gov.br/ccivil_03/_ato2015-2018/2016/lei/l13256.htm. Acesso em: 7 jul. 2017.

BRASIL. Superior Tribunal Federal. Acervo Geral. *Portal STF*, Brasília, DF, 19 ago. 2024. Disponível em: https://transparencia.stf.jus.br/extensions/acervo/acervo.html. Acesso em: 7 jul. 2017.

BRASIL. Supremo Tribunal Federal. Acórdão na Medida Cautelar na Reclamação 6.650. Relatora: Min. Ellen Gracie. *Dje*: Brasília, DF, 4 out. 2016. Disponível em: http://redir.stf.jus.br/paginadorpub/paginador.jsp?docTP=AC&docID=563349. Acesso em: 9 fev. 2017.

BRASIL. Supremo Tribunal Federal. Acórdão na Reclamação 336. Relator: Min. Celso de Mello. *Dje*: Brasília, DF, 15 mar. 1991. Disponível em: http://redir.stf.jus.br/paginadorpub/paginador.jsp?docTP=AC&docID=86782. Acesso em: 6 fev. 2017.

BRASIL. Supremo Tribunal Federal. Acórdão na Reclamação 399. Relator: Sepúlveda Pertence. *Dje*: Brasília, DF, 24 mar. 1995. Disponível em: http://redir.stf.jus.br/paginadorpub/paginador.jsp?docTP=AC&docID=86818. Acesso em: 7 fev. 2017.

BRASIL. Supremo Tribunal Federal. Acórdão na Reclamação 1.880/SP. Relator: Min. Maurício Corrêa. *Dje*: Brasília, DF, 19 mar. 2004. Disponível em: http://redir.stf.jus.br/paginadorpub/paginador.jsp?docTP=AC&docID=349828. Acesso em: 7 fev. 2017.

BRASIL. Supremo Tribunal Federal. Acórdão no Mandado de Segurança 22.164/SP. Relator: Min. Celso de Mello. *Dje*: Brasília, DF, 17 nov. 1995. Disponível em: http://redir.stf.jus.br/paginadorpub/paginador.jsp?docTP=AC&docID=85691. Acesso em: 2 fev.2017.

BRASIL. Supremo Tribunal Federal. Decisão na Reclamação 23.333. Relator: Min. Dias Toffoli. *Dje*: Brasília, DF, 21 nov. 2008. Disponível em: http://www.stf.jus.br/portal/processo/verProcessoPeca.asp?id=310432304&tipoApp=.pdf. Acesso em: 9 fev. 2017.

BRASIL. Supremo Tribunal Federal. Despacho no Mandado de Segurança 25.805/DF. Relator: Min. Celso de Mello. *Dje*: Brasília, DF, 26 mar. 2010. Disponível em: http://www.stf.jus.br/portal/processo/verProcessoTexto.asp?id=2775251&tipoApp=RTF. Acesso em: 2 fev. 2017.

BRASIL. Supremo Tribunal Federal. *Informativo nº 739*. Brasília, DF: STF, 21 mar. 2014. Disponível em: http://www.stf.jus.br//arquivo/informativo/documento/informativo739.htm. Acesso em: 13 abr. 2017.

BRASIL. Supremo Tribunal Federal. *Plenário rejeita pedido de cancelamento da Súmula Vinculante nº 5 feito pela OAB*. Brasília, DF: STF, [2024]. Disponível em: http://www.stf.jus.br/portal/cms/verNoticiaDetalhe.asp?idConteudo=330862. Acesso em 22 abr. 2017.

BRASIL. Supremo Tribunal Federal. Recurso Extraordinário 958.252/MG. Relator: Min. Luiz Fux, 30 de agosto de 2018. *Dje*: Brasília, DF, 2018.

BRASIL. Supremo Tribunal Federal. Questão de Ordem no Agravo Regimental na Reclamação 1.880/SP. Relator: Min. Maurício Corrêa. *Dje*: Brasília, DF, 19 mar. 2004. Disponível em: http://redir.stf.jus.br/paginadorpub/paginador.jsp?docTP=AC&docID=348409. Acesso em: 7 fev. 2017.

BRASIL. Supremo Tribunal Federal. *Regimento Interno*. Atualizado até a Emenda Regimental n. 58/2022. Brasília, DF: STF; Secretaria de Altos Estudos, Pesquisas e Gestão da Informação, 2016. Disponível em: https://www.stf.jus.br/arquivo/cms/legislacaoRegimentoInterno/anexo/RISTF.pdf. Acesso em: 7 jul. 2017.

BRASIL. Supremo Tribunal Federal. *Repercussão geral e sua regulamentação*. Brasília, DF: STF, [2024]. Disponível em: http://www.stf.jus.br/portal/cms/verNoticiaDetalhe.asp?idConteudo=168514. Acesso em: 13 abr. 2017.

CÂMARA, Alexandre Freitas. *O novo processo civil brasileiro*. 2 ed. São Paulo: Atlas, 2016.

CANOTILHO, J. J. Gomes. *Direito Constitucional e teoria da Constituição*. 7 ed. Coimbra: Almedina, 2003.

CARDOZO, Benjamin N. *The Growth of the Law*. New Haven: Yale University Press, 1924.

CARREIRA, Guilherme Sarri. Algumas questões a respeito da súmula vinculante e precedente judicial. *Revista de Processo*, São Paulo: ano 36, v. 199, p. 213-245, set. 2011.

CASTRO, Grasiele. STF já recebeu 2.566 reclamações sobre Direito do Trabalho em 2023, diz Gilmar Mendes. *Jota*, São Paulo, 19 out. 2023. Disponível em: https://www.jota.info/stf/do-supremo/stf-ja-recebeu-2-566-reclamacoes-sobre-direito-do-trabalho-em-2023-diz-gilmar-mendes-19102023. Acesso em: 19 ago. 2024.

CAVALCANTE, Márcio André Lopes. *Principais julgados do STF e STJ comentados*. Salvador: Juspodivm, 2017.

CAVALCANTE, Márcio André Lopes. *Súmulas do STF e do STJ*. 2. ed. Salvador: Juspodivm, 2017.

CUNHA, Leonardo José Carneiro da. *A Fazenda Pública em juízo*. 13. ed. Rio de Janeiro: Forense, 2016.

CUNHA, Leonardo José Carneiro da. A reclamação constitucional contra ato que desrespeita enunciado de súmula vinculante. In: NOGUEIRA, Pedro Henrique Pedrosa; COSTA, Eduardo José da Fonseca (org.). *Reclamação constitucional*. Salvador: Juspodivm, 2013. p. 287-294.

DALLARI, Dalmo de Abreu. *Elementos da teoria geral do Estado*. 2 ed. São Paulo: Saraiva, 1998.

DANTAS, Diogo Caldas Leonardo; DANTAS, Rafhael Levino. Súmula vinculante: gênese, compatibilidade com a separação dos Poderes e sistematização. *Revista de Direito Constitucional e Internacional*, São Paulo, ano 23, v. 90, p. 15-62, jan./mar. 2015.

DANTAS, Marcelo Ribeiro Navarro. *Reclamação constitucional no Direito brasileiro*. Porto Alegre: Sergio Antonio Fabris Editor, 2000.

DIDIER JUNIOR, Fredie. *Curso de Direito Processual Civil*. 15. ed. Salvador: Juspodivm, 2013. v. 1.

DONIZETTI, Elpídio. Natureza jurídica da reclamação constitucional. *Jus Brasil*, [S. l.], [2012]. Disponível em https://elpidiodonizetti.jusbrasil.com.br/artigos/121940205/natureza-juridica-da-reclamacao-constitucional. Acesso em: 8 fev. 2017.

FAVETTI, Rafael Thomaz. O menor caso da história do Supremo Tribunal Federal: ou o caso dos R$ 0,009 e o papel institucional do Supremo Tribunal Federal (RE 347.528). In: HORBACH, Beatriz Bastide; FUCK, Luciano Felício (org.). *O Supremo por seus assessores*. São Paulo: Almedina, 2014. p. 59-63.

HESSE, Konrad. *A força normativa da Constituição*. Tradução: Gilmar Ferreira Mendes. Porto Alegre: Fabris, 1991.

LENZA, Pedro. *Direito Constitucional esquematizado*. 17. ed. São Paulo: Saraiva, 2013.

LUZ, Américo. *Discurso proferido pelo Exmo. Sr. Ministro Américo Luz no cargo de Vice-Presidente do Superior Tribunal de Justiça, em sessão solene de 23/06/1995*. Brasília, DF: STF, Secretaria de Documentação, Coordenadoria de Divulgação de Jurisprudência, 1995. Disponível em: https://www.stj.jus.br/publicacaoinstitucional/index.php/coletanea/article/viewFile/2406/2221. Acesso em: 7 jul. 2017.

MACÊDO, Lucas Buril. *Precedentes judiciais e o Direito Processual Civil*. 2. ed. Salvador: Juspodivm, 2017.

MARINONI, Luiz Guilherme; ARENHART, Sérgio Cruz; MITIDIERO, Daniela. *Novo curso de processo civil*: teoria do processo civil. 2. ed. São Paulo: Revista dos Tribunais, 2016. v. 1.

MEIRELLES, Hely Lopes; ALEIXO, Délcio Balestero; BURLE FILHO, José Emmanuel. *Direito Administrativo brasileiro*. 41. ed. São Paulo: Malheiros, 2015.

MEIRELLES, Hely Lopes; WALD, Arnoldo; MENDES, Gilmar Ferreira. *Mandado de segurança e ações constitucionais*. 37. ed. São Paulo: Malheiros, 2016.

MENDES, Gilmar Ferreira; BRANCO, Paulo Gustavo Gonet. *Curso de Direito Constitucional*. 11. ed. São Paulo: Saraiva, 2016.

MONTESQUIEU. *O espírito das leis*. 2. ed. Tradução: Cristina Murachco. São Paulo: Martins Fontes, 2000.

MONTORO, André Franco. *Introdução à ciência do Direito*. 29. ed. São Paulo: Revista dos Tribunais, 2011.

MORAES, Alexandre de. *Direito Constitucional*. 25. ed. São Paulo: Atlas, 2010.

NEVES, Daniel Amorim Assumpção. *Novo Código de Processo Civil comentado*. Salvador: Juspodivm, 2016.

OLIVEIRA JÚNIOR, Zulmar Duarte de. Reclamação na repercussão geral. In: FUX, Luiz (org.). *Repercussão geral da questão constitucional*. Rio de Janeiro: Forense, 2014. p. 653-668.

PRADO, Vinicius, de Andrade. Reclamação nº 4.374/PE: uma nova faceta do instituto. In: HORBACH, Beatriz Bastide; FUCK, Luciano Felício (org.). *O Supremo por seus assessores*. São Paulo: Almedina, 2014. p. 59-63.

RABELO, Manoel Alves; HOLLIDAY, Gustavo César de Mello Calmon. As súmulas vinculantes e a razoável duração do processo. *Revista Magister de Direito Civil e Processual Civil*, Porto Alegre, v. 67, jul./ago. 2015.

REIS, Antônio Carlos Palhares Moreira. *Reclamação constitucional e súmula vinculante*. Brasília, DF: Consulex, 2010.

REIS, Maurício Martins. Precedentes obrigatórios e sua adequada compreensão interpretativa: de como as súmulas vinculantes não pode ser o "bode expiatório" de uma hermenêutica jurídica em crise. *Revista de Processo*, São Paulo, v. 38, n. 220, p. 207-228, jun. 2013.

SARLET, Ingo Wolfgang. *Dignidade (da pessoa) humana e direitos fundamentais na Constituição Federal de 1988*. 10. ed. Porto Alegre: Livraria do Advogado, 2015.

SOUZA, Bernardo Pimentel. *Introdução aos recursos cíveis e à ação rescisória*. 10. ed. São Paulo: Saraiva, 2014.

SUNDFELD, Carlos Ari. *Fundamentos de Direito Público*. 5. ed. São Paulo: Malheiros, 2013.

VASCONCELLOS, Marcos de. Maior trabalho de gabinetes do STF é com casos que o ministro não vai julgar. *Conjur*, Rio de Janeiro, 2 jul. 2015. Disponível em: http://www.conjur.com.br/2015-jul-02/entrevista-luis-roberto-barroso-ministro-stf-parte. Acesso em: 8 fev. 2017.

XAVIER, Carlos Eduardo Rangel. *Reclamação constitucional e precedentes judiciais*. Contributo a um olhar crítico sobre o Novo Código de Processo Civil (de acordo com a Lei 13.256/2016). São Paulo: Revista dos Tribunais, 2016.

Informação bibliográfica deste texto, conforme a NBR 6023:2018 da Associação Brasileira de Normas Técnicas (ABNT):

VON ADAMEK, Daniela Cavalieri; FELÍCIO, Gabriel Bartolomeu. A Reclamação nº 65.612/RS e a virtude em saber "separar o joio do trigo". In: MENDES, Gilmar Ferreira; LIRA, Daiane Nogueira de; FREIRE, Alexandre (coord.). *Constituição, democracia e diálogo*: 15 anos de Jurisdição Constitucional do Ministro Dias Toffoli. 2. ed. Belo Horizonte: Fórum, 2025. p. 431-440. ISBN 978-65-5518-937-7.

A PROTEÇÃO DA FAUNA SILVESTRE NO ESTADO DE SÃO PAULO: ANÁLISE DA INTERPRETAÇÃO CONSTITUCIONAL FIRMADA NA AÇÃO DIRETA DE INCONSTITUCIONALIDADE (ADI) Nº 350

DANIELA PEREIRA MADEIRA

1 Introdução

O presente trabalho busca explorar a importância da decisão colegiada proferida no âmbito da Ação Direta de Inconstitucionalidade (ADI) nº 350, sob a relatoria do ilustre Ministro Dias Toffoli, considerada como um avanço interpretativo crucial para a correta interpretação da distribuição de competência legislativa e da temática estabelecida pela Constituição Federal. Por meio da técnica da interpretação conforme à Constituição, essa decisão reforçou a defesa e a proteção das espécies em risco de extinção no estado de São Paulo. Não obstante, seus arrazoados suplantam a dimensão estadual e possibilita interpretar diversos outros atos estaduais ou municipais com a mesma razão de decidir.

A proteção do meio ambiente é uma prioridade vital para assegurar um equilíbrio ecológico sustentável, especialmente em um país com a vasta biodiversidade do Brasil. Segundo o Instituto Brasileiro do Meio Ambiente e dos Recursos Naturais Renováveis (Ibama) (Brasil, 2020), "a conservação da diversidade biológica garante a preservação do meio ambiente, a sustentabilidade dos recursos naturais e a manutenção de vários serviços essenciais ao bem-estar humano".

Os animais presentes na natureza têm um papel essencial em cada ecossistema e são primordiais para a manutenção de uma simbiose harmoniosa, contribuindo para um meio ambiente equilibrado, considerando suas diversas categorias.

> Os animais em suas diversas categorias – silvestres, nativos ou exóticos, domésticos ou domesticados – fazem parte da ampla variedade de seres vivos integrantes da biosfera. O meio ambiente é constituído de seres vivos (bióticos) e não vivos (abióticos), que se inter-relacionam para manter o equilíbrio dos ecossistemas. Entre os elementos bióticos temos a fauna como parte integrante do meio ambiente (Trennepohl, 2019).

Nesse sentido, todos os ecossistemas estão interconectados e interrelacionam-se, formando a biosfera. Esta é, portanto, constituída por inúmeros mosaicos – biossistemas – que interagem entre si (Machado, 2004, p. 728).

A Exposição de Motivos do Anteprojeto da Lei nº 5.197, de 3 de janeiro de 1967, destaca a importância da fauna silvestre para a sustentabilidade da vida humana nos seguintes termos:

> As intervenções do homem no equilíbrio da natureza têm sido sempre marcadas pelo insucesso, senão pelo desastre, (...) a destruição de elementos vitais do equilíbrio biológico não pode ser considerado um direito do cidadão, nem olhada com complacência. A fauna silvestre é mais que um bem do Estado: é um fator de bem-estar do homem na biosfera (Brasil, 1967a).

A espécie humana, estando no topo da cadeia alimentar, deve usar seu poder de discernimento para proteger todas as espécies, inclusive para sua própria conservação. Apesar da necessidade de convivência harmoniosa entre as espécies, a atividade de caça é um tema controverso diante dos desafios ambientais.

Em 2021, o Supremo Tribunal Federal (STF) proferiu, por unanimidade, acórdão na ADI nº 350, salientando a importância de uma interpretação constitucional adequada do artigo 204 da Constituição do Estado de São Paulo em face da Lei Federal nº 5.197/1967 (Brasil, 1967b), particularmente no contexto da proibição da caça no Estado de São Paulo, e considerando a repartição de competências previstas na Constituição Federal. O STF conferiu interpretação conforme à Constituição à expressão "sob qualquer pretexto", esclarecendo que não estão incluídas na vedação do artigo 204 da Constituição do Estado de São Paulo as ações de destruição para fins de controle e coleta para fins científicos.

A decisão proferida no âmbito da ADI nº 350, sob a relatoria do ilustre Ministro Dias Toffoli, alinha-se ainda aos Objetivos de Desenvolvimento Sustentável da Agenda 2030 da Organização das Nações Unidas, especificamente ao Objetivo de Desenvolvimento Sustentável (ODS) nº 15, que visa proteger, recuperar e promover o uso sustentável dos ecossistemas terrestres, e ao ODS nº 16, que promove sociedades pacíficas e inclusivas para o desenvolvimento sustentável, cuja observância também servem de à uma cadeia de consumo e produção sustentáveis, nos termos do ODS nº 12.

Nessa perspectiva, o presente artigo analisa a proibição da caça sob qualquer pretexto e suas exceções, sob a ótica da competência legislativa da União e dos estados para a matéria ambiental, das diretrizes da Lei Federal de Proteção à Fauna, da necessidade de proteção da fauna silvestre para o desenvolvimento sustentável e das peculiaridades regionais. A metodologia utilizada inclui pesquisa bibliográfica de legislações sobre proteção ambiental, análise de decisões judiciais, estudo de doutrinas relevantes, busca de exemplos práticos e revisão de artigos científicos.

2 Histórico e importância da ADI nº 350

A ADI nº 350 foi ajuizada, em 31 de julho de 1990, pelo Procurador-Geral da República Aristides Junqueira Alvarenga, em decorrência de representação feita pela Associação Nacional de Caça e Conservação (ANCC).

O fundamento da ADI se funda sob o argumento de que o artigo 204 da Constituição do Estado de São Paulo (1989), promulgada em 5 de outubro de 1989, violaria em tese o artigo 24, §1º, da Constituição Federal. O artigo em questão dispõe: "Art. 204 - Fica proibida a caça, sob qualquer pretexto, em todo o Estado".

Para tanto, acosta parecer da lavra do Professor Manoel Gonçalves Ferreira Filho, argumentando que a inconstitucionalidade decorre do fato de o dispositivo editar norma geral proibitiva em matéria de competência concorrente, a qual seria reservada à União e que, portanto, teria invadido a competência da União.

A Procuradoria-Geral da República (PGR), com base na argumentação da ANCC, alegou que o estado de São Paulo não poderia proibir a caça, uma vez que a Lei Federal nº 5.197/1967 (Brasil, 1967b) permitia sua prática. A Assembleia Legislativa do Estado de São Paulo (ALESP), por sua vez, defendeu a constitucionalidade do artigo impugnado, argumentando que a Lei Federal nº 5.197/1967, que permite a caça, depende de regulamentação do poder público federal (Brasil, 1967b), e que a Constituição Estadual (São Paulo, 1989) visava à proteção da fauna silvestre em face das peculiaridades regionais e da competência concorrente dos estados.

A Assessoria Técnico-Jurídica da Presidência da ALESP apresentou informações no sentido de que não há inconstitucionalidade, mas patente consonância com o texto constitucional e com a lei federal, a qual resguarda a observância de peculiaridades regionais. Argumentou que a exceção à proibição da caça se dirige a áreas ou regiões onde peculiaridades como o pequeno adensamento populacional e a extensa cobertura florestal nativa comportem o exercício da caça, o que não seria o caso do estado de São Paulo, que foi "secularmente devassado, devastado, cultivado, explorado e poluído de todas as formas, abrigando o maior contingente populacional do país" (Brasil, 2021).

O Advogado-Geral da União confirmou os argumentos da Assembleia Legislativa, manifestando-se pela rejeição do pedido. Posteriormente, a PGR alterou seu entendimento, pleiteando o não conhecimento da causa e, no mérito, a improcedência do pedido, sustentando a constitucionalidade da norma questionada.

Após relatório, o Relator, Ministro Dias Toffoli, proferiu voto conforme acórdão de 21 de junho de 2021, destacando que o artigo 204 da Constituição do Estado de São Paulo (1989) é norma *protecional* da fauna silvestre remanescente em seu território e que, ao proibir a caça, atende às peculiaridades regionais e às diretrizes da Constituição Federal de 1988 (CF/1988) para a defesa e a preservação das espécies animais em risco de extinção. Reconheceu, portanto, que o constituinte estadual agiu dentro dos limites de sua competência constitucional concorrente, conforme artigo 24, VI, da CF/1988 (Brasil, 1988).

O voto do Relator ainda teve o mérito de adentrar na conceituação científica de caça, citando Fernando Pereira Sodero, no sentido do que seria o ato de caçar, de perseguir animais silvestres e, portanto, não domesticados, para os apanhar vivos ou mortos. Restringiu, portanto, à fauna silvestre, e nunca à fauna doméstica.

Destacou ainda o conceito de fauna silvestre existente na Lei nº 9.605/1998 (Brasil, 1998, a qual abrange todos aqueles animais pertencentes às espécies nativas, migratórias e quaisquer outras, aquáticas ou terrestres, que tenham todo ou parte de seu ciclo de vida ocorrendo dentro dos limites do território brasileiro, ou das águas jurisdicionais brasileiras.

Para aplicar a interpretação conforme à expressão da caça "sob qualquer pretexto", considerou o teor da Lei nº 5.197/1967, que considera o conceito referido de caça e proíbe peremptoriamente o exercício da caça profissional. Porém, exclui o conceito de coleta para fins científicos e controle. Conceitua o controle como a destruição de animais silvestres considerados nocivos à agricultura ou à saúde pública, usado para reequilibrar as relações plantações ou florestas-animais em casos específicos, conforme conceito de Paulo Afonso de Leme Machado (2004), controle que se dá para reequilíbrio também do ecossistema, como função de proteção do meio ambiente. Destaca também que essa permissão deve ser expressamente motivada pela autoridade pública (Brasil, 1967b).

Avançou mais ainda em seu fundamento destacando que a caça amadorista é considerada como aquela feita por clubes e sociedades amadoristas de caça, de tiro ao voo e de pesca; que a caça propriamente dita é prática somente permitida nos termos da Lei nº 5.197/1967 (Brasil, 1967b) e que não há dúvida de que o legislador constituinte a vedou. Vedou, portanto, a caça esportiva em geral no estado de São Paulo.

A ementa do julgamento restou a seguinte:

EMENTA
Ação direta de inconstitucionalidade. Artigo 204 da Constituição do Estado de São Paulo, o qual proíbe a caça, sob qualquer pretexto, em todo o Estado. Competência concorrente para legislar sobre caça. Ausência de invasão de competência legislativa da União. Interpretação conforme à Constituição. 1. A Lei Federal nº 5.197/67 proíbe a utilização, a perseguição, a destruição, a caça ou a apanha de animais silvestres, bem como de seus ninhos, abrigos e criadouros naturais. A norma prevê a possibilidade de exceção a essa proibição nos casos em que as peculiaridades regionais comportarem o exercício da caça, a qual está condicionada à permissão expressa do poder público federal mediante ato regulamentador (art. 1º, §1º). Trata-se de norma geral que propicia a edição de normas suplementares pelos estados destinadas a pormenorizar o conteúdo da lei federal e a adequar seus termos às peculiaridades regionais. 2. O art. 204 da Constituição do Estado de São Paulo é norma protecional da fauna silvestre remanescente no território estadual, e, ao proibir a caça, atende às peculiaridades regionais e às diretrizes da Constituição Federal para a defesa e a preservação das espécies animais em risco de extinção. Agiu o constituinte estadual dentro dos limites de sua competência constitucional concorrente para legislar sobre caça, nos termos do art. 24, VI, da Carta Maior. 3. O art. 204 da Constituição do Estado de São Paulo, ao proibir a caça, "sob qualquer pretexto", em todo o Estado, não teve a intenção de vedar as atividades de "destruição" para fins de controle e de "coleta" para fins científicos, as quais, ao invés de implicarem riscos ao meio ambiente, destinam-se ao reequilíbrio do ecossistema e, se devidamente fiscalizadas, cumprem relevante função de proteção ao meio ambiente. 4. Ação direta julgada parcialmente procedente, conferindo-se interpretação conforme à Constituição à expressão "sob qualquer pretexto", esclarecendo-se que não se incluem na vedação estabelecida na norma estadual a destruição para fins de controle e a coleta para fins científicos, as quais estão previstas, respectivamente, nos arts. 3º, §2º, e 14 da Lei Federal nº 5.197/1967 (...) (Brasil, 2021).

O posicionamento do Ministro Relator Dias Toffoli foi de especial rigor técnico e conceitual, motivo pelo qual teve adesão por voto vista também dos Ministros Alexandre de Morais, Edson Fachin, Rosa Weber e Ricardo Lewandowski, que também não reconheceram a inconstitucionalidade, mas conferiram interpretação conforme. O

Ministro Gilmar Mendes também proferiu voto no sentido de parcial procedência com pronúncia de nulidade sem redução de texto, de maneira a excluir das possibilidades interpretativas do dispositivo impugnado eventuais obstáculos à caça de controle e à caça realizada com fins científicos, na forma dos artigos 3º, §2º, e 14, da Lei nº 5.197/1967 (Brasil, 1967b).

Em suma, o STF decidiu pela procedência parcial da demanda, conferindo interpretação conforme à Constituição à expressão "sob qualquer pretexto". Nesse viés, permitiu-se a caça para fins de controle e pesquisa científica, o que seria benéfico à proteção ao meio ambiente.

Importante também destacar que o entendimento firmado na ADI nº 350 dialogou com os fundamentos da ADI nº 5.977/SP, sob a relatoria do Ministro Ricardo Lewandowski, o qual, em 29 de junho de 2020, tinha fixado a parcial procedência do pedido formulado na ação direta, para declarar a inconstitucionalidade do artigo 3º da Lei Estadual nº 16.784/2018 e a nulidade parcial, sem redução de texto, do artigo 1º da mesma lei, com o fim de excluir de sua incidência a coleta de animais nocivos por pessoas físicas ou jurídicas, mediante licença da autoridade competente e daquelas destinadas a fins científicos, previstas respectivamente no artigo 3º, §2º, e no artigo 14, ambos da Lei nº 5.197/1967 (Brasil, 1967b). Tratava-se de ADI cujo fundamento normativo impugnado era diverso daquele da ADI nº 350 (Brasil, 2021).

3   Competência legislativa e administrativa da União e dos estados

No que concerne à repartição de competências entre os entes federativos para a edição de leis, denominada competência legislativa, nota-se a utilização do critério da predominância do interesse. As matérias de interesse nacional são atribuídas à União, enquanto os temas que envolvem interesses regionais ou locais são conferidos aos estados e municípios, como regra geral.

Ademais, cabe à União, aos estados e ao Distrito Federal legislar concorrentemente sobre a fauna (Brasil, 1988, art. 24, VI), sendo que à União compete legislar sobre as normas gerais, enquanto os estados e o DF podem suplementar essa legislação (Brasil, 1988, art. 24, §§1º e 2º). Entretanto, "(...) não se pode suplementar um texto legal para descumpri-lo ou para deturpar sua intenção, isto é, para desviar-se da *mens legis* ambiental federal" (Machado, 2004, p. 99).

Importa esclarecer, todavia, que a competência legislativa difere da competência não legislativa ou administrativa, uma vez que a competência comum da União, dos estados, do Distrito Federal e dos municípios para proteger o meio ambiente e preservar a fauna, conforme preconizado no artigo 23, VI e VII, da CF/1988 (Brasil, 1988), não estabelece hierarquia nas condutas de cada ente.

Logo, a "Administração Pública federal ambiental não está em um plano hierárquico superior ao da Administração Pública ambiental estadual, nem esta se situa em um plano superior ao da Administração Pública ambiental municipal" (Machado, 2004, p. 100).

Ao analisar o Acórdão da ADI nº 350 (Brasil, 2021), podemos perceber que o artigo 204 da Constituição do Estado de São Paulo (1989), o qual proíbe a caça no território estadual, exemplifica como as competências legislativas concorrentes podem ser exercidas para atender às peculiaridades regionais e às diretrizes federais. Dessa maneira, o constituinte estadual atuou dentro dos limites de sua competência constitucional, conforme disposto no artigo 24, VI, da CF/1988 (Brasil, 1988), que permite aos estados suplementarem a legislação federal sobre fauna.

O julgado em análise, portanto, reconheceu e refletiu a necessidade de coordenação e complementaridade entre os diferentes entes federativos na consolidação das políticas públicas ambientais, fortalecendo a proteção da biodiversidade e assegurando um desenvolvimento sustentável.

4 A proteção da fauna e a Lei Federal nº 5.197/1967

O artigo 225 da CF/1988 (Brasil, 1988) dispõe que o meio ambiente é "(...) bem de uso comum do povo (...), impondo-se ao Poder Público e à coletividade o dever de defendê-lo e preservá-lo para as presentes e futuras gerações". O artigo estabelece que, embora o meio ambiente seja um direito individual, ele é de interesse coletivo e deve ser protegido para garantir a qualidade de vida das gerações atuais e futuras (Lenza, 2012). Dessa forma, a Carta Magna evidencia a responsabilidade compartilhada entre o Estado e a sociedade na conservação dos recursos naturais e na manutenção do equilíbrio ecológico.

O arcabouço legal e jurídico ambiental tem o dever de analisar e estabelecer princípios, diretrizes e normas que orientem a conscientização sobre a utilização e o relacionamento com os recursos naturais. Conforme Machado (2004, p. 49), "é preciso estabelecer a razoabilidade dessa utilização, devendo-se, quando a utilização não for razoável ou necessária, negar o uso, mesmo que os bens não sejam atualmente escassos".

É evidente que, na busca pela proteção do meio ambiente, surgem imprecisões quanto à possibilidade de dano ambiental. Nesse sentido, Sato (2022, p. 73) afirma que "o Estado não deve se abster de disciplinar a conduta dos particulares e a sua própria sob o argumento de que permanecem dúvidas sobre os mecanismos do evento danoso ou sobre a eficácia das normas editadas para esse propósito". Portanto, deve continuar implementando normas ambientais, mesmo diante das obscuridades e complexidades da realidade fática, para garantir a proteção eficaz do meio ambiente.

A Lei nº 5.197/1967, destinada à proteção da fauna, proíbe a caça de todo e qualquer animal, mas permite exceções por meio de atos regulamentares do poder público federal. Vejamos:

> Art. 1º - Os animais de quaisquer espécies, em qualquer fase do seu desenvolvimento e que vivem naturalmente fora do cativeiro, constituindo a fauna silvestre, bem como seus ninhos, abrigos e criadouros naturais são propriedades do Estado, sendo proibida a sua utilização, perseguição, destruição, caça ou apanha.
> §1º Se peculiaridades regionais comportarem o exercício da caça, a permissão será estabelecida em ato regulamentador do Poder Público Federal (Brasil, 1967b).

Além disso, a lei proíbe o comércio de espécies da fauna silvestre, mas permite a destruição delas caso sejam consideradas nocivas à agricultura ou à saúde pública, desde que se obtenha licença da autoridade competente, nos termos do artigo 3º, §2º:

Art. 3º. É proibido o comércio de espécimes da fauna silvestre e de produtos e objetos que impliquem na sua caça, perseguição, destruição ou apanha.
(...)
§2º Será permitida mediante licença da autoridade competente, a apanha de ovos, lavras e filhotes que se destinem aos estabelecimentos acima referidos, bem como a destruição de animais silvestres considerados nocivos à agricultura ou à saúde pública (Brasil, 1967b).

O artigo 14 da Lei nº 5.197/1967 especifica a possibilidade de concessão de licenças especiais para a coleta de material destinado a finalidades científicas, proibindo o uso dessas licenças para fins comerciais ou esportivos:

Art. 14. Poderá ser concedida a cientistas, pertencentes a instituições científicas, oficiais ou oficializadas, ou por estas indicadas, licença especial para a coleta de material destinado a fins científicos, em qualquer época.
(...)
§3º As licenças referidas neste artigo não poderão ser utilizadas para fins comerciais ou esportivos (Brasil, 1967b).

Essa limitação tem por objetivo garantir que a coleta de material seja realizada com objetivos de pesquisa e conservação, respeitando a integridade científica e evitando a exploração imprópria dos recursos naturais. Corroborando esse entendimento, Pinheiro (2014, p. 106) afirma:

Percebe-se que esta modalidade de caça é de fundamental importância para o desenvolvimento científico do país, obtendo recursos para pesquisas que podem encontrar a cura de diversas doenças, mas claro, sempre respeitando a legislação vigente, e as condições da fauna a ser caçada.

Outrossim, a proteção da fauna está alinhada com os ODS da Agenda 2030, promovendo o desenvolvimento sustentável e a proteção ambiental. O ODS nº 115 busca a conservação da biodiversidade e o combate à desertificação, enquanto o ODS nº 16 promove a paz, a justiça e as instituições eficazes, considerando que a proteção ambiental e a Justiça Ambiental são interdependentes.

O entendimento também dialoga com a Convenção de Washington sobre o Comércio Internacional das Espécies da Flora e da Fauna Selvagens em Perigo de Extinção, ratificada pelo Brasil por meio do Decreto Lei nº 54/1975 e promulgada pelo Decreto nº 76.623/1975. O referido ato estabelece proteção para um conjunto de plantas e animais, por meio da regulação e monitoramento de seu comércio internacional, especificamente as ameaçadas de extinção. Em que pese o ato internacional consista em proteção à fauna em perigo de extinção, possui especial relevância diante da extensa lista de espécies ameaçadas de extinção, que se encontram nas listas oficiais brasileiras fixadas por meio das portarias MMA nº 444/2014 (que trata de mamíferos, aves, répteis, anfíbios e invertebrados terrestres) e 445/2014 (que trata de peixes e invertebrados aquáticos).

O Relator da ADI nº 350, Ministro Dias Toffoli, em seu voto, demonstra que o artigo 204 da Constituição do Estado de São Paulo (1989), ao determinar que "fica proibida a caça, sob qualquer pretexto, em todo o Estado", teve como intenção legislativa enfatizar a proibição já contida na norma federal geral sobre a fauna, disposta no artigo

1º da Lei nº 5.197/1967 (Brasil, 1967b). A decisão vai ao encontro da legislação federal de proteção à fauna, reconhecendo a necessidade de conservação da biodiversidade e permitindo intervenções específicas para a manutenção do equilíbrio ecológico e o avanço do conhecimento científico.

5 Peculiaridades regionais do estado de São Paulo e impactos ambientais

O artigo 225, §4º, da CRFB/1988 (Brasil, 1988) dispõe que a Mata Atlântica é considerada "patrimônio nacional, e que sua utilização far-se-á, na forma da lei, dentro de condições que assegurem a preservação do meio ambiente, inclusive quanto ao uso dos recursos naturais". A Mata Atlântica está espalhada por diversos estados do Brasil, incluindo o Estado de São Paulo, sendo um dos biomas mais biodiversos do país. A Organização Não Governamental World Wide Fund for Nature do Brasil (WWF Brasil) elucida:

> A Mata Atlântica é o bioma mais biodiverso do Brasil com 20 mil espécies de flora e cerca de 2.040 espécies diferentes de fauna e compreende 15% do território brasileiro, distribuída em 17 Estados e se estende por parte da Argentina e Paraguai. Grande parte da sua distribuição geográfica é pela costa do oceano Atlântico, daí o seu nome (WWF Brasil, [2024]).

Nesse sentido, o WWF Brasil ([2024]) estima que "restam apenas 300 onças-pintadas em toda a Mata Atlântica". Uma questão relevante a ser destacada é a ameaça que essas onças enfrentam, classificadas como vulneráveis (VU) à extinção no Brasil. Essa informação consta na Lista Nacional Oficial de Espécies da Fauna Ameaçadas de Extinção do Ministério do Meio Ambiente, publicada por meio da Portaria MMA nº 148, de 7 de junho de 2022.

À guisa de exemplificação, em 2021, no entorno de um parque estadual, uma onça-pintada (*Panthera onca*) foi encontrada morta em um riacho entre os municípios de Guapiara e Capão Bonito, no estado de São Paulo. Teixeira (2023, p. 11) alerta que:

> O recente abate de um indivíduo macho, adulto de onça-pintada é um reflexo do perigo iminente que sofrem as populações de onças-pintadas na Mata Atlântica devido a uma grande soma de ameaças, dentre as quais se destacam a caça e os conflitos entre seres humanos e grandes carnívoros.

Além disso, é relevante discutir o desafio da conservação da espécie jacaré-de-papo-amarelo (*Caiman latirostris*), especialmente no estado de São Paulo, onde ocorreram diversas transformações antrópicas ao longo das décadas. Verdade (1997) e Lavorenti (1990) (citados por Almeida Júnior; Neves; São Pedro, 2021) destacam que, diferentemente de outros crocodilianos brasileiros, o jacaré-de-papo-amarelo apresenta uma das situações mais complexas em relação a sua conservação, pois grande parte da sua população se encontra fragmentada em quase toda sua área de ocorrência. Elucidam ainda que, no estado de São Paulo, que apresenta grande parte do seu território modificado pelo avanço da urbanização e da agricultura, é comum encontrar pequenas populações em ambientes antropizados, visto que a espécie possui grande capacidade para colonizar ambientes alterados. Esse mesmo fenômeno também ocorre em diversos outros estados da Federação, como no Rio de Janeiro, cuja população de espécies se concentra bastante em Jacarepaguá (Freitas Filho, 2013). Estima-se que, em média, um jacaré-do-papo-amarelo é resgatado pelas ruas do Rio de Janeiro por dia, sendo o crescimento urbano sua principal causa (Araujo, 2023).

A carne e o couro de crocodilianos possuem grande valor econômico, pois a carne apresenta baixa porcentagem de gordura e alta porcentagem de umidade, resultando em um produto de textura delicada (Sarkis-Gonçalves *et al.*, 2001 citados por Almeida-Júnior; Neves; São Pedro, 2021). O jacaré-de-papo-amarelo, frequentemente, é caçado devido à sua demanda no comércio ilegal:

> Devido às características da carne e do couro desses animais, esses produtos são muito procurados por apreciadores e proprietários de restaurantes especializados, sendo uma fonte de renda para quem cria esses animais, mas também para quem comercializa ilegalmente esses produtos (Alves *et al.*, 2009; Mendonça, 2009 citados por Almeida-Júnior; Neves; São Pedro, 2021).

Por outro lado, um exemplo de caso concreto que ilustra a importância da ADI nº 350 é a situação do javali (*Sus scrofa*), que "é classificado como uma das cem piores espécies exóticas invasoras do mundo pela União Internacional para a Conservação da Natureza" (Brasil, 2020). O controle dessa espécie é regulamentado pelos critérios e regras estabelecidos na Instrução Normativa Ibama nº 3/2013, alterada pela Instrução Normativa Ibama nº 12/2019. Vejamos:

> Art. 2º Autorizar o controle populacional do javali vivendo em liberdade em todo o território nacional.
> §1º Para os fins previstos nesta Instrução Normativa, considera-se controle do javali a perseguição, o abate, a captura seguida de eliminação direta de espécimes.
> §2º O controle do javali será realizado por meios físicos, neles incluídos como instrumentos de abate as armas brancas e de fogo, sendo vedada a prática de quaisquer maus tratos aos animais.
> (...)
> §5º Fica autorizado o uso de armadilhas do tipo jaula ou curral, que garantam o bem-estar animal, segurança e eficiência, preferencialmente conforme modelo descrito no Anexo I, sendo proibidas aquelas capazes de matar ou ferir, como, por exemplo, laços e dispositivos que envolvam o acionamento de armas de fogo.
> (...)
> §9º Admite-se o uso de cães, na atividade de controle, independentemente da raça, sendo vedada a prática de quaisquer maus-tratos aos animais, devendo o abate ser de forma rápida, sem que provoque o sofrimento desnecessários aos animais (Brasil, 2020).

No acórdão proferido nos autos do Processo Judicial nº 1007018-75.2018.8.26.0438 pelo Tribunal de Justiça de São Paulo (TJSP), que tratou da autorização para manejo e controle de fauna exótica invasora, especificamente o javali, o Relator observou claramente, ao apreciar o Recurso Inominado, que a autorização para a destruição de determinada espécie com fins de controle populacional difere totalmente do ato de caçar. Vejamos:

> Num primeiro aspecto, a lei aponta que poderá ser autorizada a destruição de animais nocivos à agricultura ou à saúde pública. Veja-se que a lei não fala que tais animais poderão

ser caçados, mas aduz que possam ser destruídos. Noutro norte, a mesma lei dispõe que a destruição de animais, quando consentidas na forma da Lei, será considerado ato de caça. O jogo de palavras leva à conclusão de que a destruição de animais nocivos pode ser feita por meio de caça. Porém, esse não é o sentido da lei, conforme conclusão a que se chegou o Relator da ADI 350 (São Paulo, 2019).

Contudo, nos autos do Recurso Interno nº 1007018-75.2018.8.26.0438, foi constatado que a suposta destruição de javalis, por serem considerados uma espécie nociva à agricultura ou à saúde pública no estado de São Paulo, estava ocorrendo de forma cruel. Além disso, foram encontrados indícios de caça recreativa. Vejamos:

> Conforme a defesa apresentada, o que se vê é que no Estado o controle populacional do animal tem sido aventado como fundamento para a realização de caça de forma similar à esportiva, mediante uso de armamento pesado que ocasiona o sofrimento dos animais. E não é o javali em específico o animal a quem se emprega crueldade, mas até mesmo cães que são utilizados como instrumento de caça. O Estado ainda indica que a admissão da caça ao animal de forma indiscriminada se quer atende ao fim almejado uma vez que o controle populacional do animal não tem se reduzido, o que é indicativo de introdução voluntária da espécie para permissão de prática de caça recreativa. O maior domínio do Estado sobre o controle populacional, manejo ou erradicação de espécie declarada nociva ou invasora, portanto, atenderá a disposição constitucional de competência do Estado em preservar o meio ambiente como um todo (São Paulo, 2019).

Nesse sentido, conclui-se que, para a prática do controle populacional, manejo ou erradicação de qualquer espécie declarada nociva ou invasora, é necessário que haja sempre consonância entre a Constituição Federal, a legislação federal, a legislação estadual e a instrução normativa do Ibama.

Observa-se, por conseguinte, que o estado de São Paulo enfrenta desafios únicos na proteção de sua fauna, especialmente da silvestre. A decisão do STF, ao interpretar o artigo 204 da Constituição do Estado de São Paulo (1989), que dispõe que "fica proibida a caça, sob qualquer pretexto, em todo o Estado", em conformidade com a Constituição Federal, reflete uma resposta necessária às ameaças de extinção de espécies e ao desequilíbrio ecológico causado por atividades humanas.

6 Conclusões

A fauna silvestre é considerada "bem de uso comum do povo e essencial à sadia qualidade de vida", nos termos do artigo 225, *caput*, da Carta Magna (Brasil, 1988), e demonstra-se mais que necessário que todos procurem defender e preservar o meio ambiente.

No contexto brasileiro, o Guardião da Constituição Federal tem desempenhado um papel essencial na interpretação e aplicação das leis, assegurando que os princípios de proteção ambiental sejam rigorosamente observados e implementados. Esse papel é particularmente relevante em tempos de crescentes desafios ambientais e de pressões sobre os ecossistemas do país.

Nesse sentido, destaca-se a análise do voto do acórdão proferido pelo STF, sob a relatoria do Ministro Dias Toffoli, que reforça a importância de uma abordagem jurídica robusta e coerente para a preservação ambiental, evidenciando o compromisso do STF com a sustentabilidade e a proteção dos recursos naturais brasileiros.

Cumpre relembrar que o preservacionismo ambiental se caracteriza como direito humano de terceira dimensão, e que o ser humano, inserido na coletividade, é titular dos direitos de solidariedade (Lenza, 2012). Assim, é urgente que haja um fortalecimento da efetividade das normas protetivas da fauna, com a finalidade de se aperfeiçoarem e compreenderem os desafios que surgem relacionados à proteção, à defesa e ao bem-estar de todos os seres vivos.

A decisão do STF na ADI nº 350 reforça a importância da proteção da fauna e da preservação dos ecossistemas, respeitando a competência legislativa dos estados para adaptar a legislação federal às peculiaridades regionais. Essa interpretação equilibrada entre normas federais e estaduais contribui para a proteção das espécies em risco de extinção e para a promoção do desenvolvimento sustentável, alinhando-se aos compromissos internacionais e aos objetivos de proteção ambiental estabelecidos pela CF/1988 e pelos ODS.

Referências

ALMEIDA-JÚNIOR, João Emílio; NEVES, Nathan Fernandes; SÃO PEDRO, Vinicius de Avelar. A caça do jacaré-de-papo-amarelo: uma perspectiva do sudoeste do estado de São Paulo. *In:* ALMEIDA-JÚNIOR, João Emílio; NEVES, Nathan Fernandes; SÃO PEDRO, Vinicius de Avelar. *Alternativas para o Desenvolvimento Sustentável do Sudoeste Paulista*. [S. l.]: [s. n.], 2021. Disponível em: https://downloads.editoracientifica.org/articles/210906164.pdf. Acesso em: 16 jul. 2024.

ARAUJO, Camila. Em média, um jacaré-do-papo-amarelo é resgatado pelas ruas do Rio por dia; crescimento urbano é principal causa. *O Globo*, Rio de Janeiro, 23 abr. 2023. Disponível em: https://oglobo.globo.com/um-so-planeta/noticia/2023/04/em-media-um-jacare-do-papo-amarelo-e-resgatado-pelas-ruas-do-rio-por-dia-crescimento-urbano-e-principal-causa.ghtml. Acesso em 29 jul. 2024.

BRASIL. [Constituição (1988)]. *Constituição da República Federativa do Brasil de 1988*. Brasília, DF: Presidência da República, 1988. Disponível em: http://www.planalto.gov.br/ccivil_03/constituicao/constituicaocompilado.htm. Acesso em: 24 jul. 2024.

BRASIL. Câmara dos Deputados. *Exposição de Motivos do Anteprojeto. Lei nº 5.197, de 3 de janeiro de 1967*. Brasília, DF: Câmara dos Deputados, 1967a. Disponível em: https://imagem.camara.gov.br/Imagem/d/pdf/DCD09AGO1966.pdf#page=6. Acesso em: 24 jul. 2024.

BRASIL. Ibama. *Instrução Normativa nº 03/2013, alterada pela Instrução Normativa nº 12/2019*. Brasília, DF: Ibama, 2019.

BRASIL. Ibama. Manejo e Controle do Javali. *Gov.br*, Brasília, DF, 29 nov. 2022. Disponível em: https://www.gov.br/ibama/pt-br/assuntos/biodiversidade/especies-exoticas-invasoras/manejo-e-controle-do-javali#1--sobre-o-manejo-e-o-controle-do-javali. Acesso em: 23 jul. 2024.

BRASIL. Ibama. *Manual de boas práticas para o controle de javali*. Graziele Oliveira Batista (org.). Brasília, DF: Ibama, 2020. Disponível em: https://www.gov.br/ibama/pt-br/assuntos/biodiversidade/especies-exoticas-invasoras/arquivos/javali/2020/2020-12-17-Manual_do_Javali_Digital.pdf. Acesso em: 23 jul. 2024.

BRASIL. Lei nº 5.197, de 3 de janeiro de 1967. *Diário Oficial da União*: Brasília, DF, 1967b. Dispõe sobre a proteção à fauna e dá outras providências. Disponível em: https://www.planalto.gov.br/ccivil_03/leis/L5197compilado.htm. Acesso em: 24 jul. 2024.

BRASIL. Lei nº 9.605, de 12 de fevereiro de 1998. Dispõe sobre as sanções penais e administrativas derivadas de condutas e atividades lesivas ao meio ambiente, e dá outras providências. *Diário Oficial da União*: Brasília, DF, 1998. Disponível em: https://www.planalto.gov.br/ccivil_03/leis/L9605.htm. Acesso em: 24 jul. 2024.

BRASIL. Ministério do Meio Ambiente e Mudança do Clima. Fortalecimento de Normas Protetivas da Fauna. *Gov.br*, Brasília, DF, [2024].Disponível em: https://www.gov.br/mma/pt-br/composicao/sbio/dpda/defesa-da-fauna/fortalecimento-das-normas-protetivas-da-fauna. Acesso em: 24 jul. 2024.

BRASIL. Ministério do Meio Ambiente. *Portaria nº 148, de 7 de junho de 2022*. Altera os Anexos da Portaria nº 443, de 17 de dezembro de 2014, da Portaria nº 444, de 17 de dezembro de 2014, e da Portaria nº 445, de 17 de dezembro de 2014, referentes à atualização da Lista Nacional de Espécies Ameaçadas de Extinção. Brasília, DF: Ministério do Meio Ambiente, 2022. Disponível em: https://www.icmbio.gov.br/cepsul/images/stories/legislacao/Portaria/2020/P_mma_148_2022_altera_anexos_P_mma_443_444_445_2014_atualiza_especies_ameacadas_extincao.pdf. Acesso em: 24 jul. 2024.

BRASIL. Supremo Tribunal Federal (Pleno). ADI 350. Relator: Min. Dias Toffoli, 21 de junho de 2021. *Dje*: Brasília, DF, 20 out. 2021. Disponível em: https://jurisprudencia.stf.jus.br/pages/search?classeNumeroIncidente=%22ADI%20350%22. Acesso em: 24 jul. 2024.

FLORIANO, Eduardo Pagel. *Conservação e manejo da fauna silvestre*. Rio Largo: Edição do Autor, 2024. Disponível em: https://www.researchgate.net/publication/377984049_Conservacao_e_manejo_da_fauna_silvestre. Acesso em: 24 jul. 2024.

FREITAS FILHO, Ricardo Francisco. *Ecologia do jacaré de papo amarelo* (Caiman latirostris, Daudin 1802) *em ambiente urbano no município do Rio de Janeiro*. Orientador: Timothy Peter Moulton. 2013. 125 f. Tese (Doutorado em Ecologia e Evolução) – Instituto de Biologia Roberto Alcântara Gomes, Universidade do Estado do Rio de Janeiro, Rio de Janeiro, 2013. Disponível em: https://www.bdtd.uerj.br:8443/handle/1/4925. Acesso em: 29 jul. 2024.

LENZA, Pedro. *Direito Constitucional esquematizado*. 16. ed. rev., atual. e ampl. São Paulo: Saraiva, 2012.

MACHADO, Paulo Affonso Leme. *Direito Ambiental brasileiro*. 12. ed. São Paulo: Malheiros, 2004.

PINHEIRO, Guilherme Côrtes. A regulamentação da caça no Brasil. *Revista de Direito Público da Procuradoria-Geral do Município de Londrina*, Londrina, v. 3, n. 2, p. 95-116, 2014.

SÃO PAULO. [Constituição (1989)]. *Constituição Política do Estado de São Paulo*, de 5 de dezembro de 1989. São Paulo: Poder Legislativo Estadual, 1989. Disponível em: https://www.pge.sp.gov.br/centrodeestudos/bibliotecavirtual/dh/volume%20i/constituicao%20estadual.htm. Acesso em: 24 jul. 2024.

SÃO PAULO. Tribunal de Justiça do Estado (Turma da Fazenda). Recurso Inominado 1007018-75.2018.8.26.0438. Seção Colégio Recursal de Araçatuba. Relator: J.z Carlos Gustavo de Souza Miranda, 27 de setembro de 2019. *Dje-TJSP*: São Paulo, 30 set. 2019. Disponível em: https://esaj.tjsp.jus.br/cposgcr/search.do;jsessionid=52B2A0676F5CCB43F3CCF3B824F4DE6C. Acesso em: 24 jul. 2024.

SATO, Eliane Mitisuko. *Aspectos probatórios da responsabilidade civil pelo dano ambiental*. São Paulo: Dialética, 2022.

TEIXEIRA, R. H. F.; CAIAFFAA, M. G.; SANTOS, L.S.; SILVA, R.C.; MATEUS, R.V.; ALMEIDA, M.A.; BERNHARDT, R.; TRUJILLO, L.L.; BEISIEGE, B. M. Abate de onça-pintada (Panthera onca Linnaeus, 1758) por arma de fogo no Estado de São Paulo, Brasil. *Revista Brasileira de Criminalística*, São Paulo, v. 12, n. 4, p. 7-12, 2023. Disponível em: https://revista.rbc.org.br/index.php/rbc/article/view/617/366. Acesso em: 16 jul. 2024.

TRENNEPOHL, Terence; FARIAS, Talden. Direito da Fauna. *In*: TRENNEPOHL, Terence; FARIAS, Talden. *Direito Ambiental brasileiro*. São Paulo: Revista dos Tribunais, 2019. Disponível em: https://www.jusbrasil.com.br/doutrina/direito-ambiental-brasileiro/1250396172. Acesso em: 24 jul. 2024.

VERDADE, L. M. Manejo e conservação do jacaré-de-papo-amarelo (Caiman latirostris) no Estado de São Paulo. *In*: VALLADARES-PADUA, Claudio; BODMER, Richard E.; CULLEN JR, Laury. *Manejo e conservação de vida silvestre no Brasil*. Brasília, DF: MCT/CNPq, 1997. p. 222-232.

WWF BRASIL. Organização Não Governamental. *Mata Atlântica*, [S. l.], [2024]. Disponível em: https://www.wwf.org.br/natureza_brasileira/areas_prioritarias/mata_atlantica/mata_atlantica/. Acesso em: 24 jul. 2024.

Informação bibliográfica deste texto, conforme a NBR 6023:2018 da Associação Brasileira de Normas Técnicas (ABNT):

MADEIRA, Daniela Pereira. A proteção da fauna silvestre no estado de São Paulo: análise da interpretação constitucional firmada na Ação Direta de Inconstitucionalidade (ADI) nº 350. In: MENDES, Gilmar Ferreira; LIRA, Daiane Nogueira de; FREIRE, Alexandre (coord.). *Constituição, democracia e diálogo*: 15 anos de Jurisdição Constitucional do Ministro Dias Toffoli. 2. ed. Belo Horizonte: Fórum, 2025. p. 441-453. ISBN 978-65-5518-937-7.

DIAS TOFFOLI E POLÍTICAS DE DEFESA DA MULHER DURANTE A TRIPLA PRESIDÊNCIA DE 2018

DANIELA TEIXEIRA

1 Introdução

Ao longo das duas décadas do século 21, José Antonio Dias Toffoli vivenciou, por dentro, a vida partidária, o embate da advocacia nos tribunais superiores e a dinâmica de cada um dos Três Poderes. Foi assessor parlamentar na Câmara dos Deputados, Subchefe de Assuntos Jurídicos da Casa Civil da Presidência da República, Ministro-Chefe da Advocacia Geral da União, e hoje é Ministro do Supremo Tribunal Federal. Nessa capacidade, foi ministro do Tribunal Superior Eleitoral, quando presidiu as eleições de 2014, e assumiu a presidência da Suprema Corte em 2018, o que o levou à presidência do Conselho Nacional de Justiça e à presidência da República.

No exercício dessas missões, seus traços característicos têm sido os do gestor que inova e transforma, e os do articulador que intermedeia e apazigua conflitos entre os mais altos escalões da República. Apesar de paulista de Marília e formado no largo São Francisco, sua ligação com Brasília e tudo que a capital representa pode ser medida por sua assinatura, em que o olhar atento enxergará os arcos de Niemeyer.

Nesta homenagem, vamos nos centrar em seu papel na construção, no fortalecimento e defesa de políticas de proteção da Mulher durante sua tripla presidência, em 2018.

2 Presidência do Supremo Tribunal Federal

Período em que presidiu o STF (2018-2020), Ministro Toffoli foi um defensor consistente dos direitos das mulheres. Sob sua liderança, o STF tomou importantes decisões em casos de violência doméstica e direitos reprodutivos, reforçando a proteção legal e os direitos fundamentais das mulheres no Brasil.

Merece destaque a decisão na Ação Direta de Inconstitucionalidade 5617, em que o Plenário definiu a legitimidade da destinação de percentual mínimo de candidaturas de mulheres e a constitucionalidade da garantia do percentual mínimo de trinta por cento dos recursos do Fundo Partidário para candidaturas femininas. Além desses dois aspectos, ficou evidenciada a necessidade de observância da destinação desse percentual pelos partidos, para que a decisão não se tornasse ineficaz.

Para discutir essa decisão e ouvir a bancada feminina, o Ministro Dias Toffoli visitou oficialmente o Congresso Nacional, ocasião em que comentou que, após a decisão da ADI 5617, o TSE, presidido pela Ministra Rosa Weber, decidira que os partidos deviam também garantir ao menos trinta por cento do Fundo Especial Eleitoral, assim como do tempo de propaganda gratuita, para as candidaturas de mulheres.

O então presidente do Supremo disse à época que não tinha "dúvidas de que a inclusão das mulheres na política exige uma atuação em diversas frentes: a elevação no número de candidaturas femininas; o efetivo apoio dos partidos políticos a essas candidaturas; e, a meu ver, principalmente a ocupação de cargos de destaque e de liderança dentro dos órgãos do parlamento e dos partidos".

Na mesma oportunidade, lamentou que houvesse quadro de sub-representação das mulheres na política brasileira:

> As mulheres representam 52% do eleitorado brasileiro. No entanto, segundo pesquisa divulgada no início de 2018, pelo IBGE, em um *ranking* de 190 países, o Brasil ocupa a 152ª posição em relação ao percentual de parlamentares homens e mulheres na Câmara dos Deputados.

Acrescentou, ainda, que era "fundamental superarmos esse quadro de sub-representação. E não se trata de ausência de interesse ou vocação das mulheres na política. Mas de superar os obstáculos impostos, inclusive, pela ausência de interesse e de democracia interna dos próprios partidos".

3 Presidência da República

Em setembro de 2018, Ministro Toffoli assumiu a Presidência da República, ocasião em que destacou a importância da aplicação rigorosa das leis de proteção às mulheres e da implementação de políticas públicas eficazes. Seu discurso reforçou a necessidade de ações coordenadas entre os poderes Executivo, Legislativo e Judiciário para enfrentar a violência contra a mulher e promover a igualdade de gênero.

Uma nova lei sancionada pelo Ministro Dias Toffoli, enquanto presidente interino, amplia a proteção a mulheres e pessoas vulneráveis. A lei, aprovada pelo Congresso Nacional, altera o Código Penal e tipifica os crimes de importunação sexual e divulgação de cenas de estupro, além de incluir o estupro coletivo e "corretivo" como causas de aumento de pena. No exercício da Presidência da República, Ministro Toffoli destacou a importância da lei para a proteção da dignidade da mulher e a necessidade de avançar na legislação. A norma foi proposta pela senadora Vanessa Grazziotin e prevê penas de 1 a 5 anos para importunação sexual e divulgação de material sem consentimento.

A lei também aumenta a pena em casos de estupro coletivo e corretivo, e estabelece a ação penal pública incondicionada para crimes sexuais. Ministro Toffoli, exercendo a Presidência da República ressaltou a necessidade de as leis penais acompanharem os avanços tecnológicos e comunicacionais, e mencionou o trabalho contínuo para aprimorar o ordenamento jurídico.

Dados do Conselho Nacional de Justiça (CNJ) mostram que em 2017 houve 48,7 mil processos de estupro de vulnerável, destacando a subnotificação e a necessidade de mudança cultural para aumentar as denúncias e combater a violência contra mulheres.

A lei sancionada em 24 de setembro de 2018, durante a presidência interina do ministro José Antonio Dias Toffoli, é de grande importância para a proteção da liberdade e integridade sexual das pessoas. Essa lei tipifica novos crimes e reforça a punição para infrações relacionadas à liberdade sexual.

Entre os principais pontos da lei, destacam-se:

i) *Tipificação do crime de importunação sexual (Art. 215-A):* Estabelece que praticar atos libidinosos sem consentimento com a finalidade de satisfazer a própria lascívia ou de terceiros constitui crime, com pena de reclusão de 1 a 5 anos.

ii) *Divulgação de cena de estupro e pornografia (Art. 218-C):* Criminaliza a oferta, troca, venda, distribuição, publicação ou divulgação de cenas de estupro, sexo ou nudez sem consentimento, com penas de 1 a 5 anos de reclusão, aumentando a pena em casos específicos como quando a motivação é vingança ou humilhação.

iii) *Ação penal pública incondicionada (Art. 225):* Torna a ação penal pública incondicionada para crimes contra a liberdade sexual e crimes sexuais contra vulneráveis, eliminando a necessidade de representação da vítima para que o processo seja iniciado.

iv) *Aumento de pena em casos específicos:* Define causas específicas para aumento de pena, como estupro coletivo, estupro corretivo, resultando em gravidez ou transmissão de doença sexualmente transmissível.

A sanção desta lei pelo Ministro Dias Toffoli, no exercício da Presidência da República, representa um marco significativo na legislação brasileira, enfatizando a importância da proteção dos direitos individuais e da liberdade sexual. Essa ação reflete um compromisso institucional com o fortalecimento das garantias legais e a resposta efetiva a crimes que afetam a dignidade e a integridade das pessoas.

4 Presidência do Conselho Nacional de Justiça

Como presidente do CNJ, o Ministro Dias Toffoli também foi proativo na defesa dos direitos das mulheres. Ele liderou iniciativas voltadas para a melhoria da resposta do sistema de justiça às vítimas de violência doméstica. Entre essas iniciativas, destacam-se:

i) *Campanhas de sensibilização:* O CNJ, sob sua liderança, promoveu campanhas nacionais de conscientização sobre a violência contra a mulher, destacando a importância de denunciar agressões e buscar apoio.

ii) *Implementação de protocolos:* Foram desenvolvidos e implementados protocolos para o atendimento de mulheres vítimas de violência, buscando uniformizar e melhorar o tratamento dessas vítimas no sistema de justiça.

iii) *Monitoramento e fiscalização:* O Ministro Dias Toffoli supervisionou a criação de mecanismos de monitoramento e fiscalização para garantir que as medidas protetivas estabelecidas pela Lei Maria da Penha fossem devidamente aplicadas pelos juízes em todo o país.

Sob sua gestão, o CNJ publicou tradução da Recomendação Geral nº 35 do Comitê para Eliminação de Todas as Formas de Discriminação contra a Mulher (CEDAW), que atualizava a Recomendação Geral nº 19, a qual afirmava que a discriminação contra as mulheres incluía a violência de gênero, ou seja, aquela "que é dirigida contra uma mulher porque ela é mulher ou que afeta as mulheres desproporcionalmente", constituindo, portanto, uma violação aos direitos humanos.

Para dar consequência a essa recomendação, podemos destacar que o Ministro Dias Toffoli articulou com o Conselho Nacional do Ministério Público, o Ministério da Justiça, Polícias Civis e Militares e Tribunais de Justiça a viabilização institucional e a edição da Resolução Conjunta nº 5, de 3 de março de 2020, firmada pelo CNJ e o CNMP. Essa resolução instituiu o Formulário Nacional de Avaliação de Risco no âmbito do Poder Judiciário e do Ministério Público para a prevenção e o enfrentamento de crimes e demais atos praticados no contexto de violência doméstica e familiar contra a mulher.

O objetivo do formulário é o de "identificar os fatores que indiquem o risco de a mulher vir a sofrer qualquer forma de violência no âmbito das relações domésticas e familiares (art. 7º da Lei nº 11.340/2006), para subsidiar a atuação do Ministério Público, do Poder Judiciário e dos demais órgãos da rede de proteção na gestão do risco identificado". Esse formulário inclui anexo com perguntas a serem feitas à vítima, divididas em quatro grandes blocos:

I – Sobre o histórico de violência – *e.g.*, que tipo de agressões sofreu, com que tipo de arma;
II – Sobre o agressor – *e.g.*, seus hábitos, sua conduta etc.;
III – Sobre você (a vítima) – *e.g.*, se depende do agressor, se tem filhos etc.;
IV – Informações sobre onde mora, como mora, se o ambiente é perigoso etc.

Numa segunda parte, o profissional capacitado para interpretar a situação social e psicológica da vítima responde a questionário com sua avaliação do risco a que a vítima está submetida.

Esse instrumento é hoje de uso disseminado pelo País e tem interferido positivamente na ação do Estado em defesa da mulher sujeita à violência doméstica e familiar.

5 Conclusão

O Ministro Dias Toffoli, ao longo de sua atuação no STF, no CNJ e na Presidência da República, demonstrou um firme compromisso com a defesa dos direitos das mulheres. Sua liderança e suas iniciativas contribuíram para avanços significativos na proteção legal e no combate à violência doméstica, reafirmando a importância da igualdade de gênero e da proteção dos direitos fundamentais das mulheres no Brasil. Seu legado nesses aspectos é um marco importante na busca por uma sociedade mais justa e igualitária.

Informação bibliográfica deste texto, conforme a NBR 6023:2018 da Associação Brasileira de Normas Técnicas (ABNT):

TEIXEIRA, Daniela. Dias Toffoli e políticas de defesa da mulher durante a tripla presidência de 2018. *In*: MENDES, Gilmar Ferreira; LIRA, Daiane Nogueira de; FREIRE, Alexandre (coord.). *Constituição, democracia e diálogo*: 15 anos de Jurisdição Constitucional do Ministro Dias Toffoli. 2. ed. Belo Horizonte: Fórum, 2025. p. 455-459. ISBN 978-65-5518-937-7.

A RELATIVIZAÇÃO DA COISA JULGADA NAS AÇÕES DE PATERNIDADE: ANÁLISE DO CASO E IMPACTOS EM JULGAMENTOS POSTERIORES

DOUGLAS ALENCAR RODRIGUES
RODRIGO GARCIA RODRIGUES BUZZI

1 Introdução

A coisa julgada é um instituto fundamental no Direito Processual Civil, representando a imutabilidade e a indiscutibilidade das decisões judiciais após o trânsito em julgado. Como se sabe, a coisa julgada produzida após um regular processo judicial, sem ofensa às garantias processuais fundamentais dos litigantes, é alvo de especial tutela da ordem jurídica, sendo conhecida a antiga máxima "A coisa julgada faz do quadrado redondo, do branco preto", e ponto final! Mas não é, nem nunca foi, bem assim.

Os romanos já haviam tido a ideia de se poderem cassar decisões tidas como inexistentes em face de nulidades advindas de erros de procedimento; já os erros de julgamento seriam impugnáveis pela via da apelação.[1] Posteriormente, criou-se, na Europa Medieval, o antecedente mais distante da ação rescisória, a *querela nullitatis*, ainda existente, embora rara.[2] Outros antecessores da ação rescisória foram se manifestando nos Direitos francês, alemão e espanhol, e no português, mas foi Portugal, a metrópole do Brasil Colônia, que nos trouxe o instituto. A revista de justiça portuguesa foi então incorporada na Constituição do Império dentre as competências do então Supremo Tribunal de Justiça (STJ), que poderia conceder ou denegar as revistas nas causas, nas hipóteses descritas na lei regulamentadora de 1828. A revista de justiça[3] desempenhava o papel hoje atribuído à ação rescisória, sendo cabível quando houvesse "nulidade manifesta

---

[1] CALAMANDREI, Piero. La teoria dell'error in iudicando nel Diritto italiano intermedio. *In:* CALAMANDREI, Piero *Studi sul processo civile*. Padova: Cedam, 1930. v. I. p. 68.

[2] ALVIM, Teresa; CONCEIÇÃO, Maria. *Ação rescisória e* querela nullitatis: semelhanças e diferenças. São Paulo: Revista dos Tribunais, 2020.

[3] Não havia ainda dogmática processual consolidada o bastante para que se tivesse uma classificação clara de meios de impugnação às decisões judiciais, de modo que embora possamos observar todos os elementos já delineados pelos romanos de uma ação autônoma na revista de justiça, ela era ainda assim chamada de recurso de revista.

ou injustiça notória", uma fórmula ampla que congregava erros de procedimento e erros de julgamento.

A revista de justiça não era um meio apto a reformar ou substituir as decisões. Ela tinha o poder apenas de determinar a cassação da decisão. O STJ anulava o acórdão e ordenava que outro fosse proferido em seu lugar por algum tribunal da relação distinto daquele que proferira a decisão cassada.

Não havia ainda dogmática processual consolidada o bastante para que se tivesse uma classificação clara dos meios de impugnação às decisões judiciais, de modo que embora possamos observar todos os elementos já delineados pelos romanos de uma ação autônoma na Revista de Justiça, ela era ainda assim chamada de recurso de revista (RR).

A revista de justiça não era um meio apto a reformar ou substituir as decisões. Ela tinha o poder apenas de determinar a cassação da decisão. O STJ anulava o acórdão e ordenava que outro fosse proferido em seu lugar por algum tribunal da relação distinto daquele que proferiu a decisão cassada.

Hoje, temos na ação rescisória uma ação autônoma capaz de pronunciar um juízo rescindente e um juízo rescisório, nas taxativas hipóteses dispostas no artigo 966 do Código de Processo Civil (CPC). Corresponde, assim, ao meio autônomo de impugnação a decisões judiciais transitadas em julgado, proferidas com vícios reputados graves pelo legislador, tradicionalmente ligados a: descumprimento de pressupostos processuais significativos (imparcialidade e competência do juiz e respeito à coisa julgada); adoção de posturas indignas e antijurídicas pelos litigantes (dolo, coação, simulação ou colusão; utilização de prova falsa) e afronta manifesta à ordem jurídica. Por meio da ação rescisória, podem-se ainda corrigir equívocos manifestos do julgador na compreensão de aspectos relevantes e não controvertidos da causa (erro de fato), bem como postular a reanálise do conflito com base em prova nova, cuja existência era ignorada pela parte sucumbente ou de que não pôde fazer uso. Prova essa capaz, por si só, por sua relevância, de assegurar pronunciamento favorável ao autor da ação rescisória.

Em resumo, a coisa julgada jamais foi absoluta. O Direito convive há muito tempo com a possibilidade de se rescindir decisões passadas em julgado. Contudo, não sem razão, o acesso à via rescisória é excepcional, limitado e rigoroso.

Há, contudo, uma zona de intangibilidade material e temporal para as sentenças transitadas em julgado. A material consiste na sentença não se enquadrar nas hipóteses taxativamente colocadas no artigo 966 do CPC. Já a temporal se encontra no prazo decadencial de 2 anos, fora do qual considera-se ter a "coisa soberanamente julgada". Durante muito tempo, vigorou a ideia de não ser jamais possível discutir a coisa soberanamente julgada, porque atentaria contra a ideia de que os litígios, uma hora, tem que acabar, e contra uma garantia fundamental essencial ao funcionamento do Estado do Direito: a segurança jurídica.

Contudo, a era da sacralidade da coisa julgada há muito já passou. O instituto continua sendo indispensável para a produção de resultados justos e confiáveis no Direito, mas não consiste, como já foi outrora,[4] em um dogma. Já nos idos de 2001, Cândido Rangel

---

[4] MIRANDA, Pontes de. *Tratado da ação rescisória*: das sentenças e de outras decisões. São Paulo: Revista dos Tribunais, 2016.

Dinamarco,[5] discípulo de Enrico Túlio Liebman,[6] foi, junto com Humberto Theodoro Júnior, Juliana Cordeiro[7] e José Augusto Delgado,[8] um dos primeiros juristas no Brasil a se manifestar contra o dogma absoluto da coisa julgada e visualizar hipóteses excepcionais de sua relativização em casos de injusta ou desproporcionalidade severas, ou quando passasse em julgado sentença que afrontasse gravemente a Constituição Federal.

Resultante da amadurecida percepção de que a inconstitucionalidade declarada não poderia preservar mesmo as sentenças soberanamente passadas em julgado, a Lei nº 11.235/05 instalou no CPC de 1973 o questionável artigo 741, que foi absorvido pelo atual CPC e ainda segue intensamente criticado pela doutrina e jurisprudência. Seja como for, o problema da relativização da coisa julgada é, ainda, uma das questões mais sensíveis que coloca em questionamento lições e soluções clássicas do Direito Processual e do Direito Constitucional.

Foi justamente essa já polêmica ideia de relativização da coisa julgada que colidiu com discussões cíveis de igual envergadura no julgamento do Recurso Extraordinário (RE) nº 363.889, e que ainda impacta as atuais discussões doutrinárias e práticas sobre a coisa julgada.

2 Síntese do RE nº 363.889

Diego Goiá Schmaltz desejava saber se Goiá Fonseca Rates era, como sempre lhe contara a mãe, seu pai biológico. Diego, filho não reconhecido pelo pai, buscou no Poder Judiciário uma sentença que lhe respondesse pergunta fundamental para a sua essência: quem era seu pai. À época já existia o mais confiável dos exames para se aferir a parentalidade, o teste de DNA, com 99,99% de acurácia. O menor, assistido por sua mãe em juízo, ajuizou então a ação de reconhecimento de paternidade e obteve o benefício da Justiça gratuita, mas o custeio do exame de DNA pelo poder público não estava disposto claramente na legislação, de modo que o juízo da causa determinou o recolhimento das custas do exame, que custava, aproximadamente, o elevado valor histórico para os padrões da época de R$3.000,00 (três mil reais). Hipossuficientes, o menor e sua mãe não conseguiam arcar com o exame, e como não foram capazes de produzir outras provas da paternidade, assistiram à pronúncia de sentença de indeferimento do pedido, que transitou em julgado em 1992. Cumpre transcrever o seguinte trecho da sentença negativa:

> No caso, existem indicações de que algum tipo de relacionamento anterior havia entre o Requerido e a Representante do Autor. Não eram estranhos. Nem muito menos pareceu ao

---

[5] DINAMARCO, Cândido Rangel. Relativizar a coisa julgada material. *Revista da Procuradoria-Geral do Estado do Pará*, Belém, v. 5, 2001.

[6] Professor lusitano que teve grande influência na doutrina processual brasileira e notadamente no estudo da coisa julgada. O influente livro de Liebman *Eficácia e autoridade da sentença* sistematizou os debates existentes sobre o tema e consolidou uma visão sobre a coisa julgada, enquanto qualidade que não se confunde com os efeitos da sentença, que marcou uma geração inteira de processualistas.

[7] THEODORO JÚNIOR, Humberto; FARIA, Juliana Cordeiro de. A coisa julgada inconstitucional e os instrumentos processuais para seu controle. *In:* NASCIMENTO, Carlos Valder do (coord.). *Coisa julgada inconstitucional*. Rio de Janeiro: América Jurídica, 2002.

[8] DELGADO, José Augusto. Efeitos da coisa julgada e os princípios constitucionais. *In:* DELGADO, José Augusto. *Coisa julgada inconstitucional*. Rio de Janeiro: América Jurídica, 2005.

primeiro uma surpreendente e rematada sandice a pretensão da aventada paternidade. Isto resulta claro dos depoimentos. Não existem, entretanto, nos autos, elementos minimamente suficientes para assegurar tenha ocorrido, sequer uma vez, o ato sexual entre os dois. E, ainda que tenha ocorrido, que haja sido essa relação específica a causa da concepção do Autor. A prova oral, produzida pelas partes é absolutamente frágil, imprecisa e pouco relevante, no que interessa à essência da questão em tela. E a documental, menos relevante ainda. "No caso, existem indicações de que algum tipo de relacionamento anterior havia entre o Requerido e a Representante do Autor. Não eram estranhos. Nem muito menos pareceu ao primeiro uma surpreendente e rematada sandice a pretensão da aventada paternidade. Isto resulta claro dos depoimentos. Não existem, entretanto, nos autos, elementos minimamente suficientes para assegurar tenha ocorrido, sequer uma vez, o ato sexual entre os dois. E, ainda que tenha ocorrido, que haja sido essa relação específica a causa da concepção do Autor. A prova oral, produzida pelas partes é absolutamente frágil, imprecisa e pouco relevante, no que interessa à essência da questão em tela. E a documental, menos relevante ainda. Lamentável, sob todos os aspectos, a impossibilidade de ter-se aqui, a prova pericial; sobretudo com a precisão hoje assegurada pelo D.N.A. Resta o consolo de, neste e noutros tantos casos semelhantes, ficar a parte autora sempre com a possibilidade de, recorrendo, tentar ver o custeio de tal prova se viabilizar, para insistir na Justiça. Fica a esperança, também e o apelo reiterado, de que o próprio Poder Público, no caso através do Egrégio Tribunal de Justiça, possa no futuro vir a assumir (mediante convênios, ou outra forma) esse ônus perante uma população, via de regra, carente dos meios até para as despesas cartorárias, tanto mais para uma prova tão onerosa. E que, em muitos casos, resultará na sua cobrança, posteriormente, da parte sucumbente, com freqüência, mais bem servida pela fortuna, quando procedente a pretensão.

Contudo, em 5 de junho de 1996, entrou em vigor, no Distrito Federal, a Lei nº 1.097, segundo a qual cabe ao poder público distrital o custeio da prova técnica do exame de DNA. No mesmo ano, provavelmente motivado pela superveniência da alteração legislativa, Diego ajuizou nova ação de reconhecimento de paternidade, tendo em vista que agora poderia fazer uso do custeio da prova pelo poder público para comprovar o seu direito. O juízo da 6ª Vara de Família do Distrito Federal proferiu despacho saneador no qual determinou a regular instrução do feito. O suposto pai, contudo, interpôs recurso de agravo de instrumento, que foi distribuído à quinta turma cível do Tribunal de Justiça do Distrito Federal e Território (TJDFT). Provido o agravo de instrumento, acolheu-se a arguida exceção de coisa julgada, impedindo, assim, o curso da segunda ação.

O Ministério Público do Distrito Federal e Territórios (MPDFT), assim como o Diego, interpuseram recursos extraordinários perante o Supremo Tribunal Federal (STF). O Relator do caso, Ministro Dias Toffoli, votou por reconhecer a repercussão geral da matéria, tendo em vista a transcendência social e jurídica da questão, vislumbrando uma clara contraposição entre o valor da segurança jurídica, inscrito na garantia da imutabilidade da coisa julgada, e o direito fundamental à filiação (CF, art. 227, *caput* e §6º), aliados à garantia fundamental da assistência jurídica integral aos desamparados (CF, art. 5º, LXXIV). A repercussão geral foi admitida no Plenário do STF, e, após um pedido de vista do Ministro Luiz Fux, o processo foi pautado para o dia 2 de junho de 2011.

Primeiro a votar, o Ministro Dias Toffoli entendeu que a causa não poderia ser julgada à luz da dignidade da pessoa humana, demonstrando grande preocupação com a banalização do instituto, tido como uma "panaceia para todos os males", lembrando a distorção feita com o instituto da cláusula geral da boa-fé na jurisprudência francesa. Esse é outro ponto notável do voto do Ministro, o balizamento preciso dos direitos fundamentais em conflito. Distanciou-se, assim, de uma forte tendência ainda hoje presente no STF de recorrer à dignidade humana, um princípio dotado de alta carga de abstração e incerteza, para resolver qualquer conflito de direitos fundamentais quando esse recurso se revela desnecessário.[9] Afirmou: "É preciso salvar a dignidade da pessoa humana de si mesma".

Após o balizamento dos direitos em choque, o Ministro Toffoli observou que a aferição de paternidade sempre fora um problema dos mais árduos no Direito de Família, não somente do ponto de vista social, dos valores de uma sociedade absolutamente pautada pelos valores da família binária patriarcal e que impunha tratamento discriminatório aos filhos ilegítimos e às mulheres adúlteras, mas também do ponto de vista prático, uma vez que não havia, antes da criação do exame de DNA, qualquer forma de prova confiável da origem genética, de modo que as presunções *iuris* eram, em quase todos os casos, definitivas. Marcante é a vedação outrora existente ao prosseguimento de ações de investigação de paternidade que revelassem filhos incestuosos ou frutos de adultério. O esforço do Código Civil de 1916, portanto, era deslegitimar as ações que tivessem como propósito o reconhecimento de filiação para filhos havidos fora do casamento.

Todo o histórico da evolução do Direito foi traçado em poucas páginas no voto, e esse trecho construiu a importância do reconhecimento do direito fundamental à informação genética, hoje mais facilmente acessível por meio do exame de DNA. Após a exposição histórica, o voto se encaminhou para a construção de outra importante premissa, a de que o Estado deveria facilitar, e não obstruir, o exercício desse direito fundamental, até mesmo subsidiando, quando necessário, o custeio do exame em caso de comprovação de hipossuficiência econômica, à luz do inciso LXXIV do artigo 5º da Constituição Federal, dispositivo que restou violado no caso à época da prolação da primeira sentença de extinção do feito, uma vez que o menor hipossuficiente havia solicitado a gratuidade do exame e, ainda assim, fora obrigado a custeá-lo, quando já era beneficiário da Justiça gratuita.

---

[9] O tema foi objeto de artigo de Ingo Wolfgang Sarlet (Dignidade da pessoa humana na jurisprudência do Supremo Tribunal Federal. *Revista da Faculdade de Direito*, Fortaleza, v. 41, n. 2, p. 42, jul./dez. 2020), que analisou a dignidade da pessoa humana na jurisprudência do STF: "Os exemplos colacionados, que representam apenas uma pequena amostra do universo de julgados nos quais o STF, cada vez mais e especialmente após a promulgação da CF, invoca o princípio (e a regra) da dignidade da pessoa humana como fundamento principal ou secundário para a solução de controvérsias que lhe são direcionadas, demonstram claramente uma tendência no sentido de consagrar, também no direito brasileiro, a noção de que na dúvida deverá o intérprete – seja no âmbito de uma 'ponderação de interesses/direitos/valores', seja em outras hipóteses – optar pela alternativa mais compatível com as exigências da dignidade da pessoa humana (no sentido de um *in dubio pro dignitate*), muito embora quais sejam exatamente tais exigências também no Brasil ainda esteja longe de ser elucidado, precisamente em função da conhecida dificuldade de delimitar o conteúdo em dignidade dos direitos e garantias fundamentais ou identificar – a depender do caso – eventual conteúdo autônomo para o princípio da dignidade da pessoa humana. Neste contexto, quanto mais se recorre à dignidade da pessoa humana como argumento no processo judicial, tanto mais se faz necessária cautela no seu manejo, pois se a dignidade e os direitos humanos e fundamentais apontam – como bem o observou Gomes Canotilho – para a afirmação da idéia de uma comunidade constitucional republicana e inclusiva, necessariamente pautada por um multiculturalismo mundividencial avesso a qualquer tipo de 'fixismo', também se prestam uma perigosa manipulação retórica e mesmo fundamentalista, caso transformados em instrumentos de pautas de valores e interesses pessoais e sectários, resultando naquilo que já foi designado de uma 'tirania da dignidade'".

Portanto, não só em razão das considerações jurídicas abstratas a respeito do direito à informação genética, mas principalmente diante das peculiaridades do caso concreto, o Ministro Toffoli concluiu que deveria se proceder à relativização da coisa julgada formada ao cabo da primeira ação de investigação de paternidade, tendo em vista a superveniência de lei distrital que agora permitiria a produção gratuita da prova antes inalcançável para o autor.

O Ministro Luiz Fux foi o próximo a votar. Processualista, tributário dos ensinamentos de José Carlos Barbosa Moreira, que era intensamente refratário à possibilidade de relativização da coisa julgada, o Ministro Fux apresentou um voto especialmente preocupado com a preservação do instituto da coisa julgada, ideologia que ainda o acompanha. Partiu da premissa de que a coisa julgada era uma garantia constitucional ínsita ao Estado de Direito e que repercutia até mesmo no valor da dignidade humana. Combateu qualquer hipótese irrestrita ou não devidamente balizada de possibilidade de relativização da coisa julgada, mas ainda assim acompanhou a posição do Relator para reconhecer que, diante das peculiaridades caso concreto e tendo em vista a necessária ponderação dos princípios em jogo (a coisa julgada, o direito à filiação e a garantia da assistência jurídica integral), deveria ser afastado o óbice da coisa julgada formada na ação primeva para que se pudesse permitir a produção de prova que à época, justificadamente, o então menor não pudera produzir.

A seguir, o Ministro Ricardo Lewandowski também reconheceu a violação aos direitos fundamentais e ressaltou que as ações de paternidade possuíam como objetivo principal a busca da verdade real, e não exatamente a entrega de um bem da vida litigioso ou a afirmação de um direito, de modo que a verdade processual ou a verossimilhança não bastavam para o objetivo pretendido por esse instrumento. Admitir-se que é possível obter uma sentença de improcedência por falta de provas, ainda que estivesse disponível, embora a um custo inacessível para o litigante, um mecanismo de confiabilidade absoluta para a apuração dos fatos, seria derrotar o propósito da ação de investigação de paternidade.

Após, transcorreu intenso debate entre os Ministros, que, ao final, divergiram do Relator – Marco Aurélio Mello e Cezar Peluso –, e os Ministros que o acompanharam integralmente – Ellen Gracie, Gilmar Mendes, Ayres Britto, Joaquim Barbosa, Ricardo Lewandowski, Cármen Lúcia e Luiz Fux. O caso ficou, então, assim decidido: nos casos de ação de paternidade julgada improcedente por falta de condições materiais para a realização da prova, não se podia obstaculizar, recorrendo ao instituto da coisa julgada, a renovação da demanda.

3 Conclusão: repercussões do julgamento nas discussões sobre a coisa julgada

No nosso sistema, a revista de justiça portuguesa é incorporada à Constituição do Império dentre as competências do então STJ, que poderia conceder ou denegar as revistas nas causas, havendo lei regulamentadora de 1828 para a então revista de justiça. A revista de justiça desempenhava o papel hoje atribuído à ação rescisória, sendo cabível quando houvesse nulidade manifesta ou injustiça notória. Uma fórmula ampla que congregava *errores in procedendo* e *errores in judicando*.

Já estão previstas atualmente, no artigo 966 do CPC, as hipóteses nas quais uma decisão com trânsito em julgado pode ser rescindida que disciplina a ação rescisória, instrumento naturalmente apto a esse fim. Contudo, o passar do tempo foi revelando situações em que já não mais se podia usar a ação rescisória, mas, ainda assim, era imperativo que se afastasse a coisa julgada para que outra decisão resolvesse o litígio concreto.

Percebeu-se que havia outros imperativos de justiça que deveriam ser considerados em casos nos quais o óbice da coisa julgada poderia impedir o reexame de determinada questão que envolvesse a violação a um direito fundamental. A preocupação de se redimensionar a coisa julgada fica clara em trabalhos recentes de autoria, por exemplo, Jordi Nieva Fenoll, notadamente na sua obra *La cosa juzgada: el fin de un mito*. Nela, o Professor Catedrático de Direito Processual da Universidade de Barcelona se dedica a superar algumas concepções e preconcepções dogmáticas a respeito do instituto da coisa julgada.

Não por outra razão, o atual CPC consolidou um modelo que admite a pretensão desconstitutiva caso a sentença com trânsito em julgado desrespeite súmula do STJ ou do STF (art. 966, V, §5º, do CPC), ou decisão do STF em controle abstrato ou difuso de constitucionalidade (art. 525, §§12º ao 15º, do CPC).

A mais notória das situações é a da investigação de paternidade e superveniência do exame de DNA, examinada pelo STF em 2011, e que teve como Relator o Ministro Dias Toffoli. Esse é, a nosso ver, um dos julgados mais emblemáticos da história do STF e na trajetória de Dias Toffoli. Nesse caso, muitas questões estavam em discussão. O Direito de Família é um ramo do Direito que naturalmente suscita muitas paixões e tabus da sociedade. A investigação de paternidade é um dos temas mais polêmicos nesse já debatido ramo do direito. E o Supremo se animou a enfrentá-lo. Em julgamento estava também a discussão sobre o papel e a confiabilidade da ciência perante a sociedade e o Poder Judiciário, papel que seria retomado em julgados posteriores. Por fim, estava em discussão um dos institutos mais importantes para o Direito, pedra de toque do Direito Processual e do Estado de Direito, a coisa julgada, também corajosamente enfrentada no voto do Ministro Dias Toffoli.

Embora o caso esteja bem delimitado fática e juridicamente, e o colegiado tenha se esforçado para que assim fosse e para que a tese firmada não contaminasse indevidamente processos distintos, a adoção da relativização da coisa julgada refletir-se-ia em outros casos vindouros, que também analisariam o dogma da coisa julgada quando confrontado com outras previsões constitucionais, como se deu no julgamento dos temas nº 733, 136, 100, 881 e 885[10] da Tabela de Recursos Extraordinários com Repercussão Geral.

Analisando em retrospectiva, nenhum outro caso foi decidido com base na relativização da coisa julgada de forma tão acertada e concreta quanto o do exame de DNA. Essa é a situação mais evidente em que se pode afastar a coisa julgada fora das

---

[10] NERY, Rodrigo; DUARTE, Rodrigo. STF, coisa julgada, relações jurídicas de trato continuado e anacronismo (?): reflexões críticas sobre o julgamento do RE 955227 (tema 885) e do RE 949297 (tema 881). *Revista de Processo*, São Paulo, v. 340, p. 127-245, 2023.

hipóteses da ação rescisória sem que houvesse uma declaração de inconstitucionalidade pelo STF. As demais situações de relativização pensadas pela doutrina há mais de 20 anos, que são raramente encontradas nos tribunais e contra as quais são levantadas diversas e legítimas dúvidas, não conquistaram a aceitação que o exame de DNA conquistou. Esse é um mérito que pode ser tributado ao Ministro Dias Toffoli, em razão do seu esforço em delimitar a tese e não permitir que fosse utilizada em casos indevidos, esforço que, como demonstra o tempo, vingou.

Referências

ALVIM, Teresa; CONCEIÇÃO, Maria. *Ação rescisória e* querela nullitatis: semelhanças e diferenças. São Paulo: Revista dos Tribunais, 2020.

CALAMANDREI, Piero. La teoria dell'error in iudicando nel Diritto italiano intermedio. *In:* CALAMANDREI, Piero Studi. *Studi sul processo civile*. Padova: Cedam, 1930. v. I.

DELGADO, José Augusto. Efeitos da coisa julgada e os princípios constitucionais. *In:* DELGADO, José Augusto. *Coisa julgada inconstitucional*. Rio de Janeiro: América Jurídica, 2005.

DINAMARCO, Cândido Rangel. Relativizar a coisa julgada material. *Revista da Procuradoria-Geral do Estado do Pará*, Belém, v. 5, 2001.

MIRANDA, Pontes de. *Tratado da ação rescisória*: das sentenças e de outras decisões. São Paulo: Revista dos Tribunais, 2016.

NERY, Rodrigo; DUARTE, Rodrigo. STF, coisa julgada, relações jurídicas de trato continuado e anacronismo (?): reflexões críticas sobre o julgamento do RE 955227 (tema 885) e do RE 949297 (tema 881). *Revista de Processo*, São Paulo, v. 340, p. 127-245, 2023.

SARLET, Ingo Wolfgang. Dignidade da pessoa humana na jurisprudência do Supremo Tribunal Federal. *Revista da Faculdade de Direito*, Fortaleza, v. 41, n. 2, p. 15-46, jul./dez. 2020.

THEODORO JÚNIOR, Humberto; FARIA, Juliana Cordeiro de. A coisa julgada inconstitucional e os instrumentos processuais para seu controle. *In:* NASCIMENTO, Carlos Valder do (coord.). *Coisa julgada inconstitucional*. Rio de Janeiro: América Jurídica, 2002.

Informação bibliográfica deste texto, conforme a NBR 6023:2018 da Associação Brasileira de Normas Técnicas (ABNT):

RODRIGUES, Douglas Alencar; BUZZI, Rodrigo Garcia Rodrigues. A relativização da coisa julgada nas ações de paternidade: análise do caso e impactos em julgamentos posteriores. *In:* MENDES, Gilmar Ferreira; LIRA, Daiane Nogueira de; FREIRE, Alexandre (coord.). *Constituição, democracia e diálogo*: 15 anos de Jurisdição Constitucional do Ministro Dias Toffoli. 2. ed. Belo Horizonte: Fórum, 2025. p. 461-468. ISBN 978-65-5518-937-7.

DA LEGÍTIMA DEFESA DA HONRA AOS *RED PILLS*: MISOGINIA DO MEDIEVALISMO AO CIBERATIVISMO

EDILENE LÔBO

> *Nossos motivos para lutar ainda são os mesmos.*
> *O preconceito e desprezo ainda são iguais.*
> (Racionais MC's)

1 Introdução

No emblemático ano de 2024, observamos a conjugação de datas essenciais para seguirmos abordando a proteção das mulheres contra o assassínio físico, virtual, político e social, que por aqui funciona desde a colonização dos povos originários e a introdução forçada de pessoas negras escravizadas.

Em agosto a Lei Maria da Penha completa dezoito anos e a Lei nº 14.192/2021, três anos. Antes, os conceitos de violência doméstica e de violência política de gênero não existiam na legislação. Foi a partir delas que tais tipos de ilícitos passaram a ter nome e reconhecimento pelo sistema de justiça, possibilitando proteção e reparação.

Já em outubro temos um encontro marcado com a democracia representativa nos 5.569 municípios do Brasil, quando se poderá impor mudança significativa nos números da sub-representação das mulheres no âmbito da política municipal.

Despontam possibilidades de conjugar as lutas contra as violências doméstica e política, para dar um basta nas práticas que vêm desde a Idade Média, quando se aplicava no Brasil o direito europeu arcaico, que aceitava como lícita a imposição de castigos físicos e até mesmo o assassinato das mulheres pela legítima defesa da honra.

A utilização dessa tese como excludente ou atenuante da conduta só encontrou inflexão, a ponto de ser reprimida, com o advento da ADPF nº 779, relatada pelo Ministro Dias Toffoli, merecidamente homenageado nesta obra, 162º integrante do Supremo Tribunal Federal, cuja data da posse completa quinze anos em outubro de 2024.

É surpreendentemente trágico constatar que no Brasil, a despeito de possuirmos uma das melhores leis do mundo na tipificação da violência doméstica e na previsão das medidas protetivas, até outro dia se ousava justificar a morte de mulheres com o escárnio de fazê-lo por amor à honra do assassino!

O julgado paradigmático do STF, capitaneado pelo Ministro Dias Toffoli, bem ressalta que o feminicídio tem servido para afirmação do masculinismo tóxico e não pode ser admitido sob qualquer justificativa, nem mesmo em tese.

A veemência da decisão na ADPF evidencia a indisposição em se aceitar a violação do corpo e da imagem das mulheres, o que deve ser replicado e reiterado para o combate da violência política, principalmente no campo virtual. Numa espécie de extensão da velha conduta por meio de um novo veículo, o comportamento medieval migrou para a pós-modernidade líquida das relações no ambiente digital.

Para abordar essa permanência do medievalismo, que ganha assento na arena virtual numa espécie de neocolonialismo digital,[1] se alimenta vorazmente de dados e inaugura a psicopolítica imperante, este trabalho incursiona pela revolução tecnológica e pelos seus impactos na sociedade em rede, passando pela misoginia monetizada, a qual, por sua vez, deságua na violência que afasta as mulheres do poder.

O propósito é apontar os influxos da ADPF nº 779, em reforço à atuação do sistema de justiça eleitoral no enfrentamento da violência política de gênero e de raça no ambiente digital.

2 O distópico mundo digital e a psicopolítica dominante

Em breve retrospectiva para falar do início do mal, com as grandes navegações, territórios além-mar foram colonizados, como ocorreu por aqui a partir dos anos 1500. Para manter os novos domínios, nessa época, passam a vigorar as cartas régias e as ordenações do Reino de Portugal, que recebiam o nome do soberano que as assinava. As primeiras a se aplicarem foram as Ordenações Afonsinas, que duraram até 1521, sucedidas pelas Ordenações Manuelinas, que vigeram de 1521 a 1603, e daí em diante a regência se dá pelas Ordenações Filipinas. Estas últimas regras suscitavam a legítima defesa da honra masculina, para justificar a morte de mulheres.

No Livro V, Título XXXVI, as Ordenações Filipinas dispunham sobre as "penas pecuniárias dos que matão, ferem ou tirão arma na Côrte", excluindo-as, expressamente, para o homem que castigasse a própria mulher. Já no Título XXXVIII, do mesmo livro, ao tratar "Do que matou sua mulher pola achar em adultério", estava justificado o feminicídio.

A conjugação desses dispositivos evidencia a contraposição da incolumidade física e psicológica da mulher à honra e ao mando do homem, em desvalor do primeiro grande direito fundamental, descrevendo a submissão absoluta do feminino ao poder patriarcal.

Essa construção da subjugação sem limites, estrategicamente inscrita na legislação antiga e ainda reverberada, "é produto de um conjunto de enunciados que juntos podem

---

[1] FAUSTINO, Deivison; LIPPOLD, Walter. *Colonialismo digital*: por uma crítica hacker-fanoniana. 1. ed. São Paulo: Boitempo, 2023. p. 63-68.

ser entendidos como uma formação discursiva",[2] que se estendeu para vários campos da vida, incidindo fortemente sobre a participação política.

A demonstração mais chocante da total exclusão das mulheres do ambiente público no Brasil pode ser observada desde o Império às várias fases da República, período de quase um século e meio, em que somente 27 deputadas federais foram admitidas a participar dos processos constituintes (1 empossada em 1933 e 26 em 1987).[3] Com esses números pífios que se repetem, os menores entre os países do G20, atualmente, menos de 18% do total de cadeiras da Câmara Federal e 16% do Parlamento Municipal são ocupadas por mulheres.

Importantes estudos dão conta de que 3.555 cidades do Brasil, ou seja, 63,8% do total, foram chefiadas exclusivamente por homens nas últimas duas décadas, incluídas grandes capitais.[4] Fruto das eleições de 2020, apenas 12% dos municípios são geridos por mulheres, sendo que em quase mil deles, na última eleição, não se elegeram vereadoras. O recorte racial aponta dados ainda mais alarmantes, com apenas 4% de mulheres negras nas prefeituras e 6% nas câmaras municipais.

É perceptível que a violência política revelada por esse quadro está imbricada com a violência física. Desde 2022, todas as modalidades de violência contra a mulher cresceram, conforme o 18º Anuário Brasileiro de Segurança.[5]

A violência doméstica atingiu 259.941 vítimas em 2023, num aumento de 9,8% em comparação ao ano anterior. Crimes como os de ameaça, perseguição e violência psicológica atingiram, respectivamente, 778.291, 38.507 e 77.083 mulheres que ousaram registrar tais ocorrências perante a polícia.

Nesse mesmo período, foram estupradas 72.454 meninas e mulheres, com 1.467 atingidas pelo feminicídio, das quais 63,6% eram negras.[6] Do total de mortas, 71,1% estavam entre 18 e 44 anos, vitimadas por parceiros ou ex-parceiros íntimos. A cada nova pesquisa, advém a constatação de que os números seguem em curva ascendente.[7]

O extermínio sistemático de mulheres, por bastante tempo, contou com alguma concordância do sistema de justiça, que validava a tese da legítima defesa da honra para garantir a absolvição ou redução da pena daqueles que matavam para lavar a masculinidade, vindo desde o período medieval e ainda cobrando seu preço.

---

[2] RAMOS, Margarita Danielle. Reflexões sobre o processo histórico-discursivo do uso da legítima defesa da honra no Brasil e a construção das mulheres. *Revista Estudos Feministas*, Florianópolis, v. 20, n. 1, jan./abr. 2012. p. 55.

[3] Carlota de Queiroz foi a primeira deputada federal da história do Brasil, eleita em 1933, para a redação da Constituição de 1934. Daí passados 54 anos, em 1987, eleitas 26 deputadas federais para redação da última Constituição, de 1988.

[4] CRAVO; Alice; BANDEIRA, Karolini; DANTAS, Dimitrius. Eleições 2024: mais da metade dos municípios do Brasil só teve prefeitos homens em duas décadas. *O Globo*. Disponível em: https://oglobo.globo.com/politica/noticia/2024/08/12/eleicoes-2024-mais-da-metade-dos-municipios-do-brasil-so-teve-prefeitos-homens-em-duas-decadas.ghtml. Acesso em: 15 ago. 2024.

[5] FÓRUM BRASILEIRO DE SEGURANÇA PÚBLICA. *Anuário Brasileiro de Segurança Pública 2024*, São Paulo, ano 18, 2024. ISSN 1983-7364.

[6] O voto do Ministro Alexandre de Moraes, na aludida ADPF, apontou os marcadores da desigualdade social, "de modo que a violência contra a mulher negra ainda é mais intensa do que a violência dirigida à mulher branca", dizendo que "o risco relativo de uma mulher negra ser vítima de homicídio é 1,7 vezes maior do que uma mulher não negra" (STF. *ADPF 779*. Rel. Min. Dias Toffoli, Tribunal Pleno, julgado em 1º.8.2023, publicado em 6.10.2023).

[7] GOUVEIA, Alice. Todos os tipos de violência contra mulheres cresceram no Brasil. *Correio Brasiliense*, 2024. Disponível em: https://www.correiobraziliense.com.br/brasil/2024/07/6901308-todos-os-tipos-de-violencia-contra-mulheres-cresceram-no-brasil.html. Acesso em: 15 ago. 2024.

A mudança desse panorama ocorreu com a apreciação da ADPF nº 779, julgada em 1º.8.2023, publicada em 6.10.2023, na qual se estampou a esdruxularia da tese perversa e manipuladora, que lança sobre a mulher a responsabilidade pelo seu próprio assassinato.

O voto condutor do acórdão, da lavra do Ministro Dias Toffoli, tece relevantes contribuições acerca do dever do Estado de coibir a violência doméstica e de não ser conivente com posturas de estrangulamento da participação feminina na vida coletiva.

Com propriedade, a Ministra Cármen Lúcia, única mulher no STF, fez associação da violência doméstica com a fraude à cota de gênero no registro das candidaturas, prática asfixiante da efetiva participação feminina na política. Num dos trechos mais relevantes da sua intervenção, enfatizou que as violências se multiplicam como sementes do mal.[8]

A propagação da violência contra a mulher é algo que não pode ser negligenciado, principalmente se consideradas as inovações tecnológicas que têm servido para ecoar discursos misóginos, que sustentam as violações ao princípio da igualdade.

Ao longo das últimas décadas a sociedade se viu engolfada pela quarta revolução industrial, centrada na forma de se utilizar as novas tecnologias da comunicação e da informação esparramadas pela internet.

Dias Toffoli e Gianne de Freitas Andrade descrevem a apoteose:

> A internet e as tecnologias desenvolvidas a partir dela deram origem a uma sociedade global, hiper conectada, que compartilha conhecimentos à velocidade da luz e quase sem barreiras geopolíticas (ao menos nos países ocidentais). Revolucionaram-se as formas de produzir, interagir, comunicar, informar e entreter. As redes sociais são o exemplo mais vívido dos novos tempos. Depois do *Facebook*, do *Instagram* e do *Twitter*, o ciberespaço definitivamente ficou no passado. Tão integradas estão as realidades *on-line* e *off-line* que hoje se fala em *on-life*. E nada existe no mundo que não circule (ou tenha circulado) pelas redes sociais, rapidamente transformadas no novo espaço de encontros e discussões – a ágora da contemporaneidade –, onde se dá voz e vez àqueles que dificilmente teriam acesso à palavra ou ao poder de influência de outro modo.[9]

Dados do IBGE coletados em 2022, publicados em 2023, mostram que cerca de 87% da população brasileira com idade superior a 10 anos tem acesso à internet,[10] não sendo exagero afirmar que nos deparamos com o fenômeno que virtualizou a vida,[11] embora não se possa falar em inclusão adequada.

Há um déficit visível sob vários os ângulos, a começar pelo econômico (porque as mais pobres têm menos acesso a quaisquer bens, neles incluídos os digitais), passando pelo letramento (os acessos não se traduzem em compreensão do ferramental utilizado ou disponibilizado), chegando à inefetividade de direitos fundamentais (a algoritmização e a plataformização não trouxeram redução da desigualdade, com aumento de rendas e

---

[8] STF. *ADPF 779*. Rel. Min. Dias Toffoli, Tribunal Pleno, julgado em 1º.8.2023, publicado em 6.10.2023.
[9] TOFFOLI, José Antônio Dias; ANDRADE, Gianne de Freitas. Do big data à ditadura dos algoritmos: o desafio da proteção adequada dos indivíduos e a responsabilidade do Supremo Tribunal Federal na reconfiguração dos direitos fundamentais. *In*: BROCHADO, Mariah (Org.). *Direito e Estado entre mundo analógico e era digital*: reflexões de fronteira em homenagem a Wolfgang Hoffmann-Riem. São Paulo: Dialética, 2024. p. 478.
[10] VIECELI, Leonardo. Internet chega a 87,2% dos brasileiros de dez anos ou mais; uso é maior no Centro-Oeste. *Folha de São Paulo*, 2023. Disponível em: https://www1.folha.uol.com.br/mercado/2023/11/internet-chega-a-872-dos-brasileiros-de-dez-anos-ou-mais-uso-e-maior-no-centro-oeste.shtml. Acesso em: 18 jun. 2024.
[11] NOGUEIRA, Silas. Comunicação, midiatização e virtualização da vida: domínio e poder na liberdade ilusória. *Extraprensa*, São Paulo, v. 16, n. 2, p. 137-154, jan./jun. 2023.

ampliação de empregos decentes, nem garantiram a inovação tecnológica para proteção das pessoas mais vulneráveis).

A popularização das redes sociais indica que a forma de se comunicar passa por mudanças estonteantes. Hábitos e usos prosaicos mudaram, como a substituição dos álbuns de fotografia por perfis nas redes digitais. Os *likes* se tornaram obsessão e a quantidade de seguidores convolou-se em parâmetro para aferir a popularidade de alguém.

Deivison Nkosi expõe essa realidade:

> Estou à venda,
> Compre-me!
> Ou melhor, me like
> a imagem
> cuidadosamente
> projetada para essa vitrine.
> ...
> Me crush
> Me note
> me siga
> me like!!!!
> ...
> Me like,
> Plis!
> pois...
> destituído de mim mesmo,
> só me resta o seu view
> em um
> imaginado
> date
> virtual.[12]

É bem verdade que a tecnologia ajuda a romper fronteiras, reaproxima pessoas geograficamente distantes e possibilita a criação de laços entre outras que nunca se encontraram fisicamente. Uma conquista importante foi a ampliação do universo de pessoas atingidas pelas opiniões exaradas sobre os mais variados temas, permitindo a reverberação de vozes caladas por séculos.

Chama atenção a viralização de conteúdos, com nada a impedir que alguém, com milhões de seguidores ou com alguns poucos, possa emitir sua opinião, mesmo que sobre um tema fora do seu domínio. O grande problema é a desinformação, a disseminação de conteúdos falsos, a difusão de discursos de ódio, que acabam por render polarização.

Provavelmente antevendo esse cenário preocupante, ao receber o título de Doutor *Honoris Causa* em Cultura e Comunicação da Universidade de Torino, o célebre escritor e filósofo italiano Umberto Eco, em 2015, consignou que "o drama da internet é que

---

[12] FAUSTINO, Deivison; LIPPOLD, Walter. *Colonialismo digital*: por uma crítica hacker-fanoniana. 1. ed. São Paulo: Boitempo, 2023.

ela promoveu o idiota da aldeia a portador da verdade".[13] Isso lhe parecia crucial para reforçar que o jornalismo de qualidade, com "equipe de especialistas", cuidasse de checar a confiabilidade das informações circulantes no meio virtual.

Naquele momento a mensagem pareceu arrogante, por se tratar de um doutor mencionando "idiotas", que também têm o direito de falar. Porém, a questão transcendeu a aldeia e o falante. Chegamos às redes de ódio contra as mulheres, que rendem muito dinheiro – e não estamos diante de simplórios desavisados atacados por incontinência verbal.

A misoginia amplificada nas redes é grande obstáculo à ascensão feminina em qualquer lugar, mantendo a narrativa secular de que as mulheres são incapazes, significam o mal, o vulgar e o lascivo, não podem ter lugar de fala e, por isso, devem ser controladas.

Mary Beard registra que a tradição ocidental perfez o silenciamento das mulheres há mais de três mil anos, exemplificado no poema épico *Odisseia*, de Homero.

Nessa narrativa, como destaca, Ulisses, herói destemido da guerra de Troia, luta para voltar para casa onde deixara Penélope, sua fiel esposa, e um filho de pouca idade. Detentor de muito poder, sua longa ausência faz com que concorrentes passassem a acreditar na sua morte e pressionar Penélope para que se casasse novamente.

Confiante de que o marido estava vivo, ela promete que decidirá pelo novo pretendente tão logo concluído o tapete que confeccionava. Para retardar sua decisão e dar tempo para que Ulisses voltasse, tecia o tapete durante o dia e desfazia durante a noite. Depois de muitos outros estratagemas, Penélope consegue o tempo necessário para receber Ulisses de volta, salvando-o e aos seus.

Entretanto, no período de incerteza sobre a volta de Ulisses, o episódio mais vivaz da opressão masculina vem de Telêmaco, filho do casal.

Um dia Penélope chega a uma sala do palácio em que vivia, ali se deparando com um cantor em elegias às adversidades dos heróis gregos na guerra, causando muita comoção. Ela pede que se cante algo mais alegre. O filho, rapazola imberbe, não se avexa em impor à mãe a ordem de se recolher aos aposentos privados, porque ela deveria se ocupar da roca, do fiar e dos serviços domésticos, e não falar sobre as narrativas dos guerreiros gloriosos, porque o governo da casa e o discurso público eram dele.[14]

Mary Beard parte da *Odisseia* e chega às eleições do primeiro quarto do século XXI, passando por variadas quadras da história, em todas elas identificando a sistemática construção da misoginia que mata, estupra, desqualifica e sabota as mulheres nos espaços públicos e privados.

3 O ciberativismo misógino que sofistica a violência contra mulher

Ao analisar as disputas no Brasil, na Alemanha, no Reino Unido e nos Estados Unidos, Mary Beard demonstra a misoginia escancarada contra importantes mulheres da

---

[13] SILVA, Marcos Fabrício Lopes da. O idiota da aldeia e o portador da verdade. *Observatório da Imprensa*, 2024. Disponível em: https://www.observatoriodaimprensa.com.br/jornal-de-debates/o-idiota-da-aldeia-e-o-portador-da-verdade/. Acesso em: 15 ago. 2024.

[14] BEARD, Mary. *Mujeres y poder*: um manifesto. 1. ed. Barcelona: Planeta, 2023. p. 16.

política mundial, todas associadas à Medusa, figura da mitologia, descrita como maligna e furiosa, cujos cabelos eram serpentes venenosas, para quem bastava um olhar para cair petrificado. A única alternativa era cortar a cabeça do monstro, o que faz Perseu, herói másculo e poderoso, que exterminou o mal em forma de mulher.

A primeira mulher mencionada por Beard é Dilma Rousseff, que se elegeu presidenta no Brasil, permanecendo na cadeira entre 2011 e 2016. É conhecida a agonia de Dilma, fortemente atacada nas redes sociais, vítima de *trolls* e de uma intensa campanha no mundo digital para apeá-la do poder, o que acabou redundando na cassação de seu mandato, associada à Medusa desde a campanha de 2010.

O *impeachment* de Dilma Rousseff se deu no momento em que as redes sociais começaram a ganhar adeptos entre as pessoas adultas e idosas, deixando de ser algo exclusivamente dos jovens. Examinando postagens dessa época, podem ser observadas as críticas personalíssimas envolvendo sua aparência, forma de falar e trejeitos. Lorena Santos e Ivana Veloso explicam que as ofensas à ex-presidenta:

> [...] produziram, por meio dessa linguagem da internet, discursos em grande parte pautados na desqualificação da sua imagem enquanto mulher. Houve um enfoque patriarcal que ecoou machismo, misoginia e sexismo em altos níveis e que teve grande alcance de público, devido à carga viral que é própria dos memes.[15]

Todas as agressões são indicativas da pressão desproporcional e criminosa que as mulheres sofrem na vida pública. Por mais óbvio que pareça, deveriam ser avaliadas única e exclusivamente pela habilidade de gestão. Não obstante, as críticas costumam recair sobre sua condição humana, com indisfarçáveis ataques baseados no gênero.[16]

Iniciando por Dilma a associação à górgona Medusa dos cabelos de cobra, a estratégia misógina foi copiada por jornalistas e rivais políticos contra Hillary Clinton, Angela Merkel e Tereza May – esta última primeira-ministra do Reino Unido entre 2016 e 2019, que recebeu a alcunha de Maydusa, em insuportável trocadilho.

A agressão mais assustadora, entretanto, com evidente incitação à sua decapitação, sofreu Hillary Clinton. O meme, com ampla circulação nas redes e estampado em toda sorte de *souvenir* (de canecas a bolsas), utilizou a célebre escultura de Benvenuto Cellini, exposta em Firenze, contendo a imagem da cabeça decepada da Medusa, na qual se inseriu a face de Hillary, agarrada pelo herói que a matara, Perseu, cujo rosto se transforma no de Donald Trump.

A imagem é forte:[17]

---

[15] SANTOS, Lorena Danielle; VELOSO, Ivana. A deposição de Dilma Rousseff através dos memes: um olhar sobre a misoginia, machismo e sexismo. *Temporalidades – Revista de História*, ed. 34, v. 12, n. 3, set./dez. 2020. ISSN 1984-6150. p. 277.

[16] COELHO, Naiara; VOLOTÃO, Amanda. Não serei interrompida: o processo de silenciamento feminino no espaço político brasileiro. *Cadernos de Gênero e Diversidade*, Salvador, v. 6, n. 2, p. 151-170, abr./jun. 2020.

[17] BEARD, Mary. *Mujeres y poder*: um manifesto. 1. ed. Barcelona: Planeta, 2023. p. 80.

Mary Beard sintetiza bem a estratégia comunicacional adotada: "Lo que resulta chocante es que hoy en día esta decapitación sigue siendo un símbolo cultural de oposición al poder de las mujeres".[18]

A violência política em meio virtual também pôde ser observada contra mulheres parlamentares, no Brasil, exemplificada pela conduta de determinado humorista, que publicou *tweets* atacando uma delas. Ao receber notificação extrajudicial interpelando-o a apagar a mensagem ofensiva, ao invés de se retratar, gravou vídeo reafirmando as ofensas e praticando novas, além de chamá-la de "puta", rasgar a notificação e passar os papéis na genitália.

Tássia Rabelo de Pinho sustenta que os políticos do sexo masculino não recebem esse tipo de tratamento, que visa intimidar, constranger, silenciar e repelir a mulher da vida pública,[19] atingindo também suas famílias.

Desde o início dos estudos de Mary Beard, o fenômeno se potencializou ainda mais, com alterações significativas no funcionamento das redes sociais. Se naquela época os memes eram a tônica das mídias, atualmente a produção de vídeos também assumiu protagonismo, com as *deep fakes* dominando a cena.

O TikTok e a função *reels* do Instagram passaram a ser formas de produção e divulgação de conteúdo, trazendo mais diversificação e profundidade, deixando os *posts* cada vez menos orgânicos e mais profissionais, difíceis de serem controlados.

Como a criação de vídeos se tornou importante fonte de renda, a forma caricata dos memes que inundavam as redes passou a disputar protagonismo com conteúdos mais complexos. Surfando nessa onda, diversos perfis – inclusive sobre política e comportamento – foram criados e são utilizados para (des)informar.

---

[18] BEARD, Mary. *Mujeres y poder*: um manifesto. 1. ed. Barcelona: Planeta, 2023. p. 76.
[19] PINHO, Tássia Rabelo de. Debaixo do tapete: a violência política de gênero e o silêncio do Conselho de Ética da Câmara dos Deputados. *Revista Estudos Feministas*, Florianópolis, v. 28, n. 2, e67271, 2020.

Ao contrário dos programas de rádio e televisão, concessões públicas que precisam seguir uma linha editorial e são rigorosamente monitorados pelos órgãos de controle, os canais nas mídias sociais não sofrem qualquer controle externo às plataformas nas quais se abrigam.

O nível de profissionalismo dos vídeos divulgados em canais monetizados tem a capacidade influenciar e confundir, especialmente quando envolvem narrativas construídas a partir de *fake news* e discursos de ódio. Esse tipo de conteúdo fraudulento não é mais tão óbvio ou fácil de ser refutado como no passado recente. Por vezes, a desinformação vem acompanhada de notícias verdadeiras ou de "meias verdades", que buscam deturpar a realidade, a partir de recortes distorcidos sobre determinados temas,[20] coadjuvadas pelo uso da inteligência artificial.

Nessas construções de narrativas surgem os *red pills*, descritos por Stephen Marche como o "coração da misoginia moderna",[21] com milhões de seguidores, ganhando muito dinheiro com a monetização dos canais.

Bruna Amato e Raquel de Barros Pinto Miguel explicam que o discurso *red pill* se vale de uma pseudociência que visa fomentar o ódio de gênero. Os debates ocorrem na "manosfera", também chamada de "machosfera" ou "movimento masculinista", que pode ser descrita como "uma espécie de associação/confederação de grupos online interconectados por um interesse em comum, ou seja, a proliferação de discursos anti-feminismo e pelo direito dos homens". Lá "percorrem todos os tipos de teorias e ideologias acerca de como certos homens explicam o mundo: um lugar onde as mulheres detêm todos os privilégios e os homens brancos heterossexuais são os verdadeiros oprimidos".[22]

A capacidade organizacional desses grupos não pode ser subestimada, tanto que artigo publicado no *The University of Chicago Press Journals* sustenta que os *red pills* ajudaram a eleger Donald Trump à Presidência estadunidense. Os autores constataram que esses fóruns *on-line* passaram a apoiar a candidatura de Trump, a partir de discursos que associavam sua imagem à de um macho alfa, capaz de repelir o feminismo e de representar a figura de um homem "de verdade" na Chefia do Executivo.[23] Com a associação de sua oponente à Medusa, cuja cabeça ele arrancara, percebe-se a virulência e a potência da agressão.

No Brasil a realidade não é diferente, com a virtualização das relações possibilitando que extremistas das mais variadas regiões se unam por meio digital, na promoção de pautas ultraconservadoras. Assim, a conjunção dos valores *red pills* com extremismo religioso e violência política de gênero tem colocado em xeque os avanços que as mulheres conseguiram ao longo das últimas décadas.

---

[20] PAULO, Diego Martins Dória. Os mitos da Brasil Paralelo – uma face da extrema-direita brasileira (2016-2020). *Rebela*, v. 10, n. 1, p. 101-110, 2020.

[21] MARCHE, S. Swallowing the red pill: a journey to the heart of modern misoginy. *The Guardian*, 14 abr. 2016. Disponível em: https://www.theguardian.com/ technology/2016/apr/14/the-red-pill-reddit-modern-misogyny-manosphere-men. Acesso em: 19 jun. 2024.

[22] AMATO, B.; MIGUEL, R. de Barros Pinto. De Matrix a Suzano: manosfera, teoria red pill e o massacre da escola Raul Brasil. *Revista Brasileira de Estudos da Homocultura*, v. 7, n. 22, 2024. p. 5. Disponível em: https://periodicoscientificos.ufmt.br/ojs/index.php/rebeh/article/view/15797. Acesso em: 19 jun. 2024.

[23] DIGNAM, Pierce Alexander; ROHLINGER, Deana A. Misogynistic men online: how the red pill helped elect Trump. *Journal of Women in Culture and Society*, Chicago, v. 44, n. 3, p. 589-612, 2019.

Eleições recentes mostraram parte dessa faceta extremista das redes sociais, com intensificação de ataques ao processo eleitoral, visando deslegitimá-lo com acusações falsas de que as urnas eletrônicas seriam fraudadas.

A eclosão da pandemia da Covid alavancou ainda mais a utilização das redes sociais, com a campanha eleitoral do ano de 2020 ocorrendo predominantemente em meio virtual. O corpo a corpo deu lugar às *lives*, e a tentativa de prender a atenção demandou ainda mais esforço por parte das candidaturas. A migração das campanhas para as redes, infelizmente, também serviu para escancarar mais uma vez os ataques machistas e racistas.

Pesquisa realizada pelo Instituto Marielle Franco apontou que 78% das mulheres negras que participaram da disputa em 2020 afirmaram ter sofrido algum tipo de violência virtual.[24] O Instituto Alziras, por sua vez, indica que pelo menos 53% das mulheres que estiveram no pleito de 2020 sofreram assédio ou violência política pautada no gênero e 48% delas alegaram dificuldades com os recursos financeiros relativos à campanha, enquanto 30% mencionaram ter sido vítimas de algum tipo de violência simbólica ou assédio no espaço político.[25]

Com efeito, a misoginia que dificulta a efetiva participação das mulheres nos espaços de poder é multifacetada, não se limitando a tipos específicos de agressão, nem se aplicando apenas às candidatas lutando para ingressar nos espaços de poder. As eleitas também sentem na pele o peso da misoginia,[26] que, como visto, encontrou terreno fértil no ambiente digital.

As redes sociais vêm condicionando o comportamento humano ao longo dos últimos anos. A virtualização da vida faz com que as pessoas se vejam praticamente obrigadas a ter *smartphones* para utilizar quaisquer serviços. Os aparelhos tornaram-se extensão do corpo, sendo empregados para questões pessoais, profissionais e de entretenimento.

A evolução da internet também deu azo ao surgimento de bilionários do setor, fundando verdadeiros oligopólios.

Google, Apple, Amazon, Facebook e Microsoft – no acrônimo Gafam – são os principais exemplos dessa ascensão das grandes empresas do ramo da tecnologia. A elas, somam-se o TikTok e o antigo Twitter.

Boa parte das redes sociais – tal qual Facebook, Instagram ou TikTok –, gerida por aquelas empresas, tem mais de 1 bilhão de usuários ativos. Com isso, empresas transnacionais privadas e um rol restrito de pessoas físicas têm à sua disposição dados

---

[24] LÔBO, E.; MENDIETA, D.; AGUIAR, D. M. de. Gender political violence and the unfulfilled promise of substantial democracy: a look at Brazil and Colombia. *Revista de Direitos e Garantias Fundamentais*, v. 21, n. 3, p. 185-208, 2020. p. 189. DOI: 10.18759/rdgf.v21i3.1826. Disponível em: https://sisbib.emnuvens.com.br/direitosegarantias/article/view/1826. Acesso em: 19 jun. 2024.

[25] NA RETA final do primeiro turno das eleições, mulheres foram vítimas de violência política a cada dois dias. *Portal Gênero e Número*, 2021. Disponível em: http://www.generonumero.media/mulheres-violencia-eleicoes/. Acesso em: 19 jun. 2024.

[26] BONIN, Robson. Soraya perde comando de comissão e é alvo de machismo no Senado. *Veja*, 2024. Disponível em: https://veja.abril.com.br/coluna/radar/soraya-perde-comando-de-comissao-e-e-alvo-de-machismo-no-senado. Acesso em: 18 jun. 2024.

sensíveis de mais de 15% da população mundial.[27] Ou seja, essas instituições têm poderes impressionantes.

Os faturamentos trilionários dessas companhias permitem investimentos maciços nos algoritmos, cuidadosamente desenvolvidos com IA para resolução de problemas e execução de tarefas com mais habilidade e rapidez que as pessoas humanas. Não se sabe exatamente como eles operam e qual sua cosmografia, o que pode representar um grande problema principalmente em razão de possíveis discriminações algorítmicas.[28] Tomando por base o X e as empresas vinculadas ao seu proprietário, não são poucas as notícias de que há comportamentos misóginos, sexistas, racistas e homofóbicos nesses empreendimentos, com processos judiciais em curso nos Estados Unidos contra elas.[29]

Logo, se no ambiente em que os algoritmos são produzidos há denúncias de discriminações, presume-se que a inteligência artificial vai tomar como ponto de partida a perspectiva daquele que a produziu, lançando mão de dados também enviesados. Assim, há risco iminente de que a IA responsável por gerir muitas aplicações, possivelmente incidentes sobre processos eleitorais, seja complacente com violações de direitos fundamentais.[30]

O ponto central da discussão envolve garantir que a exploração econômica das redes pelas plataformas, seja mediante *likes*, monetização, impulsionamento, patrocínio pago, seja qualquer outra forma de circulação de renda, não implique violação a direitos.

O Estado brasileiro tem como fundamento a efetivação das garantias inerentes à cidadania e à dignidade da pessoa humana, a teor do art. 1º, II e III, da Constituição, respectivamente.

Quanto aos objetivos da República, o art. 3º, I e III, da Constituição, traz como missão "construir uma sociedade livre, justa e solidária", "promover o bem de todos, sem preconceitos de origem, raça, sexo, cor, idade e quaisquer outras formas de discriminação", respectivamente.

Na mesma direção está o princípio da igualdade, plasmado no art. 5º, *caput*, da Constituição, indicando que "todos são iguais perante a lei, sem distinção de qualquer natureza, garantindo-se aos brasileiros e aos estrangeiros residentes no País a inviolabilidade do direito à vida, à liberdade, à igualdade, à segurança e à propriedade".

Os preceitos constitucionais – que estão acima de quaisquer leis – são as principais diretrizes a serem seguidas quando o assunto é vida em sociedade. A leitura desses dispositivos mostra que a ausência de uma regulamentação específica para as redes sociais não é salvo-conduto para que pessoas mal-intencionadas possam se escusar de respeitar as garantias fundamentais.

---

[27] REDES sociais passam dos 5 bilhões de usuários, revela informe. *O Globo*, 2024. Disponível em: https://oglobo.globo.com/economia/tecnologia/noticia/2024/01/31/redes-sociais-passam-dos-5-bilhoes-de-usuarios-revela-informe.ghtml. Acesso em: 20 jun. 2024.

[28] LÔBO, Edilene; FRANCO, Núbia. *Direitos fundamentais e inteligência artificial*: reflexões sobre os impactos das decisões automatizadas. 1. ed. Belo Horizonte: D'Plácido, 2023.

[29] ENGENHEIROS demitidos da SpaceX processam Musk por abuso trabalhista e conduta sexista. *Folha de São Paulo*. Disponível em: https://www1.folha.uol.com.br/mercado/2024/06/engenheiros-demitidos-da-spacex-processam-musk-por-abuso-trabalhista-e-conduta-sexista.shtml. Acesso em: 19 jun. 2024.

[30] LÔBO, Edilene; FRANCO, Núbia. *Direitos fundamentais e inteligência artificial*: reflexões sobre os impactos das decisões automatizadas. 1. ed. Belo Horizonte: D'Plácido, 2023.

Esses dispositivos precisam ser interpretados conjuntamente com o art. 5º, IV e IX, da Constituição, indicando que "é livre a manifestação do pensamento, sendo vedado o anonimato"; e que "é livre a expressão da atividade intelectual, artística, científica e de comunicação, independentemente de censura ou licença", respectivamente.

Ladeando a dignidade da pessoa humana com a liberdade de expressão, tem-se que a segunda, obrigatoriamente, deve ceder passo à primeira quando postas em conflito. Não existe livre manifestação para pensamento que defende a extinção ou extermínio das mulheres, tampouco para os pensamentos racistas, eugenistas, que têm como escopo solapar garantias fundamentais.

Os debates relativos aos limites da liberdade de expressão retomaram protagonismo global com a aquisição do então Twitter por Elon Musk, que na oportunidade se autodeclarou um "absolutista da liberdade de expressão". Abordando a matéria, em artigo voltado a discutir a linha que divide liberdade de expressão e discurso de ódio, Claire Bowers sustenta que, dias após a aquisição do Twitter por Musk, a criação de contas que seguiam conteúdos misóginos e abusivos disparou. Ela também assevera existirem indícios de que o comportamento do magnata gera um ambiente mais permissivo ao florescimento do discurso de ódio.[31]

O jornalista Thomas Brewster, da *Forbes*, publicou matéria em janeiro de 2024 noticiando que, segundo o governo da Austrália, o X, antigo Twitter, demitiu 80% dos engenheiros atuantes em áreas da empresa ligadas à proteção e confiança. A mesma reportagem sustenta também que o tempo de resposta do X às denúncias sobre discurso de ódio aumentou cerca de 20%, enquanto as tentativas da plataforma em combater o discurso de ódio diminuíram 70%.[32]

Ao que tudo indica, essas mudanças estruturais não se voltam exclusivamente a reafirmar a posição de absolutista da liberdade de expressão. Os estudos recentes sobre o tema vêm mostrando que o discurso de ódio nas redes gera mais cliques, *likes* e compartilhamentos do que os de natureza meramente informativa ou personalíssima. Uma pesquisa da Universidade de Chicago analisou cerca de 2,7 milhões de publicações com cunho político no Twitter e Facebook e concluiu que os conteúdos ofensivos chegaram a ter até 67% mais engajamento. Outra constatação é a de que as postagens que falam sobre os oponentes políticos têm mais chance de viralizar em relação às que promovem o dono do perfil.[33]

A indagação que se põe nesse cenário é se existe liberdade ilimitada para tal sorte de comportamento.

Para além do processo eleitoral, é preciso pensar formas de promover um ambiente virtual sadio, garantindo que as plataformas e pessoas usuárias se acomodem às normas de civilidade e etiqueta para o bem comum.

---

[31] BOWERS, Claire. X: free speech vs. extreme narratives – sexism and misogyny. *UWE Bristol*, 2024. Disponível em: https://blogs.uwe.ac.uk/policing/x-free-speech-vs-extreme-narratives-sexism-and-misogyny/. Acesso em: 20 jun. 2024.

[32] BREWSTER, Thomas. X Fired 80% Of Engineers Working On Trust And Safety, Australian Government Says. *Forbes*. Disponível em: https://www.forbes.com/sites/thomasbrewster/2024/01/10/elon-musk-fired-80-per-cent-of-twitter-x-engineers-working-on-trust-and-safety/?sh=6c469b1c79b3. Acesso em: 20 jun. 2024.

[33] RATHJE, S.; VAN BAVEL, J. J.; VAN DER LINDEN, S. Out-group animosity drives engagement on social media. *Proc. Natl Acad. Sci.* USA 118, e2024292118, 2021. Disponível em: https://www.pnas.org/doi/epdf/10.1073/pnas.2024292118. Acesso em: 20 jun. 2024.

Nesse emaranhado, tal como se fez na ADPF nº 779, sob a batuta do Ministro Dias Toffoli, é essencial proibir qualquer manifestação, incluído o uso de IA, que contenha discurso de ódio contra a mulher. Para que seja viabilizada essa determinação é crucial estabelecer o dever de cuidado das plataformas, que devem se obrigar à adoção de ferramentas tecnológicas à altura do fenômeno, como os algoritmos rastreadores da violência política nas redes sociais.[34]

4 Notas finais

A violência contra a mulher carreia aspectos interseccionais como raça e classe social, mas sua gênese está no patriarcado e na misoginia, que se renova.

Se na época das Ordenações Filipinas a posição da mulher era reduzida à de objeto ou coisa, cuja função era exclusivamente se comportar como esposa ou procriar, com o passar dos anos, essa situação se modificou.

Ao longo do tempo, as mulheres passaram a exercer trabalho formal fora do ambiente doméstico, arrimando a família e participando de processos coletivos de várias maneiras. O Estado e a sociedade, entretanto, não foram capazes de acompanhar essa evolução, de modo que a violência contra a mulher saltou do âmbito doméstico para a cena pública.

A diferença salarial entre homens e mulheres que ocupam a mesma função, a fraude à cota de gênero e a possibilidade de se suscitar a legítima defesa da honra, que só foi extirpada definitivamente do ordenamento jurídico brasileiro em 2023, são demonstrativos de que a violência se revela das formas mais sutis e simbólicas[35] às mais cruéis.

Vemos a necessidade de que seja extrapolado o âmbito das boas leis e da jurisprudência, que de fato precisam ser efetivamente aplicadas, para que a realidade mude, eliminando os tristes números expostos.

A colonização das mentes e corações que naturalizou a violência, cancelando vidas, precisa ser modificada para que a cultura do amor, do respeito e da tolerância viceje.

Associado a isso, a repressão da conduta misógina, sem tréguas ou arranjos, deve ser permanente, contando na outra ponta com políticas de acolhida, escuta e proteção das mulheres, cada vez mais estruturadas em redes estendidas em todas as esferas – públicas e privadas. Isso mostra que não basta incrementar a repressão dos crimes, é preciso atuar na prevenção, com toda sorte de orientação e programas educativos de crianças, jovens e adultos.

A compreensão de que a violência doméstica fomenta a que ocorre na política é relevante ponto de partida para se modificar o atual panorama, que retrata a sub-representatividade nos cargos eletivos em direção oposta ao aumento incessante dos índices de assassinato das mulheres.

---

[34] MORAES, A.; LÔBO, Edilene. Algoritmos de seguimiento de la violencia política en el entorno digital: prevención y cuidado en tiempos de democracia amenazada. *Astrolabio: Revista Internacional de Filosofia*, v. 1, p. 135-137, 2024.

[35] O "simbólico", nesse contexto, se refere ao termo cunhado por Pierre Bourdieu.

Espera-se que a ADPF nº 779 seja grande lumiar para a conscientização de que a igualdade substancial precisa ser levada a sério e de que não existe democracia onde há silenciamento de mulheres em razão do gênero, da raça ou da classe social.

Que venham novos tempos!

Referências

AMATO, B.; MIGUEL, R. de Barros Pinto. De Matrix a Suzano: manosfera, teoria red pill e o massacre da escola Raul Brasil. *Revista Brasileira de Estudos da Homocultura*, v. 7, n. 22, 2024. Disponível em: https://periodicoscientificos.ufmt.br/ojs/index.php/rebeh/article/view/15797. Acesso em: 19 jun. 2024.

BEARD, Mary. *Mujeres y poder*: um manifesto. 1. ed. Barcelona: Planeta, 2023.

BONIN, Robson. Soraya perde comando de comissão e é alvo de machismo no Senado. *Veja*, 2024. Disponível em: https://veja.abril.com.br/coluna/radar/soraya-perde-comando-de-comissao-e-e-alvo-de-machismo-no-senado. Acesso em: 18 jun. 2024.

BOWERS, Claire. X: free speech vs. extreme narratives – sexism and misogyny. *UWE Bristol*, 2024. Disponível em: https://blogs.uwe.ac.uk/policing/x-free-speech-vs-extreme-narratives-sexism-and-misogyny/. Acesso em: 20 jun. 2024.

BRAGADO, Louise. Saiba qual é a rede social mais usada no Brasil. *Época Negócios*, 2024. Disponível em: https://epocanegocios.globo.com/tecnologia/noticia/2024/02/saiba-qual-e-a-rede-social-mais-usada-no-brasil.ghtml. Acesso em: 20 jun. 2024.

BREWSTER, Thomas. X Fired 80% Of Engineers Working On Trust And Safety, Australian Government Says. *Forbes*. Disponível em: https://www.forbes.com/sites/thomasbrewster/2024/01/10/elon-musk-fired-80-per-cent-of-twitter-x-engineers-working-on-trust-and-safety/?sh=6c469b1c79b3. Acesso em: 20 jun. 2024.

COELHO, Naiara; VOLOTÃO, Amanda. Não serei interrompida: o processo de silenciamento feminino no espaço político brasileiro. *Cadernos de Gênero e Diversidade*, Salvador, v. 6, n. 2, p. 151-170, abr./jun. 2020.

CRAVO; Alice; BANDEIRA, Karolini; DANTAS, Dimitrius. Eleições 2024: mais da metade dos municípios do Brasil só teve prefeitos homens em duas décadas. *O Globo*. Disponível em: https://oglobo.globo.com/politica/noticia/2024/08/12/eleicoes-2024-mais-da-metade-dos-municipios-do-brasil-so-teve-prefeitos-homens-em-duas-decadas.ghtml. Acesso em: 15 ago. 2024.

DIGNAM, Pierce Alexander; ROHLINGER, Deana A. Misogynistic men online: how the red pill helped elect Trump. *Journal of Women in Culture and Society*, Chicago, v. 44, n. 3, p. 589-612, 2019.

ENGENHEIROS demitidos da SpaceX processam Musk por abuso trabalhista e conduta sexista. *Folha de São Paulo*. Disponível em: https://www1.folha.uol.com.br/mercado/2024/06/engenheiros-demitidos-da-spacex-processam-musk-por-abuso-trabalhista-e-conduta-sexista.shtml. Acesso em: 19 jun. 2024.

FAUSTINO, Deivison; LIPPOLD, Walter. *Colonialismo digital*: por uma crítica hacker-fanoniana. 1. ed. São Paulo: Boitempo, 2023.

FISHER, Max. *A máquina do caos*: como as redes sociais reprogramaram nossa mente e nosso mundo. 1. ed. São Paulo: Todavia, 2023.

FÓRUM BRASILEIRO DE SEGURANÇA PÚBLICA. *Anuário Brasileiro de Segurança Pública 2024*, São Paulo, ano 18, 2024. ISSN 1983-7364.

GOUVEIA, Alice. Todos os tipos de violência contra mulheres cresceram no Brasil. *Correio Brasiliense*, 2024. Disponível em: https://www.correiobraziliense.com.br/brasil/2024/07/6901308-todos-os-tipos-de-violencia-contra-mulheres-cresceram-no-brasil.html. Acesso em: 15 ago. 2024.

LÔBO, E.; MENDIETA, D.; AGUIAR, D. M. de. Gender political violence and the unfulfilled promise of substantial democracy: a look at Brazil and Colombia. *Revista de Direitos e Garantias Fundamentais*, v. 21, n. 3, p. 185-208, 2020. DOI: 10.18759/rdgf.v21i3.1826. Disponível em: https://sisbib.emnuvens.com.br/direitosegarantias/article/view/1826. Acesso em: 19 jun. 2024.

LÔBO, Edilene; FRANCO, Núbia. *Direitos fundamentais e inteligência artificial*: reflexões sobre os impactos das decisões automatizadas. 1. ed. Belo Horizonte: D'Plácido, 2023.

MARCHE, S. Swallowing the red pill: a journey to the heart of modern misogyny. *The Guardian*, 14 abr. 2016. Disponível em: https://www.theguardian.com/technology/2016/apr/14/the-red-pill-reddit-modern-misogyny-manosphere-men. Acesso em: 19 jun. 2024.

MORAES, A.; LÔBO, Edilene. Algoritmos de seguimiento de la violencia política en el entorno digital: prevención y cuidado en tiempos de democracia amenazada. *Astrolabio: Revista Internacional de Filosofia*, v. 1, p. 135-137, 2024.

NA RETA final do primeiro turno das eleições, mulheres foram vítimas de violência política a cada dois dias. *Portal Gênero e Número*, 2021. Disponível em: http://www.generonumero.media/mulheres-violencia-eleicoes/. Acesso em: 19 jun. 2024.

NOGUEIRA, Silas. Comunicação, midiatização e virtualização da vida: domínio e poder na liberdade ilusória. *Extraprensa*, São Paulo, v. 16, n. 2, p. 137-154, jan./jun. 2023.

NÚMERO de eleitores jovens volta a crescer em ano de eleições municipais. *TSE*, 2024. Disponível em: https://www.tse.jus.br/comunicacao/noticias/2024/Fevereiro/jovem-eleitor-volta-a-crescer-em-ano-de-eleicoes-municipais. Acesso em: 20 jun. 2024.

PAULO, Diego Martins Dória. Os mitos da Brasil Paralelo – uma face da extrema-direita brasileira (2016-2020). *Rebela*, v. 10, n. 1, p. 101-110, 2020.

PINHO, Tássia Rabelo de. Debaixo do tapete: a violência política de gênero e o silêncio do Conselho de Ética da Câmara dos Deputados. *Revista Estudos Feministas*, Florianópolis, v. 28, n. 2, e67271, 2020.

PITOMBO, João Pedro. Vices turbinam participação, e mulheres chegam a 60% das chapas nas capitais. *Folha*. Disponível em: https://www1.folha.uol.com.br/poder/2024/08/vices-turbinam-participacao-e-mulheres-chegam-a-60-das-chapas-nas-capitais.shtml. Acesso em: 15 ago. 2024.

RAMOS, Margarita Danielle. Reflexões sobre o processo histórico-discursivo do uso da legítima defesa da honra no Brasil e a construção das mulheres. *Revista Estudos Feministas*, Florianópolis, v. 20, n. 1, jan./abr. 2012.

RATHJE, S.; VAN BAVEL, J. J.; VAN DER LINDEN, S. Out-group animosity drives engagement on social media. *Proc. Natl Acad. Sci.* USA 118, e2024292118, 2021. Disponível em: https://www.pnas.org/doi/epdf/10.1073/pnas.2024292118. Acesso em: 20 jun. 2024.

REDES sociais passam dos 5 bilhões de usuários, revela informe. *O Globo*, 2024. Disponível em: https://oglobo.globo.com/economia/tecnologia/noticia/2024/01/31/redes-sociais-passam-dos-5-bilhoes-de-usuarios-revela-informe.ghtml. Acesso em: 20 jun. 2024.

SANTOS, Lorena Danielle; VELOSO, Ivana. A deposição de Dilma Rousseff através dos memes: um olhar sobre a misoginia, machismo e sexismo. *Temporalidades – Revista de* História, ed. 34, v. 12, n. 3, set./dez. 2020. ISSN 1984-6150.

SILVA, Marcos Fabrício Lopes da. O idiota da aldeia e o portador da verdade. *Observatório da Imprensa*, 2024. Disponível em: https://www.observatoriodaimprensa.com.br/jornal-de-debates/o-idiota-da-aldeia-e-o-portador-da-verdade/. Acesso em: 15 ago. 2024.

STF. *ADPF 779*. Rel. Min. Dias Toffoli, Tribunal Pleno, julgado em 1º.8.2023, publicado em 6.10.2023.

TOFFOLI, José Antônio Dias; ANDRADE, Gianne de Freitas. Do big data à ditadura dos algoritmos: o desafio da proteção adequada dos indivíduos e a responsabilidade do Supremo Tribunal Federal na reconfiguração dos direitos fundamentais. *In*: BROCHADO, Mariah (Org.). *Direito e Estado entre mundo analógico e era digital*: reflexões de fronteira em homenagem a Wolfgang Hoffmann-Riem. São Paulo: Dialética, 2024.

TSE. AREspe nº 0601646-91.2020.6.19.0184/RJ. Rel. Min. Benedito Gonçalves. *DJe*, 26 ago. 2022.

TSE. *Resolução nº 23.732, de 27 de fevereiro de 2024*. Altera a Res.-TSE nº 23.610, de 18 de dezembro de 2019, dispondo sobre a propaganda eleitoral. Disponível em: https://www.tse.jus.br/legislacao/compilada/res/2024/resolucao-no-23-732-de-27-de-fevereiro-de-2024. Acesso em: 29 abr. 2024.

VIECELI, Leonardo. Internet chega a 87,2% dos brasileiros de dez anos ou mais; uso é maior no Centro-Oeste. *Folha de São Paulo*, 2023. Disponível em: https://www1.folha.uol.com.br/mercado/2023/11/internet-chega-a-872-dos-brasileiros-de-dez-anos-ou-mais-uso-e-maior-no-centro-oeste.shtml. Acesso em: 18 jun. 2024.

Informação bibliográfica deste texto, conforme a NBR 6023:2018 da Associação Brasileira de Normas Técnicas (ABNT):

LÔBO, Edilene. Da legítima defesa da honra aos red pills: misoginia do medievalismo ao ciberativismo. *In*: MENDES, Gilmar Ferreira; LIRA, Daiane Nogueira de; FREIRE, Alexandre (coord.). *Constituição, democracia e diálogo*: 15 anos de Jurisdição Constitucional do Ministro Dias Toffoli. 2. ed. Belo Horizonte: Fórum, 2025. p. 469-484. ISBN 978-65-5518-937-7.

UNIDADES DE INTELIGÊNCIA FINANCEIRA E O COMPARTILHAMENTO DE INFORMAÇÕES: O TEMA Nº 990

EDUARDO S. TOLEDO

Em julho de 2019, o então presidente do STF e ora homenageado, Ministro Dias Toffoli, proferiu uma audaciosa decisão suspendendo todos os processos judiciais nos quais estivesse em discussão o compartilhamento de relatórios do Conselho de Controle de Atividades Financeiras (Coaf)[1] sem supervisão do Poder Judiciário e de sua prévia autorização, mantendo apenas os compartilhamentos que se limitavam à identificação dos titulares das operações bancárias e dos montantes globais.

A decisão foi proferida nos autos do Recurso Extraordinário nº 1.055.941 (Tema nº 990 da Repercussão Geral) e em resposta a requerimento formulado pelo Senador Flávio Bolsonaro, filho do então presidente da República.

Embora fundamentada em decisão anterior do Supremo Tribunal Federal (STF) nas ações diretas de inconstitucionalidade (ADIn) nºs 2.386, 2.390, 2.397 e 2.859, houve repercussão imediata na imprensa nacional, que alardeou o apocalipse do combate à corrupção, dada a abrangência do que decidido e a identidade do requerente (mais em razão do requerente do que pela abrangência). Essa repercussão alcançou nível internacional, o que exigiu atuação do STF junto a organismos internacionais para afastar o enviesamento das informações.

O presente artigo não pretende dissecar as razões jurídicas contidas na decisão liminar e no julgamento de mérito que foi realizado pelo STF em novembro de 2019. O enfoque será a importância que padrões internacionais tiveram no julgamento e a movimentação feita antes e depois do julgamento do mérito junto aos dois principais organismos internacionais responsáveis pelo acompanhamento do combate à corrupção e à lavagem de dinheiro:

- o Grupo de Ação Financeira, conhecido como Gafi ou FATF (*Financial Action Task Force*);

---

[1] O Coaf passou um período entre 2019 e 2020 sob o nome de Unidade de Inteligência Financeira, mas depois retornou ao nome tradicional.

– o *Working Group on Bribery in International Business Transactions* (WGB) da Organização para a Cooperação e Desenvolvimento Econômico (OCDE).

À época, o subscritor deste artigo estava no cargo de diretor-geral do STF e fora designado pelo Ministro Dias Toffoli para representar o Tribunal no diálogo com as duas instituições, que, embora tenham competências similares, atuaram de formas muito distintas.

O Gafi é uma organização intergovernamental independente que desenvolve e promove políticas de proteção ao sistema financeiro global contra a lavagem de dinheiro, o financiamento do terrorismo e o financiamento da proliferação de armas de destruição em massa. As *Recomendações do Gafi* são reconhecidas como os padrões globais de medidas contra a lavagem de dinheiro e o financiamento do terrorismo, tanto que a Resolução nº 2.462 (2019) do Conselho de Segurança das Nações Unidas reforça o papel das Recomendações:

> Reconhecendo a significativa necessidade de construir e reforçar a capacidade dos Estados Membros, mediante solicitação e com a visão de apoiar a incorporação nacional de medidas mais efetivas de combate ao terrorismo e ao financiamento do terrorismo e de fazer melhor uso de instrumentos e mecanismos internacionais, [...].
> 4. Insta fortemente todos os Estados a implementarem os padrões internacionais incorporados nas revisadas Quarenta Recomendações GAFI para o Combate à Lavagem de Dinheiro, ao Financiamento do Terrorismo e à Proliferação de Armas de Destruição em Massa, assim como às suas notas interpretativas.[2]

Por sua vez, o WGB/OCDE é responsável por monitorar a implementação e o cumprimento da Convenção Anticorrupção e documentos correlatos da OCDE. É menos reconhecido que o Gafi, no entanto, mais estridente, ao menos na época, cujo então *chair*, Drago Kos, tinha perfil mais midiático.

Enquanto o Gafi conduziu seus trabalhos em relação ao que ocorria no Brasil de forma mais discreta, objetiva e colaborativa, o WGB preferiu emitir notas, dar entrevistas e visitar Brasília para reuniões emblemáticas e uma comitiva composta por membros mais engajados (como a curiosa participação de membros do Departamento de Justiça dos Estados Unidos, preocupados com as reclamações de seus colegas do Ministério Público Federal que atuavam na Operação Lava Jato).

Ambas as organizações têm sede em Paris, e o STF enviou uma pequena delegação em duas oportunidades. A primeira foi em novembro de 2019, pra reuniões prévias com o então secretário executivo do Gafi e com representantes do WGB.

Enquanto a reunião com o Gafi resultou no envio de uma carta formal do secretário executivo sobre a questão do compartilhamento de informações pelas unidades de inteligência financeira (UIFs), à luz das Recomendações Gafi, a reunião com o WGB resultou em outra reunião no Brasil.

Em sua carta, o secretário executivo do Gafi narrou brevemente a percepção da instituição sobre o compartilhamento de informações geradas pela UIF:

---

[2] Todas as traduções neste artigo foram feitas livremente pelo autor.

A respeito do poder das UIFs de compartilhar informação, a Nota Interpretativa à Recomendação 29 esclarece que a UIF deve ter a possibilidade de "disseminar informação e os resultados de suas análises às autoridades competentes quando houver fundada suspeita de lavagem de dinheiro, infrações relacionadas ou financiamento de terrorismo", assim como a possibilidade de "responder a requisições de informações provenientes de autoridades competentes". Além disso, "quando a UIF receber requisição de uma autoridade competente, a decisão sobre proceder à análise e/ou de disseminar a informação à autoridade requisitante deve ser da UIF". A informação disseminada pode estar relacionada com uma pessoa natural ou jurídica existente, dar suporte a uma investigação em curso ou motivar uma investigação proativa com base em novas informações disponibilizadas às autoridades investigativas.

A respeito da possibilidade de autoridades de investigação requererem informação das UIFs, a Recomendação 31 exige que as autoridades competentes tenham a possibilidade de pedir por toda informação relevante de uma UIF quando estiverem investigando lavagem de dinheiro, financiamento de terrorismo e outros crimes relacionados. [...]

A Recomendação 9 visa garantir que a legislação sobre sigilo financeiro não deve ser motivo para impedir indevidamente a implementação das Recomendações Gafi, incluindo a troca de informações entre as UIFs e as instituições responsáveis por investigações.

Em resumo, é importante garantir que as UIFs e as autoridades competentes possam compartilhar toda informações adequada e os padrões do Gafi reconhecem que essa cooperação está sujeita à proteção necessária de direitos individuais e à privacidade.

Como se observa, a manifestação do Gafi foi de reforço ao compartilhamento de informações pela UIF, como regra, preservadas a proteção a direitos individuais e a prerrogativa da UIF de decidir sobre a própria realização de relatórios e sua disseminação, quando provocado.

Percebendo a relevância no sistema internacional de combate à lavagem de dinheiro das Recomendações Gafi, o Ministro Dias Toffoli demonstrou em seu voto de mérito, ponto a ponto, que a decisão liminar proferida no RE nº 1.055.941 estava em perfeita sintonia com os padrões internacionais de atuação das unidades de inteligência financeira.

Antes de prosseguir com os destaques do voto do Ministro Toffoli, transcreverei trechos de documento do Banco Mundial e do Fundo Monetário Internacional a respeito da natureza e competências de uma unidade de informação financeira.

Em documento intitulado *Financial Intelligence Units: An Overview* (https://www.imf.org/external/pubs/ft/FIU/index.htm), o Banco Mundial e o Fundo Monetário Internacional trazem as principais referências sobre a natureza, os diferentes tipos e o relevante papel das UIFs pelo mundo.

De acordo com o referido documento, UIFs são "agências que recebem relatos de transações financeiras das instituições financeiras e outras entidades e pessoas, analisa esses relatos e dissemina relatórios de inteligência para agentes de aplicação da lei e UIFs estrangeiras para o combate da lavagem de dinheiro".

Existem quatro tipos de UIFs:

– administrativa: quando fizer parte de uma estrutura não relacionada com entidades de aplicação da lei (*law-enforcement*) ou ao Poder Judiciário;
– integrante do sistema de aplicação da lei;
– integrante do Poder Judiciário ou de instituição persecutória;
– do tipo híbrido.

O Coaf tem características de uma UIF administrativa. Segundo o Banco Mundial/FMI:

> UIFs do tipo administrativo normalmente são parte da estrutura ou estão sob a supervisão da Administração ou de uma agência diversa de aplicação da lei ou do Poder Judiciário. Algumas vezes constituem agências separadas, localizadas sob a supervisão substantiva de um ministro ou da Administração (UIFs autônomas) ou sem supervisão (UIFs independentes). A principal razão para essa estrutura é estabelecer um buffer entre o setor financeiro (e, de modo geral, entidades e profissionais sujeitos à obrigação de reportar) e as autoridades responsáveis pela investigação e persecução de crimes financeiros. Normalmente, as instituições financeiras não têm fortes evidências da prática de atividade criminosa ou de que o cliente faz parte de uma operação ou organização criminosa quando estão diante de transações ou relacionamentos problemáticos. Elas, portanto, ficarão relutantes em encaminhar tais informações diretamente para entidades de investigação e persecução, dada a preocupação de que suas suspeitas sirvam de acusação baseada numa interpretação equivocada dos fatos. O papel da UIF é o de robustecer a suspeita e enviar o caso para as autoridades responsáveis pela investigação e persecução criminal apenas se as suspeitas forem substanciais.

A Nota Interpretativa da Recomendação Gafi nº 29 deixa claro que a "UIF faz parte e exerce um papel central na rede operacional de combate à lavagem de dinheiro e ao financiamento do terrorismo, dando suporte ao trabalho de outras autoridades competentes". Como é reconhecido pelo próprio Gafi, cada país tem o seu modelo de UIF e o do Brasil consiste no seguinte (embora não exista uma norma única disciplinando o papel de cada uma das instituições a seguir mencionadas dentro de um sistema de inteligência financeira):

a) a Unidade de Inteligência Financeira (antigo Coafi), como centralizadora dos relatórios emitidos pelas diversas entidades responsáveis pelos dados que podem contribuir para a identificação de movimentações financeiras suspeitas;
b) as instituições financeiras em geral (bancos, corretoras, operadoras de cartão de crédito etc.), que dispõem dos dados financeiros de toda a população brasileira e que têm que observar uma série de normas legais e atos normativos emitidos pelo Banco Central do Brasil (além de, em alguns casos, impor parâmetros próprios mais rigorosos) para reportar operações financeiras cujas características estão definidas pela lei. Essas informações são, em princípio, protegidas por cláusula constitucional de sigilo bancário, mas que podem ser compartilhadas desde que observados alguns limites que preservam a sua natureza de dado individual protegido;
c) a Receita Federal do Brasil, que detém os dados fiscais de todos os cidadãos brasileiros. A Receita não tem competência investigatória fora da sua competência tributária (ou seja, com o objetivo de recolher tributos eventualmente evadidos), mas gera relatórios de inteligência fiscal que podem apontar a existência de operações suspeitas;
d) a Comissão de Valores Mobiliários (CVM), que detém informações sobre as movimentações no mercado de valores mobiliários do Brasil e, portanto, pode obter informações relevantes de inteligência que podem ser repassadas à UIF;

e) outras instituições que possuem dados suscetíveis de serem informados à UIF, para fins de execução da sua atividade de inteligência financeira.

Pois bem, ao proferir seu voto de mérito no RE nº 1.055.941 (julgamento finalizado em 28.11.2019), o Ministro Dias Toffoli preocupou-se em demonstrar que sua decisão liminar e a legislação brasileira está alinhada com as Recomendações Gafi. A transcrição de parte da fundamentação do ministro se justifica pela relevância do tema:

> Consideradas em conjunto, as recomendações do GAFI não visam eliminar as leis de sigilo financeiro/fiscal, mas sim garantir que o sigilo não impeça a implementação de suas recomendações. Isso é o que diz a Recomendação 9:
> "D. MEDIDAS PREVENTIVAS
> 9. Leis de sigilo de instituições financeiras
> Os países deveriam assegurar que as leis de sigilo das instituições financeiras não inibam a implementação das Recomendações do GAFI."
> A decisão de suspensão nacional não dificultou a implementação das Recomendações GAFI, nem obstou as investigações, criminais ou não, baseadas nos relatórios da UIF ou de outras agências administrativas; apenas exigiu maior cuidado dessas instituições no manuseio e no intercâmbio das informações acobertadas pelo sigilo financeiro/fiscal.
> A Recomendação 29 do GAFI trata das unidades de inteligência financeira nos seguintes termos:
> "OPERACIONAL E APLICAÇÃO DA LEI
> 29. Unidades de inteligência financeira
> Os países deveriam estabelecer uma unidade de inteligência financeira (UIF) que sirva como um centro nacional de recebimento e análise de: (a) comunicações de operações suspeitas; e (b) outras informações relevantes sobre lavagem de dinheiro, crimes antecedentes e financiamento do terrorismo, e de disseminação dos resultados de tal análise. A UIF deveria ser capaz de obter informações adicionais das entidades comunicantes e ter acesso rápido a informações financeiras, administrativas e de investigação que necessite para desempenhar suas funções adequadamente."
> A Nota Interpretativa da Recomendação 29 deixa claro que a "UIF faz parte da rede operacional ALD/CFT de um país e tem um papel central nela, além de fornecer suporte para o trabalho de outras autoridades competentes". Ainda segundo o documento, "levando-se em conta que existem diferentes modelos de UIFs, a Recomendação 29 não julga a escolha dos países por modelos específicos e se aplica da mesma forma a todos eles".
> O objetivo aqui é mostrar que o modelo brasileiro de UIF não é muito diferente do que existe mundo afora (considerando os países que adotam modelos similares de UIF administrativas) e não constitui prejuízo à eficiência das medidas antilavagem de dinheiro e de combate ao financiamento do terrorismo (ALD/CFT).
> Voltando à nota interpretativa do GAFI a respeito da Recomendação 29, verifica-se que a "UIF funciona como uma agência central de recebimento de informações das entidades comunicantes. Essas informações devem incluir, no mínimo, comunicações de operações suspeitas, conforme exigem as Recomendações 20 e 23, e devem incluir também outras informações exigidas pelas legislações locais (tais como comunicações de operações em espécie, relatórios de transferência eletrônicas e outras declarações/informações baseadas em limiares)".
> A Recomendação 20 está no título Comunicação de Operações Suspeitas e orienta que, "se uma instituição financeira suspeitar ou tiver motivos razoáveis para suspeitar que os fundos sejam produtos de atividade criminosa ou estejam relacionados ao financiamento do terrorismo, ela deveria estar obrigada, por lei, a comunicar prontamente suas suspeitas à unidade de inteligência financeira (UIF)".

Essa recomendação está sendo observada plenamente no Estado brasileiro, pois é justamente o que determina o art. 11 da Lei no 9.613/98, com a redação da Lei no 12.683/12. [...]
A Recomendação 29 do GAFI exige, no mínimo, que os relatórios de transação suspeita sejam encaminhados à UIF. O ponto mais diretamente relacionado com a discussão posta diz respeito à disseminação do resultado do trabalho de inteligência realizado pela UIF.
A esse respeito, as notas do GAFI dispõem que
"a UIF deverá ser capaz de disseminar, espontaneamente ou a pedido, as informações e os resultados de suas análises para as autoridades competentes relevantes. Deveriam ser usados canais dedicados, seguros e protegidos para a disseminação.
– Disseminação espontânea: A UIF deverá ser capaz de disseminar as informações e resultados de suas análises para as autoridades competentes quando houver suspeita de lavagem de dinheiro, crimes antecedentes ou financiamento do terrorismo. Com base na análise da UIF, a disseminação das informações deverá ser seletiva e permitir que as autoridades destinatárias se concentrem em casos/informações relevantes.
– Disseminação a pedido: A UIF deverá ser capaz de responder a pedidos de informações de autoridades competentes de acordo com a Recomendação 31. Quando a UIF receber um pedido de uma autoridade competente, a decisão de conduzir a análise e/ou disseminar as informações para as autoridades solicitantes será da própria UIF".

A autonomia do Coaf quanto às requisições de relatórios por outras entidades não passou despercebida. Ao prosseguir em seu voto, o Ministro Dias Toffoli pontuou:

Antes de adentrar no aspecto procedimental da UIF, quero destacar o ponto das notas interpretativas à Recomendação 29 do GAFI que diz respeito à autonomia que a UIF deve ter na tomada de decisão a respeito da disseminação, ou não, de informações de inteligência financeira:
E. INDEPENDÊNCIA OPERACIONAL
8. A UIF deverá ser operacionalmente independente e autônoma, o que significa que a UIF deverá ter autoridade e capacidade de desenvolver suas funções livremente, inclusive tomar por conta própria a decisão de analisar, solicitar e/ou disseminar informações específicas. Em todos os casos, isso significa que a UIF tem o direito independente de encaminhar ou disseminar informações para autoridades competentes."
Isso quer dizer que a UIF não é obrigada a gerar ou disseminar relatórios por solicitação das autoridades investigativas competentes (Ministério Público ou autoridade policial).
Em documento emitido pelo GAFI a respeito da independência e da autonomia das UIFs, podemos verificar o quanto a comunidade internacional leva a sério a importância de UIF autônomas:
"12. Os Padrões GAFI exigem que as UIFs tenham amplos poderes legais, que são fundamentais para que elas possam decidir autonomamente. Dentro desses poderes estão incluídos o recebimento de Relatórios de Transações Suspeitas, a possibilidade de requererem e obterem maiores informações de outras fontes e de tomada de decisão a respeito da disseminação de suas análises. Sem esses poderes, a UIF pode ficar dependente de outras agências para exercer suas atividades. As UIFs deveriam ter a habilidade de decidir, no mínimo: i) quais casos/objetos analisar e quais casos/objetos rejeitar; ii) quais dados usar nos resultados da análise da UIF; iii) quais casos encerrar e quando encerra-los; iv) como analisar a informação passível de ser obtida; e v) quais agências/pessoas receberão os relatórios de inteligência financeira da UIF e em qual formato. [...]
13. Algumas considerações surgem quando analisamos a autonomia no contexto da posição institucional de uma UIF, incluindo a qualidade institucional em geral de um país de respeitar instituições independentes e a cultura desse respeito. Independência operacional e autonomia significam que a UIF exerce suas funções primordiais sem interferência indevida e não ter a exigência de se reportar em questões operacionais. A decisão operacional de

uma UIF não deve estar sujeita a revisão, avaliação ou aprovação prévia por outra agência. Além disso, outras agências não devem ter acesso indevido às informações da UIF antes da sua disseminação ou sem autorização específica pela UIF, de acordo com a legislação."

O julgamento foi marcado por votos robustos sobre o tema, tendo formado maioria no sentido do voto do relator, Ministro Dias Toffoli. Ao final, foi fixada a seguinte tese para o Tema nº 990:

> 1. É constitucional o compartilhamento dos relatórios de inteligência financeira da UIF e da íntegra do procedimento fiscalizatório da Receita Federal do Brasil, que define o lançamento do tributo, com os órgãos de persecução penal para fins criminais, sem a obrigatoriedade de prévia autorização judicial, devendo ser resguardado o sigilo das informações em procedimentos formalmente instaurados e sujeitos a posterior controle jurisdicional.
> 2. O compartilhamento pela UIF e pela RFB, referente ao item anterior, deve ser feito unicamente por meio de comunicações formais, com garantia de sigilo, certificação do destinatário e estabelecimento de instrumentos efetivos de apuração e correção de eventuais desvios.

As conclusões do julgamento surtiram efeito no âmbito internacional. Se, inicialmente, o Gafi demonstrou preocupação com a decisão liminar, na reunião plenária realizada nos dias 19 a 21.2.2020 (véspera do início da pandemia da Covid-19), ela foi superada.

Embora estivesse na pauta do primeiro dia da reunião uma atualização sobre o uso de inteligência financeira no Brasil, na qual foi apresentada a conclusão do julgamento no Supremo Tribunal Federal, nenhum dos delegados apresentou qualquer preocupação que justificasse o monitoramento do cenário brasileiro.

A decisão liminar do Min. Dias Toffoli no Tema nº 990 e sua repercussão nacional e internacional foram importantes para chamar a atenção para o tema. A coação do Coaf para elaborar relatórios de inteligência financeira e a não conservação da cadeia de custódia da informação são tão prejudiciais ao sistema de combate à lavagem de dinheiro quanto a imposição de restrições ao compartilhamento dos relatórios. Com o julgamento, as regras ficaram mais claras e os procedimentos tiveram que ser aperfeiçoados, aumentando a segurança e a eficácia dos relatórios de inteligência, com preservação da confiança no sistema financeiro.

Informação bibliográfica deste texto, conforme a NBR 6023:2018 da Associação Brasileira de Normas Técnicas (ABNT):

TOLEDO, Eduardo S. Unidades de inteligência financeira e o compartilhamento de informações: o Tema nº 990. In: MENDES, Gilmar Ferreira; LIRA, Daiane Nogueira de; FREIRE, Alexandre (coord.). *Constituição, democracia e diálogo*: 15 anos de Jurisdição Constitucional do Ministro Dias Toffoli. 2. ed. Belo Horizonte: Fórum, 2025. p. 485-491. ISBN 978-65-5518-937-7.

REVISÃO DE ACORDOS DE LENIÊNCIA À LUZ DE DECISÕES PARADIGMÁTICAS DO MINISTRO DIAS TOFFOLI

ENGELS AUGUSTO MUNIZ
GUSTAVO DO VALE ROCHA
PEDRO PAULO NASCENTE MACEDO BICHUETTE

1 Introdução

Ao longo de sua trajetória no Supremo Tribunal Federal (STF), o Exmo. Ministro Dias Toffoli exerceu verdadeiramente a função jurisdicional, cumprindo o que o ordenamento jurídico convencionou chamar de vedação ao *non liquet*. Sua Excelência não se escusou de temas espinhosos, de casos complexos, de tomadas de decisões de enorme repercussão social, jurídica, econômica e histórica.

Um dos exemplos de sua coragem no exercício da magistratura na Suprema Corte envolve tema que, quer queira, quer não, está no âmago da polarização vivida pela sociedade brasileira nos últimos anos. Operações de combate à corrupção ganharam as páginas dos jornais, mobilizaram o sistema de justiça e toda a estrutura pública, ganharam a opinião popular e geraram um significativo incremento do uso dos acordos de leniência, instituto por vezes controvertido e sobre os quais o Exmo. Ministro Dias Toffoli proferiu paradigmáticas decisões.

Como se verá, ainda há debates doutrinários acerca da natureza jurídica, mas, em breve síntese, pode-se dizer que tais acordos são instrumentos consensuais nos quais pessoas jurídicas envolvidas em atos lesivos à administração pública com ela celebram um negócio com o objetivo de auxiliar as investigações e os processos administrativos de apuração das condutas, no afã de mitigar ou até mesmo afastar eventuais sanções às quais estariam sujeitas.

De fato, a realidade do Direito Administrativo Sancionador e da improbidade administrativa traz o tema dos acordos de leniência como um de seus maiores expoentes nos debates acadêmicos e jurisprudenciais. Ao longo do presente artigo, apresentar-se-ão algumas premissas teóricas sobre tais instrumentos.

Constatar-se-á que a leniência é negócio jurídico com obrigações estipuladas para cumprimento a longo prazo e, como tal, inevitavelmente estará sujeita aos efeitos do passar do tempo. Novos fatos ou informações podem chegar ao conhecimento da administração ou das pessoas colaboradoras, circunstâncias podem advir e tornar o adimplemento das obrigações excessivamente oneroso, as interpretações legais e jurisprudenciais podem se alterar no decorrer da vigência dos acordos, dentre outras hipóteses que transformam o cenário no qual originalmente se fundaram as negociações.

O tema da revisão dos acordos de leniência, portanto, é premente e de grande valia, de modo que deve haver reflexões sobre as previsões normativas e legais cabíveis, bem como a fixação do entendimento do Poder Judiciário e dos órgãos de controle legitimados para celebração dos acordos quanto às hipóteses em que as colaboradoras serão chamados novamente a negociar a readequação das cláusulas da leniência.

Demonstrar-se-á a aplicabilidade da lógica contratual cível ao instituto, autorizando o uso da teoria da imprevisão e da resolução do contrato por excessiva onerosidade. Invocar-se-ão, igualmente, as disposições da Lei de Introdução ao Direito Brasileiro (LINDB) e da Lei de Processo Administrativo para defender que a administração tem o dever de renegociar cláusulas quando as circunstâncias fático-jurídicas alterarem o esquadro em que foi firmado o acordo de leniência.

Para todas essas reflexões, partir-se-á das lições do Exmo. Ministro Dias Toffoli em casos emblemáticos sobre acordos de colaboração premiada e acordos de leniência, nas quais Sua Excelência bem delimitou o correto enquadramento jurídico do instituto, prezando pela segurança jurídica e pela integração do ordenamento.

2 Acordos de leniência: breves apontamentos

Segundo a Controladoria-Geral da União (CGU), o acordo de leniência é "um instrumento sancionador negocial, estabelecido pela Lei nº 12.846/2013 (Lei Anticorrupção)" (Brasil, 2024a). Nesse sentido, trata-se de negócio jurídico formulado entre o órgão de controle e pessoa jurídica a quem se atribui a prática de atos ilícitos.

O objetivo da leniência, segundo a referida lei, é a identificação dos demais envolvidos na infração e a obtenção célere de informações e documentos que comprovem o ilícito sob apuração. Assim, para a administração pública, o acordo interessa notadamente para encurtar os procedimentos de investigação e sancionamento dos agentes, já para estes, permite-se a atenuação – e, em alguns casos, inclusive a dispensa – das sanções previstas na legislação.

As negociações para a celebração dos acordos, em nível federal, envolvem a Controladoria-Geral da União (CGU) e a Advocacia-Geral da União (AGU), que buscarão analisar a veracidade e a utilidade das informações e provas sobre os atos lesivos trazidas pela pessoa jurídica. A depender da densidade da colaboração, os benefícios e as vantagens à pessoa jurídica podem ser: (*a*) isenção ou atenuação da proibição de contratar com a administração pública; (*b*) redução da multa em até 2/3; (*c*) isenção da proibição de receber do governo federal incentivos, subsídios e empréstimos e (*d*) isenção da obrigatoriedade de publicar a punição.

A Lei Anticorrupção traz alguns requisitos para celebração dos acordos de leniência, estipulando que o oferecimento deste instrumento será feito àquele que "primeiro apresentar a proposta de acordo sobre o ato de corrupção de que tem ciência", desde que cesse a prática da irregularidade investigada, admita sua participação na infração e coopere plena e permanentemente com as investigações (art. 16, §1º, da Lei nº 12.846/2013).

Rafaela Coutinho Canetti, ao analisar as origens dos acordos de leniência, afirma que estes advieram do Direito Concorrencial norte-americano, tendo por inspiração o "dilema do prisioneiro", uma vez que são oferecidos incentivos para que os particulares colaborem com o Estado, delatando seus próprios atos ilícitos (Canetti, 2020, p. 27). Destrinchando aquele dilema, diz a autora que se trata de "modelo econômico da teoria dos jogos que busca criar uma situação em que, ao menos na percepção do ofensor, a colaboração com as autoridades se apresente como a estratégia de maior e melhor *payoff*" (Canetti, 2020, p. 27).

Exatamente por permitir uma resolução mais célere de ilícitos complexos, houve massiva adesão pela administração pública a tais instrumentos. Aliás, a doutrina aponta para a importação do instrumento da leniência, a partir do modelo norte-americano, para diversos países, havendo inclusive notícia de que "organismos internacionais como a Organização para a Cooperação e Desenvolvimento Econômico (OCDE) e até mesmo a Organização das Nações Unidas (ONU) passaram a recomendar e monitorar a implementação de programas de leniência no âmbito internacional" (Canetti, 2020, p. 41).

São variadas as visões acerca da natureza do instrumento, havendo posicionamentos no sentido de que o acordo de leniência é ato convencional formado sob o regime de Direito Administrativo no qual "administração e administrado estipulam a mitigação ou a supressão de um plexo de penalidades passíveis de imposição à pessoa jurídica pelo cometimento doloso de atos ilícitos" (Zockun, 2016).

No *Guia Prático* elaborado pela 5ª Câmara de Coordenação e Revisão do Ministério Público Federal, diz-se que a leniência é "mecanismo de combate à corrupção", destacando que seu sentido "é impor compromisso e responsabilidade às pessoas jurídicas que voluntariamente se propõem a romper com o envolvimento com a prática ilícita e adotar medidas para manter suas atividades de forma ética e sustentável, em cumprimento à sua função social" (Brasil, [2024b]).

Kleber Bispo dos Santos (2018, p. 88), por sua vez, traz o instrumento como ato administrativo consensual, resultante de ampla negociação com o particular e emanado pelo agente público competente. Já para Fredie Didier Jr. e Daniela Santos Bomfim (2017, p. 117-118), a leniência é "negócio jurídico de eficácia complexa", entendido como "negócio atípico em processo de improbidade administrativa".[1]

---

[1] Segundo os autores, "o negócio processual *atípico* tem por objeto as situações jurídicas processuais – ônus, faculdades, deveres e poderes ('poderes', neste caso, significa qualquer situação jurídica ativa, o que inclui direitos subjetivos, direitos potestativos e poderes propriamente ditos). O negócio processual atípico também pode ter por objeto o ato processual – redefinição de sua forma ou da ordem de encadeamento dos atos, por exemplo. Não se trata de negócio sobre o direito litigioso – essa é a autocomposição, já bastante conhecida. No caso, *negocia-se sobre o processo, alterando suas regras, e não sobre o objeto litigioso do processo*. São negócios que derrogam normas processuais – *Normdisposition*, conforme designação de Gerhard Wagner" (Didier; Bomfim, 2017, p. 108).

Em síntese, Renata Lane (2021, p. 224) traz o acordo de leniência como "ato administrativo bilateral, fruto da atividade consensual, incidindo o Direito Administrativo Sancionador, em especial a Lei de Improbidade das Pessoas Jurídicas".

Avançando-se no procedimento de negociação e celebração das leniências, retorna-se às previsões da Lei Anticorrupção para se evidenciar os principais aspectos que são negociados. Houve a imposição pela norma de que a pessoa jurídica admita sua participação e cesse a prática ilícita. Dentre as obrigações a serem pactuadas, cumpre esclarecer que, conforme a previsão do §3º do artigo 16 da citada lei, a leniência "não exime a pessoa jurídica da obrigação de reparar integralmente o dano causado".

Devem ser estipuladas, ainda, condições necessárias para se assegurar a efetividade da colaboração e o resultado útil do processo, o que justifica inclusive a previsão de aposição de sigilo dos acordos, conforme dispõe o §6º do mesmo artigo. Como se vê, as negociações são delicadas e envolvem tanto aspectos legais quanto estratégicos para todas as partes envolvidas.

Outra relevante reflexão acerca dos acordos de leniência diz respeito ao princípio da proteção da atividade econômica. O instrumento, em maior extensão, serve para permitir a continuidade da atuação empresarial, tendo como principal objetivo, neste ponto, a correção das condutas lesivas sem que se inviabilize, por completo, a subsistência da empresa. Trata-se de uma deferência à importância que a atividade empresarial traz para a economia do país, não se podendo ignorar esta variável durante as negociações.

A leniência, portanto, permitirá que a administração pública identifique detalhadamente questões relativas a condutas lesivas e dê, de maneira célere, uma resposta a elas ao mesmo tempo em que possibilitará a sobrevivência da pessoa jurídica envolvida, buscando promover uma cultura de conformidade, ética e *compliance* no ambiente empresarial.

É certo que o instrumento traz inúmeras reflexões, contudo, por serem negócios jurídicos com obrigações que se prolongam no tempo, um dos temas mais sensíveis diz respeito à renegociação e à anulação das leniências. Portanto, concentrar-se-á, neste estudo, nas alterações dos acordos no tempo. Para tanto, é essencial a análise do enquadramento jurídico feito pelo Exmo. Ministro Dias Toffoli desses instrumentos a partir, principalmente, da paradigmática decisão na Petição (PET) nº 11.972/PR.

3 As paradigmáticas decisões do Ministro Dias Toffoli sobre acordos consensuais sancionatórios

Inicialmente, cumpre-nos trazer à baila as acuradas reflexões do Exmo. Ministro Dias Toffoli a respeito de acordos de colaboração premiada lançadas no acórdão do Habeas Corpus (HC) nº 127.483/PR. Os instrumentos da colaboração premiada e da leniência guardam estreita correlação que autoriza o transplante das mesmas conclusões jurídicas para ambos.

Nesse relevante julgado, Sua Excelência esclareceu a natureza jurídica dos acordos de colaboração premiada como negócios jurídicos processuais personalíssimos, fazendo incidir inúmeras premissas jurídicas, como o princípio da segurança jurídica e os planos da existência, validade e eficácia desses acordos.

Quanto aos elementos de existência, foram trazidas, na seção anterior deste estudo, as previsões da Lei Anticorrupção disciplinando os acordos de leniência, suas hipóteses de cabimento, o procedimento para negociação, seus objetivos e os benefícios possíveis.

Já no plano da validade, exsurge a relevância das lições do Exmo. Ministro Dias Toffoli:

> Quanto ao plano subsequente da validade, o acordo de colaboração somente será válido se: i) a declaração de vontade do colaborador for a) resultante de um processo volitivo; b) querida com plena consciência da realidade; c) escolhida com liberdade e d) deliberada sem má-fé; e ii) o seu objeto for lícito, possível e determinado ou determinável.
> Nesse sentido, aliás, o art. 4º, *caput* e seu §7º, da Lei nº 12.850/13 exige, como requisitos de validade do acordo de colaboração, a voluntariedade do agente, a regularidade e a legalidade dos seus termos.
> Destaco que requisito de validade do acordo é a liberdade psíquica do agente, e não a sua liberdade de locomoção.
> A declaração de vontade do agente deve ser produto de uma escolha com liberdade (= liberdade psíquica), e não necessariamente em liberdade, no sentido de liberdade física.

Impõe-se como condição de validade dos acordos de colaboração premiada a declaração de vontade do agente, sendo esta resultado de uma análise com plena consciência da realidade e escolhida com liberdade. A mesma lógica pode ser transportada aos acordos de leniência, aqui tratados, no sentido de que as negociações entre a administração pública e as pessoas jurídicas envolvidas devem observar as variáveis fáticas e jurídicas, bem como serem resultantes de um processo não viciado na escolha de se celebrarem o acordo, as suas cláusulas e as suas obrigações.

Tanto é assim que as exigências para a validade dos acordos de colaboração premiada, fixadas no referido HC, foram utilizadas como fundamento no requerimento de suspensão dos pagamentos de acordo de leniência na PET nº 11.972/DF.

Neste caso, um grupo empresarial buscou demonstrar que a celebração e a negociação de acordo de leniência teria ocorrido de maneira equivocada, por autoridades que não teriam observado as exigências legais e que, mesmo após a formalização do acordo, ainda se via vítima de "pretensões condenatórias adicionais e descoordenadas por parte do próprio Poder Público" (Brasil, 2024c, p. 42).

Ademais, arguiu-se que as alterações fáticas e conjunturais acabaram por inviabilizar o adimplemento das obrigações pactuadas no acordo de leniência original, fosse em razão de crises econômicas, fosse por repercussões em negócios internos e internacionais do grupo empresarial, culminados em seu pedido de recuperação judicial.

Ao examinar o pleito, as conclusões do HC nº 127.483/PR quanto à declaração de vontade ser requisito de validade dos acordos foram ratificadas pelo Exmo. Ministro Dias Toffoli. Disse Sua Excelência:

> No que se refere ao pedido de suspensão de todas as obrigações pecuniárias decorrentes do acordo de leniência com o MPF até que possa analisar os documentos mencionados no pedido de compartilhamento e promover sua revisão, repactuação ou revalidação nas instâncias adequadas, **ressalto, que a declaração de vontade no acordo de leniência deve ser produto de uma escolha com liberdade.**

Com efeito, é **manifestamente ilegítima, por ausência de justificação constitucional, a adoção de medidas que tenham por finalidade obter a colaboração ou a confissão, a pretexto de sua necessidade para a investigação ou a instrução criminal.**

Nesses casos, embora constitucional a norma em abstrato, na apontada incidência ela produziu um resultado inconstitucional (BARROSO, Luís Roberto. Interpretação e aplicação da constituição. 6. ed. rev. e atual. São Paulo: Saraiva, 2004. p. 347, nota de rodapé nº 6).

(...)

Ora, diante das informações obtidas até o momento no âmbito da Operação Spoofing, no sentido de que teria havido conluio entre o juízo processante e o órgão de acusação para elaboração de cenário jurídico-processual-investigativo que conduzisse os investigados à adoção de medidas que melhor conviesse a tais órgãos, e não à defesa em si, tenho que, a princípio, **há, no mínimo, dúvida razoável sobre o requisito da voluntariedade da requerente ao firmar o acordo de leniência com o Ministério Público Federal que lhe impôs obrigações patrimoniais, o que justifica, por ora, a paralisação dos pagamentos**, tal como requerido pela Novonor.

Com efeito, o quadro revelado na inicial confere plausibilidade suficiente às teses levantadas, além de indicar identidade ou semelhança entre as premissas adotadas na decisão por mim proferida na RCL 43.007 e as que se verificam no presente caso, notadamente para fins de aplicação do poder geral de cautela.

Conforme ressaltado na inicial, deve-se oferecer condições à requerente para que avalie, diante dos elementos disponíveis coletados na Operação Spoofing, se de fato foram praticadas ilegalidades.

Por outro lado, **fica deferida a autorização** para a "Requerente promover, perante a Procuradoria-Geral da República, a Controladoria-Geral da União e a Advocacia-Geral da União, **a reavaliação dos termos dos Acordos de Leniência entabulados, possibilitando-se a correção das ilicitudes e dos abusos identificados**", praticados pelas autoridades do sistema de Justiça.

Note-se que, a rigor, a PGR, a AGU e a CGU já foram notificadas da decisão por mim proferida nos autos da Rcl. 43.007 e poderão adotar as providências que entenderem cabíveis e necessárias, de acordo com as suas atribuições.

Em face do exposto, na linha das decisões anteriormente proferidas nos autos da Rcl 43007, nos autos desta PET e dos precedentes citados, **defiro** os pedidos formulados pela requerente nos itens **i, ii, e iii** reproduzidos acima (Brasil, 2024c, p. 55; 61-62).

Merece especial atenção o deferimento da autorização para que o grupo empresarial promovesse, perante os órgãos responsáveis, "a reavaliação dos termos dos Acordos de Leniência entabulados". De fato, a decisão é paradigmática e bastante acertada ao verificar que alterações no cenário fático, nas circunstâncias em que os acordos foram inicialmente pactuados e na superveniência de elementos indicadores de ilegalidades nas negociações são hipóteses autorizadoras da revisão, renegociação ou rescisão das leniências.

Nesse sentido, para além de um controle de legalidade quanto ao plano de validade dos acordos de leniência, buscam-se o equilíbrio negocial, a equidade do instrumento e a legalidade de suas cláusulas por todo o período de vigência.

Consideramos, portanto, que são acertadas as premissas fixadas pelo Exmo. Ministro Dias Toffoli a respeito dos acordos de leniência. Justamente por se tratar de negócio jurídico processual, regido pelo consensualismo (HC nº 127.483/PR), e por haver direito à renegociação de suas cláusulas na superveniência de alterações fáticas, jurídicas e econômicas (PET nº 11.972/DF), surge a necessidade e a relevância de se discutirem as balizas doutrinárias sobre revisão e anulação dos acordos a partir das balizas estabelecidas por Sua Excelência.

4 A revisão e a rescisão das leniências

Inegavelmente, o tema da renegociação e da rescisão dos acordos de leniência vem ganhando espaço tanto nas discussões doutrinárias como na esfera jurisprudencial. Isso se dá especialmente porque, em se tratando de um acordo entre administração pública e pessoas jurídicas no qual são estipuladas obrigações mútuas, o decurso do tempo impõe alterações nos fatos, na capacidade de pagamento e no enquadramento jurídico das condutas inicialmente objeto dos acordos.

Inúmeros são os exemplos que demandariam, portanto, que as partes se sentassem novamente à mesa das negociações e buscassem readequar os termos originalmente pactuados. Seja em razão da superveniência de lei que retire o caráter ilícito da conduta, por exemplo, seja em virtude da incapacidade do adimplemento de obrigações que se tornaram, ao longo da vigência do acordo, excessivamente onerosas.

Igualmente não se pode ignorar a possibilidade de se descobrirem novos fatos e novas informações que afetem o acordo original, sendo também possível que haja um reenquadramento da conduta ao se constatar supervenientemente que não houve fraude na contratação pública que foi alvo da leniência, por exemplo.

Nesse contexto, a revisão dos acordos deve acontecer se sobrevierem novos fatos, caso haja mudança significativa nas condições econômico-financeiras das pessoas jurídicas, se houver uma alteração legal ou jurisprudencial sobre o tema bem como se as obrigações originais se tornarem inviáveis de serem cumpridas.

Trata-se, em verdade, do reequilíbrio contratual, com a manutenção da equidade e da justiça daquela avença, o que, em maior extensão, garante a higidez da leniência, sua atratividade aos particulares e sua funcionalidade para solução de impasses e para a preservação do interesse público.

Não é demais dizer que "as instituições devem se preocupar em não enfraquecer o instituto, sobretudo em respeito ao princípio da vedação ao retrocesso" (Lane, 2021, p. 229) e, portanto, posturas reticentes à renegociação das cláusulas podem impactar a percepção do particular quanto à celebração de acordos de leniência, tornando-o igualmente resistente a marcar em pedra obrigações que, inevitavelmente, tornar-se-ão desatualizadas.

Exatamente nesse sentido, o Decreto nº 11.129/2022, regulamentador da Lei Anticorrupção, trouxe em seu artigo 54 a possibilidade de repactuações e readequações das obrigações acordadas no momento inicial. Os termos do dispositivo prelecionam que, mediante pedido da pessoa jurídica colaboradora e atendidos os requisitos dos incisos, poderá haver a renegociação da leniência. Eis a redação da norma:

> Art. 54. Excepcionalmente, as autoridades signatárias poderão deferir pedido de alteração ou de substituição de obrigações pactuadas no acordo de leniência, desde que presentes os seguintes requisitos:
> I - manutenção dos resultados e requisitos originais que fundamentaram o acordo de leniência, nos termos do disposto no art. 16 da Lei nº 12.846, de 2013;

II - maior vantagem para a administração, de maneira que sejam alcançadas melhores consequências para o interesse público do que a declaração de descumprimento e a rescisão do acordo;
III - imprevisão da circunstância que dá causa ao pedido de modificação ou à impossibilidade de cumprimento das condições originalmente pactuadas;
IV - boa-fé da pessoa jurídica colaboradora em comunicar a impossibilidade do cumprimento de uma obrigação antes do vencimento do prazo para seu adimplemento; e
V - higidez das garantias apresentadas no acordo.
Parágrafo único. A análise do pedido de que trata o *caput* considerará o grau de adimplência da pessoa jurídica com as demais condições pactuadas, inclusive as de adoção ou de aperfeiçoamento do programa de integridade.

Veja-se que a lógica escolhida para o instrumento de leniência é idêntica àquela aplicável aos contratos de Direito Privado, recordando o que prescrevem os artigos 317 e 478 do Código Civil. Confira-se:

Art. 317. Quando, por motivos imprevisíveis, sobrevier desproporção manifesta entre o valor da prestação devida e o do momento de sua execução, poderá o juiz corrigi-lo, a pedido da parte, de modo que assegure, quanto possível, o valor real da prestação.
(...)
Art. 478. Nos contratos de execução continuada ou diferida, se a prestação de uma das partes se tornar excessivamente onerosa, com extrema vantagem para a outra, em virtude de acontecimentos extraordinários e imprevisíveis, poderá o devedor pedir a resolução do contrato. Os efeitos da sentença que a decretar retroagirão à data da citação.

Assim, é possível concluir que o ordenamento jurídico permite que seja realizada a readequação de instrumentos negociais administrativos com base na cláusula *rebus sic stantibus* (teoria da imprevisão) e, ainda, que seja aberta a possibilidade de resolução e de repactuação dos acordos por onerosidade excessiva.

Sabe-se que as leniências se tornaram mais frequentes, porquanto reúnem, ao mesmo tempo, a preservação do interesse público e a prevalência da resolução consensual de litígios. Justamente por conterem obrigações de execução continuada, houve a necessidade de se preverem hipóteses de renegociação das cláusulas com a superveniência de elementos fáticos e jurídicos distintos daqueles originalmente considerados.

A bem da verdade, não se identificam benefícios significativos à administração pública na rescisão de acordos que, por fatos supervenientes, vieram a se tornar não equitativos e excessivamente onerosos. Isso porque se demonstraria a inadequação e a anacronia do instrumento, afastando futuros colaboradores, além de exigir novamente a mobilização da estrutura para apuração de atos, muitas vezes, já prescritos.

Da mesma forma, é preciso dar especial atenção à subsistência da atividade empresarial, permitindo que as colaborações com o poder público não se tornem motivo de extinção de grandes empresas, as quais poderão, sempre fundamentadas em razões jurídicas idôneas e pautadas na boa-fé, demonstrar a necessidade de renegociação.

Estar-se-á, assim, diante da consensualidade em todas as etapas de um instrumento com obrigações que se prolongam no tempo. Ao estabelecer as hipóteses em que as autoridades públicas precisam voltar às negociações com as empresas colaboradoras, o ordenamento jurídico prestigiou, mais uma vez, a solução amistosa de empasses complexos.

Para além da previsão cível e na mesma linha de pensamento, a LINDB, em seu artigo 26, que trata da utilização da via consensual pela administração pública, dispõe em seu §1º, I, que o compromisso firmado por meio de composição com a administração deve visar solução jurídica proporcional, equânime, eficiente e compatível com os interesses gerais.

> Art. 26. Para eliminar irregularidade, incerteza jurídica ou situação contenciosa na aplicação do direito público, inclusive no caso de expedição de licença, a autoridade administrativa poderá, após oitiva do órgão jurídico e, quando for o caso, após realização de consulta pública, e presentes razões de relevante interesse geral, celebrar compromisso com os interessados, observada a legislação aplicável, o qual só produzirá efeitos a partir de sua publicação oficial.
> §1º O compromisso referido no *caput* deste artigo:
> I - buscará solução jurídica proporcional, equânime, eficiente e compatível com os interesses gerais (...).

Decerto, esta exigência legal e principiológica deve ser observada durante toda a vigência dos acordos, evidenciando, mais uma vez, a necessidade de repactuação das cláusulas originais desses instrumentos.

A título normativo, há, ainda, a previsão geral de repactuação no artigo 65 da Lei de Processo Administrativo (Lei nº 9.784/1999), *in verbis*:

> Art. 65. Os processos administrativos de que resultem sanções poderão ser revistos, a qualquer tempo, a pedido ou de ofício, quando surgirem fatos novos ou circunstâncias relevantes suscetíveis de justificar a inadequação da sanção aplicada.
> Parágrafo único. Da revisão do processo não poderá resultar agravamento da sanção.

Por todas as normas citadas, entende-se que a revisão dos instrumentos, com a repactuação das obrigações originalmente firmadas, é cabível sempre que houver alteração fático-jurídica relevante bem como se sobrevierem circunstâncias econômico-financeiras que demonstrem a onerosidade excessiva das multas para os colaboradores.

Como mencionado no tópico anterior, há paradigmáticas decisões do Exmo. Ministro Dias Toffoli no sentido ora defendido, demonstrando que a validade dos acordos de leniência está também relacionada com a possibilidade de sua repactuação. É interessante destacar, ainda, que existem outras ações de revisão em trâmite no STF, já se tendo deliberado, inclusive, a mediação entre os órgãos de controle e as pessoas jurídicas colaboradas no sentido de uma revisão ampla dos acordos.

Trata-se da ADPF nº 1.051/DF, na qual se alega um "Estado de Coisas Inconstitucional" na negociação das leniências, cujo desfecho, por ora, alinha-se às ideias expostas deste trabalho, repercutindo sobremaneira nas leniências celebradas ao longo dos últimos anos.

> AÇÃO DE DESCUMPRIMENTO DE PRECEITO FUNDAMENTAL. SUSPENSÃO E REVISÃO DE OBRIGAÇÕES PECUNIÁRIAS AVENÇADAS EM ACORDOS DE LENIÊNCIA FIRMADOS ANTES DO ACORDO DE COOPERAÇÃO TÉCNICA CELEBRADO EM 06/08/2020 ENTRE CGU, AGU, MJSP E TCU. ALEGADA EXISTÊNCIA DE UM ESTADO DE COISAS INCONSTITUCIONAL, APTO A CARACTERIZAR SITUAÇÃO DE COAÇÃO EM RELAÇÃO AOS ACORDOS ANTERIORMENTE PACTUADOS. PEDIDO DE INTERPRETAÇÃO CONFORME A CONSTITUIÇÃO À LEI Nº 12.846, DE 2013, E AO

DECRETO Nº 11.129, DE 2022. INSTRUÇÃO PROCESSUAL. RITO DO ART. 12 DA LEI Nº 9.868, DE 1999: ADOÇÃO. REQUISIÇÃO DE INFORMAÇÕES COMPLEMENTARES: ART. 9º, §1º, DO MESMO DIPLOMA LEGAL E ART. 6º, §1º, DA LEI Nº 9.882, DE 1999. ****
AÇÃO DE DESCUMPRIMENTO DE PRECEITO FUNDAMENTAL. SUSPENSÃO E REVISÃO DE OBRIGAÇÕES PECUNIÁRIAS AVENÇADAS EM ACORDOS DE LENIÊNCIA FIRMADOS ANTES DO ACORDO DE COOPERAÇÃO TÉCNICA CELEBRADO EM 06/08/2020 ENTRE CGU, AGU, MJSP E TCU. CONVOCAÇÃO DE AUDIÊNCIA PARA TENTATIVA DE CONCILIAÇÃO (Brasil, 2023).

5 Conclusão

O movimento pela revisão das leniências é incontestável na realidade normativa e jurisprudencial atual do país, sendo importante reconhecer que as pessoas jurídicas colaboradoras com o poder público têm direito de reabrirem a fase de negociação das obrigações sempre que alterações fáticas, econômicas e jurídicas supervenientemente afetem o cenário no qual o acordo foi celebrado.

A medida permite que se mantenha a legalidade e a equidade do instrumento ao longo de toda sua vigência, além de assegurar sua atratividade para futuros colaboradores, garantindo o fortalecimento do instituto. Não se imagina, ao menos em um cenário de curto prazo, que tais instrumentos percam espaço no cotidiano jurídico brasileiro, seja em virtude da celeridade que confere às apurações de atos lesivos contra a administração pública, seja da deferência que os acordos, quando bem utilizados, dão à manutenção da atividade econômico-financeira.

Decerto, o STF ainda se debruçará por algumas vezes no tema, mas nos parece inegável a contribuição já dada pelo Exmo. Ministro Dias Toffoli a partir das decisões-paradigma referenciadas ao longo deste artigo. A acurada análise de Sua Excelência quanto à natureza negocial dos acordos e, consequentemente, à exigência dos requisitos para sua validade traz importantes sinalizações aos jurisdicionados e a eventuais colaboradores, porquanto transmitem a preocupação da Suprema Corte em garantir a equidade e a regularidade do instrumento ao longo de toda sua vigência, ainda que sobrevenham alterações nas circunstâncias de fato e de direito antes negociadas.

Referências

BRASIL. Controladoria-Geral da União. Como fazer um acordo. *Gov.br*, Brasília, DF, [2024a]. Disponível em: https://www.gov.br/cgu/pt-br/assuntos/integridade-privada/acordo-leniencia/como-fazer-um-acordo. Acesso em: 17 jul. 2024.

BRASIL. Ministério Público Federal. *Guia Prático 5CCR*: Acordos de Leniência. Brasília, DF: Ministério Público Federal, [2024b]. Disponível em: https://www.mpf.mp.br/atuacao-tematica/ccr5/publicacoes/guia-pratico-acordo-leniencia/. Acesso em: 17 jul. 2024.

BRASIL. Supremo Tribunal Federal. ADPF 1.051/DF. Relator: Min. André Mendonça, 25 de julho de 2023. *Dje*: Brasília, DF, 2023.

BRASIL. Supremo Tribunal Federal. Petição 11.972/DF. Relator: Min. Dias Toffoli, 21 de maio de 2024. *Dje*: Brasília, DF, 2024c.

CANETTI, Rafaela Coutinho. *Acordo de leniência*: fundamentos do instituto e os problemas de seu transplante ao ordenamento jurídico brasileiro. Belo Horizonte: Fórum, 2020.

DIDIER JUNIOR, Fredie; BOMFIM, Daniela Santos. A colaboração premiada como negócio jurídico processual atípico nas demandas de improbidade administrativa. *A&C – Revista de Direito Administrativo & Constitucional*, Belo Horizonte, ano 17, n. 67, p. 105-120, jan./mar. 2017. DOI: 10.21056/aec.v17i67.475.

LANE, Renata. *Acordos na improbidade administrativa*: termo de ajustamento de conduta, acordo de não persecução cível e acordo de leniência. Rio de Janeiro: Lumen Juris, 2021.

SANTOS, Kleber Bispo dos. *Acordo de Leniência na Lei de Improbidade Administrativa e na Lei Anticorrupção*. Rio de Janeiro: Lumen Juris. 2018.

ZOCKUN, Maurício. Vinculação e Discricionariedade no Acordo de Leniência. *Revista Colunista de Direito do Estado*, [S. l.], n. 142, 2016. Disponível em: http://www.direitodoestado.com.br/colunistas/Mauricio-Zockun/vinculacao-e-discricionariedade-no-acordo-de-leniencia. Acesso em 17 jul. 2024.

Informação bibliográfica deste texto, conforme a NBR 6023:2018 da Associação Brasileira de Normas Técnicas (ABNT):

MUNIZ, Engels Augusto; ROCHA, Gustavo do Vale; BICHUETTE, Pedro Paulo Nascente Macedo. Revisão de acordos de leniência à luz de decisões paradigmáticas do Ministro Dias Toffoli. *In*: MENDES, Gilmar Ferreira; LIRA, Daiane Nogueira de; FREIRE, Alexandre (coord.). *Constituição, democracia e diálogo*: 15 anos de Jurisdição Constitucional do Ministro Dias Toffoli. 2. ed. Belo Horizonte: Fórum, 2025. p. 493-503. ISBN 978-65-5518-937-7.

A DECLARAÇÃO DE CONSTITUCIONALIDADE E IMPLEMENTAÇÃO DO JUIZ DE GARANTIAS PELO VOTO CONDUTOR DO MINISTRO DIAS TOFFOLI

FERNANDO AGRELA ARANEO
JÚLIA SILVA MINCHILLO

I O "Pacote Anticrime"

Em 2019, o Congresso Nacional aprovou o chamado "Pacote Anticrime". Dentre as inovações trazidas na Lei nº 13.964, de 24 de dezembro de 2019, está o acréscimo do artigo 3º-A e seguintes ao Código de Processo Penal (CPP), nos seguintes termos:

Juiz das Garantias
Art. 3º-A. O processo penal terá estrutura acusatória, vedadas a iniciativa do juiz na fase de investigação e a substituição da atuação probatória do órgão de acusação.
Art. 3º-B. O juiz das garantias é responsável pelo controle da legalidade da investigação criminal e pela salvaguarda dos direitos individuais cuja franquia tenha sido reservada à autorização prévia do Poder Judiciário, competindo-lhe especialmente:
I - receber a comunicação imediata da prisão, nos termos do inciso LXII do *caput* do art. 5º da Constituição Federal;
II - receber o auto da prisão em flagrante para o controle da legalidade da prisão, observado o disposto no art. 310 deste Código;
III - zelar pela observância dos direitos do preso, podendo determinar que este seja conduzido à sua presença, a qualquer tempo;
IV - ser informado sobre a instauração de qualquer investigação criminal;
V - decidir sobre o requerimento de prisão provisória ou outra medida cautelar, observado o disposto no §1º deste artigo;
VI - prorrogar a prisão provisória ou outra medida cautelar, bem como substituí-las ou revogá-las, assegurado, no primeiro caso, o exercício do contraditório em audiência pública e oral, na forma do disposto neste Código ou em legislação especial pertinente;
VII - decidir sobre o requerimento de produção antecipada de provas consideradas urgentes e não repetíveis, assegurados o contraditório e a ampla defesa em audiência pública e oral;
VIII - prorrogar o prazo de duração do inquérito, estando o investigado preso, em vista das razões apresentadas pela autoridade policial e observado o disposto no §2º deste artigo;
IX - determinar o trancamento do inquérito policial quando não houver fundamento razoável para sua instauração ou prosseguimento;

X - requisitar documentos, laudos e informações ao delegado de polícia sobre o andamento da investigação;
XI - decidir sobre os requerimentos de:
a) interceptação telefônica, do fluxo de comunicações em sistemas de informática e telemática ou de outras formas de comunicação;
b) afastamento dos sigilos fiscal, bancário, de dados e telefônico;
c) busca e apreensão domiciliar;
d) acesso a informações sigilosas;
e) outros meios de obtenção da prova que restrinjam direitos fundamentais do investigado;
XII - julgar o *habeas corpus* impetrado antes do oferecimento da denúncia;
XIII - determinar a instauração de incidente de insanidade mental;
XIV - decidir sobre o recebimento da denúncia ou queixa, nos termos do art. 399 deste Código;
XV - assegurar prontamente, quando se fizer necessário, o direito outorgado ao investigado e ao seu defensor de acesso a todos os elementos informativos e provas produzidos no âmbito da investigação criminal, salvo no que concerne, estritamente, às diligências em andamento;
XVI - deferir pedido de admissão de assistente técnico para acompanhar a produção da perícia;
XVII - decidir sobre a homologação de acordo de não persecução penal ou os de colaboração premiada, quando formalizados durante a investigação;
XVIII - outras matérias inerentes às atribuições definidas no *caput* deste artigo.
§1º (VETADO).
§1º O preso em flagrante ou por força de mandado de prisão provisória será encaminhado à presença do juiz de garantias no prazo de 24 (vinte e quatro) horas, momento em que se realizará audiência com a presença do Ministério Público e da Defensoria Pública ou de advogado constituído, vedado o emprego de videoconferência. (Promulgação partes vetadas)
§2º Se o investigado estiver preso, o juiz das garantias poderá, mediante representação da autoridade policial e ouvido o Ministério Público, prorrogar, uma única vez, a duração do inquérito por até 15 (quinze) dias, após o que, se ainda assim a investigação não for concluída, a prisão será imediatamente relaxada.
Art. 3º-C. A competência do juiz das garantias abrange todas as infrações penais, exceto as de menor potencial ofensivo, e cessa com o recebimento da denúncia ou queixa na forma do art. 399 deste Código.
§1º Recebida a denúncia ou queixa, as questões pendentes serão decididas pelo juiz da instrução e julgamento.
§2º As decisões proferidas pelo juiz das garantias não vinculam o juiz da instrução e julgamento, que, após o recebimento da denúncia ou queixa, deverá reexaminar a necessidade das medidas cautelares em curso, no prazo máximo de 10 (dez) dias.
§3º Os autos que compõem as matérias de competência do juiz das garantias ficarão acautelados na secretaria desse juízo, à disposição do Ministério Público e da defesa, e não serão apensados aos autos do processo enviados ao juiz da instrução e julgamento, ressalvados os documentos relativos às provas irrepetíveis, medidas de obtenção de provas ou de antecipação de provas, que deverão ser remetidos para apensamento em apartado.
§4º Fica assegurado às partes o amplo acesso aos autos acautelados na secretaria do juízo das garantias.
Art. 3º-D. O juiz que, na fase de investigação, praticar qualquer ato incluído nas competências dos arts. 4º e 5º deste Código ficará impedido de funcionar no processo.
Parágrafo único. Nas comarcas em que funcionar apenas um juiz, os tribunais criarão um sistema de rodízio de magistrados, a fim de atender às disposições deste Capítulo.
Art. 3º-E. O juiz das garantias será designado conforme as normas de organização judiciária da União, dos Estados e do Distrito Federal, observando critérios objetivos a serem periodicamente divulgados pelo respectivo tribunal.

Art. 3º-F. O juiz das garantias deverá assegurar o cumprimento das regras para o tratamento dos presos, impedindo o acordo ou ajuste de qualquer autoridade com órgãos da imprensa para explorar a imagem da pessoa submetida à prisão, sob pena de responsabilidade civil, administrativa e penal.

Parágrafo único. Por meio de regulamento, as autoridades deverão disciplinar, em 180 (cento e oitenta) dias, o modo pelo qual as informações sobre a realização da prisão e a identidade do preso serão, de modo padronizado e respeitada a programação normativa aludida no *caput* deste artigo, transmitidas à imprensa, assegurados a efetividade da persecução penal, o direito à informação e a dignidade da pessoa submetida à prisão.

Ato contínuo, foi sancionado pelo Presidente da República sem vetos, nessa parte, o projeto de lei aprovado pelo congresso, começando a viger em janeiro de 2021.

II As ações diretas de inconstitucionalidade (ADIs) contra os dispositivos citados

Entre a sanção presidencial e o início da vigência, contudo, foram propostas ações diretas de inconstitucionalidade contra diversos artigos da Lei nº 13.964/2019, incluindo os que interessam ao presente texto, a saber, a implementação do juiz das garantias.

Dentre os principais argumentos para o pedido de declaração de inconstitucionalidade dos artigos da lei que instituíram o juiz das garantias, estavam a alegada violação ao princípio do juiz natural, ao passo que as investigações e medidas cautelares seriam distribuídas sempre ao mesmo juízo ou a um grupo de juízos a depender do tamanho da comarca.

Outra alegação contida nas ADIs foi a de que seria violado o princípio da isonomia, vez que a lei previu a implementação pelo juiz das garantias apenas em primeira instância, excluindo, por consequência, a implementação pelos tribunais, nos casos em que possuem competência originária.

Assim, foram reunidas, então, para julgamento conjunto as ADIs nº 6.298, 6.299, 6.300 e 6.305.

Inicialmente despachadas no período de recesso forense pelo próprio Ministro Dias Toffoli, então Presidente da Suprema Corte, posteriormente foram livremente distribuídas ao Ministro Luiz Fux.

III O voto condutor do Ministro Dias Toffoli

Como já dito, apesar de o Ministro Dias Toffoli não ser o Relator sorteado, por ele foi inaugurada a divergência pela constitucionalidade do juiz das garantias.

Assim, após o voto do Ministro Relator, Ministro Dias Toffoli, inaugurou a divergência, assentando em seu voto a legitimidade legislativa para implementação do novo regramento no sistema penal, pois não haveria violação do poder de auto-organização dos tribunais em razão de se tratar de regra processual penal.

A implementação da medida, segundo o Ministro, não afetaria de modo algum o necessário combate à criminalidade; apenas passaria a existir "uma divisão de competência funcional entre juízes na seara criminal, como já ocorre em vários países no mundo".

Além disso, entendeu pela obrigatoriedade da implementação do juiz das garantias em todo território nacional, pois permitir que a implementação de tais providências ficasse à critério dos entes federativos e dos tribunais implicaria dar a eles o poder de tornar o juiz das garantias "letra morta", ao contrário do entendimento adotado pelo Ministro Relator.

Assim, para possibilitar referida implementação, o Ministro propôs a fixação de um prazo de transição de 12 meses, prorrogáveis por mais 12, permitindo a adoção de medidas legislativas e administrativas necessárias à efetiva implantação e funcionamento do juiz das garantias em todo território nacional.

Ao analisar a constitucionalidade do juiz das garantias, o voto condutor defendeu que referido instituto reforça o modelo processual penal preconizado pela Constituição Federal de 1988, garantindo a imparcialidade judicial e protegendo as garantias fundamentais dos investigados e acusados.

Argumentou, ainda, que não se trata de inovação legislativa, uma vez que referido modelo, adotado por diversos países, já vem se difundindo pelo Brasil, uma vez que sete tribunais de justiça já possuem centrais ou departamentos de inquéritos policiais, nos quais a supervisão dos atos de investigação fica a cargo desses juízes.

Conforme exposto pelo Ministro Dias Toffoli em seu voto condutor, ainda que o juiz das garantias produza relevantes alterações no sistema penal brasileiro, não se trata de inovação legislativa.

Democracias consolidadas já implementaram modelos semelhantes ao do juiz de garantias, como Portugal, Itália, Alemanha, dentre outros.

Em Portugal, em que o processo penal se estrutura em três fases (a de inquérito, a de apuração do delito e de julgamento), ao juiz da segunda fase cabe a função de garantidor no âmbito pré-processual, ou seja, de controle de legalidade da investigação criminal, bem como o resguardo dos direitos fundamentais dos acusados, cabendo a outro magistrado conduzir a fase processual.

Já na Itália, o juiz de garantias italiano é responsável pelo controle e adoção das medidas restritivas de direito, controle da duração da investigação preliminar e análise do mérito da conduta investigada, determinando o arquivamento do procedimento ou determinando o ajuizamento da acusação.

Assim como no modelo brasileiro, feita a acusação, o juiz atuante na fase de investigação está terminantemente proibido de atuar na fase processual.

Por fim, a estrutura judiciária da Alemanha confere o controle das atividades investigativas e a proteção jurídica preventiva dos direitos fundamentais ao juiz da investigação, que não se confunde com os juízes que compõem as câmaras criminais, responsáveis pelo julgamento do feito.

Diversos modelos processuais como os mencionados foram trazidos no voto condutor, demonstrando que a implementação do juiz de garantias é um dos caminhos para o aprimoramento do Estado Democrático de Direito no mundo todo.

Outro tópico relevante trazido pelo Ministro Dias Toffoli foi a necessidade de incluir nas atribuições do juiz das garantias o controle judicial de toda e qualquer investigação criminal, independentemente do órgão que a efetue, por se tratar de medida essencial ao Estado Democrático de Direito.

Além disso, diferentemente do que definiu o Pacote Anticrime, o voto condutor defendeu que a competência do juiz das garantias se encerra com o oferecimento da denúncia e não com o seu recebimento, devendo o juiz da instrução ter acesso aos elementos produzidos no inquérito policial ou no procedimento investigativo.

Além dos tópicos apresentados, o Ministro Dias Toffoli, sempre buscando contribuir para a manutenção do Estado Democrático de Direito, propôs alterações como o exercício do contraditório, preferencialmente de forma oral.

Ao fim do julgamento, prevaleceu seu voto divergente para

- Atribuir interpretação conforme ao art. 3º-A do CPP, incluído pela Lei nº 13.964/19, para assentar que o juiz, pontualmente, nos limites legalmente autorizados, pode determinar a realização de diligências suplementares, para o fim de dirimir dúvida sobre questão relevante para o julgamento do mérito;
- Declarar a constitucionalidade do *caput* do art. 3º-B do CPP, incluído pela Lei nº 13.964/19, e fixar o prazo de 12 (doze) meses, a contar da publicação da ata do julgamento, para que sejam adotadas as medidas legislativas e administrativas necessárias à adequação das diferentes leis de organização judiciária, à efetiva implantação e ao efetivo funcionamento do juiz das garantias em todo o país, tudo conforme as diretrizes do Conselho Nacional de Justiça e sob a supervisão dele. Esse prazo poderá ser prorrogado uma única vez, por, no máximo, 12 (doze) meses, devendo a devida justificativa ser apresentada em procedimento realizado junto ao Conselho Nacional de Justiça;
- Declarar a inconstitucionalidade, por arrastamento, do art. 20 da Lei 13.964/19;
- Atribuir interpretação conforme aos incisos IV, VIII e IX do art. 3ºB do CPP, incluídos pela Lei nº 13.964/19, para que todos os atos praticados pelo Ministério Público como condutor de investigação penal se submetam ao controle judicial (HC 89.837/DF, Rei. Min. Celso de Mello) e fixar o prazo de até 90 (noventa) dias, contados da publicação da ata do julgamento, para os representantes do Ministério Público encaminharem, sob pena de nulidade, todos os PIC e outros procedimentos de investigação criminal, mesmo que tenham outra denominação, ao respectivo juiz natural, independentemente de o juiz das garantias já ter sido implementado na respectiva jurisdição;
- Atribuir interpretação conforme ao inciso VI do art. 3º-B do CPP, incluído pela Lei nº 13.964/19, para prever que o exercício do contraditório será preferencialmente em audiência pública e oral;
- Atribuir interpretação conforme ao inciso VII do art. 3º-B do CPP, incluído pela Lei nº 13.964/19, para estabelecer que o juiz pode deixar de realizar a audiência quando houver risco para o processo, ou diferi-la em caso de necessidade;
- Declarar a inconstitucionalidade do inciso XIV do art. 3º-B do CPP, incluído pela Lei nº 13.964/19, e atribuir interpretação conforme para assentar que a competência do juiz das garantias cessa com o oferecimento da denúncia;
- Atribuir interpretação conforme ao §1º do art. 3º-B do CPP, incluído pela Lei nº 13.964/19, para estabelecer que o preso em flagrante ou por força de mandado de prisão provisória será encaminhado à presença do juiz das garantias, no prazo de 24 horas, salvo impossibilidade fática, momento em que se realizará a

audiência com a presença do ministério público e da defensoria pública ou de advogado constituído, cabendo. excepcionalmente. o emprego de videoconferência. mediante decisão da autoridade judiciária competente. desde que este meio seja apto à verificação da. integridade do preso e à garantia de todos os seus direitos;

- Atribuir interpretação conforme ao §1 º do art. 3º-B do CPP, incluído pela Lei nº 13.964/19, para estabelecer que o prazo de 24 horas poderá ser flexibilizado no caso de impossibilidade fática, cabendo, excepcionalmente, o emprego de videoconferência, mediante decisão da autoridade judiciária competente, desde que este meio seja apto à verificação da integridade do preso e à garantia de todos os seus direitos;
- Atribuir interpretação conforme ao §2º do art. 3º-B do CPP, incluído pela Lei nº 13.964/19, para assentar que: o juiz pode decidir de forma fundamentada, reconhecendo a necessidade de novas prorrogações, diante de elementos concretos e da complexidade da investigação; e a inobservância do prazo previsto em lei não implica a revogação automática da prisão preventiva, devendo o juízo competente ser instado a avaliar os motivos que a ensejaram, nos termos da ADI nº 6.581;
- Atribuir interpretação conforme à primeira parte do *caput* do art. 3 -C do CPP, incluído pela Lei nº 13.964/19, para esclarecer que as normas relativas ao juiz das garantias não se aplicam às seguintes situações:
  a) processos de competência originária dos tribunais, os quais são regidos pela Lei nº 8.038/90;
  b) processos de competência do tribunal do júri;
  c) casos de violência doméstica e familiar; e
  d) infrações penais de menor potencial ofensivo.
- Declarar a inconstitucionalidade da expressão "recebimento da denúncia ou queixa na forma do art. 399 deste Código" contida na segunda parte do *caput* do art. 3º-C do CPP, incluído pela Lei nº 13.964/19, e atribuir interpretação conforme para assentar que a competência do juiz das garantias cessa com o oferecimento da denúncia;
- Declarar a inconstitucionalidade do termo "Recebida" contido no §1º do art. 3º-C do CPP, incluído pela Lei nº 13.964/19, e atribuir interpretação conforme ao dispositivo para assentar que, oferecida a denúncia ou queixa, as questões pendentes serão decididas pelo juiz da instrução e julgamento;
- Declarar a inconstitucionalidade do termo "recebimento" contido no §2º do art. 3º-C do CPP, incluído pela Lei nº 13.964/2019, e atribuir interpretação conforme ao dispositivo para assentar que, após o oferecimento da denúncia ou queixa, o juiz da instrução e julgamento deverá reexaminar a necessidade das medidas cautelares em curso, no prazo máximo de 10 (dez) dias.
- Declarar a inconstitucionalidade, com redução de texto, dos §§3º e 4º do art. 3º-C do CPP, incluídos pela Lei nº 13.964/2019, e atribuir interpretação conforme para entender que os autos que compõem as matérias de competência do juiz das garantias serão remetidos ao juiz da instrução e do julgamento.

- Declarar a inconstitucionalidade do *caput* do art. 3º-D do CPP, incluído pela Lei nº 13.964/19;
- Declarar a inconstitucionalidade formal do parágrafo único do art. 3º-D do CPP, incluído pela Lei nº 13.964/19;
- Atribuir interpretação conforme ao art. 3º-E do CPP, incluído pela Lei nº 13.964/19, para assentar que o juiz das garantias será investido, e não designado, conforme as normas de organização judiciária da União, dos Estados e do Distrito Federal, observando critérios objetivos a serem periodicamente divulgados pelo respectivo tribunal;
- Declarar a constitucionalidade do *caput* do art. 3º-F do CPP, incluído pela Lei nº 13.964/19;
- Atribuir interpretação conforme ao parágrafo único do art. 3º-F do CPP, incluído pela Lei nº 13.964/19, para assentar que a divulgação de informações sobre a realização da prisão e a identidade do preso pelas autoridades policiais, ministério público e magistratura deve assegurar a efetividade da persecução penal, o direito à informação e a dignidade da pessoa submetida à prisão;
- Atribuir interpretação conforme ao *caput* do art. 28 do CPP, alterado pela Lei nº 13.964/19, para assentar que, ao se manifestar pelo arquivamento do inquérito policial ou de quaisquer elementos informativos da mesma natureza, o órgão do Ministério Público submeterá sua manifestação ao juiz competente e comunicará à vítima, ao investigado e à autoridade policial, podendo encaminhar os autos para o Procurador-Geral ou para a instância de revisão ministerial, quando existir, para fins de homologação, na forma da lei;
- Atribuir interpretação conforme ao §1º do art. 28 do CPP, incluído pela Lei nº 13.964/19, para assentar que a autoridade judicial competente também poderá submeter a matéria à revisão da instância competente do órgão ministerial, caso verifique patente ilegalidade ou teratologia no ato do arquivamento;
- Declarar a constitucionalidade dos arts. 28-A, *caput*, incisos III, IV e §§5º, 7º e 8º do CPP, introduzidos pela Lei nº 13.964/19;
- Declarar a inconstitucionalidade do §5º do art. 157 do CPP, incluído pela Lei nº 13.964/19;
- Atribuir interpretação conforme ao *caput* do art. 310 do CPP, alterado pela Lei nº 13.964/2019, para assentar que o juiz, em caso de urgência e se o meio se revelar idôneo, poderá realizar a audiência de custódia por videoconferência;
- Atribuir interpretação conforme ao §4º do art. 310 do CPP, incluído pela Lei nº 13.964/19, para assentar que a autoridade judiciária deverá avaliar se estão presentes os requisitos para a prorrogação excepcional do prazo ou para sua realização por videoconferência, sem prejuízo da possibilidade de imediata decretação de prisão preventiva;
- Fixar a seguinte regra de transição: quanto às ações penais já instauradas no momento da efetiva implementação do juiz das garantias pelos tribunais, a eficácia da lei não acarretará qualquer modificação do juízo competente.

IV Conclusão

A posição adotada pelo Ministro Dias Toffoli no referido julgamento foi de suma importância, trazendo alterações relevantes para a implementação e manutenção do juiz das garantias, sempre em respeito ao Estado Democrático de Direito e às garantias dos direitos fundamentais dos investigados e acusados.

Além de votar pela constitucionalidade do instituto, que aprimorará o processo penal brasileiro, a proposta trazida pelo voto condutor foi muito razoável quanto à sua implementação, no intuito de garantir uma transição progressiva e programada pelos tribunais.

Mais uma vez, o Ministro Dias Toffoli atuou como garantidor da Democracia, proferindo um voto emblemático que certamente produzirá efeitos positivos no processo penal brasileiro.

Referências

BRASIL. Supremo Tribunal Federal. ADI 6.298 MC/DF. Requerente: Associação dos Magistrados Brasileiros e Associação dos Juízes Federais do Brasil e outros. Relator: Min. Luiz Fux, 27 out. 2023. *Dje*: Brasília, DF, 19 dez. 2023.

LOPES JÚNIOR, Aury. *Sistemas de investigação preliminar no processo penal*. 2. ed. rev. atual. ampl. Rio de Janeiro: Lumen Juris, 2001.

MARQUES, José Frederico. *Elementos de Direito Processual Penal*. Campinas: BookSeller, 1997.

PORTUGAL. Decreto-Lei nº 78/87. Código de Processo Penal. *Diário da República*: Lisboa, série I, n. 40, 17 fev. 1987. Disponível em: https://diariodarepublica.pt/dr/legislacao-consolidada/decreto-lei/1987-34570075. Acesso em: 9 ago. 2024.

Informação bibliográfica deste texto, conforme a NBR 6023:2018 da Associação Brasileira de Normas Técnicas (ABNT):

ARANEO, Fernando Agrela; MINCHILLO, Júlia Silva. A declaração de constitucionalidade e implementação do juiz de garantias pelo voto condutor do Ministro Dias Toffoli. *In*: MENDES, Gilmar Ferreira; LIRA, Daiane Nogueira de; FREIRE, Alexandre (coord.). *Constituição, democracia e diálogo*: 15 anos de Jurisdição Constitucional do Ministro Dias Toffoli. 2. ed. Belo Horizonte: Fórum, 2025. p. 505-512. ISBN 978-65-5518-937-7.

A CRIAÇÃO DO CONSELHO NACIONAL DE JUSTIÇA (CNJ) PELA EMENDA CONSTITUCIONAL (EC) Nº 45 E A POSSIBILIDADE DE O CNJ DETERMINAR O AFASTAMENTO DA APLICAÇÃO DE LEIS E ATOS NORMATIVOS INCONSTITUCIONAIS A PARTIR DA JURISPRUDÊNCIA DO SUPREMO TRIBUNAL FEDERAL (STF)

FERNANDO CESAR BAPTISTA DE MATTOS

1 Introdução

A grande expectativa de aprimoramento do Poder Judiciário Brasileiro se deu com a criação, pela Emenda Constitucional (EC) nº 45/04, do Conselho Nacional de Justiça (CNJ), pensado para ser um órgão central de coordenação dos tribunais brasileiros na elaboração de políticas públicas, no planejamento estratégico e no controle censório.

Neste artigo se almeja resgatar, inicialmente, a origem do CNJ, ainda na sua formulação no início dos anos 1990, pouco depois da promulgação da Constituição de 1988. A seguir, cuida-se da promulgação da chamada primeira etapa da reforma do Poder Judiciário e do subsequente debate sobre a constitucionalidade da criação de um órgão central e nacional de controle e planejamento estratégico da Justiça brasileira, com exceção do Supremo Tribunal Federal (STF).

Na segunda parte deste artigo se trata do impacto da instituição do CNJ sobre o autogoverno dos tribunais. Examinam-se a construção jurisprudencial do STF, com foco na possibilidade de órgãos administrativos de estatura constitucional afastarem normas estaduais que desbordem da juridicidade, e o impacto dessa providência na autonomia dos tribunais.

2 A EC nº 45/04 e a EC nº 61/09. O CNJ como órgão administrativo nacional de controle e planejamento do Poder Judiciário

A origem da chamada Reforma do Poder Judiciário foi a Proposta de Emenda Constitucional (PEC) nº 96, de 26 de março de 1992. Depois de uma tramitação de mais de 12 anos, foi promulgada a EC nº 45, de 30 de dezembro de 2004, que, dentre outros aspectos, instituiu o direito fundamental à duração razoável do processo, as súmulas com efeito vinculante, a repercussão geral, a equivalência dos tratados de direitos humanos aprovados por quórum qualificado às ECs e que, no que no que será aqui tratado, criou o CNJ.

Note-se que parte do regime jurídico-institucional do CNJ terminou por ser devolvida para reexame pela Câmara dos Deputados, diante de alterações na PEC nº 358/2005 pelo Senado Federal. Veja-se, por exemplo, que a EC nº 45/04 (a) cuidou de estabelecer o foro por prerrogativa de função para os integrantes do CNJ e do CNMP no Senado Federal para o processamento e julgamento dos crimes de responsabilidade (CF, art. 52, II), mas não para os crimes comuns no STF (PEC nº 358/05, art. 102, I, "b"; (b) não tratou expressamente das vedações dos membros do CNJ e do CNMP (PEC nº 358/05, arts. 103-B, §8º, e 130-A, §6º).[1]

Parte dessas lacunas foi preenchida pelo STF no julgamento da ADI nº 3.367, em que se debateu a higidez constitucional do CNJ. Em acórdão de relatoria do Ministro Cezar Peluso,[2] foi reconhecida a juridicidade da instituição do CNJ.

De fato, ficou assentado que o CNJ é órgão integrante do Poder Judiciário Nacional, formado por maioria de magistrados, com competência estritamente administrativa, de controle financeiro e disciplinar da magistratura. Daí porque não ofende o princípio da separação dos Poderes ou da independência dos magistrados e dos tribunais, na medida em que respeita os instrumentos previstos na Constituição para o exercício da independência judicial (*v. g.*, CF, arts. 95, 96 e 99).

Por outro lado, o CNJ está submetido ao STF, guardião da Constituição responsável por velar pela independência e pela imparcialidade da magistratura, como se observa de trecho do voto do Ministro Cezar Peluso:

> Ninguém pode, aliás, alimentar nenhuma dúvida, a respeito da posição constitucional de superioridade absoluta desta Corte como órgão supremo do Judiciário e, como tal, armado

---

[1] "Art. 103-B (...)
(...)
§8º É vedado ao membro do Conselho, referido nos incisos XII e XIII, durante o exercício do mandato:
a) exercer outro cargo ou função, salvo uma de magistério;
b) dedicar-se à atividade político-partidária; c) exercer, em todo o território nacional, a advocacia".
Art. 130-A (...)
(...)
§6º É vedado ao membro do Conselho, referido nos incisos V e VI do *caput*, durante o exercício do mandato: a) exercer outro cargo ou função, salvo uma de magistério;
b) dedicar-se à atividade político-partidária;
c) exercer, em todo o território nacional, a advocacia (BRASIL. Câmara dos Deputados. Proposta de Emenda à Constituição nº 358, de 2005. Brasília, DF: Câmara dos Deputados, 2005. Disponível em: https://www.camara.leg.br/proposicoesWeb/prop_mostrarintegra?codteor=261223&filename=PEC%20358/2005. Acesso em: 18 jun. 2024).

[2] BRASIL. Supremo Tribunal Federal (Pleno). ADI 3.367. Relator: Min. Cezar Peluso, 13 de abril de 2005. *Dje*: Brasília, DF, 17 mar. 2006.

de preeminência hierárquica sobre o Conselho, cujos atos e decisões, todos de natureza só administrativa, estão sujeitos a seu incontrastável controle jurisdicional.

O STF cuidou de distinguir a criação do CNJ do enunciado da Súmula nº 649: "É inconstitucional a criação, por Constituição Estadual, de órgão de controle administrativo do Poder Judiciário do qual participem representantes de outros Poderes ou entidades". A hipótese vedada pelo STF está relacionada a leis estaduais que criaram conselhos da magistratura estaduais, como órgãos externos de controle, sem a presença majoritária de membros pertencentes às respectivas magistraturas. Diversamente, o CNJ é órgão interno formado por maioria qualificada (três quintos) de magistrados e magistradas.

Por fim, ficou assentado que os integrantes do CNJ são membros do Poder Judiciário e, portanto, os representantes indicados pelo Ministério Público (MP), pela advocacia e pelo Parlamento estão sujeitos às mesmas vedações impostas aos magistrados durante o exercício dos respectivos mandatos, ainda que pendente de aprovação a PEC nº 358/05[3] (CF, arts. 95, parágrafo único e 128, §5º, inc. II).[4]

O CNJ, originariamente, era composto por 15 integrantes, presidido por Ministro do STF e tendo por Corregedor Nacional de Justiça o Ministro indicado pelo Superior Tribunal de Justiça (STJ). Interessante notar que todos os membros do CNJ deveriam ter entre 35 e 66 anos de idade e seriam nomeados pelo Presidente da República após aprovação pela maioria absoluta do Senado Federal. A EC nº 61/09 estabeleceu que o Presidente do CNJ é o Presidente do STF, e nas suas ausências e impedimentos será substituído pelo Vice-Presidente do STF. A referida EC também suprimiu os limites de idade e a necessidade de aprovação pelo Senado Federal do Presidente e do Vice-Presidente do STF.[5]

A justificativa para a supressão do limite de idade estava focada na possibilidade de um Ministro do STF assumir a presidência da Corte Constitucional com idade superior a 66 anos, mas ficar impedido de assumir a presidência do CNJ, o que seria inadequado. Do mesmo modo, eventuais restrições de idade deveriam estar presentes nas instituições de origem dos conselheiros e conselheiras do CNJ.[6]

A EC nº 45/04 cuidou, portanto, de criar um órgão com variadas competências que percorrem desde o controle administrativo e financeiro do Poder Judiciário, o cumprimento dos princípios da administração pública (CF, art. 37), dos deveres funcionais

---

[3] Registre-se que a PEC nº 358/05 foi arquivada (Disponível em: https://www.camara.leg.br/proposicoesWeb/fichadetramitacao?idProposicao=274765&fichaAmigavel=nao. Acesso em: 18 jun. 2024.

[4] O Regimento Interno do CNJ prevê no §3º do art. 11: "(...) Os Conselheiros não integrantes das carreiras da magistratura terão os mesmos direitos, prerrogativas, deveres, impedimentos constitucionais e legais, suspeições e incompatibilidades que regem a carreira da magistratura, no que couber, enquanto perdurar o mandato". O Regimento Interno do CNMP traz vedação menos restritiva: "Os demais Conselheiros terão as mesmas prerrogativas, deveres, impedimentos, suspeições e incompatibilidades que regem a carreira do Ministério Público, no que couber, *salvo quanto à vedação do exercício da advocacia, que será regulada pelo disposto na Lei nº 8.906, de 4 de julho de 1994*" (art. 22, §2º). Em ambos os casos há previsão de quarentena de dois anos após o encerramento dos mandatos para advogar perante os conselhos.

[5] A PEC nº 37/2017 do Senado Federal pretendeu excluir o Ministro do STJ de arguição pública promovida pelo Senado Federal para apreciar sua indicação para compor o CNJ. No entanto, a proposta foi arquivada em 21 de dezembro de 2018 (Disponível em: https://www25.senado.leg.br/web/atividade/materias/-/materia/131536. Acesso em 18 jun. 2024).

[6] Disponível em: https://legis.senado.leg.br/sdleg-getter/documento?dm=3647203&ts=1630409347057&disposition=inline. Acesso em: 18 jul. 2024.

dos magistrados, recebendo reclamações, revisando procedimentos administrativos disciplinares, mas também a defesa da autonomia do Poder Judiciário.

O controle administrativo e financeiro do Poder Judiciário, por um órgão nacional, traduz a expectativa de toda sociedade brasileira pela maior transparência e eficiência da Justiça, lembrando que, em 1998, a EC nº 19 introduziu o princípio da eficiência como um dos princípios da administração pública, ao lado dos princípios da legalidade, impessoalidade, moralidade e publicidade, procurando instituir uma administração gerencial centrada em metas e resultados.

Especialmente deve-se considerar a importante função do CNJ relacionada com o planejamento estratégico de todo o Poder Judiciário e da instituição de políticas públicas para a melhoria orgânica e dos serviços prestados pelo Poder Judiciário brasileiro. Isso se reflete, de início, na própria composição do CNJ, representada por todos os integrantes do sistema de justiça (magistratura, Ministério Público e advocacia), como também por representantes da sociedade civil indicados, um pela Câmara dos Deputados e outro pelo Senado Federal.[7] A magistratura está representada por todas as instâncias do Poder Judiciário, desde juízes de primeiro grau, passando por desembargadores e ministros dos tribunais superiores e do STF.

O CNJ surge também como um órgão de diálogo e integração entre os diversos tribunais e os ramos da Justiça brasileira.[8] A Justiça Federal e a Justiça do Trabalho já contavam com órgãos centrais de supervisão administrativa e controle quais sejam o Conselho da Justiça Federal (CJF) e o Conselho Superior da Justiça do Trabalho (CSJT),[9] mas com a instituição do CNJ, todas as justiças brasileiras puderam dialogar e interagir, atuando o CNJ como responsável pela construção de políticas públicas comuns, respeitando as peculiaridades de cada uma.

---

[7] O Ministro Celso de Mello deferiu medida liminar no MS nº 26715 (*Dje* 18 jun. 2007) para assentar a impossibilidade de a Câmara dos Deputados indicar membros do Ministério Público na vaga que lhe é destinada na composição do CNMP forte na violação à necessária diversidade corporativa e social e na possível ruptura na relação de proporcionalidade do Ministério Público e de um ramo do Ministério Público articuladas pela EC nº 45/04 na composição do CNMP. O processo foi extinto em virtude da homologação de pedido de desistência (Disponível em: https://portal.stf.jus.br/processos/detalhe.asp?incidente=2528269. Acesso em: 22 jun. 2024).

[8] Como bem pontua o Ministro Gilmar Mendes, o CNJ "foi concebido como modelo de integração e coordenação dos diversos órgãos do Poder Judiciário, por meio de uma instituição central com atribuições de controle e fiscalização de caráter administrativo, financeiro e correcional" (MENDES, Gilmar. A criação do CNJ pela Emenda Constitucional nº 45 e a consolidação do Judiciário como Poder Nacional. *In:* TOFFOLI, Dias; SANTA CRUZ, Felipe; GODINHO, André (org.). *Emenda Constitucional nº 45/2004*: 15 anos do novo Poder Judiciário. Brasília: OAB, Conselho Federal, 2019. p. 197-209).

[9] Necessário anotar que no caso do CNJ, a EC nº 45/04 cuidou de elencar suas competências, enquanto, no caso do CJF e do CSTJ manteve-se a expressão "cabendo exercer, na forma da lei", valendo dizer que o exercício das competências constitucionais do CNJ prescindiria de integração legislativa posterior. Essa distinção foi registrada pelo Ministro Ayres Britto, Relator da Ação Declaratória de Constitucionalidade (ADC) nº 12, no seguinte trecho de seu voto: "Dá-se que duas outras coordenadas interpretativas parecem reforçar esta compreensão das coisas. A primeira é esta: a Constituição, por efeito da Emenda 45/04, tratou de fixar o regime jurídico de três conselhos judiciários: a) o Conselho da Justiça Federal (inciso II do parágrafo único do art. 105); b) o Conselho Superior da Justiça do Trabalho (inciso II do §2o do art. 111-A); e c) o Conselho Nacional de Justiça (art. 103-B). Ao cuidar dos dois primeiros Conselhos, ela, Constituição, falou expressamente que as respectivas competências – todas elas, enfatize-se – seriam exercidas "na forma da lei". Esse inequívoco fraseado "na forma da lei" a anteceder, portanto, o rol das competências de cada qual das duas instâncias. Ora, assim não aconteceu com o tratamento normativo dispensado ao Conselho Nacional de Justiça. Aqui, a Magna Carta inventariou as competências que houve por bem deferir ao CNJ, quedando silente quanto a um tipo de atuação necessariamente precedida de lei" (BRASIL. Supremo Tribunal Federal (Pleno). ADC 12 MC. Relator: Min. Carlos Britto, 16 de fevereiro de 2006. *Dje*: Brasília, DF, 1 set. 2006).

Assim, a EC nº 45/04 estabeleceu, em definitivo, o caráter nacional do Poder Judiciário. Até a criação do CNJ, cada tribunal resolvia em definitivo, à exceção de eventual controle jurisdicional no próprio tribunal, todas as questões administrativas. Esse novo desenho institucional do Poder Judiciário, agora dotado de um órgão central e nacional de controle administrativo, financeiro e planejamento, importou em readequação da autonomia administrativa até então vivenciada pelas cortes brasileiras na redação originária da Constituição de 1988. E sobre o CNJ, como seu órgão de controle, o STF.

É importante registrar que tem sido bastante ampla a atuação do CNJ, na maior parte das vezes em conjunto com os tribunais, para o estabelecimento de medidas para o aprimoramento dos serviços judiciários.[10] No início, o CNJ passou por momentos de afirmação, desde sua instalação física, até os primeiros passos. Foi combatido por segmentos da magistratura, basta que se observe que a ação questionando a constitucionalidade de sua criação por EC foi proposta por uma entidade de magistrados. No entanto, posteriormente essa mesma entidade ajuizou ação declaratória de constitucionalidade para afirmar higidez da vedação da prática do nepotismo contida na Resolução nº 07/2005, um dos primeiros atos normativos do CNJ.[11]

Como bem observa o Ministro Gilmar Mendes,[12] nos anos iniciais o CNJ esteve focado na maior eficiência da prestação jurisdicional. O CNJ teve de solicitar dados estatísticos[13] aos tribunais para conhecer dos problemas e poder dialogar com os tribunais para alcançar soluções. Esses relatórios são os chamados "Justiça em Números", com séries desde o ano-base 2003, que, ao longo dos anos, foram se aprimorando para permitir uma radiografia mais precisa do Poder Judiciário. O primeiro Encontro Nacional do Poder Judiciário foi realizado em 2008, na gestão do Ministro Gilmar Mendes, com a presença dos presidentes de todos os tribunais. No Encontro Nacional de 2009, foi aprovado o Planejamento Estratégico do Poder Judiciário e foram, pela primeira vez, aprovadas 10 metas nacionais para conferir maior agilidade e eficiência no julgamento

---

[10] TOFFOLI, Dias; ANTONIO, José. Conselho Nacional de Justiça: um papel determinante. In: SADEK, Maria Tereza; BOTTINI, Pierpaolo; KHICHFY, Raquel; RENAULT, Sérgio (org.). *O Judiciário do nosso tempo*: grandes nomes escrevem sobre o desafio de fazer Justiça no Brasil. Rio de Janeiro: Globo, 2021. p. 47-54.

[11] O Ministro Gilmar Mendes chama a coincidência de ironia do destino em seu voto na ADC nº 12 MC (BRASIL. Supremo Tribunal Federal (Pleno). ADC 12 MC. Relator: Min. Carlos Britto, 16 de fevereiro de 2006. *Dje*: Brasília, DF, item 1.1, p. 64-65, 1 set. 2006. Disponível em: https://redir.stf.jus.br/paginadorpub/paginador.jsp?docTP=AC&docID=372910. Acesso em: 18 jun. 2024.

[12] MENDES, Gilmar. A criação do CNJ pela Emenda Constitucional nº 45 e a consolidação do Judiciário como Poder Nacional. In: TOFFOLI, Dias; SANTA CRUZ, Felipe; GODINHO, André (org.). *Emenda Constitucional nº 45/2004*: 15 anos do novo Poder Judiciário. Brasília: OAB, Conselho Federal, 2019. p. 197-209. p. 202.

[13] O Selo Justiça em Números conferido anualmente pelo CNJ teve por objetivo inicial o reconhecimento da excelência dos sistemas de gestão, produção e disseminação das informações previstas na Resolução nº 76, de 12 de maio de 2009, que cuida do sistema de estatística do Poder Judiciário. Veja-se a propósito a Portaria 186/13, que institui o Selo Justiça em Números e estabelece seu regulamento (Disponível em: https://atos.cnj.jus.br/atos/detalhar/atos-normativos?documento=1871. Acesso em: 24 jun. 2024). Nas edições posteriores foram inseridos outros elementos de avaliação de promoção de transparência, participação e aprimoramento da prestação jurisdicional. A partir de 2019, o Selo Justiça em Números foi substituído pelo Prêmio CNJ de Qualidade que, para o ano de 2024, tem os seguintes eixos temáticos: I - governança; II - produtividade; III - transparência e IV - dados e tecnologia (CONSELHO NACIONAL DE JUSTIÇA. *Portaria nº 353, de 4 de dezembro de 2023*. Institui o Regulamento do Prêmio CNJ de Qualidade, ano 2024. Brasília, DF: CNJ, art. 8º, 2023. Disponível em: https://atos.cnj.jus.br/atos/detalhar/5366. Acesso em: 24 jun. 2024).

de processos, aprimorando a qualidade dos serviços judiciários e ampliando o acesso à Justiça.[14]

Todos os anos é realizado um encontro nacional em que, dentre outros pontos, são aprovadas metas nacionais do Poder Judiciário, que são o resultado de um processo democrático, garantindo uma ampla participação de magistrados e servidores na sua formulação (Resolução nº 221/2016).

Além de uma série de programas de melhoria na gestão da justiça garantindo maior eficiência na prestação jurisdicional em tempo socialmente adequado, o CNJ é responsável por coordenar, em conjunto com os tribunais, diversas ações, que envolvem atenção à infância e adolescência, enfrentamento à violência doméstica, métodos alternativos de solução de conflitos, saúde, demandas complexas e combate à corrupção e lavagem de dinheiro, dentre outras.

3 A possibilidade de o CNJ afastar a leis que conflitem com a Constituição Federal a partir da jurisprudência do STF

Como foi mencionado no tópico anterior, a criação do Conselho Nacional de Justiça deu caráter nacional ao Poder Judiciário. A EC nº 45/04 trouxe um novo órgão com ampla gama de competência de controle e planejamento estratégico sobre todos os demais órgãos do Poder Judiciário, com exceção do STF, assentado como guardião derradeiro da Constituição Federal e controlador dos atos do CNJ.

Inegável o impacto sobre o cenário de autonomia administrativa até então vivenciado, em especial no exercício das competências dos artigos 96 e 99 que consagram o autogoverno dos tribunais dotados de autonomia administrativa, orçamentária e financeira. Acrescente-se ainda que, na dicção do artigo 103-B, §4º, o CNJ é órgão de controle, ao qual cabe zelar pela autonomia do Poder Judiciário.

O que se pretende aqui examinar, a partir da jurisprudência do STF, é relativo à possibilidade de o CNJ realizar controle de constitucionalidade ou de deixar de aplicar leis e atos normativos que reconheça como inconstitucionais.

Há respeitada doutrina que rechaça essa possibilidade. Registre-se a firme posição do Professor e integrante da primeira composição do CNJ Alexandre de Moraes, em artigo publicado em obra referente aos 10 anos do CNJ,[15] antes, portanto, de sua investidura no cargo de Ministro do STF. Em síntese, ele defende que o controle de constitucionalidade é atribuído somente em caráter excepcional aos órgãos que exercem função jurisdicional, sendo o CNJ órgão exclusivamente de controle administrativo. Demais disso, eventual afirmação de inconstitucionalidade pelo CNJ representaria a transcendência dos efeitos do controle difuso, o que o STF não admite para si mesmo. E, por fim, a possibilidade de juízo de constitucionalidade pelo CNJ fere frontalmente os mecanismos de freios e contrapesos, pilares do princípio da separação dos Poderes e, portanto, cláusula pétrea.

---

[14] CONSELHO NACIONAL DE JUSTIÇA. Metas de Nivelamento 2009. *Portal CNJ*, Brasília, DF [2009].Disponível em: https://www.cnj.jus.br/gestao-estrategica-e-planejamento/metas-2009/. Acesso em: 24 jun. 2024.
[15] LEWANDOWSKI, Ricardo; NALINI, José Renato (org.). *O Conselho Nacional de Justiça e sua atuação como órgão do Poder Judiciário*. Homenagem aos 10 Anos do CNJ. São Paulo: Quartier Latin, 2015.

Deveras, há diversas decisões proferidas pelo STF que rechaçam a possibilidade de o CNJ declarar a inconstitucionalidade de lei estadual,[16] afastar a sua aplicação com base em normas do conselho,[17] ou ainda determinar a sustação de ato praticado por

---

[16] "EMENTA: MANDADO DE SEGURANÇA – CONSELHO NACIONAL DE JUSTIÇA – SERVIDORES PÚBLICOS VINCULADOS AO PODER JUDICIÁRIO – ADICIONAL DE FUNÇÃO INSTITUÍDO PELA LEI ESTADUAL Nº 6.355/91 – RESOLUÇÃO Nº 01/92 DO E. TRIBUNAL DE JUSTIÇA DO ESTADO DA BAHIA, QUE REGULAMENTOU, NO ÂMBITO DO PODER JUDICIÁRIO DAQUELA UNIDADE DA FEDERAÇÃO, A CONCESSÃO DE REFERIDO BENEFÍCIO – SUPOSTA EIVA DE INCONSTITUCIONALIDADE RECONHECIDA PELO CNJ – IMPOSSIBILIDADE DE O CONSELHO NACIONAL DE JUSTIÇA, SOB ALEGAÇÃO DE "FLAGRANTE INCOMPATIBILIDADE COM OS PRECEITOS CONSTITUCIONAIS" E DE PREVALÊNCIA DO "PRINCÍPIO DA RESERVA DE LEI", IMPOR, CAUTELARMENTE, AO PRESIDENTE DO TRIBUNAL DE JUSTIÇA LOCAL QUE SE ABSTENHA DE CUMPRIR O DIPLOMA LEGISLATIVO EDITADO, EM RAZÃO DE SUA SUPOSTA ILEGITIMIDADE CONSTITUCIONAL – LIMITAÇÕES QUE INCIDEM SOBRE A COMPETÊNCIA DO CONSELHO NACIONAL DE JUSTIÇA (CF, ART. 103-B, §4º), CONSIDERADO O CARÁTER ESTRITAMENTE ADMINISTRATIVO DE QUE SE REVESTE O SEU PERFIL INSTITUCIONAL – PRECEDENTES – MAGISTÉRIO DA DOUTRINA – A QUESTÃO DO CONTROLE DE CONSTITUCIONALIDADE PELO CONSELHO NACIONAL DE JUSTIÇA – INADMISSIBILIDADE DE REFERIDA FISCALIZAÇÃO, SEGUNDO ORIENTAÇÃO FIRMADA PELO STF E, TAMBÉM, PELO PRÓPRIO CNJ – PARECER DA PROCURADORIA-GERAL DA REPÚBLICA PELO NÃO PROVIMENTO DESTA ESPÉCIE RECURSAL – RECURSO DE AGRAVO IMPROVIDO" (BRASIL. Supremo Tribunal Federal (2. Turma). MS 28.924 AgR. Relator: Min. Celso de Mello, 29 de novembro de 2019. *Dje*: Brasília, DF, 12 fev. 2020).

[17] O caso envolvia decisão do CNJ que suspendeu o provimento de cargos de desembargador criados por lei estadual, com fundamento em norma do conselho. "EMENTA AGRAVO INTERNO EM MANDADO DE SEGURANÇA. DECISÃO UNIPESSOAL AGRAVADA QUE CONCEDEU A ORDEM, PARA ANULAR O ACÓRDÃO DO CONSELHO NACIONAL DE JUSTIÇA QUE DETERMINOU, DE MODO LINEAR, SEM O ESTABELECIMENTO DE PRAZO OU CONDIÇÃO, A SUSPENSÃO DE ATOS TENDENTES A DAR EFETIVIDADE AO ESTATUÍDO EM LEI ESTADUAL. CONDUTA QUE, ENQUANTO EQUIVALENTE AO DEFERIMENTO DE MEDIDA CAUTELAR EM AÇÃO DIRETA DE INCONSTITUCIONALIDADE, NÃO ADERE AO ROL DE ATRIBUIÇÕES DA AUTORIDADE IMPETRADA. 1. Não encontra guarida na jurisprudência desta Suprema Corte a linear suspensão, pelo Conselho Nacional de Justiça, sem o estabelecimento de qualquer prazo ou condição, da eficácia de diploma legal estadual, em procedimento que se assemelha ao deferimento de medida cautelar em ação direta de inconstitucionalidade (arts. 10 a 12 da Lei nº 9.868/1999). 2. Desprovido de função jurisdicional e do papel de Corte Constitucional, o Conselho Nacional de Justiça, embora integrante do Poder Judiciário, não exerce fiscalização abstrata de validade de lei. Compreensão consentânea com a esposada pelo Plenário desta Casa no recente julgamento de 8 (oito) impetrações coletivas (mandados de segurança nºs 35.410, 35.490, 35.494, 35.498, 35.500, 35.812, 35.824 e 35.836). 3. Inviabilidade, na espécie, de promover-se fiscalização de juridicidade à luz de resoluções do CNJ, uma vez que elas não se revestem de patamar hierárquico superior nem constituem fundamento de validade da lei estadual enfocada (Lei nº 13.964/2018 do Estado da Bahia, que criou, no âmbito do Tribunal de Justiça local, 09 (nove) cargos de Desembargador, e os correlatos cargos comissionados de Assessor de Desembargador, símbolo TJ-FC-2, e de Assistente de Gabinete, símbolo TJ-FC-3). 4. Agravo interno conhecido e não provido. (MS 36133 AgR-terceiro, Relator(a): ROSA WEBER, Primeira Turma, julgado em 20-09-2021, PROCESSO ELETRÔNICO DJe-190 DIVULG 22-09-2021 PUBLIC 23-09-2021). No entanto, o STF declarou a constitucionalidade da Resolução 184/13 que cuida do encaminhamento ao CNJ de projeto de lei sobre criação de cargos no Poder Judiciário da União e dos Estados, afastando alegação de violação da autonomia dos tribunais. Veja-se: EMENTA AÇÃO DIRETA DE INCONSTITUCIONALIDADE. CONTROLE DO PODER JUDICIÁRIO. ARTIGO 1º, §3º, DA RESOLUÇÃO Nº 184/2013 DO CONSELHO NACIONAL DE JUSTIÇA – CNJ. ASSOCIAÇÃO NACIONAL DOS MAGISTRADOS ESTADUAIS – ANAMAGES. LEGITIMIDADE ATIVA. NORMA DE INTERESSE DA MAGISTRATURA ESTADUAL. ALEGAÇÃO DE OFENSA À ISONOMIA POR TRATAMENTO DIFERENCIADO DOS TRIBUNAIS DE JUSTIÇA. INEXISTÊNCIA. CONTROLE DA ATUAÇÃO ADMINISTRATIVA E FINANCEIRA DO PODER JUDICIÁRIO. ARTIGO 103-B, §4º, DA CONSTITUIÇÃO FEDERAL. IMPROCEDÊNCIA DO PEDIDO. (...) 2. Competência constitucional do CNJ para controlar a atuação administrativa e financeira do Poder Judiciário, forte no artigo 103-B, §4º, da Constituição Federal. Precedente. Resolução editada em consideração à Lei Complementar nº 101/2000 – Lei de Responsabilidade Fiscal. Execução orçamentária de forma responsável e equilibrada, nos termos do artigo 167 da Constituição Federal. 3. Aplicabilidade dos atos normativos emanados do CNJ a todos os tribunais, com exceção deste Supremo Tribunal Federal. Precedente. Critérios da Resolução destinados aos Tribunais de Justiça apenas no que for cabível. Dever de encaminhamento dos respectivos projetos de lei, nos termos do caput do art. 1º, para, se necessário, emissão de nota técnica. Leis de Diretrizes Orçamentárias: exigência de emissão de parecer do CNJ quanto aos projetos da União. 4. *A adoção da nota técnica, no que couber, quanto aos Estados-membros e respectivos Tribunais de Justiça prestigia, a um só tempo: (i) o cumprimento da missão constitucional do CNJ para realizar o controle financeiro em relação a toda a magistratura nacional; e (ii) o respeito ao federalismo, à autonomia dos Estados-membros no que tange à programação*

outro poder, como a nomeação, pelo Governador do Estado, de desembargador oriundo do quinto constitucional.[18]

Necessário registrar caso submetido a exame pelo STF em que o CNJ havia afastado a aplicação de lei estadual que determinava a destinação de parte das custas judiciais a pessoas jurídicas de Direito Privado. Muito embora se tenha concluído pela impossibilidade de o órgão administrativo exercer controle de constitucionalidade, a conclusão foi pela denegação da segurança, considerando que entender de modo diverso seria descurar de jurisprudência pacificada da Corte Suprema, adotada pelo CNJ em sua decisão.[19]

Em precedentes mais recentes, o STF passou a aceitar que os órgãos administrativos de estatura constitucional, como é o caso do CNJ, possam afastar a aplicação de leis e atos normativos que desbordem da jurisprudência consolidada da Excelsa Corte.

Assentou-se que a administração, pelo princípio da autotutela, pode deixar de aplicar lei em conflito com o entendimento uníssono do STF ou com a Constituição. Por outro lado, quando a Corte Constitucional fixa determinada interpretação, esta deve ser seguida por todos os órgãos da administração, ainda que não se esteja diante da hipótese de edição de súmula vinculante. O STF não pode aceitar diminuir sua jurisprudência quando outros órgãos a desprezam ao confrontá-la de atos e leis com ela incompatíveis, o que, ao final, fragiliza a força normativa da Constituição.[20]

---

financeiro-orçamentária (art. 24, I, CF) e ao autogoverno dos Tribunais de Justiça quanto à gestão de recursos humanos (art. 96, I, CF). Inexistência de tratamento normativo antiisonômico. Inconstitucionalidade não configurada. 5. Ação direta conhecida e pedido julgado improcedente" (BRASIL. Supremo Tribunal Federal (Pleno). Ação Direta de Inconstitucionalidade 5.119. Relatora: Min.ª Rosa Weber, Tribunal Pleno, 21 jun. 2022, *Dje*: Brasília, DF, 1 jul. 2022, grifos nossos).

[18] BRASIL. Supremo Tribunal Federal (2. Turma). MS 27.033 AgR. Relator: Min. Celso De Mello, 2015. *Dje*: Brasília, DF, 27 out. 2015.

[19] "EMENTA: MANDADO DE SEGURANÇA. CONSELHO NACIONAL DE JUSTIÇA. ATO QUE DETERMINOU AO TRIBUNAL DE JUSTIÇA MATOGROSSENSE QUE DEIXASSE DE COBRAR EMOLUMENTO JUDICIAL COM DESTINAÇÃO A QUALQUER ENTIDADE DE CLASSE OU COM FINALIDADE PRIVADA. INADMISSIBILIDADE. NATUREZA ADMINISTRATIVA DO CNJ. DECRETAÇÃO DE INCONSTITUCIONALIDADE DE LEI. IMPOSSIBILIDADE. REESTABELECIMENTO DA COBRANÇA. INVIABILIDADE. SEGURANÇA DENEGADA. I - O Conselho Nacional de Justiça, órgão de natureza administrativa que é, não possui competência para determinar o afastamento de cobrança de emolumento judicial com fundamento na sua inconstitucionalidade, mesmo porque tal ato termina por afastar a aplicação da própria lei tributária. II - A providência a ser adotada, por eventuais interessados em afastá-la, é a propositura de ação direta de inconstitucionalidade com o intuito de pôr fim à cobrança de tal exação. III - *Embora o CNJ não pudesse, no caso, afastar a cobrança da contribuição instituída pela Lei 8.943/2008, para a Associação Matogrossense dos Defensores Públicos – AMDEP, não é possível a concessão da segurança, pois restabelecer a citada cobrança seria fazer tabula rasa da jurisprudência desta Corte, que é absolutamente pacífica no sentido de que é vedada a destinação de valores recolhidos a título de custas e emolumentos a pessoas jurídicas de direito privado.* IV - Opiniões divergentes de Ministros quanto à decretação de inconstitucionalidade autonomia do tribunal de, no caso. V - Segurança denegada" (BRASIL. Supremo Tribunal Federal (Pleno). Mandado de Segurança 28.141. Relator: Min. Ricardo Lewandowski, 10 de fevereiro de 2011. *Dje*: Brasília, DF, 1 jul. 2011, grifos nossos).

[20] "Ementa (...) 2. *Insere-se entre as competências constitucionalmente atribuídas ao Conselho Nacional de Justiça a possibilidade de afastar, por inconstitucionalidade, a aplicação de lei aproveitada como base de ato administrativo objeto de controle, determinando aos órgãos submetidos a seu espaço de influência a observância desse entendimento, por ato expresso e formal tomado pela maioria absoluta dos membros do Conselho.* (...) 4. Além dos indícios de cometimento de ofensa ao decidido na Ação Direta de Inconstitucionalidade n. 3.233/PB, a leitura das atribuições conferidas ao cargo criado pelo art. 5º da Lei n. 8.223/2007, da Paraíba, evidencia burla ao comando constitucional previsto no inc. V do art. 37 da Constituição da República: declaração incidental de inconstitucionalidade. 5. Mandado de segurança denegado. (MS 28112, Relator(a): CÁRMEN LÚCIA, Tribunal Pleno, julgado em 19-12-2016, ACÓRDÃO ELETRÔNICO DJe-168 DIVULG 31-07-2017 PUBLIC 01-08-2017). No mesmo sentido (Pet 4656, Relator(a): CÁRMEN LÚCIA, Tribunal Pleno, DJe-278, PUBLIC 04-12-2017). Interessante notar que no ano de 2010, examinando situação bastante assemelhada sobre a mesma norma jurídica, entendeu-se pela impossibilidade de controle pelo CNJ. EMENTA:

O controle de constitucionalidade difuso ou concentrado é exercido pelo Poder Judiciário no desempenho de sua função típica jurisdicional. O CNJ como órgão administrativo, em princípio, não pode afastar a aplicação de norma que entenda por inconstitucional. No entanto, a posição da Constituição Federal como centro e fundamento de validade de todo o ordenamento jurídico e a efetividade de suas normas, aliada ao fato de ser o STF seu guardião último, autoriza o CNJ a afastar, excepcionalmente, a aplicação de norma jurídica de esteja em desacordo com a jurisprudência pacificada da Corte Constitucional.

Nessas hipóteses, em que o CNJ prestigia o entendimento do Supremo Tribunal Federal, determinando que não se aplique norma que claramente desprestigia no ordenamento jurídico, não viola a autonomia dos tribunais que, ao contrário, deveriam, em sua função administrativa e no exercício de seu autogoverno, adotar semelhante posição[21]. No entanto, não parece ser possível que lei estadual não produza seus efeitos por decisão administrativa do CNJ por vício de eventual inconstitucionalidade, que não se funde em jurisprudência inequívoca da Corte Constitucional.[22] Nesse caso, o CNJ deverá representar para que um dos legitimados proponha a ação para que a revisão judicial resolva definitivamente a dúvida sobre a higidez da norma.

4 Conclusão

O CNJ, criado pela EC nº 45/04, conferiu um caráter nacional ao Poder Judiciário brasileiro. A sua composição é integrada por todos os integrantes do sistema de Justiça, magistrados de todas as instâncias e representantes da sociedade civil indicados pelo Senado e pela Câmara dos Deputados.

Tem por missão zelar pela autonomia do Poder Judiciário e o controle administrativo, orçamentário e censório, bem como o planejamento estratégico. O CNJ tem definido diversas políticas públicas em coordenação com os tribunais e os demais Poderes, visando racionalizar e desburocratizar os serviços judiciários, de modo a implementar uma administração focada em metas e resultados, efetivando, assim, o princípio constitucional da duração razoável do processo.

No exercício da sua missão de fiscalização administrativa dos tribunais, o CNJ pode eventualmente se deparar com normas que entende por inconstitucionais. Nessas hipóteses deverá perquirir se aquela norma está em conflito com a jurisprudência pacífica

---

(...) *4. A Lei n. 8.223/2007, decretada e sancionada pelos Poderes Legislativo e Executivo do Estado da Paraíba, não pode ter o controle de constitucionalidade realizado pelo Conselho Nacional de Justiça, pois a Constituição da República confere essa competência, com exclusividade, ao Supremo Tribunal Federal. 5. Medida liminar referendada*" (BRASIL. Supremo Tribunal Federal (Pleno). AC 2.390 MC-REF. Relatora: Min.ª Cármen Lúcia, 19 de agosto de 2010. *Dje*: Brasília, DF, 2-maio 2011, grifos nossos).

[21] Há um importante precedente, de relatoria do Ministro Dias Toffoli, reconhecendo, inclusive a validade de ato do CNJ que determinou a tribunal estadual a remessa de projeto de lei para ajustar percentual de férias devido a magistrados, por aparente violação de jurisprudência pacífica do STF (BRASIL. Supremo Tribunal Federal (2. Turma). MS 31.667 AgR. Relator: Min. Dias Toffoli, 11 de setembro de 2018. *Dje*: Brasília, DF, 23 nov. 2018).

[22] "EMENTA (...) 4. Não compete ao Conselho Nacional de Justiça, mesmo em pretenso controle de legalidade dos atos do Poder Judiciário, emitir juízo acerca da constitucionalidade de norma em face de dispositivo ou do princípio constitucional. Exorbitância do rol de atribuições do art. 103, §4º, da CF. Precedentes. Exceção apenas admitida quando se trate de matéria já pacificada no STF, o que aqui não ocorre" (BRASIL. Supremo Tribunal Federal (2. Turma). Mandado de Segurança 29.002. Relator: Dias Toffoli, 7 de agosto de 2018. *Dje*: Brasília, DF, 24 jul. 2020).

do STF sobre a matéria. Se a resposta for positiva, deve determinar que o tribunal se abstenha de aplicá-la, não importando essa atuação em desrespeito à autonomia do tribunal. No entanto, se a resposta for negativa, deve representar ao legitimado para que, se assim entender, proponha o controle jurisdicional da norma em conflito com a Constituição.

Referências

BRASIL. Câmara dos Deputados. *Proposta de Emenda à Constituição nº 358, de 2005*. Brasília, DF: Câmara dos Deputados, 2005. Disponível em: https://www.camara.leg.br/proposicoesWeb/prop_mostrarintegra?codteor=261223&filename=PEC%20358/2005. Acesso em: 18 jun. 2024.

BRASIL. Supremo Tribunal Federal (Pleno). AC 2.390 MC-REF. Relatora: Min.ª Cármen Lúcia, 19 de agosto de 2010. *Dje*: Brasília, DF, 2-maio 2011.

BRASIL. Supremo Tribunal Federal (Pleno). Ação Declaratória de Constitucionalidade 12 MC. Relator: Min. Carlos Britto, 16 de fevereiro de 2006. *Dje*: Brasília, DF, 1 set. 2006. Disponível em: https://redir.stf.jus.br/paginadorpub/paginador.jsp?docTP=AC&docID=372910. Acesso em: 18 jun. 2024.

BRASIL. Supremo Tribunal Federal (Pleno). ADI 3.367. Relator: Min. Cezar Peluso, 13 de abril de 2005. *Dje*: Brasília, DF, 17 mar. 2006.

BRASIL. Supremo Tribunal Federal (Pleno). ADI 5.119. Relatora: Min.ª Rosa Weber, Tribunal Pleno, 21 jun. 2022, *Dje*: Brasília, DF, 1 jul. 2022.

BRASIL. Supremo Tribunal Federal (2. Turma). MS 27.033 AgR. Relator: Min. Celso De Mello, 2015. *Dje*: Brasília, DF, 27 out. 2015.

BRASIL. Supremo Tribunal Federal (Pleno). MS 28.141. Relator: Min. Ricardo Lewandowski, 10 de fevereiro de 2011. *Dje*: Brasília, DF, 1 jul. 2011.

BRASIL. Supremo Tribunal Federal (2. Turma). MS 28.924 AgR. Relator: Min. Celso de Mello, 29 de novembro de 2019. *Dje*: Brasília, DF, 12 fev. 2020.

BRASIL. Supremo Tribunal Federal (2. Turma). MS 29.002. Relator: Dias Toffoli, 7 de agosto de 2018. *Dje*: Brasília, DF, 24 jul. 2020.

BRASIL. Supremo Tribunal Federal (2. Turma). MS 31.667 AgR. Relator: Min. Dias Toffoli, 11 de setembro de 2018. *Dje*: Brasília, DF, 23 nov. 2018.

CONSELHO NACIONAL DE JUSTIÇA. Metas de Nivelamento 2009. *Portal CNJ*, Brasília, DF [2009]. Disponível em: https://www.cnj.jus.br/gestao-estrategica-e-planejamento/metas-2009/. Acesso em: 24 jun. 2024.

CONSELHO NACIONAL DE JUSTIÇA. *Portaria nº 353, de 4 de dezembro de 2023*. Institui o Regulamento do Prêmio CNJ de Qualidade, ano 2024. Brasília, DF: CNJ, 2023. Disponível em: https://atos.cnj.jus.br/atos/detalhar/5366. Acesso em: 24 jun. 2024.

LEWANDOWSKI, Ricardo; NALINI, José Renato (org.). *O Conselho Nacional de Justiça e sua atuação como órgão do Poder Judiciário*. Homenagem aos 10 Anos do CNJ. São Paulo: Quartier Latin, 2015.

MENDES, Gilmar. A criação do CNJ pela Emenda Constitucional nº 45 e a consolidação do Judiciário como Poder Nacional. In: TOFFOLI, Dias; SANTA CRUZ, Felipe; GODINHO, André (org.). *Emenda Constitucional nº 45/2004*: 15 anos do novo Poder Judiciário. Brasília: OAB, Conselho Federal, 2019. p. 197-209.

MORAES, Alexandre de. *Justiça comentada*. São Paulo: Atlas, 2015.

SALOMÃO, Luis Felipe, BRANCO, Erika; SALLES, Tiago; REZENDE FILHO, Durval Augusto (coord.). *Magistratura do futuro*. Rio de Janeiro: JC Editora, 2020.

SADEK, Maria Tereza; BOTTINI, Pierpaolo; KHICHFY, Raquel; RENAULT, Sérgio (org.). *O Judiciário do nosso tempo*: grandes nomes escrevem sobre o desafio de fazer Justiça no Brasil. Rio de Janeiro: Globo, 2021.

TOFFOLI, Dias; ANTONIO, José (org.). *Conselho Nacional de Justiça*: 15 anos. Brasília, DF: CNJ, 2020. Disponível em: https://www.cnj.jus.br/wp-content/uploads/2020/08/WEB_LIVRO_CNJ15ANOS-1.pdf). Acesso em: 23 jul.2024.

TOFFOLI, Dias; ANTONIO, José. Conselho Nacional de Justiça: um papel determinante. *In:* SADEK, Maria Tereza; BOTTINI, Pierpaolo; KHICHFY, Raquel; RENAULT, Sérgio (org.). *O Judiciário do nosso tempo*: grandes nomes escrevem sobre o desafio de fazer Justiça no Brasil. Rio de Janeiro: Globo, 2021. p. 47-54.

TOFFOLI, Dias; SANTA CRUZ, Felipe; GODINHO, André (org.). *Emenda Constitucional nº 45/2004*: 15 anos do novo Poder Judiciário. Brasília: OAB, Conselho Federal, 2019.

Informação bibliográfica deste texto, conforme a NBR 6023:2018 da Associação Brasileira de Normas Técnicas (ABNT):

MATTOS, Fernando Cesar Baptista de. A criação do Conselho Nacional de Justiça (CNJ) pela Emenda Constitucional (EC) nº 45 e a possibilidade de o CNJ determinar o afastamento da aplicação de leis e atos normativos inconstitucionais a partir da jurisprudência do Supremo Tribunal Federal (STF). *In*: MENDES, Gilmar Ferreira; LIRA, Daiane Nogueira de; FREIRE, Alexandre (coord.). *Constituição, democracia e diálogo*: 15 anos de Jurisdição Constitucional do Ministro Dias Toffoli. 2. ed. Belo Horizonte: Fórum, 2025. p. 513-523. ISBN 978-65-5518-937-7.

JOSÉ ANTONIO DIAS TOFFOLI E A JUSTIÇA ELEITORAL

FERNANDO NEVES DA SILVA
CRISTINA MARIA GAMA NEVES DA SILVA

Foi nas eleições de 1998 que o então jovem Advogado Toffoli passou a ter uma atuação mais intensa junto ao Tribunal Superior Eleitoral (TSE), chefiando a equipe que cuidava da defesa dos interesses da campanha do candidato à Presidência da República Luís Inácio Lula da Silva, pelo Partido dos Trabalhadores (PT).

Desde o primeiro instante, suas oportunas intervenções indicavam seriedade e competência. Não havia dúvida sobre a veracidade do que informava e argumentava. Suas atitudes eram por todos elogiadas. Inclusive quando se opôs a impugnar a participação de um dos componentes do Tribunal, conforme desejavam pessoas do PT. Se Lula não ganhou a eleição a responsabilidade não foi da equipe jurídica, que fez um excelente trabalho.

Mas Toffoli saiu vitorioso e continuou patrocinando o candidato, que venceu as eleições seguintes, em 2002. Foi um batalhador incansável e leal. É conhecida e sempre lembrada a utilização de todo o tempo disponível para sustentação oral, quando, na defesa de um direito de resposta obtido no horário de um dos adversários na disputa, conseguiu prorrogar o julgamento do recurso até ficar prejudicada a reversão.

Compor a equipe de governo do candidato eleito foi uma consequência lógica e merecida. Da chefia da assessoria jurídica da Casa Civil até a condição de Advogado-Geral da União foi um pulo. Mas, em todas as importantes funções que exerceu no Poder Executivo, sempre manteve um olhar atento ao direito eleitoral. Elaborou normas minuciosas para regular as condutas dos agentes públicos nos períodos eleitorais. Participou de missões de observação de eleições em diversos Estados estrangeiros. Buscou formas de tornar mais seguro o reconhecimento dos eleitores, iniciando os estudos para a criação de um único número de identificação para cada brasileiro.

Um pouco depois de ser, justamente, nomeado para compor o Supremo Tribunal Federal (STF), o então já Ministro Dias Toffoli foi indicado para integrar o TSE. Primeiro como substituto, depois como membro efetivo e finalmente como seu Presidente. Da tribuna dos advogados passou à representação do STF na Corte, chegando ao ápice da Justiça Eleitoral, à qual tanto se dedicou e da qual tanto gosta.

Em seu discurso de posse, em maio de 2014, já previa um desafio que a cada dia se torna mais relevante e urgente, qual seja, o de "adaptar-se às novas tecnologias e às novas mídias, que equiparou a aprender a nadar jogando-se ao mar".[1]

Com a chegada da chamada inteligência artificial e sua aplicação na organização do que divulgado pelas redes sociais, que dominam a forma de comunicação que acompanhamos agora, o desafio assume proporções assustadoras. Pois, se de um lado há um aumento exponencial do acesso à informação e criação de uma esfera pública na qual qualquer um pode expressar ideias, opiniões e disseminar fatos ou fantasias, de outro, os algoritmos definem o espaço e a intensidade que cada postagem merece, sem qualquer preocupação se a mensagem é verdadeira ou falsa, se ela elogia ou ofende, se tem finalidade de educar ou de alienar, se ela busca afastar ou preservar o Estado Democrático, cujos objetivos estão bem definido no preâmbulo de nossa Constituição, mas que, infelizmente, foram esquecidos por muitos:

> Nós, representantes do povo brasileiro, reunidos em Assembleia Nacional Constituinte para instituir um Estado Democrático, destinado a assegurar o exercício dos direitos sociais e individuais, a liberdade, a segurança, o bem-estar, o desenvolvimento, a igualdade e a justiça como valores supremos de uma sociedade fraterna, pluralista e sem preconceitos, fundada na harmonia social e comprometida, na ordem interna e internacional, com a solução pacífica das controvérsias, promulgamos, sob a proteção de Deus, a seguinte Constituição da República Federativa Do Brasil.

Para as redes sociais o que interessa é apenas manter o usuário conectado pelo maior tempo possível e, infelizmente, isso acontece com maior intensidade quando a divulgação apresenta tragédias ou acusações, ainda que estas sejam frutos de maldades ou mentiras descaradas, que destroem reputações.

Nas palavras do Ministro Luís Roberto Barroso e da Professora Luna van Brussel Barroso, isso resulta na decadência da verdade e na polarização dos fatos, com diversos efeitos negativos, dos quais dois merecem aqui maior destaque, uma vez que diretamente ligados à formação da vontade dos eleitores:[2]

> (...) a) o *aumento da circulação de desinformação*, mentiras deliberadas, discursos de ódio, teorias conspiratórias, ataques à democracia e comportamentos inautênticos, potencializados por algoritmos de recomendação que otimizam o engajamento do usuário e algoritmos de moderação de conteúdo que ainda são incapazes de identificar adequadamente conteúdo indesejável;
> b) a *tribalização da vida*, com a formação de câmaras de eco onde grupos falam apenas para si mesmos, reforçando o viés de confirmação, tornando o discurso progressivamente mais radical e contribuindo para a polarização e intolerância.

Como bem ressaltaram, o *deep learning* é um mecanismo que monitora as ações na plataforma, extraem dados e preveem qual conteúdo fará o usuário ficar mais tempo na

---

[1] ÍNTEGRA do discurso de posse do presidente Dias Toffoli. 13 maio 2014. *TSE*, Brasília, DF, 13 maio 2014. Disponível em: https://www.tse.jus.br/comunicacao/noticias/2014/Maio/integra-do-discurso-de-posse-do-presidente-do-tse. Acesso em: 26 jul. 2024.

[2] BARROSO, Luís Roberto; BARROSO, Luna van Brussel. Democracia, mídias sociais e liberdade de expressão: ódio, mentiras e a busca da verdade possível. *Direitos Fundamentais & Justiça*, Belo Horizonte, v. 17, n. 49, p. 285-311, jul./dez. 2023.

rede social e se manter mais engajado. Como há maior envolvimento com conteúdos provocativos e polarizadores, os algoritmos resultam na provocação de emoções fortes, o que tem gerado impactos diretos sobre liberdade de expressão, pluralismo e democracia. Tanto é assim que observam que Antônio Guterres, Secretário-Geral da Nações Unidos, ressalta que "a capacidade de promover desinformação em larga escala e minar fatos cientificamente estabelecidos é um risco existencial para a humanidade".

Antecipando que o interesse econômico poderia prevalecer sobre a responsabilidade social da plataforma, o Ministro Dias Toffoli, em seu voto como Relator por ocasião do exame da existência de repercussão geral do Recurso Extraordinário (RE) nº 1.037.396 (*Dje* 4 abr. 2018) – Tema nº 987 –, que debate a constitucionalidade do artigo 19 do Marco Civil da Internet, relativa à exigência de ordem judicial para retirada ou indisponibilização de conteúdo ilícito e à responsabilização do provedor, fez questão de ressaltar que,

> (...) à luz dos princípios constitucionais e da Lei nº 12.965/2014, a empresa provedora de aplicações de internet possui os deveres (i) de fiscalizar o conteúdo publicado nos seus domínios eletrônicos; (ii) de retirar do ar informações reputadas ofensivas mediante simples notificação extrajudicial; e (iii) de se responsabilizar legalmente pela veiculação do aludido conteúdo antes da análise pelo Poder Judiciário

No âmbito eleitoral, como já antecipado, o avanço da desinformação é ainda mais nocivo, pois extrapola a pessoa mencionada e, quando ela é candidata a algum cargo eletivo, atinge seus possíveis eleitores, interferindo abusivamente na formação das suas vontades, fortalecendo polaridades, impedido a possibilidade de diálogo, influenciando negativamente os votos que serão manifestados nas seguras urnas eletrônicas e formando tendências majoritárias artificiais.

Lançar mentiras sobre adversários em campanhas eleitorais não é novidade, embora configurem atitudes sempre reprováveis. O que é novo e muito preocupante, é a facilidade de apresentá-las como se verdades fossem, a rapidez com que se espalham e a imensa quantidade de pessoas que as recebem, muitas delas sem condições de apurar suas consistências. Essas nocivas circunstâncias e consequências acabam por atingir a estabilidade do já citado *Estado Democrático*, na medida em que negam princípios fundamentais e direitos individuais garantidos por nossa Constituição, entre outros a cidadania, a dignidade da pessoa humana, o pluralismo político, a igualdade, a honra e a imagem. Tanto é assim que o Ministro Dias Toffoli fez questão de ponderar que:

> Resta, então, minimizada a possibilidade de confronto entre opiniões e visões de mundo dissentes, o que enfraquece ou mesmo nulifica o debate – tão essencial para a democracia. Além disso, cria-se um ambiente propício ao avanço de discursos de ódio e de intolerância, as quais estimulam a divisão social a partir da dicotomia "nós" e "eles" um modo de pensar que remete ao fantasma das ideologias fascistas, conforme explica o filósofo Jason Stanley. (...)
> A saúde da democracia depende da qualidade do diálogo realizado dentro dela. Por isso, é necessário primar pela verdade e pela disseminação de informações fidedignas, por meio

do uso ético e transparente das novas tecnologias. Esses são os elementos aos quais não podemos renunciar, sob pena de colocar em risco nossas conquistas democráticas.[3]

Como bem observou o notório especialista e conceituado Professor da Universidade de Granada Francisco Balaguer Callejón, é imprescindível a precisa regulação da utilização do algoritmo pelas redes sociais, que é o que define o que e quantas vezes é encaminhado a cada um de praticamente todos nós.

> A constituição do algoritmo se situa nesse processo de reflexão, orientado à defesa dos direitos fundamentais e da democracia. Para devolver a integridade à democracia, sem interferências que destroem o espaço público e que manipulem os processos eleitorais. Para reverter a deterioração dos direitos fundamentais, convertidos, em grande medida, em meras faculdades instrumentais destinadas a garantir o tráfego econômico, devolvendo seu valor constitucional, vinculado à dignidade da pessoa. Para evitar a progressiva marginalização da constituição e devolvê-la ao centro da vida pública.[4]

Assim, é necessário repudiar, com todo vigor, a postagem de ofensas ou de fatos sabidamente inverídicos na propaganda e em atos de campanha eleitoral, visto que caracterizam abuso de meio de comunicação social e fraude.

Aliás, essas *fake news* vão além de meras mentiras, como bem constatou Alexandre Basílio de Coura:

> As *fake news*, por exemplo, não podem ser confundidas com a simples mentira. Há uma intenção por trás delas, portanto, estão além da mentira. A ideia das *fake news* é persuadir e convencer, via de regra, utilizando argumentos ponderáveis. Quando essa notícia é falsa e lançada dentro de uma bolha epistêmica, ela se encaixa como uma luva às crenças dos seus membros, não acreditando nela apenas os que estão na bolha errada. E, assim, mentiras e mais mentiras lançadas de forma repetitiva nos remete à máxima do ministro da propaganda alemã Joseph Goebbels, de que uma mentira repetida mil vezes torna-se verdade.[5]

Caracterizam, portanto, verdadeira fraude, a justificar, em tese, a plena responsabilização de seus autores diretos e indiretos e ainda a eventual cassação dos mandatos obtidos por aqueles que foram por elas beneficiados.

Aliás, quanto ao termo *fake news*, é interessante observar que o Ministro Toffoli opta pela expressão notícias fraudulentas, "por melhor exprimir a ideia de utilização de um artifício ou ardil – uma notícia integral ou parcialmente inverídica apta a ludibriar o receptor, influenciando o seu comportamento – com o fito de galgar uma vantagem específica e indevida".[6]

O combate à fraude eleitoral sempre foi uma preocupação do Ministro Dias Toffoli, como se vê no judicioso artigo que escreveu para o primeiro volume da *Revista Brasileira*

---

[3] DIAS TOFFOLI, José Antonio. *Fake news*, desinformação e liberdade de expressão. In: ABBOU, Georges; NERY JUNIOR, Nelson; CAMPOS, Ricardo (org.). *Fakes news e regulação*. 3. ed. rev. e ampl. São Paulo: Thomson Reuters, 2021. p. 34-35.

[4] CALLEJON, Francisco Balaguer. *A constituição do algoritmo*. São Paulo: Forense, 2023. p. 176.

[5] BASÍLIO DE COURA, Alexandre. Campanha eleitoral na *internet*, tecnologia, *marketing* e desinformação. In: Igor Pereira Pinheiro (org.). *A nova campanha eleitoral 2020*. São Paulo: Mizuno, 2020. p. 138.

[6] DIAS TOFFOLI, José Antonio. *Fake news*, desinformação e liberdade de expressão. In: ABBOU, Georges; NERY JUNIOR, Nelson; CAMPOS, Ricardo (org.). *Fakes news e regulação*. 3. ed. rev. e ampl. São Paulo: Thomson Reuters, 2021. p. 33.

de Direito Eleitoral – RBDE, organizada pelo Ibrade e pelo Iprade, sob o título "Breves considerações sobre a fraude ao direito eleitoral", de cuja parte inicial se destaca a seguinte passagem:

> No direito eleitoral, poderíamos afirmar que toda a legislação é prescrita para salvaguardar três princípios essenciais ao sistema representativo: a soberania popular, a liberdade de voto do eleitor e a igualdade entre os candidatos no certame eleitoral.
> Dessa forma, considerando a carga de inegável interesse público desses princípios, a fraude no direito eleitoral independe da má-fé ou do elemento subjetivo, perfazendo-se no elemento objetivo, que é o desvirtuamento das finalidades do próprio sistema eleitoral.[7]

E do qual se colhe o alerta final:

> À Justiça Eleitoral cabe sempre estar atenta à realidade dos fatos que, sob uma roupagem de legalidade, na verdade buscam atingir a liberdade do voto, a soberania popular e, principalmente, criar alguma vantagem para um candidato em detrimento de outro.

Esse norte foi perseguido e atingido pelo Ministro Dias Toffoli em diversos votos e acórdãos. Veja-se, por exemplo, seu voto na Ação Penal (AP) nº 481 (STF), quando, examinando acusação de corrupção eleitoral, em razão de negociação de votos em troca de assistência médica, fez constar da ementa que se tratava de:

> (...)
> 4. Fraude eleitoral que tem sido comumente praticada em nosso País, cometida, quase sempre, de forma engenhosa, sub-reptícia, sutil, velada, com um quase nada de risco. O delito de corrupção via de regra permite que seus autores, mercê da falta de suficiente lastro probatório, escapem pelos desvãos, em manifesta apologia do fantasma da impunidade, e com sério e grave comprometimento do processo eleitoral. Bem por isso, vem se entendendo que indícios e presunções, analisados à luz do princípio do livre convencimento, quando fortes, seguros, indutivos e não contrariados por contraindícios ou por prova direta, podem autorizar o juízo de culpa do agente.[8]

Também quando examinou hipótese de fraude à cota de gênero em razão das chamadas candidatas "laranjas", o eminente Ministro confirmou a decisão recorrida observando que:

> 1. *In casu*, o quadro fático delineado no acórdão do TSE revelou que (a) as candidatas obtiveram votação ínfima ou zerada; (b) elas apresentaram prestação de contas com valor ínfimo patrocinado por outro candidato; (c) a prova testemunhal não foi capaz de assegurar a veracidade de sua candidatura, pois as testemunhas afirmaram que conheciam as candidatas, mas não as viram praticando atos de campanha, circunstâncias que evidenciaram fraude à cota de gênero.[9]

Já quando examinou a constitucionalidade de lei do estado da Bahia que determinava eleição indireta, com voto nominal e aberto, para os cargos de governador e

---

[7] DIAS TOFFOLI, José Antonio. Breves considerações sobre a fraude ao direito eleitoral. *Revista Brasileira de Direito Eleitoral – RBDE*, ano 1, v. 1, p. 45-61, jul./dez. 2009.
[8] BRASIL. Supremo Tribunal Federal. AP 48. Relator: Min. Dias Toffoli. *Dje*: Brasília, DF, 29 jun. 2012.
[9] BRASIL. Supremo Tribunal Federal. AgReg no ARE 1.429.083/SP. *Dje*: Brasília, DF, 20 nov. 2023.

vice-governador em caso de dupla vacância, mesmo reconhecendo a autonomia do estado-membro para definir o modelo de tal eleição, o douto Magistrado fez questão de registrar, na ementa do acórdão:

> 3. A cláusula do voto secreto tem a finalidade de garantir ao cidadão eleitor o livre direito de escolha de seus representantes políticos, protegido dos influxos de origem econômica e social. Tal cláusula constitui o patamar mínimo, inafastável, erigido pelo poder constituinte originário a regra pétrea, ao qual se acrescem outras garantias que previnem a turbação da livre manifestação de vontade do eleitor.
> 4. A presunção de garantia se inverte no caso de votações promovidas no âmbito dos órgãos legislativos, já que o dever de transparência se sobrepõe à tentativa de sigilosidade do ato deliberativo, de viés excepcional. A publicidade é a regra, sendo colocada como direito e ferramenta de controle social do Poder Público.[10]

Também quando integrou o TSE, o Ministro Dias Toffoli repudiou fortemente fraudes à lei e ao processo eleitoral, como pode-se ver de alguns exemplos, dentre tantos outros que poderiam ser lembrados. Em caso em que a propaganda eleitoral irregular afixada em bem de uso comum era retirada no prazo estabelecido pela legislação eleitoral após a devida notificação, mas em seguida afixada em outro lugar, onde permanecia até nova notificação, ele não titubeou em reconhecer o procedimento reprovável, fazendo consignar na ementa do acórdão que:

> A retirada de propagandas irregulares veiculadas em bens de uso comum para afixá-las em outros da mesma espécie implica fraude à lei, razão pela qual persistem as conclusões do acórdão regional no tocante à incidência da multa prevista no art. 37, §l, da Lei nº 9.504197.[11]

Também repudiou a tentativa de indicar para ocupar vaga remanescente a mesma pessoa que teve seu pedido de registro indeferido por não haver sido provada a desincompatibilização tempestiva, na mesma eleição, asseverando que:

> As vagas remanescentes a que alude o artigo 10, §5º, da Lei nº 9.504197 não podem ser preenchidas por candidato que teve o seu pedido de registro indeferido, com decisão transitada em julgado, para a mesma eleição.[12]

Ao encerrar sua gestão na Presidência do STF, o Ministro Dias Toffoli ressaltou que sua decisão mais difícil foi a de determinar a abertura, de ofício, do Inquérito Policial (IP) nº 4781, com curso no próprio STF. Referia-se à Portaria GP nº 62, de 2019, com o seguinte teor:

> O PRESIDENTE DO SUPREMO TRIBUNAL FEDERAL, no uso de suas atribuições que lhe confere o Regimento Interno,
> CONSIDERANDO que velar pela intangibilidade das prerrogativas do Supremo Tribunal Federal e dos seus membros é atribuição regimental do Presidente da Corte (RISTF, art. 13, I);

---

[10] BRASIL. Supremo Tribunal Federal. ADI 1.057. *Dje*: Brasília, DF, 28 out. 2021.
[11] BRASIL. Tribunal Superior Eleitoral. REsp 46953.2012. *Dje*: Brasília, DF, 10 mar. 2014.
[12] BRASIL. Tribunal Superior Eleitoral. AgReg no Respe 206-08.2012. *Dje*: Brasília, DF, 15 maio 2013.

CONSIDERANDO a existência de notícias fraudulentas (*fake news*), denunciações caluniosas, ameaças e infrações revestidas de *animus calumniandi, diffamandi* e *injuriandi*, que atingem a honorabilidade e a segurança do Supremo Tribunal Federal, de seus membros e familiares, RESOLVE, nos termos do art. 43 e seguintes do Regimento Interno, instaurar inquérito para apuração dos fatos e infrações correspondentes, em toda a sua dimensão,
Designo para a condução do feito o eminente Ministro Alexandre de Moraes, que poderá requerer à Presidência a estrutura material e de pessoal necessária para a respectiva condução.

Embora questionado de início por alguns poucos, essa providência se mostrou um ato de coragem e visão. A disseminação de notícias fraudulentas para atingir a imagem e a honorabilidade do STF, que levou à reprovável invasão de sua sede, assim como das sedes de outros Poderes, confirmou a correção do ato.

Ato que foi abonado pelo Plenário da Corte por ocasião do julgamento da ação de Arguição de Descumprimento de Preceito Fundamental (ADPF) nº 572, de cujo acórdão merece ser destacado o trecho culminante:

2. Nos limites desse processo, diante de incitamento ao fechamento do STF, de ameaça de morte ou de prisão de seus membros, de apregoada desobediência a decisões judiciais, arguição de descumprimento de preceito fundamental julgada totalmente improcedente, nos termos expressos em que foi formulado o pedido ao final da petição inicial, para declarar a constitucionalidade da Portaria GP nº 69/2019 enquanto constitucional o artigo 43 do RISTF, nas específicas e próprias circunstâncias de fato com esse ato exclusivamente envolvidas.[13]

O tempo já transcorrido desde a edição dessa portaria e os tristes acontecimentos que infelizmente assistimos nesse período, confirmaram a boa capacidade de discernimento do então Presidente da Corte que, mesmo antevendo críticas, não se furtou de cumprir seu dever de proteger e zelar pelo Poder Judiciário, cuidado imprescindível para a preservação do Estado Democrático e permitir eleições seguras e limpas. Para lembrar o lema de uma bem-sucedida campanha de moralização, voto não tem preço, tem consequências.

Por isso, a importância do Direito Eleitoral bem como a correta aplicação e interpretação das normas que dispõem sobre todas as etapas do processo de escolha daqueles que exercerão ao mais elevados cargos e funções na administração da coisa pública e na definição das políticas que definirão nosso futuro, na esperança de uma convivência fraterna com diminuição das desigualdades. Como bem explicou o nobre Ministro Dias Toffoli por ocasião do julgamento das ADCs nº 29 e 30, em conjunto com a ADI nº 4.578,[14] o

exercício e gozo dos direitos políticos perfazem uma das facetas mais importantes dos direitos fundamentais do cidadão. Remontam a uma conquista histórica, resultante de séculos de batalha, e que se traduz, em suma, na possibilidade do indivíduo influir no destino do Estado e opinar, em conjuntura coletiva, na fixação dos fins e das regras aplicáveis à sua comunidade, histórica e espacialmente contextualizada.

---

[13] BRASIL. Supremo Tribunal Federal. ADPF 572. Relator: Min. Edson Fachin. *Dje*: Brasília, DF, 7 maio 2021.
[14] BRASIL. Supremo Tribunal Federal. ADC 29. *Dje*: Brasília, DF, 29 jun. 2012; BRASIL. Supremo Tribunal Federal. ADC 30. *Dje*: Brasília, DF, 29 jun. 2012; BRASIL. Supremo Tribunal Federal. ADI 4.578.

Nesse momento encontra-se em discussão, no Congresso Nacional, um novo Código Eleitoral, que, certamente, levará em consideração as ponderações e sugestões contidas nas propostas e nos estudos realizados pela Comissão de Juristas criada pelo então Presidente do Senado Federal José Sarney, em 2009, que foi presidida pelo Ministro Dias Toffoli.

Em conclusão, é possível observar, com toda segurança, a boa, intensa e frutífera relação que o Ministro Dias Toffoli, magistrado sereno, zeloso com a coisa pública, atento, coerente, técnico, responsável, manteve e mantém com a Justiça Eleitoral não só nesses 15 anos de judicatura, que são devida e justamente registrados nesta coletânea, mas também quando era o brilhante Advogado José Antonio, cuja simplicidade, cordialidade, respeito, afeto, companheirismo, informalidade não foram alterados pela merecida investidura, nem pela toga que lhe cobre os ombros.

Referências

BARROSO, Luís Roberto; BARROSO, Luna van Brussel. Democracia, mídias sociais e liberdade de expressão: ódio, mentiras e a busca da verdade possível. *Direitos Fundamentais & Justiça*, Belo Horizonte, v. 17, n. 49, p. 285-311, jul./dez. 2023.

BASÍLIO DE COURA, Alexandre. Campanha eleitoral na *internet*, tecnologia, *marketing* e desinformação. In: Igor Pereira Pinheiro (org.). *A nova campanha eleitoral 2020*. São Paulo: Mizuno, 2020.

CALLEJON, Francisco Balaguer. *A constituição do algoritmo*. São Paulo: Forense, 2023. p. 176.

DIAS TOFFOLI, José Antonio. Breves considerações sobre a fraude ao direito eleitoral. *Revista Brasileira de Direito Eleitoral – RBDE*, ano 1, v. 1, p. 45-61, jul./dez. 2009.

DIAS TOFFOLI, José Antonio. *Fake news*, desinformação e liberdade de expressão. In: ABBOU, Georges; NERY JUNIOR, Nelson; CAMPOS, Ricardo (org.). *Fakes news e regulação*. 3. ed. rev. e ampl. São Paulo: Thomson Reuters, 2021.

ÍNTEGRA do discurso de posse do presidente Dias Toffoli. 13 maio 2014. *TSE*, Brasília, DF, 13 maio 2014. Disponível em: https://www.tse.jus.br/comunicacao/noticias/2014/Maio/integra-do-discurso-de-posse-do-presidente-do-tse. Acesso em: 26 jul. 2024.

Informação bibliográfica deste texto, conforme a NBR 6023:2018 da Associação Brasileira de Normas Técnicas (ABNT):

SILVA, Fernando Neves da; SILVA, Cristina Maria Gama Neves da. José Antonio Dias Toffoli e a Justiça Eleitoral. In: MENDES, Gilmar Ferreira; LIRA, Daiane Nogueira de; FREIRE, Alexandre (coord.). *Constituição, democracia e diálogo*: 15 anos de Jurisdição Constitucional do Ministro Dias Toffoli. 2. ed. Belo Horizonte: Fórum, 2025. p. 525-532. ISBN 978-65-5518-937-7.

15 ANOS DO MINISTRO DIAS TOFFOLI NO STF

FERNANDO AZEVEDO E SILVA

Com honra e gratidão recebi a oportunidade para escrever sobre a minha passagem pelo Supremo Tribunal Federal (STF), durante a então presidência do Ministro José Antônio Dias Toffoli, período no qual exerci a função de assessor especial da presidência do STF.

Como muitas vezes acontece em nossas vidas, a indicação para o cargo não fazia parte das minhas mais remotas previsões. A hipótese de meu nome como assessor surgiu após uma consulta do Ministro Dias Toffoli ao comandante do Exército na época, general Eduardo Villas Bôas, quando me preparava para passar à inatividade, em 2018, como Chefe do Estado Maior do Exército, no último posto da carreira, já que, antes mesmo de assumir a Presidência do STF, em 13 de setembro de 2018, o Ministro Dias Toffoli montou um gabinete estratégico com o intuito de criar canais de diálogo com setores considerados por ele como relevantes.

Após, o Presidente Toffoli formalizou o convite sobre a possibilidade de exercer a nobre função de assessor especial, e como ainda prevalece o velho espírito de soldado, aceitei, com satisfação, mais essa missão! Assim, nasceu uma parceria e uma sólida amizade, marcadas pela admiração e respeito mútuos.

Acredito ter contribuído, com minha experiência, para atuar como ponte entre o Supremo e as Forças Armadas, o que facilitou a comunicação e a cooperação em temas de segurança nacional e defesa. Também tive a oportunidade de acompanhar o presidente em diversos compromissos institucionais e pude constatar toda a complexidade do Poder Judiciário e o brilhante trabalho realizado pela magistratura brasileira. Acredito, ainda, que meu trabalho tenha sido útil em consultoria de assuntos estratégicos, envolvendo áreas como segurança pública, defesa e avaliação da conjuntura. Foi, sem dúvida, uma satisfação poder servir ao meu País, atuando onde meu conhecimento e minha experiência foram bem aproveitados.

Na Presidência do STF, o Ministro Dias Toffoli exerce com maestria aquilo que nós, militares, praticamos como apanágio: o olhar e a consideração pelo subordinado. Por diversas vezes, o Ministro reunia seu gabinete e prestigiava a sua equipe, seja no ambiente de trabalho ou em confraternizações onde, aliás, sempre estava presente.

Guardo na memória, com muita satisfação, a deferência especial e sincera com a qual o Ministro Toffoli sempre me tratou nas convocações para atividades internas e externas, e reuniões de seu gabinete.

Cumpre ressaltar o excelente ambiente de trabalho que encontrei no gabinete do Presidente do STF, algo que contribuiu para a minha integração rápida e efetiva. E aqui faço questão de mencionar duas pessoas muito especiais: o Chefe de Gabinete do Presidente Toffoli, Sergio Braune, e sua Secretária-Executiva, Daiane Nogueira de Lira. Dois servidores do mais alto quilate, eficientes, íntegros e agregadores.

Entretanto, pela minha formação, sempre soube que tarefas poderia aceitar e quando. Foi o que aconteceu quando fui convidado pelo Presidente da República para ocupar o Ministério da Defesa, oportunidade que, poderia de forma ainda mais concreta, dar minha contribuição. Porém, ponderei que seria necessário o Presidente eleito falar como Ministro Toffoli, o que foi feito. O Ministro liberou-me para o novo cargo, não sem ressaltar a importância do futuro cargo e afirmar que "meu perfil republicano e visão de Estado iriam auxiliar muito as Forças Armadas e o Brasil".

Antes de encerrar, gostaria de deixar aqui registrado que o período em que atuei como Assessor Especial do Presidente do STF, Dias Toffoli, foi uma experiência ímpar na minha vida e que nunca esquecerei. Fiz muitas amizades – inclusive com os próprios Ministros do STF e integrantes do Gabinete à época – que perduram até hoje.

Nesses 15 anos de Jurisdição Constitucional do Ministro Dias Toffoli, ressalto a satisfação que tive de trabalhar a seu lado na Presidência do STF, seu espírito conciliador e republicano, bem como sua visão inteligente e desprovida de preconceitos – principalmente políticos – são valores preciosos que enaltecem a sua trajetória como integrante da mais alta corte do Brasil.

Ministro Dias Toffoli, parabéns e sucesso na sua caminhada!

Informação bibliográfica deste texto, conforme a NBR 6023:2018 da Associação Brasileira de Normas Técnicas (ABNT):

SILVA, Fernando Azevedo e. 15 anos do Ministro Dias Toffoli no STF. *In*: MENDES, Gilmar Ferreira; LIRA, Daiane Nogueira de; FREIRE, Alexandre (coord.). *Constituição, democracia e diálogo*: 15 anos de Jurisdição Constitucional do Ministro Dias Toffoli. 2. ed. Belo Horizonte: Fórum, 2025. p. 533-534. ISBN 978-65-5518-937-7.

LIBERDADE DE CRENÇA, CULTO E EXPRESSÃO

FLAUZILINO ARAÚJO DOS SANTOS

> *"Ao mesmo tempo, a Constituição protege a liberdade de culto, consistente na possibilidade de exteriorização de ritos, cerimônias e manifestações religiosas, bem como na proteção dos locais de culto e respectivas liturgias, livres de embaraços por parte do Estado."*
>
> (Ministro Dias Toffoli)

1 Introdução

Este artigo busca realçar a atuação do eminente Ministro Dias Toffoli na defesa das garantias fundamentais, conforme seu voto no Plenário do Supremo Tribunal Federal (STF), no julgamento da Arguição de Descumprimento de Preceito Fundamental (ADPF) nº 811/SP. O julgamento abordou a restrição de cultos, missas e atividades religiosas coletivas, imposta pelo Decreto nº 65.563/2021, do Governador de São Paulo, que instituiu medidas emergenciais contra a Covid-19. Embora tenha sido voto vencido, o eminente Ministro oxigenou o conhecimento no campo da ciência jurídica a respeito dos direitos e garantias constitucionais que asseguram o livre exercício dos cultos religiosos e a proteção de suas liturgias.

No Brasil, a Carta Política de 1988 consagra as liberdades de consciência, de crença e de culto, estas duas últimas comumente abarcadas pelo termo genérico "liberdade religiosa", como direitos fundamentais dos cidadãos. A Constituição Federal, no artigo 5º, VI, estipula que "é inviolável a liberdade de consciência e de crença, sendo assegurado o livre exercício dos cultos religiosos e garantida, na forma da lei, a proteção aos locais de culto e a suas liturgias".

Oficialmente, com a promulgação da Constituição de 1891, o Brasil foi elevado ao *status* de Estado laico, adotando no campo religioso uma posição neutra, imparcial e sem preconceitos, não apoiando ou discriminando qualquer confissão ou religião.[1]

---

[1] Com a Proclamação da República, em 15 de novembro de 1889, e a consequente abolição da Constituição Imperial, o Estado tornou-se laico no Brasil, garantindo o direito à liberdade religiosa. No entanto, concretamente, em 7 de janeiro de 1890, o Marechal Manoel Deodoro da Fonseca, Chefe do Governo Provisório da República dos

Desde a Constituição de 1891 até a de 1988, todas estabeleceram a separação entre Estado e Igreja, embora a de 1934 tenha trazido retrocessos. Apesar de o Brasil ser um Estado aconfessional,[2] a Constituição Federal de 1988 reconhece o peso da Igreja Católica, evidenciado por símbolos e outras relações religiosas. Nesse ínterim, o "Preâmbulo" da Constituição de 1988 menciona que a instituição do Estado Democrático se dá "sob a proteção de Deus". Mas a Constituição Federal garante a liberdade religiosa a todos. Isso inclui o direito de professar ou não uma crença, manifestá-la livremente, mudar ou abandonar a crença, praticar atos de culto em público ou privado, comemorar festividades e dias santificados, bem como seus ritos, liturgias, oferendas, sacramentos e ordenanças.

Desse modo, as pessoas têm direito a um dia religioso de descanso semanal; a receber, em sua morte, a despedida de seus entes queridos de conformidade com as tradições de sua fé; a ter uma sepultura digna, sem discriminações por razões religiosas;[3] a buscar a assistência religiosa, conforme suas convicções; e a buscar a educação religiosa alinhada com suas crenças. Também podem se reunir e manifestar publicamente para atividades religiosas, se associar para desenvolverem suas práticas sem ingerência do Estado em matérias *interna corporis*, decorrentes de seu credo, doutrina, fé e ordem, e, fundamentalmente, não serem perturbadas no exercício desses e de outros direitos inerentes.

Essa garantia legal permite a cada um escolher e professar livremente sua religião, suas crenças místicas, seu ateísmo ou agnosticismo, sem, como resultado deles, ser vítima de opressão, discriminação ou conversão forçosa. Assim, como em relação a todos os direitos humanos, qualquer cidadão pode recorrer ao Poder Judiciário para ver respeitada a sua liberdade de consciência, crença e culto.

Nesse cenário, o Estado brasileiro, ao longo dos anos, desenvolveu o alcance dos referidos direitos na formulação da política pública sobre liberdade religiosa, de consciência, de crença e de culto, em disposições constitucionais, infraconstitucionais e pelos tratados internacionais que versam sobre direitos humanos, dos quais o país se tornou signatário, além de amplo debate interno no campo jurídico, legislativo e social.

Ainda que o Estado tenha como funções o reconhecimento, a garantia e a proteção desses direitos, para que os cidadãos possam exercê-los plenamente em todas as suas manifestações, identifica-se que, quando o ordenamento jurídico é colocado em prática, as normas apresentam problemas na sua aplicação. O Papa Francisco aludiu a uma "perseguição educada" no Ocidente, "disfarçada de cultura, modernidade e progresso", que acaba por retirar a liberdade, inclusive a objeção de consciência. Segundo o Pontífice, em muitos países, esse conceito se tornou profético, e a intolerância se transformou

---

Estados Unidos do Brasil, editou o Decreto nº 119-A, de 7 de janeiro de 1890, consagrando a plena liberdade de cultos e extinguindo o padroado.

[2] O Estado pode adotar três posturas: vincular-se a uma religião específica (confessional); separar as esferas política e religiosa (aconfessional ou laico) ou promover a eliminação da religião da vida pública e privada, considerando-a um mal a ser erradicado (anticonfessional, laicista ou ateu).

[3] Durante o Império, os cemitérios eram da Igreja. Às vezes, por motivos de crença religiosa diversa ou do modo de falecimento (*v. g.*, suicídio), a certas pessoas era negado o direito de ser sepultado no cemitério eclesiástico, pois o *jus sepultura dandi* era inerente às atividades do pároco local (SANTOS, Flauzilino Araújo dos. *Condomínios e incorporações no registro de imóveis*: teoria e prática. São Paulo: Editora Mirante, 2012. p. 168).

em discriminação, quando foram introduzidas leis que tornam "legal" a privação dos direitos fundamentais dos cidadãos.[4]

Então, discutir esse tema é essencial para reafirmar o princípio constitucional de que no Brasil existe liberdade de consciência, crença e de culto e seus rituais, tanto no âmbito público quanto no privado, além da liberdade de *ekklesia*,[5] com ou sem personalidade jurídica.

2 A liberdade religiosa como direito fundamental

A liberdade religiosa é uma pedra angular para sociedades modernas, pluralistas, democráticas e justas, que fazem do equilíbrio do ser humano o cerne de suas políticas, gerando uma plataforma de tolerâncias recíprocas. A Bíblia ensina que se deve buscar o equilíbrio em tudo na vida, evitando os excessos, pois, como está escrito no livro de Eclesiastes, alguns exageros podem nos destruir.[6]

Esse equilíbrio começa com a compreensão, o reconhecimento e a proteção da diversidade de consciências e da liberdade de expressão. Como uma questão central nas sociedades democráticas, a liberdade religiosa atua como um termômetro do nível de liberdade real de uma sociedade, exigindo políticas que reconheçam e garantam a singularidade e a variedade de cada indivíduo, em todos os seus matizes. É o instrumento mais fiável para antecipar violações gerais dos direitos humanos por parte de um regime repressivo ou tirano.

Além disso, a liberdade religiosa é a pedra angular da paz em um mundo onde inúmeras ideias vicejam, coexistem e competem entre si. Ela permite que diferentes crenças convivam, protegendo os mais vulneráveis. Esse direito é valioso não apenas para os crentes ligados a instituições ou comunidades religiosas, mas também para ateus, céticos e pessoas indiferentes ao divino, configurando o pluralismo alcançado pelas sociedades democráticas ao longo dos séculos.

Uma das passagens mais conhecidas da Bíblia e que está presente nos evangelhos são as palavras proferidas por Jesus aos seus discípulos, quando lhes ensinava sobre a importância da escolha: "Então, disse Jesus aos seus discípulos: "Se alguém quiser vir após mim, renuncie-se a si mesmo, tome sobre si a sua cruz e siga-me" (Mateus 16:24). Essas palavras sugerem uma escolha voluntária, livre e deliberada; um ato de vontade própria.

Assim, a noção de liberdade religiosa garantida pela constituição de um Estado a todos os cidadãos, sem distinção, pressupõe uma configuração política, filosófica e

---

[4] MEDITAÇÕES matutinas na Capela da Casa Santa Marta: duas perseguições (12 de abril de 2016). *L'Osservatore Romano*, Vaticano, 14 abr. 2016. Disponível em: https://www.vatican.va/content/francesco/pt/events/event.dir.html/content/vaticanevents/pt/2016/4/12/domussanctaemarthae.html. Acesso em: 25 jul. 2024.

[5] Os escritores do Novo Testamento fizeram uso da palavra *ekklesia* para descrever as reuniões de comunhão que vieram a existir após a morte e ressurreição de Jesus. Em geral, a palavra é traduzida por Igreja, no sentido universal, de igrejas domésticas e de reunião religiosa. Os cristãos transladam, à esfera da igreja, as palavras de Jesus Cristo registradas em Mateus 18:20: "Porque onde estiverem dois ou três reunidos em meu nome, aí estou no meio deles". Em sentido geral, o texto revela que Jesus está tão presente na pequena congregação informal no lar, entre poucas pessoas, como na reunião de multidões em grandes congregações instaladas em templos.

[6] "Não sejas demasiadamente justo, nem demasiadamente sábio; por que te destruirias a ti mesmo?" (Eclesiastes 7:16).

religiosa holística sobre a religião, seja ela de adesão, de rejeição ou de indiferença, pela via do livre exercício da autodeterminação pessoal e do desenvolvimento da personalidade, sem que ninguém possa lhe opor resistência.

No caso brasileiro, o direito à liberdade religiosa está consagrado no artigo 5º da Constituição Federal ao lado de outros direitos fundamentais de primeira geração, como os da inviolabilidade do direito à vida, à liberdade, à igualdade, à segurança e à propriedade. Por força dessa divisa, convivem, em harmonia, cristãos católicos e evangélicos, judeus, ateus, agnósticos, muçulmanos, budistas, taoistas, xintoístas, testemunhas de Jeová, mórmons, messiânicos, esotéricos, desigrejados, espíritas, umbandistas, candomblecistas, praticantes de outros cultos de matriz africana e ameríndias, dentre outras práticas religiosas.

As liberdades de consciência, de crença, de culto e de livre expressão constituem um direito humano universal. A Declaração Universal dos Direitos Humanos estabelece em seu artigo 18 que "todo ser humano tem direito à liberdade de pensamento, consciência e religião; esse direito inclui a liberdade de mudar de religião ou crença e a liberdade de manifestar essa religião ou crença pelo ensino, pela prática, pelo culto em público ou em particular".

Nesse contexto, emergem três pontos. O primeiro é que o direito à liberdade religiosa não é absoluto. Embora seu caráter universal seja reconhecido, é necessário considerar sua natureza relativa e suas interações com outras liberdades e com o princípio da igualdade, que protege a liberdade de todos, incluindo crentes e não crentes. Assim, os direitos das minorias religiosas e outras formas espirituais, como as dos afrodescendentes, povos indígenas, ortodoxos e fundamentalistas[7] devem ser igualmente respeitados, na esteira da noção da consciência individual, que a religião cristã denomina livre arbítrio.

O segundo é que o titular da liberdade religiosa é o ser humano, como ocorre com todos os outros direitos humanos, intrinsecamente relacionados ao respeito por sua dignidade, liberdade e autodeterminação. Nesse sentido, a liberdade religiosa, em primeira mão, não está a serviço de religiões em si, mas sim dos seres humanos, independentemente de raça, cor, gênero ou credo.

O terceiro ponto é que o direito de escolha é um dos mais fundamentais da pessoa humana. Impedir um cidadão de exercer essa prerrogativa é uma afronta à sua dignidade. Portanto, é imperativo que haja garantia para que o indivíduo seja livre para expressar a sua consciência.

Devido a esse caráter relacional, a dimensão histórica das religiões também deve ser levada em conta. Deve-se reconhecer que as modalidades de definição dos diplomas legais da liberdade religiosa foram transformadas por circunstâncias históricas e sociológicas específicas de cada quadra da sociedade. Nessa perspectiva, a liberdade religiosa abre espaços não só para o respeito frente às crenças de terceiros, mas para o proselitismo, como ato de exteriorização da crença abraçada, no cumprimento de uma tarefa apostólica de evangelização.

---

[7] Fundamentalistas no sentido de retorno aos fundamentos da fé cristã, em defesa da interpretação literal estrita dos textos bíblicos. É repelido o extremismo religioso decorrente do fundamentalismo-militante associado ao terrorismo global, que em sua intolerância rejeita os lídimos direitos da pessoa humana.

3 Proselitismo

O proselitismo, que é a prática de tentar converter outras pessoas a uma religião, crença, superstição ou ideologia, pode ser considerado uma forma de livre expressão, mas há pontos a serem levados em conta, para evitar coerção, fraude, assédio ou simples desaprovação social, por inoportuno ou ofensivo, mesmo que não seja ilegal.

A proteção à liberdade de expressão e religiosa inclui o direito de promover e compartilhar a doutrina e fundamentos adotados, seja em público, seja de modo privado. O Estado deve se preocupar em proporcionar a seus cidadãos um clima de perfeita compreensão religiosa, proscrevendo a intolerância e o fanatismo. Porém, em geral, não fere sequer a ética realizar proselitismo (evangelização), respeitando a dignidade e a liberdade dos outros; evitando métodos apelativos, coercitivos ou manipulativos.

No cristianismo, é dever de todos os cristãos divulgar que Jesus é "o caminho, a verdade e a vida", e que ninguém vai ao Pai senão por Ele (João 14:6). Os que fazem a obra de um evangelista desejam que as pessoas para as quais a mensagem do evangelho é levada sejam convertidas. O apóstolo Paulo, que chegou a dizer em sua primeira epístola aos Coríntios "Ai de mim se não evangelizar" (9:16), obtempera, logo mais, que "tudo deve ser feito com decência e ordem" (14:40). É iludível que a liberdade religiosa não concede a ninguém o direito de molestar os outros ou de fazer de si mesmo um incômodo público.

Na realidade, quase todas as religiões existentes praticam o proselitismo, de forma a angariar para si adeptos de outras crenças, desigrejados, ateus e céticos, e para fazer isso, invariavelmente, colocam a sua religião como a mais sagrada e superior à dos outros. Organizações ateístas também realizam campanhas para aumentar a visibilidade do ateísmo e promover a aceitação social de visões não religiosas. Muitos ateístas se envolvem em atividades educativas para disseminar, em materiais pedagógicos, ideias baseadas no secularismo e na aplicação rigorosa do pensamento crítico às reivindicações religiosas, considerando-as não substanciadas por evidências suficientes.

O mero proselitismo religioso, ainda que cause constrangimento para praticantes de outras religiões ou descrentes, não pode ser caracterizado como crime de intolerância, uma vez que está inserido nos direitos de crença e de divulgação de fundamentos religiosos. A Primeira Turma do Supremo Tribunal Federal (STF), ao julgar o Recurso Ordinário em Habeas Corpus (RHC) nº 134.682/BA, com a relatoria do eminente Ministro Edson Fachin, publicado em 29 de agosto de 2017, assim decidiu:

> O discurso discriminatório criminoso somente se materializa após ultrapassadas três etapas indispensáveis. Uma de caráter cognitivo, em que é atestada a desigualdade entre grupos e/ou indivíduos; outra de viés valorativo, em que se assenta suposta relação de superioridade entre eles e, por fim; uma terceira, em que o agente, a partir das fases anteriores, supõe legítima a dominação, exploração, escravização, eliminação, supressão ou redução de direitos fundamentais do diferente que compreende inferior.

Todavia, o proselitismo deve ser marcado pelo signo do respeito mútuo, tanto por parte de quem intenta persuadir outrem acerca de sua fé ou de seu ceticismo como daquele sobre quem se dirige a argumentação persuasiva. Igualmente, o desrespeito à liberdade do interlocutor e os discursos ofensivos, depreciativos, difamantes ou que incitem o ódio devem ser refreados, na forma da lei, bem como deve ser censurada a ação de aproveitar-se da situação de vulnerabilidade, medo e sofrimento do ouvinte, para tentar nele infundir uma crença inconsciente e superficial, pautada no desespero. O cristianismo, a despeito de a evangelização ser a comissão de todo cristão, pugna que a conversão é fruto misterioso da ação do Espírito Santo.[8]

É natural que a tentativa de persuasão envolva elementos de divergência crítica que visam demonstrar erros e desvios doutrinários das crenças professadas pela pessoa-alvo ou de sua opção por não ter religião, mediante argumentos, expressões e figuras de linguagem que reforcem de forma maximizada a intenção de seu convencimento (conversão). Isso não é discurso ofensivo ou injurioso, senão que reside na esfera livre de circulação de ideias, no âmbito do desenvolvimento intelectual dos indivíduos, como forma de enriquecimento do debate, sob o manto constitucional da liberdade de pensamento e de expressão.

Nesse sentido, há uma conexão indissolúvel entre liberdade de consciência, de pensamento e de expressão. A liberdade de consciência emerge da alma e do espírito humano, pois cada pessoa possui a sua própria cosmovisão, que pode ser mantida incólume em seu íntimo ou externada pela livre manifestação do pensamento.

O direito à liberdade de expressão não visa proteger apenas opiniões que, a princípio, são verdadeiras, honestas, justas, admiráveis ou convencionais, mas, acima de tudo, a divergência de opiniões, juízos de valor e críticas, mesmo ácidos. Por certo que, quando há unidade de pensamento não há necessidade de tutela do direito; ele tem relevo, justamente, para assegurar as divergências de opinião, quando manifestadas de maneira exagerada, insistente, teimosa, satírica, humorística ou não compartilhadas pela maioria, competindo, assim, aos que lhe são opostas, lidar com a divergência como uma consequência natural da manifestação do pensamento contrário às ideias que estão em debate público.

O Pacto de São José da Costa Rica, de 22 de novembro de 1969, incluído na ordem jurídica nacional por meio do Decreto nº 678, de 6 de novembro de 1992, estabelece que toda pessoa tem direito à liberdade de consciência e de religião, inclusive a liberdade de professar e divulgar sua religião ou suas crenças, individual ou coletivamente, tanto em público como em privado.

Tal como relacionada com a dignidade, a liberdade religiosa é também um componente essencial do bem comum. Considerada em uma dimensão positiva (direito de acreditar) e negativa (direito de não acreditar), a liberdade religiosa é um fator de paz, estabilidade e bem-estar individual e coletivo. Assim, é considerada elemento-chave para a construção de uma sociedade mais longânima e um mundo mais pacífico e justo, que rechace qualquer tipo de violência física, moral ou intelectual.

Nesta ordem de ideias, é possível afirmar que a liberdade religiosa tem um valor político relevante, à medida que cria cenários de perdão e reconciliação para a construção da paz, e exige o reconhecimento do direito das diferentes comunidades e pessoas

---

[8] "E, quando ele (o Espírito Santo) vier, convencerá o mundo do pecado, e da justiça, e do juízo" (Jesus, em João 16:8).

viverem juntas e habitarem o mesmo espaço público ou privado.[9] Por seu viés holístico, a liberdade religiosa é válida para todos os seres humanos e não apenas para os crentes, porque protege também aqueles que se declaram não pertencentes a uma religião ou convicção. É bem por isso que, embora relacionada com a liberdade de culto, a ela não se limita e deve ser compreendida no âmbito da liberdade de consciência.

Assim, identificando problemas na aplicação das normas, será abordada a liberdade de crença e de culto, garantida como cláusula pétrea na Constituição Federal. O foco será a autonomia ampla para a constituição de pessoa jurídica "organização religiosa", sem intervenção do Estado na elaboração de seus atos constitutivos, respeitando sua autodeterminação, autocompreensão e autodefinição.

4 Ato constitutivo da organização religiosa

A organização religiosa não surge automaticamente por existirem circunstâncias congregacionais de fato, porém depende de um ato vital constitutivo que determine a submissão do ato criativo ao regime jurídico estabelecido, uma vez cumpridas exigências da legislação atinente e formalidades relativas à publicidade registral, para autenticidade, segurança e eficácia do ato-fato jurídico (Lei nº 6.015/1973, §1º).

O princípio da legalidade estrita impõe ao oficial do Registro Civil de Pessoa Jurídica a qualificação do título, a fim de verificar se está em conformidade com a lei e com as normas técnicas respectivas, tanto sob o aspecto formal, quanto sob o aspecto intrínseco, devendo recusar títulos contrários à ordem jurídica e aos princípios informativos (art. 28 da Lei nº 8.935/1994). Em outras palavras, somente se admite o ingresso de título que atendam aos ditames legais. É nesse contexto que o artigo 44 do Código Civil brasileiro merece ser interpretado.

> Art. 44. São pessoas jurídicas de direito privado:
> I - as associações;
> II - as sociedades;
> III - as fundações;
> *IV - as organizações religiosas; (Incluído pela Lei nº 10.825, de 22.12.2003)*
> V - os partidos políticos. (Incluído pela Lei nº 10.825, de 22.12.2003)
> VI - (Revogado pela Lei nº 14.382, de 2022)
> *§1º São livres a criação, a organização, a estruturação interna e o funcionamento das organizações religiosas, sendo vedado ao poder público negar-lhes reconhecimento ou registro dos atos constitutivos e necessários ao seu funcionamento. (Incluído pela Lei nº 10.825, de 22.12.2003)*
> §2º As disposições concernentes às associações aplicam-se subsidiariamente às sociedades que são objeto do Livro II da Parte Especial deste Código. (Incluído pela Lei nº 10.825, de 22.12.2003)
> §3º Os partidos políticos serão organizados e funcionarão conforme o disposto em lei específica. (Incluído pela Lei nº 10.825, de 22.12.2003).

---

9 A pluralidade religiosa nos espaços públicos e privados não implica necessariamente tolerar o outro por possuir uma vinculação religiosa diversa da tradição da família ou da comunidade, mas o que está em jogo são mecanismos de consideração recíproca, de modo que cada envolvido fique satisfeito com o resultado da negociação social na pluralidade religiosa intrafamiliar e sua extensão comunitária.

O processo criativo de uma organização religiosa é a estruturação jurídica de um pensamento, com o objetivo de congregar uma irmandade de pessoas, cujo compartilhar da mesma fé se torne um laço de união e de comunhão de esforços. O ato constitutivo poderá ser redigido mediante estatuto aprovado por uma coletividade ou declaração unilateral, por instrumento público ou particular, e representa o padrão jurídico-administrativo que determinará as regras básicas de gestão da organização e o relacionamento de seus partícipes entre si, como também o relacionamento institucional da entidade.

Dessa forma, o processo criativo de uma organização religiosa pode ser executado por um time ou apenas por uma só pessoa, cujas ideias serão, em seguida, colocadas em debate público, com o fim de angariar discípulos, mediante adesão. Mesmo os fundadores das grandes religiões frequentemente começaram suas jornadas espirituais sozinhos, mas logo suas visões e seus ensinamentos encontraram ressonância em outras pessoas, atraindo seguidores e levando à formação de comunidades religiosas e movimentos duradouros.[10]

No texto originário do Código Civil de 2002, as organizações religiosas (igrejas e quejandos) não eram contempladas com qualquer distinção das demais associações civis, e deviam adequar seus atos constitutivos aos artigos 53 a 61 e 2.031, até o dia 11 de janeiro de 2004. No entanto, uma mobilização de parlamentares católicos e evangélicos teve êxito em aprovar o que veio a ser a Lei nº 10.825, de 22 de dezembro de 2003, a qual incluiu o inciso IV e o §1º no artigo 44 e o parágrafo único no artigo 2.031 no Código, tornando, assim, "livres a criação, a organização, a estruturação interna e o funcionamento das organizações religiosas, sendo vedado ao Poder Público negar-lhes reconhecimento ou registro dos atos constitutivos e necessários ao seu funcionamento".

As organizações religiosas ficaram fora do alcance da legislação empresarial e das leis que regem associações, fundações e partidos políticos, embora nada obste que uma organização religiosa seja estruturada como associação civil ou fundação, a critério de seus instituidores.[11]

Dessa forma, os oficiais do Registro Civil de Pessoas Jurídicas, assim como o Ministério Público, juízes corregedores e outras autoridades, não podem interferir nas disposições dos atos constitutivos de criação, organização, estruturação interna e funcionamento das organizações religiosas, regimentos e códigos de conduta, salvo se forem contrários à lei. Em princípio, não cabe ao oficial de registro perquirir se a

---

[10] Siddhartha Gautama (Buda) começou sua busca espiritual sozinho, abandonando a vida de luxo para praticar ascetismo e meditação. Após alcançar a iluminação, formou uma comunidade de monges e discípulos. Jesus Cristo iniciou seu ministério sozinho, batizado por João Batista e passando quarenta dias no deserto, depois formou um grupo de seguidores que baseou o cristianismo. Maomé (Muhammad) recebeu revelações do anjo Gabriel na caverna de Hira e, compartilhando com sua esposa e círculo íntimo, atraiu seguidores para a primeira comunidade muçulmana. Confúcio começou sozinho as suas reflexões e os seus ensinamentos sobre moralidade, governança e ética pessoal, atraindo discípulos que registraram suas palavras e disseminaram suas ideias. Lao-Tsé (Laozi) escreveu o *Tao Te Ching* sozinho, formando a base do taoísmo e atraindo seguidores que espalharam suas ideias.

[11] No que concerne às fundações instituídas para fins de atividades religiosas (CC, art. 62, IX) elas só se beneficiam do Código Civil se o instituidor fizer uma dotação especial de bens livres e indicar claramente seus objetivos.

formalização do título a ser inscrito decorreu de ato jurídico complexo, oriundo de uma coletividade de pessoas, ou de ato unilateral, emanado de apenas um sujeito.[12]

O comportamento do registrador no exame de legalidade ou do Juiz Corregedor, em requalificação do título, caso haja suscitação de dúvida, será muito mais limitado, quando tiver por objetivo a inscrição registral de uma organização religiosa, cingindo-se à formalização instrumental e ao cumprimento de elementos essenciais para a validade do negócio jurídico, apontados no artigo 104 do Código Civil: agente capaz, objeto lícito, possível, determinado ou determinável e forma prescrita ou não defesa em lei.

É óbvio que, além dos aspectos formais externos ou extrínsecos, o oficial de registro verificará os elementos intrínsecos essenciais para a validade do ato, em especial, a capacidade civil dos signatários, a regularidade das assinaturas apostas, se é a hipótese de reconhecimento de firmas notarial, e a existência de cláusulas ou disposições frontalmente *contra legem*. Nesses elementos reside a totalidade do controle estatal para a criação da pessoa jurídica organização religiosa.

Nesse cenário, evidentemente, o legislador não outorgou um exercício ilimitado de direitos para a criação de uma pessoa jurídica sem qualquer controle estatal, só por ser religiosa. Porém, mal ou bem ou bem ou mal, o legislador limitou o controle da qualificação registral, pois, sequer mandou aplicar, de maneira subsidiária, a legislação atinente às associações civis.

Isso é sintomático porque, no §2º do mesmo artigo 44, estabeleceu-se que "as disposições concernentes às associações aplicam-se subsidiariamente às sociedades que são objeto do Livro II da Parte Especial deste Código". Da mesma forma, no §3º, disciplinou-se que "os partidos políticos serão organizados e funcionarão conforme o disposto em lei específica". Fosse propósito do legislador que às organizações religiosas se aplicassem as regras das associações civis (arts. 53-61), o teria feito de forma expressa, exatamente como o fez com as sociedades e os partidos políticos.

Ademais, é regra basilar da hermenêutica constitucional que, "onde o legislador não distingue, não cabe ao intérprete fazê-lo, muito menos para adotar óptica que acabe por prejudicar aquele a quem o preceito visa proteger", como já disse o STF no julgamento do Recurso Extraordinário (RE) nº 547.900/MG.

Além disso, o inciso XVIII do artigo 5º da Constituição Federal dispensa de autorização a criação de associações e veda a interferência estatal apenas quanto ao seu funcionamento, de modo que a Lei nº 10.825/2003, ao liberar a "organização" e a "estruturação interna", propositadamente, diferenciou organização religiosa de associação civil, não podendo a primeira ser penalizada com imposição dos mesmos direitos e deveres da segunda, opção desprezada de modo explícito pelo legislador.

Em nível mais profundo de sabedoria, o legislador entendeu que as entidades religiosas não poderiam pura e simplesmente se submeter às normas que regulam as associações, previstas nos artigos 53 a 61 do Código, porque algumas dessas, como a do parágrafo único do artigo 59, que trata da eleição e destituição dos administradores, embaraçar-lhes-ia o funcionamento, em flagrante afronta, portanto, ao art. 19, I, da Constituição da República, aos cânones estabelecidos e, acima de tudo, ao que os

---

[12] Guardadas as devidas proporções, a Sociedade Limitada Unipessoal (SLU), introduzida pela Lei nº 13.874/2019, é composta por apenas uma pessoa, apesar do termo "sociedade" em seu nome.

crentes chamam de boa, perfeita e agradável vontade de Deus, que disse: "E vos darei pastores segundo o meu coração, que vos apascentem com ciência e com inteligência" (Jeremias 3:15).

A nomeação, a remoção e a destituição de bispos, sacerdotes, pastores, evangelistas, presbíteros e diáconos nas igrejas cristãs (católicas e evangélicas) é um processo complexo, a cargo das autoridades eclesiásticas, sínodos, concílios e convenções, dentro de uma hierarquia bem definida. Os seus decretos e as suas decisões são recebidos com reverência e submissão, não só por sua concordância com a Palavra de Deus, mas também pela autoridade da qual emanam, visto que essa autoridade é uma ordenação de Deus, designada para isso em sua Palavra.

A subordinação a essa pauta remonta aos ensinos dos apóstolos de Jesus, conforme Atos 13:2,3, "e, servindo eles ao Senhor e jejuando, disse o Espírito Santo: Apartai-me a Barnabé e a Saulo para a obra a que os tenho chamado. Então, jejuando, e orando, e pondo sobre eles as mãos, os despediram". Na doutrina romana, o Papa, bispo de Roma, é o sucessor de São Pedro, designado por Jesus, chefe supremo da Igreja Católica, seguido pelos cardeais e bispos, que são considerados sucessores dos apóstolos e nomeados pelo Papa. Em geral, nas igrejas cristãs, ninguém pode exercer uma função sem o chamado de Deus; é Ele que estabelece os princípios e ordens de como se deve proceder na Igreja.

Desenganadamente, as regras isonômicas garantidas aos membros de uma associação são incompatíveis com o governo das instituições religiosas, que se submetem a uma hierarquia estabelecida com critérios espirituais. A própria palavra hierarquia é derivada das duas palavras gregas *hierós*, sagrado, e *archeía*, comando. Então, o comando sagrado da igreja pertence a Jesus; ele é "o Cabeça da Igreja" (Efésios 5:23), "o Supremo Pastor" (1 Pedro 5:4), e "ele mesmo deu uns para apóstolos, e outros para profetas, e outros para evangelistas, e outros para pastores e doutores, querendo o aperfeiçoamento dos santos, para a obra do ministério, para edificação do corpo de Cristo" (Efésios 4:11,12).

Deflui-se que o oficial do registro civil de pessoa jurídica só poderá verificar os aspectos externos e internos do ato constitutivo, sem adentrar no mérito das disposições estatutárias ou declarativas que dizem respeito à organização, estrutura interna e ao funcionamento da entidade, que podem ser redigidas conforme a conveniência dos instituidores, nos limites da lei. A recusa na inscrição pelo registrador só é permitida em casos de absoluta nulidade do título ou contradição interna evidente, ante a expressa vedação "ao Poder Público negar-lhes reconhecimento ou registro dos atos constitutivos e necessários ao seu funcionamento".

O oficial de registro deverá qualificar o ato constitutivo da organização religiosa inclinado psicologicamente para realizar sua inscrição. Evidentemente, deve respeitar as normas aplicáveis, mas com o máximo de boa vontade. A sua tarefa é estritamente jurídica, sem espaço para improvisações, conjecturas, suposições e preconceitos, assegurando a inscrição da organização religiosa, em obediência ao preceito que veda a negativa do registro dos atos constitutivos.

5   Fins da organização religiosa

As organizações religiosas se estruturam em torno de vocações, conceitos de fé e crenças religiosas, morais, divinas e sagradas que envolvem um credo de viés filosófico e transcendental, decorrente de uma doutrina religiosa sistematizada por seu instituidor ou de uma revelação mística por ele recebida diretamente de um ser divino.

Na elaboração do estatuto ou de declaração unilateral que servirá de título para sua inscrição como pessoa jurídica de natureza "organização religiosa", o redator deverá descrever, de forma clara e precisa, todas as atividades passíveis de serem exercidas pela dita organização. Em outras palavras, é o objetivo da organização religiosa, sua finalidade ou razão de existir.

No exercício da liberdade de autodeterminação dessa pessoa jurídica típica, até então desconhecida do direito brasileiro, o Estado deve se manter *a latere*, apenas para assegurar o cumprimento das garantias constitucionais e infraconstitucionais para sua constituição, já que as previsões de sua organização não seguem as de outras pessoas jurídicas de direito privado previstas no art. 44 do Código Civil, como as sociedades, associações, fundações e partidos políticos. O artigo 2º da Lei nº 10.825/2003 criou a figura da organização religiosa como um *tertium genus* (terceira espécie) inovador no direito brasileiro. A organização religiosa possui moldura própria que tem como limites apenas as linhas traçadas no artigo 104 do Código Civil: "(...) agente capaz, objeto lícito, possível, determinado ou determinável e forma prescrita ou não defesa em lei". Nada mais.

Embora o objetivo principal de uma organização religiosa seja o culto e suas liturgias, incluem-se também objetivos complementares, porém, essenciais, como atos de misericórdia, pois a fé sem obras é morta; suporte para desenvolvimento pessoal e o crescimento no conhecimento dos fiéis; a preparação de músicos, cantores e pregadores para o ministério do culto e das liturgias de adoração, dentre outros, inseparavelmente inerentes. O cristianismo define que a pura e verdadeira religião consiste em cuidar dos órfãos e das viúvas e evitar a corrupção (cf. Tiago 1:27). Também, o espiritismo adota o lema "Fora da Caridade não há salvação".[13] No Islã, os muçulmanos devem retirar 2,5% do dinheiro poupado acima de 85 gramas de ouro ou 595 gramas de prata e destinar (pagar o *zakat*) a uma das categorias beneficiárias desse dinheiro que estão indicadas no Alcorão (2:43), como os pobres, os necessitados, os endividados, entre outros. Portanto, a organização religiosa necessita incluir em seu ato constitutivo, além de cultos e liturgias, objetivos outros que, com aqueles, completam sua finalidade e razão de existir.

Nesse contexto, a classificação de uma pessoa jurídica de direito privado como organização religiosa não garante, automaticamente, licenciamentos administrativos ou imunidade tributária. Esses aspectos são examinados pelas competentes autoridades no licenciamento de atividades e na fiscalização tributária.

A suposta competência para que o crivo preliminar do oficial de Registro de Pessoa Jurídica ultrapasse as linhas demarcadas pelo artigo 104 do Código Civil é resquício da doutrina e da jurisprudência construídas anteriormente à inovação legislativa (Lei nº

---

[13] KARDEC, Allan. *O Evangelho segundo o espiritismo*. 13. ed. Brasília, DF: Federação Espírita Brasileira, 2019. p. 207.

10.825/2003), que criou a espécie "organização religiosa", autônoma e desvinculada da natureza jurídica da associação civil. Ademais, no sistema registral brasileiro vigora o princípio da legalidade estrita, o que obriga o oficial circunscrever-se ao estreito limite do que está legislado.

6 Conclusão

Liberdade religiosa não é tolerância. Tolerância é uma concessão, enquanto a liberdade é um direito natural inalienável. Tolerância é concedida pelo homem; liberdade é concedida por Deus. A única obrigação das autoridades humanas brasileiras é proteger o indivíduo no exercício de seu direito de crer ou não crer, de expressar suas crenças ou descrenças de acordo com as convicções de sua alma, e garantir que as organizações religiosas possam se auto-organizar e praticar seus cultos e liturgias, sem serem impedidas ou incomodadas. Amém.

Referências

BAPTISTA, Douglas. *O ethos pentecostal na esfera pública*. Rio de Janeiro: CPAD, 2023.

KARDEC, Allan. *O Evangelho segundo o espiritismo*. 13. ed. Brasília, DF: Federação Espírita Brasileira, 2019.

MEDITAÇÕES matutinas na Capela da Casa Santa Marta: duas perseguições (12 de abril de 2016). *L'Osservatore Romano*, Vaticano, 14 abr. 2016. Disponível em: https://www.vatican.va/content/francesco/pt/events/event.dir.html/content/vaticanevents/pt/2016/4/12/domussanctaemarthae.html. Acesso em: 25 jul. 2024.

SANTOS, Flauzilino Araújo dos. *Condomínios e incorporações no registro de imóveis*: teoria e prática. São Paulo: Editora Mirante, 2012.

SOUZA, Rodrigo Lobato Oliveira de. *Liberdade religiosa*: direito fundamental numa sociedade democrática e pluralista. Belo Horizonte: D'Plácido, 2021.

VIEIRA, Thiago Rafael; REGINA Jean Marques. *A laicidade colaborativa brasileira*: da aurora da civilização à Constituição Brasileira de 1988. São Paulo: Edições Vida Nova, 2021.

VIEIRA, Thiago Rafael. *Liberdade religiosa*: fundamentos teóricos para proteção e exercício de crença. São Paulo: Almedina, 2023.

Informação bibliográfica deste texto, conforme a NBR 6023:2018 da Associação Brasileira de Normas Técnicas (ABNT):

SANTOS, Flauzilino Araújo dos. Liberdade de crença, culto e expressão. *In*: MENDES, Gilmar Ferreira; LIRA, Daiane Nogueira de; FREIRE, Alexandre (coord.). *Constituição, democracia e diálogo*: 15 anos de Jurisdição Constitucional do Ministro Dias Toffoli. 2. ed. Belo Horizonte: Fórum, 2025. p. 535-546. ISBN 978-65-5518-937-7.

FEDERALIZAÇÃO DE GRAVES VIOLAÇÕES AOS DIREITOS HUMANOS NO CONTEXTO DO JULGAMENTO DAS ADIS Nº 3.486 E 3.493 PELO SUPREMO TRIBUNAL FEDERAL

FLÁVIA MOREIRA GUIMARÃES PESSOA
IRACY RIBEIRO MANGUEIRA MARQUES
ROBERTO ALCÂNTARA DE OLIVEIRA ARAÚJO

1 Introdução

O presente artigo analisa o deslocamento de competência da justiça estadual para a justiça federal de crimes que se constituem em graves violações aos direitos humanos como medida excepcional que reforça a unicidade da magistratura nacional e promove a adesão da ordem interna aos tratados e convenções internacionais subscritos pelo governo brasileiro.

Cuida-se de temática analisada no acórdão relatado pelo excelentíssimo ministro Dias Toffoli nos autos da ADI nº 3.486 em conjunto com a ADI nº 3.493, em julgamento encerrado em 11 de setembro de 2023.

O artigo, assim, problematiza a disposição do instituto em meio à atual conjuntura social, política e jurídica brasileira, buscando sistematizar os seus marcos regulatórios e as consequências de sua aplicação no tocante à eficácia para a prevenção da judicialização de lides locais perante as cortes internacionais de justiça.

A partir do problema de pesquisa, a federalização de graves violações aos direitos humanos adensa a concepção de unicidade da magistratura nacional, confere efetividade aos tratados e convenções firmados pelo Estado brasileiro, prevenindo a submissão de casos nacionais às cortes de direitos humanos, promove a revisão de literatura a respeito do tema e coteja o ordenamento jurídico-normativo local, pretendendo, a partir de uma abordagem qualitativa, examinar as consequências do instituto para o aperfeiçoamento da jurisdição brasileira diante de graves violações de direitos fundamentais.

Estrutura-se o trabalho em três partes, além de introdução e considerações finais. Em um primeiro momento, sistematiza as razões decisórias das ações diretas de inconstitucionalidade que tratam da matéria (ADIs nº 3.486 e 3.495) para, em seguida, situar os argumentos utilizados em um contexto de direito multinível, em que a abertura da ordem interna às normas de *jus cogens* permite um diálogo entre fontes normativas, em uma perspectiva de concretização dos chamados direitos humanos fundamentais, prospectando um fortalecimento real do Estado Democrático de Direito.

Na sequência, ao escrutinar os critérios a serem observados quando do deslocamento de competência em seu caráter excepcional, aponta para a unicidade da magistratura e para a observância dos tratados e convenções incorporados ao direito pátrio como corolários da repercussão da providência, em meio a um contexto conflituoso que caracteriza o Estado brasileiro, a desafiar mediações e empregos de novas tecnologias sociais como forma de superação das dificuldades e contradições que impedem a fruição de direitos assegurados legalmente.

2 Federalização de graves violações aos direitos humanos: ADI nº 3.486 e ADI nº 3.493 em seu contexto decisório

As iniciativas internacionais, por meio de tratados, convenções e julgamentos pelas cortes de direitos humanos, materializam e espelham a interconectividade do sistema de proteção dos direitos humanos, evidenciando a negligência ou falha dos atos internos do Estado na garantia desses direitos.

À luz do direito internacional, a responsabilidade pelas violações dos direitos humanos recai sempre sobre a União, que possui personalidade jurídica na ordem internacional. Dessa forma, os princípios federativo e da separação de Poderes não podem ser utilizados para eximir a União da responsabilidade pelas violações das obrigações assumidas internacionalmente (PIOVESAN, 2024, p. 357).

No entanto, de maneira paradoxal, sob a sistemática vigente até a introdução da Emenda Constitucional nº 45, de 8 de dezembro de 2004, a União, embora detenha a responsabilidade internacional, não é responsável no âmbito nacional, pois não possui competência para investigar, processar e punir a violação, pela qual será chamada a responder no contexto internacional (PIOVESAN, 2024, p. 358).

O acórdão proferido na Ação Direta de Inconstitucionalidade (ADI) nº 3.486 em julgamento conjunto com a ADI nº 3.493, de relatoria do ministro Dias Toffoli, trata da transferência de feitos da justiça estadual para a justiça federal, em conformidade com o previsto no artigo 109, alínea V-A e seu §5º, da Constituição Federal, com a redação que lhe foi dada pela citada Emenda Constitucional nº 45/04:

> Art. 109. Aos juízes federais compete processar e julgar:
> (...) V-A. as causas relativas a direitos humanos a que se refere o §5º deste artigo; (...) §5º. Nas hipóteses de grave violação de direitos humanos, o Procurador-Geral da República, com a finalidade de assegurar o cumprimento de obrigações decorrentes de tratados internacionais de direitos humanos dos quais o Brasil seja parte, poderá suscitar, perante o Superior Tribunal de Justiça, em qualquer fase do inquérito ou processo, incidente de deslocamento de competência para a Justiça Federal (BRASIL, 2020).

Na ADI nº 3.486, a Associação dos Magistrados Brasileiros (AMB) argumentou que a criação de competência jurisdicional de maneira discricionária viola os princípios do juiz natural e do devido processo legal, bem como pela infringência à cláusula pétrea da segurança jurídica no direito penal.

A Associação Nacional dos Magistrados Estaduais (ANAMAGES), na ADI nº 3.493, defendeu que houve violação dos princípios do juiz natural, do pacto federativo e do devido processo legal, além de sustentar a desproporcionalidade dos dispositivos e sua inaplicabilidade.

No acórdão, o ministro relator enfrenta cada um dos pontos e funda-se em dois argumentos principais, que serão desdobrados neste texto: o caráter único da magistratura nacional e a responsabilidade da União como garante do cumprimento de tratados e convenções subscritos pelo governo brasileiro, frente à sua atuação na defesa do Estado Parte perante a jurisdição internacional.

O ministro Dias Toffoli, de logo, afastou a suposta violação à cláusula pétrea:

[...] no caso, [não há] quebra de cláusula pétrea pela emenda constitucional, uma vez que a criação do instituto representa, [..] a adoção de mecanismo de equacionamento jurídico da problemática da ineficiência do aparato estatal de repressão às graves violações dos direitos humanos, tendo presente, especialmente, o papel da União como garante, em nível interno e externo, dos compromissos internacionais firmados pelo Estado Brasileiro na seara dos direitos humanos (art. 21, inciso I; art. 49, inciso I; e art. 84, inciso VIII, da CF/88) (BRASIL, 2023).

A iniciativa do Poder Legislativo, por meio do seu poder reformador, respaldada por decisão do Poder Judiciário, sinaliza para o compromisso da ordem nacional com a efetiva apuração e responsabilização de autores de graves violações aos chamados direitos humanos, ante o seu caráter de alicerce de um Estado de Direito que se pretende democrático e pautado pela materialização e resguardo dos direitos fundamentais dos indivíduos.

Apesar da sua incorporação pelas ordens constitucionais internas, esse corpo jurídico de direitos que asseguram a liberdade individual perante a ordem política integra o corpo jurídico universal protetivo dos direitos humanos e está subsumido a um regime jurídico em que o diálogo da ordem interna com a ordem externa promove a sua concretização, notadamente como limite ao arbítrio e à barbárie de poderes reais a exigirem rígidos mecanismos de controle pela ordem estatal vigente, sobretudo em um país demarcado por longos períodos ditatoriais.

A fórmula prevista pelo poder reformador não foi uma cláusula aberta de competência, mas a previsão de um instituto que pode ser utilizado em situações concretas e desde que presentes os seus requisitos de admissibilidade e controle, em que a União figura "(…) como garante, em nível interno e externo, dos compromissos internacionais firmados pelo Estado Brasileiro na seara dos direitos humanos (art. 21, inciso I; art. 49, inciso I; e art. 84, inciso VIII, da CF/88)" (BRASIL, 2024, p. 3).

A previsão de cláusula de deslocamento de competência não subverte o pacto federativo, como destacado pelo ministro relator no julgado; ao contrário, reforça o seu conteúdo, considerando o caráter nacional e único da magistratura, em que pese sua organização administrativa descentralizada e pautada na repartição interna de competências, muito mais como ajuste prático do que como providência delimitadora de atuação. Destarte, a transferência de parte da competência da justiça estadual não viola o princípio federativo, cuja competência é residual, conforme previsto no art. 25, §1º, da Constituição Federal de 1988:

> Ressalte-se que a competência da "justiça estadual", na feição dada pelo constituinte originário, é residual, ou seja, enquanto os demais órgãos judicantes têm a competência enumerada (expressa), os Tribunais de Justiça e os Juízes de direito são responsáveis pelas causas não afetas aos outros ramos do Poder Judiciário. Nesse passo, a atribuição à Justiça Federal da tarefa de julgar os processos ligados a graves violações a direitos humanos, por meio do incidente de deslocamento, simplesmente retira parcela de jurisdição antes englobada residualmente ao corpo de competências da magistratura estadual (BRASIL, 2023).

O acórdão ainda afirma que a própria Constituição Federal prevê expressamente a possibilidade de intervenção da União nos estados-membros e no Distrito Federal para garantir o cumprimento dos "direitos da pessoa humana". O incidente de deslocamento de competência mostra-se um procedimento consideravelmente menos invasivo em comparação com a intervenção federal, que é caracterizada por sua natureza excepcional (BRASIL, 2023).

Refutando a alegação de que a federalização dos crimes violaria o princípio do juiz natural, o magistrado destacou que a competência da justiça federal é taxativamente estabelecida na Constituição de 1988, sendo uma instância legitimada e devidamente estruturada no nível constitucional:

> [...] se é a própria Constituição que distribui a competência em razão da matéria e estabelece, expressamente, a competência da Justiça Federal, não há óbice de que emenda constitucional disponha sobre o deslocamento de competência em determinados casos (BRASIL, 2023).

Instituídos os marcos regulatórios, caberá aos atores jurídicos realizarem o enquadramento das realidades fáticas existentes aos critérios do instituto, inspirados pelo princípio da proporcionalidade e por uma criteriosa interpretação dos parâmetros previstos pelo poder reformador, contextualizando as graves violações no cenário local e expondo as condicionantes fáticas geradoras de entraves à apuração célere e efetiva dos casos em tramitação no âmbito da jurisdição dos estados-membros.

> Por meio da federalização das violações de direitos humanos, cria-se um sistema de salutar concorrência institucional para o combate à impunidade. De um lado, a federalização encoraja a firme atuação do Estado, sob o risco de deslocamento de competências. Isto é, se as instituições locais se mostrarem falhas, ineficazes ou omissas para a proteção dos direitos humanos, será possível valer-se das instâncias federais. Por outro lado, a federalização aumenta a responsabilidade das instâncias federais para o efetivo combate à impunidade das graves violações aos direitos humanos. O impacto há de ser o fortalecimento das instituições locais e federais (PIOVESAN, 2024, p. 359).

Para tanto, faz-se essencial situar o conceito aberto "graves violações de direitos humanos" frente ao ordenamento jurídico interno e às normas internacionais incorporadas ao nosso arcabouço normativo, bem como perante a jurisprudência da Corte Interamericana de Direitos Humanos (CIDH). Também é preciso atentar-se aos preceitos orientativos fixados pelo Superior Tribunal de Justiça (STJ) no julgamento do Incidente de Deslocamento de Competência (IDC) nº 2, em que foi julgado o assassinato do advogado e vereador pernambucano Manoel Bezerra de Mattos Neto no município de Pitimbu/PB, a saber: "(i) grave violação dos direitos humanos; (ii) risco de responsabilização internacional pelo descumprimento de obrigações derivadas de tratados internacionais; e (iii) incapacidade das instâncias e autoridades locais em oferecer respostas efetivas na apuração do ilícito" (BRASIL, 2024, p. 11).

Para o Superior Tribunal de Justiça, é necessário que a medida demonstre caráter excepcional, necessidade, imprescindibilidade, razoabilidade e proporcionalidade (BRASIL, 2022).

Analisando o voto condutor do ministro relator, observa-se que Dias Toffoli destacou que os dois pressupostos constitucionais mencionados são suficientes para justificar a proposição do IDC, não sendo necessário demonstrar a incapacidade das autoridades locais em promover a persecução criminal. Ele enfatizou que o objetivo principal é assegurar o cumprimento das obrigações internacionais do Brasil e proteger os direitos humanos de maneira eficaz, pois o risco de descumprimento não precisa ser comprovado por meio da inércia, negligência, falta de vontade política ou condições reais do Estado em conduzir a persecução penal através de suas instituições. O incidente não deve ser visto como uma solução para os problemas da justiça nos estados-membros e no Distrito Federal, já que esses problemas também podem ocorrer na esfera federal (BRASIL, 2024).

Demarcados os fatores que subjazem aos argumentos decisórios, importante se nos afigura cotejar os argumentos frente ao cenário internacional protetivo dos direitos humanos e do diálogo entre jurisdições.

3 A ordem interna frente ao cenário internacional de proteção aos direitos humanos

A conjunção de esforços entre Poder Executivo e Poder Legislativo que resulta na incorporação de um tratado internacional no ordenamento jurídico brasileiro pressupõe um procedimento de controle da soberania nacional frente à ordem externa a definir a posicionalidade desse instrumento no grau de hierarquia das normas nacionais (BASSO, 2014).

Alguns doutrinadores defendem a sua incorporação automática, enquanto outros apontam para a necessidade de incorporação legislativa: Flávia Piovesan (2012), por exemplo, sustenta que existe um sistema misto no Brasil, em que os tratados de direitos humanos, por força do artigo 5º, §1º, da CF/1988, seriam incorporados automaticamente ao direito interno, ao passo que os demais tratados necessitariam da incorporação legislativa, na mesma linha sustentada pela jurisprudência do STF (BASSO, 2014).

Há, ainda, a posição doutrinária que sustenta, como faz Valerio Mazzuoli, que todo e qualquer tratado, assim que ratificado e em vigor internacional, já se encontra incorporado à ordem interna brasileira (BASSO, 2014, p. 167).

No tocante, porém, aos tratados de direitos humanos, por força do que estabelece o artigo 5º, §1º, da Constituição Federal (CF) (BRASIL, 2020), sua aplicação é automática, não podendo colidir ou ser obstado por normas de direito interno (BASSO, 2014), já que integram o bloco de constitucionalidade do ordenamento jurídico brasileiro, indiferentemente ao seu modo de incorporação: se formalmente constitucionais (artigo 5º, §3º, da CF) ou materialmente constitucionais (artigo 5º, §2º, da CF).

É digno de nota que, independentemente da incorporação do tratado internacional, vigora no Brasil a Convenção de Viena sobre tratados (1969), que, em seu artigo 27, dispõe que "uma parte não pode invocar as disposições de seu direito interno para justificar o inadimplemento de um tratado" (BASSO, 2014, p. 167).

Quanto à repercussão dos tratados no âmbito nacional, mister registrar a incidência do princípio *pro homine*. Nesse sentido, Conci (2014) afirma que menos que o *status* hierárquico ou modo de incorporação ao ordenamento interno brasileiro de um tratado internacional de direitos humanos, importa a constatação de que venha a ser mais protetivo materialmente que as normas nacionais, ou seja, "a mera contrariedade entre norma nacional e norma interamericana não leva, obviamente, à inconvencionalidade, pois a análise comparativa é o centro da análise e depende de um exame acurado caso a caso" (CONCI, 2014, p. 367) para se extrair o que está em conformidade com o princípio *pro homine*.

Perseguir a compatibilidade convencional, portanto, além de produzir o alinhamento do ordenamento jurídico pátrio com o corpo jurídico universal "rumo à concretização do almejado Estado Constitucional e Humanista de Direito" (MAZZUOLI, 2016, p. 218), ante a compreensão da pluralidade das fontes normativas que vinculam os Estados nacionais, é construir uma nova cosmovisão jurídica em que o conceito de soberania adquire outra amplitude e consistência frente aos direitos humanos.

No magistério da professora Flávia Piovesan (2012), é preciso adensar o diálogo entre jurisdições, transcendendo um sistema "endógeno e autorreferencial" (PIOVESAN, 2012, p. 2), em que o conceito de soberania alinha-se com a prevalência da ordem interna e proteção diante da ordem externa para estabelecer outros modelos hermenêuticos amalgamados à promoção dos direitos humanos fundamentais, em que a "crescente abertura do Direito – agora 'impuro' – esteja demarcado pelo diálogo do ângulo interno com o ângulo externo" (PIOVESAN, 2012, p. 4) para a efetivação do "[...] diálogo entre jurisdições, os empréstimos constitucionais e a interdisciplinaridade" (PIOVESAN, 2012, p. 4): a respeito do diálogo com os sistemas nacionais, consolida-se o chamado "controle de convencionalidade".

Tal controle é reflexo de um novo paradigma a nortear a cultura jurídica latino-americana na atualidade: da hermética pirâmide centrada no *State approach* à permeabilidade do trapézio centrado no *Human rights approach* (PIOVESAN, 2015, p. 147) (grifos nossos).

Supera-se, assim, a ótica piramidal kelseniana para instituir a figura de um trapézio pontilhado (PIOVESAN, 2012), em que a Constituição e os tratados de direitos humanos situam-se no ápice do ordenamento jurídico, projetando um esboço policêntrico capaz de irradiar novos signos e inspirar a fruição de garantias por todos os segmentos de jurisdicionados (MARQUES; LIMA, 2023, p. 116).

A função do controle de convencionalidade, no magistério de Mazzuoli, "tem por finalidade compatibilizar verticalmente as normas locais (as espécies de leis, lato sensu, vigentes no país) com os tratados internacionais de direitos humanos ratificados pelo Estado e em vigor no território nacional" (MAZZUOLI, 2009, p. 128).

É preciso, assim, conformar a legislação interna com os compromissos de direitos humanos assumidos pelo Estado brasileiro frente à ordem transnacional, do que decorre a importância de conferir centralidade à apuração de suas graves violações enquanto política de controle do cumprimento pelo Estado brasileiro das promessas assumidas, em que a União protagoniza a função de garante.

Importante, ainda, dispor da jurisprudência da Corte Interamericana de Direitos Humanos (CIDH) para constituir um *ius commune* latino-americano, de modo a adensar um "sistema multinível e dialógico a envolver as esferas regional e local", impulsionado pelo "ativismo transnacional da sociedade civil" (PIOVESAN, 2015, p. 148).

Esse constitucionalismo multinível, enquanto maximiza a proteção dos direitos humanos, possibilita também uma revisão do próprio conceito de constituição, do direito constitucional e de suas instituições fundamentais. Nesse contexto multinível, surge o desafio de repensar, reformular e reinventar o papel dos constitucionalismos locais e dos sistemas internacionais para, através de uma ação articulada, integrada e coordenada, fortalecer os direitos humanos (FACHIN; CAMBI; PORTO, 2022, p. 21).

A promoção, portanto, do controle convencional tem como desiderato a substantificação do corpo jurídico-processual interno, favorecendo a apropriação de normas protetivas de direitos humanos não apenas como instrumento de retórica dos Estados, em detrimento de sua real disposição.

Assim é que o manejo do IDC, ao contrário de violar, substantifica o pacto federativo nacional e a posição do Estado brasileiro frente à ordem internacional protetiva de direitos humanos fundamentais, destacando o papel da União como fiadora desses pactos firmados pelo Estado brasileiro frente a situações concretas de violações e a partir de uma análise prévia da necessidade de federalização, depois do exame acurado de critérios objetivos traçados pelo Judiciário, como se observa na decisão proferida pelo STJ no julgamento do IDC nº 2, cujos excertos constam do julgamento da Ação Direta de Inconstitucionalidade nº 3.486 (BRASIL, 2014).

4 Contextualizando a União como garante da responsabilidade internacional frente à unicidade da magistratura, à excepcionalidade da providência e ao risco real à convencionalidade

Devidamente expostos os argumentos quanto ao caráter orgânico da magistratura brasileira – em que a repartição de competências se encontra a serviço do Pacto Federativo, e não ao contrário –, bem como dos critérios estabelecidos pelo STJ no julgamento do IDC nº 2, que reforçam a excepcionalidade da providência e demonstram o risco real de quebra da convencionalidade, tão cara ao Estado brasileiro diante de responsabilidades assumidas internacionalmente, passamos a aprofundar ditos fundamentos em meio aos desafios estruturais do país em conformar a sua retórica legal com o que efetivamente entrega enquanto prestação jurisdicional.

A pergunta de pesquisa se desdobra, então, para que possamos perquirir sob um ponto de vista essencialmente prático: o IDC se impõe como fortalecimento da unicidade da magistratura e do seu compromisso com a concretização dos direitos humanos fundamentais? As graves violações encontram barreiras contextuais para sua apuração frente a situações concretas de morosidade causadas pelas relações protagonizadas em contextos locais? O princípio *pro homine* pode ser mais bem assegurado frente a uma apuração mais distante das relações e influências do poder regional? Ou seja, em quais situações a justiça necessita se apresentar mais equidistante para não comprometer a sua imparcialidade e a propriedade de sua resposta ao conflito posto à solução? E, por fim, qual o papel da União quanto à proteção do arcabouço jurídico que faz do país uma república federativa?

Ou seja, é crucial perquirir as intencionalidades que subjazem à discussão, situadas em meio a interesses materiais concretos que se corporificam em entraves que obstaculizam a investigação e persecução dessas graves violações.

Não se pode, portanto, invisibilizar os mecanismos que subjazem aos estratagemas de governança, estruturados na reprodução de gravames normalizados em meio a contextos regionais de facilitações e omissões administrativas.

Para subsidiar um diálogo verdadeiramente garantidor dos direitos que são caros à convivencialidade no planeta, é preciso comprometer-se com as normas que inspiram o princípio da dignidade da pessoa humana em meio ao poder concreto das conjunturas e forças locais.

A perspectiva de uma convivência entre espaços de governabilidade distintos não pode esquecer da existência de realidades e contextos que mais servem ao aprofundamento de desigualdades e desumanidades, apropriando-se do discurso de proteção aos direitos humanos apenas como cortina de fumaça em detrimento do engajamento com a observância de suas normas legais e estruturantes.

Entre o que se diz e faz, entre o que se legisla e aplica, existem grandes hiatos a serem superados por uma práxis verdadeiramente alinhada com a concretude e replicação dos direitos humanos, não como mera adesão formal ao seu discurso, mas enquanto providências de ordem prática frente a violações.

A disposição do IDC funda-se justamente nessa perspectiva de governança que se utiliza de mecanismos de controle e de garantia de não retrocessos perante as realidades locais, a evitar processos de apuração viciados, seja pela falta da equidistância ou mesmo pelo senso de cooperatividade das agências locais.

> Com a federalização restará aperfeiçoada a sistemática de responsabilidade nacional e internacional em face das graves violações dos direitos humanos, o que permitirá aprimorar o grau de respostas institucionais nas diversas instâncias federativas. Para os Estados cujas instituições respondem de forma eficaz às violações, a federalização não terá incidência maior – tão somente encorajará a importância da eficácia dessas respostas. Para os Estados, ao revés, cujas instituições se mostrarem falhas, ineficazes ou omissas, estará configurada a hipótese de deslocamento de competência para a esfera federal. A responsabilidade primária no tocante aos direitos humanos é dos Estados, enquanto a responsabilidade subsidiária passa a ser da União (PIOVESAN, 2024, p. 359-360).

A proteção da democracia enquanto valor fundamental passa pela instituição de instrumentos de controle e limites, posto que serve à política de Estado, e não de governos ocasionais. Qualquer instrumento ou providência que contribua para o seu aprofundamento e substancialização é bem-vindo para além do que possa representar quanto ao decote de competências ou mesmo de poderes corporativistas.

Limita-se para garantir uma governabilidade que se constitui de fundamental relevância à salvaguarda de direitos caros à humanidade e à preservação dos princípios democráticos em que se sustentam os direitos individuais, sociais e políticos, a impedir todas as formas de arbítrio.

Não se trata de violação ao princípio federativo ou mesmo ao princípio do juiz natural, como já observado; muito ao contrário, serve à garantia de que a ordem é soberana justamente porque é democrática.

A federalização da persecução de graves violações aos direitos humanos é condição de incidência do princípio que institui a federação ao assegurar que os estados que a integram estão enleados aos mesmos objetivos, sejam eles inspirados em diretrizes nacionais ou decorrentes de acordos internacionais firmados pelo Estado brasileiro e afiançados/garantidos pela União.

O julgado enfatiza que o uso do IDC não se limita ao contexto do processo penal nem é proibido seu emprego em fases anteriores à disputa judicial, como durante a investigação em andamento. Na verdade, o incidente de deslocamento de competência pode ser empregado como uma medida preventiva para evitar a responsabilização internacional do Estado brasileiro. Diz o ministro relator:

> O incidente de deslocamento de competência deve ser utilizado para evitar que o descumprimento da obrigação internacional ocorra, e não apenas depois de constatado o dano (BRASIL, 2024).

E são esses exatos compromissos que nos tornam um Estado Constitucional de Direito Democrático. Somos 27 estados federativos que compõem uma federação, unos porque alicerçados em uma ordem que não tergiversa com a necessidade de observância das garantias e direitos que distinguem os regimes democráticos das autocracias.

Provas da importância dos mecanismos de controle não nos faltam, vide o processo de polarização presente no país e no mundo, a demonstrar os interesses e as resistências que tencionam a convivência humana no globo.

Desse modo, cada vez mais é essencial superar a crença que segmenta a aplicação de direitos e classifica cidadãos/interesses – incluindo uns e alijando/descartando outros. Para coibir tais práticas, precisamos gestar mecanismos que permitam a real efetivação dos direitos humanos, sem exceções.

Recepcionar, assim, as diretrizes universais nas cartas políticas nacionais e integrá-las às estratégias para uma boa administração da justiça local é concretizar uma práxis de fecundação mútua entre princípios universais e práticas locais, potencializando a exequibilidade dos direitos humanos fundamentais para além das adversidades materiais que desafiam a sua aplicabilidade.

A perspectiva de elaborar diretrizes internacionais de modo democrático constitui um modelo de governança que supera a dicotomia soberania estatal x *ius cogens* universal, apontando para a pavimentação de uma ordem internacional depositária de interseções principiológicas e programáticas capazes de mediar a convivência planetária no sentido de acolher todas as humanidades presentes no planeta. Entretanto, para acolher, é primordial que se produzam respostas eficientes às transgressões.

Assim, "acredita-se na federalização como efetivo instrumento para o combate à impunidade e para a garantia de justiça nas graves violações de direitos humanos" (PIOVESAN, 2024, p. 363).

A concretização da interface entre essa pauta universal e a produção de respostas locais constitui o âmago do arcabouço protetivo das humanidades, exigindo a oferta de um modelo policêntrico capaz de irradiar novas possibilidades de respostas judiciais hábeis em garantir o respeito aos direitos humanos fundamentais. Para essa concretização, destaca-se o papel do IDC e de outros mais institutos necessários como estratégia de enfrentamento à não realização de uma ordem constitucional/convencional capaz de aperfeiçoar o seu sistema de persecução das violações que a descaracterizam.

Nesse contexto, o STF, por meio do julgamento conjunto das ADIs nº 3.486 e 3.493, aprovou a federalização dos crimes contra os direitos humanos, estabelecendo esse instituto como um meio de proteção máxima à dignidade humana ao assegurar que o Estado brasileiro cumpra as obrigações assumidas em tratados internacionais, conforme sua finalidade constitucional.

5 Conclusão

A análise dos fundamentos e repercussões práticas da decisão proferida pelo Supremo Tribunal Federal, nos autos da ADI nº 3.486 em julgamento conjunto com a ADI nº 3.493, da relatoria do ministro Dias Toffoli, permite concluir pela relevância ímpar daquele precedente para a manutenção dos pilares que fundamentam a observância dos direitos humanos e do Estado Democrático de Direito em nosso país.

Dessa forma, a instrumentalização do instituto do deslocamento de competência é hábil a produzir uma resposta justa e efetiva a situações que revelem pela omissão ou delonga na apuração da sua potencialidade para submissão às cortes internacionais, a exemplo da Corte Interamericana de Direitos Humanos (CIDH), de modo que, diante do caráter uno da magistratura brasileira, não há que se pensar em violação ao princípio do juiz natural, nem ao pacto federativo, justamente em razão dessa prerrogativa da União de fiadora do Estado brasileiro frente aos organismos internacionais.

Referências

BASSO, Joaquim. Tratados Internacionais no Direito Interno Brasileiro e a necessidade do Controle de Convencionalidade em matéria ambiental. *Revista de Direito Ambiental*, v. 73/2014, 2014, p. 165-207. Disponível em: https://revistadostribunais.com.br/maf/app/delivery/document. Acesso em: 12 fev. 2024.

BRICMONT, Jean. *Imperialismo humanitario*: el uso de los derechos humanos para vender la guerra. Madrid: El Viejo Topo, 2005 ("Prologo de Noam Chomsky e Introdución", p. 5-51; 67-78).

BRASIL. *Constituição da República Federativa do Brasil*: promulgada em 05 de outubro de 1988. Brasília, DF: Presidência da República, [2020]. Disponível em: http://www.planalto.gov.br/ccivil_03/constituicao/constituicao.htm. Acesso em: 30 maio 2021.

BRASIL. *Decreto nº 7.030, de 14 de dezembro de 2009*. Promulga a Convenção de Viena sobre o Direito dos Tratados, concluída em 23 de maio de 1969, com reserva aos Artigos 25 e 66. Brasília, DF: Presidência da República, 2009. Disponível em: https://www.planalto.gov.br/ccivil_03/_ato2007-2010/2009/decreto/d7030.htm. Acesso em: 19 mar 2024.

BRASIL. Supremo Tribunal Federal (STF). *Ação Direta de Inconstitucionalidade 3.486 e 3.493*. Brasília, DF, Sessão Virtual de 01.09.2023 a 11.09.2023. Brasília, DF: Supremo Tribunal Federal. Relator Ministro Dias Toffoli Disponível em: https://portal.stf.jus.br/noticias/verNoticiaDetalhe.asp?idConteudo=507374&ori=1. Acesso em: 21 abr. 2024.

BRASIL. Superior Tribunal de Justiça (STJ). *Incidente de Deslocamento de Competência n. 9/SP*. Rel. Min. João Otávio de Noronha, 3ª Seção, j. 10.8.2022, DJe, 6.9.2022.

CONCI, Luiz Guilherme Arcaro. O Controle de Convencionalidade como parte de um constitucionalismo transnacional fundado na pessoa humana. *Revista de Processo*, v. 232/2014, 2014, p. 363-390. Disponível em: https://revistadostribunais.com.br/maf/app/delivery/document. Acesso em: 12 fev. 2024.

DUARTE JUNIOR, D. P.; SILVA, J. A. T.; ARAÚJO, L. M. de. O Direito ao ambiente na Corte Interamericana de Direitos Humanos: Uma análise da Opinião Consultiva nº 23/17. *Revista Paradigma*, v. 29, n. 3, p. 162-192, 8 dez. 2020.

FACHIN, Melina Girardi; CAMBI, Eduardo; PORTO, Letícia de Andrade. *Constituição e direitos humanos*: tutela dos grupos vulneráveis. São Paulo: Almedina, 2022.

MARQUES, Iracy Ribeiro Mangueira; LIMA, Rebeca de Mendonça. A proteção integral de crianças venezuelanas pelo Estado Brasileiro à luz da Opinião Consultiva nº 21 da Corte Interamericana de Direitos Humanos. *In*: CASTRO, Flávia de Almeida Viveiros de (coord. e org.). *Controle de convencionalidade na jurisprudência brasileira*: estudos em homenagem à profa. Flávia Piovesan. Rio de Janeiro: Lumen Juris, 2023. 180 p.

MAZZUOLI, Valério de Oliveira. *O controle jurisdicional da convencionalidade das leis*. 4ª ed. São Paulo: Editora Revista dos Tribunais, 2016.

MAZZUOLI, Valério de Oliveira. Teoria geral do controle de convencionalidade no direito brasileiro. *Revista dos Tribunais*, São Paulo, v. 98, n. 889, p. 105-147, nov. 2009. Disponível em: https://bd.tjdft.jus.br/jspui/handle/tjdft/22190. Acesso em: 30 jun. 2024.

MENDES DE MELO, Daniele. O processo estrutural como mecanismo de acesso a direitos sociais por grupos vulneráveis: ressignificação do papel do Poder Judiciário. *Revista da Seção Judiciária do Rio de Janeiro*, [S.l.], v. 24, n. 48, p. 130-145, jul. 2020. ISSN 2177-8337. Disponível em: http://177.223.208.8/index.php/revistasjrj/article/view/370. Acesso em: 24 ago. 2021.

PIOVESAN, Flávia. Direitos humanos e diálogo entre jurisdições. *Revista Brasileira de Direito Constitucional – RBDC*, n. 19, jan./jun. 2012. Disponível em: http://www.esdc.com.br/seer/index.php/rbdc/article/view/176. Acesso em: 20 nov. 2022.

PIOVESAN, Flávia. Direitos humanos e constitucionalismo regional transformador: o impacto do sistema interamericano. *Revista dos Tribunais*, v. 952/2015, 2015, p. 141- 164. Disponível em: https://revistadostribunais.com.br/maf/app/delivery/document. Acesso em: 12 fev. 2024.

PIOVESAN, Flávia. *Direitos humanos e o direito constitucional internacional*. 22. ed. São Paulo: SaraivaJur, 2024.

TRZESNIAK, Piotr. Hoje vou escrever um artigo científico. *In*: KOLLER, Silvio H. et al. *Manual de produção científica*. Porto Alegre: Penso, 2014. (cap. 1 a 3).

Informação bibliográfica deste texto, conforme a NBR 6023:2018 da Associação Brasileira de Normas Técnicas (ABNT):

PESSOA, Flávia Moreira Guimarães; MARQUES, Iracy Ribeiro Mangueira; ARAÚJO, Roberto Alcântara de Oliveira. Federalização de graves violações aos direitos humanos no contexto do julgamento das ADIs nº 3.486 e 3.493 pelo Supremo Tribunal Federal. *In*: MENDES, Gilmar Ferreira; LIRA, Daiane Nogueira de; FREIRE, Alexandre (coord.). *Constituição, democracia e diálogo*: 15 anos de Jurisdição Constitucional do Ministro Dias Toffoli. 2. ed. Belo Horizonte: Fórum, 2025. p. 547-557. ISBN 978-65-5518-937-7.

ARTICULAÇÃO E DIÁLOGO: RELATOS DA ASSESSORIA DE ARTICULAÇÃO PARLAMENTAR NO STF SOB A PRESIDÊNCIA DO MINISTRO DIAS TOFFOLI (BIÊNIO 2018-2020)

FLÁVIO RIBEIRO SANTANA

1 Introdução

O biênio 2018-2020 foi marcado por uma enorme turbulência nas relações políticas da República. A fragmentação do sistema partidário teve um impacto significativo nas eleições gerais de 2018, resultando na maior renovação dos quadros representativos da história do Congresso Nacional. No Senado Federal (SF), essa renovação atingiu 60%, e na Câmara dos Deputados (CD), 47%.

Esse novo cenário culminou em um desafio para as instituições, especialmente para o Poder Judiciário, que foi responsável por reequilibrar as relações entre os poderes devido à polarização socioeconômica e política gerada pelas disputas eleitorais que antecederam a nova legislatura.

A conjuntura exigiu ações de contenção e reequilíbrio dos ânimos, uma tarefa desafiada constantemente por um novo modelo de informação e comunicação que redefiniu o espaço de relacionamento e construção da opinião pública e política. Mídias digitais organizadas e em crescimento, muitas vezes recheadas de conteúdos falsos, difamatórios e agressivos, atuaram para denegrir o Judiciário. O reflexo no Congresso Nacional foi imediato. Os parlamentares da época perceberam que a mídia tradicional teve seu peso reduzido e que a transição para meios digitais ganhou importância. O resultado das urnas em 2018 evidenciou isso.

A quadra histórica exigiu esforço de contenção além do cuidado com informações falsas; foi necessário reconstruir as relações institucionais com as representações políticas. A reorganização de forças dentro do Congresso ficou evidente com a ascensão do chamado "Centrão" à Presidência das duas Casas Legislativas. A tradição de eleger o presidente entre os quadros do partido com maior bancada ruiu. A maior bancada não era mais unipartidária, mas pluripartidária, organizada em torno de interesses comuns.

Foi justamente nesse ambiente conflituoso, logo no início da Sessão Legislativa em 2019, que um grupo autodenominado "novos políticos" creditou ao Judiciário as barreiras que dificultavam o desenvolvimento nacional. O debate sobre ativismo judicial e judicialização da política emergiu e culminou com ataques frequentes tanto aos órgãos do Poder Judiciário quanto a seus membros. O Supremo Tribunal Federal (STF) foi acusado constantemente de ter esquecido seu papel de árbitro e de se inserir na arena política, alterando o equilíbrio dos poderes.

O resultado da equação envolvendo os diversos atores e variáveis foi um então conturbado quadro político, refletindo um inédito e desconhecido capítulo na história política brasileira, a "República do Conflito". A situação exigiu do sistema judicial, especialmente do STF, mesmo que involuntariamente, uma atuação intensa, dedicada e responsável como moderador das relações entre os poderes, sempre na busca pelo equilíbrio e fortalecimento das instituições.

É nesse contexto instável e repleto de fatores incertos que estava inserido o trabalho da Assessoria de Articulação Parlamentar (ARP). A equipe buscou auxiliar o então presidente, Ministro Dias Toffoli, com informações e avaliações sobre projetos e outras iniciativas legislativas que poderiam impactar a prestação jurisdicional, a organização judiciária e administrativa, bem como a segurança física e institucional do Poder Judiciário, especialmente em relação ao STF e ao Conselho Nacional de Justiça (CNJ).

Este relato de experiência pretende descrever as principais atividades realizadas pela ARP e apresentar em números o trabalho desenvolvido no biênio 2018-2020, correspondente à gestão do Presidente Dias Toffoli.

2 Competência e estrutura da ARP

A Assessoria de Articulação Parlamentar (ARP), vinculada diretamente ao Gabinete da Presidência (GPR), teve a responsabilidade de assessorar o presidente, os ministros e outras autoridades no relacionamento com o Poder Legislativo e de acompanhar a tramitação de matérias de interesse do Tribunal. Suas atribuições, conforme o Manual de Organização do Gabinete da Presidência vigente no biênio, incluem: (I) assessorar ministros e autoridades do Tribunal no relacionamento com órgãos legislativos; (II) acompanhar a tramitação de matérias de interesse do Tribunal no Congresso Nacional; (III) manter atualizada a descrição das matérias legislativas relevantes em tramitação; (IV) manter contato com parlamentares para monitorar demandas de interesse institucional; (V) analisar pronunciamentos e debates parlamentares sobre matérias de interesse do Tribunal; (VI) realizar outras atividades típicas de assessoria parlamentar.

Além disso, conforme o Acordo de Cooperação nº 3/2020 entre o Supremo Tribunal Federal e o Conselho Nacional de Justiça, a ARP também apoiou o Conselho Nacional de Justiça (CNJ) no monitoramento legislativo e na assistência aos conselheiros e outras autoridades.

Em conformidade com o Planejamento Estratégico do Tribunal da época, foi estabelecida a meta de treinar e aperfeiçoar a equipe, com o objetivo de definir parâmetros objetivos para o acompanhamento do processo legislativo, a construção de memória dos projetos monitorados e a realização das atividades desempenhadas.

Para isso, a equipe foi ampliada com a adição de um servidor e dois estagiários, o que permitiu a catalogação das matérias e o desenvolvimento de dossiês técnicos sobre temas relevantes em discussão no Congresso. Ao longo do 2018-2020, foram realizadas 44 reuniões internas de alinhamento. Em termos de capacitação, a equipe participou de diversos cursos e palestras.

3 Apoio e acompanhamento do presidente, ministros e representantes do STF em reuniões e audiências no Congresso Nacional

A ARP apoiou o Presidente Dias Toffoli e os demais ministros em eventos e visitas institucionais ao Parlamento, abrangendo audiências públicas e representação em eventos e solenidades. Foram realizadas reuniões com lideranças partidárias, frentes parlamentares e bancadas estaduais e temáticas. Esses encontros fortaleceram as relações institucionais entre os poderes e possibilitaram a discussão de temas relevantes para o desenvolvimento do país e o aprimoramento da prestação jurisdicional à população.

4 Acompanhamento de projetos

O acompanhamento de projetos foi uma das principais atribuições da ARP, sendo responsável por identificar matérias de interesse do STF e do Poder Judiciário. Com frequência, foram identificadas proposições que impactariam diretamente a prestação jurisdicional ou a organização do Judiciário, como a criminalização de ministros, a revisão de decisões do STF pelo Senado, o prazo de validade de medidas cautelares e a sustação de resoluções do CNJ.

O processo de acompanhamento de projetos foi dividido nas seguintes etapas:

- identificação de proposições legislativas de interesse do STF e do Poder Judiciário, por meio de acompanhamento diário, conforme orientações da Presidência ou solicitações encaminhadas à ARP;
- monitoramento do envio das proposições com prazos constitucionais e do *Diário Oficial da União*;
- cadastramento das proposições em planilhas e na plataforma de acompanhamento legislativo;
- definição e cadastro de níveis de prioridade de acompanhamento conforme o mérito das proposições;
- elaboração de relatórios e quadros comparativos.

Destaca-se a aquisição de um sistema pelo Tribunal para o cadastro e acompanhamento de proposições. Em junho de 2019, foi implementada a ferramenta Inteligov, que oferece diversas funcionalidades, como o cadastro e classificação de proposições em grupos temáticos, estabelecimento de prioridades, geração de pautas, indicação de aniversariantes, busca de pronunciamentos de interesse e visualização de matérias jornalísticas relevantes.

Entre os temas acompanhados, destacaram-se no biênio 2018-2020 os seguintes:

- projeto de lei (PL) de subsídio dos ministros do STF;
- PL que estabelece prazo para julgamento de mérito após concessão de medida cautelar em ação direta de inconstitucionalidade, arguição de descumprimento de preceito fundamental e mandado de segurança;
- proposta de emenda à Constituição (PEC) que estabelece a necessidade de demonstração da existência de controvérsia constitucional relevante e atual como condição de admissibilidade da ação direta de inconstitucionalidade e da ação declaratória de constitucionalidade;
- PEC que discute a possibilidade de prisão após segunda instância;
- comissão especial sobre legislação penal e processual penal;
- comissão especial que altera o Código Processual Penal;
- comissão parlamentar mista sobre *fake news*;
- PL das *Fake News*;
- reformas da previdência e tributária;
- novo pacto federativo;
- violência contra a mulher;
- indicações para o CNJ;
- comissão externa de obras inacabadas no país;
- projeto das leis orçamentárias anuais (PLOAs) e projeto das leis de diretrizes orçamentárias (PLDOs) de 2019, 2020 e 2021;
- plano plurianual (PPA) 2020-2023;
- projetos de créditos suplementares para o CNJ;
- projetos relacionados à pandemia de Covid-19.

No mesmo período, foram monitoradas 3.272 proposições legislativas, considerando todas as proposições cadastradas no mencionado sistema, tanto ativas quanto inativas, conforme se observa a seguir.

Número de proposições monitoradas por tipo (até 31.7.2020)

(continua)

Proposição	Quantidade
Indicação (INC)	279
Medida provisória (MPV)	34
Ofício "S" (OFS)	3
Projeto de decreto legislativo da Câmara (PDC)	1
Projeto de decreto legislativo (PDL)	96
Proposta de emenda constitucional (PEC)	130
Petição (PET)	27
Projeto de lei (PL)	2.407

(conclusão)

Proposição	Quantidade
Projeto de lei da Câmara (PLC)	22
Projeto de lei do Congresso Nacional (PLN)	10
Projeto de lei complementar (PLP)	120
Projeto de lei do Senado (PLS)	91
Projeto de resolução da Câmara (PRC)	1
Projeto de resolução do Senado (PRS)	1
Requerimento de criação de CPI (RCP)	1
Requerimento (REQ)	40
Requerimento do Senado (RQS)	1
Substitutivo da Câmara (SCD)	2
Veto (VET)	6
Total geral	3.272

Fonte: Assessoria de Articulação Parlamentar (ARP).

5 Pauta legislativa

A pauta legislativa foi a ferramenta utilizada para o monitoramento semanal das proposições prioritárias de interesse do STF, do CNJ e do Poder Judiciário. Por meio dessa ferramenta, foram verificadas as pautas dos plenários e das comissões da Câmara dos Deputados e do Senado Federal. É importante ressaltar o trabalho de revisão diário, pois a ordem do dia nas Casas Legislativas é dinâmica e foi alterada diversas vezes por decisão dos presidentes ou por acordo no Colégio de Líderes.

Para a elaboração da pauta semanal, além da verificação das pautas de plenário e comissões, a equipe da ARP acompanhou as reuniões de líderes e os requerimentos com pedidos de inclusão de matérias na agenda dos colegiados. Ao final de cada semana, foi elaborado um relatório com o resultado de pauta, contendo o desfecho de cada item incluído na pauta semanal.

6 Orçamento

A ARP acompanhou a tramitação dos projetos relativos ao orçamento do STF, do CNJ e de outros órgãos do Poder Judiciário, que frequentemente sofrem cortes durante a análise no Congresso Nacional. Em 2019, pela primeira vez, a proposta orçamentária do Judiciário foi alterada ainda na fase de formatação pela Secretaria de Orçamento Federal (SOF) do Ministério da Economia. A ARP foi responsável por comunicar essa alteração e elaborar uma proposta de retificação, que foi enviada ao Congresso pelo Executivo. Também houve a necessidade de ajustar a Lei de Diretrizes Orçamentárias

(LDO) e a Lei Orçamentária Anual (LOA) para incluir o valor do subsídio dos ministros do STF, aprovado pelo Congresso e sancionado como a Lei nº 13.572, de 26.11.2018.

Com a Emenda Constitucional nº 95/2016, que estabeleceu um teto de gastos para os poderes, as margens de alteração na proposta orçamentária tornaram-se quase inexistentes, permitindo apenas ajustes dentro do mesmo órgão, sem a possibilidade de novos gastos se não houver limite disponível. Além disso, 2020 foi o primeiro ano em que o Judiciário não contou com a parcela complementar prevista nos três primeiros anos de vigência do novo regime orçamentário, impactando significativamente o orçamento do STF, com uma redução de quase 10% no total.

Duas sugestões foram apresentadas pela ARP e implementadas durante a gestão do Ministro Dias Toffoli, ambas construídas e coordenadas conjuntamente com o Gabinete da Presidência, a Secretaria-Geral da Presidência e a Diretoria-Geral do STF.

A primeira sugestão permitiu a compensação dos limites orçamentários individualizados entre os órgãos do Poder Judiciário, desde que houvesse concordância entre os tribunais envolvidos. Isso possibilitou o compartilhamento de sobras orçamentárias ao final do exercício para suprir programas deficitários de outros órgãos. Essa solução foi implementada pela Resolução Conjunta CNJ nº 1/2019.

A segunda sugestão envolveu a readequação dos limites orçamentários dos órgãos do Judiciário, em resposta à Decisão nº 040.306/2019-4 do Tribunal de Contas da União (TCU). Originalmente aplicável apenas ao Ministério Público, a ARP sugeriu a extensão da decisão, o que permitiu a alocação de mais de 300 milhões de reais aos orçamentos do STF, CNJ, STJ, CJF, JT, CSJT, STM e TJDFT. Os valores foram transferidos por meio da Portaria SOF/Ministério da Economia nº 10.419/2020.

7 CPIs e pedidos de *impeachment*

Na legislatura de 2020, foram apresentados pedidos de criação de comissões parlamentares de inquérito (CPIs) e petições de *impeachment* de ministros de tribunais superiores. Entre 2019 e 31.7.2020, 27 petições de *impeachment* contra ministros do STF foram protocoladas: 16 por cidadãos, 4 por senadores e 7 por deputados. Todas foram arquivadas.

Em 2019, foram monitorados 4 requerimentos de CPI, sendo 3 no Senado Federal e 1 na Câmara dos Deputados. O mais relevante, que sugeria investigar o "ativismo judicial" em tribunais superiores, foi rejeitado na Comissão de Constituição e Justiça do Senado por 19 votos a 7, sob o argumento de que tratava de funções jurisdicionais, fora da competência de controle e fiscalização do Poder Legislativo.

8 Acompanhamento de sessões e reuniões

Outra importante atividade desenvolvida pela ARP foi o acompanhamento presencial e virtual de reuniões, sessões e audiências públicas nas comissões e plenários das Casas Legislativas. A partir da pauta legislativa, elaborada semanalmente pela ARP, foram identificadas todas as atividades, reuniões e votações de matérias de interesse do Tribunal previstas para aquela semana e que demandavam monitoramento. A pauta indicava informações sobre a participação de ministros do STF, conselheiros do CNJ e juízes auxiliares em audiências públicas e reuniões no Congresso Nacional. Quando solicitada, a ARP elaborava, como subsídio ao palestrante, informes e estudos prévios sobre o tema objeto da audiência pública ou da reunião. Além disso, um assessor acompanhava pessoalmente a agenda. Apenas em 2019, foram acompanhadas no Congresso Nacional:

- 103 audiências públicas, em 10 das quais houve a presença de representantes e membros do STF e do CNJ;
- 427 reuniões de comissões e frentes parlamentares de interesse do Tribunal.

9 Pronunciamentos

Parte da equipe da ARP foi responsável pelo monitoramento dos discursos proferidos por parlamentares, principalmente nos plenários da Câmara dos Deputados e do Senado Federal. Além do acompanhamento presencial e remoto das reuniões, a plataforma digital de acompanhamento dispõe de uma ferramenta de busca de pronunciamentos, o que contribuiu para a identificação e avaliação de discursos.

Até 30.7.2020, foram monitoradas 2.227 manifestações de parlamentares. O foco principal do monitoramento foi a referência a ministros, ao STF, ao CNJ e seus membros, bem como a assuntos relevantes no momento, como críticas ou elogios a decisões e à pauta de julgamentos.

10 Reuniões de assessores parlamentares

No dia 7.12.2018, teve início o projeto da Rede de Assessorias Parlamentares do Poder Judiciário, do Ministério Público e de entidades representativas, com a realização de seis encontros até o final de junho de 2020. O principal objetivo da Rede, conforme definido pelo Ministro Dias Toffoli, foi debater temas de interesse comum do sistema judicial que estejam tramitando no Congresso Nacional.

A unidade do discurso mostrou-se necessária para defender temáticas que pudessem contribuir para a prestação jurisdicional, bem como fomentar a preservação e o fortalecimento das instituições. O trabalho conjunto foi fundamental para a manutenção do equilíbrio e independência dos poderes, evitando maiores desgastes ao Poder Judiciário.

Temas como lei orçamentária anual, lei de diretrizes orçamentárias, subsídio, limite remuneratório, prazo de validade para mandado de segurança, audiência de custódia, teto de gastos, CPI da toga, TV Justiça, autonomia da Defensoria Pública, entre outros, foram tratados nas reuniões.

Como cada órgão tem acesso a determinados parlamentares ou grupos de parlamentares, a criação da Rede possibilitou a adequação das abordagens nos assuntos de interesse comum, otimizando os resultados esperados, tanto em termos de prazo quanto de amplitude material.

11 Conselho Nacional de Justiça

A Assessoria Parlamentar do Supremo prestou apoio ao CNJ no monitoramento de matérias de interesse do Conselho em tramitação no Congresso Nacional, conforme definido no Acordo de Cooperação STF/CNJ nº 3/2020.

Vale destacar a importância do CNJ no diálogo com o Parlamento para a manutenção da harmonia entre os poderes. O Conselho possui a característica ímpar no Judiciário de discutir políticas públicas e zelar pela organização administrativa da magistratura.

Essa característica possibilita ao CNJ dialogar com o Congresso Nacional por meio de suas comissões e grupos de trabalho, assim como com as comissões temáticas correspondentes do Parlamento. Enquanto este discute a formulação da política pública, cabe àquele, em determinados temas, garantir os meios para a aplicabilidade da norma gerada.

Além do acompanhamento de matérias de interesse do Conselho, no biênio 2018/2020, a ARP prestou apoio aos indicados para as respectivas vagas de membros do CNJ.

12 Período Covid-19

Em 11.3.2020, a Organização Mundial da Saúde (OMS) declarou a pandemia de Covid-19, e os trabalhos legislativos foram suspensos, sobrestando todas as reuniões presenciais dos plenários e comissões da Câmara dos Deputados e do Senado Federal.

Tanto a Câmara dos Deputados quanto o Senado Federal desenvolveram sistemas para a realização das sessões pelo Plenário Virtual, conforme definido na Resolução CD nº 14/2020 e no Ato da Comissão Diretora ATC/SF nº 7/2020. As duas Casas adotaram o Sistema de Deliberação Remota (SDR) para discutir e votar matérias relacionadas ao combate à pandemia do coronavírus e outras acordadas nos respectivos Colégios de Líderes.

O registro de presença dos parlamentares se dava por meio de acesso ao SDR, no qual era possível discutir matérias em votação, apresentar questões de ordem, emendas, destaques e outros recursos usuais ao processo legislativo. O trabalho das comissões temáticas – permanentes, temporárias ou especiais – foi suspenso, permanecendo apenas as deliberações em plenário. Algumas matérias ficaram prejudicadas, principalmente a votação de indicações para conselhos, agências, embaixadas e tribunais. Nesses casos, é necessária a votação secreta tanto na sabatina quanto no plenário, o que não foi possível por meio do SDR.

A ARP acompanhou todas as matérias apresentadas no período remoto, identificando e registrando no sistema Inteligov as proposições que pudessem impactar o Judiciário, em especial o STF. É importante destacar que, nesse período, o volume de novas proposições cresceu em cerca de 1.000% em relação ao mesmo período dos anos anteriores, o que demandou esforço adicional da equipe para verificar e catalogar os projetos relevantes.

13 Projeto Constituição Federal "hiperlinkada"

A ARP iniciou, em março de 2020, o projeto de "linkagem" ao texto constitucional de propostas de emenda à Constituição (PECs) em tramitação. O projeto da Constituição Federal "hiperlinkada" constitui uma importante ferramenta para a análise comparativa dos dispositivos constitucionais e das respectivas PECs em tramitação.

Após o levantamento das PECs em tramitação na Câmara dos Deputados e no Senado Federal, todas as sugestões legislativas foram "hiperlinkadas" nos respectivos dispositivos do texto constitucional.

Com esse trabalho, foi possível assinalar os dispositivos constitucionais que possuem mais propostas de alteração, seja pela identificação do dispositivo por inteiro, como um artigo, seja pelo dispositivo em si, como *caput*, parágrafo, inciso, alínea ou letra.

Até o fim de julho de 2020, 1.310 PECs haviam sido "hiperlinkadas". Como uma PEC pode propor alteração em mais de um dispositivo, chegou-se a um total de 5.642 *hiperlinks* inscritos no texto constitucional. Considerando que a Carta Federal possui 2.275 dispositivos, foram identificados 971 dispositivos com pelo menos um *hiperlink*, o que significa que 43% do texto constitucional, no período da pesquisa, era objeto de alguma PEC.

A tabulação de dados após a finalização do projeto permitiu afirmar que os artigos com mais propostas de alteração eram os relacionados ao sistema tributário nacional, especificamente os arts. 153, 155 e 159. Segurança pública apareceu em segundo lugar. Em terceiro, ficaram os arts. 101 e 102, que dispõem sobre o STF.

Além de inédito, o trabalho mostrou-se uma importante ferramenta de análise quantitativa e qualitativa das proposições de acordo com o dispositivo pesquisado, norteando estudos dirigidos e possíveis interações com o Poder Legislativo na busca de aperfeiçoar propostas em tramitação para a adequada prestação jurisdicional.

14 Acordos de cooperação

A ARP colaborou diretamente para a efetivação de acordos de cooperação entre o STF e o Poder Legislativo, estabelecendo contato com as respectivas áreas de interesse e mitigando eventuais obstáculos. Quatro acordos e duas prorrogações foram intermediados pela ARP:

- acordo de cooperação firmado entre a Câmara dos Deputados e o Supremo Tribunal Federal, com o objetivo de promover o intercâmbio e a cooperação técnico-científica, cultural e operacional, visando ao desenvolvimento institucional e de recursos humanos;
- acordo de cooperação para a construção do Centro Cultural STF – Câmara dos Deputados – Senado Federal.

15 Conclusão

Fatores políticos, estruturais e conjunturais, adensados pelos efeitos da pandemia que assolou o país e o mundo, inauguraram um cenário e perspectivas de grandes desafios e conflitos no país, após o biênio 2018-2020. O caos no sistema de saúde, o desequilíbrio fiscal e a estagnação econômica, aliada ao desemprego, aumentaram a polarização social e política. Já a reorganização partidária indicou uma forte tendência de manutenção do ciclo de centro-direita, variando conforme os ajustes da ala majoritária de centro-direita, então predominante nas duas Casas Legislativas.

Outro fator que mereceu atenção foi a ascensão das Frentes Parlamentares Evangélicas e da Segurança Pública, que, na Câmara dos Deputados, representaram mais da metade dos parlamentares. Esses grupos relacionaram o ativismo judicial e a judicialização da política como elementos definidores da relação harmônica entre o Legislativo e o Judiciário. De forma constante, afirmavam (e seguem afirmando) que a opção do Parlamento por não decidir sobre determinados temas, como aborto ou gênero, é, na verdade, uma decisão. E que essa opção não deveria ser interpretada pelo Judiciário como omissão legislativa.

A conjunção desses aspectos apontou para um cenário em que o Supremo Tribunal Federal permaneceu instado a se manifestar como moderador dos conflitos políticos, principalmente em relação a temas como pacto federativo, autonomia dos poderes, ideologia de gênero, pautas de costume, prisão em segunda instância e os limites do Poder Judiciário.

Em suma, coube à Assessoria Parlamentar buscar informações políticas estratégicas para assessorar a Presidência do STF na busca da manutenção e do fortalecimento do equilíbrio institucional entre os poderes. Existem dezenas de proposições legislativas que impactaram e impactam tanto a prestação jurisdicional quanto a organização do sistema judicial, além de outras iniciativas como CPIs e petições variadas. A tempestividade no monitoramento das matérias e o repasse da informação correta ajudaram na construção do diálogo institucional necessário para o fortalecimento do Judiciário, o respeito à democracia e a preservação do Estado democrático de direito.

Informação bibliográfica deste texto, conforme a NBR 6023:2018 da Associação Brasileira de Normas Técnicas (ABNT):

SANTANA, Flávio Ribeiro. Articulação e diálogo: relatos da Assessoria de Articulação Parlamentar no STF sob a Presidência do Ministro Dias Toffoli (biênio 2018-2020). *In*: MENDES, Gilmar Ferreira; LIRA, Daiane Nogueira de; FREIRE, Alexandre (coord.). *Constituição, democracia e diálogo*: 15 anos de Jurisdição Constitucional do Ministro Dias Toffoli. 2. ed. Belo Horizonte: Fórum, 2025. p. 559-568. ISBN 978-65-5518-937-7.

A MEDIDA CAUTELAR NA ADPF Nº 881/DF E A GARANTIA DE INDEPENDÊNCIA FUNCIONAL DOS MEMBROS DO MINISTÉRIO PÚBLICO COMO SALVAGUARDA DO ESTADO DEMOCRÁTICO DE DIREITO

FRANCISCO DE PAULA BERNARDES JÚNIOR
LEONARDO DE MACEDO SILVA

Introdução

A concepção moderna de Estado Democrático de Direito pressupõe a existência de um sistema jurídico hierarquizado. "Um sistema pressupõe ordem e unidade, devendo suas partes conviver de maneira harmoniosa. A quebra dessa harmonia deverá deflagrar mecanismos de correção destinados a restabelecê-la".[1]

É a partir dessa concepção que se torna fundamental a existência de um sistema de controle de constitucionalidade, criado com a finalidade de uniformização do sistema jurídico para manter as normas infraconstitucionais de acordo com os ditames da Carta Magna.[2]

Podem-se citar, em termos globais, três principais modelos de controle de constitucionalidade, pensados a partir de processos políticos específicos de determinados países.

Na França, após a Revolução de 1789, a burguesia emergente passou a buscar mecanismos concretos de rompimento com o *Ancien Regime*, tendo por norte a limitação do poder político por meio da instituição de um sistema jurídico de pesos e contrapesos.[3] Nessa tentativa constante de romper com o antigo regime, temia-se a concentração de poder nas mãos dos membros do Poder Judiciário, no qual estavam os apoiadores do absolutista deposto. Por isso, determinou-se que o controle de constitucionalidade

---
[1] BARROSO, Luís Roberto. *O controle de constitucionalidade no direito brasileiro*. 9ª edição. Ed. Saraiva. 2022. p. 11.
[2] STRECK, Lênio Luiz. *Jurisdição constitucional e decisão jurídica*. 3ª edição. São Paulo: Ed. Revista dos Tribunais, 2013. p. 349.
[3] STRECK, Lênio Luiz. *Jurisdição constitucional e decisão jurídica*. 3ª edição. São Paulo: Ed. Revista dos Tribunais, 2013. p. 349.

deveria ser feito pelo Poder Legislativo. Tem-se, assim, o início do chamado modelo francês, que acabou por ser incorporado ao direito brasileiro.

Há um bom exemplo nas Comissões de Constituição e Justiça (CCJ), existentes em ambas as casas do Congresso Nacional e responsáveis pela análise prévia da constitucionalidade dos projetos de lei que lhe são submetidos. Tal forma de controle de constitucionalidade tem por características marcantes seu caráter prévio, pois ocorre antes de a norma analisada entrar em vigor, e político, por ser exercida por membros dos Poderes Legislativo ou, excepcionalmente, Executivo[4] – cargos essencialmente políticos por serem ocupados por meio do voto popular.

Já o controle de constitucionalidade difuso e incidental, também incorporado ao direito brasileiro com limitações próprias, tem origem no sistema estadunidense a partir do valioso precedente do caso *William Marbury vs James Madison*, no qual se definiu que o controle deve ser realizado pelo Poder Judiciário, em qualquer de suas instâncias, limitando-se os efeitos da decisão às partes do processo no qual se julgou a questão.

Assim ensina Marques:[5]

> Na demanda citada, o *Chief Justice Marshall* desenvolveu raciocínio lógico-jurídico digno de apreciação, tendo destacado a supremacia da Constituição diante dos poderes constituídos, inclusive do Poder Legislativo, esclarecendo ser função precípua do Poder Judiciário, ao analisar os casos concretos que lhe fossem submetidos, interpretar se os atos dos poderes constituídos estão de acordo ou não com a Constituição e, em caso negativo, declará-los nulos, não os considerando para a resolução do litígio, sistematizando a doutrina do controle de constitucionalidade por via de exceção, a ser realizado por toda e qualquer corte jurisdicional (*judicial review ou judicial control*).

Nesse sentido, tem-se ainda o controle concentrado de constitucionalidade, desenvolvido por meio de debate havido entre Hans Kelsen e Carl Schmitt,[6] que previu ao órgão jurisdicional de garantia da Constituição Federal a tarefa de realização do controle de constitucionalidade das leis e atos normativos, mediante ações judiciais próprias, nas quais as decisões de mérito terão efeitos *erga omnes*.[7]

Com a promulgação da Constituição Federal de 1988, o controle concentrado passou a ter protagonismo sobre os demais modelos incorporados ao direito brasileiro. Por isso, o Supremo Tribunal Federal passou a ser não apenas um tribunal excepcional, mas também o órgão máximo de análise e interpretação da Carta Magna.

Ainda assim, historicamente, questões fundamentais acerca da constitucionalidade de determinada lei ou ato normativo nem sempre chegavam à análise da Suprema Corte por meio de ADI, ADC ou ADO.[8] Por isso, em 3 de dezembro de 1993, regulamentou-se a arguição de descumprimento de preceito fundamental (ADPF), prevista no artigo 102, §1º, da Carta Magna, com caráter subsidiário às demais espécies de controle concentrado.

---

[4] MORAES, Alexandre de. *Direito Constitucional*. 6ª ed. São Paulo: Ed. Atlas, 1999. p. 539.
[5] MARQUES, Andreo Aleksandro Nobre. *O nascimento do controle de constitucionalidade judicial*. Brasília, a. 47, n. 185, jan./mar. 2010.
[6] BAHIA, Alexandre Gustavo Melo Franco. *O controle concentrado de constitucionalidade – O "Guardião da Constituição" no embate entre Hans Kelsen e Carl Schmitt*. Brasília, a. 41, n. 164, out./dez. 2004.
[7] BARROSO, Luís Roberto. *O controle de constitucionalidade no direito brasileiro*. 9ª edição. Ed. Saraiva. 2022, p. 70.
[8] MENDES, Gilmar Ferreira; BRANCO, Paulo Gustavo Gonet. *Curso de Direito Constitucional*. 9ª edição. São Paulo: Ed. Saraiva, 2014, p. 1236.

Conforme ensina Barroso, duas eram as finalidades originárias da ADPF:

> Em sua concepção original, materializada no Projeto de Lei n. 17, de 1999 (n. 2.872/97 na Câmara dos Deputados), aprovado pelo Congresso Nacional, a ADPF tinha dupla função institucional: (i) a de instrumento de governo, consubstanciada na possibilidade de os legitimados do art. 103 alçarem diretamente ao conhecimento do Supremo Tribunal Federal a discussão de questões sensíveis, envolvendo risco ou lesão a preceito fundamental ou relevante controvérsia constitucional (Lei n. 9.882/99, art. 1º e parágrafo único, c/c o art. 2º, I); e (ii) a de instrumento de cidadania, de defesa de direitos fundamentais, ao admitir a propositura da arguição por qualquer pessoa lesada ou ameaçada por ato do Poder Público (art. 2º, II, do PL n. 17/99). Este último dispositivo, todavia, foi vetado pelo Presidente da República, sob o fundamento de que franqueava de forma desmedida o acesso ao Supremo Tribunal Federal.[9]

Dessa maneira, com o veto presidencial à ampla possibilidade de ajuizamento da ADPF, criticado pelos criadores do anteprojeto de lei que a regulamentou,[10] passou-se a existir uma quarta forma de provocação da Suprema Corte para o controle de constitucionalidade, sem paralelo no direito brasileiro.[11]

Mostra-se, assim, que a arguição de descumprimento de preceito fundamental ocupa, em tempos atuais, lugar de destaque na jurisdição constitucional. E isso porque questões de relevância excepcional são decididas por meio dessa espécie de ação autônoma.[12]

A partir disso, o presente artigo tem por finalidade analisar os fundamentos da célebre decisão proferida pelo ministro Dias Toffoli na Medida Cautelar de Arguição de Descumprimento de Preceito Fundamental nº 881/DF, lavrada em 22 de fevereiro de 2022, que garantiu a independência funcional aos membros do Ministério Público, impedindo a tipificação do delito de prevaricação por atos praticados de forma devidamente motivada.

A referida ação de controle de constitucionalidade concentrado foi ajuizada pela Associação Nacional dos Membros do Ministério Público (CONAMP), visando à não recepção parcial, sem redução de texto, do art. 319 do Código Penal, de forma a afastar a possibilidade de incidência do delito de prevaricação à atividade de livre convencimento motivado dos membros do *Parquet*.

Nessa quadratura, ainda que tenha sido arguida na petição inicial da ação ora analisada, não será discutida no presente artigo a possibilidade de decretação de medidas investigativas sem manifestação ministerial, pois tal matéria possui feito próprio (ADPF nº 847).

Isso posto, verifica-se a necessidade de se tratar do cabimento da ADPF para análise da matéria questionada; seus pressupostos processuais e o difícil conceito de preceito fundamental; bem como a assertividade do *decisum* não apenas em âmbito constitucional, mas por meio da dogmática jurídico-penal acerca da (im)possibilidade de tipificação de prevaricação em detrimento da autonomia dos membros do Ministério Público.

---

[9] BARROSO, Luís Roberto. *O controle de constitucionalidade no direito brasileiro*. 9ª edição. Ed. Saraiva, 2022. p. 91.
[10] STRECK, Lênio Luiz; MENDES, Gilmar Ferreira. In: CANOTILHO, J. J. Gomes et al. *Comentários à Constituição do Brasil*. São Paulo: Ed Saraiva, 2013. p. 1392.
[11] STRECK, Lênio Luiz; MENDES, Gilmar Ferreira. In: CANOTILHO, J. J. Gomes et al. *Comentários à Constituição do Brasil*. São Paulo: Ed Saraiva, 2013. p. 1390.
[12] Citam-se, a título de exemplo: ADPF nº 635/RJ; ADPF nº 709/DF; ADPF nº 754/DF; ADPF nº 828/DF.

1 A legitimidade ativa da ADPF, seus pressupostos e o nebuloso conceito de preceito fundamental

O neoconstitucionalismo, enquanto corrente jurídico-política que ganhou força após o término da Segunda Guerra Mundial, passou a estabelecer que as constituições não mais poderiam se tratar de normas meramente descritivas da estrutura e do funcionamento do Estado.[13]

Pelo contrário, passou-se a ter como função da Constituição positivar os princípios, os axiomas e os direitos e garantias fundamentais dos cidadãos, rompendo-se assim com os modelos anteriores de Estado e estipulando a criação de um Estado Democrático de Direito.[14]

Portanto, a Constituição Federal de 1988, ao prever as três dimensões de direitos fundamentais – direitos de liberdade, sociais, difusos e coletivos –, se coloca nesse momento histórico enquanto vanguarda e necessitou da criação de mecanismos de efetivação desses direitos de primeira grandeza.

Com isso, Mendes e Streck ensinam que:

> É nesse contexto que deve ser analisado o novo instituto: se o Estado Democrático de Direito é um *plus* normativo em relação às duas formas anteriores de Estado de Direito (Liberal e Social), a arguição de descumprimento de preceito fundamental é um *plus* normativo em relação aos institutos de proteção aos direitos fundamentais previstos pelo texto constitucional.[15]

A partir disso, gera estranhamento o veto presidencial à ampla legitimidade ativa para a propositura de ADPF, pelo mero argumento de necessidade de limitação de acesso ao STF, pois instrumentos de salvaguarda de direitos fundamentais devem, via de regra, ser franqueados a todos os cidadãos.[16]

Porém, pacificou-se que, no caso de ADPF, a legitimidade ativa restringe-se aos legitimados para propor ADI e ADC, nos termos do rol previsto no art. 103 da Constituição Federal.

Nessa toada, dentre os legitimados constitucionalmente, surgem as associações de classe de âmbito nacional, conforme o inc. IX do referido rol constitucional. A jurisprudência do Supremo Tribunal Federal lapidou o quanto positivado na norma, de forma a se reconhecerem, tal como desenvolvido pelo culto ministro Dias Toffoli no *decisum* em análise, os requisitos para que uma entidade se enquadre naquilo que prevê a Carta Magna.

Assim, têm-se por requisitos qualitativos para as entidades de classes ajuizarem ADPF: (i) a delimitação subjetiva da entidade, ou seja, que represente categoria

---

[13] BARCELLOS, Ana Paula de. Neoconstitucionalismo, direitos fundamentais e controle das políticas públicas. *Revista Direito Administrativo*, Rio de Janeiro, n. 240, p. 83-103, 2005.
[14] STRECK, Lenio Luiz; MENDES, Gilmar Ferreira. *In*: CANOTILHO, J. J. Gomes *et al*. *Comentários à Constituição do Brasil*. São Paulo: Ed Saraiva, 2013. p. 1389.
[15] STRECK, Lênio Luiz; MENDES, Gilmar Ferreira. *In*: CANOTILHO, J. J. Gomes *et al*. *Comentários à Constituição do Brasil*. São Paulo: Ed Saraiva, 2013. p. 1389.
[16] MENDES, Gilmar Ferreira; BRANCO, Paulo Gustavo Gonet. *Curso de Direito Constitucional*. 9ª edição. São Paulo: Ed. Saraiva, 2014. p. 1237.

delimitada e delimitável de pessoas – físicas ou jurídicas –, vedando-se a heterogeneidade, conforme decidido no AgRg na ADI nº 4.230/RJ; (ii) o caráter nacional, entendido como a participação em pelo menos nove estados da Federação, nos termos da ADI nº 108/DF; e (iii) a vinculação temática entre os objetivos institucionais e a norma objeto de questionamento.

Acertada, portanto, a decisão ao reconhecer a legitimidade ativa do CONAMP, por tratar-se de entidade representante dos membros do Ministério Público, de forma homogênea – bastando, para isso, a leitura do estatuto social da entidade – e com atuação em âmbito nacional, pois presente em 26 estados e no Distrito Federal.

Na mesma linha, é clara a vinculação entre os objetivos institucionais do CONAMP e o objeto da ação, pois ambos dizem respeito à garantia de direitos e prerrogativas dos membros do Ministério Público, em especial no que tange à independência funcional.

Isso posto, não tão simples é a tarefa de delimitar o preceito fundamental violado na controvérsia ora analisada, pois a dificuldade não deriva de má redação ou prática jurídica das partes, mas do próprio conceito do instituto, que muitas vezes acaba por ser nebuloso.

> O próprio Supremo Tribunal Federal reconhece a dificuldade de definir o que seja "preceito fundamental", conforme pode ser visto na discussão da ADPF/MC n. 33. Reconhece-se a dificuldade em indicar, a priori, os preceitos fundamentais da Constituição passíveis de lesão tão grave que justifique o processo e o julgamento da arguição de descumprimento, não havendo dúvida, entretanto, de que alguns desses preceitos estão enunciados, de forma explícita, no texto constitucional.[17]

Sabe-se, por outro lado, que os direitos fundamentais, as cláusulas pétreas previstas no art. 60, §4º, da Carta Magna e os princípios sensíveis que, quando violados, tornam possível a intervenção federal nos estados-membros – art. 34, VIII, da CF/88 – consubstanciam preceitos fundamentais.[18]

Com isso, chega-se ao raciocínio hermenêutico pelo qual lesão a preceito fundamental diz respeito às relações de interdependência entre os princípios fundamentais e as normas que lhes dão densidade e concretude.[19]

Nessa toada, na Medida Cautelar na ADPF nº 881/DF, o ministro Dias Toffoli muito bem fundamenta que o Ministério Público é órgão indispensável à realização da justiça e atua "na defesa da ordem jurídica, do regime democrático e dos interesses sociais e individuais indisponíveis".[20]

Por consequência, eventual lesão à livre e democrática atuação dos membros do Ministério Público é lesão consequente à justiça e à democracia, conferindo assim categoria de preceito fundamental.

---

[17] STRECK, Lênio Luiz; MENDES, Gilmar Ferreira. *In*: CANOTILHO, J. J. Gomes *et al*. *Comentários à Constituição do Brasil*. São Paulo: Ed Saraiva, 2013. p. 1390-1391.
[18] STRECK, Lênio Luiz; MENDES, Gilmar Ferreira. *In*: CANOTILHO, J. J. Gomes *et al*. *Comentários à Constituição do Brasil*. São Paulo: Ed Saraiva, 2013. p. 1390-1391.
[19] STRECK, Lênio Luiz; MENDES, Gilmar Ferreira. *In*: CANOTILHO, J. J. Gomes *et al*. *Comentários à Constituição do Brasil*. São Paulo: Ed Saraiva, 2013. p. 1390-1391.
[20] MC na ADPF nº 881/DF. Relator: Min. Dias Toffoli. Data de julgamento: 22/02/2022.

Resta, dessa forma, a análise acerca do caráter subsidiário da arguição de descumprimento de preceito fundamental. Conforme pacificado na jurisprudência do STF, não caberá ADPF quando houver outra ação capaz de "solver a controvérsia constitucional relevante de forma ampla, geral e imediata".[21]

Porém, os dispositivos questionados por meio da ADPF nº 811/DF são anteriores à Constituição Federal de 1988, pois o art. 319 do Código Penal data de sua redação original, de 1940. Com isso, as demais ações de controle concentrado de constitucionalidade – ADI, ADC e ADO – não são cabíveis para a resolução da controvérsia, autorizando assim o ajuizamento da ADPF.

Assim concluiu o ministro Dias Toffoli:

> A jurisprudência do Supremo Tribunal Federal reconhece o cabimento de ADPF para resolver controvérsia relativa a normas anteriores à Constituição de 1988, visto que, nesse caso, é manifestamente incabível o manejo das demais ações do controle concentrado (ADPF nº 33/PA, Rel. Min. Gilmar Mendes, DJ de 7/12/05; ADPF 90, Relator o Ministro Luiz Fux, Tribunal Pleno, DJe de 13/5/20). Diante da relevância da controvérsia posta nessa ação direta, que diz respeito à interpretação de norma federal anterior à Constituição de 1988 em face do novo texto constitucional, a ADPF apresenta-se como único instrumento capaz de resolver a controvérsia constitucional em tela de forma ampla, geral e imediata.[22]

Diante disso, entendem-se por preenchidos os requisitos formais de cabimento da ADPF, mediante sólida fundamentação do ministro relator, restando necessário analisar os fundamentos que culminaram na concessão da medida cautelar.

2 O crime de prevaricação: aspectos históricos, dogmáticos e a atipicidade da atuação ministerial pautada pelo livre convencimento motivado

A prevaricação possui extensa origem etimológica. Oriundo do latim, *praevaricator* é "aquele que anda obliquamente ou desviado do caminho direito. No sentido figurado, designa aquele que, tomando a defesa de uma causa, favorecia a parte contrária".[23]

Ao longo da história, o conceito de prevaricação foi estendido, abrangendo o advogado que deliberadamente pactua com a parte contrária.[24] Com o advento dos códigos penais, alguns países passaram a recuar para um conceito restrito, enquanto outros mantiveram a alargada concepção de prevaricação.[25]

> O Código francês (1810), sob o *nomen juris* de *forfaiture*, prevaricação é qualquer ato de um funcionário público que trai os deveres do próprio cargo ou dêle se serve para fins ilícitos. O Código gregoriano identificava o crime no ato de *"qualunque magistrato o impiegato che prevarica nell'esercizio delle sua attribuizioni per denaro, o altra causa turpe"*. O Código sardo (1859) declarava *prevaricazione* o que a lei francesa chama *forfaiture*. O nosso Código de 1830 entendeu de imprimir à prevaricação um sinal particular ou específico, evitando a distinção

---

[21] ADPF nº 33/PA. Rel. Min. Gilmar Mendes, Data de julgamento: 07/12/05.
[22] MC na ADPF nº 881/DF. Relator: Min. Dias Toffoli. Data de julgamento: 22/02/2022.
[23] HUNGRIA, Nelson. *Comentários ao Código Penal*. Vol. IX. 2ª edição. Ed. Forense, 1959. p. 375.
[24] PAGLIARO, Antonio; COSTA JR, Paulo José da. *Dos crimes contra a Administração Pública*. 3ª edição. São Paulo: Ed. DPJ, 2006. p. 123.
[25] HUNGRIA, Nelson. *Comentários ao Código Penal*. Vol. IX. 2ª edição. Ed. Forense, 1959. p. 376.

ou confusão a que leva o direito francês: para que se apresente a prevaricação, faz-se mister que o descumprimento ou violação do dever funcional tenha por *movens* (causa psicológica) a afeição, o ódio, a contemplação ou o interêsse pessoal (amor, *odium, obsequium, cupiditas*).[26]

Essa evolução histórica de definição dogmática da prevaricação foi absorvida pelo Código Penal de 1940, que manteve o dolo específico como elementar do tipo penal previsto no art. 319. E isso porque só há crime se a conduta do funcionário público é praticada com o *telos* de satisfação de interesse ou sentimento pessoal.[27]

Indo além, o Código Penal que vigora até os dias atuais manteve a prevaricação como crime próprio – somente podendo ser praticado por funcionário público, nos termos do art. 327 do Código Penal –, não fazendo qualquer distinção entre os funcionários públicos, administrativos ou de outro setor.[28]

No que tange à análise do tipo penal, têm-se três núcleos alternativos: retardar; deixar de praticar; ou praticar o ato contra disposição expressa de lei, verbos que demonstram a existência de duas modalidades omissivas e uma comissiva.[29]

Há, ainda, importante elementar normativa – "indevidamente" – que auxilia na aferição dos limites de incidência do tipo penal. Lembremos que as elementares normativas dizem respeito às categorias legais que só podem ser aferidas a partir de valoração jurídica, ética ou cultural, conforme ensina Fragoso:

> Ao lado de tais elementos encontramos os chamados *normativos* que só podem ser determinados mediante especial valoração *jurídica* ou *cultural*. Exemplos da primeira hipótese encontramos nos casos em que se inserem na descrição da conduta punível elementos de natureza jurídica, como *cheque, conhecimento de depósito, warrant, documento*, etc. Exemplos da segunda existem nos casos em que o tipo se refere a elementos cujo conhecimento exige por parte do juiz recurso a valores éticos no meio cultural e que são, em última análise, valores culturais. É o caso de tipos que se referem a *ato obsceno* (CP, art. 233), *mulher honesta* (CP, arts. 215, 216, 219), *perigo moral* (CP, art. 245), *adultério* (CP, art. 240).[30]

Com isso, especificamente acerca da necessidade de a conduta ser praticada de forma indevida, entende-se que há a possibilidade legítima da omissão, do retardamento ou da prática do ato de ofício contra disposição expressa de lei, desde que pelos motivos aptos a afastar a tipicidade formal.

Assim ensina Hungria:

> É bem de ver que podem ocorrer motivos de fôrça maior ou de tal ordem que justifiquem a demora ou a omissão. O advérbio "indevidamente", empregado no texto legal, tanto significa *ilegalmente*, quanto *injustificadamente*. Finalmente, na modalidade comissiva, o agente substitui a vontade da lei pelo seu arbítrio, praticando, não o ato que é de seu dever praticar, mas outro contrário à "disposição expressa de lei" (ilegítimo). Por *disposição expressa de lei* se entende a escoimada de qualquer dúvida ou obscuridade.[31]

---

[26] HUNGRIA, Nelson. *Comentários ao Código Penal*. Vol. IX. 2ª edição. Ed. Forense, 1959. p. 376.
[27] HUNGRIA, Nelson. *Comentários ao Código Penal*. Vol. IX. 2ª edição. Ed. Forense, 1959. p. 376-377.
[28] HUNGRIA, Nelson. *Comentários ao Código Penal*. Vol. IX. 2ª edição. Ed. Forense, 1959. p. 377.
[29] HUNGRIA, Nelson. *Comentários ao Código Penal*. Vol. IX. 2ª edição. Ed. Forense, 1959. p. 377.
[30] FRAGOSO, Heleno Cláudio. *Lições de Direito Penal*. 16ª edição. Rio de Janeiro: Ed. Forense, 2004. p. 194-195.
[31] HUNGRIA, Nelson. *Comentários ao Código Penal*. Vol. IX. 2ª edição. Ed. Forense, 1959. p. 377-378.

Dessa forma, resta demonstrado que, para a tipificação do delito de prevaricação, é fundamental, entre outros elementos, a presença de (i) elemento subjetivo específico; e (ii) da elementar normativa do tipo penal.

Isso posto, dentre as mais importantes instituições de Estado, há múltiplas disputas políticas. Tais disputas, que ocorrem por motivos variados, são inerentes ao Estado Democrático de Direito.

No Ministério Público não é diferente, em especial em âmbito penal, por ser o *Parquet* o titular das ações penais públicas por expressa disposição constitucional. Daí ser natural que a atuação de promotores e procuradores se dê de formas diferentes. Porém, abre-se o questionamento: é possível a obrigatoriedade de certa linha de atuação pelos membros do Ministério Público?

Indo além, a negativa da prática de determinado ato de ofício, entendido institucionalmente como correto, é suficiente para a tipificação do delito de prevaricação, previsto no art. 319 do Código Penal?

Essa é a questão jurídica analisada pelo ministro Dias Toffoli na Medida Cautelar na ADPF nº 881/DF.

Como fundamento para o *decisum*, o ministro relator fixou como premissa a independência funcional como "prerrogativa indeclinável"[32] dos membros do Ministério Público e do Poder Judiciário, por expressa determinação constitucional, prevista no art. 127, *caput*, §§1º e 2º, da Carta Magna de 1988.

De certo, sobre a independência funcional dos membros do *Parquet*, tem-se que não se trata do livre exercício da função de forma abstrata, mas de garantia concreta de autonomia interna e externa:

> Há ainda a independência funcional interna que é corolário da autonomia externa: não há como falar de uma independência institucional sem que seja garantida internamente a independência de cada membro em face de outros membros, órgãos e instâncias ministeriais no desempenho de suas funções. Nesse sentido, a chefia do *Parquet* é sobremodo administrativa, de maneira que seus integrantes se acham vinculados somente aos deveres funcionais próprios segundo a consciência que desenvolvem a partir do complexo fático-normativo que os regula, não recebendo, por conseguinte, ordens de quem quer que seja, nem mesmo do Procurador-Geral. A independência funcional, como vemos, obriga que a indivisibilidade não seja arbitrária, requerendo que haja regras preestabelecidas para as substituições de membros, de maneira a evitar formas oblíquas de interferência na atividade legítima de cada um deles. Trata-se de garantia da garantia.[33]

Com isso, seguiu o ministro Dias Toffoli fixando que a LOMAN, em seu art. 41, garante aos membros da magistratura o direito de não serem punidos ou prejudicados pelas opiniões que manifestarem ou pelo teor das decisões que proferirem, salvo em casos de improbidade ou excesso de linguagem.

A partir de tais premissas, o culto ministro passou a tratar da necessidade de coibição do chamado "crime de hermenêutica", por meio de brilhante citação de Rui Barbosa que ora transcrevemos:

---

[32] MC na ADPF nº 881/DF. Relator: Min. Dias Toffoli. Data de julgamento: 22/02/2022.
[33] LEITE SAMPAIO, José Adércio. *In*: CANOTILHO, J. J. Gomes *et al*. *Comentários à Constituição do Brasil*. São Paulo: Ed Saraiva, 2013. p. 1521.

(...) Para fazer do magistrado uma prepotência equivalente, criaram a novidade da doutrina, que inventou para os juízes os crimes de hermenêutica, responsabilizando-o penalmente pelas rebeldias da sua consciência ao padrão oficial no entendimento dos textos. Esta hipérbole do absurdo não tem linguagem conhecida: nasceu entre nós por geração espontânea. E, se passar, fará da toga a mais humilde das profissões servis, estabelecendo, para o aplicador judicial das leis, uma subalternidade constantemente ameaçada pelos oráculos da ortodoxia cortesã. Se o julgador, cuja opinião não condiga com a dos seus julgadores na análise do direito escrito, incorrer, por essa dissidência, em sanção criminal, a hierarquia judiciária, em vez de ser a garantia da justiça contra os erros individuais dos juízes, pelo sistema de recursos, ter-se-á convertido, a benefício dos interesses poderosos, em mecanismo de pressão, para substituir a consciência pessoal do magistrado, base de toda a confiança na judicatura, pela ação cominatória do terror, que dissolve o homem em escravo.[34]

Nessa toada, não há razão para não estender tal proteção aos membros do Ministério Público, posto que não há diferença substancial na atuação que autorize a criminalização de posturas profissionais em razão de discordâncias ou posicionamento jurídico diverso.

Tanto é verdade que as mesmas proteções garantidas aos magistrados estão previstas na Lei Orgânica do Ministério Público (art. 41 da Lei nº 8.625/1993). Por isso, e a partir da análise dogmática realizada acerca do delito de prevaricação, mostra-se que a conduta praticada por membros do *Parquet*, em livre exercício de sua independência funcional e motivada por divergência jurídica, política ou ideológica, não possui tipicidade com o delito previsto no art. 319 do Código Penal. E isso porque ausente o dolo específico. O crime de prevaricação não tem por função punir os agentes públicos que deixam de praticar ato de ofício por divergência teórica, pois a finalidade da conduta é específica: a satisfação de interesse ou sentimento pessoal.

Sobre o tema, Hungria ensina que:

O interesse pessoal pode ser de natureza material (patrimonial) ou moral. Êste último pode ser identificado até mesmo no caso em que o funcionário trai o seu dever por comodismo, ou para cair nas graças de César ou assegurar-se a aura popular, como Pilatos, em cuja clássica bacia ainda hoje, desgraçadamente, muitas mãos se lavam do sangue dos justos. Se o agente visa interesse material, é preciso, para que apresente a prevaricação, que não tenha havido pacto em tal sentido, nem exigência de vantagem indevida por parte do funcionário, pois, do contrário, o crime a reconhecer seria o de corrupção passiva ou o de concussão. Por sentimento pessoal entende-se a afeição, a simpatia, a dedicação, a benevolência, a caridade, o ódio, a parcialidade, o despeito, o desejo de vingança, a paixão política, o prazer da prepotência ou do mandonismo, a subserviência, o receio de molestar os poderosos, etc.[35]

Portanto, não há tipicidade formal entre o delito de prevaricação e a conduta ministerial pautada no livre convencimento motivado, ainda que tal motivação tenha lastro em corrente teórica ou jurisprudencial minoritária, pois ausente o dolo específico necessário para a existência do tipo penal.

Nessa toada, a tipicidade resta também obstada em razão da ausência, no caso em comento, da já dissecada elementar normativa, pois o livre exercício motivado da autonomia funcional afasta a incidência do necessário caráter injustificado da conduta.

---

[34] BARBOSA, Rui. *Obras Completas de Rui Barbosa*. Vol. XXIII. Tomo III. Rio de Janeiro: Edições Casa de Rui Barbosa, 1976. p. 228.
[35] HUNGRIA, Nelson. *Comentários ao Código Penal*. Vol. IX. 2ª edição. Ed. Forense, 1959. p. 378.

Indo além, ainda que tais argumentos fossem ignorados, resta a impossibilidade de adequação formal a partir da teoria da tipicidade conglobante, proposta por Zaffaroni e Pierangeli, pois, para tal teoria, a análise da proibição enquanto elemento da teoria analítica do delito deve se dar à luz de todo o ordenamento jurídico, e não apenas da norma penal incriminadora.

Nesse sentido:

> Para nós, esta resposta é inadmissível, porque tipicidade implica antinormatividade (contrariedade à norma) e não podemos admitir que na ordem normativa uma norma ordene o que outra proíbe. Uma ordem normativa, na qual uma norma possa ordenar o que a outra pode proibir, deixa de ser ordem e de ser normativa e torna-se uma "desordem" arbitrária. As normas jurídicas não "vivem" isoladas, mas num entrelaçamento em que umas limitam as outras, e não podem ignorar-se mutuamente. Uma ordem normativa não é um caos de normas proibitivas amontoadas em grandes quantidades, não é um depósito de proibições arbitrárias, mas uma ordem de proibições, uma ordem de normas, um conjunto de normas que guardam entre si uma certa ordem, que lhes vem dada por seu sentido geral: seu objetivo final, que é evitar a guerra civil (a guerra de todos contra todos, *bellum omnium contra omnes*) (Welzel). [...] Isto nos indica que o juízo de tipicidade não é um mero juízo de *tipicidade legal*, mas que exige um outro passo, que é a comprovação da *tipicidade conglobante*, consistente na averiguação da proibição através da indagação do alcance proibitivo da norma, não considerada isoladamente, e sim *conglobada* na ordem normativa.[36]

Assim, a análise da tipicidade entre a conduta ministerial e o delito de prevaricação deve se dar não apenas a partir do descrito no Código Penal, mas à luz de todo o ordenamento jurídico. Com isso, é ilógico admitir que o delito de prevaricação proíbe conduta autorizada pela Constituição Federal por meio da autonomia funcional dos membros do Ministério Público, conforme previsto em seu art. 127, §1º.

Por mais que a teoria da tipicidade conglobante não tenha sido expressamente citada pelo *decisum* ora estudado, a argumentação nele posta caminha em harmonia com esse modelo de tipicidade.

Ademais, concluiu o ministro relator pelo afastamento de qualquer interpretação do art. 319 do Código Penal que enquadre entendimentos jurídicos ministeriais e do Poder Judiciário, ainda que minoritários, discordantes ou questionáveis, como mera satisfação de interesse ou sentimento pessoal.[37] E isso porque:

> Nesse contexto, fica claro que a interpretação jurídica atacada viola frontalmente os preceitos da Constituição Federal que propugnam a independência funcional do Poder Judiciário e do Ministério Público e a autonomia funcional dos membros dessas instituições, em franca violação, também, ao Estado Democrático de Direito.[38]

Por consequência, deferiu-se parcialmente a Medida Cautelar na ADPF nº 811/DF para a suspensão da eficácia do art. 319 do Código Penal, especificamente em relação à interpretação questionada na arguição.

---

[36] ZAFFARONI, Eugenio Raúl; PIERANGELI, José Henrique. *Manual de Direito Penal Brasileiro – Parte Geral*. 14ª edição. São Paulo: Ed. Revista dos Tribunais, 2020. p. 406-407.
[37] MC na ADPF nº 881/DF. Relator: Min. Dias Toffoli. Data de julgamento: 22/02/2022.
[38] MC na ADPF nº 881/DF. Relator: Min. Dias Toffoli. Data de julgamento: 22/02/2022.

Tal decisão, ainda que em caráter não definitivo, para além de acertada, demonstra amplo conhecimento não apenas das normas constitucionais e da dogmática jurídico-penal, pressupostos de ministro da Suprema Corte, mas de extremo cuidado com as consequências da decisão tomada, no que tange à preservação do Estado Democrático de Direito.

Conclusão

O presente trabalho foi realizado com o objetivo de analisar o conteúdo da decisão proferida pelo ministro Dias Toffoli na Medida Cautelar na ADPF nº 811/DF, destrinchando seus fundamentos e pressupostos tanto processuais como de direito material.

A partir disso, analisou-se o controle de constitucionalidade enquanto mecanismo fundamental de combate aos desvios do sistema jurídico, com vias de mantê-lo íntegro e preservar o Estado Democrático de Direito. Também foram vistos os principais modelos de controle e suas influências no sistema brasileiro.

Ato contínuo, analisaram-se a arguição de descumprimento de preceito fundamental enquanto ação própria de controle de constitucionalidade concentrado, regulamentada em 1993, seus pressupostos de admissibilidade e legitimidade ativa, o conceito de "preceito fundamental" e, por consequência, o acerto da decisão ao entender por preenchidos tais pressupostos.

Em seguida, passou-se ao estudo dogmático do delito de prevaricação, sua formação histórica e etimológica, sua inserção nos códigos penais e, no caso do Código Penal de 1940, seus núcleos e elementos – subjetivos, descritivos e normativos.

Concomitantemente, passou-se a responder quanto à possibilidade de tipificação do delito de prevaricação ao membro do Ministério Público que retarda ou deixa de praticar ato de ofício em razão de interpretação jurídica divergente ou minoritária.

Nessa toada, entendeu-se pela atipicidade formal da conduta, em razão tanto da ausência do elemento subjetivo específico do tipo penal – dolo favorecimento de interesse ou sentimento pessoal – como pela luz da teoria da tipicidade conglobante, apta a demonstrar a impossibilidade de se tipificar penalmente conduta autorizada pela Carta Magna de 1988.

Ao fim desta análise, firmam-se o acerto e o brilhantismo da decisão proferida pelo ministro Dias Toffoli, que, em razão de sua excepcional fundamentação, cremos será ratificada pelos demais ministros do Supremo Tribunal Federal, de forma a manter intacto o Estado Democrático de Direito, que necessita da autonomia das instituições e da salvaguarda da livre atuação profissional, desde que respeitados seus limites éticos.

Referências

BAHIA, Alexandre Gustavo Melo Franco. *O controle concentrado de constitucionalidade – O "Guardião da Constituição" no embate entre Hans Kelsen e Carl Schmitt*, Brasília, a. 41, n. 164, out./dez. 2004.

BARBOSA, Rui. *Obras Completas de Rui Barbosa*. Vol. XXIII. Tomo III. Rio de Janeiro: Edições Casa de Rui Barbosa, 1976.

BARCELLOS, Ana Paula de. Neoconstitucionalismo, direitos fundamentais e controle das políticas públicas. *Revista Direito Administrativo*, Rio de Janeiro, n. 240, p. 83-103, 2005.

BARROSO, Luís Roberto. *O controle de constitucionalidade no direito brasileiro*. 9ª edição. São Paulo: Ed. Saraiva, 2022.

CANOTILHO, J. J. Gomes; MENDES, Gilmar Ferreira; SARLET, Ingo Wolfgang; STRECK, Lênio Luiz. *Comentários à Constituição do Brasil*. São Paulo: Ed. Saraiva, 2013.

FRAGOSO, Heleno Cláudio. *Lições de Direito Penal*. 16ª edição. Rio de Janeiro: Ed. Forense, 2004. p. 194-195.

HUNGRIA, Nelson. *Comentários ao Código Penal*. Vol. IX. 2ª edição. Ed. Forense, 1959.

MARQUES, Andreo Aleksandro Nobre. *O nascimento do controle de constitucionalidade judicial*, Brasília, a. 47, n. 185, jan./mar. 2010.

MENDES, Gilmar Ferreira; BRANCO, Paulo Gustavo Gonet. *Curso de Direito Constitucional*. 9ª edição. São Paulo: Ed. Saraiva, 2014.

MORAES, Alexandre de. *Direito Constitucional*. 6ª ed. São Paulo: Ed. Atlas, 1999.

PAGLIARO, Antonio; COSTA JR, Paulo José da. *Dos crimes contra a Administração Pública*. 3ª edição. São Paulo: Ed. DPJ, 2006.

STRECK, Lênio Luiz. *Jurisdição constitucional e decisão jurídica*. 3ª edição. São Paulo: Ed. Revista dos Tribunais, 2013.

ZAFFARONI, Eugenio Raúl; PIERANGELI, José Henrique. *Manual de Direito Penal Brasileiro – Parte Geral*. 14ª edição. São Paulo: Ed. Revista dos Tribunais, 2020.

Informação bibliográfica deste texto, conforme a NBR 6023:2018 da Associação Brasileira de Normas Técnicas (ABNT):

BERNARDES JÚNIOR, Francisco de Paula; SILVA, Leonardo de Macedo. A Medida Cautelar na ADPF nº 881/DF e a garantia de independência funcional dos membros do Ministério Público como salvaguarda do Estado Democrático de Direito. *In*: MENDES, Gilmar Ferreira; LIRA, Daiane Nogueira de; FREIRE, Alexandre (coord.). *Constituição, democracia e diálogo*: 15 anos de Jurisdição Constitucional do Ministro Dias Toffoli. 2. ed. Belo Horizonte: Fórum, 2025. p. 569-580. ISBN 978-65-5518-937-7.

A CRIAÇÃO DA OUVIDORIA-GERAL DA ADVOCACIA-GERAL DA UNIÃO NA GESTÃO DO MINISTRO JOSÉ ANTÔNIO DIAS TOFFOLI

FRANCIS CHRISTIAN ALVES BICCA

A Ouvidoria-Geral da Advocacia-Geral da União foi criada através do Ato Regimental nº 07, publicado na seção 1 do *Diário Oficial da União* de 15 de agosto de 2007, publicado em 21 de agosto de 2007 por ato de lavra do então Ministro Advogado-Geral da União José Antônio Dias Toffoli. A criação da Ouvidoria foi amplamente publicizada durante a abertura do III Seminário Brasileiro sobre a Advocacia Pública Federal, realizado ainda no ano de 2007, em Brasília. O evento, liderado pelo então Ministro AGU José Antônio Dias Toffoli, contou com a participação dos chefes de todos os três poderes e Procurador-Geral da República, onde foi anunciada a criação da Ouvidora-Geral da Advocacia-Geral da União.

A criação serviu de impulso para o ordenamento jurídico-institucional enquanto instrumento da democracia na participação do cidadão em um canal prático e de fácil acesso aos usuários dos serviços públicos. Assim, contribuiu com um espaço para registro de críticas, sugestões, reclamações, denúncias e outras demandas, visando o aprimoramento dos atos de governo de forma transparente.

Durante o período de 2007 até os dias atuais, a Ouvidora-Geral foi representada por quatro ouvidores:

TABELA - lista de ouvidores do período de 2007 a 2024

NOME	PERÍODO	
Gabriel Felipe de Souza	15 de agosto de 2007	04 de janeiro de 2010
Mariana Rodrigues Silva Melo	04 de janeiro de 2010	28 de junho de 2016
Helena Dias Leão Costa	28 de junho de 2016	3 de outubro de 2016
Francis Christian Alves Bicca	03 de outubro de 2016	Atualmente

A Ouvidoria-Geral da AGU tem como principais realizações possibilitar o acesso a dados da instituição como pareceres – que apesar de não constarem todos em transparência ativa podem ter seu acesso concedido –, acesso a dados como números de seus diversos órgãos, desde logística até sobre pessoal, esclarecimentos acerca de seu funcionamento e de seu mister, denúncias em face de terceirizados, membros, servidores, chefias, bem como elogios, denúncias e reclamações formuladas por esses e por cidadão externos.

> Nessa perspectiva, as ouvidorias públicas surgem como lócus privilegiado de promoção da inclusão social por propiciarem um incremento positivo da condição de vida por intermédio de sua influência sobre a melhoria da prestação dos serviços públicos e a geração de igualdade de oportunidades, permitindo que o cidadão tenha voz e vez dentro da administração pública. (Controladoria-Geral da União/Ouvidora-Geral da União 2007)[1]

Dentre as principais características da Ouvidoria-Geral da Advocacia-Geral da União, pode-se citar o acolhimento de demandas, tanto dos pleitos que são pertinentes aos órgãos que são da AGU como pedidos de cidadãos que não são da alçada da Ouvidoria, mas pode ser orientado quando não direcionada ao local mais adequado, não deixando o cidadão comum sem resposta, mesmo que não seja de sua específica competência e atribuição. Outras características são a eficiência, onde a melhor resposta possível é trabalhada com os pontos focais, e a rapidez nessas respostas.

Nessa linha, visando o melhor atendimento ao cidadão, foram empregados índices dos Assuntos mais Demandados e de Tratamento as Manifestações Cadastradas, com o objetivo do fortalecimento das atividades ao fluxo de trabalho, com os seguintes dados:

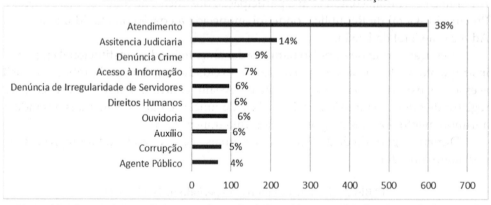

Gráfico 01 - Índice dos Assuntos de Maior Manifestação

---

[1] Disponível em: http://www.cgu.gov.br/Publicacoes/RelatAtividadesOuvidoria/Arquivos/rel_anual2007.pdf.

Gráfico 02 - Índice de Tratamento das Manifestações Cadastradas

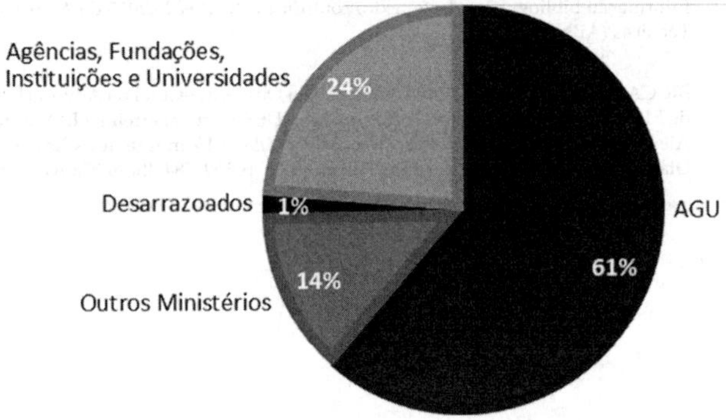

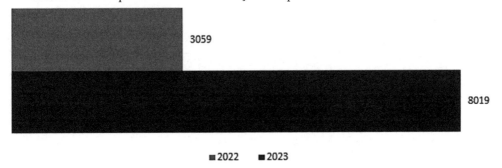

No decorrer de 2023, a Ouvidoria-Geral da Advocacia-Geral da União enfrentou desafios desde o início do ano, notadamente após os ataques antidemocráticos de 8 de janeiro, que resultaram em um substancial aumento nas demandas de trabalho. O impacto desse evento gerou o atendimento com êxito de mais de oito mil demandas recebidas ao longo.

Gráfico 03 - Comparativos das manifestações recepcionadas entre o ano de 2022 e 2023

Importante mencionar que a AGU, hoje, é reconhecida junto aos órgãos da Administração federal e instituições da sociedade como uma instituição eficiente e pontual, justamente por ter se direcionado à vocação da escuta ativa do cidadão, trabalho diferenciado que começa na seleção de servidores e terceirizados, que devem contar com vocação de lidar com o público, até a conscientização da própria equipe e dos órgãos com os quais a Ouvidoria se relaciona, da necessidade premente da AGU como instituição permanente de Estado, integrante do sistema de justiça, sempre analisar as demandas de Ouvidoria com essa perspectiva de entregar o melhor e mais transparente resultado possível, em prazo razoável, tendo a transparência como regra e o sigilo como exceção.

Portanto, é possível afirmar que a participação social é um direito fundamental definido em normas constitucionais que decorrem diretamente ao princípio do Estado Democrático de Direito.

Informação bibliográfica deste texto, conforme a NBR 6023:2018 da Associação Brasileira de Normas Técnicas (ABNT):

BICCA, Francis Christian Alves. A criação da Ouvidoria-Geral da Advocacia-Geral da União na gestão do Ministro José Antônio Dias Toffoli. *In*: MENDES, Gilmar Ferreira; LIRA, Daiane Nogueira de; FREIRE, Alexandre (coord.). *Constituição, democracia e diálogo*: 15 anos de Jurisdição Constitucional do Ministro Dias Toffoli. 2. ed. Belo Horizonte: Fórum, 2025. p. 581-584. ISBN 978-65-5518-937-7.

O SUPREMO TRIBUNAL NA TUTELA DAS PROMESSAS CONSTITUCIONAIS: A CORAGEM DA CONTRAMAJORITARIEDADE

FREDERICO MENDES JÚNIOR

Introdução

A presente obra, traduzida em merecida homenagem à celebração dos quinze anos do exercício da jurisdição constitucional pelo ministro Dias Toffoli perante o Supremo Tribunal Federal, pressupõe a revisitação de um dos mais sensíveis temas ligados à tutela dos direitos essenciais: como o juiz de uma corte constitucional deve atuar frente aos casos mais relevantes, mesmo que tenha de adotar, se assim a circunstância exigir, a postura contramajoritária, que é própria da tutela constitucional dos direitos fundamentais.

O ministro Dias Toffoli, nesse sentido, ao longo de sua notável trajetória na magistratura, foi responsável por diversas decisões que expressam, no sentido jurídico e também semântico da palavra, o mais efetivo exercício da jurisdição constitucional ideal. Imbuído da coragem que é própria da contramajoritariedade dessa ação, sempre impelido pela inegociável promessa da proteção dos valores constitucionais mais importantes, foi responsável por votos paradigmáticos que, em variadas medidas, contribuíram para o redesenho do direito constitucional brasileiro.

Dentre as diversas contribuições que podem ser citadas, aqui ora elencadas no contexto de um pequeno recorte de amostragem, destaca-se a atuação junto à diminuição do acervo processual, ocasião em que, no aniversário de dez anos de sua atuação, atingiu a importante marca de redução de 80% dos feitos ativos de seu gabinete.

Além disso, sua carreira, ainda em franco desenvolvimento, já é caracterizada por decisões que marcaram o direito brasileiro, dentre elas o acolhimento, pelo plenário, de sua proposta de voto que acabou por fixar a orientação de que a regra que prevê o interrogatório do acusado como último ato da instrução penal, previsto no art. 400 do Código de Processo Penal comum, fosse estendida a todos os procedimentos penais regidos por legislação especial, tornando-se, inegavelmente, um dos marcos mais importantes do processualismo contemporâneo a partir do paradigma do controle constitucional das liberdades.

Apesar de existirem incontáveis outros exemplos a serem elencados, a contextualização acima proposta indica que o presente texto, como forma de homenagem, mas também como contribuição acadêmica, deve revisitar as bases teóricas que desenham o juiz que exerce a jurisdição constitucional como um pilar do Estado de Direito contemporâneo e como sua atuação é, igualmente, uma das pedras estruturantes das democracias ocidentais.

Uma das características marcantes da judicatura do ministro Toffoli, como se vê, é a coragem de fazer valer a convicção sobre a adequada interpretação da Constituição, independentemente do contexto ou circunstância do momento. Trata-se do atributo mais valoroso de um magistrado que faz valer, com concretude, o compromisso de proteger as promessas constitucionais.

Nesse propósito, o presente trabalho, aplicando a metodologia da revisão bibliográfica e da revisitação jurisprudencial, promoveu a revisitação dos fundamentos que fazem da atuação do juiz da corte constitucional uma missão diferenciada, desenhando as particularidades teóricas do fenômeno da jurisdição constitucional no âmbito das cortes superiores.

Para essa caminhada, no primeiro capítulo elaborou-se a construção teórica do que veio a ser definida como a característica da *contramajoritariedade* dos direitos fundamentais, externando-se as razões jurídicas e sociológicas desse fenômeno.

No segundo capítulo, por sua vez, foram apresentados fragmentos dos métodos específicos da interpretação constitucional, que exigem para esse ramo (e consequentemente de sua jurisdição) uma postura distinta dos métodos ordinários de hermenêutica, com destaque para o conjunto principiológico próprio.

No terceiro capítulo, antes de serem alcançados os remates finais, valendo-se de análises mais concretas, abordou-se o papel do juiz da corte constitucional como real guardião das promessas constitucionais, sendo ator importante na efetivação dos direitos fundamentais, notadamente no campo das omissões programáticas. Esse capítulo promoveu diálogos com aspectos ligados ao mínimo existencial e aos limites do ativismo recomendável dentro da ideia de que essa tutela é função típica das missões que a Constituição atribuiu ao Poder Judiciário.

1 Uma breve nota sobre juiz que exerce a jurisdição constitucional: a coragem do julgamento contramajoritário

A atuação da jurisdição constitucional sempre foi revestida de um particular ingrediente de coragem, manifestado na posição de desconforto que é própria do caráter *contramajoritário* dos direitos fundamentais. Isso significa que o magistrado da corte constitucional, ao exercer a sua missão de decidir temas constitucionalmente relevantes, é ordinariamente exposto às pressões únicas que, por essa diferenciação, fazem dele um juiz particularmente exibido às mais severas críticas e escrutínios.

É exatamente por conta desse ambiente crítico que a jurisdição constitucional exige, em termos exclusivos, que seu exercício seja entregue à magistratura e, mais especialmente, ao magistrado que tenha destacada aptidão técnica e pessoal, capaz de superar as dificuldades que essa atividade pressupõe.

Em linhas gerais, o juiz que trata das matérias constitucionais essenciais, em ato de doação à proteção dos direitos fundamentais, abdica da tranquilidade do ambiente ordinário para se expor ao cenário em que diferentes forças – não convergentes entre si – voltam-se por vezes contra a figura do magistrado.

O caráter contramajoritário da jurisdição constitucional (SANTOS, 2013), para muito além do truísmo da afirmação de que a proteção das liberdades deve se dar mesmo contra a vontade de maioria circunstancial, se traduz em uma estrutura de sustentação e de sobrevivência das democracias contemporâneas, fazendo parte de importantes movimentos constitucionalistas recentes que, superando a dicotomia de outrora, aproximaram as lutas pelas liberdades (próprias das forças do constitucionalismo) com os movimentos que almejam maior espaço de poder ao povo (forças de democracia) (GAVIÃO, 2013).

Dentro dessa forma de pensamento, observando-se a natureza da atuação, a jurisdição constitucional deve ser exercida mesmo apesar de grandes dissabores que pessoas ou grupos ligados às estruturas de poder (sejam eles, formais ou informais) absorverão como consequência da decisão a ser tomada (MENDES; FERNANDES, 2020). É, em outras palavras, uma atividade de dupla funcionalidade: efetivar os direitos constitucionais essenciais independentemente da escolha dos fatores reais de poder (ABBOUD, 2011) e, ao mesmo tempo, promover o aprofundamento da força normativa da Constituição (HESSE, 1991), fortalecendo a sua proteção como estrutura da democracia brasileira.

Sempre que a garantia de um direito constitucional, então, for contrária à vontade da maioria, a jurisdição constitucional deverá assumir, ainda assim, o seu já mencionado papel contramajoritário (BARROSO, 2009), sem que isso tenha qualquer forma de mitigação do pacto democrático, já que o Estado, além de democrático, é também um Estado de Direito.

Em realidade, caso se submetessem os direitos essenciais ao critério objetivo de maioria circunstancial, enfraquecendo o núcleo da sua força normativa (HESSE, 1991), haveria, aí sim, um atentado à democracia (que se sustenta no modelo brasileiro na preservação das liberdades essenciais). Reforça-se, como se vê, a altivez da atuação dos magistrados das cortes constitucionais.

O *princípio da maioria*, por outros termos, não pode fazer sucumbir direitos e garantias fundamentais. Rememore-se que a democracia é um ambiente de convergência e de coexistência de interesses majoritários e minoritários, ainda que contrários entre si, tendo a jurisdição constitucional o fundamental papel de fazer valer o direito constitucional independentemente da adesão de um setor ou outro, modulando a coexistência das convicções antagônicas a partir do protagonismo que assume ao fixar a baliza central dessa coexistência: nenhuma divergência autoriza a supressão dos valores constitucionais.

2 A jurisdição constitucional como atuação especial: a característica única do julgador em razão da particularidade da hermenêutica constitucional

De longa data já se sabe que a leitura da Constituição não se contenta com as tradicionais formas de interpretação e nem mesmo com os métodos exclusivos de colmatação de lacunas das *Normas de Introdução ao Direito Brasileiro*.

Nem mesmo os ordinários métodos hermenêuticos da teoria geral jurídica são capazes de entregar as particularidades que a leitura constitucional pressupõe. Isso significa que a interpretação constitucional é, ao final, um espaço próprio dentro do gênero da hermenêutica jurídica, o que também faz do juiz que trabalha com esse tema – como o caso dos ministros do STF – um julgador raro.

Parte dessa afirmação decorre do fato de que a interpretação constitucional é, possivelmente, a que mais se traduz na atividade intelectiva que promove a revelação do sentido e, simultaneamente, da materialidade das normas, de modo a proporcionar reais condições de aplicabilidade, não se contentando, como um exemplo, apenas com a compreensão de sua leitura estritamente abstrata.

Vale lembrar, também, que a hermenêutica constitucional não se confunde com a *interpretação da Constituição*. É algo mais complexo, capaz de modular a atividade do juiz constitucional, traduzindo-se até mesmo em uma forma de conduta, que dialoga com a ética do comportamento desse especial julgador.

De um lado, a hermenêutica constitucional se traduz na própria ciência dos princípios que regem a atividade intelectiva de interpretar, sendo no direito constitucional um ramo único, revestido de particularidades que apenas lhe pertencem. A atividade interpretação, por seu turno, é o ato concreto de aplicação desses métodos e dos princípios especiais, voltando-se, como já se viu, à revelação do sentido da norma constitucional e da leitura que lhe dê, dentro dos limites possíveis, reais condições de sua aplicabilidade, pressupondo uma postura colaborativa do juiz constitucional e uma disposição única.[1]

Como a interpretação constitucional não é uma atividade limitada apenas à compreensão do sentido normativo, buscando também a conformação adequada de sua aplicabilidade real (um aspecto constitutivo do direito), toda norma constitucional, por mais clara que possa ser na aparência, não está dispensada do emprego dos específicos métodos que esse ramo exige. É por isso que se diz que *in claris non fit interpretatio*, superando o modelo antigo que atestava que *in claris cessat interpretatio*. Não se interpreta a norma em si, mas o texto que supostamente a representa, cabendo à interpretação constitucional a tarefa reveladora da norma real, como uma contribuição que o julgador constitucional é o ator mais importante.

Já se adiantou que a leitura constitucional é única, não se confundindo com a hermenêutica jurídica tradicional. Essa ilação também reforça a conclusão, anteriormente já mencionada, no sentido de que a coragem do juiz da Suprema Corte é uma atividade igualmente particularizada, derivada da essência única da jurisdição constitucional.

---

[1] Nesse aspecto, é possível conceber que a interpretação constitucional projeta duas finalidades complementares, sendo a primeira a revelação de sentido da norma, enquanto a segunda é a construção da real condição de aplicabilidade dessa norma revelada.

A especialidade dessa atuação nasce a partir de uma principiologia exclusiva, ligada somente à compreensão da exclusividade da Constituição.

Por mais que haja um catálogo bastante extenso dos princípios próprios da hermenêutica constitucional, alguns merecem maior protagonismo para os propósitos deste texto, que rende, ao final, uma merecida homenagem à coragem do juiz constitucional.

O primeiro deles, o da *supremacia da Constituição*, atesta que é um predicado das normas constitucionais a hierarquia máxima na escala normativa, independentemente de seu conteúdo material no fluxo histórico do constitucionalismo. Mesmo que a previsão constitucional não carregue a essência de uma aquisição própria do constitucionalismo, o só fato de estar na Constituição lhe dá soberania bastante, inclusive desafiando, se necessário for, o controle de constitucionalidade. O Brasil, nesse aspecto, adota o critério da supremacia formal, tornando obrigatória a defesa da Constituição por meio da magistratura, mesmo quando a matéria em jogo não seja assunto do tradicional debate constitucionalista.

Outro princípio exclusivo, que reforça o papel da jurisdição constitucional, é o da *correção ou conformidade funcional*. Aqui o intérprete precisa exercer a crítica da autocontenção objetiva, observando-se quais os limites que a própria Constituição estabeleceu para ele. Trata-se, em última medida, de uma contribuição para o melhor funcionamento da harmonia entre os poderes republicanos. Todos os atores de poder possuem uma competência constitucionalmente desenhada para a leitura do texto, mas ao Judiciário é dada a palavra final de promover a guarda da Constituição e de suas promessas mais sensíveis, o que fortalece a importância do papel do juiz da Suprema Corte no sistema jurídico nacional.

Ainda dentro da missão de que a jurisdição constitucional deve preservar, como agir central do Estado de Direito, o texto fundamental faz sobressair, na hermenêutica específica do ramo, o princípio da *interpretação conforme a Constituição*. Parte da doutrina classifica esse conceito como *uma técnica de decisão* a ser aplicada no campo do controle de constitucionalidade, enquanto outro segmento, ao qual o texto adere, reconhece a esse conceito, em dimensão maior, o valor elevado de um princípio hermenêutico. Em linhas bastante singelas, significa que o juiz da corte constitucional deve ter a prudência nas eventuais declarações de inconstitucionalidade, só devendo entender por incompatíveis com o texto superior aquelas normas inferiores que sejam *indiscutivelmente* contrárias, não havendo, portanto, espaços para a dúvida.

Em havendo algum resquício de dúvida, a solução é preservar a *presunção de constitucionalidade*, outro princípio particular do ramo. Essa ilação, que ilustra um agir bem característico do bom exercício da magistratura pelos ministros do STF, demonstra uma posição de inegável humildade institucional, colaborativa com os poderes republicanos, já que a extirpação de normas aprovadas pelo Legislativo só deve ocorrer em contexto de certeza, respeitando-se o que se define como *déficit* democrático que a magistratura pode carregar (cargos não eleitos pelo povo diretamente).

Como técnica de julgamento, por outro lado, essa tarefa de declaração de inconstitucionalidade só cabe a um profissional revestido de alta capacidade técnica, como é o caso da merecida homenagem ao ministro. A presunção de constitucionalidade soluciona os casos em que é revelada mais de uma solução interpretativa, notadamente pelo recorrente caráter polissêmico de determinados conceitos jurídicos. Nesse aspecto, independentemente da individualizada convicção íntima de vida privada do julgador, em havendo mais de um sentido na norma, a jurisdição constitucional adota, sempre, aquele que mais preserve a Constituição e, sobretudo, que mais lhe dê condições de real aplicabilidade.

Em avanço, mas mantendo diálogo com as premissas acima transcritas, é oportuno também destacar o grande papel agregador que o ministro do STF possui no Brasil hoje em dia. Derivado do chamado *princípio do efeito integrador*, os julgadores da Suprema Corte partem da ideia de que a Constituição jamais deve promover a desagregação social, notadamente em um país tão variado como o Brasil, atuando como poder conciliador de modo a sempre promover as soluções interpretativas, desde que juridicamente adequadas e justificadas, que melhor realizem a integração, tanto entre os poderes republicanos quanto em relação à população em si.

No entanto, para que essa integração seja verdadeiramente viável, os comandos constitucionais devem ganhar real dimensão, de modo a também reger a atuação do juiz da corte constitucional o chamado *princípio da máxima efetividade*. Basicamente, a normatividade interpretativa aludida sugere que o magistrado, despido das convicções de vida própria, movendo-se pela tutela da Constituição, deve sempre ter o desprendimento que se manifesta na busca pelo sentido da norma escrita que, dentro do possível, alcance a maior efetivação das missões estabelecidas pelo texto constitucional.

Há, por assim dizer, uma disposição diferenciada em não apenas ler a Constituição, mas verdadeiramente a compreender como estrutura fundamental que merece a interpretação que se revele a mais adequada para o alcance de seus fins prometidos. É essa, aliás, uma das mais belas tarefas da magistratura exercidas junto à Suprema Corte nacional.

Por fim, derivando do princípio da *unidade da Constituição*, vetor interpretativo que indica que o texto maior deve ser lido como um conjunto unitário (que possui no máximo contradição meramente aparente), surge a difícil tarefa da corte constitucional exercer o compromisso maior de efetivar o *princípio da concordância prática ou harmonização*, tendo a difícil responsabilidade de aquinhoar as colisões entre os direitos fundamentais nos casos concretos (SARLET, 2010), evitando-se a eliminação de ambos por meio de um critério de ponderação (NEGRI, 2017). O juiz constitucional exerce a nobre e corajosa tarefa de proteger direitos essenciais, por meio do equilíbrio, mesmo quando presentes conflitos entre eles.

Ainda que existam outros princípios a serem citados, o recorte pontual aqui feito demonstra como a atuação do ministro do STF é marcada pela importância incomparável na sustentação do modelo constitucional brasileiro, verdadeiro pilar da democracia nacional e protagonista no aquinhoamento das desigualdades sociais a partir da efetivação dos direitos fundamentais.

3 A jurisdição constitucional e as promessas constitucionais: o papel do juiz da corte constitucional na concretização do mínimo existencial

De acordo com o que foi visto no capítulo antecedente, a Suprema Corte carrega um papel de destaque na proteção dos direitos fundamentais, o que faz a partir do exercício muitas vezes contramajoritário da jurisdição.

Essa atividade não tem sua projeção limitada ao controle dos atos ativos contrários às liberdades essenciais (face mais evidente do controle judicial); em realidade, imbuída da mais densa proposta de concretização das promessas constitucionais, imerge igualmente no complexo campo do controle das omissões das promessas constitucionalmente estabelecidas. A Constituição Federal de 1988, como se sabe, revestida de um modelo analítico, partindo-se de um ideal de alteração da realidade social de um país único como o Brasil, foi revestida de garantias de liberdade que, para o horizonte do Estado, além das limitações do constitucionalismo tradicional, também absorveram deveres públicos de agir que se manifestam como normas de conteúdo programático.

Tais normas, notadamente no campo dos direitos sociais, implicam em prestigiada parte do conjunto dos direitos fundamentais (mais precisamente a segunda dimensão) e, dada sua essencialidade constitucional, aliada à historicidade deles, carregam a mesma densidade normativa dos valores de primeira dimensão, adstritos às liberdades individuais como essência histórica.

Isso significa que, em decorrência da imperatividade/vinculação das normas programáticas sociais, derivadas dessa particular qualidade, em havendo a inércia contumaz dos poderes políticos destinados às políticas públicas de direitos fundamentais adstritos às tarefas sociais, notadamente do Legislativo e do Executivo, tornam-se justificáveis, pelo prisma constitucional, as atuações específicas da jurisdição especializada como forma de se fazerem valer cumprir os compromissos constitucionalmente enunciados (CAPPELLETI, 2011).

É aqui, como se sabe, que nascem as já conhecidas tensões sobre os limites do ativismo judicial. Não há dúvidas de que o Judiciário tem o compromisso fundamental de respeitar o pilar da harmonia entre poderes, sendo, na verdade, um instrumento de proteção do sistema de *check and balance* e o seu intérprete final. O Supremo Tribunal Federal, nesse aspecto, tem sido um dos mais importantes atores de proteção da harmonia entre poderes, estabelecendo as balizas que sustentam o sistema de freios e contrapesos de modo distante às predileções pessoais e aos interesses de momento.

Essa atuação de prudência, no entanto, não impede a corte constitucional de agir, como sempre fez, na vigilância da tutela da Constituição da República, fazendo valer as promessas constitucionais que estejam pontualmente inseridas em um contexto de omissão que, pelo seu excesso, já transborda a discricionariedade administrativa, entrando-se no campo da inconstitucionalidade por omissão.

É evidente que a intervenção ativista da jurisdição constitucional avoca, pelo art. 2º da CF, um acentuado estado de vigilância. Não se trata, por exemplo, do acolhimento acrítico que legitimaria uma atuação isolada e criativa do direito, desconexa das balizas constitucionais, algo que se relacionaria à aplicação extremada e inadequada da teoria do realismo jurídico.

O direito constitucional não é uma manifestação *metajurídica* apenas, derivada de uma autoritária interpretação judicial que se apresenta isolada do mundo hermenêutico. O magistrado, por mais que carregue inegável formação técnica, não é o criador da norma por si.

Mas isso não significa que o juiz seja, como outrora se fez crer, um ser engessado ao silogismo objetivo. Os julgadores, evidentemente, devem respeitar as balizas objetivas de suas atuações, ao tempo em que também devem compreender, não por ideologia, mas por imposição constitucional, que as promessas constitucionais possuem dimensão normativa capaz de alterar a realidade, sendo a jurisdição constitucional o *locus* de avaliação final dos limites daquilo que de fato é discricionariedade legislativa/administrativa, em contraponto àquilo que é, sobretudo pelo passar do tempo e pelas consequências que carrega, a violação da ordem constitucional.

Dentro desse tema, é possível citar o célebre embate entre a teoria da reserva do possível, como argumento contrário à implementação de determinados direitos fundamentais (notadamente de segunda dimensão), e o dever constitucional de se garantir, dentro da ideia de dignidade, o mínimo existencial.[2] No Brasil, um país marcado por suas já conhecidas fraturas sociais, o Judiciário tem sido chamado constantemente a mediar omissões constitucionais, por vezes tendo de agir de modo a fazer valer, mesmo que minimamente, direitos necessários à ideia de sobrevivência digna.[3] Essa proteção se aplica às relações públicas e privadas (SARMENTO, 2008).

Apesar de parte da doutrina já ter abandonado a ideia originária que gerou o conceito de "constituições dirigentes" (CANOTILHO, 2011), entendidas como aquelas que estabelecem normas de conteúdo programático, essa modulação doutrinária não afasta a constatação de que a Constituição brasileira estabelece obrigações de agir no campo dos direitos fundamentais. Mas se, de um lado, o texto constitucional estabelece programas de efetivação da dignidade humana, "de outro há limitações, extraídas da realidade, que implicam em impossibilidade de concretização instantânea desse projeto" (ALTOÉ; BRITO, 2023).

A teoria do mínimo existencial, dentro desse contexto de discussão, se traduz no fundamento principal das objeções estatais frente às demandas que, na pretensão de obrigação de fazer, pretendem o cumprimento tempestivo de algumas previsões constitucionais positivas, notadamente no campo dos direitos sociais.

Como exemplo, a saúde é um direito social que, ao mesmo tempo, impõe obrigação de fazer ao Estado na forma do art. 198, III, da CF. Certas prestações são vitais e geram a necessidade de imediata implementação, no contexto do mínimo vital. O STF, exercendo esse mister, já esclareceu que o art. 196 da Constituição não pode se limitar a uma promessa inconsequente (BRASIL, 2014).

---

[2] A teoria do mínimo existencial, em resumo, é uma argumentação racional que se contrapõe à teoria da reserva do possível, o que faz ao fixar o parâmetro de que, quando uma Constituição eleva a dignidade da pessoa humana ao patamar de valor jurídico central, inclusive hermenêutico, deve ocorrer a garantia mínima do que tal dignidade projeta, não sendo toleradas omissões completas.

[3] O mínimo existencial, ainda, não se confunde com o conceito doutrinariamente estabelecido para a simples sobrevivência biológica, chamado de mínimo vital. Isso significa que o mínimo existencial carrega dimensão mais ampla, não se contentando apenas com as medidas que assegurem a sobrevivência biológica da pessoa. A dignidade humana, mesmo quando projetada em seu mínimo (existencial), abarca um conjunto de direitos fundamentais variados.

A doutrina, como é o caso de Nelson Nery Júnior e Georges Abboud (2017), sustenta que o mínimo existencial não serve de substrato jurídico bastante para o afastamento das promessas inerentes ao mínimo existencial.

O mínimo existencial, como já se adiantou, é uma importação da jurisprudência alemã que não se adequa integralmente à realidade nacional, o que o escólio de Pierre Legrand (1997) classifica de "transplante jurídico". O histórico do precedente está ligado ao julgamento da Corte Constitucional Alemã em relação ao art. 12 daquele país, em que se estabelecia que todos os alemães teriam direito de escolher abertamente e de forma livre o seu local de estudo ou de formação, a ponto de que algumas pessoas, em contexto de desproporcionalidade, ainda que possuíssem vaga para o curso em outras localidades, passaram a exigir que essas vagas fossem próximas ao seu local de moradia. Nesse aspecto, o Tribunal Constitucional alemão entendeu que as prestações positivas desenhadas pelo texto maior não poderiam ser exigidas em um contexto distante de uma razoabilidade de custos. É esse o desenho internacional da reserva do possível (ALTOÉ; BRITO, 2023).

Aqui, rememorando Legrand (1997), nota-se um claro exemplo de um transplante jurídico que, portanto, encontra na atuação dos ministros do STF o ponto adequado de sua moderação. De um lado, parece claro que houve uma importação precipitada, distante das balizas que justificaram o caso na Suprema Corte alemã, não sendo razão bastante para negar o mínimo existencial (TORRES, 2009); de outro lado, a teoria também não pode servir de ativismo acrítico a ponto de não reconhecer que certos casos, de fato e de direito, não encontram viabilidade orçamentária. Isso só demonstra como o juiz da Suprema Corte atua em um difícil processo de constante equilíbrio entre valores igualmente essenciais para o Estado Constitucional brasileiro, sendo sempre demandado que tenha prudência diferenciada.

É natural que toda decisão que envolva o orçamento terá impacto que redunde, em alguma medida, em uma escolha consequencialista. Alguns chegam a falar que a decisão no campo dos direitos sociais é travestida naturalmente da particularidade da escolha trágica. Mas, no que se refere à proteção do mínimo existencial, o STF[4] tem sido firme em proteger os direitos fundamentais em relação ao risco do total abandono, mantendo uma postura de vigilância essencial para que as promessas constitucionais não sejam inconsequentes (ALTOÉ; BRITO, 2023), sendo o real guardião das promessas constitucionais (FACHIN, 2015). Os toleráveis limites de omissão – que são justificáveis – não devem servir de argumento insuperável de implementação do mínimo existencial (MEDINA, 2014).

A postura ativa do Judiciário na tutela de direitos fundamentais também é, em regra, contramajoritária e até mesmo ativista. Vale dizer, no entanto, que o ativismo aqui mencionado se dá quando o Poder Judiciário acaba, em alguma medida, assumindo o protagonismo de entregar uma resposta aos anseios mais sensíveis que não encontraram guarida em nenhum outro campo. É, como se diz, uma atuação necessária e inevitável, que evidentemente não significará que a Suprema Corte não tenha a autocrítica da

---

[4] Cite-se como exemplo a posição do STF em que rechaçou o dever de controle da omissão estatal na implementação das políticas essenciais ao mínimo existencial (BRASIL. Supremo Tribunal Federal. Recurso Extraordinário n. 738255/AP, Rel. Min. Celso de Mello, 2013).

compreensão de seus próprios limites dentro do sistema de freios e contrapesos. Em outras palavras, não se deve confundir a respeitável e necessária preocupação com os riscos democráticos de um ativismo exagerado, com a atuação fundamental que os juízes da Suprema Corte brasileira estão adotando, com coragem e altivez, no campo das graves omissões constitucionais (FACHIN, 2015).

Veja-se, então, que a atuação do Judiciário na omissão constitucional é ponderada e reservada, respeitando as balizas democráticas. Aliás, a característica de atuação no objetivo de suplantar a omissão se traduz em fenômeno razoavelmente recente no Brasil.

Em um primeiro estágio, a Suprema Corte adotava um modelo objetivo de não intervenção como suposta melhor interpretação da separação dos poderes (pacto democrático), entendendo que as normas programáticas seriam previsões que não poderiam gerar qualquer direito subjetivo. A segunda corrente, que marca o segundo estágio, referendou o posicionamento de que o Judiciário tem uma função típica de tutelar as promessas constitucionais, de modo a exigir certo grau de atuação quando presentes as omissões constitucionais graves.

Há, ainda, um almejado terceiro estágio a ser aprimorado e que já vem se manifestando embrionariamente (adquirir critérios objetivos e racionalizados para entender melhor os limites da intervenção). O esclarecimento dessas balizas se dará, novamente, pela salutar atuação do STF, a quem caberá, em um constante ciclo, sempre fazer as novas leituras dos limites que a Constituição Federal impõe a cada ator da República. É um olhar para o futuro que buscará um modelo de equilíbrio (ALTOÉ; BRITO, 2023).

Em todos os casos, todavia, o que se nota é que o juiz da corte constitucional tem um papel verdadeiramente único. É o julgador que faz da Constituição uma realidade em uma democracia viável, não permitindo que seja, como Lassale já sugeriu, uma mera "folha de papel".

Conclusão

Em razão da celebração do aniversário de quinze anos do exercício da magistratura desempenhada pelo ministro Dias Toffoli, que vem se destacando no exercício da jurisdição constitucional, o presente texto, imbuído do propósito de entregar uma merecida homenagem, resgatou as particularidades que fazem dessa jurisdição um ato de coragem, próprio dos juízes que, inseridos na particularidade de uma hermenêutica distintamente exigente, atuam na proteção da Constituição.

Todo ato jurisdicional é exercido por magistrados com abdicação e coragem, mas a jurisdição constitucional carrega cores próprias, que merecem um destaque único. Fruto de um conjunto de princípios interpretativos específicos, dentre eles a concordância prática, a unicidade da Constituição, a interpretação conforme e o efeito integrador, o ato de decidir, que tem por lastro o paradigma constitucional da compatibilidade constitucional, exige uma postura única, capaz de submeter o julgador a pressões de maiorias circunstanciais que intentam o não cumprimento das promessas estabelecidas pela lei maior.

Em um ato de solidão ontológica, o juiz da corte constitucional, sempre que necessário, atuará contramajoritariamente para fazer valer os compromissos constitucionais no campo dos direitos fundamentais, não tolerando o que se convencionou chamar de "promessas constitucionais inconsequentes".

A coragem da contramajoritariedade delineada no título deste texto é a reafirmação de que a jurisdição constitucional, ainda que não seja o único pilar da democracia brasileira, tem sido determinante para a preservação das estruturas constitucionais, mesmo em situações de crise.

Referências

ABBOUD, Georges. *Jurisdição Constitucional e direitos fundamentais*. São Paulo: Revista dos Tribunais, 2011.

ALTOÉ, Rafael; ALVES, Fernando de Brito. A reserva do possível no âmbito dos direitos sociais: discricionariedade administrativa ou "transplante jurídico"? Uma nova leitura a partir da tutela constitucional da infância e juventude. In: MACHADO, Edinilson Donizete; PANCOTTI, Heloísa Helena Silva; RAZABONI JUNIOR, Ricardo Bispo. *Temas de Direito Administrativo*. Curitiba: Juruá, 2023.

BARCELLOS, Ana Paula. *A eficácia jurídica dos princípios constitucionais*. 3. ed. Rio de Janeiro: Renovar, 2011.

BARROS, Suzana de Toledo. *O princípio da proporcionalidade e o controle de constitucionalidade das leis restritivas de direitos fundamentais*. 3. ed. Brasília: Brasília Jurídica, 2003.

BARROSO, Luís Roberto. *Curso de Direito Constitucional: os conceitos fundamentais e a construção do novo modelo*. São Paulo: Saraiva, 2009.

BARROSO, Luís Roberto. *Dignidade da pessoa humana e direitos fundamentais na Constituição Federal de 1988*. Porto Alegre: Livraria do Advogado, 2001.

BONAVIDES, Paulo. *Curso de Direito Constitucional*. 29. ed. São Paulo: Malheiros, 2014.

BRASIL. *Constituição da República de 1988*. Disponível em: www.planalto.gov.br.

BRASIL. STF. Agravo de Instrumento n. 452312/RS, Rel. Min. Celso de Mello, DJ 23/06/2014. Disponível em: www.stf.jus.br.

CANOTILHO, José Joaquim Gomes. *Constituição Dirigente e Vinculação do Legislador*. Coimbra: Coimbra Editora, 2001.

CAPPELLETTI, Mauro. Constitucionalismo moderno e o papel do poder judiciário na sociedade contemporânea. *Doutrinas Essenciais de Direito Constitucional*, v. 4, p. 929-940, maio 2011.

FACHIN, Zulmar. *Curso de Direito Constitucional*. 7. ed. Rio de Janeiro: Forense, 2015.

HESSE, Konrad. *A Força Normativa da Constituição*. Porto Alegre: Ed. Sergio Antonio Fabris, 1991.

GAVIÃO, Vanessa Cristina. A relação entre o constitucionalismo e a democracia: uma análise da nova lei de cotas sociais. *Revista de Informação Legislativa*, ano 50, n. 199, jul./set. 2013.

LEGRAND, Pierre. A impossibilidade de "transplantes jurídicos". *Cadernos do Programa de Pós-Graduação em Direito – PPGDir./UFRGS*, Porto Alegre, v. 9, n. 1, p. 11-39, jan./jul. 2014. Versão original em inglês, publicada no *Maastricht Journal of European and Comparative Law*, em 1997.

MENDES, Gilmar Ferreira; FERNANDES, Victor Oliveira. Constitucionalismo Digital e Jurisdição Constitucional: uma agenda de pesquisa para o caso brasileiro. *Justiça do Direito*, v. 34, n. 2, p. 6-51, maio/ago. 2020.

NEGRI, André Del. *Direito Constitucional e teoria da constituição*. 3. ed. Belo Horizonte: D'Plácido, 2017.

NERY JÚNIOR, Nelson; ABBOUD, Georges. *Direito Constitucional Brasileiro*. São Paulo: Revista dos Tribunais, 2017.

SANTOS, Paulo Junior Trindade dos. Jurisdição Constitucional e o embate que o antecede em Kelsen e Schmitt. *Revista da ESMEC*, v. 20, n. 26, 2013.

SARLET, Ingo Wolfgang. *A eficácia dos direitos fundamentais*. 10. ed. Porto Alegre: Livraria do Advogado, 2010.

SARMENTO, Daniel. *Direitos fundamentais e relações privadas*. Rio de Janeiro: Lumen Juris, 2008.

TORRES, Ricardo Lobo. *O direito ao mínimo existencial*. Rio de Janeiro: Renovar, 2009.

Informação bibliográfica deste texto, conforme a NBR 6023:2018 da Associação Brasileira de Normas Técnicas (ABNT):

MENDES JÚNIOR, Frederico. O Supremo Tribunal na tutela das promessas constitucionais: a coragem da contramajoritariedade. *In*: MENDES, Gilmar Ferreira; LIRA, Daiane Nogueira de; FREIRE, Alexandre (coord.). *Constituição, democracia e diálogo*: 15 anos de Jurisdição Constitucional do Ministro Dias Toffoli. 2. ed. Belo Horizonte: Fórum, 2025. p. 585-596. ISBN 978-65-5518-937-7.

PARA ALÉM DAS SOMBRAS: UMA BREVE REFLEXÃO SOBRE A ATUALIDADE DO MITO DA CAVERNA, DE PLATÃO

GABRIEL CHALITA

> *É melhor sofrer uma injustiça do que praticá-la.*
> (PLATÃO, *Gorgias*)

Palavras introdutórias

Minhas palavras iniciais revestem-se de uma semântica própria da relação entre amigos, a gratidão.

Sou grato por conhecer o Ministro José Antonio Dias Toffoli. Sou grato por acompanhar seu trabalho como magistrado e sua incansável decisão de fazer justiça. Fazer justiça é tema que desafia pensadores de todas as quadras dos milênios que conhecemos, desde que se sabe das relações humanas e dos relatos sobre essas relações. Sejam elas da tradição oral, sejam elas esmiuçadas em textos de todos os tipos depois do surgimento da escrita.

A convivência com o estimado Ministro alimenta de esperança os espaços dentro de mim que, não poucas vezes, desacreditam de dias melhores quando o tema é a justiça.

É árdua a tarefa de retirar os véus que encobrem de dúvidas os fatos. Ter dúvidas já é um alento. Há tantos que se revestem de tantas certezas que a justiça acaba por demitir a si mesma. Não é possível perscrutar os caminhos do ocorrido sem a contribuição valiosa de sua excelência, a dúvida.

Há tantos que deveriam dedicar a vida ao encontro do que pacifica, do que equilibra, do que harmoniza, do que devolve a verdade a narrativas, muitas vezes, elaboradas com o intuito do engodo, mas que, alimentados de certezas nascidas de arrogâncias, decidem o incorreto.

Há outros que simplesmente não veem o que veem. Desistiram de encontrar o que se esconde em opiniões, em preconceitos, em superficialidades. Decidem por decidir sem entender o poder que têm em cada história de vida que cruza pelas suas histórias.

Quando convidado a participar desta obra celebrativa, ao lado de personalidades tão ilustres, vasculhei em mim, em minhas experiências no Direito, na Filosofia, nas Artes, na Educação, na fascinante arena em que se dão as relações interpessoais, um tema para poder modestamente contribuir com o todo. Do todo somos sempre partes. Quero ser uma parte que dialoga, que presta atenção, que se importa com o outro. Quero ser uma parte que não se acomoda em desistências ou em cansaços, mas uma parte que incomoda os acomodados. Modestamente. Com as ferramentas que possuo por ser um leitor de livros e de pessoas. Sem nos atentarmos para o fascinante universo dos livros, dos seus ditos, das teorias já elaboradas, da cultura acumulada por tempos e por espaços diferentes dos nossos, inclusive, empobrecemos o nosso olhar para o mundo da ciência dos fatos. Mas o mundo da ciência dos fatos exige mais. Se nos trancafiarmos em grandes bibliotecas, em salas devidamente arranjadas para o conforto dos olhos que leem ao longe a vida, empobrecemos a nossa própria vida. E empobrecemos a vida dos outros. Dos outros que com a nossa vida se encontram. A ciência dos fatos precisa de vivência. A ciência dos fatos precisa de elaborações que nascem dos olhares cuidadosos.

Em muitas aulas que tenho a honra de, há muito, ministrar no curso de mestrado e doutorado da Pontifícia Universidade Católica de São Paulo, encontrei dizeres apressados de juízes, promotores, delegados e outros que atuam no fazer a justiça. Dizeres que tentei fazê-los ver, incorretos. Descartes, o grande racionalista, dizia que há dois caminhos que precisam ser evitados por quem tem o poder de dizer a justiça, o caminho do preconceito e o caminho da precipitação. Os dizeres apressados aos quais me refiro são dizeres como "na minha experiência de juiz, quando o réu senta eu já sei se é culpado ou não". Isso no início do nosso curso sobre a Justiça em Aristóteles. E para minha grata satisfação como professor, ao final, eu ouvia o mesmo juiz dizendo "como eu fui preconceituoso dizendo o que eu disse, como eu fui apressado, professor".

Ouvi promotores contando os desafios de vencer advogados. Alunos animados do mestrado dizendo o prazer de ganhar um júri contra um advogado arrogante. E ouvi o mesmo promotor, depois das leituras de Aristóteles, dizer o reconhecimento do erro. Não se trata de derrotar um advogado, trata-se de derrotar a mentira, a injustiça, a desarmonia causada pelas ambições humanas.

O meu papel de professor não é o de incutir verdades em meus alunos, mas de ajudá-los a fazer nascer a sua compreensão da verdade. Nascer é um bom conceito. Sócrates, o mestre do filósofo que escolhi para discorrer um pouco sobre o tema da justiça, criou um conceito para dizer o educar, que chamou de "maiêutica".

Sua mãe era parteira. E como parteira não cabia a ela o ofício de fazer vidas, mas de ajudar as vidas prontas a nascerem. Professores são professadores da crença de que seus alunos têm vida. Algumas escondidas. Algumas tímidas. Algumas tão sofridas que, desacreditadas, se entregam ao nada. Professores são restauradores dos rasgos que a vida provoca nos sentimentos humanos. São costuradores da teia da esperança sem a qual caímos no nada.

A minha esperança é de que a Justiça saia dos dizeres bem elaborados de tantos pensadores do Direito para as práticas dos cotidianos.

Como antecipei, escolhi Platão para falar da justiça e da atualidade das inquietações que fizeram o filósofo grego escrever tanto sobre os valores e os vícios que melhoram ou pioram as relações entre as pessoas.

Há muito a se dizer sobre Platão. Não vou percorrer o enredo da biografia tantas vezes estudada e escrita, nem dos estudos sobre os estudiosos do grande mestre, discípulo de Sócrates e inspirador de Aristóteles. Vou apenas introduzir no tema que ouso discorrer emprestando o seu próprio método, escrevendo por meio de diálogos. E para dialogar com Platão, escolhi Agostinho de Hipona. O pensador que difundiu para a Idade Média e para o que veio depois as bases do pensamento platônico.

Antes de iniciar o diálogo imaginário, como fazia Platão, uma breve incursão no conceito que permeia o seu famoso Mito da Caverna.

O Mito da Caverna está na obra *A República*. *A República* é o segundo diálogo mais extenso de Platão. Nas dez partes da obra, o eixo condutor é sempre a justiça.

Alguns consideram essa obra uma utopia. Pode ser. Dependendo do que entendermos por utopia.

Se entendermos utopia como um lugar que não existe e que nunca poderá existir e que, por isso, é apenas uma incursão ao lúdico dos nossos sonhos, *A República* não é uma utopia. Se entendermos a utopia como um lugar, embora inexistente, mas inspirador dos lugares existentes, então, sim, *A República* pode ser uma utopia.

A República de Platão refere-se a uma cidade imaginária, *Kallipolis*, que significa, cidade bela. Nessa cidade, Platão propõe uma outra forma de aristocracia. A aristocracia correta.

A aristocracia incorreta é aquela em que o poder se dá pela tradição ou pelas posses. A proposta por Platão é aquela em que o poder deve ser exercido por aqueles que têm os valores corretos, advindos de um profundo conhecimento do 'bem' e do 'belo'. Aqueles que conseguem ultrapassar as barreiras dos desejos e das agressividades. Aqueles que conseguem sair da caverna. Aqueles que conseguem ver além das sombras.

No início de *A República*, Platão se desdobra na tarefa de definir a justiça. Tarefa árdua.

Sócrates vai até a casa de Céfalo, um velho comerciante. Para Céfalo, a justiça é dizer a verdade e, além disso, é restituir o que pertence a outro e dele foi retirado. O filho de Céfalo, Polermaco, diz que a justiça é simplesmente dar benefícios aos amigos e infligir prejuízo aos inimigos.

Sócrates discorda dizendo que jamais o mal será um ato de justiça. Portanto, nenhum ato de vingança ou de ostentação do que se pode fazer contra os inimigos pode ser considerado um ato de justiça.

Ainda há o sofista Trasímaco, que afirma que a justiça é o que é o vantajoso para o mais forte.

No capítulo II ou livro II de *A República*, há o famoso Mito do Anel de Giges. Glauco é quem traz a narrativa.

Imaginem um pastor de ovelhas que, em meio a uma tempestade, encontra um cadáver com um anel. O pastor pega o anel, coloca no dedo e percebe que o anel tinha o poder de dar a ele a invisibilidade.

O que é capaz de fazer uma pessoa quando está invisível? Em outras palavras, o que é capaz de fazer uma pessoa quando nenhuma pessoa sabe o que ela está fazendo? Na narrativa, o pastor entra no palácio e seduz a rainha. E mais, mata o rei. E mais, governa de forma tirânica aquele reino.

Glauco quer, com a narrativa, mostrar a Sócrates que todas as pessoas são corruptíveis, até um simples pastor de ovelhas. Basta dar o poder a um homem para ver o que um homem é capaz de fazer. Aristóteles retoma esse tema em sua *Ética a Nicômaco*.

Antes que Sócrates refutasse, Adimanto, irmão de Glauco, o faz. Ele afirma que os justos serão sempre recompensados. Talvez não com coisas. Talvez, apenas, pelos deuses ou pelo tempo, pelo que dirão os que ficarão depois de sua morte.

Sócrates, Glauco e Adimanto prosseguem nos outros livros em busca de uma definição da justiça e da construção de uma cidade ideal.

Na obra, discorrem ainda sobre as partes da alma. Uma a racional, outra a irascível e a terceira a dos desejos.

Imaginemos um cocheiro tendo que conduzir sua carruagem. Sua carruagem composta por dois cavalos. Um dos cavalos é a parte da agressividade ou da ira ou da impetuosidade da alma; o outro cavalo é a parte apetitiva ou dos desejos, ou dos apetites sexuais da alma. E o cocheiro é a razão.

Como faz a razão para controlar os dois cavalos? Se o cocheiro não controlar, a carruagem se perde. Não é o desejo que tem que comandar. Não é a agressividade que tem que comandar.

O filósofo é aquele que consegue controlar seus desejos e suas agressividades, portanto é ele quem deve comandar a cidade.

Imaginemos um juiz julgando por ódio ou por vaidade ou por desejos outros que não os da razão, eis o risco de quem não tem o equilíbrio necessário para exercer tamanho poder.

Ou um promotor com o cavalo da vingança pautando suas ações e destruindo vidas inocentes. Ou um delegado cego por verdades preestabelecidas e demitidor de qualquer tese que não seja a sua.

Ainda em *A República*, Platão tenta a síntese do pensamento de dois filósofos pré-socráticos, Parmênides, e seu conceito de permanência, e Heráclito, e sua teoria da mutabilidade. Para Heráclito, tudo muda, 'não se pode banhar duas vezes nas mesmas águas de um mesmo rio'. Para Parmênides, o que muda é a aparência, 'o ser é, o não ser não é'.

Platão fala de um mundo em que nada muda, 'o mundo das ideias', e um mundo em constante mudança, 'o mundo sensível'.

E, então, temos o famoso Mito da Caverna.

Imaginemos as pessoas todas acorrentadas dentro de uma caverna. De frente para o fundo da caverna e de costas para a entrada.

Imaginemos as pessoas acorrentadas.

Imaginemos um fogo na parte externa da caverna e as pessoas vendo apenas as sombras, da vida que passa do lado de fora, no fundo da caverna.

Imaginemos um dos prisioneiros da caverna rompendo as correntes e saindo pela primeira vez da caverna e, pela primeira vez, sendo capaz de ver além das sombras, de ver a luz.

Imaginemos esse prisioneiro, com os melhores sentimentos do mais nobre sentimento da compaixão, voltando para a caverna e tentando convencer os outros prisioneiros de que era possível ver além das sombras, que havia vida fora da caverna.

Imaginemos os prisioneiros da caverna desacreditando do homem cheio de compaixão, do homem que viu a luz, do homem que voltou para ajudar os seus companheiros a conhecer a liberdade.

Imaginemos, por fim, esses homens, esses prisioneiros, matando o homem cheio de compaixão, cheio de amor pela verdade e pela liberdade.

Platão, com essa alegoria, parece querer fazer uma incursão na história de seu mestre, Sócrates, morto por querer fazer com que as pessoas pudessem ver para além das sombras.

O Mito da Caverna tem uma profusão de teses em busca de explicações sobre os seus muitos significados, como a existência de dois mundos, o mundo sensível e o mundo suprassensível. Ou a força das sombras mantendo tantas pessoas acorrentadas. Ou a coragem para ver além das sombras. Ou a vitória dos comodismos quando se compreende o bom e o belo do valor da liberdade.

Um diálogo imaginário – Platão e Agostinho

Agostinho: Que bom que nos encontramos.
Platão: É sempre bom nos encontrarmos.
Agostinho: E por que, então, tantos desencontros?
Platão: Você bem sabe.
Agostinho: O que sei é que a ausência de amor é a razão mais irracional para o que está acontecendo.
Platão: O que é o amor?
Agostinho: Você disse o amor. As formas de amor. O desamor.
Platão: Amor é Eros. Um deus brincalhão. Filho de Poros, o deus engenhoso. E filho de Penia, a deusa suplicante.
Agostinho: Eros é o amor mais frágil.
Platão: O amor é *philia*. A amizade.
Agostinho: Aristóteles dizia que a "amizade é uma alma habitando dois corpos".
Platão: O amor é Ágape.
Agostinho: A justiça é um amor Ágape?
Platão: A injustiça é o desamor.
Agostinho: A justiça é um amor Ágape?
É um amor que não busca aplausos? Que não exige reciprocidades?
Que faz o que é correto mesmo que ninguém veja o que fizemos?
Que limpa as intenções para não macularem as ações?
Platão: Você bem sabe.

Agostinho: Eu sei que o amor é o elo que nos liga com o Alto e que nos liga com os irmãos nossos.

Platão: Sim.

Agostinho: É por isso que eu digo, "ama e faz o que quiseres".

Platão: Mas, primeiro, ama.

Agostinho: O amor não é vaidoso, não é egoísta, não é diminuidor de gentes.

Platão: A justiça é filha do amor.

Onde há desamor há injustiça.

Sócrates foi morto pelo desamor.

O que faz com que os homens demitam a verdade para construir as suas decisões nas irracionalidades? O que faz com que a raiva, o desejo, as manipulações vençam?

Agostinho: Sócrates não foi o único.

Platão: O que fez esse homem, além de querer que os homens fizessem?

O que pensou ele, além de pensar que o pensar é um direito de todos?

Por que se incomodaram?

Agostinho: Você sabe.

Porque estavam acomodados.

Platão: E os acomodados prosseguem incomodados com os que não se acomodam.

Agostinho: Há os que olham para o passado e nada aprendem.

Há os que olham para o futuro e não compreendem que o futuro existe.

Há os que vivem o presente desvivendo o presente.

E está tudo no presente.

O passado está no presente e, também, o futuro.

O que temos é o presente. O presente das coisas passadas. O presente das coisas futuras. É no presente que presenteamos o mundo com a nossa presença.

Platão: Todos nós passamos. Eis um aprendizado para não passarmos.

Agostinho: Você não passou.

Platão: Você não passou.

Agostinho: Passei a vida acreditando que a vida passa, que a vida não passa.

Minha crença no Sagrado aliviou os meus dias. Os meus dias aliviados se fizeram dias de alívios para irmãos meus.

Eis a novidade do cristianismo. Somos todos irmãos.

Viemos todos do mesmo barro e ao barro seremos devolvidos depois.

Platão: Uma parte de nós.

Agostinho: A outra parte prossegue.

Platão: É por isso que é preciso saber.

Gastar a vida com a vida que gasta é um desperdício.

Há uma vida que não gasta.

Uma vida que permanece.

Agostinho: Uma vida eterna.

Platão: Sim, uma vida eterna.

Agostinho: Por que, então, nos prendemos tanto?

Por que nos escravizamos com coisas que não fazem parte do que somos?

Platão: A caverna.

As correntes que nos prendem.
O não ver. As sombras.
O ódio dos que conseguem ver.
A inveja.
A arrogância que não nos deixa ver. Que não nos deixa admirar. Que não nos permite sair de nós mesmos.

Agostinho: Será que estamos em nós mesmos ou será que não estamos?

Platão: Estar em uma caverna é estar onde não há.

Onde há sombras, apenas.

Agostinho: Os anos, depois de nós, prosseguiram e nós prosseguimos nos dizeres dos que nos seguiram.

E então?

Platão: E, então, as cavernas prosseguem também.

Como se os nossos ditos não tivessem o poder de serem entranhados.

Agostinho: Só o que é entranhado nos salva.

Platão: Há os que dizem a ética e não são éticos.

Há os que dizem a justiça e não são justos.

Há os que dizem o amor, e o amor não vivem.

Agostinho: Hipócritas é o que são.

Platão: Não houve o entranhamento.

Imagine um juiz com um poder imenso em suas mãos, um poder capaz de devolver a paz, um poder capaz de fazer compreender a beleza da harmonia, um poder capaz de demitir a mentira para que o riso volte a significar a serenidade do viver a verdade.

Agostinho: Imagino. E imagino esse juiz cansado. Imagino esse juiz amassado pelas engrenagens de um sistema que não compreende o próprio sistema. De homens que desconhecem que são homens. De pessoas que não pensam como pessoas, mas como peças de um sistema.

Platão: Imagine mais. Imagine o que não dói com o que dói no outro.

Os acusadores.

Como é fácil dizer o erro do outro, sem conhecer o outro. E sem conhecer o que causamos ao outro, quando causamos dor.

Agostinho: Imagino. E imagino os desconhecimentos de quem tinha o dever de conhecer. Imagino o que conhece que conhecer uma única pessoa é conhecer um mundo inteiro.

Platão: É isso. Em cada ação justa, eu acendo a tocha da justiça que ilumina o mundo inteiro. O mundo daquela pessoa. Um mundo das pessoas que o cercam.

Agostinho: É no fazer o outro feliz que experimentamos a felicidade. É no cuidar do outro que a nossa alma se enche de cuidado. É na justiça individual que a justiça universal se constrói.

Platão: Dizem que sou utópico.

Que sair da caverna não é possível.

Que construir uma cidade bela também não é possível.

Que não vencemos os nossos vícios jamais.

Agostinho: Dizem o mesmo de mim.

Por isso confessei a mim e a humanidade inteira os meus vícios e os meus desejos e a minha decisão de enfrentá-los.

Confessei as minhas descrenças e a vitória sobre elas.

Confessei até sobre a dor quando da morte de minha mãe.

A morte e os seus ensinamentos.

Platão: A morte deveria ser nossa grande professora.

Por que a busca pelo efêmero se o efêmero é efêmero?

Agostinho: Tudo passa.

Heráclito de Éfeso nos traz o ensinamento do rio.

Tudo passa.

Não podemos segurar o rio.

Não podemos impedir o seu curso.

Tudo passa.

Platão: E há o que permanece.

A justiça permanece.

Ou a consciência do fazer justiça.

Agostinho: A consciência é um presente do Artista que nos esculpiu.

A consciência é o nosso esculpir continuado na escultura que somos.

Somos escultura, sim.

E que bela escultura somos.

E não estamos prontos.

Nunca estamos prontos.

Só quando partirmos daqui.

Platão: Não estamos prontos.

Estar pronto significa que estamos terminados. Podemos partir.

Se achar pronto, antes de partir, é arrogância.

Agostinho: E arrogância é um dos males que mais nos assombram nas sombras da injustiça.

Platão: Eu sempre me preocupei com a Justiça, talvez até mais depois de ver a injustiça que Sócrates sofreu.

Eu sempre me preocupei com a maioria dizendo o justo, quando a maioria estava na caverna.

Eu sempre tive medo de que a maioria, nas sombras, pudesse escolher a tirania.

As sombras são impedidoras de sabermos o correto.

E, sem sabermos, conduzimos a nós mesmos e àqueles que são por nós conduzidos ao erro.

Agostinho: Eu vejo como tratam os que tratam os temas dos outros.

Os outros sendo reduzidos a números, a coisas, a estatísticas.

Os outros sendo diminuídos a cansaços.

Os outros me cansam, quando me canso do agir humano.

O agir humano é o agir que compreende a humanidade.

Platão: Máquinas virão a decidir pelos homens.

Agostinho: Máquinas virão a decidir o que homens devem decidir para o recebimento do aplauso.

O que é aplauso?
Voltemos a falar do efêmero.
Platão: As cidades são malgovernadas porque os governantes que governam as cidades não governam a si mesmos.
Sem governarmos a nós mesmos, não governaremos ninguém.
Agostinho: O exercício do autogoverno é um exercício da moral.
A moral é o que mora em nós.
É preciso limpar a morada da nossa consciência para os julgamentos corretos.
Os julgamentos dos outros.
Platão: O julgamento dos outros.
A ética.
Agostinho: A ética é a compreensão do encontro.
Foi assim que começamos dizendo, "que bom que nos encontramos".
A ética é o bem que resolve os desencontros.
E a vida está cheia deles.
Platão: São as sombras.
O querer as glórias.
O viver em busca de honrarias.
O vender a si mesmo.
O sofrer por não ser.
Agostinho: O sofrer por não ser poderia ser um bom sofrimento se se compreendesse o significado do sofrer.
O sofrer com um nome.
O sofrer com uma constatação – eu erro, eu não estou pronto.
E, como eu não estou pronto, estou pronto para aprontar os compartimentos de mim que precisam conviver com as dúvidas que me salvam das arrogâncias.
Platão: Um juiz arrogante jamais será um juiz justo.
Um ser humano arrogante jamais será um ser humano justo.
Agostinho: A justiça é filha do amor, como dissemos.
E é filha, também, da humildade.
E é mãe dos sentimentos que nos fazem sentir a paz.
Platão: Fizeram a imagem da justiça com os olhos vendados.
E não compreenderam.
Agostinho: Os olhos vendados para não beneficiar um em detrimento de outro.
Os olhos vendados para que todos pudessem ser igualmente dignos de um digno julgamento.
Os olhos vendados para o ver dentro, dentro de cada um o que cada um tem para ser visto para que a verdade possa prevalecer.
Platão: Entenderam que não mais precisavam ver.
E não veem.
Ouvem os gritos dos que se sentem injustiçados. E não ouvem.
São apenas gritos.
Gritos dos outros.
Por isso não ouvem.

Agostinho: Não percamos a esperança.

Platão: Nunca.

Agostinho: Até porque há mulheres e homens justos que nos inspiram.

Platão: E há muitos.

Há muitos que conseguem ver além das sombras e que, nos seus cotidianos, enfrentam a vida fora das cavernas.

Agostinho: O que seriam as cavernas nos dias de hoje?

Platão: O que nos rouba de nós mesmos.

O que nos escraviza do voo de humanidade que precisamos voar.

O que nos impede a compreensão da felicidade.

Agostinho: Aristóteles falou muito da felicidade.

A felicidade como um hábito.

A felicidade como um fazer cotidiano.

O fazer o bem.

O fazer o belo.

O fazer o justo.

O fazer o verdadeiro.

Platão: Voltemos ao tema do entranhamento.

Agostinho: Aristóteles também falou do entranhamento.

É a moral dizendo a ética.

É o que mora dentro de mim dizendo a mim mesmo o que devo dizer para melhorar o mundo em que vivo.

É a finalidade da ação orientando a ação.

O que um médico quer como finalidade?

O que quer um artista? Um professor? Um sacerdote? Um juiz?

Um advogado?

Aquele que dá a voz a outras vozes?

Platão: Sem o entranhamento, nos perdermos nos apetites do corpo.

Sem o entranhamento, saberemos sem saber.

Agostinho: Eu nunca quis o poder.

Sabe por quê?

Porque temi que o poder me roubasse de mim.

Eu fui aprendendo a querer as coisas do alto.

Porque as coisas do alto me ensinariam a viver de mãos dadas.

Platão: A viver de mãos dadas.

Eu construí uma escola para ensinar a viver de mãos dadas.

Agostinho: A Academia que percorreu séculos.

Platão: Uma escola para ensinar o belo.

Uma escola para ensinar que a justiça sempre será iluminadora dos mundos.

Que nada vale mais do que a consciência de ter feito a justiça.

Agostinho: Eu, quando era visível, pensei muitas vezes o que eu faria se tivesse o anel de me tornar invisível, o anel de Giges, o pastor.

Platão: O que fazemos nós quando ninguém está olhando?

O que fazemos nós quando apenas nós estamos olhando?

Agostinho: Quem sabemos nos encontremos.
Platão: Só nos encontramos porque nos encontramos.
Agostinho: É a moral e a ética.
E o encontro comigo mesmo que me faz encontrar o outro.
E, ao encontrar ao outro, eu encontro a justiça.
Sem o encontro comigo mesmo, sem o encontro com o outro, a justiça será um dizer bonito em dias feios.
Platão: Que bom que nos encontramos.
Agostinho: Que bom que nos encontramos.

Para algum pensar

É uma utopia nos encontrarmos?

"A vida é a arte do encontro, embora haja tanto desencontro pela vida." (VINICIUS DE MORAES)

Eis o menor versículo da Bíblia. Jesus chorou. Diante da dor da família de Lázaro, Jesus chorou. Sem compaixão, a filha mais bonita do amor, a justiça não será justiça. Se até Jesus chorou..."Jesus chorou!" (JOÃO 11, 35)

Referências

ARISTÓTELES. *Ética a Nicômaco*. Tradução do grego: Mário da Gama Kury. Brasília: Ed. Universidade de Brasília, 1985.

ARISTÓTELES. *Política*. Tradução do grego: Mário da Gama Kury. Brasília: Ed. Universidade de Brasília, 1985.

DESCARTES, René, 1596-1650. *Discurso do método*. Tradução de Maria Ermantina Galvão. São Paulo: Martins Fontes, 1996. (Clássicos)

HIPONA, Agostinho de. *Confissões*. Tradução de J. Oliveira e A. Ambrósio de Pina. 28. ed. Petrópolis: Vozes; Bragança Paulista: Ed. Universitária São Francisco, 2015.

PLATÃO. *Górgias*. Tradução da introdução e notas de M. O. Pulquério, M. T. S. Azevedo e J. R. Ferreira. (2. ed. Lisboa 1997). Lisboa, 1973.

PLATÃO. *República*. Tradução de Maria Helena da Rocha Pereira. 9. ed. Lisboa: Fundação Calouste Gulbbenkian, 2001.

PLATÃO. O *Banquete*. Tradução de José Cavalcante de Souza. São Paulo: Difel, 2000.

Informação bibliográfica deste texto, conforme a NBR 6023:2018 da Associação Brasileira de Normas Técnicas (ABNT):

CHALITA Gabriel. Para além das sombras: uma breve reflexão sobre a atualidade do Mito da Caverna, de Platão. *In*: MENDES, Gilmar Ferreira; LIRA, Daiane Nogueira de; FREIRE, Alexandre (coord.). *Constituição, democracia e diálogo*: 15 anos de Jurisdição Constitucional do Ministro Dias Toffoli. 2. ed. Belo Horizonte: Fórum, 2025. p. 597-607. ISBN 978-65-5518-937-7.

A ATUAÇÃO DO MINISTRO DIAS TOFFOLI NA ANULAÇÃO DAS PROVAS ILEGAIS DA OPERAÇÃO LAVA JATO

GIUSEPPE GIAMUNDO NETO
MARCO AURELIO DE CARVALHO

1 Introdução

A Operação Lava Jato completou recentemente dez anos de existência.[1] Se, por um lado, representou um marco nas investigações anticorrupção do Brasil; por outro, não há dúvidas de que foi acompanhada de uma série de irregularidades e abusos cometidos ao longo de suas apurações. Críticas acerca do abuso de autoridade, conduções coercitivas, prisões preventivas prolongadas, vazamento de informações, interferências políticas e decisões questionáveis vêm agora sendo debatidas amplamente nos meios jurídicos e na mídia convencional.

Nesse contexto, este artigo objetiva analisar duas decisões de relevo da lavra do Ministro Dias Toffoli acerca do tema e, consequentemente, compreender o papel do Supremo Tribunal Federal na proteção das garantias processuais, tendo como pano de fundo os mencionados abusos na condução da Operação Lava Jato. Objetiva-se, a partir de breves linhas, traçar algumas considerações que contribuam com o debate sobre a eficácia dessa operação para efetivamente lidar com o problema social, político e econômico da corrupção, demonstrando como a atuação do Ministro Dias Toffoli, em verdadeiro freio de arrumação, contribuiu para mitigar os nefastos efeitos da violação de garantias processuais.

Serão analisadas, com este fim, duas decisões de destaque. A primeira delas, a decisão monocrática proferida na Pet. nº 12.357, cuida da anulação de diversas provas obtidas a partir de acordos (de leniência e delação premiada) firmados pelas empresas e pessoas físicas ligadas ao Grupo Odebrecht – genericamente denominado "Caso

---

[1] Tendo como um dos principais focos de atenção os esquemas que ocorriam na Petróleo Brasileiro S.A., a Operação teve início em março de 2014, atingindo diversas pessoas, empresas e partidos políticos, aumentando a instabilidade política que marcou boa parte do segundo mandato da Presidente Dilma Rousseff e a crise política que se sucedeu.

Odebrecht" –, uma das principais construtoras do país, denunciada em diversas instâncias da Operação Lava Jato. A segunda, a decisão monocrática proferida na RCL nº 43.307, envolve também a temática do abuso na produção de provas relativamente ao Presidente Luís Inácio Lula da Silva ("Caso Lula").

A partir desses pontos e dos objetivos da análise ora proposta, este artigo se estrutura em quatro capítulos, além desta introdução e de sua conclusão. No primeiro capítulo, traz-se um histórico da Operação Lava Jato no contexto nacional, analisando-se o seu impacto nas esferas judicial e política. Na sequência, são realizadas algumas considerações acerca das garantias processuais relacionadas à admissibilidade das provas em processos criminais, a fim de verificar os contornos práticos da questão. Em seguida, são analisadas as decisões acima mencionadas (Pet. nº 12.357 e RCL nº 43.307), que abordam, respetivamente, a anulação de provas no "Caso Odebrecht" e no "Caso Lula". Por fim, o capítulo final se dirige a pontuar o papel dessas decisões e do Supremo Tribunal Federal na proteção das garantias processuais e na própria correção do curso de ação das investigações e condenações ainda hoje implementadas no âmbito da referida operação.

2 A Operação Lava Jato no sistema jurídico nacional

Não há dúvidas de que a corrupção é um fenômeno com imensa carga negativa à política, ao sistema jurídico e aos cidadãos, prejudicando tanto a confiança nas instituições e colocando em dúvida a sua legitimidade, como trazendo impactos negativos diretos para a vida das pessoas, a partir da má gestão e emprego de recursos públicos. Justamente por isso, o Brasil possui extensa legislação sobre o tema, que alcança as mais diversas temáticas, embora concentre-se, principalmente, nas esferas penal e administrativa. A importância do tema e dedicação do país na edição de normas de combate à corrupção, no entanto, ainda não foi (e possivelmente não será) capaz de dar cabo dessa maléfica prática.

São muitos os "escândalos de corrupção" que encontram palco no Brasil. Casos como o do PC Farias, Banestado, Máfia dos Fiscais, entre outros, ainda hoje, décadas após a sua deflagração, são mencionados na mídia ou relembrados pelos cidadãos. Contudo, nenhuma outra operação na história do país recebeu tanta atenção midiática nacional ou internacional como a Operação Lava Jato, a ponto de fixar um marco no imaginário nacional.

Muitas vezes comparada à Operação Mãos Limpas, ocorrida na Itália a partir da década de 90, a Operação Lava Jato, em muitos momentos, seguiu o mesmo *modus operandi*, principalmente com relação à amplitude e à ideia de que as colaborações de envolvidos seriam o instrumento central de apuração empregado pelos órgãos e agentes de investigação. A origem temporal da Lava Jato também não é tão distante da operação italiana, existindo apurações preliminares desde 1997.[2]

---

[2] Para uma análise mais aprofundada das operações, inclusive em perspectiva comparativa, *vide*: BAPTISTA, Érica Anita. *Corrupção e opinião pública*: o escândalo da Lava Jato no Governo Dilma. Tese (Doutorado em Ciência Política) – Faculdade de Filosofia e Ciências Humanas, Universidade Federal de Minas Gerais, 2017.

Em seu momento inicial, investigavam-se movimentações ilegais de recursos financeiros por parte de postos de combustíveis e lava-jatos, de onde se extrai o nome da operação. Em um segundo momento, buscava-se compreender movimentações financeiras relacionadas ao então Deputado José Janene, cuja suspeita era de lavagem de dinheiro do Mensalão, realizada por intermédio de dois doleiros, os empresários Alberto Youssef e Carlos Habib Chater, a partir de empresas de fachada. Aos poucos, as apurações ganharam um curso jamais imaginado, tendo desdobramentos até hoje, cerca de dez anos após sua deflagração.

Em março de 2014, a partir da junção das operações Dolce Vita, Bidone, Casablanca e Lava Jato, a Polícia Federal identificou quatro organizações criminosas, lideradas por doleiros e que, mais tarde, envolveriam, ainda, as maiores empreiteiras do país, acusadas de pagarem propina ao alto escalão executivo da Petrobras e diversos agentes públicos para, entre outras vantagens, obter contratos mediante cartel e fraude à licitação, assim como receber valores superfaturados em razão da execução de obras e serviços públicos.

Com cerca de oitenta fases, que perduraram entre 2014 e 2020, a Operação Lava Jato mobilizou diferentes órgãos de investigação, com destaque para a atuação da Polícia Federal, Ministério Público Federal, Justiça Federal, Tribunal de Contas da União e Supremo Tribunal Federal. Em 2017, com pouco mais de três anos em curso, a mídia indicava a realização de quase duzentas prisões, cem condenações e 6,4 bilhões de reais identificados como pagos a título de propina.[3]

O que, a princípio, poderia ser um marco positivo no combate à corrupção, aos poucos foi se relevando um problema, tendo em vista que muitas decisões e ações envolvendo a operação se tornaram controversas com o passar do tempo. A título exemplificativo, cite-se a decisão do Juiz Federal Sergio Moro, ainda no auge da operação, em que se retirou o sigilo telefônico de contato realizado entre a então Presidente Dilma Rousseff e Luiz Inácio Lula da Silva, gerando ampla repercussão na sociedade e logo sendo classificada como medida arbitrária e com risco de estimular uma "convulsão social".[4]

Alguns anos depois, em junho de 2019, o periódico digital *The Intercept* divulgou um vazamento anônimo de conversas no aplicativo Telegram entre o Juiz Sergio Moro e o Procurador Deltan Dallagnol, relacionadas à Operação Lava Jato. As transcrições indicavam que Moro teria compartilhado informações confidenciais com a acusação, ajudando o Ministério Público a construir seus casos, além de oferecer orientações sobre a estratégia jurídica e sugerir mudanças nas fases da operação.[5] O episódio, posteriormente, ficou popularmente conhecido como "Vaza Jato".

A influência estadunidense, por meio da atuação do FBI, também gerou controvérsias, principalmente a partir de um encontro realizado entre dezoito agentes norte-americanos com procuradores e advogados de delatores em Curitiba sem qualquer

---

[3] COUTINHO, Leonardo. Os números colossais da Operação Lava-Jato. *Veja*, São Paulo, 11 jan. 2017. Disponível em: https://veja.abril.com.br/brasil/os-numeros-colossais-da-operacao-lava-jato/. Acesso em: 6 ago. 2024.

[4] Erro reconhecido pelo próprio magistrado, conforme matéria divulgada em RODAS, Sérgio. Moro reconhece erro em grampo de Dilma e Lula, mas mantém divulgação. *Conjur*, 17 mar. 2016. Disponível em: https://www.conjur.com.br/2016-mar-17/moro-reconhece-erro-grampo-dilma-lula-nao-recua/. Acesso em: 8 ago. 2024.

[5] REPORTAGEM vaza conversas entre Moro e Dallagnol. *Correio do Povo*, São Paulo, 9 jun. 2019. Disponível em: correiodopovo.com.br. Acesso em: 7 ago. 2024.

intervenção do Ministério da Justiça. De acordo com a legislação nacional, o Ministério da Justiça é responsável por mediar qualquer tipo de assistência jurídica prestada por outro país ao Brasil, de modo que o encontro "às escondidas" gerava sérios riscos à soberania nacional brasileira.[6]

Em termos de política nacional, de acordo com Brasilio Sallum Júnior, o impacto dessa operação foi pioneiro em sentido positivo e negativo, na medida em que, ao mesmo tempo em que, de fato, revelou um escândalo de corrupção, impulsionando diversas outras descobertas por meio de delações premiadas e depoimentos; por outro lado, impactou significativamente todo o processo de *impeachment* da ex-Presidente Dilma Rousseff, marcando, ainda, o bloqueio da posse do ex-Presidente Lula como ministro, a prisão e cassação do Senador Delcídio do Amaral e a inviabilização da posse do Senador Romero Jucá como Ministro do Planejamento no Governo Provisório de Michel Temer.[7]

Em relação aos efeitos significativos na esfera jurídica, Gilberto Andreassa Júnior aponta que os procedimentos adotados pelos membros do Ministério Público Federal, pela Polícia Federal e, principalmente, pelos magistrados, tiveram como objetivo desencorajar a prática de atos ilícitos na Administração Pública, o que, no entanto, não poderia desbordar dos limites da lei, tampouco receber influências externas, seja da mídia, seja da opinião pública.[8]

Nenhuma das polêmicas, contudo, teve um impacto tão nefasto quanto os efeitos práticos da Lava Jato para economia brasileira. Conforme apontado por estes autores em artigo de opinião, entre 2014 e 2017, foram fechados 430 mil postos de trabalho diretos na área de infraestrutura, um dos setores diretamente afetados pelas investigações, sendo certo, ainda, que, na última década, o faturamento das 100 maiores empresas de construção pesada no país caiu de R$138 bilhões (2013) para R$56 bilhões (2022), ilustrando o desmantelamento do setor de infraestrutura nacional, com óbvio impacto em diversas outras esferas da economia.[9]

Por conta de todos esses aspectos é que a Operação Lava Jato, mesmo com muitos acertos, não é isenta de críticas, sobretudo de cunho jurídico. No caso específico deste artigo, a análise das críticas recebidas pela operação centra-se em aspectos processuais e no modo como o Supremo Tribunal Federal, na figura do Ministro Dias Toffoli, agiu para corrigir o curso de ações que desbordavam das garantias processuais aplicáveis e amplamente asseguradas pela Constituição Federal.

Nesse sentido, os capítulos seguintes trazem a análise de dois relevantes precedentes proferidos por Toffoli, nos quais a valorização do pensamento positivista e a proteção de garantias processuais dos acusados são enfatizadas ante a parcialidade da Operação Lava Jato. Antes da análise dessas decisões, cumprem, todavia, algumas considerações

---

[6] VIANA, Natalia. Diálogos mostram proximidade entre PF, procuradores da Lava Jato e FBI. *Opera Mundi*, São Paulo, 1º jul. 2020. Disponível em: https://operamundi.uol.com.br/vaza-jato/dialogos-mostram-proximidade-entre-pf-procuradores-da-lava-jato-e-fbi/. Acesso em: 7 ago. 2024.

[7] SALLUM JÚNIOR, Brasilio. Crise política e corrupção. *Revista Pensata*, São Paulo, v. 5, n. 2, 2016.

[8] ANDREASSA JÚNIOR, Gilberto. Impactos da operação "Lava Jato" no Estado democrático de direito. *Revista Internacional de Direito Público – RIDP*, Belo Horizonte, ano 3, n. 4, 2018.

[9] GIAMUNDO NETO, Giuseppe; CARVALHO, Marco Aurélio. As leniências no contexto de 10 anos da Lava Jato. *Poder 360*. Disponível em: https://www.poder360.com.br/opiniao/as-leniencias-no-contexto-da-lava-jato/. Acesso em: 7 ago. 2024.

sobre a importância das provas em termos assecuratórios do direito de defesa e do devido processo legal.

3 A importância das provas para o devido processo legal e sua correlação com a ampla defesa e contraditório substanciais

O devido processo legal é princípio basilar do Estado de direito, assegurando aos indivíduos um conjunto de garantias processuais que visam promover a justiça e a equidade na aplicação do direito, culminando em um julgamento justo e equitativo. Com efeito, o *due process of law* pressupõe, entre outros, a efetivação dos princípios do contraditório e da ampla defesa.

Logo, haverá ofensa ao postulado do devido processo legal sempre que se deixar de instruir adequadamente o processo, negar-se ciência de sua instauração ao particular que nele possua interesse, reduzir o direito à produção de provas, ou, de qualquer modo, impedir a parte de exercitar, de forma ampla, sua defesa e acompanhar o feito em contraditório.

Dentro desse contexto, as provas desempenham um papel crucial, não somente por serem a base para a formação do convencimento do juiz, como também por seu papel assecuratório das prerrogativas processuais das partes. As provas são instrumentos aptos a permitir que o juiz avalie de forma objetiva e imparcial os fatos apresentados pelas partes, de modo que, sem provas robustas e obtidas de maneira lícita, o processo perde sua legitimidade.

Assim, quando o princípio do contraditório, disposto no art. 5º, inc. LV, da Constituição Federal, assegura aos litigantes, em processo judicial ou administrativo, e aos acusados em geral, o contraditório e ampla defesa, "com os meios e recursos a ela inerentes", certamente está a abranger a isonomia probatória, permitindo não somente o contra-argumento, mas a demonstração de que essa contraposição de ideias tem fundamento fático, além de jurídico, como relembra Paulo Rangel:

> A instrução contraditória é inerente ao próprio direito de defesa, pois não se concebe um processo legal, buscando a verdade processual dos fatos, sem se dê ao acusado a oportunidade de desdizer as afirmações feitas pelo Ministério Público (ou seu substituto processual) em sua peça exordial.[10]

De fato, além da disciplina constitucional expressa, o processo penal, certamente em razão dos direitos que assegura, prevê a incidência de diversos outros princípios que possibilitam a produção probatória ampla. Parte-se do pressuposto geral, que também se confunde com princípio ou axioma,[11] da busca pela verdade real, isto é,

---

[10] RANGEL, Paulo. *Direito processual penal*. 21. ed. São Paulo: Atlas, 2013. p. 17-18.
[11] Para o qual, inclusive, admite-se também natureza de direito material. Nesse sentido: "Processual penal – Incidente de falsidade – Procuração – Poder especial – O art. 146, do CPP exige poder especial para instauração do incidente de falsidade. O processo penal visa a projetar a verdade real. É finalidade de natureza material. O procedimento, apesar de disciplinador de condutas, não pode impedir que o fim seja alcançado. Conclusão oposta levará a contrastar a teleologia do processo. Assim, na falta do respectivo poder na procuração, cumpre abrir-se oportunidade para o defensor agir. O procedimento submete-se ao processo" (STJ. REsp nº 148.227/PR. Rel. Min. Luiz Vicente Cernicchiaro, 6ª Tuma. *DJ*, 15 jun. 1998).

que o processo não admite "ficções e presunções processuais, diferentemente do que ocorre no processo civil".[12]

Também nesse contexto, destaque-se o princípio da autorresponsabilidade, previsto no art. 156 do Código de Processo Penal, de acordo com o qual cada uma das partes é responsável pelas consequências de suas ações e omissões na produção das provas, justamente em função da faculdade processual de produzi-las.

Ainda pode ser citado o princípio da comunhão do acervo probatório, que impõe que a prova, ainda que produzida por iniciativa de somente uma das partes, pertence ao processo e pode ser utilizada por todos os participantes da relação processual. Isto é, uma vez entregue a prova à custódia do processo, esta pertence igualmente ao órgão julgador que, por meio dela, buscará a mencionada verdade real.

Nessa mesma linha, o art. 131, do Código de Processo Penal, ao estabelecer o princípio do livre convencimento, possibilita que o julgador seja livre para analisar as provas produzidas e decidir a demanda apresentada conforme seus critérios de entendimento, por meio do seu raciocínio e lógica, desde que tenha por base os elementos constantes dos autos e que fundamente sua decisão sempre baseado na legislação pátria e na Constituição Federal.

Por fim, o princípio da vedação das provas obtidas por meios ilícitos, disposto no inc. LVI, do art. 5º, da Constituição Federal, de acordo com o qual "são inadmissíveis, no processo, as provas obtidas por meios ilícitos" dá a tônica final sobre o limite da produção probatória, impedindo que mesmo a verdade material seja alcançada a qualquer custo, sem observância das garantias materiais mínimas.

Esse breve panorama tem por fim dar um pano de fundo a muito do que se discutirá nas decisões a seguir analisadas. Como mencionado, a Operação Lava Jato foi marcada por uma série de abusos processuais que comprometeram a validade de muitas das provas obtidas em seu curso. Entre os abusos cometidos, destacam-se a utilização de provas ilícitas, a violação de sigilo de comunicações e a manipulação de delações premiadas, com claro comprometido da legalidade e da imparcialidade.

A forma com que o Supremo Tribunal Federal, na figura do Ministro Dias Toffoli, lidou com essas práticas escusas, permitindo a recondução de processos à legalidade, será objeto dos dois próximos capítulos deste artigo.

4 A anulação de provas no "Caso Odebrecht"

Antes de ser implicada na Operação Lava Jato, o Grupo Odebrecht se destacava como um conjunto de empresas destacadas por seu rigor e sucesso. Fundada em 1944, a empresa ganhou relevância durante o período militar no Brasil, beneficiada pela nacionalização de diversas atividades e pela restrição da atuação de empreiteiras estrangeiras no mercado nacional, o que lhe garantiu contratos importantes e um salto significativo no *ranking* nacional de construtoras.

Na década de 1990, o Grupo Odebrecht expandiu suas operações internacionalmente e adquiriu empresas no Brasil privatizadas nos anos 90. Na década seguinte, a empresa

---

[12] REIS, Alexandre Cebrian Araújo; GONÇALVES, Victor Eduardo Rios. *Direito processual penal*. 11. ed. São Paulo: SaraivaJur, 2022. p. 99.

prosperou ainda mais, com um faturamento que saltou de 17,3 bilhões de reais em 2003 para 107,7 bilhões em 2014, impulsionado pelo aquecimento do mercado nacional e maior investimento público na infraestrutura brasileira.[13]

No entanto, a partir de 2014, a empresa começou a enfrentar sérios problemas devido à Operação Lava Jato. Em 2015, o seu presidente, Marcelo Odebrecht, foi preso, investigado e processado pela Força Tarefa da Procuradoria da República de Curitiba/PR e pelo juízo da 13ª Vara Federal de Curitiba/PR. Contudo, os processos foram marcados por diversas arbitrariedades contra a empresa, seus sócios e ex-gestores.

Em razão disso, a partir de pedido de extensão dos efeitos das decisões proferidas em outros dois processos,[14] Marcelo Odebrecht requereu ao STF, por meio da Pet. nº 12.357/DF, a invalidação das provas fornecidas ou obtidas em razão do acordo de delação premiada celebrado, considerando, principalmente, as várias denúncias de parcialidade do magistrado e da utilização de prisões como barganha para o próprio acordo.

Tal problemática foi muito bem analisada pelo Ministro Dias Toffoli na decisão monocrática na qual anulou todos os atos praticados pelo referido juízo contra o acusado no âmbito da Operação Lava Jato, visto que, atuando em conluio com a investigação, ignorou o devido processo legal, o contraditório, a ampla defesa e a própria institucionalidade para garantir seus objetivos pessoais e políticos, postura inadmissível em um Estado democrático de direito:

> Registre-se, portanto, que o conluio envolvendo magistrado e procurador de Curitiba não se limitava ao cenário endoprocessual, mas envolvia também, tal como referido no relatório, o ingresso na vida política de pessoas que atuaram na operação, devendo-se ressaltar que a tentativa de constituição da fundação Lava Jato seria mais um passo dentro de um conjunto de ações voltadas ao campo político, conforme demonstra o fim primeiro da fundação que seria criada, qual seja, a promoção da formação de lideranças e do aperfeiçoamento das práticas políticas.
> De fato, a atuação processual coordenada entre magistrado e Ministério Público projetou efeitos para o meio social e para o cenário político, o que pode ser constatado pela efetiva migração dos principais protagonistas da "Operação Lava Jato" de suas carreiras no sistema de Justiça para o Poder Executivo Federal, bem como para o Congresso Nacional.
> As estratégias previamente ajustadas entre magistrado e procurador da República era uma fórmula de sucesso desconhecida do grande público, mas que, no particular, envolvia aconselhamentos, troca de informações sigilosas, dentre outras estratégias que simplesmente aniquilavam o direito de defesa, conforme revelado pelos diálogos obtidos na Operação Spoofing.

Igualmente se apurou o fato de o réu ter sua prisão preventiva alongada com o fim específico de que colaborasse com a Justiça, inclusive impondo-se, indiretamente, que desistisse de *habeas corpus* impetrado nos tribunais superiores. De acordo com o Ministro Dias Toffoli, cuidava-se de postura "manifestamente ilegítima, por ausência de justificação constitucional, a adoção de medidas que tenham por finalidade obter

---

[13] DESIDÉRIO, Mariana. Corrupção na Odebrecht é a mais organizada da história do capitalismo. *Exame*, São Paulo, 20 set. 2018. Disponível em: https://exame.com/negocios/corrupcao-na-odebrecht-foi-a-mais-organizada-da-historia-do-capitalismo/. Acesso em: 7 ago. 2024.

[14] Rcl. nº 43.007/DF e Pet. nº 11.438/DF.

a colaboração ou a confissão, a pretexto de sua necessidade para a investigação ou a instrução criminal", conforme precedentes do próprio Supremo Tribunal Federal.

Também andou bem o ministro relator ao determinar a anulação das provas sem a invalidação integral do próprio acordo de delação, considerando que o instrumento permitia a concessão de garantias e direitos subjetivos que não poderiam ser afetados por atos a que o responsável de boa-fé não deu causa:

> Por fim, ressalto que a declaração de nulidade dos atos praticados na 13ª Vara Federal de Curitiba não implica a nulidade do acordo de colaboração firmado pelo requerente – revisto nesta Suprema Corte –, que sequer é objeto da presente demanda.
> Explico.
> Conforme deixei expresso por ocasião do julgamento do HC 127.483/PR, de minha relatoria, caso a colaboração seja efetiva e produza os resultados almejados - como no caso dos autos -, há que se reconhecer o direito subjetivo do colaborador à aplicação das sanções premiais estabelecidas no acordo, inclusive de natureza patrimonial.
> Assim, caso se configure, pelo integral cumprimento de sua obrigação, o direito subjetivo do colaborador à sanção premial, tem ele o direito de exigi-la judicialmente, inclusive recorrendo da sentença que deixar de reconhecê-la ou vier a aplicá-la em desconformidade com o acordo judicialmente homologado, sob pena de ofensa aos princípios da segurança jurídica e da proteção da confiança.
> Enquanto a dimensão objetiva da segurança jurídica requer estabilidade e credibilidade do ordenamento jurídico, sua dimensão subjetiva demanda a intangibilidade de situações subjetivas, com base no princípio da proteção da confiança (Humberto Ávila, *op. cit.*, p. 145-146). Portanto, os princípios da segurança jurídica e da proteção da confiança tornam indeclinável o dever estatal de honrar o compromisso assumido no acordo de colaboração, concedendo a sanção premial estipulada, legítima contraprestação ao adimplemento da obrigação por parte do colaborador.

Trata-se, sem dúvida, de precedente de relevo, que denota o compromisso em se proteger a Constituição e a letra da lei, cujas razões deixam clara a ausência de qualquer motivação política, econômica ou social, mas o dever de preservar a superioridade da legislação, a partir da imposição de que as práticas jurídicas sejam sempre conduzidas dentro dos seus limites, sem qualquer influência externa, seja da mídia, seja da opinião pública.

5 A anulação de provas do "Caso Lula"

No dia 12.7.2017, o Presidente Luiz Inácio Lula da Silva foi condenado a nove anos e seis meses de prisão em regime fechado pelo Juiz Federal da 13ª Vara Criminal Federal de Curitiba/PR, responsável pelos julgamentos de primeira instância dos crimes na Operação Lava Jato. Lula foi acusado de ter recebido um apartamento triplex no Guarujá, como suposta propina paga pela empreiteira OAS em troca de benefícios em obras da Petrobras.

A questão da parcialidade do juízo federal de Curitiba/PR durante as investigações também foi o mote da atuação do Supremo Tribunal Federal ao enfrentar o julgamento da RCL nº 43.007/DF, na qual se anularam todos os atos praticados pelo referido juízo contra o acusado no âmbito da Operação Lava Jato. Para além disso, a validade dos meios de obtenção das provas também foi questionada, na medida em que usada cadeia de custódia com contaminação.

Em razão desse e de outros aspectos, o Ministro Dias Toffoli, com razão, teceu duras críticas à Operação Lava Jato, especialmente sobre as violações relacionadas às garantias processuais asseguradas aos réus, destacando-se a seguinte passagem de sua argumentação:

> Pela gravidade das situações estarrecedoras postas nestes autos, somadas a outras tantas decisões exaradas pelo STF e também tornadas públicas e notórias, já seria possível, simplesmente, concluir que a prisão do reclamante, Luiz Inácio Lula da Silva, até poder-se-ia chamar de um dos maiores erros judiciários da história do país. Mas, na verdade, foi muito pior.
> Tratou-se de uma armação fruto de um projeto de poder de determinados agentes públicos em seu objetivo de conquista do Estado por meios aparentemente legais, mas com métodos e ações *contra legem*.
> Digo sem medo de errar, foi o verdadeiro ovo da serpente dos ataques à democracia e às instituições que já se prenunciavam em ações e vozes desses agentes contra as instituições e ao próprio STF. Ovo esse chocado por autoridades que fizeram desvio de função, agindo em conluio para atingir instituições, autoridades, empresas e alvos específicos. Sob objetivos aparentemente corretos e necessários, mas sem respeito à verdade factual, esses agentes desrespeitaram o devido processo legal, descumpriram decisões judiciais superiores, subverteram provas, giram com parcialidade (vide citada decisão do STF) e fora de sua esfera de competência. Enfim, em última análise, não distinguiram, propositadamente, inocentes de criminosos. Valeram-se, como já disse em julgamento da Segunda Turma, de uma verdadeira tortura psicológica, UM PAU DE ARARA DO SÉCULO XXI, para obter "provas" contra inocentes.
> Para além, por meios heterodoxos e ilegais atingiram pessoas naturais e jurídicas, independentemente de sua culpabilidade ou não. E pior, destruíram tecnologias nacionais, empresas, empregos e patrimônios públicos e privados. Atingiram vidas, ceifadas por tumores adquiridos, acidentes vascular cerebral e ataques cardíacos, um deles em plena audiência, entre outras consequências físicas e mentais Aqui não se está a dizer que no bojo da mencionada operação não tenha havido investigação de ilícitos verdadeiramente cometidos, apurados e sancionados, mas, ao fim e ao cabo, o que esta Reclamação deixa evidente é que SE UTILIZOU UM *COVER-UP* DE COMBATE À CORRUPÇÃO, COM O INTUITO DE LEVAR UM LÍDER POLÍTICO ÀS GRADES, COM PARCIALIDADE E, EM CONLUIO, FORJANDO-SE "PROVAS".
> Centenas de acordos de leniências e de delações premiadas foram celebrados como meios ilegítimos de levar INOCENTES à prisão.
> DELAÇÕES ESSAS QUE CAEM POR TERRA, DIA APÓS DIA, ALIÁS. Tal conluio e parcialidade demonstram, a não mais poder, que houve uma verdadeira conspiração com o objetivo de colocar um inocente como tendo cometido crimes jamais por ele praticados. Esse vasto apanhado indica que a parcialidade do juízo da 13ª Vara Federal de Curitiba extrapolou todos os limites, e com certeza contamina diversos outros procedimentos; porquanto os constantes ajustes e combinações realizados entre o magistrado e o Parquet e apontados acima representam verdadeiro conluio a inviabilizar o exercício do contraditório e da ampla defesa.

Como se denota dos argumentos levantados pelo Ministro Dias Toffoli, reforçou-se, também nessa decisão, o compromisso de proteção ao texto da Constituição Federal, tendo o Supremo Tribunal Federal exercido papel fundamental na revisão de práticas investigativas de caráter duvidoso e que em tudo violavam a garantia de direitos de defesa, protegendo as partes contra abusos de autoridade e corrigindo desvios e risco à integridade do sistema jurídico, conforme melhor abordado a seguir.

6 Recondução da Lava Jato ao curso legal

Diante dos casos analisados neste texto, pode-se concluir que a Operação Lava Jato, apesar de inicialmente aparentar traçar um caminho para um avanço significativo no combate à corrupção, acabou revelando uma série de problemas institucionais, sobretudo no tocante à parcialidade de membros do Ministério Público Federal e do Judiciário.

Em razão disso, a Corte Suprema foi chamada a intervir diretamente no contexto de diversos processos relacionados à Operação, não havendo dúvidas quanto à relevância do papel desempenhado pelo Ministro Dias Toffoli e pelo Supremo Tribunal Federal na recondução da Lava Jato ao curso seu legal. Como se extrai das decisões analisadas, é inegável a importância de cumprir os princípios jurídicos que envolvem a admissibilidade de provas e, com isso, assegurar as garantias processuais estabelecidas na Constituição Federal de 1988.

Observa-se também que a atuação do Supremo Tribunal Federal foi crucial para garantir a observância dos princípios constitucionais e legais, desempenhando um papel de vigilância e controle, assegurando que as ações da Força-Tarefa da Lava Jato estivessem em conformidade com as normas jurídicas e respeitassem os direitos dos indivíduos envolvidos. A Corte Superior, ao avaliar e decidir questões relativas à legalidade das provas, ao devido processo legal e à imparcialidade dos envolvidos, pôde dar concretude ao texto constitucional.

Entre as medidas adotadas pelo STF estavam a revisão das práticas investigativas, a garantia de direitos de defesa e a proteção contra abusos de autoridade, visando corrigir desvios e assegurar que a operação continuasse dentro dos limites legais estabelecidos, preservando a integridade do sistema jurídico e os direitos fundamentais dos acusados.

A independência judicial também foi elemento essencial para a recondução legal da operação, visto que tal princípio fundamental assegura que os juízes e tribunais atuem sem pressões externas, seja de outros poderes do Estado, seja de interesses privados. Dessa forma, a Suprema Corte garantiu a imparcialidade e integridade do sistema judicial, permitindo que as decisões fossem baseadas exclusivamente na lei e nos fatos apresentados, ainda que essa medida tenha sido adotada após tantos equívocos processuais cometidos.

7 Conclusão

Os elementos fáticos e jurídicos discutidos neste artigo conduzem a uma clara conclusão de que princípios constitucionais caros ao nosso sistema judicial, como devido processo legal, contraditório e ampla defesa, foram violados na Operação Lava Jato. A legislação processual restou infringida no contexto de uma operação que, inicialmente, parecia trazer avanços significativo no combate à corrupção, mas que, ao final, revelou-se arbitrária diante de posturas autoritárias e antidemocráticas de determinadas autoridades.

A anulação de provas nos casos em que verificados os abusos era a única solução possível ante as garantias processuais estabelecidas na Constituição Federal de 1988. Tal retratação foi realizada pelo Supremo Tribunal Federal, que contou, em especial, com a figura corajosa e altiva do Ministro Dias Toffoli, a partir da efetiva proteção dos direitos de defesa dos envolvidos nesta grande operação. As decisões proferidas pelo Ministro Dias Toffoli destacadas neste texto foram determinantes para a correção do rumo do caso, amparando legalmente os acusados.

É de extrema importância que a Suprema Corte possa supervisionar e controlar as práticas investigativas do Estado, especialmente para garantir a proteção dos cidadãos contra abusos de autoridade, corrigindo desvios e permitindo que os julgamentos ocorram dentro dos limites legais. Somente assim estará preservada a integridade do sistema de justiça, sobretudo quando considerado que o papel desempenhado pelo Judiciário em qualquer país é fundamental para garantir a proteção dos cidadãos.

Referências

ANDREASSA JÚNIOR, Gilberto. Impactos da operação "Lava Jato" no Estado democrático de direito. *Revista Internacional de Direito Público – RIDP*, Belo Horizonte, ano 3, n. 4, 2018.

AVOLIO, Luiz Francisco Torquato. *Provas ilícitas*: interceptações telefônicas, ambientais e gravações clandestinas. 3. ed. São Paulo: Revista dos Tribunais, 2003.

BAPTISTA, Érica Anita. *Corrupção e opinião pública*: o escândalo da Lava Jato no Governo Dilma. Tese (Doutorado em Ciência Política) – Faculdade de Filosofia e Ciências Humanas, Universidade Federal de Minas Gerais, 2017.

BARCELLOS, Ana Paula. *Curso de direito constitucional*. 5. ed. Rio de Janeiro: Forense, 2023.

BOITO JÚNIOR, Armando. *Teoria política da corrupção*. Revista Pensata, São Paulo, v. 5, n. 2, 2016.

COUTINHO, Leonardo. Os números colossais da Operação Lava-Jato. *Veja*, São Paulo, 11 jan. 2017. Disponível em: https://veja.abril.com.br/brasil/os-numeros-colossais-da-operacao-lava-jato/. Acesso em: 6 ago. 2024.

DESIDÉRIO, Mariana. Corrupção na Odebrecht é a mais organizada da história do capitalismo. *Exame*, São Paulo, 20 set. 2018. Disponível em: https://exame.com/negocios/corrupcao-na-odebrecht-foi-a-mais-organizada-da-historia-do-capitalismo/. Acesso em: 7 ago. 2024.

GIAMUNDO NETO, Giuseppe; CARVALHO, Marco Aurélio. As leniências no contexto de 10 anos da Lava Jato. *Poder 360*. Disponível em: https://www.poder360.com.br/opiniao/as-leniencias-no-contexto-de-10-anos-da-lava-jato/. Acesso em: 7 ago. 2024.

GONÇALVES FILHO, Manoel. A corrupção como fenômeno social e político. *Revista de Direito Administrativo*, Rio de Janeiro, n. 185, 1991.

LIMA, Renato Brasileiro de. *Manual de processo penal*. Niterói: Impetus, 2011. v. 1.

LOPES JÚNIOR, Aury. *Direito processual penal*. São Paulo: Saraiva, 2023.

MORAES, Alexandre de. *Direito constitucional*. 27. ed. São Paulo: Atlas, 2011.

RANGEL, Paulo. *Direito processual penal*. 21. ed. São Paulo: Atlas, 2013.

REIS, Alexandre Cebrian Araújo; GONÇALVES, Victor Eduardo Rios. *Direito processual penal*. 11. ed. São Paulo: SaraivaJur, 2022.

REPORTAGEM vaza conversas entre Moro e Dallagnol. *Correio do Povo*, São Paulo, 9 jun. 2019. Disponível em: correiodopovo.com.br. Acesso em: 7 ago. 2024.

RODAS, Sérgio. Moro reconhece erro em grampo de Dilma e Lula, mas mantém divulgação. *Conjur*, 17 mar. 2016. Disponível em: https://www.conjur.com.br/2016-mar-17/moro-reconhece-erro-grampo-dilma-lula-nao-recua/. Acesso em: 8 ago. 2024.

SALLUM JÚNIOR, Brasilio. Crise política e corrupção. *Revista Pensata*, São Paulo, v. 5, n. 2, 2016.

TÁVORA, Nestor; ALENCAR, Rosmar Rodrigues. *Curso de direito processual penal*. 8. ed. Salvador: JusPodivm, 2013.

VIANA, Natalia. Diálogos mostram proximidade entre PF, procuradores da Lava Jato e FBI. *Opera Mundi*, São Paulo, 1º jul. 2020. Disponível em: https://operamundi.uol.com.br/vaza-jato/dialogos-mostram-proximidade-entre-pf-procuradores-da-lava-jato-e-fbi/. Acesso em: 7 ago. 2024.

Informação bibliográfica deste texto, conforme a NBR 6023:2018 da Associação Brasileira de Normas Técnicas (ABNT):

GIAMUNDO NETO, Giuseppe; CARVALHO, Marco Aurelio de. A atuação do Ministro Dias Toffoli na anulação das provas ilegais da Operação Lava Jato. *In*: MENDES, Gilmar Ferreira; LIRA, Daiane Nogueira de; FREIRE, Alexandre (coord.). *Constituição, democracia e diálogo*: 15 anos de Jurisdição Constitucional do Ministro Dias Toffoli. 2. ed. Belo Horizonte: Fórum, 2025. p. 609-620. ISBN 978-65-5518-937-7.

QUINZE ANOS DE ATUAÇÃO DO MINISTRO DIAS TOFFOLI JUNTO À SUPREMA CORTE BRASILEIRA: CASOS EMBLEMÁTICOS PARA A EFETIVAÇÃO DE DIREITOS FUNDAMENTAIS

GRACE MENDONÇA

Introdução

José Antônio Dias Toffoli, oriundo de Marília, São Paulo, tomou posse como ministro do Supremo Tribunal Federal (STF) no final de 2009, não sem antes percorrer trajetória profissional de destaque na advocacia privada e na advocacia pública no exercício do cargo de advogado-geral da União.

Como membro da Suprema Corte, ao longo dos últimos 15 anos, pôde emprestar sua visão estratégica ao desafio de construir uma sociedade mais justa e solidária, a partir do diálogo entre as instituições de Estado, forte na previsão constitucional que crava a harmonia como uma característica intrínseca da independência entre os poderes da República.

Durante o exercício da presidência da Suprema Corte e do Conselho Nacional de Justiça (2018-2020), o ministro Dias Toffoli impulsionou mudanças expressivas na rotina do Poder Judiciário, a partir da incorporação de inovações tecnológicas que superaram as restrições impostas pela pandemia e viabilizaram a entrega da prestação jurisdicional em período tão adverso. O cidadão pôde contar com uma Corte Suprema presente, apta a enfrentar os desafios inéditos impostos pela aludida crise sanitária, num verdadeiro salto tecnológico que transformou o modo de agir do Poder Judiciário brasileiro.

As contribuições do ministro Dias Toffoli são vastas e abrangentes, refletindo seu papel como relator e redator de decisões que moldaram a atuação da corte em múltiplos temas. Este artigo se propõe a resgatar algumas das decisões mais marcantes proferidas pelo STF com base nos votos do ministro Toffoli ao longo de sua década e meia de trabalho. A análise está organizada em três eixos temáticos principais: (i) a efetivação de direitos; (ii) o respeito ao âmbito de competência de cada poder da República e definição de procedimentos; (iii) e a valorização de princípios em matéria penal.

No primeiro eixo, que trata da efetivação de direitos, destaca-se o papel do ministro Toffoli na proteção e expansão dos direitos fundamentais. Suas decisões frequentemente enfatizam a importância de garantir os direitos constitucionais dos cidadãos, promovendo uma interpretação progressista e inclusiva da Constituição da República. Essa abordagem tem sido crucial para o fortalecimento do Estado Democrático de Direito e para a promoção de uma justiça social mais ampla.

O segundo eixo aborda a relevância de se prestigiarem os espaços de competência definidos pelo legislador constituinte originário para cada um dos poderes da República e a definição de procedimentos, área na qual o ministro Toffoli tem se destacado por sua busca incessante por maior eficiência e transparência na Administração Pública e na atuação judicial. Suas iniciativas e decisões visam simplificar e padronizar procedimentos, reduzindo a burocracia e acelerando o processo de pacificação social. A padronização de procedimentos administrativos e judiciais contribui para uma gestão pública mais responsável e transparente, refletindo verdadeiro compromisso com a melhoria contínua do sistema judicial brasileiro e da Administração Pública.

Por fim, o terceiro eixo foca na compreensão do ministro Dias Toffoli acerca do alcance de princípios que orientam a atuação do Estado na persecução penal, área em que tem sido um defensor firme dos princípios constitucionais do contraditório e da ampla defesa. Suas decisões procuram assegurar que todas as etapas do processo penal sejam conduzidas com rigor e respeito aos direitos dos acusados, evitando abusos e garantindo a justiça. Sua atuação em casos emblemáticos – como os relativos à colaboração premiada e à competência da justiça militar – revela seu compromisso com um sistema penal equilibrado e justo.

Este estudo, dividido nos três eixos temáticos mencionados, não só aponta a influência das decisões do ministro Toffoli na proteção e expansão dos direitos fundamentais, mas também revela seu papel central na promoção de uma Administração Pública mais eficiente e transparente, bem como na definição de questões penais complexas. A análise das contribuições do ministro Dias Toffoli propicia uma compreensão mais profunda do impacto de sua visão constitucional na evolução da jurisprudência do STF e na consolidação de uma justiça mais equitativa e acessível. Seu trabalho tem constituído marcos significativos para o aperfeiçoamento do sistema judiciário brasileiro e para a proteção dos direitos dos cidadãos na democracia brasileira.

1 Efetivação de direitos

No campo da efetivação de direitos fundamentais, as colaborações do ministro Dias Toffoli são diferenciadas, seja por meio de interpretações que alavancam o alcance de princípios e conceitos, seja pela sua singular percepção do papel do Estado frente às demandas da sociedade. Os julgados de sua relatoria valorizam a dignidade da pessoa humana e enfrentam os desafios inerentes à realização de direitos sociais. Sua posição em favor dos direitos à saúde e à educação passa pelo reconhecimento da responsabilidade do Estado quanto à promoção de condições adequadas para que tais direitos sejam acessíveis a todos os cidadãos, reforçando a necessidade de políticas públicas aderentes às demandas sociais e à obrigação governamental de garantir recursos suficientes para a correspondente implementação.

Os denominados direitos das minorias vêm encontrando no ministro Dias Toffoli forte defensor, a partir de decisões robustas que reconhecem o assento constitucional de temáticas relevantes e que fomentam a inclusão social e a igualdade de oportunidades. Suas intervenções frequentemente sublinham a importância de se interpretar a Constituição Federal de maneira a expandir e consolidar direitos fundamentais, especialmente para grupos historicamente marginalizados.

Um dos casos mais emblemáticos, objeto de análise pelo STF sob a relatoria do ministro Dias Toffoli, foi sem dúvida a discussão travada no Recurso Extraordinário nº 1.010.606 (Tema nº 786 de Repercussão Geral),[1] que tratou da possibilidade de aplicação do *direito ao esquecimento* na esfera civil, invocado por vítimas ou seus familiares, à luz dos artigos 1º, III, 5º, *caput*, III e X, e 220, §1º, da Constituição da República. No julgamento, o relator utilizou referências contemporâneas, destacando o impacto do caso Google Espanha (Caso González) na percepção global do direito ao esquecimento. O Tribunal de Justiça da União Europeia (TJUE) reconheceu que mecanismos de busca poderiam ser obrigados a desindexar informações pessoais inadequadas, impertinentes ou excessivas, mesmo que mantidas nos *sites* originais, sinalizando uma evolução na aplicação desse direito para o ambiente digital.

O ministro ressaltou que o direito ao esquecimento, que tradicionalmente focava em contextos criminais, passou a ser reivindicado no ambiente digital e por indivíduos em geral, abrangendo diversos aspectos da vida. Assinalou, como elementos essenciais para a configuração do direito, a licitude da informação e o decurso do tempo, sugerindo que o tempo poderia descontextualizar informações, tornando-as irrelevantes ao interesse público. No entanto, enfatizou que, apesar dessas considerações, não existe um direito ao esquecimento no ordenamento jurídico brasileiro de forma genérica e abrangente. O ministro defendeu que a passagem do tempo não transforma informações lícitas em ilícitas e que o contexto social muda, mas os fatos permanecem inalterados.

O Tribunal Supremo decidiu, por maioria, negar provimento ao recurso extraordinário e indeferir o pedido de reparação de danos, firmando a tese de que é incompatível com a Constituição a ideia de um direito ao esquecimento que impeça a divulgação de fatos ou dados verídicos e licitamente obtidos, seja em meios analógicos ou digitais, apenas pelo decurso do tempo. Exceções devem ser analisadas individualmente, considerando os parâmetros constitucionais relacionados à proteção da honra, imagem, privacidade e personalidade, bem como previsões legais específicas nos âmbitos penal e civil. Essa decisão refletiu a preocupação com a interferência na liberdade de expressão e no progresso da ciência, destacando a necessidade de preservar a conjuntura fática dos eventos históricos.

No contexto de implementação de direitos, vale ainda citar a Arguição de Descumprimento de Preceito Fundamental nº 779,[2] na qual se questionou a validade da tese de *legítima defesa da honra* utilizada em processos penais. O pedido visava dar interpretação conforme à Constituição aos artigos 23, inciso II, e 25, *caput* e parágrafo

---

[1] BRASIL. STF. RE nº 1.010.606 (Tema 786). Relator Min. Dias Toffoli, Plenário, julgamento em 11/02/2021.
[2] BRASIL. STF. ADPF nº 779. Relator Min. Dias Toffoli, Plenário, julgamento em 01/08/2023.

único, do Código Penal (CP) e ao artigo 65 do Código de Processo Penal (CPP) para afastar essa tese jurídica e reafirmar a soberania dos veredictos. O ministro Dias Toffoli, na qualidade de relator, concedeu parcialmente a medida cautelar, declarando a inconstitucionalidade da legítima defesa da honra por contrariar os princípios da dignidade da pessoa humana, da proteção à vida e da igualdade de gênero, e proibiu a defesa de utilizar tal argumento em processos penais sob pena de nulidade – decisão que, aliás, restou referendada à unanimidade pelo colegiado.

O Plenário do Tribunal, quando da análise do mérito, acolheu na íntegra, igualmente à unanimidade, o pedido apresentado na ADPF nos termos do voto do relator, reconhecendo que a legítima defesa da honra não é juridicamente válida como legítima defesa, tendo em vista que esse instituto requer a presença de uma agressão injusta e atual ou iminente, envolvendo o uso moderado dos meios necessários e um ânimo de defesa – elementos que não se aplicam à tese da legítima defesa da honra. A partir de interpretação conduzida pelo ministro Dias Toffoli, referida tese encontrou o devido tratamento à luz da Constituição da República de 1988, afastando incidência abusiva que perpetuava a violência contra as mulheres e institucionalizava a desigualdade de gênero.

O STF concluiu, dessa forma, que a tese da legítima defesa da honra não pode ser utilizada em qualquer fase do processo penal, sob pena de nulidade do ato e do julgamento, e julgou ainda procedente o pedido de interpretação conforme ao artigo 483, inciso III, §2º, do CPP, afirmando que a anulação de absolvições baseadas em quesitos genéricos que invoquem essa tese não fere a soberania dos veredictos do Tribunal do Júri. Esse julgamento marcou um importante avanço na proteção dos direitos das mulheres e na promoção da igualdade de gênero no sistema jurídico brasileiro.

O equilíbrio entre *liberdade religiosa* e *liberdade de expressão* também encontrou amparo nas reflexões feitas pelo ministro Dias Toffoli, em especial ao julgar o Recurso Ordinário em *Habeas Corpus* nº 146.303,[3] no âmbito da Segunda Turma do STF. O recurso, que tratou da relação entre a incitação à discriminação religiosa e a liberdade de expressão, foi interposto contra decisão do Superior Tribunal de Justiça (STJ) que denegara a ordem, sob o fundamento de que a conduta do paciente não consistia apenas em defender sua própria religião, mas, sim, em atacar outras crenças, ameaçando a liberdade religiosa dos adeptos dessas fés.

O ministro Dias Toffoli, redator do acórdão, inaugurando a corrente vencedora pelo desprovimento do recurso, destacou que o Brasil é historicamente um país de tolerância religiosa, um valor fundamental na construção do Estado Democrático de Direito. Ele ressaltou que os vídeos publicados pelo paciente na internet alimentavam o ódio e a intolerância, citando trechos que demonstravam um discurso que incitava a violência religiosa, e argumentou que, se o Estado não atuar para pacificar a sociedade, isso poderia levar a uma guerra entre religiões, aprofundando os conflitos sociais.

Dias Toffoli fez uma distinção clara entre o discurso religioso, que é uma expressão da liberdade de crença, e o discurso sobre a crença alheia, quando feito com o intuito de atacá-la, rebaixá-la ou desmerecê-la. Afirmou que esse tipo de fala não se enquadra no direito à liberdade de expressão, mas, sim, como uma violação direta ao direito de

---

[3] BRASIL. STF. RHC nº 146.303. Redator do acórdão Min. Dias Toffoli, 2ª Turma, julgamento em 06/03/2018.

crença e à integridade dos fiéis de outras religiões. Com essa fundamentação, o ministro negou provimento ao recurso, sendo acompanhado pela maioria dos membros do colegiado, solidificando a posição de que a incitação à discriminação religiosa não é protegida pela liberdade de expressão.

No tocante à Administração Pública e às relações de trabalho, vale recordar a abordagem feita pelo ministro Dias Toffoli sobre a *estabilidade prevista no artigo 19 do Ato das Disposições Constitucionais Transitórias (ADCT)*, ao apreciar o Recurso Extraordinário nº 716.378 (Tema nº 545),[4] no qual se invocava a incidência da norma transitória aos empregados de fundações públicas de direito privado. O Tribunal Regional do Trabalho da 2ª Região havia negado provimento ao recurso de um reclamante que buscava reintegração no emprego, argumentando que a aposentadoria espontânea extinguira o contrato de trabalho.

O ministro relator Dias Toffoli afirmou que a estabilidade especial prevista no artigo 19 do ADCT não se harmoniza com os direitos incorporados na legislação trabalhista, como o regime do Fundo de Garantia por Tempo de Serviço (FGTS), criado com o fim de compensar a demissão imotivada de trabalhadores celetistas. O relator também destacou que essa estabilidade se aplica apenas a servidores públicos de pessoas jurídicas de direito público, não abrangendo empregados de fundações públicas de direito privado.

Acolhendo o voto do relator, o Plenário do STF firmou, por maioria, as teses de que a qualificação de uma fundação instituída pelo Estado como sujeita ao regime público ou privado depende do seu estatuto de criação e das atividades realizadas, sendo que as atividades econômicas ou delegáveis podem submeter-se ao regime jurídico de direito privado. Além disso, a estabilidade especial do artigo 19 do ADCT alcança somente servidores das pessoas jurídicas de direito público, excluindo de seu âmbito de incidência empregados de fundações públicas de direito privado.

Ainda na perspectiva de efetivação de direitos, merece especial registro a posição adotada pelo ministro Dias Toffoli a propósito do debate acerca do *impacto da pandemia de COVID-19 nas mensalidades escolares*, que foi objeto de questionamento na ADI nº 6.445.[5] O STF declarou inconstitucional lei do estado do Pará que obrigava as instituições de ensino privadas a conceder um desconto mínimo linear de 30% nas mensalidades durante a época pandêmica, sob o fundamento de indevida interferência da lei nos contratos entre escolas, alunos e seus pais – área que se insere na competência legislativa da União. O ministro Dias Toffoli, iniciando a corrente vencedora, destacou que a norma não tratava da proteção do consumidor, mas, sim, de uma intervenção na essência dos contratos educacionais, gerando insegurança jurídica.

A requerente da ADI questionou a lei também pelo fato de obrigar as escolas privadas a receberem pagamentos com os descontos parcelados sem atualização de juros e multa. O ministro Toffoli apontou que, em situações extraordinárias como a ocorrida durante a pandemia, o Código Civil já previa mecanismos para evitar que uma das partes fosse excessivamente onerada, apontando ainda que a lei paraense violava o Código de Defesa do Consumidor ao impedir a revisão individual dos contratos e

---

[4] BRASIL. STF. RE nº 716.378 (Tema nº 545). Relator Min. Dias Toffoli, Plenário, julgamento em 07/08/2019.

[5] BRASIL. STF. ADI nº 6.445. Redator do acórdão Min. Dias Toffoli. Plenário, sessão virtual de 21/05/2021 a 28/05/2021.

impor um desconto linear e indistinto, afetando negativamente a normalidade dos negócios jurídicos onerosos.

Ainda quanto ao período da *pandemia de COVID-19*, outro julgamento significativo sob a relatoria do ministro Dias Toffoli foi a ADI nº 6.926,[6] na qual a Corte Suprema declarou a constitucionalidade da Lei nº 14.172/2021, que estabelece a transferência de recursos pela União para estados e Distrito Federal, visando garantir o acesso à internet para estudantes e professores da educação básica. A decisão foi fundamentada no entendimento de que a norma está alinhada com a Constituição da República de 1988, que define a educação como um direito social e assegura igualdade de condições para acesso e permanência na escola.

O Supremo Tribunal Federal avaliou que a norma respeitou o devido processo legislativo e não resultou na criação ou reorganização de órgãos da Administração Pública federal, além de ter restado comprovada a viabilidade financeira e orçamentária da medida, em observância às limitações legais e ao regime fiscal extraordinário vigente. Assim, com base no voto do relator, a corte concluiu que a política pública de assegurar conectividade para fins educacionais durante a crise de saúde pública não infringe o princípio da eficiência e, por unanimidade, declarou a constitucionalidade dos dispositivos da Lei nº 14.172/2021, à exceção do art. 2º, §3º, alterado pela Lei nº 14.351/2022.

O tema abordado no julgamento do RE nº 714.139 (Tema nº 745)[7] também merece ser citado no eixo de efetivação de direitos. No caso, o STF considerou *inconstitucionais as alíquotas de ICMS superiores às operações em geral para energia elétrica e serviços de telecomunicação*, com base na aplicação do princípio da seletividade conforme a essencialidade dos bens e serviços, previsto no art. 155, §2º, III, da Constituição Federal.

O ministro Dias Toffoli, redator do acórdão, destacou que a legislação estadual não acompanhou a evolução econômico-social, mantendo a tributação de serviços essenciais com alíquotas elevadas, o que tornou a lei inconstitucional com o passar do tempo. Ele propôs a aplicação da alíquota geral de 17% para essas operações e a modulação dos efeitos da decisão a partir do início do próximo exercício financeiro.

A corte, por maioria, seguiu o entendimento capitaneado pelo ministro Dias Toffoli, estabelecendo que a adoção da técnica da seletividade pelo legislador estadual exige alíquotas de ICMS compatíveis com a essencialidade dos bens e serviços. A modulação dos efeitos da decisão foi acordada para vigorar a partir do julgamento do mérito, garantindo segurança jurídica e planejamento orçamentário para o estado de Santa Catarina. A tese fixada pelo STF concluiu que alíquotas superiores para operações de energia elétrica e serviços de telecomunicação violam o figurino constitucional, sendo aplicável a alíquota geral de 17%.

Os julgamentos ora assinalados revelam apenas parte de todo um complexo de decisões exaradas pelo ministro Dias Toffoli capazes de impactar positivamente a realidade social e de promover tratamento mais apurado aos direitos encartados na Constituição da República de 1988.

---

[6] BRASIL. STF. ADI nº 6.926. Relator Min. Dias Toffoli. Plenário, sessão virtual de 26/06/2022 a 01/07/2022.

[7] BRASIL. STF. RE nº 714.139 (Tema nº 745). Redator do acórdão Min. Dias Toffoli. Plenário, sessão virtual de 10/12/2021 a 17/12/2021.

2 Respeito ao âmbito de competência de cada poder da República e definição de procedimentos

O efetivo exercício de determinados direitos de índole constitucional não raras as vezes exige certa dose de reverência a aspectos de natureza formal. Não permitir o esvaziamento de direitos pela inobservância de ritos ou mesmo pela eliminação de excessos procedimentais tem sido tema objeto de adequado tratamento em emblemáticas decisões prolatadas pelo ministro Dias Toffoli. Sua destacada participação em discussões do colegiado relativas ao estabelecimento de parâmetros precisos para uma mais eficiente e transparente atuação judicial e administrativa tem sido determinante para a consolidação de um ambiente de maior celeridade na entrega da prestação jurisdicional e de maior pacificação nas relações sociais. O ministro tem defendido a necessidade de simplificação de procedimentos de modo a reduzir a morosidade judicial, sem comprometer a qualidade das decisões.

Na seara da Administração Pública, Dias Toffoli tem defendido a padronização de procedimentos relacionados à gestão pública, firme na premissa de que uma Administração verdadeiramente eficiente deve ser menos burocrática – daí a importância da implementação de práticas que aumentem a responsabilidade e a transparência das ações governamentais. Seus votos enfatizam a necessidade de respeito ao devido processo legal em todas as esferas de Estado, assegurando que os procedimentos adotados sejam justos e imparciais, com especial apreço aos espaços de atuação constitucionalmente definidos para cada poder da República.

Nesse eixo de análise, uma decisão emblemática ocorreu no âmbito do julgamento da Ação Declaratória de Constitucionalidade nº 39,[8] ajuizada com o intuito de se reconhecer a validade do Decreto nº 2.100, de 20 de dezembro de 1996, que oficializou a *denúncia pelo Brasil da Convenção nº 158 da Organização Internacional do Trabalho (OIT)*, destinada a proteger trabalhadores contra a dispensa arbitrária. O ministro Dias Toffoli, relator do caso, explicou que, internacionalmente, o Brasil não estaria mais vinculado aos termos da convenção, mas a controvérsia residiria na necessidade de anuência do Congresso Nacional para que a denúncia produzisse efeitos no direito interno, como preceitua o art. 49, inciso I, da Constituição da República de 1988.

A Carta Magna, conforme lembrou o ministro, não disciplina explicitamente a denúncia de tratados, mas, uma vez incorporados ao direito interno, eles adquirem força de lei ordinária, e sua revogação deveria seguir um processo equivalente ao de sua aprovação. Ponderou que permitir a denúncia unilateral pelo Poder Executivo violaria os princípios democrático, da soberania popular, da separação dos poderes e do sistema de freios e contrapesos.

O relator concluiu que a denúncia de tratados pelo presidente da República deve ser aprovada pelo Congresso Nacional para produzir efeitos no ordenamento jurídico interno, propondo, todavia, a manutenção da validade do Decreto nº 2.100/1996, bem como a eficácia das denúncias realizadas pelo Poder Executivo até a publicação da ata do julgamento. O ministro fez ainda um apelo ao legislador para que estabeleça uma regulamentação sobre a denúncia de tratados internacionais, exigindo-se a aprovação

---

[8] BRASIL. STF. ADC nº 39. Relator Min. Dias Toffoli. Plenário, sessão virtual de 09/06/2023 a 16/06/2023.

do Congresso Nacional como condição para que a denúncia produza efeitos na ordem jurídica interna. A maioria dos ministros do STF concordou com o voto do relator, estabelecendo a necessidade de aprovação legislativa para denúncias futuras, bem como no que se tange ao apelo ao legislador.

Merecem também referência as Ações Diretas de Inconstitucionalidade nº 3.486 e nº 3.493,[9] nas quais se discutiu a constitucionalidade do *incidente de deslocamento de competência em casos de grave violação de direitos humanos*, introduzido pela Emenda Constitucional nº 45/05. O ministro Dias Toffoli, relator das ações, defendeu que a criação desse incidente foi uma resposta à ineficácia do sistema estatal em punir tais violações e que a responsabilidade internacional do Brasil em matéria de direitos humanos justifica a intervenção da União.

O relator argumentou que o incidente de deslocamento de competência não viola cláusulas pétreas, pois representa uma forma menos agressiva de intervenção federal para assegurar a observância dos direitos humanos. Em sua visão, a medida é compatível com a preservação do pacto federativo e atende às obrigações internacionais do Brasil. Os ministros, por unanimidade, julgaram improcedentes os pedidos formulados nas ações diretas de inconstitucionalidade, nos termos do voto do ministro Dias Toffoli.

O Recurso Extraordinário nº 840.435 (Tema nº 598),[10] por sua vez, envolveu a discussão sobre a *possibilidade de sequestro de verbas públicas para pagamento de créditos de portadores de doenças graves sem a observância da regra dos precatórios*. O voto proferido pelo ministro Dias Toffoli destacou que o sequestro de verbas públicas só é admissível nas hipóteses previstas na Constituição Federal, como a falta de alocação orçamentária ou a quebra da ordem de preferência de pagamento de precatórios.

O ministro propôs então a fixação da tese de repercussão geral no sentido de que o sequestro de verbas públicas para pagamento de precatórios deve ser restrito às hipóteses taxativamente enumeradas na Constituição. Essa decisão visa assegurar a correta execução das políticas públicas e a responsabilidade fiscal do Estado, sem prejudicar os direitos dos credores prioritários, como idosos e portadores de doenças graves. O voto do relator pelo desprovimento do recurso foi acolhido à unanimidade pelo colegiado, tendo a tese sido fixada por maioria de votos.

A discussão sobre a *necessidade de publicação dos julgados para que o relator possa decidir monocraticamente pela baixa dos autos* foi, da mesma forma, objeto de ponderação por Dias Toffoli. No Recurso Extraordinário nº 839.163,[11] o ministro, relator do feito, negou seguimento ao recurso, sob o fundamento de contrariedade à jurisprudência dominante do STF, e determinou a baixa dos autos ao juízo de origem devido ao caráter protelatório do recurso e ao risco iminente de prescrição.

O ministro suscitou o assunto como questão de ordem à Primeira Turma, a qual, em seguida, afetou a discussão ao Plenário do Tribunal. Em decisão unânime, a corte autorizou que o relator determinasse a baixa dos autos independentemente da

---

[9] BRASIL. STF. ADI nº 3.486 e ADI nº 3.493. Relator Min. Dias Toffoli. Plenário, sessão virtual de 01/09/2023 a 11/09/2023.

[10] BRASIL. STF. RE nº 840.435 (Tema nº 598). Relator Min. Dias Toffoli. Plenário, sessão virtual de 15/09/2023 a 22/09/2023.

[11] BRASIL. STF. RE nº 839.163. Relator Min. Dias Toffoli. Plenário, julgamento em 05/11/2014.

publicação de seus julgados em casos de risco iminente de prescrição ou de abuso do direito de recorrer.

Na perspectiva de respeito à vontade do legislador constituinte originário quanto à definição do âmbito de competência de cada poder da República, bem como a propósito do apreço à equilibrada adoção de procedimentos necessários à implementação de direitos, o ministro Dias Toffoli tem tido participação ativa na construção de soluções moderadas, indispensáveis para a realização de direitos e para a boa interação entre os poderes.

3 Valorização de princípios em matéria penal

O terceiro eixo de análise refere-se ao especial apreço do ministro Dias Toffoli quanto aos princípios constitucionais norteadores das persecuções penais. Suas posições no colegiado têm se destacado por interpretações que prestigiam os princípios constitucionais e fixam com maestria o respectivo alcance, especialmente no que se refere ao direito à ampla defesa e ao contraditório. Nessa linha, o ministro tem enfatizado a importância de se garantir que todas as etapas do processo penal sejam conduzidas com rigor e respeito aos direitos dos acusados, evitando abusos e arbitrariedades, de forma a assegurar que o sistema penal brasileiro opere de maneira justa e equilibrada.

Nessa perspectiva, interessante mencionar a discussão sobre a *natureza jurídica da colaboração premiada* ocorrida na apreciação do *Habeas Corpus* nº 127.483,[12] impetrado contra decisão proferida nos autos da Pet. nº 5.244/DF, que homologara termo de colaboração premiada. Inicialmente, o ministro relator Dias Toffoli negara seguimento ao *habeas corpus* com base no entendimento do tribunal no sentido da não admissibilidade de *habeas corpus* originário contra ato de seus ministros. Posteriormente, ao reconsiderar sua decisão, submeteu o caso ao Plenário do STF, que, de forma inédita, examinou a natureza jurídica do acordo de colaboração premiada introduzido pela Lei nº 12.850/13.

Durante o julgamento do caso pelo Plenário do STF, o ministro Toffoli destacou que a colaboração premiada é um meio de obtenção de prova e se enquadra como um negócio jurídico processual personalíssimo, que não pode ser impugnado por coautores ou partícipes do colaborador na organização criminosa. Todavia, a homologação judicial não implica a aceitação das informações como verídicas, mas apenas confere eficácia ao acordo, tendo o ministro enfatizado ainda que a personalidade do colaborador ou a confiança nele depositada não são requisitos para a validade do acordo. Dias Toffoli votou então pelo conhecimento do *habeas corpus* e, no mérito, pela denegação da ordem, voto que restou acompanhado, à unanimidade, pelo Plenário do STF.

Outro *habeas corpus* que merece ser lembrado é o de nº 127.900,[13] impetrado contra ato do Superior Tribunal Militar, no qual se defendia a incompetência da justiça militar para processar e julgar a ação penal, uma vez que os pacientes não eram mais militares. Alegou-se também a *nulidade do interrogatório dos pacientes como primeiro ato da instrução processual* – o que ocorrera com base no art. 302 do Código de Processo Penal Militar –,

---

[12] BRASIL. STF. HC nº 127.483. Relator Min. Dias Toffoli. Plenário, julgamento em 27/08/2015.
[13] BRASIL. STF. HC nº 127.900. Relator Min. Dias Toffoli. Plenário, julgamento em 03/03/2016.

afirmando-se que o art. 400 do Código de Processo Penal deveria ser aplicado ao procedimento especial da justiça militar.

Quando o processo foi apreciado pelo Plenário do STF, o ministro Dias Toffoli – que já havia deferido a liminar para suspender o andamento do feito – assinalou que a competência da justiça militar se aplica ao caso, pois o crime havia sido praticado por militares em atividade. No entanto, reconheceu a plausibilidade da nulidade do interrogatório inicial e propôs a aplicação do art. 400 do Código de Processo Penal a todas as ações penais na justiça militar e em outras justiças especiais, assegurando maior efetividade aos princípios do contraditório e da ampla defesa.

O ministro votou pela denegação da ordem de *habeas corpus*, mas propôs que a nova orientação fosse aplicada apenas aos processos cuja instrução não estivesse encerrada. O Plenário do STF, por unanimidade, indeferiu a ordem e modulou a decisão na linha proposta pelo relator.

Também comporta referência a decisão prolatada pelo ministro no julgamento do Recurso Extraordinário nº 1.055.941 (Tema nº 990).[14] O debate ocorrido nesse processo abordou a *possibilidade de compartilhamento de dados bancários e fiscais obtidos pela Receita Federal com o Ministério Público para fins penais, sem necessidade de autorização judicial prévia*.

O ministro relator, Dias Toffoli, ressaltou que, embora o compartilhamento de informações com a Receita Federal se enquadre em um esforço global contra movimentações financeiras ilegais, a questão crucial era se o Ministério Público poderia acessar esses dados sem autorização judicial anterior. O relator afirmou que as autoridades investigativas não devem acessar diretamente a base de dados da Unidade de Inteligência Financeira (UIF), mas reputou constitucional o compartilhamento de relatórios de inteligência financeira da UIF e dos procedimentos fiscalizatórios da Receita Federal do Brasil com órgãos de persecução penal, desde que fosse resguardado o sigilo e que esses procedimentos estivessem formalmente instaurados, com possibilidade de posterior controle jurisdicional.

O tribunal, por maioria, acolheu a tese proposta pelo relator e deu provimento ao recurso extraordinário, restabelecendo a sentença condenatória de primeira instância e fixando critérios para o compartilhamento de informações fiscais e bancárias para fins penais, o qual deve ser feito mediante comunicação formal, com o resguardo do sigilo e a definição do destinatário, desde que eventuais desvios possam ser apurados e corrigidos devidamente.

As referências supramencionadas apenas ilustram o rigor técnico refinado do ministro Dias Toffoli quando a discussão envolve matéria de índole penal, na certeza de que a consolidação de um sistema penal justo e equilibrado depende da adequada interpretação atribuída pelos membros da Corte Suprema aos múltiplos e complexos aspectos conectados ao processo penal brasileiro.

---

[14] BRASIL. STF. RE nº 1.055.941 (Tema nº 990). Relator Min. Dias Toffoli. Plenário, julgamento em 28/11/2019 e em 04/12/2019.

Conclusão

As decisões mencionadas ao longo deste artigo, examinadas sob os três eixos propostos, evidenciam o firme engajamento do ministro Dias Toffoli na efetivação dos direitos fundamentais, no respeito ao âmbito de competência próprio de cada poder da República e no apreço aos princípios orientadores do sistema penal brasileiro.

O consistente trabalho por ele desenvolvido ao longo dos últimos quinze anos junto ao Supremo Tribunal Federal tem sido determinante para a solidificação de uma jurisprudência mais aderente às necessidades sociais, em especial quando o assunto perpassa aspectos centrais do direito à saúde e à educação assegurados constitucionalmente.

As decisões emblemáticas aqui colacionadas atestam sua firme convicção em torno da importância de uma gestão pública eficiente, alicerçada na responsabilidade social do Estado, bem como seus reflexos para a concretude do acesso aos direitos fundamentais pelos cidadãos. São julgados que retratam o esforço não apenas de otimizar a administração da justiça, como também de assegurar a proteção aos direitos da pessoa humana, aliado à responsabilidade fiscal do Estado, com especial atenção à seara penal e seus princípios estruturantes.

A atuação do ministro Dias Toffoli tem sido marcada pela reverência à vontade do legislador constituinte originário externada na Constituição da República, mediante interpretações que vêm contribuindo significativamente para a construção de um sistema judiciário mais justo, equitativo e robusto no Brasil. Sua trajetória como ministro da Suprema Corte do país reflete um esforço contínuo para consolidar a justiça e seus valores essenciais, sem os quais o Estado de Direito e a democracia não se realizam.

Um ministro conectado aos avanços do mundo digital e atento ao dinamismo das novas relações firmadas no ambiente virtual, sempre pautado pelo inarredável propósito de promover justiça social e igualdade. O pensamento de Dias Toffoli tem sido, sem dúvida, essencial para a construção de um sistema jurídico mais inclusivo e adaptado às demandas contemporâneas da sociedade brasileira.

Referências

BRASIL. STF. ADC nº 39. Relator Min. Dias Toffoli. Plenário, sessão virtual de 09/06/2023 a 16/06/2023.

BRASIL. STF. ADI nº 3.486 e ADI nº 3.493. Relator Min. Dias Toffoli. Plenário, sessão virtual de 01/09/2023 a 11/09/2023.

BRASIL. STF. ADI nº 6.445. Redator do acórdão Min. Dias Toffoli. Plenário, sessão virtual de 21/05/2021 a 28/05/2021.

BRASIL. STF. ADI nº 6.926. Relator Min. Dias Toffoli. Plenário, sessão virtual de 26/06/2022 a 01/07/2022.

BRASIL. STF. ADPF nº 779. Relator Min. Dias Toffoli, Plenário, julgamento em 01/08/2023.

BRASIL. STF. HC nº 127.483. Relator Min. Dias Toffoli. Plenário, julgamento em 27/08/2015.

BRASIL. STF. HC nº 127.900. Relator Min. Dias Toffoli. Plenário, julgamento em 03/03/2016.

BRASIL. STF. RE nº 714.139 (Tema 745). Redator do acórdão Min. Dias Toffoli. Plenário, sessão virtual de 10/12/2021 a 17/12/2021.

BRASIL. STF. RE nº 716.378 (Tema 545). Relator Min. Dias Toffoli, Plenário, julgamento em 07/08/2019.

BRASIL. STF. RE nº 839.163. Relator Min. Dias Toffoli. Plenário, julgamento em 05/11/2014.

BRASIL. STF. RE nº 840.435 (Tema nº 598). Relator Min. Dias Toffoli. Plenário, sessão virtual de 15/09/2023 a 22/09/2023.

BRASIL. STF. RE nº 1.055.941 (Tema nº 990). Relator Min. Dias Toffoli. Plenário, julgamento em 28/11/2019 e em 04/12/2019.

BRASIL. STF. RE nº 1.010.606 (Tema nº 786). Relator Min. Dias Toffoli, Plenário, julgamento em 11/02/2021.

BRASIL. STF. RHC nº 146.303. Redator do acórdão Min. Dias Toffoli, 2ª Turma, julgamento em 06/03/2018.

Informação bibliográfica deste texto, conforme a NBR 6023:2018 da Associação Brasileira de Normas Técnicas (ABNT):

MENDONÇA, Grace. Quinze anos de atuação do ministro Dias Toffoli junto à Suprema Corte brasileira: casos emblemáticos para a efetivação de direitos fundamentais. *In*: MENDES, Gilmar Ferreira; LIRA, Daiane Nogueira de; FREIRE, Alexandre (coord.). *Constituição, democracia e diálogo*: 15 anos de Jurisdição Constitucional do Ministro Dias Toffoli. 2. ed. Belo Horizonte: Fórum, 2025. p. 621-632. ISBN 978-65-5518-937-7.

SOBRE A DEMOCRACIA INTERNA NOS TRIBUNAIS: REFLEXÕES CRÍTICAS À LUZ DA JURISPRUDÊNCIA DO STF*

GUILHERME GUIMARÃES FELICIANO

Introdução

Como é sabido, todos os poderes da República – e, logo, também o Poder Judiciário – emanam do povo (art. 1º, parágrafo único, da Constituição). No Brasil, porém, os juízes, diversamente dos parlamentares e mandatários executivos, não são eleitos. É essencialmente a sua competência técnica que vai alçá-los à condição de magistrados, quando ingressam na carreira por concursos públicos de provas e títulos.

Nem por isso, entretanto, caberia afirmar que o Poder Judiciário brasileiro não é um poder democrático. Ele é, sem dúvida, um poder *tendencialmente contramajoritário*; mas, ainda assim – e, inclusive, por essa razão –, é um poder *democrático*. O cariz democrático, no âmbito do Judiciário, revela-se externamente (*i.e.*, para o cidadão) não pelo voto, mas pelo *acesso*. Noutras palavras, são seus elevados níveis de *transparência* – derivados dos deveres constitucionais de motivação das decisões (CF, art. 93, IX) – e de contraditório sob publicidade (CF, arts. 5º, LV, e 93, IX) – que transformam o processo judiciário em um genuíno espaço público de diálogo e construção comunicativa,[1] conferindo ao Poder Judiciário a sua real condição democrática e permeável. Internamente, porém, a justiça também necessita aprofundar paulatinamente seus níveis de democracia interna para se justificar constitucionalmente, imerso que está em um sistema de princípios constitucionais que abriga, entre outros, o *princípio democrático* e o *princípio da participação*. E, como é cediço, princípios são, na expressão de Alexy, "mandados de otimização" (*"optmierungsgebote"*); logo, há que os *otimizar* institucionalmente, inclusive pela via administrativa (o que, a rigor, não seria uma "faculdade" das instituições, mas um dever constitucional).

E como fazê-lo, concretamente, nos dias atuais?

Vejamos.

---

* O presente estudo revisita artigo de 2017 para integrar coletânea em homenagem aos 15 anos de jurisdição constitucional do ministro Dias Toffoli, enfatizando sua atuação pessoal e funcional para a defesa e a densificação do Estado Democrático de Direito, das instituições republicadas e das garantias e direitos fundamentais.

[1] HABERMAS, Jûrgen. *Direito e Democracia*: entre facticidade e validade. Tradução: Flávio Beno Siebeneichler. v. I. Rio de Janeiro: Tempo Brasileiro, 1997, *passim*.

1 O art. 102 da Lei Orgânica da Magistratura e a Constituição de 1988: o problema da recepção constitucional

Pelo artigo 102 da Lei Orgânica da Magistratura Nacional (LC nº 35/79), os cargos de direção dos tribunais (presidentes, vice-presidentes, corregedores) só poderiam ser ocupados pelos desembargadores mais antigos, compondo-se o eleitorado com o universo total de desembargadores (ou seja, eleitores e eleitos são todos juízes de 2º grau, embora a gestão depois alcance a todos, juízes de 1º e 2º graus), que votam secretamente. Diversamente do que já ocorre, por exemplo, no Ministério Público, os juízes de 1º grau – aqueles que judicam nas varas e nos juízos de entrada, exatamente os que estão mais próximos dos anseios do povo – não teriam qualquer poder de escolha ou eleição. Haveria a necessidade de uma *reforma legislativa* para que a capacidade eleitoral se estendesse a todos os magistrados?

Entendemos que não. A rigor, elas sequer seriam necessárias.

Com efeito, tratar-se-ia, a rigor, de tão só *conferir concreção a princípios constitucionais evidentes*, fazendo-o por meio de *leis em sentido material*, como são os próprios *regimentos internos dos tribunais* (nesse sentido, veja-se, por exemplo, o quanto decidido na ADI nº 1.105/DF). Ora, as eleições diretas para a administração dos tribunais, alcançando juízes de 1º e 2º graus, conferirão maior concretude aos princípios constitucionais da *gestão democrática*, da *participação* e da própria *impessoalidade administrativa*. Isso não significará "politizar" o Judiciário; ou, ao menos, não mais do que já estão politizados os tribunais. Apenas se abrirá o debate interno a uma classe de juízes hoje alijada do processo de escolha eleitoral, apta a fazer ver, aos futuros dirigentes (que *seguirão sempre sendo juízes de 2º grau*), uma visão de mundo diversa, mais abrangente, quiçá mais próxima das necessidades reais dos cidadãos. De outro modo, a se manterem intactos os atuais colégios eleitorais, haverá sempre um inexplicável lapso entre a estrutura de governo dos tribunais judiciais e a sua magna missão institucional: *preservar, reproduzir e aprofundar o regime democrático-republicano*.

Nessa alheta, J. J. Gomes Canotilho bem explicita o *princípio democrático* ao afirmar que o Estado Democrático de Direito baseia-se em dois aspectos: *representação* e *participação*. Esse derradeiro princípio, por sua vez, baseia-se na *dimensão participativa como componente essencial da democracia*, à vista da premissa antropológico-política segundo a qual o homem só se transforma em homem, de modo integral, com o pleno exercício de sua autodeterminação. Assim, os direitos de participação na vida política e na condução de seus destinos são manifestações indispensáveis da dignidade do cidadão e da constituição do Estado Democrático de Direito, tanto no plano macropolítico como no seio das grandes instituições republicanas. Na mesma esteira, aliás, a magistratura do Trabalho aprovou, por aclamação, a tese de *eleições diretas nos tribunais* por ocasião do XIII Congresso Nacional dos Magistrados da Justiça do Trabalho (CONAMAT), atendendo-se, no particular, ao máximo critério de equanimidade política, tal como herdado das premissas primeiras da carta dos Probos Pioneiros de Rochdale (Inglaterra, 21.12.1884): *"one man, one vote"*.

Não por outra razão, a Associação Nacional dos Magistrados da Justiça do Trabalho (ANAMATRA) e todas as vinte e quatro associações regionais de juízes do Trabalho organizaram-se nacionalmente, a partir de 2013, para apoiar e pleitear as eleições "diretas" nos tribunais trabalhistas do país (*i.e.*, com a participação direta dos juízes de primeiro grau). Para tais entidades, como já apontado, seria inclusive despicienda qualquer alteração legislativa ou constitucional para ser concedido o direito de voto a todos os magistrados nas eleições dos cargos de direção dos tribunais que integram, bastando que os tribunais recorram, internamente, à interpretação conforme do art. 102 da LOMAN e, assim, institucionalizem, por seus órgãos administrativos, as eleições diretas para seus cargos de administração. Vale lembrar que, pela técnica da interpretação conforme a Constituição (*"verfassungskonformen Auslegung"*), "se uma lei pode ser interpretada em dois sentidos, um que a torne incompatível com a Lei Suprema, outro que permite a sua eficácia, a última interpretação é a que deve prevalecer".[2]

Ao longo da referida campanha, no segmento trabalhista, quatro tribunais regionais alteraram seus regimentos internos para admitir, em diversos graus (e não raro com diferenciação de "pesos" por grau de jurisdição), a participação dos juízes de 1º grau na eleição das respectivas mesas diretivas: o TRT da 1ª Região (Rio de Janeiro), o TRT da 17ª Região (Espírito Santo), o TRT da 16ª Região (Maranhão) e, em modo de consulta, o TRT da 4ª Região. Ulteriormente, após sucessivas intervenções do CSJT, todos esses tribunais – à exceção do TRT-4 (exatamente por se tratar de "consulta") – retrocederam e alteraram novamente seus regimentos internos, agora para excluir o direito de voto dos juízes titulares e substitutos.

Não divisamos, porém, qualquer inconstitucionalidade, ilegalidade ou nulidade a justificar os retrocessos. Ao contrário, segundo entendemos, *cada um dos tribunais do país poderia*, no plano regimental, *positivar o sufrágio ampliado para as eleições diretas de seus cargos de presidente e vice-presidente*, como inclusive para as respectivas *corregedorias e vice-corregedorias* (posição majoritariamente extraída do Conselho de Representantes da ANAMATRA e depois sufragada em tese do 17º Congresso Nacional dos Magistrados do Trabalho, ocorrido em Gramado/RS),[3] além de outras funções regimentais eletivas.[4] Tal sufrágio dar-se-ia por intermédio do voto direto, secreto e facultativo dos magistrados vitalícios de primeiro e segundo graus, baseando-se na correta tese de que, à luz da autonomia administrativa dos tribunais – aos quais compete "eleger seus órgãos diretivos e elaborar os seus regimentos internos" (artigo 96, I, "a", da Constituição) –, a mera alteração regimental já bastaria para que um tribunal passasse a adotar eleições diretas para a respectiva administração, a despeito da vetusta norma da LC nº 35/1979, ditada que foi em tempos pouco alvissareiros para a democracia nacional.

Aliás, interessa observar que, sob a ordem constitucional anterior (CF 1967/1969), o preceito correspondente ao atual art. 96, I, "a", que era o artigo 115, I, dispunha

---

[2] BITENCOURT, Lúcio. *O controle jurisdicional da constitucionalidade das leis*. 2ª ed. Rio de Janeiro: Forense, 1968. p. 95-96. V. também MIRANDA, Jorge. *Manual de Direito Constitucional*. 2ª ed. t. II. Coimbra: Coimbra Editora, 1988. p. 232 e ss.

[3] Eis o inteiro teor da tese: "Eleições diretas nos tribunais. Cargos de direção, inclusive corregedor e vice-corregedor. As associações e os magistrados devem engajar-se na defesa das eleições diretas, atuando em todas as frentes necessárias para implementar a medida, garantindo direito de votar a todos os magistrados de primeiro e segundo graus e de ser votado a todos os desembargadores, exceto para os cargos diretivos das escolas judiciais, para os quais também os magistrados de primeiro grau podem concorrer". Tese similar já havia sido anteriormente aprovada no IV Conamat, realizado em Belo Horizonte (1993); e, alguns anos depois, no XIII Conamat, em Maceió (2006).

[4] Como, *e.g.*, as diretorias e vice-diretorias das escolas judiciais e as ouvidorias e vice-ouvidorias.

competir aos tribunais "eleger seus Presidentes e demais titulares de sua direção, *observado o disposto na Lei Orgânica da Magistratura Nacional*" (com a redação dada pela EC nº 7/1977 – grifos nossos). Atrelavam-se os procedimentos de eleição, portanto, aos estritos escaninhos da Lei Orgânica da Magistratura Nacional. O texto de 1988, ao revés, já não estabelece explicitamente tal vinculação, condicionando as eleições internas tão somente aos teores dos próprios regimentos internos.[5]

Na verdade, a atual jurisprudência do STF inclina-se claramente pela ilegitimidade constitucional do art. 102 da LOMAN em diversos aspectos. É o que se extrai, por exemplo, do julgamento da ADIn nº 5.310/RJ; ou, ainda, de acordo com o Informativo STF nº 983, de 22 a 26 de junho de 2020, é o que resulta do julgamento conjunto da ADIn nº 3.976/SP e do MS nº 32.451/DF, declarando-se textualmente a não recepção, pela CRFB/1988, do art. 102 da LOMAN, de modo a não subsistir qualquer interpretação segundo a qual apenas os desembargadores mais antigos possam concorrer aos cargos diretivos dos tribunais (devendo a matéria, em razão da autonomia consagrada nos arts. 96, I, "a", e 99 da CF, ser remetida à disciplina regimental de cada tribunal). Foi o que se decidiu, enfim, ao ensejo do julgamento da ADIn nº 3.504/SP, virtualmente finalizado em 08.09.2020, em que se analisava a constitucionalidade de artigo do Regimento Interno do TRT-15 que restringia o rol dos candidatos elegíveis.

Daí que, a partir de uma clara autorização constitucional (artigos 96 e 99 da CRFB), *o tribunal, por seu órgão deliberativo soberano (plenários ou órgãos especiais), poderia rever o seu regramento interno precisamente para se aproximar do ideal democrático que rege os três poderes da República.* Estaria, sim, *promovendo democracia interna* – um dos claros objetivos políticos da Constituição-Cidadã (v., *e.g.*, arts. 1º, *caput*, *in fine*, e parágrafo único; 23, I; 34, VII, "a", *in fine*; 127, *caput*; 134, *caput*) – para além do que inicialmente dispusera a respectiva lei orgânica, ainda sob a égide da Constituição de 1967/1969; e, por essa via, densificando administrativamente a democracia, dar-se-ia melhor cumprimento ao vetor normativo ínsito ao artigo 1º, *caput* e parágrafo único, da CRFB (na sobredita lógica dos mandados de otimização). De outra parte, na qual há perspectivas de progresso político e social, não pode sequer haver, em tese e princípio, restrições de fundo legal-formal. Com efeito, *os princípios constitucionais sabidamente prevalecem sobre as regras alvejadas pela decrepitude do tempo,* e qualquer outra visão de mundo significará, em alguma medida, pactuar com os insensíveis e intermináveis juízos de subsunção próprios de uma compreensão formal-positivista já ultrapassada na doutrina constitucionalista.

Não se trata, ademais, de um mero idílio político, mercê das experiências já consolidadas a respeito, como a do TRT da 4ª Região, já citada,[6] cuja eleição para os cargos de direção do tribunal "será precedida de consulta não vinculativa a todos os desembargadores e juízes do 1º grau em atividade, a fim de apurar os nomes daqueles, entre os elegíveis, que a maioria indica para o exercício dos cargos de Presidente e Vice-Presidente" (art. 16, §1º, do Regimento Interno do TRT-4, acrescentado pelo

---

[5] E, para mais, de modo geral, à "observância das normas de processo e das garantias processuais das partes, dispondo sobre a competência e o funcionamento dos respectivos órgãos jurisdicionais e administrativos".

[6] Embora se trate regimentalmente de consulta não vinculante, há um consenso político-institucional de que, ao tempo da votação formal no plenário do TRT-4, o resultado da consulta deve ser prestigiado pela maioria dos desembargadores votantes.

Assento Regimental nº 01/2013 e alterado pelo Assento Regimental nº 01/2017).[7] Ainda mais contundente – porque regimentalmente vinculante –, o plenário do Tribunal de Justiça de Roraima aprovou, em 17 de junho de 2015, o voto paritário para todos os juízes, inclusive os não vitalícios, nas eleições para os cargos diretivos. A alteração, porém, tampouco resistiu às pressões políticas, sendo posteriormente revisada.[8] As eleições diretas eram preconizadas, enfim, pela Proposta de Emenda Constitucional nº 187/2012, alcunhada como "PEC da Democratização do Judiciário", de autoria do deputado Wellington Fagundes (PR-MT), colimando permitir a todos os juízes – de primeiro e segundo graus – votarem nas eleições de seus órgãos diretivos (excluídos, nesse caso, os cargos das corregedorias e, de forma geral, os tribunais superiores e os tribunais regionais eleitorais). As eleições, nesse caso, dar-se-iam pela maioria absoluta dos votos válidos, sempre diretos e secretos.

Ademais, o próprio Supremo Tribunal Federal já externou que *os regimentos internos funcionam, para a administração dos tribunais, como lei em sentido material* e, nesse sentido, não poderiam *restringir* os colégios eleitorais, porque malfeririam a Constituição (v., *e.g.*, STF, ADI nº 3.566, Rel. p/ o ac. Min. Cezar Peluso, julgamento em 15.02.2007, Plenário, *DJ* 15.06.2007), mas poderiam, sustenta-se agora, *ampliá-los*.

A propósito dos regimentos internos dos tribunais e de suas potencialidades normogenéticas, já pontificava o STF no início deste século:

> Aos tribunais compete elaborar seus regimentos internos, e neles dispor acerca de seu funcionamento e da ordem de seus serviços. Esta atribuição constitucional decorre de sua independência em relação aos Poderes Legislativo e Executivo. Esse poder, já exercido sob a Constituição de 1891, tornou-se expresso na Constituição de 1934, e desde então vem sendo reafirmado, a despeito dos sucessivos distúrbios institucionais. A Constituição subtraiu ao legislador a competência para dispor sobre a economia dos tribunais e a estes a imputou, em caráter exclusivo. Em relação à economia interna dos tribunais a lei é o seu regimento. O regimento interno dos tribunais é lei material. Na taxinomia das normas jurídicas o regimento interno dos tribunais se equipara à lei. A prevalência de uma ou de outro depende de matéria regulada, pois são normas de igual categoria. Em matéria processual prevalece a lei, no que tange ao funcionamento dos tribunais o regimento interno prepondera. Constituição, art. 5º, LIV e LV, e 96, I, *a*. Relevância jurídica da questão: precedente do STF e resolução do Senado Federal (ADI 1.105-MC, Rel. Min. Paulo Brossard, j. 03.08.1994, Plenário, *DJ* 27.04.2001 [g.n.]).

Bem mais recentemente, o tema foi revisitado com grande engenho pelo STF, a partir de voto da relatoria do ministro Dias Toffoli:

> O objeto da impetração é apreciar os limites dos poderes normativos (ou nomogenéticos, para ser mais preciso) dos tribunais – o que se radica no papel dos regimentos internos –, é interpretar o art. 102 da Lei Orgânica da Magistratura Nacional, à luz do texto constitucional. O espaço normativo dos regimentos internos dos tribunais é expressão da garantia

---

[7] Sendo certo que, "[n]a consulta a ser realizada, a manifestação dos desembargadores terá peso correspondente à razão obtida pela divisão do número de juízes de primeiro grau pelo número de desembargadores em atividade até 30 dias antes da consulta" (art. 16, §2º, também na redação do Assento Regimental nº 01/2017).

[8] Atualmente, o art. 338 do Regimento Interno do Tribunal de Justiça de Roraima prevê, à maneira dos demais tribunais de justiça, que "o Presidente e o Vice-Presidente do Tribunal de Justiça serão eleitos pela maioria dos Desembargadores, em votação direta e secreta, para mandato de 2 (dois) anos".

constitucional de sua autonomia orgânico-administrativa (art. 96, I, *a*, CF/1988), compreensiva da "independência na estruturação e funcionamento de seus órgãos" (MS 28.447, Rel. Min. Dias Toffoli, j. 25.08.2011, Plenário, *DJE* 23.11.2011 [g.n.]).

Nada obstante, fiel à sua sólida formação constitucionalista, Dias Toffoli bem delimitou a extensão dos poderes normogenéticos dos tribunais, afastando qualquer possibilidade de que normatizações internas mais "criativas" subvertam as balizas estruturantes da organização judiciária (interna e externa) na tessitura da Lei Orgânica da Magistratura Nacional. Nessa vereda, pode-se encontrar, ainda no corpo do voto, uma valiosa reflexão:

> [...] A departição de funções, nomes jurídicos ou atribuições, como se dá com muita frequência nos regimentos internos dos tribunais do trabalho, não pode ter o efeito de macular o alcance do art. 99 da LOMAN. Assim como assim, os tribunais podem criar vice-corregedores, plúrimos vice-presidentes, ou mesmo dar nomes mais exóticos. Todas essas manifestações nomogenéticas, contudo, seriam indiferentes para os efeitos do que se entende, na LOMAN, por cargo diretivo (art. 99) para fins de elegibilidade (art. 102).
>
> Se não for assim, ter-se-ia de considerar como cargo diretivo para fins de controle de elegibilidade a presidência de câmaras, turmas ou órgãos fracionários, a direção de revistas, escolas superiores e de outros plexos administrativos dos tribunais. É notório que essa interpretação timbra-se pela falta de razoabilidade.
>
> A pensar assim, dever-se-ia recordar o célebre exemplo de Luís Recasens Siches, que comentava sobre um aviso em um a certa gare com os dizeres "é proibida a entrada de cães". Então, chegava um homem com um urso e insistia em entrar no comboio estacionado porque a proibição se referia a cães e não a ursos. Se todos esses cargos forem diretivos para efeitos eleitorais, rigorosamente nenhum deles o será. E, ainda, de ser desprezada a tese de que a relevância não é do *nomen iuris* e sim da divisão material de atribuições administrativas.
>
> Ressalto esse aspecto, por ser de extrema importância: sob essa óptica, o fato de existirem dois corregedores (um corregedor ou um vice-corregedor), com funções idênticas, mas com exercício diferenciado por critérios geográficos (correição para juízes da capital e outra para juízes do interior, verbi gratia) ou técnicos (vice-presidência para assuntos administrativos e outra para assuntos judiciais). Trata-se de técnica ativa discutível, até porque, eventualmente, se poderia entender que se quebrou a simetria terminológica com a LOMAN. A despeito desse problema, que não é posto em causa nesse momento, seria resolúvel a matéria pelo simples apelo à unicidade dos cargos. Dito de outro modo, apenas o corregedor que seria atingido pelas limitações de elegibilidade. O vice-corregedor, ou qualquer nome que se lhe atribua, não restaria alcançado pelas regras dos arts. 99 e 102 da LOMAN.
>
> E parece ser esse o caso dos autos.
>
> Qualquer *nomen iuris,* ainda que materialmente haja divisão de funções, alheio à nomenclatura formal da LOMAN não será alcançado por essas restrições. Esse critério é ditado pela natureza da coisa (*Natur der Sache*), fator de correção externo ao Direito, utilizado em muitas decisões da Corte Constitucional alemã entre os anos cinquenta e oitenta do século passado. Essa construção pretoriana foi largamente usada nos casos que envolviam o princípio da isonomia. Quando se violava esse padrão de igualdade, para fins de paridade de situações jurídicas, e isso era feito sem fundamento razoável (*vernünftig*), advindo da natureza da coisa ou ao menos por critério objetivo e de caráter evidente (*sachlich einleuchtend*), ter-se-ia de reconhecer o efeito arbitrário ou abusivo desse ato. Assim sendo, pode-se falar em uma fórmula de Leibholz como limite à atuação da Corte Constitucional.
>
> E, na espécie, o arbítrio da distinção é que se conteria pela invocação da natureza da coisa. Daí se assim sendo, pode-se falar em uma fórmula de Leibholz como limite à atuação da Corte Constitucional. E, na espécie, o arbítrio da distinção é que se conteria pela invocação

da natureza da coisa. Daí ser a diferenciação entre cargos diretivos precisamente baseada nesse critério e, por assim, preservadora da noção de isonomia. Como já definiu o Tribunal Constitucional da Alemanha, a proposição jurídica (também traduzível por mandamento ou princípio) da igualdade é violada quando não há um fundamento razoável ou que se possa encontrar na natureza da coisa, bem assim quando não seja possível encontrar outra razão factualmente sustentável para justificar a diferenciação ou a igualdade jurídica, e, finalmente, se o critério diferendador possa ser tido como arbitrário ("Der Gleichheitssatz ist verletzt, wenn sich ein vem ünftiger, sich aus der Natur der Sache ergebender oder sonstwie sachlich einleuchtender Grund für die gesetzliche Differenzierung oder Gleichbehandlimg nicht finden laβ, kurzum, wenn die Bestimmung als willkürlich bezeichnet werden muβ" - BVerfGE 1,14 [52]).

Não há como se excogitar como critério diferendador razoável e susceptível de quebra da isonomia entre os postulantes ao cargo de presidente do TRT-3 o mero exercício de cargo que não se insira nos limites objetivos do art. 99 da LOMAN. Não se encarta no poder nomogenético dos tribunais e em seus limites dispor além do que o previsto no art. 102 da LOMAN, no que se conecta aos requisitos de elegibilidade, conforme pacífica jurisprudência do STF. Aquilo que o regimento interno do TRT-3, em suas diferentes redações, haja disposto para restringir e diferenciar as condições de elegibilidade para os cargos diretivos, tomando-se por base cargos outros que não os indicados no art. 99 da LOMAN, é írrito e não eficaz, em face dos ditames dessa lei orgânica. [...]

É, de fato, o entendimento que melhor converge para os princípios estruturantes do Estado Democrático de Direito e, em particular, para o princípio democrático, já reportado acima, pelo qual "a sociedade democrática e pluralista assume a existência de diversos conflitos de interesses e busca resolvê-los de forma equilibrada e equânime, com respeito simultâneo aos valores em oposição", de modo a se poder afirmar que "a proporcionalidade encerra o cerne do Estado Democrático que pode ser traduzido na ideia do equilíbrio; na existência equilibrada e pacífica de valores em conflito".[9] Isso importa em reconhecer, como critério corretivo de possíveis excessos, a própria razoabilidade/proporcionalidade.

Nessa mesma linha, ademais, Dias Toffoli asseverou, em 2022, que:

[...] vivemos tempos de disrupção tecnológica e de uso de algoritmos que conduzem multidões para o conflito. Trata-se de desafios ainda não totalmente assimilados pela sociedade e pelas instituições democráticas em particular, mas que têm gerado severa erosão do espaço político e social da democracia liberal.[10]

Se é assim, há que pensar, para fora e para dentro, como *aprofundar* os processos democráticos no âmbito das instituições e da sociedade civil, superando a frieza dos algoritmos com a energia vibrante da ampla participação das esferas de gestão e decisão do mundo da vida. E o Poder Judiciário, por evidente, inclui-se em tal contexto de ressignificação democrático.

---

[9] ZYLBERMAN, Verônica C. R. Antunes. O Princípio da Proporcionalidade como instrumento de proteção aos direitos fundamentais. *Revista do Ministério Público*, Rio de Janeiro, RJ, n. 23, 2006, p. 231-244 (notadamente p. 244).

[10] TOFFOLI, José Antonio Dias. Devemos realizar promessas sociais para afastar as sombras do autoritarismo. *Consultor Jurídico*, 19 ago. 2022. Disponível em: https://www.conjur.com.br/2022-ago-19/dias-toffoli-equilibrio-essencial-democracia/. Acesso em: 29 jul. 2024.

1.1 Poder Judiciário e democracia interna: quem deve votar?

Como visto, a democracia interna do Poder Judiciário encontra o seu *"telos"* ideal nas chamadas "eleições diretas" para os cargos diretivos dos tribunais, aí entendidos os cargos de presidência e de vice-presidência,[11] como também os cargos de corregedoria e vice-corregedoria; e, em uma extensão lógica, os próprios cargos de direção das escolas judiciais (diretor, vice-diretor, coordenador). Por "eleições diretas" entende-se, como visto, o *sufrágio estendido aos juízes de 1º grau*, no tocante àquelas escolhas, porque são eles, de fato, que há mais de um século veem-se alijados dessa condição comezinha de "cidadania judiciária ativa".

Mas o processo de democratização interna do Judiciário não se esgota nesse sufrágio interno universal. Envolve todos os demais instrumentos que *caminham* para uma gestão compartilhada dos tribunais. Aqui se incluem, portanto, iniciativas e instrumentos como as consultas regimentais facultativas e compulsórias (a exemplo daquela que o TRT da 4ª Região aprovou, em 2013/2017, no art. 16, §§1º e 2º, de seu Regimento Interno), o poder de iniciativa de emenda regimental (a exemplo daquele formalmente reconhecido, no âmbito judiciário trabalhista, à Amatra 17; ou daquele indireta e incidentalmente reconhecido à Amatra XV quando se refutou, em plenário, a emenda regimental que autorizaria o sufrágio amplo para os cargos diretivos) e o próprio direito de assento e voz da Anamatra (CSJT) e das associações regionais e estaduais de juízes. Nada obstante, é mister reconhecer que os vários instrumentos de democracia interna que têm maturado nas instituições judiciárias contemporâneas, e muito particularmente no Brasil, a reboque do trabalho de conscientização política das associações de magistrados, vinculam-se a um específico modelo de *democracia interna* que não se confunde, absolutamente, com o modelo de democracia judiciária universal que outros sistemas jurídicos adotaram.

No modelo norte-americano, por exemplo, diversos estados preveem que os juízes estaduais serão eleitos diretamente pelos cidadãos, a partir de campanhas locais, respaldando, no âmbito do Poder Judiciário, a ideia de que "todo poder emana do povo" (é assim em 33 dos 50 estados dos EUA, como, por exemplo, nos estados de Wisconsin, Michigan, Pensilvânia, Georgia etc.).[12] Os candidatos fazem campanha, arrecadam fundos, debatem publicamente etc. Curiosamente, já não é assim na Suprema Corte dos EUA, em que os juízes são indicados pelo presidente da República (como no nosso STF); e, de fato, o modelo de eleições diretas tem sido severamente criticado no direito e na literatura, mesmo dentro dos EUA.[13]

---

[11] Que podem ser várias, como, por exemplo, no TRT-2 e no TRT-15, que organizaram regimentalmente uma vice-presidência administrativa e uma vice-presidência judicial.

[12] No estado da Geórgia, para se tornar juiz é preciso obter uma maioria de cinquenta por cento dos votos dos eleitores e, sendo eleito, o mandato é de seis anos; ademais, os candidatos às vagas de magistrado devem ter ao menos sete anos de prática anteriores à eleição e devem contar, ademais, com no mínimo vinte e cinco anos de idade. Dados de 2019 indicavam que, dos 245 juízes estaduais nomeados nos EUA (excluídos, portanto, os federais), 54 são escolhidos por eleição partidária, 63 por eleição não partidária, 9 por eleição legislativa, 15 por nomeação do governador, 88 por nomeação "assistida" pelo governador e 18 por combinação desses métodos e de outros.

[13] Cf., nesse sentido (e ilustrativamente), a novela *The Appeal*, de John Grisham. Há tradução para a língua portuguesa (GRISHAM, John. *O Recurso*. Tradução: Michele Gerhardt. São Paulo: Rocco, 2008). Entre outros aspectos, o texto denuncia, a partir de uma história fictícia, os meandros de corrupção que alimentam o modelo de eleições

Esse, porém, não é o modelo constitucional da justiça brasileira. No âmbito da magistratura, a escolha dos juízes passa por um procedimento administrativo meritocrático – o *concurso público* (de provas e títulos) do art. 93, I, da CRFB –, que alcança absolutamente todos os ramos judiciários em primeiro grau (no caso da magistratura do Trabalho, tal se deu ao cabo da evolução institucional verificada entre a Constituição de 1946, que "judicializou" a justiça do trabalho, e a Lei nº 6.087/1974). Desse modo, preserva-se, por um lado, o conceito de *independência técnica do juiz*, fundamental para as democracias (porque causaria espécie discutir "independência técnica" de um agente público ao qual não se exigisse mínima *expertise* técnico-jurídica); e anima-se, por outro lado, a própria ideia de que o direito é uma *ciência* (ideia questionável, tanto outrora – como se dessumiria da célebre frase do romano Celso[14] – como sobretudo agora, no raiar da pós-modernidade e da consequente desconstrução das grandes narrativas teoréticas).[15] Com efeito, se é ciência, precisa de "doutos": pessoas tecnicamente bem formadas, versadas e testadas, que passem a integrar um corpo técnico-profissional de magistrados. É, afinal, a síntese acabada entre as figuras romanas do *"praetor"* e do *"iudex"*; dos predicamentos da *"auctoritas"* e da *"notio"* (ou *"cognitio"*).[16]

Consequentemente, parece certo que a democracia do modelo judiciário que secularmente adotamos, inspirados no paradigma europeu-continental, diz muito mais com a *fundamentação jurídica em uma arena pública e dialógica*[17] – a saber, o *processo judicial*, informado pelos princípios da publicidade e do contraditório –, em uma dimensão micrológica; e, em uma dimensão macrológica, tal caráter democrático dirá com a própria plenitude de acesso de todo e qualquer cidadão, *"si et quando"* tecnicamente versado, às carreiras da magistratura, desde que aprovado nos respectivos concursos (mas independentemente de cor, sexo, idade, estado civil, orientação sexual e afetiva, classe social etc.).

Nesse modelo, que a Constituição de 1988 – na esteira de praticamente todas as cartas constitucionais anteriores – indubitavelmente albergou, falar em *democracia interna* é falar em *autogestão*; logo, qualquer desenvolvimento do conceito deve envolver, necessariamente, a participação da *magistratura* na gestão do Poder Judiciário. Participar da gestão, como alhures dissemos, tanto significa o direito de votar nos membros das mesas diretivas dos tribunais, com sigilo e liberdade, como também significa, por outro lado, conferir e realizar direitos conexos, como o poder coletivo de iniciativa de emenda regimental e o assento e voz associativos em conselhos, plenário e órgãos especiais. Mas, esclareça-se, a autogestão – o nome já o diz – envolve *os membros do Poder Judiciário*, e não toda a sociedade civil (porque não é esse, insista-se, o modelo constitucional brasileiro).

---

universais para juízes de condados (*counts*) e afins. V. também, entre nós, MELO, João Ozorio de. Eleições para juízes perdem prestígio nos Estados Unidos. Consultor Jurídico, 6 out. 2019. Disponível em: https://www.conjur.com.br/2019-out-06/eleicoes-juizes-perdem-prestigio-eua/. Acesso em: 29 jul. 2024.

[14] *"Ius est ars boni et aequi"* ("O direito é a arte do bom e do justo").
[15] Cf., *e.g.*, LYOTARD, Jean-François. *The Postmodern Condition*: A report on knowledge. Tradução: Geoff Bennington, Brian Massumi. Minneapolis: Minnesota University Press, 1984.
[16] Cf., a respeito, ALVES, José Carlos Moreira. *Direito romano*. 16. ed. v. I. Rio de Janeiro: Forense, 2014.
[17] Cf., *e.g.*, HABERMAS, Jürgen. *Moralbewusstsein und kommunikatives Handeln*. Frankfurt am Main: Suhrkamp, 1983. p. 131. Ou, no Brasil, HABERMAS, Jürgen. *Direito...*, p. 51 e ss.; 306 e ss.

Nessa precisa medida, outrossim, admitir alternativas atípicas de democratização, como a concessão de assento e voz para os servidores dos tribunais judiciais ou para a Ordem dos Advogados do Brasil – sem qualquer demérito aos relevantíssimos serviços prestados pelos corpos técnicos de funcionários ao Poder Judiciário e pela própria OAB à democracia, especialmente nos últimos quarenta anos –, é um contrassenso teórico e discursivo. E, para mais, pode significar um retrocesso institucional, porque exatamente retira dos legítimos membros do Poder, pessoalmente (no voto direto) ou por suas legítimas representações, a percepção de que os instrumentos de democracia interna que lhes foram franqueados devem-se ao reconhecimento de um *vínculo de pertencimento*; são eles, juízes de 1º grau, *uma fração da instituição* (a magistratura) que historicamente era alijada das decisões superiores. E não apenas os juízes de 1º grau; é também uma garantia política, em um âmbito menos visceral (porque o alijamento em geral resolve-se com o decurso do tempo), para os próprios desembargadores que não compõem os órgãos especiais deliberativos. Essas parcelas da magistratura, se não votam, falam por suas associações, porque não podem falar por si.

1.2 Poder Judiciário e democracia interna: autogestão ou "ultragestão"?

Na verdade, institucionalizar o voto e/ou o assento e voz para corporações ou segmentos externos sinaliza que esses instrumentos de democratização institucional não se prestam a integrar a autogestão da magistratura, mas, sim, a engendrar a *ampla cogestão* dos tribunais, com direta participação da sociedade civil, comprometendo a própria independência administrativa prevista no artigo 99 da CRFB e subvertendo o modelo constitucional de magistratura que a tradição europeia nos legou. Nessa ordem de ideias, adiante haveria que se cogitar do voto e/ou assento para as representações eleitas da sociedade civil (como se dá com o CNJ, *ut* artigo 103-B, XIII, da CRFB); ou, no âmbito da justiça do trabalho, do voto e/ou assento para sindicatos representativos de grandes categorias profissionais e econômicas; e assim sucessivamente, todas legitimadas a opinar ou votar, na perspectiva filosófica, se partirmos da premissa cogestionária; mas, nessa hipótese, teríamos de refundar constitucionalmente as próprias instituições judiciárias.

Não é isso, em absoluto, o que decorre do sistema constitucional em vigor. Pelo atual texto constitucional, a magistratura nacional – e, é claro, os tribunais que a abrigam – é instituição permanente à qual a vontade popular originária cometeu a missão constitucional de *preservar e promover o Estado Democrático de Direito*, não apenas para fazer valer a vontade concreta das maiorias e os direitos e garantias fundamentais das minorias, como também – e sobretudo – para fazer valer os princípios constitucionais estruturantes que animam a democracia republicana, dentre os quais os princípios da representação e da participação,[18] que são extensões do próprio princípio democrático, inerente à "sociedade fraterna, pluralista e sem preconceitos" vaticinada no preâmbulo da Carta Constitucional de 1988.

---

[18] Cfr., *e.g.*, CANOTILHO, J. J. Gomes. *Direito Constitucional e Teoria da Constituição*. 3.ed. Coimbra: Almedina, 1999. p. 334 e ss. (= igualdade democrática no Estado de Direito).

Nesse contexto, ousamos antecipar que, em futuro próximo, já não será razoável supor que os órgãos administrativos soberanos dos tribunais judiciais possam deliberar temas de interesse de toda a magistratura local, regional ou categorial, *sem* a mínima participação ativa de todos os juízes, seja pessoalmente (pelo voto direto para a eleição de seus administradores), seja indiretamente (representados pelas suas entidades associativas, caso em que se há de pressupor, obviamente, diretorias que se formem pelo voto direto e universal de todos os juízes de 1º e 2º graus). Pela via do assento e voz, já nos dias de hoje, permite-se aos juízes exercerem, com maior densidade, o seu direito constitucional de representação legítima, nos termos do art. 5º, XXI, da Constituição da República. E, de todo modo, seguimos a tratar de *autogestão*, não de gestão universalizada (ou de sufrágio universal).

Com efeito, no plano representativo, são exclusivamente as associações de juízes que falam em nome de integrantes do Poder Judiciário (*i.e.*, membros de Poder), respaldando a legitimidade das decisões internas tomadas por um dos poderes da República. A Ordem dos Advogados do Brasil, os sindicatos profissionais e econômicos e as associações de servidores não representam integrantes do Poder Judiciário trabalhista, mas apenas corpos civis ou administrativos auxiliares ou interessados. Podem e devem ser ouvidos nos feitos que envolvam seus interesses diretos, mas não há sentido em lhes conferir titularidade para manejar os instrumentos de democratização interna do Judiciário, porque, ainda que sejam essenciais à justiça (como se dá com a advocacia, "*ex vi*" do art. 133 da CRFB), *não são orgânicos*, porque não consubstanciam órgãos do Poder Judiciário; e, no segmento das representações extraorgânicas, apenas o *Ministério Público* tem assento e voz em tribunais, representando toda a sociedade civil, por força do próprio texto constitucional. Exceções a essa regra são o CNJ e o CJF, que conferem assento e voz a representantes do Conselho Federal da OAB e da sociedade civil (indicados pela Câmara dos Deputados e pelo Senado da República), mas o fazem porque são *conselhos* – pensados originalmente para figurar *fora* das estruturas judiciárias –, e não tribunais.

A se sufragar voto e/ou assento e voz para servidores, para sindicatos ou para a OAB, estaríamos migrando para algo próximo ao modelo anglo-saxônico de democracia judiciária (e, registre-se, com uma terrível corruptela: leis e regimentos estariam formatando procedimentos de eleição unilateral de representantes "*ad hoc*", porque ela própria, sociedade civil, não estaria deliberando e tampouco elegendo). Tratar-se-ia de uma funesta democracia judiciária à brasileira, violadora do modelo constitucional em vigor, contrária à lógica da autogestão da magistratura e estranha a qualquer paradigma jurídico estrangeiro apreciável. Não por outra razão, aliás, os servidores da Câmara e do Senado não votam para eleger as respectivas mesas diretoras, uma vez que o sufrágio é direito exclusivo dos parlamentares;[19] ou, da forma similar, os servidores do Poder Executivo Federal não votam para escolher ministros de Estado. A lógica é rigorosamente a mesma. *Autogestão pressupõe participação ampla, porém orgânica*, sob pena de desnaturação constitucional.

---

[19] Cf., *e.g.*, o art. 7º da Resolução nº 17, de 1989 (que "[a]prova o Regimento Interno da Câmara dos Deputados").

À guisa de conclusão

À vista de tudo quanto exposto até aqui e a despeito das decisões refratárias prolatadas em diversas searas (assim, *e.g.*, no âmbito do Conselho Superior da Justiça do Trabalho, o PCA nº 0003554-59.2016.5.90.0000,[20] para o predito caso do Rio de Janeiro), é forçoso concluir que:

(a) todos os mecanismos de democracia interna que maturam no Poder Judiciário contemporâneo devem atender essencialmente à própria magistratura, porque são necessariamente mecanismos de autogestão. Incluem-se nessa classe de instrumentos o amplo sufrágio para a escolha dos cargos de administração dos tribunais, as consultas regimentais, o poder de iniciativa de emenda regimental e o assento e voz nos plenários e órgãos fracionários;

(b) logo, não atende ao conceito de autogestão da magistratura ou às próprias balizas constitucionais do modelo judiciário brasileiro a conferência da titularidade para o manejo de semelhantes instrumentos, por via de lei ou regimento, a corporações ou segmentos externos à magistratura, como a categoria dos servidores do Poder Judiciário ou a própria Ordem dos Advogados do Brasil;

(c) o teor do art. 102 da Lei Orgânica da Magistratura Nacional – e outros similares – não representa óbice para a premissa do item "a", tendo em vista a relativização (con)textual operada pelo próprio Supremo Tribunal Federal (assim, *e.g.*, no MS nº 33.288/DF, rel. Min. Luiz Fux,[21] para citar um dos mais antigos precedentes).

---

[20] *In verbis*: "PROCEDIMENTO DE CONTROLE ADMINISTRATIVO - TRIBUNAL REGIONAL DO TRABALHO DA 1ª REGIÃO - EMENDA REGIMENTAL Nº 24/2015 - PARTICIPAÇÃO DE MAGISTRADOS DE PRIMEIRO GRAU NA ELEIÇÃO PARA CARGOS DE DIREÇÃO DA CORTE - IMPOSSIBILIDADE. 1. No caso, trata-se de proposta de emenda regimental aprovada pelo Tribunal Pleno do Tribunal Regional do Trabalho da 1ª Região que, acrescendo o art. 21-A ao seu Regimento Interno, passou a permitir a participação de juízes de primeiro grau no processo eletivo do Presidente e Vice-Presidente da Corte. 2. A edição da emenda regimental combatida é ato tipicamente administrativo que irradia efeitos para além de interesses meramente individuais, consubstanciando matéria de amplo interesse da Justiça do Trabalho, sujeitando-se, portanto, ao controle de legalidade por este Conselho, especialmente à luz da existência de regra própria a respeito. 3. O Supremo Tribunal Federal proclamou, ao ensejo do exame da Medida Cautelar na ADI 3.976/SP, bem como da ADI 3.566/DF, a recepção do art. 102 da Lei Orgânica da Magistratura Nacional pela Constituição Federal.4. Logo, conferir aos tribunais a possibilidade de ampliarem a participação eleitoral de seus cargos diretivos, mediante ato regimental próprio, redundaria, além da indevida interferência em área constitucionalmente reservada à lei complementar (art. 93 da CF), no surgimento de conflitos político-partidários que denigrem o prestígio e o papel institucional do Poder Judiciário. 5. Ademais, a sessão do Pleno em que aprovada a proposta de emenda regimental violou o critério da anualidade previsto no próprio Regimento para apreciação de suas emendas. Procedimento de Controle Administrativo conhecido e, no mérito, provido para declarar nulo o art. 21-A do Regimento Interno do Tribunal Regional do Trabalho da 1ª Região".

[21] *In verbis*: "[...] Presente, portanto, a fumaça do bom direito a legitimar o deferimento do pleito liminar. Em primeiro lugar, pelo fato de o Pleno desta Corte ter o mais recente entendimento, no sentido de que as normas para a eleição da direção de um tribunal devem ser aquelas estipuladas pelo seu regimento interno, e não as da LOMAN. Assim, a posição vencedora no Pleno no julgamento do AgRg na Rcl 13.115 não vislumbrou qualquer ofensa ao art. 93 da Constituição da República quando o TJ do Rio Grande do Sul cuidou das regras para a eleição de seus dirigentes de modo dissonante com o texto da LC nº 35/79. Em segundo lugar, o art. 93 da Constituição da República não exige a observância de regras específicas para o processo eleitoral para os cargos de direção dos tribunais, o que, na percepção mais recente do Pleno do STF, legitima que os tribunais, também, cuidem do tema. Em terceiro lugar, porque a indagação acerca de qual norma jurídica deve prevalecer a respeito da eleição para os cargos de direção de um tribunal, se a prevista na LOMAN ou a do regimento interno do TJ, encontra-se sub judice no STF, porquanto a Reclamação nº 13.115 ainda não teve o seu julgamento encerrado. A prevalecer a atribuição do CNJ em hipóteses como a dos autos, em que o tema jurídico central está pendente

Cabe registrar, ademais, que *democracia interna* e *sufrágio universal* não se confundem, mesmo porque a última hipótese prescinde de corpos intermediários quaisquer. Mas tal alternativa, sobre ser incompatível com garantias constitucionais pétreas, como a própria vitaliciedade dos juízes (CF, art. 95, I), não apresenta quaisquer vantagens do ponto de vista político-administrativo. Ao revés, vale aqui parafrasear o ex-ministro Ayres Britto: o que realmente confere legitimidade técnica ao Poder Judiciário brasileiro, na melhor linha weberiana da legitimidade burocrática, é a sua condição única de *poder profissionalizado*. Em duas expressões: *democracia interna* com *independência externa*. Eis a perfeita receita político-jurídica para o futuro dos tribunais.

Referências

ALEXY, Robert. *Theorie der Grundrechte*. 3. Aufl. Frankfurt am Main: Suhrkamp, 1996.

ALEXY, Robert. Constitutional Rights, Balancing, and Rationality. *Ratio Juris*, Oxford: Blackwell, jun. 2003. v. 16. n. 2. Disponível em: http://onlinelibrary.wiley.com/journal/10.1111/(ISSN)1467-9337. Acesso em: 1º mar. 2017.

ALVES, José Carlos Moreira. *Direito romano*. 16. ed. v. I. Rio de Janeiro: Forense, 2014.

BITENCOURT, Lúcio. *O controle jurisdicional da constitucionalidade das leis*. 2. ed. Rio de Janeiro: Forense, 1968.

CANOTILHO, Joaquim José Gomes. *Direito Constitucional e Teoria da Constituição*. 3. ed. Coimbra: Almedina, 1999.

FELICIANO, Guilherme Guimarães. Democracia interna nos tribunais: reflexões críticas. *No Mérito*, Rio de Janeiro: Associação dos Magistrados da Justiça do Trabalho da 1ª Região, maio 2017, ano XXII, n. 55, p. 31-35.

GRISHAM, John. *O Recurso*. Tradução: Michele Gerhardt. São Paulo: Rocco, 2008.

HABERMAS, Jürgen. *Direito e Democracia*: entre facticidade e validade. v. I. Tradução: Flávio Beno Siebeneichler. Rio de Janeiro: Tempo Brasileiro, 1997.

HABERMAS, Jürgen. *Moralbewusstsein und kommunikatives Handeln*. Frankfurt am Main: Suhrkamp, 1983.

HESSE, Konrad. *Elementos de Direito Constitucional da República Federal da Alemanha*. Tradução: Luís Afonso Heck. Porto Alegre: Sergio Antonio Fabris Editor, 1998.

LYOTARD, Jean-François. *The Postmodern Condition*: A report on knowledge. Tradução: Geoff Bennington, Brian Massumi. Minneapolis: Minnesota University Press, 1984.

MELO, João Ozorio de. Eleições para juízes perdem prestígio nos Estados Unidos. *Consultor Jurídico*, 6 out. 2019. Disponível em: https://www.conjur.com.br/2019-out-06/eleicoes-juizes-perdem-prestigio-eua/. Acesso em: 29 jul. 2024.

MIRANDA, Jorge. *Manual de Direito Constitucional*. 2. ed. t. II. Coimbra: Coimbra Editora, 1988.

TOFFOLI, José Antonio Dias. Devemos realizar promessas sociais para afastar as sombras do autoritarismo. *Consultor Jurídico*, 19 ago. 2022. Disponível em: https://www.conjur.com.br/2022-ago-19/dias-toffoli-equilibrio-essencial-democracia/. Acesso em: 29 jul. 2024.

ZYLBERMAN, Verônica C. R. Antunes. O Princípio da Proporcionalidade como instrumento de proteção aos direitos fundamentais. *Revista do Ministério Público*, Rio de Janeiro, RJ, n. 23, 2006, p. 231-244.

---

de apreciação pelo Pleno do STF, ter-se-ia uma indevida inversão do arcabouço estrutural e sistêmico do Poder Judiciário estampado na Carta da República, em que um órgão com atribuições estritamente administrativas poderia estabelecer pré-compreensões sabidamente precárias em relação a matérias que concitam o inexorável desempenho da função jurisdicional, definitiva e imutável, pelo órgão de cúpula da justiça brasileira, qual seja, o Supremo Tribunal Federal [...]".

Informação bibliográfica deste texto, conforme a NBR 6023:2018 da Associação Brasileira de Normas Técnicas (ABNT):

FELICIANO, Guilherme Guimarães. Sobre a democracia interna nos tribunais: reflexões críticas à luz da jurisprudência do STF. *In*: MENDES, Gilmar Ferreira; LIRA, Daiane Nogueira de; FREIRE, Alexandre (coord.). *Constituição, democracia e diálogo*: 15 anos de Jurisdição Constitucional do Ministro Dias Toffoli. 2. ed. Belo Horizonte: Fórum, 2025. p. 633-646. ISBN 978-65-5518-937-7.

COMBATE À CORRUPÇÃO DENTRO DA MOLDURA CONSTITUCIONAL – O CASO LAVA JATO

GUILHERME FERREIRA GOMES LUNA
JOSÉ ROBERTO FIGUEIREDO SANTORO
RAQUEL BOTELHO SANTORO

1 Combate à corrupção conforme a Constituição. Pilares dos direitos e garantias fundamentais processuais

A partir de 2014, o sistema judicial penal e sancionador brasileiro passou por um experimento insólito de combate à corrupção conhecido como "Operação Lava Jato". Essa operação tornou-se uma metonímia, representando o combate à corrupção como um todo. Ao analisar retrospectivamente, esse período, iniciado em 2014 e se estendendo até o seu declínio, mais se assemelha a um período de exceção, no qual as principais garantias processuais foram, na prática, relegadas em busca de uma suposta efetividade punitiva.

A Constituição Federal, no contexto do Estado Democrático de Direito que ela institui, estabelece em seu artigo 5º os direitos e garantias fundamentais que moldam a atuação do sistema sancionatório, destacando-se especialmente os seguintes, mais diretamente relacionados às questões processuais: direito ao contraditório e à ampla defesa (inciso LV); garantia do devido processo legal (inciso LIV); presunção de inocência (inciso LVII); proibição do uso de provas obtidas por meios ilícitos (inciso LVI); e princípio do juiz natural (inciso LIII).

O legislador constituinte originário conferiu a essas garantias processuais a categoria de cláusulas pétreas (art. 60, §4º, IV), cuja alteração é vedada, mesmo por meio de emenda constitucional. Se é vedada a intromissão do Poder Legislativo na revisão ou supressão dessas garantias, o Poder Judiciário também não pode se furtar a observá-las.

Com efeito, é evidente que o processo judicial ou administrativo, penal ou sancionador, não pode ser construído fora das premissas constitucionais que, em seu conjunto, constituem os pilares do devido processo legal e do direito de defesa. O único modelo de combate à corrupção possível e efetivo é aquele preconizado pela Constituição Federal, que a Suprema Corte tem se empenhado em resgatar.

Nunca é demais recordar, como escreveu Ignacio Boulin, que a Constituição *"no es una tarjeta de buenos deseos enviada por los constituyentes"*[1] aos cidadãos. Os princípios constitucionais de garantias processuais são temas que comportam interpretação e análise dogmática, mas não são meros assuntos de opinião. Em outras palavras, dentro da moldura constitucional do devido processo legal, não é relevante ser a favor ou contra a Operação Lava Jato ou rotular, de maneira imprópria, este ou aquele magistrado como "lavajatista". O que importa é o respeito integral e o cumprimento dos mandamentos constitucionais, algo que, como se revelou, não foi a virtude dessa operação.

Os sintomas da patologia que acometia o *modus operandi* da Operação Lava Jato foram se revelando paulatinamente com o avanço da operação: número excessivo de prisões cautelares com fundamentações genéricas; uso indiscriminado de conduções coercitivas como substitutos para decretos prisionais; penas excessivamente altas; espetacularização das operações; e vazamentos de informações sigilosas. No entanto, foi com a revelação dos diálogos entre os membros da força-tarefa[2] e diversas autoridades nacionais e internacionais que esses sintomas se mostraram, na verdade, como uma estratégia deliberada.

Nas palavras do ministro Dias Toffoli, "o estudo mais aprofundado do material colhido na referida operação (*Spoofing*) revelou um complexo sistema de captura do Poder Judiciário e do Ministério Público para o desenvolvimento de projetos pessoais e políticos".[3]

Esse é o cenário que Zaffaroni definiu como *"la aberrante distancia entre el 'deber ser' y el 'ser'"*, que desrespeita as normas constitucionais na prática processual diária:

> *En nuestra región, la aberrante distancia entre el "deber ser" y el "ser" de esta respuesta punitiva y del ejercicio de todo el poder punitivo y del propio estado de derecho, viola de modo ostensible y grosero las normas constitucionales e internacionales, pero la importación acrítica de la dogmática penal alemana, vaciada de su contenido político original, lleva a nuestra doctrina penal a entretenerse en las cuestiones de completividad lógica dentro de la teoría del delito y a desentenderse de las flagrantes violaciones de las normas de máxima jerarquía jurídica, al parecer archivando como obsoletas las normas de máxima jerarquía de nuestro derecho positivo.*[4]

Este breve arrazoado não pretende esgotar a análise crítica das diversas camadas de ilegalidades praticadas sob o pretexto de combate à corrupção. Com base no abuso e desvio de poder reconhecidos pela Suprema Corte, seu objetivo é mostrar o marco jurídico próprio criado pela Operação Lava Jato, apartado do sistema constitucional de garantias fundamentais, e contrapô-lo às recentes decisões do ministro Dias Toffoli, que apontam o caminho para a restauração dessas garantias constitucionais.

---

[1] BOULIN VICTÓRIA, Ignacio A. *Decisiones Razonables – Hacia la racionalidad de la Administración Pública*. Buenos Aires: Ed. Marcial Pons, 2013. p. 30.

[2] Embora tais diálogos não tenham sido tornados públicos em sua integralidade, foram inicial e parcialmente expostos nas reportagens do *site Intercept Brasil* e, posteriormente, analisados e periciados em processos no STF. Esses processos tornaram públicos trechos citados em decisões e petições, suficientes para revelar o *modus operandi* da Operação Lava Jato (Rcl. nº 43.007, Pet nº 12.198, Pet nº 12.357, Pet nº 12.626, todas de relatoria do ministro Dias Toffoli). Os relatórios das decisões proferidas nesses processos transcreveram uma multiplicidade de diálogos, disponíveis para consulta pública, que embasam as conclusões deste trabalho.

[3] Pet. nº 12.357, rel. Min. Dias Toffoli, j. 21.05.2024, p. 64.

[4] ZAFFARONI, E. Raúl. *Dogmática jurídico penal para nuestra América – Diálogos*. Buenos Aires: Ediar, 2023. p. 128-129.

2 Projeções do *modus operandi* da Operação Lava Jato

Zaffaroni destaca o discurso do Papa Francisco à delegação da Associação Internacional de Direito Penal, proferido em outubro de 2014, como uma das poucas vozes racionais (e inesperadas) a antecipar críticas ao modelo penal tal como é (o "ser" mencionado anteriormente), e não como deveria ser. Na verdade, foi quase uma intuição premonitória do que ocorreria em seguida sob o pretexto de combate à corrupção no Brasil:

> Assim, o sistema penal vai além da sua função propriamente sancionatória para se colocar no terreno das liberdades e dos direitos das pessoas, sobretudo das mais vulneráveis, em nome de uma finalidade preventiva cuja eficácia, até agora, não se pôde comprovar, nem sequer nas penas mais graves, como a pena de morte. Corre-se o risco de não conservar nem sequer a proporcionalidade das penas, que historicamente reflete a escala de valores tutelados pelo Estado. Foi-se debilitando a concepção do direito penal como *ultima ratio*, como recurso à sanção, limitado aos factos mais graves contra os interesses individuais e coletivos mais dignos de proteção. Debilitou-se também o debate sobre a substituição da prisão com outras sanções penais alternativas. Neste contexto, a missão dos juristas pode ser unicamente a de limitar e conter tais tendências. É uma tarefa difícil, em tempos nos quais muitos juízes e agentes do sistema penal devem desempenhar a sua tarefa sob a pressão dos meios de comunicação de massa, de alguns políticos sem escrúpulos e das pulsões de vingança que se insinuam na sociedade. Quantos têm tal responsabilidade estão chamados a cumprir o seu dever, dado que não fazê-lo põe em perigo vidas humanas, que precisam de ser cuidadas com maior intrepidez de quanta se tem por vezes no cumprimento das próprias funções.[5]

Antecipando-se em destacar a cultura do encarceramento excessivo e sua eficácia duvidosa, o Santo Padre questiona a pedagogia da pena em um ambiente de pressão punitiva. Foi nesse cenário que a Operação Lava Jato encontrou espaço e respaldo. Na verdade, buscou-se reproduzir no Brasil as supostas virtudes da Operação Mãos Limpas, da Itália, conforme entendido pelo magistrado à frente da investigação, que almejou iniciar sua própria "cruzada judiciária contra a corrupção política e administrativa",[6] olvidando não ser esse o papel de nenhum juiz.

O que denominamos de *modus operandi* da Operação Lava Jato é, em última análise, um compilado de abusos e desvios identificados por diversas fontes e formas. Esses abusos foram revelados inicialmente a partir da própria opinião acadêmica do então juiz da 13ª Vara Federal de Curitiba, que antecipou o caminho que traçaria,[7] passando pelos atos processuais praticados no âmbito do decorrer da própria operação e pela experiência empírica adquirida na atuação nos casos concretos desse contexto. Também

---

[5] Discurso do Papa Francisco à delegação da associação internacional de direito penal. *Sala dos Papas*, 23 out. 2014. Disponível em: https://www.vatican.va/content/francesco/pt/speeches/2014/october/documents/papa-francesco_20141023_associazione-internazionale-diritto-penale.html. Acesso em: 26 jul. 2024.

[6] MORO, Sergio F. Considerações sobre a Operação Mani Pulite. *R. CEJ*, Brasília, n. 26, p. 56-62, jul./set. 2004. Disponível em: chrome-extension://efaidnbmnnnibpcajpcglclefindmkaj/https://www.conjur.com.br/dl/ar/artigo-moro-mani-pulite.pdf, p. 60. Acesso em: 30 jul. 2024.

[7] Seguindo a trilha do que entendia ser as virtudes da Operação Mãos Limpas, segundo MORO, Sergio F. Considerações sobre a Operação Mani Pulite. *R. CEJ*, Brasília, n. 26, p. 56-62, jul./set. 2004. Disponível em: chrome-extension://efaidnbmnnnibpcajpcglclefindmkaj/https://www.conjur.com.br/dl/ar/artigo-moro-mani-pulite.pdf.

foram evidenciados através das peças e decisões jurisprudenciais, especialmente do Supremo Tribunal Federal, e, por fim, pelas mensagens trocadas entre membros da força-tarefa e diversas autoridades que foram tornadas públicas.

Esse acervo probatório nos permite delinear algumas diretrizes macro da atuação da força-tarefa, que não se restringiu a casos episódicos, mas se configurou como uma estratégia global e uma forma de gestão aplicada a todos os investigados, dentro do que era aplicável a cada caso. Em nossa visão, as diretrizes principais que guiaram a atuação da Operação Lava Jato foram:[8] (i) concerto entre investigação, acusação e juiz;[9] (ii) assédio judicial aos alvos escolhidos para sufocá-los e inviabilizar o amplo exercício do direito de defesa;[10] (iii) aproximação dos meios de comunicação e manipulação das informações sigilosas ao interesse dos objetivos traçados pela operação;[11] (iv) obtenção e uso de provas por meios ilícitos;[12] (v) parcialidade e cerceamento de defesa.

O *modus operandi* acima mencionado pode ser facilmente constatado na definição de estratégias conjuntas e alvos preferenciais entre acusação e juiz; ajuste do *standard* de prova necessário para condenações e prisões; forma de utilização das próprias provas (muitas vezes obtidas de forma ilícita); decretos de sucessivas prisões cautelares com fundamentação genérica; medidas de bloqueio de bens e valores, frequentemente em patamares exorbitantes; ações contra familiares e negócios dos alvos; e coordenação com autoridades nacionais e internacionais, fora dos padrões legais, para implementar tais medidas. O juiz intervia informalmente nas negociações de acordos de colaboração premiada, aprovando-os ou rejeitando-os e criticando uma suposta leniência nas penas. Havia uma inconstitucional gestão integrada dos processos, com diversas reuniões, trocas de mensagens e *e-mails*, sem o conhecimento e em prejuízo dos investigados, ocasiões nas quais se alinhavam narrativas estratégicas que buscavam consolidar como a verdade oficial. No final, a investigação era conduzida pelos interesses desses atores, e não necessariamente pelo caminho dos fatos e das provas.

Na prática, não havia paridade de armas nem direito de defesa material, uma vez que o convencimento do juiz já estava consolidado antes mesmo do início do processo e a acusação não buscava a verdade real, mas, sim, elementos que pudessem reforçar seu prévio entendimento sobre dado fato ou pessoa.

---

[8] Ministro Toffoli destaca cinco ilegalidades reconhecidas pelo STF: "Note-se, por oportuno, que a 'Operação Spoofing', de minha relatoria nesta Suprema Corte, permitiu a diversos réus da chamada 'Operação Lava Jato' que apontassem, como matéria de defesa, ilegalidades praticadas em Curitiba, as quais foram reconhecidas pelo Supremo Tribunal Federal envolvendo, por exemplo, (i) a manipulação de competência; (ii) o conluio entre magistrados e membros do Ministério Público; (iii) a obtenção de elementos provas à margem dos canais oficiais; (iv) a inobservância da cadeia de custódia de referidos elementos; (v) a utilização da operação para fins pessoais e políticos, inclusive com a tentativa de utilização de recursos públicos, sem a necessária intervenção do Tribunal de Contas da União, da Advocacia-Geral da União ou mesmo da Controladoria-Geral da União" (Pet. nº 12.357, rel. Min. Dias Toffoli, j. 21.05.2024, p. 64).

[9] Referimos às páginas 110 a 131 da decisão proferida em 06.09.2023 pelo ministro Dias Toffoli no âmbito da Rcl. nº 43.007, nas quais há uma extensa argumentação com as razões da atuação parcial da força-tarefa da Operação Lava Jato e do juiz da 13ª Vara Federal de Curitiba.

[10] Vide: Pet. nº 12.357, rel. Min. Dias Toffoli, j. 21.05.2024, p. 80-81 e p. 97.

[11] Vide a reportagem publicada pelo *Intercept Brasil*: https://www.intercept.com.br/2019/08/29/lava-jato-vazamentos-imprensa/. Acesso em: 31 jul. 2024.

[12] O ministro Dias Toffoli reconhece as inúmeras tratativas entre os membros da força-tarefa com autoridades internacionais fora dos canais oficiais (Rcl. nº 43.007, Rel. Min. Dias Toffoli, 06.09.2023, j. p. 84-87).

No caso da Operação Lava Jato, o ministro Dias Toffoli reconheceu que:

> (...) a parcialidade do juízo da 13ª Vara Federal de Curitiba extrapolou todos os limites, e com certeza contamina diversos outros procedimentos; porquanto os constantes ajustes e combinações realizados entre o magistrado e o Parquet e apontados acima representam verdadeiro conluio a inviabilizar o exercício do contraditório e da ampla defesa.[13]

Embora seja comum considerar o desequilíbrio das partes em processos sancionatórios, com o investigado frequentemente em posição mais fraca, no caso da Lava Jato houve um simulacro de processo judicial, com direitos e garantias comprometidos. Como diz Real, trata-se de uma luta ingrata contra o autoritarismo político e a burocracia administrativa: *"El débil administrado debe enfrentar a cada momento, de la cuna a la tumba, no sólo al consuetudinario autoritarismo del poder político, sino también al nuevo despotismo burocrático"*.[14]

Por essa razão que Alberto Real pondera que é *"un duelo desigual entre el particular y los entes del Estado, provistos de privilegios legales e ilegales, tenedores de la prueba y asistidos a menudo por expertas y mañosas oficinas jurídicas"*.[15]

Notadamente, existia um canal de comunicação clandestino com as autoridades suíças com trocas de informações sigilosas fora dos procedimentos legais e convencionais devidos, o que comumente se chama de *cooperação selvagem*, para o uso formal ou informal de informações de inteligência, além do aproveitamento de dados sigilosos da Receita Federal para subsidiar medidas, estratégias e negociações de acordos. Funcionários da Receita Federal tornaram-se efetivamente funcionários informais da força-tarefa,[16] disponíveis para atender a qualquer demanda, mesmo sem prévia autorização judicial, e o mesmo ocorreu com auditores do Tribunal de Contas da União, que trocavam minutas de pareceres para revisão pelos procuradores. Essa situação configurou uma verdadeira renúncia às suas respectivas competências e uma total cooptação pela força-tarefa.[17]

Juntamente com a coordenação das decisões processuais, para ocultar o conluio e dar uma aparência de legalidade, o juízo frequentemente permitia a ampla oitiva de testemunhas pela defesa. No entanto, essas testemunhas, mesmo quando ouvidas com o compromisso de dizer a verdade, eram raramente ou nunca consideradas no livre convencimento do juiz. Em outras palavras, o Judiciário mobilizou sua estrutura para

---

[13] Rcl. nº 43.007, Rel. Min. Dias Toffoli, 06.09.2023, j. p. 132.

[14] "La complejidad de la administración tecno-burocrática moderna, en el Estado intervencionista, dirigista y planificador, de nuestro tiempo, hace particularmente; necesarios los mecanismos de garantía, entre los cuales se destaca la regulación constitucional, legal y reglamentaria, del procedimiento administrativo. El débil administrado debe enfrentar a cada momento, de la cuna a la tumba, no sólo al consuetudinario autoritarismo del poder político, sino también al nuevo despotismo burocrático, justamente anatematizado por el muy tradicionalista liberal británico, Chief Justice Lord Hewart. Este despotismo sirve a (y se apoya en) Administraciones gigantescas, que procurando generalizar el bienestar, suelen restaurar el Estado de policía, sin traer el bienestar" (RAMÓN, Alberto Real. La regulación del procedimiento administrativo en el Uruguay. In: MARTINO, Eduardo J. Albanell; MARTINO, Adolfo J. Albanell (Directores). *La Justicia Uruguaya – Doctrinas magistrales*. Tomo I. Montevideo: La Justicia Uruguaya, 2009. p. 1104).

[15] "La imparcialidad judicial no consiste necesariamente en que el Juez sea un mero espectador de un duelo desigual entre el particular y los entes del Estado, provistos de privilegios legales e ilegales, tenedores de la prueba y asistidos a menudo por expertas y mañosas oficinas jurídicas" (RAMÓN, Alberto Real. La prueba administrativa. *Revista Uruguaya de Estudios Administrativos*, nº 1, Montevideo: Acali Editorial, 1977, p. 92).

[16] Disponível em: https://www.intercept.com.br/2019/08/18/lava-jato-dados-sigilosos-chefe-coaf/. Acesso em: 31 jul. 2024.

[17] Vide decisão de 01.03.2024 proferida pelo ministro Dias Toffoli nos autos da Pet. nº 12.198, p. 18-28.

ouvir centenas de testemunhas de defesa, muitas das quais contradiziam as narrativas da acusação e dos colaboradores. No entanto, esses testemunhos eram descartados no momento do julgamento, não chegando a ser considerados ou sopesados com o restante do arquivo probatório obtido, na maioria das vezes, por meio de colaborações premiadas ou cooperações ilegalmente conduzidas.

O direito à produção de provas, como corolário da ampla defesa e do devido processo legal, é garantido pela Constituição (art. 5º, inc. LV). Dessa forma, a apreciação e a valoração dessas provas, mesmo para rejeitar seu valor, não são faculdades ou prerrogativas do juiz, mas deveres. O direito à produção de provas perde sua utilidade se, quando essas provas forem produzidas pela defesa ou forem de caráter exculpatório, não forem consideradas adequadamente, tornando o devido processo legal em letra-morta.

A noção de livre julgamento motivado não implica um julgamento arbitrário; trata-se de uma técnica de aplicação lógica e sistemática a todo o conjunto probatório produzido, sem analisar isoladamente as provas ou indícios que sejam pessoalmente convenientes ao juiz ou proceder com análises que contrariem a razoabilidade e o raciocínio lógico.[18]

A nota comum nos desvios apontados é a discrepância entre o fim almejado pelas autoridades da Lava Jato e o fim devido imposto pelas normas jurídicas, para parafrasear Cajarville.[19] Trata-se da ocultação de um objetivo ilícito, não declarado, disfarçado de legalidade, que só se revelou com o conjunto de indícios, fatos e provas obtidos. Com base nesses fundamentos, o ministro Dias Toffoli não hesitou em resumir a operação como um "projeto de poder":

> Tratou-se de uma armação fruto de um projeto de poder de determinados agentes públicos em seu objetivo de conquista do Estado por meios aparentemente legais, mas com métodos e ações contra legem. Digo sem medo de errar, foi o verdadeiro ovo da serpente dos ataques à democracia e às instituições que já se prenunciavam em ações e vozes desses agentes contra as instituições e ao próprio STF. Ovo esse chocado por autoridades que fizeram desvio de função, agindo em conluio para atingir instituições, autoridades, empresas e alvos específicos. Sob objetivos aparentemente corretos e necessários, mas sem respeito à verdade factual, esses agentes desrespeitaram o devido processo legal, descumpriram decisões judiciais superiores, subverteram provas, agiram com parcialidade (vide citada decisão do STF) e fora de sua esfera de competência. Enfim, em última análise, não distinguiram, propositadamente, inocentes de criminosos. Valeram-se, como já disse em julgamento da Segunda Turma, de uma verdadeira tortura psicológica, UM PAU DE ARARA DO SÉCULO XXI, para obter "provas" contra inocentes.[20]

---

[18] Carlos Maximiliano traça o caminho lógico que o juiz deve trilhar para avaliar a prova testemunhal: "Os juízes pesam os depoimentos; não os contam. A credibilidade de uma prova testemunhal não depende do número dos que são chamados a esclarecer a justiça; avalia-se pelos seguintes elementos: verossimilhança dos dizeres; probidade científica do depoente; seu conhecido amor, ou desamor, à verdade: latitude e segurança de conhecimento, que manifesta, razões de convicção que declara e se lhe devem perguntar; confiança que inspira, pelo seu passado, pela sua profissão e pelo grau de cultura do seu espírito". MAXIMILIANO, Carlos. *Hermenêutica e aplicação do direito*. Rio de Janeiro: Ed. Forense, 2003. p. 208.

[19] CAJARVILLE, Juan Pablo Peluffo. Invalidez de los actos administrativos en la Ley nº 15.524. *Temas de Administrativo*, nº 3, Montevideo: Editorial Universidad, 1984, p. 45.

[20] Rcl. nº 43.007, Rel. Min. Dias Toffoli, 06.09.2023, j. p. 131.

O desvio de finalidade pressupõe uma vontade declarada, precedida de um procedimento de aparência legítima, com o propósito de disfarçar e ocultar a verdadeira vontade ilícita. O juiz, convencido da culpabilidade do investigado fora dos autos ou movido por objetivos pessoais, utilizava os meios jurídicos disponíveis para realizar o que o ministro Dias Toffoli chamou de "um encobrimento disfarçado de combate à corrupção".[21]

Além disso, destacamos a questão da fundamentação das decisões restritivas de direitos, como prisões, bloqueios e até mesmo sentenças, baseadas exclusivamente na palavra de colaboradores ou que atribuíram um valor probatório desproporcional à palavra do colaborador. Isso aproximou-se, na prática, de uma responsabilização objetiva, sem detalhamento da participação individualizada dos investigados nos atos ilícitos. Era comum ver decisões fundamentadas em conjecturas e suspeitas, com generalizações que buscavam indicar que autoridades deveriam saber de ilegalidades pela função que exerciam, ou porque seria um comportamento habitual, ou outras ilações genéricas de mesma natureza. O juiz condenava, como observa Zaffaroni, *"en bolsa, sin probar la conducta de cada procesado"*,[22] um método precisamente empregado na Lava Jato.

De fato, o modelo constitucional de garantias processuais não permite presumir, sem provas correspondentes, a participação e culpabilidade específica de cada acusado. Nesse sentido, a advertência de Nieto é igualmente válida para nosso ordenamento jurídico: *"La fortaleza constitucional de la presunción de inocencia le hace inmune a la contraprueba realizada por simples indicios o conjeturas que no tienen nunca fuerza bastante para romper aquella"*. E, ao final, conclui: *"Descartados, pues, los indicios, conjeturas y sospechas, así como las valoraciones subjetivas, hay que atenerse estrictamente a la 'probanza plena' (...) de los hechos y a la 'certeza de su existencia'"*.[23]

Finalmente, o ponto que buscamos enfatizar ao comparar nosso modelo constitucional de garantias processuais com os desvios da Operação Lava Jato é que "não se pode cometer crimes para combater o crime",[24] uma frase do ministro Gilmar Mendes que se tornou célebre e elucidativa, e que também norteou importante manifestação do ministro Dias Toffoli:

> O necessário combate à corrupção não autoriza o fiscal e o aplicador da lei a descumpri-la, devendo-se lamentar que esse comportamento, devidamente identificado a partir dos diálogos da Operação Spoofing tenha desembocado em nulidade, com enormes prejuízos para o Brasil. Em outras palavras, o que poderia e deveria ter sido feito na forma da lei para

---

[21] Rcl. nº 43.007, Rel. Min. Dias Toffoli, 06.09.2023, j. p. 132.
[22] ZAFFARONI, E. Raúl. *Dogmática jurídico penal para nuestra América – Diálogos*. Buenos Aires: Ediar, 2023. p. 112.
[23] NIETO, Alejandro. *Derecho administrativo sancionador*. 2ª edición. Madrid: Ed. Tecnos, 1994. p. 385-386.
[24] Trecho do voto do Ministro Gilmar Mendes: "É preciso o combate à corrupção dentro do Estado de Direito. Não se pode combater a corrupção cometendo crimes, ameaçando pessoas, exigindo delações ou fazendo acordos tendo irmão como dono de escritório porque passa as delações. Tudo isto não é compatível com a ordem do Estado de Direito. Assim se instalam as milícias brasileiras. Esquadrão da morte é fruto disto. É preciso ter cuidado. Quem investiga tem que observar o Estado de Direito (Inq 4.435 AgR-quarto, Relator Min. Marco Aurélio, Tribunal Pleno, julgado em 14.3.2019, DJe 21.8.2019)" (HC nº 164.493, Relator(a): EDSON FACHIN, Relator(a) p/ Acórdão: GILMAR MENDES, Segunda Turma, julgado em 23-03-2021, PROCESSO ELETRÔNICO DJe-106 DIVULG 02-06-2021 PUBLIC 04-06-2021.) Voto do ministro Gilmar Mendes, p. 27.

combater a corrupção foi realizado de maneira clandestina e ilegal, equiparando-se órgão acusador aos réus na vala comum de condutas tipificadas como crime.[25]

3 Precedentes do Supremo Tribunal Federal e legado do ministro Dias Toffoli

Como vimos acima, o papel do ministro Dias Toffoli no balizamento do combate à corrupção foi central, tendo tido importância crucial na definição de precedentes que, desde o princípio, buscaram traçar as linhas aceitáveis de atuação das autoridades incumbidas daquela tarefa.

Quando ainda sequer se sabia sobre os conluios posteriormente descobertos, o ministro Dias Toffoli foi o pioneiro em definir a natureza jurídica dos acordos de colaboração premiada que vinham sendo firmados em profusão por aquela força-tarefa, em um importante passo para garantir os direitos dos investigados na operação e assegurar que o combate à corrupção fosse efetivo e bem-sucedido.

Por ocasião do julgamento do HC nº 127.483, em uma das primeiras situações em que instado a se manifestar sobre os requisitos de validade e eficácia dos acordos de colaboração premiada, o voto majoritário do ministro Dias Toffoli definiu importante aspecto da natureza jurídica daquele instituto, deixando claro ser um direito subjetivo do colaborador ver honrados os compromissos assumidos pelo Estado no acordo de colaboração firmado entre eles, sob pena de violação aos princípios da proteção da confiança e da segurança jurídica.

Em seu voto, o ministro Dias Toffoli enfatizou que o cumprimento do acordo de colaboração premiada pelo Estado é um direito subjetivo do colaborador, o que enseja a possibilidade de se exigir tal cumprimento judicialmente. Senão, vejamos:

> VII) DO DIREITO SUBJETIVO DO COLABORADOR À SANÇÃO PREMIAL.
> Caso a colaboração seja efetiva e produza os resultados almejados, há que se reconhecer o direito subjetivo do colaborador à aplicação das sanções premiais estabelecidas no acordo, inclusive de natureza patrimonial.
> (...)
> Assim, caso se configure, pelo integral cumprimento de sua obrigação, o direito subjetivo do colaborador à sanção premial, tem ele o direito de exigi-la judicialmente, inclusive recorrendo da sentença que deixar de reconhecê-la ou vier a aplicá-la em desconformidade com o acordo judicialmente homologado, sob pena de ofensa aos princípios da segurança jurídica e da proteção da confiança.
> (...)
> Portanto, os princípios da segurança jurídica e da proteção da confiança tornam indeclinável o dever estatal de honrar o compromisso assumido no acordo de colaboração, concedendo a sanção premial estipulada, legítima contraprestação ao adimplemento da obrigação por parte do colaborador.
> No Estado Constitucional de Direito, não se pode permitir a atuação da potestade punitiva contra ou fora de suas próprias regras (IBÁÑEZ, Perfecto Andrés. Prueba y convicción judicial en el proceso penal. Buenos Aires : Hammurabi, 2009. p. 191).
> (Trecho do voto do relator no HC 127483, Relator(a): DIAS TOFFOLI, Tribunal Pleno, julgado em 27/08/2015, PROCESSO ELETRÔNICO DJe-021 DIVULG 03-02-2016 PUBLIC 04-02-2016)

---

[25] Pet. nº 12.357, rel. Min. Dias Toffoli, j. 21.05.2024, p. 114.

Esse direito subjetivo voltou a ser reconhecido pelo Supremo Tribunal Federal em outros julgados, tendo o excelentíssimo ministro Dias Toffoli, no julgamento de Questão de Ordem nos autos do INQ nº 4.483, reforçado o entendimento no sentido de que o acordo de colaboração é, primordialmente, um instrumento visando garantir a proteção dos direitos do colaborador, representando a segurança de que as promessas estatais serão efetivamente cumpridas:

> O SENHOR MINISTRO DIAS TOFFOLI: Agora, Presidente e eminente Ministro Luiz Fux, é importante destacar aqui o momento e a situação em que eu proferi o voto no HC 127.483. Ali, consignei - e logrei ter a honra do acompanhamento unânime do Tribunal - que o acordo de colaboração, antes de mais nada, é para garantir um direito subjetivo daquele que está colaborando com o Estado de lograr aquilo que o Estado lhe prometeu, ou seja, o Estado não pode retirar do colaborador as suas informações, prometer algo e depois, lá na frente, negar-lhe aquilo que fora prometido. Então, esta foi toda a premissa do meu voto. (...)
> Aquele meu voto, eu não estou, de maneira nenhuma, arrependido dele. Continuo convicto, Ministro Gilmar Mendes. Mantenho aquele posicionamento. Estou certo das posições ali tomadas de que a colaboração é um contrato instrumental, processual entre o Estado e o cidadão colaborador para proteger, não o Estado, para proteger o colaborador de que o Estado descumpra aquele pacto, caso o colaborador cumpra com as suas obrigações. (QO no INQ 4483, Rel. Min. Edson Fachin, pp. 38, 40)

Essa primeira importante limitação às prerrogativas de atuação da força-tarefa – que se deu por meio da garantia a um direito básico do investigado signatário do acordo de colaboração – foi posteriormente seguida de outras, em especial a que alterou o posicionamento do tribunal a respeito do início de execução das penas após julgamento de casos criminais em segunda instância, quando ainda pendentes recursos perante os tribunais superiores.

Pautadas durante a presidência do ministro Dias Toffoli, as ADCs nº 43, 44 e 54,[26] que tratavam sobre a constitucionalidade do artigo 283 do Código de Processo Penal e que, em suma, tinham por objeto definir a constitucionalidade da execução provisória das penas, tiveram por desfecho o reconhecimento da necessidade de se aguardar o trânsito em julgado para o início da execução da pena, tendo o ministro lembrado, em seu voto, a natureza de cláusula pétrea do princípio da presunção de inocência.

A importância da questão discutida ultrapassava em muito o tema do combate à corrupção, mas também serviu como mais um limite a enquadrar a atuação dos procuradores da República e da Polícia Federal aos ditames constitucionais. E a sensibilidade na inclusão dos referidos temas na pauta de julgamentos teve uma contribuição essencial para que tais limites pudessem efetivamente ser aplicados, freando abusos em curso.

Também sob a presidência do ministro Dias Toffoli, o Supremo Tribunal Federal definiu outra importante tese que impactou no balizamento do combate à corrupção e no seu enquadramento às molduras constitucionais – a da competência da justiça

---

[26] ADC nº 43, Relator(a): MARCO AURÉLIO, Tribunal Pleno, julgado em 07-11-2019, PROCESSO ELETRÔNICO DJe-270 DIVULG 11-11-2020 PUBLIC 12-11-2020.

eleitoral para julgar não apenas os crimes eleitorais, mas também os crimes comuns a eles conexos.[27]

A definição dessas importantes balizas de atuação das autoridades, por mais que muitas vezes tenha apenas resgatado entendimentos tradicionais daquela corte, contribuiu de forma decisiva para que aquele cenário acima referido de desrespeito aos ditames e limites constitucionais fosse gradativamente revertido, sem impactar o importante e correto combate à corrupção.

E quando voltou a assumir uma cadeira na Segunda Turma do Supremo Tribunal Federal, em substituição ao eminente ministro Ricardo Lewandowski após sua aposentadoria, o ministro Dias Toffoli retomou o protagonismo não só na definição desses limites, mas propriamente na análise de casos concretos em que, reconhecendo o desrespeito a tais molduras constitucionais de atuação na atividade persecutória, passou a impor suas devidas consequências.

E aqui podemos citar, para finalizar nossa ilustração jurisprudencial, três importantes marcos decisórios proferidos no bojo da Reclamação nº 43.007: (i) decisões que permitiram a todos os interessados que acessassem os dados obtidos na Operação *Spoofing* para fins de instruírem suas defesas; (ii) decisão que reconheceu que a ilegalidade das provas obtidas em acordo de colaboração premiada sem o respeito à devida cadeia de custódia, estendendo seus efeitos não apenas aos postulantes originais, mas a todos aqueles que tivessem sido alvos de processos – judiciais ou administrativos – em que tais provas foram utilizadas; (iii) reconhecimento do *modus operandi* da força-tarefa e a sua recalcitrância no cumprimento dos precedentes da corte, em especial aqueles que contrariavam seus interesses.[28]

4 Conclusão

O combate à corrupção somente é exitoso e efetivo quando feito dentro da moldura dos direitos e garantias fundamentais constitucionalmente estabelecidos. Essa é a premissa que norteou a postura do Supremo Tribunal Federal no balizamento dos excessos e abusos ocorridos no âmbito da Operação Lava Jato e acima brevemente referidos.

Para que os resultados desse combate possam ser usufruídos pela sociedade, ele tem que se dar dentro dos parâmetros legais, sem desvio de finalidades e sem instrumentalização por terceiros com agendas próprias e divorciadas do interesse público.

E não há interesse público maior do que a preservação dos parâmetros constitucionais de atuação do Estado em relação aos particulares, proporcionando os parâmetros de um efetivo Estado Democrático de Direito livre de abusos e opressões.

E imbuído desse espírito, o ministro Dias Toffoli, nos precedentes acima abordados e em muitos outros que não puderam ser objeto deste breve artigo, contribuiu de maneira decisiva para reforçar o arcabouço constitucional do combate à corrupção, ao passo em que preservava, ao mesmo tempo, os direitos e garantias fundamentais.

---

[27] Inq nº 4.435 AgR-quarto, Relator(a): MARCO AURÉLIO, Tribunal Pleno, julgado em 14-03-2019, ACÓRDÃO ELETRÔNICO DJe-182 DIVULG 20-08-2019 PUBLIC 21-08-2019.

[28] Vide, exemplificativamente, decisões proferidas nas petições incidentes à Rcl. nº 43.007, como as Pets. nº 11.972, 11.823, 12.357 e 12.198.

Referências

BOULIN VICTÓRIA, Ignacio A. *Decisiones Razonables – Hacia la racionalidad de la Administración Pública*. Buenos Aires: Ed. Marcial Pons, 2013.

CAJARVILLE, Juan Pablo Peluffo. Invalidez de los actos administrativos en la Ley nº 15.524. *Temas de Administrativo*, nº 3, Montevideo: Editorial Universidad, 1984.

MAXIMILIANO, Carlos. *Hermenêutica e aplicação do direito*. Rio de Janeiro: Ed. Forense, 2003.

MORO, Sergio F. Considerações sobre a Operação Mani Pulite. *R. CEJ*, Brasília, nº 26, p. 56-62, jul./set. 2004. Disponível em: chrome-extension://efaidnbmnnnibpcajpcglclefindmkaj/https://www.conjur.com.br/dl/ar/artigo-moro-mani-pulite.pdf.

NIETO, Alejandro. *Derecho administrativo sancionador*. 2ª edición. Madrid: Ed. Tecnos, 1994.

RAMÓN, Alberto Real. La prueba administrativa. *Revista Uruguaya de Estudios Administrativos*, nº 1, Montevideo: Acali Editorial, 1977.

RAMÓN, Alberto Real. La regulación del procedimiento administrativo en el Uruguay. *In*: MARTINO, Eduardo J. Albanell; MARTINO, Adolfo J. Albanell (Directores). *La Justicia Uruguaya – Doctrinas magistrales*. Tomo I. Montevideo: La Justicia Uruguaya, 2009.

ZAFFARONI, E. Raúl. *Dogmática jurídico penal para nuestra América – Diálogos*. Buenos Aires: Ediar, 2023.

Informação bibliográfica deste texto, conforme a NBR 6023:2018 da Associação Brasileira de Normas Técnicas (ABNT):

LUNA, Guilherme Ferreira Gomes; SANTORO, José Roberto Figueiredo; SANTORO, Raquel Botelho. Combate à corrupção dentro da moldura constitucional – o caso Lava Jato. *In*: MENDES, Gilmar Ferreira; LIRA, Daiane Nogueira de; FREIRE, Alexandre (coord.). *Constituição, democracia e diálogo*: 15 anos de Jurisdição Constitucional do Ministro Dias Toffoli. 2. ed. Belo Horizonte: Fórum, 2025. p. 647-657. ISBN 978-65-5518-937-7.

O MINISTRO DIAS TOFFOLI E A LIBERDADE DE EXPRESSÃO

GUSTAVO BINENBOJM
ANDRÉ CYRINO

1 Introdução

Se a democracia brasileira tem tido algum sucesso, isso se deve, também, ao fato de a Constituição de 1988 ter projetado um ambiente inédito de liberdade de expressão no Brasil. Um projeto corajoso, em que se baniu a censura, promoveu-se o livre mercado de ideias e alçou-se a liberdade de manifestação do pensamento a um patamar diferenciado. Sem consolidar um modelo absoluto – porque nenhum direito é absoluto –, o constituinte almejou uma *posição* preferencial[1] a essa liberdade, destacando seus inúmeros desdobramentos.[2] E o Supremo Tribunal Federal, enquanto artífice da engenharia constitucional,[3] teve um papel fundamental na consolidação dessa posição de preferência,[4] num processo que delineou uma verdadeira *doutrina brasileira da liberdade*

---

[1] V. CHEQUER, Cláudio Márcio de Carvalho. *A liberdade de expressão como direito fundamental preferencial prima facie (análise crítica e proposta de revisão ao padrão jurisprudencial brasileiro)*. Rio de Janeiro: Lumen Juris, 2011. No STF, v.: ADPF nº 130, Rel. Min. Ayres Britto, Tribunal Pleno, julgado em 30/04/2009, publicado em 06/11/2009.

[2] De fato, a Constituição assegura a livre manifestação do pensamento e a liberdade de expressão intelectual, artística, científica e de comunicação, independentemente de censura ou licença (art. 5º, IV e IX), o direito de resposta proporcional ao agravo (art. 5º, V), a liberdade de consciência e de crença (art. 5º, VI), o acesso à informação, com as garantias que lhe são inerentes, dentre as quais o resguardo do sigilo da fonte, quando necessário ao exercício profissional (art. 5º, XIV e XXXIII), as liberdades de aprender, ensinar, pesquisar e divulgar o pensamento, a arte e o saber (art. 206, II), bem como o respeito ao pluralismo de ideias e de concepções pedagógicas, como princípios reitores do ensino (art. 206, III), o pleno exercício dos direitos culturais e o acesso às fontes da cultura nacional, além de apoio e incentivo à valorização e à difusão das manifestações culturais (art. 215), a livre manifestação do pensamento, a criação, a expressão e a informação, sob qualquer forma, processo ou veículo (art. 220), a plena liberdade de informação jornalística em qualquer veículo de comunicação social, observado o disposto na Constituição (art. 220, §1º), e veda toda e qualquer censura de natureza política, ideológica ou artística (arts. 5º, IX, e 220, §2º).

[3] KOATZ, Rafael Lorenzo Fernandez. As liberdades de expressão e de imprensa na jurisprudência do Supremo Tribunal Federal. *In*: SARMENTO, Daniel (org.). *Direitos fundamentais na jurisprudência do STF*: balanço e crítica. Rio de Janeiro: Lumen Juris, 2011.

[4] Como registrou o ministro Dias Toffoli, "a liberdade de expressão e os direitos dela decorrentes devem ser defendidos e reafirmados de forma contundente, como tem feito este Supremo Tribunal Federal ao construir

de expressão. Uma forma de tutelar tanto o direito de cada indivíduo a expressar-se quanto o próprio processo democrático.[5]

Este breve artigo tem o escopo de destacar esse trabalho da corte, um esforço real, que contou com corajosos votos do ministro Dias Toffoli, merecidamente homenageado nesta obra. Para tanto, destacaremos três relevantes julgados,[6] dois em que o ministro Toffoli foi o relator, e um em que ele atuou na firme posição de presidente do tribunal. São eles: (i) o caso da classificação indicativa;[7] (ii) o julgado sobre direito ao esquecimento;[8] e (iii) o aresto na reclamação referente à censura ao especial de Natal humorístico do *Porta dos Fundos*.[9] Na sequência, narraremos cada um deles, sublinhando a participação do homenageado. Ao final, oferecemos um breve encerramento.

2 A classificação indicativa de espetáculos públicos: a inconstitucionalidade da vinculação horária

Em 06.02.2001, o Partido Trabalhista Brasileiro (PTB) propôs a ADI nº 2.404. Em sua petição inicial, questionou a constitucionalidade da expressão "em horário diverso do autorizado", constante do art. 254 da Lei Federal nº 8.069/1990[10] (Estatuto da Criança e do Adolescente – ECA). Tal dispositivo atribuiu caráter *impositivo-sancionatório* à classificação indicativa de espetáculos públicos e programas de rádio e televisão, exercida pelo poder público nos termos do art. 21, XVI, e art. 220, §3º, I e II, da CRFB.[11] Trata-se

---

uma jurisprudência sólida em defesa desses direitos" (STF, ADI nº 5.418, Relator Min. Dias Toffoli, Tribunal Pleno, julgado em 11/03/2021, publicado em 25/05/2021, p. 26 do Acórdão).

[5] Do ponto de vista teórico, a proteção às liberdades de expressão se justifica a partir de duas perspectivas: uma *substantiva* e outra *instrumental*. A partir da perspectiva *substantiva*, a liberdade de expressão possui um valor intrínseco e constitui elemento essencial para o desenvolvimento da personalidade humana. Essa perspectiva parte da premissa de que os indivíduos são capazes de discernir entre o que é bom e o que é ruim, e, portanto, têm o direito de definir suas escolhas (v. DWORKIN, Ronald. Why Speech Must Be Free?. In: *Freedom's Law: The Moral Reading of the American Constitution*. Cambridge: Harvard University Press, 1996. p. 200). A perspectiva *instrumental*, por seu turno, busca justificar a proteção às liberdades de expressão enquanto instrumentos que promovem outros valores que a sociedade considera essenciais, como a democracia. A razão é simples. Não há como se construir um regime democrático sem o embate livre de ideias (v. FISS, Owen M. *A ironia da liberdade de expressão*: Estado, regulação e diversidade na esfera pública. Tradução: Gustavo Binenbojm e Caio Mário da Silva Pereira Neto. Rio de Janeiro: Renovar, 2005. p. 30).

[6] A escolha decorre de uma preferência pessoal dos autores, o que não exclui outros julgados relevantes em que o ministro Dias Toffoli teve papel destacado.

[7] STF, ADI nº 2.404. Requerente: Partido Trabalhista Brasileiro PTB. Relator Min. Dias Toffoli, Tribunal Pleno, julgado em 31 de agosto de 2016, publicado em 01/08/2017.

[8] STF, Recurso Extraordinário nº 1.010.606, Requerente: Nelson Curi, Roberto Curi, Maurício Curi e Waldir Cury. Requerido: Globo Comunicações e Participações S/A. Relator Min. Dias Toffoli, Tribunal Pleno, julgado em 11 de fevereiro de 2021, publicado em 20 de maio de 2021.

[9] STF, Reclamação nº 38.782/RJ. Reclamante: Netflix Entretenimento Brasil Ltda. Reclamados: Relator do AI nº 0083896-72.2019.8.19.0000 do Tribunal de Justiça do Estado do Rio de Janeiro; e Relator do AI nº 0343734-56.2019.8.19.0001 do Tribunal de Justiça do Estado do Rio de Janeiro. Relator: Min. Gilmar Mendes, 03 de novembro de 2020.

[10] Art. 254. Transmitir, através de rádio ou televisão, espetáculo *em horário diverso do autorizado* ou sem aviso de sua classificação:
Pena - multa de vinte a cem salários de referência; duplicada em caso de reincidência a autoridade judiciária poderá determinar a suspensão da programação da emissora por até dois dias.

[11] "Art. 21. Compete à União: (...) XVI - exercer a classificação, para efeito indicativo, de diversões públicas e de programas de rádio e televisão."
"Art. 220. A manifestação do pensamento, a criação, a expressão e a informação, sob qualquer forma, processo ou veículo não sofrerão qualquer restrição, observado o disposto nesta Constituição. (...)
§3º Compete à lei federal:

da classificação de um espetáculo público consoante a idade recomendada por órgão do Ministério da Justiça, o que, por força do dispositivo impugnado na ADI, implicaria, mais que indicação, uma imposição cujo descumprimento implicaria punição.

Em síntese, o ponto nodal da discussão residia na interpretação dos arts. 21, XVI, e 220, §3º, I e II, da Constituição. De um lado, o autor da ação (PTB) sustentou que a classificação só pode ser meramente *indicativa*, razão pela qual a expressão "em horário diverso do autorizado", constante do art. 254 do ECA, seria inconstitucional. De outro, a AGU e a PGR defenderam que a classificação é *indicativa* para os pais, mas *vinculante* para as radiodifusoras.

Após um rico debate nos autos, que contou com a participação de importantes atores que ingressaram como *amici curiae*, prevaleceu, desde o início do julgamento (em 2011), a tese da inconstitucionalidade. Em julgamento concluído em 2016, a corte declarou inconstitucional o caráter cogente conferido pela lei à classificação indicativa. Isso porque a adoção de uma classificação indicativa *vinculante* e *sancionatória* não se coaduna com a sistemática das liberdades de expressão e de imprensa e com o direito à informação, além de subverter os arts. 21, XVI, e 220, §3º, I e II, da Constituição.

A lógica abraçada pelo STF foi a de que o verbo "indicar" deixa claro que a classificação de programas de rádio e televisão foi pensada pelo constituinte como um instrumento para que o Estado *sugira, recomende, aconselhe*, não para que tome para si, autoritariamente, a função paternalista de oráculo moral da sociedade brasileira.[12] Até porque a própria interpretação literal dos arts. 21, XVI, e 202, §3º, I, da CRFB impede que a classificação das diversões públicas e programas de rádio e televisão realizada pela União tenha natureza vinculante. A dicção dos dispositivos revela escolha normativa por meios informativos, indicativos. Isto é: recomendações aptas a esclarecer sobre os conteúdos veiculados. Não se trata de instrumento de caráter *impositivo-sancionatório*, como decorre do trecho impugnado do art. 254 do ECA, assim como da interpretação conferida pelo Ministério da Justiça. Quisesse o constituinte adotar tal postura autoritária, teria se valido de terminologia inequívoca e específica.[13]

Nesse sentido, ao analisar a expressão impugnada ("em horário diverso do autorizado"), o ministro Dias Toffoli, relator, sublinhou que a utilização do verbo "autorizar", por si só, já revelaria sua ilegitimidade. Em suas palavras, ressaltou que "*a*

I - regular as diversões e espetáculos públicos, cabendo ao Poder Público informar sobre a natureza deles, as faixas etárias a que não se recomendem, locais e horários em que sua apresentação se mostre inadequada;
II - estabelecer os meios legais que garantam à pessoa e à família a possibilidade de se defenderem de programas ou programações de rádio e televisão que contrariem o disposto no art. 221, bem como da propaganda de produtos, práticas e serviços que possam ser nocivos à saúde e ao meio ambiente."

[12] Nesse sentido: "Havendo a Constituição Federal se utilizado da expressão 'para efeito indicativo', e autorizado o legislador federal a regular as diversões e espetáculos públicos, esclarecendo, no entanto, que, ao Poder Público, caberia 'informar' sobre a natureza deles, as faixas etárias a que não se recomendem, locais e horários em que sua apresentação se mostre inadequada, verifica-se que não é compatível com o desígnio constitucional conferir caráter vinculante e obrigatório a tal classificação, de modo a criar hipótese de proibição ou a impor penalidade de caráter administrativo" (trecho do voto do ministro Dias Toffoli, relator, na ADI nº 2.404, p. 23-24).

[13] A propósito, do ponto de vista sistemático, observe-se que a redação do art. 174 da Constituição confirma a exegese. No dispositivo, utiliza-se o vocábulo "indicativo" de forma nitidamente contrastante com o termo "determinante", o que evidencia clara escolha semântica do constituinte. Ora, se "indicativo" é antônimo de "determinante" jamais poderá ser sinônimo de "impositivo" ou "vinculante". Confira-se: "Art. 174. Como agente normativo e regulador da atividade econômica, o Estado exercerá na forma da lei, as funções de fiscalização, incentivo e planejamento, sendo este determinante para o setor público e indicativo para o setor privado".

submissão do programa ao órgão do Ministério da Justiça não pode consistir em condição para que possa ser exibido, não se trata de licença ou autorização estatal para sua exibição, o que é terminantemente vedado pela Constituição Federal".[14]

Ato contínuo, o ministro pontuou ser inequívoco que o modelo de classificação indicativa seja instrumento constitucional ofertado aos pais e responsáveis "contra programações de conteúdo inadequado, garantindo-lhes o acesso às informações necessárias à proteção das crianças e dos adolescentes", sem, contudo, "deixar de lado a preocupação com a garantia da liberdade de expressão, pois não surge com o caráter de imposição".[15] Inclusive sob a perspectiva da regulamentação infralegal, o ministro concluiu que "a classificação é dirigida aos pais ou responsáveis, e não às emissoras de radiodifusão". O arremate é acertado. Afinal, cabe aos pais, e não ao poder público, de acordo com seus valores, julgar e decidir se seus filhos, menores de idade, podem ou não assistir aos programas veiculados, tomando como norte as *sugestões* ou *indicações* do Ministério da Justiça. Entendimento contrário: (i) subverteria o papel do Estado na disciplina do acesso de crianças e adolescentes aos conteúdos de espetáculos públicos e da radiofusão em particular (cf. art. 220, §3º, I e III, c/c arts. 226 e 229, CRFB); bem como (ii) constituiria embaraço à livre difusão do pensamento e à ampla liberdade de criação artístico-intelectual, o que imporia verdadeiro efeito silenciador ou dirigista ao discurso, em afronta ao art. 220, *caput*, §§1º, 2º e 3º, da Constituição.

Como pontuado pelo ministro relator, por mais que a Constituição tenha conferido ao legislador federal margem limitada de atuação no campo da classificação indicativa, "a autorização constitucional é para que a União classifique, informe, indique as faixas etárias e/ou horários não recomendados, e não que proíba, vede, ou censure dada transmissão".[16] Nesse sentido, no fim do seu voto, registrou que "o que não pode persistir, porém, é legislação que, a pretexto de defender valor constitucionalmente consagrado (proteção da criança e do adolescente), acabe por amesquinhar outro tão relevante quanto, como a liberdade de expressão",[17] pois isso caracterizaria "mecanismo de censura e de restrição à liberdade de expressão".

Em suma: a ação foi julgada procedente, por maioria, nos termos do voto relator, com a declaração de inconstitucionalidade da expressão "em horário diverso do autorizado" contida no art. 254 da Lei nº 8.069/1990. Um precedente feliz, que compatibilizou os direitos em jogo, ao passo em que garantiu a posição preferencial do sistema constitucional de liberdades de expressão.

3 O direito ao esquecimento e o dever constitucional de lembrar: o caso Aída Curi

Refere-se a julgado em que se discutiu um suposto direito ao esquecimento postulado pelos irmãos de Aída Curi, vítima de abominável feminicídio ocorrido em 1958, com ampla cobertura da imprensa e debate na sociedade civil.

---

[14] Página 30 do acórdão. Grifos do original.
[15] Páginas 19 e 20 do acórdão.
[16] Página 33 do acórdão.
[17] Página 43 do acórdão.

A questão levada ao Poder Judiciário girava em torno de episódio do programa *Linha Direta – Justiça*, de 2005, que retratou e rememorou o delito. Com base em tese no sentido de que existiria um direito a que os fatos não fossem lembrados, buscou-se medida judicial que impedisse a exibição do programa. E, assim, os irmãos de Aída Curi pleitearam o direito de esquecer tal tragédia, o que se desdobrou na pretensão de impedir a exibição do programa televisivo.

A despeito da dor que uma tragédia como essa provoca nos familiares de Aída Curi, aos quais sempre se deve expressar solidariedade, o STF confirmou uma posição favorável à liberdade de expressão. De fato, no julgamento histórico do Tema de Repercussão Geral nº 786,[18][19] a corte afirmou, por maioria, que tal direito ao esquecimento não existe. Esquecer é uma decisão pessoal ou uma circunstância natural, a ser respeitada no âmbito privado. Sua imposição no plano coletivo, todavia, equivaleria a uma espécie de "amnésia coletiva" oponível *erga omnes*. Seu reconhecimento, com os contornos vagos pretendidos, faria instituir um regime de segredos e de apagamento do passado.

Como destacado no voto do relator, ministro Dias Toffoli, o direito ao esquecimento não possui previsão em nenhuma norma constitucional ou infraconstitucional no Brasil. Trata-se de um silêncio eloquente do constituinte, o qual foi seguido pelo Marco Civil da Internet e pela Lei Geral de Proteção de Dados. Ademais, o direito ao esquecimento não está implícito em qualquer garantia de direitos da personalidade, como a privacidade ou a intimidade, pois a informação verdadeira, obtida por meios lícitos, tem a sua veiculação assegurada pela Constituição, independentemente de censura ou licença, de quem quer que seja.

Como reconhecido em inúmeros precedentes pelo STF e reiterado pelo ministro Dias Toffoli, a Constituição protegeu a liberdade de expressão, imprensa e informação de maneira robusta, quiçá até pleonástica, em "qualquer meio, veículo ou processo", sem limitação de tempo, relevância ou assunto, nos termos do art. 5º, IV, IX e XIV,[20] e do art. 220, *caput* e §§1º e 2º.[21] Segundo o ministro, trata-se de um dos maiores legados da Constituição, que rompeu definitivamente com um capítulo triste de nossa história, em que esse direito – entre tantos outros – foi duramente sonegado ao cidadão. Nesse sentido, o ministro relator registrou que, em relação ao direito fundamental à liberdade

---

[18] "Tema 786 - Aplicabilidade do direito ao esquecimento na esfera civil quando for invocado pela própria vítima ou pelos seus familiares."

[19] O caso foi submetido à Suprema Corte por meio do Agravo em Recurso Extraordinário nº 833.248. Contudo, após decisão do tribunal, que, por maioria, reputou constitucional a questão e reconheceu a existência de repercussão geral da questão suscitada, o feito foi reautuado e recebeu nova numeração: Recurso Extraordinário nº 1.010.606.

[20] "Art. 5º Todos são iguais perante a lei, sem distinção de qualquer natureza, garantindo-se aos brasileiros e aos estrangeiros residentes no País a inviolabilidade do direito à vida, à liberdade, à igualdade, à segurança e à propriedade, nos termos seguintes: (...)
IV - é livre a manifestação do pensamento, sendo vedado o anonimato; (...)
IX - é livre a expressão da atividade intelectual, artística, científica e de comunicação, independentemente de censura ou licença; (...)
XIV - é assegurado a todos o acesso à informação e resguardado o sigilo da fonte, quando necessário ao exercício profissional."

[21] "Art. 220. A manifestação do pensamento, a criação, a expressão e a informação, sob qualquer forma, processo ou veículo não sofrerão qualquer restrição, observado o disposto nesta Constituição.
§1º Nenhuma lei conterá dispositivo que possa constituir embaraço à plena liberdade de informação jornalística em qualquer veículo de comunicação social, observado o disposto no art. 5º, IV, V, X, XIII e XIV.
§2º É vedada toda e qualquer censura de natureza política, ideológica e artística."

de expressão, como regra geral, "não são admitidas restrições prévias ao exercício dessa liberdade".

O direito constitucional à informação, corolário do sistema de liberdades de expressão, não se refere, apenas, a acontecimentos contemporâneos, mas envolve também a veiculação, discussão e crítica a fatos ocorridos no passado, pois o seu conhecimento e entendimento são essenciais para a construção da memória coletiva e da historiografia social. Daí que esse direito não está submetido a qualquer prazo de decadência ou prescrição. O tempo não altera sua relevância.

Ademais, a indefinição conceitual e a vagueza do suposto direito ao esquecimento conduziriam a um regime da ampla discricionariedade na sua aplicação concreta, importando grave cerceamento das liberdades comunicativas e informativas. O parâmetro do interesse público seria igualmente impreciso, vago e problemático, pois quase nunca é possível adivinhar a relevância de uma informação em um contexto futuro. Assim, a tendência seria ao descarte de inúmeras informações úteis e importantes no futuro, mas já descartadas no passado. Uma espécie de censura no retrovisor.

Por mais dolorosos que sejam, casos como o de Aída Curi devem ser lembrados, como destacou o relator, ministro Dias Toffoli.[22] Eles fazem parte da história e do aprendizado coletivo. Por isso, parece-nos que o Supremo Tribunal Federal cumpriu corretamente o seu papel de guardião da democracia e das liberdades fundamentais ao proclamar que a ideia de um direito ao esquecimento seria incompatível com os direitos de informar, informar-se e ser informado. Saber, afinal, é condição para o exercício de todas as demais liberdades.

Continua atual a frase do *Antigo Testamento* que orna a entrada monumental do Museu do Holocausto de Washington, DC, nos EUA: *"You are my witness"* ("Tu és a minha testemunha"). Afinal, esquecer pode ser a única maneira pessoal de lidar com o passado. Lembrar, no entanto, é um ato de coragem, um dever de todos nós com as atuais e futuras gerações.

4 O caso *Porta dos Fundos*

No final de 2019, o grupo humorístico *Porta dos Fundos* lançou na plataforma de *streaming* Netflix um conteúdo audiovisual intitulado *"Especial de Natal Porta dos Fundos: a primeira tentação de Cristo"*. Tratou-se de sátira humorística sobre a vida de Jesus Cristo, a qual despertou polêmicas entre comunidades religiosas, que levaram a questão ao Poder Judiciário do Estado do Rio de Janeiro, com pedido de proibição da exibição do programa. O pleito teve êxito inicial – em sede cautelar – perante o Tribunal de Justiça fluminense, que determinou: (i) primeiro que fosse incluído no início da produção humorística e na sua publicidade "um aviso de gatilho de que se trata de uma sátira que envolve valores caros e sagrados da fé cristã"; e (ii) posteriormente que suspendesse por completo a exibição do filme satírico para "acalmar ânimos" da população brasileira

---

[22] O ministro Dias Toffoli, ao mencionar o grave cenário do feminicídio no Brasil e ressaltar a atuação do Poder Judiciário, destacou a importância "[d]*a condução de medidas eficazes ao combate dessa forma de violência tão lamentavelmente materializada em nossa sociedade*" (grifo do original) e concluiu que "casos como o de Aída Curi, Ângela Diniz, Daniella Perez, Sandra Gomide, Eloá Pimentel, Marielle Franco e, mais recentemente, da juíza Viviane Vieira, entre tantos outros, não podem e não devem ser esquecidos". Página 93 do acórdão.

majoritariamente cristã (v. Agravo de Instrumento nº 0343734-56.2019.8.19.0001 e o Agravo de Instrumento nº 0083896-72.2019.8.19.0000, ambos do TJ-RJ).

Foi em face de tais decisões que se ajuizou reclamação constitucional. Sustentou-se (o que foi abraçado pelo STF) que as decisões desafiaram a autoridade da jurisprudência do Supremo Tribunal Federal sobre liberdade de expressão – notadamente os arestos da Arguição de Descumprimento de Preceito Fundamental nº 130[23] e da Ação Direta de Inconstitucionalidade nº 2.404 (sobre classificação indicativa).

O Supremo Tribunal Federal, julgando a reclamação, cassou a ordem de censura e a determinação de aviso, por entender que o caso não configurava discurso de incitação ao ódio ou à violência, sendo antes uma legítima forma de exercício da liberdade artística e de crítica.

Nessa reclamação, o ministro Dias Toffoli, atuando como presidente, em 09.01.2020, proferiu decisão liminar na qual deferiu o pedido para suspender os efeitos das decisões do TJ-RJ.[24] Com isso, garantiu e promoveu as liberdades comunicativas, fortalecendo o direito de cada pessoa de externar ideias, opiniões, sentimentos, manifestações estéticas, artísticas ou qualquer outra forma de expressão do espírito humano, no que se incluem sátiras e produções humorísticas.

A propósito, o humor merece tratamento cuidadoso numa democracia, enquanto veículo relevante de crítica e de reflexão social. Na feliz síntese de Ziraldo, "humor não é fazer rir; isso poderia ser chamado de comicidade ou qualquer outro nome. O humor é uma visão crítica do mundo e o riso é apenas o efeito libertador que ele provoca pela revelação inesperada da verdade". É nesse sentido que a proteção constitucional conferida à liberdade de expressão deve ser ampla, de forma a abarcar toda e qualquer manifestação artística pacífica, ainda que satírica, crítica e contundente.

Afinal, conforme reconhecido no julgamento da ADI nº 4.451 (conhecida como a ADI do Humor), "[o] funcionamento eficaz da democracia representativa exige absoluto respeito à ampla liberdade de expressão, possibilitando a liberdade de opinião, de criação artística, a proliferação de informações, a circulação de ideias; garantindo-se, portanto, os diversos e antagônicos discursos – moralistas e obscenos, conservadores e progressistas, científicos, literários, jornalísticos ou humorísticos".[25]

Nessa mesma linha, o ministro Dias Toffoli consignou ser a liberdade de expressão "condição inerente à racionalidade humana, como direito fundamental do indivíduo e corolário do regime democrático".[26] E, assim, afastou as decisões reclamadas pela Netflix, destacando que o caso envolvia manifesta censura judicial. Ademais, reforçando a posição da corte sobre classificação indicativa, destacou que a determinação de inserção de aviso no filme também carece de respaldo constitucional. Afinal, a Netflix já cumpria todas as

---

[23] STF, ADPF nº 130, Relator Min. Carlos Britto, Tribunal Pleno, julgado em 30/04/2009, publicado em 06/11/2009.

[24] Respectivamente, as referidas decisões foram no sentido de que: (i) indeferir o pedido de concessão de efeito suspensivo, *"de ofício, na parte final de sua r. Decisão, [instituiu] a obrigação à Netflix de incluir 'no início do filme e na publicidade do mesmo um aviso de gatilho de que se trata de uma sátira que envolve valores caros e sagrados da fé cristã'*; e (ii) em 08/01/2020, de antecipar a tutela recursal, para determinar à Netflix a suspensão da exibição do filme 'Especial de Natal Porta dos Fundos: A Primeira Tentação de Cristo'".

[25] STF, ADI nº 4.451, Relator Min. Alexandre de Moraes, Tribunal Pleno, julgado em 21/06/2018, publicado em 06/03/2019.

[26] STF, Rcl nº 38.782 MC, Relator Presidente: Min Dias Toffoli, Presidência, decisão monocrática proferida em 09/01/2020.

obrigações normativas impostas pelo Ministério da Justiça relacionadas à classificação indicativa e a avisos descritivos para alertar os consumidores que utilizam seus serviços. Qualquer nova imposição a essa obrigação desestabilizaria o equilíbrio tênue entre a liberdade de expressão e os interesses contrapostos de proteção da infância e juventude.

Após o deferimento da liminar e a tramitação regular do feito, a reclamação foi julgada procedente, por unanimidade, sob a relatoria do ministro Gilmar Mendes, que confirmou o entendimento da decisão monocrática proferida pelo ministro Dias Toffoli, manifestando seu assentimento à correta "decisão monocrática, motivo pelo qual deve ser integralmente confirmada neste julgamento de mérito",[27] acrescentando robusta fundamentação ao tema.

5 Encerramento

O Supremo Tribunal Federal tem construído uma sólida jurisprudência em defesa à liberdade de expressão e aos direitos dela decorrentes, defendendo-os e reafirmando-os de forma contundente.

Além dos conhecidos precedentes acerca do tema,[28] este breve artigo buscou homenagear e destacar três especiais precedentes, nos quais o ministro Dias Toffoli atuou na concretização da liberdade de expressão, casos que ilustram a relevância da atuação do ministro homenageado na promoção do sistema de liberdade de expressão no Brasil. Os julgados realçam como o STF: (i) tutelou a posição preferencial dessas liberdades; (ii) relacionou o direito à informação à defesa de um ambiente livre para discussão e desenvolvimento da memória coletiva; (iii) ao mesmo tempo em que destacou que a crítica e o riso provocado pelo humor são instrumentos a serviço da democracia e da criação de um vibrante mercado de ideias.

Ao longo dos seus mais de 15 anos no STF, o ministro Dias Toffoli se destacou nesse trabalho da corte, consagrando-se como um defensor do regime democrático, que "pressupõe um ambiente de livre trânsito de ideias, no qual todos tenham direito à voz".[29] Realmente, para encerrar com as palavras do homenageado: "A democracia somente se firma e progride em um ambiente em que diferentes convicções e visões de mundo possam ser expostas, defendidas e confrontadas umas com as outras, em um debate rico, plural e resolutivo".[30]

---

[27] STF, Rcl nº 38.782, Relator Min. Gilmar Mendes, Segunda Turma, julgado em 03/11/2020, publicado em 24/02/2021. Páginas 13 e 14 do acórdão.

[28] V., e.g., ADPF nº 130 (Lei de Imprensa); RE nº 511.961 (dispensa do diploma para o exercício de jornalismo); ADI nº 4.451 (humor nas eleições); ADI nº 2.566 (discurso proselitista em serviço de radiodifusão comunitária); ADPF nº 548 (livre manifestação de ideias em universidades); Rcl nº 36.742 (impedimento da apreensão de livros na Bienal do Livro do Rio de Janeiro); ADPF nº 187 (manifestações em prol da legalização da maconha); e ADI nº 4.815 (constitucionalidade das biografias não autorizadas).

[29] STF, SL nº 1.248 MC, Relator Presidente: Min Dias Toffoli, Presidência, julgado em 08/09/2019, publicado em 11/09/2019.

[30] STF, SL nº 1.248 MC, Relator Presidente: Min Dias Toffoli, Presidência, julgado em 08/09/2019, publicado em 11/09/2019.

Informação bibliográfica deste texto, conforme a NBR 6023:2018 da Associação Brasileira de Normas Técnicas (ABNT):

BINENBOJM, Gustavo; CYRINO, André. O ministro Dias Toffoli e a liberdade de expressão. *In*: MENDES, Gilmar Ferreira; LIRA, Daiane Nogueira de; FREIRE, Alexandre (coord.). *Constituição, democracia e diálogo*: 15 anos de Jurisdição Constitucional do Ministro Dias Toffoli. 2. ed. Belo Horizonte: Fórum, 2025. p. 659-667. ISBN 978-65-5518-937-7.

LIBERDADE DE CRENÇA RELIGIOSA E LAICIDADE DO ESTADO: APONTAMENTOS A PARTIR DO VOTO PROFERIDO PELO MINISTRO DIAS TOFFOLI NA ADI Nº 5.257/RO

GUSTAVO JUSTINO DE OLIVEIRA
EDUARDO DE CARVALHO RÊGO

1 Introdução

O neoconstitucionalismo[1] trouxe consigo certo padrão de cartas constitucionais, cujo núcleo normativo pode ser dividido em três: (i) normas sobre a organização do Estado; (ii) normas de consolidação da separação dos poderes; e (iii) normas principiológicas instituidoras de direitos fundamentais. Assim é que, desde a derrota da Alemanha na Segunda Guerra Mundial e a edição da Lei Fundamental de Bonn, tornou-se comum a positivação de normas veiculadoras de direitos fundamentais nas constituições de grandes democracias contemporâneas.

Na linguagem alexyana, os princípios são mandamentos de otimização "caracterizados por poderem ser satisfeitos em graus variados e pelo fato de que a medida devida de sua satisfação não depende somente das possibilidades fáticas, mas também das possibilidades jurídicas".[2] Por ser assim, não é incomum que dois ou mais princípios de conteúdo igualmente relevantes veiculem valores conflitantes entre si.

---

[1] "El neoconstitucionalismo pretende explicar un conjunto de textos constitucionales que comienzan a surgir después de la segunda guerra mundial y sobre todo a partir de los años setenta del siglo XX. Se trata de constituciones que no se limitan a establecer competencias o a separar a los poderes públicos, sino que contienen altos niveles de normas 'materiales' o sustantivas que condicionan la actuación del Estado por medio de la ordenación de ciertos fines y objetivos. Además, estas constituciones contienen amplios catálogos de derechos fundamentales, lo que viene a suponer un marco muy renovado de relaciones entre el Estado y los ciudadanos, sobre todo por la profundidad y el grado de detalle de los postulados constitucionales que recogen tales derechos. Ejemplos representativos de este tipo de constituciones, en lo que respecta puntualmente a su texto, lo son la portuguesa de 1976, la española de 1978, la brasileña de 1988, la colombiana de 1991, la venezolana de 1999 y la ecuatoriana de 2008" (CARBONELL, Miguel. El neoconstitucionalismo: significado y niveles de análisis. In: CARBONELL, Miguel; JARAMILLO, Leonardo García (orgs.). El canon neoconstitucional. Madrid: Trotta, 2010. p. 154).

[2] ALEXY, Robert. Teoria dos direitos fundamentais. São Paulo: Malheiros, 2008. p. 90.

Na Constituição Federal de 1988, a coexistência de direitos fundamentais principiológicos (aparentemente) conflitantes já foi exaustivamente explorada por doutrina e jurisprudência. Dentre os numerosos exemplos, pode-se citar a colisão entre (i) a liberdade de religião e o direito à privacidade; (ii) o direito à honra e o direito à intimidade; e (iii) o direito à liberdade de expressão e o direito à própria honra e imagem.[3]

Para resolver casos como os acima citados, o direito brasileiro importou da Alemanha o chamado princípio da proporcionalidade, que pode ser compreendido como uma espécie de ferramenta jurídica para a realização de ponderação ou sopesamento entre direitos fundamentais conflitantes nos casos concretos, de modo que, quando houver incompatibilidade entre dois direitos fundamentais, o intérprete precisará levar em consideração a adequação, a necessidade e a proporcionalidade em sentido estrito da medida a ser adotada.[4]

Especificamente no que se refere à liberdade de crença religiosa e à laicidade do Estado brasileiro, intuitivamente parece haver mais espaço para conflitos do que para compatibilizações. Entretanto, em que pese o crescimento do fanatismo religioso na vida política do país,[5] ainda parece haver margem para uma análise técnico-jurídica – isenta de dogmatismos religiosos – sobre a questão.

Nesse sentido, o presente texto pretende abordar a contribuição dada pelo ministro Dias Toffoli, em sua atuação no Supremo Tribunal Federal, na resolução desse sensível conflito principiológico entre direitos fundamentais, tal como realizada no bojo da ADI nº 5.257/RO, cujo objeto era a análise sobre a (in)constitucionalidade da norma estadual que oficializou a Bíblia como livro-base de fonte doutrinária para fundamentar princípios de comunidades, igrejas e grupos, com pleno reconhecimento pelo Estado.

O tema se justifica diante da necessidade de reafirmar a laicidade do Estado diante da influência que a religião vem exercendo em diversos espectros da vida brasileira. Inclusive, para as eleições presidenciais de 2026, já se fala informalmente em candidatura escorada na superação da laicidade do Estado brasileiro.[6] Sem adentrar no mérito sobre

---

[3] Cf. BARROSO, Luís Roberto. *Curso de direito constitucional contemporâneo*: os conceitos fundamentais e a construção no novo modelo. 11. ed. São Paulo: SaraivaJur, 2023. p. 292-293.

[4] De acordo com Virgílio Afonso da Silva, "a regra da proporcionalidade no controle das leis restritivas de direitos fundamentais surgiu por desenvolvimento jurisprudencial do Tribunal Constitucional alemão e não é uma simples pauta que, vagamente, sugere que os atos estatais devem ser razoáveis, nem uma simples análise da relação meio-fim. Na forma desenvolvida pela jurisprudência constitucional alemã, tem ela uma estrutura racionalmente definida, com sub-elementos independentes – a análise da adequação, da necessidade e da proporcionalidade em sentido estrito – que são aplicados em uma ordem pré-definida, e que conferem à regra da proporcionalidade a individualidade que a diferencia, claramente, da mera exigência de razoabilidade" (SILVA, Virgílio Afonso da. O proporcional e o razoável. *Revista dos Tribunais*, v. 798, p. 23-50, 2002).

[5] Sobre o tema, é válido mencionar as interessantes reflexões de João Vitor Gomes Corrêa e Tiago Cação Vinhas, no sentido de que a mistura do fanatismo religioso com a política tem gerado no Brasil "uma legião de pessoas doentes, mentalmente incapacitadas". Muito embora não se concorde necessariamente com algumas das conclusões do texto, especialmente as que indicam a necessidade de uma punição alternativa (ou mais branda) aos participantes da depredação do dia 08.01.2023, ocorrida em Brasília, algumas das ponderações ali constantes corretamente apontam para a necessidade de uma adequada análise jurídica dos casos concretos, de modo que o direito não acabe contribuindo para uma crise social ainda maior no país (CORRÊA, João Vitor Gomes; VINHAS, Tiago Cação. *Temos enfrentado da melhor forma o fanatismo político-religioso?* Disponível em: https://www.conjur.com.br/2024-mar-25/estamos-enfrentando-da-melhor-forma-o-fanatismo-politico-religioso/. Acesso em: 22 jul. 2024).

[6] Cf. FRANCO, Bernardo Mello. *Em cruzada contra o Estado laico, Michelle Bolsonaro se insinua para 2026*. Disponível em: https://oglobo.globo.com/blogs/bernardo-mello-franco/coluna/2024/03/em-cruzada-contra-o-estado-laico-michelle-bolsonaro-se-insinua-para-2026.ghtml. Acesso em: 17 jul. 2024.

o acerto ou desacerto político de tais manifestações, o objetivo central deste texto é analisar a questão do ponto de vista do direito constitucional, ou seja, sobre as razões jurídicas utilizadas pelo ministro Dias Toffoli para rejeitar argumentos de relativização do Estado laico.

2 A coexistência de direitos fundamentais (aparentemente) conflitantes na Constituição Federal de 1988

Antes de adentrar nos problemas inerentes à chamada colisão entre direitos fundamentais, a doutrina costuma fazer uma distinção preliminar entre princípios e regras para concluir que é da própria natureza dos princípios a circunstância de não serem aplicáveis na base do "tudo ou nada".[7] Ou seja, como bem advertido por Gilmar Ferreira Mendes e Paulo Gustavo Gonet Branco, "os princípios são determinações para que certo bem jurídico seja satisfeito e protegido na maior medida que as circunstâncias permitirem. Daí se dizer que são mandados de otimização, já que impõem que sejam realizados na máxima extensão possível".[8]

Muito embora o conjunto principiológico previsto no ordenamento constitucional não deva ser lido de modo a antagonizar os valores de uma sociedade, situações há em que dois ou mais princípios se tornam incompatíveis na resolução de um caso concreto. Veja-se o exemplo de Mendes e Branco:

> Uma matéria jornalística, por exemplo, sobre a vida de alguém pode pôr em linha de atrito o direito de liberdade de expressão e a pretensão à privacidade do retratado. Considerados em abstrato, ambos os direitos são acolhidos pelo constituinte como direitos fundamentais. A incidência de ambos no caso cogitado, porém, leva a conclusões contraditórias entre si. Para solucionar o conflito, hão de se considerar as circunstâncias do caso concreto, pesando-se os interesses em conflito, no intuito de estabelecer que princípio há de prevalecer, naquelas condições específicas, segundo um critério de justiça prática.
> Assim, se um indivíduo tem uma vida pública ativa, será mais provável que uma reportagem envolvendo aspectos da sua vida particular venha a ser prestigiada, conferindo preponderância à liberdade de imprensa sobre o direito à privacidade. Isso não se deverá a uma recusa do direito à privacidade à personalidade pública, mas atenderá à ponderação de que, se o retratado vive do crédito público, da imagem que ostenta, a sociedade tem o direito de saber se a sua vida pessoal corresponde ao que pretende fazer crer. Já a revelação de dados íntimos de pessoa que não depende profissionalmente da imagem pública e que não está no centro de um acontecimento socialmente relevante, tende a não justificar a interferência da imprensa sobre a sua privacidade.[9]

---

[7] Ao contrário dos princípios, que consubstanciam "máximas de otimização", as regras são normas aplicáveis na base do "tudo ou nada", conforme a explicação de Ronald Dworkin: "A diferença entre princípios jurídicos e regras jurídicas é de natureza lógica. Os dois conjuntos de padrões apontam para decisões particulares acerca da obrigação jurídica em circunstâncias específicas, mas distinguem-se quanto à natureza da orientação que oferecem. As regras são aplicáveis à maneira do tudo-ou-nada. Dados os fatos que uma regra estipula, então ou a regra é válida, e neste caso a resposta que ela fornece deve ser aceita, ou não é válida, e neste caso em nada contribui para a decisão" (DWORKIN, Ronald. *Levando os direitos a sério*. 3. ed. São Paulo: WMF Martins Fontes, 2010. p. 39).

[8] MENDES, Gilmar Ferreira; BRANCO, Paulo Gustavo Gonet. *Curso de Direito Constitucional*. 18. ed. São Paulo: SaraivaJur, 2023. p. 149.

[9] MENDES, Gilmar Ferreira; BRANCO, Paulo Gustavo Gonet. *Curso de Direito Constitucional*, p. 150.

A essa altura, torna-se mais simples perceber que a chave para a resolução de celeumas como a retratada na obra de Gilmar Ferreira Mendes e Paulo Gustavo Gonet Branco está na análise do caso concreto. Isto é, quando ocorrer a colisão entre princípios veiculadores de direitos fundamentais, é escusado recorrer a supostas soluções *a priori*, supostamente válidas em abstrato para toda e qualquer situação, sendo muito mais adequado buscar respostas pontuais e efetivas na resolução prática desse tipo de conflito jurídico.

Por exemplo, em relação ao direito à intimidade, o Supremo Tribunal Federal já teve a oportunidade de consagrá-lo em detrimento do direito à informação:

> AÇÃO DIRETA DE INCONSTITUCIONALIDADE. LEI 3.528 DE 2019 DO ESTADO DO TOCANTINS. CADASTRO ESTADUAL DE USUÁRIOS E DEPENDENTES DE DROGAS. INCONSTITUCIONALIDADE FORMAL. MATÉRIA PENAL E PROCESSUAL PENAL. DIRETO SANITÁRIO. DIREITOS FUNDAMENTAIS. AFRONTA À NORMA FEDERAL. LEI 11.343/2006. COMPETÊNCIA DA UNIÃO PARA SISTEMATIZAÇÃO DE INFORMAÇÕES. INCONSTITUCIONALIDADE MATERIAL.
> 1. A norma é formalmente inconstitucional, uma vez que, ao criar o Cadastro Estadual de Usuários e Dependentes de Drogas (art. 1º) no âmbito da Secretaria Estadual de Segurança Pública com informações concernentes ao registro de ocorrência policial (§1º), inclusive sobre reincidência (§4º), invade competência privativa da União para legislar sobre matéria penal e processual penal (CRFB, art. 22, I).
> 2. Ademais, o exercício da competência concorrente em matéria de direito sanitário (CRFB, art. 24, XII), no federalismo cooperativo, deve maximizar direitos fundamentais e não pode ir de encontro à norma federal. No caso, nos termos da Lei federal n. 11.343/2006, a sistematização de informações é competência da União (art. 8º-A, XII).
> 3. Materialmente, também há inconstitucionalidade. A seletividade social do cadastro é incompatível com o Estado de Direito e os direitos fundamentais que a Constituição de 1988 protege, especialmente, a igualdade (CRFB, art. 5º, caput), a dignidade da pessoa humana (CRFB, art. 1º, III), o direito à intimidade e à vida privada (CRFB, art. 5º, X) e o devido processo legal (CRFB, art. 5º, LIV). Inexistência tampouco de protocolo claro de proteção e tratamento desses dados.
> 4. Ação direta conhecida e julgada procedente, declarando a inconstitucionalidade da Lei 3.528, de 2019 do Estado do Tocantins.[10]

Em outra situação, em que ficou configurado o conflito entre os mesmos direitos fundamentais, a conclusão do Supremo foi em sentido diametralmente oposto:

> Agravos regimentais em recurso extraordinário. Ação civil pública. Divulgação de imagens de presos provisórios. Direito à informação versus direito à intimidade. Aparente conflito normativo entre direitos fundamentais, os quais não são absolutos. Ponderação de valores. Solução no caso concreto dada pelas instâncias ordinárias. Exposição de imagem de preso provisório desacompanhada do respectivo nome, endereço ou profissão apenas de forma excepcional e motivada. Precedentes. Agravos regimentais não providos.
> 1. A Corte de Origem determinou que os agentes públicos apenas excepcionalmente e de forma motivada promovam a exposição de imagem de preso provisório, a qual, nesse caso, deve ser desacompanhada do respectivo nome, endereço ou profissão, a fim de minimizar os danos provocados pela exposição midiática da imagem.

---

[10] STF, ADI nº 6.561/TO. Relator: Min. Edson Fachin. Data: 03/11/2023.

2. Adotou-se como critério de julgamento, no acórdão recorrido, a razoabilidade, exercendo-se um juízo de ponderação entre valores de igual estatura constitucional, entre os quais sobressaem o direito à informação e o direito à intimidade.
3. Não há direitos fundamentais absolutos, cabendo ao julgador, dadas as circunstâncias do caso concreto, em juízo de ponderação, avaliar qual princípio deverá prevalecer.
4. Agravos regimentais não providos.[11]

A conclusão é que, em determinadas situações, como na tentativa estatal de "etiquetar", os dependentes de drogas, o direito à intimidade tende a se sobrepor ao direito à informação, pois é muito mais importante resguardar a intimidade dos usuários de drogas do que armazenar informações sobre suas condutas pretéritas. Em outras situações, como na divulgação casual de imagens de presos provisórios, desacompanhadas de qualquer individualização ou destaque, prevalece o direito à informação, já que não se pode restringir a atividade jornalística que tenha por finalidade a divulgação de ritos processuais penais que, em regra, são públicos.

Como é cediço, esse tipo de colisão entre valores constitucionais aparentemente conflitantes é resolvido por meio da técnica da ponderação entre princípios no caso concreto, levada a efeito no Brasil por meio da aplicação do chamado princípio da proporcionalidade.

3 O princípio da proporcionalidade enquanto ferramenta de ponderação entre direitos fundamentais

Pode-se dizer que o princípio da proporcionalidade foi desenvolvido na Alemanha em paralelo à ideia norte-americana de razoabilidade.[12] O jurista Fábio de Oliveira explica que a noção do princípio "surge na Europa continental ligado à teoria do desvio de poder (*détournement de pouvoir*) por obra do Conselho de Estado da França (*Conséil D'État*)".[13] Porém, embora a teoria do desvio de poder tenha surgido na França, não se pode negar que foi na Alemanha que a proporcionalidade ganhou seus contornos decisivos, convertendo-se verdadeiramente num princípio jurídico autônomo.[14]

Com efeito, embora fosse possível identificar na doutrina alemã do segundo pós-guerra alguns relevantes estudos sobre a temática,[15] foi verdadeiramente a partir

---

[11] STF, RE nº 1.292.275 AgR/RJ. Relator: Min. Dias Toffoli. Data: 22/05/2023.
[12] O princípio da razoabilidade foi moldado nos Estados Unidos da América, mas teve suas origens no devido processo legal (*due process of law*) anglo-saxão. Desde o advento da cláusula *law of the land*, prevista na *Magna Carta* de 1215, a aludida garantia esteve presente no direito inglês. Embora nascida com um aspecto meramente formal (*procedural due process of law*) na Inglaterra, no sentido de que "nenhum cidadão poderia ser condenado sem o devido processo legal", a cláusula foi desenvolvida nos Estados Unidos da América sob um viés mais substantivo (*substantive due process of law*), especificamente para permitir ao Poder Judiciário a análise sobre a razoabilidade dos atos produzidos pelo poder público, ou seja, "se estão conforme a razão, supondo equilíbrio, moderação e harmonia" (CUNHA JÚNIOR, Dirley da. *Curso de direito constitucional*. 2. ed. Salvador: JusPodivm, 2008. p. 221).
[13] OLIVEIRA, Fábio de. *Por uma teoria dos princípios*: o princípio constitucional da razoabilidade. 2. ed. Rio de Janeiro: Lumen Juris, 2007. p. 87.
[14] PASSAFARO JÚNIOR, Leonardo Luiz. *O princípio da proibição do excesso nas afetações dos direitos fundamentais sociais*. Lisboa: Universidade de Lisboa, 2009. p. 39.
[15] Fábio de Oliveira ressalta que, "no ano de 1955, Rupprecht von Krauss publica a primeira monografia oferecida exclusivamente para a análise do postulado. Em 1961, Peter Lerche propõe a nomenclatura *proibição de excesso* (*Ubermassverbot*)" (OLIVEIRA, Fábio de. *Por uma teoria dos princípios*, p. 87).

da jurisprudência do Tribunal Constitucional Federal alemão que a proporcionalidade – escorada na ideia de proibição de excesso – se sedimentou "como princípio implícito à Lei Fundamental de Bonn".[16]

Nesse sentido, a noção de proporcionalidade pode ser entendida como um aprimoramento da doutrina norte-americana da razoabilidade. Enquanto esta última estava ligada às ideias de "bom senso" e "justa medida", a proporcionalidade foi pensada e desenvolvida a partir de três subelementos: a *adequação*, cuja análise depende da comprovação de que as medidas adotadas pelo poder público se mostram aptas a atingir os objetivos pretendidos, isto é, de que por meio delas se alcançará o fim almejado; a *necessidade*, que impõe ao intérprete a verificação e a consequente constatação da inexistência de meios menos gravosos para a obtenção dos fins visados com a medida implementada pelo poder público, a justificar a sua manutenção; e a *proporcionalidade em sentido estrito*, consubstanciada na ponderação racional entre o ônus imposto pelo poder público e o benefício final eventualmente atingido pela sociedade para examinar se a interferência na esfera dos direitos fundamentais do cidadão possui justificativa plausível.[17]

No campo doutrinário, foi Robert Alexy quem melhor sistematizou uma teoria sobre o princípio da proporcionalidade. Em sua obra, o autor preconizou uma *teoria integrativa* capaz de superar as duas teorias então em voga na Alemanha: a *teoria unipolar* e a *teoria combinada*.[18]

Nesse sentido, a teoria integrativa proposta por Alexy passa necessariamente pelo estabelecimento de uma teoria estrutural dos direitos fundamentais, isto é, pela delimitação racional dos conceitos e formas argumentativas relevantes para a fundamentação das decisões judiciais que determinam a aplicação de direitos fundamentais, sempre levando em consideração as três dimensões da dogmática jurídica: a analítica, a empírica e a normativa.[19] Sem isso, a aplicação dos direitos fundamentais ficaria sujeita a duas atitudes interpretativas extremas: ou o mecanicismo exacerbado, ou o império do subjetivismo do magistrado. Segundo o autor, "a racionalidade da fundamentação exige que o percurso entre as disposições de direitos fundamentais e os juízos de dever-ser seja acessível, na maior medida possível, a controles intersubjetivos".[20]

---

[16] OLIVEIRA, Fábio de. *Por uma teoria dos princípios*, p. 87.

[17] BARROSO, Luís Roberto. *Interpretação e aplicação da constituição*. 6. ed. São Paulo: Saraiva, 2008. p. 229.

[18] Para Alexy, a teoria unipolar, caracteristicamente fechada, é falha porque reduz os direitos fundamentais a apenas uma tese básica, como, por exemplo, à tese que identifica os direitos fundamentais a meras garantias procedimentais, ignorando todas as outras espécies de garantias possíveis. Já a teoria combinada, por ser demasiadamente aberta, é igualmente inadequada, pois autoriza o intérprete a mesclar uma "coleção de *topoi* extremamente abstratos, dos quais se pode servir da maneira que se desejar" (ALEXY, Robert. *Teoria dos direitos fundamentais*, p. 40-42).

[19] "O caminho para uma adequada teoria integrativa passa por uma teoria estrutural dos direitos fundamentais. Enquanto parte integrante de uma teoria integrativa, uma teoria estrutural é, primariamente, uma teoria analítica. Mas apenas primariamente, e não totalmente analítica, porque investiga estruturas como a dos conceitos de direitos fundamentais, de suas influências no sistema jurídico e na fundamentação no âmbito dos direitos fundamentais com vistas às tarefas práticas de uma teoria integrativa. Seu principal material é a jurisprudência do Tribunal Constitucional Federal. Nesse sentido, tem ela um caráter empírico-analítico. Sua idéia guia é a questão acerca da decisão correta e da fundamentação racional no âmbito dos direitos fundamentais. Nesse sentido, tem ela um caráter normativo-analítico" (ALEXY, Robert. *Teoria dos direitos fundamentais*, p. 42-43).

[20] ALEXY, Robert. *Teoria dos direitos fundamentais*, p. 43.

Tendo por base a teoria científica idealizada por Alexy, cujo objetivo principal era minorar os impactos do subjetivismo dos julgadores nos casos concretos, o Supremo Tribunal Federal utilizou pela primeira vez no Brasil o princípio da proporcionalidade em sua tripla dimensão (adequação, necessidade e proporcionalidade em sentido estrito) para resolver o chamado "caso do botijão de gás". Eis a ementa do julgado relatado pelo ministro Gilmar Ferreira Mendes:

> Ação direta de inconstitucionalidade. 2. Lei 10.248/93, do Estado do Paraná, que obriga os estabelecimentos que comercializem Gás Liquefeito de Petróleo – GLP a pesarem, à vista do consumidor, os botijões ou cilindros entregues ou recebidos para substituição, com abatimento proporcional do preço do produto ante a eventual verificação de diferença a menor entre o conteúdo e a quantidade líquida especificada no recipiente. 3. Inconstitucionalidade formal, por ofensa à competência privativa da União para legislar sobre o tema (CF/88, arts. 22, IV, 238). 4. Violação ao princípio da proporcionalidade e razoabilidade das leis restritivas de direitos. 5. Ação julgada procedente.[21]

Na hipótese, o Supremo Tribunal Federal entendeu que houve restrição ao exercício profissional, já que a lei do Paraná seria demasiado gravosa às empresas que comercializavam gás liquefeito de petróleo (GLP). Além disso, a corte assentou o potencial prejuízo ao próprio consumidor, já que as balanças a serem transportadas nos caminhões não teriam a precisão necessária. Dessa forma, reconheceram ofensa à adequação, à necessidade e à proporcionalidade em sentido estrito, julgando a lei inconstitucional.

Pela relevância do precedente, convém transcrever trechos da discussão travada entre os ministros:

> O SENHOR MINISTRO EROS GRAU: – O meu temor é com relação ao princípio da proporcionalidade, porque isso significa que estamos julgando o legislador, estamos a ele imputando um desvio de processo legislativo. Nós temos competência para apreciar a constitucionalidade da lei, não se ela é boa ou má. E, independentemente de ser boa ou má, se não viola a Constituição, a única maneira de investir contra ela seria nós nos candidatarmos e participarmos do Poder Legislativo. O Poder Judiciário não pode praticar aquilo que Canotilho chama de "desvio de Poder Legislativo".
> É uma pena que eu não vote.
> O SENHOR MINISTRO GILMAR MENDES: – Quanto a esses outros aspectos, tenho a impressão – o Ministro Eros Grau tem algumas reservas, ora de índole substancial ora de índole nominal –, e isso parece ser uma prática corrente, de que não há cogitar de reserva legal, senão de reserva legal proporcional. Temos, sim, de verificar se a lei não esvazia o conteúdo de direitos fundamentais, e, nesse sentido, temos de examinar a adequação, a necessidade e a proporcionalidade em sentido estrito. Por isso não me parece que, aqui, estejamos a invadir competências do legislador, mas simplesmente a cumprir esta tensão que, na verdade, é permanente: jurisdição constitucional e democracia; jurisdição constitucional e parlamento; jurisdição constitucional e separação de Poderes; todas essas antinomias que se colocam. Mas esse é um dado inevitável.

Embora as preocupações do ministro Eros Grau sejam dignas de nota, inclusive porque a popularização do uso do princípio da proporcionalidade eventualmente

---

[21] STF, ADI nº 855/PR. Relator para acórdão: Min. Gilmar Mendes. Data: 06/06/2008.

redundou em certo ativismo judicial no Brasil,[22] o fato é que, desde então, o Supremo Tribunal Federal vem realizando a ponderação entre direitos fundamentais com base nos critérios técnicos estabelecidos pelo Tribunal Constitucional Federal da Alemanha e cientificamente aperfeiçoados pela doutrina de Robert Alexy.

4 Liberdade de crença religiosa e laicidade do Estado: limites e possibilidades

A liberdade de crença religiosa está prevista no rol de direitos fundamentais da Constituição Federal de 1988. Mais especificamente, encontra-se no inciso VI do art. 5º, que dispõe: "É inviolável a liberdade de consciência e de crença, sendo assegurado o livre exercício dos cultos religiosos e garantida, na forma da lei, a proteção aos locais de culto e a suas liturgias".

A doutrina destaca que a liberdade de culto não consubstancia mero direito de defesa,[23] pois impõe ao Estado mais do que um dever de abstenção, ou seja, demanda dele uma proteção ativa contra aqueles que pretendam embaraçar o exercício de tal direito. Como explica José Afonso da Silva, "a liberdade de culto se estende à sua prática nos lugares e logradouros públicos, e aí também o culto merece proteção da lei". E complementa:

> Enfim, cumpre aos Poderes Públicos não embaraçar o exercício dos cultos religiosos (art. 19, I) e protegê-los, impedindo que outros o façam. Nesse sentido já se pronunciou o STF em favor do ex-Bispo de Maura, que constituiu uma Igreja nacional, com o mesmo rito da Católica, mas desvinculada do Pontífice Romano.[24]

Conclui-se, portanto, que está vedado qualquer embaraço à liberdade de culto, seja por parte do Estado ou mesmo por parte do particular. Nesse último caso, inclusive, o Estado deve agir para garantir que a liberdade de culto seja exercida na maior extensão possível.

Não obstante, por outro lado, a laicidade do Estado está igualmente garantida na Carta Magna brasileira, podendo ser extraída do comando normativo previsto no inciso I do art. 19:

> Art. 19. É vedado à União, aos Estados, ao Distrito Federal e aos Municípios:
> I - estabelecer cultos religiosos ou igrejas, subvencioná-los, embaraçar-lhes o funcionamento ou manter com eles ou seus representantes relações de dependência ou aliança, ressalvada, na forma da lei, a colaboração de interesse público;

---

[22] Sobre o tema, cf. RÊGO, Eduardo de Carvalho. *Superpoder judiciário*: o papel do controle de constitucionalidade na consolidação da juristocracia no Brasil. 2018. 264f. Tese (Doutorado em Direito) – Universidade Federal de Santa Catarina, Florianópolis.

[23] "Os direitos de defesa caracterizam-se por impor ao Estado um dever de abstenção, um dever de não interferência, de não intromissão no espaço de autodeterminação do indivíduo. Esses direitos objetivam a limitação da ação do Estado. Destinam-se a evitar ingerência do Estado sobre os bens protegidos (liberdade, propriedade...) e fundamentam pretensão de reparo pelas agressões eventualmente consumadas" (MENDES, Gilmar Ferreira; BRANCO, Paulo Gustavo Gonet. *Curso de Direito Constitucional*, p. 123-124).

[24] SILVA, José Afonso da. *Comentário Contextual à Constituição*. 8. ed. São Paulo: Malheiros, 2012. p. 96.

Então, já numa primeira leitura, é válida a conclusão de que, juridicamente, a Constituição Federal de 1988 prescreveu a laicidade do Estado, mas colocou à disposição dos particulares o aparato estatal para garantir que todas as crenças e religiões possam ser livremente exercidas e, no limite, devidamente protegidas de eventuais intolerâncias.

Na prática, contudo, o que se observa é que o Estado brasileiro não é tão neutro (ou laico) assim no que diz respeito ao pluralismo religioso. Para início de conversa, consta no preâmbulo uma invocação à proteção de Deus, numa inequívoca referência ao Deus católico:

> Nós, representantes do povo brasileiro, reunidos em Assembléia Nacional Constituinte para instituir um Estado Democrático, destinado a assegurar o exercício dos direitos sociais e individuais, a liberdade, a segurança, o bem-estar, o desenvolvimento, a igualdade e a justiça como valores supremos de uma sociedade fraterna, pluralista e sem preconceitos, fundada na harmonia social e comprometida, na ordem interna e internacional, com a solução pacífica das controvérsias, promulgamos, sob a proteção de Deus, a seguinte CONSTITUIÇÃO DA REPÚBLICA FEDERATIVA DO BRASIL.

Além disso, o Poder Judiciário pátrio já teve a oportunidade de reconhecer, em diversas oportunidades, a possibilidade de uso de símbolos religiosos em repartições públicas:

> APELAÇÃO CÍVEL. AÇÃO CIVIL PÚBLICA. CONVIVÊNCIA DO ESTADO LAICO COM SÍMBOLOS RELIGIOSOS. POSSIBILIDADE. RECURSO DESPROVIDO. 1. Ação civil pública ajuizada pelo Ministério Público Federal objetivando a retirada de todos os símbolos religiosos (crucifixos, imagens, etc.) ostentados nos locais proeminentes, de ampla visibilidade e de atendimento ao público nos prédios públicos da União Federal, no Estado de São Paulo. 2. A presença de símbolos religiosos em prédios públicos não colide com a laicidade do Estado brasileiro. Trata-se de reafirmação da liberdade religiosa e do respeito a aspectos culturais da sociedade brasileira. 3. Apelação desprovida.[25]

E ainda:

> DIREITO CONSTITUCIONAL. AÇÃO POPULAR. ALEGAÇÃO DE INCONSTITUCIONALIDADE NA CONSTRUÇÃO DE SANTUÁRIO RELIGIOSO NO COMPLEXO TURÍSTICO SERROTE DO JATOBÁ PELO MUNICÍPIO DE PAU DOS FERROS. OBRA PÚBLICA DE VALOR ARTÍSTICO E CULTURAL. FOMENTO AO TURISMO. INTERESE DA COMUNIDADE LOCAL. EXPRESSÃO DE LIBERDADE RELIGIOSA E DE CRENÇA. CONVIVÊNCIA DO ESTADO LAICO COM SÍMBOLOS RELIGIOSOS. POSSIBILIDADE. CONHECIMENTO E DESPROVIMENTO DA REMESSA NECESSÁRIA.[26]

Por sua vez, o Supremo Tribunal Federal já reconheceu a relevância da discussão sobre a convivência do Estado laico com a presença de símbolos religiosos em espaços públicos, admitindo a sua repercussão geral:

> CONSTITUCIONAL. PRESENÇA DE SÍMBOLOS RELIGIOSOS EM PRÉDIOS PÚBLICOS. ALEGAÇÃO DE AFRONTA À GARANTIA DO ESTADO LAICO. AÇÃO CIVIL PÚBLICA

---

[25] TRF-3, AC nº 00176047020094036100/SP. Relator: Des. Fed. Marcelo Saraiva. Data: 03/04/2018.
[26] TJ/RN. RN nº 08018515020198205108. Relator: Des. Ricardo Tinoco de Goes. Data: 27/09/2021.

AJUIZADA PELO MINISTÉRIO PÚBLICO FEDERAL. RECURSO EXTRAORDINÁRIO. EXISTÊNCIA DE QUESTÃO CONSTITUCIONAL E DE REPERCUSSÃO GERAL JURÍDICA E SOCIAL RECONHECIDAS.
I - A causa extrapola os interesses das partes envolvidas, haja vista que a questão central dos autos (permanência de símbolos religiosos em órgãos públicos federais e laicidade do Estado) alcança todos os órgãos e entidades da Administração Pública da União, Estados e Municípios.
II - Relevância da causa do ponto de vista jurídico, uma vez que seu deslinde permitirá definir a exata extensão dos dispositivos constitucionais tidos por violados. Do mesmo modo, há evidente repercussão geral do tema sob a ótica social, considerados os aspectos religiosos e socioculturais envoltos no debate.
III – Existência de questão constitucional e de repercussão geral reconhecidas.[27]

O julgado acima citado deu origem ao Tema nº 1.086, cujo título é *Permanência de símbolos religiosos em órgão públicos e laicidade do Estado*, atualmente sob a relatoria do ministro Cristiano Zanin. A curiosidade é que o julgamento sobre essa questão ocorrerá no Plenário do STF, em cuja parede de fundo, à esquerda da cadeira do presidente da Corte, consta um crucifixo simbolizando o sacrifício de Jesus Cristo – possivelmente o maior dos símbolos cristãos.

Diante desse constante conflito entre liberdade religiosa e laicidade do Estado brasileiro – tema que, inclusive, passou a figurar em recentes discursos políticos extremistas –, ganham relevância as ponderações jurídicas realizadas pelo ministro Dias Toffoli no bojo da ADI nº 5.257/RO.

5 A contribuição do ministro Dias Toffoli (ADI nº 5.257/RO)

A ADI nº 5.257/RO foi proposta pelo procurador-geral da República em face de dispositivos da Lei Estadual nº 1.864/2008, de Rondônia, que oficializou em seu território a Bíblia "como livro-base de fonte doutrinária para fundamentar princípios, usos e costumes de Comunidades, Igrejas e Grupos".[28]

De acordo com o autor da ação, as disposições legais impugnadas seriam afrontosas ao inciso I do art. 19 da Constituição Federal, que, como já visto, estabelece a laicidade do Estado brasileiro. Extrai-se da exordial:

> [...] o Estado de Rondônia não se restringiu a reconhecer o exercício de direitos fundamentais a cidadãos religiosos, chegando ao ponto de oficializar naquele ente da Federação livro

---

[27] STF, ARE nº 1.249.095/RG. Relator: Min. Ricardo Lewandowski. Data: 27/10/2020.
[28] "Art. 1º. Fica a Bíblia Sagrada considerada em suas diversas traduções para a língua portuguesa, oficializada no Estado de Rondônia como livro-base de fonte doutrinária para fundamentar princípios, usos e costumes de Comunidades, Igrejas e Grupos.
Art. 2º. As Comunidades, Igrejas, Grupos e demais segmentos sociais legalmente reconhecidos pela Legislação Brasileira, poderão utilizar a Bíblia como base de suas decisões e atividades afins (sociais, morais e espirituais), com pleno reconhecimento no Estado de Rondônia, aplicadas aos seus membros e a quem requerer usar os seus serviços ou vincular-se de alguma forma às referidas Instituições.
Art. 3º. As pessoas que desejarem fazer uso das Instituições descritas no artigo anterior, deverão observar antes, os regimentos e estatutos das mesmas e assim emitir declaração de aceitação de suas normas.
Art. 4º. As Instituições amparadas por esta Lei, bem como seus representantes legais e membros, não serão obrigados a transgredir suas próprias normas em virtude de interesses de terceiros, sendo observado o previsto na Constituição Federal quanto aos direitos individuais e coletivos dos cidadãos.
Art. 5º. Esta Lei entra em vigor na data de sua publicação."

religioso adotado por crenças específicas, especialmente as de origem cristã, em contrariedade ao seu dever de não adotar, não se identificar, não tornar oficial nem promover visões de mundo de ordem religiosa, moral, ética ou filosófica.

No voto condutor do acórdão, o ministro Dias Toffoli destacou que a laicidade do Estado brasileiro está consagrada desde a primeira Constituição da República, de modo que o tratamento da matéria pela Constituição Federal de 1988 se fia em larga tradição de não intervenção estatal na condução das igrejas e, reciprocamente, na premissa de que as convicções religiosas também não devem interferir nos assuntos de interesse do Estado. Atentando para o caso concreto, ponderou o ministro relator:

> Nesse passo, é vedado ao *Estado* a adoção de livro religioso – qualquer que seja ele – como livro-base de fonte doutrinária no âmbito do Estado. Se o fizesse estaria conferindo, discriminadamente, destaque de uma específica linha de pensamento religioso em detrimento das demais. E, nessa toada, é absolutamente inconstitucional a previsão inserta no art. 1º, bem assim, a expressão contida no art. 2º: *"com pleno reconhecimento no Estado de Rondônia"*. Importa considerar que não é apenas a escolha de uma dada religião pelo estado que implica violação da neutralidade religiosa que dele se exige, mas também o tratamento diferenciado entre crenças ou seus símbolos.
> Todos os entes federados têm o dever de proteger o pluralismo religioso dentro de seu território; criar condições para um bom exercício da cidadania nessa seara; zelar pelo princípio da igualdade entre as crenças e, sobretudo, em seu dever de laicidade, se abster de *incorporar ideologias religiosas a quaisquer de seus campos de atuação.*
> *Assim, nenhum ente da federação está autorizado a incorporar preceitos e concepções, seja da Bíblia ou de qualquer outro livro sagrado, a seu ordenamento jurídico.*

De fato, adotar a Bíblia como livro oficial do Estado equivaleria a consagrar determinada religião (ou uma ideologia religiosa) em detrimento das outras. Nesse sentido, qualificar a Bíblia significaria, na prática, desqualificar as demais doutrinas, como o Alcorão e a Torá. E, nisso, haveria vulneração à liberdade de crença consagrada no texto constitucional brasileiro.

Outro aspecto salientado pelo ministro Dias Toffoli foi que, a pretexto de consagrar a Bíblia como fundamento de validade para decisões tomadas dentro dos templos religiosos, o estado de Rondônia acabou estabelecendo uma obrigação jurídica indevida, já que não cabe ao Estado interferir no funcionamento de entidades religiosas. Veja-se:

> Assim, em que pese ter se revestido o art. 2º de aparente proteção ao exercício da crença religiosa nos estabelecimentos que utilizam a bíblia como base de sua crença, desbordou, em verdade, a norma para a interferência do Estado no funcionamento de estabelecimentos religiosos, tornando o que seria uma obrigação moral do fiel diante de sua igreja uma obrigação legal a ele dirigida.

No *decisum*, o Supremo Tribunal Federal parece separar, de forma muito didática, o joio do trigo, na medida em que esclarece o que deve ficar a cargo do Estado e o que deve ficar a cargo das instituições religiosas:

> Sob essa ampla compreensão da proteção constitucional à liberdade de crença, *torna-se claro que as previsões normativas constantes da lei ora combatida, pretensamente voltadas à defesa da liberdade de crença religiosa e à liberdade de manifestação dessa crença, atingem, a um só tempo:*

(i) a laicidade do Estado; (ii) a própria liberdade de consciência e de crença e (iii) o correspondente direito à descrença religiosa e à manifestação dessa descrença.

Embora o princípio da proporcionalidade não apareça textualmente no acórdão aprovado pelo Plenário do STF, o que se constata é que o voto condutor proferido pelo ministro Dias Toffoli realizou ponderação sobre os valores em conflito, isto é, liberdade religiosa e laicidade do Estado, para concluir que normatizações gerais e abstratas precisam observar a neutralidade religiosa prescrita na Constituição Federal de 1988.

Conforme ponderado alhures, laicidade não significa ausência de religião, mas, sim, o respeito a todas as distintas religiões. Esse é o sentido do pluralismo religioso albergado pela Carta Magna brasileira. Assim sendo, na medida em que a Bíblia remete a determinadas religiões, mas não a todas, é juridicamente indevido admiti-la como documento oficial do Estado.

Em tempos de avanço do fanatismo religioso no Brasil e de sua inserção na política partidária,[29] é de extrema importância que o Supremo Tribunal Federal forneça essas definições jurídicas sobre o conteúdo do direito constitucional pátrio. Do modo como conduzido pelo ministro Dias Toffoli, ficou esclarecido que a Bíblia é um documento a ser utilizado no campo da religião, mas não no campo do direito, e, por isso, a sua admissão como documento estatal extrapola o princípio da proporcionalidade.

6 Considerações finais

Assim como todo direito fundamental, a liberdade religiosa necessariamente precisa se compatibilizar com a laicidade do Estado brasileiro. Por isso é que se fala em liberdade religiosa, e não em religião compulsória do Estado.

A adoção da Bíblia como documento oficial do Estado, tal como prescrito pela lei estadual impugnada na ADI nº 5.257/RO, desequilibra a relação entre a liberdade religiosa e a laicidade do Estado, redundando em desproporcionalidade a ser corrigida por meio da ponderação entre esses direitos fundamentais.

O princípio da proporcionalidade, tal como desenvolvido pelo Tribunal Constitucional Federal da Alemanha, aprimorado pela doutrina de Robert Alexy e assimilado no Brasil pela jurisprudência do Supremo Tribunal Federal, não deve ser um instrumento para a imposição do subjetivismo do órgão julgador, mas, sim, uma ferramenta para garantir a força normativa da Constituição. Em outras palavras: o papel do Supremo Tribunal Federal, num país em que o fanatismo religioso é crescente, não deve transbordar do jurídico para o político, ou seja, o que se espera do Supremo é que preste os devidos esclarecimentos à população por meio da enumeração de razões jurídicas (hermenêutica constitucional) a justificar os limites da liberdade religiosa dentro de um Estado laico.

---

[29] Dentre tantos exemplos recentes de fanatismo religioso na política, cita-se o caso da ministra Damares Alves, que, na condição de ministra da Mulher, da Família e dos Direitos Humanos do governo Bolsonaro, agiu para impedir que uma criança de 10 anos estuprada pelo tio cometesse o chamado "aborto legal". Cf. NOVA, Carolina Vila. *Ministra Damares Alves agiu para impedir aborto em criança de 10 anos*. Disponível em: https://www1.folha.uol.com.br/cotidiano/2020/09/ministra-damares-alves-agiu-para-impedir-aborto-de-crianca-de-10-anos.shtml. Acesso em: 23 jul. 2024.

Certamente, o julgamento do Tema nº 1.086 colocará à prova as razões jurídicas elencadas no acórdão da ADI nº 5.257/RO, pois o Supremo terá de julgar a (in)constitucionalidade da manutenção de símbolos religiosos em repartições públicas, sendo que, na parede localizada aos fundos do seu próprio Plenário, consta um crucifixo simbolizando a morte de Jesus Cristo. Será que o STF terá condições de analisar a questão com o devido distanciamento?

Somente o Supremo será capaz de dar resposta a essa pergunta. Porém, com base na decisão proferida na ADI nº 5.257/RO, de relatoria do ministro Dias Toffoli, algumas pistas já foram dadas e, dentre elas, a que parece de maior relevância é esta: a norma que estabelece a laicidade do Estado brasileiro não pode ser relativizada, sob pena de ofensa a um (outro) direito fundamental.

Obviamente, a laicidade do Estado brasileiro nem sempre será plenamente compreendida e aceita pelas religiões hegemônicas, em especial aquelas que possuem representatividade e exercem pressão no contexto do Congresso Nacional. Desse modo, compete ao Supremo Tribunal Federal, na esteira do que fez na decisão proferida na ADI nº 5.257/RO, se valer de sua atribuição contramajoritária para restabelecer o bom direito.

Tal proceder é ainda mais relevante no atual cenário social brasileiro, em que a polarização política já descambou, em diversas oportunidades, para a intolerância religiosa. Em tempos como o ora vivenciado, a postura mais recomendada parece ser a que o Supremo tem tomado: reafirmação das razões jurídicas a serem levadas em consideração para garantir a laicidade do Estado brasileiro e, consequentemente, a convivência harmônica entre todos os tipos de fé.

Referências

ALEXY, Robert. *Teoria dos direitos fundamentais*. São Paulo: Malheiros, 2008.

BARROSO, Luís Roberto. *Interpretação e aplicação da constituição*. 6. ed. São Paulo: Saraiva, 2008.

BARROSO, Luís Roberto. *Curso de direito constitucional contemporâneo*: os conceitos fundamentais e a construção no novo modelo. 11. ed. São Paulo: SaraivaJur, 2023.

CARBONELL, Miguel; JARAMILLO, Leonardo García (orgs.). *El canon neoconstitucional*. Madrid: Trotta, 2010.

CORRÊA, João Vitor Gomes; VINHAS, Tiago Cação. *Temos enfrentado da melhor forma o fanatismo político-religioso?* Disponível em https://www.conjur.com.br/2024-mar-25/estamos-enfrentando-da-melhor-forma-o-fanatismo-politico-religioso/. Acesso em: 22 jul. 2024.

CUNHA JÚNIOR, Dirley da. *Curso de direito constitucional*. 2. ed. Salvador: JusPodivm, 2008.

DWORKIN, Ronald. *Levando os direitos a sério*. 3. ed. São Paulo: WMF Martins Fontes, 2010.

FRANCO, Bernardo Mello. *Em cruzada contra o Estado laico, Michelle Bolsonaro se insinua para 2026*. Disponível em: https://oglobo.globo.com/blogs/bernardo-mello-franco/coluna/2024/03/em-cruzada-contra-o-estado-laico-michelle-bolsonaro-se-insinua-para-2026.ghtml. Acesso em: 17 jul. 2024.

MENDES, Gilmar Ferreira; BRANCO, Paulo Gustavo Gonet. *Curso de Direito Constitucional*. 18. ed. São Paulo: SaraivaJur, 2023.

NOVA, Carolina Vila. *Ministra Damares Alves agiu para impedir aborto em criança de 10 anos*. Disponível em: https://www1.folha.uol.com.br/cotidiano/2020/09/ministra-damares-alves-agiu-para-impedir-aborto-de-crianca-de-10-anos.shtml. Acesso em: 23 jul. 2024.

OLIVEIRA, Fábio de. *Por uma teoria dos princípios*: o princípio constitucional da razoabilidade. 2. ed. Rio de Janeiro: Lumen Juris, 2007.

PASSAFARO JÚNIOR, Leonardo Luiz. *O princípio da proibição do excesso nas afetações dos direitos fundamentais sociais*. Lisboa: Universidade de Lisboa, 2009.

RÊGO, Eduardo de Carvalho. *Superpoder judiciário*: o papel do controle de constitucionalidade na consolidação da juristocracia no Brasil. 2018. 264f. Tese (Doutorado em Direito) - Universidade Federal de Santa Catarina, Florianópolis.

SILVA, José Afonso da. *Comentário Contextual à Constituição*. 8. ed. São Paulo: Malheiros, 2012.

SILVA, Virgílio Afonso da. O proporcional e o razoável. *Revista dos Tribunais*, v. 798, p. 23-50, 2002.

Informação bibliográfica deste texto, conforme a NBR 6023:2018 da Associação Brasileira de Normas Técnicas (ABNT):

OLIVEIRA, Gustavo Justino de; RÊGO, Eduardo de Carvalho. Liberdade de crença religiosa e laicidade do Estado: apontamentos a partir do voto proferido pelo ministro Dias Toffoli na ADI nº 5.257/RO. *In*: MENDES, Gilmar Ferreira; LIRA, Daiane Nogueira de; FREIRE, Alexandre (coord.). *Constituição, democracia e diálogo*: 15 anos de Jurisdição Constitucional do Ministro Dias Toffoli. 2. ed. Belo Horizonte: Fórum, 2025. p. 669-682. ISBN 978-65-5518-937-7.

A FORÇA DOS PRECEDENTES COMO FONTE DO DIREITO EM MATÉRIA TRIBUTÁRIA

HELENO TAVEIRA TORRES

1 Precedentes judiciais como fontes do direito e o papel da *ratio decidendi*

Como anotou o Ministro Dias Toffoli no seu discurso de posse como presidente do Supremo Tribunal Federal: "o Judiciário precisa resgatar a segurança jurídica dentre as diferenças. Mas dentro dos 'parâmetros para a latitude e o escopo da interpretação'. Aqui, muita vez, tradição é ruptura. Não se trata de um guia, de um caminho único, pois plurais são e devem ser os tribunais, com a natural convivência, em seu seio, de juízes com concepções de mundo e de Direito diversas, embora, com certeza, os sonhos sejam os mesmos".[1] Para este papel, a hermenêutica dos precedentes pelo STF reclama um espaço preponderante como fonte do direito.

Como conceito lógico-jurídico, a ideia de precedente é inerente à forma positiva do ordenamento jurídico, porquanto construído *a priori* e de forma universal, cujas linhas gerais são aplicáveis de forma universal, sem origem na realidade normativa. Em via estrita, ganha a alcunha de precedente toda e qualquer decisão judicial que fixe norma jurídica a ser seguida por casos vindouros e idênticos e que servirá de parâmetro comparativo.[2]

A tese fixada pelo precedente se consubstancia na *ratio decidendi*, i.e., as razões essenciais que fundamentaram a decisão; sem, todavia, confundir-se com a fundamentação do julgado, conforme se verá adiante. Ademais, no momento da decisão, ainda não há, no sentido tradicional do "*Common Law*", precedente judicial, na medida em que somente decisões posteriores podem observar julgado prévio sob olhar retrospectivo e discernir se existe precedente aplicável, na visão de Augusto Cerri, *verbis*:

---

[1] TOFFOLI, José Antônio Dias. *Discurso*. Posse na presidência do Supremo Tribunal Federal: Sessão solene realizada em 13 de setembro de 2018. Brasília: STF, 2019.
[2] DWORKIN, Ronald. Law as Integrity. *In*: BRISON, Susan J.; SINNOTT-ARMSTRONG, Walter (Eds.). *Contemporary perspectives on Constitutional Interpretation*. New York: Routledge, 2018, p. 208-211.

Il tema decidendum si determina avuto riguardo, oltre che alle modifiche interne al giudizio incidentale, anche con riguardo a quelle esterne (mutamenti di giurisprudenza nell'interpretazione della disposizione impugnata, modifiche legislative, ecc.) che siano intervetune dal momento della proposizione della questione a quello del decidere (...); e, dunque, è corretta anche una ricostruzione "dinâmica" del thema decidendum nel giudizio incidentale.[3]

As formulações teóricas dos sistemas de matriz anglo-saxônica devem ser incorporadas com parcimônia ao direito brasileiro, na medida em que os precedentes de cunho vinculante, *v.g.*, são previstos em lei (art. 927 do CPC), o que obsta que o propósito retrospectivo seja aqui empregado.[4] A decisão surge com condição de precedente e o Tribunal de sua redação discerne, desde então, que sua diretriz decisória operará subordinação sobre os julgamentos futuros. Esta premissa não é investida de mera tautologia, ao revés, serve para demonstrar que o momento de reconhecimento do precedente é variável e não implica óbice à demonstração de seu vigor.

Cabe ressaltar, noutro giro, que as Súmulas não são precedentes, mas sínteses de teses jurídicas criadas pelos precedentes e os representam.[5] Nesse mister, a Súmula não pode ser aplicada em desapreço ao precedente originário, em simples exercício de subsunção vertical entre o bojo normativo e o fato jurídico, comum nos países de matriz romano-germânica.

Ao refletir síntese do precedente, a Súmula serve para auxiliar a economicidade nos trabalhos dos Tribunais, sem carregar todos os elementos necessários para compreender o objeto das demandas originárias. Não por outra razão, o art. 489, §1º, V, do CPC denota a nulidade da decisão que aplique qualquer Súmula sem a identificação de "seus fundamentos determinantes".

Natural, portanto, que o primeiro pressuposto para que a decisão judicial seja considerada precedente é que seja criada norma jurídica original, não concebida de forma expressa na lei ou nos textos constitucionais, apta a servir de paradigma persuasivo ou decisório. Assim entendida a construção de norma nova e colegiada que não esteja sujeito a recurso que possa operar a modificação das razões durante o regular curso do processo.[6]

Visto que o precedente cria norma jurídica a partir da interpretação do texto normativo, os operadores jurídicos também estão incumbidos da missão de interpretarem o próprio precedente para delimitar qual norma foi criada pelo Tribunal. Quando da aplicação do precedente, o julgador realiza um juízo sobre a interpretação que não

---

[3] CERRI, Augusto. *Corso di Giustizia Costituzionale*. 5. ed. Milano: Giuffrè, 2008, p. 215.

[4] São previstos os seguintes instrumentos normativamente vinculantes: (i) as decisões do Supremo Tribunal Federal em controle concentrado de constitucionalidade; (ii) os enunciados de Súmula Vinculante; (iii) os acórdãos em incidente de assunção de competência ou de resolução de demandas repetitivas e em julgamento de recursos extraordinário e especial repetitivos; (iv) os enunciados das Súmulas do Supremo Tribunal Federal em matéria constitucional e do Superior Tribunal de Justiça em matéria infraconstitucional; e (v) a orientação do plenário ou do órgão especial aos quais estiverem vinculados.

[5] LEAL, Victor Nunes. Passado e Futuro da Súmula do STF. *Revista de Direito Administrativo*, n. 145, p. 1-20, jul./set. 1981.

[6] "Es indiscutible que la estabilidad ha de ser el principio o regla general; y el cambio, lo excepcional y pausado" (CACHO, José L. Mexquita del. *Seguridad Jurídica y Sistema Cautelar*. Barcelona: Bosch, 1989, v. 1, p. 177; e DOUGLAS, William O. The Dissent: A Safeguard to Democracy. *In*: FISHER, Louis. *American Constitutional Law*. 6. ed. Durham: Carolina Academic Press, 2005, v. 1, p. 156-157).

deve se limitar apenas ao objeto principal, mas antes expandir-se para toda a cadeira de julgados que já utilizaram sua norma.

Nesse diapasão, o julgado pode servir à criação de duas normas: (a) a que é aplicável somente ao caso concreto; e (b) a que ostenta a condição de precedente. Ambas são feitas por meio do dispositivo legal objeto da seara processual. No entanto, em apreço à contenção judicial, os magistrados devem apenas deduzir a norma a partir do esquadro legal e constitucional formado pelos parlamentares e pelo constituinte.

As vertentes possíveis em "(a)" e "(b)", ademais, demonstram que precedente e coisa julgada detêm traços coincidentes e dissonantes. Se, por um lado, ambos são capazes de ostentar eficácia externa; por outro, o grau de intensidade da coisa julgada se prolata apenas sobre os casos vindouros que sejam abalizados pelas mesmas questões e partes, enquanto o precedente serve de parâmetro para quaisquer casos futuros que tenham um entrave a ser solucionado com idêntica tese jurídica.[7]

Outrossim, seja vinculante ou persuasivo, o precedente ultrapassa o uso de artifício argumentativo, e atinge o propósito de uniformizar a compreensão da norma jurídica e a jurisprudência, além de envelopar a previsibilidade e realizar o princípio da igualdade. Ou, como expressa Gilles Pellissier, "[m]ais alors que l'égalité dans la loi aboutit à un contrôle de la justification des distinctions établies par l'Etat, l'égalité par la loi exprime la revendication d'une action normative en faveur de l'égalité".[8]

Seu traço nomofilático é evidente e serve, também, ao processo de criação de agendas de discussão sobre a decisão julgada, na visão arguta de Michael J. Gerhadt.[9] Na mesma linha, escreve Simon Helmut, no controle de constitucionalidade as Cortes exercem verdadeira "función pacificadora mantenedora y desarrolladora de consenso".[10] Disto decorre a imprescindibilidade de definir quais são as fronteiras da *ratio decidendi* firmada nos Temas nºs 801 e 651, pois, independentemente de sua natureza vinculante ou persuasiva, constroem a essência do pensamento do STF no tema sob exame e ensejam a certeza e previsibilidade do ordenamento.

1.1 Elementos dos precedentes: a distinção fundamental entre *ratio decidendi* e *obiter dictum*

O julgado dos Tribunais brasileiros é composto de quatro elementos essenciais: *a uma*, o relatório, que apresenta as alegações sintetizadas das partes; *a duas*, a fundamentação, que examina os argumentos e as matérias passíveis de conhecimento de ofício; *a três*, o dispositivo, que aponta a decisão do pedido formulado; e *a quatro*, a ementa, que delimita o compêndio do julgado.

---

[7] "L'effeicacia della sentenza si explica, dunque, come eliminazione di una dispozione o di una nora di legge, sull'ordinamento complessivo, passando attraverso l'attivita interpretativa dei giudici, a cominicare dal giudice della causa della quale à scaturita la questione di illegittimità costituzionale. Tave causa dovrà pertanto essere decisa indipendentemente dalla disposizione che acrebbe dovuto essere aplicata e che non può più esserlo dopo la sentenza della corte" (BERTI, Giorgio. *Interpretazione Costituzionale*: Lezioni di Diritto Pubblico. 4. ed. Padova: CEDAM, 2001, p. 525).

[8] PELLISSIER, Gilles. *Le principe d'égalité en droit public*. Paris: Libraire Général de Droit et de Jurisprudence. 1996, p. 29.

[9] GERHARDT, Michael J. *The power of Precedent*. New York: Oxford University Press, 2008, p. 151-157.

[10] SIMON, Helmut. La Jurisdicción Constitucional. *In*: BENDA, Ernst *et al*. *Manual de Derecho Constitutional*. 2. ed. Madrid: Marcial Pons, 2001, p. 846.

Impreterível consignar que a ementa não é o paradigma capital para determinação da essência do precedente. Basta observar que sua ausência sequer implica em nulidade do julgado.[11] Será imperioso, sempre, assinalar sua *ratio decidendi* (*"holding"*, na expressão americana) enquanto razões cruciais e suficientes para a tomada de decisão do Tribunal, em oposição ao *obiter dictum*, que apenas servem de passagem irrelevante à tomada de decisão.

No Brasil, a *ratio decidendi* deve ser encontrada, sem exceções na fundamentação, nunca no relatório ou no dispositivo, pois não se pode tolher o princípio de motivação das decisões judiciais, previsto no art. 93, IX, da CF, sob pena de enfraquecer os desígnios do constituinte.[12] Na esteira de Luiz Guilherme Marinoni, a *ratio decidendi* "não se confunde com a fundamentação, mas nela se encontra", o que motiva sua estreita separação do *obiter dictum*, ainda que existam vozes correntes no realismo americano que acusem sua impossibilidade.[13]

O obstáculo advém do fato de que ambas as figuras estão na fundamentação e não são segmentadas uma da outra de modo expresso ou formal, salvo por linha manifesta do Tribunal que assim explicite. Afigura comum que a decisão judicial apresente o *"holding"* e, em seguida, elabore digressão na forma de *dictum*, elabora Michelle Taruffo, *verbis*:

> [A] doutrina do precedente distingue entre *ratio decidendi*, ou seja, a regra de direito que foi posta como fundamento direto da decisão sobre os fatos específicos do caso, e *obiter dictum*, ou seja, todas aquelas afirmações e argumentações que estão contidas na motivação da sentença, mas que, mesmo podendo ser úteis para a compreensão da decisão e dos seus motivos, todavia não constituem parte integrante do fundamento jurídico da decisão. Esta distinção pode ser difícil de traçar na prática, mas é fundamental para se fazer entender como apenas por meio da referência direta aos fatos da causa é que se pode determinar qual é a razão jurídica efetiva da decisão, ou seja, a *ratio* que somente pode ter eficácia de precedente.[14]

Por essa razão, a doutrina já reputou de todo ineficaz o "Teste de Oliphant",[15] para fins de profundidade analítica, uma vez que postulava pelo rechaço ao entendimento jurídico figurado na decisão em prol de análise individualizada dos problemas.[16] A

---

[11] "A falta de ementa não traz, contudo, nulidade ao julgamento, nem contamina o acórdão. Como se disse, a ementa sucede o julgamento; como se trata de algo posterior ao julgamento, que já ocorreu, a sua falta não pode acarretar a nulidade: não há invalidade por algo que aconteça depois da prática do ato" (DIDIER JÚNIOR, Fredie; CUNHA, Leonardo Carneiro da. *Curso de Direito Processual Civil*. 13. ed. rev. e atual. Salvador: JusPodivm, 2016, v. 3, p. 42-43).

[12] "Constitutional law is a system of words, a language, as well as a system form the application of power, and it is through the public character of that language that we can both cultivate and critique constitutional decision." (POWELL, Jefferson. *Constitutional Conscience*: The Moral Dimension of Judicial Decision. Chicago: University of Chicago Press, 2008, p. 108; e HAMON, Francis; TROPER, Michel. *Droit Constitutionel*. 28. ed. Paris: Librairie Genéral de Droit et Jurisprudence. 2003, p. 786).

[13] FULLER, L. L. American Legal Realism. *University of Pennsylvania Law Review*, v. 83, n. 5, p. 429-462, mar. 1934; KANTOROWICZ, Hermann. Some Rationalism about Realism. *Yale Law Journal*, v. 43, n. 8, p. 1240-1253, 1934; e SCOFIELD, Robert G. Goodhart's Concession: Defending ratio decidendi from logical positivism and legal realism in the first half of the century. *The King's College Law Journal*, v. 16, p. 311-328, 2005.

[14] TARUFFO, Michele. Precedente e Jurisprudência. *Revista de Processo*, v. 199, p. 139-160, set. 2011, p. 136.

[15] OLIPHANT, Herman. A return to stare decisis. *American Bar Association Journal*, v. 14, n. 2, 1927.

[16] SALGADO, José María. Precedentes y control de Constitucionalidad en Argentina. *In*: DIDIER JÚNIOR, Fredie et al (Coord.). *Precedentes*. Salvador: JusPodivm, 2015, p. 129.

decisão deve ser compreendida como um todo orgânico, jamais como apenas a forma individualizada de solução de conflitos.

No *"Common Law"*, as definições clássicas de *ratio decidendi*, empenhadas por Rupert Cross e Neil MacCormick como razões necessárias ou suficientes para o deslinde da questão, respectivamente,[17] têm como ponto de partida a solução do caso, não as questões dirimidas pelo Tribunal. No nosso sistema, é importante que toda a fundamentação seja passível, em tese, de constituir a *ratio decidendi*, e não apenas parcela dispositiva da causa.

Deveras, tanto pode existir precedente com múltiplas *rationes* quanto precedente sem qualquer *ratio*, a exemplo das decisões com debilidade ou ausência de fundamentação. Pode, ainda, ser circundado por diversas *obiter dicta*, i.e., trechos tão-somente digressivos que surgem na fundamentação para complementar o pensamento principal. Não se olvide, contudo, que "[t]odo juicio sobre la fundamentación o no fundamentación de una cuestión de legitimidad constitucional supone de hecho la interpretación de la Constitución", apregoa Riccardo Guastini.[18]

O *"Common Law"* apresenta dois expoentes principais para averiguar o que constitui *"holding"* ou *dicta*. O "Teste de Eugene Wambaugh", criado por jurista homônimo, propõe identificar a determinação do resultado do julgamento para, em seguida, inserir nessa fraseologia uma palavra negativa apta a reverter seu sentido: caso exista permanência do resultado após a alteração, inexiste *ratio*.[19]

A simplicidade dessa técnica constitui sua maior vantagem e fragilidade, na medida em que não será sempre possível realizar a inversão negativa de sentido sem perda da lógica e os casos mais proeminentes citados neste Parecer o demonstram. Ilustrativamente, bastaria realizar o exercício hipotético de que o Tema nº 801 houvesse consignado a inconstitucionalidade da contribuição ao SENAR. Esse empenho seria incapaz tanto de manter o resultado quanto expor os meandros da fundamentação adotada, vital à formulação da *ratio decidendi*.

Em linha ainda mais exaustiva, Arthur L. Goodhart apresentou dez regras para distinguir *"holding"* e *dicta*, que assim podem ser sumarizadas: (i) todos os fatos relacionados a pessoas, lugares e tempo, são irrelevantes, a menos que sejam reputados relevantes para o deslinde; (ii) se não há decisão, não há apresentação fatos, então todos os fatos são relevantes; (iii) se há decisão, então os fatos arrolados no relatório são conclusivos e não podem ser contrapostos; (iv) se a opinião omite um fato que apareça no relatório, há obscuridade que pode ser sanada ou o juiz determinou sua irrelevância; (v) todos os fatos que o juiz repute não relevantes não podem ser tomados em contrário; (vi) todos os fatos que o juiz repute implicitamente não relevantes assim o serão considerados; (vii) todos os fatos que o juiz repute relevante não mudam sua classificação; (viii) caso o acórdão não distinga entre fatos relevantes ou não, todos os

---

[17] CROSS, Rupert; HARRIS, J. W. *Precedent in English Law*. 4. ed. Oxford: Clarendon, 2004; e MACCORMICK, Neil. *Rhetoric and the rule of law*: a theory of legal reasoning. Oxford: Oxford University Press, 2010.

[18] GUASTINI, Riccardo. *Estudios de teoría constitucional*. Trad. esp. de Miguel Carbonell. Ciudad del México: Fontamara, 2007, p. 252.

[19] "Hence the doctrine of a case is a general proposition of law from which, taken in connection with the circumstances of the case, the decision logically follows, and upon which, whether expressed in the opinion or not, the court bases its decision" (WAMBAUGH, Eugene. *The Study of Cases*: a course of instruction in reading and stating reported cases, composing headnotes and briefs, criticizing and comparing authorities, and compiling digests. 2. ed. Boston: Little Brown, 1894, p. 29).

fatos são relevantes; (ix) caso existam múltiplos votos que concordem com a decisão, mas divirjam sobre os fatos relevantes, então o princípio do caso deve ser condensado para abarcar apenas o núcleo de todos os fatos apontados pelos magistrados; e (x) qualquer conclusão baseada em um dos fatos hipotéticos ou não aceitos no relatório é simples *dictum*.[20]

Os métodos de Wambaugh e Goodhart já foram assinalados como passíveis de falha por inúmeros doutrinadores do "*Common Law*",[21] mas são fundamentais para estabelecer as modernas discussões sobre aplicação de precedentes, sobretudo por reforçarem que a *ratio decidendi* deve guardar, em qualquer ocasião, harmonia com os pontos levados ao julgamento do Tribunal.

E mais, refletirá a própria prática do Tribunal em correlação com os demais órgãos do Poder Judiciário, no fito de preservar a coerência jurídica do ordenamento e o respeito às decisões, anuncia Laurence H. Tribe, *verbis*:

> The degree in which a constitutional norm announced in an individual case will bound those involved in future situations calling for a constitutional choice thus depends in large part (...): the degree to which the internal structure of the norm admits of value judgements contrary to the thrust of the Court's opinion; the degree to which the Supreme Court views differing interpretations by other courts and branches as a threat to its judicial supremacy; whether future courts will have jurisdiction to reinforce the norm; whether the norm is properly presented in a justiciable lawsuit; and whether future courts will refrain, for equitable reasons, from imposing the norm on parties to other lawsuits.[22]

Dessa forma, salientam Gustavo Zagrebelsky e Valeria Marcenò que "[i]l thema decidendum, tuttavia, non è determinato che dai 'termini' della questione, risultanti dall'indicazione delle disposizioni oggetto del controllo e da quelle che ne constituiscono il parametro, non anche dai motivi (...)".[23] Identificar os dispositivos que estão sujeitos à revisão ou servem de parâmetro e, então, localizar a *ratio decidendi* não apresenta qualquer dificuldade nos casos em destaque.

Para além de centralizar os aspectos candentes do *thema decidendum*, é ainda mais importante traçar a dimensão objetiva do precedente por meio de sua reafirmação por decisões vindouras, escreve José Rogério Cruz e Tucci, *verbis*:

> A dimensão objetiva do precedente, por outro lado, diz respeito à *determinação de sua influência na decisão de casos futuros*. Tem aqui relevância a distinção entre *ratio decidendi* e *obiter dictum*, tendo-se em vista que o predicado formal de precedente é atribuído apenas à *ratio decidendi*. Nos sistemas de direito codificado, essa distinção também se faz importante, visto que a persuasão advinda da anterior decisão prende-se ao caso, à tese jurídica, *efetivamente julgada*

---

[20] GOODHART, Arthur L. Determining the ratio decidendi of a case. *Yale Law Journal*, v. 40, n. 2, p. 61-183, dez. 1930, p. 182.

[21] SCOFIELD, Robert G. Goodhart's Concession: Defending ratio decidendi from logical positivism and legal realism in the first half of the century. *The King's College Law Journal*, v. 16, p. 311-328, 2005; e ABRAMOVICZ, Michael; STEARNS, Maxwell. Defining dicta. *Stanford Law Review*, v. 57, p. 953-1094, mar. 2005.

[22] TRIBE, Laurence H. *American Constitutional Law*. 3. ed. New York: Foundation, 2000, p. 216.

[23] ZAGREBELSKY, Gustavo; MARCENÒ, Valeria. *Giustizia Costituzionale*. Bologna: Il Mulino, 2012, p. 298.

e não, à evidência, às impressões pessoais do julgador, muitas vezes declinas na fundamentação do acórdão.[24] (g.n.)

Logo, pode suceder tanto que decisão bem fundamentada não enseje a criação de precedente, quanto decisões vindouras demonstrem fragilidade por não dialogarem com julgados prévios ainda não submetidos ao "*overruling*". Ambas as circunstâncias levam à fraqueza da jurisprudência.

Em ordenamentos que não apresentam o *stare decisis* nos moldes americanos, como espanhol, juristas, a exemplo de Ignacio de Otto, expressam que as decisões da Corte Suprema têm valor jurídico por sua própria localização na pirâmide jurisdicional.[25] Trata-se de uma imanência da própria força normativa da Constituição, como alude Konrad Hesse, *verbis*:

> Si el texto de la Constitución es igualmente vinculante para todos, incluso para los gobernantes, entonces se cuenta con una base común de argumentación; obliga a explicar si una conducta coincide o no con la Constitución; exime de estar continuamente solucionando cuestiones ya decididas, dificultando o impidiendo nuevas puestas en cuestión (...).[26]

De fato, questões já decididas e pacificadas no âmbito da jurisdição constitucional impõem parcimônia na revisão de seus parâmetros, eis que passam a gerar expectativas em toda a ordem nacional. A cristalina vinculatividade da Constituição informa ao mundo jurídico que decisões sobre seus meandros são dotadas de importância indispensável na solução de controvérsias, ainda que não ostentem natureza *erga omnes*, sob pena de abalo à confiabilidade sistêmica.

Compreender as variadas formas de prolação de efeitos dos precedentes é fundamental para discriminar quais e de qual forma serão subordinados os futuros julgamentos de determinado tribunal.

A lição de Carnelutti é clara. Qualquer efeito que derive do proferimento da decisão é, *per se*, externo, pois não se pode desconsiderar que todo julgado emana consequências, em tese, para toda a jurisdição que se vincule, dado que passará a ser sopesado como argumento aplicável ou não na discussão de casos análogos futuros. Importante desvendar, desde logo, que a orientação pela origem observa o tribunal

---

[24] CRUZ E TUCCI, José Rogério. *Precedente judicial como fonte do direito*. São Paulo: Revista dos Tribunais, 2004, p. 306.
[25] "Las sentencias del Tribunal Constitucional no sólo tienen el valor normativo proprio de su failo, a través de la eficacia propria de resoluciones cuyo objeto es precisamente la ley, sino que, además, tienen el valor jurisprudencial que les corresponde en cuanto con ellas se interpreta la Constitución." (OTTO, Ignacio de. *Derecho Constitucional: Sistema de fuentes*. Barcelona: Ariel, 2007, p. 295; e ROYO, Javier Perez. *Las Fuentes del Derecho*. 5. ed. Madrid: Tecnos, 2007, p. 52). Elabora Carlos Blanco de Morais que "[o]s critérios de densificação jurisprudencial, sendo padrões interpretativos, acabam por se configurar, na prática, como autênticas normas materiais da Constituição ou padrões de 'soft law' constitucional." (MORAIS, Carlos Blanco de. *Curso de Direito Constitucional*: Teoria da Constituição em Tempo de Crise e Estado Social. T. II. Coimbra: Coimbra Editora, 2014, v. 2, p. 747).
[26] HESSE, Konrad. *Escritos de Derecho Constitucional*. 2. ed. Trad. esp. de Pedro Cruz Villalon. Madrid: Centro de Estudios Constitucionales, 1992, p. 95. E, no mesmo sentido, Bidart Campos, *verbis*: "[C]uando sin jurisprudencia vinculatoria y sin régimen del stare decisis la jurisprudencia se ejemplariza espontáneamente, suele haber situaciones en que también una sentencia única generaliza su norma individual más allá del caso – por ej.: cuando emana de un tribunal supremo; cuando, más de ese origen, implica resolver una cuestión constitucional, etc." (CAMPOS, Germán J. Bidart. *Filosofía del Derecho Constitucional*. Buenos Aires: Ediar, 1969, p. 124; e REGLA, Josep Aguiló. *Teoría general de las fuentes del Derecho y del orden jurídico*. Barcelona: Ariel, 2000, p. 115).

que concebeu a norma, sob os prismas vertical e horizontal. No primeiro, estão os precedentes elaborados pelos tribunais superiores; enquanto os horizontais são aqueles a serem respeitados pelos próprios tribunais de prolação do resultado.

No plano da eficácia, persuasivo é o precedente que serve apenas de reforço argumentativo, sem demonstrar força para vincular os demais julgamentos, ainda que demonstre a precisão do raciocínio jurídico. Vinculantes, em contraposição, são aqueles que devem ser observados por determinação legal. Nessa esteira, José Rogério Cruz e Tucci destaca que existem precedentes "com relativa eficácia vinculante", "quando, por sua condição, t[ê]m algum grau de respeitabilidade".[27]

Nos países de influência inglesa, como se sabe, o *precedente* pode ser simplesmente *persuasivo ("persuasive precedent")*, quando a matéria não é considerada de relevância ou se presta apenas à persuasão ou convicção do juiz, como pode ser do tipo *vinculante ("biding precedent")*, que consiste naquele a ser observado em casos análogos, obrigatoriamente.[28]

A condição de "precedente" é definida pelo Tribunal e independe de haver jurisprudência consolidada sobre o objeto da decisão.

Declarado o precedente, doravante, para todos os *casos análogos*, assim considerados segundo a razão determinante (*ratio decidendi* ou *holding*), excetuados os conteúdos periféricos ou os argumentos ancilares (*obiter dicta*), ser-lhes-ão aplicadas idênticas consequências (*stare decisis et non quieta movere*). O ponto principal para identificar a analogia, na pena de John P. Dawson, está "no conjunto de razões apresentadas pela Côrte para chegar a decidir ou julgar o caso da maneira como o fêz".[29]

Neste sistema, prevalece a *razão de decidir* e a verificação de equiparação entre casos é feita diretamente pelo juiz, que distingue entre os fatos e motivos alegados em cada processo e aqueles contemplados no "precedente" adotado pelo Tribunal. Em havendo divergência, o juiz deve comunicar ao Tribunal, para que examine novo precedente, com revogação do anterior (*"overstatement"*).

Agora, diante de casos diversos ou mesmo de mudanças da situação que gerou o precedente (*"distinguishing"*), caso o precedente deva ser revogado por completo (*"overruling"*) ou ter o seu âmbito de aplicação restringido, em face de uma situação posterior (*"overriding"*), o tribunal deverá sempre pronunciar-se expressamente para declarar a modificação ou sua efetiva extinção.[30]

---

[27] CRUZ E TUCCI, José Rogério. Parâmetros de eficácia e critérios de interpretação do precedente judicial. *In*: WAMBIER, Teresa Arruda Alvim (Coord.). *Direito Jurisprudencial*. São Paulo: Revista dos Tribunais, 2012, p. 112. E acresce Rosmar Rodrigues Alencar: "A abrangência do efeito vinculante a partir do que se tem por *ratio decidendi* e por fundamentos *obter dicta* é uma forma de manipular o resultado processual (...). Na prática, o que se tem é um desvio do foco do problema em si (o conflito visto com todas as suas peculiaridades) para o seu rótulo (a uniformização dos julgados em uma visão panorâmica e superficial)" (ALENCAR, Rosmar Rodrigues. *Efeito Vinculante e Concretização do Direito*. Porto Alegre: Fabris, 2009, p. 19; e SILVA, Carlos da. La jurisprudência, interpretación y creación del derecho. *In*: VÁZQUEZ, Rodolfo (Coord.). *Interpretación jurídica y decisión judicial*. Ciudad del México: Fontamara, 2006, p. 142-146).

[28] JASON-LLOYD, Leonard. *The Legal Framework of the Constitution*. New York: Routledge, 2013, p. 40.

[29] DAWSON, John P. As funções do juiz. *In*: BERMAN, Harold J. (Org.). *Aspectos do Direito Americano*. Trad. Port. de Janine Yvonne Ramos Péres e Arlete Pastor Centurión. Rio de Janeiro: Forense, 1963, p. 27.

[30] CROSS, Rupert. Harris, W. *Precedent in English law*. 4. ed. New York: Oxford University Press, 1991. 246 p.; GERHARDT, Michael J. *The power of precedent*. New York: Oxford University Press, 2008. 340 p.; GORLERO, Maurizio Pedrazza. *Il precedente nella giurisprudenza della corte costituzionale*. Padova: Cedam, 2008. 312 p.; POSNER, Richard A. *The problems of jurisprudence*. Cambridge: Harvard University Press, 1993. 485 p.; CHIASSONI, Pierluigi. Il precedente giudiziale: tre esercizi di disincanto. *In*: COMANDUCCI Paolo; GUASTINI, Riccardo. *Ricerche di*

A técnica do *"Distinguishing"* é típica medida da prática do *common law* e, basicamente, representa a possibilidade de alegar a não aplicação de certo precedente a um determinado caso concreto, sob o argumento de que ele possui uma característica que o diferencia dos casos sujeitos às regras de precedentes, na delimitação da respectiva "tese jurídica".

A novidade do novo modelo de processo civil fica por conta da sua extensão para além das partes litigantes, com efeito *erga omnes*, a vincular todos os demais processos coincidentes, ainda que sejam outras as partes. É nisto que consiste o *"distinguishing"*.[31] Assim procedeu o então Relator Ministro Luiz Fux no RE nº 1.363.005/SP AgR ao apontar que a CPMF não poderia ter tratamento semelhante àquele conferido à contribuição destinada ao SENAR, proferida no Tema nº 801.

Atualmente, diversos institutos obrigam os juízes a reproduzir o entendimento adotado em decisões anteriores, como é o caso dos recursos repetitivos, Súmula Vinculante ou quando reconhecida a *repercussão geral* da matéria impugnada. Dentre as decisões cuja reprodução é obrigatória, deveras, não se encontra decisão monocrática.

Nessa ordem de ideais, parcela da doutrina entende que decisões em sede de controle difuso de constitucionalidade sequer merecem o *"distinguising"*, por não serem decisões elencadas no art. 927 do CPC, salvo se repetitivas. Não há raciocínio mais errôneo, pois "[a] ideia de uma repercussão geral presente numa causa individual decorre da previsão de que a questão nela controvertida tem potencialidade evidente de se reproduzir em um grande número de outras causas", na expressão de Humberto Theodoro Júnior.[32]

Ao lado da constatação da prática de parcela do mundo jurídico pelo desapreço às decisões tomadas em sede de controle difuso, pouco surpreende que, em geral, o motivo das maiores perplexidades dos contribuintes é mesmo o trato com a chamada jurisprudência "persuasiva", que orienta condutas ainda que desprovida de eficácia vinculante. Esse tipo de jurisprudência pode conviver com a divergência, convergir para a predominância e a pacificidade ou atingir a plena consolidação, quando se tem

---

giurisprudenza analitica. Torino: Giappichelli, 2005. p. 75-101; MELLO, Patrícia Perrone Campos. *Precedentes*: o desenvolvimento judicial do direito no constitucionalismo contemporâneo. Rio de Janeiro: Renovar, 2008. 348 p.; TARRUFFO, Michele. *Precedente e giurisprudenza*. Napoli: Scientifica, 2007. 45 p.; OLLERO, Andrés. *Igualdad en la aplicación de la ley y precedente judicial*. 2. ed. aum. e atual. Madrid: Centro de Estudios Políticos y Constitucionales, 2005. 171 p.; CHIARLONI, Sergio. *Efficacia del precedente giudiziario e tipologia dei contrasti di giurisprudenza*. In: BESSONE, Mário. *La regola del caso: materiali sul ragionamento giuridico*. Padova: Cedam, 1995. p. 225-266; VINCENTI, Umberto; SANTUCCI, Gianni et al. *Il valore dei precedenti giudiziali nella tradizione europea*. Padova: Cedam, 1998. 252 p.; SORIANO, Leonor Moral. *El precedente judicial*. Madrid: Marcial Pons, 2002. 269 p.; STRECK, Lenio Luiz. *Súmulas no direito brasileiro*. 2. ed. Porto Alegre: Livraria do Advogado, 1998. 120p.; Sanches, Sidney. *Uniformização da jurisprudência*. São Paulo: Revista dos Tribunais, 1975. 57 p.; LLEWELLYN, Karl. A realistic jurisprudence: the next step. In: PATTERSON, Dennis. *Philosophy of law and legal theory an anthology*. Oxford: Blackwell, 2003. p. 22-45.

[31] "Diante do vazio jurídico e da vinculação no juízo de reenvio dos tribunais de origem ao comando normativo exarado pelo Tribunal Superior, as cortes de apelação já não poderão apreciar livremente os casos, devendo fazê-los nos limites do juízo de reenvio. Vale dizer, ou acatam a orientação da Corte Superior, ou realizam analiticamente o *distinguishing*" (WAMBIER, Teresa Arruda Alvim; DANTAS, Bruno. *Recurso Especial, Recurso Extraordinário e a nova função dos Tribunais Superiores no direito brasileiro*. 3. ed. rev. atual. e ampl. São Paulo: Revista dos Tribunais, 2016, p. 537).

[32] THEODORO JÚNIOR, Humberto. O Recurso Extraordinário e a Teoria do Precedente: Reflexos na "repercussão geral" e nos "recursos repetitivos". In: FUX, Luiz; FREIRE, Alexandre; DANTAS, Bruno (Coord). *Repercussão Geral da Questão Constitucional*. Rio de Janeiro: Forense, 2014, p. 344.

uma sucessão de precedentes no mesmo sentido sobre determinada matéria (*"line of precedent"*). Assim elabora Michael J. Gerhardt:

> [A] judicial precedent is likely to constitute persuasive authority, depending on the extent to which other actors find themselves in similar but not identical circumstances. Disputants involved in controversies that are identical to those resolved in prior cases have strong incentives to settle, unless at least one of them has reason to believe something is to be gained from appealing.[33]

Por isso, o CPC/2015, no seu art. 927, obriga os juízes e tribunais a observarem as decisões do STF em controle concentrado de constitucionalidade e suas Súmulas Vinculantes, bem como as decisões em recursos extraordinários repetitivos, que são justamente aqueles com reconhecida repercussão geral da matéria constitucional.

Em defesa da confiabilidade, José Rogério Cruz e Tucci pondera que a função da repercussão geral, deveras, busca uniformizar a jurisprudência e não pode ser ignorada por completo em casos futuros, *verbis*:

> Os recursos extraordinário e especial visam precipuamente à asseguração da segurança jurídica, resguardando a inteireza positiva, a validade, a autoridade e a uniformidade de interpretação da Constituição e das leis federais; apenas remota e indiretamente prestam-se à tutela do direito subjetivo do litigante.[34]

De fato, a decisão proferida em "julgamento de casos repetitivos", segundo o art. 928, considera-se aquela em: incidente de *resolução de demandas repetitivas*; ou em *recursos especial* e *extraordinário* repetitivos. Em virtude do dever de reproduzir a decisão proferida com efeito *"erga omnes"*, seu cabimento somente poderá ser confirmado em casos idênticos. Neste mister, apregoa Philippe Blachèr que "[l]a juridiction constitutionnelle indique au juge du fond si la loi est, ou non, constitutionnelle et, parfois, suggère à la juridiction ordinaire la manière dont la norme à appliquer doit être interprétée pour respecter la Constitution".[35]

Daí constatar Gilmar Ferreira Mendes que "o Plenário somente pode pronunciar-se sobre o que, efetivamente, foi acolhido pelo órgão fracionário, sendo-lhe defeso emitir juízo sobre a parte julgada inadmissível ou rejeitada pela Turma ou Câmara".[36]

Assim, para decidir pelo *sobrestamento* de um caso até que seja decidido o *"leading case"* no STF, ou pela aplicação de decisão já proferida, com repercussão geral, impõe-se verificar se existe ou não identidade entre os casos.[37] Nessa ordem de ideias, "confere-se

---

[33] GERHARDT, Michael J. *The Power of the Precedent*. New York: Oxford University Press, 2008, p. 152.
[34] TUCCI, Rogério Cruz e. *Precedente judicial como fonte do direito*. São Paulo: Revista dos Tribunais, 2004, p. 266.
[35] BLACHÈR, Philippe. *Contrôle de constitutionnalité et volonté générale*. Paris: Presses Universitaires de France, 2001, p. 99.
[36] MENDES, Gilmar Ferreira. *Controle de Constitucionalidade*: Aspectos Jurídicos e políticos. São Paulo: Saraiva, 1990, p. 205. Adiciona Pietro Virga que "[i]l giudizio della Corte è vincolato all'esame della questione sotto il profilo della norme-parametro, di cui viene denunciata la incostituzionalità; il parametro può essere costituito, oltre che da una norma formalmente costituzionale, anche da una norma ordinaria 'interposta', come avviene nella ipotesi in cui la Corte sia chiamata a giudicare dell'eccesso di delega (...)." (VIRGA, Pietro. *Diritto Costituzionale*. 8. ed. Milano: Giuffrè. 1975, p. 614).
[37] Escreve Liebman, contudo, que "quando em um processo [giudizio] surge uma dúvida sobre a legitimidade constitucional de uma norma de lei que ali deveria ser aplicada (o que torna relevante a questão acerca da validade

inclusive destaque ao recurso extraordinário amostra – que assim poderá receber atenção especial do Tribunal, da sociedade e de outros interessados (envolvidos em outros processos que versam sobre a mesma questão", na dicção de Eduardo Talamini.[38]

Como estabelece o art. 985, do CPC, com o julgamento do incidente, a "tese jurídica" será aplicada nas seguintes hipóteses:

> I - a todos os processos individuais ou coletivos que versem sobre idêntica questão de direito e que tramitem na área de jurisdição do respectivo tribunal, inclusive àqueles que tramitem nos juizados especiais do respectivo Estado ou região;
> II - aos casos futuros que versem idêntica questão de direito e que venham a tramitar no território de competência do tribunal, salvo revisão na forma do art. 986.

Diante de eventuais divergências entre as situações fáticas, caberá ao Tribunal fazer o necessário *"distinguishing"*. Deve-se alertar, em apoio aos ensinamentos de Thomas M. Cooley, que "the courts have no authority to pass upon abstract questions, or questions not presented by actual litigation, and have therefore nothing to do with questions which relate exclusively to executive or legislative authority".[39]

Em outras palavras, o magistrado não está impedido de determinar se decisão prévia ultrapassou limites expressos para atingir sua *ratio decidendi*, uma vez que esta pode ser eivada de erro. Nessa exegese, contudo, não realizará *"distinguishing"*, mas poderá realizar o *"overruling"* ou denotar sua necessidade, conforme o caso concreto e os efeitos pretendidos para garantir segurança jurídica.

2 A generalidade do *"holding"* e a definição de seu *"standard"* jurídico: o embate entre *"substantive reasons"* e *"autorithy reasons"*

Conforme exposto, a força normativa dos precedentes não arrolados no art. 927 do CPC não está na decisão *per se*, mas na descrição dos comandos aptos a torná-los vinculantes por determinação da generalidade do *"holding"* que emane da decisão e seu vigor na jurisprudência.[40]

---

da norma), se a questão não for manifestamente infundada deve o juiz suspender o processo e remeter à Corte Constitucional a decisão a seu respeito." (LIEBMAN, Enrico Tullio. *Manual de Direito Processual Civil*. Trad. port. de Cândido Rangel Dinamarco. 2. ed. Rio de Janeiro: Forense, 1985, v. 1, p. 29).

[38] TALAMINI, Eduardo. *Novos aspectos da Jurisdição Constitucional brasileira*: Repercussão Geral, Força Vinculante, Modulação dos efeitos do controle de constitucionalidade e alargamento do objeto do controle direto. Tese (Livre-Docência em Direito Processual Civil). Faculdade de Direito. Universidade de São Paulo. São Paulo, 2008, p. 67.

[39] COOLEY, Thomas M. *The General Principles of Constitutional Law in the United States of America*. 3. ed. rev. e atual. Por Andrew C. McLaughlin. Boston: Little & Brown, 1898, p. 158; e DE LA CUEVA, Mario. *Teoría de la Constitución*. Ciudad del México-DF: Porruá, 2008, p. 64.

[40] "[P]ur nella consapevolezza che ogni pronuncia della Corte può venire pienamente intesa solo se inserita nel corupus della giurisprudenza preceente, essa costituisce una risposta esaustiva ed 'autosufficiente' ad un dubbio di conformità alla Costituzione di una legge e svolge un ruolo di educazione ai principi costituzionale solo se anche il lettore sfornito di specifiche conoscenze giuridiche ne comprende il significato, senza essere costretto a ricercare altrove il pricipio di diritto a cui il giudice costituzionale fa un implicito riferimento." (CRIVELLI, Elisabetta. Il richiamo della ratio decideni nei precedenti della giurisprudenza costituzionale. *In*: GORLERO, maurizio Pedrazza (Coord.). *Il Precedente nella Giurisprudenza della Corte Costituzionale*. Padova: CEDAM, 2008, p. 286).

Em amparo às lições de Wambaugh e Goodhart, além de aprimorarem suas ideias, Frederick Schauer e Geoffrey Marshall são coincidentes ao determinarem que os elementos que compõem a *ratio decidendi* são averiguáveis por duas categorias: (a) *"breadth component"*; e (b) *"content component"*.[41]

A classe de eventos englobada pelo precedente (*"breadth component"*) não é de definição cristalina, pois submeter fatos aos mesmos comandos normativos envolve juízo de semelhança e a identidade com os argumentos da Corte. Segundo Frederick Schauer, o primeiro passo a ser executado é identificar a "linguagem canônica" (*"canonical language"*), ou seja, uma proposição que qualifica determinado fato como integrante de uma esfera ainda maior de eventos, com cunho abstrato e genérico.

É o que acontece, *v.g.*, na argumentação talhada pelo Ministro Dias Toffoli no RE nº 816.830/SC ao apontar que o enquadramento jurídico das contribuições ao SENAR é essencial para determinar a extensão da imunidade tributária prevista no art. 149, §2º, I, da CF.

Alerte-se, com Ronald Dworkin, que a "vagueness in canonical legal language does not guarantee indeterminacy in propositions of law.",[42] ou seja, a vagueza da *"canonical language"* não redunda em obscuridade nas demais etapas de determinação da *ratio decidendi*.

O segundo ponto é definir os parâmetros jurídicos e valorativos impostos pelo ordenamento jurídico e seguidos pela decisão, além de observar os casos anteriores e os subsequentes que evidenciem o tratamento do *"holding"*. Assim se poderá traçar, a partir da norma do *"breadth component"*, qual foi o *"standard"* jurídico decorrente (*"content component"*).

Ademais, o desenvolvimento do *"Common Law"* criou dois parâmetros basilares para análise da vinculatividade dos precedentes. O primeiro, do *"substantive reasons"* (ou *"first-order reasons"*, na expressão de Joseph Raz),[43] busca considerações de cunho econômico, político e moral para que determinada regra seja seguida. O segundo, intitulado *"authority reasons"*, procura alicerçar-se na imperatividade do acórdão confessada pelas preocupações do ordenamento jurídico face à eficiência, isonomia, legitimidade e segurança jurídica.[44]

Quanto à primeira vertente, a avaliação de Robert S. Summers é categórica, *verbis*: "Sound moral, political, economic, and institutional reasons are not, as such, legal reasons for an action or decision and have no authoritative force until adopted by a court or other authority".[45] Em regra, portanto, o uso das *"substantive reasons"* enquanto

---

[41] SCHAUER, Frederick. Precedent. *Stanford Law Review*, v. 39, p. 571-605, fev. 1987, p. 571; e MARSHALL, Geoffrey. What is a biding precedente. In: MACCORMICK, Neil; SUMMERS, Robert S. (Org.). *Interpreting Precedents*: A Comparative Study. London: Dartmouth-Ashgate, 1997, p. 505.

[42] DWORKIN, Ronald. No Right Answer?. *New York University Law Review*, v. 54, n. 1, p. 1-32, abr. 1978, p. 13.

[43] RAZ, Joseph. *Practical Reason and Norm*. 2. ed. Oxford: Oxford University Press, 1999, p. 38-42.

[44] "L'esercizio dell'attività interpretativa si rende necessario a chiunque voglia soddisfare egigenze pratiche allo scopo di conformare al diritto i propri comportamenti, o provvedere ai pubblici bisogni, oppure miri a conseguire approfondimenti dottrinali." (MORTATI, Costantino. *Istituzioni di Diritto Pubblico*. T. I. Padova: CEDAM, 1991, p. 362; e HAURIOU, Maurice. *Principios de Derecho Público y Constitucional*. Trad. esp. de Carlos Ruiz del Castillo. Madrid: Comares, 2003, p. 367).

[45] SUMMERS, Robert S. *Form and Function in a Legal System*: A General Study. Cambridge: Cambridge University Press, 2006, p. 46; assim também ATRIA, Fernando. Legislation and Adjucation. In: BELTRÁN, Jordi Ferrer; RATTI, Giovanni Battista (Org.). *The Logic of Legal Requirements*: Essays on defeasibility. Oxford: Oxford University Press,

argumento, segundo Larry Alexander e Emily Sherwin, "is not really an argument for equal treatment but an argument for the same treatment in cases that are deemed for some substantive reasons to be relevantly similar".[46]

Não há dúvida, todavia, de que tais parâmetros podem ser aparentemente conflituosos. É possível que adotar um precedente por *"authority reasons"* pode resultar em tormentos político-econômicos protegidos pelas *"substantive reasons"*.[47] Ao contrário, adotar um precedente apenas por parecer mais condizente com os ideais de justiça emanados pela *"substantive reason"* pode colidir com a *"authority reason"* que recomende o respeito aos julgados prévios.

Certo é, no entanto, que quando ambas as perspectivas estão em união, a derrotabilidade do precedente exige cuidados de enorme monta. Bem notou Neil MacCormick que "[e]ach of these methods at its best is a general type of rationality in social action, not only in the law".[48] E, em sintonia, conclui Thomas da Rosa Bustamante, *verbis*:

> O eventual embate entre fontes jurídicas substanciais e dotadas de autoridade coincide com a tensão entre facticidade e validade, isto é, entre a positividade do direito e a sua justificabilidade racional. A primazia de umas ou outras não pode ser resolvida de forma absoluta: ambas são igualmente necessárias no pensamento jurídico.[49]

Na hipótese de haver alguma diferenciação entre o caso concreto e uma norma-decisão, objeto de precedente, este deve ser aplicado.

Não se alega que o magistrado deve concordar *ad aeternum* com julgados prévios, mormente em ordenamentos que afastam o *stare decisis* em sua vertente máxima, mas que não pode simplesmente ignorá-los. Deve cotejá-los por aderir a seus termos ou proceder ao *"distinguishing"* ou *"overruling"*, obrigação que não se exaure nas Cortes Superiores, como alude Claus-Wilhelm Cannaris, *verbis*:

> [A] proposição colocada pelo tribunal como fundamento de uma decisão não vale por ter sido exteriorizada pelo juiz, mas sim por estar convincentemente fundamentada, isto é, porque deriva de critérios de validade bastantes, exteriores à sentença judicial.[50]

2012, p. 351; e AARNIO, Aulis. *Lo Racional como lo Razonable*: Un Tratado sobre la Justificación Jurídica. Trad. esp. de Ernesto Garzón Valdés. Madrid: Centro de Estudios Constitucionales, 1991, p. 138.

[46] ALEXANDER, Larry; SHERWIN, Emily. Judges as rule makers. *In*: EDLIN, Douglas E. (Coord.). *Common law theory*. Cambridge: Cambridge University Press, 2007, p. 29.

[47] Adverte Juan José González Rivas que "[l]os Tribunales Constitucionales, en los modernos sistemas de Justicia Constitucional, juzgan con arreglo a criterios y razones jurídicas determinadas controversias de singular relevancia que hacen referencia a las limitaciones constitucionales establecidas al poder, que pueden tener indudables connotaciones políticas en la medida en que la disputa sobre el ejercicio, la distribución y el uso del poder constituyen el núcleo de la política" (RIVAS, Juan José González. *Análisis de los sistemas de jurisdicción constitucional*. Madrid: Centro de Estudios Políticos y Constitucionales, 2001, p. 13).

[48] MACCORMICK, Neil. Introduction. *In*: MACCORMICK, Neil; SUMMERS, Robert S. (Eds.). *Interpreting Precedents*: A Comparative Study. Aldershot: Dartmouth-Ashgate, 1997, p. 5.

[49] BUSTAMANTE, Thomas da Rosa. O direito e a incerteza de suas fontes: um problema em aberto para a dogmática jurídica contemporânea. *Revista da Faculdade de Direito da UFMG*, Número Especial, p. 299-335, 2013, p. 315.

[50] CANARIS, Claus-Wilhelm. *Pensamento sistemático e conceito de sistema na ciência do direito*. Trad. port. de A. Menezes Cordeiro. Lisboa: Fundação Calouste Gulbenkian, 1989, p. 119; e densifica Jochen Schneider: "Objectivo da decisão jurídica é também ser correcta quanto ao conteúdo. Se esta pretensão não for mantida, a curto prazo não seriam aceites quaisquer decisões jurídicas. A ideia da correcção é condição da aceitação." (SCHNEIDER, Jochen; SCHROTH, Ulrich. Perspectivas da aplicação da norma jurídica: determinação, argumentação e decisão.

Essa diferenciação entre a *ratio decidendi* aplicável ao precedente e o caso concreto recebe na doutrina, como visto, o nome de *"distinguishing"*,[51] que se verifica quando existem fundamentos de diferenciação suficientemente robustos entre o caso concreto e o precedente supostamente aplicável.[52]

Assim, vale a advertência de Michael J. Gerhardt: "Understanding precedent requires recognizing that we can break with some particular precedents, but we cannot break away from precedent".[53]

Dito de outro modo, e em apreço às considerações de Andrés Ollero, decisões são indispensáveis na solução da controvérsia quando versam, ainda que *in abstracto*, sobre questões análogas ou idênticas.

Por força do *stare decisis* que impera no contexto da *"common law"*, ainda que cada Tribunal possa, em sede de controle difuso de constitucionalidade, decidir pela inconstitucionalidade de uma lei, ato normativo ou determinada interpretação, são apenas os precedentes da Suprema Corte que devem ser seguidos por todos da Federação. Ou, como anota Charles Kent, "[t]he ultimate determination of all questions rests with the Supreme Court, and all other courts are obliged to follow their decisions"[54] – ou seja, seus entendimentos se perfilham à alcunhada *"law of the land"*.[55]

Note-se, então, que, no modelo de controle de constitucionalidade difuso americano, as decisões da Suprema Corte são imediatamente vinculantes aos demais.[56] Não é por este caminho que se alinha o modelo brasileiro, pois neste o controle por via de exceção, que se oriente à anulação da lei, ato normativo ou interpretação constitucional, não operará, em regra, efeitos *erga omnes*. Dessa forma se manifesta o escólio sempre seguro de Ruy Barbosa: "[a] inapplicabilidade do acto inconstitucional do poder executivo, ou

---

In: KAUFMANN, A.; HASSEMER, W. (Org.). *Introdução à Filosofia do Direito e à Teoria do Direito Contemporâneas*. 2. ed. Trad. port. de Marcos Keel e Manuel Seca de Oliveira. Lisboa: Fundação Calouste Gulbenkian, 2009, p. 527).

[51] "'Distinguishing' is what judges do when they make a distinction between one case and another. The point may seem obvious, but it deserves to be spelt out because we distinguish within as well as between cases. Distinguishing within a case is primarily a matter of differentiating the ratio decidendi from obiter dicta – separating the facts which are materially relevant from those which are irrelevant to a decision. Distinguishing between cases is first and foremost a matter of demonstrating factual differences between the earlier and the instant case – of showing that the ratio of a precedent does not satisfactorily apply to the case at hand." (DUXBURY, Neil. *The nature and authority of precedent*. Cambridge: Cambridge University Press, 2008, p. 114).

[52] MARINONI, Luiz Guilherme. *Precedentes obrigatórios*, 5. ed. São Paulo: Revista dos Tribunais, 2016, [e-book].

[53] GERHARDT, Michael J. *The Power of the Precedent*. New York: Oxford University Press, 2008, p. 203; e D'EUFEMIA, Giuseppe. *Le Constituzioni*. Roma: Studium, 1978, p. 33.

[54] KENT, Charles. Constitutional Development in the United States as Influenced by the Decisions of the Supreme Court since 1865. In: COOLEY, Thomas (Org.). *Constitutional History of the United States*: as seen in the development of American Law. New York: G. P. Putnam's Sons, 1889, p. 198.

[55] Essa é uma atividade que "Marbury v. Madison" reforçou no *"judicial review"*, mas sem excluir a primazia da Constituição, recorda Melvin I. Urofksy, *verbis*: "the Constitution, although the fundamental law of the land, remained a law; as such, it had to be interpreted, and courts had always been the accepted interpreters of the law" (UROFSKY, Melvin I. *Supreme Decisions*: Great Constitutional Cases and their impact. New York: Routledge, 2012, p. 9).

[56] Assim deixa claro o posicionamento do ex-"Justice" Stephan Breyer: "Noi, giudici della Corte Suprema, abbiamo il potere di annullare le leggi, sia statali che federali, o perché la legge statale è in conflitto con una legge federale, o perché una legge, statale o federale, contrasta con la Costituzione." (BREYER, Stephenn G. *L'interpretazione costituzionale della Corte Suprema degli Stati Uniti*. Trad. It. De Alicia Faraoni, elisabetta Morlino e Lorenzo Casini. Napoli: Scientifica, 2007, p. 8-9).

legislativo, decide-se, e relação a cada caso particular, por sentença proferida em acção adequada e executável entre a partes".[57]

Tão logo declarada a inconstitucionalidade *incider tantum* no recurso extraordinário, por decorrência lógica, terá somente certeza de efeitos *ex tunc* perante as partes e no processo em que a declaração de inconstitucionalidade foi proferida, segundo Alexandre de Moraes, para quem os efeitos serão *ex nunc* em relação a terceiros em razão da natureza *inter partes* da via de defesa, *verbis*:

> Declarada *incider tantum* a inconstitucionalidade da lei ou ato normativo pelo STF, desfaz-se, desde sua origem, o ato declarado inconstitucional, juntamente com todas as competências dele derivadas, uma vez que os atos inconstitucionais são nulos e, portanto, destituídos de qualquer carga de eficácia jurídica, alcançando a declaração de inconstitucionalidade da lei ou do ato normativo, inclusive os atos pretéritos com base nela praticados. No entanto, tais efeitos *ex tunc* (retroativos) somente serão aplicados para as partes e no processo em que houve a citada declaração incidental.[58]

Note-se, porém, que a existência de precedente cria expectativa de direito àqueles que se encontram em idêntica situação. A unidade da interpretação judicial é essencial para a segurança jurídica para implementar o princípio da isonomia em matéria tributária, para corresponder às justas expectativas dos particulares e promover a igualdade. E, por outro lado, interpretações divergentes e imprevisíveis causam insegurança, desordem e desigualdades.[59]

Logo, os atos legislativos, judiciais ou executivos devem criar condições de certeza e estabilidade para o futuro. Todos devem manter conformidade material e formal com os princípios fundamentais, com feições claras, acessíveis, não contraditórias e inteligíveis.

Nesse cenário, os recursos sobrestados, quando da admissão da repercussão geral, devem ser apreciados pela origem, que poderão destacar a prejudicialidade ou se retratarem.[60] De se ver, a repercussão geral repercute efeitos de caráter *erga omnes*, mas apenas em relação aos processos sobrestados e quanto àqueles que ainda devam ser julgados, em deferência aos precedentes do STF.[61]

Logo, mesmo que a repercussão geral produza efeitos *erga omnes* aos processos sobrestados, deve-se averiguar cada particularidade, mormente para demarcar o

---

[57] BARBOSA, Ruy. *A Constituição e os Actos Inconstitucionaes do Congresso e do Executivo ante a Justiça Federal*. 2. ed. Rio de Janeiro: Atlantida, 1946, p. 129.

[58] MORAES, Alexandre de. *Jurisdição Constitucional e Tribunais Constitucionais*: Garantia Suprema da Constituição. 3. ed. São Paulo: Atlas, 2013, p. 280; esse também é o posicionamento de BULOS, Uadi Lammêgo. *Curso de Direito Constitucional*. 7 ed. rev e atual. São Paulo: Saraiva, 2012, p. 357.

[59] SCAFF, Fernando Facury. Efeitos da coisa julgada em matéria tributária e livre concorrência. *In*: ROCHA, Valdir Oliveira (Coord.). *Grandes questões atuais do direito tributário*. São Paulo: Dialética, 2005, p. 132; e DERZI, Misabel Abreu Machado. Segurança jurídica como fator de concorrência tributária. *In*: VELLOSO, Carlos Mario da Silva; ROSAS, Roberto; AMARAL, Antonio Carlos Rodrigues do (Coord.). *Princípios constitucionais fundamentais*: estudos em homenagem ao professor Ives Gandra da Silva Martins. São Paulo: Lex, 2005, p. 81

[60] MEDINA, José Miguel Garcia. *O prequestionamento nos recursos extraordinário e especial*. 4. ed. São Paulo: Revista dos Tribunais. 2005, p. 132; e ALVIM, Teresa Arruda; DANTAS, Bruno. *Recurso Especial, Recurso Extraordinário e a nova função dos Tribunais Superiores no direito brasileiro*. São Paulo: Revista dos Tribunais, 2017, p. 120-125.

[61] MENDES, Gilmar Ferreira; COELHO, Inocêncio Mártires; BRANCO, Paulo Gustavo Gonet. *Curso de Direito Constitucional*. 4. ed. rev. e atual. São Paulo: Saraiva-IDP, 2009, p. 1004.

"*distinguishing*".⁶² Não há, repita-se, efeitos automáticos em repercussão geral que decida na integralidade, *sic et simpliciter*, outros litígios ou relativize a coisa julgada. Haverá sempre a necessidade, direta ou indireta, de que sejam proferidas decisões para fazê-lo como pretendido.

É dizer, a decisão de aplicar cada precedente a um novo caso concreto importa em um debate prévio acerca de sua *ratio decidendi*, por parte dos órgãos de aplicação, o que não resulta simplesmente da declaração por parte do órgão que originou o precedente. Logo, a técnica do precedente não esvazia o processo argumentativo; ao contrário, o reforça.

Na aplicação do precedente, em apoio às lições de Ronald Dworkin, deve-se questionar se *rationale* estava certo, avaliar o que é *"holding"* ou *"dicta"* e se há *"distinguishing"* ou *"overruling"* que afaste a força gravitacional da questão firmada em repercussão geral.⁶³ Isto porque, ao contrário da lei, a força gravitacional não se exaure nos seus limites linguísticos. O argumento para uma regra pode ser mais importante do que o argumento que vem daquela regra ao caso particular. A força gravitacional dos precedentes decorre da máxima de tratar casos iguais da mesma forma, mas o precedente deve sempre ser visto como um relatório de uma decisão política.⁶⁴.

Daí porque não se confundem com as Súmulas, verdadeiros enunciados decorrentes de reiteradas decisões dos Tribunais transferidas para uma linguagem clara e que é aplicável a diversos casos semelhantes. Servem, na dicção de Roberto Rosas, para tornarem "mais ágil a justiça sobre o mesmo tema, com impedimento da multiplicação de demandas, ou encerramento das múltiplas demandas, no percurso dos vários graus de justiça".⁶⁵

A segurança jurídica impõe a previsibilidade dos direitos e das obrigações. Esta previsibilidade pressupõe decisões harmônicas de nossos Tribunais, cujo esmero legislativo está refletido no art. 926, *caput*, do CPC ao dispor o dever dos Tribunais em "uniformizar sua jurisprudência e mantê-la estável, íntegra e coerente". Modificar os precedentes, portanto, é exercício que exigirá motivação e razoabilidade.⁶⁶

Note-se que o art. 926 do CPC não exige que os Tribunais se mantenham estáticos, mas que haja unidade na intepretação e aplicação do direito, que respeite isonomia. Aos mesmos fatos, aplicar-se-á o mesmo direito.⁶⁷ À uniformidade das decisões judiciais

---

[62] DIDIER JÚNIOR, Fredie; BRAGA, Paula Sarno; OLIVEIRA, Rafael Alexandria. *Curso de Direito Processual Civil*. 11. ed. rev. atual., e ampl. Salvador: JusPodivm, 2016, v. 2, p. 469

[63] DWORKIN, Ronald. Hard Cases. *Harvard Law Review*, v. 88, n. 6, p. 1057-1109, abr. 1975, p. 1089-1092; e VIANA, Antônio Aurélio de Souza; NUNES, Dierle. *Precedentes*: a mutação no ônus argumentativo. Rio de Janeiro: Forense, 2018. p. 258-259.

[64] ZANETTI JÚNIOR, Hermes. Precedentes Normativos formalmente vinculantes. *In*: DIDIER JÚNIOR, Fredie; *et al* (Coord.). *Precedentes*. Salvador: JusPodivm, 2015, p. 413.

[65] ROSAS, Roberto. Da Súmula à Súmula Vinculante. *Justiça & Cidadania*, v. 11, n. 106, p. 44-47, mai. 2000, p. 46; MANCUSO, Rodolfo de Camargo. *O Sistema brasileiro de precedentes*. São Paulo: 2016, Thompson Reuters, p. 144-150.

[66] MARINONI, Luiz Guilherme, ARENHART, Sérgio Cruz; MITIDIERO, Daniel. *Código de Processo Civil Comentado*. São Paulo: Thompson Reuters, 2018, art. 926; e THEODORO JÚNIOR, Humberto. *Curso de Direito Processual*. Rio de Janeiro: Forense, v. 3, p. 794, NERY JÚNIOR, Nelson e NERY, Rosa Maria Andrade. Código de Processo Civil Comentado. São Paulo: Thompson Reuters, 2016, p. 1032.

[67] DERZI, Misabel Abreu Machado. Segurança jurídica como fator de concorrência tributária. *In*: VELLOSO, Carlos Mario da Silva; ROSAS, Roberto; AMARAL, Antonio Carlos Rodrigues do (Coord.). *Princípios constitucionais fundamentais*: estudos em homenagem ao professor Ives Gandra da Silva Martins. São Paulo: Lex, 2005, p. 881.

é aspecto relevante garantir a confiança nas instituições, fundamental ao Estado Democrático de Direito, como forma de garantir o princípio da confiança.[68]

É o que ensina Elio Fazzalari, *verbis*:

> [A] uniformidade da interpretação é valor essencial de todo ordenamento: valor que supera a exigência – enquanto, erroneamente, ela nunca é alegada – de uma interpretação medida segundo a especificidade do caso. Exatamente porque ao intérprete particular é confiado um dever que pode ser desenvolvido bem ou mal, mas não geométrico more, com contribuição inicial ao moto incessante do ordenamento, que procede com a história, não pode senão ser homogêneo, inspirado na uniformidade.
> Isso, pois, significa a "certeza" do direito, que é a garantia de igualdade: desenvolvimento racional e persuasivo das tendências jurisprudenciais.[69]

Na esfera tributária, prevalece a liberdade dos particulares no exercício da atividade econômica, a permitir que estes planejem e organizem os seus negócios, de acordo com as leis vigentes, cientes de que não serão surpreendidos por atos estatais arbitrários, que venham a modificar ou revogar as suas expectativas legítimas, como elucidam Federico A. Castillo Blanco[70] e Javier Garcia Luengo.[71]

Por isso, em matéria tributária, a certeza jurídica volta-se para garantir, a partir de um estado de normalidade, a estabilidade do ordenamento e a confiança legítima dos contribuintes. Por conseguinte, não há oportunidade, no modelo de Sistema Constitucional Tributário brasileiro, para argumentos consequencialistas, à semelhança de "quebra do erário", "dificuldades de caixa" ou "crises econômicas" como pretexto para descumprir a Constituição.[72]

Enquanto corolário da segurança jurídica de realização, não pode haver no sistema jurídico duas decisões conflitantes que utilizam a Constituição para declarar a vigência ou nulidade das normas.[73] Dessa forma, o conflito é apenas aparente, porquanto o STF estará incumbido da missão institucional de harmonizá-las, realizar o *"distinguishing"* ou *"overruling"*.[74]

---

[68] ASSIS, Araken de. *Manual dos Recursos*. 8. ed. São Paulo: Thompson Reuters, p. 335.
[69] FAZZALARI, Elio. *Instituições de Direito Processual*. Trad. port. de Elaine Nassif. Campinas: Bookseller, 2006, p. 486; e SATTA, Salvatore. *Diritto Processuale Civile*. 10. ed. atual. Por Carmine Punzi. Padova: CEDAM, 1987, p. 37.
[70] BLANCO, Federico A Castillo. *La protección de confianza del derecho administrativo*. Madrid: Marcial Pons, 1998, p. 97-98.
[71] LUENGO, Javier García. *El principio de la protección de la confianza en el derecho administrativo*. Madrid: Civitas, 2002, p. 193-194.
[72] TORRES, Ricardo Lobo. O Consequencialismo e a Modulação dos Efeitos das Decisões do Supremo Tribunal Federal. *Revista de Direito Tributário Atual*, n. 24, p. 439-463, 2010; e ANDRADE, José Maria Arruda de. Consequencialismo extrajurídico em decisões contra contribuintes: muitos espantalhos para poucos corvos?. *Revista de Direito Tributário Atual*, n. 48, p. 687-707, 2021.
[73] KELSEN, Hans. *Jurisdição Constitucional*. Trad. port. de Alexandre Krug. São Paulo: Martins Fontes, 2003, p. 140-146; e RAZ, Joseph. Legal Validity. *Archives for Philosophy of Law and Social Philosophy*, v. 63, n. 3, p. 339-353, 1977.
[74] "[L]a costituzione in sé e per sé non si risolve tutta e soltanto in una serie o sistema di norme giuridiche, ma ciò è proprio di ogni ordinamento giuridico, essendo da respingersi la comune opinione che concepisce il diritto solo come un complesso di norme, merntre queste non sono che particolari estrinsecazioni di esso, il quale, prima che come norma, si afferma come ente o corpo sociale, ossia come instituzione." (ROMANO, Santi. Il Principi di Diritto Costituzione Generale. *In*: ROMANO, Santi. *L'"ultimo" Santi Romano*. Milano: Giuffrè, 2013, p. 177).

2.1 A diferença entre opiniões divergentes e *"concurring opinions"*

Não raro, doutrinadores apontam que votos divergentes ostentam apenas a natureza de manifestação individual e dissonante com o voto do Relator, que tem a aptidão de ser seguida pela maioria.[75] Outrossim, a divergência não tem a necessidade de discordar quanto a toda extensão da *ratio decidendi*, ou mesmo das posições firmadas em carácter de *obiter dictum*. Basta que se separe de algum aspecto da *ratio* para ser considerada divergente, ainda que convirja em outros.

Do contrário, forçar-se-ia puro ilogismo para obrigar os magistrados a divergirem *in totum* do Relator, ainda que concordem com larga parte de sua fundamentação, no fito de reforçar apenas uma ótica diferente.

Nesse mister, como "[o]pinion conjointe, ou individuelle, la concurring opinion soutient la décision prise par l'instance on participe, mais no certains des raisonnements qui la fondent", escrevem Olivier Duhamel e Yves Mény.[76] Trata-se de técnica que visa concordar com a decisão central feita pela maioria da Corte, mas dispõe de razões diferentes para atingir o resultado.

Logo, inexistem *"concurring opinions"* que divirjam quanto à *ratio decidendi* e constituam, em simultâneo, precedentes vinculantes autônomos, ainda que persuasivos. Ensina Louis Fisher, ademais, que "[a]t the urging of colleagues who fear that dissents will damage the corporate reputation of the Supreme Court, Justices have been willing to convert a dissent into a concurring opinion",[77] o que pode causar apreensão sobre o que cada voto quis, de fato, expressar.

Segundo Robert H. Jackson, a técnica da dissidência ou do *"concurring"* é usada para exagerar os parâmetros do *"holding"* para além do significado da maioria, de tal maneira que "the poor lawyer with a similar case does not know whether the majority opinion meant what it seemed to say or what the minority said it meant".[78] Assim, em ambas as hipóteses, é fundamental que tais votos sejam claros para atender ao princípio da fundamentação das decisões.[79]

Em oposição ao "Teste de Oliphant", saliente-se que a decisão deve ser compreendida *in totum*, e não de forma isolada sobre o pensamento de um dos magistrados que compõem o Pleno ou, ainda, que reflita somente uma resolução em apartado de problemas dos litigantes. Ao revés, Thomas Cooley já demonstrava que o exercício de observar a exata medida dos entendimentos particulares é impossível, mesmo que ideal, na construção da análise jurisprudencial, *verbis*:

---

[75] "[T]he goal of the Court's decision-making process is a statement reflecting the consensus of a majority of justices. This statement is the opinion of the Court – also called the majority opinion – that explains why a certain question requires a certain answer." (MASON, Alpheus Thomas; STEPHENSON JUNIOR, Donald Grier. *American Constitutional Law*: Introductory Essays and Selected Cases. 14. ed. Upper Saddle River: Pearson, 2005, p. 38).

[76] DUHAMEL, Olivier; MÉNY, Yves. *Dictionnaire constitutionnel*. Paris : Presses Universitaires de France, 1992, p. 193.

[77] FISHER, Louis. *American Constitutional Law*. 6. ed. Durham: Carolina Academic Press, 2005, v. 1, p. 153.

[78] JACKSON. Robert. H. The Limitation of Dissent. *In*: FISHER, Louis. *American Constitutional Law*. 6. ed. Durham: Carolina Academic Press, 2005, v. 1, p. 158.

[79] "La necesidad de hacer patente ese soporte constitucional de los fallos ha justificado que sea justamente en esta materia donde se ha generado la práctica de la publicidad de las opiniones o votos disidentes o concurrentes" (ENTERRÍA, Eduardo García de. *La Constitución como norma y el Tribunal Constitucional*. 4. ed. Madrid: Thompson-Civitas, 2006, p. 247).

If one judgement were absolutely to conclude the parties to any similar controversy, we ought at least to be able to look into the judicial mind, in order that we might ascertain of a surety that all those facts which should influence the questions of law were substantially the same in each, and we ought also to be able to see that the first litigation was conducted in good entire faith, and that every consideration was presented to the court which could properly have weight in the construction and application of the law. All these things, however, are manifestly impossible.[80]

Rememore-se, com Donald P. Kommers, John E. Finn e Gary J. Jacobsohn, que essa técnica ocorrre quando "one or more justices will agree with the majority's result but not entirely with its reasoning", de forma que "Justices who joined the majority opinion may write to add to or to clarify something in the majority opinion."[81] De forma ainda mais clara, Otis H. Stephens Junior e John M Scheb II denotam que "[a]n opinion concurring in the judgment is one that supports the Court's decision, but disagrees with the rationale expressed in the majority opinion".[82]

3 Considerações finais

A dimensão objetiva da segurança jurídica pode ser dividida em duas possibilidades, como anota César García Novoa, amparado na clássica lição de Zippelius: a *segurança de orientação* e a *segurança de realização* ou *segurança aplicativa*.[83] A primeira está calcada na previsibilidade das regras de conduta, enquanto a segunda diz respeito à garantia da aplicação das regras de conduta abstratas a cada situação concreta, com respeito ao determinado por elas e sem variação de critérios na solução de questões similares. Esta última manifestação se dirige, portanto, aos aplicadores do direito: Administração e Tribunais.[84]

Como corolário lógico da segurança aplicativa, tem-se a dimensão da segurança sob a ótica da tutela da legítima expectativa do cidadão de obter determinado tratamento jurídico, com base na atuação dos órgãos aplicadores do direito, corresponde precisamente ao aspecto subjetivo da segurança jurídica, cuja atenção doutrinária adquiriu relevo a partir de meados do século XX.

Embora não possua *status* de princípio autônomo no ordenamento jurídico pátrio, tem sido cada vez mais utilizado como desdobramento da segurança jurídica no caso concreto e da boa-fé, como princípio geral do direito no sentido da lealdade de comportamento.

---

[80] COOLEY, Thomas M. *A Treatise on the Constitutional Limitations which rest upon the Legislative Power of the United States of the American Union*. 5. ed. Union: Lawbook Exchange, 1998, p. 61.

[81] KOMMERS, Donald P.; FINN, John E.; JACOBSOHN, Gary J. *American Constitutional Law*: essays, cases, and comparative notes. Lanham-Boulder: Rowman & Littlefield, 2009, p. 23.

[82] STEPHENS JUNIOR, Otis H.; SCHEB II, John M. *American Constitutional Law*: Sources of Power and Restraint. 4. ed. Belmont: Thomson-Wadsworth, 2008, p. 33.

[83] NOVOA, César García. *Seguridad jurídica y tributación*. La Paz: Plural Editores, 2013, p. 53-54.

[84] Essa tarefa é ainda mais pronunciada no caso constitucional, anuncia Elisabetta Crivelli, *verbis*: "[L]a Corte Costituzionale ricorre all'autocitazione per gli importanti effetti retorici che questa tecnica porta con sé, trasmettendo l'idea di una coerenza del suo operato e in quelche modo prevendo la verifica di eventuali incongruenze con la pregressa giurisprudenza (...) e fornisce un'importante percezione di prevedibilità." (CRIVELLI, Elisabetta. Il richiamo della ratio decideni nei precedenti della giurisprudenza costituzionale. *In*: GORLERO, maurizio Pedrazza (Coord.). *Il Precedente nella Giurisprudenza della Corte Costituzionale*. Padova: CEDAM, 2008, p. 284).

Como já tive a oportunidade de assentar, a segurança jurídica é efeito da existência da própria ordem jurídica em um Estado Democrático de Direito, extraída essencialmente de sua Constituição, *in verbis*:

> Nesse Estado Constitucional, a segurança jurídica deixará de ser examinada como um "princípio geral do direito" (*a priori*), libertar-se-á da dependência e derivação do Estado de Direito e densificar-se-á com novas funções, como a proteção da confiança, a proibição de excesso, a proporcionalidade, a ponderação de princípios e outros. A segurança jurídica assume, assim, o papel de "princípio-matriz" da síntese dessas novas feições jurígenas. Como todo princípio que se renova no tempo, na dinâmica entre valores e realidade, o princípio e segurança jurídica exige meditação sobre seu âmbito normativo e seu conteúdo essencial, o que merece uma compreensão mais abrangente, como segurança jurídica material.[85]

A segurança jurídica visa conferir previsibilidade na regular positivação do direito, o que somente pode ser atendido se houver certeza do direito, i.e., exata determinação do conteúdo jurídico aplicável e manutenção da igualdade de tratamento por parte das autoridades competentes, nos respectivos atos de aplicação do direito. Temos, desse modo, a segurança como resultante de duas variáveis axiológicas que se complementam, a certeza e a igualdade.

Na função certeza, o valor predominante é o da previsibilidade, como requisito de determinação prévia dos efeitos que o ordenamento jurídico atribui aos comportamentos, na regulação normativa da ação-tipo; e na igualdade, o respeito que todos os órgãos de produção de normas devem ter para com a garantia de cumprimento das leis de modo imparcial e não discriminabilidade da função de certeza. São valores que acompanham a legalidade formal desde a formação do Estado liberal – igualdade e certeza, como meios de justiça e segurança.

Compatibiliza-se, então, a segurança jurídica com o valor da justiça, em franco desenlace com o pressuposto positivista em torno do conceito de direito como realidade contraposta à justiça material. Os julgados recursais do STF, enquanto Corte máxima do País, atendem a função de pôr em evidência o alimento jurídico do ordenamento que "può essere considerata integrativa della funzione di certezza e deve intendersi come quella attività pubblica tesa a diffondere la notizia di un determinato atto all'interno di una certa collettività", na dicção de Domenico di Rago.[86]

A confiabilidade sistêmica, portanto, depende de um "estado de normalidade" na concretização da Constituição, entendido como estabilidade de expectativas sobre a atuação do plexo de competências com preservação dos direitos e liberdades fundamentais, segundo critérios de proporcionalidade, quanto à relação entre meios e fins, e observadas as garantias constitucionais.

---

[85] TÔRRES, Heleno Taveira. O princípio de proteção da confiança legítima no Direito Tributário. *In*: RIBEIRO, Maria de Fátima; VITA, Jonathan Barros (Orgs.). *Segurança jurídica*: novos paradigmas das relações empresariais e econômicas. São Paulo: Unimar, 2014, p. 81.

[86] DI RAGO, Domenico. *La pubblicazione nel diritto pubblico*: Profili generali. Napoli: Edizioni Scientifiche Italiane, 1983, p. 71.

Entretanto, em matéria tributária, este "estado de normalidade" converteu-se em verdadeiro "estado de exceção", em que, fazendo alusão aos estudos de Schmolders,[87] prevalece o sentimento de insegurança jurídica refletido na ausência de clareza ou acessibilidade das leis tributárias, no excesso de legislação, na ignorância dos destinatários sobre o direito vigente, dentre outros, e, especialmente, nas posições contraditórias da Administração Tributária e nas oscilações jurisprudenciais, que tornam praticamente impossível a identificação clara dos limites jurídicos da tributação. A esse cenário referi-me como *estado de exceção permanente em matéria tributária*.[88]

Resta-nos confiar na estabilidade jurisprudencial assegurada pelo Supremo Tribunal Federal, mediante afirmação dos seus precedentes e dos meios de modulação, para concretização do princípio de segurança jurídica. E isto só será possível com a afirmação dos precedentes como fontes objetivas do direito, o que ganha notável primazia no âmbito do Direito Tributário.

Informação bibliográfica deste texto, conforme a NBR 6023:2018 da Associação Brasileira de Normas Técnicas (ABNT):

TORRES, Heleno Taveira. A força dos precedentes como fonte do direito em matéria tributária. *In*: MENDES, Gilmar Ferreira; LIRA, Daiane Nogueira de; FREIRE, Alexandre (coord.). *Constituição, democracia e diálogo*: 15 anos de Jurisdição Constitucional do Ministro Dias Toffoli. 2. ed. Belo Horizonte: Fórum, 2025. p. 683-703. ISBN 978-65-5518-937-7.

---

[87] SCHMOLDERS, Günter; DUBERGE, Jean. *Problemas de psicología financeira*. Madrid: Editorial de Derecho Financeiro, 1965.
[88] TÔRRES, Heleno Taveira. *Direito Constitucional Tributário e Segurança Jurídica*: Metódica da Segurança Jurídica do Sistema Constitucional Tributário. 3 ed. rev. e ampl. São Paulo: Editora Revista dos Tribunais, 2019, p. 34.

A PRESIDÊNCIA DE DIAS TOFFOLI NO SUPREMO TRIBUNAL FEDERAL: INOVAÇÕES INSTITUCIONAIS E A DEFESA RESOLUTA DA DEMOCRACIA EM TEMPOS DE CRISE

HENRIQUE INNECCO DA COSTA

Introdução

A trajetória do Ministro José Antonio Dias Toffoli no Supremo Tribunal Federal (STF), ao longo de 15 (quinze) anos, é marcada por uma convergência singular de experiências acumuladas nos três Poderes da República. Sua carreira multifacetada no Executivo, Legislativo e Judiciário proporcionou-lhe uma visão abrangente e aprofundada do processo democrático brasileiro, destacando a importância do diálogo interinstitucional e das inovações necessárias para a evolução contínua da justiça no país.

No Executivo, Dias Toffoli destacou-se como Advogado-Geral da União, cargo no qual tutelou os interesses do Estado com um olhar atento às nuances jurídicas e políticas. Sua atuação em casos memoráveis – como a defesa de pesquisas com células-tronco embrionárias,[1] a salvaguarda do reconhecimento de união homoafetiva como entidade familiar[2] e o referendo ao sistema de cotas raciais nas universidades[3] – evidenciou seu compromisso com a justiça social e a proteção dos direitos fundamentais.

---

[1] No julgamento da Ação Direta de Inconstitucionalidade nº 3.510/DF, Dias Toffoli, como AGU, sustentou que a Constituição garante o direito à saúde como direito fundamental e à livre expressão da atividade científica (artigo 5º, inciso IX, CF/88). Dessa forma, o Estado deve oferecer ações e serviços de saúde (artigo 196, CF/88) e promover o desenvolvimento científico e tecnológico (artigo 218, CF/88). Esses dispositivos embasam a permissão para pesquisas com células-tronco embrionárias, consideradas promissoras para o tratamento de milhões de brasileiros (AMORIM, Filipo Bruno Silva. ADI nº 3510. A atuação da AGU na defesa das pesquisas com células-tronco. *Revista da AGU*, [S. l.], v. 11, n. 33, 2012. DOI: 10.25109/2525-328X.v.11.n.33.2012.111. Disponível em: https://revistaagu. agu.gov.br/index.php/AGU/article/view/111. Acesso em: 29 jul. 2024).

[2] Ao apresentar a manifestação da AGU nos autos da Arguição de Descumprimento de Preceito Fundamental nº 132/RJ, Toffoli afirmou que "a análise conjunta e compreensiva do ordenamento estadual não permite outra conclusão, senão a de que, ao menos no campo previdenciário, há proteção suficiente e tratamento isonômico a amparar os direitos dos que mantêm relações homossexuais estáveis" (TOFFOLI, José Antonio Dias. *Parecer sobre a ADPF nº 132/RJ*. Processo nº ADPF 132/RJ. Junho de 2008, p. 7).

[3] Em manifestação da AGU nos autos da Arguição de Descumprimento de Preceito Fundamental nº 186/DF, Toffoli argumentou que a implementação das cotas raciais nas universidades públicas é fundamental para a redução das

Sua passagem pelo Legislativo, como assessor jurídico na Câmara dos Deputados, reforçou sua compreensão sobre o processo legislativo e a importância da democracia e do respeito ao voto para garantia do Estado de Direito. Essa experiência foi crucial para consolidar sua visão sobre a interdependência dos poderes e a necessidade de um diálogo constante e construtivo entre eles.

O exercício do cargo de Ministro do STF não só permitiu-lhe integrar a mais alta Corte do país, onde se destacou por sua capacidade de articulação e liderança, mas também de exercer o encargo de chefiar o órgão de cúpula do Judiciário. Sua presidência no Supremo Tribunal Federal e no Conselho Nacional de Justiça, iniciada em setembro de 2018, foi marcada por um período de intensas transformações e desafios.

Durante seus dois anos à frente da Corte, Toffoli promoveu inovações institucionais que modernizaram e tornaram mais eficiente o funcionamento do STF, ao mesmo tempo em que defendeu de forma resoluta a democracia brasileira em tempos de crise.

Uma das principais inovações implementadas sob sua gestão foi a ampliação da utilização do Plenário Virtual, ferramenta que se revelou crucial durante a pandemia de Covid-19 para viabilizar a continuidade, sem perda de qualidade e celeridade, da tarefa precípua do STF – a prestação da jurisdição – em momento no qual a Corte Suprema foi intensamente demandada para dirimir conflitos e controvérsias até então jamais imaginadas.

Essa mudança regimental permitiu que o órgão de cúpula do Judiciário continuasse a deliberar sobre questões essenciais, como temas trabalhistas de relevância nacional e decisões relativas à constitucionalidade de medidas emergenciais adotadas durante a pandemia, mesmo diante das restrições impostas pela crise sanitária.

O Ministro Dias Toffoli compreendeu a importância de adaptar a forma da prestação jurisdicional às novas realidades, garantido que o STF permanecesse ativo e funcional em um momento crítico para o país. Esse legado inovador, posteriormente, foi seguido por outros Tribunais,[4] refletindo o sucesso do modelo adotado.

Paralelamente às inovações tecnológicas, o Ministro enfrentou os desafios decorrentes de ataques às instituições democráticas por meio do fenômeno das *fake News*.[5] Nesse período, os insultos não se limitavam à simples desinformação; estavam impregnados de intenções maliciosas, visando deliberadamente minar a credibilidade das instituições de forma ardilosa e insidiosa.

A instauração do inquérito das *Fake News* (Inquérito nº 4.781/STF), sob sua presidência, foi uma resposta contundente às ameaças à integridade do STF e à estabilidade das instituições republicanas. Embora tenha sido alvo de duras críticas, o inquérito

---

desigualdades históricas e sociais no País, destacando que a medida está alinhada com o princípio da igualdade, como forma de incluir grupos excluídos do gozo de bens e políticas públicas (TOFFOLI, José Antonio Dias. *Parecer sobre a ADPF nº 186/DF*. Processo nº ADPF 186/DF. Julho de 2009).

[4] VITAL, Danilo. STJ avalia se permite que tudo seja julgado em meio virtual. *Conjur*, 30 jul. 2024. Disponível em: https://www.conjur.com.br/2024-jul-29/stj-avalia-se-permite-que-tudo-seja-julgado-em-meio-virtual/. Acesso em: 30 jul. 2024.

[5] De acordo com Costa, o professor e jornalista Carlos Eduardo Lins da Silva destaca que as *fake news* vão além de meras notícias falsas; são, na verdade, notícias fraudulentas, publicadas com a intenção deliberada de causar dano de maneira desonesta e enganosa. (COSTA, Francisco. *Revista USP*. Dossiê Pós-Verdade e Jornalismo. São Paulo, n. 116, p. 1, janeiro/fevereiro/março 2018).

demonstrou a determinação do Supremo, sob a direção de seu Presidente, em proteger a democracia contra os ataques incessantes que eram proferidos à época.

Esse breve histórico delineia os principais aspectos que serão abordados neste artigo: as inovações institucionais promovidas pelo Ministro Dias Toffoli durante sua presidência do Supremo Tribunal Federal e sua defesa vigorosa da democracia em tempos de crises.

A seguir, serão exploradas em detalhes as mudanças regimentais e a ampliação do Plenário Virtual, destacando sua importância para o funcionamento da Corte durante a pandemia. Em seguida, será evidenciado o papel crucial do Inquérito das *Fake News* na preservação das instituições democráticas, concluindo com uma reflexão sobre o legado deixado pelo Ministro Dias Toffoli em sua presidência.

1 Inovações institucionais: modernização e eficiência do STF

A presidência do Ministro Dias Toffoli no STF foi marcada por um conjunto de inovações institucionais que modernizaram e tornaram mais eficiente o funcionamento da Corte. Entre essas inovações, destaca-se a ampliação do Plenário Virtual, medida que se revelou essencial durante a pandemia de Covid-19.

Para compreender a importância dessas inovações, é fundamental revisitar a trajetória de modernização do STF ao longo dos anos.

A informatização dos processos teve início em 1994, durante a presidência do saudoso Ministro Sepúlveda Pertence no Tribunal Superior Eleitoral, quando, pela primeira vez na história, a totalização das eleições gerais foi realizada pelo computador central.[6] Posteriormente, ao assumir a presidência do Supremo Tribunal Federal em 1995, o Ministro Pertence levou essa ideia progressista para a mais alta corte do país, dando os primeiros passos significativos para a informatização dos processos judiciais.

Já em 2007, sob a presidência da Ministra Ellen Grace, por meio da Emenda Regimental nº 21/2007, implementou-se o Plenário Virtual com finalidade específica de deliberação acerca da existência, ou não, de repercussão geral, requisito indispensável para julgamento de mérito do Recurso Extraordinário.[7]

Sendo assim, o Plenário Virtual, na sua concepção, foi o meio tecnológico utilizado pelo Supremo Tribunal Federal para racionalizar a análise da existência de relevância social, jurídica e política em sede de controle difuso.[8]

No que concerne à transparência, conforme determina o artigo 93, inciso IX, da Constituição Federal de 1988, quando implantado, o Plenário Virtual não era público,

---

[6] Informatização do voto. Tribunal Superior Eleitoral, Brasília, 2024. Disponível em: https://www.tse.jus.br/eleicoes/urna-eletronica/seguranca-da-urna/eleicoes. Acesso em: 30 jul. 2024

[7] "Isso porque, sendo instituto inescondível e flagrantemente voltado ao estabelecimento de filtro de acesso ao STF pela via recursal extraordinária, o desiderato restritivo só se aperfeiçoaria com a criação de óbice à própria admissibilidade do recurso." (DANTAS, Bruno. *Repercussão geral*: perspectivas históricas, dogmática e de direito comparado: questões processuais. Coord.: Nelson Nery Jr. e Teresa Arruda Alvim Wambier. 3. ed. rev., atual. e ampl., São Paulo: Editora Revista dos Tribunais, 2012, p. 228).

[8] PASSOS, Hugo Assis; SANTOS, Cleopas Isaías; OLIVEIRA, João Rafael de. A ampliação da competência do plenário virtual no Supremo Tribunal Federal no cenário da crise de saúde gerada pelo COVID-19. *Revista de Direito Constitucional*, vol. I, nº I, p. 258-284, 2021. Disponível em: https://www.portaldeperiodicos.idp.edu.br/lawreview/article/download/5396/2087. Acesso em: 30 jul. 2024

sendo seu acesso limitado aos Ministros. Em 2008, o acesso foi viabilizado ao público em geral. Entretanto, permanecia amplo espaço para o aprimoramento da transparência dos julgamentos no Plenário Virtual.[9]

No ano de 2010, com o advento da Emenda Regimental nº 42/2010, durante a presidência do Ministro Cezar Peluso, possibilitou-se a utilização do Plenário Virtual para o julgamento de mérito de questões com repercussão geral reconhecida, como forma de reafirmação da jurisprudência do tribunal.[10]

Além dessas hipóteses, em 2016, o Supremo aprovou nova alteração regimental (Emenda Regimental nº 51/2016), permitindo o julgamento dos agravos regimentais e embargos de declaração, ampliando a competência do meio eletrônico de julgamento.

Sob a presidência do Ministro Dias Toffoli, a Resolução nº 642/2019 ampliou, ainda mais, a gama de processos que poderiam ser julgados em ambiente eletrônico, incluídos os agravos internos, agravos regimentais e embargos de declaração; medidas cautelares em ações de controle concentrado; referendo de medidas cautelares e de tutelas provisórias, além de recursos extraordinários e agravos cuja matéria tenha jurisprudência dominante.

Já no ano de 2020, durante a crise sanitária provocada pela pandemia de Covid-19, foi publicada a Resolução nº 669/2020, possibilitando que todos os processos de competência do Tribunal pudessem ser submetidos a julgamento por meio das sessões eletrônicas, a critério do relator ou do ministro vistor com a concordância do relator.

O Ministro Dias Toffoli, ciente da necessidade de aprimorar a transparência das sessões virtuais, editou a Resolução nº 675/2020. Essa normativa determinou que os relatórios e votos proferidos no ambiente virtual fossem disponibilizados no portal eletrônico do STF durante a sessão de julgamento. Ademais, a resolução permitiu o envio de arquivos de sustentação oral por meio do sistema de peticionamento eletrônico, garantindo a ampla defesa e o contraditório de forma efetiva e transparente.

Desse modo, essas inovações permitiram uma aproximação significativa entre o ambiente deliberativo virtual e o Plenário Físico. Jurisdicionados, advogados e demais interessados passaram a poder visualizar os votos dos Ministros em tempo real, além de ser possível a realização de sustentação oral, garantindo que o meio eletrônico seja compatível com as prerrogativas dos advogados e com os princípios de transparência e publicidade.

Essas mudanças não apenas modernizaram o funcionamento do Supremo Tribunal Federal, mas também reforçaram os princípios de transparência e publicidade dos atos judiciais, conforme o artigo 93, inciso IX, da Constituição Federal, que determina que todos os julgamentos dos órgãos do Poder Judiciário serão públicos.[11]

---

[9] MEDINA, Damares. *A repercussão geral no Supremo Tribunal Federal*. 2014. 246 f. Tese (Doutorado em Direito Político e Econômico) – Universidade Presbiteriana Mackenzie, São Paulo, 2014, p. 72.

[10] As inovações trazidas pela ER nº 42/2010, para o que importa a presente exposição, refere-se a alteração do artigo 323 e criação do artigo 323-A do Regimento Interno do Supremo Tribunal Federal. (BRASIL. Supremo Tribunal Federal. *Emenda Regimental n. 42*, de 2 de dezembro de 2010. Altera os dispositivos do Regimento Interno do Supremo Tribunal Federal. Brasília, dez. 2010b. Disponível em: https://www.stf.jus.br/arquivo/norma/emendaregimental042-2010.pdf. Acesso em: 30 jul. 2024.

[11] A transparência, como garantia fundamental, também pode ser entendida sob o princípio do não retrocesso, geralmente aplicado aos direitos sociais. Esse princípio impede a supressão de normas constitucionais já concretizadas, permitindo apenas a redução do grau de concretização. No Brasil, o princípio do não retrocesso

A ampliação do Plenário Virtual foi relevante por várias razões. Primeiramente, permitiu que a Corte continuasse a exercer suas funções essenciais mesmo durante a pandemia, garantindo a prestação jurisdicional ininterrupta. Essa medida alinhou-se perfeitamente com o Código de Processo Civil de 2015, que enfatiza a celeridade processual como um dos princípios fundamentais da justiça.[12]

A celeridade processual, garantida pelo implemento do Plenário Virtual, inclusive, é um dos elementos essenciais para a nova fase da jurisdição, em que, além de se assegurar o acesso à justiça, há uma preocupação em garantir a qualidade na execução dessa função estatal, conforme destaca Canotilho.[13]

Portanto, a ampliação do leque do Plenário Virtual não só prestigiou o princípio da celeridade, mas também garantiu o acesso à justiça.[14] Antes, a ausência de transparência nos julgamentos virtuais era uma preocupação; no entanto, as inovações introduzidas pelo Ministro Dias Toffoli, como a disponibilização dos relatórios e votos em tempo real, mitigaram essas ponderações sem comprometer a possibilidade de defesa, uma vez que foi permitida a sustentação oral nesse ambiente.

A celeridade processual é essencial para a efetivação da justiça e caminha lado a lado com o acesso à justiça. Como destacam os autores Sarlet, Marinoni e Mitidiero, a celeridade processual é um "(...) direito que reflete o sentimento comum das pessoas no sentido de que a justiça lenta é a justiça negada (sonoramente recolhido na expressão *justice delayed is justice denied*, da tradição anglo-saxônica)".[15]

Desse modo, a postura do Ministro Dias Toffoli em conferir maior celeridade aos processos, de maneira democrática e transparente, cumpriu a função do Judiciário na promoção da democratização do acesso à justiça e da entrega de um processo célere, legal e efetivo.

Essa modernização reforçou a capacidade de o STF lidar com uma demanda crescente de processos. Inclusive, durante a presidência do Ministro Dias Toffoli, o Supremo Tribunal Federal registrou o menor acervo processual desde 1998, tendo sido proferidas 35.164 decisões colegiadas no total, sendo 5.090 em sessões presenciais e 30.074 em ambiente virtual.[16]

---

social foi incorporado ao ordenamento jurídico pelo artigo 26 do Pacto de San José da Costa Rica, ratificado em 25 de setembro de 1992. (MEDINA, Damares. *A repercussão geral no Supremo Tribunal Federal*. 2014. 246 f. Tese [Doutorado em Direito Político e Econômico]. São Paulo: Universidade Presbiteriana Mackenzie, 2014. p. 70.)

[12] Conforme estabelece o artigo 4º do CPC/2015, "As partes têm o direito de obter em prazo razoável a solução integral do mérito, incluída a atividade satisfativa" (BRASIL. *Lei nº 13.105, de 16 de março de 2015*. Código de Processo Civil. Diário Oficial da União: seção 1, 17 mar. 2015. Disponível em: http://www.planalto.gov.br/ccivil_03/_ato2015-2018/2015/lei/L13105.htm. Acesso em: 30 jul. 2024).

[13] CANOTILHO, José Joaquim Gomes *et al*. *Comentários à Constituição do Brasil*. 2. ed. São Paulo: Saraiva, 2018, p. 541.

[14] Garantir o acesso à justiça é a disponibilização dos meios necessários para dar tutela ao direito do jurisdicionado. "O acesso à justiça pode, portanto, ser encarado como requisito fundamental – o mais básico dos direitos humanos – de um sistema jurídico moderno e igualitário que pretende garantir, e não apenas proclamar os direitos de todos" (CAPPELLETTI, Mauro; GARTH, Bryant. *Acesso à justiça*. Tradução de Ellen Gracie Northfleet. Porto Alegre: Fabris, 1988. p. 12).

[15] SARLET, Ingo Wolfgang; MARINONI, Luiz Guilherme; MITIDIERO, Daniel. *Curso de direito constitucional*. 7. ed. São Paulo: Saraiva, 2018, p. 859.

[16] SUPREMO TRIBUNAL FEDERAL. *Justiça aberta*. Decisões colegiadas. Disponível em: https://transparencia.stf.jus.br/extensions/decisoes/decisoes.html. Acesso em 30 jul. 2024.

A ampliação do Plenário Virtual e outras inovações institucionais promovidas pelo Ministro Dias Toffoli foram fundamentais para a adaptação da Suprema Corte às novas realidades impostas pela pandemia. Essas mudanças demonstraram a capacidade de o Tribunal se reinventar e continuar a servir ao país mesmo em momentos de grande adversidade.

As inovações ocorridas durante a presidência do Ministro Dias Toffoli no Supremo Tribunal Federal são um verdadeiro legado de sua gestão, que devem servir como exemplo para os demais Tribunais. A modernização e a transparência promovidas por essas medidas, bem como o respeito às prerrogativas dos advogados, que jamais podem ser negligenciadas, são essenciais para a eficiência e a legitimidade do Judiciário brasileiro, como comprovou o STF no período de adaptação e enfrentamento do cenário pandêmico.

2 A defesa da democracia em tempos de crise: o Inquérito das *Fake News*

A gestão do Ministro Dias Toffoli no Supremo Tribunal federal também foi marcada por uma defesa resoluta da democracia, especialmente em um período de intensos ataques às instituições democráticas. Nesse contexto, o Inquérito das *Fake News* teve um papel crucial na proteção do STF e das instituições republicanas.

Instaurado em março de 2019, o Inquérito das *Fake News* foi uma resposta direta às ameaças representadas pela disseminação de informações falsas e discursos de ódio dirigidos contra o Supremo Tribunal Federal e seus Ministros. O fenômeno das *fake news*, amplamente disseminado pelas redes sociais, representava um perigo real à estabilidade das instituições democráticas e ao Estado de Direito.

As *fake news*, longe de serem simples equívocos informativos, configuravam-se como uma estratégia orquestrada para minar a confiança pública nas instituições democráticas e desestabilizar a ordem estabelecida. Durante esse período, por meio do Inquérito, buscou-se identificar e responsabilizar aqueles que promoviam ataques coordenados contra o Supremo Tribunal Federal.

A decisão de instaurar o inquérito foi corajosa e necessária, ainda que alvo de duras críticas. Os principais argumentos contra o inquérito eram a suposta violação da liberdade de expressão e a dualidade de papéis que o Supremo estava supostamente assumindo.[17]

No entanto, é imprescindível compreender que a liberdade de expressão não é um direito absoluto e deve ser exercida de maneira responsável, sem incitar ódio ou disseminar desinformação. O próprio Supremo Tribunal Federal já reafirmou, em inúmeros julgados,[18] que a liberdade de expressão possui limites, especialmente

---

[17] As críticas voltadas à violação da liberdade de expressão destacavam que o Inquérito poderia coibir opiniões legítimas e dissidências políticas, enquanto a dualidade de papéis afirmava que o Supremo estava atuando, simultaneamente, como réu, acusador e julgador, suscitando dúvida quanto à conformidade com o princípio do devido processo legal.

[18] "Ninguém tem o direito de atassalhar a honra alheia, nem de proferir doestos ou de vilipendiar o patrimônio moral de quem quer que seja! A liberdade de palavra, expressão relevante do direito à livre manifestação do pensamento, não se reveste de caráter absoluto, pois sofre limitações que, fundadas no texto da própria Constituição da República (...)" (BRASIL. Supremo Tribunal Federal. Voto do Ministro Celso de Mello no Agr. Req. no Inquérito nº 4.435. Brasília, DF, 2019).

quando seu exercício coloca em risco outros direitos fundamentais e a própria ordem democrática. A bem da verdade, a liberdade de expressão não abrange a violência.[19]

Caminhando nesse mesmo sentido, vale citar o voto do Juiz Oliver Wendell Holmes Jr., proferido em 1919, no julgamento do caso *Schenk v. United States* (249 U.S. 47, 52), quando, ao pronunciar-se sobre o caráter relativo da liberdade de expressão, tal como protegida pela Primeira Emenda à Constituição dos Estados Unidos da América, acentuou que "A mais rígida proteção da liberdade de palavra não protegeria um homem que falsamente gritasse fogo num teatro e, assim, causasse pânico".

Além disso, não houve a ocorrência de dualidade de papéis durante o Inquérito, visto que se tratou de uma investigação preliminar destinada a remeter os autos ao Ministério Público competente, seja à Procuradoria-Geral da República ou ao Ministério Público Estadual.[20]

Embora tenha sido alvo de controvérsias, a condução do inquérito pelo Supremo encontra respaldo na necessidade de proteger a integridade das instituições em casos de ameaças graves e coordenadas contra a democracia, ao passo que houve omissão dos órgãos de controle tradicionais, como o Ministério Público e a Polícia Federal.[21]

A filósofa Hannah Arendt, em suas reflexões sobre a verdade e a política, adverte sobre os perigos não apenas da manipulação da verdade, mas também da proliferação de mentiras no espaço público. Arendt sublinha que a mentira deliberada tem o potencial de destruir a própria realidade factual, desestabilizando a base sobre a qual se assentam as democracias.[22]

No entanto, Arendt vai além ao abordar o conceito de "mentira organizada", uma prática sistemática e coordenada que busca reescrever a realidade e, assim, minar a confiança pública nas instituições democráticas.[23]

A mentira organizada não é apenas um conjunto de falsidades espalhadas de maneira aleatória; é uma estratégia bem articulada para criar uma narrativa alternativa que distorce a percepção pública dos fatos. Arendt argumenta que essa forma de manipulação pode ser mais perigosa do que a mentira isolada, pois envolve um esforço contínuo e estruturado para suprimir a verdade e impor uma falsa realidade. Esse tipo

---

[19] MENDES, Gilmar Ferreira; BRANCO, Paulo Gustavo Gonet; COELHO, Inocência Mártires. *Curso de direito constitucional*. 13. ed. São Paulo: Saraiva, 2018.

[20] BRASIL. Supremo Tribunal Federal. *Pronunciamento do Ministro Gilmar Mendes quando do julgamento Arguição de Descumprimento de Preceito Fundamental nº 572/DF*. Brasília, DF, 2021.

[21] O Ministro Edson Fachin, durante o julgamento de validação do inquérito, destacou ainda que a situação era de maior gravidade, uma vez que os ataques eram direcionados à independência do Poder Judiciário, possibilitando a utilização do Regimento Interno como instrumento de defesa institucional. (BRASIL. Supremo Tribunal Federal. *Voto do Ministro Edson Fachin na Arguição de Descumprimento de Preceito Fundamental nº 572/DF*. Brasília, DF, 2021).

[22] ARENDT, Hannah. *Entre o passado e o futuro*. Tradução de Mauro W. Barbosa de Almeida. São Paulo: Perspectiva, 2016.

[23] Diferente da mentira tradicional, a mentira organizada não só nega, mas também busca destruir aquilo que nega; tende a enganar tanto o próprio mentiroso – alinhando sua crença ao seu discurso – quanto seus aliados, que inicialmente deveria proteger. À medida que surgem inconsistências no discurso, novas mentiras são criadas para manter a coerência; e, com tantas alterações em relação aos fatos e à mentira original, forma-se uma nova narrativa factual completamente desconectada da realidade. (ARENDT, Hannah. Verdade e política. *In*: AREDNT, Hannah. *Entre o passado e o futuro*. São Paulo: Perspectiva, 2016).

de desinformação coordenada pode corroer os alicerces da democracia ao substituir a verdade pelo engano sistemático.[24]

Nesse sentido, o Inquérito das *Fake News* pode ser considerado como medida necessária e urgente para proteger a verdade factual e, consequentemente, a democracia brasileira. Ao investigar e responsabilizar aqueles que disseminam desinformações de forma organizada, o inquérito serve como meio não apenas de punir os indivíduos envolvidos, mas também para desmontar as estruturas que sustentam a mentira organizada.

O Ministro Dias Toffoli, além de determinar a instauração do inquérito, foi ativo na coordenação das ações necessárias para sua efetividade. Em diversas manifestações públicas, enfatizou a importância do combate à desinformação para a preservação da democracia.

Essa iniciativa foi crucial para preservar a integridade das instituições e garantir que o espaço público continue sendo um terreno fértil para o debate democrático baseado em fatos.

Dentro desse ponto, pode-se concluir que o Inquérito das *Fake News*, ao ser utilizado para o combate da disseminação de desinformação e discursos de ódio, funcionou como contrapeso a essa ameaça, buscando restabelecer a confiança na informação verdadeira e nos processos democráticos.

Portanto, a iniciativa do Ministro Dias Toffoli ao instituir o Inquérito das *Fake News* não só responde a um fenômeno contemporâneo, mas também se alinha com as profundas reflexões de Arendt sobre a verdade e a política.

Em tempos de crise, a defesa da realidade factual torna-se essencial para a manutenção da democracia, e o combate à mentira organizada consubstancia uma batalha indispensável para garantir que as instituições democráticas possam continuar a funcionar de maneira justa e transparente.[25]

Por meio do Inquérito, revelou-se a complexidade do fenômeno das *fake news* e a necessidade de uma abordagem institucional robusta e contundente para combatê-lo. A defesa da integridade do STF e das instituições republicanas, promovida pelo Ministro Dias Toffoli, foi um marco na história recente da Corte, demonstrando a importância de uma atuação firme e determinada em defesa da democracia.

Os ataques que levaram à abertura do Inquérito das *Fake News* concretizaram-se de maneira ainda mais grave no ataque sofrido pelo Supremo Tribunal Federal em 8 de janeiro de 2023. Naquele evento, manifestantes invadiram e vandalizaram a sede do Supremo Tribunal Federal, em uma tentativa de desestabilizar a ordem democrática e

---

[24] Como destaca Arendt, "o que convence as massas não são os fatos, mas a coerência com o sistema do qual esses fatos fazer parte". Logo, as *fake news* são capazes de inventar e destruir os fatos, sob o domínio público, da história e realidade, alterando a verdade pelo engano. (ARENDT, Hannah. *Origens do totalitarismo*. Tradução de Roberto Rapouso. São Paulo: Companhia das Letras, 2016, p. 401).

[25] A mentira organizada é uma herança do totalitarismo que pode se espalhar de maneira tão intensa quanto as ideologias, ameaçando a existência do próprio espaço político. Segundo Pereira, "A instrumentalização moderna da mentira na política atenta inclusive contra a realidade; ela implica uma forma de tornar 'verdade' uma mentira, uma falsidade. O risco está no apagamento da linha demarcatória entre ficção e realidade. É por essa razão que a instrumentalização da mentira, como mentira organizada, mira a possibilidade de apagar fatos testemunhados e conhecidos. A intenção de ser uma mentira geral, de massa, toca justamente no aparato que é o garantidor da realidade, o aparecer relacional dos fatos". (PEREIRA, Geraldo Adriano Emery. *O problema da verdade na obra de Hannah Arendt*. Tese (Doutorado) – UFMG, Belo Horizonte, 2017, p. 93)

intimidar os Ministros da Corte. Esse episódio evidenciou a necessidade contínua de medidas firmes para proteger as instituições democráticas contra ameaças internas e externas.

A atuação do Ministro Dias Toffoli foi decisiva durante esse momento crítico. Ao defender a instauração do inquérito, Toffoli sublinhou a importância de salvaguardar a democracia brasileira dos ataques coordenados que buscavam desestabilizar as instituições democráticas, destacando que o Supremo deveria agir de maneira firme e resoluta para garantir que a disseminação de mentiras e discursos de ódio não comprometessem a confiança pública nas instituições.[26]

Em manifestação no Senado Federal, o Ministro Dias Toffoli destacou o papel crucial do Supremo no equilíbrio da República e na manutenção da paz social, sublinhando que o Judiciário deve pacificar os conflitos que surgem na sociedade. Esta visão de responsabilidade e compromisso com a democracia foi refletida na instauração do Inquérito das *Fake News*, uma medida essencial para proteger a integridade das instituições republicanas contra a desinformação coordenada.[27]

Suas ações durante um período de intensa crise demonstraram a importância de uma liderança forte e visionária, capaz de adaptar-se às novas realidades e de proteger pilares fundamentais do Estado de Direito. O legado de Toffoli serve como um exemplo a ser seguido por futuras gestões do STF e por todo o sistema de justiça brasileiro.

Conclusão

A trajetória do Ministro Dias Toffoli no Supremo Tribunal Federal é um testemunho eloquente de sua dedicação à justiça, à inovação e à defesa firme da democracia.

Seus 15 (quinze) anos de atuação na mais alta corte do país refletem uma liderança marcada por decisões corajosas e transformadoras, que buscaram adaptar o Supremo às exigências contemporâneas e proteger os valores fundamentais do Estado Democrático de Direito.

A sua presidência, como não poderia deixar de ser, proporcionou um legado de inovações institucionais e de defesa da democracia em tempos de crise. As mudanças regimentais, especialmente a ampliação do Plenário Virtual, modernizaram o funcionamento da Corte, assegurando sua eficiência e transparência. Essas inovações foram fundamentais para a continuidade dos trabalhos no Supremo durante a pandemia de Covid-19, demonstrando a capacidade de adaptação e resiliência da instituição.

A modernização do funcionamento da Corte, por meio da virtualização e da maior transparência nos julgamentos, refletiu uma visão progressista e pragmática, que buscava não apenas a eficiência, mas também a democratização do acesso à justiça. As inovações promovidas não apenas mantiveram o STF operacional em um período crítico,

---

[26] Parlamentares destacam papel de Dias Toffoli em defesa da democracia e das instituições. Câmara dos Deputados, Brasília, 13 ago. 2020. Disponível em: https://www.camara.leg.br/noticias/691239-parlamentares-destacam-papel-de-dias-toffoli-em-defesa-da-democracia-e-das-instituicoes/. Acesso em: 30 jul. 2024.

[27] TOFFOLI destaca a consolidação da democracia no Brasil. Senado Notícias, 3 fev. 2020. Disponível em: https://www12.senado.leg.br/noticias/materias/2020/02/03/toffoli-destaca-a-consolidacao-da-democracia-no-brasil. Acesso em: 30 jul. 2024.

mas também serviram de modelo para outros Tribunais, consolidando um legado de modernidade e resiliência.

Paralelamente, o Ministro demonstrou uma postura invejável de defesa da democracia ao enfrentar o fenômeno das *fake news*, uma ameaça que buscava minar a confiança nas instituições democráticas. A instauração do Inquérito das *Fake News*, em março de 2019, foi uma resposta firme e necessária às campanhas coordenadas de desinformação e ódio.

Ao adotar uma postura proativa e corajosa, Toffoli revelou-se um verdadeiro guardião da verdade factual, ecoando as reflexões da filósofa Hannah Arendt sobre a importância de combater a mentira organizada. A defesa do STF e das instituições republicanas contra esses ataques reiterou a indispensabilidade de uma justiça robusta e vigilante na proteção dos pilares democráticos.

Em uma era marcada por rápidas transformações e desafios inéditos, a presidência do Ministro Dias Toffoli no Supremo destaca-se como um período de renovação e fortalecimento institucional. Suas contribuições vão além das inovações técnicas; elas incorporam um compromisso profundo com os valores democráticos e uma visão de justiça que integra modernidade e responsabilidade. Assim, o legado de Dias Toffoli no Supremo Tribunal Federal é um testemunho de liderança visionária e dedicação incansável à justiça e à democracia.

Referências

AMORIM, Filipo Bruno Silva. ADI nº 3510. A atuação da AGU na defesa das pesquisas com células-tronco. *Revista da AGU*, [S. l.], v. 11, n. 33, 2012. DOI: 10.25109/2525-328X.v.11.n.33.2012.111. Disponível em: https://revistaagu.agu.gov.br/index.php/AGU/article/view/111. Acesso em: 29 jul. 2024.

ARENDT, Hannah. *Entre o passado e o futuro*. Tradução de Mauro W. Barbosa de Almeida. São Paulo: Perspectiva, 2016.

ARENDT, Hannah. *Origens do totalitarismo*. Tradução de Roberto Rapouso. São Paulo: Companhia das Letras, 2016.

CANOTILHO, José Joaquim Gomes et al. *Comentários à Constituição do Brasil*. 2. ed. São Paulo: Saraiva, 2018.

COSTA, Francisco. Dossiê pós-verdade e jornalismo. *Revista USP*, São Paulo, n. 116, janeiro/fevereiro/março 2018.

DANTAS, Bruno. *Repercussão geral*: perspectivas históricas, dogmática e de direito comparado: questões processuais. Coordenação de Nelson Nery Jr. e Teresa Arruda Alvim Wambier. 3. ed. rev., atual. e ampl. São Paulo: Editora Revista dos Tribunais, 2012

MEDINA, Damares. *A repercussão geral no Supremo Tribunal Federal*. 2014. 246 f. Tese (Doutorado em Direito Político e Econômico) – Universidade Presbiteriana Mackenzie, São Paulo, 2014.

MENDES, Gilmar Ferreira; BRANCO, Paulo Gustavo Gonet; COELHO, Inocência Mártires. *Curso de direito constitucional*. 13. ed. São Paulo: Saraiva, 2018.

PASSOS, Hugo Assis; SANTOS, Cleopas Isaías; OLIVEIRA, João Rafael de. A ampliação da competência do plenário virtual no Supremo Tribunal Federal no cenário da crise de saúde gerada pelo Covid-19. *Revista de Direito Constitucional*, vol. I, n. I, p. 258-284, 2021. Disponível em: https://www.portaldeperiodicos.idp.edu.br/lawreview/article/download/5396/2087. Acesso em: 30 jul. 2024.

PEREIRA, Geraldo Adriano Emery. *O problema da verdade na obra de Hannah Arendt*. Tese (Doutorado) – UFMG, Belo Horizonte, 2017

SARLET, Ingo Wolfgang; MARINONI, Luiz Guilherme; MITIDIERO, Daniel. *Curso de direito constitucional*. 7. ed. São Paulo: Saraiva, 2018.

VITAL, Danilo. STJ avalia se permite que tudo seja julgado em meio virtual. *Conjur*, 30 jul. 2024. Disponível em: https://www.conjur.com.br/2024-jul-29/stj-avalia-se-permite-que-tudo-seja-julgado-em-meio-virtual/. Acesso em: 30 jul. 2024.

Informação bibliográfica deste texto, conforme a NBR 6023:2018 da Associação Brasileira de Normas Técnicas (ABNT):

COSTA, Henrique Innecco da. A presidência de Dias Toffoli no Supremo Tribunal Federal: inovações institucionais e a defesa resoluta da democracia em tempos de crise. *In*: MENDES, Gilmar Ferreira; LIRA, Daiane Nogueira de; FREIRE, Alexandre (coord.). *Constituição, democracia e diálogo*: 15 anos de Jurisdição Constitucional do Ministro Dias Toffoli. 2. ed. Belo Horizonte: Fórum, 2025. p. 705-715. ISBN 978-65-5518-937-7.

SEGURANÇA JURÍDICA – UMA NECESSIDADE DO ESTADO DE DIREITO

HUMBERTO MARTINS

1 Introdução

As instituições de Estado não prescindem da segurança jurídica, esse conceito complexo e multidisciplinar a partir do qual se torna possível conferir legitimidade, estabilidade, efetividade e eficiência às instituições democráticas.

Os gregos timbraram a segurança como elemento material fundante do Estado, estruturante da sociedade e um dos pressupostos do direito.[1] Em seu sentido "clássico", todavia, a segurança jurídica passa a incluir a proteção das legítimas expectativas dos administrados, deixando de ser somente um instituto para atendimento de necessidades básicas do povo ou para estruturação do Estado.

Contemporaneamente, essa última vertente tem se desdobrado, pois não basta que a segurança jurídica atribua aos poderes públicos condutas pautadas na previsibilidade e na coerência, porque é salutar que as expectativas dos administrados também sejam tuteladas contra eventuais mudanças abruptas do ordenamento. A Administração Pública tanto deve se orientar pela segurança jurídica quanto as instituições, por sua vez, precisam dar efetividade a essa mesma segurança jurídica, a qual justifica a própria existência do ordenamento jurídico.

Este texto objetiva, portanto, trazer reflexões sobre a segurança jurídica, sobre como esse princípio norteia a atuação do Estado de Direito, tutela a confiança dos administrados e traz a ideia de que, mesmo não sendo desejado um ordenamento jurídico estanque, é preciso resguardar as expectativas dos cidadãos no tocante à razoável estabilidade desse ordenamento.

---

[1] GÓMEZ LEE, Iván Darío. *La seguridad jurídica*. v. II. Bogotá: Universidad Externado de Colombia, 2017. p. 28 e ss.

2 Segurança jurídica

2.1 Elementos conceituais

A doutrina dedica-se ao conceito de segurança jurídica, mas não sem antes percorrer suas bases, sua fundamentação, para, a partir desse estágio, formular uma pertinente conceituação.[2] Essa etapa conceitual permite a inferência de elementos relevantes para a compreensão do funcionamento da segurança jurídica nos dias de hoje.

Sob a perspectiva dinâmico-intertemporal, a segurança jurídica apresenta, essencialmente, dois aspectos: (i) um dos aspectos da segurança jurídica reporta-se ao passado (imutabilidade x confiabilidade), enquanto (ii) o outro aspecto se volta para o futuro (previsibilidade x calculabilidade). Nesse sentido, a segurança jurídica traz em seu bojo, simultaneamente, um ideal de estabilidade de certas normas (*passado*), mas também alimenta um ideal de estabilidade que somente poderá ser proporcionado por novas mudanças (*futuro*).

Como leciona Humberto Ávila, de um lado, a segurança jurídica protege situações consolidadas e, de outro, permite que o ordenamento jurídico tenha continuidade e dinamismo, ainda que para isso seja necessário, por exemplo, o estabelecimento de regras de transição e cláusulas de equidade.

> A palavra mais consistente para denotar esse sentido é, assim, "confiabilidade", compreendida como a exigência de um ordenamento jurídico protetor de expectativas e garantidor de mudanças estáveis. Essa relação recíproca entre estabilidade e mudança foi bem percebida por Cavalcanti Filho: "É assim inevitável que haja uma margem de incerteza e de insegurança no Direito, pois de outra forma se tornaria ele um instrumento de estagnação social."
> Nessa segunda significação a segurança jurídica apenas estabelece exigências relativamente à transição do Direito passado ao Direito futuro. Não uma imutabilidade, portanto, mas uma estabilidade ou racionalidade da mudança, que evite alterações violentas.[3]

É possível dizer, na contemporaneidade, que a segurança jurídica abrange a compreensão de que, ao lado de uma necessária permanência de atos e decisões dos poderes públicos, existe (i) a confiança dos administrados de que, para além dos direitos adquiridos,[4] suas legítimas expectativas estarão a salvo de mudanças repentinas na administração, ou seja, de que é viável confiar na (ii) razoável estabilidade dos provimentos administrativos (em sentido amplo).

É essa dualidade que, atando uma e outra vertente, integra o conceito de segurança jurídica, a qual, em uma visão objetiva, incide sobre a própria garantia da ordem jurídica, mas, em seu prisma subjetivo, ampara as expectativas legítimas dos cidadãos nos atos e nas promessas do Estado.

---

[2] ÁVILA, Humberto. *Teoria da segurança jurídica*. 5. ed. rev., atual. e ampl. São Paulo: Malheiros, 2019. p. 115 e ss.
[3] ÁVILA, Humberto. *Teoria da segurança jurídica...*, p. 142.
[4] MEDAUAR, Odete. *Direito administrativo moderno*. 6. ed. São Paulo: Revista dos Tribunais, 2002. p. 247.

2.2 Função da segurança jurídica

2.2.1 Segurança jurídica como proteção da confiança

Em tese, seria questionável se a estabilidade inicialmente defendida pela segurança jurídica teria o potencial de resultar no engessamento da estrutura administrativa e, de modo mais específico, do ordenamento jurídico, tornando-se, por conseguinte e em uma perspectiva paradoxal, penosa para o atendimento das legítimas expectativas daqueles que confiam no Estado.

Essas são, todavia, condições factuais que, a despeito da dualidade aparente, proporcionam à segurança jurídica condições de se manifestar ainda que com vetores paradoxais, isto é, os atos e as decisões dos poderes públicos devem observar certa constância, mas esse mesmo arcabouço de atos e decisões também deve seguir uma linha dinâmica e funcional para atender aos reclamos da sociedade complexa.

É essa condição que explica a razão pela qual a segurança jurídica envolve, como exigência social cada vez mais crescente, a denominada "proteção da confiança" ou "tutela das legítimas expectativas" almejadas pelos administrados, a fim de que exista uma relativa continuidade do ordenamento jurídico; contudo, paralelamente, para o próprio bem dos administrados, esse ordenamento jurídico não deve ser anacrônico, uma vez que, não somente sua estabilidade, como também suas mudanças pontuais o habilitam para servir à sociedade cada vez mais calcada na complexidade.

Pode-se afirmar, pois, que a segurança jurídica interna (atividade estatal básica) não se refere apenas ao direito, mas também a outras ciências sociais e campos de atuação, a exemplo de quando ela serve de ferramenta integrante do desenvolvimento do próprio país. Essa multidisciplinaridade é essencial porque a formação do Estado decorre de um imperativo antropológico de segurança (em sentido amplo) pleiteada pela sociedade, sendo o arcabouço legislativo somente um dos exemplos de construção que decorre da exigência social por segurança (no caso, jurídica).[5]

3 Estado de Direito e suas bases na segurança jurídica

Segundo Paulo Bonavides, em sentido amplo, "[e]xiste garantia sempre em face de um interesse que demanda proteção e de um perigo que se deve conjurar" (*gewährengewähr-leistung*),[6] ou seja, a garantia (em sentido amplo) exerce uma função de segurança diante da fragilidade de determinados interesses. Na perspectiva político-jurídica, o

---

[5] "[O] ser humano busca constantemente obter segurança, apoiar-se naquilo que seja seguro, sendo este um imperativo psicológico imanente à sua essência, donde não tem como dela fugir. Visto que o Direito é uma disciplina da conduta humana, resulta que jamais poderia afastar-se do que seja uma sua inerência. Logo, haveria obrigatoriamente de refletir em si este traço concordante com a composição da estrutura psicológica dos seres humanos. (...) Ocorre, demais disso, e acima de tudo, que o Direito é em si mesmo um projeto de implantação da segurança. (...) Eis, pois, que a essência do Direito é firmar previamente os efeitos que associará aos comportamentos tais ou quais, de maneira a outorgar aos membros do corpo social a segurança que daí resultará. Desarte, a ordem jurídica constitui uma prévia rede de segurança para a conduta dos indivíduos, afastando liminarmente qualquer imprevisto ou surpresa que poderia lhes advir se não existisse esta preliminar notícia sobre o alcance de sua atuação futura" (MELLO, Celso Antônio Bandeira de. Estado de Direito e segurança jurídica. *In*: VALIM, Rafael; OLIVEIRA, José Roberto Pimenta; POZZO, Augusto Neves dal (coord.). *Tratado sobre o princípio da segurança jurídica no direito administrativo*. Belo Horizonte: Fórum, 2013. p. 41).

[6] BONAVIDES, Paulo. *Curso de direito constitucional*. 28. ed., atual. São Paulo: Malheiros, 2013.

sentido de garantia assume ainda uma complexidade e uma amplitude maiores, haja vista que os interesses que ela protege costumam abranger valores elevados, a exemplo dos valores da liberdade e da personalidade.

Nesse contexto, a garantia como *meio de defesa* relaciona-se diretamente com o direito da pessoa individual ou do grupo social, mas com ele estabelece também uma sensível diferença. Melhor dizendo, *direitos* e *garantias* são inconfundíveis na técnica (nem toda garantia traduz uma garantia constitucional)[7] e, além disso, a Constituição opera, inclusive, como uma garantia de si mesma.[8]

A propósito, a Constituição brasileira de 1891 trazia implícita a ideia de "garantias constitucionais"; porém, é com a Constituição de 1988 que essa mesma expressão assume um sentido atual e amplamente difundido no ordenamento pátrio contemporâneo:

> O ponto de destaque donde deriva a superioridade e o avanço da Carta de 1988, sobre quantas a antecederam, desde o império até aos nossos dias, jaz na declaração de direitos fundamentais da primeira e da segunda gerações, direitos civis e políticos e direitos sociais, constantes, respectivamente, dos artigos 5º e 6º da Carta Magna. Não se trata apenas de meros enunciados, mas de um discurso pragmático, de direito, de eficácia, validade e aplicabilidade, rodeados de *garantias constitucionais*; direitos fundamentais acima de tudo, de substrato e natureza principiológica. O revestimento principiológico da Carta culmina com princípios que representam a revolução da normatividade das Constituições, e as fizeram passar decisivamente, num definitivo avanço da teoria, do patamar político para o patamar jurídico. *As Constituições já não se inclinam simplesmente a distribuir competências e organizar poderes, mas de preferência a concretizar direitos humanos fundamentais e a fazer mais sólidas as garantias constitucionais desses direitos.* Este, poder-se-á dizer, é o constitucionalismo de última geração, que ultrapassou, por inteiro, o da velha escola liberal.[9] (Grifou-se.)

O *direito* apresenta uma norma de conteúdo declaratório (declara um bem, um interesse ou uma vantagem, como o direito à vida, o direito à saúde, o direito à propriedade, o direito à informação).

Por sua vez, a *garantia* representa uma norma de conteúdo assecuratório cuja função é assegurar a fruição do direito declarado (o *habeas data*, por exemplo, é uma garantia do direito de acesso a informações). Ao falar-se em "garantias constitucionais", está-se a referir às mais elevadas garantias do ordenamento jurídico nacional.[10] Isso pode parecer

---

[7] BONAVIDES, Paulo. *Curso de direito constitucional...*, p. 541-542.

[8] Nesse sentido: CANOTILHO, J. J. Gomes; MOREIRA, Vital. *Fundamentos da Constituição*. Coimbra: Coimbra, 1991. p. 42.

[9] Trecho de entrevista concedida pelo jurista Paulo Bonavides ao *Jornal Diário do Nordeste*. Disponível em: https://oab.jusbrasil.com.br/noticias/106500/integra-da-entrevista-do-jurista-paulo-bonavides. Acesso em: 31 jan. 2021.

[10] Para Ingo Sarlet: "[É] preciso esclarecer que do ponto de vista de sua condição de direitos fundamentais no sentido ora sustentado, não existe diferença entre direitos e garantias, pois embora o termo garantias assuma uma feição de caráter mais instrumental e assecuratório dos direitos, como é o caso, de modo especial, das garantias processuais materiais (devido processo legal, contraditório) e das assim chamadas ações constitucionais, em verdade se trata de direitos-garantia, pois ao fim e ao cabo de direitos fundamentais. Apenas para ilustrar, existe um direito subjetivo e fundamental a, preenchidos os pressupostos, impetrar um mandado de segurança ou injunção (que, por sua vez, são consagrados por normas imediatamente aplicáveis e integram as 'cláusulas pétreas' da CF), assim como existe um direito fundamental ao contraditório e à ampla defesa, e assim por diante. Mas também isso, até mesmo por já ser de amplo conhecimento, não poderá aqui ser aprofundado" (SARLET, Ingo Wolfgang. Conceito de direitos e garantias fundamentais. *Enciclopédia jurídica da PUC-SP*. Celso Fernandes Campilongo, Alvaro de Azevedo Gonzaga e André Luiz Freire (coords.). Tomo: Direito Administrativo e Constitucional. Vidal Serrano Nunes Jr., Maurício Zockun, Carolina Zancaner Zockun, André Luiz Freire (coord. de tomo). 1. ed. São

elementar, mas *direito* e *garantia* são terminologias constantemente confundidas na prática (embora o rigor científico da correta diferenciação entre elas seja imprescindível).

Ainda que uma garantia fracasse, remanescerá o direito correspondente; mesmo que uma garantia esteja suspensa, não estará suprimido o direito correspondente;[11] e, desse modo, haverá sempre uma garantia mais potente para salvaguardar aquela garantia ignorada e para tornar possível aquele direito não atendido.

Contudo, se o direito previsto na Constituição subsiste à garantia constitucional, poder-se-ia questionar sobre a verdadeira necessidade dessa garantia constitucional, mas é exatamente ela que torna os direitos constitucionais objeto de efetividade. Nesse sentido, é a opinião de Bonavides:

> Tornou-se a concretização de tais garantias num certo sentido mais importante ou tão importante quanto os próprios direitos contidos na Constituição ou por esta enunciados. Sem as garantias constitucionais os direitos contidos em declarações formais cairiam no vazio das esferas abstratas, ou perderiam o fio institucional de contato com a realidade concreta, aquela que deverá propiciar em termos de eficácia a fruição completa das liberdades humanas. De nada valeriam os direitos ou as declarações de direitos se não houvesse pois as garantias constitucionais para fazer reais e efetivos esses direitos. A garantia constitucional é, por conseguinte, a mais alta das garantias de um ordenamento jurídico, ficando acima das garantias legais ordinárias em razão da superioridade hierárquica das regras da Constituição, perante as quais se curvam, tanto o legislador comum, como os titulares de qualquer dos Poderes, obrigados ao respeito e acabamento de direitos que a norma suprema protege.[12]

Em decorrência dessas considerações, é possível asseverar que as garantias constitucionais se vinculam a duas significações básicas: a *acepção lata*, na qual as garantias constitucionais funcionam como uma garantia ampla da própria Constituição; e a *acepção estrita*, em que as garantias constitucionais atuam para tutelar direitos subjetivos expressos ou outorgados na Constituição, servindo-se, para tanto, de remédios jurisdicionais eficazes para a proteção desses direitos.[13]

De acordo com sua *acepção lata*, as garantias constitucionais conferem eficácia e estabilidade[14] à Constituição, prevenindo e evitando que toda sorte de desequilíbrios atinja a higidez da ordem constitucional. A reforma constitucional é, por exemplo, uma das maiores ferramentas postas à disposição da segurança e da permanência do Estado de Direito. Existem também mecanismos mais excepcionais, os quais tendem a assegurar a manutenção das estruturas do regime e o sistema institucional (como nas hipóteses de decretação de estado de sítio).

Paulo: Pontifícia Universidade Católica de São Paulo, 2017. Disponível em: https://enciclopediajuridica.pucsp.br/verbete/67/edicao-1/conceito-de-direitos-e-garantias-fundamentais. Acesso em: 30 jul. 2023).

[11] "[A] contribuição das contribuições para dissipar a confusão da garantia com o direito partiu de Carlos Rébora, o qual, depois de assinalar que as garantias funcionam em caso de desconhecimento ou violação do direito, asseverou: 'O fracasso da garantia não significa a inexistência do direito; suspensão de garantias não pode significar supressão de direitos'" (BONAVIDES, Paulo. *Curso de direito constitucional...*, p. 543).

[12] BONAVIDES, Paulo. *Curso de direito constitucional...*, p. 548.

[13] BONAVIDES, Paulo. *Curso de direito constitucional...*, p. 549.

[14] "A garantia da continuidade não visa à existência do direito uma vez dado; ela parte, ao contrário, do desenvolvimento do direito, mas pede que ele resulte 'contínuo', ou seja, constante e consequente, evitando modificações abruptas, a saltos ou discordantes" (MAURER, Hartmut. *Contributos para o Direito do Estado*. Tradução: Luís Afonso Heck. Porto Alegre: Livraria do Advogado, 2007. p. 60).

À luz de sua *acepção estrita*, as garantias constitucionais buscam proteger, direta e imediatamente, os direitos humanos fundamentais, inclusive em sua relação com direitos transindividuais, difusos, coletivos e individuais homogêneos, valendo-se aquelas de remédios jurisdicionais específicos e descritos no próprio texto constitucional.

Traçado o panorama sobre a importância de ambas as acepções de garantia constitucional, é crescente o desenvolvimento dessas garantias que se dedicam a assegurar direitos humanos fundamentais, o que, sem dúvida, acaba por complementar a própria garantia de estabilidade da Constituição e do Estado Democrático de Direito. Quanto a esse particular, a doutrina esclarece:

> A garantia constitucional nesta última acepção [estrita] é em geral entendida, não somente como garantia prática do direito subjetivo, garantia que de perto sempre o circunda toda vez que a uma cláusula declaratória do direito corresponde a respectiva cláusula assecuratória, senão também como o próprio instrumento (remédio jurisdicional) que faz a eficácia, a segurança e a proteção do direito violado.
> Assim estabelecida, temos visto nos ordenamentos constitucionais contemporâneos crescer de importância a figura da garantia constitucional, que repercute não somente no campo do direito constitucional de amplitude clássica, senão também que se dilata à esfera do direito processual, atraindo-o, no tocante à tutela jurisdicional da liberdade e dos direitos fundamentais, para o vasto território onde se renova e amplia cada vez mais o estudo da matéria constitucional.[15]

Tendo passado por longo processo evolutivo, as garantias constitucionais deixaram de ser apenas um trunfo do cidadão *contra* o Estado, assumindo elas também o papel de garantias, conjuntamente, da Constituição e dos cidadãos *no* Estado. Esse patamar de evolução torna possível um Estado harmônico com a Constituição e suas proposições[16] e um Estado atuante dentro de seus fins mais lídimos.

Notem-se, neste ponto, a complexidade e a profundidade que envolvem as garantias constitucionais: a atuação estatal será tanto mais legítima quanto mais pautada no respeito às garantias constitucionais (ampla e estritamente consideradas), ou seja, a atuação do Estado tem legitimidade quando sua presença ou intervenção objetivar a defesa da Constituição e a proteção da higidez e do respeito dos direitos fundamentais.[17]

Aliás, este é um dos motivos pelos quais se defende a relevância da constante composição entre as garantias constitucionais e o Estado de Direito,[18] como *conditio sine qua non* da liberdade e da tutela dos direitos humanos:

---

[15] BONAVIDES, Paulo. *Curso de direito constitucional...*, p. 549-550.
[16] BONAVIDES, Paulo. *Curso de direito constitucional...*, p. 550.
[17] BONAVIDES, Paulo. *Curso de direito constitucional...*, p. 550.
[18] O entendimento de Paulo Bonavides encontra consonância na doutrina internacional, como se pode observar da opinião de Luigi Ferrajoli: "[N]o âmbito do Estado, as democracias constitucionais são incompletas em muitos aspectos quanto aos densos catálogos de princípios e direitos estabelecidos por suas constituições rígidas. Em vários ordenamentos, as garantias primárias necessitam que se reconheça primeiramente a tutela de muitos direitos sociais. E elas necessitam ainda de técnicas jurídicas idôneas para determinar que os poderes públicos formulem e apresentem essas garantias. Em muitos casos, necessitam inclusive de técnicas de garantia adequadas para prevenir ou reparar o desmantelamento, em curso em muitos países, de garantias sociais já existentes. Por outro lado, no tocante aos direitos de liberdade, as garantias primárias clássicas de proibição de suas lesões e as garantias secundárias de condenação de crimes praticados contra elas e a anulação de regras com as quais elas possam estar em conflito são totalmente inadequados para que tais garantias estejam protegidas contra velhas e novas violações, oriundas não apenas dos poderes políticos, mas também dos grandes poderes

Por aí se percebe a amplitude das garantias constitucionais, bem como seu valor instrumental de meio defensivo, invariavelmente vinculado a uma prestação do Estado, ou seja, dos poderes públicos, quer pela via constituinte constituída (a reforma da Constituição pelo Legislativo), quer pelas vias regulares e ordinárias de exercício da função jurisdicional (Poder Judiciário). Mas não é possível fazê-las eficazes senão num ordenamento que concretize em toda a plenitude os postulados do Estado de Direito, sem os quais nem vinga a liberdade nem os direitos humanos têm adequada proteção".[19]

O panorama das garantias constitucionais tem um porquê. Ocorre que o Estado de Direito mantém uma estreita relação com a segurança jurídica, de modo que ele pode ser compreendido como o Estado submetido ao ordenamento jurídico (à Constituição, principalmente) e que, por isso, deve se conduzir, positiva ou negativamente, sempre pautado no direito. Assim, a atuação do Estado de Direito depende de um ordenamento jurídico cujas normas, quando violadas, são capazes de deflagrar a responsabilidade do ente estatal.[20]

Ao orientar-se pela Constituição, o Estado de Direito deve proteger o povo, o qual, a seu tempo, tem direitos e garantias assegurados (por aquele texto fundamental) diante de condutas e atos violadores do ordenamento jurídico – eventualmente praticados por indivíduos, por órgãos ou agentes estatais contra o titular do direito em questão.

Sob esse prisma, muitos acreditam que a segurança jurídica pode representar um princípio derivado do princípio do Estado de Direito, quando, então, é vista sob duas perspectivas: uma *objetiva*, que confere previsibilidade e irretroatividade aos atos estatais; e outra *subjetiva*, que protege a confiança legítima dos cidadãos nesses mesmos atos e condutas estatais.

Essa é a justificativa para parte da doutrina falar que do Estado de Direito advém o *princípio da segurança jurídica*, pressuposição fundamental que é garantidora não apenas do cumprimento da lei, mas também dos legítimos anseios dos administrados em relação aos atos e às condutas estatais. A segurança jurídica orienta, no entanto, a atuação dos poderes públicos à realização dos fins do Estado de Direito (poderes dentre os quais está aquele incumbido da jurisdição propriamente dita, que é o Poder Judiciário), conquanto não seja um mero fim do Estado do Direito.

Como se infere de seu preâmbulo, a Constituição de 1988 atribui fundamentalidade à segurança jurídica no âmbito do Estado Democrático de Direito. Esse, por sua vez, está "destinado a assegurar o exercício dos direitos sociais e individuais, a liberdade, a

---

econômicos privados. (...) Todas essas lacunas e aspectos da ineficácia impostas às garantias constitucionais devem, portanto, ser entendidos como múltiplas causas de ilegitimidade. Podemos, de fato, identificar o grau de legitimidade do ordenamento de uma democracia constitucional com o grau de eficácia das garantias dos direitos constitucionalmente instituídos, e identificar ilegitimidade com suas violações ou – pior – com sua lacuna" (FERRAJOLI, Luigi. Las garantías constitucionales de los derechos fundamentales. *DOXA – Cuadernos de Filosofía del Derecho*, 29, p. 15-31, 2006, p. 31).

[19] BONAVIDES, Paulo. *Curso de direito constitucional*..., p. 550.

[20] "A constituição impõe ao Estado e aos indivíduos obediência a suas normas. Ademais, atribui ao ente estatal determinado poder – o poder público – para que regule a vida comunitária, enquanto confere aos indivíduos os chamados direitos individuais para que conservem um equilíbrio ante o poder estatal. Contudo, como a Constituição é o instrumento pelo qual o povo firma expressamente sua superioridade em face do Estado (tornando este um Estado de Direito), deve-se ver se tal circunstância programática realmente guarda correspondência com as normas constitucionais concretas" (GORDILLO, Agustín. *Tratado de derecho administrativo* – y obras selectas, t. 5, Primeras Obras. Buenos Aires: Perrot, 1962. p. 36-37, tradução livre).

segurança, o bem-estar, o desenvolvimento, a igualdade e a justiça", além de atribuir ao princípio da segurança jurídica uma necessária funcionalidade, e não apenas um dístico de mero conceito aberto.[21]

Para o direito público estrangeiro contemporâneo (em particular, o direito público alemão), o reconhecimento do princípio da segurança jurídica pelo direito de vários países fez com que a legalidade deixasse de ser vista somente como lei *stricto sensu*, passando a representar um princípio que prescinde de se tornar absoluto para, coerentemente, admitir hipóteses de *proteção da segurança jurídica dos administrados* (consubstanciada na confiança que esses particulares depositam tanto na certeza quanto na continuidade da atuação administrativa, inclusive por seus órgãos e agentes).

Com fulcro nesse raciocínio, a segurança jurídica pode ser conceituada como um princípio que, no âmbito do Estado de Direito, possibilita ao administrado prever e calcular que os atos e comportamentos dos poderes públicos (Executivo, Legislativo e Judiciário), em seu aspecto *ex ante* ou *ex post*, terão necessária previsibilidade para que não violem a Constituição, a legislação infraconstitucional e a confiança legítima. Os exemplos mais frequentes da manifestação da segurança são: a regra de vedação da retroatividade da lei mais gravosa; o princípio da anterioridade tributária; o respeito ao direito adquirido, à coisa julgada e ao ato jurídico perfeito; a observância da transparência administrativa; o dever de motivação das decisões administrativas; e a proteção das legítimas expectativas.

4 Papel dos tribunais na elevação da segurança jurídica

Alguns doutrinadores atestam que justiça e segurança jurídica vêm travando, por séculos, uma intensa batalha, indagando sobre qual delas o direito deve garantir precipuamente: a justiça ou a segurança jurídica?[22] De fato, essa é uma verdadeira preocupação no cotidiano dos tribunais e unidades judiciárias.

Um dos indicadores de que os tribunais estão se orientando pela indispensável segurança jurídica é a precisão das decisões e a aplicação imparcial e isonômica da jurisprudência consolidada. Esses indicadores, no entanto, também descortinam um paradoxo enfrentado pelas cortes de justiça: por um lado, é desejável a continuidade jurisprudencial e, por outro lado, a jurisprudência não deve permanecer arcaica diante da evolução do ordenamento jurídico e, principalmente, diante dos dinâmicos e variados reclamos da sociedade complexa.[23]

Como sabido, a realização de um trabalho cognoscível e confiável é tarefa inafastável dos tribunais e dos membros do Judiciário, de maneira que o equilíbrio de uma atuação jurisdicional contínua e, concomitantemente, harmônica com o mais atualizado direito tem sido um dos grandes objetivos das cortes brasileiras.

---

[21] Nesse sentido: ÁVILA, Humberto. *Teoria da segurança jurídica...*, p. 49.
[22] ABBOUD, Georges; SCAVUZZI, Maira. Ainda e sempre a segurança jurídica *versus* o ideal de justo: a relativização da coisa julgada injusta no estado democrático de direito. *In*: *Temas atuais de direito processual*: estudos em homenagem ao professor Eduardo Arruda Alvim. São Paulo: Revista dos Tribunais. p. 549-581, 2021, p. 549 e ss.
[23] LUHMANN, Niklas. *O direito da sociedade*. Tradução: Saulo Krieger. São Paulo: Martins Fontes, 2016. p. 29 e ss.

Na prática, a experiência dos tribunais revela que a segurança jurídica não pode ser tratada como um princípio estático, sob o risco de contrariar as próprias expectativas dos cidadãos num Judiciário moderno e eficiente. Nessa linha, os tribunais devem realizar os valores constitucionalmente previstos, mas também precisam acompanhar as mudanças sociais e imprimi-las à jurisprudência (confirmando-a ou revisitando-a), mas sem se descurarem da celeridade e da eficiência na prestação jurisdicional.

Por todo o seu percurso, a segurança jurídica somente tem sentido se ela se concretizar como um princípio com conteúdo dinâmico, o que exige do Poder Judiciário a implementação de ferramentas pontuais para atendê-la, tais como a atualização da jurisprudência, a modulação dos efeitos de decisões e a sistemática dos recursos repetitivos, sempre em respeito à linha diretiva traçada pelo princípio da proteção das legítimas expectativas, seja do jurisdicionado especificamente considerado, seja da sociedade como um todo.

A verdade é que o Direito pressupõe constância e durabilidade para fazer-se respeitar pela sociedade e pelo Estado, mas, quando não se adapta para melhor servir a seus destinatários, mesmo o melhor ordenamento jurídico poderá ser atropelado pelo implacável fator *tempo*, o qual faz com que uma norma que tinha total pertinência no pretérito não mais seja adequada ou suficiente para uma situação ou reivindicação social contemporânea.

A segurança jurídica é impostergável na vida em sociedade, em particular pela complexidade social hoje experimentada, na qual várias situações reais ou virtuais se tornam viáveis. Essa vida em sociedade, contudo, também requer justiça. Ao direito, compete contribuir para tornar a sociedade um pouco menos complexa e contingente, razão pela qual essa ciência, como componente essencial dos sistemas sociais, deve compreender a ideia de complexidade, mas também ter um ótimo relacionamento com os demais sistemas autônomos (político, econômico, cultural), além de, mais especificamente, apresentar um eficiente funcionamento que assegure os direitos e proteja as legítimas expectativas.

Implicitamente, a segurança jurídica demanda que o direito se relacione com a realidade, com aquilo que *é*, sob pena de ela perder sua força, sua aplicabilidade e sua confiabilidade.[24] Portanto, a segurança jurídica pressupõe uma necessária tensão entre estabilidade e flexibilidade, entre tradição e transformação. Aliás, este é um propósito indissociável da Constituição brasileira: proporcionar uma segurança jurídica que se manifeste por meio de um direito capaz de reger os destinatários de seu tempo, mas que seja, principalmente, um direito dinâmico e apto a atualizar-se sem frustrar as legítimas expectativas dos segmentos sociais diversamente configurados e de cada administrado.

---

[24] "A garantia da continuidade não visa à existência do direito uma vez dado; ela parte, ao contrário, do desenvolvimento do direito, mas pede que ele resulte 'contínuo', ou seja, constante e consequente, evitando modificações abruptas, a saltos ou discordantes" (MAURER, Hartmut. *Contributos para o Direito do Estado...*, p. 60).

5 Conclusão

Na contemporaneidade, a segurança jurídica pede um ordenamento jurídico que traga tanto elementos de positivação e estabilidade quanto de dinamismo. Os administrados demandam novos provimentos, leis e instituições, nivelando, legitimamente, suas expectativas quanto ao Estado Democrático de Direito a partir das necessidades alimentadas pela sociedade complexa.

Talvez não seja o caso, ao menos no direito brasileiro, de descrever a segurança jurídica como um postulado decorrente do Estado de Direito. Embora o Estado de Direito seja uma fonte de segurança jurídica e um meio de efetivação dessa, a expectativa de direito à segurança jurídica não se confunde com um específico fim estatal, mas é, essencialmente, um direito que requer concretização, inclusive em sua vertente material.

A despeito do modelo de Estado nas quadras históricas, a segurança jurídica foi se revelando um meio de efetivação da justiça, de proteção da própria Constituição e, em particular, de efetividade dos direitos fundamentais e de modulação temporal *in futurum* dos efeitos da anulação de condutas administrativas.

Por vias indiretas, o Estado de Direito viabiliza uma condição de previsibilidade, de estabilidade e de confiança dos administrados em seus atos e ações, enquanto a segurança jurídica também possibilita essa condição de modo mais direto.

A segurança jurídica é, portanto, um valor subjacente ao direito, abrangendo, em sua feição objetiva, direitos adquiridos ou ainda não adquiridos, além de direitos em vias de se constituírem ou com potencial de serem adquiridos. Em sua feição subjetiva, a segurança jurídica protege – em termos substanciais, procedimentais e ressarcitórios – as expectativas legítimas do administrado que confia no Estado, na boa administração pública e na atuação dos poderes constituídos, os quais devem se guiar pelos vetores da estabilidade, da previsibilidade e da proporcionalidade.

Referências

ABBOUD, Georges; SCAVUZZI, Maira. Ainda e sempre a segurança jurídica *versus* o ideal de justo: a relativização da coisa julgada injusta no estado democrático de direito. In: *Temas atuais de direito processual*: estudos em homenagem ao professor Eduardo Arruda Alvim. São Paulo: Revista dos Tribunais, 2021. p. 549-581.

ÁVILA, Humberto. *Teoria da segurança jurídica*. 5. ed. rev., atual. e ampl. São Paulo: Malheiros, 2019.

BONAVIDES, Paulo. *Curso de direito constitucional*. 28. ed., atual. São Paulo: Malheiros, 2013.

BONAVIDES, Paulo. Entrevista concedida pelo jurista e prêmio Ruy Barbosa, Paulo Bonavides, ao *Jornal Diário do Nordeste*. Disponível em: https://oab.jusbrasil.com.br/noticias/106500/integra-da-entrevista-do-jurista-paulo-bonavides. Acesso em: 28 ago. 2023.

CANOTILHO, J. J. Gomes; MOREIRA, Vital. *Fundamentos da Constituição*. Coimbra: Coimbra, 1991.

COUTO E SILVA, Almiro. Princípios da legalidade da administração pública e de segurança jurídica no Estado de Direito contemporâneo. *Revista de Direito Público*, v. 20, n. 84, p. 46-63, out./dez. 1987.

FERRAJOLI, Luigi. Las garantías constitucionales de los derechos fundamentales. *DOXA – Cuadernos de Filosofía del Derecho*, 29, p. 15-31, 2006.

GÓMEZ LEE, Iván Darío. *La seguridad jurídica*, v. II. Bogotá: Universidad Externado de Colombia, 2017.

GORDILLO, Agustín. *Tratado de derecho administrativo – y obras selectas*, t. 5, Primeras Obras. Buenos Aires: Perrot, 1962.

LUHMANN, Niklas. *O direito da sociedade*. Tradução: Saulo Krieger. São Paulo: Martins Fontes, 2016.

MAFFINI, Rafael. *Elementos de Direito Administrativo*. Porto Alegre: Livraria do Advogado, 2016.

MARTINS, Humberto. A segurança jurídica e a tensão entre tradição e novos tempos. *In*: *Segurança jurídica e Estado de direito*. Curitiba: Juruá, 2021. p. 53-58.

MAURER, Hartmut. *Contributos para o direito do Estado*. Tradução: Luís Afonso Heck. Porto Alegre: Livraria do Advogado, 2007.

MEDAUAR, Odete. *Direito administrativo moderno*. 6. ed. São Paulo: Revista dos Tribunais, 2002.

MELLO, Celso Antônio Bandeira de. Estado de Direito e segurança jurídica. *In*: VALIM, Rafael; OLIVEIRA, José Roberto Pimenta; POZZO, Augusto Neves dal (coord.). *Tratado sobre o princípio da segurança jurídica no direito administrativo*. Belo Horizonte: Fórum, 2013.

SARLET, Ingo Wolfgang. Conceito de direitos e garantias fundamentais. *Enciclopédia jurídica da PUC-SP*. Celso Fernandes Campilongo, Alvaro de Azevedo Gonzaga e André Luiz Freire (coords.). Tomo: Direito Administrativo e Constitucional. Vidal Serrano Nunes Jr., Maurício Zockun, Carolina Zancaner Zockun, André Luiz Freire (coord. de tomo). 1. ed. São Paulo: Pontifícia Universidade Católica de São Paulo, 2017. Disponível em: https://enciclopediajuridica.pucsp.br/verbete/67/edicao-1/conceito-de-direitos-e-garantias-fundamentais. Acesso em: 30 jul. 2023.

TORRES, Heleno Taveira. *Direito constitucional tributário e segurança jurídica* – metódica da segurança jurídica do sistema constitucional tributário. 3. ed., rev., atual. e ampl. São Paulo: Revista dos Tribunais, 2019.

Informação bibliográfica deste texto, conforme a NBR 6023:2018 da Associação Brasileira de Normas Técnicas (ABNT):

MARTINS, Humberto. Segurança jurídica – uma necessidade do Estado de Direito. *In*: MENDES, Gilmar Ferreira; LIRA, Daiane Nogueira de; FREIRE, Alexandre (coord.). *Constituição, democracia e diálogo*: 15 anos de Jurisdição Constitucional do Ministro Dias Toffoli. 2. ed. Belo Horizonte: Fórum, 2025. p. 717-727. ISBN 978-65-5518-937-7.

BEIJO *GAY*, IGUALDADE E LIBERDADE DE EXPRESSÃO: ANÁLISE DA SL Nº 1.248 MC

ILDEGARD HEVELYN ALENCAR BESERRA

Introdução

Em setembro de 2019, os responsáveis pela Bienal do Livro do Rio de Janeiro foram notificados pela prefeitura fluminense para que recolhessem "as obras que tratem do tema do homotransexualismo de maneira desavisada para o público jovem e infantil" que não estivessem sendo comercializadas "em embalagem lacrada, com advertência de seu conteúdo", sob pena de apreensão dos livros e da cassação da licença de funcionamento do evento. No centro da polêmica, estava a história em quadrinhos (HQ) *Vingadores – A cruzada das crianças*, vendida na bienal, cujos personagens centrais são heróis que formam um casal homossexual e aparecem se beijando (PUTTI, 2019).[1]

O Sindicato Nacional dos Editores de Livros e a empresa organizadora da bienal impetraram mandado de segurança pedindo que a prefeitura fosse compelida a não realizar a busca e apreensão de obras de temática homoafetiva e a não cassar a licença de funcionamento do evento, previsto para o período de 30 de agosto a 8 de setembro daquele ano. O desembargador relator da 5ª Câmara Cível do Tribunal de Justiça do Rio de Janeiro (TJRJ) concedeu a liminar requerida, com fundamento na "aparente afronta aos princípios constitucionais pertinentes à liberdade de expressão".

A referida decisão monocrática foi suspensa pelo presidente do TJRJ, com fundamento na proteção da criança e do adolescente, considerando especialmente o disposto nos arts. 78 e 79 do Estatuto da Criança e do Adolescente (ECA) – Lei nº 8.069/1990.[2] A

---

[1] Em 5 setembro de 2019, o então Prefeito do Município do Rio de Janeiro publicou em sua conta em uma rede social um vídeo no qual anunciava que a prefeitura havia determinado o recolhimento da HQ da Bienal do Livro do Rio de Janeiro, por "trazer conteúdo sexual para menores" (PUTTI, 2019).

[2] Segue o teor dos dispositivos do ECA que fundamentaram a decisão questionada perante o STF: "Art. 78. As revistas e publicações contendo material impróprio ou inadequado a crianças e adolescentes deverão ser comercializadas em embalagem lacrada, com a advertência de seu conteúdo. Parágrafo único. As editoras cuidarão para que as capas que contenham mensagens pornográficas ou obscenas sejam protegidas com embalagem opaca. Art. 79. As revistas e publicações destinadas ao público infanto-juvenil não poderão conter ilustrações, fotografias, legendas, crônicas ou anúncios de bebidas alcoólicas, tabaco, armas e munições, e deverão respeitar os valores éticos e sociais da pessoa e da família".

decisão foi então questionada no STF, por meio da Suspensão de Liminar (SL) nº 1.248, ajuizada pela Procuradoria-Geral da República (PGR), a qual alegou violação dos direitos à igualdade, à liberdade de expressão artística e à informação.

A ação da PGR foi ajuizada em 8 de setembro, no último dia da bienal, tendo a medida cautelar sido apreciada na mesma data pelo ministro Dias Toffoli, na qualidade de presidente do STF.[3] O ministro deferiu a liminar requerida, suspendendo a decisão do presidente do TJRJ. No mesmo dia, o ministro Gilmar Mendes deferiu medida cautelar na Reclamação (Rcl) nº 36.742, proposta pela empresa organizadora da bienal contra o mesmo ato questionado na SL nº 1.248.

Em sua decisão, o ministro Dias Toffoli assinalou que o art. 78 do ECA, que fundamentou a decisão questionada, não disciplina as publicações destinadas ao público infanto-juvenil, e sim o "material impróprio ou inadequado a crianças e adolescentes". Esclareceu que as publicações destinadas ao público infanto-juvenil são tratadas especificamente no art. 79 do ECA, o qual procurou ser taxativo quanto aos conteúdos que não poderão constar nas publicações destinadas àquele público ao definir que "não poderão conter ilustrações, fotografias, legendas, crônicas ou anúncios de bebidas alcoólicas, tabaco, armas e munições".

O ministro elucidou que não há como se extrair do ECA a necessidade de advertência nas publicações que contenham referência a relacionamentos homoafetivos. Como bem sintetizou o ministro Dias Toffoli, a decisão questionada, ao exigir que tais publicações contivessem advertência de conteúdo, "findou por assimilar as relações homoafetivas a conteúdo impróprio ou inadequado à infância e juventude". Sua Excelência destacou que a exigência configurava ofensa à legalidade estrita e ao princípio da igualdade, visto que:

> Somente àquela específica forma de relação impôs a necessidade de advertência, em disposição que – sob pretensa proteção da criança e do adolescente – *se pôs na armadilha sutil da distinção entre proteção e preconceito.*

O ministro Dias Toffoli também afastou a associação feita na decisão questionada entre o tema das relações homoafetivas e a violação aos valores éticos e sociais da pessoa e da família. No ponto, destacou que o STF reconheceu o direito à união civil entre pessoas do mesmo sexo, conferindo a elas os mesmos direitos dos casais heterossexuais (ADI nº 4.277 e ADPF nº 132, 2011).

A decisão também foi embasada na liberdade de expressão. O homenageado destacou ser esse direito um pressuposto necessário e imediato do regime democrático, o qual, em suas palavras, "pressupõe um ambiente de livre trânsito de ideias, no qual todos tenham direito a voz". O ministro citou os principais precedentes do STF acerca da matéria (lei de imprensa; manifestações pela legalização da maconha; dispensa de diploma para a profissão de jornalismo; classificação meramente indicativa de diversões públicas etc.), demonstrando, assim, que o tribunal "tem construído uma jurisprudência consistente em defesa da liberdade de expressão".

---

[3] O presidente do STF é o órgão competente para a análise da classe suspensão de liminar, por força do art. 4º, §7º, da Lei nº 8.437/1992.

A decisão em exame é dotada de notável profundidade argumentativa e relevância simbólica. Ela está alicerçada em aspectos fundamentais da democracia brasileira, em especial nos direitos à igualdade, à não discriminação e à liberdade de expressão. O presente texto analisa o quanto a decisão do ministro Dias Toffoli contribui para a concretização desses direitos, conferindo efetividade a eles, e para o esclarecimento da sociedade a seu respeito. Conforme será demonstrado, a decisão em análise integra e enriquece a jurisprudência do STF acerca dos direitos das pessoas LGBTQIAPN+[4] e da liberdade de expressão.

A decisão do ministro Dias Toffoli é aqui utilizada como fio condutor para reflexões acerca de três tópicos, que estruturam o presente texto: (i) a discriminação por orientação sexual e identidade de gênero e a importância do julgamento com perspectiva de gênero; (ii) o direito à igualdade na perspectiva do reconhecimento da diversidade; e (iii) a importância da liberdade da expressão para a democracia, com ênfase na liberdade de expressão artística, literária e afetiva.

1 Discriminação por orientação sexual e identidade de gênero e o julgamento com perspectiva de gênero

Como demonstrou o ministro Dias Toffoli, a decisão questionada na SL nº 1.248, *sob pretensa proteção da criança e do adolescente, se pôs na armadilha sutil da distinção entre proteção e preconceito*. A decisão discriminava as relações homoafetivas na medida em que as providências que determinava em relação àquelas publicações – venda com aviso sobre o conteúdo – não recaíam sobre as relações heteroafetivas. Estabeleceu-se uma hierarquia entre relações homoafetivas e heteroafetivas, na qual somente as primeiras foram consideradas censuráveis.

Dispensou-se às publicações contendo referências à homoafetividade tratamento análogo ao dispensado legalmente aos conteúdos pornográficos e obscenos (art. 78, parágrafo único) e aos anúncios de bebidas alcoólicas, tabaco ou munições (art. 79 do

---

[4] Não obstante o caso em análise se refira à discriminação contra a imagem de um casal homossexual e muitas das reflexões aqui realizadas partam dessa premissa, optei pela sigla LGBTQIAPN+ pois ela abarca pessoas das mais diversas orientações sexuais e identidades de gênero. Essa escolha terminológica fundamenta-se na premissa de que o debate acerca da igualdade e da não discriminação deve abarcar o mais amplamente possível os grupos sociais marginalizados em razão dos citados critérios. A sigla LGBT, bastante popularizada, abarca *lésbicas, gays, bissexuais, transexuais e travestis*. As demais iniciais da sigla mais atualizada significam o seguinte: queer: "pessoas que não se identificam com os padrões de heteronormatividade impostos pela sociedade e transitam entre os 'gêneros', sem necessariamente concordar com tais rótulos"; *intersexuais*: "pessoas que possuem variações biológicas não binárias. Isto é, a intersexualidade está relacionada às características sexuais biológicas, diferente da orientação sexual ou da identidade de gênero. Uma pessoa intersexo pode ser hétero, gay, lésbica, bissexual ou assexual, e pode se identificar como mulher, homem, ambos ou nenhum"; *assexuais*: "pessoas com ausência total, parcial, condicional ou circunstancial de atração sexual. A assexualidade é um termo guarda-chuva que engloba arromânticos, românticos, homorománticos, heterorománticos, biromânticos, panrománticos, demissexuais, entre outros"; *pansexuais*: "pessoas que possuem atração sexual/romântica por pessoas independentemente do sexo ou gênero das mesmas"; *não binárias*: "pessoas que não se identificam no padrão binário de gênero. A não-binariedade é um termo guarda-chuva, e engloba as identidades e expressões de gênero que fogem ao binarismo, como por exemplo agênero, gênero fluido, entre outros"; +: "utilizado para incluir outros grupos e variações de gêneros e sexualidades, dado que a sigla está em constante mudança, como por exemplo a panssexualidade e a não-binariedade". Fonte: BRASIL. UFSC Diversifica. *LGBTQIAPN+*: mais do que letras, pessoas. Disponível em: https://diversifica.ufsc.br/2021/06/25/lgbtqiapn-mais-do-que-letras-pessoas/. Acesso em: 18 ago. 2024.

ECA). A decisão do presidente do TJRJ e o ato de poder público questionado na origem são sintomáticos de uma "política cultural de aversão contra homossexuais", a qual "impulsiona comportamentos discriminatórios que partem do pressuposto de que a sociedade precisa ser *protegida* dessa categoria de pessoas" (MOREIRA, 2020, p. 623).

As pessoas LGBTQIAPN+ têm seus direitos negados ou restringidos diariamente, estando suscetíveis a todo tipo de violência pelo simples fato de serem como são. Adilson Moreira (2020, p. 629) define a discriminação por orientação sexual[5] como:

> Toda distinção, exclusão ou restrição baseada na orientação sexual dos indivíduos que tenha como resultado direto ou indireto prejudicar o acesso ou gozo igualitários dos mesmos direitos destinados a pessoas heterossexuais.

Essa discriminação está associada a uma série de elementos, dentre eles a *homofobia*, uma espécie de "comportamento discriminatório produto de condicionamentos culturais e psicológicos" (MOREIRA, 2020, p. 624). Ela está alicerçada em estereótipos sobre os homossexuais, pelos quais essas pessoas são tidas como "predadores sexuais, como indivíduos moralmente degradados, como violadores da ordem divina, como pessoas que se comportam contra a ordem natural" (MOREIRA, 2020, p. 624). A homofobia também está relacionada a uma "constelação cultural que reduz a homossexualidade a atos sexuais e que classifica os indivíduos como revoltantes e maléficos porque contaminam a sociedade como um todo" (MOREIRA, 2020, p. 624). Nossa cultura toma a heterossexualidade como identidade compulsória, de maneira que orientações sexuais diversas são tidas como anormais. Esses estigmas alimentam comportamentos discriminatórios contra as pessoas LGBTQIAPN+.

A discriminação decorrente de orientação sexual também está embasada na *separação entre público e privado*. A construção cultural da heterossexualidade como uma identidade compulsória "estimula sua identificação com o espaço público: ela é a única forma de vivência da sexualidade humana que pode ter expressão no mundo público" (MOREIRA, 2020, p. 624). As pessoas homossexuais são obrigadas a esconder sua orientação social para evitar práticas discriminatórias, apresentando-se socialmente como heterossexuais, situação geradora de constante estresse mental.

Adilson Moreira (2020, p. 626) assinala que "a discriminação por orientação sexual se manifesta de uma forma especialmente insidiosa: a negação da identidade individual". Ela dificulta ou mesmo impede que homossexuais exerçam direitos básicos, como o de exprimir sua *identidade*, de ter uma vida afetiva estável com um parceiro de sua escolha (e não socialmente imposto pela heteronormatividade) (MOREIRA, 2020). A discriminação por orientação sexual difere daquela direcionada a outras minorias (mulheres, negros, pessoas com deficiência) essencialmente pelo fato de que ela "está baseada na *invisibilidade social forçada*" (MOREIRA, 2020, p. 627).

---

[5] Abordo a definição de discriminação por orientação sexual de Adilson Moreira como ponto de partida para uma reflexão mais ampla acerca da discriminação contra as pessoas LGBTQIAPN+. A discriminação sofrida pelos integrantes de cada grupo contemplado nessa sigla possui especificidades que não serão abordadas neste texto, dado o seu recorte temático. Não obstante, os integrantes de todos esses grupos estão sujeitos aos elementos que caracterizam a discriminação por orientação sexual expostos pelo autor citado.

O ato questionado na SL nº 1.248 ilustra esses fatores. A proscrição do beijo *gay*, imagem que estava no centro da polêmica em torno da venda da HQ *Vingadores – A cruzada das crianças* na Bienal do Livro do Rio de Janeiro, ilustra a invisibilidade à qual estão sujeitas as manifestações da homoafetividade. Dentro da cultura de aversão aos homossexuais, o beijo *gay* deve ser escondido; não pode estar facilmente acessível a crianças e adolescentes, por ser conduta própria de "indivíduos degradados", "violadores da ordem", "más influências". Trata-se de um pensamento que desumaniza os homossexuais, lhes rouba o direito à liberdade de expressão de sua identidade e afetividade.

Ninguém está imune a reproduzir, mesmo involuntária e inconscientemente, essas preconcepções, as quais estão enraizadas na cultura brasileira. O ilustrador da HQ *Vingadores – A cruzada das crianças*, Jim Cheung, ao comentar o episódio da Bienal do Livro do Rio de Janeiro, observou que a publicação vinha sendo vendida desde 2010, sem nunca receber crítica semelhante. Disse que o objetivo da imagem era tão somente retratar o casal de protagonistas em um momento afetuoso (SUCASA; ALMEIDA, 2022). Esse dado mostra que algo precisa mudar na forma como a sociedade brasileira enxerga e trata as pessoas homossexuais.

A efetiva realização da justiça e da equidade na solução de casos judiciais concretos envolvendo minorias pressupõe que os integrantes do sistema de justiça estejam, todos, vigilantes em relação aos próprios vieses e preconcepções acerca desses grupos. Com essa preocupação, o Conselho Nacional de Justiça (CNJ), em parceria com a Escola Nacional de Formação e Aperfeiçoamento de Magistrados (ENFAM), lançou o Protocolo de Julgamento com Perspectiva de Gênero, um guia destinado a que as decisões judiciais, cada vez mais, concretizem a igualdade e a não discriminação.

Apesar de enfocar a discriminação contra a mulher,[6] o Protocolo de Julgamento com Perspectiva de Gênero sugere que essa perspectiva seja também adotada nos casos envolvendo as pessoas LGBTQIAPN+, as quais são alvo de uma série de preconceitos, decorrentes da percepção de que ostentariam um comportamento desviante por não corresponderem às expectativas acerca da afetividade e do desejo sexual de cada um dos gêneros.

A adoção da perspectiva de gênero pressupõe que se compreenda a distinção entre os conceitos de sexo, gênero, identidade de gênero e sexualidade. O documento diz que o *gênero* deve ser entendido como "uma ferramenta analítica que pretende enxergar e explicar o conjunto de formulações sociais, propriedades e características atribuídas a determinadas pessoas em razão do sexo" (CNJ; ENFAM, p. 17). *Sexo* está relacionado a aspectos biológicos, ao passo que gênero se refere à cultura. Quando tratamos do conjunto de características socialmente atribuídas aos diferentes sexos, estamos nos referindo ao conceito de gênero.[7]

---

[6] O protocolo, que tem como referência o *Protocolo para Juzgar con Perspectiva de Género*, do México, é fruto dos estudos desenvolvidos pelo Grupo de Trabalho instituído pela Portaria CNJ nº 27, de 2 de fevereiro de 2021, para colaborar com a implementação das políticas nacionais estabelecidas pelas Resoluções CNJ nº 254 e 255, de 4 de setembro de 2018, relativas, respectivamente, ao Enfrentamento à Violência contra as Mulheres pelo Poder Judiciário e ao Incentivo à Participação Feminina no Poder Judiciário. O grupo foi formado por 21 representantes dos diferentes ramos da justiça e da academia.

[7] Por exemplo, o gênero feminino é geralmente associado às atividades de cuidado. Como evidencia o protocolo do CNJ, o aspecto problemático dessa e de outras associações culturalmente determinadas é que elas acabam

Sobre *identidade de gênero*, o documento elucida que, "muitas vezes, uma pessoa pode se identificar com um conjunto de características não alinhado ao seu sexo designado", ou seja, é "possível nascer do sexo masculino, mas se identificar com características tradicionalmente associadas ao que culturalmente se atribuiu ao sexo feminino e vice-versa", ou mesmo "não se identificar com gênero algum" (CNJ; ENFAM, p. 18). Há uma expectativa social de conformidade entre o sexo e o gênero. Diante disso, o protocolo recomenda que magistradas e magistrados, ao apreciarem casos concretos, se perguntem se "essas expectativas estão guiando determinada interpretação e/ou reforçando tais expectativas de alguma maneira, em prejuízo ao indivíduo envolvido na demanda" (CNJ; ENFAM, p. 18).

O conceito de *sexualidade*, por seu turno, "diz respeito às práticas sexuais e afetivas dos seres humanos" (CNJ; ENFAM, p. 19). Ao passo que tradicionalmente se atribui carga valorativa distinta aos gêneros (valor e atributos superiores são conferidos ao gênero masculino) (ADICHIE, 2014; BESERRA; TOFFOLI, 2024), isso também ocorre com as diferentes orientações sexuais (MOREIRA, 2020; KARNAL; FERNANDES, 2023). Em nossa sociedade, "estabeleceu-se como 'padrão' a heterossexualidade, enquanto orientações sexuais como a homossexualidade e a bissexualidade são consideradas 'desviantes'" (CNJ; ENFAM, p. 19). Existe uma série de expectativas acerca da afetividade e do desejo sexual de cada um dos gêneros. Chamamos de heteronormatividade as normas sociais que compreendem a heterossexualidade como compulsória, mas nem todo homem ou mulher é *naturalmente* heterossexual. Por isso, o protocolo recomenda que magistradas e magistrados sempre se questionem, na análise dos casos, se a heteronormatividade está sendo utilizada como pressuposto ou sendo reforçada em dada decisão.

Decisões como a que foi suspensa pelo ministro Dias Toffoli na SL nº 1.248 ilustram a importância de se adotar a perspectiva de gênero nos julgamentos de casos envolvendo pessoas LGBTQIAPN+. Os agentes do sistema de justiça precisam estar atentos aos próprios vieses, devendo comprometer-se, em tais casos, com a realização da igualdade e da não discriminação como imperativos da dignidade da pessoa humana, da liberdade e da autonomia individual.

2 Igualdade, diversidade e defesa das minorias

A necessidade de proteção dos direitos dos LGBTQIAPN+ decorre do princípio básico da ordem jurídica segundo o qual "devemos reconhecer que todos os seres humanos são pessoas que merecem o mesmo tratamento perante as normas jurídicas" (MOREIRA, 2020, p. 629). Trata-se também de um imperativo democrático, visto que uma sociedade será tanto mais democrática quanto mais for capaz de produzir decisões que tratem seus membros com *igual consideração e respeito*, considerando "todos os seus destinos como igualmente importantes" e respeitando a "responsabilidade individual de cada um deles pela própria vida" (DWORKIN, 2014, p. 503).

---

fundamentando desigualdades. Seguindo no exemplo apresentado, a ligação entre o sexo feminino e as atividades domésticas e de cuidado projeta efeitos nas desigualdades econômicas e laborais entre os sexos.

Flávia Piovesan (2020, p. 222) aponta que as mais graves violações de direitos humanos ocorridas na história "tiveram como fundamento a dicotomia do 'eu *versus* o outro', em que a diversidade era captada como elemento para aniquilar direitos". A diferença era visibilizada apenas na medida em que o "outro" era apresentado como ser menor em dignidade e direitos, e, em situações extremas, como destituído de dignidade – "um ser descartável, um ser supérfluo, objeto de compra e venda (como na escravidão) ou de campos de extermínio (como no nazismo)" (PIOVESAN, 2020, p. 222).

A Declaração Universal dos Direitos Humanos de 1948 inaugurou a *concepção contemporânea dos direitos humanos*, caracterizados pela universalidade (condição humana como único requisito para a titularidade desses direitos) e pela indivisibilidade (o gozo dos direitos civis e políticos pressupõe a observância dos direitos sociais, econômicos e culturais e vice-versa). O sistema internacional de proteção dos direitos humanos, embora inicialmente fundado apenas na sua proteção geral e abstrata (igualdade formal), evoluiu para a especificação dos sujeitos de direitos, em atenção à *diversidade* (PIOVESAN, 2020).

Além da igualdade formal ("todos são iguais perante a lei") e da igualdade material relativa à justiça social e distributiva (orientada pelo critério socioeconômico), a proteção dos direitos humanos também é informada pela igualdade material na perspectiva da justiça como *reconhecimento de identidades* (gênero, orientação sexual, idade, raça, etnia etc.). Flávia Piovesan (2020, p. 223) destaca que o direito ao reconhecimento "requer medidas de enfrentamento da injustiça cultural, dos preconceitos e dos padrões discriminatórios, por meio da *transformação cultural* e da adoção de uma *política de reconhecimento*", e prossegue:

> É à luz desta política de reconhecimento que se pretende avançar na reavaliação positiva de identidades discriminadas, negadas e desrespeitadas; na desconstrução de estereótipos e preconceitos; e na valorização da diversidade cultural (PIOVESAN, 2020, p. 223).

Na igualdade formal, a não discriminação é pressuposto de ordem geral e abstrata; na igualdade material, ela é um objetivo a ser alcançado. A igualdade material, da perspectiva da justiça como reconhecimento de identidades, tem como ponto de partida a *visibilização das diferenças*. Na síntese de Flávia Piovesan (2020, p. 224), objetiva-se "construir e afirmar a igualdade com respeito à diversidade".

O sistema internacional de proteção dos direitos humanos enfatiza o direito à igualdade e a proibição da discriminação, como se observa na Declaração Universal de 1948,[8] no Pacto Internacional dos Direitos Civis e Políticos de 1966,[9] no Pacto Internacional

---

[8] Artigo 2 – "1. Todo ser humano tem capacidade para gozar os direitos e as liberdades estabelecidos nesta Declaração, sem distinção de qualquer espécie, seja de raça, cor, sexo, língua, religião, opinião política ou de outra natureza, origem nacional ou social, riqueza, nascimento, ou qualquer outra condição. 2. Não será também feita nenhuma distinção fundada na condição política, jurídica ou internacional do país ou território a que pertença uma pessoa, quer se trate de um território independente, sob tutela, sem governo próprio, quer sujeito a qualquer outra limitação de soberania".

[9] Artigo 2 – "1. Os Estados Partes do presente Pacto comprometem-se a respeitar e a garantir a todos os indivíduos que se achem em seu território e que estejam sujeitos a sua jurisdição os direitos reconhecidos no presente Pacto, sem discriminação alguma por motivo de raça, cor, sexo, língua, religião, opinião política ou de outra natureza, origem nacional ou social, situação econômica, nascimento ou qualquer outra condição".

dos Direitos Econômicos, Sociais e Culturais de 1966[10] e na Convenção Americana de Direitos Humanos.[11] Apesar da "ausência de um consenso normativo global e regional concernente aos direitos de diversidade sexual",[12] avanços têm sido obtidos no âmbito jurisprudencial global e regional,[13] o que aponta para certa "convergência – endossada por Comitês da ONU e pelas Cortes Europeia e Interamericana – de que a igualdade e a proibição da discriminação constituem uma cláusula aberta a abarcar o critério da orientação sexual" (PIOVESAN, 2020, p. 235).

A Constituição de 1988 está fundada nos mesmos parâmetros éticos que alicerçam o sistema internacional de proteção dos direitos humanos. A igualdade e a não discriminação de qualquer natureza transpassam o texto constitucional. Seu preâmbulo define nossa sociedade como fraterna, pluralista e sem preconceitos. A dignidade da pessoa humana e o pluralismo são fundamentos de nosso Estado Democrático de Direito (art. 1º, incisos III e V), e a promoção do bem de todos, sem preconceitos de origem, raça, sexo, cor, idade ou *quaisquer outras formas de discriminação*, é objetivo fundamental da República Federativa do Brasil (art. 3º, inciso IV).

À luz desses parâmetros normativos, o STF construiu sólida jurisprudência em prol dos direitos das pessoas LGBTQIAPN+. A corte reconhece que as diferentes orientações sexuais e identidades de gênero estão protegidas por nossa ordem constitucional, amparadas na dignidade da pessoa humana, na liberdade individual, na proteção da intimidade e da vida privada, no pluralismo, na igualdade e na vedação do preconceito de qualquer natureza. Por isso, pessoas LGBTQIAPN+ devem ter seus direitos fundamentais reconhecidos e efetivados e permanecer a salvo de toda forma de discriminação e de violência.

O STF tem impulsionado a transformação cultural e político-normativa necessária para a consolidação de uma sociedade livre de preconceitos e de violência em razão de orientação sexual ou identidade de gênero. O ponto de partida dessa jurisprudência foi o emblemático julgamento em que se reconheceu que a união entre pessoas do mesmo sexo constitui entidade familiar e, como tal, é digna de especial proteção pelo Estado (art. 226 da CF/88). O Tribunal concluiu que a união estável homoafetiva está sujeita às

---

[10] Artigo 2º - "2. Os Estados Partes do presente Pacto comprometem-se a garantir que os direitos nele enunciados se exercerão sem discriminação alguma por motivo de raça, cor, sexo, língua, religião, opinião política ou de outra natureza, origem nacional ou social, situação econômica, nascimento ou qualquer outra situação".

[11] Artigo 1 - "1. Os Estados Partes nesta Convenção comprometem-se a respeitar os direitos e liberdades nela reconhecidos e a garantir seu livre e pleno exercício a toda pessoa que esteja sujeita à sua jurisdição, sem discriminação alguma por motivo de raça, cor, sexo, idioma, religião, opiniões políticas ou de qualquer outra natureza, origem nacional ou social, posição econômica, nascimento ou qualquer outra condição social".

[12] Buscou-se sistematizar o tratamento da matéria no direito internacional por meio dos Princípios de Yogyakarta, publicados em 2007, os quais, no entanto, não têm natureza de tratado internacional, não possuindo força normativa (SUCASAS; ALMEIDA, 2022). Eles servem como guia interpretativo de tais questões à luz dos direitos humanos.

[13] Ao analisar o caso Toonen v. Australia, em 1994, o Comitê de Direitos Humanos da ONU definiu que os estados estão obrigados a proteger os indivíduos da discriminação baseada em orientação sexual. O Comitê de Direitos Econômicos, Sociais e Culturais, por seu turno, emitiu uma recomendação geral observando que a expressão "outra situação", do artigo 2º do pacto, inclui orientação sexual. Quanto ao sistema interamericano, nos casos Atala Riffo vs. Chile e Flor Freire vs. Equador, entendeu-se que a Convenção Americana de Direitos Humanos oferece proteção contra a discriminação baseada em gênero e em orientação sexual (PIOVESAN, 2020).

mesmas regras e consequências jurídicas inerentes à união estável heterossexual (ADPF nº 132 e ADI nº 4.277, 2011).[14]

O voto do ministro Ayres Britto, relator daqueles processos, é paradigmático e pedagógico acerca do modo como a Constituição de 1988 ampara a diversidade sexual. Assinalou que o "sexo das pessoas, salvo disposição constitucional expressa ou implícita em sentido contrário, não se presta como fator de desigualação jurídica". Disse que "o concreto uso da sexualidade faz parte da autonomia da vontade das pessoas naturais", sendo garantido pelos direitos à intimidade e à privacidade, o que viabiliza o "salto normativo da proibição do preconceito para a proclamação do direito à liberdade sexual".

O ministro Ayres Britto também destacou a ênfase dada pela Constituição de 1988 à família, a qual deve ser entendida como "núcleo doméstico, pouco importando se formal ou informalmente constituída, ou se integrada por casais heteroafetivos ou por pares homoafetivos" e "instituição privada que, voluntariamente constituída entre pessoas adultas, mantém com o Estado e a sociedade civil uma necessária relação tricotômica", de modo que a isonomia entre casais heteroafetivos e pares homoafetivos "somente ganha plenitude de sentido se desembocar no igual direito subjetivo à formação de uma autonomizada família".

Nessa linha, o STF descriminalizou a homossexualidade no âmbito militar (ADPF nº 291, 2015); equiparou o regime sucessório de cônjuges e companheiros em união estável homoafetiva (RE nº 646.721 RG, 2017); reconheceu aos transgêneros o direito à substituição do prenome e do sexo no registro civil, independentemente da cirurgia de transgenitalização ou da realização de tratamentos hormonais ou patologizantes (ADI nº 4.275 e RE nº 670.422, 2018); reconheceu a mora do Congresso Nacional em criminalizar a homotransfobia, determinando a aplicação da Lei nº 7.716/89 (crimes de discriminação ou preconceito de raça, cor, etnia, religião ou procedência nacional) (MI nº 4.733 e ADO nº 26, 2019); assentou a possibilidade de doação de sangue por homossexuais (ADI nº 5.543, 2020); declarou a inconstitucionalidade da proibição de material escolar e do ensino sobre gênero e orientação sexual (ADPF nº 457 e ADPF nº 461, 2020); e reconheceu o direito à licença-maternidade à mãe não gestante em união homoafetiva (RE nº 1.211.446, 2024).

A decisão do ministro Dias Toffoli na SL nº 1.248 compõe o "romance em cadeia" da nossa história jurisprudencial de combate à discriminação contra as pessoas LGBTQIAPN+, atendendo, assim, ao ideal do direito como integridade, de que trata Ronald Dworkin. A metáfora do romance em cadeia compara o juiz que decide uma questão judicial ao autor e intérprete de um romance em cadeia. Os autores desse romance devem tentar criar a melhor obra possível, como se fosse produto de um único autor.

---

[14] A publicação *Direitos das pessoas LGBTQIAP+*, integrante da coletânea *Cadernos de Jurisprudência do Supremo Tribunal Federal: concretizando Direitos Humanos*, publicada em 2022 conjuntamente pelo CNJ, pelo STF e pelo *Max-Planck-Institute for Comparative Public Law and International Law*, aborda as principais decisões do STF acerca do tema até o ano da publicação, estando facilmente acessível pelo portal do STF (www.stf.jus.br). No documento, o julgamento acerca da união estável homoafetiva como entidade familiar (ADPF nº 132 e ADI nº 4.277) é apresentado como o primeiro da linha do tempo de uma séria de decisões do STF acerca dos direitos das pessoas LGBTQIAP+. A linha do tempo se encerra em 2020, com os julgamentos sobre a possibilidade de doação de sangue por homossexuais (ADI nº 5.543) e sobre gênero e orientação sexual nas escolas (ADPFs nº 457 e 461).

O direito como integridade exige do juiz uma postura constituída por duas dimensões: a adequação e a justificação (DWORKIN, 2007). A adequação determina que o juiz atue tendo em conta a história jurídica e institucional em que está inserido. Não se trata, no entanto, de uma postura de vinculação ao passado.[15] O direito como integridade "começa no presente e só se volta para o passado na medida em que seu enfoque contemporâneo assim o determine" (DWORKIN, 2007, p. 274). O juiz volta-se para as decisões passadas com o objetivo de identificar os princípios que, ao mesmo tempo em que justifiquem tais decisões, são capazes de organizar e justificar as práticas atuais "para oferecer um futuro honrado" (DWORKIN, 2007, p. 274). A dimensão da justificação, por seu turno, exige que o juiz decida tendo em conta um conjunto coerente de princípios de moral política. Essa dimensão está conectada com a adequação, pois é a partir da interpretação da história institucional que se depreendem os princípios capazes de, a um só tempo, justificar essa história, colocando-a sob a melhor luz e obter a melhor resposta possível para o caso concreto.

A decisão monocrática do ministro Dias Toffoli ora analisada integra a história jurisprudencial do STF de enfrentamento à discriminação por orientação sexual e identidade de gênero, reforçando e enriquecendo essa história (adequação). A decisão também confere efetividade a um conjunto coerente de princípios constitucionais fundamentais (justificação) – igualdade material, pluralismo, não discriminação e liberdade de expressão.

A decisão do ministro Dias Toffoli na SL nº 1.248 também realiza e reafirma o papel do STF de defensor dos direitos das minorias. A defesa dos direitos fundamentais e a possibilidade de opô-los à vontade da maioria são características essenciais das democracias constitucionais. As supremas cortes estão inseridas em um ambiente político-democrático qualificado por uma distribuição de competências entre três poderes, em que o princípio majoritário tem centralidade, sendo recomendável se pensar em mecanismos que estimulem que o tribunal mantenha a devida deferência em relação aos demais poderes (TOFFOLI; ALENCAR, 2020). Não obstante, a natureza contramajoritária é inerente à jurisdição constitucional, proporcionando às minorias que afirmem seus direitos diante das maiorias. Em uma democracia constitucional, o princípio majoritário deve ser relativizado sempre que isso for necessário à afirmação dos valores fundamentais da Constituição.

O ministro Dias Toffoli tem contribuído significativamente para a defesa das minorias e para a realização da igualdade substancial. Além da decisão em análise, destaca-se a liminar deferida para suspender o Decreto nº 10.502/2020, que instituiu a "Nova Política Nacional de Educação Especial" (ADI nº 6590 MC-Ref, 2020). A norma previa as "escolas regulares inclusivas" como mera categoria do universo da educação especial, subvertendo o paradigma da educação inclusiva, do qual decorre o direito das pessoas com deficiência à educação livre de discriminação e com base na igualdade

---

[15] "[O direito como integridade] insiste em que as afirmações jurídicas são opiniões interpretativas que, por esse motivo, combinam elementos que se voltam tanto para o passado quanto para o futuro; interpretam a prática jurídica contemporânea como uma política em processo de desenvolvimento. Assim, o direito como integridade rejeita, por considerar inútil, a questão de se os juízes descobrem ou inventam o direito; sugere que só entendemos o raciocínio jurídico tendo em vista que os juízes fazem as duas coisas ao mesmo tempo" (DWORKIN, 2007, p. 271).

de oportunidades. O sistema educacional como um todo deve se orientar por esse paradigma, como determinam a Convenção Internacional sobre os Direitos das Pessoas com Deficiência e a Constituição de 1988.

A sensibilidade do ministro Dias Toffoli para questões envolvendo os direitos das minorias também se manifestou no paradigmático julgamento da ADPF nº 779 (2023), em que declarada a inconstitucionalidade da tese da legítima defesa da honra. A inconstitucionalidade foi afirmada, inicialmente, mediante liminar deferida *ad referendum* do Plenário, demonstrando o senso de urgência do ministro no enfrentamento da violência contra a mulher. Posteriormente, a decisão foi referendada pelo Plenário, por unanimidade.

O homenageado defendeu que a legítima defesa da honra é um "recurso argumentativo/retórico odioso, desumano e cruel utilizado pelas defesas de acusados de feminicídio ou agressões contra mulheres para imputar às vítimas a causa de suas próprias mortes ou lesões". Também destacou que a tese da legítima defesa da honra é "ranço, na retórica de alguns operadores do direito, de institucionalização da desigualdade entre homens e mulheres e de tolerância e naturalização da violência doméstica". Disse também que a tese remontava a "uma concepção rigidamente hierarquizada de família, na qual a mulher ocupa posição subalterna e tem restringida sua dignidade e sua autodeterminação". Por fim, o ministro ressaltou os riscos elevados e sistêmicos decorrentes da naturalização, da tolerância e do incentivo à cultura da violência doméstica e do feminicídio.

Mais recentemente, o tribunal proferiu novo julgamento histórico, de relatoria da ministra Cármen Lúcia, no qual se vedaram os questionamentos sobre a conduta de mulheres vítimas de crimes de violência doméstica nas fases pré-processual e processual penal (ADPF nº 1.107, 2024). O caso da legítima defesa da honra focava nos crimes de feminicídio e no tribunal do júri, embora o dispositivo do julgamento tenha ficado mais abrangente em razão da transcendência do tema. Conforme destacou o ministro Dias Toffoli no julgamento da ADPF nº 1.107, a última decisão ampliou, de uma maneira extremamente necessária, a determinação fixada na ADPF nº 779, vedando, de forma ampla, a culpabilização da vítima pela violência sofrida.

Em tais casos (ADPFs nº 779 e 1.107), atentou-se para as formas pelas quais a discriminação contra a mulher pode influenciar a ação de agentes do sistema de justiça e contribuir para a perpetuação da cultura da violência contra a mulher, razão pela qual a Suprema Corte foi contundente ao vedar as práticas questionadas. Ambas as decisões são emblemáticas do julgamento com perspectiva de gênero, "lente" pela qual se enxergam os estereótipos de gênero e as dinâmicas sociais reprodutoras de desigualdades, possibilitando a interpretação e a aplicação do direito livres de discriminação (BESERRA; TOFFOLI, 2024). Como visto, essa perspectiva deve ser adotada nos casos envolvendo pessoas integrantes de grupos minoritários (mulheres, negros, homossexuais, transexuais etc.), sobre as quais recaem uma série de estereótipos que podem interferir na interpretação e na aplicação do direito, gerando decisões potencialmente reprodutoras de discriminação.

Observa-se que o STF, com a valiosa contribuição do ministro Dias Toffoli, tem avançado na defesa dos direitos das minorias, dentre elas as pessoas LGBTQIAPN+, e incorporado a perspectiva de gênero em seus julgamentos, ferramenta preciosa para que as decisões envolvendo esse grupo não reproduzam a discriminação e realizem a igualdade substancial. Os avanços em tais matérias são visíveis e precisam continuar.

3 Liberdade de expressão artística, literária e da homoafetividade

A decisão do ministro Dias Toffoli sob análise também se destaca por sua defesa da liberdade de expressão. Na origem, a prefeitura determinara o recolhimento das publicações com referência a relações homoafetivas expostas na Bienal do Livro que não estivessem com aviso de conteúdo. A negativa da organização do evento em cumprir a ordem gerou uma discussão judicial impulsionada, em grande medida, pela defesa da liberdade de expressão. Chegando o caso ao Supremo, o ministro Dias Toffoli proferiu decisão também alicerçada na defesa dessa garantia fundamental.

O ministro destacou as duas dimensões da liberdade de expressão: seu caráter instrumental e sua qualidade de direito humano universal. No que tange à segunda dimensão, a liberdade de expressão está prevista na Declaração Universal dos Direitos Humanos, de 1948,[16] e na Convenção Americana de Direitos Humanos,[17] figurando como pressuposto para o exercício pleno da cidadania e da autonomia individual. Da perspectiva instrumental, a liberdade de expressão está a serviço da democracia. Na síntese do ministro Dias Toffoli, "o regime democrático pressupõe um ambiente de livre trânsito de ideias, no qual todos tenham direito a voz", pois a democracia "somente se firma e progride em um ambiente em que diferentes convicções e visões de mundo possam ser expostas, defendidas e confrontadas umas com as outras, em um debate rico, plural e resolutivo".

Norberto Bobbio assinala que a democracia moderna se caracteriza pela *liberdade do dissenso*. Parte-se do princípio de que "o dissenso, desde que mantido dentro de certos limites (estabelecidos pelas chamadas regras do jogo), não é destruidor da sociedade, mas estimulante" (BOBBIO, 2018, p. 100). A democracia se caracteriza também pelo consenso, o qual, no entanto, jamais será unânime. Correlato ao consenso da maioria, há o dissenso da minoria. Por isso, "apenas onde o dissenso é livre para se manifestar o consenso é real, e apenas onde o consenso é real o sistema pode proclamar-se com justeza democrático" (BOBBIO, 2018, p. 103). A liberdade de opinião é condição para o bom funcionamento do sistema democrático, "pois coloca os atores desse sistema (...) em condições de exprimir as próprias demandas e tomar as decisões após criteriosa avaliação e na sequência de uma livre discussão" (BOBBIO, 2018, p. 117).

A democracia se aperfeiçoa e se firma a partir do dissenso, seja porque é ele que legitima o consenso, como descreve Bobbio, seja porque o confronto de ideias divergentes permite que se avance na tomada de decisões mais acertadas, aspecto que corresponde à noção de "mercado livre de ideias", citada pelo ministro Dias Toffoli

---

[16] Artigo 19 – "Todo o indivíduo tem direito à liberdade de opinião e de expressão, o que implica o direito de não ser inquietado pelas suas opiniões e o de procurar, receber e difundir, sem consideração de fronteiras, informações e idéias por qualquer meio de expressão".

[17] Artigo 13 – "Toda pessoa tem direito à liberdade de pensamento e de expressão. Esse direito compreende a liberdade de buscar, receber e difundir informações e idéias de toda natureza, sem consideração de fronteiras, verbalmente ou por escrito, ou em forma impressa ou artística, ou por qualquer outro processo de sua escolha".

na decisão liminar da SL nº 1.248. O juiz da Suprema Corte Americana Oliver Wendell Holmes introduziu essa ideia no julgamento do caso *Abrams v. United States*, relativo a cidadãos russos residentes nos EUA acusados de conspiração por publicarem panfletos opondo-se à decisão do presidente Wilson de enviar tropas à Rússia para apoiar a resistência ao governo bolchevique. Holmes apresentou voto dissidente em prol de uma concepção mais alargada de liberdade de expressão, a qual pode ser assim sintetizada: "Os pensamentos ganham e perdem aceitação no mercado de ideias, de maneira que com o tempo uns corrigem os outros e se alcança a verdade" (BISBAL, 2007, p. 198).[18]

A liberdade de expressão é amplamente protegida pela Constituição de 1988. A liberdade de manifestação do pensamento, a liberdade de consciência e de crença, a liberdade de expressão da atividade intelectual, artística, científica e de comunicação e a vedação da censura são direitos fundamentais previstos no art. 5º (incisos IV, VI e IX). A Carta Cidadã determina que a manifestação do pensamento, a criação, a expressão e a informação, sob qualquer forma, processo ou veículo, não sofram restrição (art. 220, *caput*). Ela resguarda a liberdade de informação jornalística e veda a censura política, ideológica e artística (art. 220, §§1º e 2º).

A forma como a liberdade de expressão se irradia no texto constitucional evidencia a intenção de fortalecer a democracia brasileira, protegendo-a de investidas autoritárias, as quais não conseguem prosperar em um ambiente de livre trânsito de ideias. No julgamento da ADI nº 5.436 (2021), sobre o direito de resposta, o ministro Dias Toffoli, na qualidade de relator, consignou que a liberdade de expressão é um dos grandes legados da Constituição de 1988, "resoluta que foi em romper definitivamente com capítulo triste de nossa história em que a liberdade de expressão, dentre tantos outros direitos, foi duramente sonegada ao cidadão".

Esse paradigma ético-normativo tem contribuído para o fortalecimento e a longevidade da nossa democracia. Vivemos o maior período de estabilidade democrática da nossa história constitucional graças a uma constituição de forte teor democrático, uma das mais avançadas do mundo, como o ministro costuma ressaltar, cuja força normativa segue sendo fortalecida pela jurisprudência do STF. A corte construiu uma jurisprudência robusta em defesa da liberdade de expressão, composta por alguns casos paradigmáticos da relatoria do ministro Dias Toffoli.

O ministro Dias Toffoli foi o relator do processo pelo qual o Plenário decidiu, com repercussão geral, não existir um direito ao esquecimento à luz da Constituição de 1988 (RE nº 1.010.606, 2021).[19] Em seu voto, o homenageado sustentou que o direito ao esquecimento seria restrição excessiva e peremptória às liberdades de expressão e

---

[18] Tradução livre do seguinte período: "(...) *os pensamientos ganan o pierden aceptación en el mercado de ideas, de manera que con el tiempo unos corrigen a otros y se alcanza la verdad*". Marta Bisbal prossegue, ainda analisando a decisão de Holmes em *Abrams v. United States*: "*El bien último se alcanza a través de un proceso experimental, y sólo las ideas que amenazan directamente la existencia del Estado podrían ser eliminadas de este proceso*" (BISMAL, 2007, p. 198).

[19] A tese de repercussão geral firmada foi a seguinte: "É incompatível com a Constituição Federal a ideia de um direito ao esquecimento, assim entendido como o poder de obstar, em razão da passagem do tempo, a divulgação de fatos ou dados verídicos e licitamente obtidos e publicados em meios de comunicação social – analógicos ou digitais. Eventuais excessos ou abusos no exercício da liberdade de expressão e de informação devem ser analisados caso a caso, a partir dos parâmetros constitucionais, especialmente os relativos à proteção da honra, da imagem, da privacidade e da personalidade em geral, e as expressas e específicas previsões legais nos âmbitos penal e cível".

de manifestação de pensamento e ao direito à informação a respeito de fatos relevantes da história social. Ademais, tal possibilidade equivaleria a atribuir, *prima facie*, ou seja, de forma absoluta e em abstrato, maior peso aos direitos à imagem e à vida privada, em detrimento da liberdade de expressão.[20]

O ministro Dias Toffoli também relatou as ações acerca do direito de resposta (ADIs nº 5.415, 5.418 e 5.436, 2021). Em seu voto, destacou que esse direito "possibilita que a liberdade de expressão seja exercida em sua plenitude, pois é acionado apenas após a livre e irrestrita manifestação do pensamento". Ademais, evidenciou que o direito de resposta "concede ao ofendido espaço adequado para que exerça, com o necessário alcance, seu direito de voz no espaço público". Ressaltou também tratar-se de direito complementar à liberdade de informar e manter-se informado, pois possibilita a inserção de nova perspectiva da controvérsia ao debate público.

Em outro julgamento da relatoria do homenageado, o STF decidiu que a classificação etária dos produtos audiovisuais tem natureza meramente indicativa. Segundo esclareceu o ministro Dias Toffoli, essa classificação "busca esclarecer, informar, indicar aos pais a existência de conteúdo inadequado para as crianças e os adolescentes", não podendo ser confundida com um ato de licença (ADI nº 2.404, 2016). O ministro também foi o relator da ação pela qual o Plenário decidiu que os candidatos considerados aptos para o debate eleitoral, nos termos da lei respectiva, não podem, sob pena de ofensa à democracia, à isonomia e à liberdade de expressão, excluir candidatos convidados pela emissora de TV ou rádio (ADI nº 5.488, 2016).

A liberdade de expressão, como todo direito fundamental, não é absoluta. Como afirma Bobbio (2018, p. 100), mesmo o dissenso deve acontecer dentro de certos limites, estabelecidos pelas regras do jogo democrático. Nesse sentido, a CF/88 veda o anonimato e garante o direito de resposta, com indenização proporcional ao dano. A partir de interpretação sistemática da Constituição, sabe-se que a liberdade de expressão não contempla conteúdos ilegais, como o discurso de ódio, a pornografia, a apologia ao crime, as notícias fraudulentas etc. Como disse o ministro Dias Toffoli (2019, p. 13):

> (...) a liberdade de expressão deve ser exercida em harmonia com os demais direitos e valores constitucionais. Ela não deve respaldar a alimentação do ódio, da intolerância e da desinformação. Essas situações representam o exercício abusivo desse direito, por atentarem, sobretudo contra o princípio democrático, que compreende o "equilíbrio dinâmico" entre as opiniões contrárias, o pluralismo, o respeito às diferenças e a tolerância.

No julgamento do Caso Ellwanger (HC nº 82.424, 2003), o STF manteve a condenação de um escritor e editor julgado pelo crime de racismo por publicar, vender e distribuir material antissemita. A garantia da liberdade de expressão foi afastada em nome dos princípios da dignidade da pessoa humana e da igualdade jurídica. A liberdade de expressão não ampara as mensagens que desumanizam e sugerem a eliminação do outro.

Adilson Moreira (2020) assinala que o discurso de ódio é o meio principal de operação da discriminação contra homossexuais. Afirma que "a estigmatização da

---

[20] No entanto, a Corte ressalvou que eventuais e/ou excessivos abusos no exercício da liberdade de expressão e de informação devem ser analisados caso a caso, em atenção à proteção da honra, da imagem, da privacidade e da personalidade em geral.

identidade sexual é a forma a partir da qual essas pessoas deixam de ter acesso a uma vida digna", razão pela qual "os tribunais devem impedir a proliferação desse discurso porque ele prejudica a vida das pessoas de forma bastante objetiva" (MOREIRA, 2020, p. 639).

A decisão monocrática proferida pelo ministro Dias Toffoli na SL nº 1.248 deslegitimou o discurso estigmatizador da homossexualidade expresso no ato de poder público questionado na instância de origem e na decisão questionada perante o STF. Nessa medida, teve um grande peso simbólico e pedagógico relativamente à ilegitimidade daquele tipo de discurso, mostrando que ele não se sustenta no marco do Estado Democrático de Direito brasileiro.

As publicações literárias são importantes meios pelos quais diferentes ideias e concepções artísticas, ideológicas e políticas chegam ao conhecimento da sociedade e passam a integrar o debate público. A liberdade de expressão literária e o direito à informação se retroalimentam. Daí a importância de se privilegiar, como regra, a livre circulação dessas publicações. Nessa linha, o STF decidiu ser inexigível a autorização da pessoa biografada para as obras biográficas literárias ou audiovisuais, sendo também desnecessária autorização de pessoas retratadas como coadjuvantes (ou de seus familiares, em caso de pessoas falecidas ou ausentes) (ADI nº 4.815, 2015).

Em suma, a liberdade de expressão é a regra, sendo excepcional sua limitação. A ordem da prefeitura fluminense e a decisão questionada na SL nº 1.248 violavam a liberdade de expressão e o direito à informação, pois não havia qualquer fundamento jurídico para os condicionamentos impostos à venda das publicações com conteúdo concernente às relações homoafetivas. Tais condicionamentos decorriam do pressuposto de que se tratava de conteúdo nocivo, compreensão que não se sustenta à luz da proteção internacional dos direitos humanos, da Constituição de 1988 e da jurisprudência do STF, a evidenciar grave discriminação contra as pessoas LGBTQIAPN+.

A discriminação contra essa população é o que alimenta a censura da expressão da orientação sexual e da identidade de gênero, direito cuja reivindicação é uma pauta das pessoas LGBTQIAPN+. Essas pessoas "guardam, na própria expressão – e visibilidade –, a manifestação e a reafirmação da sua existência como forma de salvaguardar a sua dignidade e proteger politicamente todo um coletivo" (SUCASAS; ALMEIDA, 2022, p. 93). Os direitos à autonomia pessoal e à identidade individual – consectários do direito à vida digna – pressupõem a possibilidade de expressar publicamente a própria identidade, sem medo de sofrer discriminação.

A decisão do ministro Dias Toffoli na SL nº 1.248, além de proteger a liberdade de expressão artística, também protege a expressão da homoafetividade. Embora o caso judicial não se referisse concretamente a um casal homossexual e a seu direito de expressar manifestações de afeto em público como qualquer casal heterossexual, toda a discussão fora deflagrada a partir da imagem, em revista em quadrinhos, de um casal de homens *gays* se beijando, evidenciando a tentativa de proscrição dessa forma de afeto, cuja legitimidade foi afirmada, objetivamente, pelo ministro Dias Toffoli em sua decisão.

Conclusão

A decisão do ministro Dias Toffoli que deferiu a medida cautelar na SL nº 1.248 nos serviu como fio condutor para reflexões acerca de aspectos fundamentais para a democracia brasileira, notadamente a igualdade material da perspectiva do reconhecimento da diversidade, a não discriminação por orientação sexual e por identidade de gênero e a liberdade de expressão artística, literária e afetiva.

Explorei sucintamente as construções culturais que alicerçam essas formas de discriminação, destacando a *homofobia* (aversão às pessoas homossexuais, tidas como subversivas da ordem natural e como ameaças à ordem social) e a captura do espaço público pela heteroafetividade (ficando a homoafetividade sujeita ao encobrimento) (MOREIRA, 2020). A proscrição da imagem do beijo *gay*, no caso judicial em análise, bem ilustra a aversão e a invisibilidade que costumam recair sobre as relações homoafetivas.

A partir dessas observações, destaquei a importância da adoção da *perspectiva de gênero* pelos integrantes do sistema de justiça, os quais integram a sociedade brasileira, estando constituídos a partir dessa cultura discriminatória. Todos nós – inclusive esta que escreve, você que lê e demais indivíduos que compõem nossa sociedade – carregamos vieses discriminatórios, os quais começam a ser desconstruídos a partir da tomada de consciência a respeito de nossos próprios vieses.

Destaquei a necessidade de proteção dos direitos dos LGBTQIAPN+ como decorrência da concepção contemporânea de direitos humanos como universais (decorrentes da condição de ser humano) e indivisíveis (PIOVESAN, 2020). Esse sistema enfatiza o direito à igualdade e a proibição da discriminação a partir do reconhecimento da diversidade. Não obstante o critério da orientação sexual não estar, ainda, explicitamente previsto em tratados internacionais, devemos compreender que o direito à igualdade e a proibição da discriminação são cláusulas abertas que abrangem o aludido critério (PIOVESAN, 2020).

Nossa ordem constitucional preconiza uma sociedade livre de preconceitos e de violência em razão de orientação sexual ou identidade de gênero, conforme aponta a jurisprudência do STF. A decisão do ministro Dias Toffoli na SL nº 1.248 integra o "romance em cadeia" (DWORKIN, 2007) dessa história jurisprudencial de combate à discriminação contra as pessoas LGBTQIAPN+, reforçando e enriquecendo essa história. Trata-se também de decisão emblemática na defesa dos direitos das minorias, confirmando a vocação constitucional do STF para essa tarefa.

A decisão em análise também é emblemática na defesa da liberdade de expressão. A negativa da organização da Bienal do Livro do Rio de Janeiro em cumprir a ordem da prefeitura fluminense de recolhimento das publicações que contivessem referência a relações homoafetivas sem aviso de conteúdo gerou uma discussão judicial permeada pela defesa da liberdade de expressão. A decisão do ministro Dias Toffoli também estava alicerçada nesse direito, ressaltando seu caráter de direito humano fundamental e de instrumento a serviço da democracia.

A liberdade de expressão não é absoluta, conforme também afirmou o STF em reiteradas decisões. No entanto, sua restrição somente se justifica quando se tratar de conteúdo nocivo, o que, obviamente, não ocorre com as publicações com referências a relações homoafetivas. A correlação entre tais publicações e os conteúdos nocivos previstos nos arts. 78 e 79 do ECA revela grave discriminação contra os homossexuais, a qual foi devidamente repreendia pelo ministro Dias Toffoli em sua decisão. Portanto, a decisão em análise, além de proteger a liberdade de expressão literária e artística, tutelou a expressão da homoafetividade.

Os avanços no reconhecimento dos direitos das pessoas LGBTQIAPN+ são visíveis, mas ainda há um longo caminho pela frente, sobretudo em função dos estereótipos e preconcepções que seguem alimentando a discriminação contra essas pessoas. A mudança precisa ser cultural, o que pressupõe a educação para a tomada de consciência por todos acerca do preconceito e da necessidade de se garantir o usufruto dos direitos humanos fundamentais em condições de igualdade. Daí a importância de decisões como a analisada, por seu significado pedagógico acerca desses temas. Precisamos evitar retrocessos e continuar a avançar.

Referências

ADICHIE, Chimamanda Ngozi. *Sejamos todos feministas*. Companhia das Letras: 2014. E-book Kindle.

BOBBIO, Norberto; NOGUEIRA, Marco Aurélio. *O futuro da democracia*: uma defesa das regras do jogo. Rio de Janeiro: Paz e Terra, 1986.

BRASIL. UFSC Diversifica. *LGBTQIAPN+*: mais do que letras, pessoas. Disponível em: https://diversifica.ufsc.br/2021/06/25/lgbtqiapn-mais-do-que-letras-pessoas/. Acesso em: 18 ago. 2024.

CNJ – CONSELHO NACIONAL DE JUSTIÇA; ENFAM – ESCOLA NACIONAL DE FORMAÇÃO E APERFEIÇOAMENTO DE MAGISTRADOS. *Protocolo para Julgamento com Perspectiva de Gênero*, 2021. Disponível em: www.cnj.jus.br e www.enfam.jus.br. Acesso em: 2 jul. 2024.

DWORKIN, Ronald. *O império do direito*. Tradução: Jefferson Luiz Camargo. 2. ed. São Paulo: Martins Fontes, 2007.

DWORKIN, Ronald. *A raposa e o porco espinho*: justiça e valor. Tradução: Marcelo Brandão Cipolla. São Paulo: Editora WMF Martins Fontes, 2014.

KARNAL, Leandro; FERNANDES, Luiz Estevam. *Preconceito*: uma história. São Paulo: Companhia das Letras, 2023. E-book Kindle.

MOREIRA, Adilson José. *Tratado de direito antidiscriminatório*. v. I. Editora Contracorrente, 2020. E-book Kindle.

PIOVESAN, Flávia. Atala e filhas vs. Chile (24 de fevereiro de 2012). *O Direito Internacional em Movimento*: Jurisprudência Internacional Comentada, 2020. p. 222-237.

PUTTI, Alexandre. Crivella manda retirar HQ com beijo gay da Bienal do Livro no Rio. *Carta Capital*, 6 set. 2019. Disponível em: https://www.cartacapital.com.br/diversidade/crivella-manda-retirar-hq-com-beijo-gay-da-bienal-do-livro-no-rio/. Acesso em: 3 ago. 2024.

SUCASAS, Fabíola; ALMEIDA, Guilherme de Assis. O ódio que censura a expressão da orientação sexual e a identidade de gênero. *Revista Jurídica da Escola Superior do Ministério Público de São Paulo*, v. 21, 2022. Disponível em: https://es.mpsp.mp.br/revista_esmp/index.php/RJESMPSP/article/view/486. Acesso em: 6 ago. 2024.

TOFFOLI, José Antônio Dias. Fake news, desinformação e liberdade de expressão. *Interesse Nacional*, São Paulo, ano 12, n. 46, p. 9-18, jul./set. 2019.

TOFFOLI, José Antônio Dias; ALENCAR, Ildegard Hevelyn de Oliveira. Autocontenção no Supremo Tribunal Federal. *In*: COSTA, Daniel Castro Gomes *et al.* (coord.). *Democracia, justiça e cidadania*: desafios e perspectivas. Homenagem ao Ministro Luís Roberto Barroso. Tomo 2. Belo Horizonte: Fórum, 2020. p. 15-26.

TOFFOLI, José Antônio Dias; BESERRA, Ildegard Hevelyn Alencar. Perspectiva de gênero no sistema de justiça. *In*: BACELAR, Jeferson; MENDES, Giussepp; MENDES, Denise (coord.). *Mulheres magníficas*: mulheres no sistema de justiça. No prelo (submetido à publicação).

TORRES, Marta Bisbal. El mercado libre de las ideas de O. W. Holmes. *Revista Española de Derecho Constitucional*. Centro de Estudios Políticos y Constitucionales. Septiembra/diciembre 2007.

Informação bibliográfica deste texto, conforme a NBR 6023:2018 da Associação Brasileira de Normas Técnicas (ABNT):

BESERRA, Ildegard Hevelyn Alencar. Beijo *gay*, igualdade e liberdade de expressão: análise da SL nº 1.248 MC. *In*: MENDES, Gilmar Ferreira; LIRA, Daiane Nogueira de; FREIRE, Alexandre (coord.). *Constituição, democracia e diálogo*: 15 anos de Jurisdição Constitucional do Ministro Dias Toffoli. 2. ed. Belo Horizonte: Fórum, 2025. p. 729-746. ISBN 978-65-5518-937-7.

A INCONSTITUCIONALIDADE DA TESE DE "LEGÍTIMA DEFESA DA HONRA" NOS CRIMES DE FEMINICÍDIO – UMA ANÁLISE DA ADPF Nº 779, DE RELATORIA DO MINISTRO DIAS TOFFOLI

INALDO MENDONÇA DE ARAÚJO SAMPAIO FERRAZ
MARIA AUGUSTA PALHARES RIBEIRO SAMPAIO FERRAZ

> *"Nós todos não podemos ser bem-sucedidos quando metade de nós é retida."*
> (Malala Yousafzai, ativista paquistanesa)

Introdução

Nos últimos anos, o Judiciário brasileiro, em especial o Supremo Tribunal Federal (STF), tem se debruçado sobre diversos temas relevantes e por vezes controversos. Há, em muitos desses casos julgados pelo tribunal, discussões que ultrapassam os limites jurídicos e enfrentam controvérsias que demandam análises de âmbito social, especialmente.

Percebemos que, nos últimos anos, o STF tem se preocupado em ser um agente ativo na garantia de proteção às mulheres, e a atuação de alguns ministros da Corte Suprema se mostra destacada para que essa proteção seja concreta e efetiva.

A Suprema Corte e alguns de seus ministros, como o ministro Toffoli, aqui homenageado, têm sido protagonistas na proteção dos direitos das mulheres. Podemos dizer que o cenário tem evoluído, ainda que a passos lentos, resultante de uma crescente conscientização sobre as questões de gênero e a necessidade de políticas que assegurem a igualdade e a segurança feminina. Apesar desses avanços, ainda há grandes desafios a serem enfrentados. As mulheres, em especial aquelas que sofrem violência e muitas vezes perdem a vida, enfrentam obstáculos particulares, que exigem atenção especial do sistema jurídico e da sociedade.

Este artigo se propõe a explorar esse cenário através da análise do julgamento da ADPF nº 779, julgado pelo Plenário do Supremo Tribunal Federal. Essa decisão representa um importantíssimo marco na jurisprudência brasileira. O caso, conduzido com maestria pelo ministro Dias Toffoli, traz de forma explícita a situação das mulheres que sofrem violência no Brasil e são vítimas de feminicídio. Nesse sentido, o STF estabeleceu um precedente vital para a proteção dos direitos dessas mulheres.

A ADPF nº 779 foi uma resposta judicial a uma triste realidade enfrentada por mulheres vítimas de violência, em especial a violência sofrida dentro do seio familiar, por aquele que deveria protegê-la, mas que, em muitos casos, acaba sendo o seu algoz. O julgado não apenas destacou e explicitou a gravidade da situação dessas mulheres, mas também tratou de (pré)conceitos estruturais da sociedade no que diz respeito aos direitos da mulher na sociedade. Por meio dessa decisão, o STF não só reforçou a necessidade de proteção da mulher como um direito fundamental, mas também deixou claro que deve haver o alinhando do direito penal com o princípio da dignidade da pessoa humana.

Este artigo visa, portanto, examinar as implicações do ADPF nº 779 no contexto mais amplo dos direitos das mulheres e destacar a condução do caso pelo ministro Dias Toffoli. Através de uma análise detalhada do caso e de seus desdobramentos, buscamos homenagear o ministro Toffoli e contribuir para o debate sobre a eficácia das leis de proteção à mulher no Brasil.

Nesse sentido, o artigo pretende não apenas elucidar os aspectos legais e as consequências do ADPF nº 779, mas também refletir sobre as responsabilidades do sistema jurídico em promover e garantir os direitos humanos das mulheres, especialmente aquelas em situações de maior risco e vulnerabilidade.

1 A violência contra a mulher ao longo do tempo

A luta das mulheres pelo reconhecimento de seus direitos já se estende por alguns séculos. A francesa Olympe de Gouges reivindicou a cidadania para as mulheres em 1792 através da Declaração dos Direitos da Mulher e da Cidadã e acabou sendo decapitada; Emily Davison morreu em 1913 ao tentar chamar a atenção para o movimento pelo voto feminino na Inglaterra; Dandara dos Palmares desafiou os papéis de gênero, lutou bravamente pela libertação do povo negro e escolheu a morte em vez de retornar à escravidão; Maria da Penha Maia Fernandes sofreu duas tentativas de feminicídio e iniciou uma longa e internacional batalha contra a violência doméstica contra as mulheres. Esses são alguns exemplos de mulheres que lutaram bravamente pelo reconhecimento de seus direitos.[1]

A violência contra a mulher é um problema persistente e devastador, que tem raízes profundas na história e na estrutura social de muitas sociedades ao redor do mundo. Desde tempos antigos, as mulheres têm enfrentado várias formas de violência, tanto física quanto psicológica, muitas vezes perpetradas por pessoas muito próximas. Ao longo da história, as mulheres foram frequentemente vistas como propriedade de seus pais ou maridos, sem direitos próprios. Essa visão permitiu e, em muitos casos, justificou a violência contra elas. Na Idade Média, por exemplo, a violência doméstica era amplamente aceita e raramente punida. A situação começou a mudar lentamente

---

[1] PINTO, Alessandra Caligiuri Calabresi (coord.). *Direitos das mulheres*: igualdade, perspectivas e soluções. 1. ed. São Paulo: Almedina, 2020. p. 50.

com o surgimento dos movimentos feministas no século XIX, que lutaram pela igualdade de direitos e pelo reconhecimento da dignidade das mulheres.

O século XX trouxe avanços significativos, com a conquista do direito ao voto e a participação crescente das mulheres no mercado de trabalho e na vida pública. No entanto, a violência contra a mulher continuou a ser um problema grave, manifestando-se de várias formas, incluindo violência doméstica, abuso sexual e, mais recentemente, o feminicídio – o assassinato de mulheres por razões de gênero. O feminicídio é uma forma extrema de violência de gênero que tem ganhado crescente atenção nas últimas décadas.

Dados estatísticos mostram um aumento alarmante nos casos de feminicídio em várias partes do mundo. No Brasil, o cenário é particularmente preocupante. De acordo com o Atlas da Violência 2020,[2] o Brasil registrou um aumento de 4% nos casos de feminicídio em 2019, totalizando 1.314 casos. Essa estatística coloca o país entre os mais perigosos para mulheres na América Latina. Em termos globais, a Organização Mundial da Saúde (OMS) estima que cerca de 38% dos assassinatos de mulheres são cometidos por parceiros íntimos. Esse dado revela a gravidade da violência doméstica e a necessidade urgente de intervenções eficazes para proteger as mulheres.

Diante desse cenário, é imperativo que o Estado e o Judiciário atuem como atores ativos na proteção das mulheres. A promulgação de leis específicas, como a Lei Maria da Penha no Brasil, foi um passo importante, mas a implementação eficaz dessas leis é crucial para garantir a segurança das mulheres. O Judiciário, em particular, tem um papel vital a desempenhar. Decisões judiciais que reforçam a proteção dos direitos das mulheres são essenciais para criar precedentes que promovam a igualdade de gênero e desestimulem a violência. A ADPF nº 779, tema central deste artigo, é um exemplo claro de como o Judiciário pode ser um agente de mudança. A decisão de proibir a tese de legítima defesa da honra em casos de feminicídio não apenas protege as mulheres, mas também desafia e começa a desconstruir os preconceitos estruturais que perpetuam a violência de gênero.

Além disso, é essencial que haja uma resposta coordenada entre as diversas instituições do Estado. A polícia, o sistema de justiça criminal, os serviços de apoio às vítimas e as organizações da sociedade civil devem trabalhar juntos para oferecer proteção, apoio e justiça para as mulheres que sofrem violência. Para entender melhor a dimensão do problema, é importante olhar para os dados estatísticos.

De acordo com o Fórum Brasileiro de Segurança Pública,[3] em 2019, foram registrados 263.067 casos de violência doméstica no Brasil, um aumento de 1,6% em relação ao ano anterior. Além disso, a taxa de feminicídios aumentou de 1,1 para 1,2 por 100.000 mulheres entre 2018 e 2019. Esses números são um chamado à ação. O aumento dos casos de feminicídio e violência doméstica destaca a necessidade de políticas públicas eficazes e de uma resposta judicial robusta para proteger as mulheres e garantir que os perpetradores sejam responsabilizados por seus crimes.

---

[2] BRASIL. IPEA. *Ipea – Atlas da Violência v. 2.7*: Atlas da Violência 2020. Disponível em: https://www.ipea.gov.br/atlasviolencia/publicacoes/51/atlas-da-violencia-2020#:~:text=Esta%20edi%C3%A7%C3%A3o%20completa%20do%20Atlas,100%20mil%20habitantes%20%E2%80%93%20o%20menor. Acesso em: 26 jul. 2024.

[3] FÓRUM BRASILEIRO DE SEGURANÇA PÚBLICA (FBSP). *Anuário Brasileiro de Segurança Pública 2019*, São Paulo: Fórum Brasileiro de Segurança Pública, ano 13, 2019. ISSN 1983-7364. Disponível em: https://publicacoes.forumseguranca.org.br/handle/fbsp/62. Acesso em: 26 jul. 2024.

A história tem mostrado que, embora progressos significativos tenham sido feitos, ainda há um longo caminho a percorrer para garantir que todas as mulheres possam viver sem medo de violência. Com uma abordagem coordenada e comprometida, e aqui trataremos especialmente do papel do STF nessas ações, é possível avançar na construção de uma sociedade mais justa e segura para todas as mulheres.

2 O papel do STF na proteção das mulheres

O STF, como guardião da Constituição, desempenha um papel fundamental na proteção dos direitos das mulheres no Brasil. Sua responsabilidade vai além da mera interpretação jurídica, envolve também a adaptação das normas constitucionais ao contexto social e jurídico contemporâneo. Através de suas decisões, a Suprema Corte tem se mostrado um agente de mudança e de garantia de direitos fundamentais, especialmente no que tange à igualdade de gênero e à proteção das mulheres contra a violência. Como muito bem colocado por Chimelly Louise de Resenes Marcon, a promoção dos direitos humanos deve ser concreta:

> A persistência de índices alarmantes de violência contra as mulheres na última década em todas as partes do planeta e o recente crescimento de uma cruzada reacionária, fundamentalista e transnacional engajada numa retórica "antigênero" impelem que a sociedade e, em especial, as mulheres permaneçam atentas, organizadas e mobilizadas para desconstruir práticas discursivas, muros mentais e hábitos sociais que, numa perspectiva essencialista e biologizante, condicionam comportamentos identitários e alimentam estereótipos discriminatórios e, por conseguinte, a violência por razões de gênero, a fim de que a estratégia de promoção dos direitos humanos não opere de forma meramente cosmética ou alegórica, mas seja uma verdadeira plataforma de ruptura de paradigmas e emancipação, garantindo às mulheres um concreto espectro de proteção e autonomia para que, finalmente, desfrutem de uma vida livre de violência.[4]

Poucos contextos refletem tão bem os resultados da mobilização e das lutas pela ampliação da cidadania feminina quanto a criação de instrumentos de proteção dos direitos humanos. Embora a norma e o padrão predominantes sejam masculinos, o direito também deve ser entendido, como foi, como um campo de resistência e, portanto, um espaço a ser ocupado para a articulação de visões e a disseminação de estratégias alternativas e emancipadoras.[5]

O STF, diante do seu papel de intérprete supremo da Constituição e de garantidor de seus princípios, possui a missão de assegurar que tais princípios sejam aplicados de maneira a proteger e promover os direitos fundamentais. No caso dos direitos das mulheres, o tribunal tem a responsabilidade de interpretar e aplicar as normas de forma a garantir a igualdade de gênero, conforme preceitua o artigo 5º, inciso I, da Constituição Federal, que estabelece que homens e mulheres são iguais em direitos e obrigações.

---

[4] PINTO, Alessandra Caligiuri Calabresi (coord.). *Direitos das mulheres*: igualdade, perspectivas e soluções. 1. ed. São Paulo: Almedina, 2020. p. 74.
[5] ROMANY, Celina. Women as Aliens: A feminist critique of the public/private distinction in International Human Rights Law. *Harvard Human Rights Journal*, New York, v. 6, n. 87, p. 87-125, jun. 1993.

O artigo 226, §8º, da Constituição, prevê a assistência pelo Estado a qualquer pessoa vítima de violência no âmbito das relações familiares. Esse dispositivo reforça o papel do Estado e, consequentemente, do STF na proteção das mulheres, especialmente em casos de violência doméstica e familiar, um problema que afeta gravemente a sociedade brasileira.

O reconhecimento internacional do direito das mulheres a uma vida livre de violência é algo recente. Historicamente, os esforços das mulheres contra a violência e a impunidade estão ligados às suas lutas para superar a discriminação. Em 20 de dezembro de 1993, foi adotada pela Assembleia Geral das Nações Unidas a Declaração sobre a Eliminação da Violência Contra as Mulheres. Nela está contido o reconhecimento da "necessidade urgente da aplicação universal para as mulheres dos direitos e princípios no que diz respeito à igualdade, à segurança, à liberdade, à integridade e à dignidade de todos os seres humanos".[6]

Nesse contexto mundial, no qual os Estados e suas instituições passam a ser agentes efetivos no alcance da igualdade de gênero e no combate à violência contra as mulheres, o STF tem sido protagonista ao proferir decisões significativas que visam proteger os direitos das mulheres. Podemos citar alguns julgados significativos, como o da possibilidade de aborto de feto anencéfalo, de autorização de pesquisas com células-tronco embrionárias, de equiparação da licença-adotante ao prazo da licença-gestante, da possibilidade de concessão de prisão domiciliar para mães e gestantes e a decisão que será objeto deste artigo, que tratou da impossibilidade de alegação de legítima defesa da honra nos crimes de feminicídio, de relatoria do ministro Dias Toffoli.

Tais decisões demonstram o compromisso do STF em adaptar a interpretação constitucional às demandas sociais e aos avanços nos direitos humanos, garantindo que as normas protejam efetivamente os direitos das mulheres em diversas situações.

A ADPF nº 779, que proibiu a tese de legítima defesa da honra em casos de feminicídio, é um marco na jurisprudência brasileira e um exemplo claro do papel do STF na proteção dos direitos das mulheres. Ao proferir essa decisão, o STF reafirma a dignidade da pessoa humana como um princípio norteador do direito penal, alinhando-se aos padrões internacionais de direitos humanos e fortalecendo a proteção das mulheres contra a violência. A decisão também destaca a importância de se combaterem preconceitos estruturais na sociedade que perpetuam a desigualdade de gênero e a violência contra as mulheres.

Nesse cenário, as decisões do STF não apenas moldam o entendimento jurídico, mas também têm um impacto significativo na sociedade. Ao proibir a tese de legítima defesa da honra, o STF envia uma mensagem clara de que a violência contra as mulheres não será tolerada e que as justificativas baseadas em preconceitos de gênero não serão aceitas. Essa postura contribui para a transformação social, promovendo a igualdade de gênero e a proteção das mulheres.

A atuação do STF na proteção dos direitos das mulheres é, portanto, essencial não apenas do ponto de vista jurídico, mas também social. Ao interpretar a Constituição de

---

[6] UNITED NATION. *A/RES/48/104 - Declaration on the Elimination of Violence against Women - UN Documents*: Gathering a body of global agreements. Disponível em: https://www.un.org/en/genocideprevention/documents/atrocity-crimes/Doc.21_declaration%20elimination%20vaw.pdf. Acesso em: 25 jul. 2024.

maneira progressista e adaptada às realidades contemporâneas, o tribunal desempenha um papel crucial na promoção da igualdade de gênero e na garantia dos direitos fundamentais das mulheres.

A decisão na ADPF nº 779 é um exemplo claro desse compromisso, estabelecendo um precedente importante na jurisprudência brasileira e reafirmando a dignidade da pessoa humana como um princípio fundamental do direito penal. Dessa forma, o STF continua a ser um agente ativo na garantia dos direitos das mulheres, contribuindo para uma sociedade mais justa e igualitária.

3 A ADPF nº 779

A Arguição de Descumprimento de Preceito Fundamental (ADPF) nº 779, de relatoria do ministro Dias Toffoli, teve como discussão principal se a tese da "legítima defesa da honra" seria constitucional. Conforme será demonstrado ao longo do presente capítulo, a referida tese já foi amplamente utilizada para suscitar a excludente de ilicitude em casos de feminicídio ou violência contra a mulher, resultando na absolvição dos réus com base nesse fundamento.

A ADPF nº 779 foi proposta pelo Partido Democrático Trabalhista (PDT) e teve como pedido a interpretação conforme a constituição dos artigos 23, II, e 25 do Código Penal e do artigo 65 do Código de Processo Penal[7] para considerá-los recepcionados pela Constituição apenas se interpretados para não admitirem absolvições, mesmo por tribunais de júri, pela tese da "legítima defesa da honra", ou seja, de homicídios cometidos por pessoas que alegam que a vítima cometeu adultério em uma relação afetiva e, por isso, devem ser absolvidas de uma possível condenação.

O PDT traz em sua peça inicial diversas informações relevantes acerca do tema. Dentre elas, afirma que pelo menos desde 1991, decisões de tribunais de júri absolviam feminicidas com base na tese da legítima defesa da honra. Essa prática, além de ser contrária aos princípios fundamentais de direitos humanos, também acabava por gerar uma controvérsia constitucional significativa entre diferentes tribunais de justiça e entre estes e o Superior Tribunal de Justiça (STJ).

De um lado, alguns tribunais de justiça e o STJ anulavam condenações de feminicidas com base no art. 593, III, "d", do CPP,[8] por manifesta contrariedade à prova dos autos, reconhecendo a inconstitucionalidade ou não recepção constitucional da tese da legítima

---

[7] Art. 23 - Não há crime quando o agente pratica o fato:
II - em legítima defesa;
Art. 25. Entende-se em legítima defesa quem, usando moderadamente dos meios necessários, repele injusta agressão, atual ou iminente, a direito seu ou de outrem.
Art. 65. Faz coisa julgada no cível a sentença penal que reconhecer ter sido o ato praticado em estado de necessidade, em legítima defesa, em estrito cumprimento de dever legal ou no exercício regular de direito.

[8] Art. 593. Caberá apelação no prazo de 5 (cinco) dias:
III - das decisões do Tribunal do Júri, quando:
d) for a decisão dos jurados manifestamente contrária à prova dos autos.

defesa da honra.[9] De outro lado, outros tribunais de justiça e, recentemente, a 1ª Turma do STJ mantinham tais absolvições sob o pretexto da "soberania" do Tribunal do Júri.[10]

A ADPF buscou, nesse sentido, declarar que os dispositivos legais acima citados não pudessem ser interpretados como permissões legais para que uma pessoa seja absolvida (geralmente, um homem) ao matar outra pessoa (geralmente, uma mulher) por traição em uma relação afetiva.

O PDT argumentou, ainda, que é inadmissível uma absolvição genérica de acusados em júris fora das hipóteses legalmente admitidas, tais como "legítima defesa", estado de necessidade, estrito cumprimento de dever legal e inexigibilidade de conduta diversa. A excludente de legítima defesa não pode abarcar a tese anacrônica e nefasta, nas palavras

---

[9] Julgados trazidos pelo autor em sua petição inicial que anularam absolvições que tiveram como fundamento a tese da legítima defesa da honra: REsp nº 1.517/PR, 6ª Turma, Rel. Min. José Candido de Carvalho Filho, D.J de 15.04.1991, RSTJ vol. 20, p. 175, verdadeiro *leading case* até hoje citado do E. STJ sobre o tema, que rechaçou essa teratológica tese lesa-humanidade (de "legítima defesa da honra", sic) por sua incompatibilidade com o ordenamento jurídico. Ainda do STJ, citem-se os seguintes precedentes: HC nº 100.822/RJ, 5ª Turma, Rel. Min. Laurita Vaz, DJe de 04.10.2011, que manteve anulação de júri por manifesta contrariedade à prova dos autos em razão de absolvição por aquela teratológica tese lesa-humanidade (de "legítima defesa da honra", sic); REsp nº 203.632/MS, 6ª Turma, Rel. Min. Fontes de Alencar, DJ de 19.12.2004, p. 454, que reformou decisão tanto de júri quanto do E. TJ/MS, que acolheram a anacrônica, nefasta e horrenda tese de lesa-humanidade de "legítima defesa da honra" (sic), aduzindo que, ao não anular tal teratológica absolvição, "representa o acórdão violação à letra do art. 25 do Código Penal, no ponto que empresta referendo à tese da legítima defesa da honra, sem embargo de se encontrar o casal separado há mais de trinta dias, com atropelo do requisito relativo à atualidade da agressão por parte da vítima. Entende-se em legítima defesa, reza a lei, quem, usando moderadamente dos meios necessários, repele injusta agressão, atual ou iminente, a direito seu ou de outrem". Essa é a exegese constitucionalmente obrigatória, por interpretação conforme a Constituição ou declaração de nulidade sem redução de texto, a saber, afirmar-se a inconstitucionalidade (e/ou não recepção constitucional) dessa teratológica tese de lesa-humanidade de "legítima defesa da honra" (sic), inclusive à luz do princípio da proporcionalidade, implicitamente (mas diretamente) usado como fundamento pela decisão (cf. infra); REsp nº 31.881/DF, 6ª Turma, Rel. Min. Adhemar Maciel, DJ de 08.11.1993, p. 23.586, que reconhece que a defesa invocou a nefastamente teratológica tese da "legítima defesa da honra" (sic), que foi rejeitada, mas admitiu a apelação criminal por assistente de acusação, para assentar que, "se os jurados reconheceram que o recorrido (réu), embora tenha matado em defesa própria, agiu com excesso doloso, mister não se fazia continuar com as duas outras séries de quesitos (legítima defesa da honra e da honra dos filhos)". Daí que proveu o recurso especial para reformar decisão que havia determinado a nulidade do júri para que outro fosse realizado e que considerasse essa teratológica tese de lesa-humanidade de "legítima defesa da honra" (sic); AREsp nº 1.354.206/SC, Decisão Monocrática, Rel. Min. Reynaldo Soares, DJe de 25.9.2018, onde bem se sintetizou que "a alegação de 'legítima defesa da honra' é ainda mais preposterá. Como já foi consignado no acórdão recorrido, 'não é razoável o, considerar que alguém, em pleno século XXI, sustente que essa suposta honra (suposta porque a criminalização do estupro não protege o bem jurídico honra, mas a liberdade sexual) possa ser defendida às custas da vida de alguém. Coisa que nem mesmo o direito canônico aceitava'".

[10] Em sentido contrário, decisões que mantiveram as absolvições trazidas pelo autor: TJ/AC, Apelação Criminal nº 0019060-06.2010.8.01.000, Acórdão nº 16.395, Câmara Criminal, Rel. Des. Francisco Djalma, DJe de 10.10.2014, onde, em plena segunda década do século XXI..., se admitiu a horrenda e nefasta tese anacrônica da "legítima defesa da honra" (sic), sob fundamento de que, "se a decisão do Conselho de Sentença está respaldada por uma das vertentes da prova produzida nos autos, optando os jurados, por íntima convicção, pela tese defensiva, consistente na legítima defesa própria ou da honra, não há que se falar em contrariedade à prova dos autos"; TJ/RR, Apelação Criminal nº 0005993-27.2013.8.23.0010, Turma Criminal, Rel. Des. Leonardo Cupello, DJe de 14.03.2019, que relata outros precedentes de outros tribunais no mesmo sentido, a saber: TJ/SE, [não cita o número], Câmara Criminal, Rel. Des. Netônio Bezerra Machado, j. 28.06.2010, segundo o qual "APELAÇÃO CRIMINAL - JÚRI - APELO MINISTERIAL - TESE DE LEGÍTIMA DEFESA DA HONRA - ABSOLVIÇÃO - DECISÃO MANIFESTAMENTE CONTRÁRIA À PROVA DOS AUTOS - INOCORRÊNCIA. IMPROVIMENTO. A sistemática dos julgamentos pelo Júri é distinta da do Juiz singular. Este na formação da convicção condenatória obedece ao critério da certeza e fundamenta suas decisões e, na absolutória basta a insuficiência de provas para absolvição. Já os Jurados, sem fundamentar o veredicto decidem por íntima convicção e, basta parcela verossímil da tese escolhida pelos jurados para obstar a anulação da soberana decisão" (sic). Como não citou o número do processo, entenda-se tal fundamentação como integrante unicamente do precedente do TJ/RR que o citou, mas obviamente serve de "testemunho" de jurisprudência do E. TJ/SE no mesmo sentido.

do partido autor, da "legítima defesa da honra", que historicamente tem sido utilizada para justificar atos de feminicídio.

O artigo 483, III, §2º, do Código de Processo Penal não deve servir, segundo trazido na ADPF, como base para a negação do direito vigente no país. A soberania do Tribunal do Júri não pode significar que a arbitrariedade ou despotismo de determinados jurados neguem o direito pátrio, em termos de normas legais, constitucionais e convencionais. A absolvição, quando há autoria e materialidade comprovadas, só pode ocorrer em hipóteses permitidas pelo direito vigente, e não por preconceitos ou arbitrariedades dos jurados.

O princípio do Estado Democrático de Direito, enquanto governo de leis, não admite outra conclusão. Segundo citação trazida pelo autor, Lênio Streck[11] corrobora essa posição, afirmando que, após as modificações no rito do Tribunal do Júri introduzidas pela Lei nº 11.689/2008, o quesito genérico de absolvição (artigo 483, III, do CPP) não pode ser contraditório em relação ao reconhecimento da autoria e materialidade do crime, mesmo que a defesa do réu seja baseada na negativa de autoria.

A decisão do STF na ADPF nº 779 teria o potencial de unificar a jurisprudência sobre a matéria e promover uma interpretação constitucional que repudie a violência de gênero. Ao declarar a não recepção constitucional da tese da legítima defesa da honra, a corte contribuiria para a construção de um sistema jurídico mais justo e equitativo, que reconhece e protege os direitos fundamentais das mulheres.

A manutenção da tese da legítima defesa da honra não só perpetua a desigualdade de gênero, mas também contraria os princípios constitucionais de dignidade da pessoa humana e igualdade perante a lei. A Constituição Federal de 1988 estabelece que todos são iguais perante a lei, sem distinção de qualquer natureza, e garante a inviolabilidade do direito à vida, à liberdade, à igualdade, à segurança e à propriedade.

Além disso, a utilização dessa tese em julgamentos de feminicídio envia uma mensagem perigosa de que a vida das mulheres pode ser subjugada à honra masculina, perpetuando uma cultura de violência e discriminação. Isso é incompatível com os objetivos fundamentais da Constituição, que busca construir uma sociedade livre, justa e solidária, promovendo o bem de todos sem preconceitos de origem, raça, sexo, cor, idade ou quaisquer outras formas de discriminação.

É amplamente reconhecido que, historicamente, os homens oprimiram as mulheres de maneira estrutural, sistemática e institucional, subordinando-as hierarquicamente e desumanizando aquelas que questionavam essa subordinação arbitrária. Exemplos paradigmáticos dessa coisificação da mulher em relação ao homem podem ser encontrados em diversos episódios históricos. Um exemplo notável é o assassinato de Olympe de Gouges, que foi executada pelo simples fato de ter proposto uma Declaração dos Direitos da Mulher e da Cidadã, espelhando a famosa Declaração dos Direitos do Homem e do Cidadão francesa. Esse evento evidenciou que a mulher não era considerada na Declaração Francesa.

---

[11] STRECK, Lenio Luiz. Comentário ao art. 5º, XXXVIII. *In*: CANOTILHO, J. J. Gomes; MENDES, Gilmar Ferreira; SARLET, Ingo Wolfgang; STRECK, Lenio Luiz; LEONCY, Leo Ferreira (org.). *Comentários à Constituição do Brasil*. 2. ed. São Paulo: Ed. Saraiva, 2018. p. 407-409.

Outro exemplo é a qualificação legal do homem como "chefe da sociedade conjugal" no Brasil, conforme o artigo 233 do Código Civil de 1916, que afirmava que "o marido é o chefe da sociedade conjugal". Essa disposição só foi considerada incompatível com o princípio da igualdade após a promulgação da Constituição Federal de 1988, que, em seu artigo 5º, I, estabelece que "homens e mulheres são iguais em direitos e obrigações" e, em seu artigo 226, §5º, dispõe que "os direitos e deveres referentes à sociedade conjugal são exercidos igualmente pelo homem e pela mulher". A mudança na legislação infraconstitucional só ocorreu com o advento do Código Civil de 2002, que entrou em vigor em 2003.[12]

Essa inferiorização jurídica que "coisificava" a mulher em relação ao homem é a origem histórica da axiologia que justificou a horrenda tese da legítima defesa da honra. Essa tese atribuía ao homem o teratológico direito de assassinar sua esposa ao flagrá-la em adultério, sob o pretexto de lavar sua honra com sangue. Esse conceito, profundamente arraigado no machismo patriarcal, não encontra justificação racional que não seja a coisificação da pessoa que comete o ato de infidelidade, transformando-a em propriedade do assassino, geralmente um homem.

A ADPF também destacou que a soberania do Tribunal do Júri não pode ser utilizada para legitimar decisões arbitrárias ou despotismo por parte dos jurados. A absolvição de réus em casos de feminicídio deve ser baseada em hipóteses legais admissíveis, e não em preconceitos ou arbitrariedades. O artigo 483, III, §2º, do Código de Processo Penal, que trata da absolvição genérica ou por clemência, não pode servir como base para a negação do direito vigente.

Por fim, o PDT conclui afirmando que a manutenção dessa tese não só perpetua a desigualdade de gênero, mas também contraria os princípios constitucionais de dignidade da pessoa humana e igualdade perante a lei. A utilização dessa tese em julgamentos

---

[12] Nos termos trazidos pelo PDT em sua peça inicial: com efeito, segundo a doutrina de Luciana Temer, interpretando a cláusula segundo a qual "todos são iguais perante a lei" da Constituição de 1946, o STF infelizmente decidiu que não violava o direito à igualdade a proibição à mulher concorrer a concursos públicos para o cargo de auxiliar de fiscal de rendas ('"[...] Não trazem marca de anticonstitucionalidade as instruções relativas ao concurso para provimento dos cargos de auxiliar de fiscal de rendas, na parte em que vedam a inscrição de mulheres. [...]'. Recurso de Mandado de Segurança n. 8.783, julgado em 30-8-1961") ou que limitavam a profissão de parteira apenas a mulheres ('"Parteira prática. Só pessoa do sexo feminino pode exercer essa profissão, pode inscrever-se em provas públicas de habilitação para obter o certificado, o diploma de referência. Constitucionalidade dos arts. 1º, 7º, 12º e 13º do Decreto-lei n. 8.778, de 1946'. Recurso de Mandado de Segurança n. 9.963, julgado em 28-11-1962"). Da mesma forma, continua a autora, mesmo com a cláusula pela qual "todos são iguais perante a lei, sem distinção de sexo" "não impediu que o Supremo Tribunal Federal julgasse constitucional a proibição de a mulher prestar concurso para cargos policiais, como de delegado ('"Concurso Público. Isonomia. Não viola o princípio constitucional da isonomia legislação estadual que, ante a natureza especial das funções e o interesse público, reserve o acesso do cargo de delegado de polícia ao sexo masculino. Precedentes do STF. Recurso extraordinário conhecido e provido'. Recurso Extraordinário n. 92.122, julgado em 31-10-1980") e escrivão de polícia ('"Administrativo. Concurso Público. Cargo de escrivão de polícia. Exigência, constante de lei estadual, de ser o candidato do sexo masculino, salvo nos cargos do quadro da corporação de policiamento feminino. Legitimidade, à luz do art. 97 da Constituição e do julgamento da representação n. 940, no tocante ao art. 87 da Constituição do Estado do Rio de Janeiro, de 1975'. Recurso Extraordinário n. 91.319, julgado em 8-4-1980")". Cf. BRANCO, Luciana Temer Castelo. O feminino e o direito à igualdade: ações afirmativas e a consolidação da igualdade material. *In*: FERRAZ, Carolina Valença et al. *Manual dos Direitos da Mulher*. São Paulo: Ed. Saraiva, 2013. p. 87. Ou seja, em pleno século XX, reverberou-se a proibição do acesso a cargos públicos pelas mulheres, criada na França do século XIV, quando impedidas de acessá-los (também a Coroa), a pretexto de supostas incapacidades "naturais" (sic) para o exercício das atribuições de tais cargos. Cf. CHAKIAN, Silvia. *A construção dos direitos das mulheres*: histórico, limites e diretrizes para uma proteção penal eficiente. Rio de Janeiro: Ed. Lumen Juris, 2019. p. 88.

de feminicídio envia uma mensagem perigosa de que a vida das mulheres pode ser subjugada à honra masculina, perpetuando uma cultura de violência e discriminação.

3.1 Voto do relator, ministro Dias Toffoli

Inicialmente, destacamos que o voto do ministro Dias Toffoli representou um marco na proteção das mulheres ao trazer para discussão um tema repleto de dogmas, conceitos arraigados na sociedade e muitas vezes carregados de opiniões machistas.

O ministro inicia seu voto[13] afirmando que a análise da constitucionalidade da tese da legítima defesa da honra requer uma consideração dos princípios fundamentais da dignidade da pessoa humana, igualdade de gênero e vedação de discriminação. A Constituição Federal de 1988, em seu artigo 5º, assegura a igualdade entre homens e mulheres e repudia qualquer forma de discriminação. Nesse sentido, a manutenção da suposta tese da legítima defesa da honra contrariaria todos esses princípios constitucionais ao perpetuar uma cultura de violência e desigualdade.

Destacou em seu voto que a utilização dessa tese como fundamento para absolvição em casos de feminicídio viola os direitos humanos das mulheres e reforça estereótipos de gênero prejudiciais. A justificativa da violência com base na proteção de uma suposta honra masculina desconsidera a autonomia e a dignidade das mulheres, tratando-as como objetos cuja existência está subordinada à reputação de seus parceiros masculinos.

Em um contexto jurídico, o Ministro Toffoli afirma que a interpretação do artigo 483, inciso III, §2º, do CPP conforme a Constituição Federal é essencial para garantir que os veredictos dos tribunais do júri respeitem os princípios constitucionais e os direitos fundamentais. A soberania dos veredictos não pode ser utilizada como pretexto para legitimar decisões que contrariem as provas dos autos e os princípios de igualdade e dignidade humana.

Embora seja chamada de legítima defesa, um instituto técnico-jurídico amplamente reconhecido no direito brasileiro, a chamada legítima defesa da honra é, na realidade, um argumento retórico odioso, desumano e cruel, utilizado pelas defesas de acusados de feminicídio ou agressões contra mulheres para atribuir às vítimas a responsabilidade por suas próprias mortes ou lesões, contribuindo significativamente para a naturalização e perpetuação da cultura de violência contra as mulheres no Brasil.

O ministro Toffoli traz, em seu voto, um apanhado histórico acerca das raízes do tema. A ideia por trás da legítima defesa da honra – que perdoa o autor de feminicídio ou agressão contra uma esposa ou companheira adúltera – tem raízes arcaicas no direito brasileiro. Ela representa, na retórica de alguns operadores do direito, uma institucionalização da desigualdade entre homens e mulheres, bem como a tolerância e naturalização da violência doméstica, as quais não são amparadas pela Constituição de 1988.

---

[13] O julgamento da ADPF nº 779 teve, após sua distribuição, uma decisão cautelar em que o ministro Dias Toffoli concedeu parcialmente a medida para firmar o entendimento de que a tese da legítima defesa da honra é inconstitucional, por contrariar os princípios constitucionais da dignidade da pessoa humana, da proteção à vida e da igualdade de gênero. A decisão foi posteriormente submetida a referendo do Plenário da Corte. Quando tratamos do voto no capítulo, estamos nos referindo ao voto proferido no julgamento colegiado.

De fato, a "honra masculina" já foi um bem jurídico protegido pelo sistema legal brasileiro. Durante a época colonial, o Livro V, Título XXXVIII, das Ordenações Filipinas concedia ao homem o direito de matar sua esposa se ela fosse flagrada em adultério.

No Código Criminal do Império do Brasil de 1830 e no Código Penal da República de 1890, embora não houvesse previsão expressa sobre o direito do homem de matar a mulher por traição, o adultério era considerado um crime contra a segurança do estado civil e doméstico quando cometido por qualquer dos sexos. No entanto, enquanto para os homens era necessária a comprovação de uma relação extraconjugal estável e duradoura, para as mulheres bastava a mera presunção de sua ocorrência.[14]

A partir desse momento, o discurso jurídico sobre a legítima defesa abriu espaço para a tolerância em relação aos homicídios cometidos por homens contra esposas consideradas adúlteras, com o objetivo de proteger a honra masculina. Esse conceito era reforçado pela lei civil, que, ao introduzir termos como "mulher honesta" e "mulher já deflorada", promovia um tratamento extremamente desigual entre os gêneros.

Segundo o ministro Dias Toffoli, é possível observar que o anacronismo da ideia de legítima defesa da honra remonta a uma concepção rigidamente hierarquizada de família, na qual a mulher ocupa uma posição subalterna, tendo sua dignidade e autodeterminação restringidas. Segundo essa perspectiva, o comportamento da mulher, especialmente no que se refere à sua conduta sexual, seria uma extensão da reputação do "chefe de família", que, ao sentir-se desonrado, agiria para corrigir ou eliminar o motivo da desonra.

Ainda, entendeu o relator que a referida tese viola os direitos à vida e à igualdade entre homens e mulheres (art. 5º, *caput* e inciso I, da CF), que são também pilares da nossa ordem constitucional. A ofensa a esses direitos se concretiza, principalmente, no incentivo à perpetuação do feminicídio e da violência contra a mulher. De fato, a aceitação da tese da legítima defesa da honra tem o potencial de estimular práticas violentas contra as mulheres ao isentar seus perpetradores da punição adequada.

Para contextualizar, o ministro Toffoli trouxe em seu voto dados que merecem ser expostos no presente artigo. Dentre eles:

1. Comissão Interamericana de Direitos Humanos (CIDH), por meio de nota divulgada em 04.02.2019, expressou "sua preocupação pela prevalência alarmante de assassinatos de mulheres por motivo de estereótipo de gênero no Brasil, uma vez que pelo menos 126 mulheres foram mortas no país desde o início do ano". No ensejo, a Comissão exortou o Brasil "a implementar estratégias abrangentes para prevenir tais eventos e cumprir sua obrigação de investigar, julgar e punir os responsáveis; bem como oferecer proteção e reparação integral a todas as vítimas". Salientou, ainda, a Comissão Interamericana de Direitos Humanos que, "segundo dados da Comissão Econômica para a América Latina e o Caribe (CEPAL), da Organização das Nações Unidas, 40% de todos os assassinatos de mulheres registrados no Caribe e na América Latina ocorrem no Brasil".[15]

---

[14] RAMOS, Margarita Danielle. Reflexões sobre o processo histórico-discursivo do uso da legítima defesa da honra no Brasil e a construção das mulheres. *Revista Estudos Feministas*, v. 20, n. 1, p. 53-73, 2012.

[15] Disponível em: CIDH expressa sua profunda preocupação frente à alarmante prevalência de assassinatos de mulheres em razão de estereótipo de gênero no Brasil (oas.org). Acesso em: 24 jul. 2024.

2. De acordo com o Atlas da Violência, do Instituto de Pesquisa Econômica Aplicada (IPEA), o Brasil registrou 50.056 assassinatos de mulheres entre 2009 e 2019.[16]
3. Apenas em 2018, 4.519 mulheres foram assassinadas, o que significa que uma mulher foi morta a cada duas horas no Brasil. Entre 2008 e 2018, a taxa de homicídio de mulheres em suas residências subiu 8,3%. Apenas em 2019, registrou-se um aumento dessa taxa em 6,1%. Ainda segundo o IPEA, os feminicídios representam 1/3 das mortes violentas de mulheres no país.[17]
4. *Mapa da Violência de 2015: homicídio de mulheres no Brasil*, lançado por instituições parceiras de direito humanos (ONU Mulheres, Organização Pan-Americana da Saúde, Secretaria Especial de Políticas para as Mulheres, ligada ao antigo Ministério das Mulheres, da Igualdade Racial e dos Direitos Humanos, e Faculdade Latino-Americana de Ciências Sociais), já registrava que o Brasil detinha a 5ª maior taxa de feminicídios do mundo.[18]

Diante desses dados e de outros trazidos em seu voto, além de todos os argumentos apresentados, o ministro Toffoli concluiu que a legítima defesa da honra é uma prática inconstitucional, ofensiva à dignidade da pessoa humana, à vedação de discriminação e aos direitos à igualdade e à vida. Ele afirmou que essa tese não deve ser admitida em qualquer fase do processo penal, seja pela defesa, pela acusação, pela autoridade policial ou pelo juízo, sob pena de nulidade do respectivo ato postulatório e do julgamento, inclusive quando praticado no Tribunal do Júri.

O ministro defendeu que o Estado tem o dever constitucional de criar mecanismos para coibir o feminicídio e a violência doméstica, conforme o artigo 226, §8º, da Constituição Federal, que assegura a assistência à família e a criação de mecanismos para coibir a violência no âmbito de suas relações. Esse dever não se restringe à adoção de condutas positivas, mas também inclui a obrigação de não ser conivente nem estimular a violência doméstica e o feminicídio.

Por fim, o ministro Toffoli enfatiza que o reconhecimento da dignidade da pessoa humana como princípio constitucional fundamental exige que a vida e a integridade das mulheres sejam protegidas e valorizadas. Portanto, a tese da legítima defesa da honra não se sustenta à luz da Constituição de 1988 e deve ser rejeitada em todas as instâncias do sistema de justiça, promovendo uma sociedade mais justa, igualitária e respeitosa dos direitos humanos.

O ministro Dias Toffoli foi acompanhado integralmente pelos seus pares, que, além de corroborarem com sua tese, também trouxeram diversas informações e argumentos no mesmo sentido do voto do ministro relator. Assim, o STF firmou o entendimento de que a tese da legítima defesa da honra é inconstitucional, por violar os princípios

---

[16] BRASIL. IPEA. *Ipea – Atlas da Violência v. 2.7*. Disponível em: https://www.ipea.gov.br/atlasviolencia/. Acesso em: 24 jul. 2024.

[17] BRASIL. IPEA. Atlas da Violência 2021. *Policy Brief - Em Questão - Evidências para políticas públicas*, n. 8, set. 2021. Disponível em: https://www.ipea.gov.br/atlasviolencia/arquivos/artigos/4942-emquestaon8atlas.pdf. Acesso em: 24 jul. 2024.

[18] WAISELFISZ, Julio Jacobo. *Mapa da Violência 2015*: homicídio de mulheres no Brasil. 1. ed. Brasília: Flacso Brasil, [s.d.]. Disponível em: https://flacso.org.br/files/2015/11/MapaViolencia_2015_mulheres.pdf. Acesso em 24/07/2024.

constitucionais da dignidade da pessoa humana, da proteção à vida e da igualdade de gênero.

4 Consequências jurídicas e sociais

A ADPF nº 779 representa um marco histórico nas decisões do STF na defesa dos direitos das mulheres. Sob a relatoria do ministro Dias Toffoli, o processo ganhou uma condução crucial. A decisão do STF na ADPF nº 779 refletiu um compromisso com a proteção dos direitos fundamentais das mulheres, alinhando-se aos objetivos constitucionais de construir uma sociedade livre, justa e solidária, e promover o bem de todos, sem preconceitos de origem, raça, sexo, cor, idade ou quaisquer outras formas de discriminação.

O julgamento do caso teve repercussões profundas tanto no campo jurídico quanto no social. A decisão que proibiu a tese da legítima defesa da honra em casos de feminicídio não apenas reforçou a proteção legal das mulheres, mas também moldou o entendimento jurídico sobre os direitos das mulheres, além de contribuir para a mudança de paradigmas e a desconstrução de ideias machistas que ainda persistem na sociedade.

Do ponto de vista jurídico, a decisão do STF na ADPF nº 779 estabelece um precedente importante, que impacta diretamente a aplicação do direito penal em casos de feminicídio. Ao declarar a inconstitucionalidade da tese da legítima defesa da honra, o tribunal eliminou uma justificativa legal que, historicamente, era utilizada para absolver autores de crimes violentos contra mulheres. Com isso, o STF reforça a necessidade de uma interpretação do direito penal que esteja alinhada com os princípios da dignidade da pessoa humana, igualdade de gênero e vedação de discriminação.

Essa decisão também tem o potencial de uniformizar a jurisprudência nos tribunais de todo o país. Antes do julgamento, havia uma diversidade de entendimentos sobre a admissibilidade da tese da legítima defesa da honra, o que gerava insegurança jurídica e resultados inconsistentes em casos semelhantes. Com a definição clara do STF, espera-se que os tribunais de instâncias inferiores sigam esse entendimento, promovendo maior coerência e previsibilidade nas decisões judiciais relacionadas a feminicídios e violência contra a mulher.

Além das implicações jurídicas, a decisão da ADPF nº 779 tem um impacto social significativo. Com a decisão, o STF envia uma mensagem clara de que a violência contra as mulheres não será tolerada e que justificativas baseadas em estereótipos de gênero não são aceitáveis. Essa postura contribui para a transformação social ao desafiar e desconstruir ideias machistas que colocam a mulher em posição de inferioridade em relação ao homem.

Nesse sentido, a decisão também serve como um instrumento de conscientização e educação para a sociedade. Ao reafirmar que a vida e a dignidade das mulheres devem ser protegidas e valorizadas, o STF promove a reflexão sobre os direitos das mulheres e a necessidade de combater a violência de gênero. Isso pode incentivar a criação e implementação de políticas públicas voltadas para a prevenção da violência contra as mulheres e a promoção da igualdade de gênero.

Outro aspecto importante é o efeito simbólico da decisão. O reconhecimento pelo STF de que a tese da legítima defesa da honra é inconstitucional ajuda a desconstruir a cultura de impunidade que muitas vezes cerca os crimes de feminicídio. Ao afirmar que a honra masculina não pode ser usada como justificativa para a violência, o tribunal contribui para a valorização da vida das mulheres e para a construção de uma sociedade mais justa e igualitária.

Ao alinhar-se com padrões internacionais de direitos humanos, o Brasil fortalece seu compromisso com a proteção dos direitos das mulheres e contribui para o avanço global na luta contra a violência de gênero.

Portanto, a decisão do STF na ADPF nº 779 tem consequências profundas tanto no campo jurídico quanto no social. Graças à brilhante condução do caso pelo ministro Dias Toffoli, a decisão representou um passo importante na promoção da igualdade de gênero e na luta contra a violência de gênero, ajudando a construir uma sociedade mais justa, igualitária e respeitosa dos direitos humanos das mulheres.

Conclusão

A decisão do STF na ADPF nº 779, sob a condução do ministro Dias Toffoli, ao declarar inconstitucional a tese da legítima defesa da honra em casos de feminicídio, representa um avanço significativo na defesa dos direitos das mulheres no Brasil. Essa deliberação reafirma o compromisso do tribunal com a proteção da vida e dignidade das mulheres, fortalecendo a jurisprudência contra a violência de gênero e contribuindo para a erradicação de justificativas arcaicas e discriminatórias que perpetuavam a impunidade.

Com essa decisão, o STF não só elimina uma defesa retrógrada, mas também promove uma interpretação constitucional que valoriza os direitos humanos e a igualdade de gênero. Essa medida tem o potencial de uniformizar a jurisprudência em todo o país, oferecendo uma orientação clara aos tribunais de instâncias inferiores e promovendo a aplicação de uma justiça mais equânime e rigorosa em casos de violência contra as mulheres.

A implicação social da decisão é profunda e multifacetada. Ao invalidar a tese da legítima defesa da honra, o STF desafia diretamente a cultura machista enraizada na sociedade brasileira, que historicamente desvalorizou a vida das mulheres em nome da honra masculina. Esse movimento não apenas protege as mulheres de forma mais efetiva, mas também serve como um poderoso instrumento de mudança social, incentivando a reflexão e a reavaliação de valores ultrapassados que sustentam a violência de gênero.

A decisão também tem um importante efeito educativo, sensibilizando a sociedade sobre a gravidade do feminicídio e a necessidade de combater todas as formas de violência contra a mulher. Ao reafirmar que a violência baseada em gênero não será tolerada, o STF contribui para a criação de um ambiente mais seguro e igualitário para as mulheres, promovendo uma cultura de respeito e igualdade de gênero.

Além disso, a decisão na ADPF nº 779 fortalece o papel do Brasil na promoção dos direitos das mulheres no cenário internacional. Ao alinhar suas decisões com os padrões globais de direitos humanos, o STF envia uma mensagem clara de comprometimento com a proteção das mulheres, inspirando outras nações a adotarem medidas similares e contribuindo para o avanço dos direitos humanos em escala global.

A decisão também impõe um desafio contínuo ao sistema de justiça criminal brasileiro, exigindo uma constante vigilância e adaptação para garantir que a proteção dos direitos das mulheres seja efetiva e abrangente. Isso inclui não apenas a aplicação rigorosa das leis existentes, mas também o desenvolvimento de novas políticas e programas que abordem as raízes da violência de gênero e promovam a igualdade.

Em suma, a decisão do STF na ADPF nº 779 é um marco histórico na luta pela proteção dos direitos das mulheres no Brasil. Ela representa um passo significativo na construção de uma sociedade mais justa e igualitária, em que a vida e a dignidade das mulheres são plenamente reconhecidas e protegidas. Ao eliminar a tese da legítima defesa da honra, o STF não só reforça a jurisprudência contra o feminicídio, mas também promove uma mudança cultural essencial para a erradicação da violência de gênero, contribuindo para um futuro no qual todas as mulheres possam viver livres de medo e opressão.

Referências

BRASIL. IPEA. Atlas da Violência 2021. *Policy Brief - Em Questão - Evidências para políticas públicas*, n. 8, set. 2021. Disponível em: https://www.ipea.gov.br/atlasviolencia/arquivos/artigos/4942-emquestaon8atlas.pdf. Acesso em: 24 jul. 2024.

BRASIL. IPEA. *Ipea – Atlas da Violência v. 2.7*. Disponível em: https://www.ipea.gov.br/atlasviolencia/. Acesso em: 24 jul. 2024.

BRASIL. IPEA. *Ipea – Atlas da Violência v. 2.7*: Atlas da Violência 2020. Disponível em: https://www.ipea.gov.br/atlasviolencia/publicacoes/51/atlas-da-violencia-2020#:~:text=Esta%20edi%C3%A7%C3%A3o%20completa%20do%20Atlas,100%20mil%20habitantes%20%E2%80%93%20o%20menor. Acesso em: 26 jul. 2024.

CIDH expressa sua profunda preocupação frente à alarmante prevalência de assassinatos de mulheres em razão de estereótipo de gênero no Brasil. *OEA*, 4 fev. 2019. Disponível em: https://www.oas.org/pt/cidh/prensa/notas/2019/024.asp. Acesso em: 24 jul. 2024.

FÓRUM BRASILEIRO DE SEGURANÇA PÚBLICA (FBSP). *Anuário Brasileiro de Segurança Pública 2019*, São Paulo: Fórum Brasileiro de Segurança Pública, ano 13, 2019. ISSN 1983-7364. Disponível em: https://publicacoes.forumseguranca.org.br/handle/fbsp/62. Acesso em: 26 jul. 2024.

PINTO, Alessandra Caligiuri Calabresi (coord.). *Direitos das mulheres*: igualdade, perspectivas e soluções. 1. ed. São Paulo: Almedina, 2020. p. 74.

RAMOS, Margarita Danielle. Reflexões sobre o processo histórico-discursivo do uso da legítima defesa da honra no Brasil e a construção das mulheres. *Revista Estudos Feministas*, v. 20, n. 1, p. 53-73, 2012.

ROMANY, Celina. Women as Aliens: A feminist critique of the public/private distinction in International Human Rights Law. *Harvard Human Rights Journal*, New York, v. 6, n. 87, p. 87-125, jun. 1993.

STRECK, Lenio Luiz. Comentário ao art. 5º, XXXVIII. In: CANOTILHO, J. J. Gomes; MENDES, Gilmar Ferreira; SARLET, Ingo Wolfgang; STRECK, Lenio Luiz; LEONCY, Leo Ferreira (org.). *Comentários à Constituição do Brasil*. 2. ed. São Paulo: Ed. Saraiva, 2018. p. 407-409.

UNITED NATION. *A/RES/48/104 - Declaration on the Elimination of Violence against Women - UN Documents*: Gathering a body of global agreements. Disponível em: https://www.un.org/en/genocideprevention/documents/atrocity-crimes/Doc.21_declaration%20elimination%20vaw.pdf. Acesso em: 25 jul. 2024.

WAISELFISZ, Julio Jacobo. *Mapa da Violência 2015*: homicídio de mulheres no Brasil. 1. ed. Brasília: Flacso Brasil, [s.d.]. Disponível em: https://flacso.org.br/files/2015/11/MapaViolencia_2015_mulheres.pdf. Acesso em 24/07/2024.

Informação bibliográfica deste texto, conforme a NBR 6023:2018 da Associação Brasileira de Normas Técnicas (ABNT):

FERRAZ, Inaldo Mendonça de Araújo Sampaio; FERRAZ, Maria Augusta Palhares Ribeiro Sampaio. A inconstitucionalidade da tese de "legítima defesa da honra" nos crimes de feminicídio – uma análise da ADPF nº 779, de relatoria do ministro Dias Toffoli. In: MENDES, Gilmar Ferreira; LIRA, Daiane Nogueira de; FREIRE, Alexandre (coord.). *Constituição, democracia e diálogo*: 15 anos de Jurisdição Constitucional do Ministro Dias Toffoli. 2. ed. Belo Horizonte: Fórum, 2025. p. 747-762. ISBN 978-65-5518-937-7.

O STF E O ASSIM CHAMADO DIREITO AO ESQUECIMENTO[1,2]

INGO WOLFGANG SARLET

1 Introdução

Muito embora, mesmo no Brasil, a referência ao assim chamado direito ao esquecimento não seja assim tão recente,[3] o fato é que o tema passou a despertar maior atenção nos últimos onze anos, em especial desde que o Superior Tribunal de Justiça (STJ) reconheceu, pela primeira vez, tal direito como agasalhado pela ordem jurídico-constitucional brasileira, quando do julgamento do caso conhecido como caso "Chacina da Candelária", em maio de 2013,[4] julgado que posteriormente foi submetido ao crivo do Supremo Tribunal Federal (STF), como ainda se terá ocasião de ver e desenvolver.

Mas foi o caso *Google vs. Agência Espanhola de Proteção de Dados e Mário Costeja Gonzalez*, julgado pelo Tribunal de Justiça da União Europeia (TJUE) em 13 de maio de 2014 (Acórdão da Grande Seção nº C-131/12), que, em escala global, assegurou ampla difusão ao tema, ainda que no julgado propriamente dito não se tenha feito menção expressa ao termo "direito ao esquecimento".[5]

---

[1] O presente texto não é propriamente inédito, porquanto aproveita parte significativa de publicações anteriores do autor, mas que foram objeto de parcial reestruturação, ademais de uma atualização bibliográfica e jurisprudencial e de uma série de acréscimos relevantes.

[2] O autor manifesta aqui seu agradecimento para com Ana Luiza Liz dos Santos, mestre em Direito pela FMP e doutoranda no Programa de Pós-Graduação em Direito da PUCRS, pelo auxílio na pesquisa bibliográfica e jurisprudencial que permitiu a atualização do texto, bem como pelo ajuste na formatação e critérios formais de modo compatível com a presente obra.

[3] Confira as referências colacionadas por RODRIGUES JÚNIOR, Otavio Luís. Brasil debate o direito ao esquecimento desde 1990. *Consultor Jurídico (ConJur)*, 2013. Disponível em: https://www.conjur.com.br/2013-nov-27/direito-comparado-brasil-debate-direito-esquecimento-1990/. Acesso em: 29 mar. 2024.

[4] BRASIL. Superior Tribunal de Justiça. *Recurso Especial (REsp) 1.334.097/RJ*. Rel. Min. Luís Felipe Salomão, 4ª Turma, julgado em 28.05.2013.

[5] Cf., por todos, SINGER, Reinhard; BECK, Benjamin. O "direito ao esquecimento" na internet: significado, efeitos e avaliação da "sentença Google" do Tribunal Europeu de 13 de maio de 2014. *Direitos Fundamentais & Justiça*, Belo Horizonte, a. 12, n. 39, p. 19-46, jul./dez. 2018.

No que toca à esfera legislativa, o direito ao esquecimento – já referido em documentos anteriores na esfera da União Europeia[6] – acabou sendo previsto expressamente no Regulamento Geral de Proteção de Dados da União Europeia, aprovado em março de 2016 (679/2016) e que entrou em vigor em 25.05.2018,[7] que, no seu artigo 17, dispõe sobre um direito ao "apagamento" (*right to erasure*) de dados, associado a um direito ao esquecimento (*right to be forgotten*), estabelecendo parâmetros para a sua aplicação.[8]

Por tais razões é que não tardou mais para que o termo direito ao esquecimento (ainda que – como também aqui se reconhece – tecnicamente não o mais adequado)[9] acabasse sendo disseminado e amplamente utilizado, incorporando-se à linguagem corrente, ademais de utilizado na mídia, na literatura e na jurisprudência em várias línguas. Aliás, é de se registrar que a figura do direito ao esquecimento – e o caso brasileiro revela isso – tem sido associada a situações que nem sempre guardam direta relação com o seu objeto e, ademais, sequer se falava em tal direito. A despeito disso, tendo em conta a necessidade de um acordo semântico, também aqui se opta pela utilização da expressão "direito ao esquecimento".

Outrossim, tal como já anunciado no próprio título, o que se busca é analisar o reconhecimento e aplicação do direito ao esquecimento, tendo como foco a ordem jurídico-constitucional brasileira e à luz da jurisprudência do Supremo Tribunal Federal (STF), sobre a matéria, em especial na sua articulação com a liberdade de expressão e a sua posição preferencial.

Antes de avançar, porém, imperioso sublinhar que o texto se destina a integrar obra coletiva que rende merecida e justa homenagem ao Ex.mo Ministro Dias Toffoli, por ocasião dos quinze anos de sua profícua judicatura no STF. Aliás, coube ao ilustre homenageado a relatoria do *leading case* da Suprema Corte brasileira na matéria ora em exame, conforme será ainda desenvolvido mais adiante.

2 O direito ao esquecimento na condição de direito fundamental implicitamente positivado?

Independentemente da discussão sobre o passado, presente e futuro de um direito ao esquecimento no Brasil, em especial em face da decisão do STF, de 11 de fevereiro de 2021 (Recurso Extraordinário nº 1.010.606/RJ, relator ministro Dias Toffoli), negando

---

[6] V. em especial, o documento de novembro de 2010 (*A Comprehensive Approach to Data Protection in the European Union*), que refere à, necessidade de assegurar um direito ao esquecimento, sugerindo inclusive uma definição, bem como a menção do direito ao esquecimento no projeto de um novo Regulamento Geral sobre Proteção de Dados na União Europeia de março de 2012.

[7] UNIÃO EUROPEIA. Parlamento Europeu e Conselho. *Regulamento (UE) 2016/679 do Parlamento Europeu e do Conselho de 27 de abril de 2016 relativo à proteção das pessoas singulares no que diz respeito ao tratamento de dados pessoais e à livre circulação desses dados e que revoga a Diretiva 95/46/CE (Regulamento Geral sobre a Proteção de Dados)*. Disponível em: http://eur-lex.europa.eu/eli/reg/2016/679/oj. Acesso em: 29 mar. 2024.

[8] "Article 17. Right to erasure ('right to be forgotten') 1. The data subject shall have the right to obtain from the controller the erasure of personal data concerning him or her without undue delay and the controller shall have the obligation to erase personal data without undue delay where one of the following grounds applies."

[9] Note-se que, sob o rótulo de um direito ao esquecimento, do que se trata – em termos técnicos – é basicamente assegurar aos indivíduos um direito a obter o cancelamento, mas também a não divulgação e/ou dificultação do acesso a determinadas informações (como se verifica nos pedidos de desindexação junto aos provedores de busca/pesquisa da internet).

a sua existência e que ainda será objeto de enfrentamento, a exemplo do que ocorreu com o reconhecimento de tal direito na União Europeia,[10] na jurisprudência da Corte Europeia de Direitos Humanos[11] e em diversos países europeus, como é o caso, entre outros, da Alemanha,[12] Espanha,[13] França[14] e Itália,[15] também em outros países, como é o caso, na América do Sul, além da Colômbia[16] – aqui citada em caráter ilustrativo – e, como já antecipado, do próprio Brasil, expressiva doutrina e mesmo a jurisprudência têm dado guarida ao direito ao esquecimento, inclusive atribuindo-lhe a condição de um direito fundamental. Isso, por evidente, não significa que, mesmo nos países referidos, mas especialmente no caso dos Estados Unidos da América (onde, mesmo existindo quem tenha saudado a iniciativa, a resistência desde o início foi mais contundente), não existam objeções quanto ao reconhecimento de um direito ao esquecimento.[17]

A despeito disso, a doutrina e a jurisprudência brasileiras – antes e mesmo depois da emblemática e controversa decisão do STF acima referida – passaram a reconhecer, em especial – e como já adiantado – a partir de 2013, um direito ao esquecimento, atribuindo-lhe inclusive a condição de um direito fundamental,[18] muito embora a

---

[10] Aqui reportamo-nos às referências já feitas ao novo Regulamento de Proteção de Dados da União Europeia e ao caso *Google vs. Agência Espanhola de Proteção de Dados e Mario Costeja Gonzalez*, julgado pelo TJUE. V. também, LUXEMBOURG. Court of Justice of the European Union. *Case nº C-507/17, Google LLC vs. Commission Nationale L'Informatique et des Libertés*. Grand Chamber, judgement 24.09.2019.

[11] FRANCE. European Court of Human Rights. *Application nº 77.419/16, Biancardi vs. Italy*. First Section, judgement 25.11.2021. FRANCE. European Court of Human Rights. *Application nº 57.292/16, Hurbain vs. Belgium*. Grand Chamber, judgement 04.07.2023.

[12] V., entre outros, WEISMANTEL, Jan. *Das 'Recht auf Vergessenwerden' im Internet nach dem 'Google-Urteil' des EuGH – Begleitung eines offenen Prozesses*. Berlin: Duncker & Humblot, 2017. HELLMANN, Dorothea. *Recht auf Vergessenwerden. Harmonisierung eines Datenschutzes-und äusserungsrechtlichen-Abwägungsystems im Fall von Auslistungsansprüchen*. Baden-Baden: Nomos, 2022. V. também, GERMANY. Bundesverfassungsgericht. *BvR 16/13*. Beschluss des Ersten Senats vom 6 November 2019 (direito ao esquecimento I). GERMANY. Bundesverfassungsgericht. *BvR 276/17*. Beschluss des Ersten Senats vom 6 November 2019 (direito ao esquecimento II). GERMANY. Bundesgerichtshof. *VI ZR 338/21*. 14 März 2023.

[13] V. por todos, CARO, María Alvarez. *Derecho al Olvido en Internet: El Nuevo Paradigma de la Privacidad en la Era Digital*. Madrid: Editorial Reus, 2015. LÓPEZ-SÁEZ, Mónica Martínez. *El derecho al olvido como garantía frente a situaciones de vulnerabilidad en la UE y España*. Madrid: Centro de Estudios Politicos y Constitucionales, 2022. V. também, ESPAÑA. Tribunal Constitucional de España. *STC nº 58/2018*. Madrid, julgado em 04.06.2018.

[14] V. por todos, DECHENAUD, David. *Le Droit à L'oubli Numérique: Donnés Normatives – Approche Comparée*. Bruxelles: Éditions Larcier, 2015. V. também, FRANCE. Conseil Constitutionnel. *Décision nº 2017-670 QPC*. Paris, julgado em 27.10.2017.

[15] V. MARTINELLI, Silvia. *Diritto All'oblio e Motori di Ricerca*. Milano: Giuffré, 2017. V. também, ITALIA. Corte Costituzionale della Repubblica Italiana. *Il Caso 6.919/2018, Venditti vs. Rai*, julgado em 20.03.2018.

[16] COLÔMBIA. Corte Constitucional de Colômbia. *Sentencia T-277/15, Gloria vs. Casa Editorial El Tiempo*, julgado em 12.05.2015. COLÔMBIA. Corte Constitucional de Colômbia. *Sentencia T-725/16, Jairo Alberto Ríos Sáenz y Storage and Parking SAS vs. RCN Televisión SA*, julgado em 16.12.2016.

[17] V. em especial, MAYER-SCHÖNBERGER, Viktor. *Delete – The Virtue of Forgetting in the Internet*. 2. ed. Princeton: Princeton University Press, 2011. WERRO, Franz. *The right to be forgotten – a comparative study of the emergent right's evolution and application in Europe, the Americas, and Asia*. Springer, 2020. ČTVRTNÍK, Mikulas. *Archives and records: privacy, personality rights and access*. English Edition. London: Palgrave Macmillan, 2023. E, ainda, o artigo de KELLY, Michael J.; SATOLA, David. *The Right to be Forgotten*, U.III.L. Rev. 1, 2017. Numa perspectiva crítica, v. também BERTONI, Eduardo. *The right to be forgotten: an insult to Latin America History*. The Huffington Post, Nova York, 24 nov. 2014. Disponível em: https://www.huffpost.com/entry/the-right-to-beforgotten_b_5870664. Acesso em: 29 mar. 2024.

[18] Limitando-nos aqui a referir algumas das principais obras monográficas (livros) dedicadas especialmente ao tema no Brasil, v. MARTINEZ, Pablo Dominguez. *Direito ao Esquecimento: a proteção da memória individual na Sociedade da Informação*. Rio de Janeiro: Lumen Juris, 2014; MALDONADO, Viviane Nóbrega. *Direito ao Esquecimento*. São Paulo: Novo Século, 2016; CARELLO, Clarissa Pereira. *Direito ao Esquecimento: parâmetros jurisprudenciais*. Curitiba: Prismas, 2016; CONSALTER, Zilda Mara. *Direito ao Esquecimento: proteção da intimidade e ambiente virtual*. Curitiba: Juruá, 2017; BRANCO, Sérgio. *Memória e Esquecimento na Internet*. Porto Alegre: Arquipélago, 2017;

existência de posições contrárias[19] e de não se verificar um consenso em relação a diversos pontos ligados ao tema, em especial no que diz respeito ao alcance, conteúdo, limites e critérios de aplicação.

Na perspectiva da sua justificação constitucional – compreendida como vinculada ao direito constitucional positivo –, o reconhecimento do direito ao esquecimento radica na dignidade da pessoa humana, no direito ao livre desenvolvimento da personalidade e nos direitos especiais de personalidade, como é o caso dos direitos à vida privada, honra e imagem e do direito à autodeterminação informativa.[20]

Nessa senda, a conexão do direito ao esquecimento com a dignidade da pessoa humana e o direito geral de personalidade, no sentido de um direito ao livre desenvolvimento da personalidade, pode ser justificada, numa primeira aproximação, com o fato de que a capacidade e a possibilidade de esquecimento e a necessidade de seu reconhecimento e proteção na esfera jurídica representam condições necessárias para exercer também o que se designou de um direito a se reinventar[21] ou a um recomeço, ou seja, a possibilidade de reformatar (reconstruir) a trajetória existencial pessoal (individual) e social, livre de determinadas amarras provocadas pela confrontação direta e permanente no tempo com aspectos relativos à memória (passado).[22]

Dito de outro modo, a possibilidade de esquecer, mas também – e nisso a necessidade de reconhecimento e proteção em face do Estado e de terceiros no plano social ampliado – poder ser "esquecido" e não sofrer permanentemente e de modo indeterminado as repercussões negativas associadas a fatos (aqui em sentido amplo) do passado é algo essencial não apenas para uma vida saudável pessoal – do ponto de vista físico e psíquico –, mas para uma integração social do indivíduo. Assim, uma vez conscientes das amplas e preocupantes consequências que decorrem do "fim do esquecimento", as quais são muito mais desafiadoras do que a ideia que antes importava – relacionada à forma como os seres humanos construíram e mantiveram sua reputação ao longo do tempo –, comprova-se que a mudança da regra do esquecimento para a regra da lembrança é monumental e, por isso, se não for devidamente abordada, pode

---

SARLET, Ingo Wolfgang; FERREIRA NETO, Arthur Maria. *O direito ao "esquecimento" na sociedade da informação*. Porto Alegre: Livraria do Advogado, 2019; OLIVEIRA, Caio César de. *Eliminação, desindexação e esquecimento na internet*. São Paulo: Revista dos Tribunais, 2020; SANTOS, Ana Luiza Liz dos. *Direito à desindexação*: uma análise à luz da efetivação dos direitos fundamentais de personalidade. São Paulo: Dialética, 2022; COELHO, Júlia Costa de Oliveira. *Direito ao esquecimento e seus mecanismos de tutela na internet*. 2. ed. Indaiatuba: Foco, 2022.

[19] Destaca-se aqui o entendimento de SARMENTO, Daniel. Liberdades comunicativas e "direito ao esquecimento" na ordem constitucional brasileira. Parecer consultivo. *Revista Brasileira de Direito Civil*, v. 7, p. 190-232, jan./mar. 2016. Disponível em: https://rbdcivil.ibdcivil.org.br/rbdc/article/view/76/70. Acesso em: 29 mar. 2024.

[20] V., por todos, BUCHHOLTZ, Gabriele Margarete. Das 'Recht auf Vergessen' im Internet – Eine Herausforderung für den demokratischen Rechtsstaat. In: *Archiv des öffentlichen Rechts (AÖR)*, v. 140, pp. 127 e ss. Tübingen: Mohr-Siebeck, 2015. V. também, GUIMARÃES, João Alexandre Silva Alves. Preserving Personal Dignity: the vital role of the right to be forgotten. *Brazilian Journal of Law, Technology and Innovation*, v. 1, n. 1, p. 163-186, 2023.

[21] V. nesse sentido, SOLOVE, Daniel. Speech, Privacy and reputation on the internet. *In*: NUSSBAUM, Martha C.; LEVMORE, Saul (coord.), *The Offensive Internet*: Speech, Privacy and Reputation. Cambridge MA: Harvard University Press, 2011. p. 15-30.

[22] Nesse sentido, exatamente no que diz com o direito ao esquecimento, DIESTERHÖFT, Martin. *Das Recht auf medialen Neubeginn: Die 'Unfähigkeit des Internets zu vergessen' als Herausforderung für das allgemeine Persönlichkeitsrecht*. v. 33. Berlin: Duncker & Humblot GmbH, 2014. p. 150. Note-se, contudo, que o autor se refere a uma dimensão mais restrita do que designa de um direito ao recomeço, pois fala especificamente num recomeço "medial", com ênfase no ambiente digital, o que, na perspectiva aqui adotada, soa demasiadamente limitado.

causar gravíssimas consequências, tanto para as pessoas individualmente consideradas quanto para a sociedade como um todo.[23]

Não é à toa que, no tocante ao reconhecimento de um direito ao esquecimento, calha invocar a lembrança de Catarina Santos Botelho, no sentido de que, a partir das lições da neurologia, sabe-se que uma das principais funções do cérebro é esquecer tudo aquilo que é supérfluo e filtrar conteúdos que prejudiquem emocionalmente os indivíduos.[24]

Nessa perspectiva, trata-se também e em certo sentido da necessidade de assegurar determinada possibilidade de autogovernar a própria memória e de poder reagir de algum modo à "implacável memória coletiva da internet", além de impedir que as pessoas fiquem prisioneiras de "um passado destinado a não passar",[25] até porque, como amplamente sabido, as informações constantes na internet não só têm potencial de alcançar o mundo inteiro, como ficam disponíveis para sempre.[26]

Tal afirmação indica, por sua vez, que o direito ao esquecimento assume uma dimensão que vai além da individual, porquanto já se demonstrou que o esquecimento, aqui com destaque para a internet, consiste num processo social que carece de descrição e compreensão independentemente do esquecimento por parte das pessoas individualmente consideradas e que guarda relação com o que se costuma designar de uma "memória coletiva".[27]

Por isso – como destacado acima – é que se fala de um processo de esquecimento social, que se reflete no plano individual, mas que se dá pela eventual supressão de determinadas informações e em dificultar o acesso às mesmas, mormente porque, para citar um exemplo, no âmbito da internet, os mecanismos de busca são configurados para potencializar as páginas e as informações mais acessadas, o que, como um ciclo, faz com que as páginas mais visitadas sejam constantemente mais buscadas.

Note-se, além disso, que a querela em torno do reconhecimento e dos limites de um direito ao esquecimento, em especial no ambiente digital, apresenta uma dimensão econômica relevante, o que se verifica tanto pelo fato de que os dados pessoais figuram como valiosos ativos econômicos (*data is the new oil*) quanto porque diz respeito ao campo de atuação de grandes corporações da tecnologia.[28]

---

[23] Nesse sentido, MAYER-SHÖNBERGER, Viktor. *Delete: The Virtue of Forgetting in the Digital Age*. Princeton: Princeton University Press, 2009. p. 5.
[24] BOTELHO, Catarina Santos. Novo ou Velho Direito? O Direito ao Esquecimento e o Princípio da Proporcionalidade no Constitucionalismo Global. *Ab Instantia – Revista do Instituto do Conhecimento AB*, a. V, n. 7, p. 49-71, 2017, p. 52.
[25] RODOTÀ, Stefano. *Il Mondo nella rete – Quali i diritti, quali i vincoli*. Roma: Laterza, 2014. p. 41-42.
[26] Nesse sentido, RAMOS, André de Carvalho; BUCCI, Daniela. Direito ao Esquecimento: dimensões econômicas e impactos na soberania diante da globalização digital. *Novos Estudos Jurídicos*, v. 28, n. 3, p. 403-422, 2023.
[27] Nesse sentido, ALBERS, Marion; SCHIMKE, Anna. *Vergessen im Internet*, Manuscrito, 2018. Destaque-se que as autoras fazem referência a diferentes tipos de memória, a individual, a social, a cultural e a política, o que não será objeto de aprofundamento no presente texto. V. também, SCHIMKE, Anna. Forgetting as a Social Concept – Contextualizing the Right to Be Forgotten. In: ALBERS, Marion; SARLET, Ingo Wolfgang. *Personality and Data Protection Rights on the Internet Brazilian and German Approaches*. Ius Gentium: Comparative Perspectives on Law and Justice, v. 96, 2022.
[28] Nesse sentido, RAMOS, André de Carvalho; BUCCI, Daniela. Direito ao Esquecimento: dimensões econômicas e impactos na soberania diante da globalização digital. *Novos Estudos Jurídicos*, v. 28, n. 3, p. 403-422, 2023.

A justificação de um direito ao esquecimento na perspectiva constitucional não exclui, por sua vez, a possibilidade de seu reconhecimento (ainda que sem referência ao termo) a partir de uma série de diplomas legislativos infraconstitucionais, nos quais – embora também sem qualquer referência direta a tal direito – podem ser encontradas algumas manifestações parciais, que, de algum modo, podem ser tidas como modos de concretização de tal direito, mas que aqui não serão desenvolvidas.[29]

No concernente ao ambiente *online*, a Lei do Marco Civil da Internet (Lei nº 12.965, de 23 de abril de 2014, doravante apenas LMCI), que estabeleceu um conjunto de princípios, bem como previu garantias, direitos e deveres para o uso da internet no Brasil, mesmo não prevendo expressamente o direito ao esquecimento, contém importantes diretrizes e regras, que, além de regular aspectos específicos relativos a tal direito, lhe asseguram concretude ao menos parcial.

Dentre os dispositivos mais relevantes a serem colacionados, há que sublinhar o que prescreve o artigo 7º, inciso X, reconhecendo um direito subjetivo ao usuário da internet, no sentido de requerer (e obter de modo coercitivo, a depender do caso) "a exclusão definitiva dos dados pessoais que tiver fornecido a determinada aplicação de internet, a seu requerimento, ao término da relação entre as partes, ressalvadas as hipóteses de guarda obrigatória de registros previstas nesta Lei".

Também a Lei Geral de Proteção de Dados (Lei nº 13.709, de 14 de agosto de 2018, doravante apenas LGPD) reconhece um direito à anonimização, bloqueio, eliminação ou correção de dados (artigo 8º), além de alterar a redação do artigo 7º, X, da LMCI, o qual passou a ter a seguinte redação: "Exclusão definitiva dos dados pessoais que tiver fornecido a determinada aplicação de internet, a seu requerimento, ao término da relação entre as partes, ressalvadas as hipóteses de guarda obrigatória de registros previstas nesta Lei e na que dispõe sobre a proteção de dados pessoais".

Note-se, por oportuno, que os dois diplomas legais referidos não contemplam aquilo que se convencionou chamar de um direito à desindexação de conteúdos nos mecanismos de busca na internet, muito embora tal direito, como já indicado e logo mais desenvolvido, tenha encontrado respaldo em significativa doutrina, ademais de ter sido acolhido gradualmente em nível jurisprudencial.

Além disso, já existem diversas propostas legislativas tramitando no Congresso Nacional prevendo o reconhecimento expresso de um direito ao esquecimento e mesmo

---

[29] Em caráter aqui muito sumário, há que colacionar os artigos 135 do Código Penal (Decreto-Lei nº 2.848/1940), 748 do Código Processual Penal (Decreto-Lei nº 3.689/1941) e 202 da Lei de Execuções Penais (Lei nº 7.210/1984), que, em linhas gerais, vedam que os antecedentes criminais de alguém sejam levados a público e possam ser utilizados apenas para uma nova investigação e/ou processo criminal. No mesmo sentido, o assim chamado Estatuto da Criança e do Adolescente (Lei nº 8.069/1990) contempla regras que podem ser utilizadas no reconhecimento de um direito ao esquecimento, promovendo a proteção da dignidade e direitos de personalidade das crianças (até 12 anos incompletos de idade) e adolescentes (12-18 anos). Na esfera cível, o Código de Defesa do Consumidor (Lei nº 8.078/1990), em especial (mas não só) no seu artigo 43, contempla aspectos que dizem respeito também ao direito ao esquecimento e à livre autodeterminação informativa, pois dispõe que o consumidor deve ter livre acesso aos seus próprios dados informados em bancos de dados, fichários e arquivos, sendo-lhe assegurado (§2º) um direito de retificação. O consumidor poderá ainda requerer o cancelamento (exclusão) dos dados constantes nos cadastros negativos depois de transcorridos cinco anos do seu armazenamento. Também o Código Civil brasileiro (Lei nº 10.406/2002), particularmente nos seus artigos 11 e 12, bem como e em especial nos artigos 16 a 21, no capítulo referente aos direitos de personalidade, oferece fundamento para a proteção de aspectos ligados ao direito ao esquecimento.

estabelecendo regras para a sua aplicação.[30] Merece especial destaque, ademais, o relatório apresentado muito recentemente, em 26.02.2024, pela comissão de juristas responsável pela revisão e atualização do Código Civil (CJCODCIVIL), que propõe a inclusão do direito ao esquecimento (direito à exclusão de dados) e do direito à desindexação no Código Civil brasileiro, com exposição, ainda, de rol exemplificativo de dados passíveis de exclusão, requisitos para a concessão do pedido, rol exemplificativo de hipóteses de remoção de conteúdo, regulamentação dos procedimentos para os mecanismos de busca, entre outras disposições.[31]

Todavia, a despeito da ausência de previsão de um direito à desindexação dos mecanismos de busca, exercível em face dos provedores de pesquisa da internet, doutrina e jurisprudência passaram a reconhecer tal possibilidade, o que se deu – mesmo depois de um período de resistência e de modo ainda não consolidado – também em sede da prática decisória do STJ.

3 Reconhecimento e proteção do direito ao esquecimento pelo STF?

3.1 O início da discussão no STJ: os casos "Aída Curi" e "Chacina da Candelária"

Embora o direito ao esquecimento venha sendo vinculado – de maneira mais apropriada – ao ambiente digital, existem outras situações nas quais o tema tem sido objeto de discussão e mesmo resultado em decisões judiciais no sentido de seu reconhecimento. Por essa razão, bem como levando em conta que até o presente momento o STF ainda não se pronunciou sobre um direito ao esquecimento *online*, optou-se por recuperar os dois principais julgados do STJ sobre o tema que não guardam relação direta com a internet. Tais decisões, que não excluem outras posteriores reconhecendo um direito ao esquecimento, são particularmente relevantes para a compreensão da matéria no Brasil, não apenas pelo fato de se tratar dos dois primeiros grandes julgamentos, mas pelo fato de que, a partir deles (em especial do primeiro caso a ser apresentado), se chegou ao STF e à sua controversa – mas paradigmática – decisão negando, por maioria de votos, a existência de tal direito.

Os dois primeiros casos em que esteve em causa um direito ao esquecimento (todavia, em sentido amplo, visto que não se tratava da proibição de veiculação de determinados fatos ou do apagamento de dados ou a desindexação de determinados

---

[30] Segue a relação dos projetos de lei: PL nº 4.418/2020, de autoria do deputado David Soares, atualmente apensado ao PL nº 1.676/2015; PL nº 5.776/2019, de autoria do deputado Afonso Motta, atualmente apensado ao PL nº 10.860/2018; PL nº 3.46/2019, de autoria do deputado Danilo Cabral, atualmente apensado ao PL nº 2.712/2015; PL nº 10.860/2018, de autoria do deputado Augusto Carvalho, atualmente apensado ao PL nº 1.676/2015; PL nº 1.589/2015, de autoria da deputada Soraya Santos, atualmente apensado PL nº 2.15/2015; PL nº 1.676/2015, de autoria do deputado Veneziano Vital do Rêgo, atualmente apensado ao PL nº 2.630/2020 (PL das *fake news*). Apesar disso, não há dispositivo que aborde o direito ao esquecimento na versão atual do PL das *fake news*, apresentada em 31.03.2022 pelo relator deputado Orlando Silva. CÂMARA DOS DEPUTADOS. Agência Câmara de Notícias. *Relator apresenta nova versão do projeto sobre fake news*. 2022. Disponível em: https://www.camara.leg.br/noticias/863031-relator-apresenta-nova-versao-do-projeto-sobre-fake-news-conheca-o-texto/. Acesso em: 29 mar. 2024.

[31] SENADO FEDERAL. Comissões, CJCODCIVIL. *Relatório apresentado pelos relatores-gerais no dia 26.02.2024 (7ª reunião da CJCODCIVIL): Minuta de texto final ao anteprojeto, conforme art. 10, §2º, do Regulamento da Comissão*. 2024. Disponível em: https://legis.senado.leg.br/comissoes/mnas?codcol=2630&tp=4. Acesso em: 26 mar. 2024.

links dos mecanismos de busca na internet), ambos julgados pelo STJ, foram apreciados nos Recursos Especiais nº 1.335.153/RJ e nº 1.334.097/RJ (2013).

Em tais recursos especiais, julgados pela 4ª Turma da Corte Superior no mesmo dia, foram estabelecidos alguns parâmetros para o reconhecimento e respectivas consequências jurídicas de um direito ao esquecimento no Brasil, sendo, contudo, alcançadas conclusões opostas, visto que num dos casos foi assegurada a proteção de tal direito, ao passo que no outro foi dada prevalência à liberdade de informação e comunicação. Tal discrepância não necessariamente se revela contraditória, mas desde logo aponta para o fato de que, a exemplo de outros casos em que se verifica uma colisão de direitos, é necessária uma análise das peculiaridades de cada caso, do peso dos direitos envolvidos, bem como do impacto resultante de sua maior ou menor proteção, tudo mediante uma operação de ponderação destinada a estabelecer um equilíbrio e uma solução adequada do ponto de vista jurídico.

No primeiro caso, conhecido como caso "Aída Curi" (REsp nº 1.335.153/RJ), os familiares de Aída Curi, vítima de assassinato cometido em 1958, que havia adquirido ampla notoriedade à época em que praticado, queriam impedir que programa televisivo veiculado pela TV Globo (Programa Linha Direta) reproduzisse e reconstituísse, ainda que na condição de documentário, décadas depois, esse mesmo episódio traumático, fazendo com que "antigas feridas já superadas" fossem reabertas em público. Defenderam os autores, portanto, que deveria ser acolhida a pretensão de se declarar, no caso, "seu direito ao esquecimento, de não ter revivida, contra a vontade deles, a dor antes experimentada por ocasião da morte de Aída Curi, assim também pela publicidade conferida ao caso décadas passadas". Além disso, pleitearam indenização por danos imateriais.

Analisando as particularidades do caso, o ministro relator, Luís Felipe Salomão, entendeu que:

(i) as vítimas de crimes e seus familiares, em tese, também podem ser titulares do direito ao esquecimento, na medida em que não podem ser obrigadas a se submeterem desnecessariamente a "lembranças de fatos passados que lhes causaram inesquecíveis feridas", ademais da circunstância de que injusta a proteção do eventual ofensor, por conta de seu direito à ressocialização, deixando a vítima e seus familiares à mercê da sua pública e permanente exposição;

(ii) a resolução adequada do caso exige a ponderação da possível historicidade do fato narrado com a proteção à intimidade e privacidade dos ofendidos;

(iii) no caso, o crime entrou para o domínio público, tornando-se, de tal sorte, um fato de natureza histórica, não podendo ser transformado em fato inacessível à imprensa e à coletividade. Além disso, devido à ampla difusão dada ao fato na época dos acontecimentos, inclusive da investigação e julgamentos, bem como a conexão direta com o nome da vítima, seria impraticável "retratar o caso Aída Curi, sem Aída Curi"; e

(iv) diante da situação concreta, seria desproporcional a restrição da liberdade de imprensa, se comparada ao desconforto gerado pela lembrança dos fatos por parte dos familiares da vítima, em particular considerando o largo lapso temporal transcorrido desde a data dos fatos, que tem o condão de esmaecer, ainda que não afastar por completo, a dor e o abalo causados pelos fatos e sua divulgação.

No segundo julgado, conhecido como caso "Chacina da Candelária" (REsp nº 1.334.097/RJ), igualmente se pretendeu evitar veiculação de programa televisivo (Linha Direta), ademais de pleitear indenização por danos imateriais por parte da Rede Globo de Televisão. O autor da demanda originária, também aforada contra a empresa Globo Comunicações e Participações, alegava a ausência de contemporaneidade dos fatos e que a reabertura de "antigas feridas", que já haviam por ele sido superadas, teria reascendido a desconfiança da sociedade no que diz respeito à sua índole, pugnando pelo reconhecimento de seu direito de ser esquecido, ou seja, não ser lembrado contra a sua vontade, em virtude de fatos criminosos pelos quais havia sido indiciado e processado, mas pelos quais restou absolvido.

Diferentemente do caso anterior, aqui o mesmo ministro, Luís Felipe Salomão, igualmente relator do feito, deu ganho de caso ao autor da demanda (recorrido), depois de estabelecer alguns pressupostos, argumentando que:

(i) mesmo sendo os crimes reportados famosos e de contornos históricos e não obstante fosse a reportagem jornalística fiel à realidade, deveria prevalecer a proteção à intimidade e privacidade dos condenados e dos absolvidos, como no caso do recorrido, uma vez que a "vida útil da informação criminal" já havia alcançado o seu termo final;

(ii) o reconhecimento de um direito ao esquecimento expressa "uma evolução cultural da sociedade, confere concretude a um ordenamento jurídico, que, entre a memória – que é a conexão com o passado – e a esperança – que é o vínculo com o presente – fez clara opção pela segunda", cuidando-se, no caso do direito ao esquecimento, de "um direito à esperança, em absoluta sintonia com a presunção legal e constitucional de regenerabilidade da pessoa humana";

(iii) a historicidade inconteste dos fatos aos quais se refere o programa televisivo deve ser examinada em concreto, afirmando-se o interesse público e social, desde que, contudo, a identificação pessoal dos envolvidos seja indispensável. No caso julgado, muito embora se trate de um acontecimento histórico e um símbolo da precariedade da proteção estatal das crianças e adolescentes, o documentário poderia ter retratado os fatos de forma correta, sem identificar, pelo nome ou pela imagem, os envolvidos, em particular a pessoa do recorrido; e

(iv) além disso, permitir a divulgação do nome e imagem do recorrido, ainda que absolvido (que mesmo assim teria reforçada a sua imagem de acusado e envolvido), seria o mesmo que permitir uma segunda violação de sua dignidade, uma vez que o próprio fato e sua ampla divulgação, incluindo o nome do recorrente como suspeito, assim como inquérito policial, já representaram na época uma vergonha nacional.

À vista dos argumentos colacionados, percebe-se que, nesse segundo caso, prevaleceu o critério do esgotamento da função sancionatória e da necessidade de reabilitação e reinserção social dos condenados e absolvidos, o que superaria o peso argumentativo não apenas da, no caso, evidente historicidade dos fatos que seriam objeto da reportagem jornalística, como também da liberdade de expressão inerente à atividade da imprensa.

Uma vez apresentados ambos os julgados, é o caso avançar com o tratamento dado pelo STF ao direito ao esquecimento.

3.2 O direito ao esquecimento na visão do STF

Assim como se deu no STJ, também na jurisprudência do STF é possível encontrar decisões que fazem referência direta ao direito ao esquecimento, como se verifica, por exemplo, no HC nº 126.315/SP, relator ministro Gilmar Mendes, julgado em 15 de setembro de 2015, com a seguinte ementa:

> "Habeas corpus. 2. Tráfico de entorpecentes. Condenação. 3. Aumento da pena-base. Não aplicação da causa de diminuição do §4º do art. 33, da Lei 11.343/06. 4. Período depurador de 5 anos estabelecido pelo art. 64, I, do CP. Maus antecedentes não caracterizados. Decorridos mais de 5 anos desde a extinção da pena da condenação anterior (CP, art. 64, I), não é possível alargar a interpretação de modo a permitir o reconhecimento dos maus antecedentes. Aplicação do princípio da razoabilidade, proporcionalidade e dignidade da pessoa humana. 5. *Direito ao esquecimento*. 6. Fixação do regime prisional inicial fechado com base na vedação da Lei 8.072/90. Inconstitucionalidade. 7. Ordem concedida" (grifo nosso).

Tal orientação acabou sendo fixada, mais recentemente, quando do julgamento do Tema de Repercussão Geral nº 150, Recurso Extraordinário nº 593.818/SC, da relatoria do ministro Roberto Barroso, julgado entre 14 e 24 de abril de 2024, embora sem referência expressa a um direito ao esquecimento. De acordo a tese estabelecida, aqui transcrita:

> Não se aplica ao reconhecimento dos maus antecedentes o prazo quinquenal de prescrição da reincidência, previsto no art. 64, I, do Código Penal, podendo o julgador, fundamentada e eventualmente, não promover qualquer incremento da pena-base em razão de condenações pretéritas, quando as considerar desimportantes, ou demasiadamente distanciadas no tempo, e, portanto, não necessárias à prevenção e repressão do crime, nos termos do comando do artigo 59, do Código Penal.

Note-se, contudo, que não se trata de casos similares aos convencionalmente associados ao assim chamado direito ao esquecimento, tal como, aliás, bem revelam os casos "Aída Curi" e "Chacina da Candelária", assim como os demais exemplos extraídos da jurisprudência brasileira, estrangeira e internacional, acima referidos. De todo modo, o que existe em comum é a consideração do decurso do tempo e o uso de determinadas informações de uma pessoa em seu desproveito.

Particularmente relevante para a discussão em torno do conteúdo e alcance de um direito ao esquecimento no Brasil é o fato de que o STF (a partir de um recurso extraordinário apresentado em relação à decisão do STJ no caso "Aída Curi") reconheceu a repercussão geral da discussão,[32] uma vez que seria passível de apreciação em sede de recurso extraordinário a alegação de que:

> O direito ao esquecimento é um atributo indissociável da garantia da dignidade humana, com ela se confundindo, e que a liberdade de expressão não tem caráter absoluto, não podendo se sobrepor às garantias individuais, notadamente à inviolabilidade da personalidade, da honra, da dignidade, da vida privada e da intimidade da pessoa humana.

No decurso do processo, o relator, ministro Dias Toffoli, convocou audiência pública, realizada em 12.06.2017, na qual foram ouvidos representantes de diversas entidades públicas e privadas, inclusive vinculadas ao domínio digital (como foi o caso do Google e do Yahoo), de modo que era possível, na época, arriscar um prognóstico no sentido de que o STF, quando fosse mais adiante julgar o mérito da questão propriamente dita, provavelmente incluiria a repercussão de um direito ao esquecimento na internet.

Para surpresa de muitos, não foi isso que aconteceu, e, mesmo depois de ter reconhecido a repercussão geral da matéria afirmando a existência de um direito ao esquecimento a partir da dignidade da pessoa humana, o STF, apreciando o Tema nº 786 da Repercussão Geral e ao julgar o referido Recurso Extraordinário nº 1.010.606, em 11 fevereiro de 2021, chegou, por maioria de votos, à conclusão (pelo menos aparentemente) totalmente diversa, negando provimento ao recurso e indeferindo o pedido de reparação de danos formulado contra a requerida, ademais de fixar a seguinte tese:

> É incompatível com a Constituição a ideia de um direito ao esquecimento, assim entendido como o poder de obstar, em razão da passagem do tempo, a divulgação de fatos ou dados verídicos e licitamente obtidos e publicados em meios de comunicação social analógicos ou digitais. Eventuais excessos ou abusos no exercício da liberdade de expressão e de informação devem ser analisados caso a caso, a partir dos parâmetros constitucionais – especialmente os relativos à proteção da honra, da imagem, da privacidade e da personalidade em geral – e as expressas e específicas previsões legais nos âmbitos penal e cível.[33]

Analisando-se os votos proferidos pelos ministros por ocasião do julgamento, é o caso de iniciar com a manifestação do homenageado, na condição de relator.

A despeito da maior amplitude do voto, o ilustre relator, ministro Dias Toffoli, afirmou:

> [...] podemos entender o nominado direito ao esquecimento como a pretensão apta a impedir a divulgação, seja em plataformas tradicionais ou virtual, de fatos ou dados verídicos e licitamente obtidos, mas que, em razão da passagem do tempo, teriam se tornado descontextualizados ou destituídos de interesse público relevante.[34]

---

[32] BRASIL. Supremo Tribunal Federal. *Agravo em Recurso Extraordinário nº 833.248 (Repercussão Geral)*. Rel. Ministro Dias Toffoli, julgado em 19.02.2015.

[33] BRASIL. Supremo Tribunal Federal. *Recurso Extraordinário nº 1.010.606/RJ*. Relator Ministro Dias Toffoli. Plenário, Julgado em 11.02.2021. p. 3-4. Disponível em: https://portal.stf.jus.br/processos/downloadPeca.asp?id=15346473757&ext=.pdf. Acesso em: 15 jun. 2024.

[34] BRASIL. Supremo Tribunal Federal. *Recurso Extraordinário nº 1.010.606/RJ*. Relator Ministro Dias Toffoli. Plenário, Julgado em 11.02.2021. p. 58. Disponível em: https://portal.stf.jus.br/processos/downloadPeca.asp?id=15346473757&ext=.pdf. Acesso em: 15 jun. 2024.

Na sequência, apresentou questionamentos que alcançam o debate sobre a efetiva existência de um direito ao esquecimento, bem como, em sendo superada tal premissa, discutiu a questão da sua concreta autonomia. Sustentou, ademais, que mesmo que se considere existente o direito ao esquecimento, sua autonomia pode ser considerada controvertida em face dos direitos fundamentais que o embasam.

Diante disso, o homenageado afirmou que "a resposta para tais questionamentos vai claramente no sentido da inexistência no ordenamento jurídico brasileiro de um direito genérico com essa conformação, seja expressa ou implicitamente".[35] O que existe no cenário brasileiro são expressas e pontuais previsões em que se admite o decurso do tempo como razão para a supressão de dados ou informações, além de outras hipóteses em que, configurado o excesso no uso da liberdade de expressão, esta deve ser restringida, independentemente, inclusive, do transcurso temporal na espécie.

Em seguida, questionou a ideia relacionada à licitude do dado ou da informação que se pretende "esquecer". Em assim sendo, destacou que, em que pese não desconheça o impacto do tempo na percepção humana, o transcurso temporal não é fator apto a, por si só, transfigurar uma informação lícita em ilícita. De mais a mais, ressaltou ser de potencial interesse público o que pode ser licitamente obtido e divulgado, de modo que o interesse público pressupõe licitude, e licitude implica respeito aos direitos de personalidade.

Um fundamento adicional que pode ser extraído do voto ora sintetizado decorre da afirmativa de que o ordenamento jurídico brasileiro dispõe de uma ampla proteção aos direitos da personalidade, os quais encontram guarida tanto constitucional quanto legal e que, por isso, independem, em qualquer medida, da existência de um direito ao esquecimento e tampouco a este se associam. Destacou, ainda, ter sido o legislador propositalmente silente quanto ao direito ao esquecimento no texto da normativa de proteção de dados brasileira (Lei Geral de Proteção de Dados – Lei nº 13.709/2018), que assegurou aos dados pessoais expressiva proteção, inclusive mediante a possibilidade de se obterem eventuais correções e retificações, sem, contudo, contemplar um direito de se opor a publicações nas quais dados licitamente obtidos tenham constado.

Encaminhando-se para o final de seu voto, destacou a importância da liberdade de expressão para o regime democrático, máxime em sistemas jurídicos com acanhada ou recente tradição democrática, os quais tenham sofrido violações às liberdades comunicativas, e, por isso, afirmou que a existência de um direito ao esquecimento afronta essas liberdades. No mesmo sentido, salientou que a admissão de um direito ao esquecimento representa uma restrição excessiva e peremptória às liberdades comunicativas, bem assim que tal possibilidade "equivaleria a atribuir, de forma absoluta e em abstrato, maior peso aos direitos à imagem e à vida privada, em detrimento da liberdade de expressão",[36] sendo que tal compreensão não se compatibiliza com a ideia de unidade da Constituição.

---

[35] BRASIL. Supremo Tribunal Federal. *Recurso Extraordinário nº 1.010.606/RJ*. Relator Ministro Dias Toffoli. Plenário, Julgado em 11.02.2021. p. 59. Disponível em: https://portal.stf.jus.br/processos/downloadPeca.asp?id=15346473757&ext=.pdf. Acesso em: 15 jun. 2024.

[36] BRASIL. Supremo Tribunal Federal. *Recurso Extraordinário nº 1.010.606/RJ*. Relator Ministro Dias Toffoli. Plenário, Julgado em 11.02.2021. p. 87-88. Disponível em: https://portal.stf.jus.br/processos/downloadPeca.asp?id=15346473757&ext=.pdf. Acesso em: 15 jun. 2024.

Quanto aos demais votos articulados pelos ministros que participaram do julgamento, inicia-se com o do ministro Nunes Marques, que em parte acompanhou o relator, salientando que "a verdade é que a heterogeneidade dos litígios e das soluções mostra que, para ser reconhecido, esse 'direito' precisaria ser adequadamente institucionalizado",[37] com indicação precisa dos sujeitos ativo e passivo, do conteúdo, das formas de aquisição e dos procedimentos para sua realização, o que não existe.

Ademais, ressaltou que as soluções encontradas nos diversos exemplos jurisprudenciais poderiam ter sido obtidas prescindindo-se da referência ao direito ao esquecimento, bastando falar em abuso do direito de informar, abuso do direito de punir ou abuso da livre-iniciativa, razões pelas quais acompanhou o relator no que diz respeito à inexistência do direito ao esquecimento no Brasil, na condição de categoria jurídica individualizada e autônoma. Além disso, também acompanhando o relator, salientou a impossibilidade de extrair do texto constitucional uma norma, seja sob que denominação for, que proíba a veiculação da notícia ou que exija a autorização prévia dos envolvidos para ser veiculada.

Especificamente no que tange ao caso dos autos, contudo, inaugurou uma parcial divergência, porquanto teria faltado maior responsabilidade ao órgão de comunicação, pois a vítima não era pessoa pública, o caso não era dotado de interesse público e/ou de relevância histórica e houve oposição expressa da família, além de uso não autorizado de imagens. Por tais razões, votou pelo parcial provimento do recurso, diante da configuração de dano moral na espécie.[38]

Já o ministro Alexandre de Moraes acompanhou na íntegra o relator, destacando que os julgados, reconhecendo um direito ao esquecimento em outros países, não se aplicam às circunstâncias do caso julgado pelo STF, além de não terem reconhecido expressamente um amplo direito ao esquecimento, mas, sim, de que necessária uma análise caso a caso de eventuais abusos nas divulgações, bem como da eventual necessidade de atualização dos dados, da importância dos fatos, do desvio de finalidade ou na exploração ilícita das informações.

Em face de tais considerações, destacou que o reconhecimento genérico de um direito ao esquecimento traz consigo um significativo traço de censura prévia, destacando, assim, a inconstitucionalidade de quaisquer mecanismos tendentes a constranger ou inibir a liberdade de expressão a partir de censura prévia. Salientou, então, que não reconhece, na Constituição Federal, a existência de um direito ao esquecimento. O que se reconhece, sim, é a existência de uma efetiva proteção à dignidade da pessoa humana, à intimidade, à vida privada, à honra em relação a fatos pessoais passados ou presentes, se estes forem narrados de maneira ilícita, deturpada, mentirosa, desatualizada, exagerada,

---

[37] BRASIL. Supremo Tribunal Federal. *Recurso Extraordinário nº 1.010.606/RJ*. Relator Ministro Dias Toffoli. Plenário, Julgado em 11.02.2021. p. 107. Disponível em: https://portal.stf.jus.br/processos/downloadPeca.asp?id=15346473757&ext=.pdf. Acesso em: 15 jun. 2024.

[38] Proposta de tese: "Não é possível extrair-se diretamente da Constituição Federal de 1988 o chamado 'direito ao esquecimento'. Eventuais danos materiais ou morais causados por abuso do direito de informar ou de indexar informações devem ser apurados 'a posteriori', à luz dos elementos empírico-probatórios do caso concreto, e tendo em conta o disposto nos arts. 5º, incisos IV, V, IX, X e 220, §1º, e 221, IV, da Constituição Federal". BRASIL. Supremo Tribunal Federal. *Recurso Extraordinário nº 1.010.606/RJ*. Relator Ministro Dias Toffoli. Plenário, Julgado em 11.02.2021. p. 121. Disponível em: https://portal.stf.jus.br/processos/downloadPeca.asp?id=15346473757&ext=.pdf. Acesso em: 15 jun. 2024.

tendenciosa, "porque, aí, nós vamos estar reforçando a consagração do binômio liberdade e responsabilidade previsto constitucionalmente".[39]

O ministro Edson Fachin, por sua vez, inaugurou uma divergência substancial quanto ao reconhecimento da existência do direito ao esquecimento no ordenamento jurídico-constitucional brasileiro, posto que, ainda que sem uma referência nominal expressa, é possível afirmar que o texto constitucional brasileiro alberga os pilares do direito ao esquecimento, a partir, especialmente, da dignidade da pessoa humana, do direito à privacidade e do direito à autodeterminação informativa.

Em um primeiro momento, evidenciou a concorrência entre dois princípios que reclamam prioridade na aplicação ao caso: o princípio da liberdade de expressão e o princípio do direito ao esquecimento. Em seguida, destacou que é o Poder Judiciário o responsável por sopesar os conflitos de princípios diante das circunstâncias dos variados casos concretos, ainda que se possa falar em uma posição de preferência da liberdade de expressão no sistema constitucional brasileiro, o que implica em um elevado ônus argumentativo para afastá-la.

Diante da realidade posta, eventuais juízos de proporcionalidade, nos casos de conflito entre o direito ao esquecimento e as liberdades comunicativas, não devem desconsiderar a posição de preferência que a liberdade de expressão tem na ordem constitucional pátria, sem, contudo, deixar de preservar o núcleo essencial dos direitos de personalidade. Assim, uma leitura sistemática da Constituição e dos precedentes do STF "exige que se proceda a verdadeira hermenêutica da suspeição diante de ponderação entre os interesses públicos e privados".[40]

Especificamente quanto ao caso em julgamento, reconheceu que a informação veiculada pela emissora integra um amplo acervo público de notícias e, inclusive, de trabalhos acadêmicos com finalidade científica, assegurando ao caso uma incontornável dimensão histórica, além de o relato produzido não ter afetado o núcleo essencial dos direitos de personalidade dos familiares. Por essas razões, votou pela parcial procedência da ação, a fim de reconhecer a existência de um direito ao esquecimento no ordenamento constitucional brasileiro, negando-lhe, contudo, aplicação no caso concreto.[41]

A ministra Rosa Weber, por sua vez, igualmente acompanhando na íntegra o relator, salientou que a imposição de restrições para além dos limites materiais expressamente excepcionados pelo texto constitucional ao exercício das liberdades comunicativas não se harmoniza com o regime constitucional pátrio vigente.

---

[39] BRASIL. Supremo Tribunal Federal. *Recurso Extraordinário nº 1.010.606/RJ*. Relator Ministro Dias Toffoli. Plenário, Julgado em 11.02.2021. p. 145. Disponível em: https://portal.stf.jus.br/processos/downloadPeca.asp?id=15346473757&ext=.pdf. Acesso em: 15 jun. 2024.

[40] BRASIL. Supremo Tribunal Federal. *Recurso Extraordinário nº 1.010.606/RJ*. Relator Ministro Dias Toffoli. Plenário, Julgado em 11.02.2021. p. 161. Disponível em: https://portal.stf.jus.br/processos/downloadPeca.asp?id=15346473757&ext=.pdf. Acesso em: 15 jun. 2024.

[41] "Têm a liberdade de expressão e o direito à informação precedência sobre o direito ao esquecimento, independentemente do transcurso do tempo, cedendo a essa primazia a pretensão de vítimas ou familiares, quando se verificar interesse transindividual, ou a natureza pública da informação, ou o alto grau de relevância histórica ou importância da memória, sendo aquele direito, nesses limites, compatível com a Constituição que alberga a dignidade da pessoa humana (art. 1º, III, CRFB/88), o direito à privacidade, à honra e à imagem (art. 5º, X, CRFB/88) e o direito à autodeterminação informacional (art. 5º, XII, CRFB/88)." BRASIL. Supremo Tribunal Federal. *Recurso Extraordinário nº 1.010.606/RJ*. Relator Ministro Dias Toffoli. Plenário, Julgado em 11.02.2021. p. 162-163. Disponível em: https://portal.stf.jus.br/processos/downloadPeca.asp?id=15346473757&ext=.pdf. Acesso em: 15 jun. 2024.

Quanto ao caso dos autos, afirmou que a sujeição da produção televisiva de cunho histórico-jornalístico à autorização dos familiares para o uso da imagem de pessoa falecida "aniquilaria a proteção às liberdades [...], golpeando-as em seu núcleo essencial".[42] Reafirmou, portanto, que o caso integra a história e a memória coletiva da sociedade pátria, não devendo, inclusive, ser esquecida para que jamais se repitam casos semelhantes.

Finalmente, sublinhou que se alguma forma de direito ao esquecimento pode ser deduzida dos marcos constitucionais e legais no Brasil vigentes, seu âmbito de proteção alcança apenas fatos que não gerem interesse público ou social, isto é, alcança apenas fatos atinentes à vida privada, cuja publicização gera prejuízos individuais sem contrapartida ao interesse de outrem. Afirmou, então, que essa proteção já encontra a devida disciplina em diplomas como o Código de Defesa do Consumidor, o Marco Civil da Internet e a Lei Geral de Proteção de Dados.

Já a ministra Cármen Lúcia, também fazendo coro com a tese do relator, ressaltou que uma sociedade edificada sobre desmemórias não pode ser construída civilizada e democraticamente e que, no Brasil, não há "que se extrair o esquecimento como direito fundamental, limitador do direito à liberdade de expressão e, portanto, forma de coarctar outros direitos que cada um de nós e todos juntos temos à memória coletiva".[43] Destacou, ainda, que a Constituição de 1988 é o resultado de uma sociedade que apostou na lembrança, vedando censura presente de fato do passado.

O ministro Gilmar Mendes acabou divergindo parcialmente, sustentando que, embora no direito brasileiro inexista uma disciplina normativa específica e direta abarcando o direito ao esquecimento, seu nível de proteção decorre de exegeses extraídas de outros países, bem como da reinterpretação do arcabouço protetivo existente no cenário pátrio. Destacou, também, a existência de projetos de lei que, no Brasil, tramitam na Câmara dos Deputados, com o intuito de normatizar o direito ao esquecimento no cenário nacional.

Ressaltou que não cabe a discussão acerca da nomenclatura ou da existência de um direito individual de ser esquecido, pois não é disso que se cuida. Acrescentou que não se pode desconsiderar o cenário internacional, acreditando que a solução encontrada nos diversos casos de conflitos entre o direito informacional e os direitos da personalidade está equivocada e que, "neste julgamento [RE nº 1.010.606/RJ], ao negarmos qualquer aplicação desse balizamento, no cenário nacional, é que estaremos corretos".[44] Isso porque não se pode deturpar a visão do tema, bem como porque não pode existir resposta aprioristicamente pronta quando se trata de colisão entre direitos fundamentais.

---

[42] BRASIL. Supremo Tribunal Federal. *Recurso Extraordinário nº 1.010.606/RJ*. Relator Ministro Dias Toffoli. Plenário, Julgado em 11.02.2021. p. 193. Disponível em: https://portal.stf.jus.br/processos/downloadPeca.asp?id=15346473757&ext=.pdf. Acesso em: 15 jun. 2024.

[43] BRASIL. Supremo Tribunal Federal. *Recurso Extraordinário nº 1.010.606/RJ*. Relator Ministro Dias Toffoli. Plenário, Julgado em 11.02.2021. p. 213. Disponível em: https://portal.stf.jus.br/processos/downloadPeca.asp?id=15346473757&ext=.pdf. Acesso em: 15 jun. 2024.

[44] BRASIL. Supremo Tribunal Federal. *Recurso Extraordinário nº 1.010.606/RJ*. Relator Ministro Dias Toffoli. Plenário, Julgado em 11.02.2021. p. 258. Disponível em: https://portal.stf.jus.br/processos/downloadPeca.asp?id=15346473757&ext=.pdf. Acesso em: 15 jun. 2024.

Sintetizando seu raciocínio, afirmou que, seja no tempo, seja na forma de publicização, o direito às liberdades comunicativas não pode ferir a intimidade, a vida privada ou a imagem de qualquer pessoa, de forma indiscriminada. Além disso, é preciso que reste presente alguma finalidade pública, social ou histórica atual na reprodução dos fatos antigos, assegurando-se à pessoa o direito de ter a sua personalidade preservada e incluindo-se a possibilidade de direito de resposta e/ou reparação indenizatória, a ser promovida *a posteriori*.

No caso do direito ao esquecimento, afirmou que os direitos de personalidade, em oposição às liberdades comunicativas, devem considerar as seguintes balizas: o decurso de tempo entre o fato e a publicização; o interesse histórico, social e público atual na divulgação dos fatos e dados pessoais; o grau de acessibilidade da informação; e a possibilidade de divulgação anonimizada dos dados pessoais sem que se desconfigure a essência da divulgação. Todos esses elementos, por sua vez, devem ser analisados *a posteriori*.

Por tais considerações, entendeu ser possível compatibilizar os direitos fundamentais relacionados à privacidade e as liberdades comunicativas, à luz das peculiaridades dos casos concretos. No caso dos autos, entendeu que o histórico da vida da vítima era desimportante para a comunicação dos fatos, de modo que a matéria midiática extrapolou o direito de informar, a partir da apresentação de uma visão deturpada ao público externo, com exposição indevida e vexatória da vítima. Assim, votou no sentido do parcial provimento do recurso apenas para determinar a fixação de indenização por danos morais.[45]

O ministro Marco Aurélio também votou pelo desprovimento do recurso, ressaltando o ambiente democrático vivenciado pelo Brasil, além de sublinhar que pedidos de indenização pressupõem a existência de atos ilícitos, o que não ocorreu no caso.[46]

Por derradeiro, o ministro Luiz Fux, que também cerrou fileiras com o relator e votou pelo desprovimento do recurso, iniciou seu voto sublinhando que "o direito ao esquecimento está enraizado no núcleo essencial da tutela da dignidade humana".[47] Se ele será ou não aplicado em um caso, esta é outra questão. Destacou, ademais, que hoje é indiscutível a consagração do direito ao esquecimento pela doutrina.

Relativamente ao caso em julgamento, ressaltou ser este dotado de um caráter tanto histórico quanto pedagógico, por decorrência dos crimes que ainda hoje vitimam

---

[45] Proposta de tese: "1. Na hipótese de conflito entre normas de igual hierarquia constitucional (direito à liberdade de imprensa e de informação em oposição aos direitos da proteção à imagem, honra e vida privada, além da dignidade da pessoa humana), deve-se adotar a técnica da concordância prática, demandando análise pontual sobre qual direito fundamental deve prevalecer, para fins de direito de resposta e/ou indenização, sem prejuízo de outros instrumentos a serem aprovados pelo Parlamento e 2. Devem ser considerados como fatores preponderantes desse balizamento: o decurso do tempo entre o fato e a publicização; a existência de interesse histórico, social e público atual; o grau de acessibilidade ao público; e a possibilidade de divulgação anonimizada dos fatos sem que se desnature a essência da informação". BRASIL. Supremo Tribunal Federal. *Recurso Extraordinário nº 1.010.606/RJ*. Relator Ministro Dias Toffoli. Plenário, Julgado em 11.02.2021. p. 290. Disponível em: https://portal.stf.jus.br/processos/downloadPeca.asp?id=15346473757&ext=.pdf. Acesso em: 15 jun. 2024.

[46] BRASIL. Supremo Tribunal Federal. *Recurso Extraordinário nº 1.010.606/RJ*. Relator Ministro Dias Toffoli. Plenário, Julgado em 11.02.2021. p. 291-292. Disponível em: https://portal.stf.jus.br/processos/downloadPeca.asp?id=15346473757&ext=.pdf. Acesso em: 15 jun. 2024.

[47] BRASIL. Supremo Tribunal Federal. *Recurso Extraordinário nº 1.010.606/RJ*. Relator Ministro Dias Toffoli. Plenário, Julgado em 11.02.2021. p. 295. Disponível em: https://portal.stf.jus.br/processos/downloadPeca.asp?id=15346473757&ext=.pdf. Acesso em: 15 jun. 2024.

mulheres. Evidenciou, também, a necessidade de ponderação de valores constitucionais, de modo que, no caso e considerando a posição preferencial que gozam a liberdade de imprensa e a liberdade de informação no ordenamento pátrio, não há como interditar a veiculação do fato.

Ao final, enfatizou que o direito ao esquecimento não pode reescrever o passado, tampouco obstaculizar o direito de informação e a liberdade de imprensa, "porque este é o estágio atual da jurisprudência da Suprema Corte",[48] afirmando, por outro lado, estar de certa forma "de acordo com aqueles que sustentam o direito ao esquecimento em determinados casos".[49]

4 Análise crítica do julgamento na perspectiva da posição preferencial da liberdade de expressão

Um dos pontos nodais da discussão diz respeito à avaliação crítica da correção do julgamento, isto é, se é possível, com boas razões, sustentar que se trata de um julgamento substancialmente equivocado, a ser definitivamente esquecido – com ou sem manejo de um direito ao esquecimento – ou entusiasticamente festejado, sabendo-se que ambos os extremos têm encontrado bom número de adeptos.

Nessa perspectiva, adiantamos, sem aderir aqui a nenhuma das duas correntes, porquanto convictos que a razão (e mesmo, em certo sentido, a sensibilidade) e justa medida se encontram em algum ponto intermediário, preferencialmente mais próximo – é também bom enfatizar de antemão – da garantia das liberdades de expressão e de informação, que devem ter assegurada uma posição preferencial na arquitetura constitucional e na esfera dos direitos humanos e fundamentais, tal qual tem corretamente sido afirmado pelo STF, inclusive em uma série de julgados e decisões de relatoria do ministro Dias Toffoli, bem como em seus votos proferidos em outros julgamentos.

No que diz respeito ao leque de manifestações, nos casos analisados e da relatoria do homenageado, em prol da prevalência da liberdade de expressão, citam-se, em caráter ilustrativo, a ADI nº 2.404/DF,[50] julgada em 31.08.2016 (classificação meramente indicativa horários e idade espetáculos); a MC na Suspensão de Liminar nº 1.248/RJ,[51] julgada em 08.09.2019 (circulação de conteúdo homoafetivo em publicações infantojuvenis); a MC na Suspensão de Tutela Provisória nº 165/RJ,[52] julgada em 30.12.2019 (laicidade estatal

---

[48] BRASIL. Supremo Tribunal Federal. *Recurso Extraordinário nº 1.010.606/RJ*. Relator Ministro Dias Toffoli. Plenário, Julgado em 11.02.2021. p. 300. Disponível em: https://portal.stf.jus.br/processos/downloadPeca.asp?id=15346473757&ext=.pdf. Acesso em: 15 jun. 2024.

[49] BRASIL. Supremo Tribunal Federal. *Recurso Extraordinário nº 1.010.606/RJ*. Relator Ministro Dias Toffoli. Plenário, Julgado em 11.02.2021. p. 300. Disponível em: https://portal.stf.jus.br/processos/downloadPeca.asp?id=15346473757&ext=.pdf. Acesso em: 15 jun. 2024.

[50] BRASIL. Supremo Tribunal Federal. *Ação Direta de Inconstitucionalidade nº 2.404/DF*. Relator Ministro Dias Toffoli. Plenário, julgado em 31.08.2016. Disponível em: https://redir.stf.jus.br/paginadorpub/paginador.jsp?docTP=TP&docID=13259339. Acesso em: 15 jun. 2024.

[51] BRASIL. Supremo Tribunal Federal. *Medida Cautelar na Suspensão de Liminar nº 1.248/RJ*. Relator Ministro Dias Toffoli. Julgado em 08.09.2019. Disponível em: https://portal.stf.jus.br/processos/downloadPeca.asp?id=15341063935&ext=.pdf. Acesso em: 15 jun. 2024.

[52] BRASIL. Supremo Tribunal Federal. *Medida Cautelar na Suspensão de Tutela Provisória nº 165/RJ*. Relator Ministro Dias Toffoli. Julgado em 30.12.2019. Disponível em: https://portal.stf.jus.br/processos/downloadPeca.asp?id=15342090742&ext=.pdf. Acesso em: 15 jun. 2024.

vs. liberdade de crença religiosa em espetáculos com financiamento público); a ADI nº 5.418/DF,[53] julgada em 11.03.2021 (liberdade de expressão e direito de resposta); a Rcl. nº 55.529/GO,[54] julgada em 17.12.2022 (não reconhecimento do direito ao esquecimento); e a Rcl. nº 57.856/MT,[55] julgada em 09.06.2023 (tutela dos direitos de personalidade deve ser *a posteriori*).

No caso do julgado ora analisado, um primeiro aspecto a destacar, retomando aqui o que já havia sido referido, é que o STF, ao refutar (sem prejuízo de argumentos diferenciados esgrimidos nos votos dos ministros) a existência de um direito ao esquecimento na ordem jurídica brasileira, rechaçou também um significativo número de decisões judiciais, com destaque aqui para diversos julgados do STJ, além de contrariar expressiva doutrina, que, até então, se posicionava majoritariamente de modo favorável a um direito ao esquecimento, inclusive na condição de direito fundamental, como, aliás, segue sendo o caso, ainda que se possa e deva discutir em que medida se trata de um direito autônomo, qual o seu conteúdo e quais os seus limites.

Focando a questão da existência de um direito ao esquecimento na ordem jurídico-constitucional, há que, de antemão, lembrar que uma série de possibilidades de efetivar o que apenas de uns tempos para cá passou a se designar como sendo um direito ao esquecimento já de há muito se fazia e segue presente, em pleno vigor, no ordenamento legal brasileiro, de tal sorte que, usar ou não o novo rótulo (direito ao esquecimento) não faz, de fato, ao menos para esses casos, efetiva diferença. Bastaria aqui, para dar conta disso, invocar alguns exemplos que, aliás, em parte foram referidos no voto alentado do homenageado.

O artigo 748 do Código de Processo Penal estabelece que "a condenação ou condenações anteriores não serão mencionadas na folha de antecedentes do reabilitado, nem em certidão extraída dos livros do juízo, salvo quando requisitadas por juiz criminal", o que também está substancialmente previsto no artigo 202 da Lei de Execuções Penais.

No mesmo sentido – embora não apenas no que diz respeito a atos infracionais –, o assim chamado Estatuto da Criança e do Adolescente contempla regras que podem ser utilizadas no reconhecimento de um direito ao esquecimento, promovendo a proteção da dignidade e direitos de personalidade das crianças (até 12 anos incompletos de idade) e adolescentes (12-18 anos). Assim, além da previsão do artigo 18 no sentido de que crianças e adolescentes não podem ser submetidos a qualquer tipo de tratamento desumano, violento, aterrorizante, vexatório ou constrangedor, o artigo 143 veda "a divulgação de atos judiciais, policiais e administrativos que digam respeito a crianças e adolescentes a que se atribua autoria de ato infracional". Soma-se a isso que, de acordo com o parágrafo único do mesmo artigo, nenhuma notícia a respeito do fato poderá

---

[53] BRASIL. Supremo Tribunal Federal. *Ação Direta de Inconstitucionalidade nº 5.418/DF*. Relator Ministro Dias Toffoli. Plenário, julgado em 11.03.2021. Disponível em: https://redir.stf.jus.br/paginadorpub/paginador.jsp?docTP=TP&docID=755954924. Acesso em: 15 jun. 2024.

[54] BRASIL. Supremo Tribunal Federal. *Reclamação nº 55.529/RJ*. Relator Ministro Dias Toffoli. Julgado em 17.12.2022. Disponível em: https://portal.stf.jus.br/processos/downloadPeca.asp?id=15355429257&ext=.pdf. Acesso em: 15 jun. 2024.

[55] BRASIL. Supremo Tribunal Federal. *Reclamação nº 57.856/RJ*. Relator Ministro Dias Toffoli. Julgado em 13.06.2023. Disponível em: https://portal.stf.jus.br/processos/downloadPeca.asp?id=15358790392&ext=.pdf. Acesso em: 15 jun. 2024.

identificar a criança ou o adolescente, vedando-se fotografias, referências ao nome, apelido, filiação, parentesco, residência e, inclusive, iniciais do nome e sobrenome.

Outra manifestação específica que tem sido associada a um direito ao "esquecimento" encontra suporte do Código de Defesa do Consumidor, mais precisamente no seu artigo 43, §1º, que prescreve que as informações cadastrais dos consumidores constantes das listas de inadimplência (cadastros negativos) somente poderão ser armazenadas e utilizadas pelo prazo de cinco anos, assegurado o direito de exigir o cancelamento (exclusão das informações), ademais da responsabilização das entidades responsáveis pela manutenção e uso dos dados em caso de violação da regra, nos termos de doutrina[56] e jurisprudência dominante.

Mais diretamente relacionadas com o tema – de um direito ao esquecimento *online* –, assumem particular relevo, tal como já anunciado, a Lei nº 12.965/2014, mais conhecida como Lei do Marco Civil da Internet (MCI), e a Lei nº 13.709/2018, Lei Geral de Proteção de Dados (LGPD), diplomas que, embora não façam referência direta a um direito ao esquecimento e/ou desindexação dos mecanismos de busca da internet, preveem, dentre os direitos subjetivos que elencam, um direito a requerer a exclusão definitiva de dados pessoais (artigo 7º, X, MCI) e os direitos à correção de dados incompletos, inexatos ou desatualizados e à anonimização, bloqueio ou eliminação de dados desnecessários, excessivos ou tratados em desconformidade com a lei (artigo 18, III e IV, LGPD).

À vista desse rol meramente ilustrativo, salta aos olhos que a legislação brasileira contempla diversas hipóteses (todas por ora tidas como constitucionais) que asseguram que determinadas informações não podem ser divulgadas (salvo em caráter restrito), que a infração a tais regras aciona a possibilidade de responsabilização do respectivo agente e que até um direito à exclusão (apagamento) é garantida para diversas situações.

É claro, de outra parte, que aqui se trata de regramento infraconstitucional, mas que – e é isso que no momento importa – concretiza mecanismos de proteção de uma série de direitos e de princípios fundamentais, incluindo a dignidade da pessoa humana, o direito ao livre desenvolvimento da personalidade, os direitos à privacidade e intimidade, entre outros.

Além disso, os exemplos escolhidos também desnudam o fato de que, de acordo com alguma legislação – salvo mudança de orientação superveniente –, mesmo informações verdadeiras podem ser (e têm sido) subtraídas, no todo ou em parte, por maior ou menor tempo, ao acesso de terceiros, inclusive vedada, em regra, a sua livre e ilimitada veiculação pelas mídias, incluindo os meios tradicionais de comunicação.

Quando voltamos o olhar para os acontecimentos mais recentes, relacionados com o crescente uso das mídias sociais e outros veículos para a disseminação do discurso do ódio e mesmo a polêmica que envolve eventuais limites às assim chamadas *fake news*, o mesmo STF que acabou de rechaçar um direito ao esquecimento, sem abrir mão da posição preferencial da liberdade de expressão, tem admitido certos limites, assim como, aliás, se dá na grande maioria dos tribunais constitucionais do mundo afora e mesmo dos tribunais internacionais de direitos humanos.

---

[56] EFING, Antônio Carlos. *Bancos de Dados e cadastros de consumidores*. São Paulo: Revistas dos Tribunais, 2002; BESSA, Leonardo Roscoe. *O consumidor e os limites dos bancos de dados de proteção de crédito*. São Paulo: Revistas dos Tribunais, 2003.

Ainda que qualquer responsabilização se deva dar *a posteriori* – o que aqui se enfatiza –, seja na esfera cível, penal, administrativa, posto que indispensável afastar a censura prévia, tal responsabilização serve – em maior ou menor medida – à causa do assim chamado direito ao esquecimento. Isso porque, mesmo recusando o rótulo, o problema da solução de conflitos entre a liberdade de expressão e de informação e os direitos de personalidade segue presente e cada vez mais agudo e complexo, tratando-se, ao fim e ao cabo, de assegurar a proteção de direitos humanos e fundamentais dos quais nenhum, por maior que seja a sua posição de preferência, é absoluto, no sentido de absolutamente imune a qualquer limite, por maior que seja o dano causado a outros direitos de elevada importância.

Retomando o olhar sobre a decisão do STF, calha lembrar, por se tratar de argumento que exsurge cristalinamente do julgado, que o que a Suprema Corte brasileira rechaçou foi, ao fim e ao cabo, muito mais a terminologia adotada do que a existência e o conteúdo propriamente dito de determinado direito de se ver responsabilizado, em determinadas situações e com base em determinados critérios, alguém pela disseminação de certas informações ou opiniões sobre a vida passada de outrem. Além disso, salvo melhor juízo, o que se extrai da decisão é a conclusão de que o STF não afastou por completo a possibilidade de coibir abusos discursivos e informacionais, mas, sim, se recusou a acolher um direito ao esquecimento na extensão pleiteada pelos recorrentes no caso "Aída Curi", que foi corretamente negado pelo STJ, como já visto acima.

A tese que veio a ser aprovada com Repercussão Geral pelo STF em fevereiro de 2021 é a de que "é incompatível com a Constituição a ideia de um direito ao esquecimento, assim entendido como o poder de obstar, em razão da passagem do tempo, a divulgação de fatos ou dados verídicos e licitamente obtidos e publicados em meios de comunicação social", tanto analógicos quanto digitais, e que eventuais excessos ou abusos no exercício da liberdade de expressão e de informação "devem ser analisados caso a caso, a partir dos parâmetros constitucionais – especialmente os relativos à proteção da honra, da imagem, da privacidade e da personalidade em geral – e as expressas e específicas previsões legais nos âmbitos penal e cível".

Dito de outro modo, o que para o STF é incompatível é um direito ao esquecimento entendido de determinado modo (quando se trata de impedir a divulgação de fatos ou dados verídicos e licitamente obtidos), mas ressalvou ao mesmo tempo a possibilidade de se avaliar, caso a caso, se houve excesso e/ou abuso no manejo da liberdade de expressão, quando em causa a dignidade, honra, privacidade, entre outros. Note-se ainda que também as expressas e específicas previsões legais foram ressalvadas, dentre as quais se encontram as acima citadas, assim como outros, como é o caso da configuração dos crimes de calúnia, injúria e difamação.

À vista do sumariamente exposto, é possível no mínimo colocar em evidência que a corte, não só, mas também no julgado ora comentado sobre o direito ao esquecimento, não tem negado a possibilidade de eventuais limites aos discursos manifestamente abusivos e destrutivos de outros valores fundamentais, inclusive a democracia (ver, por exemplo, o caso da prisão do deputado federal Daniel Silveira, além de outras decisões proscrevendo o discurso de ódio e determinados tipos de desinformação). Assim, ao que parece, é que o STF buscou sedimentar que, sob o manto do rótulo direito ao esquecimento, não se possa (com o que é de se concordar integralmente) esvaziar ou mesmo ferir de morte a liberdade de expressão e de informação e o direito individual e coletivo à memória.

5 Perspectivas e considerações finais

À vista do exposto, é possível constatar que a tese fixada pelo STF quanto ao direito ao esquecimento, embora desbordando do que se passa, em termos gerais, em outros países e na esfera do direito internacional, também não bloqueou efetivamente o reconhecimento de pelo menos algumas das principais manifestações do assim chamado direito ao esquecimento no Brasil.

No que diz respeito a outros países, chama a atenção que o assunto, como já documentado no presente texto, está longe de ser esquecido, não apenas no que diz com a quantidade da produção bibliográfica, mas em especial, no que aqui importa, de relevante jurisprudência.

No plano do direito internacional, são vários também os casos relativos ao reconhecimento (ou não) de um direito ao esquecimento no domínio digital, o que pode ser ilustrado mediante referência a dois julgados da Corte Europeia de Direitos Humanos (CEDH), designadamente, os casos *Biancardi vs. Itália*, de 25 de novembro de 2021,[57] e *Hurbain vs. Bélgica*, de 22 de junho de 2021, ratificado em 4 de julho de 2023,[58] bem como – na esteira do famoso caso *Google vs. Agência Espanhola de Proteção de Dados e Mario Costeja Gonzalez* (2014)[59] – de um mais recente julgado do Tribunal de Justiça da União Europeia (TJUE), notadamente no caso *TU e RE vs. Google LLC*, de 8 de dezembro de 2022.[60]

Há que sublinhar, outrossim, que, no concernente ao mundo digital, o STF ainda não se pronunciou de modo conclusivo e vinculante sobre legitimidade constitucional da desindexação de conteúdos na internet, a anonimização, a retificação ou exclusão de dados (informações), tampouco desenvolveu critérios para tanto, de modo que ainda resta muito espaço para ajustes. Ao fim e ao cabo, a quantidade e a diversidade de casos levados ao Poder Judiciário e submetidos à Suprema Corte brasileira para que ajuste ou melhor explicite o conteúdo e alcance de seu atual entendimento é que permitirão uma avaliação mais segura a respeito do tema.

Um aspecto a ser destacado, ainda nesse contexto, é o fato de que, para além das resistências no plano doutrinário, já mencionadas, o STJ, em duas oportunidades envolvendo casos por ele julgados, rechaçou a aplicação da tese fixada pelo STF, mantendo seu entendimento prévio favorável ao reconhecimento de um direito ao esquecimento, num dos dois casos, relativamente a um direito à desindexação.

---

[57] FRANCE. European Court of Human Rights. *Application nº 77.419/16, Biancardi vs. Italy*. First Section, judgement 25.11.2021.
[58] FRANCE. European Court of Human Rights. *Application nº 57.292/16, Hurbain vs. Belgium*. Grand Chamber, judgement 04.07.2023.
[59] LUXEMBOURG. Court of Justice of the European Union. *Case nº C-131/12, Google vs. Agencia Española de Protección de Datos e Mario Costeja Gonzales*. Grand Chamber, judgement 13.05.2014.
[60] LUXEMBOURG. Court of Justice of the European Union. *Case nº C-460/20, TU e RE vs. Google LLC*. Grand Chamber, judgement 08.12.2022.

No primeiro caso, em juízo de retratação (novembro de 2021), o STJ, por maioria de votos, não voltou atrás na sua decisão, datada de maio de 2013, na qual confirmou a condenação da Rede Globo de Televisão ao pagamento de uma indenização por danos materiais, reconhecendo, na época, o direito ao esquecimento, em virtude da veiculação de um programa televisivo (Linha Direta) no qual foi reconstituído o assim chamado caso "Chacina da Candelária" (episódio no qual oito jovens foram assassinados) mediante referência nominal a um dos acusados como envolvido no crime, um serralheiro que posteriormente foi absolvido. Segundo a maioria formada na 4ª Turma, a decisão, embora tenha reconhecido um direito ao esquecimento, não se encontra coberta pela decisão do STF que negou a existência de tal direito, mas, sim, que se enquadra nas hipóteses excepcionais admitida pela Suprema Corte, envolvendo abusos no exercício da liberdade de expressão e de informação com violação de direitos fundamentais de terceiros.

No segundo caso, já referido, designadamente o Recurso Especial nº 1.660.168/RJ, julgado em 2018, igualmente em juízo de retratação, o STJ, em 2022, ratificou a decisão anteriormente proferida, ressaltando que o entendimento proclamado não desrespeitou a tese firmada pelo STF no Tema nº 786, mormente porque não determinou a exclusão da pesquisa no banco de dados, mas apenas a desvinculação do nome da autora, sem qualquer outro termo, da matéria desabonadora, de modo que o conteúdo foi preservado, bem como porque essa matéria – de acordo com o STJ – não fora enfrentada pelo STF.

Da mesma forma, é de ser aqui relembrado que, mesmo depois da decisão do STF no Tema nº 786, o STJ, em vários julgados, seguiu reconhecendo um direito ao esquecimento em matéria penal, muito embora se possa questionar se nesses casos era, de fato, alguma manifestação do assim designado direito tenha estado em causa.

Nota-se, portanto, que a decisão do STF, embora proferida em sede de repercussão geral, tanto por não ter abarcado uma série de situações relacionadas ao assim chamado direito ao esquecimento quanto pelo fato de em grande parte dos votos dos ministros ter ficado expressamente consignada a existência de situações excepcionais (violação da lei e de outros direitos e princípios fundamentais) que devem ser resolvidas caso a caso, não assume a condição de uma camisa de força que não deixa margem alguma para futuros desdobramentos. Muito antes pelo contrário, seguem em aberto diversas questões, que não se limitam, por exemplo, a um direito à desindexação dos mecanismos de busca na internet ou à exclusão de dados/informações, mas que dizem respeito também a um maior desenvolvimento dos parâmetros e critérios a serem seguidos tanto pelas demais instâncias judiciárias e poderes públicos quanto pelas pessoas em geral.

Ao fim e ao cabo, do que se trata é de estabelecer critérios para orientar decisões que envolvam a solução de conflitos e tensões entre princípios e direitos fundamentais, bem como avaliar quais meios são constitucionalmente legítimos para tal efeito, sempre priorizando os meios menos restritivos das liberdades comunicativas, em homenagem à sua necessária posição preferencial, que, aliás, segue sendo adequadamente homenageada pelo STF como fio condutor de sua jurisprudência majoritária sobre o tema, no que também a decisão ora analisada, sem prejuízo das questões aqui ventiladas, se revelou como sendo sistemicamente coerente e acertada.

Referências

ALBERS, Marion; SCHIMKE, Anna. *Vergessen im Internet*, Manuscrito, 2018.

BERTONI, Eduardo. The right to be forgotten: an insult to Latin America History. *The Huffington Post*, Nova York, 24 nov. 2014. Disponível em: https://www.huffpost.com/entry/the-right-to-beforgotten_b_5870664. Acesso em: 29 mar. 2024.

BESSA, Leonardo Roscoe. *O consumidor e os limites dos bancos de dados de proteção de crédito*. São Paulo: Revistas dos Tribunais, 2003.

BOTELHO, Catarina Santos. Novo ou Velho Direito? O Direito ao Esquecimento e o Princípio da Proporcionalidade no Constitucionalismo Global. *Ab Instantia – Revista do Instituto do Conhecimento AB*, a. V, n. 7, pp. 49-71, 2017, p. 52.

BRANCO, Sérgio. *Memória e Esquecimento na Internet*. Porto Alegre: Arquipélago, 2017.

BRASIL. Superior Tribunal de Justiça. *Recurso Especial (REsp) 1.334.097/RJ*. Rel. Min. Luís Felipe Salomão, 4ª Turma, julgado em 28.05.2013.

BRASIL. Supremo Tribunal Federal. *Ação Direta de Inconstitucionalidade nº 2.404/DF*. Relator Ministro Dias Toffoli. Plenário, julgado em 31.08.2016. Disponível em: https://redir.stf.jus.br/paginadorpub/paginador.jsp?docTP=TP&docID=13259339. Acesso em: 15 jun. 2024.

BRASIL. Supremo Tribunal Federal. *Ação Direta de Inconstitucionalidade nº 5.418/DF*. Relator Ministro Dias Toffoli. Plenário, julgado em 11.03.2021. Disponível em: https://redir.stf.jus.br/paginadorpub/paginador.jsp?docTP=TP&docID=755954924. Acesso em: 15 jun. 2024.

BRASIL. Supremo Tribunal Federal. *Agravo em Recurso Extraordinário nº 833.248 (Repercussão Geral)*. Rel. Ministro Dias Toffoli, julgado em 19.02.2015.

BRASIL. Supremo Tribunal Federal. *Medida Cautelar na Suspensão de Liminar nº 1.248/RJ*. Relator Ministro Dias Toffoli. Julgado em 08.09.2019. Disponível em: https://portal.stf.jus.br/processos/downloadPeca.asp?id=15341063935&ext=.pdf. Acesso em: 15 jun. 2024.

BRASIL. Supremo Tribunal Federal. *Medida Cautelar na Suspensão de Tutela Provisória nº 165/RJ*. Relator Ministro Dias Toffoli. Julgado em 30.12.2019. Disponível em: https://portal.stf.jus.br/processos/downloadPeca.asp?id=15342090742&ext=.pdf. Acesso em: 15 jun. 2024.

BRASIL. Supremo Tribunal Federal. *Reclamação nº 55.529/RJ*. Relator Ministro Dias Toffoli. Julgado em 17.12.2022. Disponível em: https://portal.stf.jus.br/processos/downloadPeca.asp?id=15355429257&ext=.pdf. Acesso em: 15 jun. 2024.

BRASIL. Supremo Tribunal Federal. *Reclamação nº 57.856/RJ*. Relator Ministro Dias Toffoli. Julgado em 13.06.2023. Disponível em: https://portal.stf.jus.br/processos/downloadPeca.asp?id=15358790392&ext=.pdf. Acesso em: 15 jun. 2024.

BRASIL. Supremo Tribunal Federal. *Recurso Extraordinário nº 1.010.606/RJ*. Relator Ministro Dias Toffoli. Plenário, Julgado em 11.02.2021. p. 3-4. Disponível em: https://portal.stf.jus.br/processos/downloadPeca.asp?id=15346473757&ext=.pdf. Acesso em: 15 jun. 2024.

BUCHHOLTZ, Gabrielle Margarete. Das 'Recht auf Vergessen' im Internet – Eine Herausforderung für den demokratischen Rechtstaat. *In: Archiv des öffentlichen Rechts (AÖR)*, v. 140, pp. 127 e ss. Tübingen: Mohr-Siebeck, 2015.

CÂMARA DOS DEPUTADOS. Agência Câmara de Notícias. *Relator apresenta nova versão do projeto sobre fake news*. 2022. Disponível em: https://www.camara.leg.br/noticias/863031-relator-apresenta-nova-versao-do-projeto-sobre-fake-news-conheca-o-texto/. Acesso em: 29 mar. 2024.

CARELLO, Clarissa Pereira. *Direito ao Esquecimento*: parâmetros jurisprudenciais. Curitiba: Prismas, 2016.

CARO, María Alvarez. *Derecho al Olvido en Internet*: El Nuevo Paradigma de la Privacidad en la Era Digital. Madrid: Editorial Reus, 2015.

COELHO, Júlia Costa de Oliveira. *Direito ao esquecimento e seus mecanismos de tutela na internet*. 2. ed. Indaiatuba: Foco, 2022.

COLÔMBIA. Corte Constitucional de Colômbia. *Sentencia T-277/15, Gloria vs. Casa Editorial El Tiempo*, julgado em 12.05.2015.

COLÔMBIA. Corte Constitucional de Colômbia. *Sentencia T-725/16, Jairo Alberto Ríos Sáenz y Storage and Parking SAS vs. RCN Televisión SA*, julgado em 16.12.2016.

CONSALTER, Zilda Mara. *Direito ao Esquecimento*: proteção da intimidade e ambiente virtual. Curitiba: Juruá, 2017.

ČTVRTNÍK, Mikulas. *Archives and records*: privacy, personality rights and access. English Edition. London: Palgrave Macmillan, 2023.

DECHENAUD, David. *Le Droit à L'oubli Numérique*: Donnés Normatives – Approche Comparée. Bruxelles: Éditions Larcier, 2015.

DIESTERHÖFT, Martin. *Das Recht auf medialen Neubeginn*: Die 'Unfähigkeit des Internets zu vergessen' als Herausforderung für das allgemeine Persönlichkeitsrecht, v. 33. Berlin: Duncker & Humblot GmbH, 2014.

EFING, Antônio Carlos. *Bancos de Dados e cadastros de consumidores*. São Paulo: Revistas dos Tribunais, 2002.

ESPAÑA. Tribunal Constitucional de España. *STC nº 58/2018*. Madrid, julgado em 04.06.2018.

FRANCE. Conseil Constitutionnel. *Décision nº 2017-670 QPC*. Paris, julgado em 27.10.2017.

FRANCE. European Court of Human Rights. *Application nº 77.419/16, Biancardi vs. Italy*. First Section, judgement 25.11.2021.

FRANCE. European Court of Human Rights. *Application nº 57.292/16, Hurbain vs. Belgium*. Grand Chamber, judgement 04.07.2023.

GERMANY. Bundesverfassungsgericht. *BvR 16/13*. Beschluss des Ersten Senats vom 6 November 2019 (direito ao esquecimento I).

GERMANY. Bundesverfassungsgericht. *BvR 276/17*. Beschluss des Ersten Senats vom 6 November 2019 (direito ao esquecimento II).

GERMANY. Bundesgerichtshof. *VI ZR 338/21*. 14 März 2023.

GUIMARÃES, João Alexandre Silva Alves. Preserving Personal Dignity: the vital role of the right to be forgotten. *Brazilian Journal of Law, Technology and Innovation*, v. 1, n. 1, pp. 163-186, 2023.

HELLMANN, Dorothea. *Recht auf Vergessenwerden*. Harmonisierung eines Datenschutzes-und äusserungsrechtlichen-Abwägungsystems im Fall von Auslistungsansprüchen. Baden-Baden: Nomos, 2022.

ITALIA. Corte Costituzionale della Repubblica Italiana. *Il Caso 6.919/2018, Venditti vs. Rai*, julgado em 20.03.2018.

KELLY, Michael J.; SATOLA, David. *The Right to be Forgotten*, U.III.L. Rev. 1, 2017.

LÓPEZ-SÁEZ, Mónica Martínez. *El derecho al olvido como garantía frente a situaciones de vulnerabilidad en la UE y España*. Madrid: Centro de Estudios Políticos y Constitucionales, 2022.

LUXEMBOURG. Court of Justice of the European Union. *Case nº C-131/12, Google vs. Agencia Española de Protección de Datos e Mario Costeja Gonzales*. Grand Chamber, judgement 13.05.2014.

LUXEMBOURG. Court of Justice of the European Union. *Case nº C-507/17, Google LLC vs. Commission Nationale L'Informatique et des Libertés*. Grand Chamber, judgement 24.09.2019.

LUXEMBOURG. Court of Justice of the European Union. *Case nº C-460/20, TU e RE vs. Google LLC*. Grand Chamber, judgement 08.12.2022.

MALDONADO, Viviane Nóbrega. *Direito ao Esquecimento*. São Paulo: Novo Século, 2016.

MARTINELLI, Silvia. *Diritto All'oblio e Motori di Ricerca*. Milano: Giuffré, 2017.

MARTINEZ, Pablo Dominguez. *Direito ao Esquecimento*: a proteção da memória individual na Sociedade da Informação. Rio de Janeiro: Lumen Juris, 2014.

MAYER-SCHÖNBERGER, Viktor. *Delete – The Virtue of Forgetting in the Internet*. 2. ed. Princeton: Princeton University Press, 2011.

OLIVEIRA, Caio César de. *Eliminação, desindexação e esquecimento na internet*. São Paulo: Revista dos Tribunais, 2020.

RAMOS, André de Carvalho; BUCCI, Daniela. Direito ao Esquecimento: dimensões econômicas e impactos na soberania diante da globalização digital. *Novos Estudos Jurídicos*, v. 28, n. 3, p. 403-422, 2023.

RODOTÀ, Stefano. *Il Mondo nella rete – Quali i diritti, quali i vincoli*. Roma: Laterza, 2014.

RODRIGUES JÚNIOR, Otavio Luís. Brasil debate o direito ao esquecimento desde 1990. *Consultor Jurídico (ConJur)*, 2013. Disponível em: https://www.conjur.com.br/2013-nov-27/direito-comparado-brasil-debate-direito-esquecimento-1990/. Acesso em: 29 mar. 2024.

SANTOS, Ana Luiza Liz dos. *Direito à desindexação*: uma análise à luz da efetivação dos direitos fundamentais de personalidade. São Paulo: Dialética, 2022.

SARLET, Ingo Wolfgang; FERREIRA NETO, Arthur Maria. *O direito ao "esquecimento" na sociedade da informação*. Porto Alegre: Livraria do Advogado, 2019.

SARMENTO, Daniel. Liberdades comunicativas e "direito ao esquecimento" na ordem constitucional brasileira. Parecer consultivo. *Revista Brasileira de Direito Civil*, v. 7, pp. 190-232, jan./mar. 2016. Disponível em: <https://rbdcivil.ibdcivil.org.br/rbdc/article/view/76/70>. Acesso em 29 mar. 2024.

SCHIMKE, Anna. Forgetting as a Social Concept – Contextualizing the Right to Be Forgotten. *In*: ALBERS, Marion; SARLET, Ingo Wolfgang. *Personality and Data Protection Rights on the Internet Brazilian and German Approaches*. Ius Gentium: Comparative Perspectives on Law and Justice, v. 96, 2022.

SENADO FEDERAL. Comissões, CJCODCIVIL. *Relatório apresentado pelos relatores-gerais no dia 26.02.2024 (7ª reunião da CJCODCIVIL)*: Minuta de texto final ao anteprojeto, conforme art. 10, §2º, do Regulamento da Comissão. 2024. Disponível em: <https://legis.senado.leg.br/comissoes/mnas?codcol=2630&tp=4>. Acesso em 26 mar. 2024.

SINGER, Reinhard; BECK, Benjamin. O "direito ao esquecimento" na internet: significado, efeitos e avaliação da "sentença Google" do Tribunal Europeu de 13 de maio de 2014. *Direitos Fundamentais & Justiça*, Belo Horizonte, a. 12, n. 39, pp. 19-46, jul./dez. 2018.

SOLOVE, Daniel. Speech, Privacy and reputation on the internet. *In*: NUSSBAUM, Martha C.; LEVMORE, Saul (coord.). *The Offensive Internet*: Speech, Privacy and Reputation. Cambridge MA: Harvard University Press, 2011. p. 15-30.

UNIÃO EUROPEIA. Parlamento Europeu e Conselho. *Regulamento (UE) 2016/679 do Parlamento Europeu e do Conselho de 27 de abril de 2016 relativo à proteção das pessoas singulares no que diz respeito ao tratamento de dados pessoais e à livre circulação desses dados e que revoga a Diretiva 95/46/CE (Regulamento Geral sobre a Proteção de Dados)*. Disponível em: http://eur-lex.europa.eu/eli/reg/2016/679/oj. Acesso em: 29 mar. 2024.

WEISMANTEL, Jan. *Das 'Recht auf Vergessenwerden' im Internet nach dem 'Google-Urteil' des EuGH – Begleitung eines offenen Prozesses*. Berlin: Duncker & Humblot, 2017.

WERRO, Franz. *The right to be forgotten – a comparative study of the emergent right's evolution and application in Europe, the Americas, and Asia*. Springer, 2020.

Informação bibliográfica deste texto, conforme a NBR 6023:2018 da Associação Brasileira de Normas Técnicas (ABNT):

SARLET, Ingo Wolfgang. O STF e o assim chamado direito ao esquecimento. *In*: MENDES, Gilmar Ferreira; LIRA, Daiane Nogueira de; FREIRE, Alexandre (coord.). *Constituição, democracia e diálogo*: 15 anos de Jurisdição Constitucional do Ministro Dias Toffoli. 2. ed. Belo Horizonte: Fórum, 2025. p. 763-787. ISBN 978-65-5518-937-7.

A IMPORTÂNCIA DO JULGAMENTO DA ADI Nº 5.492 PARA A CONFIRMAÇÃO DA FORÇA VINCULANTE DOS PRECEDENTES E PARA GESTÃO DAS CONTAS DE DEPÓSITOS JUDICIAIS

ISAAC SIDNEY MENEZES FERREIRA
ANSELMO MOREIRA GONZALEZ

1 Introdução

Ficamos muito honrados com o convite para publicarmos o presente artigo em obra coletiva dedicada a homenagear os quinze anos do eminente ministro José Antonio Dias Toffoli junto ao Supremo Tribunal Federal.

O ministro Toffoli, sem dúvida alguma, é um dos grandes nomes que atualmente compõem a mais alta corte judiciária de nosso país, e suas qualidades enquanto ser humano e jurista são notadas nos precedentes de que participa e ainda mais evidenciadas naqueles em que exerce a relatoria.

Não por outro motivo, aliás, para homenageá-lo no presente artigo, escolhemos como objeto do estudo uma de suas mais importantes e recentes decisões: o voto condutor do acórdão do julgamento da Ação Direta de Inconstitucionalidade (ADI) nº 5.492, julgada pelo Pleno do Supremo Tribunal Federal em 27.04.2023.

Referido precedente, como se verá neste artigo, foi um marco fundamental para a segurança jurídica de nosso país, pois, a uma só vez, firmou balizas importantíssimas a respeito da ratificação da força vinculante dos precedentes judiciais proferidos pelos tribunais, reafirmando seu poder de norma cogente, inclusive perante a Administração Pública, bem como resolveu o impasse que há muito existia para as instituições financeiras a respeito da possibilidade de todos os bancos (públicos e privados) poderem gerir contas de depósitos judiciais dos tribunais.

2 O objeto da ADI nº 5.492

A ADI nº 5.492 foi ajuizada pelo governador do estado do Rio de Janeiro com o objetivo de questionar a constitucionalidade de diversos dispositivos do Código de Processo Civil de 2015.[1]

Dentre os temas debatidos em referida ação e seu respectivo julgamento,[2] o presente estudo se dedicará a três deles, que, no nosso sentir, foram os fundamentais: (i) a ratificação da constitucionalidade dos dispositivos do Código de Processo Civil de 2015 que regulamentaram a Tutela de Evidência, leiam-se aquelas concedidas com base em precedentes vinculantes, assim entendidos aqueles julgamentos estabelecidos no art. 927 do Código de Processo Civil de 2015; (ii) a reafirmação da força vinculante dos referidos precedentes, inclusive para a Administração Pública; e (iii) a definição de que instituições financeiras privadas também podem, mediante prévia licitação, gerir contas de depósitos judiciais dos tribunais do país.

3 A Tutela de Evidência e a pretensa mitigação do direito ao contraditório

A ação direta inicialmente questionou a constitucionalidade do art. 9º, parágrafo único, inciso II, e do art. 311, parágrafo único, inciso II, do Código de Processo Civil de 2015, que trataram da Tutela de Evidência fundada em precedente vinculante:

> Art. 9º Não se proferirá decisão contra uma das partes sem que ela seja previamente ouvida.
> Parágrafo único. O disposto no caput não se aplica: (...)
> II - às hipóteses de tutela da evidência previstas no art. 311, incisos II e III.
> Art. 311. A tutela da evidência será concedida, independentemente da demonstração de perigo de dano ou de risco ao resultado útil do processo, quando:
> (...)
> II - as alegações de fato puderem ser comprovadas apenas documentalmente e houver tese firmada em julgamento de casos repetitivos ou em súmula vinculante;
> III – se tratar de pedido reipersecutório fundado em prova documental adequada do contrato de depósito, caso em que será decretada a ordem de entrega do objeto custodiado, sob cominação de multa;
> (...)
> Parágrafo único. Nas hipóteses dos incisos II e III, o juiz poderá decidir liminarmente.

No ponto, fora aduzido que referidos dispositivos, ao permitirem que o magistrado possa conceder, liminarmente, antecipação dos efeitos da tutela pretendida judicialmente sem a prévia oitiva do réu e sem que esteja configurado o perigo da demora, estariam perpetrando direta afronta "aos princípios constitucionais do contraditório, devido processo legal e ampla defesa (art. 5º, inciso LV, da CF/88)".

---

[1] Art. 9º, parágrafo único, inciso II; art. 15; art. 46, §5º; art. 52, parágrafo único; art. 242, §3º; art. 311, parágrafo único; art. 535, §3º, inciso II; art. 840, inciso I; art. 985, §2º; art. 1.035, §3º, inciso III; e art. 1.040, inciso IV, todos da Lei nº 13.105, de 16 de março de 2015 (Código de Processo Civil).

[2] Os demais temas que foram objeto de julgamento na ADI nº 5.482 e que não serão abordados neste artigo foram: a) supletividade do Código de Processo Civil para os processos administrativos; b) regras de foro de ajuizamento de execução fiscal contra fazenda pública; e c) regras de citação da Administração Pública em processos judiciais.

Referida pretensão fora rechaçada pelo voto do eminente ministro Toffoli, como veremos a seguir.

3.1 A posição do ministro Toffoli: Tutela de Evidência, fundada em precedente vinculante, como mecanismo hábil a assegurar prestação jurisdicional mais célere e eficaz

Com a introdução da figura da "Tutela de Evidência", rememorou o ministro em seu voto que o Código de Processo Civil de 2015 implementou mecanismo de resposta judicial rápida não somente para os casos envolvendo iminente perigo de dano ou risco ao resultado útil do processo, mas também para aqueles casos em que o direito é bastante evidente, leia-se, fundado em precedentes judiciais vinculantes, conforme preconizam o art. 9º, parágrafo único, inciso II, e o art. 311, parágrafo único, ambos do Código de Processo Civil de 2015.

No que toca à alegação de ofensa ao "princípio do contraditório", formulada na ação direta, o ministro Toffoli, fundado na abalizada doutrina de Carlos Alberto Alvaro de Oliveira, fez questão de ressaltar que o conteúdo desse princípio sofreu significativa evolução ao longo dos anos em decorrência da aplicação do princípio da força normativa da Constituição.

Segundo ensina o referido doutrinador,[3] a Constituição não é mera carta de intenções, mas, sim, norma que contém juridicidade, exigindo-se com isso um necessário e gradativo processo de releitura, mediante o qual os institutos de todos os ramos do direito possam ser reinterpretados conforme as normas fundamentais da Constituição da República:

> O processo, assumindo condição de autêntica ferramenta de natureza pública indispensável para a realização da justiça e da pacificação social, não pode ser compreendido como mera técnica, mas, sim, como instrumento de realização de valores e especialmente de valores constitucionais.[4]

Diante desse contexto, é possível compreender que o exercício do direito ao contraditório não pode ser interpretado de modo estanque e imutável. Ao revés, ele recomenda uma reinterpretação constante, que considere a evolução de nossa sociedade e de seus princípios norteadores.

O ministro rememorou que o princípio do contraditório, no Código de Processo Civil de 2015, foi inclusive densificado, na medida em que, em seu art. 10, foi expressamente disposta regra contra as chamadas "decisões surpresas", ao assim estabelecer: "Não se proferirá decisão contra uma das partes sem que ela seja previamente ouvida".

Em contribuição ao argumento exarado pelo nobre ministro em seu voto, apontamos a oportuna doutrina do professor Luiz Rodrigues Wambier:[5]

---

[3] DE OLIVEIRA, Carlos Alberto Álvaro. O processo civil na perspectiva dos direitos fundamentais. *Revista de Processo*, v. 113, 2004.

[4] DE OLIVEIRA, Carlos Alberto Álvaro. O processo civil na perspectiva dos direitos fundamentais. *Revista de Processo*, v. 114, 2004.

[5] WAMBIER, Luiz Rodrigues. Diretrizes fundamentais do novo CPC. *In*: WAMBIER, Luiz Rodrigues; ALVIM, Teresa Arruda. *Temas Essenciais do Novo CPC*: análise das principais alterações do sistema processual civil brasileiro de acordo com a lei 13.256/2016. São Paulo: RT, 2016. p. 41-43.

O art. 10 é dos seletos dispositivos que contribuíram muito com o estabelecimento de uma fina sintonia entre as regras processuais e a Constituição Federal, que constitui uma das diretrizes fundamentais do CPC/2015, na medida em que maximizou o princípio constitucional do contraditório e afastou definitivamente do ordenamento jurídico processual a perspectiva da figura da decisão surpresa, inconciliável com o Estado Constitucional.

Não seria correto, portanto, concluir que o Código de Processo Civil de 2015 não teria prestigiado o princípio do contraditório, na medida em que, inclusive, o densificou no supracitado dispositivo.

O nobre ministro Toffoli também lembrou que a regra do contraditório comporta temperamentos, como ocorre com todos os preceitos dotados de generalidade. Nesse sentido, registrou que:

> O sistema processual acolhe há muito tempo, de forma harmônica com a totalidade de suas disposições, sejam as constantes da lei, sejam as constantes do texto constitucional, a possibilidade de concessão de pedidos in limine litis, ou seja, liminarmente, antes de o réu ser citado, sem que isso configure ofensa à garantia do contraditório.

Noutras palavras, desde que haja "justificativa razoável e proporcional" para o diferimento do contraditório e desde que se abra a possibilidade de a parte afetada se manifestar posteriormente acerca da decisão que a afetou ou sobre o ato do qual não participou, "não há que se falar em inconstitucionalidade por ofensa ao princípio do contraditório".[6]

Nessa linha de raciocínio, o ministro Toffoli bem compreendeu que, diferentemente do quanto argumentado na ação direta, o direito ao contraditório não estaria sendo negado nas hipóteses legais de deferimento da Tutela de Evidência, "mas sim diferido no tempo", o que seria perfeitamente possível, inclusive pela jurisprudência do Supremo Tribunal Federal.[7]

O ponto, segundo seu raciocínio, para que esse diferimento também pudesse encontrar lastro constitucional estaria no fato de que a aplicação de um princípio constitucional muitas vezes demanda sua ponderação à luz de outros princípios igualmente importantes para o Estado Democrático de Direito.

Nesse sentido, rememorou o ministro:

> A tutela liminar de evidência tem fundamento em princípios que, assim como o contraditório, também possuem envergadura constitucional, tais como a duração razoável do processo, a celeridade de sua tramitação e o acesso à justiça em sua acepção material.

Sobre esses pontos, convém trazermos à baila também a doutrina de Samuel Miranda Arruda,[8] que, em sintonia ao quanto defendido pelo ministro Toffoli em seu voto, também tratou da importância do princípio da duração razoável do processo (art. 5,

---

[6] Nesse sentido, HC nº 1.542.237-AgR, Rel. Min. Rosa Weber, DJe de 14/3/19 e HC nº 122.939, Rel. Min. Cármen Lúcia, DJe de 6/10/14.
[7] Nesse sentido, HC nº 1.542.237-AgR, Rel. Min. Rosa Weber, DJe de 14/3/19 e HC nº 122.939, Rel. Min. Cármen Lúcia, DJe de 6/10/14.
[8] ARRUDA, Samuel Miranda, p. 507-508. CANOTILHO, J. J. Gomes; MENDES, Gilmar Ferreira; SARLET, Ingo Wolfgang; STRECK, Lenio Luiz (coord.). *Comentário à Constituição do Brasil*. São Paulo: Saraiva/Almedina, 2013.

LXVIII, da CF) introduzido no ordenamento jurídico pátrio com a Emenda Constitucional nº 45/05, como importante vetor de concretização de direitos fundamentais:

> A Constituição Federal de 1988 ocupou-se especialmente de garantir o amplo acesso à justiça, vedando que fossem excluídas da apreciação do Poder Judiciário, lesões ou ameaça a direito. Naquele momento de consolidação do Estado Democrático era natural que fosse priorizada uma perspectiva quantitativa da cláusula de acesso à justiça.
> Contudo, a consequência material foi o aumento do número de ações judiciais. A inserção do direito fundamental à duração razoável do processo, através da Emenda Constitucional 45/2004, demonstra uma nova etapa, uma fase em que o constituinte, já havendo assegurado o acesso à justiça, preocupa-se em garantir a qualidade do cumprimento. A eficiência temporal da tutela jurisdicional como parâmetro da consecução da justiça.

Outro ponto com o qual podemos contribuir com a discussão diz respeito ao conceito de "acesso à justiça", que, em nosso sentir, também deve ser ressignificado em razão da evolução experimentada por nossa sociedade ao longo dos últimos anos:

> A Constituição de 1988 foi editada em um momento extremamente conturbado politicamente, após um longo período de regime militar, extremamente ditatorial, no qual direitos fundamentais eram desconsiderados pela simples edição de um ato institucional do Poder Executivo.
> Se direitos fundamentais eram relativizados nesse período, o que se dirá, então, do direito das pessoas de exercerem suas pretensões em juízo. O país vivia sob forte censura, momento em que nem mesmo o direito de expressão era garantido materialmente.
> Ao término do regime militar, o constituinte de 1988 teve, em suas mãos, o dever de instituir as normas fundamentais do novo Estado de Direito. Nesse contexto, absolutamente natural esperar que muitos dos artigos da Constituição tenham sido erigidos à luz de espíritos libertários, democráticos, rompedores dos paradigmas opressores do antigo regime estabelecido.
> O art. 5º, XXV, da CF, que assegura a inafastabilidade da jurisdição, ou livre acesso à justiça, como uma das garantias fundamentais do Estado Democrático de Direito, é nítido reflexo desse contexto social. O dispositivo assegura, contra todas as formas de censura antes existentes, o acesso ao Poder Judiciário, para que as pessoas consigam reclamar ao Estado a satisfação de um direito material, protegido por lei.[9]
> Porém, passados 30 anos da promulgação da Constituição Federal, o país vive uma realidade completamente diferente. O acesso à justiça só não é maior do que o acesso aos meios de comunicação, por conta do tremendo avanço da internet, sobretudo após a década de 1990.
> (...)
> Acesso à justiça, no contexto da promulgação da Constituição Federal, seria a possibilidade de uma pessoa poder se socorrer do Poder Judiciário para reclamar uma pretensão de direito material contra outra pessoa, ou mesmo contra o Estado, livre de retaliações à margem do sistema legal.
> Mas, hoje em dia, acesso à justiça seria mesmo sinônimo de poder distribuir uma ação no fórum sem sofrer represarias?
> Um processo no Brasil demora décadas para ser julgado, correndo sérios riscos de, ao final de toda a esteira processual, o feito acabar sem uma efetiva prestação jurisdicional, por conta

---

[9] "O objetivo da garantia constitucional do acesso à justiça é "difundir a mensagem de que todo homem, independente de raça, credo, condição econômica, posição política ou social, tem o direito de ser ouvido por um tribunal independente e imparcial, na defesa de seu patrimônio ou liberdade." BULOS, Uadi Lammêgo. Curso de direito constitucional. São Paulo: Saraiva, 2007. p. 482.

de tantas armadilhas processuais, que podem conduzir o feito à extinção, sem julgamento do mérito, fruto da jurisprudência defensiva armada pelos Tribunais ao longo dos anos. Diante desse contexto, é possível defender que o acesso à justiça, hoje em dia, estaria muito mais inclinado a ser a garantia de entrega de uma prestação jurisdicional "íntegra" e "célere", do que, propriamente, a assegurar a simples possibilidade de se distribuir uma ação no fórum.[10]

Em sintonia com esses pontos, o ministro Toffoli categoricamente assentou: "Não é razoável que a parte detentora de um direito evidente aguarde o transcorrer do processo para ter acesso ao que pleiteia, sobretudo porque o decurso do tempo tem aptidão de agravar o dano sofrido".

À luz de tais considerações, o ministro concluiu que os dispositivos guerreados – que introduziram a figura da Tutela de Evidência no ordenamento jurídico processual – propuseram alternativa que garante a efetividade dos direitos alegados por quem aparenta fortemente ter razão, a partir de uma leitura do princípio constitucional da duração razoável do processo.

Com essa convicção, afirmou o ministro:

> Na situação do inciso II do art. 311 do CPC, a probabilidade de o autor sair vencedor ao final da ação é tamanha que deixá-lo suportar os danos decorrentes do transcurso do tempo do processo configuraria tratamento injusto a quem provavelmente não deu causa à instauração do feito, violando a garantia de um processo justo e efetivo e o acesso à justiça em sua concepção material.

Registrou o ministro ainda que a positivação da Tutela de Evidência teve um caráter de coerência com o espírito do legislador na edição do Código de Processo Civil de 2015 ao conferir consequências práticas às teses vinculantes firmadas por meio dos precedentes judiciais. Referida vinculação vai ao encontro também da ideia geral que guiou os trabalhos legislativos do Código de Processo Civil de 2015 no sentido de que o processo civil não pode ser um fim em si mesmo. Ele deve, acima de tudo, se prestar como ferramenta hábil a assegurar a prestação jurisdicional a quem detém seu direito.

Segundo o ministro Toffoli, "com a edição da Lei Federal nº 13.105, de 16 de março de 2021, que instituiu o Novo Código de Processo Civil, consagrou-se a compreensão de que o processo deve ser uma espécie de mediador adequado entre o direito posto e sua realização prática, e não um fim em si mesmo".

Em sintonia com a posição do nobre ministro, merece destaque também a doutrina de Rafael Stefanini Auilo:[11]

> (...) o processo além de ser um instrumento técnico, é também uma ferramenta estatal de solução de controvérsias diretamente relacionada com os resultados por ele produzidos. O processo deixa de ser visto apenas pelo seu ângulo interno, assumindo uma posição de instrumento destinado a alcançar escopos sociais, políticos e jurídicos. Em termos sociais, o processo é ferramenta de persecução da paz social com justiça e educação para a sociedade;

---

[10] GONZALEZ, Anselmo Moreira. *Repetitivos ou "impeditivos"*: sistematização do recurso especial repetitivo. Ed. JusPodivm, 2021. p. 92.

[11] AUILO, Rafael Stefanini. *O modelo cooperativo de processo no Novo Código de Processo Civil*. Coleção Eduardo Espínola. Editora JusPodivm, 2017. p. 27.

no plano político, é referência do poder estatal, enquanto afirmação de sua autoridade e local de participação dos atores sociais e de asseveração da liberdade dos cidadãos; por fim, no âmbito jurídico, o processo é instrumento de concretização da vontade do direito, isto é, de efetividade.

Sobre o diferimento do contraditório, ainda assentou que, tal como a concessão de qualquer provimento liminar, o contraditório não é excluído, mas apenas postergado, sendo, portanto, preservado o direito de a parte contrária apresentar seus argumentos contra a concessão da ordem contrária às suas pretensões em momento oportuno.

Concluiu assim o nobre ministro pela constitucionalidade dos dispositivos do Código de Processo Civil de 2015 que implementaram a Tutela de Evidência, por figurar como constitucional instrumento para se garantir uma prestação jurisdicional mais célere e justa, sem representar qualquer violação ao princípio do contraditório.

4   A vinculação dos precedentes judiciais à Administração Pública

Ação direta também defendeu a tese de que os arts. 985, §2º, e 1.040, inciso IV, do Código de Processo Civil de 2015 estabeleceriam uma espécie de "vinculação inconstitucional" aos precedentes judiciais:

> Art. 985. Julgado o incidente, a tese jurídica será aplicada: (...)
> §2º Se o incidente tiver por objeto questão relativa a prestação de serviço concedido, permitido ou autorizado, o resultado do julgamento será comunicado ao órgão, ao ente ou à agência reguladora competente para fiscalização da efetiva aplicação, por parte dos entes sujeitos a regulação, da tese adotada.
> Art. 1.040. Publicado o acórdão paradigma: (...)
> IV - se os recursos versarem sobre questão relativa a prestação de serviço público objeto de concessão, permissão ou autorização, o resultado do julgamento será comunicado ao órgão, ao ente ou à agência reguladora competente para fiscalização da efetiva aplicação, por parte dos entes sujeitos a regulação, da tese adotada.

Segundo a peça exordial, apenas as decisões de controle abstrato de constitucionalidade de leis e atos normativos e as súmulas vinculantes do Supremo Tribunal Federal teriam, constitucionalmente, força vinculante sobre a administração pública (art. 102, §2º, e art. 103-A, §§1º a 3º, da CF).

Afirmou-se ainda que, ao determinarem a vinculação direta e automática da Fazenda Pública à tese adotada em casos repetitivos, os artigos violariam os princípios do devido processo legal e da garantia do contraditório (art. 5, LIV, CF), inclusive porque supostamente não haveria meio processual eficaz à disposição da Fazenda para posteriormente contestar a tese jurídica à qual se submetera.

Referidos pontos, entretanto, foram todos rechaçados no voto do eminente ministro Toffoli, como veremos a seguir.

4.1 A posição do ministro Toffoli sobre o tema – vinculação da Administração Pública aos precedentes judiciais – e respeito aos princípios da celeridade, acesso à justiça, isonomia e da eficiência do poder público

Os arts. 976 e seguintes do Código de Processo Civil de 2015, rememora-se, introduziram no ordenamento jurídico processual a figura do Incidente de Resolução de Demandas Repetitivas (IRDR).

Trata-se de técnica processual por meio da qual os tribunais de segunda instância passaram também a poder selecionar recursos representativos de controvérsias repetitivas e submetê-los a rito próprio de julgamento para ao final decidirem tese geral e abstrata, com força vinculante, sobre casos semelhantes, no âmbito de sua jurisdição.

De acordo com a lição de Teresa Arruda Alvim e Bruno Dantas,[12] bem ressaltada no voto em estudo, o IRDR é um dos novos instrumentos disponibilizados ao Poder Judiciário, pelo legislador processual, com o objetivo de assegurar maior eficácia na resolução dos chamados "conflitos de massa":

> O escopo do IRDR é a tutela isonômica e efetiva, fundamentalmente, dos direitos individuais homogêneos e seu advento traduz o reconhecimento do legislador de que a chamada 'litigiosidade de massa' atingiu patamares insuportáveis em razão da insuficiência do modelo até então adotado, centrado basicamente na dicotomia tutela individual x tutela coletiva.

Em sintonia com esses pontos – sobre a vinculação das decisões fruto de IRDR –, acrescentamos a doutrina de Rodolfo Mancuso:[13]

> É de esperar-se que o acórdão fixador da tese jurídica, no IRDR, por sua ampla aplicação obrigatória no ambiente processual brasileiro, cumpra o papel relevante e destacado para o qual vem preordenado, no esforço comum pela prevenção e superação da dispersão excessiva da jurisprudência, como anunciado na Exposição de Motivos do novo CPC. Descabe, ao nosso ver, prospectar-se alguma eiva de inconstitucionalidade na eficácia vinculativa do acórdão proferido nesse incidente, ou algum atrito ao princípio da reserva legal e ao da igualdade, dado que a menção à lei, no art. 5.º e inc. II da CF deve entender-se como referência ao Direito como um todo, compreensivo da norma legal e dos demais meios integrativos e complementares, dentre os quais se destacam os produtos judiciários atomizados, constantes do art. 927 e incisos do novo CPC.

O guerreado §2º do art. 985 do Código de Processo Civil de 2015 estabeleceu ainda uma questão diferenciada para a força vinculante da decisão fruto do julgamento do IRDR ao assentar que, se o incidente tiver por objeto questão relativa à prestação de serviço concedido, permitido ou autorizado, o resultado do julgamento será comunicado ao órgão, ao ente ou à agência reguladora competente para fiscalização da efetiva aplicação, por parte dos entes sujeitos à regulação, da tese adotada.

---

[12] ARRUDA ALVIM, Teresa; DANTAS, Bruno. *Recurso Especial, Recurso Extraordinário e a nova função dos tribunais superiores no direito brasileiro*. 3. ed. São Paulo: Revista dos Tribunais, 2018. p. 560.

[13] MANCUSO, Rodolfo. Considerações conclusivas. *In*: MANCUSO, Rodolfo. *Incidente de Resolução de Demandas Repetitivas*: a luta contra a dispersão jurisprudencial excessiva. São Paulo (SP): Editora Revista dos Tribunais, 2016. Disponível em: https://www.jusbrasil.com.br/doutrina/incidente-de-resolucao-de-demandas-repetitivas-a-luta-contra-a-dispersao-jurisprudencial-excessiva/1293063633. Acesso em: 2 jul. 2024.

Já o inciso IV do art. 1.040 do Código de Processo Civil de 2015, também guerreado, por sua vez, tratou de conferir melhores contornos aos efeitos vinculantes dos julgamentos proferidos em sede de recurso extraordinário e especiais repetitivos, julgados, respectivamente, no âmbito do Supremo Tribunal Federal e do Superior Tribunal de Justiça.

Diferentemente do IRDR, os recursos especiais repetitivos e os recursos extraordinários com repercussão geral já existiam em nosso ordenamento jurídico antes da vigência do Código de Processo Civil de 2015.

Ambas as figuras jurídicas são fruto das reformas do Judiciário introduzidas pela Emenda Constitucional nº 45/04 e pela Lei nº 11.672/08, que alteraram a redação do então Código de Processo Civil de 1973, introduzindo os arts. 543-A, 543-B e 543-C, que, por sua vez, conferiram os primeiros contornos à figura da repercussão geral dos recursos extraordinários e instituiu o rito dos recursos especiais repetitivos perante o Superior Tribunal de Justiça.

No entanto, o Código de Processo Civil de 2015 foi fundamental para referidas técnicas de julgamento, pois seus termos ajudaram a lhes conferir melhores contornos, sobretudo aos efeitos de seus julgamentos, seja perante os demais órgãos do Poder Judiciário, seja perante a Administração Pública.

Segundo o ministro Toffoli, ambos os dispositivos guerreados inserem-se em um conjunto de medidas introduzidas no ordenamento jurídico pelo Código de Processo Civil de 2015, que tinham como objetivo propiciar uma prestação jurídica mais célere, segura e efetiva, sobretudo aos litígios de massa.

Resgatando conceito já trabalhado em parte anterior de seu voto, o Nobre ministro destacou que referidos dispositivos devem ser interpretados dentro de uma concepção moderna do princípio do "acesso à justiça", que ganha corpo sobretudo após a vigência da Emenda Constitucional nº 45/04, segundo o qual, para além da ideia da inafastabilidade da jurisdição, compreende-se como igualmente constitucional o princípio da "efetividade da prestação jurisdicional". "Isso significa que as regras processuais devem garantir o resultado útil do processo, o qual deve ser apto a efetivamente entregar o bem da vida a quem de direito em tempo hábil para usufruí-lo."

Para além da questão jurisdicional, o nobre ministro também assentou posição no sentido de que os precedentes vinculantes – além de se prestarem a garantir solução efetiva e em tempo razoável dos conflitos individuais – deveriam também viabilizar a compreensão maior de efetividade da justiça por meio da acepção de uma "dimensão coletiva".

Segundo o ministro, essa dimensão coletiva dizia respeito à capacidade de se gerar segurança jurídica e tratamento isonômico ao administrado no que tange aos conflitos de massa. A multiplicação de soluções conflitantes em uma sociedade complexa e numerosa como a brasileira passou a sinalizar a necessidade de que a jurisdição refletisse também um sistema de justiça racional, íntegro e coerente.

Sintomático nesse sentido a disposição expressa do art. 926 do Código de Processo Civil de 2015, que passou a estabelecer que os "tribunais devem uniformizar sua jurisprudência e mantê-la estável, íntegra e coerente".

O ministro Toffoli bem destacou das lições de Lênio Streck[14] que as disposições do Código de Processo Civil de 2015 procuraram mitigar o antigo paradigma decisório do "livre convencimento motivado do juiz", pródigo em permitir julgamentos discricionários e desiguais, para um modelo decisório de "integridade e coerência", mais afiado à doutrina de Ronald Dworkin, segundo o qual os juízes devem construir seus argumentos de forma integrada ao conjunto do direito, avesso a arbitrariedades interpretativas. Nesse sentido:

> Haverá coerência se os mesmos princípios que foram aplicados nas decisões o forem para os casos idênticos; mas, mais do que isto, estará assegurada a integridade do direito a partir da força normativa da Constituição. A coerência assegura a igualdade, isto é, que os diversos casos terão igual consideração por parte dos juízes. Isso somente pode ser alcançado através de um holismo interpretativo, constituído a partir do círculo hermenêutico. Já a integridade é duplamente composta, conforme Dworkin: um princípio legislativo, que pede aos legisladores que tentem tornar o conjunto de leis moralmente coerente, e um princípio jurisdicional, que demanda que a lei, tanto quanto possível, seja vista como coerente nesse sentido. A integridade exige que os juízes construam seus argumentos de forma integrada ao conjunto do direito. Trata-se de uma garantia contra arbitrariedades interpretativas. A integridade limita a ação dos juízes; mais do que isso, coloca efetivos freios, através dessas comunidades de princípios, às atitudes solipsistas-voluntaristas. A integridade é uma forma de virtude política. A integridade significa rechaçar a tentação da discricionariedade.

Em acréscimo, podemos contribuir assentando que, na filosofia "dworkiniana", a teoria da integridade está umbilicalmente ligada à ideia de que legisladores e magistrados devem tornar as leis, as decisões e outros atos jurídicos um conjunto moralmente coerente, protegido contra a parcialidade, as fraudes e o favoritismo.[15]

No âmbito processual, em sua obra *Levando os direitos a sério*, Dworkin estabelece que os juízes não são exatamente livres e independentes para decidir. Todo caso deve ser decidido à luz das regras estabelecidas – enunciado normativo – e à luz de princípios morais e éticos estabelecidos pela sociedade.[16]

Para exemplificar seu raciocínio, Dworkin lança mão de uma comparação entre o direito e a literatura, estabelecendo a célebre metáfora do "romance em cadeia":

> Decidir casos controversos no Direito é mais ou menos como esse estranho exercício literário (...) Ao decidir o novo caso, cada juiz deve considerar-se como parceiro de um complexo empreendimento em cadeia, do qual essas inúmeras decisões, estruturas, convenções e práticas são a história; é seu trabalho continuar essa história no futuro por meio do que ele faz agora.[17]

O respeito à integridade exige, portanto, que os juízes construam seus argumentos jurídicos de forma integrada ao conjunto do direito da sociedade em que está inserido, se

---

[14] STRECK, Lênio. O novo Código de Processo Civil (CPC) e as inovações hermenêuticas: o fim do livre convencimento e a adoção do integracionismo dworkiniano. *Revista de Informação Legislativa*, v. 52, n. 206, 2015, p. 33-51.
[15] NUNES, Dierle; PEDRON, Flávio Quinaud; HORTA, André Frederico de Sena. Art. 926 do CPC e suas propostas de fundamentação: um diálogo com concepções contrastantes. In: NUNES, Dierle; MENDES, Aluisio; JAYME, Fernando Gonzaga. *A nova aplicação da jurisprudência e precedentes no CPC/2015*. 1. ed. São Paulo: RT, 2017. p. 323.
[16] DWORKIN, Ronald. *Levando os direitos a sério*. 3. ed. São Paulo: WMF Martins Fontes, 2010. p. 60.
[17] DWORKIN, Ronald. *Levando os direitos a sério*. 3. ed. São Paulo: WMF Martins Fontes, 2010. p. 238.

prestando, assim, como uma espécie de garantia do jurisdicionado contra arbitrariedades interpretativas e atitudes solipsistas-voluntaristas.[18]

O conceito de integridade do direito extraído da teoria de Dworkin parece atender perfeitamente aos ideais de isonomia e segurança jurídica, que merecem ser direcionados aos chamados conflitos de massa, nos quais não há espaço para dissidência de entendimentos. Casos semelhantes devem ser tratados de igual forma pelo Poder Judiciário.

É nesse contexto de litigiosidade de massa que foi pensado o microssistema de precedentes vinculantes, com procedimentos capazes de "qualificar" as decisões judiciais quanto à sua eficácia, dentro de uma dogmática própria, direcionada aos feitos repetitivos, visando à promoção da efetiva pacificação social numa dimensão coletiva.

Explicou o ministro Toffoli: "O mecanismo possibilita entrega efetiva da prestação jurisdicional dentro de um período razoável, pois possibilita que uma tese firmada em recurso repetitivo seja aplicada aos casos idênticos sem a necessidade de novo revolvimento sobre a matéria, com economia de tempo e de recursos materiais e humanos, na linha do que preconiza o princípio constitucional da eficiência (art. 37, *caput*, da CF/88)".

Nesse mesmo sentido, destaca-se também a doutrina de Alexandre Freitas Câmara:[19]

> O CPC implanta um sistema de precedentes vinculantes (assim entendidos os julgamentos produzidos em casos repetitivos – recursos excepcionais repetitivos e incidente de resolução de demandas repetitivas – e incidente de assunção de competência). Além disso, existem os enunciados de súmula vinculante (art. 103-A da Constituição Federal e Lei nº 11.417/2006). Pois os precedentes e enunciados de súmula vinculante estabelecem padrões decisórios capazes de permitir que casos equivalentes recebam soluções equivalentes (to treat like cases alike), estabelecendo-se a partir daí uma padronização das decisões, a fim de assegurar previsibilidade (que é elemento essencial do direito fundamental à segurança jurídica) e isonomia (afinal, se todos são iguais perante a lei, é preciso que casos iguais recebam decisões iguais).

Dada a importância do precedente, os dispositivos legais objeto do questionamento assentam diretrizes no sentido de que o Poder Judiciário deverá informar à Administração Pública o resultado do julgamento vinculante para que ela, em sua atividade de fiscalização dos serviços públicos concedidos, permitidos e autorizados sujeitos à sua regulação, se oriente de acordo com a tese fixada.

No ponto, insurge-se a exordial da ação direta. Reclama-se que não poderia a vinculação do precedente expandir seus efeitos para além do Poder Judiciário, impondo obrigações com efeito também junto à Administração Pública.

Em resposta, o ministro Toffoli foi bastante assertivo: uma vez tendo sido contextualizado que os precedentes vinculantes passaram a ter vigência em nosso ordenamento jurídico para conferir maior efetividade, celeridade, isonomia, coerência e

---

[18] STRECK, Lênio. Crítica às teses que defendem o sistema de precedentes – parte II. *Revista Consultor Jurídico*, 29 set. 2016. Disponível em: https://www.conjur.com.br/2016-set-29/senso-incomum-critica-teses-defendem-sistema-precedentes-parte-ii. Acesso em: 30 maio 2018.
[19] CÂMARA, Alexandre Freitas. *O novo processo civil brasileiro*. 2. ed. São Paulo: Atlas, 2016.

previsibilidade à prestação jurisdicional, o ministro Toffoli categoricamente concluiu que "é natural que esses precedentes vinculem especialmente os grandes litigantes do País".

Citando dados do Conselho Nacional de Justiça,[20] o ministro Toffoli foi preciso em afirmar que "grande parte dos litígios de massa em tramitação nos tribunais do Brasil diz respeito exatamente a questões relacionadas à prestação de serviços públicos".

Afirmou-se também que os preceitos questionados, ao tempo em que asseguram maior racionalidade ao sistema, também densificam o direito à defesa do consumidor (art. 170, inciso V, da CF/88), *in casu*, do consumidor de serviços públicos delegados, "principal beneficiado por um sistema capaz de fornecer soluções céleres, isonômicas e previsíveis para os litígios de massa relativos à prestação de serviços públicos".

O ministro ainda rechaçou o argumento de que a Administração Pública não poderia ser surpreendida com a imposição de um precedente vinculante que passasse a ditar seu comportamento, pois rememorou o ministro que o rito dos julgamentos repetitivos, pelas regras processuais vigentes,[21] é bastante democrático, conta com ampla divulgação e permite participação de representantes de toda a sociedade e mesmo da Administração Pública na condição de *amicus curiae*.

Logo, nada impediria que o poder público responsável pelo serviço delegado discutido em juízo viesse a participar da construção da tese, na qualidade de *amicus curiae*. Outrossim, o Ministério Público também sempre intervém nesses feitos, levando à consideração do órgão judicante todas as posições jurídicas em debate.

A constitucionalidade da vinculação dos precedentes judiciais junto à Administração Pública ainda decorreria do princípio da legalidade (art. 5, II, CF), pois, segundo o nobre ministro, se cabe à Administração Pública cumprir a lei, razoável supor que caberá cumpri-la nos estritos moldes interpretativos que lhe foram conferidos pelo precedente vinculante proferido pelo órgão do Poder Judiciário imbuído de competência para tal desiderato.

Noutras palavras, se o Poder Judiciário, pelo rito e modo legal constitucionalmente adequados, interpreta a norma em determinado sentido, com força vinculante, por que haveria de, ainda assim, se conferir espaço à discricionariedade do Poder Público para continuar a perpetrar interpretações daquela norma em sentido contrário?

Lembrando que o paradigma interpretativo conferido pelo Poder Judiciário nesses casos em estudo não é discricionário. Como já dito, o precedente vinculante deriva de

---

[20] Disponível em: https://grandes-litigantes.stg.cloud.cnj.jus.br/. Acesso em: 30 jan. 2023. Outrossim, o relatório do CNJ, publicado em 2012 e que serviu de base para alterações normativas posteriores, enumerava as concessionárias de serviços públicos entre os maiores litigantes.

[21] Vide: "Art. 983. O relator ouvirá as partes e os demais interessados, inclusive pessoas, órgãos e entidades com interesse na controvérsia, que, no prazo comum de 15 (quinze) dias, poderão requerer a juntada de documentos, bem como as diligências necessárias para a elucidação da questão de direito controvertida, e, em seguida, manifestar-se-á o Ministério Público, no mesmo prazo.
§1º Para instruir o incidente, o relator poderá designar data para, em audiência pública, ouvir depoimentos de pessoas com experiência e conhecimento na matéria (...)
Art. 1.038. O relator poderá:
I - solicitar ou admitir manifestação de pessoas, órgãos ou entidades com interesse na controvérsia, considerando a relevância da matéria e consoante dispuser o regimento interno;
II - fixar data para, em audiência pública, ouvir depoimentos de pessoas com experiência e conhecimento na matéria, com a finalidade de instruir o procedimento;
III - requisitar informações aos tribunais inferiores a respeito da controvérsia e, cumprida a diligência, intimará o Ministério Público para manifestar-se".

procedimento rigoroso, amplo e democrático, que pode, repita-se, contar inclusive com a participação da própria Administração Pública em sua conjectura no papel de *amicus curiae*.

Ademais, bem assentou o ministro Toffoli que a constitucionalidade dos guerreados dispositivos justifica-se também em razão do "princípio constitucional da eficiência do serviço público", bem delineado na doutrina de Gilmar Mendes:[22]

> [a] atividade da Administração Pública deve ter em mira a obrigação de ser eficiente. Trata-se de um alerta, de uma advertência e de uma imposição do constituinte derivado, que busca um Estado avançado, cuja atuação prime pela correção e pela competência. Não apenas a perseguição e o cumprimento dos meios legais e aptos ao sucesso são apontados como necessários ao bom desempenho das funções administrativas.
>
> Com o advento do princípio da eficiência, é correto dizer que a Administração Pública deixou de se legitimar apenas pelos meios empregados e passou – após a emenda Constitucional nº 19/98 – a legitimar-se também em razão do resultado obtido.

Afinal, a Administração Pública e seus delegatários têm o dever constitucional de agir com eficiência e oferecer serviços públicos de qualidade, e isso implica em oferecer um serviço íntegro, coerente e uniforme. E qual seria a melhor forma de fazer isso senão a decidida pelo órgão competente do Poder Judiciário, depois de um debate cuidadoso e preciso, fruto de julgamento de demandas repetitivas?

Segue-se logicamente que a solução adequada é a de que a Administração Pública deve obedecer aos precedentes firmados pelo Poder Judiciário – ou seja, aqueles previstos no art. 927 do Código de Processo Civil de 2015 –, pois esse é um mandamento constitucionalmente compatível com o princípio da eficiência administrativa e mesmo da legalidade, já que a lei assim estabeleceu.

Em sintonia com esses preceitos estaria inclusive a redação do art. 30 da Lei de Introdução às Normas do Direito Brasileiro – quando determina que "as autoridades públicas devem atuar para aumentar a segurança jurídica na aplicação das normas (...)" –, referindo-se essa norma indistintamente a todos os poderes públicos, bem como a precedentes recentes da colenda corte, como a proferida no julgamento da ADI nº 6.025, de relatoria do ministro Alexandre de Moraes:[23] "De maneira harmônica, privilegiando a cooperação e a lealdade institucional e afastando as práticas de guerrilhas institucionais, que acabam minando a coesão governamental e a confiança popular na condução dos negócios públicos pelos agentes políticos".

O ministro Toffoli ainda rechaçou o argumento posto na exordial da ação direta de inconstitucionalidade, no sentido de que os precedentes vinculantes, que passariam a obrigar a Administração Pública pelos dispositivos guerreados, não contariam com mecanismos eficazes de revisão.

No ponto, bem destacou o nobre ministro a expressa disposição do art. 986 do Código de Processo Civil de 2015, que claramente prevê a possibilidade da tese fixada em IRDR vir a ser revisada no futuro pelo próprio tribunal que a firmou.

---

[22] MENDES, Gilmar Ferreira. *Curso de direito constitucional*. 11. ed. Rio de Janeiro: Saraiva, 2016.
[23] ADI nº 6.025, Rel. Min. Alexandre de Moraes, Tribunal Pleno, DJe de 26/6/20.

Tal interpretação é coerente com as regras de *distinguishing e overruling*, bem contempladas no Código de Processo Civil de 2015.

A técnica de *distinguishing*, rememora-se, está prevista nos arts. 489, VI, e 1.037, §9º, do Código de Processo Civil de 2015 e terá lugar quando o julgador deixar de aplicar o precedente por observar que o caso concreto que estiver sendo posto a julgamento possui argumentos fáticos e jurídicos distintos dos explorados pelo pronunciamento vinculante.[24]

Já o *overruling* está previsto no art. 927, §§§2º, 3º e 4º, do Código de Processo Civil de 2015 e ocorrerá quando um precedente for substituído pela corte incumbida da sua formação, por ele ser considerado ultrapassado ou equivocado, em função de alteração das condições sociais, econômicas, políticas ou jurídicas da sociedade.[25]

Sobre a importância da preservação das técnicas de *distinguishing* e de *overruling* em um sistema de precedentes, fazemos menção às lições de Ravi Peixoto:[26]

> A adoção do *stare decisis* não significa, de forma alguma, o engessamento do direito. Existem diversas técnicas desenvolvidas pela jurisprudência e doutrina do *common law*, para além da própria interpretação da *ratio decidendi*, aptas a permitir um maior dinamismo na aplicação dos precedentes.
>
> A principal delas, para efeito deste trabalho, é a superação de precedentes, denominação atribuída à técnica de alteração de um entendimento anterior sobre o mesmo objeto agora em julgamento; técnica essencial para qualquer sistema de precedentes, permitindo que o sistema possa evoluir. Ao contrário do que possa parecer, essa técnica, desde que utilizada com os devidos cuidados, promove o *stare decisis*, em vez de enfraquecê-lo, ao demonstrar que a existência de precedentes obrigatórios não significa impossibilidade de evolução do direito.

Evidencia-se, portanto, que o receio de que a Administração Pública não poderia rever entendimentos vinculantes em momento futuro não encontra lastro no próprio ordenamento jurídico processual vigente, que claramente contempla hipóteses de *distinguishing* e *overruling*.

Ao final, conjugando todas essas razões, o nobre ministro Toffoli decidiu julgar improcedentes as pretensões da ação direta quanto à declaração de inconstitucionalidade dos arts. 985, §2º, e 1.040, inciso IV, do Código de Processo Civil de 2015, por entendê-los perfeitamente constitucionais, na medida em que prestigiam os princípios da eficiência da Administração Pública, da legalidade, da efetividade da prestação jurisdicional, da isonomia e da segurança jurídica.

---

[24] NUNES, Jorge Amaury Maia. *Segurança jurídica e súmula vinculante*. São Paulo: Saraiva, 2010. p. 126.

[25] LIMA, Tiago Asfor Rocha. *Precedentes judiciais civis no Brasil*. São Paulo: Saraiva, 2013. p. 206.

[26] PEIXOTO, Ravi. 16. A superação de precedentes (*overruling*) no Código de Processo Civil de 2015. In: ALVIM, Teresa; DIDIER JR., Fredie. *Doutrinas Essenciais - Novo Processo Civil - Precedentes - Execução - Procedimentos Especiais*. São Paulo (SP): Editora Revista dos Tribunais, 2018. Disponível em: https://www.jusbrasil.com.br/doutrina/doutrinas-essenciais-novo-processo-civil-precedentes-execucao-procedimentos-especiais/1197024325. Acesso em: 2 jul. 2024.

5 Depósitos judiciais junto aos bancos oficiais

A ADI também teve como objeto o pedido de declaração de inconstitucionalidade dos arts. 535, §3º, inciso II, e 840, inciso I, do Código de Processo Civil de 2015:

Art. 535. A Fazenda Pública será intimada na pessoa de seu representante judicial, por carga, remessa ou meio eletrônico, para, querendo, no prazo de 30 (trinta) dias e nos próprios autos, impugnar a execução, podendo arguir:
(...)
§3º Não impugnada a execução ou rejeitadas as arguições da executada:
(...)
II - por ordem do juiz, dirigida à autoridade na pessoa de quem o ente público foi citado para o processo, o pagamento de obrigação de pequeno valor será realizado no prazo de 2 (dois) meses contado da entrega da requisição, mediante depósito na agência de *banco oficial* mais próxima da residência do exequente.
Art. 840. Serão preferencialmente depositados:
I - as quantias em dinheiro, os papéis de crédito e as pedras e os metais preciosos, no Banco do Brasil, na Caixa Econômica Federal ou em banco do qual o Estado ou o Distrito Federal possua mais da metade do capital social integralizado, ou, na falta desses estabelecimentos, em qualquer instituição de crédito designada pelo juiz.

Argumentou-se que referidos dispositivos, ao estabelecerem que as requisições de pequeno valor deveriam ser pagas apenas junto a bancos oficiais (art. 535, §3º, inciso II, do Código de Processo Civil de 2015) e que os bens penhorados judicialmente deveriam ser necessariamente depositados junto ao Banco do Brasil, Caixa Econômica Federal ou em banco do qual o estado ou o Distrito Federal detenha mais da metade do capital social integralizado (art. 840, inciso I, Código de Processo Civil de 2015), estariam perpetrando violação ao art. 18 da CF no que diz respeito ao princípio da preservação do pacto federativo.

Aduziu-se nesse sentido que "não é dado à lei federal restringir a margem de escolha do Estado-membro da instituição financeira à qual se atribuirá este encargo no âmbito de sua justiça".

A exordial da ação direta ainda sustentou que esses dispositivos não deveriam ser interpretados com vistas a restringir a gestão das chamadas "disponibilidades de caixa", de que trata o art. 164, §3º, da CF, que são recursos e bens públicos, o que permite concluir que não existiria regra constitucional que exigisse o depósito de pagamento de requisição de pequeno valor e do bem penhorado em bancos estatais ou públicos.

Nesse sentido, foi requerido na ação direta que a interpretação, conforme a Constituição Federal, do art. 535, §3º, inciso II seria aquela que estabelecesse o entendimento no sentido de que, para a justiça estadual, a Administração Pública poderia destinar os bens penhorados, bem como as requisições de pequeno valor junto "à instituição financeira validamente escolhida em seleção pública pela entidade federativa", o que inclui bancos privados previamente aprovados em competente processo licitatório.

No ponto, o ministro Toffoli entendeu que as pretensões da ação direta prosperavam, como se verá a seguir.

6 Da posição do ministro Toffoli sobre o tema – depósitos judiciais também podem ser geridos por instituições financeiras privadas

De plano, o ministro Toffoli registrou que as guerreadas normas detêm natureza eminentemente processual, o que, por conseguinte, atrairia a competência privativa da União para legislar sobre elas.[27]

Portanto, diverso do quanto pretendido pela exordial da ação direta, não haveria como negar a competência da União para dispor sobre a matéria.

Superada a questão da competência, ainda restaria decidir se "no exercício dessa competência poderia o legislador federal ter estabelecido que os depósitos judiciais para pagamentos de RPV e os referentes à penhora fossem realizados em instituições financeiras oficiais ou se tal previsão estaria a malferir a autonomia dos estados-membros".

Sobre o ponto, o ministro Toffoli citou entendimento proferido no âmbito do Conselho Nacional de Justiça, nos autos do procedimento de pedido de providências,[28] por meio do qual o conselho deferiu o pleito do Tribunal de Justiça do Estado de São Paulo para poder contratar instituição financeira privada para custodiar depósitos judiciais, com fulcro na interpretação do art. 840, *caput* e inciso I, do Código de Processo Civil de 2015, à luz da Constituição de 1988.

Na ocasião, o ministro Toffoli presidia o Conselho Nacional de Justiça e, durante o julgamento do referido *leading case*, aderiu integralmente às conclusões alcançadas pelo órgão julgador e que foram bem lançadas pelo então conselheiro relator, Arnaldo Hossepian Junior.

Em razão do brilhantismo de suas colocações, o ministro Toffoli soube bem integralizar os fundamentos daquela decisão com seus próprios fundamentos ao construir seu voto para pacificar enfim a questão também perante o Supremo Tribunal Federal.

O ministro lembrou que, por meio do depósito judicial, o Poder Judiciário consegue proteger os bens/recursos financeiros do devedor até que eles sejam repassados para a parte que ganhar o processo (credor). Essa medida é importante para viabilizar financeiramente o uso dos recursos processuais adequados e, também, para evitar que o devedor comprometa maliciosamente seu patrimônio, o que poderia levar à sua insolvência civil e ao esvaziamento do efetividade do provimento jurisdicional intentado pela parte credora.

Para manter o valor atualizado, lembrou o ministro, os tribunais firmam acordos com os bancos locais da unidade judiciária para estabelecer as diretrizes e procedimentos para assegurar a confiabilidade da operação acordada, de modo a preservar o poder de compra do valor depositado.

Diante desse conceito, o ministro bem fez questão de registrar que depósitos judiciais não se confundem com "disponibilidade de caixa", prevista no art. 164, §3º, da CF.

Referido dispositivo exige que as disponibilidades de caixa dos estados, do Distrito Federal, dos municípios e dos órgãos ou entidades do poder público e das empresas por

---

[27] Consoante dispõem o art. 22, inciso I, da Constituição Federal e a pacífica jurisprudência da Corte sobre a matéria (ADI nº 5.747, Rel. Min. Luiz Fux, Tribunal Pleno, DJe de 12/5/20; e ADI nº 2.909, Rel. Min. Ayres Britto, Tribunal Pleno, DJe de 11/6/10).

[28] Pedido de Providências nº 0004420-14.2019.2.00.0000, CNJ.

ele controladas sejam depositadas em instituições financeiras oficiais,[29] o que, frisou o ministro, não é o caso dos depósitos judiciais, pois, nestes, o Poder Judiciário não é o titular do montante depositado. Ele atua apenas como "responsável provisório pelos montantes, cabendo a ele devolvê-los com a devida atualização".

Noutras palavras, o depósito judicial se distingue das disponibilidades de caixa porque, enquanto aqueles são recursos de terceiro administrados temporariamente pelo Poder Judiciário, estas são consideradas recursos do próprio ente público compondo o ativo circulante do Estado, mesmo que não vinculado a suas despesas correntes.

O voto destacou que a guarda em órgãos oficiais é uma herança de um passado de fragilidade das instituições financeiras privadas e do perigo de quebra que elas sofriam em épocas de inflação alta e que, com a situação econômica atual, isso não teria mais sentido.

Segundo bem lembrou o ministro, com a estabilização monetária, o controle inflacionário e o fortalecimento do Sistema Financeiro Nacional, a partir de uma série de medidas adotadas a partir da década de 1990, as instituições financeiras, públicas e privadas, funcionam sob padrões rigorosos de monitoramento e fiscalização estabelecidos pelo Banco Central do Brasil, devidamente alinhados com as diretrizes do Comitê da Basileia, não havendo mais espaço para qualquer receio que justificasse a manutenção dos depósitos apenas em bancos oficiais por supostamente serem mais seguros ou estáveis do que bancos privados.

Seguindo essa linha de raciocínio, o eminente ministro também recordou que, quando presidia o Conselho Nacional de Justiça, teria editado a Resolução nº 303/19, que autorizou o depósito dos precatórios em instituições bancárias privadas:

> Art. 16. O Tribunal providenciará a abertura de contas bancárias para o recebimento dos valores requisitados.
> §1º O tribunal poderá contratar banco oficial ou, não aceitando a preferência proposta pelo legislador, banco privado, hipótese em que serão observadas a realidade do caso concreto, as normas do procedimento licitatório e os regramentos legais e princípios constitucionais aplicáveis.
> §2º Pelo depósito dos valores requisitados, o tribunal poderá fazer jus a repasse de percentual, definido no instrumento contratual, sobre os ganhos auferidos com as aplicações financeiras realizadas com os valores depositados.

Rememorou o ministro ainda que, no julgamento da ADI nº 3.577, também de sua relatoria, que tratava da possibilidade de depósitos judiciais efetuados em instituições financeiras oficiais submetidas a processos de privatização, ele também havia decidido pela preservação do numerário junto às instituições privatizadas, também em respeito à distinção entre depósitos judiciais de "disponibilidade de caixas":

> Na assentada, consignei violação do art. 164, §3º, da CF/88, associando os depósitos judiciais às disponibilidades de caixa. No entanto, essa associação não mais se sustenta, conforme demonstram não somente as decisões do Conselho Nacional de Justiça, mas a

---

[29] Sobre as disponibilidades de caixa terem de ser administradas por bancos oficiais, confira-se: ADIs nº 2.600-MC (Rel. Min. Ellen Gracie, Tribunal Pleno, DJ de 25/10/02) e nº 2.661-MC (Rel. Min. Celso de Mello, Tribunal Pleno, DJ de 23/8/02).

própria evolução da jurisprudência do STF, da qual se extrai que os depósitos judiciais não são recursos públicos, não estão à disposição do Estado, sendo, em verdade, recursos pertencentes aos jurisdicionados.

A mesma lógica, segundo o ministro, também deveria ser aplicada aos depósitos judiciais, os quais não estão à disposição do Estado.

Com essas considerações em mente, o ministro propôs uma interpretação mais adequada ao art. 840, inciso I, e ao art. 535, §3º, inciso II, do Código de Processo Civil de 2015, depreendendo, em sintonia com as pretensões postas na exordial da ação direta, que seus termos deveriam autorizar interpretação no sentido de não ser obrigatória a realização de depósitos judiciais e requisições de pequeno valor apenas em bancos públicos, sendo, portanto, facultado ao tribunal também optar por instituições financeiras privadas, desde que estas lhe apresentem proposta que melhor atenda à eficiência e à segurança na gestão desses recursos.

Essa interpretação, conferida aos mencionados dispositivos legais para também permitir a gestão dos depósitos judiciais por instituições financeiras privadas, segundo o ministro, encontra respaldo no pacto federativo, na medida em que respeita o poder de auto-organização dos estados-membros (art. 18) e a autonomia dos tribunais estaduais (art. 96, inciso I, alínea b).

O voto ainda encontraria respaldo no princípio da eficiência administrativa (art. 37, *caput*); na livre-iniciativa (art. 1º, inciso IV, da CF); e na livre concorrência (art. 170, inciso IV, da CF). Afinal, o ministro fez questão de destacar que não mais se justifica, sob qualquer aspecto e à luz da Constituição de 1988, a exclusividade da realização de depósitos judiciais em bancos públicos, porque não haveria preceito na Constituição de 1988 do qual se extraia qualquer tipo de monopólio para as instituições financeiras oficiais, de modo que, quando atuam no mercado, explorando atividade econômica, o fazem em regime concorrencial com a iniciativa privada.

Com base nessas premissas, o eminente ministro estabeleceu que o Poder Judiciário de cada ente da federação deve ter a liberdade de escolher o banco que melhor se adapte às suas demandas, após regular processo licitatório, considerando, por exemplo, a maior quantidade de agências ou maior capilaridade dessas, a maior rentabilidade dos depósitos etc., a fim de que seja oferecido o melhor serviço possível de guarda de valores.

Sob esse ângulo, a exigência de depósito judicial em bancos públicos se revelaria um privilégio que fere os princípios da livre-iniciativa e da livre concorrência, que orientam a ordem econômica. Nesse sentido:

> Em suma, uma vez que a Constituição Federal não impõe a medida, a qual também não está amparada em justificativa razoável, entendo que a obrigatoriedade de depósitos judiciais e de valores de RPV em bancos públicos cerceia os entes federados – especificamente as justiças dos estados – quanto ao exercício de sua autonomia, assim como configuram ofensa aos princípios da eficiência administrativa, da livre concorrência e da livre iniciativa.

Nesses termos, assim se posicionou ao final o eminente ministro Toffoli no julgamento deste ponto da ação direta para:

(i) declarar a inconstitucionalidade da expressão "de banco oficial", constante do art. 535, §3º, inciso II, do CÓDIGO DE PROCESSO CIVIL DE 2015, e conferir interpretação conforme ao dispositivo para que se entenda que a agência nele referida pode ser de instituição financeira pública ou privada. Para dar cumprimento ao disposto na norma, poderá a administração do tribunal contratar banco oficial ou, caso assim opte, banco privado hipótese em que serão observadas a realidade do caso concreto, os regramentos legais e princípios constitucionais aplicáveis e as normas do procedimento licitatório, visando à escolha da proposta mais adequada para a administração de tais recursos; e

(ii) declarar a inconstitucionalidade da expressão "na falta desses estabelecimentos" do art. 840, inciso I, da CÓDIGO DE PROCESSO CIVIL DE 2015, e conferir interpretação conforme ao dispositivo para que se entenda que poderá a administração do tribunal efetuar os depósitos judiciais (a) no Banco do Brasil, na Caixa Econômica Federal ou em banco do qual o estado ou o Distrito Federal possua mais da metade do capital social integralizado, ou, (b) não aceitando o critério preferencial proposto pelo legislador e observada a realidade do caso concreto, os regramentos legais e os princípios constitucionais aplicáveis, realizar procedimento licitatório visando à escolha da proposta mais adequada para a administração dos recursos dos particulares.

7 Conclusão

O ministro Toffoli é, sem dúvida, um homem e um jurista de muitas virtudes, e o precedente de sua relatoria que escolhemos neste estudo para homenageá-lo, no nosso sentir, bem ilustra suas nobres qualidades.

A uma só vez, o ministro enfrentou corajosamente temas bastante sensíveis e polêmicos, pois estavam a envolver diretrizes de conduta para a Administração Pública, além de tratarem tema sempre polêmico entre os operadores do direito: a vinculação dos precedentes judiciais.

Mas, com precisão jurídica ímpar e acurados argumentos, o nobre ministro Toffoli foi capaz de tecer um voto brilhante, que conseguiu, como poucos, dialogar com os ideais de integridade e coerência emanados pelo art. 5º, LXXVIII, da CF, após a Emenda Constitucional nº 45/04 prestigiar os ideais constitucionalmente consagrados pelo legislador processual quando da edição do Código de Processo Civil de 2015 para fazer valer regras que estabeleceram, enfim, que o processo civil não poderia ser mais visto como um fim em si mesmo, mas, acima de tudo, como uma via hábil e eficaz para se assegurar a satisfação de direitos fundamentais.

Certo desses ideais e dialogando inclusive com precedentes emanados pelo próprio Supremo Tribunal Federal e mesmo pelo Conselho Nacional de Justiça, em um belo exemplo de interpretação íntegra do direito, em homenagem à mais pura doutrina de Ronald Dworkin, o ministro Toffoli conseguiu a uma vez só resolver impasses processuais a respeito: i) da constitucionalidade da Tutela de Evidência, estabelecida no art. 9º, parágrafo único, inciso II, e art. 311, parágrafo único, inciso II, do Código de Processo Civil de 2015; ii) da vinculação dos precedentes judiciais também para a Administração Pública, prevista no arts. 985, §2º, e 1.040, inciso IV, do Código de Processo Civil de 2015, e iii) da possibilidade de todos os bancos (públicos e privados) também gerirem contas de depósitos judiciais dos tribunais, tema circunscrito ao exame do art. 840, inciso I, e do art. 535, §3º, inciso II, do Código de Processo Civil de 2015.

Ao final de seu judicioso voto, o eminente ministro decidiu que a Tutela de Evidência é, sim, figura constitucional, pois absolutamente adequada aos princípios da celeridade, da efetividade da prestação jurisdicional (ambos respaldados pelo art. 5º, LXVIII, da CF) e acesso à justiça em sua concepção mais moderna e atual (art. 5º, XXXV, da CF).

Decidiu também que os precedentes vinculantes proferidos pelos competentes órgãos do Poder Judiciário, nos estritos termos da lei, também devem vincular a Administração Pública, pois as guerreadas normas processuais, na verdade, prestigiam os princípios da eficiência da Administração Pública (art. 37, CF), da legalidade (art. 5º, II, CF), da efetividade da prestação jurisdicional, da isonomia (art. 5º, I, CF) e da segurança jurídica (art. 5º, XXXVI, CF).

Por fim, decidiu-se ainda que, também em respeito aos princípios da eficiência administrativa (art. 37, *caput*), da livre-iniciativa (art. 1º, inciso IV, da CF) e da livre concorrência (art. 170, inciso IV, da CF), é, sim, lícito permitir que as instituições financeiras privadas possam, mediante prévio procedimento licitatório, gerir as contas de depósitos judiciais dos tribunais.

Referências

ARRUDA ALVIM, Teresa; DANTAS, Bruno. *Recurso Especial, Recurso Extraordinário e a nova função dos tribunais superiores no direito brasileiro*. 3. ed. São Paulo: Revista dos Tribunais, 2018.

ARRUDA, Samuel Miranda, p. 507-508. CANOTILHO, J. J. Gomes; MENDES, Gilmar Ferreira; SARLET, Ingo Wolfgang; STRECK, Lenio Luiz (coord.). *Comentário à Constituição do Brasil*. São Paulo: Saraiva/Almedina, 2013.

AUILO, Rafael Stefanini, *O modelo cooperativo de processo no Novo Código de Processo Civil*. Coleção Eduardo Espínola. Editora JusPodivm, 2017.

BULOS, Uadi Lammêgo. *Curso de direito constitucional*. São Paulo: Saraiva, 2007.

CÂMARA, Alexandre Freitas. *O novo processo civil brasileiro*. 2. ed. São Paulo: Atlas, 2016.

DE OLIVEIRA, Carlos Alberto Álvaro. O processo civil na perspectiva dos direitos fundamentais. *Revista de Processo*, v. 113, 2004.

DIDIER JR., Fredie. *Curso de Direito Processual Civil*. 13. ed. v. 2. Salvador: Editora JusPodivm, 2018.

DWORKIN, Ronald. *Levando os direitos a sério*. 3. ed. São Paulo: WMF Martins Fontes, 2010.

GONZALEZ, Anselmo Moreira. *Repetitivos ou "Ineditivos"*: Sistematização do Recurso Especial Repetitivo. Ed. JusPodivm, 2021.

LIMA, Tiago Asfor Rocha. *Precedentes judiciais civis no Brasil*. São Paulo: Saraiva, 2013.

MANCUSO, Rodolfo. Considerações Conclusivas In: MANCUSO, Rodolfo. *Incidente de Resolução de Demandas Repetitivas*: a luta contra a dispersão jurisprudencial excessiva. São Paulo (SP): Editora Revista dos Tribunais, 2016. Disponível em: https://www.jusbrasil.com.br/doutrina/incidente-de-resolucao-de-demandas-repetitivas-a-luta-contra-a-dispersao-jurisprudencial-excessiva/1293063633. Acesso em: 2 jul. 2024.

MENDES, Gilmar Ferreira. *Curso de direito constitucional*. 11. ed. Rio de Janeiro: Saraiva, 2016.

NUNES, Jorge Amaury Maia. *Segurança jurídica e súmula vinculante*. São Paulo: Saraiva, 2010.

NUNES, Dierle; PEDRON, Flávio Quinaud; HORTA, André Frederico de Sena. Art. 926 do CPC e suas propostas de fundamentação: um diálogo com concepções contrastantes. In: NUNES, Dierle; MENDES, Aluisio; JAYME, Fernando Gonzaga. *A nova aplicação da jurisprudência e precedentes no CPC/2015*. 1. ed. São Paulo: RT, 2017.

PEIXOTO, Ravi. 16. A Superação de Precedentes (Overruling) No Código de Processo Civil de 2015 In: ALVIM, Teresa; DIDIER JR., Fredie. *Doutrinas Essenciais - Novo Processo Civil - Precedentes - Execução - Procedimentos Especiais*. São Paulo (SP): Editora Revista dos Tribunais, 2018. Disponível em: https://www.jusbrasil.com.br/

doutrina/doutrinas-essenciais-novo-processo-civil-precedentes-execucao-procedimentos-especiais/1197024325. Acesso em: 2 jul. 2024.

STRECK, Lênio. O novo Código de Processo Civil (CPC) e as inovações hermenêuticas: o fim do livre convencimento e a adoção do integracionismo dworkiniano. *Revista de Informação Legislativa*, v. 52, n. 206, 2015.

STRECK, Lênio. Crítica às teses que defendem o sistema de precedentes – parte II. *Revista Consultor Jurídico*, 29 set. 2016. Disponível em: https://www.conjur.com.br/2016-set-29/senso-incomum-critica-teses-defendem-sistema-precedentes-parte-ii. Acesso em: 30 maio 2018.

WAMBIER, Luiz Rodrigues. Diretrizes fundamentais do novo CPC. *In*: WAMBIER, Luiz Rodrigues; ALVIM, Teresa Arruda. *Temas Essenciais do Novo CPC*: análise das principais alterações do sistema processual civil brasileiro de acordo com a lei 13.256/2016. São Paulo: RT, 2016.

Informação bibliográfica deste texto, conforme a NBR 6023:2018 da Associação Brasileira de Normas Técnicas (ABNT):

FERREIRA, Isaac Sidney Menezes; GONZALEZ, Anselmo Moreira. A importância do julgamento da ADI nº 5.492 para a confirmação da força vinculante dos precedentes e para gestão das contas de depósitos judiciais. *In*: MENDES, Gilmar Ferreira; LIRA, Daiane Nogueira de; FREIRE, Alexandre (coord.). *Constituição, democracia e diálogo*: 15 anos de Jurisdição Constitucional do Ministro Dias Toffoli. 2. ed. Belo Horizonte: Fórum, 2025. p. 789-809. ISBN 978-65-5518-937-7.

TRIBUTO AO TRABALHO DESENVOLVIDO PELO MINISTRO DIAS TOFFOLI À FRENTE DO CONSELHO NACIONAL DE JUSTIÇA (CNJ) NOS GRAVÍSSIMOS E TORMENTOSOS TEMPOS DA PANDEMIA DA COVID-19

IVANA FARINA NAVARRETE PENA
FÁBIO DE SOUZA OLIVEIRA

A partir do honroso convite formulado pelo eminente Ministro do Supremo Tribunal Federal (STF) Gilmar Ferreira Mendes, pela excelentíssima Conselheira do Conselho Nacional de Justiça (CNJ) Daiane Nogueira de Lira e pelo digníssimo Conselheiro da Agência Nacional de Telecomunicações (Anatel) Alexandre Reis Siqueira Freire, para prestigiosa participação nesta coletânea, em homenagem aos 15 anos de jurisdição constitucional do Ministro Dias Toffoli na Suprema Corte, apresento, ao lado do valoroso Assessor-Chefe de Gabinete do CNJ Fábio de Souza Oliveira, esta singela contribuição, centrada em uma das abordagens sugeridas: a atuação do Excelentíssimo Ministro Dias Toffoli na defesa do Estado Democrático de Direito, das instituições republicanas e das garantias fundamentais.

Para além de recebermos como distinção a invitação e de nos agregarmos à merecida homenagem proposta, acolhemos o convite como uma possibilidade para prestar importante tributo em reconhecimento ao trabalho desenvolvido pelo magistrado à frente do Conselho Nacional de Justiça nos gravíssimos e tormentosos tempos da pandemia da Covid-19.

Assim é que trataremos aqui de destacar sua ação firme, pronta e eficaz, para garantia dos direitos fundamentais à vida, à saúde e de acesso à Justiça, revelando-se imperioso salientar que o reconhecimento ora manifestado deve à inestimável contribuição do Ministro homenageado no enfrentamento daquele que foi um desafio para toda a humanidade, um desafio global.

No Estado Democrático de Direito deste Brasil continental, revelou-se atividade extraordinariamente desafiadora, a partir do regime de isolamento adotado, desenvolver o mandato no CNJ de forma remota e garantir que instrumentos fossem concebidos para que as ações do Poder Judiciário, desempenhadas pelos(as) integrantes da magistratura, não sofressem solução de continuidade.

O CNJ, como órgão colegiado, teve atuação paradigmática ao estabelecer as regras para aquele período em que o serviço remoto era a realidade possível, imposta pela distância aos homens e às mulheres integrantes do sistema de justiça que experimentavam as mazelas de uma pandemia mundial.

Vivenciou-se, pois, o gigantesco desafio de que as regras a serem concebidas, normativas inéditas, diga-se, assegurassem a proteção de direitos fundamentais pelo Poder Judiciário. Desde o início do quadro pandêmico, a Justiça brasileira foi demandada pela preservação da liberdade e por insumos que pudessem ser utilizados na garantia do direito à saúde, que, conforme julgado do Supremo Tribunal Federal no RE-AgR 271286, não pode ser olvidado pelo Poder Público, sobretudo por tratar-se de direito "que representa consequência constitucional indissociável do direito à vida".

Antes da declaração da pandemia mundial, o Presidente do CNJ já havia inaugurado importantes mudanças no colegiado, como que num prenúncio dos dias futuros, porquanto, em 19 de setembro de 2019, redimensionou as comissões do Conselho por meio da Resolução CNJ nº 296, ampliando o número de órgãos.

Se, antes, as Comissões Permanentes eram apenas 4 (quatro), sua iniciativa à frente da instituição proporcionou ao Poder Judiciário que as mais diversas temáticas e políticas públicas a serem desenvolvidas pelos órgãos que compõem a Justiça brasileira passassem, com a referida resolução, a ser objeto de 13 (treze) colegiados, arregimentando a participação de todos(as) os(as) Conselheiros(as) do CNJ.

Foi exatamente quando declarada a pandemia da Covid-19 pela Organização Mundial de Saúde (OMS), em 11 de março de 2020, que essa mudança se mostrou absolutamente devida para que os trabalhos de cada comissão fossem conjugados, a desafiadora produção de normativas específicas fosse viabilizada e os meios eletrônicos de comunicação processual e do próprio CNJ fossem adotados.

Já diante do estado pandêmico decretado oficialmente pelas autoridades nacionais e internacionais competentes, o Ministro Dias Toffoli, em iniciativa célere, no dia 16 de março de 2020, editou a Portaria nº 53, instituindo o Comitê Permanente para Acompanhamento e Supervisão das Medidas de Prevenção ao Contágio pela Covid-19 tomadas pelos tribunais brasileiros.

Com formação plural, contando não só com Conselheiros(as) do CNJ, mas também com presidentes das associações da magistratura brasileira, o Comitê foi coordenado pelo então Corregedor Nacional de Justiça, Ministro Humberto Martins, com apoio do Secretário-Geral do CNJ à época, o Doutor Carlos Vieira von Adamek.

Em reuniões realizadas quase que diariamente no início dos trabalhos, o Comitê atuou até mesmo como instância de apoio às deliberações do Plenário do CNJ, nas demandas que lhe foram trazidas, em razão do árduo desafio de compatibilizar o mandamento constitucional do caráter ininterrupto da prestação jurisdicional (art. 93, XII, da CF/88) com o isolamento social a todos(as) imposto.

Nesse contexto, antecipando-se a um problema que mais tarde revelou-se dramático – a rápida propagação do novo vírus nos ambientes carcerários e de medidas socioeducativas para adolescentes –, o Ministro homenageado editou, poucos dias após o início da pandemia, a Recomendação nº 62, de 17 de março de 2020, com foco na proteção daquela população e também de servidores(as) e operadores(as) do Direito que trabalhavam nas unidades.

Com efeito, de acordo com o "Boletim CNJ de Monitoramento Covid-19 – Registro de casos e óbitos" divulgado em 24 de março de 2021,[1] cerca de um ano após o início da pandemia, o sistema prisional brasileiro havia registrado oficialmente, entre detentos(as) e profissionais das unidades, 67.262 casos confirmados da doença e 293 óbitos.

De acordo com a Recomendação nº 62/2020, foi sugerida aos Tribunais a reavaliação de prisões e medidas socioeducativas, incentivando-se a revisão de prisões provisórias e medidas de internação para indivíduos de grupos de risco, como pessoas idosas, gestantes, lactantes, indígenas e pessoas doentes ou com deficiência.

Alertou-se também para a aplicação preferencial de providências alternativas, em especial por medidas socioeducativas em meio aberto, a revisão das decisões que determinaram a internação (provisória ou sanção) de adolescentes e as medidas de semiliberdade.

Destaca-se também a sugestão do CNJ de que os Juízos de competência cível considerassem a colocação em prisão domiciliar das pessoas presas por dívida alimentícia, com o propósito de redução dos riscos epidemiológicos e em observância ao contexto local de disseminação do vírus.

Na sequência, em 19 de março de 2020, foi editada a Resolução CNJ nº 313 estabelecendo regime de plantão extraordinário no âmbito do Poder Judiciário, cujos propósitos foram garantir o acesso à Justiça durante o período emergencial, uniformizar o funcionamento dos serviços e zelar pela prevenção do contágio pela Covid-19.

A normativa inaugural sobre o tema estabeleceu a suspensão do trabalho presencial de magistrados(as), servidores(as) e colaboradores(as), mantendo-se apenas os serviços essenciais, como a distribuição de processos e a apreciação de matérias urgentes.

O atendimento ao público passou a ser realizado remotamente, com exceção para situações que exigiam presença física. Os prazos processuais foram suspensos até 30 de abril de 2020, com a possibilidade de prorrogação. A resolução ainda previu a autorização para que os tribunais adotassem outras medidas necessárias à preservação da saúde, além de direcionar recursos provenientes de penas pecuniárias para o combate à pandemia.

Ademais, foram especificadas as matérias que deveriam ser apreciadas durante o plantão extraordinário, como *habeas corpus*, mandados de segurança e medidas liminares. A Resolução também determinou que os tribunais adequassem seus atos já editados e submetessem essas alterações ao CNJ, garantindo que o Judiciário permanecesse funcional e seguro durante a crise sanitária e humanitária.

Por fim, o regulamento estabeleceu que suas disposições teriam validade inicial até 30 de abril de 2020, sendo prorrogável conforme a evolução da situação excepcional que motivou sua edição.

Constata-se, claramente, a partir das principais diretrizes do ato normativo, o empenho do Ministro Dias Toffoli em compatibilizar o mencionado mandamento constitucional da atividade ininterrupta dos serviços judiciários com os direitos fundamentais à vida e à saúde, postulados que ostentam idêntico *status* constitucional.

---

[1] Disponível em: https://www.cnj.jus.br/wp-content/uploads/2021/03/Monitoramento-Casos-e-%C3%93bitos-Covid-19-24.3.21-Info.pdf. Acesso em: 9 ago. 2024.

Diante do cenário que inquietava a todos(as), os tribunais brasileiros passaram a editar atos normativos que disciplinaram o funcionamento de suas unidades, aprovando, muitas vezes, como seria natural acontecer, dispositivos potencialmente em conflito com as previsões do CNJ.

Concomitantemente à edição da inaugural Resolução CNJ nº 313/2020, a Presidência do Conselho adotou medidas com o desígnio de racionalizar a fiscalização e o cumprimento das normas fixadas no documento pelos tribunais. Uma delas foi estabelecer a convocação extraordinária, com a periodicidade que se fizesse necessária de sessões virtuais, que terminaram sendo conhecidas por "Sessões Covid".

Assim, o primeiro processo a aportar no Conselho Nacional de Justiça, especificamente sobre a temática da Covid-19 disciplinada pelos tribunais à luz da primeira Resolução do CNJ, foi a Consulta nº 2337-88, proposta pelo Tribunal de Justiça do Estado de Santa Catarina (TJSC) no dia 20 de março de 2020.

A corte estadual noticiara a edição de ato administrativo local para disciplinar a realização de sessões virtuais de julgamento durante a pandemia, solicitando esclarecimentos acerca da adequação do diploma.

Sensível à necessidade de resposta urgente e atento à importância de os Tribunais contarem com apoio institucional do órgão nacional de controle, o Ministro Dias Toffoli convocou de imediato sessão extraordinária para o Plenário deliberar sobre o caso. As respostas contribuíram para os demais tribunais editarem, com segurança jurídica, seus respectivos regulamentos. O julgado recebeu a seguinte ementa:

CONSULTA. TRIBUNAL DE JUSTIÇA DE SANTA CATARINA. ATO REGIMENTAL Nº 1, DE 19 DE MARÇO DE 2020. REGULAMENTAÇÃO DA REALIZAÇÃO DE SESSÕES VIRTUAIS DE JULGAMENTO NAQUELA CORTE, DURANTE O REGIME DE PLANTÃO EXTRAORDINÁRIO ESTABELECIDO PELA RESOLUÇÃO CNJ 313/2020. DÚVIDAS SOBRE CONTRARIEDADE À REFERIDA RESOLUÇÃO. INEXISTÊNCIA DE OFENSA AOS NORMATIVOS DESTE CONSELHO SOBRE O TEMA. AUTONOMIA CONSTITUCIONAL DOS TRIBUNAIS.
1. Não desrespeita a regulamentação deste Conselho ato normativo que institui a modalidade totalmente virtual de julgamento durante o período de pandemia decorrente do novo coronavírus/Covid-19 e que permite os seguintes meios para afastamento de determinados processos da pauta virtual: a) objeção de quaisquer das partes ou do Ministério Público; b) pedido de preferência, apresentado tempestivamente por procurador ou defensor que pretenda realizar sustentação oral; e c) encaminhamento do feito, por iniciativa de algum dos julgadores, para debate em sessão presencial.
2. A suspensão dos prazos processuais prevista no art. 5º da Res. CNJ 313/2020 não alcança os concernentes à intimação das partes para realização de sessões virtuais nem para manifestar objeção e solicitar sustentação oral.
3. As matérias sujeitas a julgamento em sessões virtuais não ficam restritas às relacionadas no art. 4º da Res. CNJ 313/2020, cujo rol não é exaustivo.
4. Compete ao Tribunal de Justiça de Santa Catarina, no exercício de sua autonomia constitucional (art. 96), aplicar o regramento constante do Ato Regimental 1-TJSC, de 19 de março de 2020, na realização de sessões virtuais de julgamento durante a vigência do regime de plantão extraordinário, adotando, inclusive, no que aprouver, a disciplina constante do Regimento Interno deste Conselho, com o qual está harmônico.
5. Consulta respondida no sentido de não haver desconformidade entre o Ato Regimental 1, de 19 de março de 2020, do Tribunal de Justiça de Santa Catarina, o Regimento Interno do CNJ e a Resolução CNJ 313/2020, nos termos da fundamentação.

(CNJ – CONS – Consulta – 0002337-88.2020.2.00.0000 – Rel. Ivana Farina Navarrete Pena – 7ª Sessão Virtual Extraordinária – julgado em 01.04.2020).

Depreende-se, dessa maneira, que, com a evolução do contexto pandêmico, sobreveio a necessidade de permanente revisão da Resolução CNJ nº 313. Assim, o Ministro Dias Toffoli propôs, em 20 de abril de 2020, a Resolução CNJ nº 314, que prorrogou o regime de plantão extraordinário e modificou algumas regras atinentes à suspensão dos prazos processuais.

O novo regulamento trouxe como inovação a retomada dos prazos processuais eletrônicos a partir de 4 de maio de 2020. Essa retomada gradual indicava um movimento do CNJ em direção à normalização do funcionamento do Judiciário, mesmo que ainda de forma limitada e com cuidados sanitários.

À luz da resposta dada pelo Plenário à aludida Consulta nº 2337-88, a Resolução CNJ nº 314 inseriu no arcabouço jurídico-administrativo disciplina para que fossem realizadas sessões virtuais de julgamento e praticados atos processuais pelos meios eletrônicos, como a videoconferência, ampliando as possibilidades de atuação dos tribunais. Em acréscimo, a normativa orientou às Cortes a elaboração de planos de retomada das atividades presenciais, de forma segura e gradativa.

A propósito da videoconferência, convém destacar que a liderança do Ministro Dias Toffoli não se deu apenas no ambiente jurídico-normativo. Ciente das dificuldades tecnológicas e orçamentárias em um Poder Judiciário heterogêneo em infraestrutura física e em disponibilidade de recursos humanos, em 3 de abril de 2020, o CNJ firmou termo de cooperação técnica com a empresa de tecnologia Cisco Systems.

A parceria foi estabelecida para fornecimento de solução tecnológica para a prática de atos processuais pelos(as) magistrados(as) sem a necessidade de comparecimento presencial das partes, particularmente em audiências e sessões de julgamento. Por meio do acordo, foi disponibilizada de forma gratuita a todo o Judiciário a plataforma Cisco Webex, que possibilitou não apenas a realização de sessões de julgamento, mas em igual importância a promoção de reuniões e eventos à distância – o malfadado "novo normal" vigente à época.

Em visão retrospectiva, a iniciativa evidenciou-se fundamental para as vindouras atividades administrativas do CNJ. De fato, por constituir-se órgão nacional de controle do Poder Judiciário, o Conselho tem atuação que perpassa todos os entes judiciários de um país de dimensões continentais. Assim, a construção de políticas públicas somente foi viabilizada durante período tão difícil por meio da via tecnológica.

Como exemplo, de se lembrar que o Grupo de Trabalho instituído pela Portaria CNJ nº 27, de 2 de fevereiro de 2021, conseguiu dar início e finalizar, por meio remoto, a elaboração do Protocolo para Julgamento com Perspectiva de Gênero,[2] cujo lançamento deu-se em 19 de outubro de 2021 na sede do CNJ – o único evento presencial da nova política pública – e cujas diretrizes acabaram por se tornar obrigatórias por meio da Resolução CNJ nº 492/2023.

---

[2] Disponível em: https://www.cnj.jus.br/wp-content/uploads/2021/10/protocolo-para-julgamento-com-perspectiva-de-genero-cnj-24-03-2022.pdf. Acesso em: 10 ago. 2024.

A iniciativa somente foi viabilizada, no que diz respeito à infraestrutura, pela possibilidade de realização à distância de diversas reuniões com os(as) integrantes do GT, composto por 21 pessoas das mais diversas áreas de atuação profissional, oriundas de vários Estados do país.

Feita a digressão, tem-se que o sucesso do termo de cooperação técnica firmado pelo CNJ com a Cisco Systems pode ser atestado pela necessidade de sua prorrogação no final de 2020. Assinado inicialmente com vigência até o término daquele ano, o Conselho conseguiu adiar seu encerramento para o dia 31 de janeiro de 2021, propiciando mais tempo para que os tribunais pudessem adotar soluções próprias e manter os serviços judiciais em funcionamento.

De acordo com o webinário "Trabalho remoto no Judiciário: utilização da plataforma Cisco – Webex para todos os tribunais",[3] entre abril e dezembro de 2020 foram realizadas mais de 1,2 milhão de reuniões, incluindo audiências, julgamentos, seminários e cursos de qualificação, alcançando mais de 1 milhão de horas de atividades.

Outra decisão administrativa vital para o regular funcionamento do CNJ, tomada tão logo decretado o *lockdown*, foi a autorização para que as equipes pudessem levar provisoriamente às suas residências computadores e outros itens de trabalho pertencentes ao órgão, desde que indispensáveis ao exercício das funções.

A medida foi fundamental para o êxito da condução da crise pelo CNJ, pois, sem os equipamentos de escritório, várias atividades ficariam impossibilitadas, tendo em vista que muitos(as) servidores(as) não dispõem de computadores em suas casas, às quais toda a população ficou restrita em razão do confinamento.

Como se vê, diante da dinâmica de evolução da Covid-19, atuou o Ministro Dias Toffoli, ao lado do supracitado Comitê Permanente e dos(as) demais Conselheiros(as), com sensibilidade extremada e atenção permanente às demandas que diuturnamente se apresentavam. Algumas iniciativas foram tomadas de ofício, como as já mencionadas edições de portarias, resoluções, recomendações e demais atos regulamentares, além das ações de caráter operacional e administrativo. Em outras oportunidades, por provocação externa.

Foi o caso, por exemplo, do pedido formulado ao CNJ, em agosto de 2020, pela Associação Goiana do Ministério Público (AGMP), em face de ato aprovado pelo Tribunal de Justiça daquela unidade federativa.

De acordo com a Associação, o TJGO autorizara a realização de atos judiciais de forma presencial, dentre os quais as sessões do Tribunal do Júri, que, para serem realizadas, demandam grande quantitativo de pessoas. A requerente alegou que teria havido aumento no número de mortes e casos de contaminação pelo coronavírus no Estado, especialmente em julho e agosto de 2020.

Diante de tal contexto, a entidade argumentou que o retorno das sessões presenciais seria temerário e que a forma de condução dos julgamentos não estaria em conformidade com os critérios estabelecidos pela então vigente Resolução nº 322 do CNJ, pois não havia um protocolo sanitário preventivo baseado em estudos técnicos que mitigassem os riscos de propagação da doença.

---

[3] Disponível em: https://www.cnj.jus.br/videoconferencia-parceria-entre-cnj-e-cisco-segue-ate-final-de-janeiro/. Acesso em: 10 ago. de 2024.

Durante o trâmite, realizou-se, com êxito, audiência de conciliação entre a Associação e o Tribunal de Justiça do Estado de Goiás, firmando acordo para assegurar a obediência aos mandamentos constitucionais da não interrupção dos serviços judiciários e da garantia dos direitos fundamentais, sobretudo à vida e à saúde.

A Presidência pautou o julgamento para a 63ª Sessão Virtual Extraordinária, realizada no dia 21 de setembro de 2020, possibilitando a solução do caso em apenas um mês. Na oportunidade, o Plenário ratificou o acordo, para o qual colaboraram com sugestões representantes do Ministério Público, da Ordem dos Advogados do Brasil e da Defensoria Pública, todos do Estado de Goiás, além de entidades sindicais e associativas.

O ponto principal do acordo foi a condição aceita pelo Tribunal local, no sentido de que a retomada das sessões do Júri seria possível apenas com a execução do plano de biossegurança convencionado na referenciada audiência de conciliação. Constava do programa, entre outras medidas, o fornecimento de máscaras, álcool em gel e *face shield* às pessoas presentes, o redimensionamento dos assentos nas salas de julgamento, a fim de garantir o distanciamento entre as pessoas, bem como a digitalização dos autos físicos, para evitar a manipulação coletiva de documentos impressos.

A sucessão dos principais diplomas administrativos aprovados pelo CNJ para gestão da pandemia foi encerrada já sob o comando da Ministra Rosa Weber, por meio da Resolução nº 481, de 22 de novembro de 2022, revogadora de todas as antecedentes que versaram sobre a mesma temática.

Em conclusão, pode-se dizer que a liderança exercida pelo Ministro Dias Toffoli à frente do Conselho Nacional de Justiça durante a pandemia da Covid-19 foi marcada por uma atuação firme, visionária e efetiva.

Destaca-se particularmente a capacidade de antecipação e a agilidade na tomada de decisões, materializadas na rápida implementação de normas, garantindo que o sistema judiciário brasileiro permanecesse funcionando com eficácia, mesmo em meio a um cenário de crise sem precedentes na história da humanidade. O Excelentíssimo Ministro também conseguiu integrar magistrados(as), servidores(as) e a sociedade em um esforço conjunto para proteção de direitos fundamentais e para continuidade da prestação jurisdicional.

Em efetivo cumprimento da Constituição Federal, possibilitou a tomada de decisões seguras, permitindo rápida adequação do sistema de Justiça às novas circunstâncias. As ações adotadas em sua gestão não apenas mitigaram os impactos da pandemia, como também estabeleceram novo patamar de adaptabilidade no âmbito do Poder Judiciário.

Mostrou-se um líder à altura dos desafios impostos pela pandemia, o que resultou no enfrentamento com êxito da crise de saúde e no fortalecimento das instituições democráticas, assegurando que a Justiça continuasse a ser um pilar de estabilidade e proteção dos direitos fundamentais no Brasil.

Em reconhecimento aos feitos aqui relatados, cabe, finalmente, enaltecer a liderança do Ministro Dias Toffoli, cujo legado permanecerá como exemplo que realça o acerto em pautar as ações à luz da Constituição Federal, em respeito ao Estado Democrático de Direito, aos direitos e às garantias fundamentais e à dignidade humana, independentemente da gravidade dos desafios.

Informação bibliográfica deste texto, conforme a NBR 6023:2018 da Associação Brasileira de Normas Técnicas (ABNT):

PENA, Ivana Farina Navarrete; OLIVEIRA, Fábio de Souza. Tributo ao trabalho desenvolvido pelo Ministro Dias Toffoli à frente do Conselho Nacional de Justiça (CNJ) nos gravíssimos e tormentosos tempos da pandemia da Covid-19. In: MENDES, Gilmar Ferreira; LIRA, Daiane Nogueira de; FREIRE, Alexandre (coord.). *Constituição, democracia e diálogo*: 15 anos de Jurisdição Constitucional do Ministro Dias Toffoli. 2. ed. Belo Horizonte: Fórum, 2025. p. 811-818. ISBN 978-65-5518-937-7.

REFLEXÕES SOBRE O CONCEITO DE JUSTIÇA EM HOMENAGEM AO MINISTRO DIAS TOFFOLI

IVES GANDRA DA SILVA MARTINS

Introdução

Tenho particular apreço pelo ministro Dias Toffoli, em amizade que vem do século passado.

Formado pela mesma universidade em que minha mulher, três dos meus filhos e eu nos formamos (todos em Direito), teve atuação na Advocacia-Geral da União de elogiada eficiência pelos operadores de direito, mesmo por aqueles que se opuseram a sua atuação, como eu na questão do aproveitamento das células embrionárias para experiências científicas até hoje sem resultados positivos, em que fui seu adversário profissional.

Demonstrou sua independência ao contrariar a tese defendida por elementos do partido do presidente de que a Lei da Anistia deveria ser revogada (Lei nº 6.683/1979), ao pronunciar-se como ministro-chefe da Advocacia-Geral da União pela sua manutenção, tendo eu e meu colega de turma, o então ministro da Justiça Márcio Thomaz Bastos, à época em que foi indicado para ministro do STF, defendido publicamente sua indicação.

Apesar de, dogmaticamente, algumas vezes, divergir de decisões monocráticas por ele proferidas, reconhecendo ser eu hoje apenas um modesto professor universitário de província, tais divergências em nada empanam a amizade e a admiração que tenho pelo eminente magistrado, principalmente no que concerne ao direito fundamental à vida.

Nestas breves reflexões acadêmicas, quero tecer considerações sobre o conceito de justiça.

1 Da justiça

Entre o povo judaico, o adjetivo "justo" possuía uma densidade ôntica fantástica. O melhor atributo que se podia oferecer a alguém como cidadão exemplar era o de justo. São José, pai adotivo de Cristo, a respeito de quem não consta nenhuma palavra nos Evangelhos, foi definido em sua personalidade com um único atributo de varão "justo". É que o homem justo preenche todos os requisitos das demais virtudes de prudência, temperança e fortaleza.

Bastiat, em seu livro *A lei*[1] – prefaciei uma edição brasileira da obra –, colocava como objetivo primordial da lei mais do que fazer justiça ao povo que a deveria obedecer, mas, sim, não fazer injustiça.

Se aplicarmos o mesmo princípio da convivência aos aplicadores da lei, que são os magistrados, sua maior preocupação não deveria ser diferente. Em cada questão a ser examinada, a busca da interpretação para não fazer injustiça parece ser a grande meta do verdadeiro magistrado.

Quando, no início da década de 1980, escrevi para os meus alunos da Faculdade de Direito da Universidade Presbiteriana Mackenzie um decálogo do advogado – minha vocação nunca foi de magistrado ou membro do Ministério Público, pois nunca tive a certeza de que, ao julgar pessoas, poderia não fazer a justiça verdadeira, como jamais tive vocação para acusar alguém, pois me sentindo mais à vontade em defender direitos e pessoas, compreende-se pois que tenha escrito um decálogo do advogado – para que compreendessem a beleza do direito e a grandeza do direito de defesa, decálogo este que transcrevo:

> 1. O Direito é a mais universal das aspirações humanas, pois sem ele não há organização social. O advogado é seu primeiro intérprete. Se não considerares a tua como a mais nobre profissão sobre a terra, abandona-a porque não és advogado.
> 2. O direito abstrato apenas ganha vida quando praticado. E os momentos mais dramáticos de sua realização ocorrem no aconselhamento às dúvidas, que suscita, ou no litígio dos problemas, que provoca. O advogado é o deflagrador das soluções. Sê conciliador, sem transigência de princípios, e batalhador, sem tréguas, nem leviandade. Qualquer questão encerra-se apenas quando transitada em julgado e, até que isto ocorra, o constituinte espera de seu procurador dedicação sem limites e fronteiras.
> 3. Nenhum país é livre sem advogados livres. Considera tua liberdade de opinião e a independência de julgamento os maiores valores do exercício profissional, para que não te submetas à força dos poderosos e do poder ou desprezes os fracos e insuficientes. O advogado deve ter o espírito do legendário *El Cid*, capaz de humilhar reis e dar de beber a leprosos.
> 4. Sem o Poder Judiciário não há Justiça. Respeita teus julgadores como desejas que teus julgadores te respeitem. Só assim, em ambiente nobre a altaneiro, as disputas judiciais revelam, em seu instante conflitual, a grandeza do Direito.
> 5. Considera sempre teu colega adversário imbuído dos mesmos ideais de que te reveste. E trata-o com a dignidade que a profissão que exerces merece ser tratada.
> 6. O advogado não recebe salários, mas honorários, pois que os primeiros causídicos, que viveram exclusivamente da profissão, eram de tal forma considerados, que o pagamento de seus serviços representava honra admirável. Sê justo na determinação do valor de teus serviços, justiça que poderá levar-te a nada pedires, se legítima a causa e sem recursos o lesado. É, todavia, teu direito recebê-los a justa paga por teu trabalho.
> 7. Quando os governos violentam o Direito, não tenhas receio de denunciá-los, mesmo que perseguições decorram de tua postura e os pusilânimes te critiquem pela acusação. A história da humanidade lembra-se apenas dos corajosos que não tiveram medo de enfrentar os mais fortes, se justa a causa, esquecendo ou estigmatizando os covardes e os carreiristas.
> 8. Não percas a esperança quando o arbítrio prevalece. Sua vitória é temporária. Enquanto, fores advogado e lutares para recompor o Direito e a Justiça, cumprirás teu papel e a

---

[1] BASTIAT, Frédéric. *A lei*. São Paulo: LVM Editora, 2019.

posteridade será grata à legião de pequenos e grandes heróis, que não cederam às tentações do desânimo.

9. O ideal da Justiça é a própria razão de ser do Direito. Não há direito formal sem Justiça, mas apenas corrupção do Direito. Há direitos fundamentais inatos ao ser humano que não podem ser desrespeitados sem que sofra toda a sociedade. Que o ideal de Justiça seja a bússola permanente de tua ação, advogado. Por isto estuda sempre, todos os dias, a fim de que possas distinguir o que é justo do que apenas aparenta ser justo.

10. Tua paixão pela advocacia deve ser tanta que nunca admitas deixar de advogar. E se o fizeres, temporariamente, continua a aspirar o retorno à profissão. Só assim poderás, dizer, à hora da morte: "*Cumpri minha tarefa na vida. Restei fiel à minha vocação. Fui advogado*".

Reconheço uma dificuldade maior na acusação e muito maior na de julgar, pois a busca de um ideal de justiça, se importante na advocacia, transforma-se, não poucas vezes, em drama para o acusador, que deve atacar pessoas, e o magistrado não determinar prisões a inocentes.

2 Da justiça, da ordem e do direito

É importante destacar que a ordem é a essência do Estado. Nem sempre, todavia, ela representa o direito. Este é necessariamente a busca de um ideal de justiça.

O direito não é, pois, uma ciência instrumental, como os positivistas do início do século imaginavam, que reduziam a atuação do jurista ao papel de captar a ordem posta, mesmo que injusta, em contraposição às outras ciências. O direito não é, portanto, uma ciência de simples captação dos fenômenos das outras ciências, que lhe dariam conteúdo, reduzindo-se a uma "ciência continente".

A distinção e até mesmo a oposição que pode existir entre o "direito ordem" e o "direito justiça" é bem perceptível no célebre filme *O julgamento de Nuremberg*, em que o ministro de Justiça da Alemanha, certo de que cumprira bem os princípios da ordem jurídica da Alemanha nazista, não reconhecia a legitimidade dos que o julgavam, porque entendia que só estava no banco dos réus porque perdera a guerra. E, do ponto de vista do direito formal, não poderia ser levado a julgamento por ter cumprido a lei de seu país.

Apenas com o desenrolar do processo é que percebeu que, quando o direito não está voltado para o ideal de justiça, cria uma ordem pérfida, em que os direitos fundamentais do ser humano são permanentemente violados.

Todo o problema que se coloca quanto à ordem jurídica, na atualidade, reside em saber o que é ordem social justa e como manter a prevalência do direito do Estado contra a sociedade pluralista, reivindicativa e permanentemente insatisfeita, pela escassez de soluções que o sistema legal oferece, uma vez que está sempre a reboque dos fatos.

Por essa razão é que os jusnaturalistas, dentre os quais eu me incluo, procuram defender a concepção jurídica de que há direitos fundamentais de todo o ser humano que não cabe ao Estado definir, mas, sim, reconhecer. Tais direitos fundamentais são inerentes ao ser humano por nascimento, e não por ter-se firmado através da história a concepção de que deveriam ser protegidos pela valorização do homem.

Nessa esteira, a vocação do tripé da justiça formada pela advocacia, Ministério Público e magistratura implica um sacerdócio, em que a notoriedade e o sucesso profissional e até mesmo financeiro na advocacia devem ornar menos a alma do operador do que o serviço prestado à sociedade, na busca de fazê-la mais justa e as instituições mencionadas respeitadas por esse objetivo constante.

É de se lembrar que os profissionais das três áreas não são de rigor político enquanto nelas atuando. São aqueles que devem formular as políticas públicas, numa democracia outorgada tal função aos Poderes Executivo e Legislativo eleitos pelo povo e que exteriorizam sua vontade em como desejam que sua nação seja governada. Podem influenciar a formulação política, com seu conhecimento técnico, e sugerir soluções justas para os que têm que decidir em nome do povo. Não podem, todavia, agir em lugar deles e muito menos contra a decisão deles, risco principalmente de a magistratura deixar de ser um poder técnico assegurador da lei e transformar-se num poder político.

Não sem razão, o Constituinte brasileiro, nos artigos 103, §2º, e 49, XI, da CF/88, determinou que, nas ações diretas de inconstitucionalidade por omissão, não pode o STF legislar nem deixar o Parlamento de zelar por sua competência normativa perante os outros poderes, estando os dispositivos assim redigidos:

> Art. 103. Podem propor a ação direta de inconstitucionalidade e a ação declaratória de constitucionalidade: (...)
> §2º Declarada a inconstitucionalidade por omissão de medida para tornar efetiva norma constitucional, será dada ciência ao Poder competente para a adoção das providências necessárias e, em se tratando de órgão administrativo, para fazê-lo em trinta dias.
> Art. 49. É da competência exclusiva do Congresso Nacional:
> XI - zelar pela preservação de sua competência legislativa em face da atribuição normativa dos outros Poderes;

Tais considerações deste velho professor universitário – leciono em universidades desde 1964 – e advogado provincial decorrem de uma visão que fui adquirindo desde o distante ano de 1958, quando me formei, e na convivência com os magistrados da Suprema Corte, todos sempre de valor indiscutível, tradição felizmente mantida até hoje, lembrando que minha primeira sustentação oral no recém-instalado tribunal em Brasília data do ano de 1963 – pensava ser 1962 –, desde então tendo convivido com quase todos os ilustres juristas que deram, com sua presença, a grandeza daquela casa.

Faço-as, portanto, naquela preocupação de um jusnaturalista que entende que, no direito, há normas que o Estado pode criar e outras que pode apenas reconhecer, estas do pequeno feixe de direitos fundamentais que constituem o núcleo do direito natural na minha vetusta concepção. Sempre que o direito natural é violado, essa corrupção do direito gera injustiça e insegurança, sendo o povo aquele que sofre o peso de um Estado opressor.

Não sem razão, a Declaração Universal dos Direitos Humanos foi relatada por um jusnaturalista na formação tomista, Renê Cassin, o que, vale dizer, é uma autêntica declaração de direito natural.

Cabe aqui uma perfunctória reflexão sobre a evolução do direito até chegar a essa Declaração Universal após os horrores do holocausto.

Tem-se como pacífica a clássica afirmação de que *ubi societas, ibi jus e ubi jus, ibi societas*. Relembro o exemplo de Robinson Crusoé, que não precisaria do direito, posto que a ilha em que vivia lhe pertencia e não havia como ordenar sua convivência social, devido à falta de sociedade. A chegada de sexta-feira exigiu, todavia, o aparecimento do direito no relacionamento social que se estabeleceu para que compartilhassem do espaço comum de forma harmônica.

O direito, portanto, sempre existiu, muito embora a conformação de seu conteúdo ontológico, assim como sua dimensão axiológica, continue a espicaçar aqueles que estudam sua fenomenologia. L. H. Hart, por exemplo, reexamina um dos sustentáculos de sua concreção (o hábito de obedecer) para lhe retirar relevância, considerando aspecto despiciendo na relação obrigacional criada, muito embora atribua maior importância ao fato nas sociedades primitivas.

É de se lembrar que as sociedades primitivas, no seu próprio crescimento, foram criando elites governantes. As famílias primitivas, que evoluíram para as de aldeias, principiaram a confiar sua segurança inicial aos mais dotados, os quais, à medida que ampliavam seus conhecimentos, tendiam a transferir tais conhecimentos aos de sua própria família. A expansão demográfica terminou por gerar uma diferença de casta entre os que conheciam mais e asseguravam a comunidade contra os inimigos, naturais e humanos, e aqueles que se marginalizavam e a eles se subordinavam.

De tal fenômeno, à medida que o conhecimento humano se ampliou, surgiu a crença inicial de que aquelas famílias de governantes eram privilegiadas, por terem recebido dos próprios deuses o direito de governar e o conhecimento que detinham. O povo passou a representar, na evolução da aldeia para a cidade e da cidade para o Estado, classe de servidores muito mais assemelhados a escravos que membros de uma comunidade de iguais.

O direito, como ordenamento legal surgido no período, não é um direito de convivência social, mas de domínio, sendo as leis de Manu, o Código de Hamurabi, a legislação hitita e os mais sofisticados complexos legislativos de Dracon e Sólon apenas conjuntos de comandos normativos destinados à manutenção de estabilidade na convivência de dominantes e dominados, e não dirigidos a permitir a evolução da sociedade como um todo.

É interessante notar que, não obstante o mundo euro-asiático estivesse rigorosamente dividido em três grandes blocos (Europa-Ásia Menor, Índia e China), o fenômeno se repetiu nos três planos espaciais, seja à época dos reinos combatentes na China, seja no período do rei Asoka na Índia, seja no cenário mediterrâneo e do próximo Oriente.

3   Da justiça e seus contextos histórico e filosófico

Nos primeiros códigos do mundo (Shulgi, Ur-nammu, Hammurabi, etc.), as relações do poder com os cidadãos não eram objeto de determinação legal, pois pressupunham que os governantes tinham direito divino de governar, e os governados, a obrigação também divina de obedecer. Cuidavam, entretanto, de impedir injustiças, como, por exemplo, no Código de Lipit-Ishtar, em que "os deuses pediram ao rei que fosse justo com seu povo", razão de ser da própria existência daquele código. No de Hammurabi, o abuso de poder econômico era combatido, como explicitava o cânone 48 daquele diploma antigo.

Entre 600 e 480 antes de Cristo, entretanto, o mundo euro-asiático recebeu o impacto de cinco grandes pensadores universais, que terminaram por influenciar sua nova feição filosófica, a saber: a das concepções de Zaratustra, Buda, Confúcio, Pitágoras e Isaias. A partir de sua nova visão antecipatória, o homem ganhou outra dimensão, posto que, saindo das limitações naturais de deuses soberanos e de povos escravizados, passou a conhecer, mais profundamente, suas potencialidades, e seu universo amplificou-se.

Em que pese a influência que até hoje tais pensadores exercem em todo o mundo, a universalidade de Pitágoras – para efeitos de direito – teve repercussão maior, visto que o impacto dos demais, embora penetrando a órbita do poder político, passou, principalmente, pela linha de relacionamento do homem dignificado por Deus. Pitágoras abriu, entretanto, o horizonte da contestação e descortinou o evoluir da filosofia grega, que, pelas lições de Sócrates, Platão e Aristóteles, terminou por dar o perfil atual da ciência política e de seu principal instrumento de realização, que é o direito.

A suficiência grega, no descortinar horizontes insuspeitados no plano político, revelou-se insuficiente no concretizar a evolução do conhecimento do homem, mas permitiu que um povo vislumbrasse os novos tempos e terminasse por trazer, do plano ideal para o plano prático, as profundas descobertas do gênio helênico.

Roma, em rigor, foi a precursora da era moderna, à medida que transformou o direito em forma de convivência social elevada, não obstante servisse como instrumento de domínio. O Império Romano somente resistiu – não obstante a fragilidade própria das lutas intestinas pelo poder, seja na Roma Ocidental, seja na Oriental – por tempo tão longo graças ao fator de estabilização do direito.

Antes, os povos dominavam pela força, Roma conseguiu que o direito regulasse a conquista e que os povos conquistados almejassem a garantia da cidadania romana, que os transformava em iguais, a ponto de, em plena decadência, ter sido tal cidadania estendida a todos os rincões do império e retardado o advento da queda inafastável (M. Aurelius Severus Antonius, Caracala, 212 d.C.).

Ora, todo o direito romano (*jus civile* e *jus gentium*) é alicerçado em uma visão da norma posta a serviço de uma realidade, da qual não se distancia, e a partir de concepção universalista, a ponto de Tácito se queixar, em sua época, de que os grandes oradores tinham sido substituídos pelos advogados, políticos e profissionais da palavra, em inequívoca demonstração da praticidade peculiar ao gênio romano.

O direito-vida foi inserido na própria realidade social, como começo e fim de sua convivência, e a partir de então passou a representar o elemento de sensível estabilidade entre os povos, sendo que sua violação, embora continuada, já não era mais conseguida sem as reações pertinentes a uma nova participação do homem na história.

Apesar de se colocar a conformação científica do direito constitucional no alvorecer dos princípios surgidos com a Revolução Francesa, marco mais relevante do direito contemporâneo, à evidência o grande momento histórico de sua concepção moderna ocorreu no Império Romano, que, em rigor, já possuía o princípio fundamental da hierarquia de normas a preludiar o atual direito supremo.

Neste ponto, cabe outra pequena digressão.

Embora Kant não tenha sido jurista, nem economista, nem político, mas apenas filósofo, algumas considerações que trago à reflexão deste livro em homenagem ao ministro Toffoli demonstram que sua obra não deixa de ter notável impacto na forma de analisar os fatos e as leis jurídicas e econômicas nos séculos XIX, XX e XXI.

As expressões "uso público da razão" e "uso privado da razão" têm, em Kant, o sentido inverso do que imaginamos, estando ligadas à sua concepção de que o sublime e a paixão, na busca de horizontes políticos e da liberdade dos povos nas repúblicas – leiam-se democracias –, levam a uma consciência coletiva, pública, dos ideais buscados.

Por essa razão, entende-se que a autoridade pública deve ter "uso privado da razão", pois deve atuar de acordo com princípios inerentes à sua maneira de ser para efeitos de atender os objetivos do povo para o qual está a serviço. Sua razão não é coletiva, mas é privada, na busca de atendimento da razão coletiva do povo. Por outro lado, a sociedade, que busca, na representação, a realização de seus ideais e objetivos, faz "uso público da razão", no sentido de uma busca permanente para a autoafirmação coletiva.

Nessa perspectiva, é de se compreender o forte impacto que as duas constituições (americana e francesa) criaram na maneira de ser dos povos, que as produziram, e da humanidade em geral, pois resultantes dessa consciência coletiva, manifestada por seus representantes, para a criação do Estado de Direito.

Kant tinha a percepção de que os ideais da Revolução Francesa transcendiam, de muito, as pessoas de seus autores, mais preocupados na condução de um movimento cuja dimensão ignoravam e cujo controle perderam, todos eles.

O certo, todavia, é que essa consciência coletiva, essa "razão pública" do povo francês e do povo americano, delineou o constitucionalismo moderno, aperfeiçoando a fantástica revolução dos barões ingleses, em 1215, a qual proporcionou o primeiro grande documento, tido por inúmeros constitucionalistas como a Constituição dos ingleses, além da Declaração de Direitos, do século XVII, que completou o perfil do constitucionalismo inglês.

O aparecimento das duas constituições, a americana, com admirável estabilidade, pois em 237 anos sofreu apenas 27 emendas, e a francesa bastante alterada nos anos conturbados da revolução, lançou, todavia, a grande discussão sobre a representação popular, sobre a participação do povo nos governos e a influência que estes deveriam ter na economia, a fim de não representarem apenas o Estado gendarme, coletor de tributos, mas, sim, instrumentos de desenvolvimento e de busca de justiça social.

Assim é que a escravidão – já abolida nos países europeus – passa a ser combatida nos países americanos, levando todas as nações, gradativamente, a abolirem-na, algumas de forma traumática, como nos Estados Unidos, com a Guerra de Secessão, e outras, de forma mais lenta e gradativa, como no Brasil, em que só é extinta no ano de 1889 (13 de maio) pela regente princesa Isabel.

Enquanto à luz de tais ideais que tomam conta dos intelectuais da época, conforme o país, a escravidão é combatida, outra escravidão, ou seja, a escravidão urbana instala-se nos países europeus industrializados, levando também a apaixonado debate e ao surgimento das grandes teses socialistas, que desembocam nas encíclicas sociais.

É de se lembrar que, se o debate social, na Europa, era levantado pelos socialistas, como Proudhon, Saint-Simon, Marx e Engels, entre os mais destacados autores, no Brasil, durante o Império a temática era outra: o abolicionismo, a república e o federalismo. Estas eram as grandes teses defendidas por intelectuais como Tobias Barreto, Ruy Barbosa, Campos Salles e outros. De rigor, no que diz respeito ao abolicionismo defendido pelos pensadores nacionais, tinham eles a certeza de que representavam a consciência coletiva, ao se alinharem contra a escravidão legal. Os autores europeus, todavia, pugnavam contra a escravidão urbana, pois os direitos dos operários não eram reconhecidos nem protegidos nas indústrias crescentes.

O certo é que essa consciência coletiva, sempre exteriorizada pelos intelectuais que a interpretavam, terminou permitindo a evolução do modelo dos constitucionalismos francês e americano (de liberdade e representação popular) para os constitucionalismos mexicano e alemão, que introduziram, nas leis superiores, a questão social, de forma abrangente e nova.

Com a crescente percepção de que a questão social estava na essência da justiça e da verdadeira liberdade, durante o século XIX, as nações foram se preparando –principalmente na Europa e nos Estados Unidos – para uma maior intervenção do Estado, com o que, a título de uma participação alargada na condução da economia, começou a crescer o nível da imposição tributária, a ponto de Adolfo Wagner, em fins do século XIX, ter lançado a teoria da irreversibilidade dos gastos públicos, à luz de que as despesas públicas tenderiam sempre a crescer, pois o poder tende sempre a gerar novas despesas a serem satisfeitas por novos tributos.

Começa a haver, portanto, tríplice preocupação nos governos que se democratizam, ou seja:

- uma maior participação nas atividades econômicas para conduzi-las a realizar alguma justiça social;
- um crescimento de atividades e funções públicas, com o alargamento da classe burocrática e política a ser sustentada pelos cidadãos, com multiplicação das despesas públicas;
- um crescente aumento de tributação, agora sistematizada, para atender as necessidades públicas ou privadas dos governantes, na sua capacidade ilimitada de multiplicação de gastos.

O próprio surgimento do Tribunal de Contas, no fim do século, como forma de controlar gastos, e a responsabilidade do Estado, em seus três modelos, revelaram-se insuficientes – como continua sendo até hoje – por motivos que dão razão a Carl Smith e Maquiavel quando sustentavam que o poder se justifica pelo próprio poder e a sociedade não o controla.

Nada obstante, com o impacto que produziram na democracia e na economia dos dois modelos constitucionais – um mais voltado à pátria (americana), e outro mais voltado ao cidadão (francês) –, o certo é que o Estado, que deveria servir ao povo através do governo, seu mero representante na estrutura pública, identifica-se com o poder, e a representação se faz não em função da sociedade, mas de seus detentores, que, na luta por conquistas, objetivam detê-la, na maioria das vezes, apenas para ter o privilégio do comando, de dominar, de serem obedecidos.

De qualquer forma, o próprio crescimento econômico da sociedade e a revolta crescente da população injuriada, assim como a tendência, por outro lado, de domínio econômico por parte dos mais ricos, levaram ao aparecimento, no fim do século, nos Estados Unidos, da primeira lei de controle da concorrência e eliminação do abuso do poder econômico. E inicia-se, por outro lado, no século XX, a valorização do direito do consumidor. Restam, pois, os dois polos de uma economia de mercado (na parte da produção, o controle da concorrência e do lucro abusivo; na parte do consumo, a valorização do consumidor). As economias passaram a ser tanto mais ágeis quanto menos houvesse interferência do governo em suas regras empresariais e maior interferência nas suas regras coletivas, assim como tanto mais eficientes quanto menores o peso de tributos relativamente a outras nações e o custo dos financiamentos para sua evolução.

Nos países recém-libertados, no século XIX, tal problemática foi mais aguda, à falta de uma economia evoluída, pois quase reduzida a venda de *"commodities"* e sem um processo consistente de industrialização, à semelhança dos Estados Unidos e da Europa. Nas nações desenvolvidas, todavia, as bases da economia foram lançadas, assim como a sistematização dos regimes tributários, com imposições crescentes para atender as novas sinalizações do século XIX e princípios do século XX, quando a tecnologia começava a ser a grande vedete.

Eis porque, não obstante o pequeno hiato de retrocesso provocado pela tentativa de reduzir-se o fenômeno jurídico à mera ciência instrumental de tão rápido abandono pela Europa, mormente ao final da Segunda Guerra Mundial, impulso ofertado pelos romanos e pelos debates dos séculos passados não foi eliminado e volta hoje, em todo o mundo, a ser estudado em sua dupla concepção instrumental e estrutural de convivência entre os homens.

Da Segunda Guerra Mundial para hoje, em pleno ano de 2024, mesmo com a evolução espiral da humanidade, como lembrava Vicco, em que a parte mais baixa da última espiral é mais alta que a parte mais baixa da espiral anterior, estando o mundo vivendo, com as guerras novamente espocando pelo mundo, há de se reconhecer que os povos têm ânsia de paz e esperam que os direitos internos e o internacional sejam aplicados de forma "justa".

Conclusão

Diante de todo esse panorama, em termos de realização da justiça, creio que tenha ficado claro que a questão maior que se coloca não é nem da dignidade, nem da competência, nem do conhecimento daqueles que, no tripé da justiça, têm a função mais relevante de decidir sobre conflitos na sociedade e sobre a constitucionalidade das leis em vigor.

É de se lembrar que, como visto, o Ministério Público e a advocacia, como funções essenciais à administração da justiça, completam o triângulo, em que, em igualdade de importância, asseguram o respeito à lei e acusam seus desvios (*Parquet*) ou exercem o mais sagrado direito numa democracia, que é o da ampla defesa, inexistente nas ditaduras (advocacia). Por esse prisma, o Brasil, felizmente, está bem servido, e o nível dos julgadores republicanos é equivalente ao das mais avançadas nações.

Minha preocupação, todavia, diz respeito a problemas estruturais da organização judicial, assim como zona nebulosa nas limitações de competência, não poucas vezes havendo avanço de decisões dos juízes brasileiros na competência constitucional e exclusiva de outros poderes, principalmente do Legislativo. Ora, o grande dilema do século XXI reside em como manter a ordem e a justiça, em uma sociedade pluralista, de mais em mais exigente e insatisfeita.

Creio que seja necessário repensar-se a organização judiciária plasmada na Lei Maior, sua compartimentalização à luz dos novos campos do conhecimento e das ações humanas cada vez mais complexas e diferenciadas, assim como a maior litigiosidade que a cultura de um povo termina por impor – visto que a garantia de direitos teorizada na lei suprema nem sempre é de fácil atendimento – representa temas sobre os quais a reflexão se faz necessária.

A meditação de especialistas sobre temas dessa magnitude quanto ao poder que deve assegurar direitos e fazer justiça é de indiscutível relevância, posto que, lembrando o alerta de Roberto Campos no prefácio de meu livro *Desenvolvimento econômico e segurança nacional – teoria do limite crítico*,[2] "a melhor forma de evitar-se a fatalidade é conhecer os fatos".

Enfim, são estas as minhas breves reflexões em homenagem ao amigo e eminente magistrado Dias Toffoli, a quem presto minha reverência e honra-me sua permanente amizade.

Referências

BASTIAT, Frédéric. *A lei*. São Paulo: LVM Editora, 2019.

MARTINS, Ives Gandra da Silva. *Desenvolvimento econômico e segurança nacional – teoria do limite crítico*. São Paulo: J. Bushatsky, 1971.

Informação bibliográfica deste texto, conforme a NBR 6023:2018 da Associação Brasileira de Normas Técnicas (ABNT):

MARTINS, Ives Gandra da Silva. Reflexões sobre o conceito de justiça em homenagem ao ministro Dias Toffoli. *In*: MENDES, Gilmar Ferreira; LIRA, Daiane Nogueira de; FREIRE, Alexandre (coord.). *Constituição, democracia e diálogo*: 15 anos de Jurisdição Constitucional do Ministro Dias Toffoli. 2. ed. Belo Horizonte: Fórum, 2025. p. 819-828. ISBN 978-65-5518-937-7.

---

[2] Roberto Campos. *In*: MARTINS, Ives Gandra da Silva. *Desenvolvimento econômico e segurança nacional – teoria do limite crítico*. São Paulo: J. Bushatshky, 1971.

SOBRE OS AUTORES

Admar Gonzaga Neto
Advogado. Ex-ministro do Tribunal Superior Eleitoral.

Afrânio Vilela
Ministro do Superior Tribunal de Justiça desde 22/11/2023, assumiu a Presidência da 2ª Turma em 15/1/2024. Graduado em Direito pela Universidade Federal de Uberlândia – UFU, com especialização em Direito Processual Civil, em 1985. Pós-graduado *lato sensu* em Gestão Judiciária pela Universidade de Brasília – UnB, em 2016. Tem inúmeras publicações jurídicas e artigos científicos, participação em congressos nacionais e internacionais e comissões de concursos e bancas.

Alberto Bastos Balazeiro
Ministro do Tribunal Superior do Trabalho. Doutor em Direito Constitucional (IDP). Mestre em Direito (UCB). Coordenador do Comitê Gestor Nacional do Programa Trabalho Seguro.

Alessandra Gomes Faria Baldini
Juíza Federal. Juíza Auxiliar no Supremo Tribunal Federal. Mestre em Direito pela Uninove.

Alessandra Vanessa Alves
Doutoranda em Direito Empresarial pela Uninove. Especialista em Direito Sanitário pela Fiocruz, em parceria com a Escola Superior do Ministério Público da União – ESMPU. Consultora Jurídica no Ministério dos Povos Indígenas desde julho de 2023. Foi Assessora do Ministro Dias Toffoli de agosto de 2013 a março de 2021.

Alexandre Agra Belmonte
Ministro do TST. Doutor em Direito e Sociedade. Mestre em Direito das Relações Sociais pela UGF. Especialista em Direito Privado Aprofundado pela UFF. Doutor Honoris Causa pela USU. Presidente da Academia Brasileira de Direito do Trabalho. Professor permanente do programa de pós-graduação *stricto sensu* da UNESA. Professor colaborador do programa de pós-graduação do IESB. Professor da Fundação Getulio Vargas. Autor de livros e artigos jurídicos.

Alexandre Fidalgo
Advogado. Mestre em Direito pela PUC. Doutor em Direito pela USP. Membro da Comissão de liberdade de expressão da CFOAB. Membro da Comissão de liberdade de expressão da OABSP. Membro da Comissão de Direito Bancário da OABSP. Membro do Conselho Jurídico da FIESP. Sócio-fundador do escritório Fidalgo Advogados.

Alexandre Freire
Conselheiro Diretor da Agência Nacional de Telecomunicações - ANATEL. *Visiting Professor* na Wolfgang Goethe Universität Frankfurt am Main. *Executive Certificate in Public Policy from Harvard Kennedy School University*. Doutor em Direito pela PUC-SP. Mestre em Direito pela UFPR. Ex-Assessor Especial da Presidência do STF. Professor da Universidade Nove de Julho.

Alexandre Luiz Ramos
Ministro do Tribunal Superior do Trabalho. Mestre e Doutor em Direito.

Alexandre Teixeira de Freitas Bastos Cunha
Conselheiro do Conselho Nacional de Justiça. Desembargador Federal do Trabalho. Doutor em Direito pela Universidade Complutense de Madri.

Alonso Freire
Doutor em Direito Público pela Universidade do Estado do Rio de Janeiro – UERJ. Mestre em Direito Constitucional pela Universidade Federal de Minas Gerais – UFMG. Professor de Direito Constitucional do IDP. Ex-Assessor de Ministro do Supremo Tribunal Federal. Advogado em Brasília.

Aloysio Corrêa da Veiga
Ministro Vice-Presidente Tribunal Superior do Trabalho. Corregedor-Geral da Justiça do Trabalho em 2020/2022. Conselheiro do Conselho Nacional de Justiça em 2017/2019. Diretor da Escola Nacional de Formação e Aperfeiçoamento de Magistrados do Trabalho – ENAMAT em 2011/2013 e fev./out. 2022. Membro da Academia Brasileira de Direito do Trabalho – ABDT. Membro do Instituto dos Advogados Brasileiros – IAB. Membro da Academia Brasiliense de Direito do Trabalho. Membro da Academia Paulista de Letras Jurídicas. Membro Honorário da Academia Petropolitana de Letras Jurídicas. Membro Honorário da Academia Petropolitana de Letras. Professor Honoris Causa da Faculdade de Direito da Universidade Católica de Petrópolis.

Amanda Souto Baliza
Advogada com atuação em Direito Antidiscriminatório. Conselheira Seccional pela Ordem dos Advogados do Brasil, Seção Goiás. Presidente da Comissão da Diversidade Sexual e de Gênero da OAB Nacional. Conselheira Nacional de Direitos LGBTQIA+ do Ministério de Direitos Humanos e da Cidadania. Coordenadora da área jurídica da Aliança Nacional LGBTI+ e da Associação Brasileira de Famílias Homotransafetivas.

Amaury Rodrigues Pinto Júnior
Ministro do Tribunal Superior do Trabalho. Doutor em Direito pela Universidade de São Paulo (USP). Membro da Academia Nacional de Direito Desportivo.

Ana Carolina Tannuri Laferté Marinho
Advogada da União. Assessora do Ministro Dias Toffoli.

Anderson Medeiros Bonfim
Doutorando em Direito Administrativo pela Pontifícia Universidade Católica de São Paulo – PUC-SP, instituição na qual obteve os títulos de mestre em Direito Administrativo e Bacharel em Direito.

André Cyrino
Professor Associado da Faculdade de Direito da Universidade do Estado do Rio de Janeiro (UERJ).

André Ramos Tavares
Ministro do Tribunal Superior Eleitoral. Professor Titular da Faculdade de Direito do Largo São Francisco – USP. Professor Permanente dos Programas de Doutorado e Mestrado em Direito da PUC-SP.

Anselmo Moreira Gonzalez
Doutorando em Processo Civil pela PUC-SP. Mestre em Direito Constitucional pelo IDP/DF. Pós-Graduado em Processo Civil pela PUC-SP. Graduado pela Faculdade de Direito da Universidade

Mackenzie. Consultor Jurídico da FEBRABAN. Presidente da Comissão de Direito Bancário da OAB/SP – Pinheiros. Membro da Comissão de Direito Bancário do Instituto dos Advogados de São Paulo (IASP).

Antônio Augusto de Queiroz
Jornalista. Analista e consultor político. Mestre em Políticas Públicas e Governo pela FGV. É Sócio-Diretor das empresas Consillium Soluções Institucionais e Governamentais e Diálogo Institucional Assessoria e Análise de Políticas Públicas. Foi Diretor de Documentação do Diap. Membro do Conselho de Desenvolvimento Econômico e Social Sustentável da Presidência da República – o Conselhão.

Antônio Augusto Junho Anastasia
Possui graduação em Direito pela Universidade Federal de Minas Gerais (1983) e mestrado em Direito pela Universidade Federal de Minas Gerais (1990). Foi Professor de Direito Administrativo da Faculdade de Direito da UFMG de 1993 a 2022. Atualmente é Professor da FGV, do IDP, da UNIPAC e do IMEPAC. Foi Secretário-Executivo dos Ministérios do Trabalho e da Justiça de 1995 a 2001; Secretário de Estado de diversas pastas no Governo de Minas Gerais; Vice-Governador do Estado de Minas Gerais de 2007 a 2010; Governador do Estado de Minas Gerais de 2010 a 2014; Senador da República por Minas Gerais de 2015 a 2022. Atualmente é Ministro do Tribunal de Contas da União desde 2022.

Antônio Avelar Sinfrônio
Advogado. Contador. Economista. Mestre em Direito pelo Instituto Brasileiro de Ensino, Desenvolvimento e Pesquisa (IDP/BSB). Pós-Graduado em Matemática Aplicada pela Universidade de Brasília. Analista do Banco Central do Brasil.

Antonio Carlos Ferreira
Ministro do Superior Tribunal de Justiça.

Antonio Cláudio Ferreira Netto
Formado pela Universidade do Rio de Janeiro. Diretor Jurídico do Grupo Globo. Diretor do Instituto Innovare.

Arlindo Chinaglia
Médico formado pela Universidade de Brasília (UnB). Presidente do Sindicato dos Médicos de São Paulo. Deputado Estadual (1991-1994). Secretário de Implementação das Subprefeituras na Prefeitura de São Paulo (2001-2002). É Deputado Federal desde 1995. Atualmente está em seu oitavo mandato. Foi Líder dos Governos Lula e Dilma na Câmara dos Deputados e Presidente da Câmara dos Deputados (2007-2009).

Arnaldo Versiani
Advogado e Ex-Ministro do Tribunal Superior Eleitoral.

Artur Vidigal de Oliveira
Bacharel em Direito pela AEUDF (1982). Especialista em Direitos Humanos pela UnB/ESMPDFT/Universidade de Essex, (2000). Advogado inscrito na OAB/DF sob nº 5.189. Procurador-Geral do INCRA (1989/1990). Consultor da União da Advocacia Geral da União (2007/2010). Ministro do Superior Tribunal Militar – STM (2010). Vice-Presidente do STM (2015/2017). Diretor da Escola Nacional de Formação e Aperfeiçoamento de Magistrados da Justiça Militar da União – ENAJUM (2023/2024).

Augusto Aras
Professor Doutor da Universidade de Brasília (UnB). Ex-procurador-geral da República.

Bárbara Crateús Santos
Assessora da Presidência do CFOAB. Mestre em Direito (UnB).

Beatriz de Araújo Haikal Leite
Sócia de Proteção de Dados e Inteligência Artificial no Becker Bruzzi Lameirão Advogados. Graduada em Direito pela Pontifícia Universidade Católica do Rio de Janeiro (PUC-Rio). Pós-graduada em Estado e Sociedade pela Associação do Ministério Público do Estado do Rio de Janeiro (AMPERJ). Certified Information Privacy Manager (CIPM) pela International Association of Privacy Professionals (IAPP). Membro da IAPP.

Benedito Gonçalves
Ministro do STJ. Formado em Ciências Jurídicas e Sociais pela Faculdade Nacional de Direito, da Universidade Federal do Rio de Janeiro (UFRJ). Especialista em Direito Processual Civil. Mestre em Direito. Ministro do Superior Tribunal de Justiça (STJ).

Bruno Takahashi
Juiz federal do Tribunal Regional Federal da 3ª Região (TRF3). Doutor e mestre em Direito Processual pela Universidade de São Paulo (USP). Coordenador da Central de Conciliação de São Paulo (CECON) (biênios 2018-2020 e 2020-2022). Membro do Comitê Gestor Nacional da Conciliação (CGN) (2016-2019).

Caio Castagine Marinho
Juiz Federal e atual Presidente da Ajufe.

Camila Plentz Konrath
Juíza instrutora do Gabinete do Ministro Dias Toffoli no Supremo Tribunal Federal (STF). Ex-juíza auxiliar da Corregedoria-Geral do Conselho da Justiça Federal (CJF), da Corregedoria-Geral do Tribunal Superior Eleitoral (TSE). Ex-secretária-geral adjunta do Conselho Nacional de Justiça (CNJ). Juíza federal.

Camile Sabino Bezerra Corrêa
Formada em Ciência Política pela Universidade de Brasília. Formada em Direito pelo Centro Universitário Unieuro. Pós-Graduada em Contratos e Responsabilidade Civil pelo Instituto de Desenvolvimento e Pesquisa (IDP). Especialização em Governo e Direito na Universidad Autonoma de Madrid. Especialização em Administração Pública na *École* Nationale D'Administration (L'ÉNA), em Paris. Assessora de Gabinete do Ministro Benedito Gonçalves.

Carla Ramos Macedo do Nascimento
Assessora de Ministro do Supremo Tribunal Federal (STF). Defensora Pública do Estado do Rio de Janeiro. Doutoranda em Direito do Estado pela Universidade de São Paulo (USP). Mestra em Direito Público pela Universidade do Estado do Rio de Janeiro (UERJ).

Carlos Eduardo Esteves Lima
Consultor de Orçamentos. Consultor Autônomo. Especialista em Políticas Públicas e Gestão Governamental pela ENAP. Especialista em Avaliação Contingente de Projetos pela Universidade de los Andes e Engenheiro Civil pela UFMG. Foi Ministro de Estado-Chefe da Casa Civil da Presidência da República e Secretário-Executivo da Casa Civil da Presidência da República, membro do Conselho Consultivo do Departamento de Pesquisas Judiciárias do Conselho Nacional de Justiça e de conselhos estatutários de empresas públicas e sociedades de economia mista.

Carlos Eduardo Lacerda Baptista
Assessor de Ministro do Supremo Tribunal Federal. Especialista em Direito Público.

Carlos V. von Adamek
Desembargador do Tribunal de Justiça do Estado de São Paulo.

Carmen Lilian Oliveira de Souza
Assessora-Chefe do Plenário do Supremo Tribunal Federal. Mestranda em Direito Empresarial pela Universidade Nove de Julho/SP. Pós-graduada em Direito da Administração Pública. Bacharel em Direito pelo Centro Universitário de Brasília. Bacharel em Ciências Policiais pela Academia de Polícia Militar de Brasília.

Cecília Mello
Advogada. Desembargadora federal aposentada. Mestre em Direito pelo Instituto Brasileiro de Ensino, Desenvolvimento e Pesquisa (IDP).

Cesar Zucatti Pritsch
Juiz Auxiliar da Vice-Presidência do Tribunal Superior do Trabalho. Juris Doctor pela Universidade Internacional da Flórida. Mestre em Processo Civil pela UFRGS. Doutorando em Processo Civil Comparado pela Università degli Studi di Roma Tor Vergata. Autor de *Manual de Prática dos Precedentes no Processo Civil e do Trabalho* (2. ed. Mizuno, 2023), *O TST e o paradigma das cortes supremas* (Mizuno 2023) e *Direito Emergencial do Trabalho* (RT, 2020), bem como coordenador de *Precedentes no Processo do Trabalho* (RT, 2020). Professor da ENAMAT e de Escolas Judiciais de Tribunais Regionais do Trabalho.

Conrado Almeida Corrêa Gontijo
Advogado criminalista. Professor de Direito Penal e Processo Penal da PUC-SP e do IDP-SP. Doutor e Mestre em Direito Penal pela USP. Pós-Graduado em Direito Penal Econômico pela FGV e pela Universidade Castilla-la-Mancha. Membro do IASP, do IDDD, do IBCCRIM, do IEC e do Grupo Prerrogativas.

Cristiano Zanin
Ministro do Supremo Tribunal Federal (STF).

Cristina Maria Gama Neves da Silva
Advogada. Desembargadora substituta do Tribunal Regional Eleitoral do Distrito Federal (TRE-DF). Mestre em Direito pela Universidade da Califórnia, Berkeley. Associada do Instituto Brasileiro de Direito Eleitoral (Ibrade).

Daiane Nogueira de Lira
Conselheira do CNJ. Advogada da União. Ex-Secretária-Geral da Presidência do STF. Ex-Chefe de Gabinete de Ministro do STF. Doutoranda em Direito pela USP. Professora da Escola da AGU.

Daldice Santana
Desembargadora federal do Tribunal Regional Federal da 3ª Região (TRF3). Coordenadora dos Juizados Especiais Federais da 3ª Região (2022-2024). Conselheira do Conselho Nacional de Justiça (CNJ) (biênios 2015-2017 e 2017-2019), onde presidiu a então Comissão de Acesso à Justiça e o Comitê Gestor da Conciliação. Coordenadora do Programa de Conciliação da 3ª Região (biênios 2005-2009 e 2012-2014). Especialista em Processo Civil e em Direito Administrativo pela Fundação Faculdade de Direito da Universidade Federal da Bahia (UFBA). Especialista em Direito Constitucional Aplicado pela EMAG/PUC-SP.

Daniel Becker Paes Barreto Pinto
Sócio nas áreas de Resolução de Disputas e de Proteção de Dados e Inteligência Artificial no Becker Bruzzi Lameirão Advogados. Graduado em Direito pela Universidade Federal do Rio de Janeiro (UFRJ). Diretor de Novas Tecnologias no Centro Brasileiro de Mediação e Arbitragem (CBMA). Membro das Comissões de Assuntos Legislativos e 5G da Ordem dos Advogados do Rio de Janeiro (OAB-RJ).

Daniel Leon Bialski
Mestre em Processo Penal pela Pontifícia Universidade Católica de São Paulo. Bacharel em Direito pela Pontifícia Universidade Católica de São Paulo (1992). Membro do Instituto Brasileiro de Ciências Criminais (IBCCRIM) e da Comunidade de Juristas de Língua Portuguesa (CJLP). Foi Vice-Presidente da Comissão de Prerrogativas da Seccional Paulista da OAB no biênio 2008/2009.

Daniel Corrêa Szelbracikowski
Advogado. Sócio do escritório Advocacia Dias de Souza. Mestre em Direito Constitucional pelo Instituto Brasileiro de Ensino, Desenvolvimento e Pesquisa (IDP). Especialista em Direito Tributário pelo Instituto Brasileiro de Estudos Tributários (IBET). Pós-graduado em Direito Processual civil pela Fundação Getulio Vargas (FGV). Autor e coordenador de obras acadêmicas, tais como *ICMS e guerra fiscal: da LC 24/1975 à LC 160/2017* (Amanuense, 2022) e *Perspectivas e desafios das reformas tributárias* (Almedina, 2023).

Daniela Cavalieri von Adamek
Consultora Legislativa da Câmara Legislativa do Distrito Federal. Sócia da Rangel Advocacia. Ex-técnica-judiciária do Supremo Tribunal Federal (STF) (2014-2019). Pós-graduada em Direito Processual Civil pelo IDP. Especialista em Falências e Recuperações Judiciais pela Fundação Getulio Vargas (FGV). Especialista em Direito Ambiental pela Fundação Escola Superior do Ministério Público (FMP).

Daniela Pereira Madeira
Conselheira do Conselho Nacional de Justiça (CNJ). Presidente da Comissão Permanente de Acompanhamento dos Objetivos de Desenvolvimento Sustentável e da Agenda 2030. Membro da Comissão Permanente de Sustentabilidade e Responsabilidade Social. Juíza federal do Tribunal Regional Federal da 2ª Região (TRF2). Doutora em Direito pela Universidad Complutense de Madrid (UCM), Espanha (2018). Mestre em Direito Universidade do Estado do Rio de Janeiro (UERJ) (2012). Especializada em Direito pela Fundação Escola do Ministério Público do Estado do Rio de Janeiro (FEMPERJ) (1998). Graduada em Direito pela Universidade Santa Úrsula (USU) (1997).

Daniela Teixeira
Ministra do Superior Tribunal de Justiça.

Douglas Alencar Rodrigues
Doutor em Direito Constitucional pela Pontifícia Universidade Católica de São Paulo (PUC-SP) (2022). Mestre em Direito das Relações Sociais pela Pontifícia Universidade Católica de São Paulo (2013). Especialista em Direito Constitucional pela Universidade de Brasília (UnB) (2002). Graduado em Direito pela mesma instituição (1989). Atual ministro do Tribunal Superior do Trabalho (TST). Professor Titular do Instituto de Educação Superior de Brasília (IESB). Membro da Academia Brasileira de Direito do Trabalho (ABDT), da Academia Nacional de Direito Desportivo (ANDD), da Academia Brasileira de Direito Portuário e Marítimo (ABDPM) e do Instituto Brasileiro de Estudos Constitucionais (IBEC).

Edilene Lôbo
Doutora em Direito Processual Civil pela PUC Minas. Mestra em Direito Administrativo pela UFMG. Especialista em Processo Penal pela Universidad Castilla La Mancha. Professora do Programa de Mestrado e Doutorado em Proteção dos Direitos Fundamentais da Universidade de Itaúna-MG. Professora de Processo Eleitoral na Pós-Graduação da PUC Minas. Professora convidada da Universidade Sorbonne-Nouvelle – Paris 3, semestre letivo 2022-2023. Ministra substituta do Tribunal Superior Eleitoral – TSE. Advogada.

Eduardo Barreto Cezar
Assessor de Ministro do STF. Analista Judiciário do STF. Ex-assessor especial da Presidência do Supremo Tribunal Federal (STF). Doutor em Direito Empresarial pela Universidade Nove de Julho.

Eduardo de Carvalho Rêgo
Pós-Doutor em Direito pela Universidade de São Paulo (USP). Foi *Visiting Scholar* na *University of Connecticut* (UCONN). Doutor e Mestre em Direito pela Universidade Federal de Santa Catarina (UFSC). Especialista em Direito Constitucional pela Universidade do Sul de Santa Catarina (UNISUL). Professor de Direito Constitucional no Centro Universitário Cesusc (UNICESUSC). Advogado e Consultor Externo da Comissão de Especialistas para a atualização do Decreto-Lei nº 200/1967.

Eduardo S. Toledo
Advogado licenciado. Diretor-Geral do STF.

Engels Augusto Muniz
Advogado. Conselheiro nacional do Ministério Público (MP). Graduado em Direito pelo Centro Universitário de Brasília (UniCEUB). Especialista em Economia e Gestão pela Fundação Getulio Vargas (FGV). Ex-ministro de Estado interino e secretário executivo do Ministério dos Direitos Humanos e ex-chefe de Gabinete da Subchefia para Assuntos Jurídicos (SAJ) da Casa Civil da Presidência da República, dentre outros cargos.

Eurico Zecchin Maiolino
Mestre e Doutor em Direito Constitucional pela Universidade de São Paulo, mesma instituição em que concluiu o Pós-Doutorado. Juiz federal convocado pelo Superior Tribunal de Justiça.

Euro Sabino de Azevedo
Analista Judiciário do Supremo Tribunal Federal. Especialista em Ordem Jurídica e Ministério Público (FESMPDFT).

Fábio de Souza Oliveira
Servidor público federal, atualmente no exercício do cargo de Assessor Jurídico do Gabinete do Ministro Caputo Bastos no CNJ. Foi Assessor-Chefe do Gabinete da ex-Conselheira Ivana Farina Navarrete Pena (2019-2021) e Assessor-Chefe do Gabinete do ex-Conselheiro **Márcio** Schiefler Fontes (2017-2019).

Fábio Lopes Veras
Assessor do Conselho Nacional de Justiça. Mestrando em Direitos Sociais e Processos Reivindicatórios pelo Centro Universitário IESB. Especialista em Administração Pública pela UFPI.

Fábio Portela Lopes de Almeida
Doutor (2016) e Mestre (2007) em Direito, Estado e Constituição pela Faculdade de Direito da Universidade de Brasília, com período sanduíche no doutorado como Visiting Research Scholar na Harvard Law School. Conduziu pesquisa pós-doutoral como Visiting Scholar na Europa-

Universität Flensburg (2019). Mestre (2011) em Lógica, Filosofia da Mente e Filosofia da Linguagem pelo Departamento de Filosofia da Universidade de Brasília.

Fernando Agrela Araneo
Advogado. Pós-graduado em Direito Penal e Segurança Pública pela Escola Paulista de Magistratura (EPM). Membro do Instituto Brasileiro de Ciências Criminais (IBCCRim) e do Instituto de Defesa do Direito de Defesa (IDDD).

Fernando Azevedo e Silva
Vice-Presidente do Instituto Brasileiro de Mineração. Ex-Ministro de Estado da Defesa, de 2019 até 2021. Em 2018, exerceu a função de Assessor Especial do Presidente do Supremo Tribunal Federal. Como oficial general, comandou a Brigada de Infantaria Paraquedista e o Departamento de Desporto Militar do Ministério da Defesa. Exerceu o cargo de Presidente da Autoridade Pública Olímpica, durante a preparação dos Jogos Olímpicos e Paraolímpicos RIO 2016 (JOP RIO2016). Assumiu o Comando Militar do Leste. Foi Chefe do Estado-Maior do Exército. Serviu na Presidência da República e no Gabinete do Comandante do Exército como Chefe da Assessoria Parlamentar e como Subchefe de Gabinete, além de diversas outras atribuições em sua carreira, tendo sido agraciado com mais de 25 condecorações nacionais e estrangeiras.

Fernando Cesar Baptista de Mattos
Juiz Federal. Juiz auxiliar do Gabinete do Ministro Humberto Martins do Superior Tribunal de Justiça (STJ). Mestre em Direito pela Faculdade de Direito da Universidade do Estado do Rio de Janeiro (UERJ). Conselheiro do Conselho Nacional de Justiça (CNJ) (biênios 2015-2017 e 2017-2019). Presidente da Associação dos Juízes Federais do Brasil (Ajufe) (biênio 2008-2010).

Fernando Neves da Silva
Advogado. Ex-integrante do Tribunal Superior Eleitoral (TSE) (1997-2004).

Flauzilino Araújo dos Santos
Licenciado em Estudos Sociais. Bacharel em Direito e Teologia. Mestre em Direito Civil. Pastor da Igreja Assembleia de Deus do Setor 4, Santana, São Paulo. Primeiro oficial de Registro de Imóveis de São Paulo.

Flávia Moreira Guimarães Pessoa
Juíza do Trabalho. Professora do Doutorado e Mestrado em Direitos Humanos da Universidade Tiradentes e do Mestrado em Direito da Universidade Federal de Sergipe. Conselheira do CNJ no biênio 2020/2022. Juíza Auxiliar da Presidência do CNJ no biênio 2018/2020. Pós-Doutora em Direito do Trabalho. Doutora em Direito do Trabalho pela UFBA e em Direito Público pelo IDP. ORCID: http://orcid.org/0000-0002-3950-8376. *Lattes*: http://lattes.cnpq.br/2987779178843187.

Flávia Silva Pinto Amorim
Advogada. Mestranda em Direito Processual Penal pela Universidade de São Paulo (USP).

Flávio Ribeiro Santana
Bacharel em Ciência Política pela Universidade de Brasília e em Direito pela UniProcessus, com especialização em Processo Legislativo e Assessoria Parlamentar. Cargo de Assessor-Chefe no Tribunal Superior Eleitoral, Superior Tribunal de Justiça e Supremo Tribunal Federal. Experiência de 30 anos em atividades de gestão e assessoramento na área Parlamentar e Relacionamento Institucional.

Francis Christian Alves Bicca
Procurador Federal desde 2000. Foi subprocurador-regional do Incra em Santa Catarina, assessor do procurador-geral do INCRA, assessor do procurador-geral do INSS, assessor especial e coordenador-geral do advogado-geral da união e chefe de Gabinete do vice-advogado-geral da união. Primeiro representante do Escritório da AGU no Tribunal Superior Eleitoral. Desde 2016, é ouvidor da Advocacia-Geral da União e membro suplente do advogado-geral da União na Comissão Mista de Reavaliação de informações. É, ainda, encarregado da Lei Geral de Proteção de Dados e Autoridade de Monitoramento da Lei de Acesso à Informação. Especialista em direito do trabalho e Processo do Trabalho pela Faculdade Fortium. Bacharel em direito pelo UNICEUB-DF.

Francisco de Paula Bernardes Júnior
Advogado criminalista. Sócio fundador de Bernardes Junior Advogados. Mestre em Direito Penal pela Universidade de São Paulo (USP). Professor de Direito Penal da Fundação Armando Alvares Penteado (FAAP).

Frederico Mendes Júnior
Juiz de Direito da 1ª Vara da Fazenda Pública de Maringá, Paraná. Doutor pelo Programa de Pós-Graduação em Educação da Universidade Estadual de Maringá (PPE/UEM), na linha de pesquisa História e Historiografia da Educação. Integra o Grupo de Estudos e Pesquisas em História da Educação, Intelectuais e Instituições Escolares (GEPHEIINSE), cadastrado no Diretório dos Grupos de Pesquisa (CNPq). Mestre em Direito Processual e Cidadania na Universidade Paranaense (UNIPAR), com ênfase em Processo Penal. Graduado em Direito na Universidade Estadual de Maringá (UEM). Foi Presidente da Associação dos Magistrados do Paraná (AMAPAR) por dois mandatos. É Presidente da Associação de Magistrados Brasileiros (AMB). Tem experiência administrativa junto à presidência do Tribunal de Justiça do Paraná e procuradoria jurídica do município de Maringá. Experiência em ensino superior. Atualmente é professor da Escola da Magistratura do Paraná (EMAP).

Gabriel Bartolomeu Felício
Sócio da MGF Advogados Associados. LL.M (Master of Law) em Direito Empresarial pela Fundação Getulio Vargas (FGV). Pós-graduado em Direito Processual Civil pela Faculdade de Direito Milton Campos. Especialista em condução de processos estratégicos e representativos nos tribunais superiores.

Gabriel Chalita
Doutor em Comunicação e Semiótica e em Direito, pela PUC-SP. Professor na mesma universidade, na Universidade Mackenzie e no IBMEC. Autor de mais de 90 obras nas áreas do Direito, Educação, Filosofia e literatura. É membro da Academia Brasileira de Educação, Academia Brasileira de Cultura e Academia Paulista de Letras. Foi Vereador, Deputado Federal e Secretário de Educação do município de São Paulo e, também, do estado de São Paulo.

Georges Abboud
Livre-docente, doutor e mestre em Direito pela Pontifícia Universidade Católica de São Paulo (PUC-SP). Professor de Direito Processual Civil da PUC-SP e do Programa de Mestrado e Doutorado em Direito Constitucional do Instituto Brasileiro de Ensino (IDP-DF). Advogado. Coordenador técnico do Conselho Superior de Assuntos Jurídicos do Conjur da Federação das Indústrias do Estado de São Paulo (FIESP).

Giuseppe Giamundo Neto
Advogado. Doutorando e Mestre em Direito do Estado pela Faculdade de Direito da Universidade de São Paulo (USP).

Grace Mendonça
Advogada. Mestre em Direito Constitucional. Pós-Graduada em Direito Processual Civil. Membro da Comissão Nacional de Estudos Constitucionais do Conselho Federal da Ordem dos Advogados do Brasil. Presidente do Conselho de Administração da Rede Sarah Hospitais de Reabilitação. Presidente do Conselho Temático de Assuntos Jurídicos da Confederação Nacional da Indústria. Advogada Pública (2001-2019). Advogada-Geral da União (2016-2018).

Guilherme Ferreira Gomes Luna
Graduado e Pós-Graduado pela Pontifícia Universidade Católica de São Paulo (Brasil). Pós-Graduado e Mestre em Direito Administrativo Econômico pela Universidade de Montevidéu (Uruguai).

Guilherme Guimarães Feliciano
Professor Associado III do Departamento de Direito do Trabalho da Faculdade de Direito da USP. Livre-Docente em Direito do Trabalho (USP) e Doutor em Direito Penal (USP) e Processual (Un. Lisboa). Pós-Doutor em Direitos Humanos pela Faculdade de Direito da Universidade de Coimbra. Membro do Conselho Nacional de Justiça na cadeira de Juiz do Trabalho (2024/2026). Titular vitalício da Cadeira nº 53 da Academia Brasileira de Direito do Trabalho. Presidente da Associação Nacional dos Magistrados da Justiça do Trabalho (2015/2017).

Gustavo Binenbojm
Professor Titular da Faculdade de Direito da Universidade do Estado do Rio de Janeiro (UERJ).

Gustavo do Vale Rocha
Secretário de Estado da Casa Civil do Distrito Federal. Ex-ministro de Estado dos Direitos Humanos. Conselheiro nacional do Ministério Público. Subchefe para Assuntos Jurídicos da Casa Civil da Presidência da República. Presidente do Centro de Estudos Jurídicos da Presidência da República. Membro da Comissão de Ética da Presidência da República. Secretário de Estado de Justiça e Cidadania do Distrito Federal.

Gustavo Justino de Oliveira
Pós-Doutor em Direito Administrativo pela Universidade de Coimbra (Portugal). Pós-Doutor em Arbitragem Internacional pelo Max Planck Instituto de Hamburgo (Alemanha). Foi *Visiting Researcher* no *Amsterdam Center for International Law*, da Universidade de Amsterdã (Holanda). Doutor em Direito pela Universidade de São Paulo (USP). Professor Doutor de Direito Administrativo na USP e no IDP (Brasília). Advogado, Consultor e Árbitro especializado em Direito Público.

Helena Martins de Carvalho
Mestra em Direito, Estado e Constituição pelo Programa de Pós-Graduação em Direito da Faculdade de Direito da Universidade de Brasília (UnB). Especialista em Direito Constitucional do Trabalho pela UnB. Assessora no Tribunal Superior do Trabalho.

Heleno Taveira Torres
Professor Titular de Direito Financeiro. Livre-Docente de Direito Tributário. Chefe do Departamento de Direito Econômico, Financeiro e Tributário da Faculdade de Direito da Universidade de São Paulo – USP. Presidente da Associação Brasileira de Direito Financeiro – ABDF. Foi Vice-Presidente da *International Fiscal Association – IFA*. Advogado.

Henrique Innecco da Costa
Graduado pelo Instituto Brasileiro de Ensino, Desenvolvimento e Pesquisa (IDP). Advogado.

Herbert Cornelio Pieter de Bruyn Jr.
Desembargador federal do Tribunal Regional Federal da 3ª Região (TRF3). Doutor, mestre e especialista em Direito do Estado pela Pontifícia Universidade Católica de São Paulo (PUC-SP). Especialista em Direito Penal da Infração Revisitada pela Universidade de Coimbra – Instituto Brasileiro de Ciências Criminais (IBCCrim) e em Direito Tributário pelo CEEU. Bacharel em Direito pela Universidade de São Paulo (USP). Coordenador das Turmas Recursais de São Paulo (2016-2018). Coordenador adjunto da Conciliação de São Paulo (2018-2022). Membro do Núcleo Permanente de Métodos Consensuais de Solução de Disputas (Nupemec) do TRF3 (2018).

Humberto Martins
Ministro do Superior Tribunal de Justiça (STJ).

Igor Sant'Anna Tamasauskas
Advogado, doutor e mestre em Direito do Estado pela Faculdade de Direito da Universidade de São Paulo.

Ildegard Hevelyn Alencar Beserra
Assessora do Ministro Dias Toffoli. Analista Judiciária do Supremo Tribunal Federal. Mestre em Direito, Estado e Constituição pela Universidade de Brasília (UnB). Especialista em Direito Constitucional pelo Instituto Brasiliense de Direito Público (IDP). Graduada em Direito pela UnB.

Inaldo Mendonça de Araújo Sampaio Ferraz
Especialista em Direito Civil pelo Instituto Brasileiro de Desenvolvimento e Pesquisa (IDP). Advogado. Sócio da Sampaio Ferraz Advogados.

Inês da Fonseca Porto
Analista judiciário da Defensoria Pública do Distrito Federal cedida ao Conselho Nacional de Justiça. Mestre em Direito e Estado pela Universidade de Brasília.

Ingo Wolfgang Sarlet
Doutor em Direito pela *Ludwig Maximillians Universität* München (1997). É Coordenador do Programa de Pós-Graduação em Direito – Mestrado e Doutorado da PUCRS (desde 09.12.2006). Professor Titular da Faculdade de Direito e dos Programas de Mestrado e Doutorado em Direito e em Ciências Criminais da Pontifícia Universidade Católica do Rio Grande do Sul (PUCRS). Coordenador do GEDF (Grupo de Estudos e Pesquisas em Direitos Fundamentais – CNPq). Realizou estudos de Pós-Doutorado na Universidade de Munique (bolsista DAAD), como Bolsista e Pesquisador do Instituto Max-Planck de Direito Social, Estrangeiro e Internacional (Alemanha) (2001-2002 e 2003), bem como no *Georgetown Law Center* (Washington DC, 2004). É, também, Professor da Escola Superior da Magistratura do Rio Grande do Sul (AJURIS).

Iracy Ribeiro Mangueira Marques
Juíza de Direito. Coordenadora da Infância e Juventude do Tribunal de Justiça de Sergipe (TJSE). Especialista em Gestão Estratégica em Segurança Pública pela Universidade Federal de Sergipe (UFS). Especialista em Direito Processual pela Universidade Federal de Santa Catarina (UFSC). Mestre em Direitos Humanos na Universidade Tiradentes (UNIT/SE).

Isaac Sidney Menezes Ferreira
Mestrando em Direito Constitucional pelo IDP/DF. Especialização em Direito Penal e Processo Penal pela Atame MT Cursos e Pós-Graduação Ltda., certificação pela Universidade Cândido Mendes. Graduado pelo UDF. Trabalhou 16 anos no BACEN, onde exerceu os cargos de Procurador-Geral e de Diretor. Militância na Advocacia Privada, responsável pela área de Direito Bancário. Atualmente, é Presidente da FEBRABAN.

Ivana Farina Navarrete Pena
Procuradora de Justiça do Ministério Público de Goiás desde 1989. Foi Procuradora-Geral de Justiça por dois mandatos, quando presidiu o Conselho Nacional dos Procuradores-Gerais de Justiça (1999-2001 e 2001-2003). Presidente do Conselho Nacional de Direitos Humanos (2016). Secretária de Direitos Humanos e Defesa Coletiva no Conselho Nacional do Ministério Público (2017-2019). Conselheira do CNJ (2019-2021).

Ives Gandra da Silva Martins
Professor Emérito da Universidade Mackenzie, das Escolas de Comando e Estado-Maior do Exército (ECEME), Superior de Guerra (ESG) e da Magistratura do Tribunal Regional Federal – 1ª Região. Professor Honorário das Universidades Austral (Argentina), San Martin de Porres (Peru) e Vasili Goldis (Romênia). Doutor *Honoris Causa* das Universidades de Craiova (Romênia) e das PUCs Paraná e Rio Grande do Sul.

João Paulo Dias Ramos
Graduado em Direito pela USP. Pós-Graduado em Acidentes do Trabalho. Assistente jurídico em Segundo Grau do Tribunal de Justiça do Estado de São Paulo.

João Paulo Santos Schoucair
Conselheiro do CNJ. Promotor de Justiça do MP/BA. Graduado em Direito pela UFBA. Pós-Graduado em Ciências Criminais pela UFBA. Mestre em Segurança Pública, Justiça e Cidadania pela UFBA. Doutorando em Direito Penal e Processual Penal Constitucional pelo IDP.

Joel Sampaio
Embaixador. Chefe da Assessoria de Comunicação Social do Itamaraty.

Jorge Antônio de Oliveira Francisco
Ministro do Tribunal de Contas da União. Ex-Ministro de Estado-Chefe da Secretaria-Geral da Presidência da República. Bacharel em Direito. Especialista em Direito Público.

Jorge Messias
Ministro de Estado da Advocacia-Geral da União. Procurador da Fazenda Nacional.

José Alberto Simonetti
Advogado. Presidente do Conselho Federal da Ordem dos Advogados do Brasil (CFOAB).

José Luis Oliveira Lima
Advogado criminalista. Fundador do Oliveira Lima & Dall'Acqua Advogados. Membro do *Innocence Project* e do IASP – Instituto dos Advogados. Foi presidente da Caixa de Assistência dos Advogados do Estado de São Paulo (CAASP) e da Comissão de Direitos e Prerrogativas da OAB/SP, de 2001 a 2003. Foi conselheiro da Ordem dos Advogados do Brasil de São Paulo e diretor da Associação dos Advogados de São Paulo – AASP.

José Mucio Monteiro
Engenheiro civil. Foi Prefeito de Rio Formoso/PE e Deputado Federal por 5 legislaturas, Secretário dos Transportes, Comunicação e Energia do Estado de Pernambuco, Ministro de Estado Chefe da Secretaria de Relações Institucionais da Presidência da República, Secretário Executivo do Conselho de Desenvolvimento Econômico e Social – CDES e Ministro do Tribunal de Contas da União. Atualmente é o Ministro de Estado da Defesa.

José Roberto Figueiredo Santoro
Advogado. Foi Subprocurador-Geral da República e ganhador, entre outros, do Prêmio Nacional de Direitos Humanos, concedido pelo Presidente da República, no ano de 2002.

José Sarney
Ex-Presidente do Brasil. Ex-Presidente do Senado Federal.

Júlia Silva Minchillo
Advogada. Pós-graduada em Direito Penal Econômico pela Fundação Getulio Vargas (FGV).

Juliana Peranton Fernandes
Advogada. Especialista em Direito do Trabalho e Processo do Trabalho pela PUC-SP.

Lelio Bentes Corrêa
Presidente do Tribunal Superior do Trabalho no biênio 2022-2024. Ministro do TST desde 2003. Mestre em Direito Internacional dos Direitos Humanos pela Universidade de Essex, Inglaterra. Ex-Membro da Comissão de Peritos em Aplicação de Normas Internacionais da Organização Internacional do Trabalho (OIT).

Lenio Luiz Streck
Advogado. Mestre e Doutor em Direito pela Universidade Federal de Santa Catarina. Pós-Doutor pela Universidade de Lisboa. Professor titular dos Programas de Pós-Graduação em Direito (Mestrado e Doutorado) da Unisinos-RS e Unesa-RJ. Membro catedrático da Academia Brasileira de Direito Constitucional (ABDConst). Ex-Procurador de Justiça do Estado do Rio Grande do Sul.

Leonardo de Macedo Silva
Advogado Criminalista. Sócio de Bernardes Junior Advogados. Pós-Graduado em Direito Penal e Processual Penal pela Fundação Armando Alvares Penteado (FAAP) em conjunto com a Universidade de Santiago de Compostela (Espanha).

Lília Maria da Cunha Fernandes
Analista Judiciária do Tribunal Superior Eleitoral desde 2004. Assessora do Ministro Dias Toffoli na Presidência do TSE (biênio 2014/2016), na Presidência do CNJ (2019) e no Supremo Tribunal Federal, a partir de 2021.

Lucas Cavalcante
Assessor de Ministro do TST. Mestre em Direito, Estado e Constituição pela UnB.

Luciana Lóssio
Advogada. Ex-Ministra do Tribunal Superior Eleitoral (TSE). Membro da Comissão Especial de Direito Eleitoral do Conselho Federal da Ordem dos Advogados do Brasil (CFOAB) e do Instituto Brasileiro de Direito Eleitoral (Ibrade). Observadora eleitoral convidada por organismos internacionais. Doutoranda em Direito pela Universidade de Salamanca. Ex-Conselheira do Conselho Nacional dos Direitos Humanos da Presidência da República (2014-2016). Ex-Presidente da Associação de Magistradas Eleitorais Ibero-Americanas (2016-2017).

Luciano Felício Fuck
Professor do Instituto Brasiliense de Direito Público (IDP). Mestre em Direito (LL.M. Eur.) pela Universidade de Munique (Ludwig-Maximilians-Universität – LMU). Doutor em Direito pela Universidade de São Paulo (USP).

Lucilene Rodrigues Santos
Chefe de Gabinete do Ministro do Dias Toffoli. Procuradora da Fazenda Nacional. Mestre em Direito Empresarial (Uninove). Especialista em Direito Tributário (PUC/Cogeae).

Lucilene Rodrigues Santos
Chefe de Gabinete do Ministro Dias Toffoli. Assessora Chefe do Núcleo de Análise de Recursos da Presidência do STF de 2018 a 2020. Procuradora da Fazenda Nacional. Mestre em direito empresarial pela Universidade Nove de Julho. Especialista em Direito Tributário pela PUCOGEAE.

Ludmilla Campos Costa dos Santos
Advogada da área de Proteção de Dados e Inteligência Artificial no Becker Bruzzi Lameirão Advogados. Graduada em Direito pela Universidade do Estado do Rio de Janeiro (UERJ). Pesquisadora no Núcleo de Estudos e Pesquisa em Direito Internacional da UERJ (NEPEDI). Membro da Comissão de Crimes Digitais da Ordem dos Advogados do Rio de Janeiro (OAB-RJ).

Luis Felipe Salomão
Ministro do STJ. Foi Corregedor Nacional de Justiça. Foi Ministro do TSE e Corregedor-Geral da Justiça Eleitoral. Presidiu as Comissões de Juristas instituídas pelo Senado Federal para Reforma do Código Civil Brasileiro e da Lei de Arbitragem e Mediação. Coordenador do Centro de Inovação, Administração e Pesquisa do Judiciário da Fundação Getulio Vargas (FGV). Presidente do Conselho Editorial da *Revista Justiça & Cidadania*.

Luis Gustavo Motta Severo da Silva
Mestre em Direito Constitucional. Especialista em Direito Eleitoral. Secretário-Geral do Instituto Brasileiro de Direito Eleitoral (Ibrade) desde 2008. Editor da *Revista Brasileira de Direito Eleitoral*. Advogado em Brasília.

Luís Roberto Barroso
Presidente do Supremo Tribunal Federal. Professor Titular da Universidade do Estado do Rio de Janeiro – UERJ. *Senior Fellow* na Harvard Kennedy School.

Luiz Alberto dos Santos
Advogado. Mestre em Administração e Doutor em Ciências Sociais. Consultor Legislativo (aposentado) do Senado Federal. Professor Colaborador da EBAPE/FGV. Ex-Subchefe de Análise e Acompanhamento de Políticas Governamentais da Casa Civil da Presidência da República (2003-2014).

Luiz Edson Fachin
Ministro do Supremo Tribunal Federal. *Alma Mater*: Universidade Federal do Paraná – UFPR. Mestre e Doutor em Direito das Relações Sociais pela Pontifícia Universidade Católica de São Paulo – PUC-SP. Professor do CEUB.

Luiz Fernando Tomasi Keppen
Mestre em Direito das Relações Sociais pela UFPR. Conselheiro do Conselho Nacional de Justiça (Gestão 2019-2021). Participou como coordenador e membro de vários Comitês e Grupos de Trabalhos, sendo, inclusive, relator da Resolução CNJ nº 410, que estabeleceu a Política Nacional de Integridade Judicial. Presidente do Tribunal de Justiça do Estado do Paraná. Editor-chefe da *Revista Jurídica Gralha Azul*, periódico científico do Tribunal de Justiça do Paraná.

Luiz Fux
Ministro do Supremo Tribunal Federal (STF). Ex-Presidente do Tribunal Superior Eleitoral (TSE). Professor Titular de Direito Processual Civil da Universidade do Estado do Rio de Janeiro

(UERJ). Doutor e Livre-Docente em Direito Processual Civil pela Universidade do Estado do Rio de Janeiro (UERJ). Membro da Academia Brasileira de Letras Jurídicas. Membro da Academia Brasileira de Filosofia.

Marcella Halah Martins Abboud
Advogada. Mestre em Direito pela Pontifícia Universidade Católica de São Paulo (PUC-SP).

Marcelo Costenaro Cavali
Consultor Legislativo do Senado Federal. Advogado. Professor de Direito Penal da Fundação Getulio Vargas (SP) e da Universidade Nove de Julho (SP). Doutor em Direito Penal pela Universidade de São Paulo (USP).

Marcelo Navarro Ribeiro Dantas
Mestre e Doutor em Direito (PUC-SP). Professor de Cursos de Graduação (UnB) e Pós-Graduação (Uninove) em Direito. Ministro do Superior Tribunal de Justiça.

Marcelo Nobre
Advogado nos Tribunais Superiores. Conselheiro do CNJ de 2008 a 2012.

Marcelo Vieira de Campos
Desembargador Federal do Tribunal Regional Federal da 3ª Região. Mestre em Direito, com Especialização em Direito Administrativo e Econômico pela Universidade Presbiteriana Mackenzie.

Márcio Schiefler Fontes
Juiz de Direito em Santa Catarina desde 2005, é membro do Tribunal Regional Eleitoral do mesmo estado (2024-2026). Foi Juiz Auxiliar do Supremo Tribunal Federal (2014-2017), Conselheiro do Conselho Nacional de Justiça (2017-2019), e Juiz Instrutor da Vice-Presidência do Superior Tribunal de Justiça (2021-2022) e da Presidência do STF (2022-2023). Doutorando em Direito pela Pontifícia Universidade Católica do Paraná.

Marco Antônio Innocenti
Graduado e pós-graduado pela Pontifícia Universidade Católica de São Paulo (PUC-SP) em Direito Administrativo e Constitucional, com especialização em Direito Processual Público pela Sociedade Brasileira de Direito Público (SBDP). Autor do livro *"Precatórios*: uma questão de justiça", editado em 2016 pela OAB Nacional. Presidente da Comissão de Estudos de Precatórios do IASP – Instituto dos Advogados de São Paulo. Ex-presidente da Comissão de Precatórios do Conselho Federal da OAB.

Marco Aurelio de Carvalho
Advogado especializado em Direito Público. Membro integrante do Grupo Prerrogativas. Associado fundador da Associação Brasileira de Juristas pela Democracia (ABJD).

Marco Aurélio Piantella Costa
Empresário na área da gastronomia. Diretor Presidente do Piantella durante 40 anos e suplente de deputado federal em 2022.

Marcos Meira
Procurador do Estado e advogado. Mestre em Direito Processual Civil e doutorando em Direito Administrativo, ambos pela PUC-SP. Especialista em Direito Tributário pela FGV e em Direitos Humanos, Responsabilidade Social e Cidadania Global pela PUCRS. Presidente da Comissão Especial de Direito de Infraestrutura do CFOAB. Membro do FONAPREC (CNJ). Autor do livro *Coisa julgada no Código de Processo Civil*.

Marcus Lívio Go
Professor Titular de Direito Financeiro e Tributário da Faculdade de Direito da Universidade Estadual do Rio de Janeiro, Brasil. Associate Research Fellow na University of London (Institute of Advanced Legal Studies). Pós-Doutor na University of London (Institute of Advanced Legal Studies). Mestre e Doutor em Direito Tributário pela Universidade Complutense de Madrid, Espanha. Advogado tributarista. Juiz Federal aposentado do Tribunal Regional Federal da 2ª Região. Ex-Auditor Fiscal da Receita Federal do Brasil e de Minas Gerais.

Marcus Vinícius Furtado Coêlho
Advogado. Doutor em Direito Processual pela Universidade de Salamanca – Espanha. Ex-Presidente da OAB Nacional. Presidente da Comissão Constitucional da OAB.

Maria Augusta Palhares Ribeiro Sampaio Ferraz
Mestranda em Processo Civil pela Pontifícia Universidade Católica de São Paulo (PUC-SP). Especialista em Processo Civil pelo Instituto Brasileiro de Desenvolvimento e Pesquisa (IDP) e em Processo nas Cortes Superiores pela Faculdade Presbiteriana Mackenzie Brasília. Advogada. Sócia da Sampaio Ferraz Advogados.

Maria Claudia Bucchianeri Pinheiro
Advogada. Mestra em Direito do Estado pela Universidade de São Paulo. Especialista em Direitos Fundamentais pela Universidade de Coimbra/IBCCRIM. Ministra Substituta do Tribunal Superior Eleitoral. Vice-Diretora da Escola Judiciária Eleitoral do Tribunal Superior Eleitoral. Coordenadora institucional da Comissão Gestora de Política de Gênero do Tribunal Superior Eleitoral, no biênio 2021/2023.

Maria Cristina Irigoyen Peduzzi
Ministra do Tribunal Superior do Trabalho. Presidente do TST e do Conselho Superior da Justiça do Trabalho no biênio 2020-2022. Bacharel em Direito e Mestra em Estado, Direito e Constituição pela Faculdade de Direito da Universidade de Brasília. Presidente Honorária da Academia Brasileira de Direito do Trabalho. Ex-Conselheira do CNJ, ex-Diretora da ENAMAT.

Maria Rosangela de Oliveira Andrade
Auditora Federal de Controle Externo. Bacharel em Ciências Econômicas e em Direito. Especialista em Controle Externo.

Maria Thereza de Assis Moura
Ministra Presidente do Superior Tribunal de Justiça (STJ). Professora Doutora de Direito Penal da Universidade de São Paulo (USP).

Mário Augusto Figueiredo de Lacerda Guerreiro
Juiz de Direito do TJRS. Ex-Conselheiro do CNJ. Mestre em Ciências Jurídico-Políticas pela Universidade de Coimbra. Doutorando em Direito Processual pela PUCRS.

Messod Azulay Neto
Ministro do Superior Tribunal de Justiça.

Michel Temer
Professor de Direito Constitucional. Ex-Presidente da República Federativa do Brasil.

Miguel Matos
Editor do site Migalhas, advogado, presidente do Conselho de Comunicação Social do Congresso Nacional (2023/25).

Mônica Drumond
Assessora de Ministro e Analista Judiciário no Superior Tribunal de Justiça. Especialista em Direito Administrativo Contemporâneo e Gestão Pública pelo Centro de Ensino Unificado de Brasília – Uniceub. Graduada em Direito pela Universidade Federal de Viçosa/MG (2005). Licenciada em Legal Writing Course 2016 pela University of California, Berkeley, EUA. Mestranda em Ciência Política pelo IDP –Brasília.

Morgana de Almeida Richa
Ministra do Tribunal Superior do Trabalho. Doutora e Mestra em Direito pela Pontifícia Universidade Católica de São Paulo (PUC-SP). Membro da Academia Brasileira de Direito Constitucional (ABDConst). Expositora/tutora nos cursos nacionais de formação inicial da ENAMAT, no eixo Eticidade. Autora de artigos científicos e do livro "Políticas Públicas Judiciárias e Acesso à Justiça". Corresponsável pela coordenação do livro "Conciliação e Mediação: a estruturação da Política Judiciária Nacional.

Nara Nishizawa
Graduada em Direito pela Universidade de Brasília. Mestra em Raciocínio Probatório pela Universidade de Girona (Espanha) e Universidade de Gênova (Itália). Mestranda em Direito Processual Penal na Faculdade de Direito da Universidade de São Paulo. Advogada.

Nelson Gustavo Mesquita Ribeiro Alves
Juiz Federal e Presidente da Ajufe no biênio 2022-2024.

Osmar Mendes Paixão Côrtes
Pós-Doutor em Direito Processual Civil pela UERJ. Doutor em Direito pela PUC-SP. Mestre em Direito e Estado pela UnB. Professor do mestrado/doutorado do IDP. Advogado.

Otavio Luiz Rodrigues Jr.
Professor Associado da Faculdade de Direito do Largo de São Francisco (Universidade de São Paulo) e da Faculdade de Direito da Universidade de Coimbra (Licenciatura Lusobrasileira).

Pablo Coutinho Barreto
Doutorando em Direito Constitucional pelo IDP. Mestre em Desenvolvimento e Meio Ambiente pela Universidade Federal de Sergipe. Especialista em Direito Civil pela Fundação Faculdade de Direito da Bahia. Procurador Regional da República. Conselheiro do Conselho Nacional de Justiça.

Paulo Dias de Moura Ribeiro
Ministro do Superior Tribunal de Justiça. Conselheiro do Conselho da Justiça Federal. Pós-Doutor em Direito pela Universidade de Lisboa. Doutor honoris causa da Universidade da Amazônia. Doutor em Direito Civil pela PUC-SP. Mestre em Direito Civil pela PUC-SP. Coordenador científico do curso de Direito da UNISA. Professor titular da FDSBC. Professor do curso de pós-graduação da UNINOVE.

Paulo Henrique dos Santos Lucon
Livre-docente pela Faculdade de Direito da USP, instituição da qual é professor associado nos cursos de graduação e pós-graduação. Vice-Presidente do Conselho do Instituto Brasileiro de Direito Processual (IBDP). Foi Juiz do Tribunal Regional Eleitoral de São Paulo por quatro mandatos consecutivos. Advogado em São Paulo e Brasília.

Paulo Sérgio Domingues
Ministro do Superior Tribunal de Justiça.

Pedro Estevam Alves Pinto Serrano
Professor de Direito Constitucional da Faculdade de Direito e de Teoria Geral do Direito da Pós-Graduação da PUC-SP. Bacharel, mestre e doutor em Direito do Estado pela PUC-SP com pós-doutoramento em Teoria Geral do Direito pela Faculdade de Direito da Universidade de Lisboa e em Direito Público pela Université Paris Nanterre.

Pedro Felipe de Oliveira Santos
Desembargador do Tribunal Regional Federal da 6ª Região. Vice-Diretor da Escola de Magistratura Federal da 6ª Região. Mestre em Direito pela Universidade de Harvard. Doutorando em Direito pela Universidade de Oxford.

Pedro Júlio Sales D'Araújo
Advogado no escritório Advocacia Dias de Souza. Doutor em Direito Econômico, Financeiro e Tributário pela Faculdade de Direito da Universidade de São Paulo (USP). Mestre pela Faculdade de Direito da Universidade de Brasília (UnB). Especialista em Direito Tributário pela Fundação Getulio Vargas de São Paulo (FGV-SP). Ex-assessor de ministros do Supremo Tribunal Federal (STF). Pesquisador visitante bolsista na Westfälische Wilhelms-Universität Münster, Alemanha. Professor.

Pedro Monteiro Bomfim Bello
Advogado. Mestrando pelo Instituto Brasileiro de Ensino, Desenvolvimento e Pesquisa (IDP). Especialista em Direito Fiscal pela Pontifícia Universidade Católica do Rio de Janeiro (PUC-Rio).

Pedro Paulo Nascente Macedo Bichuette
Assessor-chefe de Gabinete no Conselho Nacional do Ministério Público (CNMP). Especialista em Direito Administrativo pelo Instituto Brasileiro de Ensino, Desenvolvimento e Pesquisa (IDP). Graduado em Direito pela Universidade de Brasília (UnB).

Pierpaolo Cruz Bottini
Professor livre-docente do Departamento de Direito Penal, Criminologia e Medicina Forense da Faculdade de Direito da USP. Mestre e Doutor pela Universidade de São Paulo. Esteve à frente da Secretaria de Reforma do Judiciário do Ministério da Justiça (2005/2007) e do Departamento de Modernização Judiciária do mesmo órgão (2003/2005).

Platon Teixeira de Azevedo Neto
Juiz Titular da 8ª Vara do Trabalho de Goiânia (TRT de Goiás). Professor Adjunto de Direito Processual do Trabalho da Universidade Federal de Goiás (UFG). Professor Permanente do Mestrado em Direito e Políticas Públicas da UFG. Doutor em Direito pela Universidade Federal de Minas Gerais (UFMG).

Rafael Campos Soares da Fonseca
Doutor em Direito Econômico, Financeiro e Tributário pela Universidade de São Paulo. Pós-doutorando, mestre em Direito, Estado e Constituição e Bacharel em Direito, todos pela Universidade de Brasília. Professor titular do Programa de Pós-Graduação *Stricto Sensu* em Direito (mestrado e doutorado) da Faculdade Autônoma de Direito – FADISP/SP. Coordenador-geral do Curso de Direito do Centro Universitário UNIEURO/DF. Assessor de Ministro do Supremo Tribunal Federal.

Rafaelo Abritta
Advogado da União desde 2001, atuou por mais de dez anos perante o Tribunal de Contas da União. Foi Secretário-Executivo Adjunto da Casa Civil da Presidência da República, Diretor no Instituto Nacional de Tecnologia da Informação, Assessor Especial no Ministério da Economia,

Professor Universitário de Direito Constitucional e Direito Administrativo. Atualmente é o Chefe da Assessoria Especial de Relações Institucionais do Ministério da Defesa. Membro da Comissão de Anistia e da Comissão de Mortos e Desaparecidos.

Raquel Botelho Santoro
Advogada. Doutora e Mestre em Direito Constitucional pela Faculdade de Direito da Universidade de São Paulo (USP). Possui Pós-Doutorado em Direito Internacional Privado pela mesma instituição e *License* e *Master 1* em *Droit* pela *Université Lyon 3* (França).

Raquel Leite da Silva Santana
Assessora de Ministro do TST. Mestre em Direito, Estado e Constituição pela UnB.

Raulino Palha de Miranda
Analista Judiciário. Assessor de projetos na Presidência do STF nas Gestões de 2018 a 2020 e de 2020 a 2022. Especialista em Direito Processual Civil pelo IDP. MBA em Gestão de Projetos pela USP. Mestrando em Direito e Gestão Pública pela UNB.

Renata Gil
Conselheira no Conselho Nacional de Justiça. Juíza Titular da 40ª Vara Criminal da Comarca da Capital do Estado do Rio de Janeiro. Graduada em Direito pela Universidade Estadual do Rio de Janeiro (UERJ). Especialista em Segurança Pública pela Universidade Federal Fluminense (NUCLEF-UFF). Mestre em Direito pelo Instituto Brasiliense de Direito Público (IDP). Foi Presidente da Associação de Magistrados do Estado do Rio de Janeiro (AMAERJ) nos biênios 2016-2017 e 2018-2019, e Presidente da Associação dos Magistrados Brasileiros (AMB) no triênio 2020-2022. Idealizadora do Instituto Nós por Elas e da Campanha Sinal Vermelho. Atuou como Juíza Auxiliar da Corregedoria Nacional de Justiça de dezembro de 2022 a janeiro de 2024. Atualmente, exerce a função de Conselheira do Conselho Nacional de Justiça (CNJ) no biênio 2024-2026.

Reynaldo Soares da Fonseca
Pós-doutorado em Democracia e Direitos Humanos pelo *Ius Gentium Conimbrigae* – Centro de Direitos Humanos (IGC) da Universidade de Coimbra, Portugal. Doutorado em Direito Constitucional pela FADISP-SP, com pesquisa realizada na Universidade de Siena, Itália. Mestrado em Direito Público (PUC-SP). Professor adjunto da Universidade Federal do Maranhão, atualmente em colaboração técnica na Universidade de Brasília – UNB. Professor do mestrado profissional em Direito, Regulação e Políticas Públicas – UNB. Professor do doutorado e mestrado da Uninove. Ministro do Superior Tribunal de Justiça.

Ricardo Campos
Doutor e Mestre pela Goethe Universität. Docente nas áreas de Proteção de Dados, Regulação de Serviços Digitais e Direito Público na Faculdade de Direito da Goethe Universität Frankfurt am Main (Alemanha). Membro da Comissão de Juristas para Reforma do Código Civil brasileiro. Coordenador da área de Direito Digital da OAB Federal/ESA Nacional. Diretor do Legal Grounds Institute. Advogado e parecerista.

Ricardo Lewandowski
Professor Titular Sênior da Faculdade de Direito da Universidade de São Paulo. Ministro de Estado da Justiça e Segurança Pública.

Richard Pae Kim
Doutor e mestre em Direito pela USP. Pós-doutorado em Políticas Públicas pela UNICAMP. Conselheiro do Conselho Nacional de Justiça e do Conselho Nacional de Direitos Humanos (2021-2023). Professor do curso de mestrado em Direito Médico da UNISA. Juiz de Direito/TJSP.

Roberta Maria Rangel
Advogada. Procuradora da Câmara Legislativa do Distrito Federal aposentada. Mestre em Direito Tributário pela Pontifícia Universidade Católica de São Paulo (PUC-SP). Doutora em Direito Civil pela Faculdade de Direito da Universidade de São Paulo (USP).

Roberto Alcântara de Oliveira Araújo
Juiz de Direito do Tribunal de Justiça do Estado Sergipe, titular da 1ª Vara da Comarca de Nossa Senhora das Dores, SE. Mestre em Direito pelo Programa de Pós-Graduação em Direito – Prodir da Universidade Federal de Sergipe (UFS). Graduação em Direito pelo Centro de Estudos Superiores de Maceió. Especialização em Direito Civil pela Sociedade de Ensino Universitário do Nordeste e em Processo pelo Centro de Estudos Superiores de Maceió.

Rodrigo Capez
Doutor e mestre em Direito Processual Penal pela Faculdade de Direito da Universidade de São Paulo (USP). Juiz de Direito em São Paulo. Ex-juiz Auxiliar e ex-juiz Instrutor no Supremo Tribunal Federal (2014-2018). Ex-juiz Auxiliar da Presidência do Conselho Nacional de Justiça (2018-2022). Diretor dos Cursos de Pós-Graduação em Direito da Universidade Nove de Julho (UNINOVE).

Rodrigo Garcia Rodrigues Buzzi
Mestrando em Direito Processual Civil na Universidade de São Paulo (USP). Pós-graduando em Direito Portuário e Marítimo pela Universidade Santa Cecília (Unisanta). Bacharel em Direito pela Universidade de Brasília (UnB). Membro-fundador da Liga Acadêmica de Processo Civil da UnB (LAPROC). Membro da Associação Brasiliense de Processo Civil (ABPC). Advogado.

Rodrigo Maia
Presidente da Confederação Nacional das Instituições Financeiras (CNF). Ex-Presidente da Câmara dos Deputados.

Rodrigo Otávio Soares Pacheco
Senador da República. Presidente do Senado Federal e da Mesa do Congresso Nacional. Formado em Direito pela PUC Minas. Especialista em Direito Penal.

Rodrigo Xavier Leonardo
Professor Adjunto de Direito Civil nos cursos de graduação e pós-graduação (Mestrado, Doutorado e Pós-Doutorado) na Faculdade de Direito da Universidade Federal do Paraná (UFPR). Doutor em Direito Civil pela Faculdade de Direito da Universidade de São Paulo (USP, 2007). Realizou estágio de pós-doutorado na Università degli Studi di Torino, Itália (2012-2013). Advogado e Árbitro.

Ronald Christian Alves Bicca
Procurador do Estado de Goiás. Advogado. Presidente da Associação Nacional dos Procuradores de Estado – ANAPE (2006-2010). Procurador-geral do Estado de Goiás (2011-2012). Graduado em Relações Internacionais pela Universidade de Brasília – UnB. Graduado em Direito pelo Centro Universitário de Brasília – UniCEUB. Mestre em História do Direito pela Universidade de Coimbra.

Sebastião Botto de Barros Tojal
Advogado. Doutor em Direito do Estado. Professor da Faculdade de Direito da Universidade de São Paulo.

Sérgio Renault
Advogado. Sócio-Fundador do escritório Tojal, Renault Advogados. Ex-Subchefe para Assuntos Jurídicos da Casa Civil da Presidência da República. Ex-Secretário da Reforma do Judiciário do Ministério da Justiça. Criador do Prêmio Innovare.

Sérgio Silveira Banhos
Ministro do Tribunal Superior Eleitoral (2017-2023). Subprocurador-geral do Distrito Federal (1999-2022). Doutor e mestre em Direito do Estado pela PUC-SP. Advogado.

Stephanie Gabrielle Neves Santos
Pesquisadora da Liga de Direito Financeiro e Tributário da Universidade Federal de Minas Gerais. Membro da Divisão de Assistência Judiciária da Universidade Federal de Minas Gerais.

Tercio Sampaio Ferraz Junior
Professor Titular aposentado da Faculdade de Direito da USP. Professor emérito das Faculdade de Direito da USP – São Paulo e Ribeirão Preto. Professor Emérito da PUC-SP.

Thiago de Lucena Motta
Especialista em Direito Anticorrupção (Enfam). Bacharel (UFRN/Universidade do Porto) e Mestrando em Direito (Uninove). Analista judiciário e assessor de Ministro do Superior Tribunal de Justiça.

Toni Reis
Professor de profissão. Especialista em sexualidade humana, mestre em filosofia e doutor em educação. Autor dos livros *Homofobia no ambiente educacional: o silêncio está gritando* e *Sexo, Ética e Consentimento*. Ativista da causa LGBTI+ desde meados dos anos 1980. Diretor-presidente da Aliança Nacional LGBTI+. Presidente da Associação Brasileira de Famílias Homotransafetivas. Diretor financeiro da Rede GayLatino.

Valtércio Ronaldo de Oliveira
Desembargador no Tribunal Regional do Trabalho da 5ª Região, Bahia.

Vera Lúcia Santana Araújo
Advogada. Ministra substituta do Tribunal Superior Eleitoral. Vice-diretora da Escola Judiciária Eleitoral do TSE.

Vinicius Marques de Carvalho
Ministro de Estado da Controladoria-Geral da União (CGU). Professor de Direito Comercial na Universidade de São Paulo (USP). Ex-Presidente do Conselho Administrativo de Defesa Econômica (Cade). Doutor em Direito pela Universidade de São Paulo, e em Direito Comparado pela Université Paris 1 Panthéon-Sorbonne.

Walter Godoy dos Santos Júnior
Juiz auxiliar do Gabinete do Ministro Dias Toffoli. Juiz de direito do Tribunal de Justiça de São Paulo. Professor do Curso de Pós-Graduação *Stricto Sensu* em Direito da Universidade Nove de Julho. Doutor e mestre pela USP.

Walter José Faiad de Moura
Advogado. Professor de Direito Administrativo, Civil e do Consumidor. Pós-Graduado e Mestre em Direito pelo ICPD-UniCEUB. Prêmio Innovare, pela advocacia, em 2018. Presidente da Comissão Especial de Defesa do Consumidor do Conselho Federal da Ordem dos Advogados do Brasil. Integrou o Grupo de Pesquisa de Qualidade no Judiciário da Faculdade de Administração da Universidade de Brasília.

Esta obra foi composta em fonte Palatino Linotype, corpo 10
e impressa em papel Offset 63g (miolo) e Supremo 300g (capa)
pela Formato Artes Gráficas.